Barbara C. und Jörg-Thomas Titz
Island, Färöer-Inseln

„Wer immer nur nach dem Zweck der Dinge fragt,
wird ihre Schönheit nie entdecken."
Halldór Kiljan Laxness

Impressum

Barbara C. Titz, Jörg-Thomas Titz
Island, Färöer-Inseln

erschienen im
Reise Know-How Verlag Peter Rump GmbH
Osnabrücker Str. 79, 33649 Bielefeld

6., neu bearbeitete und komplett aktualisierte Auflage 2010

Gestaltung
Umschlag: G. Pawlak, P. Rump (Layout); Barbara Bossinger (Realisierung)
Inhalt: G. Pawlak (Layout); Barbara Bossinger (Realisierung)
Karten: H. Newe; M. Luck; C. Raisin
Fotos: die Autoren
Titelfoto: B. und J.-Th. Titz

Lektorat: M. Luck
Lektorat (Aktualisierung): Barbara Bossinger

Druck und Bindung: Fuldaer Verlagsanstalt GmbH & Co. KG

ISBN 978-3-8317-1903-7
Printed In Germany

Dieses Buch ist erhältlich in jeder Buchhandlung Deutschlands, Österreichs, der Niederlande, Belgiens und der Schweiz. Bitte informieren Sie Ihren Buchhändler über folgende Bezugsadressen:

Deutschland
Prolit Verlagsauslieferung GmbH, Siemensstr. 16, D-35463 Fernwald (Annerod)
sowie alle Barsortimente
Schweiz
AVA/Buch 2000
Postfach, CH-8910 Affoltern
Österreich
Mohr-Morawa Buchvertrieb GmbH
Sulzengasse 2, A-1230 Wien
Niederlande, Belgien
Willems Adventure
www.willemsadventure.nl

Wer im Buchhandel trotzdem kein Glück hat, bekommt unsere Bücher auch über unseren **Büchershop im Internet: www.reise-know-how.de**

Wir freuen uns über Kritik, Kommentare und Verbesserungsvorschläge, gern auch per E-Mail an info@reise-know-how.de.

001is Foto: tt

002is Foto: tt

Vorwort

Die meisten Reiseveranstalter verkaufen Island als **Insel des Abenteuers,** als extremes Land, als letzten Außenposten des zivilisierten Europa. Verloren liegt es hoch im Norden im sturmumtosten Ozean, Grönland näher als Europa. Eisberge treiben an seinen Küsten, Eisbären soll es bisweilen auch schon gegeben haben. Die Nähe zu Grönland wird stets betont. Erweckt dieses Wort in uns vielleicht schlummernde Sehnsüchte nach Arktis, nach menschenleerer Weite, nach ewigem Eis und Eskimos? Es ist schwierig, ein objektives Bild über Island zu vermitteln – bleiben wir einfach bei den Tatsachen.

Island ist rein vulkanischen Ursprungs. Hier quillt an der Nahtstelle zwischen der nordamerikanischen und der eurasischen Kontinentalplatte glutflüssiges Magma aus der Tiefe der Erde an die Oberfläche. Was normalerweise unseren Augen verborgen bleibt, da es sich am Grunde des Meeres abspielt, können wir in Island hautnah erleben: die Entstehung von Land. Der mittelatlantische Rücken – so heißt hier diese Nahtstelle der Kontinentalplatten – tritt in Island auf 350 km Länge über die Oberfläche des Meeres und spaltet die Insel von Südwesten nach Nordosten verlaufend. Die Tektonik ist immer noch lebendig. Durchschnittlich alle fünf bis sechs Jahre kommt es zu einem Vulkanausbruch, wesentlich häufiger noch bebt die Erde.

Die Isländer sagen, sie lebten an der **Grenze der bewohnbaren Welt.** Damit ist nicht nur die geografische Grenze zwischen den polaren und gemäßigten Breiten gemeint. Seit der Besiedlung des Landes vor 1100 Jahren sind die Isländer auch ständig verheerenden Naturgewalten ausgesetzt. Die Vulkanausbrüche entlang der Laki-Spalte im Jahr 1783 zählen zu den größten Eruptionen seit Beginn der Geschichtsschreibung. Die Schäden waren damals immens, viele Menschen und Tiere kamen ums Leben. Auch in der Neuzeit, zuletzt 1996 bei Bárðarbunga, 1998 und 2004 bei den Grímsvötn, trat flüssiges Magma aus der Erde, zum Glück ohne allzu großen Schaden anzurichten.

Dem Reisenden bietet sich heute eine **kontrastreiche Landschaft,** geprägt vom Feuer aus der Erde und dem Eis der Gletscher, entstanden durch die Erosionskräfte von Wind und Wasser. Die so gestaltete Insel präsentiert sich in einem Bild, das es auf unserer Erde nicht oft gibt: Solfataren, heiße Quellen, brodelnde Schlampötte, Geysire und das vulkanische Gestein sind Teile der isländischen Landschaft.

Wenn das Wetter gut ist – und das kommt häufiger vor, als man gemeinhin annimmt –, schafft die Sonne leuchtende, intensive Farben und fantastische Landschaftsbilder; von ihrer schönsten Seite zeigen sich dann die **mächtigsten Wasserfälle und Gletscher Europas,** an den Küsten Felsentore und bis zu 500 m hohe Kliffs, die im Sommer die Heimat von Trottellummen, Basstölpeln und Papageitauchern sind.

Island ist ein **modernes Land.** Die Verkehrsverhältnisse sind gut und werden von Jahr zu Jahr weiter verbessert. An den Küsten, wo die meisten Ortschaften liegen, sind die Straßen asphaltiert und in gutem Zustand. Auch Unterkunftsmöglichkeiten gibt es in ausreichender Zahl, vom Privatzimmer über Edda-Hotels bis zur Luxusherberge. Island ist ein **touristisch ausgesprochen interessantes Reiseland,** das bis heute noch nicht unter Massentourismus zu leiden hat, obwohl heute pro Jahr mehr Touristen nach Island kommen als das Land Einwohner hat.

Doch der zunehmende Tourismus bedeutet für Island nicht nur Gutes. Billigflüge bringen Touristen ins Land, die nicht unbedingt die herrliche Natur erleben wollen, sondern Events und Unterhaltung suchen. Da Island ein sicheres Reiseland ohne Terrorgefahr ist, kommen auch viele wohlhabende Urlauber dort hin. Auch auf dieses Publikum stellt sich die isländische Tourismusindustrie ein. Im gehobenen Preissegment entstanden Wellness-Hotels, Kurkliniken für gestresste Manager und Beauty-Farmen. Immer mehr wollen auch auf Hochlandtouren nicht auf den Komfort eines Hotels verzichten, deshalb werden Unterkünfte aufgebaut, die manchmal den Charakter von Wohncontainern haben. Es entstehen auch immer mehr Museen, und nicht überall lohnt es sich, die teilweise recht hohen Eintrittspreise dafür auszugeben.

Wer das **Hochland** erkunden möchte, ist auf ein geländegängiges Fahrzeug, auf ein sturmsicheres Zelt und Campingerfahrung angewiesen. Das Wegenetz im Hochland ist zwar ausreichend dicht, aber meist fährt man hier auf nichtasphaltierten und mit tiefen Schlaglöchern durchsetzten Schotter-, Lava- und Sandpisten. Da oft Brücken fehlen, müssen Bäche und tiefe Gletscherflüsse gefurtet werden. Hier unterwegs zu sein – Auge in Auge mit den Naturgewalten – in einer Landschaft, die manchmal noch an die Entstehungszeit der Erde erinnert – das macht für viele den wahren Reiz dieser Vulkaninsel unter dem Polarkreis aus.

Anders als in den unendlich scheinenden und menschenleeren Weiten der Sahara ist man in Island selten allzu lange alleine. Man teilt das Abenteuer mit Gleichgesinnten, die man in den Sommermonaten immer wieder trifft. Man kann mit den Isländern leben, die ihr Land ebenso bereisen wie wir. Auch nach Mitternacht wird noch gegrillt, und auf den Zeltplätzen spielen die Kinder ausgelassen und genießen die hellen Nächte der Mitternachtssonne. Man begibt sich spät zur Ruhe und fängt den Tag später an.

Die Isländer sind **gebildete, freundliche und hilfsbereite Menschen.** Sehr viele sprechen Englisch und viele auch Deutsch. Sie suchen den Kontakt zu den Fremden und pflegen ihn. Die Isländer betonen, dass sie nicht auf Island, also auf einer Insel, sondern in Island leben. So entkommen sie wenigstens sprachlich der Abgeschiedenheit ihres kleinen Landes. In der Weltpolitik spielt Island sowieso nur eine bescheidene Rolle. So nahm etwa die Pressemeldung über die Wahl von *Ólafur Ragnar Grímsson* zum isländischen Staatspräsidenten, die 1996 am Wochenende des Endspiels der Fußball-Europameisterschaft stattfand, in den Zeitungen nur wenige Zeilen ein.

Der Zusammenbruch des isländischen Bankensystems in der **Weltfinanzkrise** 2008 brachte das Land an den Rand des Staatsbankrotts, der nur durch ausländische Kredite abgewendet werden konnte. Der Wert der isländischen Krone gegenüber dem Euro halbierte sich, und die Staatsverschuldung wuchs immens. Diese Krise brachte dem Land in der Weltpresse viele negative Schlagzeilen. Doch dadurch geriet das kleine Land ins Rampenlicht, und die Zahl ausländischer Besucher stieg um 30 Prozent. 2011 ist Island Gastland auf der Frankfurter Buchmesse. Auch das wird wieder internationale Schlagzeilen bringen, dann hoffentlich nur positive.

Statistisch gesehen besitzt jeder Isländer ein Telefon und jeder zweite ein Auto. Auch die Zahl der Computer, Videorekorder, CD- und DVD-Spieler je Haushalt zählt zu den höchsten in Europa. Die Isländer lesen die meisten Bücher, verfügen mit rund 47.000 Euro (2007; vor der Wirtschaftskrise – danach nur noch halb so hoch!) über eines der höchsten Pro-Kopf-Einkommen Europas, haben oft mehrere Jobs und gehen vielfach erst mit 70 in Rente. Der hohe Lebensstandard ist bei vielen auf Pump finanziert. Die Verschuldung ist hoch, um den Lebensstil, ein Haus und das neueste Auto zu finanzieren. Die Wirtschaftskrise brachte viele Isländer in existenzielle Not. Auch die Selbstmordrate zählt zu den höchsten der Welt. Jeder dritte Isländer ist Raucher, fast die Hälfte aller Kinder wurde unehelich geboren, die Scheidungsrate ist hoch. Hinter diesen statistischen Daten verbirgt sich mehr als nur Zahlen. In Ísafjörður in den Westfjorden erzählte uns einmal ein junger Isländer, dass er verzweifelt auf den Sommer und das helle Licht der Sonne warte. Monatelang schon leide er unter Depressionen und der Einsamkeit, die durch das düstere Licht des langen Winters noch verstärkt würden. Seine Worte rüttelten uns auf, denn sie sind Zeugnis eines harten Lebens ohne Perspektive, oft in Einsamkeit. Der Weg zum Alkohol wird kürzer. Doch das möchte der Island-Reisende nicht hören – seine Sehnsüchte unterscheiden sich von denen der Isländer.

In unserem Reiseführer führen wir Sie in ein Land, das bei jedem einen bleibenden Eindruck hinterlassen wird. Nur wer nicht gewillt ist, sich auf seiner Reise einem fremden Land und seinen Menschen zu öffnen, wird Island als abweisendes, kaltes und unwirtliches Land empfinden. Die übrigen aber werden von der Vulkaninsel aus Feuer und Eis in ihren Bann gezogen – viele kommen immer wieder. Island ist ein Traum, der zur Realität werden kann.

„Heimskt er heima alið barn" sagt ein isländisches Sprichwort – „Wer immer zu Hause bleibt, wird dumm".

Ihre Barbara C. und Jörg-Thomas Titz

Inhalt

Praktische Tipps A–Z

(unter Mitarbeit von E. H. M. Gilissen)

Land und Leute

Exkurse

Karten und Skizzen

Die Färöer-Inseln

Praktische Tipps A–Z
(unter Mitarbeit von E. H. M. Gilissen)

Island im Eiltempo und Routenvorschläge für Kurztrips

Viele Reiseveranstalter bieten das ganze Jahr über attraktive Kurzreisen auf die Vulkaninsel an. Die Anreise erfolgt mit dem Flugzeug. Die Pauschalangebote beinhalten mehrere Übernachtungen in Islands Hauptstadt Reykjavík.

Island im Eiltempo! Beginnen wir unsere Reise in **Reykjavík.** Das Stadtbild prägen bunte Häuser. Auch die älteren sind liebevoll renoviert worden. Vom Turm der Hallgrimskirche liegt uns das farbenfrohe Häusermeer zu Füßen; weit reicht der Blick über die Stadt bis zu den schneebedeckten Bergen Esja und Snæfellsjökull. Ebenso beeindruckend ist der Ausblick von der Perlan, dem „Warmwasserspeicher" auf dem Hügel Öskjuhlið. Die Architektur dieses modernen Bauwerks ist sehenswert: Die riesigen Speicherbehälter sind das Fundament einer gläsernen Kuppel; ein Café lädt zum Verweilen ein. In regelmäßigen Abständen zischt im Innern der Perlan eine Wasserfontäne in die Höhe, Symbol für die Geysire und die geothermalen Energiequellen der Insel.

Reykjavík besitzt viele **Museen und Kunstgalerien.** Das ehemalige Wohnhaus des Malers *Ásgrímur Jónsson* (1876–1958) zeigt Gemälde und Zeichnungen; im Ásmundur-Museum sind Skulpturen des Bildhauers *Ásmundur Sveinsson* (1893–1982) ausgestellt. Das Museum Listasafn Einars Jónssonar enthält die Skulpturen des Bildhauers *Einar Jónsson* (1874–1954). Das städtische Kunstmuseum Kjarvalsstaðir ist nach dem isländischen Landschaftsmaler *Jóhannes Sveinsson Kjarval* (1885–1972) benannt worden. Die Nationalgalerie Listasafn Íslands beherbergt Arbeiten isländischer Künstler aus dem 19. und 20. Jahrhundert. Im Nationalmuseum Þjódminjasafnið wird ein Querschnitt aus dem Leben der Isländer seit der Besiedlung des Landes gezeigt. Ein wenig außerhalb der Stadt liegt das Freilichtmuseum Arbær. Alte Island-Häuser, die früher nur aus Holz, Torf und Grassoden gebaut wurden, sind im Museum restauriert worden und vermitteln dem Besucher die einst karge Lebensweise der Inselbewohner.

Ein **Tagesausflug,** der als **„Golden Circle"** das ganze Jahr über angeboten wird, führt zu den typisch **isländischen „Naturwundern":** In Þingvellir am See Þingvallavatn begann einst die Geschichte des Landes. Die Schlucht Almannagjá ist Teil des mittelatlantischen Rückens, der geologisch Amerika von Europa trennt. Weiter geht die Fahrt zum grandiosen Gullfoss, dem „Goldenen Wasserfall", und nach Geysir im Haukadalur. Hier „kocht" die Erde, alle paar Minuten schießt aus dem Geysir Strokkur laut fauchend eine 10–20 m hohe Fontäne aus kochend heißem Wasser und Dampf empor. Der Rückweg führt vorbei an dem alten Bischofssitz Skálholt, lange das kulturelle Zentrum Islands. In Hveragerði wird man Zeuge, wie in geothermal beheizten Gewächshäusern Blumen, Gemüse und sogar Orangen und Zitronen gedeihen.

Auch bei der **„Blauen Lagune"** auf der **Halbinsel Reykjanes** brodelt und dampft die Erde. Das überschüssige Wasser des geothermalen Kraftwerks Svartsengi speist einen warmen See, der ein beliebter Badeort der Isländer ist. Nahe des Fischerdorfs Grindavík brüten an der felsigen Küste unzählige Seevögel. Unterwegs sehen wir die raue Lavalandschaft der Halbinsel. Über Hafnarfjörður und vorbei an Bessastaðir, dem Wohnsitz des isländischen Staatspräsidenten, erreichen wir wieder Reykjavík.

Wer gerne reitet, kann das Land abseits der Straßen auf dem Rücken eines **Islandpferds** erleben. Die **Südküste** mit ihren reißenden Gletscherflüssen und den zahlreichen Wasserfällen kann man auch auf einer Tagestour mit dem Bus erkunden. Vorbei an Eyrarbakki, dem wichtigen Handelszentrum des 18. Jahrhunderts, verläuft die Reiseroute entlang der großen Gletscher nach Dyrhólaey. Der Steilküste vorgelagert sind hier das berühmte Felsentor sowie die bekannten Vogelklippen. Auf der Rückfahrt kann man noch einen Abstecher zur Gletscherzunge des Sólheimajökull machen. Das Eis des Gletschers ist hier schwarz gefärbt durch die Lava früherer Vulkanausbrüche.

Der Flug nach Heimaey, der größten der **Westmänner-Inseln,** dauert von Reykjavík aus nur eine halbe Stunde. Die Insel wurde durch den großen Vulkanausbruch im Jahr 1973 weltbekannt. Die Eruption begrub einen großen Teil der Stadt unter Asche und glühender Lava. Die Bewohner wurden damals in einer dramatischen Rettungsaktion evakuiert. Auch heute sind tiefere Schichten der Lava noch nicht vollständig abgekühlt. Ihre Wärme wird genutzt, um die Häuser zu heizen.

Im Winter erschließen abenteuerliche Ausflüge mit dem Snow-Scooter oder mit isländischen Super-Jeeps eine arktische Welt aus Eis und Schnee.

Das „große Island-Abenteuer" lockt besonders auf **mehrtägigen Exkursionen.** Diese führen mitten hinein in die vom Vulkanismus gestaltete Landschaft, nach Landmannalaugar mit seinen farbenfrohen Bergen aus vulkanischem Liparit-Gestein, zu einer Gletschertour auf den Vatnajökull, dem größten Gletscher Europas, nach Akureyri und zum Mývatn – oder einfach einmal rund um die Insel.

Man kann alle Ausflüge auf eigene Faust unternehmen, mit den öffentlichen Überland-Linienbussen oder mit dem Mietwagen.

003is Foto: tt

Praktische Reisetipps A–Z

004is Foto: tt

005is Foto: tt

Einsamer Zeltplatz im Fjord Borgarfjörður in den Westfjorden Islands

Der Laugavegur ist die Einkaufsstraße in Reykjavík

Historische Wohnküche im ehemaligen Lagerhaus in Ólavsvík (Heimatmuseum)

Anreise

Mit dem Flugzeug

Island ist dreieinhalb Flugstunden von Deutschland entfernt. Der **internationale Flughafen Keflavík** liegt 31 km westlich von Reykjavík auf der Halbinsel Reykjanes. Mehrmals pro Woche fliegen **Icelandair** und **Lufthansa** nonstop von Frankfurt nach Island. Weitere Direktverbindungen gibt es von Oslo, London, Amsterdam und Kopenhagen. Im Sommer fliegen Icelandair auch ab München und Berlin und Lufthansa ab Hamburg.

006is Foto: tt

Einfahrt der Fähre Norröna in den Seyðisfjörður

Flugpreise

Ein Economy-Ticket von Deutschland, Österreich und der Schweiz hin und zurück nach Keflavik bekommt man je nach Jahreszeit und Aufenthaltsdauer ab **knapp über 300 Euro** (inklusive aller Steuern, Gebühren und Entgelte). Am teuersten ist es in der Hauptsaison im Sommerhalbjahr, in der die Preise für Flüge in den Sommerferien im Juli und August besonders hoch sind und über 500 Euro betragen können.

Preisgünstigere Flüge sind mit den **Jugend- und Studententickets** (je nach Airline alle jungen Leute bis 25 Jahre und Studenten bis 34 Jahre) möglich. Dann gibt es einen Flug z. B. von Frankfurt nach Keflavik und zurück mit Icelandair ab etwa 280 Euro.

Kinder unter zwei Jahren fliegen ohne Sitzplatzanspruch für 10 % des Erwachsenenpreises, ansonsten werden für ältere Kinder die regulären Preise je nach Airline um 25–50 % ermäßigt. Ab dem 12. Lebensjahr gilt der Erwachsenentarif.

Buchung

Für die Tickets der Linienairlines kann man bei folgenden **zuverlässigen Reisebüros** meistens günstigere Preise als bei vielen anderen finden:

- **Jet-Travel,** Buchholzstr. 35, 53127 Bonn, Tel. 0228 284315, Fax 284086, info@jet-travel.de, www.jet-travel.de. Sonderangebote auf der Website unter „Schnäppchenflüge“.
- **Globetrotter Travel Service,** Löwenstr. 61, 8023 Zürich, Tel. 044 2286666, www.globetrotter.ch. Weitere Filialen, siehe Website.

Mini-„Flug-Know-how“

Check-in

Nicht vergessen: Ohne einen **gültigen Reisepass oder Personalausweis** (letzeres nur für EU-Staatsbürger) kommt man nicht an Bord.

Bei den innereuropäischen Flügen muss man mindestens **eine Stunde vor Abflug** am Schalter der Airline eingecheckt haben. Viele Airlines neigen zum Überbuchen, d. h., sie buchen mehr Passagiere ein, als Sitze im Flugzeug vorhanden sind, und wer zuletzt kommt, hat dann möglicherweise das Nachsehen.

Das Gepäck

In der Economy-Class darf man in der Regel nur **Gepäck bis zu 20 kg pro Person** einchecken und zusätzlich ein Handgepäck von 7 kg in die Kabine mitnehmen, welches eine bestimmte Größe von 55 x 40 x 23 cm nicht überschreiten darf. In der Business Class sind es meist 30 kg pro Person und zwei Handgepäckstücke, die insgesamt nicht mehr als 12 kg wiegen dürfen. Man sollte sich beim Kauf des Tickets über die Bestimmungen der Airline informieren.

Seit 2006 dürfen Fluggäste **Flüssigkeiten** oder vergleichbare Gegenstände in ähnlicher Konsistenz (z. B. Getränke, Gels, Sprays, Shampoos, Cremes, Zahnpasta, Suppen, Käse) nur noch in der Höchstmenge von jeweils 0,1 Liter als Handgepäck mit ins Flugzeug nehmen. Die Flüssigkeiten müssen in einem durchsichtigen, wiederverschließbaren Plastikbeutel transportiert werden, der maximal einen Liter Fassungsvermögen hat. Da sich diese Regelungen jedoch ändern können, sollte man sich beim Reisebüro oder der Fluggesellschaft nach den derzeit gültigen Regelungen erkundigen.

Aus Sicherheitsgründen dürfen **Taschenmesser, Nagelfeilen, Nagelscheren,** sonstige Scheren und Ähnliches nicht mehr im Handgepäck untergebracht werden. Diese sollte man unbedingt im aufzugebenden Gepäck verstauen, sonst werden diese Gegenstände bei der Sicherheitskontrolle einfach weggeworfen. Darüber hinaus gilt, dass Feuerwerke, leicht entzündliche Gase (in Sprühdosen, Campinggas), entflammbare Stoffe (in Benzinfeuerzeugen, Feuerzeugfüllung) etc. nichts im Passagiergepäck zu suchen haben.

Fahrradfahrer, die ihr **eigenes Fahrrad im Flugzeug** mitführen wollen, sollten frühzeitig buchen und das Fahrrad dabei bei der Airline anmelden. Das Fahrrad muss in speziellen flugtauglichen Fahrradverpackungen verstaut werden, die man entweder im Fahrradfachhandel oder am Flughafen (vorher nachfragen) bekommt. Zum Transport im Flugzeug müssen die Pedale abgeschraubt, der Lenker quergestellt und der Luftdruck in den Reifen abgesenkt werden.

Billigfluglinien

Preiswerter geht es mit etwas Glück nur, wenn man bei einer Billigairline **sehr früh online bucht.** Es werden keine Tickets ausgestellt, sondern man bekommt nur eine Buchungsnummer per E-Mail, mit der man am Flughafen eincheckt. Zur Bezahlung wird in der Regel eine Kreditkarte verlangt.

Im Flugzeug gibt es oft **keine festen Sitzplätze. Verpflegung** wird extra berechnet, bei einigen Fluggesellschaften auch aufgegebenes Gepäck. Für die Region interessant sind:

- **Air Berlin,** www.airberlin.com. Ab Düsseldorf u. München nonstop sowie von vielen anderen deutschen Flughäfen sowie ab Zürich, Wien u. Salzburg über Düsseldorf o. München.

- **Iceland Express,** www.icelandexpress.de. Ab Berlin-Schönefeld und Friedrichshafen am Bodensee.
- **Germanwings,** www.germanwings.com. Ab Köln/Bonn und Stuttgart nonstop sowie von vielen anderen deutschen Flughäfen sowie ab Zürich und Wien über Köln/Bonn oder Stuttgart.

Last-Minute

Wer sich erst im letzten Augenblick für eine Reise nach Island entscheidet, kann Ausschau nach Last-Minute-Flügen halten, die von einigen Airlines mit deutlicher Ermäßigung **ab etwa 14 Tage vor Abflug** angeboten werden, wenn noch Plätze zu füllen sind. Infos und Buchung bei:

- **L'Tur,** www.ltur.com, Tel. 00800 21212100 (gebührenfrei für Anrufer aus Europa); 165 Niederlassungen europaweit.
- **Lastminute.com,** www.lastminute.de, (D)-Tel. 01805 284366 (0,14 €/Min.), für Anrufer aus dem Ausland Tel. 0049 89 4446900.
- **5 vor Flug,** www.5vorflug.de, (D)-Tel. 01805 105105 (0,14 €/Min.), (A)-Tel. 0820 203 085 (0,145 €/Min.).
- **Restplatzbörse,** www.restplatzboerse.at, (A)-Tel. (01) 580850.

Ankunft am Flughafen

Vom Flughafen Keflavík gelangt am preisgünstigsten mit dem **Flybus** (Reykjavík Excursions) oder den Linienbussen Nr. 23 und 250 nach Reykjavík. Die Fahrzeit beträgt mit dem Flybus etwa 45 Minuten und mit dem Linienbus eine Stunde bis zum BSÍ-Bus-Terminal in Innenstadtnähe. Von dort fährt der Flybus weiter zu den großen Hotels und zum Campingplatz im Laugadalur. Das Ticket kostet 1200 ISK (10 Euro) für Erwachsene und Jugendliche ab 16 Jahren und 600 ISK für Jugendliche von 2 bis 15 Jahren. Eine **Taxifahrt** (4 Fahrgäste) vom Flughafen nach Reykjavík Zentrum kostet etwa 110 Euro.

Buchtipps:
- Erich Witschi
Clever buchen, besser fliegen
- Frank Littek
Fliegen ohne Angst
(beide Bände REISE KNOW-HOW Praxis)

Mit dem Schiff (Fähre)

Die färöische **Reederei Smyril** unterhält die einzige Fährverbindung **von Dänemark zu den Färöer-Inseln und nach Island.** Die Fähre M/F Norröna pendelt vom 1.1. bis 9.4. und vom 1.10. bis 31.12. zwischen Esbjerg in Dänemark und Tórshavn auf den Färöer-Inseln. Samstags um 15 Uhr legt das Schiff im dänischen Esbjerg ab und erreicht Tórshavn am Montag um 5 Uhr morgens. Am Donnerstag um 21 Uhr fährt das Schiff wieder zurück nach Esbjerg, wo es am Samstagmorgen um 9 Uhr ankommt.

Vom 10.4. bis zum 30.9. fährt die Norröna über die Färöer-Inseln weiter **nach Seyðisfjörður in Island.** Vom 10.4. bis 11.6. und vom 28.8. bis 30.9. legt die Fähre samstags um 15 Uhr in Esbjerg ab und erreicht Tórshavn montags um 5 Uhr. Um 14 Uhr geht es dann am selben Tag weiter nach Island, wo die Fähre dienstags um 9 Uhr ankommt. Zurück fährt sie am gleichen Tag um 20 Uhr, erreicht Tórshavn am Mittwoch gegen 15 Uhr, legt dort um 21 Uhr wieder ab und erreicht Esbjerg samstags um 9 Uhr.

Während der **Hauptreisezeit** vom 12.6. bis 27.8. fährt die Fähre samstags um 18 Uhr in Hanstholm in Dänemark ab und erreicht Tórshavn am Sonntag um 23 Uhr. 2½ Stunden später fährt das Schiff zurück nach Hanstholm, wo es am Dienstag um 8 Uhr morgens ankommt. Um 11 Uhr verlässt die Fähre Hanstholm wieder und erreicht Tórshavn mittwochs um 16.30 Uhr. Um 18 Uhr fährt das Schiff dann **weiter nach Island,** wo es donnerstags um 9 Uhr ankommt. Um 12 Uhr geht es dann über Tórshavn (Ankunft freitags 4.30 Uhr, Abfahrt 7.30 Uhr) wieder zurück nach Hanstholm (Ankunft samstags 14 Uhr).

Man hat mit diesem Fährplan im Sommer **zwei Möglichkeiten von Dänemark nach Island zu reisen:** Bei der Abfahrt in Dänemark am Samstag muss man **drei Übernachtungen auf den Färöer-Inseln** einplanen und kann während dieser Tage die herrlichen Inseln erkunden. Wer die Fähre am Dienstag ab Hanstholm wählt, hat nur 3 Stunden Aufenthalt in Tórshavn und fährt **direkt weiter nach Island.** Der aktuelle Fahrplan und die Fährpreise können unter www.smyrilline.de abgerufen werden.

Fährpreise

Die Fährpreise richten sich nach der Reisesaison und der gewählten Kabinenklasse. Es gibt drei Preiskategorien – für die **Nebensaison** (Mitte September–Mitte April), **Mittelsaison** (Mitte April–Mitte Juni, Ende August–Anfang September) und **Hauptsaison** (Ende Juni–Ende August). Außer den regulären Fährpreisen bietet Smyril **Pakete** an, die auch die Übernachtungen in Hotels, Ferienhäusern und auf Campingplätzen beinhalten. Die Überfahrt kostet für einen Pkw (bis 1,90 m Höhe, 2 m Breite und 5 m Länge) inklusive zwei Personen **von Dänemark nach Island und zurück** beispielsweise:

- **Nebensaison:** Liege (Couchette) 664 €, 2-Bett-Innenkabine 804 €, 2-Bett-Außenkabine 868 €
- **Mittelsaison:** Liege (Couchette) 1134 €, 2-Bett-Innenkabine 1538 €, 2-Bett-Außenkabine 1602 €
- **Hauptsaison:** Liege (Couchette) 1568 €, 2-Bett-Innenkabine 2092 €, 2-Bett-Außenkabine 2264 €

Hier einige Beispiele für **Paketpreise:** 2 Wochen Island für 2 Personen mit eigenem Pkw (bis 1,90 m Höhe, 2 m Breite und 5 m Länge, Übernachtung auf der Fähre in der Couchette) und Übernachtung mit Frühstück in Hotels, Gästehäusern und Bauernhöfen in der Hochsaison kosten je nach Übernachtungskategorie zwischen 2826 und 3616 €. Island mit dem eigenen Wohnmobil vom 19.6. bis 17.7. – die geführte, 29-tägige Islandreise – kostet für zwei Personen mit einem Wohnmobil bis 6 m Länge inklusive 18 Übernachtungen auf Campingplätzen (inkl. Strom), Eintritt in die Blaue Lagune und einer Bootsfahrt auf dem Jökulsárlón 2030 €. Jeder weitere Meter Länge kostet einen Aufpreis von ca. 150 €.

Mit dem Frachtschiff

Die isländische **Reederei Eimskip** (Brandsende 6, 20095 Hamburg, Tel.

040-3233300, Fax 040-32333060 oder Korngarðar 2, 104 Reykjavík, Tel. 354-5257000, Fax 354-5257709, www.eimskip.com) bringt Privatfahrzeuge (ohne Personen) auf einem Frachtschiff nach Island. Die Transportkosten liegen über den Fährpreisen; sie betragen bei einem Pkw für die einfache Strecke Hamburg - Reykjavík ca. 1200 Euro.

Ausrüstung für den Camper

Camping in Island kann **Zelten unter widrigen Wetterbedingungen** bedeuten; der Campingurlauber sollte für Sturm, Regen, Temperaturen um den Gefrierpunkt und Schneefall ausgerüstet sein. Wer mit dem Wohnmobil reist, hat es einfacher. Die anderen brauchen ein **Zelt,** das besonders wasserdicht und sturmsicher ist. Große und hoch gebaute **Familienzelte** wie auch billige Campingzelte halten dem Wind meist nicht lange stand. Besser geeignet sind **Expeditionszelte** für den Ganzjahreseinsatz, wie man sie in Sportgeschäften und bei Ausrüstern für Expeditionsreisen kaufen kann.

Eine zusätzliche **Zeltunterlage** aus faserverstärktem PVC oder Nylon schützt den Zeltboden vor Beschädigungen durch die scharfkantige Lava. Ebenso wichtig ist eine gute **Sturmabspannung** des Zeltes. Verzurren Sie ihr Zelt grundsätzlich immer so gut wie möglich und nutzen Sie alle Abspannmöglichkeiten! Für Islands Lavaböden sind Zeltnägel aus Stahl oder Aluminium gut geeignet. Bei starkem Sturm hat es sich bewährt, um das Zelt einen Ring aus Lavablöcken zu legen und damit die Heringe und den unteren Saum des Außenzelts zu beschweren. Zum Einschlagen der Heringe nimmt man von zu Hause den **Gummihammer** aus der Werkstatt mit, zum Herausziehen besorgt man sich im Sportgeschäft einen **Heringszieher.**

Steht das Zelt, kann man es sich darin gemütlich einrichten. Auch wenn draußen der Regen prasselt und der Sturm tobt, sollte es im Zelt trocken, warm und heimelig sein. Dafür sorgt der richtige **Schlafsack.** Dieser sollte auch für Temperaturen deutlich unter dem Gefrierpunkt geeignet sein. Markenschlafsäcke werden schon seit einigen Jahren von den Herstellern anhand von Temperaturbereichen klassifiziert, die so hinsichtlich des Einsatzzwecks untereinander vergleichbar sind. Für Island empfehlen wir einen **Mumienschlafsack mit Kapuze** mit -7 bis -9 °C Komfortbereich. Dabei ist es zweitrangig, ob der Schlafsack mit Daunen oder Synthetikfasern gefüllt ist - beides hat Vor- und Nachteile. Unter den Schlafsack gehört eine Unterlage, welche die Kälte aus dem Boden abhält. Wir liegen im Zelt am liebsten auf selbstaufblasenden Isomatten (z. B. Metzeler Thermo oder Therm-A-Rest). Ebenso geeignet sind aber auch normale Isomatten aus PE-Schaum (z. B. die Ridge-Rest- oder Evazote-Isomatten). Die grünen bzw. heute eher bunten Matten aus Poly-

Camping am Rand des Gletschers
bei den Kverkfjöll im Autodachzelt

urethanschaum isolieren jedoch nicht annähernd so gut wie die zuvor genannten und bieten zudem deutlich weniger Schlafkomfort.

Wir verwenden auf unseren Island-Reisen **Gaskocher.** Kartuschenkocher haben den Vorteil, dass man sie gefahrlos auch im Zelt oder Auto für die schnelle Minutensuppe zwischendurch verwenden kann. Von Nachteil ist, dass die Leistung von Gaskochern bei niedrigen Temperaturen und weil sich das Flüssiggas beim Betrieb des Kochers stark abkühlt, deutlich nachlässt. Gaskartuschen für die Kocher von camping gaz, Primus oder Coleman sind in Island in vielen Supermärkten, Tankstellen und Sportgeschäften erhältlich. Auch auf einigen Campingplätzen werden **Gaskartuschen** verkauft. Nicht erhältlich sind die Butan-**Gasflaschen** von camping gaz. Für die in Mitteleuropa üblichen 5 kg- und 11 kg-Propangasflaschen mit Schraubgewinde ist ein geeigneter **Adapter** erforderlich, da in Island Gasflaschen mit amerikanischem Kugelanschluss verwendet werden.

Benzinkocher sind ebenfalls geeignet. Sie haben den Vorteil, dass sie auch bei niedrigen Temperaturen funktionieren und Benzin billiger als Gas ist. Nachteilig ist, dass man damit nicht im Zelt kochen kann. Seit es in Island T-Röd und M-Röd der schwedischen Firma Kemetyl gibt, konnen wir auch **Spirituskocher** empfehlen. Mit ihnen kann man im Zelt kochen, sie sind leicht und brauchen im Rucksack oder

008is Foto: tt

der Fahrradtasche nicht viel Platz. T-Röd ist eigentlich ein konzentriertes Frostschutzmittel für Kraftfahrzeuge bzw. ein Fleckenentferner und Haushaltsreiniger. Chemisch gesehen ist es Spiritus, vergällter, 95 %iger Ethylalkohol. T-Röd und M-Röd sind an Tankstellen und auf einigen Campingplätzen bzw. den Shops in der Nähe erhältlich (1000 ISK).

Empfehlenswert ist auch ein kleiner **Gasgrill oder Holzkohlegrill** (Holzkohle ist überall erhältlich), da Lamm- und Hammelfleisch gegrillt und gut gewürzt einfach besser schmecken als aus der Pfanne. Auch Fische schmecken gegrillt vorzüglich! In vielen Tankstellen und Supermärkten sind Einmalgrills mit Holzkohle erhältlich; die Preise liegen bei 300 ISK. Zum Anzünden des Grills ist der flüssige Grillanzünder „Grillvöki" zu empfehlen. Nach 20 Min. Aufheizzeit liefert der Grill dann Hitze für etwa eine Stunde Grillen. Durch verbrennendes Fett qualmt er jedoch stark, und die Grillstücke werden schnell schwarz. Stellen Sie den Einmalgrill bitte immer auf eine nicht brennbare Unterlage wie einen flachen Stein, da sonst der Grasboden durch die Hitze verkohlt.

Weiteres **Zubehör** für einen erholsamen Campingurlaub sind ein kleiner Campingtisch, Campingstühle und das notwendige Campinggeschirr. Eine Gaslampe oder eine batteriebetriebene Campingleuchte sowie eine starke Taschenlampe mit Ersatzbirne und Ersatzbatterien vervollständigen die recht umfangreiche Campingausrüstung. Im Auto transportieren wir unser gesamtes Campinggepäck in Aluminiumkisten. Diese robusten Kisten dienen uns manchmal auch als Tisch oder Sitzgelegenheit. Aluminium hat jedoch die unangenehme Eigenschaft, durch Abrieb beim Scheuern schwarze Striemen an allen darin aufbewahrten Gegenständen hervorzurufen. Wen dies stört, kann die Alukiste mit dünnen Platten aus Sperrholz oder Kunststoff auskleiden. Im Fahrzeug müssen alle Kisten und anderes Gepäck gut verstaut und festgezurrt sein, denn die Schotterstraßen und Pisten sind holprig.

Bei Flugreisen muss man sich beim Gepäck auf das Notwendigste beschränken, und Gaskartuschen sowie gebrauchte Benzinkocher und Brennstoffflaschen, die nach Sprit riechen, dürfen nicht mit ins Flugzeug genommen werden. Eine Campingausrüstung kann in Island geliehen werden. Dies bietet sich vor allem für die an, die das Land im Leihwagen erkunden. Die meisten Autoverleiher vermitteln auch die Campingausrüstung.

Im Hochland gibt es nur unbewirtschaftete Hütten und einfache Campingplätze. Wir empfehlen auf mehrtägigen Hochlandtouren die Mitnahme einer Campingausrüstung – oft ist das Zelten bequemer und ruhiger als das Übernachten in einer überfüllten Hütte.

„Camping people are not allowed to use the kitchen" – „Camper dürfen die Küche einer Hütte nicht benutzen". Diesen Satz hört man mitunter, wenn die Hütte voll besetzt ist. Der Hochland-Reisende sollte sich deshalb darauf vorbereiten, bei Campingtouren mit dem Zelt hüttenunabhängig zu sein. Natürlich gibt es bei der Hütte Trinkwasser, und auch die sanitären Einrichtungen dürfen (müssen!) benutzt werden.

Eine Bemerkung am Rande: In den Hütten sind die **Hüttenbücher** eine wahre Fundgrube für realistische Erlebnisschilderungen und erfundene Histörchen. Manch ein „Künstler" hat seine Reiseeindrücke doppelseitig in farbenfrohen Skizzen und allerlei Sprüchen festgehalten. Aber auch „Tante Erna" grüßt aus Wanne-Eickel, die bei „Unwetter" mit dem Bus ankam und auf dem kurzen Weg zur Hütte völlig nass wurde ...

„Es gibt kein schlechtes Wetter, es gibt nur unangepasste Kleidung" – in der Tat sollte man seine **Kleidung** für den Urlaub an die Witterungsverhältnisse Islands anpassen. Frieren, Wohlfühlen und Schwitzen liegen eng beieinander. Heute gibt es **funktionelle Out-**

Buchtipps:
- Rainer Höh
Wildnis-Ausrüstung
- Rainer Höh
Handbuch Wohnmobil-Ausrüstung
- Rainer Höh
Clever reisen mit dem Wohnmobil
- Rainer Höh
Wildnis-Backpacking
(alle Bände Reise Know-How Praxis)
- Rainer Höh
Outdoor-Praxis
(Reise Know-How Sachbuch)

Zuckmücken – eine Plage am Mývatn

door-Bekleidung, die sich gemäß dem „Zwiebelsystem" lagenweise an die diversen Witterungsbedingungen anpassen lässt. Die äußerste Schicht der Bekleidung (Jacke und Hose) sollte winddicht, wasserdicht und atmungsaktiv sein (Gewebe aus Gore-Tex, Sympatex, Texapore o. Ä.). Darunter trägt man eine Zwischenschicht aus Fleece. Diese Schicht dient der Wärmeisolation. Die dritte Schicht (Unterwäsche) liegt direkt auf der Haut. Sie muss den Körper warm und trocken halten und die vom Körper ständig abgegebene Feuchtigkeit an die äußere Kleidungsschicht weiterleiten, wo sie verdunstet. Wer bei Kälte leicht friert, kann ein langärmeliges Unterhemd und eine lange Unterhose aus dünnem Polartec 100 oder Capilene anziehen. Bei trockenem, windigem Wetter tragen wir über der Unterwäsche oft nur eine Windstopper- oder eine Softshell-Jacke, die auch gelegentlichen Nieselregen abhält. Diese Jacken sind leichter, atmungsaktiver und bequemer als eine Fleece-Jacke mit Regenschutz.

An **weiteren Kleidungsstücken** sollte man für die warmen Tage eine kurze Hose und T-Shirts mitnehmen – und selbstverständlich auch Badesachen, außerdem Hütten-, Turn- und Wanderschuhe. Beim Wandern in eisigem Wind sind eine Mütze (am besten aus wasser- und winddichtem Material) und warme Handschuhe angeraten.

Die typisch **isländischen Wollwaren** (Pullover, Mützen, Jacken) haben sich seit jeher im isländischen Wetter bewährt, obwohl ihr Tragekomfort nicht an denjenigen moderner High-Tech-Bekleidung heranreicht. Auch wir finden die **Islandpullis** schick und tragen sie gerne. Den besten Komfort bieten die aus Schafswolle handgestrickten weichen Modelle. Billige Industrieware ist oft beengend, kratzt auf der Haut, geht beim Waschen ein und verfilzt schnell.

Diplomatische Vertretungen

Diplomatische Vertretungen von Island

In Deutschland

- **Botschaft der Republik Island,** 10787 **Berlin,** Rauchstraße 1, Tel. 030-50504000, Fax 50504300, www.botschaft-island.de.

In der Schweiz

- **Generalkonsulat der Republik Island,** 8023 **Zürich,** Postfach 6040, Bahnhofstr. 44, Tel. 044-2151260, Fax 2151200, www.mfa.is.

In Österreich

- **Botschaft der Republik Island,** 1010 **Wien,** Naglergasse 2/8, Tel. 01-5332771, Fax 5332774, www.iceland.org/at.

Diplomatische Vertretungen in Island

Von Deutschland

- **Botschaft Reykjavík,**
Laufásvegur 31, Tel. 5301100
oder in dringenden Notfällen 6637800.
- **Honorarkonsulat Akureyri,**
Oddeyrargata 8, Tel. 5628062.
- **Honorarkonsulat Seydisfjördur,**
Túngata 16, Tel. 4721402 (Büro),
4721339 (privat).

- **Honorarkonsulat Ísafjördur,** Seljalandsvegur 73, Tel. 4504500 (Büro), 4564512 (privat).

Von der Schweiz

- **Generalkonsulat Reykjavík,** Laugavegi 13, Tel. 5517172.

Von Österreich

- **Honorargeneralkonsulat Reykjavík,** Orrahólar 5, Tel. 5575464.

Einkaufen

Geschäfte und Öffnungszeiten

Reykjavík ist eine ansprechende und abwechslungsreiche Stadt zum Bummeln und fürs Shopping. Die Möglichkeiten reichen vom Laugavegur, der quirligen, bunten Haupteinkaufsstraße in der Altstadt, über das Einkaufszentrum Kringlan bis zum Kolaport-Flohmarkt. Smáralind, ein riesiges Einkaufszentrum, wurde 2001 in Kópavogur eröffnet (siehe dort).

Die Läden in Island sind i. d. R. **von 9 bis 18 Uhr geöffnet,** manche Supermärkte auch bis 23 Uhr. An Samstagen, Sonn- und Feiertagen sind viele Geschäfte geschlossen oder öffnen samstags nur von 9 bis 12 Uhr. Souvenirgeschäfte haben meistens auch am Wochenende offen. Es gibt auch eine Supermarktkette, die täglich (auch am Wochenende) bis spät in die Nacht geöffnet hat („10-11").

Es ist kein Problem, wochentags einen Laden zu finden, in dem man zumindest Grundnahrungsmittel einkaufen kann. In jeder etwas größeren Siedlung gibt es mindestens ein Geschäft, in größeren Orten meistens einen oder mehrere Supermärkte. Das Warenangebot ist allerdings unterschiedlich, ebenso die Preise. Allgemein gilt, dass man **in Reykjavík am günstigsten** einkauft. Je abgelegener der Ort, desto teurer sind die Waren. In den überwiegend von Touristen besuchten Gebieten sind die Preise höher.

In allen größeren Orten findet man auch **Discounter** wie Bonus, in denen Nahrungsmittel verhältnismäßig preisgünstig eingekauft werden können.

Die vielfältigsten und **besten Einkaufsmöglichkeiten** bestehen **in Reykjavík,** so dass man sich hier mit allem Notwendigen auf Vorrat eindecken sollte! Reisende, die mit der Fähre in Seyðisfjörður ankommen, kaufen ihren Reisebedarf am besten im Samkaup-Super-

Durchschnittliche Lebensmittelpreise im Supermarkt

Äpfel	1 kg	280 ISK
Brot	½ kg	380 ISK
Butter	250 g	175 ISK
Milch	1 l	110 ISK
Chinakohl	1 kg	430 ISK
Gurke	1 kg	110 ISK
Tomaten	1 kg	265 ISK
Orangensaft	1 l	150 ISK
Coca-Cola	1 l	80 ISK
Fisch (gefr.)	1 kg	800 ISK
Frischfisch	1 kg	1300 ISK
Lammkotletts	1 kg	1800 ISK
Käse	1 kg	1200 ISK
Wurst	100 g	250 ISK
Kekse	150 g	100 ISK

009is Foto: tt

markt in Egilsstaðir (bei der Esso-Tankstelle) oder beim Discounter Bonus ein.

Einkaufen in Island ist nie billig! Auch die Grundnahrungsmittel sind deutlich teurer als bei uns und mit dem hohen skandinavischen Preisniveau zu vergleichen. Eine Ausnahme bilden Molkereiprodukte, deren Preise akzeptabel sind und die gut schmecken. Bei isländischem **Brot** sollte man nicht allzu viel erwarten, da man oft nur weiches Weißbrot bekommt.

Ein Grund für die hohen Preise ist, dass fast alle Waren nach Island eingeführt werden müssen. Auf alle importierten Produkte werden außerdem Steuern und Einfuhrzölle erhoben.

Skandinavisch hohe Preise werden auch für alle alkoholischen Getränke verlangt. Mit Ausnahme von Leichtbier gibt es **Alkohol** nur in staatlich lizensierten Alkohol- und Tabakläden, in denen jedermann unbegrenzt einkaufen kann. Eine 0,5-l-Dose Leichtbier kostet z. B. ca. 1 Euro. Auf die Flasche Wein, isländischen *Brennivín* (= Branntwein) oder gar französischen Cognac sollte man während des Island-Aufenthalts besser ganz verzichten.

Papageitaucher sind beliebte Souvenirs

Souvenirs

Typische Souvenirs aus Island sind überall im Land erhältlich. In einzelnen Gebieten werden oft zusätzlich noch regional typische Dinge angeboten. In letzter Zeit haben sich vermehrt Kooperativen zusammengetan, die selbst Hergestelltes und Kunsthandwerkliches anbieten. Klassische Souvenirs sind Wollwaren, Kunsthandwerk von Keramik bis Schmuck, aber auch typische isländische Speisen oder Bücher gehören dazu. Es werden aber auch eher ungewöhnliche Dinge angeboten, wie „Gesundheitsprodukte" aus geothermalen Mineralien oder arktische Kräuter oder Eiderdaunen. Modebewusste kommen auch auf ihre Kosten, denn in Reykjavík und im Smáralind-Einkaufszentrum gibt es Designerware von beiden Seiten des Atlantiks zu attraktiven Preisen.

Einreise- und Zollbestimmungen

Seit 2001 ist auch in Island das Schengen-Abkommen in Kraft getreten. Für die **Einreise** nach Island benötigen Staatsbürger aus Ländern der EU und der Schweiz bis zu einem Aufenthalt von drei Monaten einen **gültigen Personalausweis oder Reisepass.** Haben Sie vor, sich länger im Land aufzuhalten, müssen sie ein Visum bei der isländischen Botschaft beantragen.

Hinweis: Da sich die **Einreisebedingungen kurzfristig ändern** können, raten wir, sich kurz vor der Abreise beim Auswärtigen Amt (www.auswaertiges-amt.de bzw. www.bmaa.gv.at oder www.bfm.admin.ch) oder der jeweiligen Botschaft zu informieren.

Kraftfahrer müssen einen **nationalen Führerschein** und die internationale **grüne Versicherungskarte,** die für die Gesamtzeit des Aufenthalts gültig sein muss, für ihr Fahrzeug vorweisen. Ausgenommen vom Nachweis einer bestehenden Haftpflichtversicherung sind Fahrzeuge der Länder Belgien, Dänemark, Deutschland, Färöer-Inseln, Finnland, Frankreich, Großbritannien, Italien, Liechtenstein, Luxemburg, Monaco, Niederlande, Norwegen, Österreich, Portugal, Schweden, Schweiz, Slowakei, Slowenien und Spanien. Ungeachtet dessen empfehlen wir die Mitnahme einer gültigen „Grünen Karte".

Bei der Einreise dürfen **3 kg Lebensmittel pro Person** bis zu einem Wert von 150 Euro mitgebracht werden **Streng verboten** ist die Einfuhr von frischem oder geräuchertem Fleisch und von Fleisch- und Wurstprodukten sowie von Gemüse, Eiern, Milch und Molkereiprodukten. Diese dürfen lediglich als Vollkonserven mitgebracht werden. Die Zollbeamten in Seyðisfjörður machen Stichproben, erheben Gebühren auf zu viel eingeführte Lebensmittel und konfiszieren die nicht erlaubten. Kontrolliert werden insbesondere Campingfahrzeuge; hier müssen die Reisenden vielfach den Kühlschrank und die Lebensmittelboxen öffnen.

An **alkoholischen Getränken** darf jeder Tourist über 18 Jahren 1 l Spirituosen (bis 47 %) und 1 l Wein (bis 21 %)

einführen. Wahlweise können statt einer der beiden Getränkesorten 6 l ausländisches Bier mitgebracht werden. Jeder Einreisende über 15 Jahren darf **250 g Tabak oder 200 Zigaretten** einführen.

Gelegenheit zum **zollfreien Einkauf** besteht auf der Fähre und am Flughafen von Keflavík.

Die Einfuhr von Waffen, waffenähnlichen Gegenständen, Drogen und Giften aller Art ist streng verboten. Medikamente dürfen ausnahmslos nur in kleinen Mengen und ausschließlich für den persönlichen Bedarf mitgebracht werden.

Ein **Pkw** und auch Lkw (Camper, „Expeditionsfahrzeug") darf für die Dauer von drei Monaten zollfrei eingeführt werden. Wenn er im Ausland zugelassen ist und nicht gewerblich genutzt wird, wird bei der Einreise ohne große Formalitäten eine auf die Dauer des Aufenthalts beschränkte Einfuhrgenehmigung erteilt.

Wer eine **Angelausrüstung** mitnimmt, muss diese entweder fabrikneu vorweisen oder eine Bescheinigung vorlegen, dass die Gegenstände desinfiziert wurden. Wer diese Bescheinigung nicht hat, muss seine Ausrüstung beim Zoll desinfizieren lassen.

Ebenso muss **Reitkleidung** vor der Einfuhr nachweislich gereinigt worden sein – der Nachweis muss bei der Einreise vorgelegt werden. Sättel und Zaumzeug aus Leder können nur unbenutzt und noch original verpackt eingeführt werden. Eine Desinfizierung bzw. Reinigung reicht bei Reitausrüstung aus Leder nicht aus.

Die Einfuhr von **ungekochtem Fleisch** – hierzu zählt z. B. auch geräucherter Schinken und Salami – sowie von ungekochter Milch und rohen Eiern ist verboten.

Bestimmte hochwertige **elektronische Geräte** (z. B. Computer, Fernsehapparate u. Ä.) müssen teilweise bei der Einreise deklariert und bei der Ausreise wieder vorgezeigt werden. Der Zöllner fragt Sie ggf. danach.

Die Ein- und Durchfuhr von **Tieren** ist genehmigungspflichtig. Zuständig für die Erteilung einer Genehmigung ist das isländische Landwirtschaftsministerium. Da Hunde und Katzen für vier Wochen in Quarantäne müssen, wird wohl kaum jemand sein Haustier auf eine Urlaubsreise mitnehmen.

Allgemeine und sonstige Zollvorschriften werden auf der Webseite der Zollbehörde **www.tollur.is** aktualisiert.

Weitere Informationen

- **Deutschland:** www.zoll.de oder beim Zoll-Infocenter Tel. 069 46997600
- **Österreich:** www.bmf.gv.at oder beim Zollamt Klagenfurt Villach Tel. 01 51433 564053
- **Schweiz:** www.ezv.admin.ch oder bei der Zollkreisdirektion in Basel Tel. 061 2871111

Essen und Trinken

Isländische Küche und Spezialitäten

Die isländische Küche ist eher einfach und verwendet hauptsächlich die im Land selbst produzierten Lebensmittel. Es gibt ein großes Angebot an Fisch sowie an **Lamm- und Hammelfleisch.** *Hangikjöt* ist geräuchertes Lammfleisch, das gerne gegessen und traditionell zu Weihnachten serviert wird. *Saltkjöt* ist gesalzenes Lammfleisch, das man kalt oder warm essen kann. *Slátur* sind **Schafswürste,** die in der Schlachtzeit im September und Oktober hergestellt werden. Davon gibt es zwei Arten: Blutwurst *(blóðmör)* und Leberwurst *(lifrarpylsa).*

Als besondere Spezialität gelten **gesengte Schafsköpfe** *(svíð),* die aber schon optisch nicht unbedingt jedermanns Geschmack entsprechen ... Die halbierten und gesengten Schafsköpfe werden in Salzwasser gekocht und anschließend im Ofen braun überbacken. Viele Isländer essen wie früher auch heute noch zuhause gerne **Pferdefleisch** *(hrossakjöt);* in Restaurants wird es fast nie angeboten. Hoch im Kurs steht bei den Isländern auch amerikanisches **Fast Food.** Hot Dogs *(pylsur),* Pommes frites *(franskar)* und auch Pizzas haben – was die Menge des Verzehrs angeht – die traditionelle Küche längst überholt.

Bei den **Fischgerichten** dominieren Schellfisch *(ýsa),* den es auch häufig in den Läden zu kaufen gibt, Heilbutt *(lúða)* und Dorsch *(þorskur).* Während der Fangzeiten werden Lachs *(lax)* und Forelle *(silungur)* angeboten. Frischen Lachs erhält man von Mai bis September; er wird geräuchert *(reyktur),* gekocht *(soðinn)* oder gebeizt *(gravað)* verzehrt. Geräucherte Forellen vom *Mývatn* schmecken besonders „herzhaft", werden sie doch über getrocknetem Schafsdung geräuchert. Isländische Krabben *(rækja)* sind eine besondere Spezialität.

010is Foto: tt

Ein für unseren Gaumen eher ungewöhnliches „Fischgericht" ist **Trockenfisch.** *Harðfiskur* ist luftgetrockneter, leicht gesalzener Fisch in unterschiedlichen Sorten, der vakuumverpackt in Supermärkten verkauft wird. In Wasser gekocht ergibt er eine vorzügliche Fischsuppe; man kann den kräftig riechenden Fisch aber auch in kleine Stücke geschnitten mit einem Butterbrot essen. Allgemein schmeckt der Trockenfisch umso herzhafter, je mehr seine Farbe von Weiß zu Gelb tendiert. Diese traditionelle Speise hat ihren Ursprung in dem einst kargen und entbehrungsreichen Leben der Menschen hier, die über keine andere Möglichkeit der Fischkonservierung verfügten. **Stockfisch** ist Fisch, der geköpft, ausgenommen und gesäubert auf hölzernen Trockengestellen durch Wind und Sonne acht bis zwölf Wochen lang getrocknet wird. Die leicht im Wind pendelnden Stockfische erklingen beim genauen Hinhören in leisen Tönen - ein „Fischkonzert", hervorgerufen durch die aneinander reibenden Körper. Stockfisch kann man nach „Eskimoart" roh essen, indem man ihn ein wenig weich klopft und kaut. Weicht man den Trockenfisch in Wasser ein und schneidet ihn in kleine Stücke, kann daraus ebenfalls eine schmackhafte Fischsuppe entstehen.

Hákarl - fermentierter Hai - ist die wohl traditionellste „Speise" der Isländer. Der „Gammelhai" dürfte wohl nicht jedermanns Geschmack sein. Der dafür verwendete Grönland- oder Eishai ist eigentlich ungenießbar. Da der Fisch keine Nieren hat, lagert er giftige Stoffwechselprodukte wie Ammoniak in seinem Fleisch ab. In der Not fanden die Isländer jedoch einst eine Methode, sein Fleisch genießbar zu machen. Früher zerteilte man das Fleisch des Hais in kleine Stücke, die in Fässern eingelegt für einige Monate im Boden vergraben wurden. Heute lagert man das Fleisch in Holzkisten. Etwa sechs Wochen lang verrottet das Fleisch darin vor sich hin, wobei der scharf riechende Ammoniak freigesetzt wird. Anschließend wird das fermentierte Fleisch an der Luft getrocknet, bis sich eine feste braune Außenhaut gebildet hat. Darunter ist das Fleisch weich und gelblich-weiß, etwa wie ein Stück uralter Romadur-Käse. Zerkaut man ein Stück Hákarl, werden, wie die Isländer sagen, Kopf und Geist gereinigt. Ähnlich wie bei scharfem Meerrettich zieht ein „frisches Kratzen" durch den Kopf bis in die Hirnrinde. Die Isländer trinken zum *hákarl* Unmengen von **„Schwarzem Tod",** so der Name des hochprozentigen isländischen **Schnapses.** Gerne verzehren sie auch *fiskibollur,* Klöße aus Fisch, Paniermehl und Gewürzen.

Als **isländisches Nationalgericht** kann **Skýr** gelten, ein quarkähnliches, vergorenes **Milchprodukt.**

Kuchen ist oft sehr süß und mit einer grell-farbigen Glasur überzogen. Lecker schmecken *kleinurringur með súkkulaði* - kleine Gebäckringe mit Schokoladenüberzug.

Eine Spezialität sind **Papageitaucher** *(lundi).* An den Felsküsten werden Jahr für Jahr 200.000 dieser Vögel beim Landeanflug nach alter Sitte mit Netzen gefangen, die an einer langen Stange befestigt sind. Die Isländer achten jedoch sehr darauf, dass keine Elterntiere, die ihre Jungen aufziehen, darunter sind. Diese erkennen sie daran, dass die Vögel einen Schnabel voller Kleinfische vom Meer mitbringen.

Nationalgetränk der Isländer ist **Kaffee.** Er wird überall, zu jeder Zeit, in großen Mengen und verhältnismäßig billig ausgeschenkt. In vielen Restaurants und Cafeterias gilt das „Nachschenkprinzip": Man zahlt einmal und kann unbegrenzt nachschenken bzw. nachbestellen. Typisch isländisch ist auch der **Kvöldkaffi,** der **Abendkaffee,** der aber nur im privaten Rahmen stattfindet.

Auch **Milch** *(mjólk)* wird gern getrunken. Im Supermarkt gibt es Frischmilch *(nýmjólk),* fettreduzierte Fitmilch *(léttmjólk),* Sauermilch *(súrmjólk)* und Magermilch *(undanrenna).*

Nach einem Essen verabschiedet man sich höflich mit den Worten „takk fyrir matinn, takk fyrir mig" – Danke für die Mahlzeit.

Restaurants und Trinkgeld

Die Restaurants, die in Reykjavík immer mehr werden, werben mit Spezialitäten von hoher Qualität und exzellentem Service. Frisch gefangene Meeresspezialitäten und Fleisch von Tieren, die unter optimalen Bedingungen aufgewachsen sind, stehen ganz oben auf der Speisekarte. Nachdem die Alkoholbeschränkungen in Island aufgehoben wurden, entstanden vor allem in der Hauptstadt und Umgebung viele neue Lokale.

Eine **Tischreservierung** ist in einem Restaurant immer ratsam. Außerhalb der Städte sind Restaurants eher selten. Dafür erhält man aber an fast jeder Tankstelle zumindest einen „Hot Dog".

Vor allem in Hotels gibt es in Island allgemein feststehende **Essenszeiten,** von denen kaum abgewichen wird. Danach gibt es Frühstück zwischen 8 und 9 Uhr, Mittagessen zwischen 12 und 13, Kaffee zwischen 15 und 16 Uhr und Abendessen zwischen 19 und 20 Uhr. Viele Restaurants, vor allem die Schnellrestaurants, schließen bereits um 20 bzw. 21 Uhr.

Wer in Island essen gehen will, sollte sich auch hier auf **hohe Preise** einstellen. Als wir einmal in Reykjavík aus einem besonderen Anlass schick essen waren, stand auf der Weinkarte eine Flasche Bad Dürkheimer Feuerberg Riesling Kabinett zu umgerechnet 50 Euro. Bei uns in der Pfalz kostet dieser Wein weniger als ein Zehntel! Wir entschieden uns damals „spontan" für einen alkoholfreien Longdrink aus Brombeeren, Heidelbeeren und Himbeeren. Ein isländisches Lachsgericht mit Reis und Salat kostet umgerechnet 25 Euro. **Durchschnittspreise** für die Mahlzeiten (ohne alkoholische Getränke) in Island sind für das Frühstück 800–1300 ISK, fürs Mittagessen 1000–2000 ISK und für ein Abendessen 1500–4000 ISK. Kinder zwischen 6 und 12 Jahren zahlen für das Touristenmenü die Hälfte, Kinder unter 5 Jahren essen gratis.

Billigere und einfachere Speisen erhält man in **Schnellrestaurants.** Hier trifft man am Wochenende auch viele isländische Familien. Beliebt sind asiatische Snack-Bars, auch in Cafés und Pubs bekommt man oft Suppen oder kleinere Gerichte zu relativ günstigen Preisen. Für eine Suppe mit Brot sollte man 450–700 ISK rechnen, auch hier ist der Nachschlag fast immer kostenlos. In der Stadt gibt es auch immer mehr Schnell-Restaurants, die Fast Food im Angebot haben (z. B. McDonald's, Subway oder Pizza Hut).

Trinkgeld für jegliche Art von Dienstleistungen, auch in Restaurants, ist in Island **nahezu unbekannt.** Nur in Reisegruppen ist es üblich, dem Reiseleiter und Busfahrer einen kleinen Obolus zukommen zu lassen.

Camping-Schlemmerküche

Aus unserer eigenen Camping-Schlemmerküche möchten wir einige **Rezepte für unterwegs** vorstellen.

011is Foto: tt

Frischer Lachs in Holländischer Sauce

Sollten Sie frischen Lachs bekommen, greifen Sie unbedingt zu! Als erstes fällt auf, dass der Fisch hier völlig geruchlos ist, ein Zeichen für seine Frische.

Zutaten: pro Person eine dicke Scheibe Lachs, Zitrone oder Essig, Salz, Holländische Soße (Trocken-Fertigprodukt aus dem Supermarkt), eventuell Milch.

Zubereitung: Der Lachs wird gesäubert, wenn nötig von Schuppen befreit und mit Zitrone oder etwas Essig gesäuert. Man bereitet dann eine Holländische Soße zu, die zur Verfeinerung des Geschmacks je zur Hälfte mit Milch und Wasser statt nur mit der angegebenen Menge Wasser angerührt wird. Der vorbereitete Lachs wird in die kochende Soße gegeben. Hier lässt man ihn ziehen, bis er gar ist (10–15 Min., je nach Größe). Als Beilage empfehlen wir Kartoffeln oder Spaghetti und Salat.

Chinakohlsalat

Chinakohl erhält man relativ häufig und meistens auch zu einem noch passablen Preis.

Zutaten: 1 Chinakohl, Essig, Öl, Salz, 1 Zwiebel

Zubereitung: Man wäscht den Kohl als ganzes. Mit einem großen Messer halbiert man ihn zuerst und schneidet ihn dann in etwa einen halben Zentimeter schmale Streifen. Für die Soße nimmt man 2 Esslöffel Essig, 3 Esslöffel Öl, eine Prise Salz und verrührt die Zutaten gründlich. Dazu eine in kleine Würfel geschnittene Zwiebel. Nun geben wir den vorbereiteten Chinakohl mit der Zwiebel in die Soße und verrühren alles miteinander.

Schollen

Auch große Schollen erhält man relativ günstig. Wir kauften schon Exemplare, die wir wegen ihrer Größe nicht in unserer großen Pfanne zubereiten konnten – wir haben sie stattdessen gegrillt!

Zutaten: 1 Scholle pro Person, Zitrone oder Essig, Salz, Mehl.

Zubereitung von Forellen

Pilze bereichern die Campingküche

012is Foto: tt

Zubereitung: Man bereitet die Schollen küchenfertig zu; dazu muss man die Fische ausnehmen und den Kopf entfernen. Achten Sie darauf, dass Sie auch den Rogen oder die Milch vollständig entfernen. Die Flossensäume lassen sich mit einer Schere schmälern. Nun werden die Schollen gewaschen, mit etwas Zitrone oder Essig gesäuert, gesalzen und in Mehl gewälzt. In einer großen Pfanne erhitzt man auf dem Campingkocher Öl und brät den Fisch darin auf beiden Seiten jeweils für ca. 3 Min. Das übrig gebliebene Fett lässt sich mit etwas Mehl andicken; Wasser dazu und gut rühren, fertig ist die Soße. Alternativ kann man die Schollen in Alufolie auch grillen. Dazu gibt es Kartoffeln und Salat.

Gegrilltes Lammfleisch

Wir empfehlen den Campern, einen kleinen Grill mitzunehmen. Denn sehr oft bekommt man Lammfleisch zu kaufen, das (uns) gegrillt besser schmeckt als aus der Pfanne. Oft ist es auch schon fertig zum Grillen gewürzt.

Zutaten: 1–2 Scheiben Lammfleisch pro Person, entweder ist es bereits fertig gewürzt, oder man benötigt Salz, Pfeffer und Paprikapulver.

Zubereitung: Man macht den Grill betriebsbereit. Sollte das Fleisch bereits grillfertig sein, legt man es auf den Grill, am besten auf Folie, und lässt es gar werden. Ansonsten tupft man das Fleisch ab, würzt es reichlich mit Salz, Pfeffer und Paprika und legt es dann auf den Grill. Dazu Brot oder Kartoffeln.

Birkenpilze Húsafell

Der Campingplatz von Húsafell liegt inmitten eines ausgedehnten Birkenwäldchens in unmittelbarer Nachbarschaft zu einer Wochenendhaussiedlung. In dem Wäldchen findet man ab Mitte August bei entsprechender Witterung Unmengen von Birkenpilzen. Ebenso wie die Skandinavier machen sich die Isländer nichts aus dem Verzehr von Waldpilzen. Wir als Pilzliebhaber nutzen hingegen gerne diese Leckereien der Natur.

Zutaten: ca. 300 g Birkenpilze pro Person, Speck oder etwas Fett zum Braten, 1 Zwiebel, Mehl, 1 Ei, Salz, Pfeffer.

Zubereitung: Man reinigt die Pilze, entfernt die Lamellen und Insektenfraßstellen und schneidet die Pilze in dünne Scheiben. Dann lässt man etwas Speck aus - ersatzweise kann man auch etwas Fett in den Topf geben –, fügt eine in Würfel geschnittene Zwiebel hinzu und lässt sie glasig werden. Anschließend gibt man die Pilze dazu und lässt sie bei geschlossenem Deckel etwa 7 Min. kochen. Sollte sich zu viel Wasser bilden, insbesondere wenn die Pilze zuvor bei Regenwetter viel Wasser aufgenommen haben, sollte dieses zu einem großen Teil abgegossen oder verkocht werden. Die restliche Flüssigkeit mit den Pilzen dickt man mit Ei und ggf. etwas Mehl an und schmeckt das Pilzgericht herzhaft mit Salz und Pfeffer ab. Dazu gibt es Brot oder Pellkartoffeln.

Buchtipp:
- Rainer Höh
Wildnis-Küche
(Reise Know-How Praxis)

Trinkwasser

Das **kalte** isländische **Leitungswasser** ist von **guter Qualität.** Auch das Wasser aus den vielen klaren und eiskalten Gebirgsbächen kann man bedenkenlos trinken. Auf Trekking-Touren, bei denen wir vielfach auf das Wasser von kleinen Rinnsalen angewiesen sind, filtern wir das Wasser mit dem WaterWorks-II-Keramikfilter von MSR. Ungenießbar ist das aus heißen Quellen sprudelnde, mineralienreiche und stark nach Schwefelwasserstoff riechende heiße Wasser. Trübes Gletscherwasser ist nur im Notfall zum Trinken geeignet. In vielen Geothermalgebieten riecht auch das **heiße Leitungswasser** immer ein wenig nach faulen Eiern. Beim Kochen verliert es den unangenehmen Geruch.

Feiertage und Feste

Offizielle Feiertage in Island sind:

- **1. Jan.:** Neujahr (Nýársdagurinn)
- **dritter Donnerstag im April:** erster Sommertag (Sumardagurinn fyrsti)
- **1. Mai:** Tag der Arbeit
- **ein Sonntag Anfang Juni:** Tag des Seemanns (Sjómannadagurinn)
- **17. Juni:** Nationalfeiertag
- **erster Montag im August** – Handelsfeiertag (Verslunnarmannahelgi)
- **24. Dez.** (ab 12 Uhr): Heiligabend
- **25. und 26. Dez.:** Weihnachten
- **31. Dez.** (ab 12 Uhr): Silvester
- **Christliche Feiertage** sind: Gründonnerstag, Karfreitag, Ostersonntag und Ostermontag, Christi Himmelfahrt, Pfingstsonntag und Pfingstmontag

Auch in Island wird **Karneval** gefeiert, wenn auch etwas anders als bei uns. Am Rosenmontag trifft man sich, um gemeinsam Süßes wie Sahnekrapfen zu essen. Am Faschingsdienstag wird traditionell Salziges wie Erbsensuppe mit gepökeltem Lammfleisch bevorzugt. Am Aschermittwoch ziehen verkleidete Kinder durch die Orte, um für Süßigkeiten zu singen.

Mitte Februar treffen sich die Reykjavíker beim **Lichterfestival** im Laugardalur.

Eine Woche später findet in der Hauptstadt das **Gourmet-Festival** statt, auf dem die besten einheimischen Köche und auch internationale Gastköche Köstliches zaubern.

Am **1. März** geht es in den Kneipen besonders ausgelassen zu, denn an diesem Tag wurde 1989 der Bierausschank legalisiert.

Der **erste Sommertag (21. April)** wird in vielen Orten mit Blasmusik und Umzügen willkommen geheißen.

Im **Mai** werden die zurückkommenden Zugvögel – Goldregenpfeifer und Küstenseeschwalbe – als Vorboten des Sommers begrüßt.

Mitte Mai bis Anfang Juni findet in Reykjavík das **Kulturfestival** statt.

Am **ersten Juniwochenende** wird in jedem Hafen des Landes das Festival des Meeres, der traditionelle **„Seemannsfeiertag"** zu Ehren der Fischer und Seeleute, gefeiert.

Am **Nationalfeiertag (17. Juni)** finden landesweit Umzüge und Veranstaltungen im Freien statt. Kinder bemalen ihre Gesichter mit den Landesfarben.

Auch am **längsten Tag des Jahres,** dem **21. Juni,** wird gefeiert.

Am verlängerten Wochenende des **Handelsfeiertages (erster Montag im August)** sind die Isländer unterwegs, um auf Campingplätzen und in Hütten ausgelassen-feuchtfröhlich zu feiern. An zahlreichen Orten finden Feste und Konzerte statt, das größte Fest in Heimaey auf den Westmänner-Inseln. Wem nicht an Trubel und lauter Musik gelegen ist, sollte Orte wie Landmannalaugar, Húsafell und Þórsmörk an diesen Tagen meiden.

Anlässlich des **Stadtjubiläums von Reykjavík (18. August)** findet um diese Zeit eine **Kulturnacht** (Menningarnott) in der Hauptstadt statt. Dann haben Museen, Buchläden und Cafés die ganze Nacht geöffnet, und es finden Kleinkunstaufführungen und andere kulturelle Veranstaltungen statt. Den Abschluss bildet ein Feuerwerk. Am Tag der Kulturnacht findet auch der **Reykjavík Marathon** statt.

Am dritten August-Wochenende gehört die Stadt den Schwulen und Lesben, die anders als in vielen anderen Ländern in Islands Gesellschaft akzeptiert sind. Ihre Parade – **Gay Pride** – ist bunt, manchmal etwas schrill und karnevalistisch ausgelassen.

Wenn der **Sommer zu Ende** geht, kommt die Kultur des Landes keineswegs zum Stillstand. Jetzt beginnt die Zeit der festlichen Konzerte und Theateraufführungen. In Reykjavík finden ein **Jazz-Festival** und die **Filmwochen** statt. Im Oktober treten bei den **Iceland Airwaves** junge isländische Musiker mit internationalen DJs und Chart-Leadern in den Clubs und Diskotheken Reykjavíks auf.

Dann kommt **Weihnachten** mit den 13 Weihnachtskobolden (siehe Exkurs „Weihnachten in Island ..."). An **Silvester** wird das alte Jahr mit großen Feuern und einem Feuerwerk verabschiedet und das neue um Mitternacht begrüßt.

Ein traditionelles Fest ist das **Þórrablót,** eine Wikingertradition, die neu belebt wurde. Im alten isländischen Kalender, der bis ins 18. Jahrhundert hinein galt, war Þórri der vierte, härteste und entbehrungsreichste Wintermonat. Er begann um den 20. Januar und endete Mitte Februar. Von da an konnte das Jahr nur noch besser werden. Die Bauern baten Thor *(Þór)* an diesem ursprünglich heidnischen Fest um ein fruchtbares Jahr; die aufgetischten Speisen – gesenkte Schafsköpfe, sauer eingelegter Widderhoden *(hrútspungar)* und hákarl – sollten den Gott gnädig stimmen. Die Isländer feiern das „Mitwinter-Fest" ausgelassen und „branntweinselig". Viele Hotels und Restaurants bieten dazu nicht nur für die Touristen ein traditionelles Þórrablót-Buffet an, das neben den alten Gerichten die ganze Breite der isländischen Küche zeigt.

Im Freilichtmuseum Árbær in Reykjavík

Fotografieren und Filmen

Die klare Sicht, die satten Farben, die fremdartig anmutenden Gletscher und Lavalandschaften, freundliche Gesichter, die mächtigsten Wasserfälle Europas und an den Felsküsten Kolonien von Meeresvögeln – solche Motive machen Island für viele Foto- und Videoamateure zu einer Trauminsel. An dieser Stelle wollen wir einige **Foto- und Videotipps** geben, die zur Gestaltung beeindruckender Urlaubsfotos und Videos beitragen können und aufzeigen, welche Ausrüstung optimal für eine Islandreise ist.

Die Foto- und Videoausrüstung sollte nicht zu umfangreich sein, denn allzu viel Zubehör lenkt vom Motiv ab und verunsichert den Fotografen.

Bei Flugreisen ist das Gepäck auf zumeist 20 kg pro Person begrenzt. Das Handgepäck darf je nach Fluggesellschaft 6–8 kg schwer sein. Die Fototasche nehmen wir grundsätzlich mit in die Kabine. Damit das Handgepäck unter den Sitz oder in die Gepäckablage darüber passt, sind seine Maße auf 55 x 40 x 20 cm begrenzt.

Da eine Kamera unterwegs auch einmal versagen kann, empfehlen wir, zwei Kameras mitzunehmen. Heute hat die digitale Fotografie den Film abgelöst. Für viele Hobbyfotografen ist die Anzahl der Pixel einer Kamera immer noch das wichtigste Kriterium. In Wirklichkeit bestimmt die Anzahl der Pixel aber nur die Druckgröße und nicht die Qualität eines Bildes. 8–12 Millionen Pixel rei-

chen für qualitativ hochwertige Ausdrucke mit dem Tintenstrahldrucker bis 30 x 45 cm.

Nach wie vor gilt aber wie zu Filmzeiten, dass die Qualität eines Bildes umso besser ist, je weniger es vergrößert ist; d. h. je größer das Negativ, Dia oder der digitale Bildsensor ist. Ein digitales Bild, das mit einem großen Sensor aufgenommen wurde, muss im Vergleich mit kleineren Sensorformaten weniger stark vergrößert werden und liefert deshalb vor allem bei großen Druckformaten meistens eine sichtbar bessere Bildqualität.

Wir fotografieren in Island mit digitalen Spiegelreflexkameras und einer kleinen Digicam für die Jackentasche mit „großem" Sensor. An Objektiven verwenden wir Brennweiten von 16 bis 400 mm. Die 400 mm benötigen wir meist nur, wenn wir an der Küste Seevögel fotografieren. Dann kombinieren wir das Teleobjektiv mit dem 1,4x-Extender, was eine Brennweite von 560 mm ergibt. Die digitalen Bilddaten speichern wir auf 16-GB-Speicherkarten. Im RAW-Format können wir damit über 500 Aufnahmen machen, bis eine Karte voll ist. Abends oder wenn wir auf Campingplätzen einen Stromanschluss haben, kopieren wir die Bilddaten auf ein 12,1-Zoll Notebook und legen zwei Sicherungskopien auf externen Festplatten an. Das Notebook hat den Vorteil, dass man die Bilder kontrollieren und die schlechten löschen kann, was Speicherplatz und zu Hause viel Zeit spart.

Das Notebook fördert auch die Kommunikation. Wir können unsere Bilder anderen zeigen; digitale Fotos sind international, die jeder versteht – ein Esperanto der Kunst.

An weiterem Zubehör nehmen wir ein solides Carbon-Stativ, ein Elektronenblitzgerät, einen Polarisationsfilter, Reserveakkus und Ladegeräte mit auf die Reise.

Wer **mit Film** fotografiert, kann sich an folgendem orientieren: Nehmen Sie alle Filme und Videokassetten von zu Hause mit, denn in Island sind diese teurer, und Diafilme und Leerkassetten gibt es nur in größeren Städten. Wir empfehlen für engagierte Fotografen 10–15 Filme mit je 36 Aufnahmen pro Reisewoche; wer nur Erinnerungsfotos macht, dem genügen 5 Filme pro Woche. Anfangs fotografiert man meistens mehr als gegen Ende einer Reise, da all die neuen Eindrücke auch auf dem Bild festgehalten werden.

Einige **typische Motive** in Island haben wir eingangs bereits erwähnt. Dazu einige **Fototipps:** Interessante Motive aus dem Flugzeug sind Wolkenstimmungen, denen ein angeschnittener Flügel Vordergrund und räumliche Tiefe gibt. Derartige Bilder gelingen aus dem Fenster des Flugzeugs am besten mit einem 28 mm-Weitwinkelobjektiv. Landschaftsaufnahmen aus einem 10.000 m hoch fliegenden Linienflugzeug enttäuschen hingegen meistens, da das Land keine Strukturen erkennen lässt und schwach in den Farben und im Kontrast wird.

Wegen der großen Helligkeit der sonnenbeschienenen Wolken müssen Aufnahmen aus dem Flugzeug bei Dia-Filmen um etwa zwei Blenden- oder Zeitstufen reichlicher belichtet werden als die Belichtungsautomatik der Kamera anzeigt. Auch bei anderen Motiven muss der Fotograf korrigierend in die automatische Belichtungsmessung eingreifen und die Belichtungszeit oder die Blende korrigieren. Jeder Belichtungsmesser ist auf ein mittleres Grau mit einem Reflexionswert von 18 % kalibriert. Motive, die deutlich heller als dieser mittlere Grauwert sind, müssen reichlicher belichtet werden; Motive, die dunkler sind, hingegen knapper. Solche Motive sind Landschaften aus tief schwarzer Lava wie die Leirhnúkurspalte, der Vatnajökull im gleißenden Licht der Sonne oder der helle Sand in der Bimssteinwüste Ódáðahraun. Die schwarze Lava muss um ein bis zwei Stufen knapper belichtet werden, der Gletscher im Sonnenlicht um ein bis zwei Stufen reichlicher und der helle Sand um eine Stufe mehr.

Negativfilme und digital fotografierte Bilder haben einen wesentlich höheren Belichtungsspielraum als Diafilme. Die Bildhelligkeit und die Farb- bzw. Kontrastwiedergabe können bei Negativfilmen nachträglich noch beim Anfertigen der Abzüge und bei Digital-

Buchtipps:
- Helmut Hermann
Reisefotografie
- Volker Heinrich
Reisefotografie digital
(beide Bände Reise Know-How Praxis)

fotos mit einem Bildbearbeitungsprogramm korrigiert werden. Bei digitalen Aufnahmen kann in den dunklen Bildpartien jedoch „Rauschen" auftreten, wenn diese nachträglich aufgehellt werden. Deshalb empfehlen wir, auch Digitalfotos schon bei der Aufnahme korrekt zu belichten.

Papageitaucher, diese neugierigen Vögel, kommen am Kliff Látrabjarg bis zum Berühren nahe. Meeresvögel, die auf den vorgelagerten Felsinseln nisten, erfordern ein sehr langes **Teleobjektiv** mit einer Brennweite von 400 bis 600 mm. Bei diesen Aufnahmen mit dem langen Tele-Objektiv müssen wir unsere Kamera auf einem stabilen und schweren Stativ befestigen, das auch der ständig wehende Wind nicht erschüttert.

Polarisationsfilter reduzieren Reflexe auf nichtmetallischen Oberflächen, wie Wasser und Pflanzen, und intensivieren die Farbe. Auch die Wolken treten am blauen Himmel plastischer hervor. Die Wirkung eines Polfilters hängt vom Einfallswinkel des Lichts ab; bei 45 Grad ist sie am stärksten. Bei Gegenlicht oder wenn die Sonne senkrecht am Himmel steht, ist ein Polfilter fast wirkungslos. Durch den Einsatz dieses Filters können bei manchen Filmen mit einer sehr hohen Farbsättigung, wie etwa dem Fujichrome Velvia, die Farben in ihrem Ton verfälscht werden. Hier sollte der Polfilter nicht auf seine maximale Wirkung eingestellt werden. Bei hohen Kontrasten zwischen einem hellen Himmel und dunkler Lavalandschaft verhilft ein **Grauverlaufsfilter** zu ausgewogenen Bildern. Bei diesem drehbaren Filter ist eine Hälfte grau eingefärbt und mindert dadurch die Helligkeit des Himmels. Der **KR 1,5-Filter** ist ein schwach rötlich eingefärbter Farbkompensationsfilter, der die Farbtemperatur des Lichts senkt. Dadurch wird bei trübem Regen- oder Nebelwetter und bei wolkenlos blauem Himmel ein **Blaustich der Dias** vermieden. Insgesamt wird die Bildwiedergabe „wärmer". Ein KR 1,5- bzw. der stärkere KR 3-Filter sind notwendig, um beispielsweise Schneeflächen in ihrem natürlichen Weiß wiederzugeben. Wer digital (RAW-Files) fotografiert, kann auf den KR-Filter verzichten, da Weißpunkt und Farbton des Bildes später in der Bildbearbeitung festgelegt werden können.

180is Foto: tt

Geflecktes Knabenkraut

014is Foto: tt

Unsere Foto- und Videoausrüstung transportieren wir am besten in einer soliden **Fototasche,** die dicht schließt und dadurch den Inhalt vor Staub und Regen schützt. Sie sollte auch derbe Stöße abfedern, bequem zu tragen und zu handhaben sein. Aluminiumkoffer sind uns auf Reisen zu unhandlich, ein Fotorucksack jedoch sehr bequem und empfehlenswert, wenn weite Strecken zu Fuß zurückgelegt werden.

Wer gerne in **Schwarzweiß** fotografiert, kennt bestimmt die Wirkung und die Anwendungsmöglichkeiten der speziellen Schwarzweißfilter. Wir erwähnen hier deshalb nur die beiden wichtigsten, die wir in Island bei der Landschaftsfotografie vorteilhaft einsetzen können: Der Gelb-Filter und der Gelbgrün-Filter verhelfen zu einer im Kontrast richtigen Wiedergabe der weißen Wolken am blauen Himmel. Der Orange- und Rot-Filter dramatisiert die Wolken zu einer bedrohlich wirkenden Gewitterstimmung. Er hellt außerdem dunkelrote Lavabrocken auf, die sich dadurch auf dem Schwarzweißbild deutlich von der sie meist umgebenden schwarzen Lava abheben.

Videofilmer können in Island in Bild und Ton eindrucksvolle Szenen, wie die stürzenden Wasser des Dettifoss

Doppelter Regenbogen am Seljalandsfoss

oder die haushohe Wasserfontäne des Strokkur, aufnehmen. Damit der Wind nicht die Klänge der Natur übertönt, sollte das Mikrofon besonders windgeschützt sein. Nach unserer Erfahrung werden pro Reisetag durchschnittlich dreißig Minuten lang Videoaufnahmen gemacht. Daraus ergibt sich die Anzahl der von zu Hause mitzunehmenden Leerkassetten. Videos, die aus der freien Hand gedreht werden, erinnern oft mehr an eine Ausflugsfahrt auf einem schwankenden Schiff als an festes Land. Verwenden Sie deshalb besonders bei Panoramaschwenks ein Stativ.

Videokameras haben einen recht hohen Stromverbrauch. Bei tiefen Temperaturen ist die Aufnahmezeit stark begrenzt. Die Mitnahme eines oder sogar mehrerer **Ersatzakkus** ist erforderlich, will man den ganzen Tag über aufnahmebereit sein. Steckdosen zum Aufladen der Akkus gibt es im Hochland nicht. Autoreisende können ihre Akkus mit einem **Auto-Ladegerät,** das an das 12-V-Bordnetz angeschlossen wird, während der Fahrt aufladen.

Geld

Währung und Bargeldtausch

Die Währungseinheit ist die **isländische Krone (ISK).** Eine Krone entspricht 100 Aurar, die aber nicht mehr verwendet werden. Münzen gibt es zu 1, 5, 10, 50 und 100 Kronen, Banknoten zu 500, 1000, 2000 und 5000 Kronen.

Banken und Hotels, die Devisen wechseln, gibt es in allen größeren Orten. In der Regel haben sie Montag bis Freitag von 9.15 bis 16 Uhr geöffnet, donnerstags bis 17 oder 18 Uhr. Außerhalb dieser Zeiten können Sie über **Automaten** oder **Schalter** der Change Group Iceland im Flughafen Keflavík (täglich rund um die Uhr), in der Tourist Information, Bankastræti 2 in Reykjavík, Devisen tauschen.

Wechselkurs nach der Bankenkrise im März 2010: 1 Euro = 174 ISK, 100 ISK = 0,57 Euro, 1 sFr. = 119 ISK, 100 ISK = 0,82 sFr. Im Januar 2008 bekam man für einen Euro nur 95 ISK. Durch die Bankenkrise hat die isländische Krone knapp die Hälfte an Wert verloren. Wechseln Sie Devisen nur in Island, da dies wesentlich günstiger als zu Hause ist. An den Kassen der Fähre und zunehmend auch in Island wird auch der Euro akzeptiert.

Devisenbestimmungen

Ausländische Zahlungsmittel dürfen in unbegrenzter Höhe eingeführt werden. Gelegentlich müssen sie deklariert werden; Devisenausfuhr ist nur in Höhe des deklarierten Betrags erlaubt. Isländische Kronen dürfen bis zum einem Betrag von 14.000 ISK ein- bzw. ausgeführt werden.

Zahlungsmöglichkeiten

Bankautomaten

Bankautomaten, an denen man mit **Maestro-Karte** (ehem. EC-Karte) mit PIN-Code Bargeld abheben kann, gibt es an vielen Banken und in größeren Einkaufszentren. Für diese Art der Geldbeschaffung wird je nach Hausbank pro Abhebung eine Gebühr von 1,30–4 Euro bzw. 4–6 SFr. berechnet. Bei manchen Banken wird dieser Service an Geldautomaten im In- und Ausland nicht zusätzlich in Rechnung gestellt, sondern ist im Grundpreis der Kontoführung enthalten.

Reiseschecks

Reiseschecks von Mastercard (häufiger) oder American Express kann man in allen Banken und den großen Hotels gegen eine geringe Gebühr einlösen.

Kreditkarte

In Island ist es **üblich,** mit Kreditkarte zu bezahlen. Mastercard und VISA werden in den meisten Geschäften und Hotels, bei Fluggesellschaften, Tankstellen usw. akzeptiert (sie werden durch alle isländischen Banken und Sparkassen repräsentiert), American Express, Diners Club und JCB hingegen meist nur in den größeren Hotels. Bei den Banken kann man mit einer Kreditkarte von Mastercard oder VISA auch Bargeld bekommen; mit ersterer auch bei vielen Postämtern. Mit Diners Club und JCB ist dies nur bei der Íslandsbanki und Eurocard Island möglich. Der Geldautomat ist der ideale Ort zur Bargeldbeschaffung. Sowohl mit der Maestro-Karte (EC-Karte) als auch der Kreditkarte muss man dazu den jeweiligen **PIN-Code** eingeben.

Ob und wie hoch die **Kosten für die Barabhebung** sind, ist abhängig von der Karten austellenden Bank und von der Bank, bei der die Abhebung erfolgt. Im ungünstigsten Fall wird pro Abhebung eine Gebühr von bis zu 1 % des Abhebungsbetrags per Maestro-Karte oder gar 5,5 % des Abhebungsbetrags per Kreditkarte berrechnet.

Für das **bargeldlose Zahlen per Kreditkarte** innerhalb der Euro-Länder darf die Hausbank keine Gebühr für den Auslandseinsatz veranschlagen; für Schweizer wird ein Entgelt von 1–2 % des Umsatzes berechnet.

Sonstiges

Außerhalb der üblichen Banköffnungszeiten bekommt man Devisen auch bei The Change Group, Bankastræti 2, 101 Reykjavík, Tel. 5523735, geöffnet Mai bis September Mo bis Sa 8.30–20 Uhr, im Winter 9–17 Uhr, Austurstræti 20, 101 Reykjavík, Tel. 552 9860, geöffnet Mai bis September Di bis So 9–23 Uhr, im Winter 11.30–19.30 Uhr, Im Falkenhaus, Hafnarstræti 3, 101 Reykjavík, Tel. 5113780, geöffnet Mai bis September täglich 9–18 Uhr. In Akureyri bei Nonni Travel, Brekkugata 5, 600 Akureyri, Tel. 4614025, geöffnet von Mai bis 15. September 8–20 Uhr.

Preise

Vor der Bankenkrise war Island ein sehr teures Reiseland. Nachdem sich der Wert der isländischen Krone gegenüber dem Euro halbiert hat, ist ein Urlaub in Island für Ausländer erschwinglicher geworden. **Island ist aber keinesfalls ein billiges Reiseland!** Für Isländer hingegen ist ein Auslandsurlaub fast unbezahlbar teuer geworden. Dies gilt auch

Verlust von Geldkarten

Bei Verlust oder Diebstahl der Kredit- oder Maestro-(EC-)Karte sollte man diese umgehend sperren lassen. Für deutsche Maestro- und Kreditkarten gibt es die **einheitliche Sperrnummer 0049 116116** und im Ausland zusätzlich 0049 30 40504050. Für österreichische und schweizerische Karten gelten:

- **Maestro-Karte,** (A)-Tel. 0043 1 2048800; (CH)-Tel. 0041 44 2712230, UBS: 0041 848 888601, Credit Suisse: 0041 800 800488.
- **MasterCard,** internationale Tel. 001 636 7227111
- **VISA,** Tel. 0043 1 7111 1770; (CH)-Tel. 0041 58 9588383.
- **American Express,** (A)-Tel. 0049 69 9797 1000; (CH)-Tel. 0041-44 6596333.
- **Diners Club,** (A)-Tel. 0043 1 501350; (CH)-Tel. 0041 58 7508080.

Notieren Sie sich Ihre Kreditkartennummer, damit sie diese im Notfall auch angeben können.

Geldnot

Wer dringend eine größere Summe ins Ausland überweisen lassen muss wegen eines Unfalles oder Ähnlichem, kann sich auch nach Island über Western Union Geld schicken lassen. Für den Transfer muss man die Person, die das Geld schicken soll, vorab benachrichtigen. Diese muss dann bei einer Western Union Vertretung (in Deutschland u.a. bei der Postbank) ein entsprechendes Formular ausfüllen und den Code der Transaktion telefonisch oder anderweitig übermitteln. Mit dem Code und dem Reisepass geht man zu einer beliebigen Vertretung von Western Union in Island (siehe Telefonbuch oder unter www.westernunion.com), wo das Geld nach Ausfüllen eines Formulares binnen Minuten ausgezahlt wird. Je nach Höhe der Summe wird eine Gebühr ab derzeit 10,50 € erhoben.

für Waren und Dienstleistungen. Die Preise für viele in Island hergestellte Waren – Lebensmittel beispielsweise – haben sich seit der Finanzkrise um etwa 10 % erhöht; somit sind diese wie auch Restaurantbesuche und Hotelübernachtungen nur für Ausländer mit Devisen günstiger geworden. Ein **landestypisches Abendessen** kostet zwischen 3000 und 5000 ISK (16–27 Euro); eine **Übernachtung in einem Mittelklassehotel** im Sommer um 20.000 ISK (110 Euro) für das Einzelzimmer und 25.000–30.000 ISK (135–163 Euro) für das Doppelzimmer. Auch die **Eintrittsgebühren für Museen und Ausstellungen** summieren sich im Verlauf einer Reise. Rechnen Sie jeweils mit 500–700 ISK für Erwachsene und 250–350 ISK für Kinder. Die Preise importierter Güter haben sich verdoppelt. Als Folge sind importierte Fahrzeuge für Isländer kaum noch zu bezahlen; 2008 wurden 80 Prozent weniger Neufahrzeuge zugelassen als im Jahr zuvor. Auch McDonald's verabschiedete sich aus Island, da die Fast-Food-Kette fast alle ihre Produkte aus Euro-Ländern importierte.

2009 stellten wir in Island fest, dass der Euro dort manchmal schon zu einer zweiten Währung geworden ist; vor allem touristische Leistungen werden vielfach nur noch in Euro angegeben.

- Bei bestimmten Unterkünften, Veranstaltungsorten, Museen, Tourveranstaltern, Sportstätten etc. kann man Rabatt bekommen, wenn man im Besitz eines **internationalen Studentenausweises (ISIC)** ist (siehe Stichpunkt „Discounts" unter www.isic.de). Dies gilt mit Einschränkungen auch für den Lehrerausweis (ITIC) oder Schülerausweis (IYTC). Den Ausweis muss man allerdings schon zu Hause bei STA Travel oder beim Studentenwerk u. Ä. erworben haben (12 Euro (D), 10 Euro (A), 20 SFr (CH)). Man muss Immatrikulationsbescheinigung/Schülerausweis, Personalausweis und Passbild vorlegen.

Mehrwertsteuer-Rückerstattung

Touristen können sich unter bestimmten Voraussetzungen einen Teil der in Island gezahlten 24,5 % Mehrwertsteuer rückerstatten lassen. Waren des täglichen Bedarfs (Lebensmittel, Zigaretten, alkoholische Getränke) sind davon ausgenommen. Zollfrei einkaufen können Touristen auch nach ihrer Ankunft, vor dem Heimflug oder während eines Zwischenaufenthalts im Land. Der Duty-Free-Shop befindet sich am Leifur-Eiríksson-Terminal im Flughafen Keflavík/Reykjavík.

Für die Steuer-Rückerstattung gibt es in den Geschäften, die an ihrem Logo **Iceland Tax Free Shopping** erkennbar sind, ein **Formular,** das am besten gleich im Laden ausgefüllt und bei der Ausreise dem Zoll vorgelegt wird. Die Ausreise darf nicht später als 30 Tage nach dem Kauf der Waren erfolgen. Die Gesamtsumme aller gekauften Waren pro Rechnung muss mindestens 4000 ISK betragen. Mit Ausnahme von Wollsachen sollten alle anderen Waren beim Zoll im **original verpackten Zustand** vorgelegt werden; sie dürfen in Island nicht benutzt worden sein.

Etwa 15 % des Warenwerts werden erstattet. Meist wird der Betrag direkt beim Verlassen des Landes (Flughafen/Fähre) bar ausgezahlt. Ist dies nicht möglich, kann der Betrag dem Kreditkartenkonto (VISA) gutgeschrieben werden, oder er ist bei den 400 internationalen Geschäftsstellen von Global Refund einzulösen. Dazu kann der Scheck an Global Refund Schweden AB, Kontinentgatan 2, P.O. Box 128, 23122 Trelleborg, Schweden, geschickt werden. Liegt der Erstattungsbetrag über 5000 ISK, müssen Sie vor dem Einchecken die Zollbehörde aufsuchen und dort den „Tax Refund Cheque" abstempeln lassen. Der Stempel ist erhältlich im Duty Free Store am Flughafen Reykjavík oder Akureyri, bei der Landsbanki Íslands, Oddagata 6, Seydisfjörður, oder an Bord aller großen Kreuzfahrtschiffe im Hafen von Reykjavík oder Akureyri (2 Std. vor dem Ablegen). Auf der Transitebene des Reykjavíker Flughafens erhalten Sie am Schalter der Landsbanki Íslands Bargeld, oder Sie können das Formular im Islandica-Shop gegen Island-Kronen umtauschen, um noch einmal im Terminal einzukaufen.

Gesundheit und Notfall

Der **landesweite Notruf** von Polizei *(lögrelan)*, Krankenwagen *(sjúkrabifreið)* und Feuerwehr *(slökkvistöd)* ist **112.** In Island sind alle Busse und Taxen sowie viele Privatfahrzeuge mit Funk oder Mobiltelefon ausgestattet, so dass auch Hilfe herbeigeholt werden kann, wenn kein Telefon in der Nähe ist.

Alle **Krankenhäuser** *(sjúkrahús)* unterhalten **Notfallambulanzen.** In Reykjavík ist die chirurgische **Unfallstation und Notaufnahme** *(slysadeild)* des Städtischen Krankenhauses *(sjúkrahús Reykjavíkur)* unter Tel. 5251700 jederzeit erreichbar. Die **ärztliche Ambulanz** (innere Medizin) erreicht man werktags von 8 bis 16 Uhr unter Tel. 5251000 und von 16 bis 8 Uhr sowie am Wochenende bzw. Feiertag unter Tel. 5521230. Der **zahnärztliche Notdienst** steht täglich von 11 bis 13 Uhr unter Tel. 5750505 bereit. Zwar verfügt nicht jeder Ort über ein eigenes Krankenhaus, aber überall im Land gibt es **ambulante Gesundheitszentren** *(heilsugæslustöð)*.

Das medizinische Zentrum der Gesundheitsfürsorgestation im *Landspítalinn (læknavaktin)* hat ebenfalls einen ärztlichen **Notdienst** eingerichtet (Smáratorg 1, Kópavogur, Tel. 1770, geöffnet 17–8 Uhr, wochenends und an Feiertagen 24 Std.; Rezepte 17–23 Uhr).

Reisegesundheitsinformationen
im Internet unter www.travelmed.de

Die **ärztliche Versorgung** ist, mit Ausnahme des Landesinnern, gut. Laut Statistik kommt ein Arzt auf 357 Einwohner.

Die gesetzlichen Krankenkassen von Deutschland und Österreich garantieren eine Behandlung im akuten Krankheitsfall auch in Island, wenn die Versorgung nicht bis nach der Rückkehr warten kann. Als Anspruchsnachweis benötigt man die **Europäische Krankenversicherungskarte,** die man von seiner Krankenkasse erhält.

Im Krankheitsfall besteht ein Anspruch auf ambulante oder stationäre Behandlung bei jedem zugelassenen Arzt und in staatlichen Krankenhäusern. Da jedoch die Leistungen nach den gesetzlichen Vorschriften im Ausland abgerechnet werden, kann man auch gebeten werden, zunächst **die Kosten der Behandlung** selbst zu tragen. Obwohl bestimmte Beträge von der Krankenkasse hinterher erstattet werden, kann ein Teil der finanziellen Belastung beim Patienten bleiben und zu Kosten in kaum vorhersagbarem Umfang führen.

Deshalb wird der Abschluss einer **privaten Auslandskrankenversicherung** dringend empfohlen.

Bei Abschluss der Versicherung – die es mit bis zu einem Jahr Gültigkeit gibt – sollte auf einige Punkte geachtet werden. Zunächst sollte ein **Vollschutz ohne Summenbeschränkung** bestehen, im Falle einer schweren Krankheit oder eines Unfalls sollte auch der **Rücktransport** übernommen werden, denn der Krankenrücktransport wird von den gesetzlichen Krankenkassen nicht übernommen. Diese Zusatzversicherung bietet sich auch über einen **Automobilclub** an, insbesondere wenn man bereits Mitglied ist. Diese Versicherung bietet den Vorteil billiger Rückholleistungen (Helikopter, Flugzeug) in extremen Notfällen. Wichtig ist auch, dass im Krankheitsfall der **Versicherungsschutz über die vorher festgelegte Zeit hinaus** automatisch verlängert wird, wenn die Rückreise nicht möglich ist.

Schweizer sollten bei ihrer Krankenversicherungsgesellschaft nachfragen, ob die Auslandsdeckung auch für Island inbegriffen ist. Sofern man keine Auslandsdeckung hat, kann man sich kostenlos bei Soliswiss (Gutenbergstr. 6, 3011 Bern, Tel. 031-3810494, info@soliswiss.ch, www.soliswiss.ch) über mögliche Krankenversicherer informieren.

Zur Erstattung der Kosten benötigt man ausführliche **Quittungen** (mit Datum, Namen, Bericht über Art und Umfang der Behandlung, Kosten der Behandlung und Medikamente).

Buchtipps:
- Dr. Dürfeld, Dr. Rickels
Selbstdiagnose und -behandlung unterwegs
(Reise Know-How Praxis)
- David Werner
Wo es keinen Arzt gibt
- Armin Wirth
Erste Hilfe unterwegs effektiv und praxisnah
(Reise Know-How Sachbücher)

Apotheken *(apótek)* sind werktags von 9 bis 18 Uhr geöffnet. Die jeweiligen Dienstbereitschaften sind in den Schaufenstern angegeben. In Reykjavík und Akureyri haben einige Apotheken für Notfälle täglich bis 22 Uhr geöffnet, jedoch nur jeweils eine hat Nachtdienst. Auskunft erhält man über die Dienstbereitschaft (Lyfja, Lágmuli 7) unter Tel. 5322300, täglich geöffnet von 8 bis 24 Uhr, oder man sieht im gelben Branchenverzeichnisteil des Hauptstadt-Telefonbuchs unter „apótek" nach.

Für die meisten **Medikamente** ist ein Rezept erforderlich. Wir empfehlen, persönlich benötigte Medikamente in ausreichender Menge von zu Hause mitzunehmen.

An vielen Stellen im Land stehen **orangefarbene Rettungshütten** der isländischen Lebensrettungsgesellschaft *(Slysavarnafélag Íslands)*. Darin befinden sich Notproviant, Decken, ein Herd und ein Ofen mit Brennmaterial sowie meistens auch ein Notruftelefon oder Funkgerät. Die Hütten bieten Raum für vier bis sechs Personen. Die Rettungshütten dürfen **nur im Notfall** benutzt werden; sie sind keine Dauerunterkünfte, Missbrauch ist strafbar! Sollten Sie einmal eine solche Rettungshütte benötigen, verständigen Sie bitte anschließend den nächsten Bauern oder eine Rettungsstation, damit verbrauchte Vorräte wieder aufgefüllt werden können. Bezahlen Sie das, was sie benötigt haben. Es wird erwartet, dass nach Benutzung ein kleines Entgelt in der Hütte hinterlegt wird.

Zu **Verlust von Geldkarte oder Reiseschecks** siehe Kapitel „Geld".

Information

Isländisches Fremdenverkehrsamt

- **Visit Iceland,** Rauchstraße 1, **10787 Berlin,** Tel. 030-50504200, Fax 50504280, www.visiticeland.com.
- **Ferðamálastofa,** Geirsgata 9, 101 Reykjavík, Tel. 5355500, Fax 5355501, www.ferdalag.is.

Nützliche Internet-Adressen (meist in englischer Sprache):

- **www.bsi.is:** Fahrpläne der Überland-Linienbusse.
- **www.discovericeland.is:** Infos über das Land mit Tipps zum Reisen und Ausgehen in Island.
- **www.hoteledda.is:** Buchung der 13 Edda-Hotels.
- **www.exploreiceland.is:** Infos über das Land, online-Buchungen.
- **www.farmholidays.is:** Buchung von Übernachtungen auf Bauernhöfen.
- **www.heimur.is:** Download verschiedener Broschüren wie Veranstaltungstipps, Unterkunftsverzeichnis, Stadtplan von Reykjavík, eine Islandkarte und der kostenlose Reiseführer „Rund um Island".
- **www.iceland.is:** Umfangreiche Sammlung von Links zum Download von Islandkarten und allerlei Reise- und Landesinformationen.
- **www.icelandreview.com:** Aktuelles aus Island, Unterhaltung, Kultur.
- **www.icetourist.is:** Isländisches Fremdenverkehrsbüro.
- **www.east.is:** Fremdenverkehrsbüro Ostisland.
- **www.northiceland.is:** Fremdenverkehrsbüro Nordisland.
- **www.south.is:** Fremdenverkehrsbüro Südisland.
- **www.northwest.is:** Fremdenverkehrsbüro Nordwestisland.
- **www.west.is:** Fremdenverkehrsbüro Westisland.
- **www.westfjords.is:** Fremdenverkehrsbüro Westfjorde.
- **www.menning.is:** Isländische Kultur.
- **www.nat.is:** Bei Nordic Adventure Travel (NAT) sind alle Bus-, Fähr- und Flugpläne abrufbar. Auch Tickets können gebucht werden. Weitere Infos/Buchungen zu Unterkünften, Mietwagen, organisierte Ausflüge usw.
- **www.randburg.com:** Die wichtigsten Autovermieter Islands.
- **www.vedur.is:** Wettervorhersage (Tel. 902 0600 in englischer Sprache).
- **www.vegagerdin.is:** Straßenzustandsbericht und Befahrbarkeit der Hochlandstrecken.
- **www.visitreykjavik.is:** Städteführer Reykjavík mit aktuellen Tipps zum Ausgehen und für kulturelle Veranstaltungen.
- **www.whatson.is:** Aktuelle Veranstaltungstipps fürs ganze Land.

Kriminalität

Kriminalität ist in Island bislang nahezu unbekannt. Noch kann man sein Zelt oder sein Fahrzeug auch über längere Zeit unbeaufsichtigt auf einem Campingplatz oder irgendwo unterwegs stehen lassen, ohne dass etwas abhanden kommt. In Ausnahmefällen kommt es unter Jugendlichen zu kleineren Pöbeleien oder Sachbeschädigungen, meistens ist übermäßiger Alkoholkonsum Schuld daran.

In letzter Zeit (2008/2009) ist es jedoch **wegen der schwierigen wirtschaftlichen Lage** mehrfach zu Demonstrationen gekommen, die teilweise auch gewaltsam waren. Diebstähle nehmen vor allem im Raum Reykjavík zu. Die Isländer führen dies nicht nur auf die Folgen der Wirtschaftskrise zurück, sondern auch auf die hohe Zahl von Einwanderern aus Osteuropa.

Die **Polizei von Reykjavík** ist über die Zentrale, Hverfisgata 113–115, Tel. 569 9000, und in der Innenstadt, Tryggvagata 19, Tel. 5699025, zu erreichen.

Landkarten und Orientierung

Für eine Islandreise sind die neuesten **Straßenkarten** des isländischen Landvermessungsamtes (Landmælingar Íslands) unerlässlich. Man kann diese Karten schon zu Hause in einer Buchhandlung bestellen oder preisgünstiger direkt in Island kaufen.

Eine sehr gute **Übersichtskarte** im Maßstab 1:475.000 ist die Island-Karte von **world mapping project™/Reise Know-How.**

Eine **Übersichtskarte** ist in Island auch bei vielen **Tourist-Informationen** kostenlos erhältlich. Darin sind alle wichtigen Straßen eingezeichnet – für Rundreisen reicht die Karte völlig aus.

Eine detailliertere **Autokarte** *(ferðakort)* gibt es im Maßstab 1:500.000. Auf allen Hauptstraßen und den wichtigsten Hochlandpisten orientieren wir uns mit dieser Karte.

Die **Atlas-Karten** *(atlasblöð)* im Maßstab 1:100.000 (insgesamt 87 Blätter) sind für Trekkingtouren und für geologische Exkursionen zu empfehlen. Darüber hinaus gibt es **Detailkarten** im Maßstab 1:100.000 *(sérkort)* von den touristisch interessanten Gebieten Þórsmörk-Landmannalaugar, Húsavík-Mývatn-Jökulsargljúfur, Hornstrandir, Suðvesturland und Skaftafell. Die Karten zum Mývatn, den Westmänner-Inseln und der Hekla haben den Maßstab 1:50.000, vom Þingvellir und Skaftafell liegen Karten im Maßstab 1:25.000 vor. Wir empfehlen sie für Wanderer, da in ihnen auch die markierten Wanderwege eingezeichnet sind.

Stadtpläne, z. B. von Akureyri oder Reykjavík, sind im Maßstab 1:15.000 erhältlich. Bei den Tourist-Informationen dieser Orte bekommt man Sonderausgaben meist kostenlos.

Wir benutzen auf unseren Islandreisen auch die vier **Generalkarten ferðakort 1–4** im Maßstab 1:250.000 von Landmælingar Íslands: Karte 1 „Westfjorde und Nordisland", Karte 2 „West- und Südisland", Karte 3 „Nordost- und Ostisland" und Karte 4 „Háledið" (Hochland). In den geografisch umfassend gestalteten Karten sind alle Gewässer, Gletscher, Lava- und Sandwüsten, selbst die kleinsten Orte, alle Straßen und Pisten, größere Furten, viele Campingplätze, Tankstellen und Museen eingezeichnet. Die Karten sind außerdem GPS-tauglich.

Nur in Einzelfällen kann es notwendig werden, dass man im Hochland auf selten befahrenen Nebenstrecken die grobe Richtung für die Weiterfahrt mit einem Kompass oder exakter mittels GPS (Global Positioning System, s. u.) ermitteln muss. Auch bei dichtem Nebel, der aber im Hochsommer eher selten vorkommt, sind ein **Kompass** oder GPS

Buchtipps:
- Wolfram Schwieder
Richtig Kartenlesen
- Rainer Höh
GPS-Navigation für Auto, Motorrad, Wohnmobil
- Rainer Höh
Orientierung mit Kompass und GPS
(alle Bände Reise Know-How Praxis)

auf Wanderungen von Nutzen, oder wenn es darum geht, im Gelände an einem Kreuzungspunkt mehrerer Pisten die richtige für die Weiterfahrt ausfindig zu machen. Eine Orientierung mit dem Kompass ist auch in Lavafeldern mit magnetischem Gestein möglich. Die Beeinflussung der Kompassnadel durch lokale Magnetfelder des Vulkangesteins ist gering. Wir haben jedenfalls immer den richtigen Weg gefunden – nur muss die Deklination berücksichtigt werden: An vielen Stellen auf der Erde stimmt die magnetische Nordrichtung nicht mit der geografischen überein – magnetischer und geografischer Nordpol weichen voneinander ab. Der Winkel zwischen diesen beiden „Nordrichtungen", die **Deklination,** muss folglich bei einer Orientierung mit dem Kompass korrigiert werden. In Island nimmt die Deklination von Ost nach West zu. An der Ostküste beträgt sie etwa 18° West, in Zentralisland 20° West und in der Westfjorden bis zu 25° West. Auf den Färöer-Inseln muss eine Abweichung von etwa 12° West korrigiert werden. Bei Expeditionsausrüstern ist eine internationale Missweisungskarte, also eine Weltkarte, auf der die jeweilige Deklination eingezeichnet ist, erhältlich.

Alle Hochlandpisten und Wanderwege sind jedoch hinreichend markiert, so dass man auch auf mehrtägigen Touren durch unbewohnte Gebiete nicht navigieren muss. Nur wer die markierten Pfade verlässt (das Fahren abseits freigegebener Pisten ist verboten!), sollte über entsprechendes Navigationswissen verfügen.

GPS-Satellitennavigation

Eindeutige Vorteile bei der exakten Positionsbestimmung bietet das heute schon bei vielen Fernreisenden verbreitete GPS. Diese einfache und problemlos nutzbare Navigationshilfe wurde ursprünglich 1973 vom US-Militär entwickelt und hat sich auch im zivilen Bereich durchgesetzt.

Das Navigationssystem basiert auf 24 Satelliten, die, gleichmäßig auf sechs Orbitalbahnen um die Erde verteilt, diese alle zwölf Stunden in 20.000 km Höhe umkreisen. Die Signale dieser GPS-Satelliten werden vom GPS-Empfänger empfangen, der aus den Laufzeiten der hochfrequenten Signale die Positionskoordinaten errechnet. Die **Genauigkeit** (der minimale Positionsfehler) dieser GPS-Empfänger beträgt heute etwa 1–5 m im Längen- und Breitengrad sowie in der Höhe.

Medien

Zeitungen und Zeitschriften

Die größten überregionalen **Tageszeitungen** sind *DV* (unabhängig) und *Morgunblaðið* (= Morgenblatt, konservativ). Die kleine Zeitung *Dagur,* die mit DV fusioniert ist, ist nur lokal vertreten. Amerikanische, britische und dänische Tageszeitungen und Magazine bekommt man ganzjährig auch in den kleineren Städten. Deutsche Tageszeitungen gibt es ganzjährig v. a. in Reykjavík und Akureyri, im Sommer auch in anderen Städten, allerdings selten aktuell.

015is Foto: tt

Aktuelle Infos und Hintergrundwissen über Island gibt es im englischsprachigen Monatsmagazin *News from Iceland* und in der vierteljährlich erscheinenden *Iceland Review*. Interessenten können diese Magazine beim Verlag Iceland Review, Höfdbakki 9, P.O. Box 12122, 132 Reykjavík, bestellen.

Iceland Review veröffentlich im Internet tagesaktuell „latest news" aus Island und verschickt diese auch per E-Mail (www.icelandreview.com). Alle zwei Wochen erscheint die englischsprachige **Grapevine.** Die kostenlose Zeitung liegt in Hotels, Cafés und der Tourist-Info aus. Das Blatt geht brisanten Fragen aus der Politik und Wirtschaft nach, es ist Lifestyle-Magazin und kultureller Eventkalender zugleich. Von der Zeitung gibt es auch eine Internet-Ausgabe (www.grapevine.is).

Rundfunk

Die öffentlich-rechtliche Rundfunkanstalt Islands wurde 1930 gegründet. Seit 1985 senden auch private, kommerzielle Anbieter. Es gibt heute in Island zwei staatliche Rundfunkstationen (RS1 und RS2) sowie viele lokale Privatsender. RS1 sendet in den Sommermonaten täglich im Anschluss an die Nachrichten um 7.30 Uhr Nachrichten und Wetterbericht auf Englisch (FM 93,5 MHz und 92,4 MHz). Auch auf FM 96,7 gibt es werktags um 9, 12 und 17 Uhr Nachrichten der BBC. Radio Síglit bringt vom 1.5. bis 30.9. Di bis Sa zwischen 7 und 9 Uhr Nachrichten und Wettervorhersagen auf Englisch.

Die **Deutsche Welle** hört man auf Kurzwelle (6075, 6115 und 6140 KHz), an der Südostküste teilweise auch auf dem 49 m-Band der Mittelwelle.

Fernsehen

Das öffentlich-rechtliche isländische Fernsehen begann 1966. Bis 1988 gab es nur einen Fernsehsender, der donnerstags Sendepause hatte. Man munkelt, dass seiner Zeit die meisten isländi-

Das Morgunblaðið
ist die größte Tageszeitung Islands

schen Kinder an einem Donnerstag gezeugt wurden. Heute gibt es drei isländische Fernsehsender, die jeden Tag senden. Das Programm wird von nicht-synchronisierten US-Serien und Spielfilmen mit isländischen Untertiteln dominiert. Nachrichten in englischer Sprache werden im Videotext zu Kanal 1 auf Seite 130 angeboten, der Wetterbericht folgt auf Seite 131. Mit Parabolantennen können die Isländer die „Drei-Programm-Grenze" ihres Fernsehens überschreiten und an der Vielfalt internationaler Satellitensender teilnehmen. In allen größeren Hotels sind ausländische Radio- und Fernsehprogramme zu empfangen.

Öffnungszeiten

Die üblichen **Geschäftszeiten** sind unter der Woche **von 9 bis 18 Uhr.** Freitags sind viele Geschäfte bis 19 Uhr geöffnet, samstags bis mittags. In Reykjavík haben einige Läden auch sonntags geöffnet. Außerhalb der Hauptstadt sind meistens nur Souvenirgeschäfte am Sonntag geöffnet.

Die Schalterstunden der meisten **Banken** sind **Mo bis Fr von 9.15 bis 16 Uhr,** einige Banken haben am Donnerstag bis 18 Uhr geöffnet.

Postämter sind werktags von 8.30 bis 16.30 Uhr und samstags von 9 bis 12 Uhr geöffnet.

Die angegebenen Öffnungszeiten gelten für die Sommermonate und für größere Orte; im Winter und in den kleineren Orten sind kürzere Öffnungszeiten üblich.

Post und Telefon (Póstur og sími)

Postämter oder zumindest eine Poststelle gibt es in fast allen Orten. Nur in ländlichen Regionen können die Postöffnungszeiten eingeschränkt sein. Briefkästen sind eher selten. In Island ist es üblich, seine Post auf den Postämtern abzugeben. Da Post *(póstur)* und Telefonamt *(sími)* in Island getrennt sind, können sie nicht in allen Postämtern telefonieren. Das Versenden von Telegrammen und Telefax ist jedoch überall möglich.

Die **Postgebühren** betragen für Briefe bis 20 g und Postkarten per Luftpost *(flugpóstur)* innerhalb Islands oder Skandinaviens 70 ISK, im übrigen Europa 120 ISK und außerhalb Europas 160 ISK. Isländische Briefmarken sind ein beliebtes Sammelobjekt. Jedes Jahr gibt es sehenswerte Neuerscheinungen mit unterschiedlichsten Motiven. Weitere Infos unter www.postur.is.

Das **Hauptpostamt von Reykjavík** (Aðalposturinn) liegt in der Pósthússtræti 5, Tel. 5801101; allgemeine Öffnungszeiten: Mo bis Fr 9–16.30 Uhr (mit Ausnahmen). An dieses Postamt kann man sich postlagernde Päckchen und Pakete schicken lassen.

Im **Kringlan-Einkaufszentrum** ist die Post werktags bis 18 Uhr, im **BSÍ-Busbahnhof** bis 19.30 Uhr, samstags bis 15 Uhr, geöffnet.

Bei Gesprächen von einem Postamt aus wird eine Gebühr erhoben. Sie sollten daher die **öffentlichen Fernsprecher** in Hotels, Cafeterias, Restaurants

016is Foto: tt

oder Tankstellen bevorzugen. Es gibt drei Arten von öffentlichen Fernsprechern, die entweder Münzen, Telefon- oder Kreditkarten akzeptieren. Isländische **Telefonkarten** im Wert von 500 und 1000 ISK gibt es auf der Post und in den Fernmeldeämtern im ganzen Land. Billigtarife gelten von 23 bis 6 Uhr sowie am Wochenende.

Innerhalb Islands kann man die siebenstelligen Nummern direkt wählen. Bei **Ferngesprächen aus dem Ausland** nach Island lautet die **Vorwahl 354,** gefolgt von der siebenstelligen isländischen Rufnummer ohne Vorwahl. Für Gespräche von Island ins Ausland wählt man für Deutschland 0049 + Ortsvorwahl (ohne „0") + Rufnummer. Die Vorwahl in die Schweiz lautet 0041, nach Österreich 0043.

Das **isländische Telefonbuch** ist nach den Vornamen geordnet, die den Familiennamen vorangestellt sind.

Im Postamt auf Flatey

Tel.-Vorwahlen der Regionen

- Reykjavík: 55
  (bei sechsstelligen Nummern 5)
- Halbinsel Reykjanes: 42
- Westen: 43
- Nordwesten: 44
- Norden, Westteil: 45
- Norden, Ostteil: 46
- Osten: 47
- Süden: 48

Landesweiter Notruf

- 112

Telefonischer Vermittlungsservice:

- **115:** Vermittlung von internationalen Verbindungen und Konferenzschaltungen
- **118:** Auskunft für Telefon-, Fax- und Mobiltelefonnummern
- **119:** Ferngespräche
- **114:** Auslandsauskunft für Telefon- und Faxnummern
- **146:** Telegramme
- **147:** Telexversand und -empfang
  Alle Nummern bieten 24 Std-Service.

Auslandsvorwahlen

- Island: 00354
- Deutschland: 0049
- Österreich: 0043
- Schweiz: 0041

Mobil telefonieren

Das eigene Mobiltelefon lässt sich in Island problemlos nutzen. **Landssíminn** (Isländische Telecom) betreibt das NMT-450 Netz, welches das ganze Land abdeckt, sowie auch das 900 und 1800 GSM- sowie 3G-Netz in den dichter besiedelten Gebieten. **Vodafone** (Service-Nr. 1414 oder 1800) betreibt landesweit das 900 und 1800 GSM-Netz.

Auslandstelefonate mit dem Mobiltelefon sind teuer. Dazu zählen auch die passiven Kosten, wenn man von zu Hause angerufen wird (Mailbox abstellen!). Der Anrufer zahlt nur die Gebühr ins heimische Mobilnetz, die teure Rufweiterleitung ins Ausland wird dem Empfänger berechnet.

Wesentlich preiswerter ist es, sich von vornherein auf **SMS** zu beschränken, der Empfang ist dabei in der Regel kostenfrei. Der Versand und Empfang von Bildern per **MMS** ist hingegen nicht nur relativ teuer, sondern je nach Roamingpartner auch gar nicht möglich. Die Einwahl ins **Internet** über das Mobiltelefon, um Daten auf das Notebook zu laden, ist noch kostspieliger – da ist in jedem Fall ein Gang ins nächste Internet-Café weitaus günstiger.

Falls das Mobiltelefon **SIM-lock-frei** ist (keine Sperrung anderer Provider vorhanden ist) und man viele Telefonate innerhalb Islands führen möchte, kann man sich eine örtliche **Prepaid-SIM-Karte** besorgen. Diese bekommt man an jeder Tankstelle. GSM-Mobiltelefone können bei Landssíminn in Reykjavík (Ármúli 27) gemietet werden.

Reisen in Island

Autos und Busse sind die wichtigsten Verkehrsmittel in Island. Zwischen allen bedeutenden Orten bestehen außerdem Flugverbindungen. Island hat keine Eisenbahn. Wer auf öffentliche Verkehrsmittel angewiesen ist, nimmt am besten den Bus.

Inlandsflüge

Air Iceland – Flugfélag Íslands (Tel. 5703030, www.airiceland.is) fliegt vom **Inlandsflughafen Leifur Eiriksson in Reykjavík** nach Akureyri, Egilsstaðir, Vestmannaeyjar und Ísafjörður. Ab Akureyri (Tel. 4607000) werden die Insel Grímsey, Þórshöfn und Vopnafjörður angeflogen.

Eagle Air – Flugfélagið Ernir (Tel. 5703030, www.ernir.is) fliegt vom Reykjavíker Inlandsflughafen nach Bíldudalur, Gjögur (Westfjorde-Ostküste), Sauðárkrokur und Höfn.

Die Fluggesellschaft bietet auch **Sightseeingflüge** an (Buchung unter Tel. 5624200, www.eagleair.is). Hier einige Beispiele:

- **Reykjavík und Umgebung** (The capital region: town and country): 30 Minuten Flug, ca. 120 Euro.
- **Feuer und Eis – Gletscher und Vulkane** (Ice and Fire – Glaciers and Volanoes): 1¼–1¾ Stunden Flug, ca. 235 Euro.
- **Westmänner-Inseln mit Surtsey** (A Historical Tour on the Westman Islands): 3–3½ Stunden mit Ausflug auf Heimaey, ca. 250 Euro.
- **Die Kraft der Natur** (The Power of Nature): 5 Stunden mit Ausflug auf Heimaey und Flug über den Eyjafjallajökull und die Hekla zum Gullfoss und Geysir, ca. 295 Euro.
- **Tagesausflug nach Grönland** (Day Trip to Greenland – Kulusuk): 8 Stunden, Flug nach Grönland mit Ausflug Kulusuk, ca. 600 Euro.

Mýflug (Tel. 4644400, www.myflug.is) bietet ab Reykjahlið am Mývatn Sightseeing-Flüge und Charterflüge an.

Flugfélag Vestmannaeyja (Tel. 481 3255, www.eyjaflug.is) fliegt von Heimaey auf Vestmannaeyjar nach Bakki (7000 ISK pro Person einfach) und Selfoss (9800 ISK).

Bei den Linienflügen kann man sich an folgenden Richtpreisen orientieren:

- **Reykjavík – Akureyri,** 14.090 ISK.
- **Reykjavík – Egilsstaðir,** 15.720 ISK.
- **Reykjavík – Heimaey,** 9510 ISK.

Alle **Flugpläne** können im Internet unter www.nat.is abgerufen werden.

Die Flugverbindungen sind vor allem im Winter von Bedeutung, wenn die Überlandbusse nicht verkehren. Bei gutem Wetter bieten sich von den meist ein- oder zweimotorigen Propellermaschinen beeindruckende Ausblicke auf die Gletscher und Gebirge der Insel.

Island mit dem Bus

Die **öffentlichen Linienbusse** der Busunternehmen Trex (www.trex.is), Þingvallaleið (www.bustravel.is), Reykjavík Excursions (www.re.is), Kynnisferðir (www.re.is), SBA-Norðurleið (www.sba.is) und einigen kleineren Betrieben verkehren auf einem 7000 km langen Busnetz (s. Karte). Da sich die Fahrpläne von Jahr zu Jahr ändern, verzichten wir auf eine Auflistung der Linien mit den Abfahrts- und Ankunftszeiten.

Die wichtigsten Orte und Sehenswürdigkeiten werden mehr oder minder häufig angefahren. In entlegene Orte fährt der Bus oft aber nur jeden zweiten oder dritten Tag. Planen Sie auch eine

Überlandbus durchfährt einen Gletscherfluss vor dem Gigjökull im Þórsmörk

Übernachtung ein, denn auf manchen Strecken fährt der Bus erst am nächsten Morgen wieder zurück. Busse können ausfallen, insbesondere bei den „Touristen-Strecken", wenn sich zu wenig Reisende angemeldet haben oder das Wetter allzu schlecht ist. Informieren Sie sich deshalb frühzeitig, ob der Bus auch wirklich fährt, und buchen Sie die Fahrt im Voraus. Die Busfahrer halten unterwegs auch auf Handzeichen, so dass man auch dort aus- und zusteigen kann, wo keine Haltestelle in der Nähe ist. Die Überlandbusse halten etwa alle zwei Stunden an einer Cafeteria oder einer Tankstelle zu einer kurzen Pause. Gegen einen geringen Aufpreis befördern sie auch Fahrräder, wenn noch Platz dafür vorhanden ist.

In **Reykjavík** ist der **BSÍ-Busbahnhof** im Vatnsmýrarvegur 10 (Tel. 5621011, www.bsi.is) der **zentrale Knotenpunkt für die Überlandbusse** und die meisten Ausflugsbusse. Er liegt nördlich vom Inlandsflughafen; zu Fuß ist man in 10 Minuten in der Innenstadt. Dorthin fahren auch die Stadtbusse der Linien S1, S3, S6 und 14. Im Busbahnhof gibt es ein Reisebüro mit Tourist-Information, ein Postamt (geöffnet Mo–Fr 12–18.30 Uhr, Sa 9–12 Uhr), Gepäckaufbewahrung und eine Cafeteria. Der Busbahnhof ist täglich von 4.30 bis 24 Uhr geöffnet.

Beim Busbahnhof und in den Tourist-Infos erhält man die Busfahrpläne der einzelnen Busunternehmen. Im Internet kann man die Buspläne auch unter www.nat.is abrufen.

Ein paar Preisbeispiele (Kinder 4–11 Jahre zahlen die Hälfte):

017is Foto: tt

- **Reykjavík – Akureyri,** ca. 100 Euro.
- **Reykjavík – Höfn,** ca. 110 Euro.
- **Akureyri – Egilsstaðir,** ca. 80 Euro.
- **Reykjavík – Geysir,** ca. 30 Euro.

Wer viel mit dem Bus reist, kann mit den **Buspässen** der Unternehmen Trex und Reykjavik Excursions Geld sparen.

Trex bietet folgende vier Buspässe an:

- Der **Rundreisepass „Ringstraße" (Full Circle)** gilt für eine Fahrt auf der Ringstraße rund um Island. Er kostet ca. 280 Euro.
- Der **Rundreisepass „Ringstraße und Westfjorde" (Full Circle & West Fjords)** beinhaltet die Fahrt auf der Ringstraße ohne den Abschnitt zwischen Borgarnes und Brú, da es hier über die Westfjorde geht. Der Pass schließt die Überfahrt mit der Fähre von Stykkishólmur nach Brjánslækur ein. Er kostet 271 Euro.

Linienbusnetz
99 Liniennummer
★ Sehenswürdigkeit
Bolungarvík
415
Ísafjörður
Flateyri Crossroads
Súðavík
Reykjanes Crossroads
400
Þingeyri
450
Bildudalur
Tálknafjörður
Patreksfjörður
465
Flókalundur
450
Látrabjarg
Brjánslækur
Hólmavík
Drangsnes
400
Króksfjaðarnes
Reykhólar
37
37a
Staðarfell
Borðardalur
Brú
Stykkishólmur
360
Hellissandur
Ólafsvík
Grundarfjörður
Vegamót
356
Búðir
350
Arnarstapi
340
350
Dalsmynni
60
60a
320
Reykholt
Borgarnes
Akranes Crossroads
Akranes
31
Hvalfjörður Tunnel
2
2a
Reykjavík
Laugarvatan
Sandgerði
Garður
Vogar
Keflavik Airport
Keflavík
Blaue Lagune
Grindavík
23
250
Flybus
24
1
Hveragerði
3
Þorlákshöfn
Eyrarbakki
Stokkseyri
Selfoss
2
2a
Skagastrond
545
Blönduós
Hvammstangi
580
Hofsós
Sauðarkrókur
Varmahlíð
35
35a
Kerlingarfjöll Crossroads
Hvítárnes
Geysir
Gullfoss
Reykholt
Flúðir
Arnes
8
Brautarholt
18
18a
Leirubakki
Landmannalaug
Hvanngil
10
Hella
Hvolsvöllur
13
13a
Þórsm
Bakki
12
12a
Skóga
Vestmannaeyjar

Grimsey
641
SBA 3a
SBA 3b
SBA 4
650
680
Raufarhöfn
Kópasker
Þórshöfn
Siglufjörður
Ólafsfjörður
Dalvík
620
Litli-skoggssandur
Svalbarðseyri
Akureyri
Akureyri Airport
Kross
Goðafoss
640
Tjörn
Húsavík
SBA1
641
Laugar
Mývatn (Reykjahlíð)
160
160a
Skútustaðir
Krafla 818
Ásbyrgi
Hljóðaklettar
Hafragilsfoss
Dettifoss (West-side)
661, SBA 2
SBA 1
Grimsstaðir
Vopnafjörður
Vopnafjörður Crossroads
Moðrudalur
Skjöldólfsstaðir
720
Borgarfjörður eystri
710
Seyðisfjörður
Egilsstaðir
740
Neskaupstaður
Eskifjörður
Reyðarfjörður
9
9a
Fáskrúðsfjörður
760
Stöðvarfjörður
Breiðdalsvík
Djúpivogur
60
60a
14
SBA5
Dyngjufjöll 1362
Askja 1245
Kverkfjöll
Nýldalur
Grimsvötn 1400
765
Höfn
Smyrlabjargárvirkjun
Jökulsarlón
Laki
16
18
18a
Skaftafell
12
12a
Eldgjá
Kirkjubæjarklaustur
0
50 km

- Der **Rundreisepass „Westisland und Westfjorde" (Snæfellsnes and West Fjords)** beinhaltet die Fahrt von Reykjavík in die Westfjorde und zurück. Auch er schließt die Überfahrt mit der Fähre von Stykkishólmur nach Brjánslækur ein. Er kostet 128 Euro.
- Der **Rundreisepass „Snæfellsnes und Nationalpark" (Snæfellsnes & National Park)** gilt für die Fahrt von Reykjavík um die Halbinsel Snæfellsnes und zurück. Er kostet 84 Euro.

Die Buspässe gelten nur in einer Fahrtrichtung (entweder im Uhrzeigersinn oder im Gegenuhrzeigersinn), sie sind ohne Zeitbegrenzung von Juni bis August gültig. Die Busfahrt kann beliebig unterbrochen werden. Auskünfte und Buchung bei den Tourist-Infos, im BSÍ-Busterminal oder bei Trex, Tel. 5533737, Fax 5674969, www.trex.is.

Reykjavik Excursions und SBA-Norðurleið bieten ebenfalls vier **Buspässe** an:

- **„Höhepunkte Islands" (Highlights Passport):** Dieser Buspass berechtigt zu beliebigen Fahrten mit den Bussen der Linien 6/6a, 9/9a, 10/10a, 11/11a, 112/112a, 14/14a, 15, 16, 610/610a, 641/641a und 661/661a von Reykjavik Excursions und SBA-Norðurleið. Er führt ins Hochland und nach/ab Reykjavík nach Þingvellir, Landmannalaugar, Sprengisandur, Þórsmörk, zu den Lakikratern, nach Skaftafell, Jökulsárlón, Mývatn, Krafla, Dettifoss, Ásbyrgi, Kjölur, Gullfoss und Gysir. Der Pass gilt vom 18.6. bis 31.8.

  Er kostet je nach Gültigkeitsdauer für 7 Tage 181 Euro, 9 Tage 224 Euro, 11 Tage 257 Euro, 13 Tage 280 Euro, 15 Tage 313 Euro, jeder weitere Tag 13 Euro. Passinhaber erhalten 10 % Nachlass auf den Strecken SBA 1a (Mývatn-Sightseeing-Tour), 650/650a (Mývatn-Husavík) und SBA 5 (Askja, Kverkfjöll) dieser Busunternehmen, die nicht in dem Pass enthalten sind.
- **„Pass Schöner Süden" (Beautiful South Passport):** Dieser Buspass berechtigt zu beliebigen Fahrten mit den Bussen der Linien 6/6a, 9/9a, 10/10a, 11/11a, 112/112a, 15 und 16 von Reykjavík Excursions. Er führt ab/nach Reykjavík nach Þingvellir, Geysir und zum Gullfoss, nach Landmannalaugar und zur Eldgjá, ins Þórsmörk, zu den Lakikratern, nach Skaftafell und zum Jökulsárlón. Der Pass gilt vom 15.6. bis 9.9.

  Er kostet je nach Gültigkeitsdauer für 3 Tage 92 Euro, 5 Tage 135 Euro, 7 Tage 165 Euro, 9 Tage 200 Euro, 11 Tage 227 Euro, jeder weitere Tag 12 Euro.
- **„Schöner Südring-Pass" (Beautiful South-Circle Passport):** Dieser Buspass berechtigt zu einer Fahrt mit den Bussen der Linien 10/10a, 11/11a und 112/112a von Reykjavík Excursions. Er führt ab/nach Reykjavík entweder über Landmannalaugar und die Eldgjá nach Skaftafell oder entlang der Ringstraße über Skógar und Vík dorthin. Der Pass gilt vom 15.6. bis 9.9.

  Er kostet 54 Euro. Passinhaber erhalten 10 % Nachlass auf den Strecken 6/6a (Þingvellir, Geysir und Gullfoss), 9/9a (Þórsmörk), 15 (Jökulsárlón) und 16 (Lakikrater).
- **„Hochland-Ring-Pass" (Highland Circle Passport):** Dieser Buspass berechtigt zu einer Fahrt mit den Bussen der Linien 10/10a, 11/11a, 14/14a, 62/62a, 112/112a und 610/610a von Reykjavik Excursions und SBA-Norðurleið. Er führt ins Hochland und nach/ab Reykjavík entlang der Ringstraße nach Skógar und Vík bis Skaftafell. Von dort geht es über Landmannalaugar und den Sprengisandur zum Mývatn. Über Akureyri und den Kjölur geht es dann wieder zurück. Alternativ kann man die Strecke auch in umgekehrter Richtung zurücklegen. Der Pass gilt vom 1.7. bis 24.8.

  Er kostet 165 Euro. Passinhaber erhalten 10 % Nachlass auf den Strecken 6/6a (Þingvellir, Geysir und Gullfoss), 9/9a (Þórsmörk), 15 (Jökulsárlón),16 (Lakikrater), SBA 1a (Mývatn-Sightseeing-Tour), SBA 5 (Askja-Kverkfjöll), 661/661a (Mývatn, Krafla, Dettifoss) und 641/641a (Akureyri, Húsavík, Ásbyrgi, Dettifoss).

Auskünfte und Buchung bei den Tourist-Infos, im BSÍ-Busterminal in Reykjavík (Tel. 5621011) bzw. im Busterminal in Akureyri (Tel. 5500700) oder am dortigen Flughafen.

Taxis

Taxis sind überall im Land ein beliebtes Beförderungsmittel. Man erkennt die nicht immer in einheitlicher Farbe lackierten Fahrzeuge an einem **„L" auf gelbem Grund neben dem Nummernschild.** Die Leuchtanzeige „laus" an der Windschutzscheibe bedeutet, dass das Taxi frei ist. Schwierigkeiten, ein Taxi zu bekommen, kann es während des Berufsverkehrs sowie freitags und samstags nach Mitternacht geben.

Die **Taxigebühren** sind einheitlich und vergleichbar mit denen in unseren Städten.

Island mit dem Auto

Die meisten Straßen an der Küste und nahezu alle in den dichter besiedelten Gebieten Islands sind asphaltiert und gut ausgebaut. An Aussichtspunkten und anderen landschaftlich schönen Stellen wurden Rastplätze angelegt. Wir räumen das Vorurteil über den miserablen Zustand der isländischen Straßen, für deren Befahren man unbedingt einen Geländewagen brauche, hiermit aus. Island ist ein europäisches Reiseland und hat eine – gemessen an skandinavischen Verhältnissen – **gute Infrastruktur** und ein **gut ausgebautes Straßennetz.** Die Isländer unternehmen große Anstrengungen, ihr Straßennetz (15.000 km) auszubauen und zu asphaltieren. Jedes Jahr verschwinden in den besiedelten Landesteilen mehr und mehr Schotterpisten. Nur abseits der Hauptverkehrswege und natürlich im Landesinnern sind auch heute noch die Straßen nicht asphaltiert. Die Pisten bestehen aus feinem grau-schwarzem Lavakies, grobem Schotter, Sand und Lehm. Tiefe Schlaglöcher, Spurrillen und große Steinbrocken sind eher die Regel als die Ausnahme. Diese Pisten sind bei Trockenheit staubig, bei Nässe verschlammt und glitschig.

Die meisten touristisch interessanten Sehenswürdigkeiten Islands sind heute mit einem normalen, zweiradangetriebenen Pkw oder Wohnmobil erreichbar. Selbst das **Caravaning** gewinnt immer mehr Anhänger; jedes Jahr setzen mehr Wohnwagengespanne mit der Fähre über nach Island. Alle wichtigen, nichtasphaltierten Straßen werden mehrmals im Jahr ausgebessert und geebnet. Auch sie können problemlos mit einem normalen Fahrzeug befahren werden. Nur muss man eben etwas langsamer und umsichtiger fahren.

Islands Straßen sind schmäler als die mitteleuropäischen. Steile Auf- und Abfahrten mit unübersichtlichen Kuppen und engen Kurven sowie unbefestigte Randstreifen sind häufig. Auf den nichtasphaltierten Strecken besteht die Gefahr, dass entgegenkommende oder vorausfahrende Fahrzeuge Steine aufwirbeln, die zu Glas- und Lackschäden am eigenen Fahrzeug führen können. An den Hinterrädern sind Schmutzfänger sinnvoll, diese sollten auch an den Vorderrädern angebracht werden, um Schäden durch aufgewirbelte Steine auch am eigenen Fahrzeug zu vermeiden.

018is Foto: tt

Die **Hochlandpisten** und manche wenig befahrenen **Nebenstraßen** sind nur mit robusten, hochbeinigen Fahrzeugen wie Geländewagen befahrbar. Auf Islands unbefestigten Straßen wird das Fahrwerk der Autos extrem beansprucht. Bei allzu schneller Fahrweise sind Schäden am Fahrwerk, insbesondere auch an der Lenkung, den Radlagern, der Federung und an den Stoßdämpfern möglich.

Auf asphaltierten Straßen gilt außerorts eine **Höchstgeschwindigkeit** von 90 km/h. Auf nichtasphaltierten Straßen ist die Geschwindigkeit auf 80 km/h begrenzt. Innerorts gilt Tempo 50 bzw. in Wohngebieten 30.

Die Haupt- und Nebenstraßen sind nummeriert. Man unterscheidet **Straßennummern** mit ein, zwei und drei Ziffern. Kurze Stichstraßen sind neuerdings auch mit vier Ziffern gekennzeichnet. Je mehr Ziffern die Straßenbezeichnung aufweist, desto untergeordneter ist die Straße. **Hochlandpisten** sind mit einem **„F“** und einer zwei- oder dreistelligen Nummer gekennzeichnet. Nebenstraßen, die mit drei Ziffern gekennzeichnet sind, stellen gelegentlich schon die Grenze dessen dar, was man einem normalen Pkw an Schlaglöchern und grobem Schotter zumuten sollte. Völlig ungeeignet für diese nichtasphaltierten isländischen Straßen sind generell alle Fahrzeuge mit tiefer gelegtem Fahrwerk oder weit heruntergezogenem Frontspoiler. **Unterbodenfreiheit** ist das entscheidende Kriterium, um solche Strecken ohne Schaden befahren zu können. Im Hochland bleiben deshalb „normalen Pkw" die meisten Pisten verschlossen. Obwohl die Isländer einzelne Hochlandstrecken, für die eigentlich ein Geländewagen das geeignetere Fahrzeug wäre, mit dem Pkw befahren, raten wir eindeutig davon ab. Die Gefahr, dass das Auto größeren Schaden nimmt, ist einfach zu groß.

Wer die Weite und Einsamkeit des Hochlands erfahren möchte, wer das Abenteuer sucht oder die vom Vulkanismus und Eis der Gletscher gestaltete Landschaft im Landesinnern hautnah erleben möchte, ist auf ein geländegängiges Fahrzeug angewiesen. Im Hochland ist nur der robuste, hochbeinige **Geländewagen** das Auto der Wahl. 4WD-Pkw erreichen auf den Hochlandpisten schnell ihre Grenzen. Haupthindernis ist oft die ungenügende Watfähigkeit dieser Pkw, die allenfalls 30 cm beträgt. Flüsse, die auf Hochlandpisten gefurtet werden müssen, können doppelt so tief sei.

An dieser Stelle eine Warnung! Der Abenteuer-Reisende hat in Island keine grenzenlose Freiheit. Dem 4WD-Toben in unberührter Landschaft sind strikte Grenzen gesetzt. Zu Recht! **Naturschutz hat Vorrang!** Die Landschaft und die dünne Pflanzendecke sind hier in der Nähe des Polarkreises sehr empfindlich. Die Spuren wilder Geländefahrten abseits der Pisten sind ökologische Wunden, die Jahrzehnte brauchen, um zu verheilen. Das Fahren außerhalb freigegebener Pisten wird streng geahndet.

In Island ist der Geländewagen weder Statussymbol noch Modeerscheinung und schon gar nicht äußeres Zeichen von Draufgängertum und Abenteurernatur – er ist im Hochland schlichtweg ein unabdingbares Muss, reines Mittel zum Zweck, um sicher und ohne Schaden von einem Ort zu einem anderen zu gelangen, was für viele Isländer eine tägliche Notwendigkeit ist.

Isländer sind aber auch Autonarren. Manch ein Geländewagen erinnert eher an eine Miniaturausgabe des legendären „Big Foot", der mit seinen Riesenrädern die größten Hindernisse überwindet, als an ein alltagtaugliches Off-road-Gefährt. Höher gelegte Fahrwerke und dicke Reifen der Dimension 38 x 14,5 R 15 bestimmen immer mehr auch das Straßenbild Reykjavíks. Solche Reifen und Fahrzeuge **(„Super-Jeeps")** sind für die Isländer notwendig, um auf die Gletscher und im Winter auf Tiefschnee fahren zu können. Fahrzeuge mit derartigen Breitreifen, bei denen zusätzlich noch der Luftdruck stark reduziert ist, bleiben auch im tiefsten Neuschnee mobil. Die dicken, platten Reifen der isländischen Super-Jeeps werden umgangssprachlich als „gleðigummi" („Freudengummi" – Kondom) bezeichnet.

Festgefahren auf dem Vatnajökull!

019is Foto: tt

Schild an der Ringstraße – es kann weit sein bis zur nächsten Tankstelle

Straßenverhältnisse

Die **Straße Nr. 1,** die **„Ringstraße",** verläuft in Küstennähe rund um die ganze Insel. Die Ringstraße ist **Hauptverkehrsstraße und Lebensader des Landes,** verbindet sie doch die wirtschaftlich wichtigsten Orte an der Küste miteinander und mit der Hauptstadt. Der „Ring" der Straße Nr. 1 wurde erst 1974 zur 1100-Jahr-Feier Islands durch Brückenbauten in den Skeiðarársandur geschlossen. Die 1411 km lange Ringstraße ist keine mehrspurige Autobahn, sondern eine kurvige und bergige Landstraße mit Engstellen und Gegenverkehr. Bis auf wenige Stellen ist die Ringstraße asphaltiert.

Die **Kennzeichnung der Straßen** orientiert sich an der Gliederung Islands in neun Provinzen. Alle Straßen, die mit Ziffer 2 beginnen, liegen im Süden, solche mit Ziffer 7 im Norden, alle Straßen im Osten tragen die Anfangsziffer 9. An den Provinzgrenzen ändern die Straßen ihre Nummer. Nur die Ringstraße hat auf ihrem gesamten Verlauf die Nr. 1.

Islands Verkehrswege lassen sich grob in **fünf Kategorien** einteilen:

- Bei Straßen der **Kategorie 1** (einstellige Straßennummer) handelt es sich um gut ausgebaute, ständig unterhaltene Hauptverkehrsverbindungen, die überwiegend asphaltiert sind. Dazu zählen die Straßen in den Großräumen Reykjavík, Keflavík und Selfoss sowie die Ringstraße.
- Auch Straßen der **Kategorie 2** (zweistellige Straßennummer) sind Hauptverkehrsadern. Sie sind teilweise asphaltiert, weisen sonst aber alle „holprigen" Eigenschaften von Schotterstraßen auf.
- Straßen der **Kategorie 3** sind mit dreistelligen Nummern gekennzeichnet. Diese Straßen sind überwiegend nichtasphaltiert. Von Zeit zu Zeit werden Schlaglöcher und Querrillen mit schweren Raupenfahrzeugen geebnet und vom Regen- und Schmelzwasser unterspülte Abschnitte ausgebessert.
- Regelmäßig kontrollierte, befestigte und unterhaltene Pisten zählen zu den Straßen der **Kategorie 4.** Diese Strecken sind nicht asphaltiert. Sie weisen meist einen groben Schotterbelag auf oder bestehen aus festgefahrenem Naturboden. Straßen dieser Kategorie sind mit einem „F" (= Fjallabak) und einer zwei- oder dreistelligen Nummer gekennzeichnet. Solche Pisten erfordern meist schon ein geländegängiges Fahrzeug mit Allradantrieb und hoher Unterbodenfreiheit.

Diese Straßen führen ins zentrale Hochland. Beispiele dafür sind die Piste F 26 „Sprengisandsleið" oder die F 88 „Öskjuleið" zur Askja. Auf Straßen der Kategorie 4 wird der Autofahrer bereits mit allen Schwierigkeiten konfrontiert, die auf Islands Hochlandpisten auftreten können: Sand, tiefe Furten, stufige Lavafelder. Diese Pisten werden in aller Regel nur einmal zu Beginn der Sommermonate ausgebessert und markiert. Je länger das her ist und je mehr Regen in den Sommermonaten fällt, desto ausgefahrener sind die Spuren und umso tiefer und häufiger die Schlaglöcher!

- Zu den Straßen der **Kategorie 5** zählen wir die vielen nicht nummerierten **Allradpisten,** die oftmals als Stichstraßen zu abgelegenen Plätzen im zentralen Hochland oder an den Rand der Gletscher führen. Ein robuster, allradangetriebener Geländewagen ist Voraussetzung, um diese Strecken risikolos befahren zu können. Die Pisten werden in aller Regel nicht permanent durch die Straßendienste unterhalten. Typisch für Straßen der Kategorie 5 sind nicht überbrückte Flüsse, das Fehlen einer durchgehenden Markierung und Beschilderung, Naturboden aus Fels, Erde und tückischem Weichsand und selbst im Hochsommer noch hoher Altschnee.

Auf allen isländischen Straßen muss man ständig darauf vorbereitet sein, dass **Schafe** unvermittelt **auf die Fahrbahn laufen.** Fahrer, die ein Tier verletzen oder töten, sind gegenüber dem Bauern, dem die Tiere gehören, zum Schadensersatz verpflichtet. Der Bauer haftet seinerseits nicht für Schäden am Fahrzeug.

Verkehrszeichen und -regeln

Die Verkehrszeichen und Verkehrsregeln in Island unterscheiden sich nur unwesentlich von den mitteleuropäischen. Das isländische Straßenverkehrsgesetz schreibt vor:

- Auf allen Sitzen sind **Sicherheitsgurte** anzulegen;
- **auch tagsüber** muss **mit Abblendlicht** gefahren werden;
- zumindest **an den Hinterrädern** sind **Schmutzfänger** zu montieren;
- kein Alkohol! **Promillegrenze** ist **0,5‰;**
- **Höchstgeschwindigkeit** innerhalb geschlossener Ortschaften 30 bzw. 50 km/h, außerhalb geschlossener Ortschaften 90 km/h auf Asphaltstraßen und 80 km/h auf Schotterstraßen;
- **es ist verboten, ausgeschilderte Pisten zu verlassen** oder gar abseits der Pisten zu fahren; gesperrte Pisten (Schild **„LOKAÐ"**) dürfen nicht befahren werden!

Die meisten Brücken in Island sind nur einspurig befahrbar. Die Fahrbahn auf

020is Foto: tt

Warnschild „Vorsicht Flussdurchfahrt"

der Brücke besteht häufig aus Holz. Bei Nässe kann sie deshalb äußerst glatt und rutschig sein. **„EINBREIÐ BRÚ“** bedeutet „einspurige Brücke“. Vorfahrt hat der, welcher die Brücke als erster befährt.

Islands Straßen weisen viele unübersichtliche Höhen auf, die den Gegenverkehr verdecken. Solche Bergkuppen kündigt auf den Hauptstraßen ein Warnschild mit dem Zusatz **„BLINDHÆÐ“** (= „unübersichtliche Kuppe“) an. Hier bitte langsam und vorsichtig fahren! Das Schild **„MALBIK ENDAR“** (= „Asphalt endet“) bedeutet, dass der Asphaltbelag in einen Schotterbelag übergeht. Eine durchgezogene gelbe Linie am Straßenrand bedeutet Halteverbot, während eine gestrichelte gelbe Linie Parkverbot signalisiert. „Einkavegur“ bedeutet „Privatstraße“.

Gjald kennzeichnet gebührenpflichtige Parkplätze. Parkschein lösen und vorne im Auto gut sichtbar auslegen!

Am Beginn verschiedener Hochlandpisten stehen Warnschilder, die stilisiert einen Geländewagen mit der Aufschrift „4WD“ sowie einen durchgestrichenen Pkw zeigen. Auch wenn diese Pisten anfangs noch gut befahrbar zu sein scheinen, dürfen sie nur mit allradangetriebenen und geländegängigen Fahrzeugen befahren werden. Das Schild mit einem Geländewagen an einer Furt und der Aufschrift **„ÓBRÚAÐAR ÁR“** (= „Vorsicht Flüsse“) warnt vor tiefen Flüssen, die gefurtet werden müssen.

Im Sommer 1989 gab das Staatliche Straßenbauamt Islands gemeinsam mit dem Isländischen Naturschutzrat erstmalig eine **Übersichtskarte über die Befahrbarkeit der Hochlandpisten** heraus. Diese Karte wird während der Sommermonate wöchentlich jeweils am Donnerstag aktualisiert. Auf ihr sind die Gebiete schraffiert eingezeichnet, die noch nicht zum Befahren freigegeben sind. Die Karte ist folglich für die Planung einer Hochlandtour in den Monaten Juni und Juli, wenn viele Pisten noch gesperrt sind, unerlässlich. Sie hängt an den meisten Tankstellen, in Touristenbüros und auf Campingplätzen aus.

Das **isländische Straßenverkehrsamt** in Reykjavík informiert täglich von 8 bis 18 Uhr unter Tel. 5631500 (engl.) über den aktuellen Straßenzustand und die Befahrbarkeit der Hochlandstrecken. Man kann auch die Tonbandansage unter Tel. 8006316 abhören (24-Std.-Service). Im Internet erhält man den aktuellen Straßenzustandsbericht unter **www.vegagerdin.is/english/road-conditions-and-weather.**

Inlandfähren

- **WESTEN: Reykjavík – Viðey/Fähre „Viðey“:** ganzjährig, Tel. 5335055.
- **NORDWESTEN: Stykkishólmur – Flatey – Brjánslækur/Autofähre „Baldur“:** ganzjährig, Fährbüro Tel. 4381450.
- **NORDEN: Dalvík – Hrísey – Grímsey/Personenfähre „Sæfari“:** im Sommer, Tel. 4588970.
- **Árskógssandur – Hrísey/Fähre „Sævar“,** ganzjährig, Tel. 6955544.
- **SÜDEN: Þorlákshöfn – Heimaey/Autofähre „Herjólfur“:** ganzjährig, Tel. 4812800.

Ab Mitte 2010 gibt es eine **neue Fährverbindung** von Landeyjahöfn an der Küste bei Bakki **nach Heimaey.** Die

Überfahrt dauert dann nur noch 25 Minuten.

Außerdem fahren im Sommer die **Personenfähren „Bliki“** und **„Kiddy“** von Ísafjörður nach Hornstrandir (Auskunft/Reservierung bei West Tours Ísafjörður, Tel. 4565111).

Auch die Firma Hornstrandir ehf. unterhält zwei Personenfähren. Das Schiff **„Anna“** kann bis zu 15 Personen befördern, die größere **„Guðný“** bis zu 40 Personen (Tel. 4565690 und direkt: „Anna“, Tel. 8551197, „Guðný“, Tel. 8551190).

Die Personenschiffe **„Brimrún“** und **„Hafrún“** legen in Stykkishólmur zu Ausflugsfahrten im Breiðafjörður ab (Auskunft/Reservierung bei Eyjaferðir, Stykkishólmur, Tel. 4381450).

181is Foto: tt

Öffnungszeiten der Hochlandstrecken

Wer das isländische Hochland mit dem Fahrzeug erkunden möchte, sollte neben der Fahrzeugwahl auch den Zeitpunkt seiner Islandreise genau planen. Die meisten Hochlandstrecken werden nicht vor Ende Juni geöffnet, einige sogar erst Mitte Juli (vgl. Infokasten „Öffnungszeiten der Hochlandstrecken“).

Das **Datum der Pistenöffnung** richtet sich nach den Wetterverhältnissen. Zieht sich die Schneeschmelze im Hochland bis in die Sommermonate hin, werden die Pisten erst spät geöffnet. Einige Strecken können u. U. auch das ganze Jahr über geschlossen bleiben. Anfang September fällt dann oft schon wieder der erste Schnee. Dann werden die Pisten unbefahrbar und geschlossen. Im Winter, wenn der Boden gefroren ist und hoher Schnee das Land bedeckt, darf man mit den speziell ausgerüsteten und umgebauten Super-Jeeps auch abseits der Pisten off-road über den Schnee fahren – ein Spaß, der in Island viele Freunde hat.

Fahrtechniken

Gut unterhaltene Pisten mit einem **festen Belag** aus Lavagries oder feinem **Schotter** lassen sich ohne zugeschalteten Allradantrieb zügig mit 50 bis 60 km/h befahren, manche Strecken erlauben sogar 80 km/h. Auf allen Pisten sollte man stets konzentriert und vorausschauend fahren; kommt ein Fahrzeug entgegen, reduziert man seine Geschwindigkeit, um nicht unnötig vie-

Öffnungszeiten der Hochlandstrecken

Hochlandstrecke	Tag der Öffnung frühestens	spätestens
Lakagígar, F 206	5.6.	21.6.
Fjallabaksleið nyrðri, F 208		
1. Sigalda - Landmannalaugar	3.6.	23.7.
2. Landmannalaugar - Eldgjá	17.6.	11.7.
3. Eldgjá - Skaftártunga	21.5.	14.6.
Fjallabaksleið nyrðri, F 210		
1. Keldur - Hvanngil	18.6.	12.7.
2. Hvanngil - Skaftártunga	18.6.	12.7.
Landmannaleið, Dómadalsleið, F 225	3.6.	2.7.
Emstruleið, F 261	3.6.	10.7.
Kjalvegur, F 35		
1. Gullfoss - Hveravellir	5.6.	21.6.
2. Hveravellir - Blönduvirkjun	24.5.	10.6.
Sprengisandur, F 26	25.6.	29.6.
Skagafjarðarleið, F 752	28.6.	14.7.
Eyjafjarðarleið, F 821	2.7.	10.7.
Öskjuleið, F 88		
1. Herðubreiðarlindir	8.6.	19.6.
2. Herðubreiðarlindir - Dreki	8.6.	2.7.
3. Dreki - Askja, F 894	11.6.	2.7.
Vesturdalur, F 862 (Dettifoss-Westseite)	28.5.	17.6.
Kverkfjallaleið, F 902	8.6.	30.6.
Uxahryggjavegur, 52 (Kaldadalsvegur - Borgarnes)	22.5.	12.6.
Kaldadalsvegur, F 550	4.6.	21.6.

Mit breitbereiften Super-Jeeps über den Gletscher Vatnajökull

le Steine aufzuwirbeln. Der Zustand von weniger häufig befahrenen Hochlandpisten kann sich ohne Vorankündigung ändern: Tief ausgespülte Längs- und Querrinnen, Schlaglöcher, weicher Sand, tiefe Pfützen, Schlamm, scharfkantige Lava mit hohen Stufen und kopfgroße Gesteinsbrocken auf der Piste sind normal.

Auf einigen Strecken weist die Fahrbahn waschbrettartige, quer über die Piste verlaufende Rillen auf. Bei allzu langsamer Fahrt wird das Fahrzeug ordentlich durchgerüttelt. Auf diesen **„Wellblechpisten"** fährt man besser etwas schneller und schaltet den Allradantrieb zu bzw. sperrt bei Fahrzeugen mit permanentem Allradantrieb das Zentraldifferenzial. Bei 50, 60 km/h federn die Räder nicht mehr voll in jedes Wellental ein – der Wagen „schwebt" über die Unebenheiten und die Fahrt verläuft ruhiger. Bei höherer Geschwindigkeit kann das Fahrzeug leicht seitlich ausbrechen, weshalb auf Wellblechpisten Geschwindigkeiten über 60 km/h vermieden werden sollten.

Die Befahrbarkeit der Hochlandpisten hängt auch entscheidend vom Wetter ab. **Erdpisten** sind bei Trockenheit zwar staubig, aber einfach zu befahren. Bei Nässe weicht die Erde auf, die Piste verschlammt und wird schmierig. Dann sind grobstollige Geländereifen von Vorteil. Ihr Profil reinigt sich beim Fahren von selbst und setzt sich nicht mit Erde oder Lehm zu. Mit feiner profilierten und breiten Straßenreifen fährt man wie auf Slicks; die Reifen können kaum mehr Kraft für den Vortrieb übertragen und verlieren ihre Seitenführung.

Weichsandgebiete durchfährt man zügig mit Allradantrieb im 2. Gang der Straßenübersetzung. Bei einer Geschwindigkeit von 30 bis 40 km/h hat das Fahrzeug genügend Kraft und Schwung, um auch durch tiefen Sand zu kommen. Sand erfordert enorm viel Motorleistung. Sandbleche, die in der Sahara unverzichtbar sind, kann man auf einer Islandreise aber getrost zu Hause lassen.

In **steinigem Gelände,** in dem große Felsbrocken überklettert werden müssen, muss man bei zugeschaltetem Allradantrieb und eingelegtem Reduziergetriebe stellenweise so langsam wie möglich fahren. Große Brocken, denen man auf einer schmalen Piste nicht ausweichen kann, überfährt man ganz langsam mit den Rädern einer Wagenseite. Über hohe Stufen fährt man ebenfalls so langsam wie möglich.

Typisch für die isländischen Hochlandpisten sind **Flussdurchfahrten.** Furten sind immer potenzielle **Gefahrenpunkte.** Hier können Nachlässigkeiten und Draufgängertum schnell das Ende einer Hochlandtour bedeuten. Mahnende Beispiele gibt es jedes Jahr, weil aus Unkenntnis oder bei rallyemäßigem Fahrstil ein Fahrzeug in einer tiefen Furt abgetrieben und umgeworfen wurde. Solche Unfälle sind vermeidbar, wenn man beim Furten ein paar Regeln beachtet und überlegt handelt. Ein Umkehren vor einem tiefen und reißenden Fluss sollte nicht als Schwäche gesehen werden, sondern zeugt von Verantwortungsbewusstsein. Das **oberste Gebot** auf einer Hochlandtour muss lauten: **Sicher ankommen!**

Einen Fluss durchfährt man nicht ohne **vorherige Prüfung.** Diese besteht zunächst darin, vor der Furt anzuhalten und den weiteren Verlauf der Piste am anderen Ufer auszumachen. Radspuren, die in das Wasser hineinführen, markieren nicht immer den einfachsten Weg durch den Fluss. Dabei ist keinesfalls der direkte, gerade Weg immer der beste. Bei breiten Flüssen mit Schotterbänken ist es manchmal besser, in Etappen von Schotterbank zu Schotterbank zu fahren. Wichtig beim Furten ist, möglichst durch flaches Wasser zu fahren, um im Fluss nicht mit dem Unterboden an einem großen Felsbrocken hängenzubleiben. Auch sollte man nie entgegen der Strömung fahren, sondern immer quer zur oder besser mit der Strömung.

Die breiteste Stelle eines Flusses ist meist auch die flachste. Denken Sie daran, dass im Flussbett tiefe Rinnen ausgespült sein können, in denen die Strömung besonders stark ist. Dieses sind oft die Hauptarme des Flusses. Macht der Fluss einen Bogen, ist das Wasser vor dem angeströmten Prallhang tiefer als am gegenüberliegenden Gleithang.

In Lavagebieten können die Furten stufig sein. Fährt man zu schnell über eine derartige Lavaplatte, „plumpst" das Auto regelrecht ins Wasser – der Motorraum kann dabei völlig durchnässt werden.

Ist man sich über die Wassertiefe und den Untergrund nicht sicher, sollte die **Furt** zuerst **zu Fuß** durchwatet werden. Bedenken Sie dabei, dass das Wasser der isländischen Flüsse meist sehr kalt ist; Gletscherflüsse haben selbst im Sommer nur eine Temperatur von 4 °C. Das eiskalte Wasser schmerzt beim Durchwaten. Man kann sich schnell unterkühlen und auch Probleme mit dem Kreislauf bekommen. Besser als mit Turnschuhen und in kurzer Hose durchwatet man eine Furt mit einer **hüfthohen Wathose,** wie sie Angler tragen. In über knietiefem Wasser ist es ratsam, den Fluss stets mit dem **Blick flussaufwärts** gerichtet zu durchwaten. Die Strömung trifft so nicht die Kniekehlen. Hilfreich ist auch ein zwei Meter langer Stock zum Abstützen und Ausloten der Wassertiefe vor dem nächsten Schritt. Die Kraft des Wassers darf nicht unterschätzt werden!

Ist ein Fluss so tief und reißend, dass er zu Fuß nicht mehr gefahrlos durchwatet werden kann, sollte man ihn auch nicht durchfahren. Hat man jedoch einen passierbaren Weg durch den Fluss gefunden, kann man mit dem Fahrzeug die Furt wagen.

Bevor man in einen tiefen Fluss hineinfährt, sollten alle elektrischen Verbraucher, wie Scheinwerfer, abgeschaltet werden. Schalten Sie den Allradantrieb zu und legen Sie den ersten Gang des Untersetzungsgetriebes ein. Sperren Sie bei einem Fahrzeug mit permanentem Allradantrieb das Zentraldifferenzial. Fahren Sie so langsam wie möglich in den Fluss hinein – die Uferböschungen eines Flusses sind manchmal sehr steil und bestehen aus losem

Tiefe Furt in der Eldgjá

Geröll. Haben Sie die Böschung passiert, geben Sie ein wenig Gas. Durchfahren Sie den Fluss sehr langsam (Schrittgeschwindigkeit), vermeiden Sie eine hohe Bugwelle und halten Sie im Wasser nicht an. Wenn Sie merken, dass die Drehzahl zu sinken beginnt, müssen Sie mehr Gas geben. Tiefes Wasser und schwerer Boden erfordern enorm viel Motorkraft. Manchem PS-schwachen Geländewagen fehlt trotz Untersetzungsgetriebe im tiefen Wasser mit weichem Untergrund gelegentlich die Kraft. Der Motor wird abgewürgt, und das Fahrzeug sitzt fest.

Ist die Böschung am anderen Ufer sehr steil, geben Sie kurz davor Gas und nehmen den Anstieg aus dem Wasser mit etwas Schwung.

Wenn man zu schnell in einen Fluss hineinfährt oder im Flussbett tiefe Rinnen durchfährt, kann die **Bugwelle** über die Motorhaube schwappen. In diesem Moment klatscht ein Wasserschwall gegen die Windschutzscheibe, der für wenige Sekunden jede Sicht unmöglich macht. Erschrecken Sie in dieser Situation nicht! Fahren Sie langsam weiter. Das Wasser ist schnell wieder von der Windschutzscheibe abgeflossen. Betätigen Sie die Scheibenwischer. Einem guten Geländewagen schadet ein solcher kurzzeitiger Wasserschwall nicht.

Pannenhilfe und Werkstätten

In allen Ortschaften Islands gibt es meistens jemanden, der **Pannenhilfe** leisten kann. Fragen sie einfach beim ersten Haus nach, das sie erreichen.

Man wird Sie von dort weitervermitteln oder sogar in eine Werkstatt abschleppen oder anderweitig helfen.

Vertragswerkstätten gibt es in Island zwar für alle Automarken, sie konzentrieren sich aber auf die Großräume Reykjavík, Selfoss und Akureyri. In den anderen Orten sind nicht alle Automarken durch Werkstätten vertreten. **Nothilfe** leisten jedoch in der Regel alle Werkstätten und auch viele Bauern.

Ersatzteile sind wesentlich teurer als bei uns. Sind diese in Island verfügbar, werden sie kurzfristig per Linienbus oder Linienflugzeug angeliefert. Wenig gebrauchte Teile oder solche für in Island seltene Fahrzeugtypen müssen u. U. aus dem Ausland angefordert werden. Dies ist heute zwar innerhalb weniger Tage möglich, doch sind die Transportkosten und die zu zahlenden Importzölle sehr hoch, so dass diese Teile meist das Zwei- bis Dreifache des deutschen Preises kosten.

Bei Fahrten im Landesinnern ist es hilfreich, eine **Notausrüstung** mitzuführen. Diese besteht zumindest aus dem **wichtigsten Werkzeug** (Arbeitshandschuhe, Kombi- und Rohrzange, Radmutternschlüssel, Steckschlüssel mit Verlängerung in den Größen 6–32 mm bzw. entsprechende Schraubenschlüssel, Schraubendreher und Kreuzschlitzschraubendreher sowie Imbusschlüssel in verschiedenen Größen, eine kleine Feile, 2 Meter dünner Stahldraht, 2 Meter Elektrokabel, Ersatzsicherungen und Ersatzglühbirnen). Wir empfehlen darüber hinaus die Mitnahme eines vollwertigen Reserverads, eines mindestens 10 Meter langen Abschleppseils bzw. vorteilhafter eines Bergegurts mit zwei Schäkeln (erhältlich bei Expeditionsausrüstern), eines Starthilfekabels, einer großen Schaufel, eines gefüllten 20-l-Reservekanisters und eines reißfesten Klebebands.

Ein **Auslandsschutzbrief** ist für Island sinnvoll, da er im Schadensfall die hohen Bergungs- und Transportkosten decken hilft. Ein Auto, das beispielsweise durch einen Unfall oder einen schweren Schaden fahruntüchtig geworden ist, muss nach Ablauf der Aufenthaltsdauer auch als „Schrottauto“ wieder aus Island ausgeführt werden.

Beim **Fahren in einer Gruppe** hat sich für Konvois die für Jeden verpflichtende Vereinbarung bewährt, dass der Vordermann jeweils auf seinen Hintermann achtet und langsamer fährt oder notfalls anhält, wenn er ihn nicht mehr im Rückspiegel sieht. Außerdem wird vor Antritt der Fahrt festgelegt, wer aus der Gruppe eine bestimmte Strecke als erstes Fahrzeug und wer als letztes fährt. Auch diese Absprache gewährleistet schnelle Hilfe bei einer Panne oder einem Unfall.

Island mit Wohnwagen und Wohnmobil

Island ist in den letzten Jahren zu einem beliebten Reiseziel für Urlauber geworden, die mit dem Wohnwagen oder Wohnmobil anreisen. Die asphaltierten Straßen können problemlos befahren werden. Auf den meist schmalen, nichtasphaltierten Straßen bereiten der lose Schotter, Schlaglöcher, Steigungen und der Gegenverkehr mitunter aber ernsthafte Probleme. Nicht befahren werden sollten die mit „F" gekennzeichneten Straßen und alle Pisten. Auf den holprigen, nichtasphaltierten Straßen können sich durch das ständige Geruckel Verschraubungen lockern. Gelegentlich schrammt das scharfkantige Lavagestein auch an tief liegenden Teilen oder schädigt die Reifen. Starker Seitenwind und Sturmböen können gefährlich werden, indem sie den Caravan auf den weichen Seitenstreifen abdrängen oder zum Schleudern bringen. Denken Sie auch daran, ein zweites Reserverad für den Wohnwagen mitzunehmen, denn Reifenpannen sind in Island häufig.

Während der Sommermonate sieht man viele Isländer, die mit einem **leichten Zeltanhänger** unterwegs sind, teilweise damit sogar Pisten befahren, wenn der Anhänger von einem Geländewagen gezogen wird. Diese Zeltanhänger sind speziell für die isländischen Straßen- und Witterungsverhältnisse gebaut („designed for Iceland").

Die **Infrastruktur** mit geeigneten Campingplätzen, wo entsprechende Stellplätze mit Stromanschluss vorhanden sind und die Chemietoilette entsorgt werden kann, ist inzwischen ausreichend gut, so dass wir eine solche Reise für all jene durchaus empfehlen können, die sich von der rauen Natur der Insel und dem „kleinen Abenteuer", das überall lauern kann, nicht abschrecken lassen. Anders als auf den Färöer Inseln, wo das Übernachten nur auf ausgewiesenen Plätzen erlaubt ist, kann sich der Camper in Island außerhalb der Naturreservate seinen „Traumplatz" für eine Nacht noch selbst aussuchen. Auf landwirtschaftlich genutztem Gelände, das eingezäunt ist, oder wo Zäune in der Nähe sind, sollte man jedoch nicht übernachten, ohne beim Bauern um Erlaubnis gefragt zu haben. Und selbstverständlich sollte es auch sein, dass man keinen Abfall zurücklässt.

023is Foto: tt

Allein in der Lava-Wüste des Tungnaásandur

Island mit dem Zweirad

Witterungsbedingt ist Island **kein Land für Zweiradfahrer.** So gibt es auch nur wenige Isländer, die Motorrad fahren oder längere Fahrradtouren unternehmen. Außerhalb Reykjavíks und Umgebung sind die meisten Zweiradfahrer Touristen. Auch Radwege gibt es nur in der Hauptstadt; ausgeschilderte Radwanderwege fehlen gänzlich. Radfahrer müssen sich die Straßen und Pisten mit den Autofahrern teilen - und das kann auf nichtasphaltierten Wegen mitunter eine recht staubige Angelegenheit sein. Dennoch kann man in den größeren Orten (in der Tourist-Info nachfragen) und auf einigen Campingplätzen und Bauernhöfen **Fahrräder leihen.** Die Preise liegen bei 10–20 Euro pro Tag. Und das Fahrradfahren kann sogar richtig Spaß machen, wenn Wetter und Wege gut sind. Eine Rundfahrt um den Mývatn ist ein Erlebnis, denn nirgends sonst erlebt man die urgewaltige Vulkanlandschaft so intensiv wie auf einer Fahrradtour.

Wir haben in Island viele Motorrad- und Fahrradfahrer getroffen, die begeistert waren und sich den Herausforderungen der Naturgewalten stellten. Wir haben aber auch Menschen getroffen, die völlig erschöpft waren und im Sturm mit letzter Kraft eine schützende Hütte erreichten oder einfach neben der Straße ihr Zelt aufgeschlagen haben. Die Hüttenbücher erzählen manch leidvolle Geschichte.

Die **Überlandbusse** nehmen gegen ein nach Entfernungen gestaffeltes Entgelt (bis 100 km ca. 7 Euro, darüber ca. 10 Euro) Fahrräder mit, wobei deren Zahl stark begrenzt ist. Für die Fahrräder ist am Heck des Busses ein Fahrradträger befestigt. Man sollte man sich nicht darauf verlassen, mitgenommen zu werden, da immer mehr Radfahrer diese Möglichkeit des Transports nutzen. Beim BSÍ-Busbahnhof in Reykjavík (Vatnsmýrarvegur 10) kann man beim Kauf eines Busfahrscheins oder als Inhaber eines Buspasses einen Platz für sein Fahrrad im Bus reservieren lassen. Auch Mountain-Bikes und Tourenräder einschließlich Packtaschen können dort geliehen werden; die Preise liegen bei 20 Euro pro Tag, 100 Euro pro Woche bzw. 300 Euro für 4 Wochen.

Gepäcktransport

Obwohl der Gepäcktransport Motorradfahrern meist etwas leichter als Fahrradfahrern fällt, gelten für beide die gleichen **Grundsätze:** So wenig Gepäck wie möglich mitnehmen, um Gewicht zu sparen; das Gepäck gleichmäßig auf dem Zweirad verteilen und auf einen niedrigen Schwerpunkt achten.

Für Motorräder haben sich stabile, wasser- und staubdichte Koffer aus Kunststoff oder Aluminium bewährt, die auf dem Gepäckträger und über der Hinterachse auf beiden Seiten der Maschine befestigt und gleichmäßig beladen werden. Auch ein kleiner Tankrucksack ist empfehlenswert, in dem man oft benötige Dinge unterbringen kann. Verzichten Sie auf Gepäckträger über dem Scheinwerfer, an Lenker, Gabel und Schwinge, denn diese können auf den holprigen Straßen leicht zu Brüchen am Motorrad führen.

Für Fahrradfahrer empfehlen wir wasserdichte Packtaschen, die an speziellen Trägern am Hinterrad, Vorderrad

Ein Radler trägt sein Fahrrad mit Gepäck durch den Fluss Seyðisá

024is Foto: tt

und am Lenker befestigt werden. Am Querrahmen zwischen dem Vorder- und Hinterrad kann eine Trinkflasche aus Kunststoff befestigt werden.

Wegen des Gepäcktransports und der holprigen Wege eignet sich ein stabiles **Mountain-Bike** oder ein **Trekkingrad** mit robuster, fein abgestufter Gangschaltung am besten für Touren in Island. Gekapselte Lager verhindern, dass Wasser und Schmutz in die Radlager und das Tretlager eindringen.

Für den **Transport im Flugzeug** muss das Fahrrad ohne Gepäck in einen großen „Fahrrad-Karton" verpackt werden. Diesen erhält man meist kostenlos in einem Fahrradfachgeschäft. Das Fahrrad wird wie normales Reisegepäck abgefertigt. Die einzelnen Fahrradtaschen verschnürt man miteinander und gibt sie als „ein Gepäckstück" auf oder man verpackt sie in einem robusten Plastiksack. Der Fahrradkarton kann auf dem Campingplatz in Keflavík bis zum Rückflug gelagert werden.

Für eine **Fahrradtour** durch Island braucht man gute Kondition und Ausdauer. Seien Sie sich bewusst, dass es unterwegs tagelang regnen und stürmen kann! Starker Sturm, weicher Boden, peitschenartiger Regen oder aufgewirbelter Staub sind für Biker das Unangenehmste auf einer Tour – aber für isländische Verhältnisse auch im Sommer ganz normale Wetterbedingungen.

Aus Sicherheitsgründen sollte man **Touren ins Landesinnere nicht alleine** unternehmen. In den Wüstengebieten schafft man oft nur 2–3 km in der Stunde. Dabei ist es oft weniger anstrengend, das Rad zu schieben, als zu fahren. Bedenken Sie, dass es bei dieser „Reisegeschwindigkeit" mehrere Tage dauern kann, bis ein 50 km breites Wüstengebiet wie das Ódáðahraun auf dem Weg zur Askja oder zu den Kverkfjöll durchquert ist. Obwohl es häufig regnet, findet man hier kaum trinkbares Wasser, da alles Nass sofort im porösen Boden versickert. Deshalb muss man **in Wüstengebieten genügend Wasser** mitnehmen. Man sollte sich nicht darauf verlassen, dass überall Autos vorbeikommen, bei denen man seine Wasservorräte ergänzen kann.

Durch das scharfkantige Lavagestein sind **Reifenpannen** häufig. Flickzeug, Luftpumpe und Ersatzventile sollten immer dabei sein. Auf Touren, die ins Landesinnere führen, empfehlen wir zusätzlich: Ersatzschlauch, Ersatzmantel, Bremsgummis, Ersatzschrauben, reißfestes Klebeband, Kettenglieder, Speichen und das notwendige Werkzeug für Ketten-, Speichen- und sonstige Fahrradreparaturen.

Ob es nun vorteilhafter ist, die **Kette** stets gut zu schmieren oder besser trocken zu fahren, damit der Staub nicht so leicht verbacken kann, ist Ansichtssache. Die meisten Fahrradfahrer, die wir unterwegs fragten, machten sich darüber keine Gedanken und starteten mit einem gut geschmierten Fahrrad.

Bekleidung für Biker

Motorradfahrer schwören auf einen Lederkombi, der bei Stürzen einen besseren Schutz bietet als Gore-Tex, und einen darüber zu ziehenden Regenkombi. Wasserdichte Motorradstiefel, gefütterte, wasserdichte Handschuhe (Winterhandschuhe) und ein Integralhelm vervollständigen die Bekleidung für den motorisierten Biker.

Bei **Fahrradfahrern** hat sich neben winddichter, leichter Radbekleidung ein robuster Schutzanzug aus Gore-Tex-Jacke und -Hose oder ein Overall, wie ihn Bergsteiger tragen, bewährt. Wasserdichte Handschuhe, ein wasserdichter Schuhüberzug, ein Helm mit darunter zu ziehendem Wind- und Regenschutz und eine an den Seiten geschlossene Fahrradbrille sind notwendig. Zum Furten sind Trekking-Sandalen geeigneter als schlecht trocknende Turnschuhe.

Unterkunft und Verpflegung

Zunächst einmal gilt das, was wir im Kapitel „Unterkunft" beschreiben, auch für alle Zweiradfahrer. Im Gegensatz zu Auto- und Motorradfahrern wird aber toleriert, wenn ein Radfahrer in Nationalparks oder Naturschutzgebieten sein Zelt neben der Piste aufschlägt und dort eine Nacht verbringt, wenn der Weg bis zur nächsten Hütte oder zum Campingplatz noch weit ist. Der Müll muss wieder mitgenommen werden, er darf nicht vergraben werden. Radfahrern gegenüber sind die Isländer sehr hilfsbereit und lassen sie bei schlechtem Wetter sogar in ihren „Gärten" übernachten, wenn kein Campingplatz in der Nähe ist. In abgelegenen Gegenden gibt es am nächsten Morgen manchmal sogar ein Frühstück gratis.

Entlang der Ringstraße gibt es ausreichend viele **Einkaufsmöglichkeiten,** so dass ein Zweiradfahrer keine Vorräte mitzunehmen braucht. Bei Touren ins Landesinnere sieht die Sache ganz anders aus. Fast alle Hütten sind nicht bewirtschaftet, der Zweiradfahrer muss sich also selbst versorgen. Nur in den viel besuchten Orten wie Geysir, Landmannalaugar oder Þórsmörk kann man Lebensmittel kaufen. Doch der Weg dorthin kann für Radfahrer mehrere Tage lang sein. Deshalb ist es ratsam, auch auf solchen Touren Proviant für 2–3 Tage dabeizuhaben. Wer als Radfahrer das **Hochland** auf dem Sprengisandur durchqueren möchte, muss sorgfältig planen: Der Proviant muss für die gesamte 4- bis 5-tägige Tour reichen. Und bedenken Sie auch, dass widrige Witterungsverhältnisse oder zu tiefe Flüsse eine solche Tour leicht um ein paar Tage verlängern können, weshalb eine Notration Energieriegel oder Ähnliches anzuraten ist. Zur Sicherung der Trinkwasserversorgung empfehlen wir auf solchen langen Touren, einen Filter zur Wasserentkeimung mitzunehmen (z. B. von MSR, Katadyn oder SweetWater). Damit kann man aus fast allen Süßwasser-Gewässern einwandfreies Trinkwasser gewinnen.

Fahren im Hochland

Loser Schotter und nasse Holzbrücken verlangen von jedem Zweiradfahrer auf normalen Straßen bereits besondere Vorsicht und eine **defensive Fahrweise.** Hochlandpisten haben oft tiefe Schlaglöcher, Quer- und Längsrillen, spitze Gesteinsbrocken, die aus der Piste herausragen, und weiche Sandstellen. Bedingt durch die höhere Geschwindigkeit sind Motorradfahrer hier gefährdeter als Radfahrer. Schnell kann ein Rad die Seitenführung verlieren und abschmieren. Auch steile Steigungs- und Gefällstrecken sind im Hochland häufig. Deshalb unser Rat: Fahren Sie vorsichtig und vorausschauend! Machen Sie sich mit den Tücken einer Pistenfahrt vertraut und fahren sie anfangs besonders behutsam. Stehendes Fahren sollte beherrscht werden.

Ein Zweiradfahrer sollte vor jeder **Furt** anhalten, das Bachbett prüfen und es möglichst vorher zu Fuß durchwaten: Ist der Untergrund fest oder lose, so dass die schmalen Reifen tief einsinken und wegrutschen könnten? Wie tief ist die Furt? Gibt es ausgewaschene Rinnen, in denen das Wasser besonders stark strömt und tiefer ist? Liegen große Steine herum, die man im trüben Gletscherwasser nicht sieht?

Radfahrer sollten nur sehr flache Furten mit festem Untergrund durchfahren, in denen die Pedale nicht ins Wasser eintauchen. Im kleinsten Gang geht es dann zügig hindurch. Bei tieferen Furten schiebt man sein Fahrrad auf der strömungsabgewandten Seite durch das Wasser, wobei die Gepäcktaschen zuvor abmontiert und hinübergetragen werden sollten. Manchmal führen Fußgängerbrücken über die Flüsse, die auch von Radfahrern benützt werden können.

Motorradfahrer können bis zu knietiefes Wasser im ersten Gang mit niedriger Geschwindigkeit bei hoher Drehzahl durchfahren. Bei starker Strömung ist es günstiger, schräg flussabwärts zu furten als den Bach direkt zu queren.

Das Motorrad kann auch mit laufendem Motor und eingelegtem ersten Gang mit schleifender Kupplung durch den Fluss geschoben werden, wobei sich die Maschine auf der strömungsabgewandten Seite befinden sollte. Damit am Motorrad kein Wasserschaden auftritt, sollten der Luftansaugstutzen und der Entlüftungsschlauch des Vergasers so hoch wie möglich liegen, letzterer kann zum Furten auch verschlossen werden. Der Getriebekasten kann mit Silikon zusätzlich abgedichtet werden.

Nach Fahrten auf staubigen Pisten sollte der Luftfilter des Motorrads gereinigt werden. Nach langen Fahrten auf holprigen Wegen empfiehlt es sich, die Schrauben auf ihren festen Sitz zu überprüfen.

Ersatzteile für Zweiräder

Ersatzteile für Fahrräder gibt es in den größeren Orten in **Fahrradläden** und **Supermärkten.** Auch **Tankstellen** verkaufen Ersatzteile für Fahrräder. Schwieriger ist es, Ersatzteile für Motorräder zu bekommen. Deshalb sollten häufig gebrauchte Dinge wie Ersatzspeichen für das Vorder- und Hinterrad, Zündkerzen, Kettenglieder zum Reparieren der Kette, Ersatzbirnen und Sicherungen sowie das wichtigste Werkzeug von zu Hause mitgebracht werden. Empfohlen wird auch der Abschluss eines **Europa-Schutzbriefes.**

Buchtipps:
- C. Carle, H. Hermann
Fahrrad-Weltführer
(Reise Know-How Sachbuch)
- Sven Bremer
Radreisen Basishandbuch
(Reise Know-How Praxis)

Motorradwerkstätten

Weil nur wenige Isländer ein Motorrad besitzen, gibt es auch nur wenige Werkstätten, die sich mit Zweirädern gut auskennen. Ersatzteile für BMW, Honda oder Suzuki können die entsprechenden Autowerkstätten besorgen. Für Harley-Davidson, Kawasaki, KTM, Moto Guzzi und Yamaha gibt es keinen isländischen Vertragshändler. Doch auch hier können Autowerkstätten weiterhelfen. Notfalls muss sich der Motorradfahrer ein Ersatzteil direkt von seiner heimischen Werkstatt nach Island schicken lassen; dann ist es gut, wenn man dies vor einer Reise abgesprochen hat.

Ziele für Biker

Traumziele vieler engagierter Biker sind die Campgrounds in Skaftafell und Landmannalaugar. Hier kann man sich einige Tage von den Strapazen erholen und herrliche Tageswanderungen unternehmen.

Skaftafell erreicht man von Reykjavík entweder über Hveragerði, Selfoss, Hella und Vík direkt auf der Ringstraße (einfach 300 km) oder auf einem lohnenswerten Umweg über Landmannalaugar und die herrliche Hochlandstrecke F 22 durch die Jökuldalir, die „Gletschertäler" (einfache Strecke ebenfalls 300 km, aber wesentlich zeitaufwendiger). Die Fahrt auf der Ringstraße verläuft zunächst durch grünes Weideland; dann entlang der Küste weiter im Bann der eisigen Gletscher und des rauschenden Meeres.

Reisebegleiter nach **Landmannalaugar** ist ein Hauch von Abenteuer. Wer will, kann diesen Ort von Nordwesten über Þingvellir (Þingvallavatn, Almannagjá), Laugarvatn, Haukadalur (Geysir und Gullfoss), Búrfell und die Landmannaleið (180 km) oder noch abenteuerlicher von Süden durch die „Gletschertäler" und die Eldgjá anfahren (250 km). Eine urweltartige Landschaft und zahlreiche, überwiegend flache Furten sind die Reisezutaten. Beide Routen lassen sich zu einer beeindruckenden, etwa **dreiwöchigen Rundreise** kombinieren (insgesamt 600 km): von Reykjavík über Þingvellir, Laugarvatn, Haukadalur, Búrfell und die Landmannaleið nach Landmannalaugar und weiter durch die Jökuldalir zur Ringstraße und nach Skaftafell. Der Rückweg erfolgt auf der Ringstraße über Vík, Hella, Selfoss und Hveragerði. Wer des Strampelns müde geworden ist, kann den Überlandbus nehmen.

Island zu Fuß

Die Natur Islands zu Fuß zu erwandern, ist ein unvergessliches Erlebnis! **Markierte Wanderwege** leiten sicher durch die Vulkanlandschaft und über Berge, durch Gletschertäler und über reißende Flüsse. Auf häufig begangenen Routen sind die meisten Flüsse für Fußgänger überbrückt.

Zwischendurch per Autostopp weiterzukommen, ist allerdings schwierig: Island ist **kein Land für Tramper!** Abseits der Ringstraße und vor allem im Hochland sind die vorbei fahrenden Autos meist voll beladen und haben keinen freien Platz mehr.

Bei Hüttentouren sollten die **Übernachtungsplätze** in allen Hütten, die nicht an einer Piste liegen, vorab reserviert werden, denn diese könnten bei der Ankunft bereits voll belegt oder verschlossen sein. Im Hochland sind die Wanderhütten nicht bewirtschaftet, doch es gibt immer Trinkwasser und eine Heizung, um nasse Kleidung und Schuhe zu trocknen. Die Übernachtung wird entweder direkt in der Hütte beim Hüttenwart bezahlt, oder man wirft das Geld in eine „Kasse". Häufig kommt abends auch der Hüttenwart vorbei, um zu kassieren. „Vergessen" Sie bitte nicht zu bezahlen, entwenden und beschädigen Sie nichts, und halten Sie die Hütte sauber, damit nicht noch mehr Hütten verschlossen werden, die dann nur noch nach Voranmeldung genutzt werden können.

Auch wer eine Hüttenübernachtung reserviert und eingeplant hat, kann durch dichten Nebel und schlechtes Wetter schnell in die Lage kommen, unterwegs eine Nacht unter freiem Himmel verbringen zu müssen. Deshalb ist es ratsam, auf allen mehrtägigen Wandertouren ein **Zelt** mitzunehmen.

Hinsichtlich **Trinkwasser, Verpflegung und Bekleidung** gilt auch für Wanderer, was wir bereits für die Zweiradfahrer und in der Ausrüstung für Camper empfohlen haben. Auf unseren Wandertouren haben wir die Erfahrung gemacht, dass es sich oftmals in Trek-

025is Foto: tt

kingsandalen besser läuft als mit Turnschuhen. Vor allem zum Durchwaten der Bäche raten wir zu den Sandalen. Mit einem Paar wasserdichter Gore-Tex-Bergwanderstiefel und einem Paar Trekkingsandalen ist man für alle Touren gerüstet. Wanderstöcke können die Knie entlasten und geben beim Durchwaten der Bäche Halt.

Längere Wander- und Trekkingtouren sollten im unbewohnten Landesinneren und insbesondere auf Hornstrandir in den Westfjorden aus Sicherheitsgründen nicht alleine unternommen werden. Für Gletschertouren sind Steigeisen und eine Seilsicherung angeraten. Trotz der meist guten Markierungen empfehlen wir, auf einer größeren Tour grundsätzlich eine Karte, in der die Wanderwege eingezeichnet sind, und einen Kompass mitzunehmen. **GPS** und ein **Mobiltelefon** sind auf solchen Touren kein Luxus, sondern geben Sicherheit.

Wandervereine und Touring-Clubs

Weitere Informationen über Wanderrouten und die interessantesten Strecken erteilen unter anderem:

- **Ferðafélag Akureyrar,** Strandgötu 23, 600 Akureyri, Tel. 4622720, Fax 4627240, www.ffa.is; auch dieser Verein gibt jedes Jahr ein Faltblatt (auf Isländisch) mit den Hütten in Nord- und Ostisland, GPS-Koordinaten, einem Veranstaltungskalender und geführten Wandertouren heraus. Hier können Übernachtungen in den Hütten dieses Vereins reserviert werden.
- **FÍ – Ferðafélag Íslands,** Mörkinni 6, 108 Reykjavík, Tel. 5682533, Fax 5682535, www.fi.is; hier können Übernachtungen in den

Wanderhütten reserviert werden. In der Broschüre „Ferðaáætlun" des FÍ (nur in isländischer Sprache erhältlich), die jedes Jahr in aktualisierter Ausgabe erscheint, sind alle Hütten des Vereins mit Bettenzahl und GPS-Koordinaten aufgelistet. Außerdem gibt es darin einen Veranstaltungskalender und ein Angebot an geführten Touren.

- **Ferðafélagið Útivist** (Outdoor- und Touring Club Útivist), Laugavegi 178, 105 Reykjavík, Tel. 5621000, Fax 5621001, www.utivist.is.
- **Weitere Infos** über kürzere und längere markierte Wanderwege rund um Island kann man im Internet abrufen unter www.ganga.is.

Reisezeit

Für eine Städtetour nach **Reykjavík** ist **das ganze Jahr Saison.** In zahlreichen Konzerten und Ausstellungen präsentieren sich die besten nordischen Künstler. Beim Bummel durch die Innenstadt mit ihren Geschäften spürt man das besondere Flair der isländischen Hauptstadt. Von Anfang bis Mitte Juli kann man die hellen Nächte im Schein der Mitternachtssonne erleben. Jetzt ist **Hochsaison.** Die meisten Touristen kommen zwischen **Anfang Juni** und **Ende August** nach Island. Trekkingtouren in die abgelegenen Landesteile sind nach der Schneeschmelze ebenso möglich wie Reiterferien. Im Juli und August sind auch die meisten Hochlandpisten freigegeben. Mit Auto, Motorrad, Mountain-Bike, Linien- oder Ausflugsbus geht die Fahrt zu den heißen Quellen und Vulkanbergen im Landesinnern.

Im September kann man das Land erleben, wie es sich für den nahenden arktischen Winter rüstet. Die „Ruska", die Buntfärbung der Blätter, zeigt sich für kurze Zeit in leuchtenden, herbstlichen Farben, besonders im Þórsmörk und in den Birkenwäldern. Die Stimmung, die dieses letzte Aufblühen der Natur vor Einbruch des Winters erweckt, empfinden viele Isländer auch beim Pferde- und Schafabtrieb Ende September – er ähnelt einem kleinen, bunten Volksfest. Wenn der erste Schnee gefallen ist und Stürme über das Land fegen, ruht draußen das Leben. Erst wenn von Dezember bis Februar die Wetterbedingungen zwar frostig und schneereich, aber über längere Perioden auch sonnig sind, erwacht die Wintersaison.

Seit einigen Jahren schon wird verstärkt für den **Wintertourismus** geworben. Mehrtägige Snowmobiltouren und Fahrten mit den isländischen Super-Jeeps durch die tief verschneite Landschaft und über die Gletscher mit Zeltübernachtung im Eis versprechen das „kalte, weiße Abenteuer". Verstärkt wird die isländische Winterlandschaft auch für Skiläufer erschlossen. Alpine Abfahrten gibt es in mehreren Gebieten. Langlauf auf gespurten Loipen ist im Raum Reykjavík möglich. Tourenskifahrer finden ihr Vergnügen bei einer geführten Gletscherüberquerung. Wer es bequemer liebt, fährt im beheizten Bus zum Geysir und erlebt den eisigen Norden bei den gefrorenen Wasserkaskaden des Gullfoss.

Wanderer überqueren einen Gletscherfluss bei den Kverkfjöll auf Trittsteinen

Buchtipp:
- Matthias Faermann
Survival-Handbuch Naturkatastrophen
(Reise Know-How Praxis)

Sport und Aktivitäten

Es gibt ein gutes und breites Sportangebot in Island; die wichtigsten Sportarten schauen wir uns etwas genauer an.

Angeln

Angeln ist eine beliebte Beschäftigung in Island. In den sauberen Gewässern gibt es einen großen Fischreichtum, vor allem an Lachsen, Forellen und Saiblingen. Die Angelsaison für **Forellen** ist von April bis September. Für das Angeln in den Binnengewässern wird grundsätzlich eine **Angelerlaubnis** (isl. *veiðileyfi)* benötigt. Für Forellenflüsse kostet diese je nach Ergiebigkeit 25–100 Euro pro Tag. Die **Angelkarte** (isl. *veiðikortið*) gilt für 31 Fanggebiete und kostet 6000 ISK. Man bekommt sie bei den N1-Tankstellen und in Geschäften für Anglerbedarf (www.veidikortid.is).

Das **Lachsangeln** in einem der über 100 Lachsflüsse lockt in der Lachssaison, die meist von Mitte Juni bis Mitte September dauert, Angler aus der ganzen Welt an. Entsprechend lange im Voraus muss man sich anmelden (drei Monate). Lachsangeln ist in Island ein teures Vergnügen; die Preise richten sich nach dem Ertrag der Flüsse. In guten Lachsflüssen werden bis zu zehn große Lachse am Tag geangelt. Angeboten werden Angellizenzen mit full service inkl. Unterkunft, Verpflegung, Transport und Begleitung, die in guten Lachsflüssen zwischen 600 und 2500 Euro pro Tag kosten. Angellizenzen ohne Unterkunft und mit Selbstverpflegung erhält man ab etwa 300 Euro pro Tag. Bedenkt man jedoch, dass ein Lachs bis zu 20 kg wiegen kann und keine Fangbeschränkungen bestehen, kann sich der hohe finanzielle Einsatz mitunter sogar bezahlt machen. Jedes Jahr werden etwa 30.000 Lachse aus den Flüssen gezogen. Fast alle Lachsflüsse liegen in Nord- und Nordwestisland.

Das **Angeln im Meer** ist sowohl an der Küste als auch auf hoher See lizenzfrei und kostenlos. Der Fang von Lachsen allerdings ist in den isländischen Hoheitsgewässern ohne Lizenz untersagt. Die Saison dauert von Ende Mai bis Ende August. Von den meisten Orten an der Küste werden Bootsfahrten zum Hochseeangeln angeboten.

Weitere **Informationen und Angellizenzen** erhält man bei:
- **Angling Club Lax-Á,** 203 Kópavogur, Akurhvarf 16, Tel. 5576100, Fax 5576108, www.lax-a.is.
- **Federation of Icelandic River Owners (Landssamband veiðifélaga),** 105 Reykjavík, Baendahollinni, Tel. 5531510, Fax 5684363, www.angling.is.
- **Icelandic Farm Holidays,** 108 Reykjavík, Síðumúli 2, Tel. 5702700, Fax 5702799, www.farmholidays.is; hier erhält man eine Broschüre (englisch), in der alle Bauernhöfe mit den angebotenen Leistungen aufgeführt sind. Angellizenzen gibt es direkt bei den Bauern.

Nebenbei bemerkt: Die Uferzonen von wichtigen Lachsflüssen dürfen von Nichtanglern nicht betreten werden (Verbotsschilder), um die Fische und die Angler (und deren Erfolg) nicht zu stören.

Golf

Über das ganze Land verteilt gibt es **etwa 60 Golfplätze.** 18-Loch-Plätze sind weniger häufig – es gibt welche in Akureyri, Hafnafjörður, Hella, Keflavík und Reykjavík –, überwiegend spielen die Isländer auf **9-Loch-Plätzen.** Golf ist in Island ein weit verbreiteter Sport, viele zieht es nach der Arbeit noch auf den Platz. Die Golfplätze liegen oft in toller Landschaft, auf einer Anhöhe über dem Meer, inmitten von weiten Lavafeldern oder einfach „nur" mit einem atemberaubenden Ausblick auf die umliegende Landschaft. Auf fast allen Plätzen sind auch Nicht-Mitglieder willkommen. Teilweise gibt es ermäßigte Tagestickets – fragen Sie nach den „green fees" – oder im Sommer reduzierte Gebühren fürs Mitternachtsgolfen.

Auskunft erteilen:

- **Akureyri Golf Club,** Jaðar, 602 Akureyri, Tel. 4622974, www.gagolf.is.
- **Golfverband Islands,** Engjavegur 6, Reykjavík, Tel. 5144050, www.golficeland.org.

Marathon

Der bekannteste isländische Lauf ist der jährlich im August stattfindende **Reykjavík-Marathon.** Außerdem gibt es den **Island-Supermarathon** von Reykjavík nach Egilsstaðir; in fünf Etappen über insgesamt 210 km geht die Laufstrecke durch das ganze Land in seiner Breite und führt abseits der Ringstraße durch das Hochland. Übernachtet wird in Schlafsackunterkünften.

Informationen bei:

- **Marathon,** Engjavegur 6, 104 Reykjavík, Tel. 5353700, www.marathon.is.

Reiten

Auf vielen Bauernhöfen kann man sich ein Islandpferd leihen. Das Schild **„Hestarleigar" (= Pferdeverleih)** weist darauf hin. Außerdem werden **organisierte Reittouren** angeboten. Mehrtägige Touren auf dem Rücken eines Pferdes sind das ganz besondere Island-Erlebnis. Viele Touren verlaufen entlang uralter Reiterwege und abseits der Straßen. Übernachtet wird entweder auf Bauernhöfen, in Wanderhütten oder im Zelt. Das Gepäck und die Verpflegung für unterwegs transportieren extra Packpferde.

Pferdebesitzer müssen beachten, dass kein gebrauchtes Sattelzeug nach Island eingeführt werden darf. Bei diesem muss – wie bei der eigenen Angelausrüstung – auch ein Nachweis über eine Desinfektion erbracht werden. Es ist mit weniger Aufwand verbunden, sich vor Ort eine Ausrüstung zu leihen. Mit den strengen Regelungen soll verhindert werden, dass Pferdekrankheiten nach Island eingeschleppt werden. Durch die Insellage und das Einfuhrverbot nichtisländischer Tiere gibt es hier keine Krankheiten wie Druse oder Influenza, die Islandpferde haben also auch keine Abwehrkräfte dagegen.

Die **Kosten für ein Leihpferd** beginnen bei ca. 15 Euro pro Stunde. Tages-

und Mehrtagestouren werden ab etwa 80 Euro pro Tag angeboten. Bei Tagestouren sind meistens die Abholung vom Hotel, der Rücktransport, die Verpflegung und bei mehrtägigen Touren zusätzlich die Übernachtung im Preis inbegriffen.

In der Broschüre „Icelandic Farm Holidays" (siehe Angeln) ist verzeichnet, welcher Bauernhof Pferde verleiht und geführte Reitausflüge anbietet.

Die **bekanntesten Veranstalter von Reitausflügen** sind:

- **Activity Tours,** 560 Varmahlíð, Tel. 453 8383, www.riding.is; ein Eldorado für Reiter und Pferdefreunde, Vorführung „Meet the Icelandic Horse".
- **Bjarnastaðir,** Hvítársíða, 320 Reykholt, Tel. 4351486, http://bjarnastadir.vefurinn.is; Reiten und Unterkunft im Tal der Hvítá westlich Húsafell.
- **Eldhestar,** Vellir, 810 Hveragerði, Tel. 480 4800, Fax 4804801, www.eldhestar.is; Reiterhof mit speziellen Angeboten für Familien mit Kindern.
- **Gauksmýri,** Tel./Fax 4512927, www.gauksmyri.is; Reiten an der Nordwestküste bei Laugarbakki.
- **Hekluhestar,** Austvaðsholt, 851 Hella, Tel. 4876598, www.hekluhestar.is; Reiterferien auf dem Bauernhof.
- **Herríðarhóll,** 851 Hella, Tel. 4875252, www.herridarholl.is; Unterkunft und Reitausflüge zu Gletschern und Vulkanen.
- **Horse Rental Stokkseyri,** 825 Stokkseyri, Tel. 4831035; von Mai bis September werden Reittouren entlang der Küste angeboten.
- **Íshestar,** Sörlaskeið 26, 220 Hafnarfjörður, Tel. 5557000, Fax 5557001, www.ishestar.is; umfangreiches Angebot an Reittouren.
- **Kiðafell,** 270 Mosfellsbær, Tel. 5666096, www.dagfinnur.is/kidafell; Ausflüge im Hvalfjörður.
- **Kverná,** 350 Grundarfjörður, Tel. 4386813, www.simnet.is/kverna; kurze und mehrtägige Touren rund um den Snæfellsjökull.
- **Land and Horses,** Húsatóftir, 801 Selfoss, Tel. 4865560; einzelne Reitstunden und mehrtägige Reitausflüge.
- **Leirubakki,** 851 Hella, Tel. 4876591, Pferdezentrum und -verleih.
- **Lytingsstaðir,** Tel. 4538064, Reittouren, Reitferien, www.lythorse.com.
- **Pólar Hestar,** Grýtubakki 11, 601 Akureyri, Tel. 4633179, Fax 4633144, www.polarhestar.is; mehrtägige Reittouren ins Hochland und zum Mývatn.
- **Þyrill,** Hraunbær 2, 110 Reykjavík, Tel. 567 3370, Fax 5673387; Pferdeverleih und Reitschule im Víðidalur.
- **Syðra-Langholt,** 845 Flúðir, Tel. 4866574; außer Reiten auch Unterkunft und Camping auf dem Bauernhof.
- **Syðri Vík,** 690 Vopnafjörður, Tel. 4731199, Fax 4731449.
- **Vellir,** Mýrdalur, 871 Vík, Tel. 4871312; Reiten an der Südküste.
- **Víkhestar,** Vesturbraut 15, Grindavík, Tel. 4268303; Reitausflüge auf der Halbinsel Reykjanes.

Außer bei diesen Veranstaltern finden Pferdefreunde in Island zahlreiche Gelegenheiten zum Reiten. Auf vielen Bauernhöfen kann man sich ein Pferd leihen und Reitausflüge machen. Das Schild „Hestarleiga" oder ein Pferdepiktogramm am Straßenrand weisen darauf hin.

Buchtipps:

- Gunter Schramm, **Trekking-Handbuch**
- Jens Edelmann, **Vulkane besteigen und erkunden**
- Rainer Höh, **Winterwandern**
- Alexander Maier, **Höhlen erkunden**
- Thomas Gut, **Handbuch Canyoning**
- Rainer Höh, **Handbuch Kanu**

(alle Bände Reise Know-How Praxis)

Bad in der heißen Quelle von Hveravellir am Kjölur

027is Foto: tt

Schwimmen

Schwimmen gehört wohl zu den **beliebtesten Freizeitbeschäftigungen** in Island. Studenten können hier ihr Studium nicht abschließen, ohne eine Schwimmprüfung abzulegen, Schwimmen gehört auch zu den Pflichtfächern in der Schule. Ein Bad in den oft mit natürlich heißem Wasser gespeisten oder beheizten Schwimmbädern und/oder in den gefassten heißen Quellen sollten Sie keinesfalls versäumen! Zu den meisten Schwimmbädern gehören mehrere kleine Whirlpools, sog. **„hot pots"**, mit unterschiedlich heißem Wasser (zwischen 36 und 44 °C). Die Isländer schätzen es, sich darin zu entspannen und über Gott und die Welt zu diskutieren. Nicht selten sollen beim entspannenden Bad auch schon Kontakte geknüpft worden sein, aus denen später Beziehungen oder Ehen wurden ... Die Bäder verfügen oft über Sauna, Dampfbad und Solarium (Eintritt 300–350 ISK). Im Meer und in den Seen ist das Schwimmen wegen der niedrigen Wassertemperaturen nicht möglich.

Da Islands Campingplätze oft nur mit wenigen sanitären Einrichtungen und warmen Duschen ausgerüstet sind – mehr rentiert sich wegen der kurzen Saison nicht – ist es auch eine Wohltat, im Schwimmbad ausgiebig zu duschen. Die **gründliche Körperreinigung** vor dem Schwimmen ist in Island übrigens Pflicht. In den Schwimmbädern hängen lustige Piktogramme, die jedem Badegast zeigen, welche Körperteile er besonders sorgfältig einzuschäumen hat.

Tauchen

Island hat zwei besondere Tauchreviere zu bieten: die **Silfra-Spalte** im Þingvallavatn und **Strýtan,** den geothermalen Schornstein im Eyjafjörður.

In der Silfra-Spalte tritt kristallklares Schmelzwasser vom 50 km entfernten Langjökull durch Quellen im Þingvallavatn wieder zu Tage und beschert den Tauchern eine einmalig klare Sicht von bis zu 100 m unter Wasser.

Am Grund des 70 m tiefen Eyjafjörður hat sich in den letzten 12.000 Jahren ein 55 m hoher Schornstein aus Sintergestein gebildet, durch den kochend heißes, mineralienreiches Wasser aufsteigt.

Wintersport

Skiabfahrten sind in ganz Island in der Umgebung der größeren Städte möglich, drei allein im Großraum Reykjavík. Es gibt feste Öffnungszeiten, die natürlich aber auch wetterabhängig sind. Skifahrer und Snowboarder kommen teilweise auch auf den Gletschern auf ihre Kosten. Hier werden außerdem **Touren mit Snowscootern** oder **Schneemobilen** sowie **Fahrten mit dem Hundeschlitten** angeboten. Zwei **Eisbahnen,** eine in Reykjavík, die andere in Akureyri, laden zum Schlittschuhlauf ein.

Skigebiete für den **Abfahrtslauf im Winter** liegen beim Bláfjöll in der Nähe Reykjavíks (geöffnet täglich 10–18 Uhr; Di, Do und Sa Flutlicht bis 22 Uhr) und auf dem Hlídarfjall bei Akureyri (geöffnet täglich von 13 bis 18.45 Uhr, Di, Mi, Do bis 20.45 Uhr, am Wochenende 10–17 Uhr). Zu diesen Skigebieten gibt es vom BSÍ-Busbahnhof in Reykjavík bzw. vom Busbahnhof Akureyri aus eine Busverbindung.

Langlauf auf gespurten Loipen ist außer beim Bláfjöll und dem Hlídarfjall auch vor den Toren Reykjavíks möglich. Diese Sportart fand bislang in Island noch keine weite Verbreitung. Einige deutsche Reiseveranstalter bieten Trekking-Touren auf Skiern an, z. B. in der Umgebung von Landmannalaugar.

Wassersport

Kajak und Rafting

Die Fjorde und Buchten Islands lassen sich mit dem Kajak ideal erkunden. **Wildwassertouren** werden vor allem auf der Hvíta und anderen wasserreichen Flüssen in der Umgebung sowie auf der Jökulsá Austari und Vestari, der Hjaltadalsá und der Blanda angeboten. Wer sich dafür interessiert, erhält in Reykjavík nähere **Auskünfte** bei:

- **Activity Tours (Ævintýraferðir),** 560 Varmahlíð, Tel. 4538383, Fax 4538384, www.rafting.is; Rafting auf der Austari und Vestari Jökulsá und der Blanda.
- **Arctic Rafting,** Árnes, 801 Selfoss, Tel. 898 0410; Rafting auf den Flüssen Þjórsá, Markarfljót und Hólmsá.
- **Grænhöfði Travel Service,** Ólafstún 7, 625 Flateyri, Tel. 4567762, 8637662; Kajaktouren in den Westfjorden.
- **Kajaktouren Stokkseyri,** Heiðarbrun 24, Tel. 8965716, Kajaktouren rund um Stokkseyri.
- **66° North,** Reykjavík, Tel. 5512200, Fax 5518100; neben Raftingtouren auch Pferdetrekking, Super-Jeep-Fahren auf dem Langjökull und Land-Rover-Safaris.
- **Seakayak,** Skólastigur, 340 Stykkisholmur, Tel. 6903877, Fax 4386431, www.seakayakiceland.com.

Sonstiges

Geführte Bootstouren sind eine weitere beliebte Möglichkeit, das Meer zu erkunden. Oft werden diese Touren in Verbindung mit Hochseeangeln angeboten, manchmal besteht sogar die Möglichkeit, bei einem Essen an Bord den Tagesfang zu kosten.

Wasserskier können am Meer und an einigen größeren Seen ausgeliehen werden.

Wasserbob, Surfen und Fahrten mit dem **Ruderboot** sind in Island nicht so weit verbreitet. Es gibt aber Angebote:

- **Akureyri:** Wasserbob im Hafenbecken.
- **Egilsstaðir:** Wasserbob auf dem Lögurinn-See.
- **Grimsnes:** Wasserbob und -ski auf dem Svínavatn.
- **Laugarvatn:** Windsurfen und Ruderbootverleih.

Wandern

Die schönsten Wandertouren in Island

Aus der Vielzahl schöner und markierter Wanderwege haben wir **sechs Touren** ausgewählt, die wir als besonders eindrucksvoll empfunden haben. Weitere Wanderziele beschreiben wir in den einzelnen Routenkapiteln.

• Farben der Natur

Landmannalaugar im Fjallabak-Naturschutzgebiet liegt in einer **aktiven Vulkanzone mit dampfenden Solfataren und heißen Quellen.** Das Gebiet ist gebirgig und reich an kleinen Seen und Bächen. Die Landschaft mutet bei entsprechendem Licht geradezu urweltlich an. Am beeindruckendsten sind jedoch die Farben der Natur. Das Spektrum reicht vom tiefen Schwarz der Obsidianlava und vom Dunkelbraun, Ocker, Rot und Grün des Liparit über das Blau des Himmels bis zum reinen Weiß der Gletscher und Wolken. Diese Landschaft können wir zu Fuß auf einmaligen Wanderungen erleben, die mit Recht zu den erlebnisreichsten Islands zählen. Alle Wanderwege im Gebiet sind markiert und gut begehbar; trotzdem ist Trittsicherheit unerlässlich. Da wir uns innerhalb des Naturschutzgebietes bewegen, dürfen wir diese Wege nicht verlassen.

Die erste Wanderung (4–5 Std.) führt uns von der Hütte zu den Fumarolen am Fuß des 855 m hohen Brennisteinsalda, auf den 940 m hohen Aussichtsberg Bláhnúkur und über die tief eingeschnittene Schlucht Brandsgil zurück zum Campground.

Der mit einem Wanderer markierte Weg **(Laugavegur)** beginnt hinter der Hütte und führt vorbei an den heißen Quellen zum Lavafeld Laugahraun. Im Südosten erhebt sich der markante Bergrücken des Bláhnúkur. Auf schmalem, kurvenreichem Pfad geht es zunächst in der Lava aufwärts. Nach gut einer Stunde sehen wir die weißen Dampfschwaden der Fumarolen und Solfataren am Fuß des Brennisteinsalda. Die Luft riecht nach Schwefel, ein untrügliches Zeichen für den Vulkanismus. Hier verlassen wir den Wanderweg und folgen einem der ausgetretenen und markierten Pfade östlich zum Bláhnúkur. Wir queren die Ausläufer der Schlucht Grænagil. Steil führt uns der Pfad auf den 940 m hohen Gipfel (1 Std.). Von dem kleinen Gipfelplateau mit der eisernen Orientierungstafel haben wir eine überwältigende Rundumsicht: Im Norden liegt tief unter uns der Zeltplatz von Landmannalaugar am Rand des breiten und sandigen Flussbetts der Jökugilskvísl. Hinter dem lang gezogenen Bergrücken des 725 m hohen Norðurnámur fließt die Tungnaá durch ein wasserreiches Tal. Bis zum Horizont erstreckt sich ein Mosaik aus den kleinen Seen der Veiðivötn und schroffen Vulkanbergen, die selbst im Hochsommer mit Schnee bedeckt sind. Im Nordwesten sehen wir auf die graublaue Wasserfläche des Frostastaðavatn mit seiner kleinen Felsinsel hinab. Im Westen dampft das Land beim Brennisteinsalda, und bei guter Sicht können wir im Fernglas sogar die Dampfschwaden der Solfataren in den Reykjadalir, den „Rauchtälern", ausmachen. Von Süden bis Osten blicken wir über die weite, urwelthafte Vulkanlandschaft mit ihren Farben und Formen. Am Horizont leuchten die Eisfelder des 1192 m hohen Torfajökull im Licht.

Nach dieser Augenweide fällt uns der Entschluss zum Abstieg nicht leicht. Wir halten uns südöstlich und folgen dem Pfad ins Tal der Brandsgil. Unten angekommen müssen wir in dem steinigen Flussbett einige schmale Rinnsale queren. Der Wanderweg verläuft weiter talwärts im Bachbett. Unterwegs kommen wir an auffallend grünen Gesteinsschichten vorbei, ebenfalls eine Schöpfung der Vulkane. Nach 1–2 Std. Gehzeit erreichen wir wieder den Zeltplatz von Landmannalaugar.

•Urlandschaft

Die **5-Tages-Wanderung** auf dem Laugavegur von Landmannalaugar über Þórsmörk nach Skógar gilt unter Kennern als die **schönste Wanderung in Island.** Die **anspruchsvolle Route** ist in der Saison stark frequentiert. Nur wer im Voraus und rechtzeitig die Hütten gebucht und den Schlüssel abgeholt hat, kann jede Tagesetappe in einer unbewirtschafteten, aber umso heimeligeren und warmen Hütte abschließen. Andernfalls muss gezeltet werden. Die Verpflegung für fünf Tage und ein Schlafsack müssen im Rucksack mitgeführt werden. Trinkwasser kann unterwegs aus den vielen klaren Bächen entnommen werden. Den Schlüssel für die Hütten erhält man außerhalb der Hauptsaison mit ein wenig Glück beim Hüttenwart in Landmannalaugar, sicherer jedoch im Büro des Clubs in Reykjavík (Ferðafélag Íslands, Mörkin 6, 108 Reykjavík, Tel. 5682533).

Auch diese Wandertour beginnt in Landmannalaugar. Der Wanderweg ist ebenfalls mit einem stilisierten Wanderer markiert. Die erste Stunde des Weges ist identisch mit der zuvor beschriebenen Halbtagestour. Wir durchwandern die moosbewachsene Lava im Laugahraun und erreichen die Fumarolen am Berg Brennisteinsalda.

Weiter geht es stets im Anblick der vulkanischen Urlandschaft zu den heißen Quellen von Stórihver und zu dem

Fernwanderer, die den Laugavegur begehen, an der Hütte am Alftavatn

026is Foto: tt

an Farben reichen Hrafntinnusker (4 Std.). Hier steht die erste Hütte (18 Plätze). Nach einer kurzen Rast gehen wir weiter. Wir queren im Gebiet des Kaldaklofsfjöll einzelne Schneefelder und erreichen nach weiteren 5–6 Std. am Abend des ersten Tages (ca. 25 km) die Hütte am Ufer des Álftavatn. Am nächsten Tag geht es weiter über die Hütte bei Hvanngil bis zur Hütte von Botnar bei Emstrur. Wir müssen eiskalte Gletscherflüsse durchwaten, die größeren sind zum Glück überbrückt, und kommen an dem gewaltigen Markarfljót-Canyon vorbei. Stets den Mýrdalsjökull vor Augen gelangen wir dann am nächsten Tag nach Þórsmörk.

Hier kann man die Wanderung beenden und mit dem Linienbus nach Reykjavík zurückfahren. Wir wollen am nächsten Tag jedoch weiterwandern. Ein wenig flussabwärts können wir die reißende und tiefe Krossá auf einer Fußgängerbrücke überqueren. Der markierte Wanderweg nach Skógar führt durch das breite Flusstal und die Schlucht Strakagil auf den 1100 m hohen Bergrücken Fimmvörðurháls. Die Wanderung verläuft zwischen den Eisfeldern der Gletscher Eyjafjallajökull im Westen und Mýrdalsjökull im Osten. Nach 6 Stunden und einem manchmal doch schweißtreibenden Anstieg erreichen wir die Hütte auf dem Fimmvörðurháls. Hier können wir übernachten oder gleich nach Skógar weitergehen. Wir entscheiden uns für die Übernachtung, da kleine Abstecher zu schönen Aussichtspunkten sowie das Betrachten und Fotografieren unterwegs doch immer mehr Zeit als geplant beanspruchen. Ausgeruht nehmen wir am nächsten Morgen den Abstieg nach Skógar in Angriff. Der Wanderweg folgt der holprigen Allradpiste durch die Skógaheiði. Der Fluss Skóga bildet hier eine tiefe Schlucht mit sehenswerten Wasserfällen. Nach 5–6 Std. erreichen wir unterhalb des 60 m hohen Skógafoss den Zeltplatz, den Endpunkt unserer Trekking-Tour. Von Skógar verkehren die Linienbusse, die auf der Ringstraße nach Osten zum Skaftafell und nach Höfn oder westwärts nach Reykjavík fahren.

• Feuer und Eis

Die große Hütte Sigurdarskali (60 Plätze) unterhalb des Kverkfjöll ist der Ausgangspunkt dieser Tageswanderung zu Feuer und Eis. Umgeben vom ewigen Eis des 1800 m hohen Kverkjökull liegen hier im nahen **Hveradalur** die **Solfataren und heißen Quellen eines geothermalen Gebietes.** Der Weg dorthin ist zwar hinreichend markiert, einige Abschnitte verlaufen jedoch auf dem Gletscher, weshalb wir Steigeisen und einen Eispickel mitnehmen müssen. Diese kann man in der Hütte ausleihen. Bei Nebel, der in diesem Gebiet schnell und unvorhersehbar auftreten kann, kann man auf dem Gletscher leicht die Orientierung verlieren. Wir raten deshalb dazu, diese Wanderung mit einem ortskundigen Führer zu unternehmen. In der Hütte kann man sich für die Wanderung anmelden, die in der Saison bei gutem Wetter fast täglich durchgeführt wird, oder man findet Anschluss an eine Reisegruppe.

Von der Hütte folgen wir zunächst 6 km der schmalen Allradpiste bis an den Rand des Gletschers. Wenn nicht die Möglichkeit besteht, im Bus einer Wandergruppe oder in einem privaten Geländewagen mitgenommen zu werden, müssen wir diesen Weg zu Fuß zurücklegen. Unterwegs sind einige schmale Schmelzwasserabflüsse zu durchwaten. Beim Parkplatz am Rand des Gletschers (1 Std.) beginnt der markierte Wanderpfad. Er führt vorbei an der blau schimmernden Eishöhle mit ihrem hausgroßen Gletschertor, aus dem ein reißender Gletscherfluss, die Jökulsa à Fjöllum, herausfließt. Nachdem in diesem Gebiet in den zurückliegenden Jahren mehrfach die Erde bebte, ist ein Teil der Eishöhle eingestürzt und ein Betreten lebensgefährlich geworden; immer wieder können riesige Eisbrocken herabstürzen, oder es ergießt sich ein Wasserschwall aus der Höhle. Auf dem Gletscher und den Schneefeldern ist der Verlauf des Weges mit Holzpfosten markiert. Der Weg steigt leicht an. Die Aussicht über das Eis auf die Vulkanberge ist grandios! Je nach Beschaffenheit des Schnees erreichen wir das Hveradalur nach 2–3 Stunden. Die Erdwärme hat hier das Eis geschmolzen. Der blanke Fels kontrastiert in seinen Farben zu dem grenzenlosen Weiß der Umgebung. Aus den Spalten zischen Dampfschwaden und legen den Geruch von Schwefel über das Land. Island wird hier für jeden zur Insel aus Feuer und Eis. Zurück geht es auf demselben Weg.

• Eisiges Tal

Im **Skaftafell-Nationalpark** können wir eine Vielzahl von kürzeren und längeren Wanderungen unternehmen. Bei der Information erhalten wir einen Faltplan, in dem alle Wanderwege eingezeichnet sind, eine unerlässliche Hilfe für jede Tour. Uns gefällt die etwa **20 km lange Tagestour zum Gletschertor des Skeiðarárjökull** und der Rückweg über die Skaftafellsheiði und den Svartifoss besonders gut. Der Weg ist markiert und beginnt beim Zeltplatz. Wir folgen zunächst dem Fahrweg in Richtung Hof Bölti. Nach 500 m zweigt der markierte Wanderpfad bei der Schlucht Vestragil in den Skeiðarársandur ab. Der Pfad verläuft entlang des Westhangs (Vesturbrekka) oberhalb der wasserreichen Skeiðará durch den Birkenwald und quert immer wieder kleine, tief eingeschnittene Täler mit schmalen Bächen, die man leicht überqueren kann. Nach einer guten Stunde erreichen wir die Brücke über die tosende Morsá. Wir überqueren den Fluss und folgen der Markierung durch die breite Sand- und Schotterebene im Tal der Morsá und Skeiðará. Bis zum Gletschertor sind es von hier aus noch etwa 3 Stunden. Auf der anderen Talseite gabelt sich der Weg. Nach Norden (rechts) verläuft das Austurdalur, umgeben von Liparitbergen. Im Talschluss bei Kjós kann gezeltet werden. Wir nehmen allerdings nicht diesen Weg, sondern folgen links in westlicher Richtung den Holzpflöcken entlang des Bæjarstaðarskógur. Bald erreichen wir den Wald im Vesturdalur, in dem für isländische Verhältnisse auffallend hohe und kräftige Birken wachsen. Hier müssen wir einen kleinen Bach, der aus dem Tal herausfließt, überqueren. Dampfschwaden und heißes Wasser zeigen uns erneut, dass wir uns in einer vulkanischen Zone befinden. Der Pfad führt am Hang des Jökulfell oberhalb der Skeiðará weiter nach Westen. Nach halbstündigem Klettern über die Felsen und einem letzten Anstieg auf eine der zahlreichen Felsterrassen können wir das Gletschertor sehen. Tosend ergießen sich daraus die grauen Fluten der Skeiðará.

028is Foto: tt

Rettungshütte im Hochland

Der Rückweg entspricht bis zur Brücke über die Morsá dem Hinweg. Ab hier folgen wir dem markierten Weg bergauf durch den Birkenwald und die Strauchheide zum Aussichtspunkt Sjónarsker und dem Svartifoss (2–3 Std.). Von dem Aussichtspunkt haben wir eine Rundumsicht auf unterschiedlichste Landschaften. Nach Westen, Norden und Osten schweift unser Blick über schwarze Sander und windgebeugte Sträucher zu den großen Gletschern Skeiðarárjökull, Morsárjökull und Skaftafellsjökull. Nach dieser Aussicht wandern wir weiter durch die Skaftafellsheiði zum Svartifoss mit seinen charakteristischen Basaltsäulen, einem „Amphitheater" aus der Entstehungsgeschichte Islands. Der Rückweg vom Wasserfall zum Zeltplatz gleicht einem halbstündigen Spaziergang; auf diesem Teilstück werden wir deshalb immer vielen Wanderern begegnen. Die Aussicht über die schwarzen Sandflächen und die silbrig im Licht glänzenden Wasserarme der Skeiðará auf das Meer begleitet uns auf dem Rückweg.

Auch auf dieser Tour erkennen wir, dass sich das geologisch junge Island noch ständig verändert. Schuld daran sind die Vulkanausbrüche unter dem Vatnajökull von 1996 und 1998. Die gewaltigen Wasserfluten von 1996 haben den Rand des Skeiðarárjökull vor allem im Abflussgebiet der Gigjukvísl verändert. Ein breites, tief ausgewaschenes Tal ist entstanden, eine Vulkanlandschaft, die heute vielleicht sogar noch sehenswerter ist als zuvor. Von Skaftafell werden geführte Touren bis zu der Stelle angeboten, wo die gewaltige Schmelzwasserwelle aus dem Gletscher austrat und für einige Monate fantastische Eisformationen schuf. Diese sind auf zahlreichen Postkarten abgebildet.

• Schwarze Lava

Die Wanderung (2–4 Std.) führt durch die Lava der zuletzt 1975 aktiven **Leirhnjúkurspalte.** Der Ausgangspunkt (Parkplatz) liegt 1 km hinter dem Kraftwerk Kröfluvirkjun, das man mit dem Pkw vom Mývatn aus auf der Ringstraße und der ausgeschilderten Zufahrt zur Krafla erreicht (Straße 863). Von Reykjahlið am Mývatn gibt es geführte Ausflugsfahrten im Überlandbus dorthin. Die Busse fahren auch zur Krafla und nach Gjástykki, das weiter nördlich liegt.

Am Parkplatz links der Straße beginnt der ausgetretene „Trampelpfad". Dieser Weg gehört mittlerweile auch zum Ausflugsprogramm der Reiseveranstalter, so dass man hier selten allein unterwegs sein wird. Wir durchqueren zunächst eine typische Þúfur-Wiese und erreichen nach etwa einer Viertelstunde den Hang des Leirhnjúkur. Hier „kocht" die Erde, in brodelnden Schlammpötten blubbert grauer Brei. Weißer Wasserdampf zischt aus den Solfataren. Der Boden leuchtet in hellem Braun, Schwefelgelb und dunklen Ockertönen. Holztreppen und Aussichtsplattformen machen das Solfatarenfeld zugänglich. Danach beginnt die schwarze Lava. Bleiben Sie hier im Leirhnjúkshraun auf dem markierten Pfad. Abseits knirschen und zerbröseln die zerbrechlichen Lavabrocken bei jedem Tritt. Unter der Lava können tiefe

Aushöhlungen verborgen sein, die bei Belastung einbrechen. Die junge Blocklava (apalhraun) erstreckt sich bis zum Horizont.

Vor uns erhebt sich ein hufeisenförmig geöffneter Vulkankrater, aus dem ein Teil dieser Lava ausströmte. Schon ein eigenartiges Gefühl zu wissen, dass an dieser Stelle eine glühende Magmakammer nur 2–5 km unter der Erdoberfläche liegt und jederzeit wieder ausbrechen kann. Der Vulkanismus wird jedoch ständig wissenschaftlich überwacht, und man hofft, frühzeitig und sicher zu erkennen, wann ein neuer Ausbruch erfolgen könnte.

Vom Kraterrand überblickt man das Lavafeld. Nach Regenfällen erkennt man den Spaltenvulkan besonders deutlich: Aus der lang gezogenen Leirhnjúkurspalte entweicht weißer Wasserdampf; in einigen Metern Tiefe ist die Erde immer noch so heiß, dass das Wasser verdampft.

Unsere Wanderung in der Lava können wir beliebig ausdehnen oder verkürzen. Wie ein Netz durchziehen zahlreiche gut erkennbare Pfade dieses Gebiet. Merken Sie sich aber die Richtung zum Parkplatz! Nach 2–4 Std. durch den schwarzen, dampfenden „Garten des Teufels" mit seinen Blumen aus bizarren Blöcken, Fladen- und Stricklaven mag manch einer froh sein, unbehelligt wieder „irdischen" Boden zu betreten.

• „Clowns der Lüfte"

Nirgendwo sonst ist die bizarre Küstenlandschaft beeindruckender, sind die Meeresvögel zahlreicher und ihr Gekreische lauter und eindringlicher als in Látrabjarg in den Westfjorden. Zum Greifen nahe können wir hier besonders gut **Papageitaucher,** diese knurrenden und nach Schweinestall riechenden „Clowns der Lüfte", beobachten, wie sie sich von den Felsen ins Meer stürzen und mit einem Schnabel voller glasiger Sandaale zurückkehren, um damit ihre Jungen zu füttern.

Die befahrbare Schotterstraße 612 endet beim alten Leuchtturm von Bjartangar. Hier können wir zu einer unvergesslichen Wanderung entlang der Steilküste mit ihren senkrecht ins Meer

029is Foto: tt

Papageitaucher (Fratercula arctica) bei Borgarfjördur

abfallenden Wänden aufbrechen. Einen Wanderweg gibt es nicht. Wir laufen auf dem meist nassen Gras entlang der windumtosten Klippen ostwärts; zur Sicherheit ist stets ein Abstand von mindestens zehn Metern zum Abgrund einzuhalten. Die Papageitaucher bauen ihre Brutröhren in den grasbewachsenen Boden, der beim Drauftreten einbrechen kann. Die Wanderung kann beliebig ausgedehnt werden. Zurück geht es auf demselben Weg.

Geübte Fernwanderer können diese Küste auf einer zweitägigen Trekkingtour erleben. Unterwegs ist man völlig sich selbst überlassen und auf die mitgenommene Verpflegung und das Zelt angewiesen. Durch wegloses Gelände mit einigen steilen und bei Nässe glitschigen Auf- und Abstiegen, die Trittsicherheit und Schwindelfreiheit erfordern, geht es am ersten Tag etwa 20 km weit (10 Std.) in östlicher Richtung entlang der Klippen bis zum Keflavíkurbjarg. Hier treffen wir auf eine Allradpiste, der wir in nordwestlicher Richtung (10 km, 3 Std.) zur Straße 612 folgen, auf der wir zu unserem Ausgangspunkt zurückkehren können (8 km, 2 Std.). Beim Keflavíkurbjarg fließen kleine Bäche über die hohen Klippen ins Meer; das Wasser ist trinkbar, und im Notfall steht hier auch eine Rettungshütte.

Strom

Die Netzspannung beträgt wie bei uns **230 Volt** bei 50 Hz Wechselstrom. In die Steckdosen passen die in Mitteleuropa üblichen flachen, zweipoligen Stecker. Kleinere Campingplätze sind meist ohne Strom.

Uhrzeit

In Island gilt ganzjährig die **Greenwich Mean Time** (GMT). Eine Unterscheidung nach Sommer- oder Winterzeit gibt es nicht. Die **Zeitabweichung** zu Deutschland beträgt folglich im Winter minus 1 Std., im Sommer minus 2 Std.

Unterkunft

Die **Übernachtungspreise** sind dem allgemeinen Preisniveau entsprechend **hoch.** Für ein Einzelzimmer zahlt man umgerechnet meistens zwischen 70 und 200 Euro, für ein Doppelzimmer mit Bad oder Dusche zwischen 100 und 300 Euro. Von Oktober bis April sind die Übernachtungspreise oft um 15 bis 30 % günstiger. Nachlässe gibt es auch bei längeren Aufenthalten (ab einer Woche).

Bei den Ortsbeschreibungen wird der Preis der Unterkünfte mit folgendem System angegeben:

Preiskategorien (DZ/Nacht):

€	bis 140 Euro
€€	140–200 Euro
€€€	über 200 Euro

Größere Familien und kleinere Reisegruppen können vor allem in den ländlichen Gebieten preiswerte Unterkunft in Hütten (oft bis zu 6 Personen) oder

Ferienhäuschen finden (s. dort). Diese stehen oft am Ufer eines Sees oder in einem Wäldchen und sind nett eingerichtet.

In Island wurde ein **Klassifizierungssystem** für Hotels eingeführt. Dafür zuständig ist das Isländische Fremdenverkehrsamt, das für die teilnehmenden Hotels je nach Komfort und Ausstattung 1–5 Sterne vergibt. Ausgezeichnete Häuser erkennt man am blau-roten Symbol neben der Eingangstüre.

Hotels und Privatzimmer

Fast jedes Dorf hat zumindest ein kleines, meist privat geführtes Hotel, Gästehaus oder Privatzimmer, die i. d. R. ganzjährig geöffnet sind. Da die Zahl der Betten begrenzt ist und diese oft durch Reisegruppen komplett belegt sind, empfiehlt es sich, die Unterkunft **rechtzeitig** zu **buchen.** Die Ausstattung der Hotels reicht vom einfachen Landhotel bis zum Luxushotel. Eine Übersicht über Hotels in Island mit Buchungsmöglichkeit erhält man im Internet unter www.hotel.is.

In Island haben sich viele meist ganzjährig geöffnete Hotels zu **Hotelketten** zusammengeschlossen. Wer vor der Ankunft in Island die Übernachtungen in den einzelnen Hotels einer Kette bucht, erhält einen Preisnachlass von ca. 20 %. Zur besseren Übersicht haben wir deshalb die Hotels der großen Ketten an dieser Stelle aufgelistet.

Keahotels

Keahotels (Hafnarstræti 87–89, 600 Akureyri) ist ein Zusammenschluss von sechs ganzjährig geöffneten Hotels unterschiedlichen Standards. Zentrale Buchung unter Tel. 4602000, direkt in den Hotels oder unter www.keahotels.is.

- **Hotel Bjork** (3 Sterne), Brautarholt 22–24, 105 Reykjavík, Tel. 5113777, Fax 5113776, 55 Zimmer.
- **Hotel Borg** (4 Sterne), Posthusstraeti 11, 101 Reykjavik, Tel. 5511440, Fax 5511420, 56 zimmer.
- **Hotel Kea** (4 Sterne), Hafnarstræti 87–89, 600 Akureyri, Tel. 4602000, Fax 4602060, 74 Zimmer in der Stadtmitte von Akureyri.
- **Hotel Harpa** (3 Sterne), Hafnarstræti 83–85, 600 Akureyri, Tel. 4602000, Fax 460 2060, gehört zum Hotel Kea, 26 Zimmer.
- **Hotel Norðurland** (3 Sterne), Geislagata 7, 600 Akureyri, Tel. 4622600, Fax 4622601, 34 Zimmer in der Stadtmitte von Akureyri.
- **Hotel Gigur** (2 Sterne), Skútusstaðir, 660 Mývatn, Tel. 4644455, Fax 4644279, 37 Zimmer.

Fosshótels

Fosshótel betreibt zehn Touristen-Hotels entlang der Ringstraße. Zentrale Reservierung bei Fosshótel, Tel. 5624000, Fax 5624001, www.fosshotels.is. Der Hotelkette sind Gästehäuser der Kette Inns of Iceland angeschlossen, Info und Buchung unter www.inns-of-iceland.com.

- **Fosshótel Suðurgata,** Suðurgata 121, 101 Reykjavík, Tel. 5624000, Fax 5624001, 42 Zimmer, geöffnet Juni–Aug.
- **Fosshótel Lind,** Rauðarárstígur 18, 105 Reykjavík, Tel. 5623350, Fax 5623351, 56 Zimmer, ganzj. geöffnet, behindertengerecht.
- **Fosshótel Baron,** Barónsstígur, 101 Reykjavík, Tel. 5623204, Fax 5524425, 87 Zimmer, Sudios, Appartements, Suiten, ganzjährig geöffnet.
- **Fosshótel Reykholt,** 320 Reykholt, Tel. 435 1260, Fax 4351206, 53 Zimmer, Suiten, Restaurant, Themenhotel „Isländische Literatur und nordische Mythologie", ganzjährig geöffnet.

- **Fosshótel Dalvík,** Skiðabraut 18, 620 Dalvik, Tel. 4663395, Fax 4663396, 25 Zimmer, geöffnet Mai–Sept.
- **Fosshótel Mosfell,** Þrúdvangur, 850 Hella, Tel. 4875828, Fax 5624001, 53 Zimmer mit/ohne Dusche, ganzjährig geöffnet.
- **Fosshótel Húsavík,** Ketilsbraut 22, 640 Húsavík, Tel. 4641220, Fax 4642161, 70 Zimmer, Restaurant, Themenhotel „Wale", geöffnet Mai–Sept.
- **Fosshótel Vatnajökull,** Lindarbakki, 781 Höfn, Tel. 4782555, Fax 5624001 26 Zimmer, Themenhotel „Gletscher", geöffnet Mai–Sept.
- **Fosshótel Laugar,** 650 Laugar, Tel. 464 6300, 77 Zimmer mit/ohne Dusche, Restaurant, geöffnet Juni–Aug.
- **Fosshótel Skaftafell,** Freynesi, 785 Öræfum, Tel. 4781945, Fax 4781846, 63 Zimmer, geöffnet März–Okt.
- **Gästehaus Garður Inn,** Við Ringbraut, 101 Reykjavík, Tel. 5624000, 43 einfache Zimmer und Schlafsackunterkunft, geöffnet Juni–Aug.

Icelandair-Hotels

Zu dieser Gruppe gehören sieben Häuser für gehobene Ansprüche (www.icehotels.is):

- **Flughótel Keflavík,** Hafnargata 57, 230 Keflavík, Tel. 4215222, Fax 4215223, flughotel@icehotels.is; 84 Betten.
- **Hotel Fludir,** Vestrurbrún 1, 845 Flúðir, Tel. 4866630, Fax 4866530, fludir@icehotels.is, 32 Zimmer.
- **Hótel Hérað,** Miðvangur 5–7, 700 Egilsstaðir, Tel. 4711500, Fax 4711501, herad@icehotels.is, 60 Zimmer.
- **Hótel Klaustur,** Klausturvegur 6, 880 Kirkjubæjarklaustur, Tel. 4874900, Fax 4874614, klaustur@icehotels.is, 57 Zimmer.
- **Hotel Loftleiðir,** Reykjavíkurflugvöllur, 101 Reykjavík, Tel. 4444500, Fax 444501, loftleidir@icehotels.is; 445 Betten, behindertengerecht.
- **Hotel Hamar,** 310 Borgarnes, Tel. 433 6600, Fax 4336601, hamar@icehotels.is, 30 Zimmer.
- **Hótel Hengill,** Nesjavellir, 801 Selfoss, Tel. 4823415, Fax 4823414, hengill@icehotels.is.

Eine **preiswerte Alternative** sind **Gästehäuser** *(gistiheimili)* und **Privatzimmer.**

Das **Isländische Fremdenverkehrsamt** verschickt **Verzeichnisse** mit den Hotels, Gästehäusern und Privatzimmern in den wichtigsten Orten. Ein Hotelverzeichnis ist auch beim Isländischen Hotel- und Gaststätten-Verband erhältlich (Garðastræti 42, 101 Reykjavík, Tel. 5527410). Für eine **Reservierung** setzt man sich entweder direkt mit dem Hotel in Verbindung oder nimmt die Buchung über das Fremdenverkehrsamt oder über ein Reisebüro vor.

Die meisten Veranstalter von Island-Reisen bieten günstige Hotelreisen (auch für Edda-Hotels) als **Pauschalarrangements** an. Das Programm umfasst ein- oder zweiwöchige Rundreisen, die entweder organisiert mit Reisebussen und Reiseleitung oder mit Hotelgutscheinen auf eigene Faust mit Überland-Linienbussen oder Pkw durchgeführt werden können. Die Zimmer sind oft liebevoll eingerichtet, manchmal einfach ausgestattet und nach unserer Erfahrung immer sehr sauber. Ein Waschbecken ist fast in jedem Zimmer, Dusche (Bad) und Toilette sind bei den günstigen oft auf dem Gang, wo sie mit anderen Gästen geteilt werden müssen. Ein Doppelzimmer kostet meistens zwischen 70 und 110 Euro.

Edda-Hotels

Edda-Hotels sind isländische **„Sommerhotels":** Die Internatsschulen für isländische Kinder und Jugendliche bleiben während der Ferien im Sommer von Juni bis Mitte August ge-

030is Foto: tt

schlossen. In dieser Zeit werden die Schulen als Touristenunterkünfte genutzt. Ausstattung und Leistungen der Edda-Hotels sind mit denen einfacher Hotels vergleichbar. Eine rechtzeitige Vorausreservierung aller Unterkünfte wird dabei wärmstens empfohlen. Die Restaurants sind ganztägig geöffnet. Ein großes Plus der Edda-Hotels ist ihre meistens sehr schöne landschaftliche Lage.

Für Individualisten, die unabhängig von festen Hotelreservierungen reisen wollen, gibt es **Open-Edda-Hotelgutscheine.** Dabei kaufen Sie im Voraus die benötigte Anzahl an Hotelgutscheinen und reservieren fest die erste Übernachtung. Jeden Morgen reservieren Sie dann per Telefon auf Kosten des Edda-Hotels die nächste Übernachtung. Da aber die Nachfrage nach den Edda-Hotels sehr groß ist, ist nicht garantiert, dass in ihrem gewünschten nächsten Hotel ein Zimmer frei ist.

Vielen Edda-Hotels sind **Schlafsackunterkünfte** angegliedert, für die es ein eigenes Gutscheinsystem gibt. Diese **Gutscheine** sind auch für Jugendherbergen und andere Schlafsackunterkünfte gültig.

Eine **frühzeitige Reservierung** der Edda-Hotels halten wir für unerlässlich, da diese Unterkünfte begehrt sind. Ein Verzeichnis aller Edda-Hotels erhält man über das **Hótel Edda Office,** Hli-

Kirche von Vík mit Edda-Hotel

Edda-Sommer-Hotels
Ferien auf dem Bauernhof
Núpur Hotel mit Namen
Bær Bauernhof mit Namen
Hornstrandir
Bollungarvík
Ísafjörður
Unaðsdalur
Drangajökull
Alviðra
Gemlufall
Rauðamýri
Þingeyri
Húnaflói
Skagastrond
Málmey
Hofsós
Sauðárkrókur
Tálknafjörður
Bíldudalur
Hólmavík
Bær
Drangsnes
Blönduós
Patreksfjörður
Brjánslækur
Fossá
Geitaskarð
Breiðavík
Húnavellir
Stóra-Vatnsskarð
Varmahlíð
Staður
Reykhólar
Stóra-Gillá
Hnausar
Varmilækur
Snartartunga
Krákuvör
Viðigerdi
Steinsstaðaskóli
Giri-Brunna
Bakki
Bakkaflöt
Laugarbakki
Dæli
Sölvanes
Breiðafjörður
Melstaður
Laugar
Borðeyri
Brekkulækur
Stykkishólmur
Buðardalur
Staðarskáli
Suður-Bar
Stóra-Vatnshorn
Hellisandur
Ólafsvík
Grundarfjörður
Lýsuhóll
Miðhraun
Garðar
Arnarstapi
Vegamót
Kolbeinsstaðir
Dalsmynni
Yiti-Tunga
Snjófell
Snorrastaðir
Breiðabólsstaðir
Fljótstunga
Jafnaskarð
Reykholt
Húsafell
Brennistaðir
Langjökull
Borgarnes
Bjarg
Tunga
Faxaflói
Nýhöfn
Hlíð
Gullfoss
Akranes
Kiðafell
Þingvellir
HSL
ML
Háifoss
Árvellir
Brattholt
REYKJAVÍK
Mosfellsbær
Laugarvatn
Pingvellir
Efri-Brú
Sel
Kevlavík
Hafnarfjörður
Nónsteinn
Eldhestar
Njarðvík
Sólbakki
Eyvik
Hveragerði
Þrándarlundur
Núpar
Brjánsstaðir
Kleifarvatn
Selfoss
Ausvaðsholt
Súluholt
Grindavík
Þorlákshöfn
Hella
Hvolsvöllur
Eyvindarmúli
Smáratún
Eyjafjallajökull
Ásólfsskáli
Bakki
Seljavellir
Skógar
Vestmannaeyjar
Surtsey

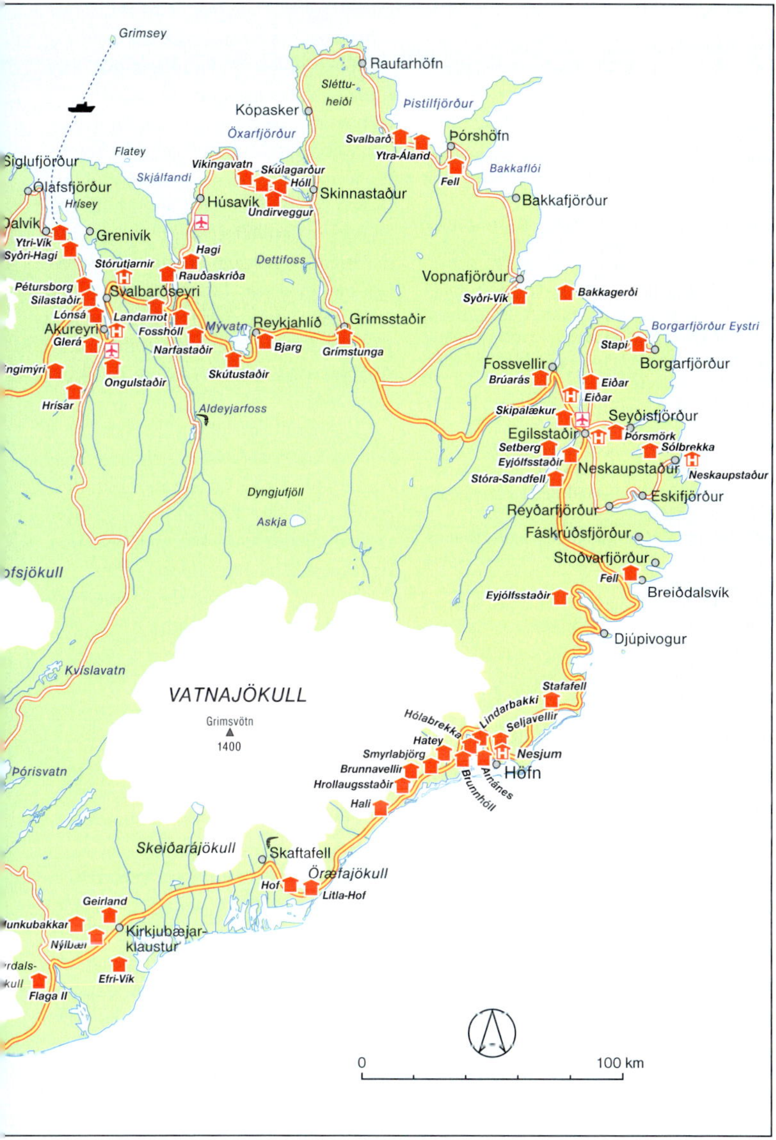
Grimsey
Raufarhöfn
Sléttu-
heiði
Kópasker
Þistilfjörður
Öxarfjörður
Svalbarð
Ytra-Áland
Þórshöfn
Fell
Bakkaflói
Flatey
Siglufjörður
Skjálfandi
Vikingavatn
Skúlagarður
Hóll
Skinnastaður
Ólafsfjörður
Hrísey
Húsavík
Undirveggur
Bakkafjörður
Dalvík
Grenivík
Ytri-Vík
Syðri-Hagi
Hagi
Dettifoss
Stórutjarnir
Rauðaskriða
Vopnafjörður
Pétursborg
Svalbarðseyri
Syðri-Vík
Bakkagerði
Silastaðir
Landamot
Lónsá
Mývatn
Reykjahlíð
Grímsstaðir
Borgarfjörður Eystri
Akureyri
Fosshóll
Glerá
Narfastaðir
Bjarg
Grímstunga
Stapi
Borgarfjörður
Skútustaðir
Fossvellir
Ongulstaðir
Brúarás
Eiðar
Eiðar
Hrísar
Aldeyjarfoss
Skipalækur
Seyðisfjörður
Egilsstaðir
Þórsmörk
Setberg
Sólbrekka
Eyjólfsstaðir
Neskaupstaður
Neskaupstaður
Stóra-Sandfell
Dyngjufjöll
Eskifjörður
Reyðarfjörður
Askja
Fáskrúðsfjörður
Stoðvarfjörður
Fell
Breiðdalsvík
Eyjólfsstaðir
Djúpivogur
Kvíslavatn
Stafafell
VATNAJÖKULL
Lindarbakki
Hólabrekka
Seljavellir
Grimsvötn
1400
Hatey
Nesjum
Smyrlabjörg
Brunnavellir
Höfn
Arnanes
Brunnhóll
Hrollaugsstaðir
Hali
Þórisvatn
Skeiðarájökull
Skaftafell
Öræfajökull
Hof
Litla-Hof
Geirland
Nýlbæi
Kirkjubæjar-
klaustur
Efri-Vík
Flaga II
0
100 km

ðarfótur, 101 Reykajvík, Tel. 4444000, Fax 4444001, www.hoteledda.is - dies ist auch die **zentrale Buchungsstelle.**

- **Hótel Edda,** 740 Neskaupstadur, Tel. 444 4860, Fax 4444861; 29 Zimmer.
- **Hótel Edda Akureyri,** Hrafnagilsstræti, 600 Akureyri, Tel. 4444900, Fax 4444901; 204 Zimmer.
- **Hótel Edda Eiðar,** 705 Eiðar, Tel. 4444870, Fax 4444871; 46 Zimmer, 50 Schlafsackplätze, im Sommer geöffnet.
- **Hótel Edda ÍKÍ,** Laugarvatni, 840 Laugarvatn, Tel. 4444820, Fax 4444821; 28 Zimmer.
- **Hótel Edda Ísafjördur,** Torfnesi, 400 Ísafjördur, Tel. 4444960, Fax 4444961; 40 Zimmer, 30 Schlafsackplätze.
- **Hótel Edda Laugar,** Sælingsdal, 371 Búðardalur, Tel. 4444930, Fax 4444931; 22 Zimmer, 60 Schlafsackplätze, Zelten.
- **Hótel Edda Laugarbakki,** 532 Laugarbakki, Tel. 4444920, Fax 4444921; 28 Zimmer, 30 Schlafsackplätze.
- **Hótel Edda Menntaskólinn Egilsstöðum,** Tjarnarbraut, 700 Egilsstaðir, Tel. 4444880, Fax 4444881; 52 Zimmer.
- **Hótel Edda ML,** Laugarvatni, 840 Laugarvatn, Tel. 4444810, Fax 4444811; 99 Zimmer, 50 Schlafsackplätze.
- **Hótel Edda Nesjaskóli,** 781 Höfn, Tel. 444 4850, Fax 4444851; 44 Zimmer, 40 Schlafsackplätze.
- **Hótel Edda Skógar,** Skógum, 861 Hvolsvöllur, Tel. 4444830, Fax 4444831; 34 Zimmer, 20 Schlafsackplätze.
- **Hótel Edda Stórutjarnir,** 641 Húsavík, Tel. 4444890, Fax 4444891, 44 Zimmer, 20 Schlafsackplätze.
- **Hótel Edda Vík í Mýrdal,** Klettsvegur, 870 Vík, Tel. 4444840, Fax 4444841; 21 Zimmer.

Ferien auf dem Bauernhof

Eine immer beliebter werdende Möglichkeit, relativ preisgünstig Urlaub in Island zu verbringen, sind Ferien auf dem Bauernhof (bændaþjónusta). Rund **140 Bauernhöfe** (vgl. entsprechende Karte) bieten fast im ganzen Land Privatzimmer mit unterschiedlicher Ausstattung an. Besonders für **Familien mit Kindern** ist dies eine interessante Art, Urlaub zu machen. Oft werden die Urlauber während ihres Aufenthaltes unmittelbar in das Leben der gastgebenden Bauernfamilie integriert, eine gute Gelegenheit, den Alltag und die Mentalität der Isländer genauer kennen zu lernen. Bei einem etwas längeren Aufenthalt kann man sogar mit den hauseigenen Pferden ausreiten oder profitiert vom Angelgewässer, das auf dem Land der Farm liegt.

Die Angebotspalette reicht von Landhotels über separate Ferienhäuser oder Appartements bis zu Zimmern im Bauernhaus. Es gibt Räume mit und ohne eigene sanitäre Einrichtungen bis hin zu einfachen Schlafsackunterkünften.

Übernachtungen auf dem Bauernhof gibt es in **vier Kategorien:**

- **Kategorie I:** einfache Zimmer ohne Waschgelegenheit
- **Kategorie II:** besser ausgestattete Zimmer mit Waschbecken
- **Kategorie III:** komfortable Zimmer mit Dusche oder Bad und WC
- **Kategorie IV:** Komfortzimmer

Ferien kann man auch **auf verschiedenen Bauernhöfen** machen. Dafür gibt es ein Gutscheinsystem. Die **Open-Farm-Gutscheine** werden schon seit mehreren Jahren angeboten und haben sich bewährt. Sie werden für die Sommer- (1.6.–31.8.) und Wintersaison (1.9.–31.5.) angeboten. Reservierungen können maximal 24 Stunden im Voraus bei etwa der Hälfte der Bauernhöfe, die

Preise für eine Übernachtung pro Person auf dem Bauernhof
(in Euro, Juni bis 15. September 2010)

	Kat. I	Kat. II	Kat. III	Kat. IV
Übernachtung mit Frühstück im DZ oder Familienzimmer	47	49	64	72
Übernachtung mit Frühstück im EZ	69	81	101	110

Schlafsackunterkunft (im Bett) 32 + Frühstück 10
Geführte Touren – 11 Tage, 10 Nächte, Halbpension: 2003
Einzelzimmerzuschlag: 340

Kinderermäßigung:
2–11 Jahre im
Zimmer der Eltern 50 %

im ganzen Land verteilt sind, vorgenommen werden. Das aktuelle Verzeichnis gibt es beim Dachverband (s. u.). Besonders bei den wichtigsten Sehenswürdigkeiten und während der Hauptsaison kann es zu Engpässen kommen.

- **Icelandic Farm Holidays, „Ferien auf dem Bauernhof"**, 108 Reykjavík, Síðumúli 2, Tel. 5702700, Fax 5702799, www.farmholidays.is; hier erhält man eine Broschüre (englisch), in der alle Bauernhöfe mit den angebotenen Leistungen aufgeführt sind. Angellizenzen gibt es direkt bei den Bauern.

Jugendherbergen

Das isländische Wort für Jugendherberge **farfuglaheimili** bedeutet „Zugvögelheim". Die über 30 isländischen Jugendherbergen unterscheiden sich in Größe (15–170 Betten) und Ausstattung, entsprechen aber alle internationalem Standard. Hat man einen **internationalen Jugendherbergsausweis** aus dem Heimatland, erhält man auch bei den isländischen Jugendherbergen, die dem internationalen Jugendherbergsverband (www.hihostels.com) angeschlossen sind, einen günstigeren Tarif, sonst muss man eine Tagesmitgliedschaft erwerben. Hat man noch keine Jahresmitgliedschaft bei den Jugendherbergsverbänden daheim, kostet diese 12–20 € in Deutschland (www.jugendherberge.de), 10–20 € in Österreich (www.oejhv.or.at) und 22–55 SFr in der Schweiz (www.youthostel.ch). **Tipp:** Kann man auch als Familie beantragen. In den Schlafräumen, meist mit zwei bis sechs Betten, erhält man ein Bett mit Kopfkissen und Decke. Einen Schlafsack muss man selbst mitbringen oder Bettwäsche ausleihen (800–1000 ISK). Verpflegung gibt es in den isländischen Jugendherbergen meist nicht, jedoch bestehen **Kochgelegenheiten.** Außerdem gibt es fließendes Wasser, Duschen und Zentralheizung. Oft werden in den Jugendherbergen spezielle **Familienzimmer** eigens für Familien mit Kindern angeboten. Viele Jugendherbergen sind nur in den Sommermonaten geöffnet. Die **Übernachtungspreise** liegen pro Person bei etwa 15 Euro im 6-Bett-Zimmer oder Schlafsaal bzw. bei ca. 41 Euro im Zweibettzimmer. Ein Leinenschlafsack kann für 5 Euro gemietet werden, Frühstück kostet etwa 5 Euro. Die meisten Jugendherbergen sind mit den Linienbussen erreichbar. Zu folgenden Jugendherbergen fährt jedoch kein Bus: Fljótsdalur (27 km bis

031is Foto: tt

zur nächsten Bushaltestelle), Húsey (30 km), Hvoll (2,5 km), Korpudalur (5 km), Ósar (30 km), Ytra Lón (14 km) und Vestmannaeyjar (Fähre).

Nähere **Informationen** erhält man über das Isländische Fremdenverkehrsamt oder den Verband der Isländischen Jugendherbergen:

- **Farfuglar,** Sundlaugavegur 34, 105 Reykjavík, Tel. 5538110, Fax 5889201, www.hostel.is.

Eine rechtzeitige Anmeldung ist unerlässlich. Vor allem die Jugendherbergen an reizvoll gelegenen Orten und in Reykjavík sind oft vollständig ausgebucht. In vielen Jugendherbergen erhält man Tickets für Bus, Fähre und Flugzeug. Das angegliederte **Reisebüro** Farfuglar Travel (Adresse s. o.) bietet außerdem Ausflüge und Rundreisen in einem Pauschalangebot mit Übernachtungen in Jugendherbergen an. Außerdem erhält man dort **Mietwagen.**

Jugendherbergen in Island (2010)

- **Akranes,** Suðurgata 32, Tel. 8683332, akranes@hostel.is, ganzjährig
- **Akureyri,** Stórholt 1, Tel. 4623657, Fax 461 2549, 10.1.-15.12.
- **Árnes/Selfoss,** Gnúpverjahreppi, Tel. 486 6048, Fax 4866044, ganzjährig
- **Berunes/Djúpivogur,** Berufjörður, Tel. 478 8988, Fax 4788902, 1.4.-1.10.
- **Bildudalur,** Hafnarbraut 2, Tel. 4562100, bildudalur@hostel.is, ganzjährig
- **Borgarfjörður Eystri,** Ásbyrgi, Tel. 472 9962, Fax 4729961, ganzjährig
- **Borgarnes,** Borgarbraut 9-13, Tel. 6953 366, borgarnes@hostel.is, 10.06.-31.12.

Bauernhöfe am Gletscher in Svínafell

- **Eyrarbakki,** Eyrargötu, Tel. 4831280, eyrar bakki@hostel.is, ganzjährig
- **Fljótsdalur/Hvolsvöllur,** Fljótshlíð, Tel. 487 8498, Fax 4878497, 15.4.–15.10
- **Gaulverjaskóli/Selfoss,** Tel. 5510654, gaulverjaskoli@hostel.is, 1.2.–15.11.
- **Grundarfjörður,** Hlíðarvegur 15, Tel. 562 6533, Fax 4386433, 15.1.–15.12.
- **Húsey/Egilsstaðir,** Fljótsdalsheiði, Tel. 471 3010, Fax 4713009, 15.1.–10.12.
- **Hvoll/Kirkjubæjarklaustur,** Hvoll, Tel. 487 4785, Fax 4874890, 1.3.–1.11.
- **Höfn,** Nýibær, Hafnarbraut 8, Tel. 4781736, Fax 4781591, ganzjährig
- **Korpudalur/Önundarfjörður, Westfjorde,** Kirkjuból, Tel. 4567808, Fax 4567808, 1.6.–1.9.
- **Kópasker,** Akugerði, Tel. 4652314, Fax 465 2120, 1.5.–31.10.
- **Laugarvatn,** Dalsel, Tel. 8995409, Fax 486 1215, ganzjährig
- **Njarðvík,** Fitjabraut, Tel. 4218889, Fax 421 8887, 1.5.–1.10.
- **Ósar/Hvammstangi,** Vatnsnes, Tel. 862 2778, Fax 4512978, 1.5.–1.10.
- **Reyðarfjörður,** Vallagerði 9, Tel. 8920336, Reydarfjrdur@hostel.is, ganzjährig
- **Reykhólar,** Álftaland, Tel. 4347878, Fax 434 7941, ganzjährig
- **Reykjavík,** Sundlaugavegur 34, Tel. 553 8110, Fax 5889201, ganzjährig
- **Reykjavík,** Vesturgata 17, Tel. 5538120, rey kjavikdowntown@hostel.is, ganzjährig
- **Seyðisfjörður,** Hafaldan, Ránargata 9, Tel. 4721410, Fax 4721610, 15.4.–15.10.
- **Siglufjörður,** Aðalgata 10, Tel. 4671506, Fax 4671526, siglufjordur@hostel.is, ganzjährig
- **Skógar/Hvolsvöllur,** Skógar, Tel. 4878801, Fax 4878955, 15.5.–15.9.
- **Stykkishólmur,** Höfðagata 1, Tel. 4381095, Fax 4381417, 1.5.–30.9.
- **Sæberg/Hrútafjörður,** Reykir, Tel. 4510015, 1.1.–30.11.
- **Vagnsstaðir/Höfn,** Suðursveit, Tel. 478 1048, 1.4.–15.10.
- **Vestmannaeyjar,** Sunnuhóll, Vestmannabraut 28, Tel. 4812900, Fax 4811696, ganzjährig
- **Vík,** Norður-Vík, Tel. 4871106, Fax 4871303, ganzjährig
- **Ytra Lón/Þórshöfn,** Langanesi, Tel. 468 1242, Fax 4681242, ganzjährig
- **Þórsmörk/Hvolsvöllur,** Tel. 5518300, thors mork@hostel.is, 1.5.–30.09.

Hüttenunterkünfte und Ferienhäuser

Hüttenunterkünfte gibt es in ganz Island. Von verschiedenen Vereinen werden außerdem unbewirtschaftete **Berghütten (sæluhús)** unterhalten. Diese Hütten stehen zwar in erster Linie den Vereinsmitgliedern zur Verfügung, es können aber auch Nichtmitglieder dort übernachten. Wir haben es nie erlebt, dass jemand abgewiesen wurde, egal wie überfüllt die Hütte bereits war. Im Sommer gibt es in einigen größeren Hütten einen **Hüttenwart,** der die Besucher einweist, die Übernachtungsgebühren kassiert (ca. 700 ISK für Mitglieder und 1000 ISK für Nichtmitglieder) und Auskünfte gibt. Alle Hütten sind mit Öfen, Kochgelegenheit und Geschirr ausgerüstet, meistens gibt es fließend kaltes Wasser. Man schläft in Schlafräumen in mehrstöckigen Betten oder auf dem Boden auf ausgelegten Matratzen und benötigt seinen **eigenen Schlafsack.**

Hütten unterhalten der **Isländische Touristenverein** in Reykjavík (Ferðafélag Íslands, Mörkinni 6, Tel. 5682533) und die Touristenvereine der Städte Akureyri (Ferðafélag Akureyrar) und Egilsstaðir (Ferðafélag Fljótsdalshérads). Dort kann man die Hüttenunterkünfte auch vorausbuchen und die Schlüssel für die vielfach verschlossenen Berghütten erhalten, sofern sie vom Touristen-

Campingplätze und Berghütten

23	Campingplatz mit Nummer
Trölli	Berghütte des Ferðafélag Islands

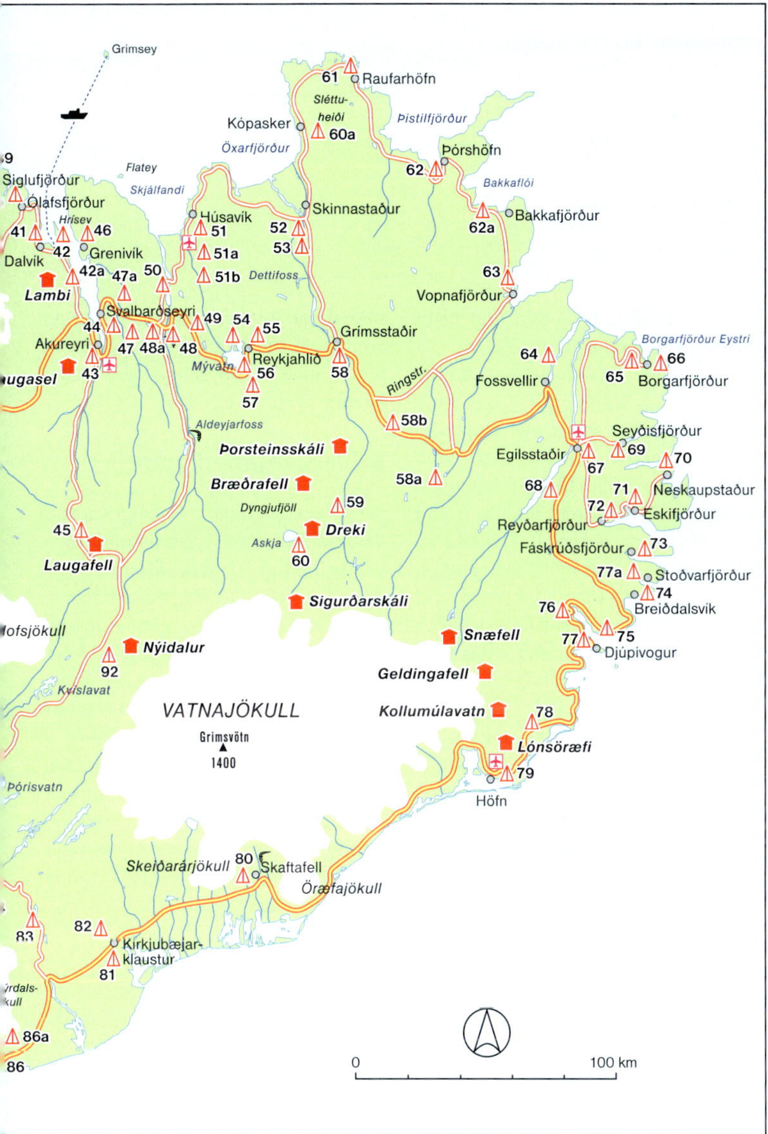
Grimsey
Raufarhöfn
Sléttu-heiði
Kópasker
Þistilfjörður
Öxarfjörður
Þórshöfn
Flatey
Skjálfandi
Bakkaflói
Siglufjörður
Ólafsfjörður
Hrísey
Skinnastaður
Húsavík
Bakkafjörður
Grenivík
Dalvík
Dettifoss
Lambi
Vopnafjörður
Svalbarðseyri
Grímsstaðir
Borgarfjörður Eystri
Akureyri
Reykjahlíð
Mývatn
Ringstr.
Fossvellir
Borgarfjörður
Aldeyjarfoss
Seyðisfjörður
Þorsteinsskáli
Egilsstaðir
Bræðrafell
Neskaupstaður
Dyngjufjöll
Eskifjörður
Dreki
Reyðarfjörður
Askja
Fáskrúðsfjörður
Laugafell
Stoðvarfjörður
Breiðdalsvík
Sigurðarskáli
Hofsjökull
Snæfell
Nýidalur
Djúpivogur
Kvíslavat
Geldingafell
VATNAJÖKULL
Kollumúlavatn
Grimsvötn
1400
Lónsöræfi
Þórisvatn
Höfn
Skeiðarárjökull
Skaftafell
Öræfajökull
Kirkjubæjar-klaustur
0
100 km

Preise für ein Ferienhaus
(in Euro, Juni bis August 2010)

	Kat. I	Kat. II	Kat. III
Ferienhaus pro Nacht			
6-Personen-Cottage	112	132	136
4-Personen-Cottage	101	109	119
Ferienhaus pro Woche			
6-Personen-Cottage	770	850	930
4-Personen-Cottage	650	750	810

verein unterhalten werden und nicht anderen Vereinen gehören.

Eine andere Art von Hütten sind die **„Hytter"**, aus Skandinavien bekannte kleine **Ferienhäuschen aus Holz,** die komplett angemietet werden und Schlafgelegenheiten für 4–6 Personen bieten. Solche Hütten sind in Island noch nicht sehr verbreitet, von Jahr zu Jahr werden es aber mehr. Sie gehören überwiegend Privatleuten (Bauern) und stehen auf deren Grundstück. Folglich kann man auch das Angebot des Bauernhofs an Freizeitaktivitäten (Angeln, Reiten, Wandern) nutzen.

Drei Hütten-Kategorien werden unterschieden:

- **Kategorie I:** mindestens ein separates Schlafzimmer
- **Kategorie II:** wie I, zusätzlich mit Dusche oder Bad und Kühlschrank
- **Kategorie III:** größere Häuser mit mindestens einem gut ausgestatteten Schlafzimmer und Küche, Garderobe, gemütliche und geschmackvolle Einrichtung

Alle Hütten sind mit WC, Kochgelegenheit bzw. Küche einschließlich Geschirr sowie Heizung ausgestattet.

In der Hochsaison werden die Hütten in der Regel **nur wochenweise vermietet;** die Anmietzeit beginnt stets am Freitag. In der Nebensaison wird eine Hütte auch schon einmal für weniger als eine Woche vermietet.

Schlafsackunterkünfte

Schlafsackunterkünfte (svefnpokapláss) sind eine für Island typische und relativ **preisgünstige Unterkunftsform.** Oft sind sie Edda-Hotels, Gästehäusern, Gemeindezentren, Jugendherbergen, Bauernhöfen und auch einigen Hotels angegliedert. Mit eigenem Schlafsack kann man in den Schlafsälen (Matratzenlager) zwar ohne Komfort, aber zu angemessenen Preisen übernachten. Die durchschnittlichen Preise für eine Übernachtung im Matratzenlager liegen bei 20 Euro p.P., mit etwas mehr Komfort in Hotels bei etwa 30 Euro, in Berghütten bei 25 Euro.

Campingplätze

Die Zahl der Campingplätze **(tjaldstædi)** wird immer mehr erweitert. Alle Campingplätze sind gebührenpflichtig und weisen einen unterschiedlichen Standard **(drei Kategorien A, B, C)** auf:

von sehr einfach (Kategorie C: kaltes Wasser, Plumpsklo) bis hin zum gut ausgestatteten Platz der Kategorie A mit ausreichenden sanitären Einrichtungen, warmen Duschen, Waschmaschinen, Wäschetrocknern, Cafeteria, Tourist-Information, Laden, Schwimmbad und anderen Serviceleistungen. Oft gibt es auf den einfachen Plätzen für die große Anzahl von Campern zu wenige sanitäre Einrichtungen. Nur wer sich hier antizyklisch zu den anderen Campern verhält, vermeidet das Schlangestehen vor dem einzigen Waschbecken oder der Toilette. Immer öfter sind den Campingplätzen auch kleine **Holzhütten** angeschlossen, die man mieten kann.

Auf dem Campingplatz ist man auf seine **eigene Kochgelegenheit** und die mitgebrachten Lebensmittel angewiesen. Stromanschlüsse gibt es auf den Zeltplätzen im Hochland nicht. Die Übernachtungsgebühr muss meistens im Voraus bezahlt werden. An kleineren Plätzen findet man die Aufforderung, man solle sich schon einmal häuslich einrichten, die Gebühren würden am Abend kassiert. Die meisten Zeltplätze sind nur während der Sommermonate geöffnet und da auch unterschiedlich lange. Dies ist auch der Grund, warum nicht so viel in die Campingplätze investiert werden kann. Jedoch wird der Komfort auf vielen Plätzen dem Bedarf gerecht.

Ferienhäuser in Seljavellir

Campingplätze

(Auflistung ab Reykjavík im Uhrzeigersinn, siehe Karte S. 106)

1: Reykjavík: 15.5.-15.9.
2: Mosfellsbær: 10.6.-31.8.
3: Akranes: 15.5.-15.9.
3a: Hallkelsstaðahlíð: 1.5.-15.10.
4: Tunga í Svínadal: 1.6.-15.9.
5: Þórisstaðir: 1.6.-31.8.
6: Selskógur í Skorradal: 30.5.-31.8.
7: Borgarnes: 1.6.-1.9.
7a: Fossatún: 1.5.-31.8.
8: Húsafell: 1.6.-10.10.
8a: Fljótstunga: im Sommer
8b: Selskógur: 1.6.-30.9.
9: Varmaland: 1.6.-29.8.
9a: Snorrastaðir: ganzjährig
9b: Hraunsnef: 1.5.-1.9.
10: Langaholt, Görðum: 1.4.-15.9.
10a: Snjófell: 1.5.-30.9.
11: Snæfellsbær, Ólavsvík/Hellissandur: 22.5.-31.8.
12: Kverná í Grundarfirði: 1.6.-31.8.
13: Stykkishólmur: 15.5.-15.9.
14: Búðardalur: 1.6.-31.8.
14a: Tjarnalundur: 20.5.-20.8.
15: Laugar í Sælingadal: 1.6.-31.8.
16: Á Skarðsströnd: 1.6.-31.12.
17: Reykhólar: 1.6.-1.10.
17a: Bjarkalundur: 1.6.-1.9.
18: Tálknarfjörður: 15.6.-15.8.
18a: Patreksfjöður 1.6.-1.9.
19: Núpur Dýrafirði: 20.6.-31.8.
19a: Bíldudalur: im Sommer
19b: Dynjandi: 15.5.-15.9.
19c: Þingeyri: 1.5.-15.9.
20: Ísafjörður, Framhaldsskólann: 22.6.-15.8.
20a: Korpudalur: 1.6.-31.8.
21: Ísafjörður, Tungudalur (4 km): 15.5.-15.9.
21a: Flateyri: 1.6.-15.9.
22: Bolungarvík: 1.5.-30.9.
23: Reykjafjörður á Ströndum: 1.6.-31.8.
23a: Suðureyri: 1.6.-15.9.
24: Valgeirsstaðir í Norðurfirði: 1.6.-31.8.
25: Reykjanes, Ísafjarðardjúp: 1.6.-31.8.
25a: Finnbogastaðir: im Sommer
25b: Ófeigsfjörður: im Sommer
26: Laugarhóll í Bjarnarfirði: 15.6.-31.8.
26a: Reykjafjörður: im Sommer
27: Hólmavík: 15.6.-30.9.
27a: Drangsnes: 1.6.-31.8.
28: Staðarskáli, Hrútafirði: 15.6.-15.9.
28a: Borðeyri: 15.5.-1.9.
29: Sæberg: 1.6.-30.9.
30: Hvammstangi: 1.6.-31.8.
30a: Dæli: im Sommer
30b: Illugastaðir: im Sommer
30c: Húnavellir: 10.6.-20.8.
31: Blönduós: 1.6.-31.8.
31a: Húnaver: 15.5.-1.10.
32: Skagaströnd: 1.6.-1.9.
33: Hveravellir: ganzjährig
33a: Melsgil: im Sommer
34: Varmahlíð: 1.6.-31.8.
35: Steinsstaðaskóli: 6.6.-25.8.
36: Bakkaflöt: 1.5.-31.10.
37: Sauðárkrókur: 1.6.-31.8.
37a: Hofsós: 15.5.-15.9.
38: Hólar í Hjaltadal: 1.6.-31.8.
38a: Lauftún: 1.6.-1.9.
39: Siglufjörður: 1.6.-31.8.
40: Ólafsfjörður: 1.6.-31.8.
41: Dalvík: 1.6.-31.8.
42: Hrísey, Ferja (Fähre): 1.6.-15.9.
42a: Kjarnaskógur: 15.5.-30.9.
43: Akureyri, Þórunnarstræti: 1.6.-15.9.
44: Húsabrekka: 1.6.-31.8.
45: Laugafell: ganzjährig
46: Grenivík: 1.6.-1.9.
47: Vaglaskógur: 1.6.-31.8.
47a: Sigríðarstaðir: 1.6.-15.9.
48: Fosshóll, Goðafoss: 1.5.-15.9.
49: Laugar í Þingeyjarsýslu: 15.6.-15.9.
50: Hraunbær: 1.6.-31.8.

51: Húsavík: 15.5.–15.9.
51a: Heiðarbær: 1.6.–10.9.
51b: Jónasarvöllur: 1.6.–1.9.
52: Jökulsárgljúfur, Ásbyrgi: 1.6.–15.9.
53: Jökulsárgljúfur, Vesturdalur: 15.6.–31.8.
54: Hlíð í Reykjahlíð: 1.6.–31.8.
55: Eldá í Reykjahlíð: 1.6.–31.12.
56: Vogar, Mývatnssveit: 1.5.–30.9.
57: Skútustaðir: 1.6.–30.9.
58: Grímsstaðir á Fjöllum: 15.6.–15.9.
58a: Sænautasel: 1.6.–1.9.
58b: Möðrudalur: 1.6.–1.9.
59: Herðubreiðarlindir: 20.6.–5.9.
60: Dreki, Dyngjufjöll: 20.6.–5.9.
60a: Kópasker: 1.6.–30.9.
61: Raufarhöfn: 1.6.–30.9.
62: Þórshöfn: 1.6.–1.9.
62a: Bakkafjörður: 1.6.–1.9.
63: Vopnafjörður: 1.6.–31.8.
64: Svartiskögur: 10.6.–31.8.
65: Borgarfjörður eystri: 1.6.–31.8.
66: Stapi, Borgarfjörður: 1.6.–31.8.
67: Egilsstaðir: ganzjährig
68: Altavík, Hallormsstað: 15.6.–31.8.
69: Seyðisfjörður: 1.5.–30.9.
70: Neskaupstaður: 1.6.–30.9.
71: Eskifjörður: 1.6.–30.9.
72: Reyðarfjörður: 1.6.–30.9.
73: Fáskrúðsfjörður: 1.6.–30.9.
74: Breiðalsvík: 1.6.–15.9.
75: Berunes: 15.5.–15.9.
76: Berufjörður: 15.5.–15.9.
77: Djúpivogur: 1.6.–20.9.
77a: Stöðvarfjörður: 1.6.–30.9.
78: Stafafell í Lóni: 1.6.–15.9.
79: Höfn í Hornafirði: 15.5.–15.9.
80: Skaftafell: 1.6.–15.9.
81: Kirkjubær á Síðu: 1.6.–30.9.
82: Klelfar Kirkjubæjarklaustur: 1.6.–31.8.
83: Hrífunes: 1.6.–30.9.
84: Hólaskjól, Fjallabaksvegur: 1.7.–31.8.
85: Landmannalaugar: 1.7.–31.8.
85a: Landmannahellir: 15.6.–15.9.
86: Vík í Mýrdal: 1.6.–31.8.
86a: Þakgil: Juni und Juli
87: Skógar: 1.6.–15.9.
88: Seljavellir: 1.6.–15.9.
89: Þórsmörk, Húsadalur: 1.6.–15.9.
90: Þórsmörk, Langidalur: 1.6.–31.8.
90a: Hellisholar: 1.1.–31.12.
90b: Hamrargarðar: 15.5.–15.9.
91: Veiðivötn: 1.6.–31.8.
91a: Kerlingarfjöll: 15.6.–10.9.
92: Nýidalur: 1.7.–31.8.
93: Vestmannaeyjar, Ferja: 15.5.–31.8.
93a: Herjólfsdalur: 15.5.–1.9.
93b: Þórsvöllur: 1.6.–1.9.
94: Sælubúið Hvolsvelli: 1.6.–31.8.
95: Fell, Fljótshlið: 1.6.–30.9.
96: Hella, Mosfell: 1.1.–31.12.
96a: Laugaland: 15.5.–15.9.
97: Leirubakki: 1.6.–31.8.
98: Galtalækur: 1.6.–31.8.
99: Árnes: 1.6.–31.8.
100: Sandártunga, Þjórsárdal: 15.5.–31.8.
101: Brautarholt á Skeiðum: 1.6.–31.8.
102: Langholt: 1.6.–31.8.
103: Flúðir: Pfingsten–30.9.
103a: Faxi: 15.6.–30.9.
104: Reykholt: 15.5.–15.9.
105: Geysir: 1.5.–1.9.
105a: Úthlíð: 10.5.–20.10.
106: Laugarvatn: 10.6.–31.8.
107: Þingvellir: 15.5.–15.9.
108: Úlfjótsvatn: 15.5.–31.8.
108a: Þjórsárver: 1.6.–30.9.
109: Selfoss, Gestshús: 15.5.–15.9.
110: Hveragerði, Reykjamörk: ganzjährig
111: Þorlákshöfn: 15.5.–1.9.
112: Strandarkirkja: 1.6.–15.9.
113: Grindavík, Austurvegur: 15.5.–30.9.
114: Keflavík: 1.6.–15.9.
114a: Garður: 1.5.–1.10.
115: Víðistaðatún, Hafnarfirði: 15.5.–15.9.
116: T-Bær Selvogi: im Sommer

Die **Übernachtungsgebühren** betragen pro Person mit Zelt, abhängig von Kategorie und Lage des Campingplatzes, 700–1200 ISK. **Wohnmobil-Stellplätze** mit Stromanschluss kosten 1200–1500 ISK. Die **Campingkarte** (útilegukortið) kostet ca. 95 Euro und gilt auf 31 Campingplätzen. Der Karteninhaber, sein Partner und bis zu vier Kinder unter 16 Jahren übernachten hier kostenlos im Zelt, Wohnmobil oder -wagen, www.campingcard.is.

Allgemein gilt, dass **Zelten außerhalb von Campingplätzen** überall dort erlaubt ist, wo es nicht ausdrücklich verboten ist. Dabei sind jedoch einige Regeln zu beachten: Verboten ist das Zelten außerhalb der markierten Zeltplätze grundsätzlich in allen Nationalparks und Naturschutzgebieten. Auf privatem Gelände (oft eingezäunt), v. a. auf kultiviertem Land, ist immer die Erlaubnis des Besitzers einzuholen. Liegt ein Campingplatz in der Nähe, sollte dieser auch benutzt werden. Beim wilden Campen muss ein sorgsamer Umgang mit der Natur selbstverständlich sein! Beachten Sie bitte strikt alle Bestimmungen des Naturschutzes und hinterlassen Sie keinerlei Abfälle, auch keine Zigarettenkippen!

Beim Zelten in Island sollte auf eine möglichst **windgeschützte Lage** geachtet werden. Als zusätzlicher Schutz empfiehlt es sich, die Heringe mit Steinen zu beschweren. Man sollte einen Platz wählen, an dem auch bei plötzlichen Regenfällen nicht gleich alles davonschwimmt. Spitze Steine unter dem Zelt sollte man entfernen, zum einen können sie den Zeltboden zerschneiden, zum anderen sind sie beim Schlafen lästig.

Versicherungen

Siehe zum Thema auch den Stichpunkt „Gesundheit".

Egal, welche Versicherungen man abschließt, hier ein Tipp: Für alle abgeschlossenen Versicherungen sollte man die **Notfallnummern notieren** und mit der Policenummer gut aufheben! Bei Eintreten eines Notfalles sollte die Versicherungsgesellschaft unverzüglich telefonisch verständigt werden!

Der Abschluss einer **Jahresversicherung** ist in der Regel kostengünstiger als mehrere Einzelversicherungen. Günstiger ist auch die **Versicherung als Familie** statt als Einzelpersonen. Hier sollte man nur die Definition von „Familie" genau prüfen.

Ob es sich lohnt, weitere Versicherungen abzuschließen (Reiserücktritts-, Reisegepäck-, Reisehaftpflicht- oder Reiseunfallversicherung) ist **individuell abzuklären.** Aber gerade diese Versicherungen enthalten viele Klauseln, so dass sie nicht immer Sinn machen.

Zelte und Gepäck in Landmannalaugar

Die **Reiserücktrittsversicherung** für 35–80 Euro lohnt sich nur für teure Reisen und gilt für den Fall, dass man vor der Abreise einen schweren Unfall hat, erkrankt oder schwanger wird, gekündigt wird oder nach Arbeitslosigkeit einen neuen Arbeitsplatz bekommt, das Eigentum abfackelt u. Ä. Nicht gelten hingegen: Krieg, Unruhen, Streik etc.

Auch die **Reisegepäckversicherung** lohnt sich seltener, da z. B. bei Flugreisen verlorenes Gepäck nur nach Kilopreis ersetzt wird und auch sonst nur der Zeitwert nach Vorlage der Rechnung. Wurde eine Wertsache nicht im Hotel-Safe aufbewahrt, gibt es bei Diebstahl auch keinen Ersatz. Kameraausrüstung und Laptop dürfen beim Flug nicht als Gepäck aufgegeben worden sein. Gepäck im unbeaufsichtigt abgestellten Fahrzeug ist ebenfalls nicht versichert. Die Liste ist endlos ... Überdies deckt häufig die Hausratversicherung Einbruch, Raub und Beschädigung von Eigentum auch im Ausland.

Eine Privathaftpflichtversicherung hat man in der Regel schon. Hat man eine Unfallversicherung, sollte man prüfen, ob diese im Falle plötzlicher Arbeitsunfähigkeit aufgrund eines Unfalls im Urlaub zahlt. Auch durch manche Kreditkarten oder Automobilclubmitgliedschaft ist man für bestimmte Fälle schon versichert. Die Versicherung über die Kreditkarte gilt jedoch meist nur für den Karteninhaber!

034is Foto: tt

Land
und Leute

035is Foto: tt

036is Foto: tt

Landungsboote zwischen Eisbergen
im Gletschersee Jökulsárlón

Wasserfall Haífoss

Gesicherte Fußwege führen durch das
Hochtemperaturgebiet von Krísuvík auf
der Halbinsel Reykjanes

Geografie

Lage

Island liegt wenige Kilometer unterhalb des nördlichen Polarkreises **an der Grenze zwischen Nordatlantik und Europäischem Nordmeer.** Das Festland erstreckt sich von 63°23′ bis 66°32′ nördlicher Breite von Süden nach Norden und von 13°30′ bis 24°32′ westlicher Länge von Osten nach Westen. Auf der Halbinsel Melrakkaslétta liegt bei Rifstangi an der Nordostspitze der Bucht Sigurðarstaðavík der nördlichste Punkt des isländischen Festlands. **Kötlutangi** im Mýrdalssandur ist der südlichste Festlandspunkt. Westlichster Punkt Islands und damit auch Europas ist **Kap Bjargtangar** am Látrabjarg (24°32′ West, 65°32′ Nord) in den Westfjorden. Im Osten endet das Festland an der felsigen Küste Gerpir. Das isländische Hoheitsgebiet ist noch um einiges größer, da es im Norden, Osten und Süden einige unbewohnte Inseln mit einbezieht. Der 65 km nördlich des Polarkreises liegende winzige **Basaltfelsen Kolbeinsey** (18°40′ West, 67°8′ Nord) ragt nur wenige Meter aus dem Meer. 1999 war er noch 14 m lang, 24 m breit und 3–4 m hoch. Durch Wassererosion wird er jedoch kleiner, 2001 betrug seine Größe nur noch 90 m². 2006 ist der 1989 betonierte Hubschrauberlandeplatz weggebrochen. Kolbeinsey ist der nördlichste Punkt, der zu Island gehört. Die Landmarke hat für Islands Fischerei größte Bedeutung, weil sich dadurch bei Anwendung der 200-Meilen-Zone die Fischereizone auf 758.000 km² erweitert. Damit reicht sie bis zu den fischreichen Gewässern in der Grönland-See. Die unbewohnte **Schäre Hvalbakur** (13°16′ West, 65°35′ Nord) 50 km östlich von Djúpivogur ist der östlichste Punkt und die 2,5 km² große, junge **Vulkaninsel Surtsey** (20°34′ West, 63°17′ Nord) der südlichste Punkt Islands.

Größe und Topografie

Island hat mit allen Inseln eine Fläche von **103.000 km².** Das entspricht etwa der Größe der beiden Bundesländer Baden-Württemberg und Bayern zusammen. Das Festland allein ist nur wenige Quadratkilometer kleiner. Von Osten nach Westen erstreckt es sich über 520 km, von Norden nach Süden über 320 km. **Heimaey,** die Hauptinsel der Westmänner-Inseln, ist mit einer Fläche von 11,3 km² die größte Insel. Die **Insel Grimsey** (5,3 km²) liegt am Polarkreis.

Topografisch erhebt sich das Land von Meereshöhe bis auf 2119 m. Ein Viertel des Landes liegt unterhalb von 200 m über NN, 65 % zwischen 200 m und 1000 m. Die Landschaft wird von Gebirgen, sandigen Hochebenen, tiefen Flusstälern, Seen, Gletschern, Vulkanen und Lavalandschaften bestimmt. Im Westen, Norden und Osten reichen Fjorde tief ins Land hinein. Im Süden gibt es einen breiten Streifen aus fruchtbarem Land, der Ackerbau und in geringem Ausmaß Viehzucht ermöglicht. Diese landwirtschaftlich nutzbare Fläche beträgt nur etwa 1000 km². Weite-

Island auf einen Blick

Staatsform: Parlamentarisch-demokratische Republik seit 17. Juni 1944

Staatspräsident: *Ólafur Ragnar Grímsson*

Regierungschefin: *Jóhanna Sigurðardóttir*

Staatsname: amtlich *Lýðveldið Ísland*

Staatswappen: Auf einem Basaltblock in Gestalt der Insel steht ein Schild mit der Nationalflagge. Der Schild ist von vier „Landwächtern" umgeben, die aus dem Epos Heimskringla stammen und das Land nach allen vier Himmelsrichtungen schützen sollen. Vor 1944 zeigte der Schild die Königskrone Dänemarks.

Nationalflagge: Blau mit rotem, weiß umrandetem skandinavischem Kreuz

Länderkennzeichen: IS

Hauptstadt: Reykjavík
117.721 Einw. (Dezember 2007)

Sprache: Isländisch

Währung: Isländische Krone (ISK); 1 Euro = 174 ISK, 100 ISK = 0,57 Euro; 1 Schweizer Franken = 119 ISK, 100 ISK = 0,83 Schweizer Franken (Stand: März 2010).

Zeitzone:
WEZ; 11 Uhr Reykjavík = 12 Uhr MEZ; unter Berücksichtigung der Sommerzeit ist 10 Uhr Reykjavík = 12 Uhr MEZ

Nationalfeiertag:
17. Juni (Tag der Republik)

Fläche: 103.000 km², davon kultiviert: 1000 km²; Weideland: 23.805 km²; Ödland: 64.538 km², davon Gletscher: 11.922 km², von Lava bedeckt: 11.000 km², Binnengewässer: 2757 km², Sandwüsten: 4000 km²

Küstenlinie: 4970 km

Entfernungen: Grönland: 287 km, Färöer-Inseln: 420 km, Schottland: 798 km, Norwegen: 970 km

Höchster Berg: Hvannadalshnúkur (2119 m)

Längster Fluss: Þjórsá (230 km)

Größter See: Þingvallavatn (85 km²)

Einwohnerzahl: 319.368 (2009)

Bevölkerungsdichte:
3 Einw. je km²; Urbanisation 92 %

Religion: 82 % evangelisch-lutherisch, 2 % katholisch, 16 % sonstige

Lebenserwartung:
Frauen: 83,1 Jahre, Männer: 79,2 Jahre

Bruttosozialprodukt:
1476 Mrd. ISK (2008) = 8,4 Mrd. Euro

Import/Export:
Importierte Waren (Jan.-Sept. 2009): 297,5 Mrd. ISK, exportierte Waren 341,2 Mrd. ISK. Handelsbilanzüberschuss: 43,7 Mrd. ISK. In den Jahren zuvor war die Handelsbilanz negativ.

Auslandsverschuldung:
2007 (vor der Wirtschaftskrise): Staat 167 Mrd. ISK (= 1,7 Mrd. Euro), Banken 3507 Mrd. ISK (= 37 Mrd. Euro), Industrie 506 Mrd. ISK (= 5,3 Mrd. Euro), gesamt 4180 Mrd. ISK (= 44 Mrd. Euro). 2009 (nach der Wirtschaftskrise): Geschätzte Verschuldung des Staats über 72 Mrd. Euro.

Pkw pro 1000 Einw.: 662 (2007)

Inflation: 11 % (2009)

Arbeitslosenquote: 9,1 % (April 2009)

Mehrwertsteuer-Satz: 24,5 %

Tourismus: 500.000 Auslandsgäste (2008)

Statistische Angaben: Hagstofa Íslands (www.statice.is) und Auswärtiges Amt der Bundesrepublik Deutschland – Länderinformation Island (www.auswaertiges-amt.de/diplo/Laenderinformationen/Island/Wirtschaft.html)

re 22.000 km² Weideland stehen für die Zucht der anspruchsloseren Schafe zur Verfügung. Die restlichen 80.000 km² sind unfruchtbar und meist unbewohnt. **Besiedelt sind nur die Gebiete in Küstennähe.** Hier liegen fast alle Ortschaften, und hier spielt sich weitgehend das Leben der Inselbewohner ab.

Flüsse, Wasserfälle, Seen

Island ist reich an Süßwasser. Dieses stammt aus den Niederschlägen und dem schmelzenden Eis der riesigen Gletscher. Das Wasser sammelt sich in insgesamt 250 Flüssen, von denen einige für die kleine Insel eine beachtliche Größe erreichen. Der breite **Þjórsá** ist mit 230 km der **längste Fluss Islands.** Seine durchschnittliche Wassermenge beträgt 400 m³/s; während der Schneeschmelze kann sie auf über 1000 m³/s anschwellen. Der 206 km lange **Jökulsá á Fjöllum** ist der zweitlängste Fluss. Er entspringt dem Vatnajökull, durchfließt die Sandwüste Ódáðahraun, bildet den grandiosen Canyon Jökulsárgljúfur mit den Wasserfällen Selfoss, Dettifoss, Hafragilsfoss, Réttarfoss und Vigabergsfoss und mündet schließlich im äußersten Norden in den Axarfjörður.

Die großen Flüsse entstanden vor 10.000 Jahren, als die eiszeitlichen Gletscher schmolzen. Die Flüsse sind im Vergleich zum Land jung. Deshalb ist die Flusserosion noch nicht abgeschlossen, erkennbar an den Wasserfällen und Schluchten. Fast alle isländischen

037is Foto: tt

Flüsse haben wegen ihres starken Gefälles eine starke Strömung. Sie sind deshalb nicht schiffbar. An harten Gesteinskanten bildeten sich die **mächtigsten Wasserfälle Europas.** Der Dettifoss ist mit einer Fallhöhe von 44 m, einer Breite von 100 m und einer durchschnittlichen Wassermenge von 200 m^3/s der größte von ihnen. Das vom Gletscherwasser abgeriebene Gestein macht das Wasser des Jökulsá á Fjöllum grau und trüb (Gletschermilch); in einem Liter sind 2 g Gesteinsmehl enthalten. Beim Gullfoss, dem „Goldenen Wasserfall", fällt die Hvítá in zwei Stufen in eine 32 m tiefe Schlucht. Dieser zählt zusammen mit dem 10 m hohen, hufeisenförmigen Goðafoss, dem „Götterwasserfall", der von dem Fluss Skjálfandafljót gebildet wird, zu den wasserreichsten und auch schönsten Wasserfällen Islands. Die **höchsten Wasserfälle** sind der 196 m hohe **Glýmur,** der 122 m hohe **Haífoss** und der benachbarte **Granni,** der **Hengifoss** (110 m), der **Fjallfoss** (100 m) und der 63 m hohe **Skógafoss.**

Islands Wasserfälle stürzen in Kaskaden in tiefe Gletschertäler wie der Hengifoss und der Haífoss; sie stürzen über die Kliffs der ehemaligen Küste wie der Skógafoss, der Seljalandsfoss und der Gljúfurárfoss; sie tosen Verwerfungen hinunter wie der Öxarárfoss und der Ófærufoss, oder sie bilden ein „Amphitheater" aus **Basaltsäulen** wie der Svartifoss, der Aldeyjarfoss und der Litlanesfoss. Die Fallkante eines Wasserfalls besteht meist aus hartem Basalt. Darunter liegt weicheres Tuffgestein, das vom Wasser leichter abgetragen wird. Durch die Flusserosion wird der Basalt unterhöhlt, daraufhin bricht er ab. Mit der Zeit „gräbt" sich der Fluss landeinwärts, und am Fuß des Wasserfalls entsteht eine Schlucht. Aus der Größe und Form dieser Schlucht kann man Rückschlüsse ziehen auf die maximale Wasserführung des Flusses, die er einst zur Zeit der Gletscherschmelze hatte; die auffallend breite und tiefe Schlucht der Jökulsá á Fjöllum entstand durch zahlreiche Gletscherläufe.

Südisland – vom Gletscher bis zur Küste erstreckt sich der Skeiðarársandur

Die Isländer nutzen die in den Flüssen gespeicherte Energie zur Stromerzeugung. Wo sich der Aufwand lohnt, wurden und werden **Stauseen** und **Wasserkraftwerke** gebaut. Die größten Kraftwerksprojekte entstanden an der Þjórsá, der Hvítá und Blanda.

In Island unterscheidet man **drei Flusstypen:** Quellflüsse, Gletscherflüsse und Abflüsse von Oberflächenwasser und Seen.

Quellflüsse sind tief, kalt und klar. Ihre Wassermenge schwankt nur unwesentlich; im Winter gefrieren sie nicht zu. Die Fließgeschwindigkeit ist niedrig, das Wasser daher ruhig. Das Flussbett ist sandig oder von feinem Geröll bedeckt. Die Ufer sind mit Pflanzen bewachsen. Man findet Quellflüsse meist auf wasserdurchlässigen Lava- und Tuffböden. Typische Quellflüsse sind die Laxá im Aðaldalur beim Mývatn, die Brúará, die Rangá und die Lindaá bei Herðubreiðarlindir.

Gletscherflüsse sind stets grau und trüb vom zermahlenen Gestein; der Grund ist nicht sichtbar. Ihre Strömungsgeschwindigkeit ist hoch, der Fluss dadurch meist turbulent und schäumend. Das Flussbett besteht aus grobem Schotter und großen Steinen, die Ufer sind vegetationslos. Im Verlauf eines Tages ändert sich die Wassermenge der Gletscherflüsse beträchtlich. Sie hängt von den Jahreszeiten, den Temperaturen und vom Wetter ab. In der Kälte der Nacht schmilzt auf den Gletschern nur wenig Eis; die Wasserführung eines Gletscherflusses ist deshalb frühmorgens am geringsten. Gegen Abend erreicht der Wasserstand seinen höchsten Wert. Bei warmem Wind und anhaltend warmen Sommertagen, wie auch nach starkem Regen, der auf dem Eis des Gletschers nicht versickern kann, schwillt ein Gletscherfluss beträchtlich an. Solches „Sommerhochwasser" kann einige Tage andauern und die Gletscherflüsse im brückenlosen Hochland unpassierbar machen. Gletscherflüsse sind gefährlich und voller Tücken. Die starke Strömung wäscht das Flussbett aus und lässt tiefe Rinnen entstehen. Im Winter führen Gletscherflüsse hingegen nur wenig Wasser oder gefrieren oft vollständig zu. In der Ebene verzweigen sie sich in viele Arme und bilden weite Sander, in denen die Flussarme nach einem Hochwasser immer wieder ihren Verlauf ändern. Gletscherflüsse erkennt man vielfach bereits am Namen Jökulsá. Sie unterscheiden sich durch Zusätze wie *á Fjöllum* (in den Bergen), *í Dal* (im Tal) oder *á Brú* (an der Brücke).

Dritter Flusstyp sind die **Abflüsse von Oberflächenwasser und aus Seen.** Auch diese auf den ersten Blick oft harmlosen Flüsse können tückisch und voller Gefahren sein. Sie bilden sich aus dem Zusammenfluss vieler kleiner Wildbäche. Nach Regenfällen und während der Schneeschmelze, die in Island bis in den Frühsommer hinein andauert, können sie innerhalb kürzester Zeit beträchtlich anschwellen. Diese Flüsse können alle Eigenschaften von Quell- und Gletscherflüssen aufweisen. Im Winter gefrieren sie meistens zu. Die Ufer sind vegetationslos.

Seen gibt es in Island unzählbar viele. Die meisten sind allerdings sehr klein; nur achtzig Seen haben eine Wasserfläche von über 1 km², 27 Seen sind größer als 5 km². Der **größte Binnensee** ist der **Þórisvatn,** dessen Wasserfläche je nach Aufstauung zwischen 83 und 88 km² schwankt. Flächenmäßig entspricht er der Größe des Chiemsees. Es folgen der Þingvallavatn mit 82 km², der Lögurinn mit 53 km², der Lagunensee Hóp mit 45 km² und der 37 km² große, aber nur 4,5 m tiefe Mývatn. **Tiefster See** ist mit 220 m der 11 km² große **Öskjuvatn** im Krater der Askja.

Gletscher

11 % der Landfläche Islands sind von Gletschern bedeckt; das sind knapp 12.000 km². Der **Vatnajökull** ist mit 8300 km² der **größte Gletscher Islands und auch Europas.** Er ist mehr als doppelt so groß wie alle Alpengletscher zusammen, die es insgesamt „nur" auf 3800 km² bringen. Der Eis-

panzer des Vatnajökull ist im Mittel 400 m dick, an seiner mächtigsten Stelle beträgt die Eiskappe sogar 1000 m.

Die Gletscher der Alpen sind in den **Eiszeiten** vor 70.000–10.000 Jahren entstanden. Auch Island war damals von einem dicken Eispanzer bedeckt. Nach Ende der letzten Eiszeit vor 10.000 Jahren stieg die Durchschnittstemperatur in Island um 2 °C an. Während der folgenden Jahrtausende schmolz das Eis der alten Gletscher ab. Dann, vor etwa 2500 Jahren, wurde das Klima wieder feuchter und kälter; in der Folge bildeten sich im Land erneut Gletscher aus.

Die heutigen Gletscher Islands sind jung. Sie entstanden erst vor 2500 Jahren und sind somit keine Überbleibsel der Eiszeit. Zur Zeit der Besiedlung, um das Jahr 1100, war die Vergletscherung des Landes noch nicht groß. Die ersten Siedler konnten damals das Gebiet des heutigen Vatnajökull auf ungefährlichen „Eisrouten" durchqueren. An der Südküste ansässige Bauern gelangten so zu ihren Weiden im Norden und trieben ihre Schafe über den Gletscher in die fruchtbaren Täler Bárðardalur und Möðrudalur. Auch Handelswege verliefen damals von dem alten Hafen Kambstún bei Höfn quer über den Vatnajökull zu den Siedlungen im Norden und Osten. Nach 1400 sank die Temperatur erneut, und die Gletscher begannen sich auszubreiten. Diese Kälteperiode endete vor 100 Jahren. Seither schrumpfen die Gletscher wieder. Hatte der Drangajökull in den Westfjorden vor 100 Jahren noch eine Fläche von 350 km², schmolz diese bis heute auf 160 km². An der Südostflanke des Breiðamerkurjökull, einem Ausläufer des Vatnajökull, haben sich beeindruckende **Gletscherseen** gebildet, in denen haushohe Bruchstücke der kalbenden Gletscher schwimmen und als Eisberge langsam mit der Strömung ins Meer treiben. Der Jökulsárlón ist die bekannteste dieser „Gletscherlagunen". Hier kann man mit dem Boot in eine Wunderwelt aus 1000-jährigem, blauem, glitzernden Eis eintauchen. Ein wenig westlich davon liegen der Fjallsárlón und der Breiðárlón, auf denen ebenfalls Eisberge treiben. Wo sich die Gletscher zurückgezogen haben, bleibt eine **Moränenlandschaft** aus feinem, schwarzem Lavagestein zurück. Tiefe Täler, Fjorde und Ebenen mit zahlreichen Seen verdanken dem Rückzug der Gletscher ihre Entstehung. Aber auch die Gletscher selbst gestalten immer während die Landschaft. Die Schneegrenze liegt in Island bei 650 m über NN im Nordwesten, bei 1000 m im Süden und bei 1650 m im Nordosten. Sie bestimmt das Nährgebiet eines Gletschers, in dem sich der Schnee sammelt und verfestigt; schließlich entsteht daraus Gletschereis. Seine Masse drückt auf die älteren Eisschichten, die dadurch langsam talwärts fließen. Unter hohem Druck ist Eis nicht glasartig fest und spröde, sondern verformbar und

Die größten Gletscher

Vatnajökull:	8300 km²
Langjökull:	953 km²
Hofsjökull:	925 km²
Mýrdalsjökull:	596 km²
Drangajökull:	160 km²
Eyjafjallajökull:	78 km²

zähflüssig. Mit einer Geschwindigkeit von durchschnittlich wenigen Metern pro Jahr fließt das Eis zum Meer, um im Zehrgebiet des Gletschers wieder abzuschmelzen. Fließt das Schmelzwasser im Innern des Gletschers durch Spalten, können Strudel entstehen, in denen mitgeführte Steine im Kreis bewegt werden. In solchen **Gletschermühlen** höhlen die Steine den Fels aus und bilden **Gletschertöpfe.** Wo das Wasser aus dem Gletscher austritt, können bis zu 40 m hohe **Gletschertore** entstehen. Das Schmelzwasser sammelt sich in den Gletscherflüssen und verdunstet. Als Schnee kehrt es in den Kreislauf zurück. Dieser hängt von den Niederschlägen und den Temperaturen ab, die das Jahr über herrschen. Die Bildung von Gletschereis und dessen Abschmelzen stehen sich nur in einem sehr schmalen Temperaturband im Gleichgewicht gegenüber. Ist es kälter, wachsen die Gletscher; ist es wärmer, gehen sie zurück. In den letzten zwanzig Jahren bestand offensichtlich in Island ein Gleichgewicht, denn die Gletscher stagnierten. **In neuester Zeit** jedoch **schrumpfen viele Gletscher.** Von 1996 bis heute hat sich der Snæfellsjökull um 50 m zurückgezogen. Auch die Gletscher bei den Kverkfjöll und den Kerlingarfjöll verlieren seit einigen Jahren deutlich erkennbar an Größe. Neueste Messungen ergaben, dass auch das Eis des Vatnajökull verstärkt schmilzt. Nach Angaben des Icelandic Government's Committee on Climate Change (2008) verliert er 5 km³ Eis pro Jahr, was einem jährlichen Rückgang der Eisdicke um ca. 1 m entspricht. Ursachen dafür sind ausbleibende Niederschläge und die globale Klimaerwärmung.

Gletscher bilden **vielfältige Formen** aus. Nach der Topografie des Untergrunds und der Größe der Gletscher unterscheidet man hauptsächlich zwei Typen: Deck- und Gebirgsgletscher.

Deckgletscher bedecken als geschlossene Eisfelder große Teile einer Landfläche. Je nach ihrer Ausdehnung unterteilt man sie in **Inlandeis,** das große Inseln (Grönland) oder ganze Kontinente (Antarktis) bedeckt, **Plateaugletscher** und **Eiskappen.** Die meisten und größten Gletscher Islands sind wie der Vatnajökull Plateaugletscher. Sie bedecken uhrglasförmig hoch gelegene und flächenmäßig große Gebiete. Von ihren Rändern strömen Gletscherzungen in die Täler. Einzelne eisfreie Berggipfel können aus dem Eis herausragen; diese werden als **„Nunataks"** bezeichnet. Weitere Plateaugletscher sind: Langjökull (953 km²), Hofsjökull (925 km²), Mýrdalsjökull (596 km²) und Drangajökull (160 km²). **Eiskappen** ähneln in ihrer Form den Plateaugletschern. Sie sind allerdings von geringerer Ausdehnung und bedecken meist nur eine kleine Insel oder einen einzelnen Berg. Typische Beispiele für diesen Gletschertyp gibt es in Spitzbergen.

Gebirgsgletscher sind in das Relief eines Gebirges eingelagert. Sie unterteilen sich in Talgletscher, Kargletscher und Hanggletscher. Der **Talgletscher** (z. B. der Morsárjökull) ist der Idealtyp eines Gletschers. Er füllt den gesamten Talgrund in Gestalt einer ausgedehnten Gletscherzunge aus. Weitere kleinere Talgletscher können aus Nebentälern

038is Foto: tt

zufließen. Eingebettet zwischen den Gebirgszügen gelangt von den umliegenden eisfreien Bergen viel Schutt auf den Gletscher. Als Folge bilden die schuttbeladenen Talgletscher starke Moränen. Nach dem Rückzug eines Talgletschers bleiben U-förmige Trogtäler zurück. **Kargletscher** bilden sich in den Hohlformen ehemals vergletscherter Talenden, den Karen. Sie sind auf drei Seiten von Felswänden umgeben und haben meist weniger als einen Quadratkilometer Eisfläche. Aus der mit Firn gefüllten Karmulde fließen kleine Gletscherzungen talwärts. Typische Kargletscher werden vom 1387 m hohen Myrkárjökull gebildet, der zwischen dem Skagafjörður und dem Eyjafjörður liegt. Die Gletscher im Glérardalur bei Akureyri sowie der 1248 m hohe Þrándarjökull und der 1180 m hohe Hofsjökull westlich von Djúpivogur sind ebenfalls Kargletscher.

Hanggletscher breiten sich in Form dicker Firn- und Eisfelder über einen Berghang aus; die umliegenden Berggipfel sind eisfrei. Ein Beispiel hierfür ist der Snæfellsjökull.

Gletscher können direkt und indirekt große **Katastrophen** auslösen. Bei den aus den Alpen bekannten Gletscherabbrüchen und Gletscherlawinen gelangen plötzlich große Mengen an Eis und Schutt in die Täler und zerstören Wälder und Siedlungen. Das Eis kann Wasser, ja sogar ganze Flüsse zu **Gletscher-Stauseen** aufstauen; das Schmelzwasser des Gletschers und Regenwasser

Eisberge treiben auf dem Jökulsárlón. Lavaasche vergangener Vulkanausbrüche bildet schwarze Schichten im Eis

können sich in Senken sammeln, bis bei zu großem Wasserdruck die natürliche Staumauer aus Gletschereis bricht. Der Gletscher-Stausee entleert sich schwallartig, und die Flut überschwemmt weite Gebiete. Diese **Gletscherläufe** (isl. *jökulhlaup)* kommen in Island häufig vor. Gletscher-Stauseen können sich auch unter dem Eis eines Gletschers ausbilden, wenn der Abfluss des Schmelzwassers aus dem Gletscher versperrt ist. Hat sich eine ausreichend große Menge Wasser angesammelt, hebt es das darüber liegende Eis an, und der Gletscher bricht auf. Der Grænalón am Westrand des Skeiðarárjökull entleert sich auf diese Weise einmal jährlich (Abflussmenge 1000–5000 m^3/s) und überschwemmt den Skeiðarársandur. Ähnlich verhält es sich mit dem Ausbrechen von Moränenstauseen.

Kennzeichnend für Island sind darüber hinaus noch viel gewaltigere Gletscherläufe, die in ihrer schlimmsten Wirkung durch einen Vulkanausbruch unter dem Eis („subglazialer Vulkan") hervorgerufen werden. Sie treten in den aktiven, subglazialen Vulkanzonen Islands alle paar Jahre auf. Hierbei stürzen gigantische Wassermassen zu Tal, die weite Gebiete für einige Zeit unpassierbar machen und auf ihrem Weg alles niederwalzen. Beim Ausbruch der Katla 1918 war der ins Meer fließende Wasserschwall so gewaltig wie die Wasserführung im Mündungsgebiet des Amazonas (mit bis zu 200.000 m^3/s)! Die Küstenlinie östlich von Vík wurde dabei durch den Sand und Schutt 200 m ins Meer hinaus verlagert. Im Mýrdalssandur liegen heute noch die 1000 Tonnen schweren Felsbrocken verstreut, die das Wasser damals aus dem Gebirge anschwemmte.

Auch am Vatnajökull kommt es regelmäßig zu Gletscherläufen, die von den Grímsvötn ausgehen. Beim „großen" Gletscherlauf 1934 betrug die Wasserführung nach Schätzungen zwischen 45.000 und 100.000 m^3/s. Bei den Grímsvötn befindet sich in einer Caldera unter dem Gletscher ein 35–40 km^2 großes Thermalgebiet. Die Erdwärme taut das Eis kontinuierlich auf, und das Wasser sammelt sich in einer Senke. In einigen Jahren entsteht unter dem Eis ein See von mehreren Quadratkilometern Größe. Wenn der Wasserdruck die entsprechende Stärke erreicht hat, hebt das Wasser wie beim Grænalón das Eis an, und der See entleert sich. Durch die dabei auftretende, plötzliche Entlastung der Erdoberfläche kann unter dem Gletscher flüssiges Magma austreten, das weitere Eismassen abtaut und den Gletscherlauf verstärkt. Dies war auch 1934 der Fall.

Ein **großer Gletscherlauf** ereignete sich **Anfang November 1996** als Folge des Vulkanausbruchs bei Barðarbunga. Das Wasser benötigte vier Wochen, bis es unter dem Eis des Vatnajökull herausströmte. Nachdem die Eruptionen am 13. Oktober 1996 zu Ende waren, schmolz der Gletscher weiter, und das Schmelzwasser floss in die Caldera bei den Grímsvötn. Hier staute es sich. Ein 50–250 m hoher Eispanzer schloss den See ein. Normalerweise entleert er sich, wenn der Wasserstand von 1400 m (Höhe der Grímsvötn-Caldera über NN) auf 1430–1450 m angestiegen ist.

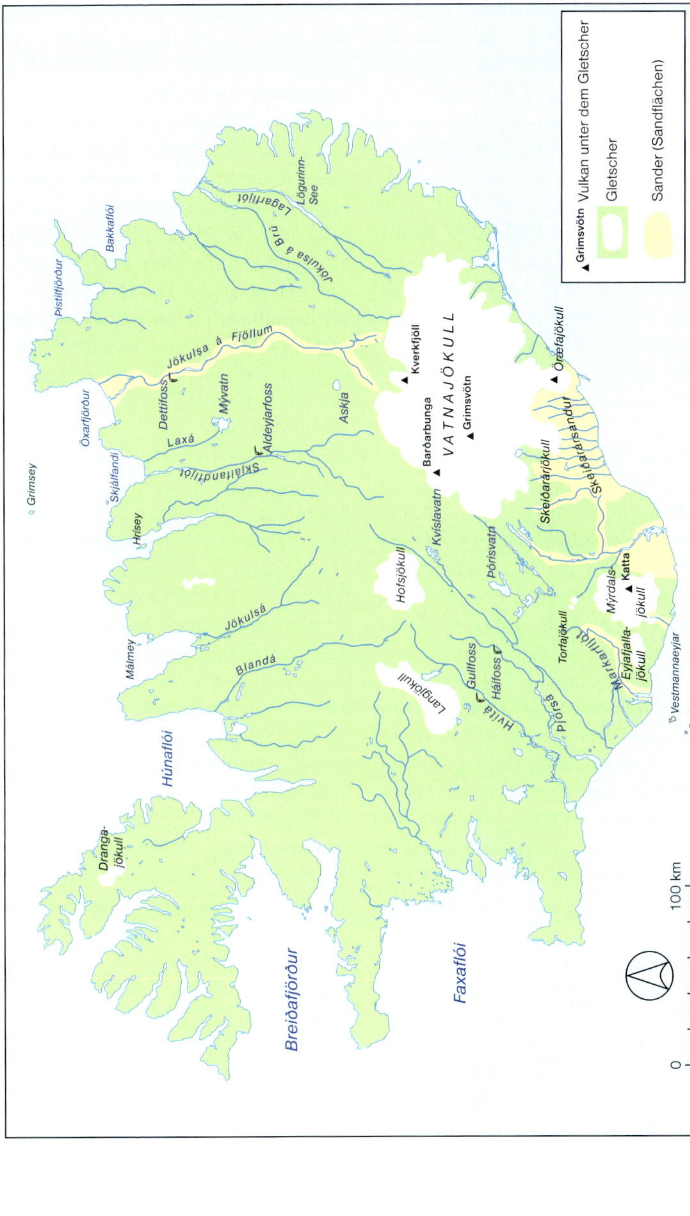

Gletscher und ihre Abflüsse

Dann hebt der Wasserdruck den Eispanzer an, und 3,5 km³ Schmelzwasser durchschnittlich fließen mit einer Geschwindigkeit bis zu 10.000 m³/s durch den Skeiðarársandur ab. 1996 staute sich das Wasser jedoch bis auf 1510 m. Der Jökulhlaup begann am 5. November morgens um 5.30 Uhr. Seismische Messungen ergaben, dass zu dieser Zeit der ungeheure Druck des Wassers den Eispanzer hob und das Wasser sich seinen Weg unter dem Eis talwärts bahnte. Am 5. November durchbrach das Wasser um 8.30 Uhr den Rand des Skeiðarárjökull. Ein 3–5 m hoher, gewaltiger Schwall einer schwarzen und nach Schwefel stinkenden Brühe ergoss sich bei der Skeiðará, der Gigjukvísl und den Núpsvötn in den Skeiðarársandur. Drei Stunden später war ein 35 x 20 km großes Gebiet überflutet. Um 11 Uhr erreichte der Wasserschwall seine größte Abflussmenge von 45.000 m³/s. Innerhalb von 60 Stunden flossen 4 km³ Wasser durch den Skeiðarársandur. Die Flut aus Wasser, hausgroßen Gletscherstücken, Sand und Geröll zerstörte 10 km der Ringstraße, zwei Brücken sowie die Strom- und Telefonleitung. Nach 2½ Tagen war der Gletscherlauf abgeklungen. Die Flussläufe der Skeiðará und Gigjukvísl wurden völlig verändert. Die ins Meer eingetragenen 100 Millionen Tonnen Sedimente verlagerten die Küstenlinie um 100 m meerwärts. Der Gesamtschaden, der durch den Gletscherlauf verursacht wurde, wird auf 2,2 Milliarden ISK geschätzt. Menschen sind in dem unbewohnten Gebiet nicht zu Schaden gekommen.

Am **31. Juli 1999** haben vulkanische Aktivitäten nahe bei den Kverkfjöll (Vatnajökull) zu einem großen **Gletscherlauf durchs Tal der Flüsse Kreppa und Jökulsá á Fjöllum** geführt. Bei Grimsstadir wurden Teile der Ringstraße, zwischen Raufarhöfn und Húsavik die Brücke über den Fluss Sandá weggerissen.

Typisch für Island sind auch Gletscherzungen, die ohne Vorzeichen zu rutschen beginnen. Das Eis bewegt sich hierbei plötzlich mit mehr als 10 m pro Tag vorwärts. Solche **„surges“** (engl.) können mehrere Monate andauern. Die **Gletscherzunge** wächst dabei um einige Kilometer. In den zurückliegenden dreißig Jahren gab es in Island etwa 16 „surges“. 1963/1964 wuchs der Brúarjökull, ein großer Gletscherausläufer des Vatnajökull, um 8 km. Ein solches Ereignis ist ein faszinierendes Naturschauspiel. 1994 kam der Siðujökull ins Rutschen: Das Eis schob sich deutlich sichtbar unter ständigem Krachen und Knirschen voran und riss dabei große Spalten und Löcher auf. Die Zunge des Dyngjujökull hat sich nach Untersuchungen des Geophysikers *Helgi Björnsson* um 300–400 m vorwärts geschoben (1999). Dabei rissen Gletscherspalten auf, wodurch das Befahren der Gletscherzunge mit Fahrzeugen verhindert wird. Auch die Wasserführung des Jökulsá á Fjöllum hat sich erhöht, und der Fluss transportiert mehr Sedimente.

Das Eis der Gletscher ist ständig in Bewegung. Ausgeprägte Strömungslinien und zahlreiche Risse und Spalten im Eis sind die Folge. Diese und vermehrt noch die unsichtbaren, unter einer dünnen Schneedecke verborgenen Spalten können eine Gletscherbegehung gefährlich werden lassen. Da sich die Risse und Gletscherspalten von einem Tag zum anderen verändern können, sollte man die in Island beliebten **Gletscherwanderungen** und **-befahrungen** mit dem Schneescooter oder Geländewagen nie alleine, sondern nur unter der Anleitung eines erfahrenen Führers unternehmen.

Fjorde, Klippen und Felsentore

An den Steilküsten der einst vergletscherten Gebiete Islands drang das Meer nach dem Rückzug des Eises in die weiten Trogtäler ein. Im Norden, Westen und Osten des Landes entstanden **Fjorde,** die mit ihren zahlreichen Fingern bis zu 130 km tief in das Land hineinreichen. Die Küstenlinie Islands ist knapp 5000 km lang – eine einmalig schöne Landschaft. Die größten Fjorde im Nordwesten sind der Breiðafjörður und der Ísafjörður; im Norden der Húnafjörður, der Skagafjörður und der Eyafjörður.

Vielerorts hat die Brandung die Felsküste unterhöhlt; wenn das Höhlendach abbricht und die großen Gesteinsbrocken ins Meer stürzen, entsteht ein **Kliff.** Die Küste wandert dadurch langsam landeinwärts. In den Westfjorden sind die Kliffe am Hornbjarg 550 m und am Látrabjarg 440 m hoch. Vor dem Kliff baut sich in der Brandung eine flache, vom Meer überspülte Brandungsplatte auf. An solchen Felsküsten sammeln sich im Sommer die Meeresvögel. An Stellen, an denen Klippen aus hartem Gestein wie ein Finger ins Meer ragen und die Brandung von beiden Seiten anstürmen kann, bilden sich **Felsentore.** Die beeindruckendsten befinden sich am Kap Dyrhólaey, auf der Halbinsel Snæfellsnes und am Hvítserkur im Húnafjörður.

Als die Gletscher nach dem Ende der letzten Eiszeit geschmolzen waren und das Land von der Last des Eises befreit war, hob sich die Insel um einige Meter. Einstige Brandungsplatten wie Barðarströnd, Snæfellsnes und Eyjafjöll wurden so zu trockenen Tiefebenen. Landeinwärts erheben sich die Reste der inzwischen verwitterten und bewachsenen alten Kliffs. Im Süden lagern die großen Gletscherflüsse, die Núpsvötn vom Skeiðarárjökull, die Skaftá vom Síðujökull und die Múlakvísl vom Mýrdalsjökull, jedes Jahr Millionen Tonnen Sand und Schlamm vor der Küste ab und bilden neues Land. Diese Ebenen mit breiten Stränden aus schwarzem Basaltsand dehnen sich über Hunderte von Quadratkilometern aus und wachsen weiter. Die alten Steilküsten verlagerten sich landeinwärts; sie erheben sich einige Kilometer vom Meer entfernt. Das ehemalige Kliff Lómagnúpur ist heute eine 767 m hohe Landmarke an der Ringstraße.

Auch Fjorde können verlanden und zu flachen Buchten werden, wenn Gletscherflüsse ihre Gesteinsfracht hier ablagern. Beispiele dafür sind der Axarfjorður und der Héradsfloi. Sammelt sich in einem Fjord das von der Brandung abgetragene Geröll nur an einer Stelle, entsteht eine flache Halbinsel. Ursache dafür kann beispielsweise eine

Schäre sein, welche die Strömung stört. Solche Halbinseln sind in den steilen Westfjorden vielfach die einzige Stellen, auf denen Siedlungen wie Suðureyri im Súgandafjörður oder Ísafjörður entstehen konnten.

An der Südküste haben sich bei Höfn und Ingólfshöfði durch die Ablagerung von Sand und Geröll auffallende Halbinseln, Strandseen und Landzungen (Tombolo) gebildet, deren Fläche sich mit Ebbe und Flut verändert. Landzungen, die immer aus dem Meer ragen, heißen Eiði, andere, die bei Flut unter Wasser stehen, Grandi.

Geologie

Insel aus Feuer und Eis

Island verdankt seine Existenz den Vulkanen. Hier quillt an der Nahtstelle zwischen der nordamerikanischen und der eurasischen Kontinentalplatte glutflüssiges Magma aus der Tiefe unserer Erde an die Oberfläche. Alle fünf bis sechs Jahre bricht in Island ein Vulkan aus. Vielfach begleiten Erdbeben die Eruptionen. Die geografische Lage Islands nahe des nördlichen Polarkreises lässt besondere Vulkantypen entstehen. Die größten Vulkane der Insel sind von Gletschern bedeckt. Das Feuer aus der Erde trifft in Island auf das Eis der Gletscher. Diese Naturgewalten haben ein einzigartiges Land gestaltet – die Insel aus Feuer und Eis.

Der Vulkanismus ist untrennbar mit der Entstehung unserer Erde verbunden. Um zu verstehen, was sich im Innern der Erde abspielt, gehen wir in Gedanken an den Beginn unserer Zeit zurück.

Die Entstehung der Erde

Die Wissenschaft nennt die Entstehung der Erde einen „Zufall" und die Entstehung von Leben auf der Erde einen „glücklichen Zufall". Angefangen hat alles mit einer kosmischen Katastrophe. Dies war die Geburtsstunde unserer Galaxie. Eine Explosion unvorstellbaren Ausmaßes, der so genannte **Urknall,** ließ vor 13,7 Milliarden Jahren eine riesige Gaswolke entstehen, die hauptsächlich aus den leichtesten Elementen Wasserstoff und Helium bestand. In den Sternen, roten Riesen und in Supernovae-Explosionen bildeten sich durch Kernreaktionen die schweren chemischen Elemente wie Eisen; dies geschah bereits vor, aber auch nach dem „Urknall". Die „Urwolke" aus gasförmigen leichten und in geringstem Anteil auch schweren Elementen verdichtete sich vor 5 Milliarden Jahren infolge der Schwerkraft und zog sich zusammen. Dabei stieg die Temperatur in ihrem Innern auf mehrere Millionen Grad an. Die Gas- und Staubteilchen begannen gleichzeitig immer schneller um den gemeinsamen Mittelpunkt der Urwolke zu rotieren. Dadurch stabilisierte sich die Wolke – eine glühende, aber vergleichsweise kalte **„Ursonne"** war entstanden. Diese zog sich weiter zusammen und nahm die Gestalt einer Kugel an. Durch die Schwerkraft stieg der Druck im Innern der glühenden Gaskugel auf 200 Milliarden bar an, die Temperatur erhöhte sich auf 15 Millionen Grad. Unter solchen Bedingungen begann der Wasserstoff atomar zu brennen. Diese **Kernfusion** setzte weitere Energie frei, und aus dem leichteren Wasserstoff bildete sich das schwerere Helium; eine neue „heiße" Sonne war entstanden, in der sich fast die gesamte Materie der früheren Ursonne konzentrierte. Die neue Sonne induzierte im Weltraum ein ausgedehntes Magnetfeld. In diesem wurde der winzige Rest an Materie aus der Urwolke, die nicht zu einem Bestandteil der Sonne geworden war, elektrisch aufgeladen. Die Wissenschaftler schätzen diesen Rest auf weniger als 1 %. Die weiterhin um die Sonne umlaufende Restmaterie wurde durch die Ionisierung abgebremst und verringerte ihre Rotationsgeschwindigkeit. Nach den Gesetzen der Himmelsmechanik (Gleichgewicht zwischen der Anziehungskraft des Zentralgestirns und der Fliehkraft der umlaufenden Körper) müsste diese jetzt langsamer um die Sonne kreisende Materie von ihr stärker angezogen werden, damit auf eine sonnennähere Umlaufbahn abgelenkt und schließlich der Sonne einverleibt werden. Dies geschah jedoch nicht. Die Restmaterie veränderte ihre Umlaufbahn um die Sonne nicht, da die Kraft des Magnetfeldes die verminderten Fliehkräfte der Restmaterie ausglich. Mit der Zeit bildeten sich aus der gas- und staubförmigen Restmaterie durch Kondensation größere Partikel, die elektrisch weniger stark aufgeladen waren. Dadurch wurde die Kraft des Magnetfeldes weniger wirksam, und die Partikel gerieten auf sonnennähere Umlaufbahnen. Die in den Partikeln enthaltenen Elemente wurden zudem nach ihrem spezifischen Gewicht sortiert; leichtere Elemente gerieten in sonnennähere Bahnen als schwerere. Insgesamt entstanden vier ringförmige Wolken, die unterschiedlich schwere Teilchen enthielten. Diese neuen Umlaufbahnen waren stark elliptisch. Der sonnenfernste Punkt lag stets dort, wo die Restmaterie auskondensiert war. Die einzelnen Partikel kreisten so auf einer Vielzahl unterschiedlicher, exzentrischer Bahnen um die Sonne. Da sich die Umlaufbahnen kreuzten, kam es auch immer wieder zu

039is Foto: tt

Solfataren mit Schlammpötten bei der Leirhnjúkur-Spalte

Kollisionen von Partikeln. Man hat errechnet, dass die sonnenfernste Umlaufbahn einen Durchmesser von zwölf Milliarden Kilometern hatte. Dies entspricht dem Durchmesser unseres heutigen Planetensystems.

Die ständigen Kollisionen dauerten hundert Millionen Jahre lang. Während dieser Zeit bildeten sich immer größere Brocken mit mehr als tausend Kilometer Durchmesser und neue Umlaufbahnen aus, bis schließlich die kritische Masse überschritten wurde, bei der die Wirkung der Schwerkraft die Entstehung neuer Planeten zulässt. In den einzelnen Ringwolken kam es zu unterschiedlichen Zeiten zu einem so genannten **Schwerkraftkollaps,** bei dem die jeweils größten und schwersten Brocken einer Wolke die gesamte Materie ihrer Bahn „einsammelten".

Aus der sonnennächsten ersten Ringwolke entstanden so die **Planeten** Merkur, Venus und eine Proto-Erde. Die zweite Ringwolke, welche die erste ein wenig überlappte, bildete Mond und Mars; die dritte die Planeten Jupiter, Saturn, Uranus und Neptun; die sonnenfernste vierte Ringwolke schließlich ließ Pluto und Triton entstehen. Eine andere Theorie besagt, dass Pluto aufgrund seiner Größe und seiner verformten, lang gezogenen Umlaufbahn nicht direkt aus einer Ringwolke entstanden ist. Er wurde vielmehr als „Vagabund", der sich einst von irgendwoher in die Nähe der Sonne verirrt hatte, eingefangen.

Vor 4,5 Milliarden Jahren muss es zu einer Kollision der Proto-Erde mit einem kleinen Planeten der zweiten Ringwolke gekommen sein. Der eisenhaltige Kern dieses Planeten verschmolz dabei mit der Proto-Erde, während sein Mantel und ein Teil des Erdmantels ins Weltall geschleudert wurden – unsere heutige Erde war entstanden. Die Trümmer verdichteten sich zu einem neuen Planeten, unserem Mond.

Die Bahn des kleineren Mondes kreuzte die Bahn der Erde. Der Mond wurde schließlich von dieser „eingefangen" und auf seine heutige Umlaufbahn um die Erde gezwungen. Ähnliches geschah mit Triton, heute ein Mond des Planeten Neptun.

Betrachten wir uns die **Entstehung der Erde** im Detail. Der feurige Anfang der Erde liegt viereinhalb Milliarden Jahre zurück. Als immer mehr und größere Brocken auf die Erde stürzten (Schwerkraftkollaps), heizte sich der Planet stark auf und schmolz. Diese Brocken bestanden hauptsächlich aus Nickel, Eisen und Silizium; sie enthielten aber auch geringe Anteile an radioaktiven Elementen. Durch radioaktiven Zerfall bildeten sich weitere Elemente. Die Energie der auf der Erdoberfläche einschlagenden Brocken und die Energie aus den radioaktiven Zerfallsreaktionen hielten den jungen Planeten eine Milliarde Jahre lang in einem zähflüssigen Zustand. Auch hier trennten sich die Elemente nach ihrem spezifischen Gewicht. Die schweren Elemente Nickel und Eisen sanken in das Innere ab, die leichteren Silikate reicherten sich an der Oberfläche an. Als das Bombardement aus der Ringwolke abnahm, kühlte die Erde langsam ab. Ihre Oberfläche verfestigte sich und bildete eine dünne, schaumartig erstarrte Kruste aus siliziumhaltigen Kalknatronfeldspäten, dem **Plagioklas.** Wissenschaftler bezeichnen diese Urkruste als „anorthositischen Schaum". Einzelne Brocken trafen jedoch weiterhin auf die feste Erdoberfläche und zersprengten die Schaumkruste in Einzelteile, die wieder aufgeschmolzen wurden.

Obwohl die **Elemente des Lebens** Wasserstoff, Kohlenstoff, Stickstoff und Sauerstoff zu den leichten Elementen zählen, die sich deshalb in einer sonnenfernen Ringwolke hätten ansammeln müssen, findet man sie auf der Erde: Die Elemente haben die Eigenschaft, sich mit schwereren chemisch zu verbinden. Die schwereren Moleküle reicherten sich bei der Auftrennung nach ihrem spezifischen Gewicht auf einer sonnennahen Bahn an. Aus diesen Verbindungen entstand vor 4,5 Milliarden Jahren die Uratmosphäre der Erde. Es handelte sich um eine giftige, lebensfeindliche Gaswolke aus Wasserdampf, Kohlendioxid, Methan, Stickstoff und Ammoniak, ausgeschwitzt von urzeitlichen Vulkanen.

Im flüssigen **Erdinnern** entstanden unter der festen, aber immer noch einige hundert Grad heißen anorthosistischen Kruste Gase infolge chemischer Reaktionen und eine 13–14 km dicke Schicht aus Granit und Gneis. Diese Gesteine waren leichter als der Plagioklas und drängten deshalb nach oben. Dabei stieg der Druck unter der Oberfläche extrem an und riss die Kruste auf. Durch diese „Überdruckventile" entwichen die Gase und das flüssige Gestein. Während der Frühgeschichte unserer Erde müssen die vulkanischen Aktivitäten unvorstellbar stark gewesen sein. Feste Urkrustenblöcke und Platten aus Granit und Gneis „schwammen" auf einem See aus zähflüssigem Magma. Die ersten kleinen „Kontinente" mit einem Durchmesser von 30–60 km waren entstanden (Kratone). Ständiges Umschichten und Wiederaufschmelzen ließ daraus schließlich die zwei Gesteinsgruppen entstehen, die auch heute noch die Kontinente bilden: Der leichtere Granit und Gneis bildete die Festlandskontinente, der schwerere Basalt, der aus der anorthositischen Urkruste entstand, bildete die Becken der Urozeane.

Immer mehr Gase wurden ausgeschwitzt. Der Wasserdampf sammelte sich in höheren Schichten der Uratmosphäre. Obwohl er in der kalten Atmosphäre kondensierte, erreichte kein Wassertropfen die Erdoberfläche. Zu heiß war das Gestein, und alles Wasser verdampfte noch in der „Luft". Die Wolken verhinderten weitgehend die Sonneneinstrahlung. Einige Millionen Jahre lang lag die junge Erde im Dunkeln. In der Atmosphäre tobten gigantische Stürme, Blitze unvorstellbaren Ausmaßes zuckten pausenlos am schwarzen Himmel. Dieses **infernalische Gewitter** ließ das Leben auf unserer Erde entstehen. Mit der Zeit kühlte die Erdoberfläche so weit ab, dass der erste Regen den Boden erreichte. Zehntausende von Jahren lang regnete es unaufhörlich. Ein Urozean entstand. Das ultraviolette Licht der Sonne spaltete die Moleküle der Uratmosphäre; die entstandenen Bruchstücke reagierten miteinander zu neuen Verbindungen.

Durch die Selbstorganisation unbelebter Materie bildeten sich Moleküle, die die **Bausteine des Lebens** sind: **Aminosäuren.** Der 1930 geborene *Stanley Lloyd Miller* nahm dazu 1953 als Chemiestudent ein geniales Experiment vor: In einem Glaskolben setzte er ein Gemisch aus Wasserdampf, Ammoniak, Methan und Wasserstoff tagelang elektrischen Funkenentladungen aus und simulierte damit das urzeitliche Gewitter. In der entstandenen „Ursuppe" konnte er anschließend Aminosäuren nachweisen. Einige dieser Moleküle konnten das Sonnenlicht absorbieren; photochemische Reaktionen führten wiederum zu neuen Verbindungen. Eine neue Hypothese des Geologen *Michael Russell* und des Biologen *William Martin* stützt die „Biofilm-Theorie" des Münchner Chemikers *Gunter Wächtershäuser* aus dem Jahr 1988. Möglicherweise waren so genannte „Schwarze Raucher" *(Black Smokers)* in der Tiefsee am Entstehen der Lebenselemente beteiligt. Noch heute findet man diese schornsteinartigen Röhren in Vulkangebieten am Grund des Ozeans. Daraus entweicht heißes Wasser, in dem Verbindungen aus Metallen und Schwefel (Metallsulfide) gelöst sind. Beim Abkühlen werden die Sulfide ausgefällt und lagern sich am Rand des Schwarzen Rauchers in den Röhren ab. Metallsulfide wie z. B. Eisensulfid könnten die Bildung komplizierter organischer Molekülketten aus einfachen Molekülen katalysiert haben, aus denen schließlich die ersten Zellen entstanden.

Vor **dreieinhalb Milliarden Jahren** entstanden so die Vorläufer der **Pflanzenzellen.** Im Wasser waren sie vor der energiereichen ultravioletten Strahlung der Sonne geschützt. Sie nutzten einen Teil des Sonnenlichts, um aus Kohlendioxid und Wasser für sie verwertbare Nahrungsstoffe herzustellen. Dies waren Kohlenhydrate, die aus den Elementen Wasserstoff, Kohlenstoff und Sauerstoff aufgebaut sind.

Die **Fotosynthese** ermöglichte es nun den Zellen, sich gezielt weiterzuentwickeln. Als **erste Pflanzen** entwickelten sich blaugrüne Algen. Bei der Fotosynthese entstand Sauerstoff als für

Dampfende Leirhnjúkur-Spalte

die Pflanzen unverwertbarer Abfallstoff. Dieser wiederum reagierte mit Metallen wie Eisen und Nickel und bildete oxidische Erze. In Milliarden von Jahren haben sich immer neue Zellen entwickelt, die schließlich auch das giftige „Pflanzenabgas" Sauerstoff nutzen konnten. Die Urform tierischer Zellen entstand. Sie gewannen Energie aus der „Verbrennung" des Sauerstoffs zu Kohlendioxid. Die Atmung ist folglich die Umkehrung der Fotosynthese. Bereits die ersten pflanzlichen und tierischen Zellen verwendeten nur einen geringen Teil ihrer Nahrung, um Energie zu gewinnen. Den weitaus größten Teil benutzten sie, um neue Zellen aufzubauen, also sich zu vermehren.

Vor 600–700 Millionen Jahren setzte im Ozean eine lebhafte Entwicklung von pflanzlichem und tierischem Leben ein. Die ungemindert auf die Erde treffende ultraviolette Strahlung der Sonne verhinderte aber weiterhin, dass sich Leben an Land entwickeln konnte. Erst als der Sauerstoffgehalt in der Atmosphäre auf 2 % angestiegen war, konnte dieser einen großen Teil der schädlichen Strahlung von der Erdoberfläche fernhalten. Vor 400 Millionen Jahren begannen die ersten Pflanzen auf das feste Land vorzudringen. Ihnen folgten die ersten Gliedertiere. Im **Devon** (vor 350 Millionen Jahren) verließen die ersten höheren Tiere den Ozean; es waren Quastenflosser, deren Schwimmblasen sich zu Lungen umgewandelt hatten und die sich auf durch Knochen gestützten Flossen an Land bewegen konnten. Im **Karbon** (vor 300 Millionen Jahren) entstanden riesige Steinkohlenwälder. Das Erdaltertum endet mit dem **Perm** (290–250 Millionen Jahre). Auf der Erde treten Reptilien auf. Die **Juraformation** (205–135 Millionen Jahre) ist das Zeitalter der Saurier. In der **Kreidezeit** (135–65 Millionen Jahre) starben die meisten Saurier aus. Auch dafür wird eine kosmische Katastrophe – der Einschlag eines großen Meteoriten auf der heutigen Halbinsel Yukatan in Mexiko – immer wahrscheinlicher. Wissenschaftler fanden 1998 Bruchstücke dieses auf 65 Millionen Jahre datierten urzeitlichen Meteoriten in einer Tiefseebohrprobe aus dem Nordpazifik. Nach dem Meteoriteneinschlag verdunkelte sich die Sonne über mehrere Jahre hinweg. Die Erde kühle stark ab. Die großen Tiere konnten sich diesem schnellen Klimawechsel und der sich verändernden Umwelt nicht anpassen und starben. Zu Beginn des **Tertiärs** (65–1,6 Millionen Jahre) erscheinen die ersten „modernen" Säugetiere: Pflanzen fressende Urhuftiere und Fleisch fressende Urraubtiere.

Am Ende des Tertiärs begann die eigentliche **Entwicklungsphase des Menschen.** Der Homo heidelbergensis lebte vor 350.000 Jahren, der Homo neanderthalensis vor rund 100.000 Jahren. In dieser Zeit trat auch der Homo sapiens zum ersten Mal auf. Die bisher ältesten Formen des Homo sapiens wurden in Frankreich gefunden. Der Cro-Magnon-Mensch lebte etwa vor 30.000–10.000 Jahren. Von ihm haben sich die heute lebenden Menschenras sen herausdifferenziert.

Bei der Entstehung der Erde und des Lebens waren drei Voraussetzungen zufällig erfüllt: Erstens hatte unser Planet, der in einem Schwerkraftkollaps entstanden war, die richtige Masse, zweitens die richtige Elementzusammensetzung, um innerhalb des Sonnensystems genau in dem Abstand von der Sonne zu entstehen, wo er die optimale Sonneneinstrahlung für die Entwicklung von Leben erhielt. Und zum Dritten war die Schwerkraft der Erde genau richtig bemessen, um die ausgeschwitzte Uratmosphäre festzuhalten.

Aufbau der Erde

Die nahezu kugelförmige Erde besteht aus der Erdkruste, dem Erdmantel und dem Erdkern. An den jeweiligen Grenzen dieser Schalen ändern sich sprunghaft die Eigenschaften der Gesteine, wie ihre Dichte und chemische Zusammensetzung. Diese Grenzen werden als „Diskontinuitäten" bezeichnet.

Der **Erdkern** besteht hauptsächlich aus Nickel und Eisen **(Nife-Schale)** und reicht vom Erdmittelpunkt in 6371 km Tiefe bis 2900 km. Hier herrschen Temperaturen bis 5000 °C und ein Druck von 1–3 Millionen bar. Der innere Teil des Kerns ist fest (Dichte 16,8–17,2 g/cm^3) und reicht vom Erdmittelpunkt bis 5100 km. Der äußere Teil des Kerns (Dichte 9,4–11,5 g/cm^3) ist zähflüssig (Strömungsgeschwindigkeit durch Konvektion bis 100 km/Jahr) und reicht von 5100 bis 2900 km.

An den Erdkern schließt sich der **Erdmantel** an. Der **untere Erdmantel** (Dichte 3,3–5,7 g/cm^3) reicht von 2900 bis 250 km und besteht aus Gesteinen, die hauptsächlich Silizium, Eisen und Magnesium enthalten **(Sifema-Schale).** Der untere Erdmantel ist zähflüssig, die Temperatur beträgt 1000–2000 °C, der Druck 10.000–100.000 bar. Daran schließt sich der **obere Erdmantel** an. Er besteht aus der Asthenosphäre und der Lithosphäre. Die **Asthenosphäre** selbst ist unbeweglich und äußerst zähflüssig; sie reicht von 250 bis etwa 180–120 km. Darüber liegt die **Lithosphäre** (Gesteinshülle). In der Asthenosphäre und Lithosphäre herrschen Temperaturen bis 1500 °C und Drücke bis 10.000 bar. Die Lithosphäre besteht aus sieben großen und festen Basaltplatten (nordamerikanische Platte, südamerikanische Platte, eurasische Platte, afrikanische Platte, antarktische Platte, indisch-australische Platte, pazifische Platte) sowie einigen kleineren, in welche die „leichten Kontinente" eingebettet sind. Über Land sind diese Lithosphärenplatten 20–70 km dick, über den Ozeanen nur 5–10 km. Die Lithosphärenplatten bewegen sich auf der Asthenosphäre. Die Geschwindigkeit der durch Konvektion hervorgerufenen Strömung beträgt in der zähflüssigen Masse wenige Zentimeter im Jahr.

Die **kontinentale Erdkruste** gliedert sich in eine obere und eine untere Hülle. Die obere Hülle der kontinentalen Erdkruste besteht aus den leichteren, kieselsäurehaltigen Graniten und Gneisen (Dichte 2,7 g/cm^3) und ist 3,9 Millionen Jahre alt. Hier überwiegen die Elemente Silizium und Aluminium **(Sial-Schale).** In der schwereren unteren Hülle (Dichte 3,3 g/cm^3) überwiegen die Elemente Silizium und Magnesium **(Sima-Schale).** Die **ozeanische Erd-**

kruste besteht aus ebenfalls schweren, kieselsäurearmen Basalten und ist nicht älter als 180 Millionen Jahre.

Die ersten erkalteten und festen Landmassen auf der Erde hatten zwar bereits fast die gesamte Landfläche gebildet, sonst aber hatten sie noch keine Ähnlichkeit mit den heutigen Kontinenten. Vor 250 Millionen Jahren war die gesamte kontinentale Erdkruste in einem riesigen **Urkontinent Pangaea** vereint. Dieser war vom **Urozean Panthalassa** umgeben, der 70 % der Erdoberfläche bedeckte. Durch Verschiebung der Lithosphärenplatten entstanden im Mäsozoikum vor 200 Millionen Jahren die beiden eng beieinander liegenden Kontinente **Laurasia** auf der Nordhalbkugel und **Gondwana** auf der Südhalbkugel. Zwischen den beiden Kontinenten entwickelte sich das **Tethys-Meer;** Reste davon bilden heute das Mittelmeer. Im Verlauf von 150 Millionen Jahren zerfiel Laurasia in Nordamerika und Europa mit Teilen von Asien; Gondwana in Südamerika, Afrika, Indien, Australien und die Antarktis. Die Triebkraft für das Auseinanderbrechen von Kontinentalplatten ist die bereits erwähnte Konvektionsströmung aus heißem, glutflüssigem Gestein, das aus dem Erdinnern aufsteigt **(sog. Plumes).** Infolge von Hitzestau unter großen Landmassen können **Superplumes** entstehen, bei denen das aufsteigende Gestein regelrecht zu wallen beginnt und seitlich unter der Landmasse abfließt, während weiteres aufgeschmolzenes Tiefengestein nachfließt. Dieses heiße Gestein schmilzt die Erdkruste lokal auf, und die Konvektionsströme zerren an der Erdkruste bis diese aufreißt. An solchen Stellen trennen sich die Platten voneinander.

Alle geologischen Vorgänge auf der Erde, wie Erdbeben, Vulkanausbrüche und Gebirgsbildung, spielen sich in der Lithosphäre ab. Die Plattentektonik beschreibt diese Vorgänge und erklärt uns auch den isländischen Vulkanismus.

Plattentektonik und Kontinentalverschiebung

Die größten und höchsten Gebirge der Erde liegen unter der Wasseroberfläche der Ozeane. Die Gesamtlänge dieser Gebirgsketten beträgt 60.000 km. Es sind riesige Bruchzonen in der ozeanischen Erdkruste, an denen glutflüssige Basalte aus dem Erdmantel (Asthenosphäre) aufsteigen und nach dem Abkühlen und Erhärten neue ozeanische Kruste bilden. Jährlich entstehen so 2–3 km^3 Erdkruste neu. Der hohe Wasserdruck, der auf dem Magma lastet, verhindert vulkanische Explosionen. Der entstandene neue Ozeanboden drückt die Lithosphärenplatten auseinander **(„sea-floor spreading“).** Damit „wandern“ auch die in den Lithosphärenplatten eingebetteten Kontinente. Eine solche „Spreizungszone“ der Erde ist der mittelatlantische Rücken (vgl. Karte). Hier trennen sich die im Westen gelegene nordamerikanische Lithosphärenplatte von der im Osten gelegenen eurasischen. Die beiden Kontinente Nordamerika und Europa werden dadurch jährlich um 3–4 cm auseinander geschoben. Nordafrika und Südeuropa andererseits nähern sich um 2 cm im

Jahr an, da sich im Mittelmeer die afrikanische Platte unter die eurasische schiebt. Der Zuwachs an ozeanischer Erdkruste wird in den **Tiefseegräben,** den **Subduktionszonen,** ausgeglichen. Hier sinkt das feste Gestein der Lithosphärenplatten in „breiten Fällen" in den Erdmantel ab, wo es wieder aufgeschmolzen wird. Der Abbau der ozeanischen Erdkruste erfolgt mit derselben Geschwindigkeit wie ihre Neubildung; die gesamte Landmasse der Erde bleibt folglich konstant. An diesen Stellen, wo die Lithosphärenplatten aufeinandertreffen, liegen die aktivsten Erdbebengebiete und Vulkanzonen der Erde.

Die Kontinente selbst können wegen ihrer geringen Dichte nicht in den Erdmantel absinken. In den Subduktionszonen können jedoch zwei Lithosphärenplatten miteinander kollidieren. Dabei werden am Rand der Kontinente Gebirge aufgefaltet. So entstanden beispielsweise beim „Aufprall" Afrikas auf Europa die Alpen, beim „Aufprall" der pazifischen Platte auf Südamerika die Anden und beim „Aufprall" Indiens auf Asien der Himalaya.

Die Plattentektonik basiert auf der **Theorie der Kontinentalverschiebung** von *Alfred Wegener.* Vor ihm vermuteten bereits *Alexander von Humboldt* (1787) und *Frank B. Taylor* (1910), dass sich die Kontinente verschieben. Der Meteorologe und Polarforscher Wegener veröffentlichte seine Theorie erstmals 1912 auf einer Tagung der Geologischen Gesellschaft in Frankfurt am Main. 1915 folgte seine bedeutendste Veröffentlichung „Die Entstehung der Kontinente und Ozeane". Wegener erläutert hierin seine Theorie und trägt alle Beweise zusammen, die sie stützen: Ausgehend von einem einzigen Urkontinent spalten sich die Kontinente ab und driften auf dem flüssigen Magma im Untergrund auseinander. Getrieben werden sie von einer Zentrifugalkraft, der Polfluchtkraft. Beim Auseinanderbrechen der Kontinente entsteht ein neuer Ozean. Der Ozeanboden ist eine Schicht unter den Kontinenten, die aus schwereren Gesteinen besteht. Die oberste Schicht der Kontinente, das Festland, wird von leichteren Gesteinen gebildet. Die Küstenlinien der Kontinente Südamerika und Afrika, die sich beiderseits des Atlantiks gegenüberliegen, passen exakt zusammen. Gesteinsproben, die mit Schleppnetzen vom Meeresboden geholt wurden, waren schwerer als die Gesteine der Kontinente. Auch viele Tier- und Pflanzenarten auf weit voneinander entfernten Kontinenten sind ähnlich; sie müssen folglich einen gemeinsamen territorialen Ursprung haben. Die lang gezogenen Bergketten der Rocky Mountains und der Anden sind „Falten einer Bugwelle", die entstand, als die Kontinente Nord- und Südamerika gegen den Boden des Pazifiks prallten. Der Ural hingegen entstand als „Knautschzone" beim Zusammenprall Europas mit Asien.

Wegeners Erkenntnisse wurden in den Kreisen der Geowissenschaftler angezweifelt und lange Zeit als utopisch abgetan. Seine Beharrlichkeit führte schließlich dennoch dazu, dass sich die Wissenschaftler intensiver mit seiner Theorie beschäftigten. Das deutsche Forschungsschiff „Meteor" vermaß von

Verlauf des mittelatlantischen Rückens und Lithosphärenplatten

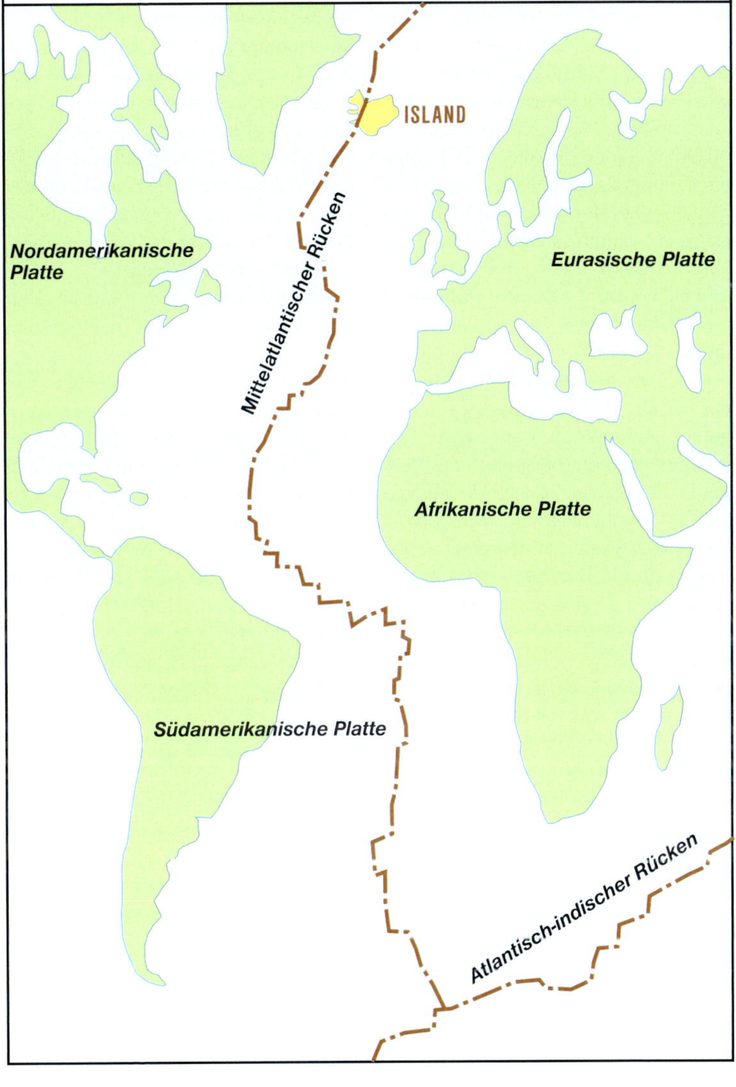

1925 bis 1927 den Meeresboden im Atlantik und bestätigte die Existenz eines gewaltigen Gebirgszugs. Ein anderes Forschungsschiff entdeckte eine weitere unterseeische Gebirgskette im Indischen Ozean. Nach dem Zweiten Weltkrieg wurden auf Handelsschiffen Echolote installiert. Die Schiffe überquerten regelmäßig den Atlantik von Europa nach Amerika. Die Messergebnisse zeigten, dass der mittelatlantische Rücken in seinem Scheitel durch ein 1000–2000 m tiefes und 20–50 km breites Längstal **(Zentralgraben)** in zwei Hälften geteilt wird und in seinem Verlauf den Konturen der angrenzenden Kontinente folgt. 1968 entnahm das Forschungsschiff „Glomar Challenger" im Rahmen groß angelegter Forschungsprojekte Bohrproben aus dem Boden der Ozeane und führte umfangreiche geophysikalische Messungen durch. Diese lieferten den endgültigen **Beweis für die Theorie der Plattentektonik:** In den Tiefen der Ozeane bildet sich an Stellen, wo Lithosphärenplatten zusammenstoßen, neue ozeanische Erdkruste. Dort, wo Lithosphärenplatten in den Erdmantel abtauchen, verschwindet die ozeanische Erdkruste wieder in gleichem Umfang. Die Gesteine der ozeanischen Erdkruste sind deshalb wesentlich jünger als die der kontinentalen.

Eine weitere Stütze für die Richtigkeit der Plattentektonik liefert der **Erdmagnetismus,** der im erstarrten Lavagestein gespeichert ist. Im Verlauf der Erdgeschichte kam es wiederholt zu einer **Umpolung des Erdmagnetfeldes.** Der magnetische Nordpol lag entweder wie heute beim geografischen Nordpol oder aber beim geografischen Südpol. Das Magma, das am ozeanischen Rücken ausfließt, speichert beim Abkühlen unter die Curie-Temperatur von 570 °C das jeweils herrschende Erdmagnetfeld in seinem magnetischen, magnetithaltigen Gestein (Fe_3O_4). Daraus können Wissenschaftler eine Zeitskala ablesen und die Entstehung der ozeanischen Rücken mit plattentektonischen Ereignissen (große Erdbeben, Vulkanausbrüche) korrelieren.

Alfred Wegener starb 1930 im Alter von 50 Jahren auf einer Expedition zum Nordpol. Heute weiß man, dass sich nicht die Kontinente verschieben, wie Wegener irrtümlich annahm, sondern die Lithosphärenplatten. Die Kontinente decken sich nicht mit den einzelnen Lithosphärenplatten. Diese „tragen" außer dem Festland auch die Ozeane. Die treibende Kraft für die wandernden Kontinente ist nicht die von Wegener postulierte „Polfluchtkraft", vielmehr lassen gewaltige Konvektionsströme die Lithosphärenplatten langsam auf der Asthenosphäre driften.

Die gespaltene Insel

Erdgeschichtlich ist Island noch sehr jung. Die Insel tauchte erst vor 20 Millionen Jahren über dem Meeresspiegel auf. Man nimmt an, dass hier auf dem mittelatlantischen Rücken ein Hot spot („heißer Fleck") liegt, in dem das flüssige Magma schlotartig aus dem Erdmantel aufsteigt, die Erdkruste aufbeult und Vulkanausbrüche hervorruft. Nach der Theorie des kanadischen Geologen

J.T. Wilson (1963) verändert ein Hot spot seine Lage selbst über eine lange Zeitspanne von 100 Millionen Jahren nicht. Das ausfließende Magma kann so einen gewaltigen Höhenrücken entstehen lassen, der schließlich die Meeresoberfläche durchbricht.

Eine anders lautende Theorie besagt, dass Island ein Teil der **Thule-Landbrücke** war, die sich von den Britischen Inseln bis nach Grönland erstreckte und durch ihren Zusammenbruch zu einer Insel wurde. Diese Theorie ist durch die neueren Erkenntnisse der Plattentektonik widerlegt worden.

Island und seine Inseln sind ein Teil des mittelatlantischen Rückens, dessen Gipfel hier aus dem Atlantik herausragen. Im Nordosten Islands verschwindet dieser Gebirgszug wieder unter der Wasseroberfläche und taucht nach 65 km bei der Insel Kolbensey erneut wenige Meter aus dem Meer auf. Island ist ausschließlich durch Vulkanismus entstanden; 99,9 % der Gesteine sind vulkanischen Ursprungs. Nur 0,1 % sind marine und kontinentale Sedimente.

Das älteste datierte Gestein Islands ist 16 Millionen Jahre alter Basalt, der in den Westfjorden gefunden wurde. In den Ostfjorden fand man 13 Millionen Jahre alten Basalt. Die Insel hat sich offensichtlich von der Mitte her immer weiter in Richtung Westen und Osten ausgedehnt. Auch heute noch wächst Island jährlich um zwei Zentimeter. Dieses „Aufreißen" in der Scheitelzone des mittelatlantischen Rückens können wir in der Schlucht Almannagjá (isl. *gjá* = Riss) in Þingvellir besonders gut erkennen. Hier ist das Land von tiefen, parallel verlaufenden Spalten und Gräben durchzogen. Das Gebiet liegt in der Zone des im Norden 120 km, im Süden 250 km breiten Zentralgrabens, in dem sich fast der gesamte heute noch aktive

Vulkanismus am mittelatlantischen Rücken und ozeanischen Graben

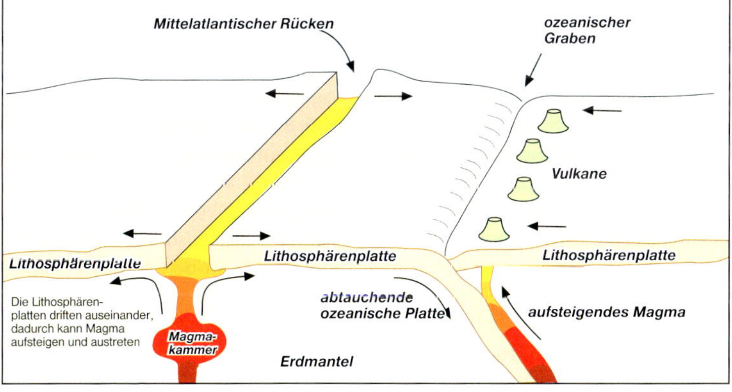

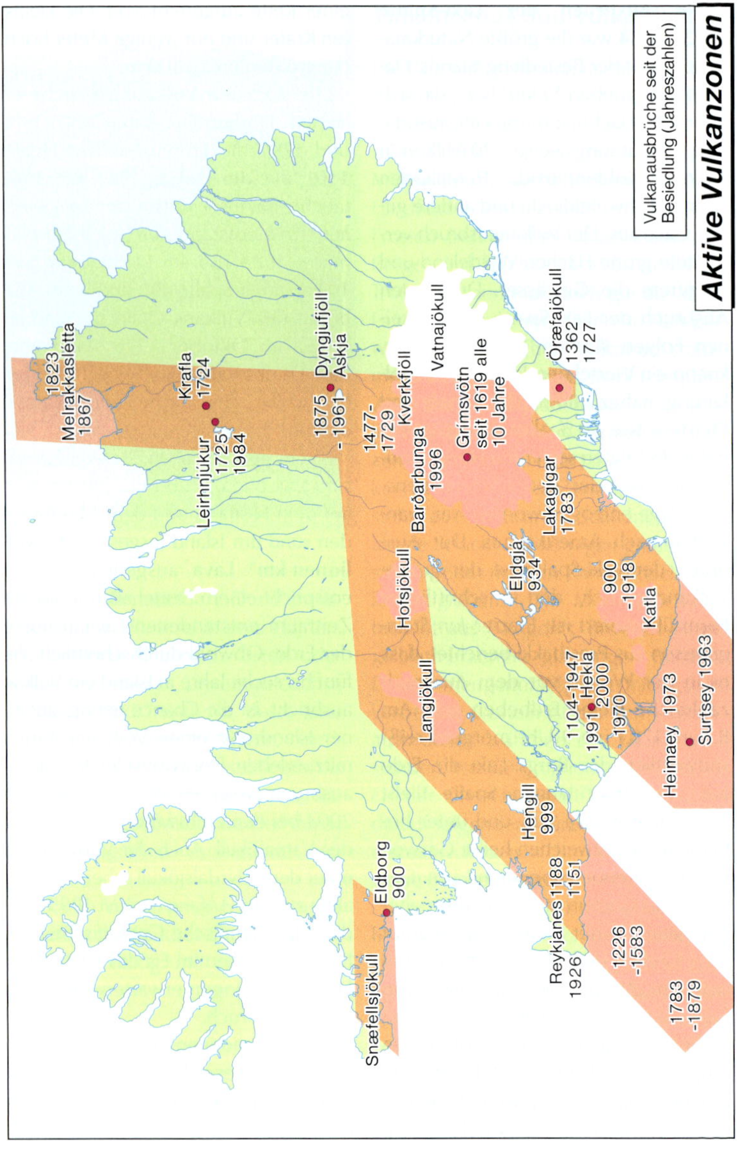
Aktive Vulkanzonen
Vulkanausbrüche seit der Besiedlung (Jahreszahlen)
Melrakkaslétta 1823 1867
Krafla 1724
Leirhnjúkur 1725 1984
Dyngjufjöll Askja 1875 - 1961
1477- 1729 Kverkfjöll
Vatnajökull
Grímsvötn seit 1619 alle 10 Jahre
Barðarbunga 1996
Öræfajökull 1362 1727
Lakagígar 1783
Eldgjá 934
Hofsjökull
900 -1918 Katla
Surtsey 1963
Heimaey 1973
1104-1947 Hekla 1991 2000 1970
Langjökull
Hengill 999
Eldborg 900
Reykjanes 1188 1151 1926
1226 -1583
1783 -1879
Snæfellsjökull

Vulkane in sechs Gruppen: Zentralvulkane, Linearvulkane, Vulkankuppen, subglaziale Vulkane, submarine Vulkane und Pseudokrater.

Zentralvulkane

Beim Ausbruch eines Zentralvulkans (isl. *eldborg* = Feuerburg) fließt Lava unterschiedlicher Zusammensetzung aus dem Vulkanschlot, die schnell erkaltet und einen gleichmäßig geformten, hohen und steilen Kegel aufschichtet. Dadurch entstehen auffallende Vulkanmassive. Die klassischen Beispiele für Zentralvulkane sind die Feuerburgen von Mýrar und Krísuvík. Die markantesten Zentralvulkane hingegen sind Unterarten. **Stratovulkane** bilden ungleichmäßig geformte, meist mehrere tausend Meter hohe Kegel aus Lava und verfestigter Asche, die überwiegend mit Eis bedeckt sind. Die größten Stratovulkane sind der Öræfajökull mit dem 2119 m hohen Hvannadalshnjúkur, dem höchsten Berg Islands, der Eyafjallajökull (1666 m), der Tungnafellsjökull (1523 m), die Hekla (1491 m) und der Snæfellsjökull (1448 m). Auch der Dyngjufjöll im Ódáðahraun ist das Überbleibsel eines einst mächtigen Stratovulkans. Hier liegt die **Caldera** der Askja mit dem Öskjuvatn, dem mit 217 m tiefsten See Islands. Die Caldera der Askja ist 50 km² groß, der See bedeckt eine Fläche von 11,7 km². Eine Caldera (span. = Kessel) ist ein **Einsturzkessel,** der entsteht, wenn sich eine Magmakammer unter einem Dach aus erstarrter Lava oder empor gedrückter Landmasse durch Lavaabflüsse schnell entleert und dabei einen großen Hohlraum hinterlässt. Das Gewicht des „Daches" bringt den Hohlraum zum Einsturz, und eine Caldera entsteht.

Der lang gezogene Rücken der Hekla entstand dadurch, dass hier die Lava aus mehreren nebeneinanderliegenden, spaltenförmigen Kratern ausfloss. **Schildvulkane** (isl. *dyngja* = Haufen) sind über einen längeren Zeitraum und mehrmals tätig gewesen, wobei die Eruptionen kaum Asche förderten und sich die Lavaausflüsse teilweise überlagerten. Obwohl Schildvulkane weltweit eher selten anzutreffen sind, entstanden allein in Island 30 bis 50 dieser Vulkane. Die meisten liegen im Ódáðahraun, die kleineren sind in der Landschaft aber nur schwer als Vulkanberge auszumachen. Die Ausbruchstätigkeit, die einen Schildvulkan entstehen lässt, kam in Island bereits vor 3500 Jahren zum Stillstand. Selbst große Schildvulkane sind auffallend flach. Die dünnflüssige Lava fließt in breiter Front und extrem langsam aus dem Krater, bildet nur wenig geneigte Hänge mit einem großen Durchmesser der Vulkanbasis und lange, breite Zungen von Lavaströmen. Der **Skjaldbreiður,** der „Schildbreite", ist der **Namensgeber aller Schildvulkane.** Er liegt nordöstlich von Þingvellir und ist 1060 m hoch; sein Durchmesser beträgt an der Basis 10 km, am Gipfelkrater 350 m und der Hangwinkel 7–8°. Der Lavastrom des Ketildyngja ist 82 km lang, die glatte Fladenlava bedeckt eine Fläche von 330 km². Weitere Schildvulkane sind der Ok, der Kerlingardyngja und der Tölladyngja. Der einzige in letzter Zeit noch aktive Schildvulkan ließ in den Jahren von 1963–1967 die Insel Surtsey entstehen.

Zu den Zentralvulkanen zählen auch die in Island seltenen **Explosionskrater und die Maare.** Explosionskrater entstehen, wenn durch vulkanische Gase oder durch den Dampf eingedrungenen Wassers - beide stehen unter hohem Druck - das Magma mit großer Wucht aus dem Vulkan herausgeschleudert wird. Die dabei entstehenden glühenden Lavafetzen fallen als Lavabomben, Schlacken, Bimsstein und Asche wieder zur Erde. Der Hverfjall und der Lúdent beim Mývatn, der Hrossaborg westlich der Piste zur Askja bei Grímsstaðir, der Kerid nördlich von Selfoss und der Ljótipollur nordöstlich von Landmannalaugar sind so entstanden. Nach einem explosiven Vulkanausbruch bleibt meist ein großer Krater stehen, der ringförmig von einem hohen Wall umschlossen wird **(Ringwallkrater).** Ringwallkrater bestehen aus Tuffgestein und sind mit Basaltasche bedeckt. Sie ähneln den Mondkratern. Der Krater füllt sich häufig nach einiger Zeit mit Grundwasser, dann entsteht ein **Maar,** ein Kratersee. Den beeindruckendsten Ringwallkrater mit 1000 m Durchmesser und 150 m Höhe hat der vor 2500 Jahren entstandene Hverfjall; der Ringwallkrater des Hrossaborg ist zum Teil bei seiner Entstehung weggesprengt worden; die schönsten Kraterseen sind die Maare des Ljótipollur, des Kerid, der Grænavatn bei Krísuvík und der Víti (dieser See im Krater der Krafla hat einen Durchmesser von 320 m und ist 33 m tief).

Linearvulkane

Der Linearvulkan ist der **charakteristischste Vulkantyp Islands.** Es sind **Spaltenvulkane,** die überwiegend dem Verlauf des mittelatlantischen Rückens folgen. Der Lavaausfluss ist meistens gewaltig, zählen Spaltenvulkane doch zu den größten Lavaproduzenten aller Vulkane. Der Ausbruch kann vielfältige Formen annehmen. Glühende Lavafontänen können gleich einer riesigen Feuerwand entlang einer kilometerlangen Vulkanspalte herausspritzen, oder die Lava kann explosionsartig aus einer einzigen Spalte herausgeschleudert werden. Auch gemischte Ausbrüche sind möglich. Wenn die Lava in der Luft erstarrt, bilden sie um die Ausbruchstelle kleine Schlackenkrater. Unter Vulkanologen gelten die Spaltenausbrüche im Gebiet Þrengslaborgir und Lúdentsborgir im Búrfellshraun östlich des Mývatn als das beste Beispiel eines Linearvulkans. Der Ausbruch des Vatnaöldur bei den Veiðivötn südlich des Þórisvatn war der größte Vulkanausbruch nach der Eiszeit. Vor 6600 Jahren flossen hier 15 km³ Lava aus, die den 150 km langen Lavastrom bei der Þjórsá bildeten, der sich über eine Fläche von 800 km² ausdehnt. Weitere Linearvulkane sind die Spaltenausbrüche von Laki, von Leirhnjúkur und die Eldgjá, eine 40 km lange und 140 m tiefe Spalte, die vor 1000 Jahren entstand.

Vulkankuppen

Kennzeichnend für die drei Typen von Vulkankuppen - Quellkuppen, Staukuppen und Stoßkuppen - ist es, dass hier durch die vulkanische Akti-

Der große Vulkanausbruch von 1996

Im Juli 1995 und August 1996 gab es beim Vulkan Loki kleinere Eruptionen unter dem Eis des Vatnajökull mit zwei kleinen Gletscherläufen. Am 29. September 1996 wurden erneut Erdbebenwellen registriert, die ihren Ausgang diesmal am nördlichen Rand des nahe gelegenen Berges Barðarbunga hatten, einem 2009 m hohen Vulkanberg, der ebenfalls unter dem Eis des Vatnajökull liegt. Diese seismischen Wellen wurden von den Geowissenschaftlern als aufsteigendes Magma gedeutet. Am 30. September 1996 begannen 20 km südlich die Eruptionen. Am 1. Oktober konnte man in dem an dieser Stelle 450–600 m dicken Eispanzer bei Gjálp eine bis zu 2 km breite und 100 m tiefe Einsenkung erkennen. Im Verlauf des Tages traten zwei weitere Dellen im Eis auf. Sie lagen in einer 5–6 km langen Linie, die von Norden nach Süden verlief. Am Morgen des 2. Oktober durchbrach der Vulkan das Eis an der nördlichsten Stelle. Die gewaltige Eruptionswolke aus weißem Wasserdampf, Gasen und schwarzer Asche war 7000–8000 m hoch. Am 8. Oktober fraß sich der Vulkan auch an den beiden weiter südlich gelegenen Stellen durch das Eis. Dazwischen entstand eine 400 m breite Eisbrücke. Unter dem Eis floss die Lava aus einer kilometerlangen Spalte. Im Norden der Vulkanspalte bildete sich ein 3500 m langer und 2100 m breiter Graben im Eis. Am 12. Oktober konnte man hier einen neuen Vulkankegel erkennen, dessen Höhe mit 1560 m über NN bestimmt wurde. Er ist somit um 350–400 m höher als die Umgebung vor den Eruptionen. Der Vulkanausbruch endete am 13. Oktober. Die Hitze des Vulkans schmolz aber weiterhin große Mengen Eis. Das zu den Grímsvötn abfließende Schmelzwasser spülte unter dem Eis einen gewaltigen Canyon aus, dessen Decke nach und nach einstürzte. Dieser Eiscanyon war 6 km lang, 2 km breit und bis zu 500 m tief – eine bizarr-schöne Eislandschaft aus schroffen, spitzen Nadeln, Spalten, hausgroßen Blöcken, Bögen, Kammern, Höhlen und Schmelzwasserseen.

Der Vulkanausbruch 1996 bei Gjálp war nach den Ausbrüchen der Katla (1918), der Hekla (1947) und Surtsey (1963–1967) der viertgrößte des letzten Jahrhunderts. Schon im darauf folgenden Jahr hat neu gebildetes Gletschereis den großen Canyon wieder aufgefüllt – der Vatnajökull heilt seine Wunden schnell.

042is Foto: tt

vität kein Krater gebildet wird und auch keine Lava seitlich ausfließt. Die zähflüssige Lava bildet lediglich einen übergroßen „Tropfen". Gelangt dieser Tropfen nicht an die Oberfläche, drückt er die darüber liegende Gesteinsschicht nur in die Höhe. Die Folge ist die Entstehung einer **Quellkuppe,** die meist mit vulkanischem Tuff von anderen Ausbrüchen bedeckt ist. Durchdringt der „Lavatropfen" die Oberfläche, erkaltet die Lava schnell an der Luft und erstarrt: Es entsteht eine **Staukuppe** ohne Tuffbelegung. Erstarrt der „Lavatropfen" bereits im Schlot, kann er von dem nachdrückenden flüssigen Magma an die Oberfläche gedrückt werden. Dadurch bildet sich eine **Stoßkuppe.** Der bloßgelegte Lavapfropfen hat vielfach eine typisch nadel- oder turmförmige Gestalt **(Lavadom).** Auch bei einer Spalteneruption kann sich eine Stoßkuppe bilden, wenn die Lava vor dem Austritt bereits in der Spalte erstarrt. Bei solchen Eruptionen entstehen lang gezogene Lavadecken.

Vulkankuppen sind in Island selten. Staukuppen sind beispielsweise der 934 m hohe Baula im Norðurárdalur und der Hlíðarfjall westlich des Mývatn.

Subglaziale Vulkane

In der isländischen Vulkanlandschaft stechen die mächtigen **Tafelvulkane** mit ihren steil abfallenden, kahlen Hängen und ihren eis- und schneebedeckten Gipfeln besonders ins Auge. Diese Tafelvulkane entstanden während der Eiszeit, als die Vulkane unter dem dicken Eispanzer ausbrachen (subglaziale Vulkane). Das flüssige Magma schmolz eine große Kaverne in das Eis, die sich mit Schmelzwasser füllte. Der auf dem Magma lastende hohe Druck der Eismassen verhinderte zunächst eine Eruption. Das Magma erstarrte in der Schmelzwasserblase zu Kissenlava. Mit steigender Aufschichtung des Lavakegels verminderte sich der Druck des Eises, und das nachdrückende flüssige Magma zerriss beim Kontakt mit Wasser und wurde seitlich weggedrückt. Es entstanden **vulkanische Brekzien** (große Blöcke aus verfestigter, alter Lava) aus Palagonittuff, einem vulkanischen Glasbruch (wird auch als Hyaloklastit bezeichnet). Hatte der Vulkan die über ihm befindliche Eisdecke vollständig ab-

043is Foto: tt

Glasartig erstarrte Obsidian-Lava

Vulkantypen

Zentralvulkan (Stratovulkan)

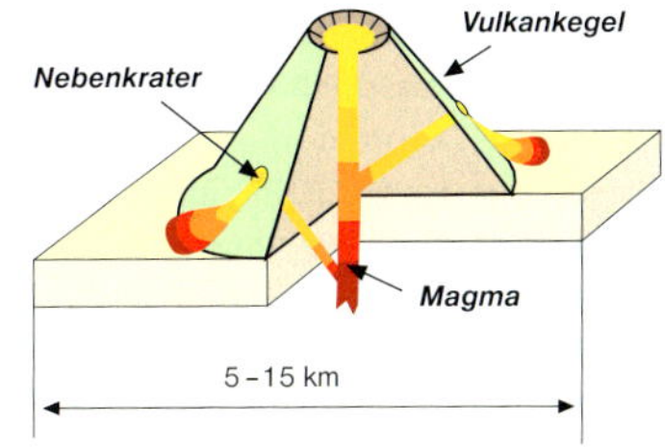

Schildvulkan

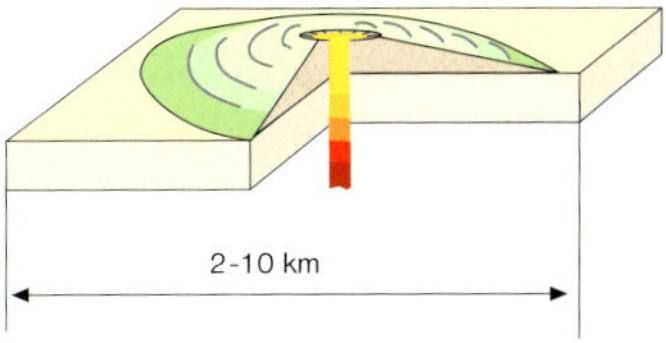

Ringwallkrater (Explosionskrater)

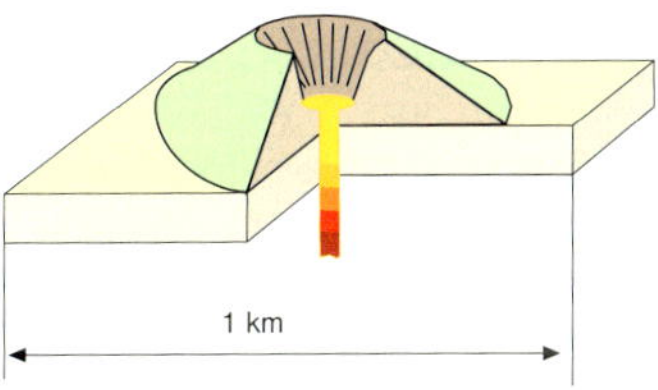

Maar mit Kratersee

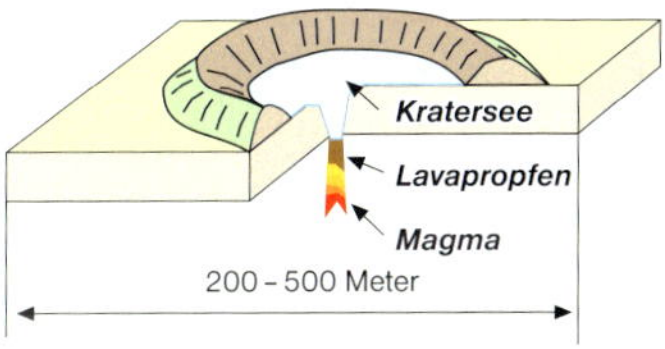

Linearvulkan (Spaltenvulkan)

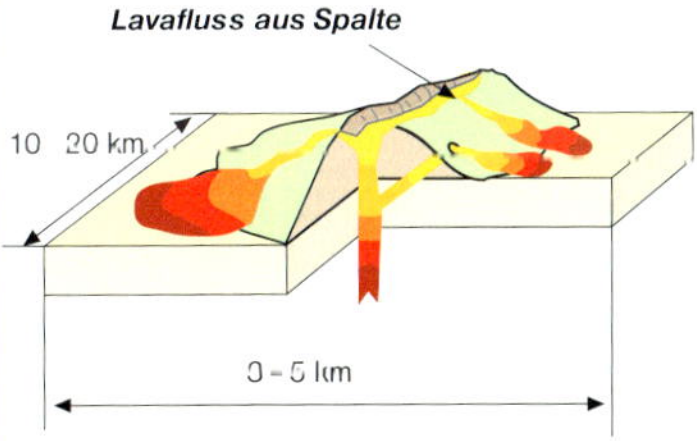

Tafelvulkan

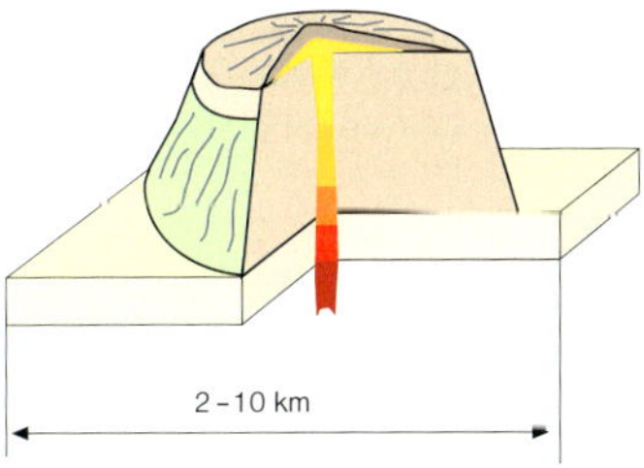

geschmolzen, floss gasarmes Magma aus und bedeckte den Palagonittuff mit einem Schild aus Basaltlava. Die Höhe vom Fuß des Tafelberges bis zum Beginn des Basaltschildes entspricht der Dicke des einstigen Gletschereises. Obwohl die weiter austretende Lava auf dem Basaltschild selbst nicht mehr direkt mit Wasser in Berührung kam, wurde ein Teil der Lava aus dem Vulkanschlot herausgeschleudert und kam beim Aufprall mit Wasser in Berührung; weiterhin bildeten sich so lockere Palagonittuffe, die auf dem Tafelvulkan einen kleinen Schildvulkan aufschichteten. Der schönste Tafelvulkan Islands ist der 1682 m hohe Herðubreið im Ódáðahraun. Weitere Tafelvulkane sind der Þórisjökull, Eiríksjökull, Bláfjall, Búrfell und Hlöðufell.

Auch heute noch brechen in Island Vulkane unter dem Eis der Gletscher aus. Die Stärke der Eruption und die Dicke des darüber liegenden Eispanzers reichen aber nicht mehr aus, um Tafelberge entstehen zu lassen. Heute verursachen diese subglazialen Vulkane „nur“ gefährliche Gletscherläufe. In Island gibt es drei aktive Vulkane dieser Art: Die Grímsvötn unter dem Eis des Vatnajökull sind der größte. Unter dem Eis des Mýrdalsjökull liegt die Katla; der Eyjafjallajökull ist der kleinste subglaziale Vulkan.

Submarine Vulkane

Im Bereich des mittelatlantischen Rückens gibt es nördlich und südlich von Island auf dem Meeresboden zahlreiche Vulkane, deren Lavaaustritte gering sind und nur unter der Wasseroberfläche ablaufen. Der Druck des darüber liegenden Wassers verhindert auch hier meistens stärkere Eruptionen und kühlt die Lava schnell ab. Viele dieser **submarinen** oder **untermeerischen Vulkanausbrüche** machen sich an Land überhaupt nicht bemerkbar. Bricht ein submariner Vulkan doch einmal mit großer Stärke aus, können neue Inseln entstehen. Beim Kontakt des über 1000 °C heißen Magma mit dem 4 °C kalten Meerwasser zerreißt die plötzliche Entgasung das Magma und lässt gewaltige Mengen an Dampf und hohe Drücke entstehen. Solche Ausbrüche verlaufen meistens explosiv. Viele Kilometer hohe Wolken aus weißem Wasserdampf und schwarzer Asche stehen dann über der Ausbruchsstelle. Nachdem der Vulkankegel die Wasseroberfläche durchbrochen hat, wird aus dem explosiven Ausbruch ein effusiver. Jetzt fließt die Lava ruhig aus dem Krater, verfestigt sich beim Kontakt mit dem Meerwasser und häuft einen Vulkanberg auf.

Der letzte große submarine Vulkanausbruch ereignete sich 33 km vor der Südwestküste Islands am 24. November 1963. Die **Insel Surtsey** (benannt nach *Surtur*, dem Gott des Feuers) tauchte aus dem hier 100 m tiefen Meer auf. In den ersten fünf Tagen bildete sich über dem Wasserspiegel ein 60 m hoher Kegel aus schwarzer Asche. Ende Januar 1964 war Surtsey bereits 174 m hoch und hatte einen Durchmesser von 1300 m. Die Wellen und der Wind trugen die lockere Asche jedoch schnell wieder ab. Die Insel wurde kleiner. Anfang April 1964 floss aus dem Krater flüssige Lava aus und verfestigte den Ascheberg. Auf einer von Süden nach

Entstehung eines Tafelberges

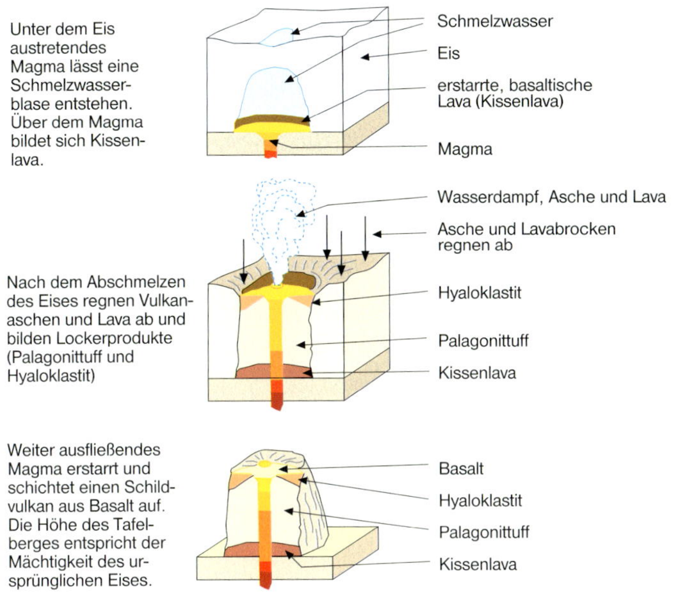

Norden entlang des mittelatlantischen Rückens verlaufenden Linie bildeten sich in der Nachbarschaft Surtseys zeitweise zwei weitere kleine Inseln: Styrlingur und Jölnir. Die vulkanischen Aktivitäten dauerten bis 1967. Heute ist die kreisförmige Insel Surtsey 167 m hoch und bedeckt eine Fläche von 2,5 km². Wissenschaftler studieren hier, wie sich die ersten Pflanzen und Tiere auf der zuvor sterilen Vulkaninsel ansiedeln. Die Insel Surtsey darf deshalb nur mit einer Sondergenehmigung betreten werden, um die Forschungsarbeiten nicht zu gefährden. Diese wird ausschließlich an die an den Untersuchungen beteiligten Wissenschaftler erteilt. Von Reykjavík aus werden jedoch Rundflüge und von Heimaey auf den Westmänner-Inseln Bootsfahrten nach Surtsey angeboten.

Pseudokrater

Pseudokrater sind keine echten Vulkane. Ihren **Kratern fehlt der Schlot,** Magma ist hier nie ausgetreten. Sie entstehen, wenn ein heißer Lavastrom über wasserhaltigen Untergrund, ein

044is Foto: tt

Moor, einen Sumpf oder einen flachen See, fließt. Das Wasser verdampft unter der glühend heißen Lava explosionsartig und sprengt die Lavadecke weg. Es entsteht ein tiefer Krater. Die zurückfallenden Lavafetzen werden kegelförmig um den Krater aufgeschichtet. Pseudokrater gibt es in Island viele; ihre Durchmesser reichen von 1 bis zu 400 m. Die schönsten Pseudokrater liegen in Skútustaðir am südlichen Rand des Mývatn. Weitere sehenswerte Pseudokrater liegen im Alftaver, einem mit kleinen Kratern übersäten Lavastrom nördlich des Mýrdalsjökull, der aus der Eldgjá floss. Südlich von Húsavík ist die Aðaldalshraun bei Knútsstaðir reich an Pseudokratern. Der Rauðhólar liegt im Vesturdalur nordwestlich des Jökulsárgljúfur-Nationalparks und der Landbrotshólar bei Kirkjubæjarklaustur.

Pseudokrater in Skútustaðir am Mývatn

Magma und Lava

Magma ist ein **gallertartiger Brei aus silikathaltigem, geschmolzenem Gestein,** das mit festen Partikeln vermischt ist und unter hohem Druck gelöste Gase enthält. Das Magma hat seinen Ursprung in der Asthenosphäre, in 100–300 km Tiefe. Die Temperatur beträgt dort bis zu 1500 °C. Die Dichte des Magmas ist geringer als die des umgebenden festen Gesteins. Dadurch drängt das Magma durch Risse und Spalten im Gestein nach oben. Auf dem

Weg dorthin schmilzt es andere Gesteine auf und schafft im Erdinnern große Hohlräume **(Magmakammern).** Hierin sammelt sich das Magma. Durch den Nachschub von unten nimmt der Druck in der Magmakammer immer mehr zu. Schließlich drückt das Magma einen Schlot nach oben oder reißt eine Spalte auf – der Vulkan bricht aus. Bei einer solchen vulkanischen Eruption kann das Magma entweder explosiv herausgeschleudert werden oder ruhig aus dem Krater ausfließen **(effusiver Ausbruch).**

Bei einem **explosiven Ausbruch** findet man in der näheren Umgebung der Ausbruchsstelle oft keinerlei Lava. Alles Material aus dem Erdinnern ist weit fort geschleudert worden, wobei eine bis zu 50 km hohe Dampf- und Aschewolke in die Atmosphäre wächst. Die zurückfallenden Aschen häufen hohe Schichten auf, die sich mit der Zeit zu **Tuff** verfestigen. Der feine Staub kann viele tausend Kilometer um den Globus getragen werden und auch noch weit entfernt von der Ausbruchsstelle die Sonne verdunkeln und klimatische Veränderungen hervorrufen.

Die Art des Ausbruchs hängt von der chemischen Zusammensetzung und dem Ursprung des Magmas ab.

Basaltisches, basisches Magma ist sehr heiß (1050–1250 °C) und entstammt der Sima-Hülle. **Saures, rhyolitisches Magma** (750–900 °C) hat seinen Ursprung in der Sial-Hülle. Der Säuregehalt des Magmas wird vom Anteil an **Kieselsäure** („wasserhaltiges Siliziumdioxid", H_2SiO_3) bestimmt. Basisches Magma enthält nur 40–50 % Kieselsäure, saures hingegen bis zu 80 %.

Wie das Mehl in einem Kuchenteig beeinflusst die Kieselsäure die Viskosität (Zähigkeit) des Magmas. Saures Magma mit viel Kieselsäure ist zähflüssiger als basisches. Die Viskosität des Magmas bestimmt letztendlich, wie vehement ein Vulkanausbruch abläuft. Bei dem hohen Druck im Erdinnern sind alle Gase im Magma gelöst. Zähflüssiges, saures Magma entgast auf seinem Weg zur Erdoberfläche nur langsam, wenn der „Pressdruck" wegfällt. Obwohl die Temperatur des Magmas niedrig ist, dauert es lange, bis es nach dem Austritt erstarrt. Die frei werdenden Gase zerreißen immer wieder diese bröselige Masse und verspritzen glühende Lavafetzen. Im schlimmsten Fall kann das Magma den Vulkanschlot durch einen Pfropfen verschließen. Das nachdrückende Magma „sprengt" den Pfropfen weg, und der Ausbruch verläuft explosiv. Die glühenden Lavafetzen fallen als Bomben, Schlacken, Asche oder Bims wieder auf die Erde. Hat sich im Schlot vor dem Ausbruch ein Gaspolster gebildet, kann sich die freigesetzte heiße Gas- und Aschewolke als **Glutlawine** die Hänge des Vulkanbergs hinabwälzen. Eine Glutlawine ist wegen der in ihr enthaltenen Gesteinsteilchen schwer und wird daher nicht aus dem Vulkan herausgeschleudert. 600–900 °C heiß „schwappt" sie über den Kraterrand und entwickelt hangabwärts enorme

Buchtipp:
- Jens Edelmann

Vulkane besteigen und erkunden
(Reise Know-How Praxis)

Chemische Zusammensetzung des flüssigen Magmas
(Oxide und gelöste Gase)

Kieselsäure:	30–80 %
Eisenoxid:	1–30 %
Magnesiumoxid:	0–25 %
Aluminiumoxid:	6–24 %
Calciumoxid:	10–16 %
Natriumoxid:	1–11 %
Kaliumoxid:	0–9 %
Wasser:	0–4 %

Kohlendioxid, Kohlenmonoxid, Wasserstoff, Schwefeldioxid, Schwefeltrioxid, Schwefelwasserstoff, Chlorwasserstoff und Ammoniak: jeweils weniger als 1 %

Geschwindigkeiten. Nichts widersteht einer solchen „Energiewalze" aus heißen Gasen, flüssigen Lavatropfen und glühenden Blöcken.

Glutwolken dehnen sich oft über ein weites Gebiet aus und ebnen die Landschaft. Die verfestigten Bestandteile nennt man **Ignimbrite** (lat. *ignis* = Feuer, *nimbus* = Wolke). Diese findet man beispielsweise im Þórsmörk.

Aus dünnflüssigem, basaltischem Magma können die Gase leichter entweichen. Es ist deutlich heißer, bleibt länger flüssig und verstopft nicht den Schlot des Vulkans; basaltisches Magma fließt deshalb meist ruhig aus einem Vulkan. Flüssige Lava kann unter einer erkalteten Lavadecke weiterhin abfließen. Staut sich ein solcher Lavastrom jedoch vor dem Entleeren, können lang gezogene **Lavahöhlen** entstehen. Die mit 1600 m Länge größten Lavahöhlen Islands sind **Viðgelmir, Surtshellir** und **Stefánshellir.** Die Höhlen liegen im Hallmundarhraun nordwestlich des Langjökull. Kürzlich wurden weitere große Lavahöhlen im Skaftáreldhraun in Nordostisland entdeckt. Die Höhlen sind mehrere hundert Meter lang, die größte könnte sogar so groß wie Surtshellir sein.

In Island tritt hauptsächlich basaltisches Magma aus, im pazifischen Raum überwiegend zähflüssiges, saures Magma. Die Vulkanausbrüche, die vom mittelatlantischen Rücken ausgehen, verlaufen deshalb in der Regel weniger dramatisch als Eruptionen entlang der abtauchenden Lithosphärenplatten im pazifischen Raum.

Früher glaubten die Menschen, dass Vulkane die Schornsteine von Bränden im Innern der Erde seien und diese folglich Asche und Schlacke herausschleuderten. Nach dem verheerenden Ausbruch des Vulkans Krakatau in Indonesien 1883 veranlasste die British Royal Society erstmals wissenschaftliche Untersuchungen der vulkanischen Produkte. Mikroskopische und chemische Analysen zeigten, dass die Vulkanasche kein „Verbrennungsprodukt" im üblichen Sinne ist, sondern aus winzigen, glasartig erstarrten Gesteinspartikeln besteht. Die Vulkanologen behielten die alten Bezeichnungen jedoch bei. Die bei einer Eruption freigesetzten lockeren Gesteinspartikel, deren Durchmesser kleiner als 0,1 mm ist, heißen **Vulkanstaub;** Teilchen mit einem Durchmesser von weniger als 2 mm sind **Vulkanaschen.** Der Durchmesser der **Lapilli** („Steinchen" bzw. Tropfen) beträgt 2–30 mm. Der Strand bei Vík besteht aus solchen basaltischen Lapilli, schwarzen „Kaffeebohnen", die vom Meer rund geschliffen wurden. **Blöcke**

(Bomben) sind größer als 30 mm im Durchmesser. Die verfestigten, alten Gesteine werden entsprechend als Staub- und Aschentuffe, Tuffe und vulkanische Brekzien bezeichnet. Alle Teilchen, die aus einem Vulkan geschleudert werden, fasst man unter dem Begriff **Pyroklastika** zusammen. Mengenmäßig machen diese Lockerprodukte oftmals über 90 % des aus einem Vulkan ausgetragenen Gesteins aus; Lava fließt nur zu 10 % aus.

Lava ist entgastes Magma, das mit Fließgeschwindigkeiten von wenigen Metern pro Minute bis 55 km/h (nur besonders dünnflüssige Lava auf Hawaii) austritt und dabei abkühlt. Die Temperatur der Lava kann man an ihrer Farbe feststellen: Hellgelbe Lava ist 1200 °C heiß, hellrote 900–1000 °C, dunkelrote 800 °C, und schwarze Lava kann immer noch 600 °C heiß sein. Wenn die Lava abkühlt und erstarrt wird sie zu Basalt, Rhyolith und anderen Gesteinen. In unserer Umgangssprache bezeichnen wir auch diese Gesteine weiterhin als Lava.

Lava kann beim Erstarren zwei Oberflächenformen ausbilden. **Aa-Lava,** isländisch *apalhraun,* bildet raue und scharfkantige Oberflächen, auf denen man barfuß gehend schmerzhafte „Aa-Schreie" ausstößt, wie die Hawaiianer sagen. **Pahoehoe-Lava,** oder isländisch *helluhraun,* bildet glatte und gerundete Oberflächen aus. Der polynesische Ausdruck „pahoehoe" bedeutet so viel wie „Lava, auf der man barfuß gehen kann".

Die unregelmäßige, scharfkantige Kruste der **Blocklava (Schlackenlava)** des „Aa-Typs" entsteht durch Blasenbildung beim Entgasen der erstarrenden Lavaschmelze. Ist die Lavaschmelze hingegen beim Erstarren bereits vollständig entgast, bilden sich glatte „Pahoehoe-Formen" aus. Solche **Fladenlava** ist dicht gepackt und schwer. Die Oberfläche eines Stroms aus Fladenlava kann ähnlich einem ruhigen Meer ein regelmäßiges Wellenmuster aufweisen. Die „Wellen" können aber auch wie Stricke miteinander verdrillt sein **(Stricklava).**

Die flüssige Lava kann beim Abkühlen auch unterschiedliche **Erstarrungsformen** ausbilden. **Säulen** werden hauptsächlich aus Basalten, aber auch aus Phonolithen und Ignimbriten gebildet. **Schollen** bestehen aus mehreren Zentimeter dicken Lavaplatten, die charakteristisch für Phonolithe sind. **Kissen** entstehen, wenn die Lava unter Wasser oder dem Eis eines Gletschers ausgeflossen ist. **Kissen-Lava („Pillow-Lava")** findet man in den isländischen Lavafeldern häufig. **Bims** ist ein poröses, lufthaltiges Gesteinsglas, das auf Wasser schwimmt. Es entsteht im Vulkanschlot aus rasch erstarrtem Lavaschaum, aus dem die Gase nicht mehr entweichen konnten. Im Vikursandur (Óðáðahraun) bedeckt schön ausgebildeter Bimsstein weite Flächen zwischen Herðubreiðarlindir und Dreki.

Erstarrte Lava kann schwarz und rot sein. Solange feuchte Luft durch die noch heißen Lavahaufen zirkulieren kann, oxidiert diese das eisenhaltige Gestein und färbt es rot (dreiwertiges Eisen). Unterbleibt dieser Oxidationsprozess, bleibt die Lava schwarz (zweiwertiges Eisen).

045is Foto: tt

Gesteine und Mineralien

Island ist reich an Gesteinen und Mineralien. **Gesteine** sind Gemenge aus verschiedenen Mineralien, die Bruchstücke anderer Gesteinsarten und organisches Material enthalten können. **Mineralien** hingegen sind einheitlich kristallisiert und besitzen eine definierte chemische Zusammensetzung und bestimmte physikalisch-chemische Eigenschaften. Steine üben seit jeher auf den Menschen eine besondere Wirkung aus; einige sollen heilende Eigenschaften haben. Manchen Mineralien werden sogar übernatürliche Kräfte zugeschrieben. Wer sich einen umfassenden Überblick über die Gesteine und Mineralien Islands verschaffen möchte, dem empfehlen wir das naturkundliche Museum in Akranes (Steinaríkí Íslands).

Nach ihrer Entstehung werden die **Gesteine in drei Gruppen unterteilt:** magmatische, Sediment- und metamorphe Gesteine. Island besteht zu 90–95 % aus magmatischen Vulkangesteinen. Nur 5–10 % sind Sedimente. Metamorphe Gesteine gibt es keine.

Sedimentgesteine entstehen aus Verwitterungsprodukten, die von Wind und Wasser abgelagert (sedimentiert) werden. Ein typisches Beispiel dafür ist der Sandstein. Werden magmatische Gesteine und/oder Sedimentgesteine erneut in großer Tiefe (ab etwa 20 km) hohen Drücken und Temperaturen ausgesetzt, wandelt sich deren Gefüge um. Auch können in der Tiefe gelöste Gase die Zusammensetzung der Gesteine chemisch verändern. Als Folge bilden sich die **metamorphen Gesteine** wie Gneis, Marmor und Schiefer.

Magmatische Gesteine entstehen aus dem glutflüssigen Magma des Erdinnern, das in der Erdkruste (Tiefengestein) oder an der Oberfläche (Ergussgestein) erstarrt. Erfolgt die Abkühlung in der Tiefe sehr langsam, können Mineralien herauskristallisieren; erfolgt die Abkühlung bei einem Vulkanausbruch an der Oberfläche sehr schnell, enthält das Gestein nur winzige Kristalle, die mit dem bloßen Auge kaum zu erkennen sind. Das saure Magma (bis 80 % Kieselsäure) aus der Sial-Hülle bildet die leichteren Gesteine, die wie der Granit aus Feldspat, Quarz und Glimmer aufgebaut sind. Basisches Magma (40–50 % Kieselsäure) aus der Sima-Hülle lässt schwere, basaltische Gesteine aus Feldspat, Hornblende und Olivin entstehen. Magma mit einem mittleren Kieselsäuregehalt von ungefähr 65 % bildet Diorit. Reicht der Gehalt an Kieselsäure nicht aus, um Feldspat zu bilden, entstehen Mineralien wie Leuzit und Nephelit, die man als **Feldspatvertreter** bezeichnet. Aus der gleichen magmatischen Grundmasse können folglich abhängig vom Ursprung des Magmas und der Abkühlgeschwindigkeit verschiedenartige **Erstarrungsgesteine** entstehen. Es ist schwierig, zwischen diesen klare Grenzen zu ziehen. Oftmals sind Übergangsarten ausgebildet, die Merkmale mehrerer Gesteinstypen aufweisen. Dies macht die Klassifizierung der vulkanischen Gesteine äußerst komplex. Wir geben hier deshalb ohne Anspruch auf Vollständigkeit nur einen Überblick über die charakteristischen Gesteine und Mineralien Islands.

Brandungshöhle aus Basaltsäulen an der Küste beim Kap Dyrhólaey

Tiefengesteine bilden sich, wenn das Magma in der Tiefe unter einer Decke anderer Gesteine erstarrt. Tiefengesteine kühlen sehr langsam ab und sind grobkristallin. Der leichte, helle Granit (spezifisches Gewicht 2,2 g/cm³) ist das häufigste Tiefengestein. Sein Name leitet sich von dem lateinischen Wort *granum* = Korn ab. Granit ist eine Mischung aus den Mineralien Kalifeldspat (Orthoklas), Kalknatronfeldspat (Plagioklas), Quarz und Glimmer. Der rötliche Syenit, die dunkelgrünen Diorit und Peridotit sowie der schwarze Gabbro sind schwerere Tiefengesteine (spezifisches Gewicht 3–3,4 g/cm³). Die Tiefengesteine bilden den Untergrund für alle anderen vulkanischen Gesteine; man findet sie deshalb überwiegend im Innern der Gebirge. Erst wenn geologische Einflüsse die darüber liegenden Gesteine abgetragen oder umgeschichtet haben, treten sie auch an der Oberfläche zutage. Granit und Gabbro findet man in Island hauptsächlich im Osten, Südosten und auf der Halbinsel Snæfellsness.

Erreicht das Magma die Erdoberfläche, bilden sich **Ergussgesteine (Eruptivgesteine),** die rasch erkalten und deshalb meist feinkristallin und glasartig erstarren. Die Ergussgesteine schichten vielfach die charakteristischen Vulkankegel auf. Alte Ergussgesteine sind Granitporphyr, Quarzporphyr und

Diabas, jüngere Rhyolith (isl. Bezeichnung = *Liparit)*, Trachit, Andesit und Basalt. Rhyolith ist an sich ein helles, fast weißes Gestein, das aus Orthoklas, Plagioklas und Quarz besteht. Eisensalze verwandeln den Rhyolith in ein farbenprächtiges Gestein. Sehenswerte isländische Rhyolith-Gebiete sind bei Landmannalaugar, Borgafjörður eystri und Kerlingarfjöll. Alle beeindrucken sie durch ein Farbenspiel aus Gelb, Dunkelgrün, Braun und Rot. Besonders schön ist der Anblick, wenn durch Schneefelder noch rein weiße Töne hinzukommen wie beim Kerlingarfjöll. Die Farben des Rhyolith entstehen dadurch, dass Wasser und Hitze in der Erde das Gestein zersetzen und Eisensalze auswaschen, die anschließend wieder ausgefällt werden. Erfolgt die Zersetzung unter reduzierenden Bedingungen (Luftausschluss), entstehen grüne Mineralien, die zweiwertige Eisenverbindungen enthalten. Unter oxidierenden Bedingungen (Luftzufuhr) bilden sich braune Mineralien, die wie Rost dreiwertiges Eisen enthalten. Mischformen und unterschiedliche Konzentrationen ergeben dann die breite Palette an Farben und Farbtönen.

Eine besondere Form des Rhyolith ist der tiefschwarze, wie Pech glänzende Obsidian. Dieser bildet sich, wenn sehr heiße und dadurch dünnflüssige, kieselsäurereiche Lava durch Abschrecken in Wasser schnell erstarrt. Obsidian erhält so eine glasartige Struktur und wird sehr hart. Aus Obsidiansplitter wurden früher Pfeil- und Speerspitzen gefertigt. Feinstverteiltes Eisen verleiht dem Obsidian seine schwarze Farbe.

Lava besteht weiterhin aus kieselsäurehaltigen Tholeiiten und alkalischen, olivinhaltigen Basalten. Die Tholeiite entstehen bei geringerem Druck und in geringerer Tiefe als die Basalte. Sie spalten sich auf in die Andesite und Rhyolithe. Die alkalischen Basalte werden in Trachyte und Phonolithe unterteilt. Basalt enthält außerdem die Mineralien Plagioklas, Leuzit, Nephelin, Olivin und Augit.

In der Grundmasse der Porhyrgesteine können **Einsprenglinge** aus größeren, kristallisierten Mineralien eingeschlossen sein, beispielsweise grüne Olivinkristalle in schwarzem Basalt.

Erstarrt das Magma in Spalten der Erdkruste, spricht man von **Ganggesteinen.** Diese werden aufgrund ihrer kristallografischen Struktur zwischen den Tiefengesteinen und den Ergussgesteinen eingeordnet. Nördlich von Reykjavík sind auf der Halbinsel Kjalarnes bei Saurbær die grauen Basalte von zahlreichen derartigen Gängen durchzogen.

Basalt ist das vorherrschende Gestein in Island. Rund 80 % der Lava besteht aus Basalt. Wenn die Lava stagniert und langsam abkühlt, kann der Basalt in Form fünf- bis siebeneckiger Säulen erstarren. Die **Basaltsäulen** orientieren sich dabei stets im rechten Winkel zur Abkühlfläche, d. h. sie verlaufen in den Lavaschichten senkrecht. Schräg verlaufende Basaltsäulen entstehen durch tektonisch verursachte Verschiebungen der Gesteinsschichten. Neuere Basalte haben dabei im Allgemeinen eine geringere Neigung als ältere. Waagerecht verlaufende Basaltsäulen können in Basaltgängen abgesondert worden sein.

Die eigenartigsten Formen, kreuz und quer, ja sogar gewunden, entstanden in den Schlotgängen der Vulkane. Besonders schöne, senkrecht verlaufende Basaltsäulen findet man beim Svartifoss, Aldeyjarfoss, Litljanesfoss, Gerðuberg und in Reynir bei Vík. Das Naturdenkmal Kirkjugólf („Kirchenfußboden") in Kirkjubærjaklaustur stellt die oberste Erstarrungsebene von Basaltsäulen dar.

Die vulkanischen Gesteine in Island kann man auch unter dem **Aspekt der Entstehungsgeschichte** der Insel betrachten. Im Pleistozän hat sich das Magnetfeld der Erde zum letzten Mal umgepolt. Die damals gebildeten Gesteine haben den Erdmagnetismus (invers bzw. entsprechend unserem heutigen) gespeichert. Aus der Zeit vor der Umpolung stammen die grauen Basalte, die als Dolerite bezeichnet werden. Diese findet man im Jökuldalur und auf der Halbinsel Tjörnes. Dasselbe Gestein, das in der Zeit nach der Umpolung, in der Brunhes-Epoche, entstanden ist, wird als Palagonit bezeichnet.

Neben den bereits erwähnten gibt es in Island weitere Mineralien, die aber nicht häufig vorkommen und wirtschaftlich meist nicht nutzbar sind. An metallisch glänzenden, sulfidischen Erzen findet man die kleinen messinggelben Würfel des Pyrit („Schwefelkies") und des Chalkopyrits („Kupferkies"), den silbrig blau-grau glänzenden Galenit („Bleiglanz") und den rötlich-gelben bis braunen Sphalerit („Zinkblende"). Nicht metallisch glänzende Mineralien sind meist Quarze wie die glasklaren Bergkristalle, die seltenen, rötlich, bläulich oder grünlich schimmernden Amethyste, der weiße Chalcedon, roter und grüner Jaspis und die milchig weißen bis gelblichen Opale. Eine Besonderheit ist der isländische **Doppelspat,** ein klarer und fehlerfreier Kalkspat, der wegen seiner Doppelbrechung des Lichts früher für die optische Industrie abgebaut wur-

Übersicht über die wichtigsten vulkanischen Gesteine und die sie begleitenden Mineralien

Tiefengesteine	Ergussgesteine	Farben	Mineralien
Granit	Rhyolith	weiß, grau gelb, grün braun, rot	Kalifeldspat (Orthoklas) Kalknatronfeldspat (Plagioklas), Quarz, Glimmer
Syenit	Trachyt	weiß, grau rot	Feldspat, Hornblende (Amphibole), Glimmer
Diorit	Andesit	grau	Feldspat, Hornblende
Peridotit	Basalt	dunkelgrün schwarz	Feldspat Feldspatvertreter Hornblende, Olivin (Peridot)
Gabbro	Basalt	schwarz	Feldspat, Feldspatvertreter, Hornblende, Olivin

de. Berühmt ist Island auch wegen seiner **Zeolithvorkommen.** Die bekannteste Fundstelle dieser Skolesite liegt im Berufjörður in Ostisland auf dem Land der Farm Teigarhorn. Dieser Fundort ist streng geschützt und darf nur in Begleitung eines Führers betreten werden.

Einige Mineralien kristallisieren in schönen **Drusen und Mandeln.** Diese entstehen, wenn Oberflächenwasser durch Risse und andere Kanäle in tief unter der Erdoberfläche liegendes Gestein eindringt. Mit der Tiefe steigt die Temperatur des Wassers und erhöht seine Reaktionsfähigkeit. Das heiße Wasser löst aus dem Gestein mineralische Bestandteile heraus. Steigt diese „Salzlösung" wieder zur Erdoberfläche auf, kühlt sie ab. Die gelösten Salze kristallisieren aus und setzen sich in Hohlräumen anderer Gesteine an der Wand ab. Die Mineralien wachsen dabei von außen nach innen und füllen die Hohlräume auf. Bei Drusen sind die Hohlräume nur zum Teil gefüllt; sind sie ganz mit Kristallen zugewachsen, spricht man von Mandeln.

Das **Sammeln von Mineralien** in den Naturschutzgebieten ist **verboten** und wird streng geahndet. Entlang der Ringstraße gibt es jedoch vereinzelt Verkaufsstände, wo die Bauern auf ihrem Land gefundene Mineralien verkaufen. In der Mineralienabteilung des naturkundlichen Museums in Reykjavík oder der privaten Mineraliensammlung Steinasafu Petru in der Fjarðarbraut 21 in Stöðvarfjörður an der Ostküste sind die typischen isländischen Gesteine und die schönsten Mineralienfundstücke ausgestellt.

Solfataren, heiße Quellen und Geysire

In Island gibt es etwa **250 Thermalgebiete** mit zusammen über **700 heißen Quellen.** Viele Orte, deren Namen die Silben laug („warme Quelle"), varm („warm"), hver („heiße Dampfquelle") oder reyk („Rauch") enthalten, weisen auf das Vorkommen von Thermalquellen hin. Die Quellen stellen für die Isländer eine überaus positive Seite des Vulkanismus dar, eignen sie sich doch zur Warmwasserversorgung, zum Beheizen von Wohnungen und Schwimmbädern. Etwa 93 % aller Haushalte werden mit heißem Wasser beheizt. In Reykjavík gibt es deshalb keine Schornsteine und keinen Rauch. Der heiße Dampf aus dem Erdinnern wird in zunehmendem Umfang auch zur Stromerzeugung genutzt, da allein durch Wasserkraft der Spitzenstrombedarf der Industriebetriebe heute nicht mehr gedeckt werden kann. Geeignete Flussstrecken, auf denen neue Wasserkraftwerke gebaut werden könnten, dürfen nicht mehr erschlossen werden, da diese Gebiete großflächig unter Schutz gestellt worden sind. Mangels anderer Möglichkeiten sind die Isländer auf die geothermale Energie angewiesen; noch größere Öl- und Gasimporte könnte sich das exportschwache Land nicht leisten.

Die geothermale Energie schont zwar die Ressourcen an Erdöl und Ergas, sie ist aber gar nicht so umweltfreundlich, wie man annehmen könnte und zudem noch teuer. In vielen Geothermalgebieten riecht die Luft nach Schwefel (Schwefeldioxid) und fauligen Eiern

(Schwefelwasserstoff). Aus dem Erdinnern gelangt eben nicht nur reiner Wasserdampf an die Oberfläche, sondern auch eine Vielzahl von vulkanischen Gasen und Salzen. Diese erfordern aufwendige Reinigungsverfahren und wirken auf die eingesetzten Werkstoffe äußerst aggressiv. Die jährlich durch Korrosion an Rohrleitungen und Apparaten verursachten Kosten sind beträchtlich.

Die interessantesten **Thermalgebiete** sind **touristisch erschlossen** und locken Isländer wie Fremde gleichermaßen an. In Landmannalaugar ist es ein warmer Bach und in Hveravellir eine gefasste heiße Quelle, in denen man sich so richtig nach alter isländischer Weise bei einem heißen Bad entspannen kann. Das besondere Erlebnis sind allerdings die kleinen, touristisch unbedeutenden heißen Quellen in abgelegenen Gegenden, die seit jeher von den Einheimischen aufgesucht werden. Ein unscheinbares, ausgebleichtes Holzschild, auf welchem das kaum noch lesbare Wort „laug" steht, hat auch uns schon ein paar Mal zu einer warmen Quelle geführt, die uns unvergessliche Badefreuden bescherte.

Die Thermalgebiete werden anhand der in 1000 m Tiefe herrschenden Temperatur in **Hochtemperaturgebiete** (Temperatur über 200 °C) und **Tieftemperaturgebiete** (Temperatur unter 200 °C) unterteilt. Die etwa 25 isländischen Hochtemperaturgebiete liegen alle in den aktiven Vulkanzonen entlang des Zentralgrabens. Hoch- und Tieftemperaturgebiete sind auch für den Laien leicht zu unterscheiden: In Hochtemperaturgebieten „kocht der Teufel sein Süppchen". Das Wasser dampft, zischt und spritzt aus zahlreichen Öffnungen. Beim Atmen beißen Schwefeldioxid und Chlorwasserstoff in der Nase, und überall stinkt es „dezent" nach fauligen Eiern. Wo der Grundwasserspiegel hoch ist, mischt sich der heiße Dampf mit dem kalten Wasser und lässt die typischen **Schlammpötte entstehen,** in denen ein grauer, kochender Brei aus Wasser und Gestein blubbert und spritzt. In den Schlammpötten hat sich das Wasser mit Schwefel- und Salzsäure vermischt und das vulkanische Gestein zu grauem Montmorillonit und Kaolinit zersetzt. Die Säuren entstehen durch die Oxidation des Schwefelwasserstoffs bzw. aus dem Chlorwasserstoff.

Typisch für Hochtemperaturgebiete sind Fumarolen, Solfataren und Mofetten, aus denen die vulkanischen Gase vermischt mit Wasserdampf austreten. In **Fumarolen** sind diese ätzenden Gase in der Tiefe bis über 1000 °C heiß. Sie sind ein Zeichen dafür, dass hier der Vulkan nur ruht und jederzeit wieder ausbrechen kann. In der Umgebung dieser zischenden Dampfaustritte bilden sich Krusten aus weißen Silikaten, Carbonaten und Alkalichloriden, leuchtendgelbem Schwefel, braunen Eisensalzen und grünen kupferhaltigen Verbindungen. Aus **Solfataren** treten die gleichen Gase aus, nur sind diese mit einer Temperatur von höchstens 100 °C wesentlich kälter. Solfataren sind nach der bei Neapel gelegenen Dampfquelle Solfatara benannt. Aus dem Italienischen stammt übrigens auch die Bezeichnung „Vulkan“, abgeleitet von der Liparischen Insel Vulcano im Tyrrhenischen Meer.

Mofetten sind in Island selten. Hier tritt bis zu 150 °C heißes, geruchsloses Kohlendioxid aus. Da dieses Gas schwerer als Luft ist, sammelt es sich in Bodensenken. In afrikanischen Vulkangebieten, wie den Virunga-Vulkanen in Zaire, ersticken immer wieder Tiere in solchen Senken; beim Austritt einer großen Kohlendioxid-Wolke 1986 beim Nyos-See in Kamerun starben 1700 Menschen und deren Vieh, als sich das Gas in ein tiefer gelegenes Tal ergoss.

Die **bekanntesten Hochtemperaturgebiete** Islands sind Reykjanestá im äußersten Südwesten der Halbinsel Reykjanes, die „Blaue Lagune“ bei Svartsengi nördlich von Grindavík, die Dampfquelle Austurengjahver bei Krísuvík südlich von Reykjavík, Námaskarð (Námafjall) und Krafla nordöstlich des Mývatn, Haukadalur südlich des Langjökull, Hveradalur nördlich des Kerlingarfjöll, Hveravellir beim Kjölur, das Gebiet des Torfajökull zwischen Landmannalaugar und dem Reykjafjöll, die Grímsvötn, das Hveradalur beim Kverkfjöll und in den Westfjorden die gleichnamige Halbinsel Reykjanes zwischen dem Reykjafjörður und dem Ísafjörður.

Im Haukadalur südlich des Langjökull liegt **Geysir.** Dieses Thermalgebiet dehnt sich über 50.000 m² aus. Berühmt geworden ist der Ort wegen seiner **Springquellen** Stóri-Geysir („großer Geysir“) und Strokkur („Butterfass“). Das Wort „Geysir“ stammt ursprünglich aus dem Isländischen. Es leitet sich von *geysa* (isl. = ergießen) ab. 1647 benannte *Brynjólfur Sveinsson,* der damalige Bischof von Island, die größte Springquelle in diesem Thermalgebiet mit dem Namen Geysir. Mit diesem Wort werden heute alle Springquellen auf der Welt bezeichnet. Der eigentliche isländische Name für Springquelle lautet jedoch *goshver.*

Der **Stóri-Geysir** ist etwa 10.000 Jahre alt. Sein mit einer flachen Terrasse aus weißem Kalksinter umgebenes Becken hat einen Durchmesser von 14 m und eine Tiefe von 120 m. Aus Überlieferungen weiß man, dass der erste Ausbruch im Jahr 1294 erfolgte. Damals wurde dieses Gebiet durch ein Erdbeben erschüttert, in dessen Folge der Geysir erstmals eine 60 m hohe Fontäne aus kochendem Wasser in die Luft schleuderte. Im Laufe der nachfolgenden Jahrhunderte brach der Stóri-Geysir regelmäßig aus, wobei die Zeitintervalle zwischen zwei Ausbrüchen ständig länger wurden. 1915 schließlich erlosch der Geysir. Die Isländer erweckten ihn daraufhin zu neuem Leben, indem sie den Wasserspiegel durch einen Kanal, der in das Sinterbecken geschlagen wurde, künstlich um 83 cm senkten. Der Geysir blieb aber nur kurze Zeit aktiv. In den Jahren zwischen 1950 und 1970 wurde er zu besonderen Anlässen, etwa dem Samstag vor dem Bankfeiertag, mittels 50 kg Schmierseife wieder zu einem nicht mehr ganz so starken Ausbruch gebracht. Danach brach der Große Geysir drei Jahrzehnte lang nicht mehr aus. Nach zwei starken Erdbeben erwachte der Große Geysir wieder und schleudert seit 2000 fast schon regelmäßig mehrmals am Tag eine bis zu 40 m hohe Wassersäule empor; noch häufiger brodelt und dampft es aus dem wassergefüllten Becken. Gegenwärtig scheint der Große Geysir wieder zu ruhen, seine Ausbrüche werden seltener. Die intensiv blaue Farbe des Wassers im Quellbecken entsteht durch die Lichtbrechung an den feinen Kalk- und Kieselsäurekristallen, die im heißen Wasser ausgefällt werden.

Der **Strokkur** ist der „kleine Bruder" des Stóri-Geysir. Er bricht auch heute noch alle fünf bis acht Minuten aus. Kurz vor einem Ausbruch quillt das heiße Wasser aus dem Schlund und wölbt einen „Wasserdom" mit ungefähr zwei Metern Durchmesser auf. Dieser zerreißt explosionsartig und lässt eine 10–20 m hohe Wasserfontäne in die Luft schießen. Nach dem Ausbruch fließt das Wasser wieder zurück in den Schlund und verschwindet vollständig in der Tiefe, wo es sich in Spalten und nach unten verengenden Röhren sammelt. Während des Ausbruchs ist in der Tiefe kaltes Grundwasser in die Hohlräume im heißen Gestein geflossen. Die Hitze bringt das Wasser zum Kochen. Durch den Druck des zurückfließenden abgekühlten Oberflächenwassers kann das aufgeheizte Wasser vorerst nicht aufsteigen und verdampfen. Nach einigen Minuten ist die Wassertemperatur jedoch so stark angestiegen, dass der Verdampfungsdruck den der darüber liegenden Wassersäule übersteigt. Unten verdampft das überhitzte Wasser, und die Gasblasen drücken das darüber stehende Wasser nach oben. Dadurch vermindert sich auch der Druck von oben. Das stark überhitze Wasser dehnt sein Volumen jetzt schlagartig um das Tausendfache aus und verdampft explosionsartig („Siedeverzug"), der Geysir bricht aus. Durch den Zusatz von Schmierseife kann die Oberflächenspannung des Wassers herabgesetzt werden, so dass es den Schlot leichter verlassen kann. Diese Vorstellungen vom Ablauf eines Geysir-Ausbruchs hatte der deutsche Naturforscher *Robert Bunsen* bereits 1846, als er sich im Haukadalur aufhielt.

In den unauffälligen **Tieftemperaturgebieten** herrschen in 1000 m Tiefe weniger als 150 °C. Alle isländischen Tieftemperaturgebiete liegen außerhalb der aktiven Vulkanzone. Hier gibt es weder Fumarolen noch Solfataren, Mofetten oder Schlammpötte. Um die heißen Quellen haben sich Sinterablagerungen aus Kalk und Kieselsäure gebildet. Die Luft ist frei von Schwefeldioxid und Schwefelwasserstoff. Das mineralienreiche warme Wasser wird therapeutisch oder zu Heizzwecken genutzt. Die Deildartunguhver im Reykholtsdalur nordöstlich von Borganes ist die größte isländische heiße Quelle; sie fördert etwa 200 Liter Wasser in der Sekunde, das Gewächshäuser und Wohnungen beheizt.

Klima und Böden

Trotz der nördlichen Lage Islands nahe am Polarkreis ist das Klima verhältnismäßig mild; es ist ein **gemäßigt-ozeanisches Klima.** Die Jahresdurchschnittstemperatur liegt in Reykjavík bei 5 °C, im Sommer bei 11 °C und im Januar bei -0,5 °C. Juli und August sind die wärmsten Monate mit Tageshöchsttemperaturen bis 25 °C. Der Sommer 2004 mit Temperaturen von 29 °C über mehrere Tage war der wärmste seit 30 Jahren. Die milden Temperaturen im Winter werden durch den **Irmingerstrom,** einen Seitenarm des warmen Golfstroms, bestimmt, der im Uhrzeigersinn die Südost-, Süd- und Westküste umfließt. Diese Küstenabschnitte bleiben im Winter eisfrei. Das „große Wärmereservoir" des Ozeans sorgt auch dafür, dass die Temperaturen hier an der Küste nicht allzu stark schwanken. Im Norden und Nordosten umfließt der **kalte Ostgrönlandstrom** die Küste. Im Winter staut sich hier das Treibeis aus der Arktis an der Küste, behindert die Schifffahrt und kann sogar das Wachstum der Vegetation im darauf folgenden Sommer verlangsamen, wenn das Eis erst spät im Jahr schmilzt. Im Landesinnern mit seinem eher kontinentalen Klima sind die Temperaturunterschiede ebenfalls ausgeprägter. Hier kann das Thermometer im Winter schon einmal auf 38 °C unter Null fallen.

Am Tag beträgt die mittlere Sonnenscheindauer in den Sommermonaten fünf bis sechs Stunden. Bedingt durch die nördliche Lage bleibt es von Juni bis August lange hell. In den Westfjorden und auf der Insel Grímsey steht die **Mitternachtssonne** im Juni sogar 24 Stunden am Himmel. Im Winter herrscht dagegen lange Dunkelheit; im Januar wird es am Tag nur für drei Stunden etwas hell. In den südlicheren Landesteilen wird es zur Zeit der Mitternachtssonne (Juni/Juli) in der Nacht nur dämmrig, wenn die Sonne für zwei bis drei Stunden hinter dem Horizont verschwindet. Am 21. Juni werden überall im Land unter freiem Nachthimmel Feste gefeiert. Sehenswert ist die **Sonnwendfeier** in Búðir auf der Halbinsel Snæfellsnes.

Ab Mitte August kann man in Island bereits **Nordlichter** *(Aurora borealis)* am klaren Nachthimmel beobachten. Diese Lichterscheinungen entstehen durch elektrisch geladene Teilchenströme von der Sonne, die im Magnetfeld der Erde zum magnetischen Nordpol hin abgelenkt werden. Beim Eintritt der energiereichen Teilchen in die Erdatmosphäre regen diese die Luftmoleküle

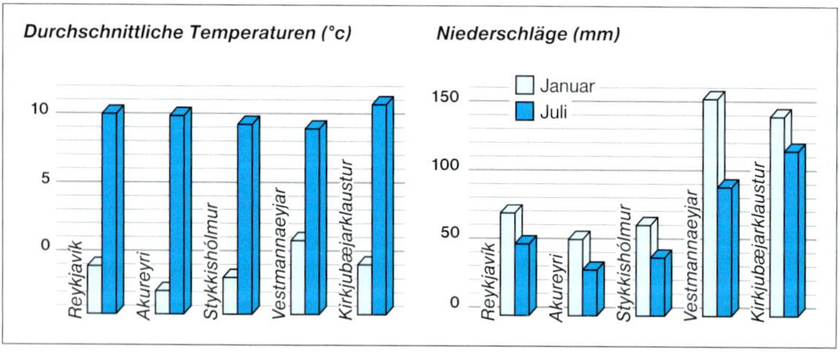

Islandwetter

Bezeichnend für das Wetter auf Island ist, dass das isländische Wort „verdur" (= Wetter) in der Mehrzahl benutzt werden kann. Man kann daraus schließen, dass das typische Islandwetter häufig wechselt. Das isländische Wetteramt beschreibt den häufigen Wechsel so: In Island gibt es eigentlich überhaupt kein Wetter, sondern nur Kostproben davon. Teilweise erhält man viele Kostproben an einem einzigen Tag. Das „beste" Wetter herrscht im Osten der Insel, aber auch im Norden sind lange sonnige Abschnitte im Sommer nichts Ungewöhnliches. Starker Wind weht fast immer. Über den Sandern in Südisland können regelrechte Sandstürme toben, die auch zu Schäden an Fahrzeugen führen können. Typisch ist auch, dass man im Landesinnern manchmal den Eindruck hat, der Wind komme aus allen Richtungen gleichzeitig.

Für den Wanderer ist es immens wichtig, auf jede Art von Wetter eingestellt zu sein. Es herrscht ein beständiger Wechsel von Sonne, Regen, Wind, Hagel und Schnee, unabhängig von der Jahreszeit; manchmal gibt es sogar mehrere „verdur" gleichzeitig. Warme und gegen Regen schützende Kleidung sowie trockene Sachen zum Wechseln sollten deshalb im Wandergepäck nie fehlen, auch wenn beim Start kein einziges Wölkchen den blauen Himmel trübt.

Bei Touren im Winter ist zu beachten: Sieht das Gebiet auch noch so harmlos aus, kann es immer auch ernst zu nehmende Risiken in sich bergen. Man sollte nur dann zu einer Wanderung aufbrechen, wenn man entsprechend dafür ausgerüstet ist. Außerdem sollte man einen Mitreisenden, einen Hüttenwart oder jemand anderen über seine Route informieren, damit er im Bedarfsfall Hilfe holen kann.

Richtig schlechtes Wetter gibt es in Island jedoch nicht. Die Isländer ertragen ihr Wetter mit Humor. Ein Sprichwort sagt, dass jede graue Wolke auch einen Silberstreifen am Horizont hat. Wenn einem das Wetter nicht genehm ist, braucht man nur ein paar Minuten zu warten, und es ändert sich wieder. Vielleicht wird es besser, vielleicht regnet und stürmt es nur noch mehr – jedenfalls aber ändert sich das Wetter!

Sonnenauf- und -untergang jeweils am Monatsersten

Reykjavík

	Aufgang	Untergang
Jan.	11.19	15.44
Feb.	10.08	17.15
März	8.36	18.46
April	6.46	20.19
Mai	5.01	21.51
Juni	3.23	23.30
Juli	3.05	23.57
Aug.	4.33	22.32
Sept.	6.09	20.45
Okt.	7.35	18.58
Nov.	9.10	17.12
Dez.	10.45	15.48

Ísafjörður

	Aufgang	Untergang
Jan.	12.01	15.11
Feb.	10.29	17.04
März	8.46	18.45
April	6.47	20.28
Mai	4.50	22.36
Juni	0.00	0.00
Juli	2.36	0.35
Aug.	4.16	22.59
Sept.	6.06	20.57
Okt.	7.42	19.01
Nov.	9.27	17.04
Dez.	11.19	15.23

047is Foto: tt

in 60–350 km Höhe zum Leuchten an. Nordlichter treten am häufigsten **zwischen dem 60. und 70. Breitengrad** in einem Umkreis von 2500 km um den magnetischen Nordpol auf. Grüne, violette und rote Farbschleier züngeln mit unterschiedlicher Helligkeit am Nachthimmel, um gleich darauf wieder zu verlöschen. Je weiter nach Süden man kommt, desto mehr verschwinden die Grün- und Violett-Töne. Das Nordlicht reduziert sich auf ein diffuses rotes Leuchten.

In Island treffen trockene polare Luftmassen aus dem Norden („Islandtief") mit feucht-warmen aus dem Süden zusammen. Die Warmluft steigt von Süden her an den Bergen auf und regnet sich dort ab. Das beschert der Süd- und Ostküste **Niederschläge** bis zu 4000 mm/Jahr, auf dem Vatnajökull sogar bis 8000 mm/Jahr. Im Norden sind die Niederschläge mit jährlich durchschnittlich knapp 500 mm deutlich geringer. Je weiter nordöstlich man sich befindet, desto besser werden die Wetteraussichten. Im Herbst fallen die meisten Niederschläge, im Frühjahr die wenigsten. Regen und Tauwetter lassen jedes Jahr die Hänge rutschen, Muren abgehen und überschwemmen weite Landstriche. Straßen werden verschüttet und vor allem während der Schneeschmelze unpassierbar. Daher werden die Hochlandrouten erst spät im Jahr zum Befahren freigegeben.

Island ist somit auch **klimatisch** eine **„gespaltene" Insel.** Diese Konstellation bewirkt nicht nur, dass das Wetter und die Temperaturen im Süden und Norden der Insel deutliche Unterschiede aufweisen, sondern auch, dass das Wetter äußerst wechselhaft ist und binnen kürzester Zeit umschlagen kann – typisches Islandwetter!

Plötzliche **Wetterstürze** kommen das ganze Jahr über häufig vor. Durchschnittlich 212 Tage im Jahr regnet oder schneit es. Wir erlebten z. B. an einem 8. August auf dem Weg zur Askja einen Schneesturm, der die schwarze Lavalandschaft binnen einer Stunde mit einem lückenlosen Weiß bedeckte.

Nebel und Gewitter sind an der Küste seltener als im Landesinnern. Im Hochland hingegen können dichter Nebel und alles durchdringender Nieselregen (engl. *drizzle rain*) Wanderungen und Fahrten in den ausgedehnten Lavawüsten mühsam werden lassen und die Orientierung erschweren.

Starker **Wind** und tagelang anhaltende **Stürme** sind typisch für Island. In den trockenen Wüstengebieten kann es im Sommer regelrechte Sandstürme geben, welche größere Pistenabschnitte unter weichem Lavasand begraben. Im Winter türmen Schneestürme meterhohe Schneeverwehungen auf, die auch Abschnitte der Ringstraße unpassierbar machen. Die **aktuelle Wettervorhersage** kann man unter der Telefon-Nr. 9020600 abhören (auf Englisch).

Die **Erosion** durch Wind und Wasser formt die Landschaft. In den Ebenen des isländischen Hochlands sind Windgeschwindigkeiten über 100 km/h keine Seltenheit. Der sandhaltige Wind durchfräst mit der Zeit Felsen und schichtet Dünen auf. Pflanzen können sich auf dem ständig umgestalteten Boden kaum ansiedeln.

Die **Frostverwitterung** ist in Island sehr aktiv. Das Wasser dringt in das poröse Lavagestein ein und sprengt es beim Gefrieren auseinander. Die Gesteine zeigen vielfältige Verwitterungsformen. Gewaltige Felsbrocken zerfallen in dünne Scheiben aus „Gesteinsbrot". Häufig zerbröckeln die Felsen, durch Steinschlag entstehen am Fuß der steilen Berghänge riesige Schutthalden. Der ständige Wechsel zwischen Gefrieren und Tauen lässt an den grasbewachsenen Hängen **Terrasetten** entstehen, kleine Stufen, die wie eine Treppe aussehen. Diese klimatischen Bedingungen erzeugen in den Böden Spannungen, welche die Erde aufwölben. Die Wiesen werden buckelig; es bilden sich die typisch isländischen **Þúfur** (isl. = Wiese). Die Frostbewegungen im Boden fördern auch kleine Steine an die Oberfläche, die ausgedehnte **Kiesebenen** mit charakteristischen **Steinringen** entstehen lassen.

Flora und Fauna

Die Eiszeit hat nicht nur die Landschaft Islands gestaltet, sondern auch maßgeblich die heutige Tier- und Pflanzenwelt bestimmt. Im Tertiär lag die Durchschnittstemperatur 10 °C höher als heute. Ausgedehnte Mischwälder aus Buchen, Ahorn, Ulmen, Mammutbäumen und Sumpfzypressen sowie Flachmoore bedeckten damals die flachen Ebenen. Vulkanausbrüche begruben immer wieder große Waldgebiete unter der Lava. So entstanden die fossilen **Braunkohleflöze,** die nach dem Riesen *Sur-*

tur, der in der Mythologie die Erde mit Feuer vernichtet, als **Surtarbrandur** bezeichnet werden. Gegen Ende des Tertiärs wurde das Klima kälter. Im Pliozän verdrängten Nadelbäume die Laubbäume. Die Kaltzeit im Pleistozän vertrieb die Wärme liebenden Pflanzen und Tiere. Nur die widerstandsfähigsten überlebten die Kälteperiode und passten sich an. Sie besiedelten die wenigen eisfreien Gebiete der Insel und überstanden in diesen kleinen Rückzugsgebieten die Eiszeit; der größte Teil des Landes war mit einem bis zu 1000 m dicken Eispanzer bedeckt. Damals lag die Durchschnittstemperatur 10 °C niedriger als heute. Vulkanausbrüche unter dem Eis bauten hohe Tafelberge auf und formten das Land um. Während der wärmeren Zwischeneiszeiten breiteten sich die Pflanzen von den eisfreien Gebieten wieder aus; einige **arktisch-alpine Pflanzen** gelangten mit dem Wind und den Meeresströmungen aus Mitteleuropa nach Island. Nach der Eiszeit besiedelten im Holozän Birken, Erlen, Weiden, niedrig wachsende Sträucher und Gräser wieder die eisfreien Flächen: Vor rund 9000 Jahren begann das sog. **erste Birkenstadium,** in dem sich Birken im feuchten Tiefland ausbreiteten. Vor etwa 7000 Jahren führten im **ersten Moorstadium** niederschlagsreiche, wärmere Jahre zur Bildung ausgedehnter Sümpfe. Im **zweiten Birkenstadium** vor 5000 Jahren entstanden in den Moorgebieten große Birkenwälder. Vor 2500 Jahren wurde es wieder kälter; im **zweiten Moorstadium** breiteten sich die Gletscher erneut aus und verdrängten viele Pflanzen.

Nach der Besiedlung Islands veränderte die **Kultivierung des Landes** den natürlichen Bewuchs der Insel. Auch wurde es wieder etwas wärmer, so dass Getreide angepflanzt werden konnte. Von den heute in Island vertretenen **450 höheren Pflanzenarten** sind etwa 90 zusammen mit dem Menschen nach Island gekommen. Bis heute aber sind die Wärme liebenden Pflanzen nicht auf natürlichem Weg nach Island zurückgekehrt. Die isolierte Lage der Insel und die großen Entfernungen zu den eiszeitlichen Rückzugsgebieten der Pflanzen und Tiere in die eisfreien Zonen Süd- und Osteuropas verhinderten dies. Nur Vögel fanden den Weg zurück nach Island; außerdem einige kleine Landtiere, die durch Zufall auf Treibeis oder Treibholz an die Küste getrieben wurden. Andere Tiere wie Mäuse und Ratten sowie alle Kulturpflanzen und Haustiere wie Pferde, Kühe, Schafe, Hunde und Katzen wurden vom Menschen mitgebracht.

Die Lage Islands nahe am nördlichen Polarkreis, warme Meeresströmungen und das ozeanische Klima prägen das heutige Pflanzen- und Tierleben der Insel. Flora und Fauna sind vielfältiger als aufgrund der geografischen Lage zu erwarten wäre, gleichzeitig aber auch wesentlich artenärmer als in klimatisch vergleichbaren Regionen auf dem Festland wie den Alpen in 2000 m Höhe, in Schottland oder Norwegen.

Flora

Bis auf zwei endemische Blütenpflanzen, ein Habichtskraut und einen Frauenmantel, findet man alle anderen Pflanzen Islands auch in anderen Teilen Europas. Aus Nordamerika stammen neun Arten. Flächenmäßig dominant sind Schotterfluren, Flachmoor- und Feuchtwiesengesellschaften. Zwergstrauch-, Moos- und Flechtenheiden, Quellflurgesellschaften, Salzwiesengesellschaften, Wälder und Gebüsche nehmen einen geringeren Teil der Fläche ein.

Die auffallendste Blütenpflanze der **Schotterflur** ist das rosa blühende Arktische oder Breitblättrige Weidenröschen *(Epilobium latifolium)*. Besonders häufig findet man diese aus Nordamerika stammende Pflanze im Hochland entlang ausgetrockneter Flussläufe und in den Lavawüsten des Ódáðahraun. Die Pflanze ist anspruchslos und kommt mit den extremen Bodenverhältnissen der öden Schotterflur gut zurecht. Hier versickert das Regenwasser schnell im Boden und wäscht die wenigen Nährstoffe aus, häufig weht ein starker Wind, und die Temperaturen schwanken beträchtlich zwischen Hitze durch Sonneneinstrahlung und Kälte der Nacht. **Polsterpflanzen** speichern Wasser und Nährstoffe in ihrem Polster. In der Schotterflur bilden Stengelloses Leimkraut *(Silene acaulis)*, Einblütiges Leimkraut *(Silene maritima)* und Grasnelken *(Armeria maritima)* Polster mit über einem halben Meter Durchmesser. Einen Farbakzent setzt der leuchtend gelbe Arktische Mohn *(Papaver radicatum)*, der in Ostisland und in den Westfjorden wächst. Die Isländer bezeichnen die Vegetation der Schotterflächen, Kies- und Sandhügel auch als **Melur-Vegetation.**

Flach- oder Niedermoore mit hohen Grundwasserständen sind in Island weit verbreitet. Sie bedecken fast 10 % der Landfläche. Charakteristische Pflanzen dieser Moore und feuchter Wiesen sind das Schmalblättrige Wollgras *(Eriophorum angustifolium)*, Scheuchzers Wollgras *(Eriophorum scheuchzeri)*, Fieberklee *(Menyanthes trifoliata)*, Fettkraut *(Pinguicula vulgaris)*, Sumpf-Blutauge *(Potentilla palustris)*, Sumpf-Herzblatt *(Pannassia palustris)* und zahlreiche Seggenarten.

Die baumlose Landschaft im Norden und Nordosten Islands ist mit frostharten, höchstens kniehohen Sträuchern, Flechten und Moosen bedeckt. In den **Zwergstrauchheiden** findet man eine tundraartige Vegetation aus Zwerg-Birke *(Betula nana)*, Rauschbeere *(Vaccinium ulginosum)*, Schwarzer Krähenbeere *(Empetrum hermaphroditum)*, Bärentraube *(Arctostaphylos uva-ursi)* und seltener Heidelbeere *(Vaccinium myrtillus)*. Wo sich die Heide durch die Beweidung der Schafe herausgebildet hat, wachsen vermehrt Wald-Storchschnabel *(Geranium sylvaticum)*, Silberwurz *(Dryas octopetala)*, Frühblühender Thymian *(Thymnus praecox ssp. arcticus)*, Alpenfrauenmantel *(Alchemilla alpina)*, Kleiner Klappertopf *(Rhinanthus minor)* und Gräser. Selbst **Orchideen** wie das Gefleckte Knabenkraut *(Dactylorhiza maculata)*, die grünlich-weiß blühende Westliche Kuckucksblume *(Planthera hyperborea)* und das kleine Weißzüngel *(Pseudoorchis albida)* sind anzutreffen.

Reine **Moos- und Flechtenheiden** breiten sich hauptsächlich auf den weiten Lavafeldern aus. Das Graue Zacken-

mützenmoos *(Racomitrium canescens)* und das Wollige Zackenmützenmoos *(Racomitrium languinosum)* überziehen die Lava mit einer graugrünen und gelbgrünen bis zu 10 cm dicken Schicht. Besonders eindrucksvoll sind diese Heiden im Eldhraun in Südisland und im Domadalur. Die Moospolster verdecken Spalten und Löcher in der Lava und sind bei Nässe glitschig. Nicht nur aus Naturschutzgründen sollte man deshalb nicht über derartig bewachsene Lavafelder laufen!

Die leuchtend hellgrünen **Quellmoose** *Pholia wahlenbergi* und *Philonotis fontana* säumen die Ufer vieler kleiner Bäche und von kalten Quellen. Die moosbewachsenen Ufer eines Bachs in der schwarzen Lava gehören für uns zu den eindrucksvollsten Landschaftsbildern Islands, ebenso charakteristisch für die Insel wie Geysire oder die dampfende Vulkanlandschaft am Rand eines Gletschers. In den **Quellflurgesellschaften** wachsen außerdem Moor- *(Saxifraga hirculus)*, Bach- *(Saxifraga rivularis)* und Sternsteinbrech *(Saxifraga stellaris)*, Mierenblättriges Weidenröschen *(Epilobium alsinifolium)* und Alpenehrenpreis *(Veronica alpina)*. Die über einen Meter hoch werdende Echte Engelwurz *(Angelica archangelica)* säumt die Ufer der Lindaá in Herðubreiðarlindir. Ihre Wurzelknollen sollen dem

Scheuchzers Wollgras (Eriophorum scheuchzeri) am Ufer eines kleinen Tümpels

Geächteten Fjalla-Eyvindur als Nahrung gedient haben.

In der Nähe von heißen Quellen, wo das ganze Jahr über ein mildes Kleinklima herrscht, wächst die Azoren-Natternzunge *(Ophioglossum azoricum)*. Dieser Farn kommt sonst nur in wärmeren Gegenden vor. Die **heißen Quellen** sind auch ein **biologisches Thermometer der Farben.** Wo es heiß ist, bestimmen weiße Schwefelbakterien das Bild; wird es kälter, überwiegen rote Eisenbakterien. Im lauwarmen Wasser fühlen sich grüne Bakterien wohl, die früher den Algen zugeordnet wurden.

In Küstennähe kommt ein schmaler Streifen mit **Salzwiesengesellschaften** vor, deren Pflanzen ein gewisses Maß an salzhaltigem Meerwasser vertragen müssen. Hier findet man Meersenf *(Cakile maritima)*, Salzmiere *(Honckenya peploides)*, Strandwegerich *(Plantago maritima)*, Strandroggen *(Leymus arenarius)* und im weniger salzhaltigen Lavasand auch Strand-Blauglöckchen *(Mertensia maritima)*, Einblütiges Leimkraut *(Silene uniflora)* und die Gewöhnliche Grasnelke *(Armeria maritima)*.

Der **Wald** Islands, der zurzeit der Besiedlung ein Drittel des Landes bedeckte, ist von den Menschen in wenigen Jahrhunderten bis auf einen Restbestand von nur noch 1 % der Landfläche gerodet worden. Er wurde zu Feuer- und Bauholz. Die frei laufenden Schafe und ein kälter werdendes Klima verhinderten zusätzlich, dass sich junge Bäume entwickeln konnten. Als Folge haben die heutige und auch noch die nachfolgenden Generationen mit gravierenden Erosionsproblemen zu kämpfen. Nur in unzugänglichen und klimatisch begünstigten Tälern blieben kleine Flecken mit natürlich gewachsenen Birkenwäldern und Gebüschen erhalten. Die Moor-Birke *(Betula pubescens)* und die Eberesche *(Sorbus aucuparia)* sind die einzigen natürlich vorkommenden Baumarten. Der heutige Wald ist größtenteils durch **Aufforstung** entstanden, weitere Aufforstungen sind geplant. Viele Versuche, schnell wachsende Nadel- und Laubbäume anzupflanzen, schlugen fehl. In dem rauen und windigen Klima mit seiner kurzen Vegetationszeit gedeihen nur wenige Baumar-

049is Foto: tt

Blütenstand der Engelwurz (Angelica archangelica) am Ufer eines Bachs

Land und Leute

ten, und das Wachstum ist stark verlangsamt. Angepflanzt werden hauptsächlich die europäische Rot-Fichte *(Picea abies)*, die Sitka-Fichte *(Picea sitchensis)*, die Drehkiefer *(Pinus contorta)* und Pappeln aus Nordamerika sowie die Sibirische Lärche *(Larix sibirica)*.

Die schönsten Wälder bei Húsafell, Hallormsstaður in Südost-Island am Lögurinn-See, Vaglaskógur östlich Akureyri, Núpsstaðarskógur in Südisland, Þrastaskógur am Álftavatn oder Höfði am Mývatn sind beliebte Ausflugsziele der Isländer. In den Wäldern wachsen im Spätsommer **Birkenpilze** *(Leccinum scabrum)*, die den Speiseplan der Campingküche bereichern können. Am sonnigen Waldrand stehen manchmal die blaublütigen Alaska-Lupinen *(Lupinus nootkatensis)*. Selbst in den rauen Westfjorden wächst im Tungudalur bei Ísafjörður ein kleiner Wald mit Birken und Fichten. An vielen anderen Orten wie beim Skógafoss, dem „Wald-Wasserfall", erinnern aber nur noch die Namen, die auf „-skógur" (= Wald) enden, daran, dass es hier einmal Wald gegeben hat.

Einen guten Überblick über die in Island heimische Flora geben die Botanischen Gärten von Reykjavík und Akureyri. Die Pflanzen sind aber meist nur mit ihrem isländischen und lateinischen Namen beschriftet.

Die heutige Fauna

Vögel

Vögel finden in Südisland günstigere Lebensbedingungen als in den weiter südlich gelegenen Ländern Europas. Von den 110 Vogelarten, die häufiger anzutreffen sind, brüten etwa 80 in Island. Einige sind **Zugvögel,** sie kommen im Mai auf die Insel, um zu brüten, Ende August verlassen sie wieder das Land. Andere bleiben das ganze Jahr über da. Die meisten Vögel kommen aus Europa. Eistaucher *(Gavia immer)*, Kragenente *(Histrionicus histrionicus)* und Spatelente *(Bucephala islandica)* stammen aus Nordamerika. Die Vogelpopulation unterscheidet sich deutlich von derjenigen in anderen Ländern. Es gibt viele Wasser- und Sumpfvögel, aber wegen fehlender Gehölze und Nahrungsquellen nur wenige Singvögel. Der häufigste Vogel an den Küsten Islands ist der **Papageitaucher** *(Fratercula arctica)*. Mehrere Millionen Brutpaare gibt es, die größte Brutkolonie ist auf den Westmänner-Inseln. Doch dort beobachtet man in den letzten Jahren einen drastischen Rückgang an Brutpaaren und Jungvögeln. Man vermutet, dass die Vögel im Meer immer weniger Sandaale finden, die Hauptnahrung der Papageitaucher. Auch Kaninchen könnten an dem Rückgang der Vögel Schuld sein, da sie die Bruthöhlen zerstören. Den Winter verbringen die drolligen „Clowns der Lüfte" auf dem offenen Meer. Südlich des Hofsjökull brüten 65 % der Weltpopulation der **Kurzschnabelgans** *(Anser brachyrhynchus)*. Auf der Insel Eldey befindet sich die drittgrößte **Basstölpelkolonie** *(Sula bassana)* der Welt mit 16.000 Brutpaaren. Von der Südwestspitze der Halbinsel Reykjanes aus kann man mit dem Fernglas Schwärme von Basstölpel beobachten, die auf dem Meer zwischen dem Festland und der 14 km entfernten Insel nach Nahrung suchen.

In feuchten Flussniederungen, an Binnenseen und überall dort, wo es Grün und Wasser gibt, sind die Brutgebiete der Vögel dicht besetzt. Die Ankunft des **Goldregenpfeifers** *(Pluvialis apricaria)* wird jedes Jahr in der Presse verkündet. Der 28 cm große, goldbraun geschuppte Vogel gilt als **Symbol für den Sommer,** den die Isländer jedes Jahr sehnsüchtig erwarten. Kommt man seinem Gelege am Boden zu nahe, versucht der Vogel den Eindringling wegzulocken. Er simuliert einen gebrochenen Flügel und verhält sich auffallend hilflos, um dann in sicherer Entfernung vom Nest plötzlich aufzufliegen und in einem weiten Bogen zum Nest zurückzukehren.

Die feuchten Moorlandschaften im Landesinnern sind die Heimat des **Regenbrachvogels** *(Numenius phacopus)*; sein Winterquartier hat der 40 cm große Vogel in Westafrika und den tropischen Inseln im Pazifik. An den Seen der Tundra brütet der **Singschwan** *(Cygnus cygnus)*. Der große Vogel ist leicht an seinem gelben Schnabel mit der schwarzen Spitze zu erkennen. Die Ufer des Lagunensees Lónsfjörður zwischen Höfn und Djúpivogur sind mit unzähligen der langen, weißen Federn bedeckt, denn hier kommt der schöne Vogel besonders häufig vor. Die Flachmoore sind auch der Lebensraum von Sandregenpfeifer *(Charadrius hiaticula)*, Rotschenkel *(Tringa totanus)*, Uferschnepfe *(Limosa limosa)*, Alpenstrandläufer *(Calidris alpina)* und Odinshühnchen *(Phalaroptus lobatus)*.

048is Foto: tt

Papageitaucher in Latrabjarg

Rotdrossel *(Turdus iliacus)* und **Zaunkönig** *(Troglodytes troglodytes)* bewohnen die Wald- und Gebüschlandschaften Islands. Die Rotdrossel legt ihr Nest in den Bäumen oder am Waldboden an. Der Zaunkönig versteckt sein kugeliges Moosnest im dichten Unterholz des Gebüschs.

Auf den großen Schwemmsandflächen Südislands brütet die **Große Raubmöwe** oder **Skua** *(Stercorarius skua)*. Der bis zu 66 cm große Vogel ist beim Nahrungserwerb außergewöhnlich anpassungsfähig. Sein Nahrungsspektrum reicht vom Beifang der Fischkutter über organische Abfälle auf Müllplätzen und Tierkadaver bis zum Nestraub. In Island brüten 80 % der Weltpopulation des Vogels, vor dem sich Wanderer in Acht

051is Foto: tt

nehmen und vorsorglich ihren Kopf mit einer gut gepolsterten Mütze schützen sollten, denn die Skua greift jeden im Direktflug an, der ihrem Brutort zu nahe kommt. Ein ähnliches Verhalten zeigt auch die in Strandnähe brütende **Küstenseeschwalbe** *(Sterna paradisea)*. Der 35 cm große Vogel hat einen auffallend rot gefärbten Schnabel. Auf der Halbinsel Reykjanes sitzen diese Vögel gerne auf den warmen Straßen; Schilder weisen dort darauf hin, besonders achtsam und langsam zu fahren. Der 100 g schwere Vogel ist ein zäher Kämpfer, wenn es gilt, sein Nest zu verteidigen. Und ausdauernd ist er, fliegt er doch entlang der Küsten Afrikas und Südamerikas von der Antarktis bis nach Island. Die 45 cm große **Schmarotzerraubmöwe** *(Stercorarius parasiticus)* raubt anderen Vögeln das Futter im Flug.

Die Männchen der **Eiderenten** *(Somateria mollissima)* sind leicht an ihrem schwarz-weiß gefärbten Prachtkleid zu erkennen. Die Weibchen mit ihrem rostbraunen, schwarz gewellten Federkleid hingegen sind leicht mit der **Stockente** *(Anas platyrhynchos)* zu verwechseln. Unterscheidbar sind sie anhand des kräftigeren Körperbaus, der den Eiderenten im Wasser eine tiefe Schwimmlage gibt. Auch der bis weit auf die fliehende Stirn hinaufreichende Schnabel ist kennzeichnend für die Eiderenten. Die Eiderente kommt zum Brüten an die Küsten im Norden Islands und zu den kleinen Inseln im Breiðafjörður. Ihr Nest am Meeresstrand kleidet sie mit weichen Daunenfedern aus, die von den Bauern der Region gesammelt und verkauft werden. Damit werden hochwertige Bettdecken und Daunenjacken gefüllt. Damit den Vögeln kein bleibender Schaden zugefügt wird, wird nach der ersten Eiablage nur ein Teil der Federn dem Nest entnommen. Erst nach Ende der Brutzeit, wenn die Jungen – sie sind Nestflüchter – das Nest verlassen haben, werden alle Daunenfedern entfernt. Eiderdaunen sind für einige Küstenregionen von großer wirtschaftlicher Bedeutung. Die Bauern unterstützen den Nestbau der Eiderenten mit Autoreifen. Auf der Insel Vigur im Ísafjarðardjúp ist eine alte, mauerförmige Brutanlage mit vielen Nischen zu sehen.

Einheimische Vögel, die das ganze Jahr über in Island bleiben, sind Alpenschneehuhn *(Lagopus mutus)*, je nach

Basaltfelsen an der Küste bei Arnarstapi auf der Halbinsel Snæfellsnes

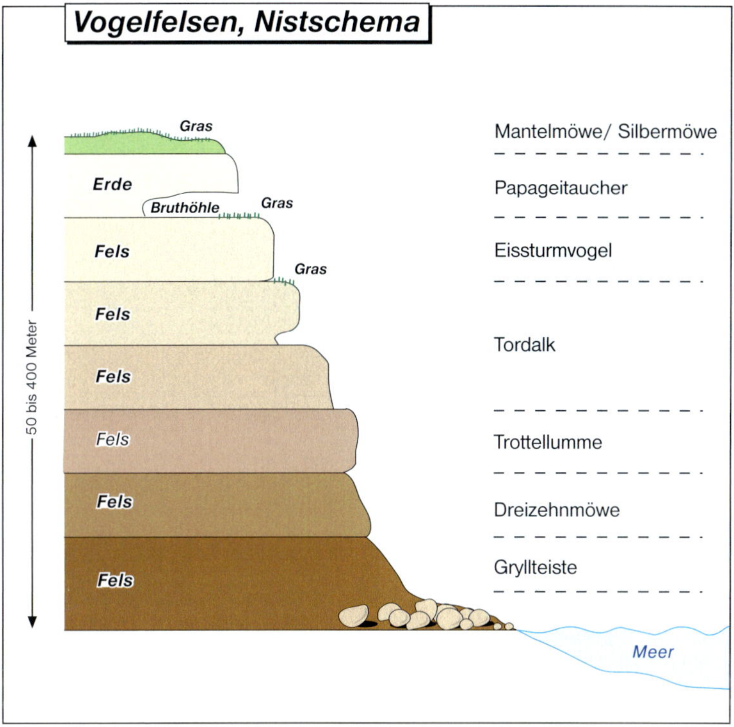

Jahreszeit mit weißem oder braunem Gefieder, Merlin *(Falco columbarius)*, der seltene Gerfalke *(Falco rusticolus)*, Seeadler *(Haliacetus albicilla)*, Schnee-Eule *(Nyctea scandiaca)* und Kolkrabe *(Corvus corax)*. Schneeammern *(Plectrophenax nivalis)* halten sich im Winter in der Nähe von Siedlungen auf.

Am Mývatn brüten alle 15 der in Island vorkommenden **Entenarten.** Häufigste Gäste sind die Stockente *(Anas platyrhynchos)*, Reiherente *(Aythya fuligula)* und Bergente *(Aythia marila)*. Schnatterente *(Anas strepera)* und Trauerente *(Melanitta nigra)* kommen in Island fast nur am Mývatn vor. Die Spatelente *(Bucephala islandica)* brütet ebenfalls nur hier und überwintert am Mývatn in Lavaspalten. Die Isländer nennen diese Ente *húsöndin*, „Hausente", weil das Tier auch in Häusern und Schuppen angetroffen wird. Die Kragenente *(Histrionicus histrionicus)* sieht man bevorzugt im Fluss Laxá, wo sie gegen das schnell fließende Wasser anschwimmt. Die Spießente *(Anas acuta)* ist mit landesweit nur 500 Brutpaaren ein eher seltener Gast. Außer Enten be-

052is Foto: tt

Dreizehenmöwen (Rissa tridactyla)

Die Vogelfelsen

Die steilen, unzugänglichen Felswände im Meer oder an der Küste bieten den Vögeln Schutz vor Feinden; im Meer finden sie reichlich Nahrung. Die mit den meisten Vogelarten besiedelten Vogelfelsen liegen an der nördlichen Küste. Hier stoßen kalte und warme Meeresströmungen aufeinander und durchmischen das Wasser, das sich dadurch mit Nährstoffen anreichert. Auch die Mitternachtssonne (mehr Licht!) trägt dazu bei, dass sich mehr Plankton als an der Südküste entwickelt.

Auf den Vogelfelsen sind die verschiedenen Vogelarten klar voneinander abgegrenzt. Auf den grasbedeckten Hochflächen brüten Mantelmöwen *(Larus marinus)* und Silbermöwen *(Larus argentatus)*. Papageitaucher *(Fratercula arctica)* graben ihre langen Bruthöhlen in die Erde. Diese Vögel besiedeln das „oberste Stockwerk" der Vogelfelsen. Die nächste Etage nehmen Eissturmvögel *(Fulmarus glacialis)* ein. In der Mitte der Felsen, wo die Vorsprünge meist etwas breiter sind, nisten Tordalk *(Alcoa tarda)* und Trottellummen *(Uria aalge)*. Beides sind relativ schwere Vögel, die beim Landeanflug nur schlecht manövrieren können. Ihre Brutplätze dürfen deshalb nicht zu dicht über dem Wasser liegen und müssen gut zu erreichen sein. Das „Erdgeschoss" wird von Dreizehenmöwen *(Rissa tridactyla)* bewohnt, die auf kleinen Felsvorsprüngen ihre Nester aus Tang bauen. Den Fuß der Vogelfelsen besetzen die Gryllteiste *(Ceppus grylle)*, die nahe der Felsen im Meer fischen.

Die Seevögel sind auf den Vogelfelsen keine Nahrungskonkurrenten. Jede Vogelart hat andere Nahrungsansprüche. Papageitaucher und Tordalken bevorzugen kleine Sandaale, die sie am Meeresboden fangen. Die Lummen fangen größere Fische bis zur Größe eines Herings. Eissturmvögel und Dreizehenmöwen fressen kleine Krebse. Sofern in der Nähe der Vogelfelsen Fischabfälle von vorbeifahrenden Fischkuttern ins Meer geworfen werden, nutzen die Möwen und Eissturmvögel auch diese Nahrungsquelle.

siedeln Ohrentaucher *(Podiceps auritus)*, Eistaucher *(Gavia immer)*, Sterntaucher *(Gavia stellata)* und Odinshühnchen *(Phalaroptus lobatus)* den See.

Das isländische Vogelleben kann man am eindrucksvollsten in Látrabjarg in den Westfjorden, in Arnarstapi auf der Halbinsel Snæfellsnes, in Reykjanestá auf der Halbinsel Reykjanes, bei Vík an der Südküste und im Südwesten der Halbinsel Melrakkaslétta beobachten. Greifbar nahe an einer der großen Vogelkolonien zu stehen, das laute Gekreische der Vögel zu hören und deren An- und Abflug von den steilen Klippen zu beobachten, gehört zu den Höhepunkten einer Islandreise.

Meerestiere und Süßwasserfische

Im Meer um Island leben mehrere **Walarten.** Am häufigsten sind Zwergwale *(Balaenoptera acutorostrata)*, Schweinswale *(Phocaena phocaena)*, Schwertwale *(Orcinus orca)* und Delfine *(Delphinus delphis)*. Schwertwale, die auch Orcas genannt werden, folgen vor allem im Herbst den Heringsschwärmen und können dann sogar von der Küste aus gesichtet werden. Viele Fischer haben ihre Boote zu Walbeobachtungsschiffen umgerüstet und bringen Touristen zu den Walen. Mit etwas Glück sind auf einer solchen **Walbeobachtungsfahrt** neben Buckelwalen *(Megaptera novaeangliae)* und Finnwalen *(Balaenoptera physalus)* sogar Blauwale *(Balaenoptera musculus)*, die größten Säugetiere der Erde, zu sehen. Die größten Sichtungschancen hat man im Meer westlich und nordwestlich der Halbinsel Snæfellsnes, westlich der Halbinsel Reykjanes und nördlich von Húsavík.

An Flussmündungen, vorgelagerten flachen Felsen im Meer und am steinigen Strand kann man **Robben und Seehunde** entdecken. Am häufigsten sind Seehund *(Phoca vitulina)* und Kegelrobbe *(Halichoerus grypus)*, die an allen Küsten Islands zu finden sind. Seltener sind die Gäste aus Grönland: Bartrobben *(Erignathus barbatus)*, Ringelrobben *(Ousa hispida)*, Sattelrobben *(Pagophilus groenlandicus)* und Klappmützen *(Cystophora cristata)* findet man fast nur an den nördlichen Küsten Islands von den Westfjorden bis Melrakkaslétta. Seehunde jagen an den Flussmündungen wie am See Hóp im Húnafjörður oder im Héraðssandur in Ostisland gerne nach Lachsen. Deshalb hat man in Nordisland an der Küste der Halbinsel Vatnsnes und in Ostisland an der Küste beim Héraðsflói die besten Chancen, Seehunde zu erblicken. Und wer ganz großes Glück hat, kann im Winter sogar ein Walross *(Odobaenus rosmarus)* entdecken, das auf einer Treibeisscholle an die Nordküste Islands getrieben wurde.

Außer den großen Meeressäugern kommen im Meer um Island 300 **Fischarten** vor, von denen Hering, Dorsch und Lodde größte wirtschaftliche Bedeutung haben. 70 % der Exporteinnahmen stammen aus dem Fischfang. Der Fischreichtum des Meeres erklärt sich dadurch, dass in den isländischen Gewässern polare und nordatlantische Arten zusammentreffen. Im Atlantik und der Nordsee werden Kabeljau *(Gadus morhua)*, Schellfisch *(Melanogrammus*

Das Islandpferd

Widerstandsfähig, trittsicher, zuverlässig – das sind typische Eigenschaften der Islandpferde, die wohl direkt von den Tieren abstammen, die die ersten Siedler mit ins Land gebracht haben. In ihrem Stammbaum fließt keltisches und skandinavisches Blut. Durch ein bereits im 13. Jh. erlassenes Einfuhrverbot hat sich eine Reinzucht bis heute erhalten. Selbst Tiere, die in Island geboren wurden und an einem Turnier auf dem europäischen Festland geritten werden, dürfen nicht mehr in ihre Heimat zurückkehren. Bis heute gibt es aber auch nur eine Pferderasse im Land. Mehr als die Hälfte des Pferdebestandes wird immer noch in halbwilden Herden gehalten.

Islandpferde sind kräftig und extrem ausdauernd. Sie heben sich durch ihr wesentlich kleineres Stockmaß von 130–138 cm von ihren übrigen europäischen Verwandten ab, können aber dennoch problemlos von Erwachsenen geritten werden. Ihr charakteristisches Aussehen verdanken die Tiere einem großen Kopf, einem kurzen Hals und einer langen Mähne. Füchse, Rappen und Braune sind am häufigsten vertreten.

Über Jahrhunderte hatten die Tiere eine besondere Bedeutung, da sie das einzige Transportmittel auf der Insel waren. Schon um die Strecke zwischen den einzelnen, oft weit voneinander entfernt liegenden Höfen zurückzulegen, waren die Isländer auf ihre Pferde angewiesen, auch für die (Feld-)arbeit und den Transport von Lasten machten sie sich die ausdauernden Tiere zunutze. Beim Schafabtrieb im Herbst leisteten sie ebenfalls wertvolle Dienste. Nach der aufkommenden Motorisierung verloren die Pferde an Bedeutung. Heute sind die Vierbeiner im Sport- und Freizeitbereich wieder sehr geschätzt und weit verbreitet. Es gibt auch kaum eine bessere Art, die Insel zu erkunden, als auf dem Rücken eines Pferdes. Dabei kommt der Reiter in den Genuss der unverbrauchten Luft, betätigt sich sportlich und ist in unmittelbarem Kontakt mit Islands einzigartiger Natur. Nach einem langen und anstrengenden Reittag gibt es nichts Besseres, als dem müden Körper in einer heißen Quelle wieder zu neuen Kräften zu verhelfen.

Islandpferde beherrschen mit Pass und Tölt auch besondere Gangarten, hinzu kommen Schritt, Trab und Galopp. Beim Tölt sitzt der Reiter fast erschütterungsfrei auf dem Pferd. Wie der Schritt auch ist der Tölt ein Viertakt, nur ein wesentlich schnellerer. Früher konnten die Pferde auch bei uns tölten, doch durch den veränderten Verwendungszweck wurde diese Gangart nicht mehr genutzt. Beim Rennpass werden die Beine auf beiden Seiten fast gleichzeitig gesetzt. Er unterscheidet sich vom Tölt durch die Sprungphase. Langsam wird der Pass praktisch nicht geritten, im Rennpass laufen die Pferde nur über kurze Distanzen, dafür aber in sehr hohem Tempo.

Auch bei uns und in anderen europäischen Ländern werden die Islandpferde sehr geschätzt; 140.000 Islandpferde leben außerhalb Islands, doppelt so viele wie in ihrem Ursprungsland selbst. In Island versammeln sich die Freunde der stämmigen Vierbeiner beim Landsmót, dem Treffen der Islandpferdezüchter und -besitzer. Die Veranstaltung gehört zu den größten im Land und fand zum ersten Mal 1950 statt, damals war Þingvellir der Austragungsort. Seitdem findet das Landsmót alle zwei Jahre meist Ende Juni/Anfang Juli wechselnd in Nord- und Südisland statt. Zu den häufigen Veranstaltungsorten gehören Vindheimamelar, Skógarhólar und Hella. Eine Ausnahme war das Jahr 2000, als Reykjavík europäische Kulturhauptstadt war. Damals fand Landsmót außerplanmäßig in Víði-vellir, im Hauptstadtgebiet, statt. Dazwischen werden alljährlich noch die „fjördungsmót", die „Vierteltreffen", abgehalten. Das nächste Landmót findet vom 28.6. bis zum 4.7.2010 in Skagafjörður statt (www.landsmot.is).

Beim Landsmót werden die besten Zuchtpferde gezeigt, zu den Höhepunkten der Veranstaltung gehört die Präsentation der Hengste, die mit Ehrenpreisen ausgezeichnet wurden. Zusammen mit all ihren Nachkommen drehen die wertvollen Tiere einige Runden über die Rennbahn, an den voll besetzten Zuschauertribünen vorbei. Es finden aber auch Wettkämpfe in verschiedenen Disziplinen statt. Am Rand der Veranstaltung kann man sich über die neueste oder beste Ausrüstung informieren oder mit den Pferdefreunden fachsimpeln. Teilweise reiten die Isländer mit ihren Pferde zum Landsmót, da kann einem auf dem Weg dann so manche große Herde begegnen. Auch Veranstalter bieten Reittouren zum Landsmót an.

053is Foto: tt

aeglefinus), Hering *(Clupea harengus),* Lodde *(Mallotus villosus),* Wittling *(Merlangius merlangus),* Scholle *(Pleuronectes platessa),* Heilbutt *(Hippoglossus vulgaris),* Atlantischer Heilbutt *(Hippoglossus hippoglossus)* und Seelachs *(Pollachius virens)* gefangen; im Europäischen Nordmeer und der Grönland-See der Schwarze Heilbutt *(Reinhardtius hippoglossoides),* Polardorsch *(Boreogadus saida)* und Eishai *(Laemargus borealis).* Auch Makrele *(Scomber scombrus),* Seezunge *(Solea vulgaris),* Seehecht *(Merluccius merluccius),* Steinbutt *(Rhombus maximus),* Thunfisch *(Thunnus thynnus),* Krabben, Garnelen, Muscheln und Meeresschnecken sind von Bedeutung für die Fischindustrie. In Island fand man auch das **älteste lebende Tier der Welt,** eine 411 Jahre alte Kammmuschel.

Reine Süßwasserfische gibt es in Islands Binnengewässern nicht, nur Wanderer zwischen Salz- und Süßwasser. Am bedeutendsten ist der Lachs *(Salmo salar).* Auch Forellen, Saiblinge und Aale bereichern die Speisekarte der Isländer. Darüber hinaus kommt der Dreistachelige Stichling *(Gasterosteus aculeatus)* in den Gewässern vor.

Landtiere

Vor der Besiedlung lebte nur eine Säugetierart in Island, der **Polar- oder Eisfuchs** *(Alopex lagopus).* Vermutlich kamen die ersten Polarfüchse auf Treibeisschollen nach Island. Das Sommerfell des 6–8 kg schweren Säugers ist bräunlich dunkel gefärbt, das Winterfell weiß. Bei der Nahrungsaufnahme ist der Polarfuchs nicht wählerisch. Er ernährt sich im Sommer von Eiern, Jungvögeln und Kleinsäugern, im Winter findet er fast nur Aas oder sucht in den biologischen Abfällen des Menschen nach Nahrung. Auf den Polarfuchs sind heute Jagdprämien ausgesetzt, da man ihm vorwirft, junge Lämmer zu reißen. Der Polarfuchs ist das einzige einheimische Landsäugetier Islands. Alle anderen Landsäuger wurden vom Menschen auf die Insel gebracht.

Mit den Wikingern kamen im 9. und 10. Jh. **Haus- und Nutztiere** wie Hunde, Katzen, Pferde, Rinder, Schafe, Ziegen, Schweine und Geflügel nach Island. Auch Ratten und Mäuse, die zufällig mit an Bord der Wikingerschiffe waren, gelangten so auf die Insel.

Im 18. Jh. wurde versucht, **Rentiere** *(Rangifer tarandus)* aus Norwegen als Jagdwild in Island anzusiedeln. Der Versuch glückte zwar, doch ziehen heute zu viele der großen Tiere durch die Siedlungsrandgebiete Ostislands und kommen im Winter bis an die Dörfer und Höfe heran. 2002 hat man 2400 Tiere gezählt, deren Hauptverbreitungsgebiet in der abgelegenen Lavalandschaft zwischen Brúarjökull und Eyjabakkajökull liegt. Nachdem die Tiere dort offensichtlich durch den Bau des Kárahnjúkar-Damms gestört wurden, verschob sich ihr Verbreitungsgebiet in Richtung Nordosten, so dass man Rentiere heute sogar neben der Ringstraße bei Egilsstaðir entdecken kann.

1930 entkamen **Nerze** *(Mustela vison),* die zur Pelztierzucht eingeführt worden waren, aus der Tierfarm, verwilderten und vermehrten sich. Die Nerze stellen heute eine Gefahr für Vögel und ihr Gelege dar und werden ebenfalls bejagt. Auf Heimaey wurden **wilde Kaninchen** zu einer Plage, die von der Erdwärme profitieren und sich in den letzten Jahren stark vermehrt haben. Sie richten Schäden in den Brutstätten der Papageitaucher und in Gemüsegärten an. In Reykjavík haben Kaninchen ihre Wohnhöhlen in den Hügel Öskjuhlíð unterhalb der Perlan gegraben, wo sie sich rund um die Warmwasserleitungen wohl fühlen. Die Tiere sind wohl irgendwann einmal ihren Käfigen entflohen.

Ganz selten, zuletzt 1994 in den Westfjorden, gelangt ein Eisbär von Grönland mit dem Packeis an Islands Nordküste. Wegen der Gefährdung der Menschen werden die Tiere abgeschossen.

Anfang bis Mitte September finden **Schafabtriebe** statt. Die meistbesuchten sind die in Þverárhlíð und Ölfuss bei Selfoss.

Insekten und andere Tiere

In Island gibt es nur wenige Insektenarten. Ameisen, Hummeln und Schmetterlinge sind selten. Unter unserer Zeltplane fanden wir gelegentlich kleine Spinnen. Bienen, Frösche, Lurche und Schlangen gibt es nicht.

Die meisten Insekten kommen entlang bewachsener Ufer an Seen und langsam fließenden Bächen vor, wo die Mücken an lauen Abenden schon mal zur Plage werden können. Glücklicherweise wird man nur selten gestochen, denn Stechmücken wie in den Feuchtgebieten Skandinaviens gibt es in Island nicht. Wird man gestochen, dann von den nur 2–5 mm großen, schwarzen **Kriebelmücken** *(Simulium equinum)*, die Blut saugen und einen schmerzhaften Stich mit punktförmigem Bluterguss unter der Haut hinterlassen. Alle anderen Mücken sind meist harmlose **Zuckmücken** *(Chironomus sp.)*, die nicht stechen. Sie sind mit bis zu 10 mm Länge viel größer als die Kriebelmücken und unterscheiden sich von ihnen auch durch die stark befiederten Fühler der Männchen. An nährstoffreichen Gewässern können Zuckmücken an manchen Sommertagen in riesigen Schwärmen auftreten. Der Mývatn („Mückensee") kam so zu seinem Namen.

Naturschutz und Nationalparks

„Gangið vel um landið", „Schützt die Umwelt", kann man heute auf vielen Produkten lesen. Doch der Umweltschutz hatte nicht von Anfang an einen hohen Stellenwert in Island. Obwohl bereits **1928** in Þingvellir der **erste isländische Nationalpark** gegründet wurde, war für die Isländer der Erhalt ihrer Naturräume lange Zeit nur von untergeordneter Bedeutung. Die geringe Einwohnerzahl und die schlechte verkehrstechnische Erschließung des Landes machten Naturschutzmaßnahmen, wie wir sie kennen, kaum erforderlich. Das änderte sich schlagartig **Anfang der 1970er Jahre.** Damals wurden die **ersten Naturschutzgesetze** erlassen, als aufgrund von Studien nachgewiesen wurde, dass viele Gebiete bereits nicht mehr behebbare Schäden aufweisen (Fahrspuren und Trampelpfade, zerstör-

Die bedeutendsten isländischen Schutzgebiete

Name	Fläche	Jahr der Gründung
Nationalparks		
Snæfellsjökull	167 km²	2001
Vatnajökull mit Skaftafell (Nationalpark seit 1984) und Jökulsárgljúfur (Nationalpark seit 1973)	12.000 km²	2008
Þingvellir	50 km²	1928
Naturschutzgebiete		
Mývatn og Laxá	4400 km²	1974
Hornstrandir	580 km²	1985
Friðland að Fjallabaki	470 km²	1979
Þjórsárver	375 km²	1981
Lónsöræfi	320 km²	1977
Herðubreiðarfriðland	170 km²	1974
Dyrhólaey	5 km²	1978
Haukadalur	3 km²	1953
Flatey	1 km²	1975
Hveravellir á Kili	175 ha	1975
Strönding við Stapa og Hellna (bei Arnarstapi auf Snæfellsness)	58 ha	1988
Hrísey (im Eyjafjörður)	40 ha	1977
Melrakkaey (im Breiðafjörður auf Snæfellsness)	9 ha	1974
Eldey	8 ha	1940
Naturdenkmäler		
Askja í Dyngjufjöllum	50 km²	1978
Lakagígar	125 km²	1978
Eldborg í Hnappadal	150 ha	1974
Hraunfoss og Barnafoss	39 ha	1987

Verhaltensregeln in der Natur

1. Verlasse deinen Rastplatz immer so, wie du ihn antreffen möchtest.
2. Vergrabe und hinterlasse keinen Müll, auch nicht unter Steinen.
3. Entzünde kein Feuer auf bewachsenem Land.
4. Breche keine Steine aus und errichte keine unnötigen Steinmännchen.
5. Verunreinige kein Wasser, zerstöre weder kalte noch heiße Quellen.
6. Beschädige keine Pflanzen.
7. Störe nicht die Tiere.
8. Beschädige keine Naturformationen.
9. Störe nicht unnötig die Ruhe des Hochlandes.
10. Fahre nicht außerhalb der gekennzeichneten Wege.
11. Folge den Wanderpfaden, wo solche markiert sind.
12. Beachte die Naturschutzgesetze und die Anweisungen der Naturschutzwarte.

te Steinformationen, Müll, durch Fäkalien belastete Gewässer in der Nähe von Hütten und Campingplätzen). Der Natur- und Umweltschutz genießt seither auch in Island den ihm gebührenden Stellenwert. Die Erschließung von immer mehr Weideland und landwirtschaftlich nutzbarer Flächen, die zunehmende Industrialisierung, der einsetzende Bauboom im Großraum Reykjavík und gigantische, bis heute kontrovers diskutierte Staudammprojekte führten bei der Bevölkerung ebenso zu einem Umdenken in Sachen Naturschutz wie der jährlich wachsende Tourismus mit seinen Begleitproblemen.

Insgesamt sind in Island heute annähernd **300 geschützte Gebiete** ausgewiesen. Die meisten dieser ökologisch empfindlichen Naturräume liegen im Hochland oder an den Küsten. Hier gelten besondere Vorschriften und Verhaltensregeln für das Befahren der Verkehrswege mit Kraftfahrzeugen und Fahrrädern, für das Zelten und den Zutritt zu Brutgebieten. Der isländische Naturschutzrat hat Regeln für das Verhalten in der Natur erlassen, die von allen beachtet und strikt eingehalten werden müssen (s. u.). Verstöße werden geahndet. Es mag sein, dass derjenige, der gegen die Regeln verstoßen hat, nicht dabei ertappt wird oder nicht ermittelt werden kann – seine „Spuren" können die Verantwortlichen aber dazu veranlassen, weitere Beschränkungen auszusprechen. Das Nachsehen haben dann die nachfolgenden Reisenden.

Zuständig für den Naturschutz ist das „Ministerium für Erziehung und Kultur". Die Verwaltung der Naturschutzgebiete obliegt dem **isländischen Naturschutzrat** (náttúruvernd). Dieser beschäftigt Aufseher (engl. *wardens),* kontrolliert die Einhaltung der Schutzbestimmungen und begleitet wissenschaftliche Forschungsarbeiten (Náttúruvernd, Hringbraut 121, 107 Reykjavík, Tel. 5512279, www.natturuvernd.is). Eine Liste aller geschützten Gebiete mit Erklärungen findet man im Internet auf der Seite des Naturschutzrates.

Abhängig von Größe und ökologischer Bedeutung unterscheidet man **Nationalparks (Þjóðgarður), Naturschutzgebiete (friðland)** und **Naturdenkmäler (náttúruvætti).** Daneben gibt es weitere **Landschaftsschutzgebiete (folkvangur),** deren wirtschaftliche Nutzung und Bebauung eingeschränkt ist.

Auch in Island sind viele **Tiere und Pflanzen geschützt.** Der Aufenthalt oder das Fotografieren und Filmen in der Nähe des Nestes ist bei folgenden Vögeln untersagt: Gerfalke, Seeadler, Schnee-Eule und Krabbentaucher. Das Aufsuchen, Fotografieren und Filmen dieser Vögel erfordert eine Genehmigung durch die Behörden, die erst nach einer Stellungnahme des Naturhistorischen Museums in Reykjavík erteilt wird. In Island ist jedoch noch immer die **Vogeljagd** verbreitet. Diese ist an eine Reihe von Auflagen gebunden und grundsätzlich nur den Grundstückseigentümern erlaubt. Das Sammeln der Daunenfedern von Eiderenten ist ebenfalls den Eigentümern vorbehalten, auf deren Land sich eine Brutkolonie befindet. Im Bereich von Vogelfelsen ist jegliche Jagd verboten.

054is Foto: tt

Der Gesetzesfelsen Lögberg in Þingvellir – Ursprung der isländischen Rechtssprechung

es auch, das geltende Recht auswendig vorzutragen, daher der Name Gesetzessprecher. Eine schriftliche Kodierung der Gesetze gab es nämlich anfangs nicht.

Vom Jahre 930 an trafen sich alle Isländer jedes Jahr für zwei Wochen im Juni auf dem **Þingvellir,** der **„Thingebene“,** um Streitigkeiten zu schlichten. Außerdem war das Alþing ein Treffpunkt zum Austausch von Neuigkeiten. Es gab ein sportliches und kulturelles Rahmenprogramm, und es wurde Handel getrieben.

965 wurde das Land viergeteilt, und jedem Landesteil ordnet man ein Gericht zu. Hier wurden die lokalen Angelegenheiten geregelt. Konnte man sich dort nicht einigen, trug man den Sachverhalt beim Alþing vor. Zusätzlich zu den vier Gerichten gab es noch ein Appellationsgericht.

Einführung des Christentums

Der junge Staat stand einer ersten Belastungsprobe gegenüber, als es um die Wahl der Religion ging. Bisher hatten die Isländer vor allem an die **Asen,** die alten germanischen Götter, geglaubt (vgl. hierzu auch „Religion“). Als sich in Norwegen das Christentum mehr und mehr durchsetzte, sollten auch die Isländer missioniert werden. Der norwegische König *Ólafur Tryggvason* schickte ab 955 Missionare aus, um das Christentum auch auf den Färöer-Inseln und in Island einzuführen. Die Fahrten der Glaubensboten verliefen jedoch zunächst nicht mit dem erhofften Erfolg. Im Jahre 1000 war dann beim Alþing die Einführung des Christentums Thema. Als zwischen den Anhängern der Asen und den Verfechtern des Christentums heftige Auseinandersetzungen drohten, brachte ein Bote die Nachricht von einem Vulkanausbruch im Süden des Landes. Die Anhänger der Asen deuteten diese Nachricht als Zorn der Götter. Ein schlauer Christ fragte daraufhin: „Und worüber zürnten die Götter, als die Lava zu unseren Füßen ausfloss?" Man einigte sich daraufhin diplomatisch: Zwar sollten sich alle Isländer taufen lassen, doch sollten die, die weiterhin den alten Göttern opferten, nicht bestraft werden. Mit der Annahme des Christentums musste der zehnte Teil des Vermögens als Steuer an die Kirche abgeführt werden, damit sie sich finanzieren konnte. Allmählich wurde die Kirche zu einem wichtigen Machtfaktor im Staat. Sie hatte auch entscheidenden Einfluss auf die Bildung; Schulen und Bildungsstätten wurden von der Kirche errichtet. **1056** entstand in Skálholt der **erste Bischofssitz,** 1106 wurde ein weiterer in Hólar gegründet.

Ende des Freistaats

Zu Beginn des 12. Jahrhunderts konzentrierte sich die Macht der Godentümer immer mehr auf einzelne Personen. Noch einmal 100 Jahre später herrschten nur noch wenige Familien über das ganze Land. Dadurch verschlechterte sich die politische Lage. Streitigkeiten breiteten sich immer weiter aus, auch blutige Unruhen waren die Folge.

Als zwei Bischofssitze neu zu besetzen waren, bestimmte der Bischof von Trondheim zwei norwegische Geistliche als Nachfolger. Diese versuchten ihren Einfluss auszudehnen, die Kirche vom Land unabhängig zu machen und sich Kirchenbesitz zu übereignen. Die Goden konnten dem wegen der Streitigkeiten in ihren eigenen Reihen nichts entgegensetzen. Der norwegische König wurde um Hilfe gebeten, um die Auseinandersetzungen zu schlichten. Dieser nutzte die Gelegenheit, seinen Einflussbereich auf Island auszudehnen. **1262** wurde ein **Unionsvertrag** geschlossen, in dem Island teilweise der norwegischen Krone unterworfen wurde. Damit war das Zeitalter des Freistaats vorläufig beendet.

Fremdregierungen

Island war zu dieser Zeit in einer desolaten Lage. Durch die zunehmende Holzknappheit – die ohnehin knappen Bäume waren schonungslos gerodet worden – waren die Bewohner nicht mehr in der Lage, Schiffe zu bauen. Durch einseitige Bodennutzung traten Vegetationsschäden auf. Ein Großteil des Viehs verendete im harten Winter, da die Vorräte nicht mehr ausreichten. Die Isländer unterwarfen sich daraufhin den Norwegern, worauf sich die wirtschaftliche Situation vorerst besserte.

Ab **1380** wurde das Land ganz von **Norwegen** regiert. Nun galten norwegische Gesetze, und das Alþing war praktisch bedeutungslos geworden.

In Dänemark kam 1375 der erst fünfjährige *Ólafur,* Sohn des norwegischen Königs und Enkel des vorherigen dänischen Königs *Valdemar IV.,* an die Macht. Sein Vater starb 1380. Dadurch erhielt Ólafur zusätzlich die norwegische Krone. Als Ólafur **1387** starb, wurde seine Mutter *Margarethe* Königin von **Dänemark** und Norwegen. Island wurde jetzt von Dänemark aus regiert.

Im **14. Jahrhundert** starben in Island viele Menschen bei mehreren Vulkanausbrüchen der Hekla und des Öræfajökull. Im Winter drang Treibeis bis an die Küste vor. Hungersnöte und Seuchen waren die Folge. Der Handel erlag fast völlig. Die Situation der Isländer verschlechterte sich immer mehr. In den Jahren von 1402–1404 starben außerdem zwei Drittel der Bevölkerung an einer Pestepidemie.

Als sich in Dänemark die **Reformation** der Kirche durchsetzte, widersetzten sich die Isländer anfangs dagegen. Dänemark reagierte mit Härte; 1550 wurde der letzte katholische Bischof in Island zusammen mit seinen beiden Söhnen hingerichtet.

Handelseinschränkungen

Als England und die Hanse Island günstige Waren anboten, wurde ein strenges Handelsmonopol von Dänemark erlassen. Die Dänen befürchteten, sonst Absatzprobleme mit ihren eigenen Waren in Island zu bekommen. 1602 wurde das **Handelsmonopol** mit Island nur noch an die skandinavischen Städte Malmö, Helsingör und Kopenhagen vergeben. Der Handel schwächte sich daraufhin merklich ab, und Island verarmte mit der Zeit wirtschaftlich immer mehr. Dennoch wurde das Handelsmonopol weiter verschärft; 1621 wurde den Isländern sogar die Seefahrt mit großen Schiffen untersagt. Die Dänen konnten die Exportpreise für isländischen Fisch nahezu nach Belieben festlegen. 1627 überfielen arabische **Piraten** die Westmänner-Inseln, plünderten und verwüsteten die Siedlungen und verschleppten viele Isländer als Sklaven nach Nordafrika. Auch das isländische Festland blieb von solchen Piratenüberfällen nicht verschont. Die Bevölkerungszahl Islands sank rapide, und das geschwächte Land konnte sich nicht mehr aus eigener Kraft regieren. 1682 wurde der dänische König absoluter Herrscher über Island.

Von 1707–1709 wüteten die **Pocken** und forderten erneut ein Drittel der isländischen Bevölkerung; im Jahr 1703 lebten etwa 50.000 Isländer auf der Insel. Im 18. Jahrhundert kam es wieder zu einem verheerenden Vulkanausbruch. Durch den **Ausbruch der Laki-Spalte** starb fast ein Viertel der Isländer. Der nächste strenge Winter und eine sieben Jahre dauernde Hungersnot forderten nach dem Vulkanausbruch 11.000 Menschenleben.

Freiheitsbewegungen in Island

Auf dem europäischen Festland tobten in dieser Zeit die Napoleonischen Kriege. Dänemark verbündete sich dabei mit Frankreich. Als Frankreich unterlag, musste Dänemark Norwegen als Kriegsschuld an Schweden abtreten. Island, Grönland und die Färöer-Inseln blieben unter dänischer Herrschaft.

1800 wurde das Alþing aufgelöst. Schon vorher hatte es allenfalls die Bedeutung eines Landgerichts.

Um 1830 setzten in Europa Freiheitsbewegungen ein. Auch die Isländer beteiligten sich daran und strebten wieder nach Unabhängigkeit. Sie entsandten zwei Abgeordnete ins dänische Parlament, um ihren Willen kundzutun. Besonders **Jón Sigurðsson (1811–1879)** tat sich in der Selbstständigkeitsbewegung des Landes hervor. Sein Verdienst war es auch, dass 1843 das Alþing wiedereingesetzt wurde. Anfangs hatte es jedoch noch nicht seine ursprüngliche Bedeutung, sondern nur beratende Funktion.

1851 forderten die Isländer ein freies Bündnis mit Dänemark und ihre eigenen Völkerrechte zurück. Der dänische König schenkte den Isländern eine **neue Verfassung** zur 1000-Jahr-Feier der Besiedlung des Landes im Jahre **1874.** Das Alþing bekam die Finanzkontrolle zurück. Außerdem erhielt es die gesetzgebende Funktion unter Aufsicht des dänischen Königs. Die exekutive Gewalt hatte ein Gouverneur, der dem dänischen Minister für isländische Angelegenheiten unterstand.

1904 hatten die Isländer wieder ihren ersten eigenen Minister. 1911 wurde in Reykjavík die erste isländische Universität gegründet. 1918 wurde Island unabhängiger Bestandteil Dänemarks mit eigener Innenpolitik. Nur die Außenpolitik unterstand weiterhin den Dänen. Ein Jahr später gründeten die Isländer eine eigene Fluggesellschaft. Im Jahre 1930 fand die 1000-Jahr-Feier der Gründung des Alþing statt.

Gründung der Republik Island

Als Dänemark 1940 im II. Weltkrieg von deutschen Truppen besetzt wurde, gestaltete Island auch wieder seine eigene Außenpolitik. Dies bedeutete gleichzeitig das Ende der politischen Verbindung zwischen den beiden Ländern. Die USA boten sich als Schutzmacht an. Sie bauten den Flughafen von Keflavík aus und sammelten ihre Kriegsschiffe in den isländischen Gewässern. Die Insel diente den Amerikanern im Kampf gegen *Hitler* als Basis für Waffenlieferungen an die UdSSR. Island war plötzlich zu einer strategisch wichtigen Drehscheibe im Nordatlantik geworden.

1951 schloss Island mit den **USA** ein **Verteidigungsbündnis,** das bis heute besteht. Seit 2006 sind keine amerikanischen Soldaten und Kampfflugzeuge mehr in Island stationiert.

Am **17. Juni 1944** wurde im Þingvellir die **Republik Island** ausgerufen. Der erste Ministerpräsident des Landes war *Sveinn Björnsson.* Der Tag der Republikgründung wird seither als **Nationalfeiertag** begangen.

Von 1980 an stand für 16 Jahre eine Frau an der Spitze des Staates Island. **Vigdis Finnbogadóttir** war das erste parlamentarisch gewählte weibliche **Staatsoberhaupt** der Welt. **Seit 1996** ist **Ólafur Ragnar Grímsson** isländi-

Ólafur Ragnar Grímsson

Islands fünfter Präsident heißt *Ólafur Ragnar Grímsson.* Er ist seit August 1996 im Amt.

Ólafur Ragnar Grímsson wurde 1943 als Sohn des Friseurs und Stadtrats Grímur Kristgeirsson und der Hausfrau Svanhildur Ólafsdóttir in Ísafjörður geboren. Seine Kindheit verbrachte er in seiner Geburtsstadt und bei seinen Großeltern in Þingeyri. Er machte 1962 sein Abitur in Reykjavík. Bereits während seiner Schulzeit war er Präsident der schulinternen Diskussionsrunde „Zukunft". Grímsson studierte Wirtschafts- und Politikwissenschaften in Manchester. 1965 legte er dort den Abschluss des Bachelor of Arts ab und promovierte fünf Jahre später. Im Rahmen seiner Doktorarbeit arbeitete er am Projekt „Kleinere europäische Demokratien" mit.

Nach seiner Rückkehr nach Island wurde Ólafur Ragnar Grímsson Dozent für Politikwissenschaften an der Universität Reykjavík. 1973 erhielt er eine volle Professur. Er baute den Bereich der Sozialwissenschaften an der Universität mit auf. Dabei war sein Spezialgebiet die Entwicklung des politischen Systems in Island. Er verfasste Lehrtexte über dieses Thema sowie Essays über internationale Angelegenheiten. Von 1966–1970 war Grímsson verantwortlich für die Fernseh- und Radioprogramme, was zu einer offeneren politischen Diskussion führte.

Ólafur Ragnar Grímsson begann schon früh, sich politisch zu engagieren. 1966–1973 war er im Vorstand des Jugendverbandes der Fortschrittspartei, von 1971–1973 im Vorstand dieser Partei. 1974 stellte er sich als Kandidat der Volksallianz zur Wahl als Volksvertreter von Ostisland. 1974 und 1975 war er stellvertretendes Mitglied des Parlaments. In diesen beiden Jahren war er auch Vorstandsvorsitzender der Volksallianz.

1978 und 1979 wurde Grímsson zum Volksvertreter der Volksallianz für den Bezirk Reykjavík gewählt. Die nächsten drei Jahre war er Vorsitzender der Parlamentsgruppe dieser Partei. Bis 1983 saß er im Parlament. Von 1988–1991 war Grímsson Finanzminister in der Regierung von *Steingrímur Hermannsson.* 1991 und 1995 wurde er erneut zum Volksvertreter der Volksallianz in Reykjavík gewählt. Von 1987 bis 1998 Parteivorsitzender der Volksallianz, war Grímsson auch Mitglied zahlreicher öffentlicher Körperschaften, u. a. des Wirtschaftsrates, des Vorstands des Isländischen Rundfunks und des Vorstands der Nationalen Energieversorgungsgesellschaft.

Ólafur Ragnar Grímsson war von 1984–1990 Vorsitzender und anschließend internationaler Präsident der Internationalen Vereinigung „Parlamentarier für globale Aktionen". Bis heute ist er im Vorstand und im Exekutivkommitee. Dieser Vereinigung gehören 1800 Parlamentarier aus über 80 Ländern an. Sie organisierten von 1984–1989 die Sechs-Nationen-Friedensinitiative, der auch der verstorbene schwedische Premier *Olav Palme* und der Inder *Rajiv Ghandi* angehörten. Grímsson wurde 1987 mit dem Indira-Ghandi-Friedenspreis dieser Vereinigung ausgezeichnet.

Von 1980–1984 und dann wieder 1995 war Ólafur Ragnar Grímsson Mitglied der Parlamentarischen Versammlung des Europarates. Von 1982–1984 war er Vorsitzender des Organisationskommitees der Parlamentarischen Konferenz des Europarates „Nord-Süd: Europas Rolle". Diese Konferenz schuf die Voraussetzungen für die Arbeit des Europarates in den Nord-Süd-Beziehungen und die Gründung des Nord-Süd-Zentrums in Lissabon. Ólafur Ragnar Grímsson war in den letzten Jahren als Berater isländischer Firmen tätig, vor allem solcher, die in Asien und Südamerika neue Märkte erschließen wollten.

Ab 1974 war Ólafur Ragnar Grímsson mit *Guðrún Katrín Þorgergsdóttir* verheiratet, 1975 wurden die Zwillingstöchter *Guðrun Tinna* und *Svanhildur Dalla* geboren. 1998 starb seine Ehefrau, seit 2003 ist Grímsson mit *Dorrit Moussaieff* verheiratet, die aus einer israelisch-britischen Familie stammt.

scher Staatspräsident (vgl. entsprechenden Exkurs).

Islands Stellung in der Europa- und Weltpolitik

1946 trat der neu gegründete Staat Island den Vereinten Nationen bei, 1949 der NATO. Jedoch besitzt das Land bis heute **keine eigenen Streitkräfte.** Seit 1950 ist Island Mitglied im Europarat. 1970 erfolgte der Beitritt zur EFTA. Island ist ferner Mitglied des Europäischen Wirtschaftsraums (EWR).

Um die **Fischereigrenzen** zu erweitern und damit den Fischertrag zu sichern, wurden von Island einseitig immer wieder die Fangzonen vergrößert. Dadurch kam es in den Jahren 1952 bis 1975 mit mehreren anderen europäischen Ländern zu Auseinandersetzungen, teilweise auch mit Waffengewalt. Die Streitigkeiten mit Großbritannien um die Ausdehnung der Fischereizone auf 50 Seemeilen gingen 1972 als **„Kabeljaukrieg“** in die Geschichte ein (vgl. auch „Wirtschaft/Fischfang und Fischzucht“). Erst als die Isländer mit dem Austritt aus der NATO drohten, wurde der Konflikt auf Druck der USA beendet. 1975 erweiterten die Isländer ihre Fischereizone auf 200 Seemeilen.

Island nimmt – abgesehen von den Verpflichtungen aus der Mitgliedschaft in der NATO – eine weitgehend **neutrale Rolle in der Weltpolitik** ein. Auf halbem Weg zwischen der Sowjetunion und den USA fand deshalb im Jahr 1986 das Gipfeltreffen zwischen US-Präsident *Reagan* und dem sowjetischen Staatschef *Gorbatschow* in Reykjavík statt.

In Island gilt das **Schengen-Abkommen,** das den freien Übergang über die Grenzen Europas garantiert. Außerdem gehört Island der OECD, der Welthandelsorganisation und dem Nordischen Rat an.

Der **Beitritt zur EU** und die **Einführung des Euro** gehören zu den derzeit am heißesten diskutierten Fragen. Vor dem Bankencrash waren 70 % der Isländer für den EU-Beitritt. Sie befürchteten andernfalls eine zunehmende Isolierung Islands im europäischen Wirtschaftsraum und erhofften sich Impulse zur Ansiedlung neuer Industrien. Bis 2007 herrschte eine industriefreundliche Stimmung in Island – die Wirtschaft hatte viel Freiraum für Entscheidungen, da sich die Politik zurückhielt. Die Banken machten gute Geschäfte und brachten Kapital ins Land, das als **zinsgünstige Kredite** an die Bevölkerung weitergegeben wurde. Viele Isländer lebten über ihre Verhältnisse. Im Überfluss wurde preisgünstiger Strom „umweltfreundlich“ aus Wasserkraft und geothermaler Energie produziert und vermarktet. Die Amerikaner bauten ein großes Aluminiumschmelzwerk, ein weiteres ist genehmigt.

Doch im Jahr 2008 kam der **Zusammenbruch der isländischen Banken.** Das kleine Land geriet in die Schlagzeilen. Viele Isländer verloren über Nacht ihre Existenz, und Not breitete sich immer mehr aus. Die Arbeitslosenzahl stieg mit 9,1 % (April 2009) auf die höchste seit 1997. Viele Baustellen stehen still, Bauruinen und Glaspaläste, deren Büros nicht mehr zu vermieten sind, bestimmen das Stadtbild Reykjavíks.

Die Isländer machten ihre Regierung für die Krise verantwortlich. **Demonstrationen,** wie es sie seit Jahrzehnten nicht mehr gegeben hat, waren an der Tagesordnung. Zum Jahreswechsel 2008/2009 ließen Verzweiflung und Wut der Bevölkerung auf ihre Regierung die Demonstrationen gewaltsam werden; 8000 Isländer versammelten sich vor dem Parlament und forderten den Rücktritt der Regierung.

Am 29.1.2009 erklärt *Geir Haarde* die Regierungskoalition für beendet. Bis zur Neuwahl am 25. April 2009 wurde eine Übergangsregierung benannt. Aus der Wahl gingen die sozialdemokratische Allianz und die Links-Grünen Bewegung mit 51,5 % der Stimmen als Sieger hervor; **Jóhanna Sigurðardóttir** wurde neue Ministerpräsidentin. Sie kündigte an, Island so schnell wie möglich in die EU zu führen, denn Island braucht eine stabile Währung. Im Juli 2009 stellte das Land den Antrag auf EU-Beitritt. Doch das Volk steht nicht mehrheitlich hinter diesem Beschluss. Ende 2009 waren 60 % der Isländer gegen einen EU-Beitritt. Island wurde lange von Fremden beherrscht, und viele fürchten, einen Teil ihrer Eigenständigkeit und Selbstbestimmung zu verlieren. Die Krise hat die Isländer verändert. Sie wollen nun selbst in der Politik mitbestimmen. Internationale Milliarden-Kredite haben die Lage erst einmal beruhigt. Nachdem das Schlimmste überstanden zu sein scheint und sich die Wirtschaft zu erholen beginnt, glauben viele Isländer, die Krise aus eigener Kraft meistern zu können.

Doch noch immer **verlassen täglich fünf Isländer das hochverschuldete Land** und wandern aus. Es wird wohl Jahre, vielleicht Jahrzehnte dauern, bis sich das Land wieder vollständig erholt hat. Das ist auch den Isländern klar geworden. Immer mehr besinnen sich zurück auf ihre alten Werte: Die **Fischerei** ist seit Jahrhunderten die wichtigste Grundlage der Wirtschaft, der **Tourismus** ist die zweitwichtigste – und er hat viel Wachstumspotential. Langsam scheinen Nachhaltigkeit und auf die Zukunft ausgerichtete Strategien die Oberhand zu gewinnen. Doch diesen stehen die immer weiter zu maximierenden Quartalsergebnisse globaler Konzerne gegenüber. Und auch der Internationale Währungsfonds hat überall seine Finger im Spiel und könnte Forderungen stellen.

2011 ist Island Gastland auf der **Frankfurter Buchmesse.** Auch das wird das kleine Land wieder in die Schlagzeilen bringen, hoffentlich nur positive.

Politik

Staatsform und Verfassung

Wie in der ersten und bis heute gültigen **Verfassung vom 17. Juni 1944** festgesetzt, ist Island eine **unabhängige, parlamentarisch-demokratische Republik.** An der Spitze des Staates steht der **Präsident** (forsæti Íslands), der von den Bewohnern in direkter und geheimer Wahl für vier Jahre gewählt wird und beliebig oft wiedergewählt werden kann. Voraussetzungen für die

Kandidatur als Präsident sind, dass der Bewerber ein Mindestalter von 35 Jahren hat und dass er isländischer Staatsbürger ist. **Aufgaben des Präsidenten** sind die Repräsentation des Landes nach außen, die Ernennung und Entlassung von Regierungsmitgliedern und die Verleihung der Staatsbürgerschaft an Einwanderer.

In der isländischen Verfassung ist die **Gewaltenteilung** festgelegt. Die Regierung, die aus dem Ministerpräsidenten und seinen zehn Ministern besteht, übt die **Exekutive** aus. Die **Legislative** ist Aufgabe des Alþing, eines Parlaments aus 63 Mitgliedern, die alle vier Jahre in acht Wahlkreisen gewählt werden. Die Sitzverteilung erfolgt nach dem Stimmenverhältnis. Ein Gesetz wird erlassen, wenn es nach drei Lesungen im Parlament gebilligt wurde. Anschließend muss es vom Präsidenten und einem Minister unterzeichnet werden. Der Präsident besitzt ein eingeschränktes Vetorecht, d. h. lehnt er ein Gesetz ab, kommt es zu einem Volksentscheid. Die **Judikative** obliegt dem Obersten Gerichtshof in Reykjavík und den regionalen Gerichtshöfen. Dem Obersten Gericht gehören acht vom Staatspräsidenten ernannte Richter an, die ihr Amt lebenslang ausüben. Den Vorsitz übernimmt alle zwei Jahre ein von den anderen gewählter Richter. Außerdem gibt es in der Hauptstadt noch einen Gerichtshof für Straf- und für Zivilrecht, der 1992 vom Obersten Gerichtshof abgetrennt wurde, sowie Sondergerichte für spezielle Rechtsfragen. Das isländische Zivilrecht entstand 1936, das gesamte Rechtssystem basiert auf einer mittelalterlichen **Gesetzessammlung,** der **„Grágás"** („Graugans"), die 1281 aus norwegischem Recht hervorging und seitdem immer wieder durch das Alþing aktualisiert wird.

Island besteht aus **acht Regionen,** die unterteilt sind in 27 Verwaltungsbezirke (syslur). Diese setzen sich zusammen aus insgesamt 223 kreisfreien Städten, städtischen Gemeinden und Landgemeinden, die von jeweils einem Stadt- oder Kreisrat regiert werden.

Die Parteien

Die wichtigsten isländischen Parteien sind die Unabhängigkeitspartei, die Sozialdemokratische Allianz, die Links-Grünen Bewegung und die Fortschrittspartei. Seit den 1980er Jahren gewann außerdem die 1983 gegründete Frauenliste zunehmend an Bedeutung, die sich vor allem gegen die Benachteiligung der Frau am Arbeitsplatz einsetzt. Neben diesen fünf Parteien gibt es noch Parteilose und kleinere Splitterparteien, die jedoch nur von untergeordneter Bedeutung sind. Zu den eher konservativen Kräften gehört die Fortschrittspartei, die gegen die NATO-Zugehörigkeit und für eine uneingeschränkte Neutralität plädiert. Eine konträre Meinung vertreten die Sozialdemokraten als Befürworter der NATO.

Unabhängigkeitspartei (Sjálfstæðisflokkurinn; SF)

Die konservativ-liberale Unabhängigkeitspartei hat sich 1929 aus konservativen und liberalen Parteien neu formiert. Sie zählt die meisten Mitglieder in Island. Die SF spricht sich für freie Marktwirtschaft aus und lehnt staatliche Eingriffe ab. Sie befürwortet die NATO, lehnt jedoch einen EU-Beitritt ab. Ihr Vorsitzender ist der frühere Regierungschef *Geir Hilmar Haarde*.

Sozialdemokratische Allianz (Samfylkingin; S)

Die Volksallianz, die sozialdemokratische Partei Islands, die Frauenallianz und das Volkserwachen schlossen sich zur europafreundlichen Sozialdemokratischen Allianz Samfylkingin zusammen, die mit der Unabhängigkeitspartei die Regierung bildet. Vorsitzende ist *Ingibjörg Sólrún Gísladottir,* frühere Bürgermeisterin von Reykjavík und seit 2007 Außenministerin.

Links-Grünen-Bewegung (Vinstri hreyfing-Grænt framboð; VG)

Bis zu den 1970er-Jahren gab es ein traditionelles Vier-Parteiensystem, zu denen die konservative Unabhängigkeitspartei Sjálfstæðisflokkur (SF), die liberale Fortschrittspartei Framsóknarflokkur (FF), die sozialdemokratische Partei Alþýðuflokkurinn (AF) und die sozialistische Volksallianz Alþýðubandalagið (AL) gehörten. Um ein Gegengewicht zur liberalkonservativen Unabhängigkeitspartei zu bilden, versuchte man, alle linken isländischen Parteien zu vereinen. Dabei spaltete sich ein Teil der Abgeordneten ab und die patriotische Links-Grünen-Bewegung entstand. Ihre Schwerpunkte sind Umweltschutz, Soziales und Gleichberechtigung. Vorsitzende ist *Steingrímur J. Sigfússon.*

Fortschrittspartei (Framsóknarflokkurinn; FF)

Die FF hat sich 1916 als Interessenvertretung der Landwirtschaft gegründet, so zählen bis heute Kleinbauern und Mitglieder von landwirtschaftlichen Genossenschaften zu den Stammwählern der linksliberalen Partei. Parteivorsitzender ist *Sigmunður Davíð Gunnlaugson.*

Parlamentswahlen

Die Isländer machten die Regierung für die **Finanzkrise** verantwortlich, bei der der Staatsbankrott nur mit finanzieller Hilfe aus dem Ausland abgewendet werden konnte und Inflation und Arbeitslosigkeit immens anstiegen. Deshalb forderten sie 2008/09 Monate lang, schließlich sogar mit Blockaden von staatlichen Institutionen, den Regierungsrücktritt. Am 29.1.2009 gab *Geir Haarde* sein Amt auf. Bis zur vorgezogenen **Neuwahl am 25. April 2009** gab es eine Übergangsregierung. Nachfolgerin des zurückgetretenen Premierministers *Haarde* wurde die bisherige Sozialministerin **Jóhanna Sigurðardóttir,** die an der Spitze einer von der Fortschrittspartei tolerierten Minderheitsregierung aus sozialdemokratischer Allianz und Links-Grüner-Bewegung steht. Bei der Neuwahl kamen die sozialdemokratische Allianz und die Links-Grünen-Bewegung auf 51,5 % der Stimmen. Mit deren Wahlsieg erreichten erstmals seit 1944 die linken Parteien die absolute Mehrheit, die Liberale Partei ist nicht mehr im Alþing vertreten. Dafür zog die aus der Finanzkrise entstandene Bürgerbewegung ins Parlament ein. Die

Wahlbeteiligung lag bei 85,1 %. Gegenüber den Wahlen von 2007 ergaben sich folgende Veränderungen:

- **Sozialdemokrat. Allianz:** 29,8 % (+ 3 %)
- **Unabhängigkeitspartei:** 23,7 % (– 12,9 %)
- **Links-Grünen-Bewegung:** 21,7 % (+ 7,4 %)
- **Fortschrittspartei:** 14,8 % (+ 3,1 %)
- **Bürgerbewegung:** 7,2 % (+ 7,2 %)
- **Liberale Partei:** 2,2 % (– 5,1 %)
- **Demokratiebewegung:** 0,6 % (+ 0,6 %)

Sozialwesen

Island ist ein **Sozialstaat.** Seit 1946 regeln Sozialgesetze unter anderem die Leistungen der Kranken-, Invaliden-, Renten- und Unfallversicherung. Der Staat zahlt außerdem für die Kinderfürsorge sowie für den Mutter- und Kinderschutz.

Jeder Isländer hat einen **Jahresurlaub von 24 Tagen.** Im Schnitt geht er mit **67 Jahren in Rente** – eine Ausnahme bilden die Seeleute und Fischer. 60.000 Isländer sind gewerkschaftlich organisiert. Nur sie erhalten Unterstützung, wenn sie arbeitslos werden. Steigende Arbeitslosenzahlen und die hohe Staatsverschuldung lassen neuerdings auch in Island Kürzungen im Sozialbereich unausweichlich erscheinen.

Gesundheitswesen

Die gute medizinische Versorgung der Isländer haben wir bereits kennen gelernt (vgl. „Gesundheit und Notfall"). Mit einem Arzt für nur 357 Einwohner ist die **Ärztedichte eine der höchsten der Welt.** Allerdings haben die Mediziner dadurch in Island einen schweren Stand: Viele von ihnen sind unterbeschäftigt und auf eine Nebenbeschäftigung oder gar öffentliche Unterstützung angewiesen. Auch was Apotheken und Krankenhäuser anbelangt, ist die Versorgung exzellent. Jeder Isländer muss für 10 % seiner Arztkosten selbst aufkommen. Die Kosten für Zahnbehandlungen werden praktisch nicht bezuschusst. Die häufigsten Todesursachen in Island sind Kreislauferkrankungen und Krebs.

Bildungswesen

1907 wurde die allgemeine **Schulpflicht** für 10- bis 14-Jährige eingeführt. 1946 erweitert, besteht sie heute im Alter von 6 bis 15 Jahren. Über 200 Grundschulen gibt es im Land. Das Schuljahr dauert von September bis Mai. Normalerweise dauert der Unterricht bis zum Nachmittag. Pflichtsprachen sind Englisch und Dänisch, als dritte Fremdsprache wählen 80 % der Schüler Deutsch, 20 % Französisch. Im Anschluss stehen allen Schülern 50 weiterführende Schulen und Colleges offen, die nach vier Jahren mit dem Abitur abgeschlossen werden. Jeder dritte junge Isländer besucht eine weiterführende Schule, die außerhalb der großen Städte meist als Internate geführt werden. Der erfolgreiche Abschluss dieser Schulen ist die Zugangsvoraussetzung zum Studium an den **fünf Universitäten** im Land. Ungefähr jeder fünfte eines jeden Abiturlehrgangs entschließt sich zu einem Studium, entweder in Island oder im Ausland. Studienfächer mit Numerus Clausus gibt es nicht. Die maximale Studienzeit beträgt vier Jahre, aber nicht alle Studienfächer werden in Reykjavík angeboten; Tiermedizin oder Architektur müssen zum Beispiel nach wie vor im Ausland studiert werden. Das Auslandsstudium, vor allem in den skandinavischen Ländern und den USA, hat in Island einen hohen Stellenwert.

Seit 1988 gibt es in Akureyri eine unabhängige **Hochschule für Fischereimanagement,** was die hohe Bedeutung dieses Wirtschaftssektors für das Land unterstreicht. Lehrer-, Agrar- und Technik-Colleges führen zu weiteren berufsqualifizierenden Abschlüssen. Die Staatliche Schule für Kunst und Kunsthandwerk, das Konservatorium und die Schauspielschule sollen zu einer **Akademie der Künste** zusammengelegt werden und den Status einer Universität erhalten.

Eine Besonderheit in Island ist die von den Gemeinden geschaffene **Arbeitsschule** (vínarskóli). Diese bietet den Schülern die Möglichkeit, in den langen Sommerferien zu arbeiten und etwas Geld zu verdienen. Meistens arbeiten die Jugendlichen in der Landschaftspflege oder helfen bei der Aufforstung mit. Aber auch die Wirtschaft und der Handel, insbesondere die Tourismusbranche, bieten im Sommer gute Arbeitsmöglichkeiten.

Der hohe Bildungsstand der Isländer hat eine lange Tradition. Bereits im Mittelalter war die hoch entwickelte Literatur nicht nur einigen wenigen vorbehalten, sondern das ganze Volk hatte Anteil daran. Die **Literaturbegeisterung** der Isländer ist bis heute erhalten geblieben, sie zählen zu den lesefreudigsten Völkern. In ihrem Land werden auch die meisten Bücher im Verhältnis zur Einwohnerzahl produziert. Die Zahl der Autoren ist in Island ebenfalls sehr hoch. Jeder Isländer kann ohne Schwierigkeiten einen Beitrag verfassen und diesen auch publizieren, wenn er anderen etwas mitteilen will. Seit Ende des 18. Jahrhunderts gibt es praktisch keine Analphabeten mehr.

Wirtschaft

Wirtschaftsdaten und Wirtschaftsklima

Wegen der starken Abhängigkeit der isländischen Wirtschaft vom **Export** ist Island anfällig für eine hohe **Inflation.** Von 1970 bis 1990 war sie das wirtschaftliche Hauptproblem des Landes. Durch die Energiekrise stieg die Inflation 1974 auf 43 % und 1980 auf 59 % an. 1983 erreichte sie mit 86 % ihren bisherigen Spitzenwert. Strenge Lohnkontrollen stoppten 1990 diese hohe Inflation; sie sank kontinuierlich von 15 % im Jahr 1990 auf 1,5 % im Jahr 1995. Danach schwankte die Inflation auf hohem Niveau: 6,7 % (2001), 4,7 % (2004), 8,6 % (2006), 14 % (2008), 11 % (2009).

Die wirtschaftlichen Probleme in 2006 führten zu **drastischen Preisanstiegen.** Von September 2006 bis September 2007 zogen die Preise um 5,2 % und die Löhne um 8,1 % an. Die isländische Zentralbank erhöhte den Zinssatz 2007 auf fast 15 %. Durch die **Finanzkrise** 2008 wurde die isländische Krone stark abgewertet, und die Preise stiegen anfangs drastisch an. Nach einigen Monaten sanken sie wieder, übers Jahr gesehen betrug die Preissteigerung 10,8 %. Die Löhne stiegen um 2,2 %.

Die private Wirtschaft war bis Ende der 1980er Jahre durch **Preisbindungen, Protektionismus und kreditpolitische Vorgaben des Staates** sowie infolge der Kontrolle des Kapitalflusses von und nach Island stark vom Staat abhängig. Anfang der 1990er Jahre wurden diese Beschränkungen und Kontrollen aufgehoben und die Wirtschaft liberalisiert. Einige Branchen waren unter diesen neuen Rahmenbedingungen auf dem Weltmarkt nicht mehr konkurrenzfähig. Konkurse häuften sich. Die Wirtschaft brauchte einige Zeit, um wieder wettbewerbsfähig zu werden. Dies kostete wie überall in den Industrieländern Arbeitsplätze. 2005 allerdings lag die **Arbeitslosenquote** bei nur 2,6 %, 2006 bei 2,9 %, 2007 bei 2,3 % und 2009 bei 9,1 %.

Durch die Neuorientierung der Wirtschaft siedelten sich in Island High-Tech-Betriebe an, die verstärkt mit ausländischem Kapital gegründet wurden. Isländische Standortvorteile sind der hohe Bildungsstandard der Isländer, die langen Wochenarbeitszeiten von 45 Stunden, eine geringe Fluktuation der Arbeitnehmer durch seltenen Wechsel des Arbeitsplatzes und kaum Produktionsausfälle als Folge von Streiks.

Das Pro-Kopf-Einkommen und der Lebensstandard lagen vor der Finanzkrise an der Weltspitze. Die Isländer zahlen aber auch hohe Steuern, und die Lebenshaltungskosten sind ebenfalls sehr hoch. Der Wohlstand wurde oft mit **Devisenkrediten** finanziert.

In den letzten Jahren hatten sich einige Banker auf **risikoreiche Spekulationsgeschäfte** in internationalen Finanzmärkten eingelassen. Mit ihren Investmentgesellschaften, die hohe Renditen versprachen, lockten sie ausländisches Kapital ins Land und bauten riesige Imperien auf. Im Volksmund nannte man diese Banker „Finanz-Wikinger". Die Verbindlichkeiten der isländischen Banken überstiegen das Bruttosozialprodukt des Landes um das Fünffache. Nach dem Zusammenbruch von Lehman Brothers in den USA kam es zu einer internationalen Finanzkrise. Als Folge musste der Staat eingreifen und die größten isländischen Banken (Glitnir, Landsbanki, Kaupþing und Icebank) mit ihren Milliarden-Verbindlichkeiten übernehmen, um einen völligen Zusammenbruch des isländischen Finanzsystems zu verhindern. Dadurch erhöhte sich die **Staatsverschuldung** von 1,7 Milliarden Euro im Jahr 2007 auf über 72 Milliarden Euro 2009. **Island stand vor dem Staatsbankrott,** der vorerst durch ausländische Kredite abgewendet werden konnte. Die noch ausstehenden Rückzahlungen der Bankenverbindlichkeiten an die ausländischen Geldanleger erfordern wahrscheinlich weitere Kredite, die das Land extrem belasten und Investitionen in die Zukunft verhindern.

Landwirtschaft und Viehzucht

Die landwirtschaftlich genutzte Fläche nimmt lediglich 1 % der Gesamtfläche Islands ein. Die Wachstumsperiode dauert nur vier bis fünf Monate. Die Hauptzweige sind Heuproduktion und Haustierhaltung. Die Landwirtschaft ist ein wichtiger Arbeitgeber, ca. 5 % der Bevölkerung finden hier Beschäftigung. Derzeit werden ca. **4500 Höfe** bewirtschaftet, die meist als eigenständige Anwesen außerhalb der Orte stehen; diese typisch isländische Siedlungsweise prägt das Landschaftsbild. Die Höfe sind von ausgedehnten bewirtschafteten Flächen umgeben. Die landwirtschaftlichen Betriebe und das Land befinden sich zu 85 % in Privatbesitz und gehören zu zwei Dritteln ihren Bewohnern. Die Pacht ist in Island nicht so verbreitet wie in Deutschland.

Bei der ersten Volkszählung in Island im Jahre 1703 waren 69 % der Bevölkerung **Bauern,** zu Beginn des 20. Jahrhunderts war es nur noch die Hälfte, und heute sind es noch 5 %.

Zu Beginn der Besiedlung Islands bauten die ersten Siedler Gerste und Hafer an. Durch die Klimaverschlechterung kam es zu **Missernten,** so dass der Getreideanbau im 16. Jahrhundert eingestellt wurde. Im Süden Islands werden heute wieder viel versprechende Versuche mit dem Anbau von kälteresistenter Gerste und Hafer gemacht.

Der größte Teil der auf den landwirtschaftlich genutzten Flächen erzeugten Produkte wird im eigenen Land benötigt. Nur ein geringer Anteil wird im Rahmen eines Abkommens zur gegenseitigen Hilfe in andere nordische Länder ausgeführt, wenn dort beispielsweise in trockenen Sommern Heumangel besteht. Der Anbau von Kartoffeln und Rüben ist in Island wegen des kurzen Sommers problematisch. Dennoch können die Isländer 60–80 % ihres Bedarfs an Kartoffeln selbst decken.

Seit 1924 nützt man die **geothermale Energie** für den Anbau von Gemüse **in Treibhäusern.** Seit einigen Jahren werden in den Treibhäusern vermehrt auch Blumen, Orangen, Zitronen und andere, zum Teil auch exotische Früchte angebaut. Für den Eigenbedarf wächst heute auf etwa 160.000 m² Fläche Gemüse, in erster Linie Tomaten, Gurken, Möhren, Weiß-, China- und Blumenkohl. Etwa 60 % der Treibhauskulturen befinden sich in Hveragerði, einem Dorf, das zwischen Selfoss und Reykjavík liegt.

Rinder und **Schafe** sind seit jeher die beiden Grundpfeiler der isländischen Viehzucht. Der Inlandsmarkt wird vollständig mit eigenen Tieren versorgt, der Fleischimport ist verboten. Die **Schafzucht** leidet jedoch seit einigen Jahrzehnten unter Überproduktion. Zählte man 1986 675.000 Schafe, sind es heute noch 450.000. Mit dieser Reduzierung will man auch die zunehmende Zerstörung der Vegetation eindämmen, da die Schafe überwiegend frei auf dem Land gehalten werden. Auch für die Milchproduktion gelten inzwischen Höchstmengen. Lämmer und überschüssige Milchprodukte werden heute stark subventioniert in andere europäische Länder exportiert. Für die inländische Fleischproduktion spielt die Schaf-

zucht aber nach wie vor eine große Rolle. Die Zucht von Geflügel und Schweinen hat in den letzten Jahren stark zugenommen.

Insgesamt ist die Agrarproduktion in den letzten Jahrzehnten wesentlich effektiver geworden. Vorher wurde in erster Linie ausschließlich für den Eigenbedarf produziert. Durch die Trockenlegung von Sümpfen und Mooren sowie die Kultivierung von natürlichem Grasland konnten zusätzliche Flächen für den Anbau und als ertragsreiche Weiden geschaffen werden. Durch den gezielten Einsatz von Düngemitteln wurde der landwirtschaftliche Ertrag weiter gesteigert. Die Landwirte können deshalb heute marktorientiert auch für den Export wirtschaften.

Nach wie vor sind **Pferde** ein wesentlicher Wirtschaftsfaktor. Rund 70.000 Pferde gibt es heute auf der Insel, die als Reittiere und Freizeitpferde Verwendung finden. Sie werden auch in wachsender Zahl nach Europa und in die USA exportiert.

In den Jahren zwischen 1960 und 1987 erlebte die **Zucht von Polarfüchsen und Nerzen** in Pelztierzuchtfarmen einen großen Aufschwung. Dieser endete abrupt mit einigen Konkursen in der Branche. Seit 1991 werden erneut Versuche in diesem Wirtschaftszweig unternommen.

Geothermal beheizte Gewächshäuser bei der Solfatare Gryla in Hveragerði

Fischfang und Fischzucht

Der Fischfang diente den Isländern jahrhundertelang nur zur Selbstversorgung. Lediglich in geringem Ausmaß wurden Lachs, Tran, Stock-, Salz- und Klippfisch exportiert. Nach Aufhebung des Handelsmonopols durch Dänemark im 19. Jahrhundert nahm die Fischerei einen wirtschaftlichen Aufschwung, und man konnte sich von diesem Zeitpunkt an besser am Markt orientieren. Mit Beginn des 20. Jahrhunderts wurde die isländische Fischereiflotte entscheidend vergrößert. Nach dem II. Weltkrieg wurde die isländische Trawlerflotte weitgehend erneuert, außerdem kam die Gefriertechnik zum Einsatz. Dies war auch der Zeitpunkt, ab dem die isländischen Fischer zu einer ernsthaften Konkurrenz für andere europäische Staaten wurden. Sowohl die gefangene Fischmenge als auch die Größe der Fischereiflotte vervierfachte sich bis 1986. Obwohl der Fischfang in den darauf folgenden Jahren zahlenmäßig zurückging, konnte der daraus erzielte Erlös weiter erhöht werden. Die **isländische Fischereiflotte** besteht aus 834 Fischkuttern und 64 Trawlern (2008). In zunehmendem Maß wird die Fischverarbeitung von Land an Bord verlagert, Gefriertrawler liefern bereits 20 % der gesamten Produktion. Über **70 % des Gesamtexports** besteht aus Fisch und Fischprodukten. Größte Abnehmer sind die USA, Großbritannien, Portugal, Japan und Deutschland. Der Fischfang und die Fisch verarbeitende Industrie sichern 12 % der Isländer einen Arbeitsplatz.

Rund um Island werden etwa **25 verschiedene Sorten Fisch** sowie eine Hummerart, Garnelen und Kammmuscheln gefangen. Am wichtigsten für die Industrie sind Kabeljau, Rotbarsch, Seelachs, Schellfisch, Hering und Garnelen.

2007 wurden insgesamt knapp **1,4 Millionen Tonnen Fisch** gefangen, gegenüber den Vorjahren eine rückläufige Menge. Durch die Finanzkrise sank der Preis für isländischen Fisch auf dem Weltmarkt, wodurch 2008 mehr Fisch verkauft wurde. Auch 2009 (1.–3. Quartal) stieg der Erlös aus dem Fischfang gegenüber dem Vorjahr um 5,7 % an. Islands Fischer scheinen von der Wirtschaftskrise zu profitieren.

In der **Fischzucht** hat der **Lachs** die größte Bedeutung. Die Nachfrage steigt stetig, so dass es schon lange nicht mehr ausreicht, die Brutfische in den achtzig Lachsflüssen auszusetzen. Sie werden seit Anfang der 1980er Jahre vermehrt in der Küstenregion gezüchtet. Zur Laichablage kehren die Lachse dann oft in ihre heimischen Gewässer zurück. Vor allem im Südwesten der Insel gibt es Lachszuchtbecken mit geothermal beheiztem Meerwasser. Zur Aufzucht werden idealerweise 15–20 °C benötigt, eine Temperatur, die das Meer auf natürliche Art und Weise nie erreichen würde. Außer Lachsen züchtet man auch **Regenbogenforellen** und **Aale.** Mit jährlich 3000 t Lachs und 500 t Forelle entwickelt sich dieser Zweig jedoch nur schleppend. Eine viel versprechende Fischart ist die Nordmeer-Forelle (Saibling); der Fisch ist sehr gefragt und erzielt einen guten Preis.

Die **Fischereigrenzen** wurden von Island mehrfach ausgedehnt, um die Überfischung durch andere Länder zu verhindern und die eigenen Fangerträge zu vergrößern. Die anderen Fischereinationen nahmen dies jedoch nicht kommentarlos hin. 1958 begann deshalb der „erste **Kabeljaukrieg**", 1972 folgte der „zweite Kabeljaukrieg", und als schließlich die Fischereigrenzen von isländischer Seite drei Jahre später auf 200 Seemeilen ausgedehnt wurden, kam es zum „dritten Kabeljaukrieg". Erst als Island mit dem Austritt aus der NATO drohte und die diplomatischen Beziehungen zu Großbritannien abbrach, um seine Forderungen zu unterstreichen, einigte man sich nach Vermittlung der USA und schloss 1977 einen Vertrag, in welchem die Nationalhoheit Islands innerhalb der 200-Seemeilen-Zone festgeschrieben wurde. Insbesondere beim dritten Kabeljaukrieg sind isländische Kutter und Trawler innerhalb der proklamierten neuen Fischereizone von englischen Kriegsschiffen mit Waffengewalt am Fischen gehindert worden.

Der umstrittene **Walfang** hat in Island eine lange Tradition, er wurde jedoch nur in vergleichsweise geringem Ausmaß betrieben. Ende des 19. Jahrhunderts wurden die ersten Walfangstationen in Island von Norwegern gegründet, 1930 errichteten die Isländer ihre erste eigene. Die isländischen Walfänger setzten sich über das von der Internationalen Walfangkommission (IWC; www.iwcoffice.org) ausgesprochene Fangverbot immer wieder hinweg. Damit zogen sie den Protest der Weltöffentlichkeit auf sich. Isländischer Fisch wurde international boykottiert. Dies hatte einschneidende Auswirkungen auf die isländische Wirtschaft. Die Befürworter des Walfangs mussten einlenken. Nach den Protesten der Tierschützer wurde die Zahl der erbeuteten Wale reduziert. Um aber nicht weiter an das Fangverbot gebunden zu sein, trat Island gleichzeitig aus der IWC aus. Im Oktober 2006 hat die isländische Regierung das **Jagen von Finnwalen** wieder erlaubt. Obwohl nachgewiesen ist, dass die Waljagd weniger Erlöse bringt als die Walbeobachtung und auch der

057is Foto: tt

Fischkutter im Hafen von Húsavík

Tourismus sowie das internationale Ansehen des Landes unter dem gewerblichen Walfang leiden, nehmen die Isländer diese Nachteile in Kauf.

Exportwirtschaft und herstellende Industrie

Den größten Teil des isländischen Exports nehmen **Fisch und Fischprodukte** ein; der Umsatz mit diesen Waren entspricht etwa 15 % des Bruttosozialproduktes des Landes. Wichtige Exportgüter sind auch **Aluminium** und **Eisensilikon.** Die am schnellsten wachsenden Exportzweige sind die Herstellung von Ausrüstung für den Fischfang und dessen Weiterverarbeitung (Netze, elektronisches Gerät, Fischverarbeitungsmaschinen usw.), **Computer-Software** und **Biotechnologie.** Ansonsten exportieren die Isländer kaum eigene Produkte, viele Dinge, die nicht in Island gefertigt werden, müssen teuer importiert werden (wobei Deutschland vor Dänemark und Norwegen an erster Stelle steht).

An größeren Fertigungsbetrieben arbeiten in Island eine **Düngemittelfabrik** und staatliche **Zementfabriken.** Sowohl in der Düngemittel- als auch in den Zementfabriken wird Muschelschill, Kalkmaterial aus tief im Meer liegenden Muschelbänken, als Rohstoff verarbeitet.

Die Metall verarbeitende Industrie besteht vor allem aus einigen **Stahlschiffsbauwerften.** Weitere Produkte der herstellenden Industrie sind **Wolle, Lederwaren, Sportbekleidung, Schuhe** und **Farben.** Isländische Wollpullover, Decken aus Schafswolle, Schals, Wollkostüme und andere Strickwaren sind begehrte Souvenirs. Das Strickgarn (isl. *lopi*) wird auch zu Teppichen weiterverarbeitet. Zunehmend erfolgreicher verläuft der Export von reinem isländischem **Trinkwasser,** das völlig unbelastet von Schadstoffen ist und wegen seines Mineralienreichtums besonders gut schmeckt. Dieses Wasser wird sowohl in den USA als auch in Europa zu kohlensäurehaltigem Mineralwasser und Limonade weiterverarbeitet.

Die Exportindustrie gibt etwa 30.000 Isländern Arbeit und macht rund 21 % des Bruttosozialproduktes aus. Neben den USA und Großbritannien ist Deutschland Hauptabnehmer der isländischen Produkte.

Energiewirtschaft

Zur Energieerzeugung sind in Island keine fossilen Brennstoffe oder Kernkraftwerke notwendig. Das Land verfügt mit **Wasserkraftwerken und geothermalen Quellen** über gewaltige Energiemengen und produziert mehr Strom als für den Eigenbedarf notwendig ist. 2007 wurden knapp 12.000 GWh Strom erzeugt, 8400 GWh aus Wasserkraft und 3500 GWh aus geothermaler Energie. Aus Öl und Gas wurden nur 4 GWh Energie gewonnen.

Geothermalenergie wird hauptsächlich zum Beheizen von Gebäuden, von 15 ha überglaster Gewächshausfläche und etwa 80 öffentlichen Schwimmbädern verwendet. Reykjavík und zwei Dutzend andere Gemeinden versorgen mit dieser Energie 86 % der Bevölkerung. Aber auch einige Gehwege und

Straßen werden in der Hauptstadt durch „unterirdische Heizung" im Winter schnee- und eisfrei gehalten.

Die niedrigen Energiekosten machen die Einfuhr von Rohstoffen über weite Schiffswege rentabel. In Straumsvík 14 km südlich von Reykjavík wird deshalb seit 1969 **Aluminium** aus australischen Rohstoffen gewonnen. Fjarðaál erschmilzt Aluminium in Reykjafjörður in Ostisland und ein weiteres Aluminiumschmelzwerk ist bereits genehmigt. Dieses soll im nordisländischen Bakki bei Húsavík gebaut werden (Norðurál) und geothermale Energie nutzen. Insgesamt wurden im Jahr 2008 über 740.000 t Aluminium produziert. 2007 waren es nur 440.000 t.

Im Jahr 1979 entstand 17 km von Akranes entfernt am Nordufer des Hvalfjörður das **Ferro-Silizium-Schmelzwerk** Grundartangi. Mit importierten Rohstoffen werden hier jährlich 70.000 t 75 %iges Ferrosilizium hergestellt, was zur Stahlproduktion vor allem in westeuropäischen Ländern verwendet wird. Seit 1954 werden in einem staatlichen **Düngemittelwerk** jährlich 62.000 t Kunstdünger produziert.

Die größten Wasserkraftwerke Islands

Leistung/Inbetriebnahme

- **Karahnjúkar:** 690 MW/2007
- **Búrfell:** 270 MW/1970
- **Hrauneyjarfoss:** 210 MW/1982
- **Sigalda:** 150 MW/1976
- **Vatnsfellvirkjun:** 90 MW/2001

Verkehrswesen und Transport

Über einen sehr langen Zeitraum konnte man sich in Island nur zu Fuß oder auf dem Pferd fortbewegen oder auf diese Weise Lasten transportieren. Dabei forderten das wüstenähnliche Hochland und die Flussdurchquerungen viele Opfer. Erst zu Beginn dieses Jahrhunderts wurden einfache Straßen für Pferdefuhrwerke gebaut. Der Ausbau des heute **12.500 km langen Straßennetzes** verlief langsam. Die Ringstraße beispielsweise, die heute rund um Island führt und die wichtigste Landverbindung zwischen den einzelnen Orten darstellt, wurde erst 1974 vollständig fertig gestellt. Bis zu dieser Zeit fehlten im südlichen Sandergebiet Dämme und Brücken, weshalb dieser wasserreiche Abschnitt für Fahrzeuge unpassierbar war.

Die **Verkehrsdichte** im Großraum Reykjavík entspricht in etwa der in unseren Großstädten. Auf abgelegeneren Straßen begegnen dem Autofahrer hingegen nur einige wenige Fahrzeuge am Tag! Statistisch gesehen ist auf jeden zweiten Isländer ein Auto zugelassen. Da es in Island **keine Eisenbahn** und **keine Straßenbahn** gibt, sind neben dem Auto, des Isländers „liebstem Kind", der Bus und das Flugzeug die wichtigsten Fortbewegungsmittel. Die **Busse** übernehmen fast den gesamten öffentlichen Personenverkehr und verbinden alle größeren Orte miteinander. Das innerisländische **Flugnetz** ist gut ausgebaut. Alle wichtigen Städte sind mit dem Flugzeug zu erreichen. Neben der staatlichen Fluggesellschaft Iceland-

058is Foto: tt

air gibt es mehrere private Fluggesellschaften, die Linienflüge und Charterflüge anbieten. Durch den zunehmenden Ausbau des Flugnetzes werden Schiffe immer weniger zur Personenbeförderung eingesetzt. Doch bedingt durch die isolierte Insellage wird die Schifffahrt ihre Bedeutung für die Wirtschaft, insbesondere für Import und Export, behalten, erfolgen doch 99 % des Im- und Exports auf dem Seeweg.

Tourismus

Island erfreut sich als Reiseziel für den „zivilisationsmüden Naturfreund“ zunehmender Beliebtheit. Für die isländische Volkswirtschaft gewinnt der internationale Fremdenverkehr weiter an Bedeutung. Das Land bemüht sich durch den Ausbau der touristischen Infrastruktur, wie z. B. die Erweiterung von Campingplätzen, Parkplätzen oder den Ausbau des Transportwesens, die Zufriedenheit der Gäste weiter zu steigern. Die Zahl der Islandreisenden nimmt stetig zu. Waren es 1970 erst 50.000 Touristen, die das Land bereisten, wurden im Jahr 2006 mehr als 360.000 Auslandsgäste gezählt. Die Wirtschaftskrise bescherte dem Land einen 30 %-igen Anstieg der Touristenzahlen, sodass **2008 rund 500.000 Auslandsgäste** ins Land kamen. Damit besuchen pro Jahr mehr Touristen Island, als das Land Einwohner hat. Etwa die Hälfte der Touristen kam aus aus den skandinavischen Ländern. Rund ein Viertel waren Amerikaner, die ihren Europatrip in Island unterbrachen, um auch dieses Land kennen zu lernen. An dritter Stelle folgten die deutschen Touristen sowie Österreicher, Schweizer und Italiener. Nach der Öffnung der EU nach Osten besuchen auch immer mehr Touristen aus den ehemaligen Ostblockstaaten Island.

Obwohl Island derzeit das Land mit der höchsten Zunahme an Touristen in Europa ist, entwickelt sich eine groß angelegte Tourismusindustrie nur langsam. Von Massentourismus kann glücklicherweise noch keine Rede sein, wenngleich viele touristische Attraktionen bereits überlaufen sind. Mehr als die Hälfte aller Besucher kommt in den Sommermonaten Juni, Juli und August. Der Staat hat großes Interesse daran, das Land das ganze Jahr über für Besucher attraktiv zu halten. Dazu sollen bis zu einem ökologisch vertretbaren Maß auch neue Hotels mit gehobenem Standard gebaut und die Bettenzahl in Privatunterkünften erhöht werden. Angebote an „Verwöhn-Urlauben" mit Wellness und Gesundheitsfürsorge für gestresste Menschen werden ständig erweitert. Da Island ein sicheres Reiseland ohne Terrorgefahr ist, kommen auch immer mehr wohlhabende Urlauber dorthin, die sonst vielleicht eher eine exotische Fernreise gebucht hätten. Diese erwarten an ihrem Urlaubsort mehr Luxus, ständige Betreuung und anspruchsvolle kulturelle Unterhaltung. Auch auf dieses Publikum stellt sich die isländische Tourismusindustrie ein. Der Urlaub in Island wird als Folge immer teurer, die **Übernachtungspreise steigen** und die Möglichkeiten für einen „Billigurlaub" werden weniger.

Freie Straße –
die Ringstraße östlich des Mývatn

Bevölkerung

Herkunft

Die Isländer sind die **Nachfahren der Wikinger,** die aus Norwegen und der Region am Nordatlantik nach Island kamen und sich hier ansiedelten. Aber auch **keltische Ursprünge** lassen sich nachweisen, denn auch Iren und Schotten kamen als Sklaven auf die Insel.

Die Isländer haben großes Interesse an der **Ahnenforschung** und können ihre eigenen Wurzeln oft weit zurückverfolgen, teilweise sogar bis in die Zeit der Besiedlung der Insel. Etwas Besonderes sind auch die **Verwandtschaftsverhältnisse** in Island. Wenn sich Isländer unterhalten, hört man z. B. immer wieder den Satz: „Ja, den kenne ich, das ist der Cousin meiner Tante väterlicherseits." Man bekommt den Eindruck, dass fast alle Isländer weitläufig miteinander verwandt wären.

Bevölkerungsstruktur

In Island leben fast **320.000 Einwohner.** Bei einer Landfläche von 103.000 km² bedeutet dies mit 3 Einwohnern pro km² die **geringste Bevölkerungsdichte in Europa.** Im Landesinnern ist diese Zahl noch viel kleiner, da 117.721 Isländer in der Hauptstadt und 201.585 im Großraum Reykjavík wohnen. Jedes Jahr ziehen weitere 4000 Isländer vom Land in die Städte.

Kópavogur ist mit 29.960 Einwohnern die zweitgrößte Stadt. Es folgen Hafnarfjörður (25.840), Akureyri (17.340) Reykjanesbær mit Keflavík (12.400 Einwohner), Akranes (6430), Vestmannaeyjar (4090), Ísafjörður (2730) und Egilsstaðir (2260).

Der **Ausländeranteil** an der isländischen Bevölkerung war bis 2006 mit knapp 3 % gering. Mangel an Arbeitskräften und die Öffnung Europas nach Osten führten im Mai 2006 zu einer Liberalisierung der **Einwanderungsbestimmungen.** Vor 20 Jahren gab es pro Jahr nur etwa 600 Einwanderer, 2006 hat sich die Zahl auf 14.000 vervielfacht. Die meisten wanderten aus Polen und Litauen ein. Heute liegt der Ausländeranteil bei **8 % der Bevölkerung.** Polen, Litauer, Dänen und Deutsche stellen die größten Gruppen, gefolgt von Serben und Kroaten, Philippinos, Chinesen, Portugiesen und Amerikanern. 6 % der isländischen Arbeitskräfte sind heute Ausländer.

Das **Bevölkerungswachstum** betrug im Jahr 2006 durchschnittlich 2,6 %.

Die durchschnittliche **Lebenserwartung** liegt mit 83,1 Jahren bei Frauen und 79,2 Jahren bei Männern an der Weltspitze. Die Säuglingssterblichkeit ist mit 0,3 % extrem niedrig. Eine große Anzahl der Kinder kommt unehelich zur Welt. Auf drei Eheschließungen kommen zwei Scheidungen pro Jahr.

Die isländische Namensgebung

Auch bei ihren Namen haben die Isländer eine alte Tradition bewahrt. Bei ihnen ist der **Vorname** der **wichtigere Teil des Namens.** Im Allgemeinen erhalten die Kinder den Vornamen des Vaters als Nachnamen mit der Endung „-son" (Sohn) für Jungen und „-dottir" (Tochter) für Mädchen: *Jónsdottir* ist also die Tochter von *Jón, Ólafson* der Sohn von *Ólaf.* Bei der Eheschließung gibt es keine Namensänderung, die Geburtsnamen werden beibehalten. Isländer sprechen sich üblicherweise nur mit dem Vornamen an. Dieser Regel folgend sind die **Namen in Telefon- und Adressbüchern nach Vornamen geordnet.** Nur bei Einwanderern wurde mit der

Junge Frau in isländischer Tracht im Freilichtmuseum Arbær in Reykjavík

Namenstradition gebrochen. Sie behielten ihre normalen Nachnamen. Bei den Isländern haben insgesamt nur etwa 10 % einen Nachnamen, der von der allgemeinen Regel abweicht.

Lebensstandard

Das **pro-Kopf-Einkommen** in Island lag vor der Finanzkrise an der Weltspitze, dies galt allerdings aufgrund der hohen Steuern und Lebenshaltungskosten auch für die Ausgaben. Heute ist Island als Staat de facto bankrott.

Die Preise für Grundnahrungsmittel sind in Island fast doppelt so hoch wie in Deutschland. Das Warenangebot ist bei weitem nicht so umfangreich wie bei uns. Die Kosten für Miete und Wohnungseigentum sind deutlich geringer als in Deutschland. Trotzdem sind die Pro-Kopf-Ausgaben und -Verschuldung beträchtlich.

Wie hoch der isländische Lebensstandard ist, kann man an folgenden Zahlen ablesen: Jeder isländische Haushalt verfügt über ein Telefon oder Mobiltelefon, 73 % der Isländer haben eine eigene E-Mail-Adresse; jeder zweite Einwohner hat statistisch gesehen ein Auto; etwa jeder dritte Isländer verfügt über Radio und Fernsehen. 75 % der Isländer leben in ihren eigenen vier Wänden. Übrigens ist der Baustil isländischer Häuser eher einfach. Verwendete Materialien sind hauptsächlich Beton und Wellblech. Die Isländer verstehen es aber, ihre Häuser durch bunte Farben, einen kleinen Gemüsegarten für den Eigenbedarf, Blumen und liebevolle Einrichtung gemütlich zu gestalten.

Die Isländer sind **reiselustig.** Während der Sommermonate nutzen sie die hellen Nächte für Ausflüge. Besonders die Menschen aus den Städten zieht es in die ländliche Umgebung. Oft treffen sich die Isländer auch an Wochenenden mit Freunden auf Campingplätzen. Viele junge Isländer verbringen die dunklen Wintermonate auf Reisen. Sie begeben sich oft auf das europäische Festland oder in die USA. So können sie neue Länder kennen lernen und entgehen dem monotonen Winter.

Religion

Der Großteil der Isländer (über 82 %), gehören der **Evangelisch-Lutherischen Kirche** an. Laut Verfassung ist sie **Staatskirche.** Etwas mehr als 2 % der Bevölkerung sind Katholiken, der Rest gehört anderen Glaubensgemeinschaften an. Katholische Gemeinden von nennenswerter Größe gibt es nur in Reykjavík, Akureyri und Hafnarfjörður. Auch dort ähneln die Kirchen normalen Wohnhäusern, mit einem Kreuz über dem Eingang. Obwohl die katholische Kirche (zahlenmäßig) bedeutungslos ist, besuchte 1989 Papst *Johannes Paul II.* das Land. Ursprünglich brachten keltische Mönche den katholischen Glauben auf die Insel, doch konnte sich die Religion nicht durchsetzen.

Die Wikinger glaubten an **nordische Gottheiten:** Überall in der Natur sind übernatürliche Kräfte am Werk, die Göttern, Elfen, Zwergen und Riesen zugeschrieben werden. Diese Mächte

wohnen dort, wo keine Menschen sind, auf unzugänglichen Bergen, in tiefen Seen, im Meer, im Innern der Erde, in der Luft; auch die Jahreszeiten und das Wetter haben ihre eigenen Geister. Es gibt gute und böse Mächte. Das (heidnische) Volk musste lernen, sich mit den einen gut zu stellen und die anderen zu fürchten.

Die „guten" **Lichtelfen** sind mächtig und schöner als jeder Mensch; die „schlechten" **Schwarzelfen** bringen Krankheiten und Verderben. **Zwerge** wohnen in Höhlen in den Bergen. Sie besitzen Gold und Edelsteine, stellen allerlei Waffen her. Sie sind meist böse und gefährlich, man sollte sich vor ihnen hüten. Das Echo ist der „Schrei eines Zwergs". Sonne und Mond beherrschen den Himmel. **Riesen** sind übermächtig, ihre Kraft kann aber leicht außer Kontrolle geraten. Frostriesen bringen lange, harte Winter; Feuerriesen verbrennen das Land. **Wotan,** der im Norden **Odin** genannt wird, führt in der germanischen Mythologie das mächtige Göttergeschlecht der **Asen** an. Dieses besteht aus der Göttermutter **Frigg;** aus **Thor,** dem Gott des Donners und Blitzes, des Wetters und der Ernte, dem Beschützer der Menschen; aus **Loki,** dem sowohl zerstörerischen als auch wohltätigen Gott des Feuers, der gerne Zwietracht sät unter den Göttern; aus **Baldur,** dem Gott der Sonne, des Lichts und der Reinheit; aus **Hel,** der Totengöttin und anderen. Wohnsitz der **Asen** und Mittelpunkt der Welt ist **Asgard.** Die Asen erhalten sich ewige Jugend, indem sie die goldenen Äpfel der Göttin **Idun** essen.

Das Göttergeschlecht der **Vanen** ist älter. Es symbolisiert Fruchtbarkeit und Wachstum. Geschwisterehe verleiht ihnen Zauberkraft. Oberster Gott der Vanen ist **Njörd.** Sein Wohnsitz ist Vanaheim. **Freya** ist die Göttin der Liebe und **Freyr** der Gott der Fruchtbarkeit.

Der **Asenglaube,** der die Schöpfung als Mysteriengeschichte der nordischen Mythologie auffasst, wurde 1973 wieder eingeführt. Als Reaktion auf die Zunahme von christlichen Sekten gründete der Bauer und Dichter *Sveinbjörn Beinteinsson* im Winter 1971/72 die Gemeinde, deren Anhängerzahl rapide zunimmt.

Geister, Elfen und Trolle

Der Glaube an Geister, Elfen und Trolle ist in Island bis heute weit verbreitet. Dazu tragen auch die langen Nächte im Winter, die karge Landschaft und das oft trübe Wetter bei. Immer wieder treten auch **seltsame Phänomene** auf, die sich wissenschaftlich nicht erklären lassen und die auch den größten Skeptiker zum Nachdenken bringen (siehe Exkurs „Straßenbau mit Hindernissen").

Der Glaube an die Elfen führt aber auch dazu, dass es für Hafnafjörður z. B. einen eigenen Stadtplan für die Wohnstätten der Elfen gibt. Die isländische Regierung hat sogar eine offizielle **Elfenbeauftragte** eingesetzt, deren Urteil bei allen neuen Bauprojekten eingeholt werden muss. Vielleicht ist dies aber auch nur eine geschickte Maßnahme, die verschärften Bestimmungen beim Umwelt- und Naturschutz leichter umsetzen zu können ...

Viele Isländer sind davon überzeugt, dass in ihrem Land Geister und Wiedergänger vorkommen. So soll sogar im Höfði, dem Gästehaus der Regierung in Reykjavík, ein Geist sein Unwesen mit den Staatsgästen treiben.

Es gibt sowohl gute als auch böse Geister. Das Land wird demnach von vier **„Schutzgeistern"** aus dem Epos Heimskringla beschützt. Im Westen wacht ein Stier, im Süden ein Bergriese, im Osten ein Drache und im Norden ein Adler. Die vier Schutzgeister finden wir auch im isländischen Wappen und auf der Rückseite der Geldmünzen.

Land und Leute

Kunst und Kultur

Während die Literatur in Island auf eine langwährende Tradition zurückblicken kann, hat das künstlerische Schaffen in Architektur, Musik, Malerei, Bildhauerei und Theater erst im Laufe des letzten Jahrhunderts an internationaler Bedeutung gewonnen. Allerdings hat sich daraus in relativ kurzer Zeit, binnen weniger Jahrzehnte, ein reichhaltiges kulturelles Angebot entwickelt.

„Weihnachtshaus" in Hrafnagil

055is Foto: tt

Isländisches Wappen

Straßenbau mit Hindernissen

Beim Bau einer Straße in der Nähe von Hveragerði fielen die Baumaschinen aus, als ein Erdhügel planiert werden sollte. Als die Sprengung des Hügels anstand, versagte der Sprengstoff. Ein Bauer aus der Nachbarschaft berichtete den Bauarbeitern, dass die in dem Erdhügel wohnenden Elfen sich bei ihm gemeldet hätten. Sie wären bereit, in einen anderen Erdhaufen zu ziehen, allerdings müssten bis zum Ende des Umzugs die Arbeiten gestoppt werden. Da sich der Hügel nicht beseitigen ließ, schenkte man dem Bauern Glauben. Als er kurze Zeit später berichtete, dass die Elfen nun ein anderes Domizil hätten, konnte der Bau der Straße ohne weitere Komplkationen abgeschlossen werden ...

Die Kraftwerksgesellschaft Landsvirkjun (www.lv.is) bietet Künstlern die Möglichkeit, ihre Werke an eher **ungewöhnlichen Orten** – in mehreren isländischen Kraftwerken – auszustellen. In Turbinensälen, Staudämmen oder Tunneln tief unter der Erde sind im Sommer Kunstwerke zu sehen, dazu gibt es dort Konzerte oder andere kulturelle Angebote.

Literatur

Die isländische Literatur entwickelte sich mit dem Beginn des Christentums. Damals löste auch das lateinische Alphabet die isländischen Runenzeichen ab und wurde mit zusätzlichen **Schriftzeichen** (Æ, æ, Đ, ð, Þ, þ) ergänzt. Die Texte wurden jetzt nicht mehr in lateinischer Sprache, sondern auf Isländisch abgefasst.

Die mittelalterliche Literatur der Isländer bestand zunächst aus Übersetzungen religiöser Texte aus dem Lateinischen. Das Jahr **1117** wird allgemein als **Beginn einer eigenständigen isländischen Literatur** wahrgenommen. Seitdem wurden die Gesetze beim alljährlich stattfindenden Alþing nicht mehr nur auswendig vorgetragen, sondern auch schriftlich fixiert. Damals schrieb *Ari Þórgilsson* (1067–1148) auch das **„Íslendingabók"**, das „Buch der Isländer", das über die Geschichte der Entdeckung und Besiedlung Islands von 870 bis etwa 1120 sowie die Annahme des Christentums berichtet. Dann kam das **„Landnámabók"** heraus, das „Buch der Landnahme", in dem 400 der ersten Siedler mit ihren Nachkommen aufgelistet und die damaligen Eigentumsverhältnisse festgehalten sind. Die fünf Register des Landnámabók wurde zwischen dem 12. und 14. Jahrhundert von mehreren Clans in Auftrag gegeben, um Besitzansprüche auf Grund und Boden gegenüber anderen Familien und der Kirche zu dokumentieren.

Der wohl bedeutendste Autor dieser Zeit ist der Dichter, Historiker, Jurist und Politiker **Snorri Sturluson** (1178–1241), der die **„Heimskringla"** („Weltkreis") verfasste, in dem im Stil einer Mysteriengeschichte von den norwegischen Königen in der Zeit vom 9. bis 12. Jahrhundert erzählt wird: „Die wei-

Eldgjá, die vulkanische „Feuerspalte", ist 200 m tief und 600 m lang

se Königin Ragnhild hatte viele Träume, ihr Gatte, König Halfdan, hingegen hatte nie Träume und verfiel deswegen oft in Gram. Auf Rat des klugen Thorleif schlief Halfdan eines Nachts in einem Schweinestall, wo auch er einen großen Traum hatte. Halfdan sah einen Mann, dessen Haar voller schöner Locken war; eine einzige übertraf jedoch alle anderen Locken an Länge. Thorleif deutete dem König diesen Traum dahin, dass er viele Nachkommen haben werde und einer aber mächtiger sein werde als alle anderen." – Die Nachkommen Halfdans sind die norwegischen Könige, *Olaf der Heilige* ist in der größten Locke des Traumbildes verkündet worden.

Ausgelöst wurde diese literarische Entwicklung 1152 mit der Gründung des Erzbistums Niðarós in Trondheim, Norwegen. Nachdem der berühmteste und hochverehrte norwegische König *Olaf der Heilige* (1015–1030) bereits 1035 von der Kirche heiliggesprochen worden war, begann man jetzt verstärkt damit, das Leben der norwegischen Könige in der Literatur zu verarbeiten. Ein weiteres Werk von *Snorri Sturluson* ist die **„Prosa-Edda"**, ein bedeutendes Lehrbuch der Skaldendichtung. Durch seine Werke nahm der politische Einfluss des Dichters kontinuierlich zu – Snorri Sturluson wurde deswegen 1241 auf Befehl des norwegischen Königs *Hákon* ermordet.

Bei den ältesten Formen isländischer Dichtkunst unterscheidet man zwischen **Sagas** (Prosadichtung) sowie **skaldi-**

scher und **eddischer Dichtung** (beides Reimdichtungen). Der Ursprung dieser Formen geht auf die norwegische Dichtung zurück. Jedoch bekamen sie in Island bald eigene Merkmale und erreichten dort eine außergewöhnliche Bedeutung. Die traditionelle isländische Literatur ist ein Beweis für die hochentwickelte Dichtung des germanischen Altertums. Sie spiegelt das von Mythen umgebene vorchristliche Leben wider und ist Zeuge der hohen literarischen Schule.

Sagas

Bei den Sagas, auf Deutsch „Geschichten", handelt es sich um eine Mischung aus erdichtetem Roman und dokumentarisch festgehaltenen historischen Fakten. Die ersten schriftlich überlieferten Sagas waren die **König-Sagas.** Sie berichteten über das Leben norwegischer Könige. Die **Íslendingasögur,** die Sagas der Isländer, basieren auf historischen Begebenheiten und handeln vom Leben der Geschlechter zur Zeit der Landnahme in den Jahren 870–1030: von ihrer Bedeutung, von ihren Rivalitäten und von der Rechtsprechung in Island. Jetzt bestimmte nicht mehr der Stärkere, sondern die Gesetze regelten den Umgang. Die Sagas sind also Zeitdokumente, allerdings wurden die Handelnden und die Orte dichterisch umgeschrieben, so dass man sich nicht absolut darauf verlassen kann. Ereignisse, die teilweise schon Jahrhunderte zurücklagen und bis dahin nur mündlich überliefert worden waren, wurden im 13. Jahrhundert erstmals schriftlich fixiert.

Die **bekannteste Isländer-Saga** ist die **Egills-Saga,** die das Leben des Skaldensängers *Egill Skallagrímsson* zum Inhalt hat. Wahrscheinlich wurde sie von *Snorri Sturluson* verfasst. Andere bekannte Sagas sind die Laxdæla-Saga, die Gísla-Saga, die Grettis-Saga und die Guðruns-Saga. In den Sagas kommen skaldische Strophen als Texteinschübe vor. Ihr Inhalt ist oft blutrünstig. Vorherrschende Themen sind Mord und Blutrache. Es sind aber auch Beschreibungen von alten Orten darin enthalten, die heute noch existieren.

Zuerst wurden die Sagas auf Pergament festgehalten, das in Handarbeit aus Kalbshäuten gefertigt wurde. Ein Zehntel dieser alten Pergamente ist heute noch vorhanden. Für das **Flateyjarbók** entstanden aus mehr als 100 Kalbshäuten über 200 Blätter. Der Landbesitzer *Jón Hákonarson* gab es bei zwei Priestern in Auftrag. Das Buch, Ende des 14. Jahrhunderts entstanden, ist die umfangreichste aller Pergamenthandschriften. Es handelt von den Sagas der norwegischen Könige. Bis 1647 befand sich das Buch in Privatbesitz auf der Insel Flatey, bevor es der Bischof von Skálholt als Geschenk erhielt. Ein paar Jahre später bekam es der dänische König, bis 1971 wurde das Buch in der Königlichen Bibliothek in Kopenhagen aufbewahrt. Heute befindet sich das Werk im Arni-Magnusson-Institut in Reykjavík.

Zwar wurden noch bis ins 16. Jahrhundert hinein sagaähnliche Texte verfasst, in ihrem literarischen und künstlerischen Wert waren sie jedoch nicht mehr mit den früheren Werken vergleichbar.

Eddas

Die Eddas entstanden zwischen 800 und 1200 und bestehen aus mythischen **Helden- und Götterliedern,** die sagenhafte Begebenheiten aus Island schildern. Sie erzählen anhand individualisierter Göttergestalten und Götterschicksale die **Schöpfung der Welt und der Menschen,** den Untergang dieser Welt (Götterdämmerung) aufgrund des Sündenfalls der Götter und die Erschaffung einer neuen Welt durch einen sündenfreien Gott. Die Inhalte der Eddas sind mit isländischen Naturphänomenen verknüpft. Die Strophen haben meist einen germanisch-heidnischen Charakter.

Einige Historiker sagen, *Edda* leite sich von der lateinischen Verbform „edo" = „ich verkünde" ab; andere führen den Namen auf einen alten Ausdruck für „Großmutter" zurück, die ihren Enkeln von der Vergangenheit erzählt. *Ernst Uehli* versteht das Wort „Edda" umfassender als die indogermanische Bezeichnung für das „schöpferische Weltenwort".

1643 fand Bischof *Brynjulf Swendsson* zu Skálholt eine alte **Handschriftensammlung,** die aus über hundert Götter- und Heldenliedern, Spruchweisheiten, Zaubersprüchen und Sittenlehren unbekannter Dichter bestand. Vermutlich stammen die Schriften ursprünglich von dem isländischen *Bischof Sæmundar* (1056–1133), der damals die nur mündlich überlieferten Lieder aufschrieb. Brynjulf Swendsson fügte seiner Abschrift eigenhändig den Titel „Edda Sæmundar hinns fraða" (Edda Sämund des Gelehrten) hinzu. An dieser Stelle tritt der Name Edda übrigens das erste und einzige Mal explizit in Erscheinung. Diese Sammlung wird heute als **Lieder-Edda, Sæmundar-Edda** oder **ältere Edda** bezeichnet. Man hat herausgefunden, dass viele dieser alten Lieder wahrscheinlich aufgrund von mündlichen Überlieferungen von Snorri Sturluson in die Prosa-Edda eingearbeitet wurden. Die Lieder der älteren Edda sind ebenso wie Skaldenlieder versgebunden und reich an Metaphern. Die Edda ist die einzige zuverlässige Quelle für das Leben und die Weltanschauung der germanischen Völker dieser Zeit. Die Lieder-Edda bildet auch die Grundlage für den „Ring der Nibelungen" von *Richard Wagner.*

Das erste und berühmteste Götterlied der älteren Edda ist „Völuspá", in dem „die Seherin spricht" (isl. *völva spá*): „Alle Edlen gebiet ich Andacht, ... Ich will Walvaters Wirken künden, der ältesten Sagen, der ich mich entsinne ..." – Wie die Menschen im christlichen Glauben nach der Erschaffung der Erde vom Teufel in Versuchung geführt werden und im Harmageddon schließlich nur die Guten überleben, beinhaltet das gewaltige **Schöpfungslied der Völuspá** die Weltschöpfung durch die Asen (Götter) und deren Versündigung. In Ragnarök kämpfen die Asen gegen die Riesen (Dämonen), und es beginnt der Weltuntergang, die Apokalypse, die Götterdämmerung der germanischen Religionsvorstellung. Die sündigen Götter und die Dämonen werden vernichtet. Dann entsteht eine neue Welt.

Snorri Sturluson verfasste um 1220 die **Snorra-Edda.** Diese wird auch **jüngere**

0621s Foto: tt

oder **Prosa-Edda** genannt. Sie war ursprünglich ein Lehrbuch für junge Sänger zur Erlernung der skaldischen Dichtkunst. Es handelt sich dabei um die umfangreichste Quellenschrift nordischer Mythologie überhaupt. Für Snorri Sturluson stand jedoch nicht die einfache Wiedergabe dieser Mythologie im Vordergrund, sondern ihre **christliche Interpretation.** In dieser Sicht sind die Asen nicht allein die mythischen germanischen Götter, sondern einst aus Troja nach Skandinavien eingewanderte Menschen, die dort wegen ihrer „Zauberkräfte" als Götter verehrt und zu „göttlichen Individuen" wurden.

Es entspricht altnordischer Dichtertradition, die Texte zu verschlüsseln und tatsächliche Begebenheiten zu umschreiben. In der **Prosa-Edda** werden **drei typische Stilmittel** verwendet. Beim **„kenningar"** wird eine auf Mythen anspielende, bildhafte Umschreibung eines Wortes verwendet. Des „Zwergs Überlisterin" ist beispielsweise eine Umschreibung für die Sonne. Die Sonnenstrahlen konnten in der germanischen Mythologie nämlich einen Zwerg zu Stein verwandeln. Beim **„ukend heiti"** wird ein Begriff durch ein anderes einfaches Wort ersetzt; ein Pferd ist zum Beispiel ein Renner. **„Fornöfn"** sind mythische Namen für Männer, Frauen, Waffen, Schiffe und anderes. Die Stätten der nordischen Göttersagen sind heute noch dort zu finden, wo einst die Dichter lebten, in der aktiven Vulkanzone Islands. Rätselhafte Ortsbeschreibungen und geheimnisvolle Hinweise auf mythische Begebenheiten lassen sich mit realen Orten und Landschaften verbinden.

Skulptur aus bemaltem Betonguss im Sélardalur in den Westfjorden

Landmarken der germanischen Götterwelt

Den Autoren *Karl Simrock,* der die alten Edda-Texte übersetzte und kommentierte, sowie *Walter Hansen* mit seinem Buch „Asgard, Entdeckungsfahrt in die germanische Götterwelt Islands" ist es zu verdanken, dass auf eine faszinierende, aber auch spekulative Weise die Verbindung der germanischen Mythen und damit der Edda mit den realen Landmarken in Island und der Geschichte des Landes hergestellt werden kann (vgl. auch die Karte).

Die wichtigste Kultstätte der Germanen, **Asgard,** der **Wohnsitz der Götter,** ist der weithin sichtbare 1682 m hohe **Tafelvulkan Herðubreið.** Zwischen Asgard und dem Himmel im christlichen Glauben gibt es Parallelen. Odins Thron Hlidskjalf steht im obersten Stockwerk der Götterburg, im Walaskjalf, der sich als schneebedeckter kegelförmiger Gipfel des Vulkanbergs 151 m über einem Hochplateau erhebt. Das Bergmassiv

Árni Magnússon

Árni Magnússon (1663–1730), isländischer Gelehrter und Professor für nordische Altertumskunde, Geografie und Geschichte an der Universität von Kopenhagen, ist es zu verdanken, dass zahlreiche alte isländische Handschriften erhalten sind.

In den Klöstern entstanden einst alte isländische Handschriften und wurden hier auch verwahrt. Mit der Auflösung der Klöster während der Reformation kamen die wertvolle Dokumente auf Pfarrhöfe, Bischofssitze und teilweise auch in Privatbesitz. Vielfach blieben sie unbeachtet und wurden nicht sorgsam genug aufbewahrt. Als sich im 17. Jahrhundert die Menschen in Dänemark und Schweden für die Geschichte der nordischen Länder im Mittelalter zu interessieren begannen, erwarben sie viele der alten isländischen Schriftstücke.

Dass heute überhaupt noch solche alte Schriften erhalten sind, ist ein wesentlicher Verdienst von Árni Magnússon, dem damals das königliche Archiv in Kopenhagen unterstand. Er sammelte die alten Handschriften. Dabei war sein Ziel vor allem, die Dokumente für die folgenden Generationen zu erhalten. Dazu erwarb er die Schriften, schrieb diejenigen ab, die er nur ausgeliehen bekam, und versuchte, die Herkunft der Schriftstücke zu ergründen. Magnússons Aufgabe war es auch, die erste Volkszählung in Island durchzuführen. Dazu suchte er zusammen mit *Páll Vídalín* alle Isländer auf. Dabei konnte er sich weiter um den Verbleib von Handschriften kümmern. Die erworbenen Schriftstücke brachte er in die Universitätsbibliothek von Kopenhagen, wo er sich weiter mit seiner Sammlung beschäftigte. 1728, beim großen Brand von Kopenhagen, wurde auch ein Großteil der Bibliothek zerstört. Auch Árnis Bücher und Aufzeichnungen verbrannten dabei, die kostbarsten und ältesten Schriften seiner Sammlung wie Gesetzesbücher und Saga-Handschriften konnten jedoch gerettet werden.

Mit welcher Akribie sich Árni Magnússon dem Sammeln der Handschriften widmete, wurde von *Halldór Laxness* in der „Islandglocke" festgehalten. Zu den Hauptpersonen zählt hier *Arnas Arnaeus,* dem Árni als Vorbild diente.

Vor seinem Tod vermachte Árni Magnússon sein Lebenswerk, „Den arnamagnæanske samling", der Universität von Kopenhagen. Dort wurden die Dokumente aufbewahrt, bis von 1973 an die bedeutendste Sammlung isländischer Handschriften nach Island zurückgebracht wurde. Über 1500 Handschriften, Urkunden und Dokumente werden heute im Árni-Magnússon-Institut in Reykjavík aufbewahrt und dienen dort weiteren Studien. Ein Teil der kostbarsten Relikte der isländischen Kultur ist hier auch der Öffentlichkeit zugänglich.

● **Stofnun Árna Magnuússonar,** Hverfisgata 15, 101 Reykjavík, Tel. 5241400, geöffnet 1.6.–30.9. täglich 11–17 Uhr, 1.10.–15.5. Di bis Fr 14–16 Uhr

des Herðubreið besteht aus dem vulkanischen Glas Hyaloklastit und soll bei einem bestimmten Sonnenstand geheimnisvoll leuchten. Im unteren Teil des Bergs wohnen deshalb die **Lichtalfen,** mythische Urahnen guter Hausgeister, Elfen und Feen, die dem Menschen beistehen und ihn beschützen.

Am Fuße der Götterburg liegt – einer mythischen Thingstätte gleich – der **Versammlungsplatz der Götter,** die grüne Ebene **Idafeld,** bei der es sich nach Ansicht von Walter Hansen nur um das nahe gelegene Herðubreiðarlindir handeln kann, das tatsächlich als grüne Oase mitten im endlos erschei-

063is Foto: tt

nenden Ódáðahraun liegt. Auf dem Idafeld halten die Götter Gericht und vertreiben sich die Zeit mit Spielen; sie „würfeln" und bestimmen damit das Schicksal der Menschen.

Im Norden, in der Flammenburg Hverfjall unweit des Mývatn, beschützt der **Riese Gymir** seine schöne **Tochter Gerda** durch einen Ring aus Feuer und Lava. Von Asgard aus sieht Freyr, der Gott der Fruchtbarkeit, die schöne Tochter des Riesen und entbrennt in feurigem Begehren nach ihr – Metaphern für das vulkanische Feuer aus der Tiefe der Erde.

Tafelvulkan Herðubreið: Ist er Asgard, der Wohnsitz der germanischen Götter?

Die dunklen Lavagewölbe tief im Innern der Askja sind das Heim der **Schwarzalfen.** In der Edda sind sie dargestellt als hässliche, schwarze Zwerge mit guten wie bösen Eigenschaften, die im Dunkeln unter der Erde leben und dort in ihren Schmieden allerlei Wunderdinge wie Mjölnir, den Blitze schleudernden Hammer Thors, herstellen. Viele ihrer Schätze sind fluchbeladen und bringen Verderben über den, der sie unerlaubt an sich nimmt. Die Sonne ist die Todfeindin der Schwarzalfen, denn ihre Strahlen lassen sie zu Stein erstarren. Im nahe gelegenen Dyngjufjalladalur beginnt die Welt der **Steinriesen,** eine Landschaft aus bizarr erstarrten Lavagebilden. Der mythische Grenzfluss Ifing, der nie gefriert und die

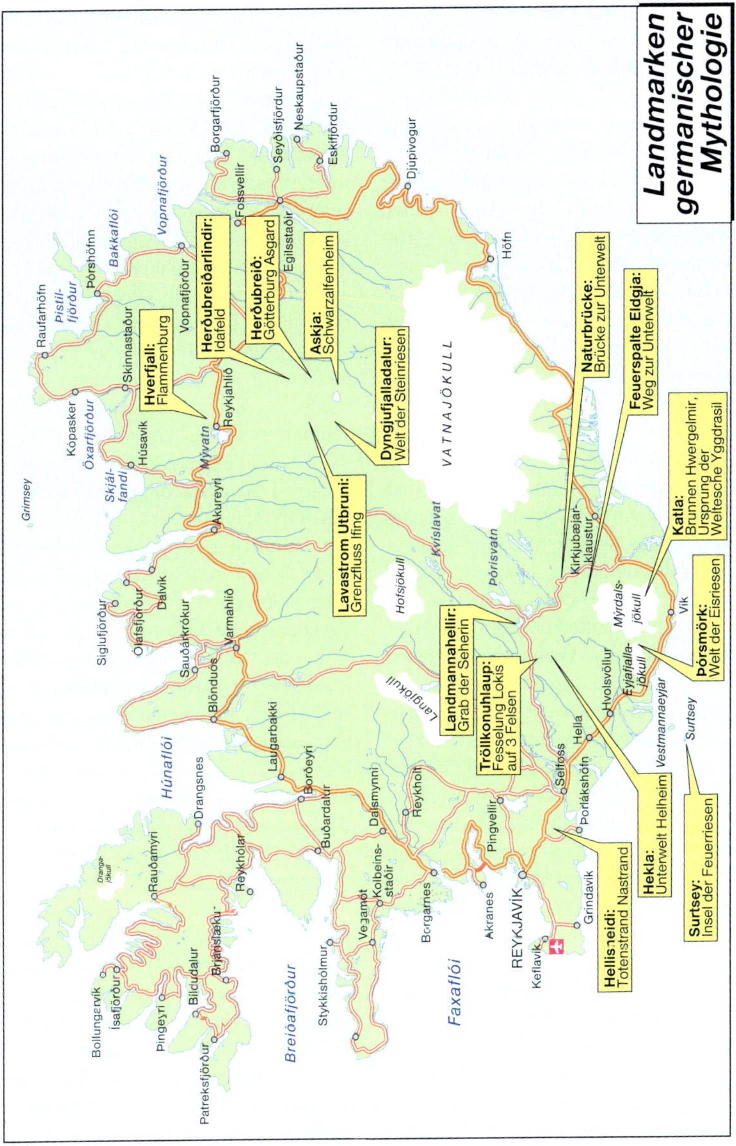
Landmarken germanischer Mythologie
Hverfjall: Flammenburg
Herðubreiðarlindir: Idafeld
Herðubreið: Götterburg Asgard
Askja: Schwarzalfenheim
Dyngjufjalladalur: Welt der Steinriesen
Lavastrom Utbruni: Grenzfluss Ifing
Naturbrücke: Brücke zur Unterwelt
Feuerspalte Eldgja: Weg zur Unterwelt
Katla: Brunnen Hwergelmir, Ursprung der Weltesche Yggdrasil
Þórsmörk: Welt der Eisriesen
Landmannahellir: Grab der Seherin
Tröllkonuhlaup: Fesselung Lokis auf 3 Felsen
Hekla: Unterwelt Helheim
Surtsey: Insel der Feuerriesen
Hellisheiði: Totenstrand Nastrand
VATNAJÖKULL
Hofsjökull
Langjökull
Mýrdals-jökull
Eyjafjalla-jökull
Dranga-jökull
Grimsey
Raufarhöfn
Þórshöfn
Pistil-fjörður
Bakkaflói
Vopnafjörður
Kópasker
Öxarfjörður
Skinnastaður
Skjál-fandi
Húsavík
Mývatn
Reykjahlíð
Akureyri
Dalvík
Siglufjörður
Ólafsfjörður
Sauðárkrókur
Varmahlíð
Blönduós
Húnaflói
Drangsnes
Laugarbakki
Borðeyri
Búðardalur
Reykhólar
Rauðamýri
Bolungarvík
Ísafjörður
Þingeyri
Bíldudalur
Brjánslækur
Patreksfjörður
Breiðafjörður
Stykkishólmur
Vegamót
Kolbeins-staðir
Dalsmynni
Reykholt
Borgarnes
Akranes
Faxaflói
Þingvellir
REYKJAVÍK
Keflavík
Grindavík
Þorlákshöfn
Selfoss
Hella
Hvolsvöllur
Vestmannaeyjar
Surtsey
Vík
Kirkjubæjar-klaustur
Þórisvatn
Kvíslavatn
Höfn
Djúpivogur
Eskifjörður
Neskaupstaður
Seyðisfjörður
Borgarfjörður
Fossvellir
Egilsstaðir
Vopnafjörður

Welt der Götter vom Reich der Riesen und Dämonen trennt, ist vermutlich der breite Lavastrom Útbruni. In der Edda werden viele Kämpfe der Götter mit den Riesen beschrieben, beispielsweise der Kampf Odins mit dem Dämon Fenriswolf und der Kampf Thors mit der Midgard-Schlange, dem dämonischen Meeresungeheuer als Darstellung aller Gefahren, die vom Meer ausgehen. Schauplatz solcher Kämpfe ist auch das Þórsmörk. Die mitten in der Landschaft liegenden gigantischen Lavablöcke, die von einem Gletscherlauf stammen, sind Eisriesen, die vom Hammer Thors zerschmettert wurden.

Nachdem die Götter **Midgard,** den **Wohnsitz der Menschen,** erschaffen haben, beauftragen sie in Abwesenheit von Thor, „der nach Osten gezogen war, um Unholde zu schlagen" (Gleichnis für den zu Ende gegangenen Sommer), einen zauberkundigen Riesen aus **Jötunheim,** dem **Wohnsitz der Riesen,** die Götterburg Asgard zu bauen. Der Baumeister verspricht, diese Burg in drei Wintern zu errichten. Als Lohn verlangt er die Sonne, den Mond und Freyja, die Göttin der Liebe. Die Asen einigen sich mit dem Baumeister, dass ihre Burg für diesen Lohn bereits in einem Winter erbaut werden müsste, bevor Thor wieder zurückkäme. Der Riese willigt ein, erbittet sich aber die Hilfe seines Hengstes Swadilfari. Der Bau macht gute Fortschritte, Swadilfari schleppt unermüdlich riesige Lavablöcke herbei. Als der Bau fast fertig ist, kommen bei den Göttern Zweifel auf: „Wie können wir den Himmel so verderben, da wir ihm die Sonne und den Mond wegnehmen?". Sie erbitten mit Nachdruck („er solle eines üblen Todes sein, wenn er nicht Rat fände ...") Hilfe vom listigen Loki. Dieser verwandelt sich in eine feurige Stute, der Swadilfari in die Weite folgt. Der Baumeister versucht vergeblich, sein Pferd wieder einzufangen – Asgard aber wird nicht wie vereinbart fertig. Die Asen beharren jedoch auf dem geschlossenen und beeideten Vertrag und verweigern dem Baumeister seinen Lohn. Dieser fühlt sich betrogen und entbrennt in fürchterlichem Zorn. Der gerade zurückkehrende Thor sieht den Erzürnten und zerschmettert ihn auf Geheiß der Götter mit Blitz und Donner. Einige Zeit später gebiert Loki ein achtbeiniges Fohlen, das zum tapfersten und stärksten Pferd der Götter heranwächst. Auf diesem Pferd Sleipnir reitet fortan der Göttervater Odin ...

Mit der Vernichtung des Baumeisters haben die Götter große Schuld und die Rache der Riesen auf sich geladen. Diese besitzen übersinnliche Kräfte und symbolisieren als **Thursen** seelische Mächte, Empfindungen, Triebe und Leidenschaften, als **Joten** Naturmächte, die Lebenselemente Erde, Wasser, Feuer und Luft. Irdischer Gerichtsbarkeit mögen sich die Götter entziehen können, nicht aber dem Schicksal. So nimmt das Unheil seinen Lauf.

„Baldur schrecken böse Träume." Odin reitet daraufhin auf Sleipnir zum Grab der Seherin Wala am „östlichen Tor zur Unterwelt" und erweckt sie mit Zaubergesang zum Leben. Das **Grab der Seherin** ist die **Höhle Landmannahellir.** Der Seherin Prophezeiung verkündet den nahen Tod Baldurs. Baldurs Mutter Frigg versucht mit allen Kräften, dies zu verhindern; sie verhilft ihm zu Unverwundbarkeit, indem sie alle Dinge mit Ausnahme eines jungen Mistelbaumes den Eid schwören lässt, ihren Sohn zu verschonen. Die Asen aber treiben mit dem unverwundbaren Baldur auf dem Idafeld ihren Schabernack und werfen mit Steinen und Speeren nach ihm. Es gefällt Loki ganz und gar nicht, dass nichts und niemand Baldur in diesem Kampfspiel verletzen kann. Er verkleidet sich als alte Frau und beklagt bei Frigg das „böse Spiel" mit ihrem Sohn. Ohne Argwohn erzählt Frigg, dass nur eine Mistel von ihrem Eid ausgenommen sei. Daraufhin fällt Loki den Mistelbaum und schnitzt daraus einen Speer. Diesen gibt er Hödur, dem blinden Gott der Dunkelheit und des Winters, der Baldur am nächsten steht, sich aber wegen seiner Blindheit nicht am Spiel beteiligt. „Tu doch wie andere Männer ... ich will dich dahin weisen, wo er steht". Tödlich getroffen sinkt Baldur zu Boden – „das war das größte Unglück, das Menschen und Götter betraf". Die Asen sind erschrocken, ratlos und heulen jämmerlich.

Die Ermordung Baldurs ist ein weiteres Symbol für den Sündenfall der Götter und ihren moralischen Niedergang. Sie ist auch ein Vorzeichen für die Apokalypse, die Götterdämmerung. Baldur konnte nur mit der Mistel getötet werden, und wie bei den Nibelungen, wo *Hagens* Speer den bis auf eine Stelle unverwundbaren *Siegfried* tötet, wird das Geheimnis der Verletzlichkeit unbeabsichtigt von besorgten Frauen verraten.

Die germanische Mythologie kennt **zwei Totenreiche. Walhall** ist das Totenreich für die im tapferen Zweikampf gefallenen Helden, die Einherier. Von Walküren wach geküsst, erlangen nur diese Helden Einlass in den Totenpalast in Asgard. Hier trinken sie Met aus dem Euter der Ziege Heidrun, essen das zarte Fleisch des Ebers Sährimnir und bereiten sich auf den letzten Kampf vor, den sie ruhmvoll an der Seite der Götter gegen die Dämonen der Finsternis und des Feuers führen werden – vielleicht erklärt dieser Glaube auch die Kampfeslust der alten Germanen. Wer nicht im heldenhaften Zweikampf fällt, sondern altersbedingt stirbt, an einer Krankheit oder kampflos wie Baldur, kommt nach **Helheim (Niflhel),** ins Reich der Totengöttin Hel, in die Hölle.

Baldur, dem Gott der Sonne, ist folglich kein standesgemäßer Aufenthalt in Walhall vergönnt, ein Umstand, gegen den die Götter etwas unternehmen müssen. Baldurs mutiger Sohn Hermodhr reitet als Bote der Götter auf Odins Ross Sleipnir den gefahrvollen Weg zu Hel, um ihr ein Lösegeld zu bieten, damit sie Baldur heimkehren lasse nach Asgard. Der gefährliche **Helweg zur Unterwelt** führt durch die lange und tiefe **Feuerspalte der Eldgjá.** Die reißenden Fluten des Flusses Gjöll, die das Reich der Totengöttin begrenzen, können nur auf einer schmalen Brücke überquert werden, die von der Jungfrau Modgudr bewacht wird. Diese Brücke hatte ihre Entsprechung in der landschaftlichen Realität Islands: In der Eldgjá überspannte eine bogenförmige Naturbrücke aus Basalt oberhalb des

Ófærufoss den Fluss Norðarióføra. Heute allerdings ist der einzige Weg ins Totenreich der germanischen Mythen versperrt, nachdem die „Gjöll-Brücke" während der Schneeschmelze im Frühjahr 1993 eingestürzt ist.

Auf Odins Pferd überspringt Hermodhr das hohe „Helgitter" des Zauns zur Unterwelt tief im Vulkan Hekla, überwindet den **Höllenhund Garm („glühende Lava"),** sieht seinen Bruder und verhandelt mit Hel, die verkündet: „Wenn alle Dinge in der Welt, lebendige sowohl als tote, ihn beweinen, so soll er zurück zu den Asen fahren, er soll aber bei Hel bleiben, wenn eins widerspricht ...". Hermodhr überbringt diese Forderung den Asen. Sie senden Boten in alle Welt, damit jeder Baldur beweine. „Als die Gesandten heimfuhren und ihr Gewerbe wohl vollbracht hatten, fanden sie in einer Höhle ein Riesenweib sitzen, das Thökk genannt war. Nicht im Leben noch im Tod hatt' ich Nutzen von ihm: Behalte Hel, was sie hat." In Wirklichkeit ist es wieder der listige Loki, der hier in verwandelter Gestalt spricht. Baldur bleibt der Weg zurück nach Asgard versperrt.

Die **Weltesche Yggdrasil,** ein riesiger Baum, den niemand fällen kann und dessen Stamm glüht ohne zu brennen, ist das rätselhafte Glaubenssymbol der Germanen für Werden und Vergehen der Welt. Drei Wurzeln verankern Yggdrasil: Diese weisen zum **Totenreich Helheim (Eldgjá und Hekla),** zu den **Eisriesen (Þórsmörk)** und zu den **Menschen (besiedelte Südküste).** Unter Yggdrasil entspringen drei Quellen: Der Brunnen der Weisheit des Wasserriesen Mimir ist das Symbol eines mächtigen Gletschers (Mýrdalsjökull). Mimir trinkt mit dem Gjallarhorn täglich aus diesem Brunnen. Das Gjallarhorn ist das mythische Instrument, mit dem der Gott Heimdall, der Wächter der Asen, den Beginn der Götterdämmerung signalisiert. Aus Urds Brunnen entstammen die Nornen, die des Menschen Lebenszeit bestimmen. Der dritte Brunnen Hwergelmir entlässt vernichtende Wasserfluten mit Schwertern und Messern, die gleich einem Gletscherlauf Katastrophen auslösen. Unter diesem Brunnen haust der Drache Nidhöggr, dessen feurige Kraft wie ein Vulkan das Land zerstören kann. Diese Beschreibung trifft am besten auf die Katla zu. Auch der mythische Gjöll-Fluss entspringt dem Brunnen Hwergelmir. Die Weltesche Yggdrasil wird von Walter Hansen als **Eruptionswolke über dem Vulkan Katla** interpretiert, der passend zur isländischen Vulkanlandschaft unter dem Eis des Mýrdalsjökull ausbricht.

Um das Jahr 1000 waren die Menschen in Island aufgewühlt. Die eingeleitete Christianisierung bewirkte ein besonderes Spannungsverhältnis. Sterndeuter verkündeten damals das Ende der Welt. Die Sitten verfielen: „Windzeit, Wolfszeit, eh die Welt zerstürzt", heißt es im Lied Völuspá. Auf dem Höhepunkt dieser aufgerüttelten Stimmung brach erstmals seit Jahrhunderten völlig unerwartet die Katla unter dem Eis des Mýrdalsjökull aus: „Schwarz wird die Sonne, die Erde sinkt ins Meer, vom Himmel fallen die heiteren Sterne, Glutwirbel umhüllen den allnährenden

Weltbaum ...". Heimdall bläst laut in sein Horn und verkündet **Ragnarök,** den **Weltuntergang,** die **Götterdämmerung.** – Das Lied Völuspá ist ein bildreicher Augenzeugenbericht vom verheerenden Ausbruch des Vulkans Katla.

Auch *Snorri Sturluson* verarbeitete die Götterdämmerung des Lieds Völuspá in seiner Snorra-Edda. Die schrecklichen Vorahnungen werden in einem Zwiegespräch zwischen Odin und dem zauberkundigen Schwedenkönig *Gylfi* im Lied Gylfaginning („Gylfis Verblendung") laut: „Zum ersten, dass der Winter kommen wird, Fimbulwinter („Schreckenswinter") genannt ... Da wird der Fenriswolf los, und das Meer überflutet das Land, weil die Midgardschlange ... das Land sucht ... Der Fenriswolf fährt mit klaffendem Rachen umher, dass der Oberkiefer den Himmel, der Unterkiefer die Erde berührt. ... Feuer glüht ihm aus Augen und Nase. Die Midgardschlange speit Gift aus, dass Luft und Meer entzündet werden ... Und wenn diese Dinge sich begeben, erhebt sich Heimdall und stößt kraftvoll ins Gjallahorn und weckt alle Götter ... Da reitet Odin zu Mimirs Brunnen und holt Rat ... Die Esche Yggdrasil bebt und alles erschrickt im Himmel und auf Erden ... Die Asen wappnen sich zum Kampf ... Dem Thor gelingt es, die Midgardschlange zu töten: aber kaum ist er neun Schritte davongegangen, so fällt er tot zu Erde von dem Gifte, das der Wurm auf ihn spritzt. Der Fenriswolf verschlingt Odin ... Darauf schleudert Surtur Feuer über die Erde und verbrennt die ganze Welt."

Die sündigen Götter und Dämonen sind gefallen, die alte Welt ist vernichtet. Aus dem Meer taucht eine neue Welt auf, **Muspelheim,** die verborgene Vulkaninsel, auch ein Symbol für die Schöpfung von Sonne, Mond und Sternen. Allen voran geht ein neuer Herrscher: **Surtur, der Gott des Feuers,** ist vielleicht ein Gleichnis für den Erzengel Michael: „Da kommen Muspels Söhne hervorgeritten. Surtur fährt an ihrer Spitze, vor ihm und hinter ihm glühendes Feuer. Sein Schwert ist wunderscharf und glänzt heller als die Sonne."

Zur Zeit der Edda-Dichter war die Südküste Islands ein dicht besiedelter Landstrich. In Oddi stand die berühmte Skaldenschule, aus der die Edda-Dichter hervorgingen. Gleichzeitig kündigte sich aber ein geistiger Umbruch an, der Übergang zum Christentum. Genau zu dieser Zeit ereigneten sich die verheerendsten Vulkanausbrüche ...

Skaldik

Die Skaldik ist eine **altnordische höfische Dichtung** und besteht aus **komplizierten Versen.** Die Sprache klingt vielfach gekünstelt und war und ist meist nur für Kundige dieser Dichtkunst verständlich. Die Skaldik lässt sich bis in das 9. Jahrhundert zurückverfolgen und wurde bis in das 13. Jahrhundert hinein mündlich weitergegeben. Sie beinhaltet Loblieder auf zeitgenössische Herrscher und bezieht sich auf geschichtliche Ereignisse, etwa eine gewonnene Schlacht oder herrschaftliche Hochzeiten. Der Aufbau der einzelnen Strophen unterlag strengen Regeln. So sind beispielsweise die Anzahl der Silben

und Hebungen und die Verwendung von Binnen-, Stab- und Endreimen genau vorgeschrieben.

Die Poeten, die so genannten **Skalden,** wirkten nicht in der Anonymität wie die Verfasser der alten Sagas, sondern waren namentlich bekannt und genossen hohes Ansehen. Sie übten ihre Dichtkunst vor allem an norwegischen Höfen aus.

Der berühmteste Skaldendichter ist **Egill Skallagrímsson** (900–983). Von vielen Literaturkritikern wird er sogar als der namhafteste nordische Dichter aller Zeiten bezeichnet. Er verließ Island, um an den Raubzügen der Wikinger teilzunehmen und wurde vom englischen König aus diesem Grund zum Tode verurteilt. Jedoch erhielt er eine Chance, diesem Urteil zu entgehen: Er sollte ein Gedicht verfassen, das dem König gefiele. Skallagrímsson gelang dies mit **Höfudlausu,** was „Haupteslösung" oder „Kopfgeld" bedeutet.

Rímur

Mit dem Untergang des isländischen Freistaates (1262–1264) war auch die literarische Blüte vorüber. Danach wurden hauptsächlich Rímur, **einfache Reimgedichte,** verfasst. Die Rímur sind die isländische Form der Poesie des 14. Jahrhunderts, eine Art Balladen, die bis zu zwanzig Teile von je 100 bis 200 Strophen umfassen. Darin werden Geschichten von fremden Helden aus der mythischen Vorgeschichte erzählt. Aus alten Sagas und Volksdichtungen anderer Länder entstanden zur selben Zeit die **„Lygisögur"** („Lügensagas"), die über Hunderte von Jahren bei den Isländern beliebt waren. Bedeutende Dichter in dieser Zeit waren nur noch einige ausschließlich **religiös motivierte Lyriker.** Zu den bedeutenden Werken geistlicher Dichtung dieser Zeit gehören „Lilja" („Lilie"), ein Mariengedicht mit 100 Strophen von *Eysteinn,* das Mitte des 14. Jahrhunderts entstand, und die Literatur von *Jón Arason* (1484–1550), dem letzten katholischen Bischof Islands in Hólar. *Stefán Ólafsson* ist der wichtigste weltliche Dichter der damaligen Zeit.

Ingólfur Arnarson wirft seine Hochsitzsäulen ins Meer – die Geschichte Islands als Holzschnitzarbeit an einer Tür am Regierungsgebäude Arnarhvall in Reykjavík

Islands Literatur auf dem Weg in die Neuzeit

Jón Arason (1484–1550) begründete **1534** die **erste Druckereiwerkstatt** in Island ein. Zu Beginn des 16. Jahrhunderts wurde die erste Druckerpresse in Island eingeführt. Bischof *Guðbrandur Þorláksson* (1541–1627) übersetzte die lateinische Bibel ins Isländische. Im Jahre 1584 wurde diese **„Guðbrandsbibel"** gedruckt und galt jahrhundertelang als das geistliche Lehrbuch vieler Isländer. Das wissenschaftliche Interesse der Isländer nahm zu und bewirkte eine isländische Renaissance. Ihr wichtigster Vertreter war *Arngrímur Jónsson* (1568–1648). *Jón Ólafsson* (1593–1679) schrieb mit der **Æfisaga,** der „Lebensbeschreibung", die ersten isländischen Reisebeschreibungen. Besonderes Interesse galt, wie in Schweden und Dänemark auch, der eigenen Geschichte des Landes. Dadurch hatte man besonderes Interesse an altisländischen Quellen. In diesem Zusammenhang steht auch die Sammeltätigkeit von Árni Magnússon (vgl. entsprechenden Exkurs). Zu den Sammlern alter Dokumente gehörte auch *Þórmoður Torfason* (1636–1719), der auch „Torfaeus" genannt wurde. Der Geistliche *Hallgrímur Pétursson* (1614–1674) schuf Passionsgesänge (passínsálmar), die bis heute einen hohen Stellenwert bei der isländischen Bevölkerung haben.

Durch das Aufkommen von aufklärerischen Ideen setzte sich das **Interesse an der eigenen Geschichte** fort. Bischof *Finnur Jónsson* (1704–1789) dokumentierte die isländische Kirchengeschichte. Der aufklärerische Dichter *Eggert Ólafsson* (1726–1768) schrieb zusammen mit dem Arzt *Bjarni Pálsson* erstmals eine ausführliche Darstellung Islands. Die pietistische Haltung von *Jón Steingrímsson* (1728–1791) floss in seine Werke mit ein. Seine Selbstbiografie dokumentiert die Sozial- und Kulturgeschichte der damaligen Zeit.

Sigurður Pétersson (1759–1827) fungierte vor allem als Komödienschreiber. Er begründete die **Beginn des öffentlichen Theaters** in Island. *Magnús Stephensen* (1762–1833) hatte den Anspruch, das Wissen und den Geschmack seiner Mitbürger zu steigern.

Mit Beginn des 19. Jahrhunderts fand eine Rückbesinnung auf die traditionellen Sagas und Eddas statt, aus der sich die romantische und nationale Dichtung entwickelte – es kam zu einem Wiedererwachen der isländischen Kultur. Die Zeitschrift „Fjölnir", die von 1835–1847 erschien, begründete den Beginn der Romantik. Zu den Herausgebern zählte der im 19. Jahrhundert für seine **Naturgedichte** berühmte Dichter *Jónas Hallgrímsson* (1807–1845), ein Meister isländischer Romantik. Wichtige Vertreter der Lyrik waren *Bjarni V. Thórarensen, Grímur Þ. Thomsen, Benedikt S. Gröndal* und *Steingrímmur Þorsteinsson.* Mit *Sigurður Breiðfjörð* (1798–1846) und *Hjálmar Jónsson* gewann die Dichtung von Rímur noch einmal an Bedeutung. Aus den isländischen Jahrbüchern in Geschichtsform („Islands árbækur i sögu-formi 1262–1832"), die in zwölf Bänden von *Jón Espólin* (1769–1855) in den Jahren 1821–1855 herausgegeben wurden, entwickelte sich eine neue Form der

Prosa in Island. *Jón Þ. Thoroddsen* verfasste den ersten neuen isländischen Roman. In der zweiten Hälfte des 19. Jahrhunderts gewann das **Drama** in Island an Bedeutung, wichtige Vertreter waren hier *Jóhann Sigurjónsson, Matthías Jochumsson* und *Ingriði Einarsson.* Der Pfarrer und Dichter *Matthías Jochumsson* (1835–1920) verfasste 1874 zum Gedenken an die Besiedlung Islands den Text für einen Lobgesang: **„Ó, guð vors lands"** – „Oh, Gott unseres Landes". Der Komponist und Pianist *Sveinbjörn Sveinbjörnsson* (1847–1927) komponierte die Musik dazu. Auf der 1000-Jahr-Feier des Parlaments wurde dieses Lied 1930 in Þingvellir zur **isländischen Nationalhymne** (lofsöngur).

Jón Sveinsson (1857–1944) ist in seiner Heimat nahezu vergessen, in anderen europäischen Ländern jedoch, vor allem in Deutschland, hat er sich mit dem Jugendbuch „Nonni", einer Verarbeitung seiner Kindheitserinnerungen aus der Umgebung von Akureyri, einen Namen gemacht. Von der Literaturwissenschaft wird er kaum beachtet. Sveinsson kam 1944 bei einem Bombenangriff in Köln ums Leben. Dort liegt er auch begraben. Die Werke Sveinssons wurden beeinflusst von der wiedererlangten teilweisen Autonomie, die 1874 in einer wirtschaftlichen Notzeit in einer nur wenig industrialisierten Gesellschaft gewährt wurde. Die Folgen verarbeiteten zahlreiche Dichter, die zu Beginn noch den Realisten angehörten und dann eher zu Neuromantikern wurden, in ihren Werken. Dies sind *Einar Benediktsson, Þorsteinn Erlingsson, Gestur Pálsson, Hannes P. Hafstein, Jón Stefánsson, Guðmundur Friðjonsson, Einar Hjörleiffosn Kvaran, Dávið Stefánsson* und andere.

Im **20. Jahrhundert** wurde von einigen Schriftstellern der isländische Roman wiederentdeckt. Zwischen den Jahren 1946 und 1953 debütierten die so genannten **„Atomdichter".** Dabei handelte es sich um eine Gruppe von fünf Poeten namens *Stefán Hörður Grímsson, Einar Bragi, Sigfús Dadason, Jón Óskar* und *Hannes Sigfússon.* Sie suchten neue Stil- und Ausdrucksformen in ihren Gedichten und benutzten ihre eigenen Symbole und Idiome. Zum Einsatz kamen entweder freie Rhythmen oder eine komplizierte Metaphorik. *Hannes P. Pétursson* war mehr durch die herkömmliche Lyrik beeinflusst.

Die Autoren *Þór Vilhjálmsson* („Das Graumoos blüht"), *Ingriði Þórsteinsson* („Herbst über Island"), *Sigurður Magnússon* („Unter frostigem Stern"), *Guðbergur Bergsson* und *Svava Jakobsdóttir* beschritten in den **1950er Jahren** neue literarische Wege. Ihre Themen bestanden u. a. aus der Stadtflucht und den daraus resultierenden Problemen für die ländliche Gesellschaft und ihrer Suche nach der eigenen Identität. Nach dem Ende des II. Weltkriegs schrieben sie über die Stationierung der US-Armee in Keflavík, was ihrer Meinung nach den Ausverkauf der isländischen Nation bedeutete.

Neue literarische Höhepunkte setzten **Gunnar Gunnarsson (1889–1975)** und **Halldór Kiljan Laxness (1902–1998;** vgl. entsprechenden Exkurs). Bekannte Romane von Gunnarsson sind „Die Leute von Borg" (erschienen

1927), „Die Eidbrüder" (1934) und „Der weiße Krist" (1935). Gunnarsson lebte überwiegend in Dänemark und schrieb seine Bücher auch auf Dänisch. Bei der Übersetzung ins Isländische griff er auf die Hilfe von Laxness zurück.

In den 1960er Jahren gewann der Roman an neuer Bedeutung durch *Guðbergur Bergsson, Jakobína Sigurðardótir, Svava Jakobsdóttir. Gyrdir Eliasson* (geb. 1961) verfasst Kurzprosa, *Einar Kárason* (geb. 1955) Romane. In ihre Werke beziehen sie die isländische Natur und den alten Kulturraum mit ein.

Aktuell erreichen die Krimis von **Arnaldur Ingriðason** in deutscher Übersetzung Bestsellerauflagen. In mehreren Werken löst der schwermütige Kommissar *Erlendur* aus Reykjavík spannende Fälle.

Unter dem Motto „Sagenhaftes Island" wird Island **2011 Ehrengast auf der Frankfurter Buchmesse** sein. Schwerpunkt sind hier die Neubearbeitung und Übersetzung der isländischen Sagas, aber auch die Literatur des 19. und 20. Jahrhunderts sowie der Gegenwart. Künstler des Landes von der Musik, Mode, Architektur bis zur Bildenden Kunst oder Fotografie präsentieren sich im Kunst- und Kulturprogramm.

Architektur

Die Architektur war in Island lange von **eher untergeordneter Bedeutung,** klassische Baudenkmäler wie alte Schlösser, Burgen oder Kathedralen gibt es hier nicht. Dafür war lange Zeit das nötige Geld nicht vorhanden. In Island fehlten früher eine reiche Oberschicht und ein gesellschaftliches, kulturelles und wirtschaftliches Zentrum. Die heutige Hauptstadt Reykjavík war noch im 18. Jahrhundert ein Dorf mit wenigen hundert Einwohnern. 1910 lebten in der Stadt erst 1200 Menschen. Außerdem herrschte in Island immer Baustoffmangel, Material zur Errichtung dauerhafter Bauten war nicht vorhanden. Die Bauten in Island waren von Schlichtheit und Zweckmäßigkeit geprägt, bis heute wird eine Parallele zur typisch isländischen Landschaft hergestellt.

Die ersten Bewohner Islands brachten die ihnen in der Heimat vertraute Bauweise mit. So entstanden auch in Island zuerst die für den ganzen nordischen Raum typischen **Langhäuser** mit riesigen Ausmaßen von bis zu 30 m Länge und 6 m Breite. Typisch für die Häuser aus dieser Zeit war ein zentraler Raum mit Feuerstelle. Entlang beider Längsseiten befanden sich erhöht die Schlaf- und Essplätze der Bewohner. Die Reste eines Gehöftes, das 1104 beim Ausbruch der Hekla verschüttet worden war und so teilweise erhalten blieb, lassen erkennen, dass der Hof einmal aus zwei miteinander verbundenen Haupthäusern, zwei weiteren Seitenhäusern, Stall, Werkstätten und einem Vorratshaus bestanden hatte. Im Þjórsá-Tal unweit des Búrfell-Wasserkraftwerks wurde dieses Gehöft rekonstruiert, und man kann sich heute vorstellen, wie die Menschen hier vor rund 1000 Jahren wohl gelebt haben.

Doch bald erkannten die Isländer, dass sie ihren Baustil den natürlichen Gegebenheiten anpassen mussten.

Halldór Kiljan Laxness

2002 wurde in Reykjavík der 100. Geburtstag des Literatur-Nobelpreisträgers *Halldór Laxness* gefeiert. Dazu gab es von März bis Dezember eine große Ausstellung („Ein Jahrhundert mit Halldór Laxness") in der Landesbibliothek zu Ehren des bekannten Schriftstellers, in der das umfangreiche Werk und sein Leben ausführlich dargestellt wurden.

Als *Halldór Gudjónsson* wurde er am 23. April 1902 in Reykjavík geboren. 1905 bezog seine Familie den Hof Laxnes im 15 km entfernten Mosfellssveit und begann mit der Landwirtschaft. In diesem Ort starb er am 9. Februar 1998. Bereits mit 14 Jahren schrieb er für die Zeitung. 1919 verließ er das Gymnasium vorzeitig und beendete damit seine Schulzeit ohne Abschluss. In diesem Jahr wurde auch seine erste Novelle „Das Kind der Natur" veröffentlicht; ein Kritiker schrieb schon damals: „Und wer weiß, vielleicht wird Halldór aus Laxnes einmal der Liebling der isländischen Nation". Halldór begab sich auf Europa- und Amerikareise und war dabei längere Zeit in Italien, Deutschland, Frankreich, Luxemburg sowie Skandinavien unterwegs. 1923 wurde seine Tochter *Sigríður María Elísabet* in Dänemark geboren. Im selben Jahr wechselte Halldór im Benediktinerkloster von Clervaux in Luxemburg vom lutherischen zum katholischen Glauben und nahm den Namen des irischen Heiligen Kiljan an. Diesen Lebensabschnitt hat Laxness in seinem zweiten Buch „Der große Weber von Kaschmir" (Vefarinn mikli frá Kasmír; 1927) festgehalten. *Steinn Ellii* entflieht hier den bürgerlichen Verhältnissen in Island nach Europa und bekennt sich nach einer Krise zu Gott.

Seine Reisen beeinflussten Laxness in seinem Schaffen, so traf er während seines Frankreichaufenthaltes 1924–1926 mit Vertretern des Surrealismus zusammen. Nach der Rückkehr aus Amerika (1926–1929), wo er die wirtschaftliche Depression dieser Zeit hautnah miterlebt hatte, bekannte er sich zum Sozialismus. 1930 heiratete er *Marries Ingibjörg Einarsdóttir.* Aus der Ehe, die wieder geschieden wurde, stammt der Sohn *Einar.* Kurz darauf erschien „Salka Valka" in zwei Bänden; behandelt wird der Kampf der isländischen Unterschicht gegen die Ausbeutung, unter ihnen ist *Salka Valka,* ein Mädchen aus dem Norden Islands, das in der Fischfabrik arbeitet. 1940 erschien „4Tle", auf deutsch „Weltlicht". Das Buch basiert auf dem Tagebuch eines unbekannten Volksdichters.

1945 heiratete Halldór *Augur Sveinsdóttir* und zog nach Gljúfrasteinn in die Nähe von Laxnes. Die beiden bekamen zwei Töchter, *Sigridur* und *Guny.* Während des II. Weltkriegs war „Íslandsklukkan" entstanden, sein bekanntes Werk von der „Islandglocke". Hier geht es um den Kampf des Bauern *Jón Hreggvison* mit der Justiz. Im selben Jahr wird „Sjálfstætt fólk", „Unabhängiges Volk", vom Club „Buch des Monats" in den USA herausgegeben und eine halbe Million mal verkauft. Nach Kriegsende verarbeitete Laxness aktuelle Probleme in seinen Romanen. In „Atómstöin", „Atomstation" (1948), wendete er sich gegen die atomare Bedrohung und übte Kritik am Militärstützpunkt der Amerikaner in Keflavík. Der Ungarnaufstand führte 1956 bei Halldór dazu, dass er sich von den Ideen des Kommunismus abwendet. Diese Haltung schlug sich in seinem 1957 erschienenen Buch „Brekkukotsannáll", „Das Fischkonzert", nieder, das Reykjavík um die Jahrhundertwende thematisiert. Seine Romane „Das wiedergefundene Paradies", „Zeit zum Schreiben" und „Seelsorge unter dem Gletscher" sind von der humanistischen Denkweise ihres Autors geprägt.

1955 wurde Halldór Laxness bei seiner Heimfahrt von Kopenhagen nach Island von der Nachricht überrascht, dass er den Literaturnobelpreis erhalten sollte. Am Hafen bereiteten ihm 20.000 Isländer einen jubelnden Empfang und erwiesen dem Schriftsteller die Ehre, der bisher als einziger Isländer diesen Preis entgegennehmen konnte. 1987 veröffentlichte Laxness mit seiner Autobiografie sein letztes Werk. 1997 wurde die erste Zusammenfassung der englischen Übersetzungen der letzten 50 Jahre herausgegeben. Die Washington Post würdigte dies mit dem Satz „Es ist gut, dass wir ihn wieder haben".

Laxness verfasste auch Theaterstücke, Gedichte und Kurzgeschichten. Für die Eröffnung des Reykjavíker Nationaltheaters 1950 bearbeitete er seine „Islandglocke" als Theaterstück. Er war ein fleißiger Schreiber, seine gesammelten Essays füllen 19 Bücher, die Themen reichen von der Zahnhygiene der Isländer bis zur Landwirtschaft, von inländischen Themen bis zur Weltpolitik. Er zeichnete sich durch seine sozialkritische Haltung aus und griff auch immer wieder auf den epischen Sagastil zurück und formte ihn um. Seine Werke erschienen in über 500 Ausgaben, sie wurden in 43 Sprachen übersetzt, verfilmt und in Theaterstücke umgesetzt. Laxness erhielt außer dem Nobelpreis noch viele weitere nationale und internationale Anerkennungen. Die Stadt Reykjavík zeichnete ihn ebenso wie Edinburgh mit der Ehrendoktorwürde aus.

„Meine Meinung ist, dass Du niemals aufgeben musst, so lange du lebst, sogar dann nicht, wenn man dir alles genommen hat. Du kannst dann zumindest noch die Luft, die du atmest, dein Eigen nennen und auf jeden Fall kannst du behaupten, dass du sie geliehen hast", riet Laxness in „Unabhängiges Volk".

Arbeitszimmer von Halldór Laxness in seinem Wohnhaus Gljúfrasteinn in Mosfellsbær

065is Foto: tt

0666is Foto: tt

Nach der Christianisierung entstanden **Stabkirchen,** wie sie in Norwegen bis heute erhalten sind. In Island gibt es nur noch Bilder davon.

Schon früh bestand **Holzmangel,** für den Schiffsbau waren bereits im 13. Jahrhundert ganze Wälder abgeholzt worden. Brennholz war kostbar. So wurde der zentrale Raum in den Häusern durch mehrere kleine ersetzt, um Brennholz einzusparen. Das in Island reichlich vorkommende Birkenholz war für den Hausbau nur bedingt einsetzbar, der Vorrat an Treibholz war beschränkt. So entstanden ab dem 15. Jahrhundert, wahrscheinlich aber auch schon bis zu 200 Jahre früher, die typischen **Häuser in Torfbauweise.** Für die Wände verwendete man Torf, der noch dazu gut isolierte. Das Dach wurde mit Grassoden gedeckt. Über diese Bauweise kann man sich in mehreren Museen (Árbær, Burstabær, Grejadarstaður, Laufás, Keldur und Skógar), besonders gut auch in Glaumbær, informieren (vgl. Route 3 G).

In den Torfgehöften zweigen einzelne Räume von einem langen, zentralen Gang ab. Dem Eingang gegenüber lag die **baðstófa,** der Raum, der sich am besten beheizen ließ. Aus dieser **„Badestube"** entstand dann der Hauptaufenthaltsraum des Hofes. Die Torfbauweise wurde aber nicht nur für die Gehöfte genutzt, sondern auch die Kirchen wurden so errichtet (vgl. Víðimýrarkirkja).

Vor dem 18. Jahrhundert gab es kaum **Steinbauten** in Island, da sie wegen der Kälte, Erdbebengefährdung und hohen Kosten eher ungeeignet waren. Den Isländern fehlten außerdem die Baustoffe dafür und das nötige Know-how. So ließen sie anfangs Experten aus Dänemark und Deutschland kommen. Das heutige Regierungsgebäude gehört zu den frühen Steingebäuden im Land. Parallel dazu machte sich auf dem Privatsektor wieder skandinavischer Einfluss geltend, von Dänemark übernahm man die **Holzblockbauweise,** vor allem aber auch für **Vorratshäuser.** In Ísafjörður und Eyrarbakki sind Holzhäuser aus dieser Zeit erhalten. Mit dem bescheidenen Wohlstand

Altes Islandhaus
an der Südküste bei Núpsstaðaskógur

konnte um 1900 auch wieder Bauholz aus Norwegen importiert werden. Den teuren Baustoff setzte man vor allem für Repräsentationszwecke ein; so wurde 1899 auch die Kirche von Þingvellir aus Holz errichtet.

Da Holz jedoch aufgrund der hohen Kosten nicht großflächig eingesetzt werden konnte und wegen des Klimas auch nicht uneingeschränkt brauchbar ist, entstand ein Baustil, der bis heute viele typische Ortsansichten in Island prägt. Sogar öffentliche Gebäude wie Schulen und Rathäuser wurden aus einer Kombination aus **Beton und Wellblech** erbaut. Anfangs wurde dabei noch die Holzbauweise imitiert, teilweise so täuschend echt, dass es gar nicht sofort auffiel, dass das Gebäude statt aus Holz aus Blech erbaut worden war. Doch als sich Wellblech als geradezu idealer Baustoff erwies – kostengünstig und witterungsbeständig –, schufen die Isländer ihren eigenen Baustil mit einer Kombination aus Glas, Beton und Wellblech. Verschönt wurden die Gebäude dabei mit kräftigen Farben, was man besonders gut bis heute beim Blick auf die Hauptstadt erkennen kann. Der **Staatsarchitekt Guðjón Samúelsson (1887–1950)** entwarf die Hallgrímskirkja und bildete dabei Basaltsäulen als Betonstelen nach, der schlichte, helle Innenraum soll die Weite des Landes symbolisieren. Die Meinungen über diesen Monumentalbau sind jedoch geteilt. Auch die Pläne für die Universität, das Nationaltheater, die katholische Kirche, das Hotel Borg und die Hauptkirche in Akureyri stammen von ihm. Der finnische Architekt *Alvar Aalto* lieferte die Pläne für das 1968 errichtete Nordische Haus. Markante Gebäude sind ferner das Flughafengebäude von Keflavík oder die Perlan auf dem Öskuhlíð, bei der die Warmwasserspeicher von Reykjavík in ein öffentliches Gebäude mit Drehrestaurant einbezogen wurden.

Malerei

Auch die Malerei gehört zu den **jungen Künsten** in Island. Bis zum 19. Jahrhundert zählte sie ausschließlich zur Volkskunst. Eine Ausnahme bildeten lediglich einige klerikale Kunstwerke. Heute gibt es eine Vielzahl von Kunstmuseen und Galerien, vor allem in Reykjavík und Umgebung, deren Ausstellungen die ganze Bandbreite moderner und traditioneller Kunst repräsentieren.

Die Anfänge der isländischen Malerei sind in den aufwendigen und kunstvollen Ornamenten der **Buchmalerei** zu finden, wie z. B. in den Illustrationen der Bibelhandschrift „Stjórn" oder im „Flateyjarbók". Im 19. Jahrhundert kam die **Landschaftsmalerei** auf. Die ersten Aquarelle isländischer Landschaften malte **Ásgrímur Jónsson (1876–1958).** Von ihm stammen 200 Gemälde, 277 Aquarelle und zahlreiche Zeichnungen. **Þórarinn B. Þórláksson (1867–1924)** ist ebenfalls ein bekannter isländischer Maler. Aufgewachsen als Pfarrerssohn in Nordisland, ging er später nach Reykjavík. Dort absolvierte er eine Buchbinderlehre und nahm nebenbei Zeichenunterricht. In Kopenhagen studierte er bis 1902 Kunst und kehrte danach nach Island zurück. Mit seinen Landschaftsbildern, Porträts, Interieurs, Stillleben und Altarbildern erhielt er auch international große Anerkennung.

Zu den bekanntesten modernen Künstlern zählt der Maler **Jóhannes Sveinsson Kjarval (1885–1972),** der erst als Landarbeiter und Fischer arbeitete, bevor er die Malerei zu seinem Beruf machte. Weitere bekannte Maler sind **Ásgrímur Jónsson (1885–1972)** und **Jón Stefánsson (1881–1963),** der durch seinen expressionistischen Stil bekannt wurde. Sein wohl bekanntestes Werk ist das Bild „Sommernacht", das die Landschaft des Herðubreið mit einbezieht. *Jóhannes Sveinsson Kjarval* vermachte 1968 viele seiner Werke der Stadt Reykjavík. Nach ihm wurde das 1973 eröffnete Kunstmuseum „Kjarvalsstaðir" benannt. Andere seiner Werke sind im Ásmundur Sveinsson Museum ausgestellt. *Guðmundur Þorsteinsson* (1891–1924), auch bekannt als *Muggur,* illustrierte isländische Märchen. Auch *Gunnlaugur Scheving* (1904–1972) beschäftigte sich mit der Illustration von Märchen und Sagas; hauptsächlich stellte er aber Menschen bei der Arbeit und die Seefahrt dar. Bekannt wurden seine großflächigen, kubistischen Werke, bei denen er Fischer bei ihrer schweren Arbeit malte.

Zur **Avantgarde** zählt **Nína Tryggvadottir (1913–1968),** die erste abstrakte Malerin Islands. Ihre Glasmalereien und Mosaiken machten die Malerin auch im Ausland bekannt. Bei der Biennale, der internationalen Kunstausstellung in Venedig, machte der isländische Maler **Erró (Guðmundur Guðmundsson)** durch seine **„Escape-Bilder"** auf sich aufmerksam. Er ist einer der populärsten zeitgenössischen isländischen Maler. Er fand mit seinen von der Pop-Art beeinflussten, surrealistischen Bildern auch international Anerkennung. Seine Bilder stellen die unmenschlichen Zustände in der modernen, nur noch von Technik und Maschinen beeinflussten Zeit dar. Der 1932 geborene Künstler überließ dem Reykjavíker Kunstmuseum etliche Werke, die im Hafnarhúsið (Hafenhaus) ausgestellt sind.

1965 wurde der **Verband junger Künstler (SÚM)** gegründet. Sein Ziel war es, neue Richtungen in ihre Kunst miteinzubeziehen. Der Vereinigung schlossen sich auch Architekten, Grafiker und Tänzer an. Beim Kunstfestival 1972 machte SÚM auf sich aufmerksam. Bald darauf wurde der Verband jedoch von neuen Expressionisten verdrängt. Zu ihnen gehört **Helgi Þorgils Friðjónsson** (geb. 1953), der in seinen Bildern Alltägliches auf verfremdete und absurde Weise darstellt. Damit setzt sich ein neuer Kunststil durch, der alles möglich macht und bis heute Gültigkeit hat. Einen anderen Stil wählte **Jón Óskar** (geb. 1954) mit seinen monumentalen Gemälden.

Im Jahr 1972 entstand in Reykjavík **The Living Art Museum** (Nýlistasafnið), in dem Werke der 1960er und 1970er Jahre gesammelt und ausgestellt werden.

Museen, Galerien und Organisationen wie das **CIA.IS, das Center for Icelandic Art,** Veranstaltungen wie das jährlich stattfindende **Reykjavík Arts Festival** oder das **Sequences real-time art festival** sowie Publikationen wie

List – Icelandic Art News belegen die Bedeutung der Bildenden Kunst in Island.

Bildhauerei

Der Maler und Bildhauer **Einar Jónsson (1874–1954)** steht für den Beginn einer eigenständigen isländischen Bildhauerei. Er studierte an der Kunstakademie in Kopenhagen. Viele seiner Werke sind in seinem ehemaligen Atelier, in dem nach ihm benannten Museum in Reykjavík unweit der Hallgrímskirkja ausgestellt. In der Stadt stehen das Standbild „Jón Sigurdsson" auf dem Austurvöllur, die Statue „Ingólfur Arnarson" auf dem Arnarhóll und das „Denkmal der Geächteten", von dem es eine Kopie auch in Akureyri gibt.

Als bekanntester Bildhauer Islands gilt **Ásmundur Sveinsson (1893–1982).** 1893 im Bezirk Dalasýsla in Westisland geboren, ging er 1915 nach Reykjavík, wo er die Holzschnitzerei erlernte. 1919 besuchte er die Zeichenschule in Kopenhagen, dann studierte er an den Kunstakademien in Stockholm und Paris. Er kehrte nach zehn Jahren Auslandsaufenthalt nach Reykjavik zurück und erbaute 1933 in der Freyurgata nahe der Hallgrímskirkja sein Haus, in dem sich heute die Ásmundur-Sveinsson-Galerie und ein Skulpturengarten befinden. In seinen Reykjavíker Ateliers in Sigtún entstanden seine berühmtesten Werke. Sveinsson arbeitete vielfach nach Vorlagen aus der isländischen Edda. Mit seinen Werken stellt er häufig die Natur und die in ihr tätigen Menschen dar. Vor der Universität steht „Sæmundur auf dem Seehund", und auf dem Hügel Öskjuhlið ist „Die Wasserträgerin" zu sehen; in der Snorrabraut steht „Der Schmied", im Laugardalur „Die Wäscherinnen" und im Freilichtmuseum Arbær „Die Sennerin". *Ásmundur Sveinsson* starb im Dezember 1982 und vermachte seine Skulpturen der Hauptstadt.

Bedeutung als Bildhauer gewann auch **Sigurjón Ólafsson (1908–1982),** der den expressionistischen Stil bevorzugte und vor allem mit Basalt aus Island arbeitete. Die meisten seiner Werke sind in Reykjavík in dem nach dem Künstler benannten Museum ausgestellt.

Sigurjón beeinflusste auch **Gerður Helgadóttir (1928–1975),** die sich als Bildhauerin, Glasmalerin und im Schaffen von Mosaiken einen Namen machte und internationale Anerkennung errang. Von ihr stammen die Glasfenster der Kirche von Skálholt. 1994 wurde in Kópavogur eine Galerie eröffnet und nach der Künstlerin benannt (Gerðarsafn). Hier sind über 1000 ihrer Werke zu sehen.

Musik

Islands musikalische Tradition reicht bis in die Landnahmezeit zurück. Alte Musik wurde mit Skaldik- und Rímur-Texten kombiniert. Ganz früh kam auch der **Tvísöngur,** ein Zwiegesang, auf. Zur Begleitung der bis heute beliebten **Volkslieder** dienen Saiteninstrumente, die fiðla und das langspil. Das wahrscheinlich berühmteste Volkslied ist das Reiterlied „A Sprengisandi". Es erzählt von einem einsamen Reiter, der nachts durch den vegetationslosen und sturmgepeitschten Sprengisandur im Hochland reitet. Er horcht dem heulenden Wind zu und erinnert sich an die alten Erzählungen von Geistern und Geächteten, die hier ihr Unwesen treiben. Um nicht von ihnen behelligt zu werden, gibt er seinem Pferd die Sporen: „Ríðum, ríðum og rekum yfir sandinn ... að vera kominn ofan í Kiðagil" – „Reite, reite und springe über den Sand ... damit du schnell nach Kiðagil kommst ." Damit die traditionellen Volkslieder nicht in Vergessenheit gerieten, wurden sie von *Bjarni Þorsteinsson* (1861–1938) zwischen 1906 und 1908 als **Liedersammlung „Íslensk Þjóðlög"** („Isländische Volkslieder") herausgebracht. Bis heute sind diese Lieder bei den Isländern verbreitet und werden bei vielen Anlässen gesungen.

Kirchenmusik kam mit der Annahme des Christentums auf und gewann an Bedeutung. Häufiger als mit der Orgel wurden die geistlichen Lieder mit dem Harmonium begleitet. In der **Graduale** trug Bischof *Guðbrandur Þórlarksson* evangelische Kirchenlieder zusammen. Bis ins 19. Jahrhundert blieb es das bedeutendste Volksgesangsbuch.

Seit Ende des19. Jahrhunderts fanden isländische Komponisten der **ernsten Musikrichtung** auch international Anerkennung. Der bekannteste isländische Komponist ist **Jón Leifs (1899–1968).** Er verfasste drei Oratorien aus der Edda, eine Island-Kantate und eine Saga-Symphonie. Auch *Jón Ásgeirsson* (geb. 1928) und *Atli Heimir Sveinsson* (geb. 1938), verwendeten traditionelle Elemente aus der Sprache und Kultur in ihren Opern. Der Tenor *Kristján Jóhannson* (geb. 1947) war bereits an der Mailänder Scala und der Metropolitan Opera in New York zu hören. Heute gibt es in Reykjavík zwei Symphonieorchester, mehrere kleine Ensembles, eine Oper, das isländische Ballett und zahlreiche Chöre. Die **Hauptstadt** ist die **Musikmetropole des Landes.** In den Wintermonaten finden bis zu dreißig Konzerte monatlich statt!

Jazz sowie isländische **Pop- und Rockmusik** sind meist nur im Land selbst bekannt; nur wenige haben in den letzten Jahren international für Aufsehen gesorgt. Typisch für die isländische Musikszene ist, dass viele Gruppen nur für kurze Zeit bestehen. International bekannt wurden die Gruppen Mezzoforte und Sugarcubes.

Eine Musikerin von internationalem Rang ist **Björk.** *Björk Guðmundsdóttir,* Gründerin und Sängerin der Sugarcubes, wurde 1965 in Reykjavík geboren. Schon in ganz jungen Jahren besuchte sie die Musikschule. Mit elf Jahren erschien ihre erste Platte mit isländischen Volksliedern. Von 1987–1992 produzierte sie mit den Sugarcubes drei Alben, 1992 trennte sie sich von der Gruppe. Seither hat Björk mit vielen Künstlern zusammengearbeitet, auch *Madonna* wurde auf die Isländerin aufmerksam. Kult ist in Island Gling-Gló, eine Jazz-CD, die Björk 1990 zusammen mit dem Trio Guðmundar Ingólfssonar aufgenommen hat. 1993– 1997 lebte die Sängerin zusammen mit ihrem 1986 geborenen Sohn in London und startete dort 1993 mit ihrem Album „Debut", das sich über 2,5 Millionen Mal verkaufte, eine erfolgreiche Solokarriere; inzwischen hat sie sieben Soloalben veröffentlicht. Sie selbst bezeichnet ihre Musik schlicht als „Björk music“: Ihre Stimme wirkt zerbrechlich wie dünnes Glas, sie schwebt geradezu über dem kalten Groove ihrer Musik, die beeinflusst ist von den verschiedensten Stilrichtungen: jazzige Elemente treffen auf Dancefloor, Techno verbindet sich mit Punk, klassische Klänge sind zu hören, Instrumente aus diversen Kulturkreisen kommen zum Einsatz oder auch nur ihre Stimme allein wie auf ihrem Album „Medúlla“ aus dem Jahr 2004. Sie hatte 13 Grammy-Nominierungen und verkaufte insgesamt über 15 Millionen Alben. Im Mai 2007 erschien Björks sechstes Studioalbum „Volta“.

Als Schauspielerin bewies Björk ihre Talente in dem Film „Dancer in the Dark“ von *Lars von Trier,* der 2000 in Cannes mit der Goldenen Palme ausgezeichnet wurde. Auch bei der Eröffnung der Olympischen Spiele von Athen im Jahr 2004 wirkte Björk mit.

Die Band **Bellatrix** formierte sich 1992 und gewann gleich den jährlich in Island stattfindenden Musikwettbewerb. Ihre Musik ist eine Mischung aus Folk und Rock, die zum Tanzen animiert. Die weit über Island hinaus bekannte Gruppe **Mezzoforte** wurde bereits 1977 von vier damals 15- bis 17-jährigen Jungs gegründet. Ihr Interesse an Jazz verband sie, schon bald begannen sie eigene Songs zu schreiben, federführend waren Gitarrist *Friðrik „Frissi“ Karlsson* und Keyboarder *Eyþór Gunnarsson,* der später zu einem der führenden Plattenproduzenten der isländischen Musikszene wurde. Ihre Musik zeichnet sich durch die Kombination melodischer Harmonien und knapper, unvorhersehbarer Tempowechsel aus. Das erste Album erschien 1979, zum harten Kern der Band gehörten neben Friðrik und Eyþór die Mitbegründer *Jóhann Ásmundsson,* Techniker und Sessionmusiker, sowie Schlagzeuger *Gunnlaugur „Gulli“ Briem.* Mit ihrem dritten Album wollten sie auch ein internationales Publikum ansprechen und reisten dazu 1981 nach London, um es dort zu produzieren. 1982 hatte Mezzoforte Erfolg in der britischen Clubszene mit dem Titel „Dreamland“. Doch als 1983 gerade mal sechs Zuhörer zu einem Konzert nach Reykjavík kamen, wollte die Gruppe sich schon auflösen. Da eroberte ihr Song „Garden Party“ die internationalen Charts, und plötzlich war die Band überall gefragt. Ein eigenes Plattenstudio in Island konnte finanziert werden, Kontakte in alle Welt entstanden. Bis heute ist Mezzoforte on tour.

Bekannt ist bei uns auch die Italo-Isländerin **Emiliana Torrini,** die sich mit ihren Stilrichtungen zwischen Konventionellem und Experimentellem bewegt und mit „Jungle Drum“ den Sommerhit 2009 landete. **Amiina,** das sind *Sólrún, María, Edda* und *Hildur,* die als Streichquartett bei der angesagten Band **Sigur Rós** mitwirkten; sie liefern filigrane Traummusik. Die Werke der **Folkband Islandica** sind auch außerhalb Islands erhältlich. **Álftagerðisbreeður** ist mit ihrer volkstümlichen Musik bei den Isländern beliebt.

CD-Tipp:
• **Musik-CD Sound)))trip Iceland**
Diese CD-Compilation stellt typische, aktuelle Musik Islands vor. 55 Min. Spieldauer, 14 Titel, 46-seitiges Booklet, erschienen im Reise Know-How Verlag

Die Gruppen *Múm, Sigur Rós* und der Solokünstler *Mugison* sind ebenfalls im Ausland bekannt. Weitere angesagte Bands und Interpreten sind **Jan Mayen, Megas, Mugison Singapore Sling** oder **Thorir.**

Anziehungspunkt für die Fans von Rockmusik ist das alljährlich stattfindende **Iceland Airwaves.**

Film

1906 wurde das **erste Kino** in Reykjavík eröffnet. Anfangs wurden dort vor allem Filme mit Dokumentarcharakter, wie Berichte über Vulkanausbrüche, ausgestrahlt.

1979 wurde der **isländische Filmfond** gegründet. Die meisten isländischen Filme spiegeln die Geschichte, Literatur und Gegenwart des Landes wider. Der erste isländische Spielfilm „Land og synir" („Land und Söhne") von **Ágúst Guðmundsson** wurde 1980 produziert. Thema des Films ist die Landflucht während der Depression der 1930er Jahre. Ebenfalls 1980 entstand „Óðal feðranna" („Der Hof des Vaters"), der die Landflucht in den 1970er Jahren behandelt. 1984 thematisierte Guðmundssons Film „Gullsandur" („Goldener Sand") die Stationierung der amerikanischen Soldaten in Island. Später drehte er auch Filme über die isländischen Sagas. In Deutschland wurde er durch seine Kinder- und Jugendserie „Nonni und Manni" bekannt.

Þórstein Jónsson verfilmte 1984 den Roman „Atomstation" von *Halldór Laxness.* Dessen Tochter *Guðny Halldórsdottir* führte Regie bei der Verfilmung des väterlichen Romans „Am Gletscher". Internationale Beachtung fand der Film „Börn náttúrunnar" („Children of nature") von **Friðrik Þór Friðriksson.** Er erzählt die Geschichte zweier alter Menschen, die von ihren Familien in ein trostloses Altenheim in Reykjavík abgeschoben wurden. Der Mann und die Frau finden zueinander und erinnern sich gemeinsam an ihre alte Heimat, die Westfjorde. Sie wollen dort ihren Lebensabend verbringen und nicht in dem tristen Heim. Mit einem gestohlenen Auto gelangen sie in das Land ihrer Erinnerungen zurück. Sehenswert sind in dem Film v. a. die beeindruckenden Landschaftsaufnahmen der Westfjorde. Der Film wurde 1992 für den Oskar „Bester ausländischer Film" nominiert. Der Film „Biðdagar" („Movie days") erzählt aus der Sicht eines Jungen von der Nachkriegszeit und der Technisierung des Landes. Auch der Film „Im Schatten der Raben" des Regisseurs *Hrafn Gunnlaugsson* brachte die Geschichte und Gegenwart des Landes einem internationalen Publikum näher.

Baltasar Kormákur drehte die Komödie „101 Reykjavík". Das Erstlingswerk des Regisseurs schildert selbstironisch das lockere Leben des „Helden" *Hlynur (Hilmir Snær Guðnarson)* und seiner lesbischen Mutter, in dem das Wochenende mit seinem ausgelassenen Kneipenleben und One-night-stands einen immer wieder neu ersehnten Höhepunkt am Ende einer eher tristen Woche darstellt. Gedreht wurde auch im „Kaffibarinn", im Film eine schummrige Bar, die *Kormákur* gehört und seit dem Film ein Insider-Tipp in der Stadt ist. Auch mit seinem Film „Der kalte See" war *Kormákur* erfolgreich.

Der Filmemacher **Dagur Kári** machte mit „Nói Albínói" 2003 beim Filmfestival von Rotterdam auf sich aufmerksam.

Der isländische Film gewann in letzter Zeit zunehmend an internationaler Bedeutung. Die Themen reichen von historischen Vorlagen, vor allem Sagas, bis zur Abhandlung sozialer Probleme. Kennzeichnend für viele isländische Filme ist, dass sie Elemente der alten Mythen enthalten, die vielfach die Handlung mitbestimmen. Im Ausland gibt es immer häufiger **isländische Filmwochen.** Auch im deutschen Fernsehen werden hin und wieder isländische Filme gezeigt. In Island selbst werden diese Filme meistens von 100.000 Isländern im Kino gesehen – das ist ein Drittel der Bevölkerung.

Theater

Gegen Ende des 19. Jahrhunderts wurden mit „Útilegumennirnir eða Skugga Sveinn" („Die Gesetzlosen") und „Nýársnóttin" („Neujahrsnacht") die ersten Bühnenstücke aufgeführt. Im Jahr 1897 gründete sich die **Reykjavíker Theatergesellschaft** (Leikfélag Reykjavíkur). Erst seit 1950 gibt es ein staatliches Schauspielhaus, das Nationaltheater in Reykjavík. Das Stadttheater von Akureyri wurde 1975 eröffnet. Darüber hinaus gibt es zahlreiche Amateurbühnen. Aufgeführt werden Stücke heimischer und ausländischer Autoren. Islands bedeutendste Dramatiker sind *Jóhann Sigurjónsson, Einar Kvaran, Guðmundur Kamban, Guðmundur Steinsson, Birgir Sigurðsson, Jónas Àrnason, Svava Jakobsdóttir, Davíð Stefánsson, Kjartan Ragnarsson, Ólafur Haukur Símonarsson* und *Halldór Laxness.*

Im Land erfreuen sich die isländischen Theater eines noch größeren Besucherandrangs als die Lichtspielhäuser. Statistisch gesehen besuchen acht von zehn Isländern einmal jährlich eine der über 800 Theateraufführungen!

Eine Besonderheit des isländischen Theaters sind die seit 1970 regelmäßig in der Zeit von Ende Juni bis Ende August stattfindenden **Light Nights.** Diese **Multimediashow** basiert auf den isländischen Sagas, auf historischen Ereignissen, mysteriösen Geschichten und Legenden. Der erste Akt spielt in einem Torfgehöft, wo sich die Bewohner während des dunklen Winters im Wohnzimmer versammeln und ein Familienmitglied alte Geschichten und Legenden erzählt und Episoden aus den Sagas vorliest. Der zweite Akt spielt in einem Wikingerlanghaus und zeigt Episoden aus der Landnahmezeit. Light Nights ist die Theaterproduktion, die in Island mit Abstand am längsten auf dem Spielplan steht.

068is Foto: tt

Unterwegs in Island

070is Foto: tt

069is Foto: tt

Hrafnseyri im Arnarfjörður in den Westfjorden: Das Museum mit der kleinen Kirche erinnert an den isländischen Freiheitskämpfer Jón Sigurðsson (1811–1879)

Islandpferde bei Bratthólt

Faxifoss

Reykjavík

↗XVII,C3

Für Flugreisende, die auf dem 40 km entfernten **Flughafen Keflavík** ankommen, ist die Landeshauptstadt in der Regel erste Station ihrer Islandreise. Auch bei allen anderen Besuchern des Landes sollte Reykjavík zum Pflichtprogramm gehören.

Stadtgeschichte

Die Geschichte der Stadt beginnt **874.** Ihre Gründung geht auf eine Sage zurück. **Ingólfur Arnarson** war der erste dauerhafte Siedler Islands. Bei seiner Ankunft im Jahr 870 warf er gemäß einem alten Wikingerbrauch seine Hochsitzsäulen über Bord. Sie galten als Symbol seiner norwegischen Heimat, die er nach Streitigkeiten verlassen musste. Die Götter sollten darüber entscheiden, wo er sich in dem neuen Land niederzulassen hatte. Allerdings wurden die Säulen erst drei Jahre später von Arnarsons Leuten gefunden, und er siedelte sich im Folgejahr an dem Fundort an. *Ingólfur Arnarson* gab dem Ort seinen heutigen Namen: **Reykjavík, „Rauchbucht“,** benannt nach dem Dampf, der von den heißen Quellen im Laugardalur aufsteigt. Die Gründungssage erscheint auch im Stadtwappen Reykjavíks: ein blaues Schild mit drei Wellenlinien, die von zwei Hochsitzsäulen durchzogen werden.

Über mehrere Jahrhunderte hatte Reykjavík nur geringe Bedeutung. Im 16. Jahrhundert trieben hier englische und deutsche Kaufleute Handel mit Fischen und Wolle. Später folgten dänische Händler. Der Isländer *Skúli Magnusson* siedelte ab Mitte des 18. Jahr-

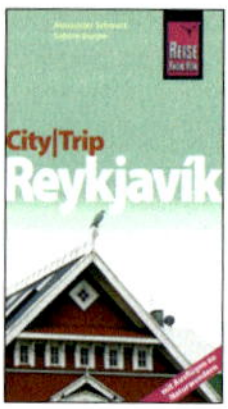

Buchtipp: „CityTrip Reykjavík“, erschienen im Reise-Know-How-Verlag

hunderts Manufakturen in Reykjavík an. Dadurch erhielt die kleine Handwerker- und Fischersiedlung mit ihren 179 Einwohnern 1786 vom Dänenkönig *Christian VII.* die Stadtrechte verliehen. Damals war das dänische Handelsmonopol gerade gelockert worden. Die Bewohner hatten ihren Arbeitsplatz vor allem in der Wollverarbeitungs- und Fischindustrie. Reykjavík gewann erst an Bedeutung, als es 1796 alleiniger Bischofssitz wurde und 1845 das isländische Parlament, das Alþing, sowie der Oberste Gerichtshof hierher verlegt wurden. In der Folge stieg auch die Einwohnerzahl.

Einwohner

Besonders nach dem II. Weltkrieg wuchs Reykjavík rasant. Zu Beginn der 1970er Jahre entstanden riesige Wohnsiedlungen. Als am Anfang der 1980er Jahre die Inflationsrate über 80 % betrug, wurden Kredite so billig, dass sich viele Familien ein eigenes Haus leisten konnten. Es entstanden ausgedehnte Eigenheimsiedlungen, die zur Vergrößerung der Stadtfläche und der Vororte führten.

Die Landflucht in Island ist groß; jedes Jahr wandern 4000 Isländer aus ländlichen Gebieten in die Städte, viele in den Großraum Reykjavík. Hier wohnen heute schon rund 201.585 Menschen, das sind 63 % der Bevölkerung. Die modernen **Trabantenstädte** Kópavogur (29.960 Einwohner), Hafnarfjörður (25.840 Einwohner), Garðabær (10.360 Einwohner), Mosfellsbær (8270 Einwohner), Seltjarnarnes (4410 Einwohner) und Bessastaðahreppur (3.800 Einwohner) sind meist bevorzugtere Wohnorte als Reykjavík (119.500 Einwohner) selbst.

Bedeutung der Stadt

Fragt man sich, worin die Anziehungskraft dieser Stadt liegt, muss man sich vor Augen halten, dass das Leben hier viel mehr Annehmlichkeiten zu bieten hat als im übrigen Land. Reykjavík verfügt außerdem über eine gut ausgebaute Infrastruktur. Alle wichtigen Einrichtungen konzentrieren sich auf die Hauptstadt. Hier gibt es auch wesentlich mehr Arbeitsplätze als auf dem Land. Vor allem im Bereich der Dienstleistungen sind zahlreiche Menschen beschäftigt. Aber auch Verwaltung, Handel, Wirtschaft und Verkehr bieten eine große Zahl von Arbeitsplätzen. Die meisten isländischen Unternehmen und Behörden haben ihren Sitz in der Hauptstadt.

Reykjavík ist der **bedeutendste Wirtschaftsstandort des Landes.** Die Stadt besitzt zwei Häfen, einer davon ist der **größte und wichtigste Hafen Islands.** Der **größte Inlandsflughafen** befindet sich ebenfalls in der Hauptstadt. Werftanlagen, Fisch- und Maschinenfabriken haben sich in Reykjavík angesiedelt. Die Ausbildungs- und Verdienstmöglichkeiten sind hier wesentlich besser als im übrigen Land.

„Reykjavík, wo **Kultur und Natur** aufeinandertreffen", ist einer der Slogans, mit denen die nördlichste Hauptstadt der Welt wirbt. Im Jahr 2000 war sie Kulturhauptstadt Europas, präsentierte

- 1 Radisson SAS Hotel Saga
- 2 Garður
- 3 Ísafold
- 4 Bæjarins Bestu
- 5 Humarhúsið
- 6 Lækjarbrekka
- 7 Caruso
- 8 Óðinsvé
- 9 Holt
- 10 Leifur Eiríksson
- 11 Á Næstu Grösum
- 12 Báron
- 13 Gästehaus 101
- 14 Egilsborg
- 15 Flókagata 1
- 16 Loftleiðir
- 17 Dúna
- 18 Kringlukráin
- 19 Vik
- 20 Park Inn Ísland
- 21 Seemannshotel Ørkin
- 22 Grand Hotel Reykjavik
- 23 Cabin

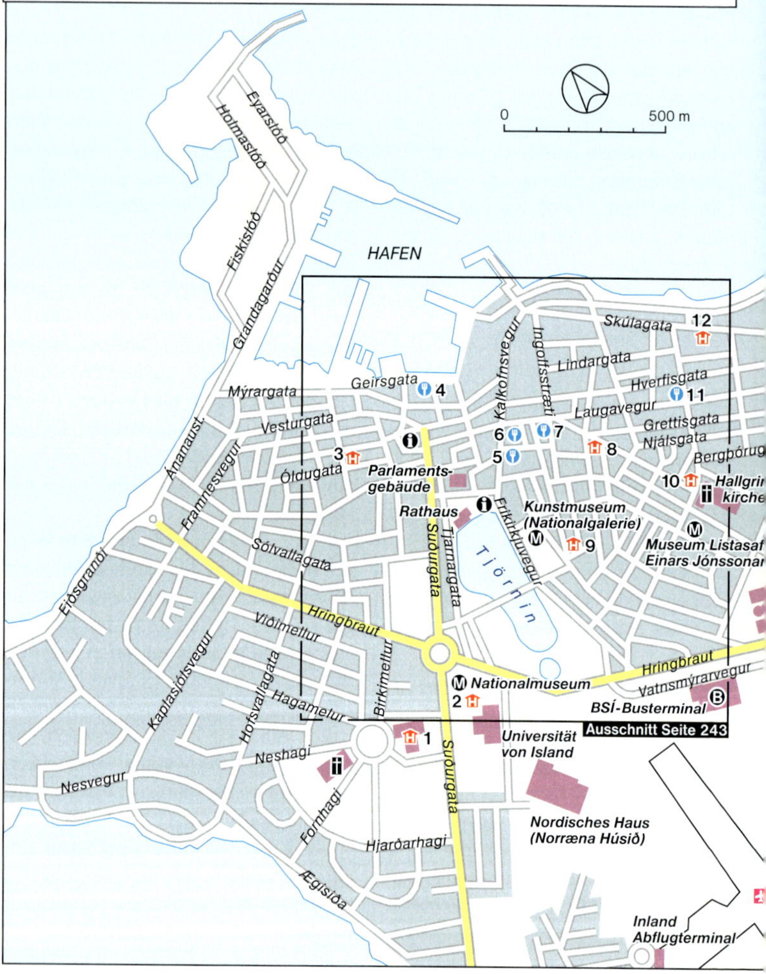

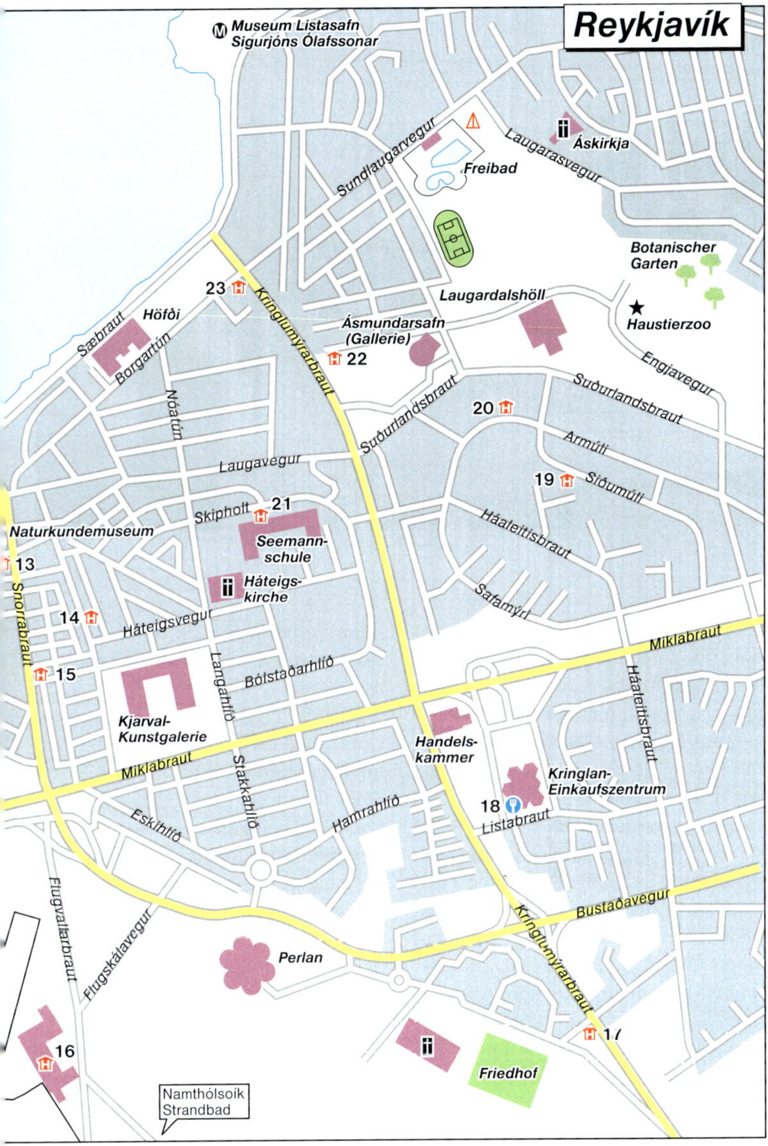
Reykjavík
Museum Listasafn Sigurjóns Ólafssonar
Sundlaugarvegur
Freibad
Laugarasvegur
Áskirkja
Botanischer Garten
Haustierzoo
Laugardalshöll
Ásmundarsafn (Gallerie)
22
23
Höfði
Sæbraut
Borgartún
Kringlumýrarbraut
Engjavegur
Suðurlandsbraut
20
Ármúli
19
Síðumúli
Nóatún
Laugavegur
Skipholt
21
Naturkundemuseum
13
Seemann-schule
Háteigs-kirche
Háaleitisbraut
Safamýri
Snorrabraut
14
Háteigsvegur
15
Bólstaðarhlíð
Langahlíð
Miklabraut
Kjarval-Kunstgalerie
Handels-kammer
Kringlan-Einkaufszentrum
18
Listabraut
Stakkahlíð
Eskihlíð
Hamrahlíð
Bustaðavegur
Flugvallarbraut
Flugskálavegur
Perlan
16
Friedhof
17
Namthólsoik Strandbad

071is Foto: tt

ein umfangreiches kulturelles Angebot und war für die Besucher besonders herausgeputzt. Kosmopolitische Strömungen treffen hier auf Traditionelles. Heute zeigt sich Reykjavík gerne von einer ultramodernen Seite - es ist hipp, am Wochenende dorthin zu jetten und sich in das ausgelassene Nachtleben zu stürzen. Reykjavík ist eine quirlige, lebensfrohe Stadt. Die einst tristen Häuser des Bezirks 101 zwischen Hafen und Hallgrímskirche wurden zu einem Trend-Viertel, schön renoviert und in bunten Farben angestrichen. Aber die Stadt lebt auch eng verwurzelt mit ihren Anfängen, die schon über 1100 Jahre zurückliegen. Sie hat beides in sich vereint, die Vorzüge einer modernen, vorwärts orientierten Gesellschaft, ergänzt durch die enge Verbindung zu einer wunderschönen und intakten Natur in unmittelbarer Nähe der Stadt. Steht Ihnen der Sinn nach einer mitternächtlichen Partie Golf, einem Ausritt oder nach Lachsangeln, müssen Sie die Stadt nicht extra verlassen.

„Tulpenblüte“ im Zentrum von Reykjavík

Touristen sollten ihren Aufenthalt in Reykjavík auch zum **Einkaufen** nützen, da hier das größte Warenangebot des Landes besteht und die Preise im Allgemeinen niedriger sind als im Umland. Es gibt ein großes Angebot an Freizeitmöglichkeiten, das nirgendwo anders im Land überboten wird. Aber es existiert auch eine andere Seite von Reykjavík: mehr Lärm, mehr Autoabgase, größere soziale Probleme und eine enorme Steigerung der Grundstückspreise und Lebenshaltungskosten.

Die saubere Hauptstadt

Grundsätzlich ist Reykjavík eine außergewöhnlich saubere Stadt. Schornsteine kennt man hier praktisch nicht – geheizt wird bereits seit den 40er Jahren des 20. Jahrhunderts mit **geothermaler Energie**, die größtenteils aus dem Hochtemperaturgebiet Nesjavellir stammt. Heute sind so gut wie alle Haushalte an dieses Netz angeschlossen. Fast überall lassen sich Brunnen bohren, mit denen heißes Grundwasser gefasst werden kann. Dieses Wasser wird auch im Speicher auf dem Stadthügel Öskjuhlíð (vgl. Exkurs „Die Perle auf dem Öskjulíð") gesammelt und fließt bei Bedarf zu den Häusern. Darüber hinaus ist geothermale Energie wesentlich kostengünstiger. Die Isländer zahlen dafür in etwa ein Zehntel dessen, was sie für Heizöl ausgeben müssten. In den Gemeinden, in denen die Bewohner nicht auf das naturheiße Wasser zurückgreifen können, gibt es Subventionen vom Staat. Warmwasser nützen die Reykjavíker jedoch nicht nur zum Heizen ihrer Häuser und Pools. Sie leisten sich im Winter auch den Luxus geheizter Straßen und Gehwege, um so Glatteis vorzubeugen. Die Trinkwasserversorgung der Stadt wird durch Quellwasser gewährleistet, das nicht einmal aufbereitet werden muss. In den Flüssen des smogfreien Reykjavík tummeln sich Forellen und Lachse! Auch die erste Wasserstofftankstelle Islands wurde in Reykjavík eröffnet. Einige städtische Busse und Kommunalfahrzeuge fahren damit besonders umweltfreundlich.

Die Stadt kennen lernen

Möglichkeiten, Reykjavík kennen zu lernen, gibt es viele. Man kann sich zum Beispiel einer organisierten Stadtrundfahrt anschließen, oder man erkundet Teile der Hauptstadt zu Fuß. Das Zentrum Reykjavíks ist nicht so großräumig; die wichtigsten Sehenswürdigkeiten liegen relativ eng beieinander.

Vor einem Stadtrundgang empfiehlt es sich, einen übersichtlichen **Stadtplan** (Map of Reykjavík) und einen **Busfahrplan** (Reykjavík Bus Map) zu besorgen. Oft erhält man diesen kostenlos an der Hotelrezeption, in Reisebüros oder bei der Tourist-Information. Dort kann man sich auch nach Öffnungszeiten von Museen, Galerien, Kirchen und Geschäften erkundigen.

Parkmöglichkeiten

In der Innenstadt gibt es nur Parkhäuser und gebührenpflichtige Parkplätze, die in drei Parkzonen unterteilt sind **(blaues Schild Gjáld):** Die Kurzparkzone P1 ist am teuersten, P2 und P3 sind billiger. Eine Stunde Parken kostet ca. 150 ISK. Abends und sonntags ist das Parken kostenlos. Die meisten Parkplätze gibt es in Richtung Hafen und Sæbraut. Wer mit dem Auto in die Stadt kommt, kann werktags 1 bis 2 km außerhalb der Innenstadt kostenlos parken (südlich und westlich vom Stadtsee Tjörnin).

Stadtrundgang

Der **Tjörnin,** der **Stadtsee,** ist ein besonderes Markenzeichen Reykjavíks. Die Wasserfontäne ist das Geschenk eines amerikanischen Botschafters. Auf und um den See hat man über fünfzig Vogelarten gezählt, darunter Singschwäne, erkennbar an ihren gelben Schnäbeln, und Küstenseeschwalben. Für die Schwalben ist der Tjörnin das wichtigste Brutgebiet des Landes. Eine Hinweistafel am Seeufer, unweit der Terrasse, informiert mit Abbildungen und Erläuterungen über die Vogelwelt. Im Winter benutzen die Reykjavíker den See als Eislaufbahn. Für die Verwendung des Tjörnin gab es schon die unterschiedlichsten Pläne. Man erwog, mit Hilfe eines Kanals eine Verbindung zum Meer herzustellen, um ein zusätzliches Hafenbecken zu bekommen. Besonders Radikale wollten den See sogar zuschütten. Bisher wurden aber lediglich moderne Seepromenaden geschaffen, und es bleibt zu hoffen, dass der schöne Stadtsee erhalten bleibt.

Südwestlich des Sees befindet sich das bereits 1863 gegründete **Nationalmuseum** (Þjóðminjasafnið). Hier ist eine umfangreiche Sammlung isländischer Kulturgeschichte zu sehen. Volkskundliche und handwerksgeschichtliche Dokumente sind ausgestellt. Ursprünglich wurde das Haus als Kühlhaus genutzt, später war eine Diskothek darin untergebracht, der offensichtlich die zu heißen Rhythmen zum Verhängnis wurden: Sie brannte 1972 aus. Unmittelbar neben dem Museum befindet sich die **Universität des Landes** (Háskóli Íslands) mit der Universitäts- und Nationalbibliothek (Þjóðarbókhlaðan). Noch etwas weiter südlich steht das **Nordische Haus** (Norræna Húsið), vom finnischen Architekt *Alvar Aalto* entworfen und 1968 fertiggestellt. Wie die anderen nordischen Häuser in Skandinavien soll es dem Kulturaustausch zwischen den nordischen Ländern dienen. Hier finden Kongresse, Lesungen, Konferenzen, Konzerte, Vorträge, Ausstellungen und Filmvorführungen statt. Im Innern des Baus befinden sich eine Bibliothek mit 30.000 Bänden, ein Lesesaal, eine Cafeteria sowie Ausstellungs- und Kongressräume.

Wir gehen wieder zurück zum Tjörnin. Direkt am Ufer des Sees befindet sich die achteckige **„Harmoniehalle“** (Hljómskállin), ursprünglich 1927 als Übungsraum des Blasorchesters erbaut. Daran schließt sich ein Park an mit dem Namen Hljmskálagarður. Auf der anderen Seite der Harmoniehalle befindet sich die **Nationalgalerie** (Listasafn Íslands). Von dort gelangen Sie zur blechverkleideten **Freikirche** (Fríkirkja), die mit einem Turm gekrönt ist. Die Kirche wurde im Jahre 1903 erbaut. Wo Lækjargata und Vonarstræti zusammentreffen, befindet sich das **Iðnó,** als Sitz der Handwerkervereinigung 1897 gebaut. Bis 1989 diente es als Schauspielhaus der Theatervereinigung Reykjavík.

Am gegenüberliegenden Tjörninufer entstand das **neue Rathaus.** Dieses Gebäude ist in der Stadt besonders umstritten. Die Reykjavíker führten kontroverse Diskussionen – über seine Errichtung und vor allem um seinen Standort: Das Rathaus wurde in den Stadtsee hineingebaut, dabei galt es doch, auf den Vogelreichtum des Sees Rücksicht zu nehmen. Einer der eifrigsten Befürworter des Baus war der ehemalige Bürgermeister und spätere Premierminister *Davíð Oddsson*. Die Architektur des Rathauses, entworfen von *Margrét Harðadóttir* und *Steve Christer*, findet teilweise Anerkennung, wird aber auch von manchen als schlichtweg hässlich abgetan. Hauptkritikpunkt ist, dass sich das Rathaus nicht in seine Umgebung mit den alten Stadtvillen rund um den See einfügt. Bereits 1944 nach der Staatsgründung sollte in Reykjavík ein neues Rathaus entstehen, jedoch konnte man sich nicht auf die Bauweise einigen. 1986 fand die Grundsteinlegung statt, die Architekten waren die Gewinner eines Wettbewerbs. 1992 wurde das Gebäude eingeweiht. Im Rathaus sind eine Tourist-Information und eine Cafeteria mit Ausblick auf den See untergebracht. Im Foyer befindet sich eine

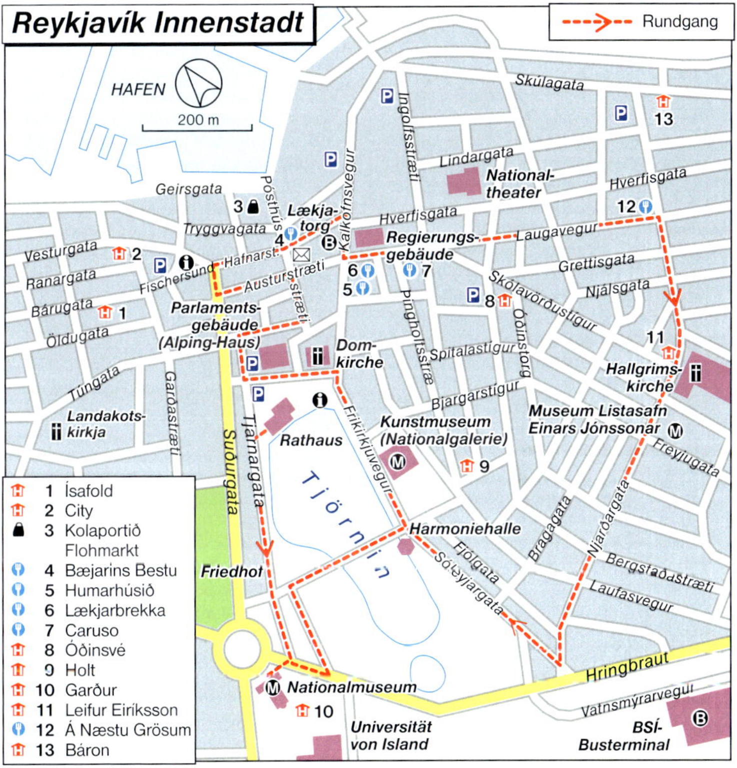

Die „Perle“ auf dem Öskjuhlið

Der isländische Künstler *Jóhannes Kjarval* hatte die Idee, auf dem über 60 m hohen Hügel Öskjuhlíð ein Gebäude entstehen zu lassen, das ausschließlich der Kunst dienen sollte. Rund sechzig Jahre später, im Mai 1991, erteilten die kommunalen Heißwasserwerke „Hitaveita Reykjavíkur“ dazu den Auftrag an *Ingimundur Sveinsson*. Veranschlagt wurden für das Gebäude knapp 18 Millionen Euro. Perlan, die „Perle“, wurde in nur drei Jahren gebaut. Sechs europäische Länder und die USA lieferten neben Island das Baumaterial und die technische Ausstattung.

„Sie ist nicht allein Vielzweck-Restaurant, Konferenz- und Freizeitkomplex aus Stahl und reflektierendem Glas – Perlan ist gleichzeitig ein riesiges Reservoir geothermaler Energie, das Reykjavík und seine Umgebung versorgt.“ So wird das Bauwerk in einem Werbeprospekt beschrieben. Dort wird der Warmwasserspeicher auch als „technologisch ausgeklügelter Spielplatz der Bürger von Reykjavík“ bezeichnet und als „bedeutendes Glied in der Servicekette der kommunalen Heißwasserversorgung aus der Tiefe des Bodens bis hin zum Endverbraucher.“ Über die Hälfte der isländischen Bevölkerung wird vom Öskjuhlíð aus mit heißem Wasser versorgt.

Die umweltfreundliche geothermale Heizmethode wird in Reykjavík schon seit sechzig Jahren praktiziert. Heißwasser und Heizungsenergie werden aus vier Geothermalgebieten gewonnen, 55 Mill. m³ Wasser insgesamt in das System eingespeist. Eines der Geothermalgebiete liegt mitten in der Innenstadt, in der Nähe vom Laugavegur. Dort werden aus zehn Bohrlöchern 310 Liter Wasser pro Sekunde gefördert, mit einer durchschnittlichen Temperatur von 127 °C. Im Ellidaá-Tal am anderen Ende der Stadt werden aus acht weiteren Bohrlöchern 220 Liter Wasser pro Sekunde mit einer Temperatur von 88 °C gefördert. Außerdem gewinnt man heißes Wasser bei Mosfellssveit, sechsmal so viel wie in der Innenstadt. Seit 1990 wird auch Heißwasser vom Kraftwerk in Nesjavellir am Þingvallavatn zum Öskjuhlíð gepumpt. In Nesjavellir hat das Wasser eine Temperatur von 250 °C. Mit diesem Wasser und dem entstehenden Dampf wird kaltes Wasser aufgeheizt. Das heiße Wasser, das auf dem Öskjuhlíð gesammelt wird, ist zurzeit der Besiedlung Islands im Gebiet des Langjökull als Regen gefallen. So lange benötigte das Wasser für seinen Weg durch das Lavagestein.

Gigantische Zahlen sind auch mit dem Bauwerk verbunden: Läuft das Werk auf vollen Touren, können 400 MW Heizenergie und 40–80 MW Elektrizität erzeugt werden. Die gewonnene Energie wird außerdem noch zu anderen Zwecken verkauft. In vier der sechs Tanks, aus denen die „Perle“ besteht, werden 24.000 m³ heißes Wasser (80 °C) gespeichert. Die beiden anderen Tanks sind für das Wasser vorgesehen, das aus dem System zurückfließt. In der Hauptstadt gibt es drei Speicherkomplexe. Bei großer Kälte und bei hohem Bedarf in Spitzenzeiten wird auf das Wasser der „Perle“ zurückgegriffen. Über den Tanks befindet sich eine sechseckige Plattform und darüber eine 14 m hohe, reflektierende gläserne Kuppel, eingefügt in ein Netzwerk aus hohlen Stahlträgern. Diese werden im Winter von heißem, im Sommer von kühlem Wasser durchströmt. Auch unter dem Parkplatz liegen Heißwasserrohre, die ein Vereisen der Fläche verhindern sollen.

Besucher gelangen durch eine elektronisch gesteuerte Drehtür in den voll klimatisierten Eingangsbereich. Das Gebäude ist 30 m hoch und schließt etwa

20.000 m³ umbauten Raum ein. Die einzelnen Abschnitte wirken durch das verwendete Glas und ihre Höhe großzügig, sind doch der Wintergarten 10 m, die Cafeteria 5 und das Restaurant unter der Kuppel 9 m hoch. Man wird empfangen von üppiger Vegetation im Wintergarten, wo Palmen und Feigenbäume wachsen, normalerweise „Bewohner“ weit südlicherer Gefilde. Sprinkleranlagen versorgen die Bäume mit Feuchtigkeit. Das Gebäude besteht aus sechs Ebenen und einem Keller mit einer Fläche von insgesamt 3700 m². Davon sind 1000 m² im Wintergarten für Ausstellungen und Feiern vorbehalten. 600 Personen können sich hier bei Empfängen und Veranstaltungen aufhalten. Zusätzlich ist in diesem Raum die modernste Raumakustikanlage Islands installiert. Auch Privatleute können den Raum mieten. Richtet ein Brautpaar hier seine Hochzeitsfeier aus, wird dieses Ereignis an einer Basaltsäule verewigt. Dort ist dann ein isländischer Text zu lesen mit den Worten: „Auf solidem Fels gebaut.“

Im Untergeschoss gibt es einen kleinen Konferenz- und Lehrbühnenraum, der fünfzig Personen Platz bietet und mit modernster Video-, Ton- und Projektionstechnik ausgestattet ist. Außerdem gibt es dort unten eine computergesteuerte Fontäne, die an einen Geysir erinnert. Alle paar Minuten schießt ein Wasserstrahl 15 m in die Höhe. Auch außerhalb des Gebäudes faucht ein kleiner Geysir, der dem Original nachempfunden ist. Vom Wintergarten aus führt neben Aufzügen auch eine Treppe zu den verschiedenen Stockwerken. In der vierten Etage befinden sich eine Cafeteria, eine Konditorei und ein Souvenirshop. An der Wand kann man sich auf Knopfdruck vom Tonband in verschiedenen Sprachen Informationen über die Umgebung anhören. Von der Aussichtsplattform, die sich auf derselben Ebene befindet, hat man eine grandiose Aussicht über die isländische Hauptstadt. Eine besondere Attraktion der „Perle“ ist das Drehrestaurant, das zu exklusivsten Islands gehört und schon viele berühmte Personen bewirtet hat. Es bietet 340 Besuchern Platz. Binnen einer Stunde dreht sich das Restaurant mit angeschlossener Bar einmal um 360°. Hier wird unter anderem eine Perlan-Hausmarke ausgeschenkt. Sollte man dem Alkohol etwas zu reichlich zugesprochen haben, kann man sich an einer Säule orientieren, die alle vier Himmelsrichtungen ausweist.

Besucher, die an Technik oder moderner Architektur interessiert sind, sollten sich die „Perle“ auf jeden Fall ansehen. In der Beschreibung heißt es: Mit seiner ausgeklügelten Technik „repräsentiert der Komplex eine gelungene Verbindung von Architektur und Elektronik“.

072is Foto: tt

Reliefkarte des Landes, die einen guten Überblick über die geologische Struktur Islands gibt und die man sich unbedingt ansehen sollte.

In der parallel verlaufenden Kirkjustræti kommen wir zum **Alþingi-Haus,** in dem seit 1881 das Parlament tagt. Ursprünglich als erstes isländisches Parlament 930 in Þingvellir gegründet, wurde das Alþing später in die Hauptstadt verlegt. Außerdem beherbergte das Parlamentsgebäude die Landesbibliothek und die Altertumssammlung. Es diente auch der Universität als Raum, bis diese 1940 in ein eigenes Gebäude umzog. Vor dem Haus befindet sich eine Statue, die *Jón Sigurdsson* zeigt, den Führer im isländischen Unabhängigkeitskrieg des 19. Jahrhunderts. Der 17. Juni, Sigurdssons Geburtstag, wird heute als Nationalfeiertag begangen. An diesem Tag erhielt Island 1944 außerdem wieder seine eigene Verfassung.

Am Austurvöllur, auf Deutsch „Ostplatz", unmittelbar neben dem Alþing-Haus, steht die älteste Kirche der Stadt: Die **Lutherische Domkirche** (Domkirkjan) stammt aus dem Jahre 1796 und wurde fertig gestellt, nachdem der Bischofssitz von Skálholt nach Reykjavík verlegt wurde. Im Innern steht ein Taufbecken, das von *Berthel Þórvaldsen* stammt.

Vom Café Paris kann man bei einer Kanne Kaffee und einem leckeren Snack das bunte Treiben auf dem schönsten Platz der Stadt in Ruhe beobachten.

Gehen wir die Kirkjustræti weiter, gelangen wir zur Lækjargata. Hier befindet sich die Mentaskólinn i Reykjavík. Die Geschichte dieses **alten Gymnasiums** reicht bis zum 11. Jahrhundert zurück. Bis 1847 war es die einzige Schule, deren Abschluss zum Besuch der Universität von Kopenhagen berechtigte. Zu den berühmtesten Schülern gehören zwei Nobelpreisträger: *Niels Finsen* erhielt die Auszeichnung 1903 für seine Verdienste in der Medizin, *Halldór Laxness* bekam 1955 den Literaturnobelpreis. Vor der Schule befindet sich die Skulptur „Das Gesicht der Sonne" von *Ásmundur Sveinsson* aus dem Jahre 1969. Es ist das Geschenk von neun Schulklassen.

Die **Austurstræti,** einst eine der Haupteinkaufsstraßen der Stadt, hat in den letzten Jahren ihren Charme verloren. Erotik-Clubs hielten Einzug rund um Austurstræti. Seit 1996 hat sich die Zahl der Geschäfte in dieser Gegend um fast die Hälfte verringert.

In Verlängerung der Austurstræti ist der **Laugavegur** heute die **bedeutendste Einkaufsstraße** der Stadt. Aber auch hier hat ein Geschäftesterben stattgefunden. Weitere Geschäftsstraßen sind Hafnarstræti, Bankastræti und Skólavördurstígur.

In der **Aðalstræti Nr. 10** steht das angeblich **älteste erhaltene Haus der Stadt.** Es ist etwa 230 Jahre alt und befindet sich an Reykjavíks ältester Straße.

In der **Hafnarstræti,** die ursprünglich der früheren Küstenlinie folgte (daher der etwas kurvige Verlauf), befinden sich mehrere Geschäfte für Handarbeiten und Kunstgewerbe. Isländische Souvenirs kann man im **Falkenhaus** am En-

Blick auf Reykjavík

de der Straße kaufen. Außer Wollwaren bekommt man hier Felle, Gefäße aus Lavagestein, Silberschmiedearbeiten und Bildbände über das Land, um nur einiges aufzuzählen. Im Wollgeschäft Víkurprjón gibt es isländische Wolle und Wollwaren, außerdem Souvenirs und isländische Spezialitäten. Auch in einem weiteren Souvenirgeschäft werden handgestrickte Islandpullover, aber auch Keramik, Glas, Holzwaren und andere Mitbringsel angeboten. Weiterhin haben hier ein Geldwechsel, zwei Reiseveranstalter (IFH Tours und Nonni Travel) und eine Agentur der Fluggesellschaft Icelandair eine Filiale.

Im Falkenhaus wurden früher tatsächlich Falken gehalten, bis sie nach Dänemark abtransportiert wurden. Die Gerfalken wurden im Auftrag des dänischen Königs gefangen, der sie oft als Gastgeschenk an andere Herrscher weitergab. Aus Holz geschnitzte Falken am Dachfirst erinnern heute noch an die damals bei den Adligen sehr gefragten Vögel. Ein beliebtes Fotomotiv ist auch das stilisierte, in leuchtenden Farben angestrichene Wikingerboot auf dem Dach.

Gegenüber vom Falkenhaus wurde 1993 ein kleiner Platz, der **Ingólfstorg,** angelegt. Hier laden Bänke zu einer Rast ein. Es gibt Imbissbuden. Aus zwei Basaltsäulen steigt Dampf empor.

Westlich davon befindet sich in einem renovierten alten Haus die zentrale **Tourist-Information** Reykjavíks (Aðalstræti 2, Tel. 5901500).

Mit zu den ältesten Häusern gehört auch **Stjórnarraðid.** Es befindet sich schräg gegenüber des Busknotenpunktes Lækjatorg. Das Haus wurde **im 18. Jahrhundert** von den Dänen **als Gefängnis erbaut.** Als solches wurde es aber nur kurze Zeit genutzt. Der dänische Verwalter machte es später zu seinem Amtssitz. 1904 wurde das Gebäude von der isländischen Regierung übernommen. Heute ist es Regierungssitz und beherbergt die Büros des Staatspräsidenten, des Ministerpräsidenten und einiger Kabinettsmitglieder. Die **Statuen vor dem Gebäude,** Werke von *Einar Jónsson,* zeigen den dänischen König *Christian IX.* mit der ersten isländischen Verfassung in der Hand und den ersten isländischen Minister, *Hannes Hafstein.*

In der Nähe des Regierungsgebäudes erhebt sich der Hügel Arnarhóll mit dem Standbild von *Ingólfur Arnarson,* dem ersten Bewohner der Stadt. Die Statue stammt aus dem Jahr 1924.

Überquert man die Lækjargata – hier verläuft ein übertunnelter Bach, der einst die Alt- und Neustadt voneinander trennte – gelangt man in die **Bankastræti.** Folgt man dieser Straße weiter, kommt man zum **Laugavegur** mit einer großen Buchhandlung und etlichen kleinen Geschäften und Boutiquen. In einer Parallelstraße, in der **Hverfisgata,** befindet sich die von 1906–1908 erbaute **Nationalbibliothek,** die 500.000 Bände beherbergt. Im selben Gebäude ist das Nationalarchiv untergebracht. Unmittelbar daneben liegt das **Nationaltheater,** mit dessen Bau bereits 1928 begonnen wurde. Aus wirtschaftlichen Gründen konnte der Bau damals jedoch nicht fertig gestellt werden. Die amerikanische Armee nutzte das halbfertige Gebäude als Unterkunft während des II. Weltkriegs. Erst 1950 konnte das bis dahin vollendete Theater endlich eröffnet werden. Die Vorstellungen erfreuen sich großer Nachfrage. Im Theater oder bei der Tourist-Information kann man sich über den Spielplan informieren.

Die **Hallgrímskirche** (vgl. entsprechenden Exkurs) wurde nach *Hallgrímur Pétursson,* einem berühmten Pastor und Kirchenliederdichter aus dem 17. Jahrhundert, benannt. Will man die **Aussicht über die Stadt** genießen, besteigt man am besten den 73 m hohen Turm der Kirche. Er ist das höchste Gebäude der Stadt und ragt mit seiner exponierten Stellung auf eindrucksvolle Weise aus dem Häusermeer heraus. Zur Aussichtsplattform des Kirchturms führt ein Aufzug. Von hier bietet sich ein grandioser Ausblick. Rundherum leuchten die bunten Dächer der Stadt. Wenn gute Fernsicht herrscht, kann man 100 km weit sehen. Man erkennt dann den Vulkan Snæfell auf der Halbinsel Snæfellsnes. Im Osten liegt hinter dem Gebiet der Mosfellsheiði der 803 m hohe Vulkan Hengill. Im Süden erstreckt sich die Halbinsel Reykjanes. Dort – unweit von Keflavík – befindet sich auch der internationale Flughafen.

Gegenüber der Hallgrímskirche erhebt sich das **Denkmal von Leifur Eiríksson,** von dem behauptet wird, dass er bereits im Jahre 1000, das heißt lange vor Kolumbus, Amerika entdeckt haben soll. Die Bronzestatue von *Stirling*

Calder ist ein Geschenk des amerikanischen Volkes zum Jahrestag der Alþing-Gründung im Jahre 1930. Im „Kolumbusjahr" 1992 entbrannte erneut der Streit darüber, wer nun tatsächlich Amerika entdeckt hat. Neueste Erkenntnisse gehen davon aus, dass die Wikinger auf der Suche nach dem sagenhaften Vinland, dem „Weinland" jenseits des Ozeans, offensichtlich nur die kleine Insel L'Anse aux Meadows vor Neufundland erreicht hatten.

Unweit der Kirche befinden sich drei Galerien. In der Njarðagata gelangt man zum **Einar-Jónsson-Museum** (Listasafn Einars Jónssonar), wo Werke des Bildhauers besichtigt werden können. Die **Ásgrímur-Jónsson-Galerie** befindet sich in der Bergstaðastræti und zeigt das Lebenswerk des isländischen Malers. Nicht weit davon entfernt befindet sich die **ASÍ-Kunstgalerie** (Listasafn ÁSI).

Hiermit sind wir am Ende unseres Stadtrundgangs angelangt und kommen über die Njarðargata und die Sóleyjargata wieder zu unserem Ausgangspunkt, dem Tjörnin, zurück.

In der Nähe der Hallgrimmskirche liegt das **Reykjaviker Hallenbad** (Sundhöll Reykjavíkur) in der Barónstígur und noch etwas weiter östlich in der Flókagata das **Städtische Kunstmuseum Kjarvalsstaðir.**

Östlich der „Perlan" befindet sich im Bústaðavegur die **Fossvogur-Kirche** mit dem Friedhof. Folgt man dem Bústaðavegur weiter, gelangt man zum **Staatlichen Schauspielhaus** (Útvarpshúsið) und zum **Städtischen Krankenhaus** mit der Notaufnahme. Nördlich davon liegen das große **Einkaufszentrum Kringlan** und das **Stadttheater** (Borgarleikhúsið).

Weitere Sehenswürdigkeiten

Das Strandbad von Nauthólsvík

Südlich des Inlandsflughafens wurde in der **Bucht Fossvogur** ein Strandbad mit künstlichem Sandstrand angelegt. Das Wasser wird geothermal beheizt. Das Meerwasser in dem von der Bucht abgetrennten Badebereich (1,5–3,5 m tief) ist das ganze Jahr über 18–20 °C warm. Vom Stadtsee Tjörnin gelangt man mit dem Auto über Hringbraut, Bústaðavegur, Flugvallavegur und Hlíðarfótur dorthin. Das Strandbad (Ylströnin, Nauthólsvík, Tel. 5116630) ist in der Zeit vom 15.5. bis 15.9. **täglich von 12–20 Uhr geöffnet** (Eintritt frei, Gebühr für die Benutzung der Umkleidekabinen).

Botanischer Garten (Grasagarður)

Die Entstehung des Botanischen Gartens geht auf das Jahr 1929 zurück, als *Eiríkur Hjartason* im Laugardalur Bäume pflanzte. Die Stadt erwarb 1955 das Gelände. Eine Sammlung von 200 isländischen Pflanzen bildete die Grundlage des Botanischen Gartens. Heute kommen etwa **300 Arten** der 470 in Island vertretenen Pflanzen vor. Dem Botanischen Garten sind ein **Haustierzoo** angeschlossen, ein großer Anziehungspunkt vor allem für Kinder, sowie ein Familienpark.

Öffnungszeiten: Familienpark, Haustierzoo, Hafrafell Engjaveg, Tel. 5757800, geöffnet vom 15.5–31.8. täglich 10–18,

Die Hallgrímskirkja

Kein anderes Bauwerk des Landes benötigte so viel Zeit zu seiner Fertigstellung und löste ähnlich viele widersprüchliche Meinungen aus wie dieses Gotteshaus.

Die Skólavarða-Höhe im damals schnell expandierenden Ostteil der Stadt war schon lange dafür ausgesucht worden, der Standort einer alles überragenden Kirche zu werden. Auch der Namensgeber für diese Kirche stand bald fest. Der Pastor *Hallgrímur Pétursson* (1614–1674) zählt zu Islands beliebtesten Dichtern. Seine Passions-Psalmen wurden von ganzen Generationen von Isländern gelesen und auswendig gelernt. Der Einfluss der Werke Péturssons auf das geistliche Leben ist unübertroffen. Auch der Stellenwert der Kirche ist in Island nicht zu unterschätzen, gehören doch 82 % der Bevölkerung der lutherischen Nationalkirche an.

074is Foto: tt

Der Staatsarchitekt *Guðjón Samúelsson* erhielt 1937 den Auftrag, die Pläne für die Kirche anzufertigen. Von ihm stammen auch die Baupläne für das Hauptgebäude der Universität, das Nationaltheater, die katholische Kirche in Reykjavík und für die Hauptkirche in Akureyri. Bestandteil von Guðjóns Baustil war es – wie auch bei anderen Architekten in den nordischen Ländern dieser Zeit –, nationale Elemente miteinzubeziehen. Eine Verbindung zwischen der isländischen Naturlandschaft und der Architektur sollte dabei hergestellt werden. Für den Bau wurden heimische Materialien wie Basalt verwendet. Die Hallgrímskirche sollte außerdem die Landschaft Islands symbolisieren: Die Außenfassade stellt geometrisch angeordnete Basaltsäulen dar, der hohe, neugotische Innenraum steht für die immense, karge Weite des Landes, das weiße Interieur der Kirche soll an Gletscher erinnern. Es war zu erwarten, dass dieses Gebäude nicht nur Befürworter fand. Doch konnten sich die Gegner nicht durchsetzen, und mit dem Bau wurde 1947 begonnen. Erst 1974 allerdings waren der Turm und die Kirchenflügel fertig gestellt.

Waren die Gottesdienste in Ermangelung eines anderen Raumes zunächst im Keller abgehalten worden, stand von 1974 an ein würdigerer Raum zur Verfügung. Es dauerte aber noch einmal zwölf Jahre, bis das Hauptschiff 1986 geweiht wurde, gerade noch rechtzeitig zur 200-Jahr-Feier der Stadt. Die Glasarbeiten in den Eingangsportalen stammen von *Leifur Breiðfjörð*. *Einar Jónsson* schuf 1948 die Statue am Taufbecken. Sie stellt Christus dar, der mit seiner Taufe den heiligen Geist empfängt, und ist ein Geschenk des Künstlers. Auch die kleine Statue rechts vom Eingang stammt von Jónsson. Sie erinnert an den Namensgeber der Kirche. Gegenüber befindet sich eine Ausgabe der ersten isländischen Bibel, die 1584 in Hólar gedruckt wurde.

60 % der Baukosten wurden von der Stadt getragen, die restlichen 40 % kamen durch Spenden aus dem In- und Ausland, von staatlichen und privaten Gebern zusammen.

Mit der Fertigstellung der Kirche waren die Arbeiten aber noch lange nicht abgeschlossen. Das vorläufige Taufbecken musste ersetzt, die Fenster sollten durch solche aus Bleiglas ausgetauscht werden, wobei die lichte Atmosphäre des Raumes jedoch nicht verloren gehen sollte. 1990 bekam der Orgelbauer *Klais* aus Bonn den Auftrag, eine neue Orgel zu bauen. Eine groß angelegte Spendenaktion war vorausgegangen.

Die Gemeinde der Hallgrímskirche zählt etwa 6000 Personen. Außer den Gottesdiensten, die am So um 11 Uhr, im Winter auch um 17 Uhr, Di 10.30 Uhr und in der Fastenzeit jeden Mittwoch um 20.30 Uhr stattfinden, gibt es noch eine Vielzahl von kulturellen Aktivitäten in der Kirche. Ausstellungen und Aufführungen finden hier statt. Der Motetten-Chor der Hallgrímskirche ist einer der besten des Landes und fand bei seinen Konzertreisen und Aufnahmen bereits internationale Anerkennung. Orgelmusik kann man Do und So um 12 Uhr hören, Orgelkonzerte finden So um 20.30 Uhr statt (800 ISK).

Die Kirche dient aber nicht nur als geistliches und kulturelles Zentrum, sondern ist auch ein Orientierungspunkt in der Stadt. Gleichzeitig lädt sie den Besucher ein, kurz innezuhalten und zur Ruhe zu kommen.

Der Turm der Kirche ist täglich von 9 bis 18 Uhr geöffnet, der Aufzug kostet 400 ISK für Erwachsene und 50 ISK für Kinder.

075is Foto: tt

Die Packpferd-Skulptur „Klyfjahesturinn“ vor der Tourist-Information in Reykjavík

sonst 10–17 Uhr; Botanischer Garten, Tel. 5538870, geöffnet 1.4.–30.9. Mo bis So 10–22 Uhr, 1.10.–31.3. Mo bis So 10–17 Uhr.

Höfði

Das Holzhaus liegt am Hafen an der Straße Borgartún Ecke Steintún. Ursprünglich wurde es in Einzelteilen aus Norwegen herangeschafft und 1908 als französisches Konsulat erbaut. Später wurde das Gebäude als Privathaus genutzt. Die Isländer erzählen sich, dass es seit dieser Zeit hier spukt: Ein junges Mädchen soll einst auf tragische Weise ums Leben gekommen sein. Ihre Seele fand keine Ruhe und wandelt seither im Haus umher. Als später das Haus als englische Botschaft genutzt wurde, beschwerte sich der Botschafter über den nächtlichen Lärm, der dem umherirrenden Mädchen zugeschrieben wurde. 1958 kam das Haus in den Besitz der Stadt Reykjavík. Nach einer gründlichen Renovierung wird es als offizielles **Gästehaus der isländischen Regierung** genutzt. Hier fand auch das Gipfeltreffen von *Ronald Reagan* und *Michail Gorbatschow* im Jahre 1986 statt.

Hausberg Esja ↗XVII,C/D3

Reykjavík – auf der Halbinsel Seltjarnarnes ganz im äußersten Südwesten des Landes gelegen – verfügt über einen Hausberg, den Esja (909 m), der über der Bucht Faxaflói nordöstlich der Stadt aufragt. Der Berg ist besonders gut vom Hafen aus zu sehen. Selbst im Sommer ist er schneebedeckt.

Ein Erlebnis ganz eigener Art ist ein **nächtlicher Spaziergang** durch das von der Mitternachtssonne beinahe taghell erleuchtete Reykjavík. Dann scheint der Esja im Licht der rötlichen Sonne auf.

Die Statuen von Reykjavík

Die erste Skulptur in Island war ein Geschenk der Dänen zum 1000. Jahrestag der Besiedlung des Landes. 1874 übergaben sie den Isländern eine Statue des berühmten dänischen Bildhauers *Bertel Thorvaldssen*. Seitdem bemühen sich sowohl die Stadt als auch das Land darum, das Stadtgebiet mit weiteren **Skulpturen** zu verschönern, meistens stellen sie Persönlichkeiten dar, die an der Geschichte und der Kultur des Landes mitgewirkt haben. 1928 kam die erste Skulptur dazu, die nicht in Auftrag gegeben worden war, „Mutterliebe" von *Nína Sæmundsson*. Die zahlreichen Statuen in der Stadt geben die Arbeiten von vielen Künstlern wieder und verschaffen so einen Überblick über die Entwicklung des isländischen Skulpturenschaffens im 20. Jahrhundert.

Bei der Tourist-Information ist eine Broschüre erhältlich, in der ein **„Skulpturen-Rundgang"** durch Reykjavík beschrieben wird. Dort werden 32 Statuen beschrieben. Außerdem erhält man Hintergrundinformationen über die Künstler und die Persönlichkeiten, die in ihren Werken dargestellt sind.

Elliðavatn ⇗ XVII,C3

Der Elliðavatn, 174 m hoch gelegen, ist der **größte See im Hauptstadtgebiet.** Er entstand vor Tausenden von Jahren dadurch, dass ein Vulkanausbruch ein Gletschertal abriegelte, wo sich dann Wasser ansammelte. Um den See herum hat sich eine arktische Flora ausgebildet. Für den Rundweg um den See benötigt man etwa drei Stunden. Dieser Weg führt weiter zum Rauðavatn. Man kommt dabei an geschichtsträchtigen Ruinen vorbei, die aus der Wikingerzeit stammen. Möglicherweise handelt es sich hierbei sogar um den ersten Platz, an dem sich die Isländer zum Thing versammelt hatten, bevor sie sich in Þingvellir trafen.

Nicht weit entfernt liegt **Heiðmörk,** größtes und beliebtestes **Naherholungsgebiet** der Hauptstadt, das zum Joggen und Wandern einlädt. Im Winter wird hier eine Langlaufloipe gespurt, eine Seltenheit in Island. Seit 1949 wurden Tausende von Bäumen gepflanzt.

Viðey ⇗ XVII,C3

Viðey, die Waldinsel, liegt nördlich der Stadt. Sie dehnt sich über 1,7 km² aus und ist damit die **größte der Inseln im Kollafjörður.** Die Insel besteht aus zwei unterschiedlich großen Teilen, die durch eine schmale Landbrücke miteinander verbunden sind. Im Nordwesten liegt Vesturey. Auf dem größeren Teil Heimaey im Südosten steht die zweitälteste Kirche Islands aus dem Jahr 1774 und das älteste Bauwerk Islands, das in seiner ursprünglichen Form erhalten geblieben ist, das Gutshaus Viðeyjarstofa aus dem Jahr 1755.

Die **Enstehung** von Viðey geht auf einen Stratovulkan zurück, den es hier vor zwei Millionen Jahren in der frühen Eiszeit einmal gab. Nachdem der Vulkan nicht mehr aktiv war, wurde er abgetragen, eine hügelige Landschaft entstand. Als sich die Gletscher nach der Eiszeit auf dem Gebiet des heutigen Reykjavík zurückgebildet hatten, stieg der Meeresspiegel an und überschwemmte die Insel. Vor etwa 10.000 Jahren tauchte das Land wieder aus dem Meer auf, der Meeresspiegel liegt heute 40–50 m niedriger als damals. Auf dem neuen Land siedelten sich Pflanzen an. Teilweise ist es sumpfig auf Viðey, teilweise herrscht Grasland vor. Über 150 Pflanzenarten hat man hier gezählt, und 30 Vogelarten bauen hier ihre Nester. Am meisten kommen die Eiderente und die Heringsmöwe, aber auch Kolkraben vor.

Bereits im 10. Jahrhundert war Viðey besiedelt, wie Grabungsfunde belegen. Im 12. Jahrhundert gab es hier schon eine Kirche, 1225 wurde ein Kloster dem

Das Freilichtmuseum Árbær (Árbærsafn)

1957 wurde von der Stadt Reykjavík am östlichen Stadtrand das Árbær-Museum gegründet. Erhaltenswerte alte Islandhäuser werden hier vor dem Verfall bewahrt und Besuchern zugänglich gemacht. Neben Gebäuden und ihrer Einrichtung präsentieren sich Isländerinnen in traditioneller Tracht. In den alten Häusern mit ihren vielen liebevollen Details ist die Zeit scheinbar stehen geblieben. Wer sich ein Bild davon machen will, wie die Bewohner des Landes früher gelebt haben, sollte sich das Museum unbedingt ansehen.

Zentrum des Museums ist der gut erhaltene Hof Árbær, der dem Museum auch seinen Namen gab. Dieser Hof, der sich im Besitz der Kirche befand und erstmals 1464 erwähnt wurde, ist ein mittelgroßes Anwesen, das über Jahrhunderte bewirtschaftet wurde und lange Zeit Wohnraum für zwei Familien bot. Der letzte Bewohner verließ den Hof 1948. Man beschloss, das Gebäude nicht dem Verfall preiszugeben und eröffnete hier knapp zehn Jahre später das Museum.

In ganz Island wurden andere alte Höfe Stein für Stein abgebaut und um den Hof Árbær herum wieder aufgebaut. Die meisten Häuser standen in der Umgebung von Reykjavík. Das älteste ist das „Smiðshús", das „Haus des Schmiedes", das im Jahre 1820 gebaut wurde und im Stadtzentrum stand. Seine Bewohner waren um 1860 der Maler *Sigurður Guðmundsson* und der Lehrer *Jón Árnason*. Beide begannen hier mit einer Sammlung, aus der später das Isländische Nationalmuseum hervorgehen sollte. Weitere Häuser stammen ebenfalls aus dem 19. Jahrhundert: Suðurgata 7, Nýlenda, Hábær, Þingholtsstræti, Efstibær und Líkn.

Die Museumskirche, eine alte Torfkirche, wurde 1842 im nordisländischen Silfrastaðir am Skagafjörður erbaut. Im Innern ist noch das ursprüngliche Inventar zu sehen. 1960 brachte man die Kirche in das Museum, 1961 wurde sie im alten Stil wieder aufgebaut.

Im „Dillonshús" ist eine Cafeteria untergebracht, in der man einen kleinen Imbiss zu sich nehmen kann. Das Gebäude stammt aus dem Jahr 1835 und ist damit das zweitälteste. Es wurde nach dem irischen Lord *Arthur E. Dillon* benannt, der um 1830 nach Island kam. Er verliebte sich hier in die Isländerin *Siri Ottensen.* Dillon kehrte aber zurück nach Irland und ließ für Siri, die Mutter seines Kindes *Sir Ottensen,* das Haus erbauen. Sie eröffnete bereits damals darin ein Gasthaus.

Außer alten Gebäuden ist auch die Lokomotive zu sehen, die von 1914–1917 für den Hafenausbau eingesetzt wurde.

In den vergangenen Jahren fanden im Árbær-Museum zahlreiche Ausstellungen und Veranstaltungen statt, die sich großer Nachfrage erfreuten. Das Angebot an Aktivitäten wird jedes Jahr erweitert. Während der letzten Jahre hat sich die Zahl der Schulklassen, die im Museum zu Gast sind, verdoppelt. Abgesehen vom Ausbau und der Erhaltung der Sammlungen sieht das Museum seine Hauptaufgabe darin, die Kulturgeschichte Reykjavíks darzustellen. Dazu dienen unter anderem diese Ausstellungen. Außerdem beschäftigt sich das Árbær-Museum mit Forschungsaufgaben, hauptsächlich mit Archäologie und der Geschichte der Architektur sowie der Stadtentwicklung Reykjavíks.

Das Freilichtmuseum liegt an der Kreuzung der Hauptverkehrsstraßen Höfðabakki und Vesturlandsvegur, der Fortsetzung der Miklabraut. In unmittelbarer Nähe fließt der Lachsfluss Elliðaár. Man erreicht das Museum mit den Buslinien 8 und 110 vom Lækjartorg oder der Linie 10 von Hlemmur aus.

Das Museum hat **geöffnet** von Juni bis August: tägl. 10–17 Uhr (Führungen: 11 und 14 Uhr). Von Sept. bis Mai werden Mo, Mi und Fr jeweils um 13 Uhr geführte Touren angeboten. Die Außenanlage kann das ganze Jahr über besichtigt werden. Weitere Informationen unter Tel. 4116300.

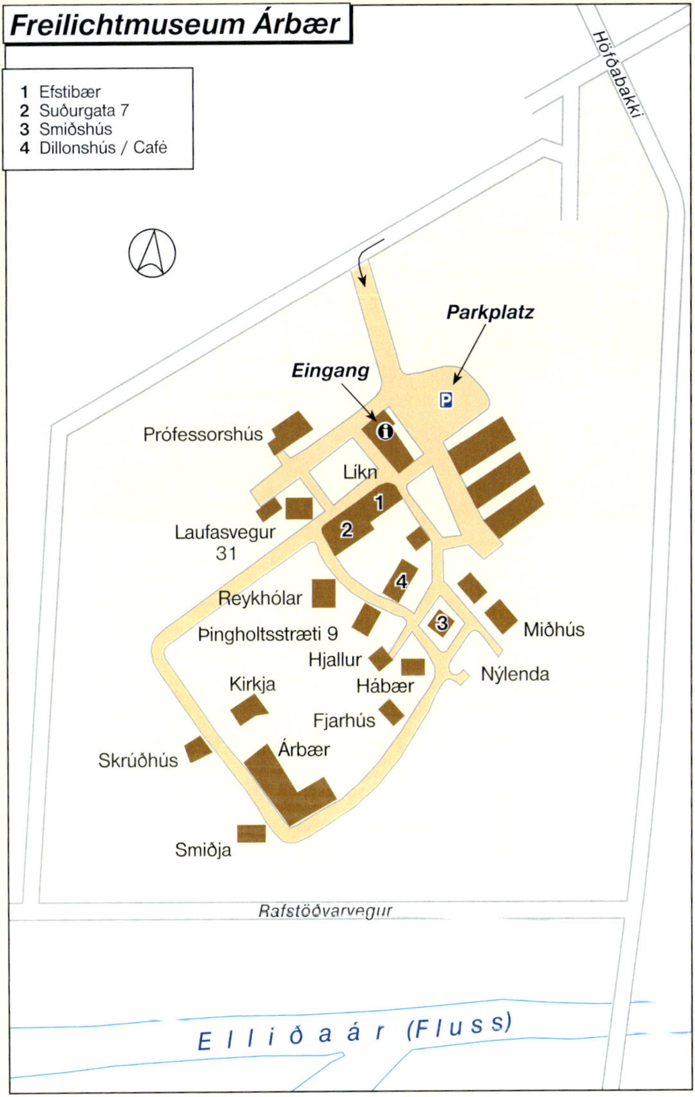
Freilichtmuseum Árbær
1 Efstibær
2 Suðurgata 7
3 Smiðshús
4 Dillonshús / Café
Höfðabakki
Parkplatz
Eingang
Prófessorshús
Líkn
Laufasvegur 31
Reykhólar
Þingholtsstræti 9
Hjallur
Hábær
Kirkja
Fjarhús
Árbær
Skrúðhús
Smiðja
Miðhús
Nýlenda
Rafstöðvarvegur
Elliðaár (Fluss)

076is Foto: tt

Heiligen Augustin geweiht. Das Kloster bestand bis 1539, als es von Gefolgsleuten des dänischen Königs, die im nahe gelegenen Bessastaðir residierten, geplündert wurde. Der letzte isländische Bischof *Jón Arason* widersetzte sich den europäischen Reformationsbewegungen und unternahm von Hólar aus einen Feldzug gegen das protestantische Südisland. Hierbei eroberte er Viðey, richtete das Kloster wieder ein und ließ Verteidigungsanlagen bauen. Nach seiner Hinrichtung wurde in ganz Island der lutherische Glaube eingeführt und das Kloster endgültig aufgehoben.

Der königliche Schatzmeister für Island, *Skúli Magnússon* (1711–1794), hatte auf Viðey seinen Amtssitz. Dafür wurde 1755 nach Plänen des dänischen Architekten *Nicolai Eigtved* (1701–1754) ein Gutshaus erbaut, das gleichzeitig das erste Steinhaus Islands war. Bis 1959 war es bewohnt. 20 Jahre später wurde die Kirche geweiht, in der bis heute Gottesdienste und Familienfeste wie Hochzeiten und Taufen stattfinden. Auch der Vertreter des Königs, *Ólafur Stephensen* (1731–1812), residierte einmal für neun Jahre auf der Insel. Sein Sohn *Magnus* (1762–1833) wurde sein Nachfolger und Präsident des Obersten Landgerichts. Er kaufte die Insel und verlegte die einzige Druckerei Islands hierher, die von 1819–1844 betrieben wurde. Viðey war zu dieser Zeit das wichtigste Kulturzentrum des Landes.

Zu Beginn des 20. Jahrhunderts wurde an der Ostküste Viðeys ein Überseehafen angelegt. Ein Dorf mit 100 Einwohnern, die vom Fischfang lebten, entstand. Nach Gründung des Hafens in Reykjavík wanderten viele Einwohner dorthin ab, 1943 hatte der letzte das Dorf verlassen. Die Kirche und das Gutshaus wurden restauriert und werden seit 1988 wieder genutzt. Im Gutshaus befinden sich heute ein Restaurant mit Ausstellungen und ein Tagungsort.

Von Reykjavík/Sundahöfn fährt täglich vom 7.5. bis 30.9. stündlich von 11.15 bis 17.15 Uhr und um 19.15 Uhr eine **Personenfähre** nach Viðey. Die 7-minütige Überfahrt kostet hin- und zurück für Erwachsene 800 ISK und für Kinder 400 ISK. Die Rückfahrt ist jeweils eine Viertelstunde später. Im Sommer fährt jeweils um 12 Uhr auch vom alten Hafen aus eine Fähre nach Viðey (Tel. 5553565). Diese Überfahrt dauert 20 Minuten. Rückfahrt ist um 15.30 Uhr.

Von Hlemmur nach Sundahöfen fährt der **Stadtbus** Linie S5 (Richtung Selás), von Hlemmur und Lækjatorg zum alten Hafen der Bus 14 (Richtung Grandi).

Die Insel lädt zu Wanderungen ein. Es gibt zahlreiche Sehenswürdigkeiten, die durch Wege erschlossen sind: Unweit des Gutshofs wurden Relikte aus der Klosterzeit ausgegraben. Im Schulhaus gibt es Fotoausstellungen. An der Küste bei Viðeyjarnaust wurden Reste des Verteidigungswalls aus der Reformationszeit frei gelegt. Im Dänengrab Danadys wurden die 1539 gefallenen dänischen Soldaten beerdigt. Auf dem 32 m hohen Hügel Heljarkinn, der höchsten Erhebung der Insel (Aussichtspunkt), wurde einmal versucht, Tabak anzubauen. Die Tabakmulde (Tóbakslaut) erinnert daran. In der Grotte Paradís (Paradíshellir) treffen sich Liebende.

Auf Viðey haben Künstler Skulpturen aufgestellt, wie *Richard Serras* „Meilensteine“, ein Kunstwerk aus Säulenbasalt. *Yoko Ono* enthüllte am 9.10.2006 einen „Leuchtturm“, den sie „Imagine Peace Tower“ nannte. An diesem Tag wäre *John Lennon* 67 Jahre alt geworden. Vom 9. Oktober bis zum 8. Dezember, dem Todestag *Lennons,* malt ein Lichtstrahl den **Wunsch der Welt nach Frieden** in den Himmel über Viðey. Um das Kunstwerk herum sind in 24 Sprachen die Worte „Imagine Peace“ („Stell Dir Frieden vor“) in Stein graviert. Zusätzlich mahnt der Lichtstrahl am Neujahrstag und in der ersten Frühlingswoche zu Frieden.

Der Südteil der Insel ist ein **Vogelschutzgebiet,** das von Mai bis Juni nicht betreten werden darf.

Nahe Viðey liegt die kleine **Insel Lundey,** auf der eine große Kolonie von Papageitauchern lebt.

Alt-isländische Schlafstube mit Spinnrad im Freilichtmuseum Árbær

Tourist-Information

- **Aðalstræti 2,** Tel. 5901550, Fax 5901501, www.visitreykjavik.is, geöffnet 1.6.–15.9. täglich 8.30–19 Uhr, 16.9.–31.5. Mo bis Fr 9–18, Sa/So 10–14 Uhr.

  Im selben Haus gibt es einen Souvenirladen, einen Kosmetik-Shop von „Blue Lagoon“, eine Geldwechselstelle und im Keller ein Fischrestaurant.
- **Rathaus,** Tjarnagata 11, Tel. 5632005, Fax 5621700, E-Mail: ullysingar@rhus.rvk.is; geöffnet 6.5.–15.9. Mo bis Fr 8.20–16.30 Uhr, Sa/So 12–16 Uhr, sonst nur Mo bis Sa.

Hotels

Zu Preisen, Leistungen und Ausstattung siehe auch „Unterkunft" im Kapitel Praktische Reisetipps A–Z. Weitere Informationen zu den Hotels findet man unter www.hotel.is.

- **Barón,** Barónsstígur 2–4, 101 Reykjavík, Tel. 5623204, Fax 5524425; 242 Betten in 40 Appartements und 20 Zimmern, Restaurant.
- **Hotel Borg,** Pósthússtræti 11, Tel. 5511440, www.hotelborg.is. 100 Betten, Restaurant.
- **Cabin,** Borgartún 32, Tel. 5116030, www.hotelcabin.is.
- **Hotel Fron,** Laugarvegur 22a, Tel. 5114666, www.hotelfron.is, DZ 160 Euro.
- **Grand Hotel Reykjavík,** Sigtún 38, 105 Reykjavík, Tel. 5148000, Fax 5148030; 190 Betten, Restaurant, für gehobene Ansprüche.
- **Heimaform Hótelíbúðir,** Pósthólf 5392, 125 Reykjavík, Tel. 8983000, Fax 5623025.
- **Hjá Dóru,** Laugavegur 140, Tel. 5623204.
- **Holt,** Bergstaðastræti 37, Tel. 5525700.
- **Fosshótel Lind,** siehe „Unterkunft"; behindertengerecht.
- **Leifur Eiríksson,** Skólavörðurstígur 45, 101 Reykjavík, Tel. 5620800, Fax 5620804; 55 Betten, mit Restaurant.
- **Hotel Loftleiðir,** siehe „Unterkunft"; behindertengerecht, für gehobene Ansprüche.
- **Nordica,** Sudurlandsbraut 2, 108, Reykjavík, Tel. 4445000, Fax 4445001, Vox Restaurant, Tel, 4445050.
- **Óðinsvé,** Odinstorg, 101 Reykjavík, Tel. 5116200, www.hotelodinsve.is; 69 Betten.
- **Öld,** Njálsgata 65, 101 Reykjavík, Tel. 5526299.
- **Park Inn Ísland,** Ármúli 9, 108 Reykjavík, Tel. 5957000, Fax 5687001; 238 Betten, Restaurant, behindertengerecht, für gehobene Ansprüche.
- **Radisson SAS Hotel Saga,** Hagatorg, 107 Reykjavík, Tel. 5259900, Fax 5259909; 330 Betten, Restaurant, Night-Club, behindertengerecht, für gehobene Ansprüche.
- **Hotel Reykjavík,** Rauðarárstígur 37, 105 Reykjavík, Tel. 5147000, Fax 5147030, www.hotelreykjavik.is; 3-Sterne-Hotel mit 79 Zimmer im Stadtzentrum, behindertengerecht, Steak-Restaurant.
- **Hotel Reykjavík Centrum,** Aðalstræti 16, Tel. 5146000, DZ 295 Euro.
- **Seemannshotel Ørkin,** Brautarholt 29, 105 Reykjavík, Tel. 5680777, Fax 5689747; 60 Betten.
- **Vík,** Síðumúli 19, 108 Reykjavík, Tel. 5885 588, Fax 5885582, www.hotelvik.is; 110 Betten, Angeln, Bootsausflüge.
- **101 Hotel,** Hverfisgata 10, Tel. 5800101, DZ 340 Euro.

Gästehäuser

- **101,** Laugavegur 101, 101 Reykjavík, Tel. 5626101, Fax 5626105; 34 Betten, behindertengerecht.
- **Aurora,** Freyjugata 24, 101 Reykjavík, Tel. 8991773, Fax 5514894, www.aurorahouse.is, 36 Betten.
- **Björk,** Ármúli 5, 108 Reykjavík, Tel. 5884 480, Fax 5884482; 24 Betten, 30 Schlafsackplätze.
- **Dúna,** Suðurhlíð 35d, 105 Reykjavík, Tel. 5882100, Fax 5882102; 42 Betten und 22 Schlafsackplätze.
- **Egilsborg,** Þverholt 20, 105 Reykjavík, Tel. 5612600, Fax 5612636; 30 Betten.
- **Flókagata 1,** 105 Reykjavík, Tel. 5521155, Fax 5620355, 50 Betten; 15 Schlafsackplätze.
- **Garður,** siehe Kapitel „Unterkunft"; nur im Sommer geöffnet.
- **Gisti Inn,** Sóleyjargata 11, Tel. 5613005.
- **Guðmundur Jónasson,** Bogartún 34, 105 Reykjavík, Tel. 5111500, Fax 5111511; 70 Betten.
- **HAH Appartements,** Skálholtsstígur 2a, Tel. 5112266.
- **HB-Gisting,** Borgarholtsbraut 44, Tel. 554 4228.
- **Hjálpræðisherinn,** Gästehaus der Heilsarmee, Kirkjustræti 2, 101 Reykjavík, Tel. 5613 203, Fax 5613315.
- **Hólaberg,** Hólaberg 80, 111 Reykjavík, Tel. 5670980, Fax 5573620, 40 Betten; 40 Schlafsackplätze, im Sommer geöffnet.
- **Hólmfríður,** Skölaviðurstígur 16, 101 Reykjavík, Tel./Fax 5625482; 18 Betten, im Sommer geöffnet.
- **Hvíti Svaurinn,** Vatnsstígur 11, Tel. 5334101.
- **Ísafold,** Bárugata 11, 101 Reykjavík, Tel. 5612294, Fax 5629965; 11 Betten.
- **ÍSÍ Sportzentrum,** Laugardalur, Tel. 581 3377.

- **Jörd,** Skólavörðurstígur 13a, 101 Reykjavík, Tel. 5621739, Fax 5621735; 14 Betten.
- **Krían,** Suðurgata 22, 101 Reykjavík, Tel. 5115600, Fax 5115611; 32 Betten.
- **Mar,** Brautarholt 22, Tel. 5525599.
- **Mattheu,** Bugðulækur 13, 105 Reykjavík, Tel. 5533207, Fax 5684947; 14 Betten.
- **Guesthouse Óðinn,** Óðinsgata 9, 101 Reykjavík, Tel. 8613400, www.odinnreykjavik.com; 20 Betten, im Sommer offen.
- **Room with a view,** Laugavegur 18, Tel. 5527262.
- **Gästehaus Jonu,** Safamýri 77, 108 Reykjavík, Tel. 5537654.
- **Skeggjagata 1,** 105 Reykjavík, Tel./Fax 5622240, im Sommer geöffnet.
- **Smárar,** Snorrabraut 52, 105 Reykjavík, Tel. 5623330, Fax 5623331; 40 Betten, 20 Schlafsackplätze, Reiten.
- **Snorra,** Snorrabraut 61, 105 Reykjavík, Tel. 5520598, Fax 5518945.
- **Sunna,** Þórsgata 26, Tel. 5115570.
- **Svala,** Skólavörðurstígur 30, Tel. 5623544.
- **Svanurinn,** Lokastígur 24a, 101 Reykjavík, Tel. 5525318, Fax 5625166; 16 Betten.
- **Tower,** Grettisgata 6, Tel. 8966694, Zimmer und Appartements für bis zu vier Personen.
- **Travel-Inn,** Sóleyargata 31, 101 Reykjavík, Tel. 5613553, Fax 5628370; 15 Betten.
- **Tryggvagata 14,** 101 Reykjavík, Tel. 5614 590, Fax 5628409.

Schlafsackunterkünfte

Die **Gästehäuser** Björk, Dúna, Flókagata 1, Hjálpræðishersins (Gästehaus der Heilsarmee), Hólaberg 80, Smárar, Snorra, Tryggvagata 14 und die **Jugendherberge** sind auch Schlafsackunterkünfte.

Jugendherberge

Die Jugendherberge (Sundlaugavegur 34, Tel. 5538110, www.hostel.is) befindet sich neben dem Campingplatz und ist ganzjährig mit Ausnahme der Weihnachtsfeiertage geöffnet. Das Haus verfügt über 170 Betten in 2- bis 6-Bett-Zimmern, mehrere Gästeküchen, Internet und Waschmaschinen. In der Jugendherberge können Fahrräder geliehen werden (Preise siehe Campingplatz), und sie vermittelt auch günstige Mietwagen. Im Sommer sind die Zimmer meist belegt, so dass eine frühzeitige Reservierung notwendig ist.

Vor der Jugendherberge hält der Flybus nach Keflavík, und im Sommer fährt jeden Morgen um 7.30 Uhr ein Bus zum BSÍ-Busterminal. Gegenüber der Jugendherberge ist die Bushaltestelle für Fahrten in die Innenstadt mit der Linie 14 nach Hlemmur und Lækjartorg.

Camping

Der Campingplatz **(Tjaldsvædi,** Sundlaugavegur, Tel. 5686944, Fax 5889201, www.reykjavikcampsite.is) liegt **im Laugardalur neben dem Schwimmbad** und in unmittelbarer Nähe der Jugendherberge. Er ist vom 15.5. bis 15.9. geöffnet und häufig sehr voll, auch stehen oft ganze Zeltstädte von Reisegruppen hier. Sanitäre Anlagen sind in großer Anzahl vorhanden, ebenso Wohnmobil-Stellplätze, Kochgelegenheiten, Tische und Bänke. Seine Post kann man sich zum Campingplatz schicken lassen. Anschrift: Tjaldsvædi í Reykjavík, Sundlaugavegur, 105 Reykjavík.

In der Kläranlage (Klettagarðar 14) wenige Kilometer nördlich vom Campingplatz kann man rund um die Uhr kostenlos die **Chemietoilette seines Wohnmobils** entleeren. Der Campingplatz verleiht auch Fahrräder, 1–3 Stunden kosten 600 ISK, 24 Std. 2000 ISK. In der benachbarten Jugendherberge gibt es von 7 bis 9.30 Uhr Frühstück (800 ISK). Dort kann man auch seine Wäsche waschen.

Im Sommer fährt von der Jugendherberge jeden Morgen um 7.30 Uhr ein Bus zum BSÍ-Busterminal, und auch der Flybus zum internationalen Fughafen Keflavík hält hier.

Weitere Campingplätze im Großraum Reykjavík gibt es **in Mosfellsbær** beim Sportzentrum Varmá (Tel. 5666754, geöffnet 1.6.–31.8) und **in Hafnarfjörður,** Víðistaðatún (Tel. 5650902, geöffnet 1.6.– 31.8.).

Essen und Trinken

- **Á Næstu Grösum,** Laugavegur 20b, Tel. 5528410; jahrelange Erfahrung in gesunder Kochweise verschafft diesem vegetarischen

Reykjavík

Restaurant eine einzigartige Stellung in Island. Leckere Suppen, vegetarische und Körnergerichte, selbst gebackenes Brot, Kuchen, französischer und deutscher Wein werden angeboten. Geöffnet Mo–Fr 11.30–14, 18–22, Sa 11.30–21 Uhr; freitags scharfes und würziges Essen, von einem indischen Gastkoch angerichtet; vegetarisches Bankett 18–22 Uhr.

• **Austur indíafélagi,** Hverfisgata 56, Tel. 552 1630; original indische Küche, kulinarische Reise durch Indien, Mubhalai, Tandoori; außergewöhnlich: Isländische Meeresfrüchte werden von indischen Meisterköchen zubereitet. Zivile Preise. „Genießen Sie die Atmosphäre im nördlichsten indischen Restaurant der Welt bei einem frisch gebrühten indischen Kaffee", lautet das Motto des Hauses. Geöffnet täglich 18–22, So bis Do bis 23 Uhr.

• **Bæjarins Bestu,** die kleine Würstchenbude hinter dem Postamt an der Ecke Pósthússtræti/Tryggvagata wurde zur besten Hot-Dog-Bude Islands gewählt und genießt bei den Isländern Kultstatus! „Pylsa með öllu" (Würstchen mit Senf, Ketchup und Zwiebeln).

• **Café Opera,** Lækjargata 2, Tel. 5529499; Opern-Restaurant.

• **Café Victor,** Hafnarstræti 1–3, Tel. 5619555; Bistro, Bar, Nachtclub.

• **Caruso,** Þingholtsstræti 1, Tel. 5627335; spezialisiert auf isländische Lamm- und Fischgerichte, italienische Pizza und Pasta, angenehme, romantische Atmosphäre, günstig.

• **Einar Ben,** Veltusund 1, Tel. 5115090; benannt nach einem isländischen Dichter. Die Einrichtung erinnert an die Zeit der Jahrhundertwende, bei den Fisch- und Fleischgerichten gibt es sowohl isländische als auch internationale Spezialitäten. Delikatessen wie Seevögel (Papageitaucher), Muscheln, sashimi (jap.: roher Fisch). Geöffnet täglich außer Mo ab 18 Uhr.

• **Hotel Baron,** Barónstígur 2–4, Tel. 5623204.

• **Hotel Saga,** Hagatorg, Tel. 5529900.

• **Humarhúsið,** Amtmannsstígur 1, Tel. 561 3303; erstklassige Küche und bester Service. Im Angebot sind eine Vielzahl von isländischen Fleisch- und Fischgerichten. Die Spezialität ist Hummer, angemessene Preise. Abends wird Reservierung empfohlen, geöffnet 11.30–23.30 Uhr.

• **Indian Mango,** Fraggastígur/Grettisgata, Tel. 5517722; bietet erstklassige Fleisch-, Geflügel-, Fisch- und vegetarische Gerichte.

• **Kaffi Reykjavík,** Vesturgata 2, Tel. 5523030; Brasserie, Restaurant, Eisbar, täglich ab 18 Uhr Fischbüffet.

• **Kringlukráin,** Kringlan 4–6, Tel. 5680878; bietet für jeden Geschmack etwas, von isländischer Küche bis zu deutscher Bratwurst und dänischen Fleischklößen. Speisen von 12–22 Uhr, jeden Abend Live-Musik mit verschiedenen Interpreten, am Wochenende große Auswahl an Musik-Events. Das Kringlukráin liegt direkt am Stadttheater, viele nützen es für einen Drink und einen Snack vor oder nach dem Theaterbesuch.

• **Lækjarbrekka,** Bankastræti 2, Tel. 5514430; berühmtes Restaurant und Caféhaus mit Schwergewicht auf isländischem Fisch, Lamm und traditionellen isländischen Gerichten. Täglich Touristenmenü und über 40 Gerichte à la carte zu erschwinglichen Preisen. Gebäck und Kuchen sind alle hausgemacht. Geöffnet täglich 11.30–24 Uhr.

• **Restaurant Café Karolina,** Kaupvangsstræti 23, Tel. 4612755; täglich ab 18 Uhr.

• **Við Tjörnina,** Templarsund 3, Tel. 5518666, ab 18 Uhr geöffnet; beliebtes isländisches Fisch-Restaurant im Stil der 1950er Jahre. Spezialität sind marinierte Heringe. Meeresfischgerichte 2500–4500 ISK.

• **Þrír Frakkar,** Baldursgata 14, Tel. 5523939, geöffnet Mo–Fr 12–14.30 Uhr und 18–22 Uhr, Sa/So 18–23 Uhr; *Úlfar Eysteinsson* zaubert in seiner Küche isländische Spezialitäten aus Fisch, Papageitauchern und Walfleisch. Ein nettes, kleines Restaurant in der Altstadt – unser Tipp!

Nachtleben

In Reykjavík laden unzählige **Diskotheken, Nightclubs** und **Pubs** zu Tanz, Flirt und geselligem Beisammensein ein. Am Freitag- und Samstagabend nach 22 Uhr „erwacht" in der Hauptstadt das Nachtleben, eine beinahe hektische Betriebsamkeit setzt ein. Auffallend ist die gepflegte Abendgarderobe der Isländer, die Kleidung ist modisch-schick, die Frisur gestylt. Autokorsos drängen durch die

077is Foto: tt

Reykjavík

Stadt, ein Fahrzeug an der Stoßstange des nächsten. Man trifft und begrüßt sich auf der Straße. Dass der Verkehr dabei immer wieder gänzlich zum Erliegen kommt, scheint keinen zu stören. Die Pubs und Lokale füllen sich. Um sich für die lange Nacht zu stärken, wird oft noch eine Kleinigkeit verzehrt. Aus zahlreichen Restaurants und Bars erklingt Live-Musik verschiedenster Stilrichtungen. Auch weit nach Mitternacht nimmt der Betrieb auf den Straßen nicht ab, die Lokalitäten werden immer wieder gewechselt. Jetzt wird es auch in den Diskotheken immer voller. Hier trifft sich ein internationales Publikum – immer topaktuell nach den neuesten Trends gekleidet –, um zu den neuesten Hits abzutanzen. Zahlreiche Kneipen und Pubs werden zum Treffpunkt von einzelnen Gruppen. In den einen versammeln sich Künstler und Schriftsteller, Schachspieler oder Schauspieler. In anderen trifft man vor allem auf Einwanderer, Politiker oder Yuppies. Reykjavík wird zu einer einzigen großen Party- und Flaniermeile – gefeiert wird bis in den frühen Morgen. Viele Besucher schätzen auch die Café-Szene der Stadt, in der man bei Mahlzeiten, Drinks, Musik und Unterhaltung zwanglos entspannen kann.

Pubs und Cafés

- **Café Paris,** Austurstræti 14, Tel. 5511020, nettes Café in der Stadtmitte am zentralen Platz Austurvöllur, kleine Gerichte wie Crêpes und Kuchen, geöffnet Mo–Do 8–1 Uhr, Fr 8–3 Uhr, Sa 9–3 Uhr, So 9–1 Uhr.
- **Café Sólon Íslandus,** Bankastræti 7a, Tel. 5512666; das Künstlercafé in Reykjavík; Bar, Café; es wird aufgesucht von isländischen Künstlern und Gästen, die eine Tasse Kaffee genießen, die sich in einer eleganten Atmosphäre wohlfühlen bei klassischer Musik und mit Kunstwerken im Foyer, geöffnet So bis Do 10–1 Uhr, Fr/Sa 10–3 Uhr.

Bei Bæjarins am Hafen soll es die besten Hot-Dogs von Reykjavík geben

- **Gaukur á Stöng,** Tryggvagata, Tel. 5511556; „das älteste Pub in Reykjavík", einen Steinwurf vom Hafen entfernt, von allen Arten von Menschen besucht, ein beliebter Platz; um Warteschlangen zu vermeiden, sollte man früh kommen, jeden Abend Live-Musik, geöffnet So bis Do 18–1 Uhr, Fr/Sa 18–3 Uhr.
- **Kaffitár,** Bankastræti 8, Tel. 5114540; jeden Tag wird der Kaffee frisch geröstet, über 20 Kaffeesorten und Tees, Cappuccino, Käsekuchen und Desserts, geöffnet Mo bis Sa 7.30–18, So 10–17 Uhr.
- **La Dolce Vita Bar,** Klapparstígur 38, Tel. 5613315; italienische Atmosphäre, Kaffee und Cocktails, geöffnet So bis Do bis 1 Uhr, Fr und Sa bis 3 Uhr, italienische Speisen werden im Erdgeschoss serviert.
- **Kringlukráin,** Kringlan 4–6, Tel. 5680878; traditioneller und sehr beliebter Pub, warme (Grill, Pizzas) und kalte Speisen, großes Angebot an Bieren, Cocktails, Weinen und Spirituosen.
- **Nordisches Haus (Norræna Húsið),** Sturlugata 5, Tel. 5517030; Kaffeespezialitäten in nordischer Atmosphäre.
- **The Dubliners,** Hafnarstræti 4, Tel. 511 3233; erster und einziger irischer Pub in Island, Guinness vom Fass, viele original importierte Einrichtungsgegenstände einschließlich einer 400 Jahre alten Kirchentür.

Discos

- **Astro,** Austurstræti, Tel. 5529222; einer der aufregendsten Clubs in Reykjavík, mit moderner und stilvoller Einrichtung, Holztischen, erstklassigen Speisen und Service, geöffnet Fr/Sa 23–3 Uhr.
- **Klúbburinn,** Hverfisgata 8–10, Tel. 5516810; große Bar, Tanzfläche, bequeme Plätze und großartige Atmosphäre.
- **NASA,** Austurvöllur, Tel. 5111313, die größte besonders angesagte Disco in Reykjavík.
- **Pravda,** Austurstræti 22, Tel. 5529222, mit 4 Bars und der größten Tanzfläche der Stadt.
- **Rex,** Austurstræti 9, Tel. 5525599, erstreckt sich über drei Stockwerke, spricht auch ein älteres Publikum an.
- **Þjóðleikhúskjallarinn,** Hverfisgata 19, Tel. 5519636, einer der beliebtesten Clubs mit guter und lebendiger Atmosphäre.

Notruf

- **112,** landesweit

Polizei

- **Hauptwache,** Hverfisgata 113–115, Tel. 5699020.
- **Posten im Hauptgeschäftsviertel,** Tryggvagata 19, Tel. 5699025.

Medizinische Notfälle

Notfallstation (Slysavarðsstofa) **im Städtischen Krankenhaus** (Sjúkrahús Reykjavíkur), Háaleitisbraut, südlich des Kringlan-Einkaufzentrums in Richtung Fossvogur:

- **Innere Medizin:**
Mo bis Fr 8–16 Uhr, Tel. 5251010.
Mo bis Fr 16–8 Uhr, Tel. 5251213.
Sa/So 0–24 Uhr, Tel. 5251213.
- **Chirurgie:**
Mo bis So 0–24 Uhr, Tel. 5251700.
- **Zahnarzt:**
Mo bis So 11–13 Uhr, Tel. 5681041.

Apotheken

Medikamente gibt es nur in Apotheken. Die Öffnungszeiten sind unterschiedlich, grundsätzlich geöffnet sind sie von 9–19 Uhr. Auskunft über Dienstbereitschaft: Tel. 5518888.

- **Háaleitisapótek,** Háaleitisbraut 68, Tel. 5812101, mit 24-Stunden-Service.
- **Lyfja Apótek,** Lágmúli 5, Tel. 5332300, nahe des Campingplatzes im Laugardalur, täglich geöffnet von 9–24 Uhr.
- **Hringbrautar Apótek,** Hringbraut 119, Tel. 5115070, 15 Minuten vom Stadtzentrum entfernt, täglich geöffnet von 9–21 Uhr.

Stadtbusse

Die **gelben Stadtbusse** der Busgesellschaft Strætó fahren zwischen 6.40 und 24 Uhr tagsüber alle 15 bis 30 Minuten, abends und am Wochenende alle 30 bis 60 Minuten. Die Stadtbushaltestellen sind mit dem gelben Logo „S" gekennzeichnet. Einzelfahrten kosten für Erwachsene 280 ISK und für Kinder und Jugendliche von 6 bis 18 Jahren 100 ISK. Es gibt keine Fahrscheine. Man legt dem Busfahrer abgezähltes Kleingeld hin oder wirft es direkt in die Kasse. Der Busfahrer gibt kein Wechselgeld zurück. Halten Sie also abgezähltes Kleingeld bereit! Wer umsteigen möchte, muss beim Busfahrer ein **Umsteigeticket (skiptamiði, transfer ticket)** verlangen, auf das das Zeitlimit gestempelt wird (Kontrollieren Sie, ob der Zeitaufdruck richtig ist!). Dieses Umsteigeticket ist 60 bis 70 Minuten gültig. Beim Einsteigen in den nächsten Bus geben Sie das Umsteigeticket beim Fahrer ab oder behalten es, wenn Sie noch in einen weiteren Bus umsteigen müssen. Das Umsteigeticket verbleibt dann im letzten Bus. Die **Hauptumsteigestationen (Strætó-Terminals)** sind Hlemmur, Lækjatorg, Mjódd, Grensás und Ártún.

Wer häufig mit dem Bus fährt, kann **Mehrfahrten-Tickets oder Zeitausweise** kaufen:

- **Erwachsene 11 Fahrscheine:** 2500 ISK.
- **Kinder 6–11 Jahre 20 Fahrscheine:** 700 ISK.

Buslinien (Leið) (www.bus.is, Tel. 5402700)

1	Hlemmur – Lækjartorg – Kringlan – Hamraborg – Ásgarður – Hafnarfjörður
2	Hlemmur – Grensás – Kringlan – Hamraborg – Smáralind – Versalir
3	Hlemmur – Lækjartorg – Kringlan – Mjódd – Hólmasel – Gerðuberg
4	Hlemmur – Kringlan – Hamraborg – Mjódd – Gerðuberg – Fellaskóli
5	Hlemmur – Sæbraut – Ártún – Selás
6	Hlemmur – Lækjartorg – Kringlan – Àrtún – Miðgarður – Spöng
11	Mjódd – Austurver – Hlemmur – Lækjartorg – Melaskóli – Suðurströnd
12	Skeljanes – Hlemmur – Dalbraut – Mjódd – Seljabraut – Gerðuberg – Breiðhöfði (Ártún)
13	Sléttuvegur – Hlemmur – Lækjartorg – Meistaravellir – Öldugrandi
14	Grandi – Lækjartorg – BSÍ-Terminal – Hlemmur – Sunnutorg – Grensás – Verzló
15	Mosfellsbær, Hafravatnsvegur – Háholt – Ártún – Grensás – Hlemmur – BSÍ-Terminal – Þorragata – Meistaravellir
17	Hlemmur – Grensás – Mjódd –Vesturberg – Gerðuberg – Mjódd
18	Vinlandsleið – Ártún – Borgarspítali – Perlan – Hlemmur
19	Nauthólsvík – Inlandsflughafen – Hlemmur – Glæsibær – Breiðhöfði (Ártún) – Elliðabraut
21	Hafnafjörður – IKEA
22	Hafnafjörður – Hjallabraut – Skútahraun
23	Ásgarður – Breiðamýri – Vífilsstaða
24	Spöng – Breiðhöfði (Ártún) – Mjódd – Smáralind – Ásgarður
26	Spöng – Ingunnarskóli – Halsabraut – Fýlkisvegur
27	Háholt – Mosfell – Laxnes
28	Hamraborg – Digranesvegur – Smáratorg – Smáralind – Versalir – Vatnsendavegur
31	Spöng – Barðastaðir – Lokinhamrar – Spöng
32	Spöng – Lokinhamrar – Barðastaðir – Spöng
33	Hafnarfjörður – Vörðutorg – Hlíðarberg – Hafnarfjörður
34	Hafnarfjörður – Hlíðarberg – Vörðutorg – Hafnarfjörður
35	Hamraborg – Kársnesbraut – Engihjalli – Hamraborg
36	Hamraborg – Engihjalli – Kársnesbraut – Hamraborg
51	Selfoss – Ráðhúsið – Hveragerdi – Mjódd
57	Upplýsingamiðstöð – Gardabraut – Esjuskáli – Háholt

078is Foto: tt

Stadtbus-Haltestelle Hlemmur

- **Jugendliche 12–18 Jahre 20 Fahrscheine:** 1.600 ISK.
- **Senioren ab 67 Jahren und Schwerbehinderte 20 Fahrscheine:** 1.600 ISK.

Zeitausweise für Erwachsene:
- „gelb", **2 Wochen** gültig: 3.500 ISK.
- „grün", **1 Monat** gültig: 5.600 ISK.
- „rot", **3 Monate** gültig: 12.700 ISK.
- „blau", **9 Monate** gültig: 30.500 ISK.

Die Mehrfahrten-Tickets und Zeitausweise erhält man in den Hauptumsteigestationen, im Rathaus und in den öffentlichen Schwimmbädern. Dort gibt es auch einen **Fahrplan (leiðabók),** der außerdem im Internet unter www.straeto.is aufgerufen werden kann.

Reykjavík Tourist-Card

Die Reykjavík Tourist-Card ist der „Schlüssel zur Hauptstadt". Wer Reykjavík auf eigene Faust erkunden möchte, spart damit viel Geld. Die Karte gibt es in den Tourist-Informationen der Stadt, im Rathaus, in Reisebüros, in großen Hotels, am Campingplatz und in der Jugendherberge. Mit der Karte hat man **freien Eintritt in viele Museen** (auch Árbæjarsafn und Museen in Hafnarfjörður), Kunstgalerien, den Zoo, in die öffentlichen Schwimmbäder und kann die **Stadtbusse kostenlos** benutzen. Die empfehlenswerte Karte kostet für 24 Stunden 1400 ISK, für 48 Stunden 1900 ISK und für 72 Stunden 2400 ISK.

Flughafenbus (Flýbus)

Der Flughafenbus fährt vom Hotel Loftleiðir zum internationalen Flughafen in Keflavík. Weitere Haltestellen sind einige große Hotels und die Jugendherberge im Laugardalur. Der Flughafenbus fährt jeweils zwei Stunden vor dem Abflug eines internationalen Flugs beim Hotel Loftleiðir ab (1700 ISK).

Taxis

Taxis stehen an den Busterminals, Hotels, am Campingplatz, Flughafen und nachts in der Nähe von Pubs und Bars. Bei Regenwetter und am Wochenende ist es schwierig, ein freies Taxi zu bekommen. Taxifahren ist teuer, eine kurze Taxifahrt innerhalb von Reykjavík kostet ab 1000 ISK.

- **Bæharleiðir,** Tel. 5533500.
- **Borgarbíll,** Tel. 5522440.
- **BSR,** Tel. 5610000.
- **Hreyfill,** Tel. 5885522.

Fahrradverleih

Reykjavík lässt sich auch gut mit dem Fahrrad erkunden. Leihfahrräder gibt es bei **Borgarhjól,** Hfervisgata 50, Tel. 5515653, www.borgarhjol.net. Preise: 10 Std. 3000 ISK, 24 Std. 3600 ISK, Woche 21.000 ISK. Auch der Campingplatz und die Jugendherberge im Sundlaugavegur und das BSÍ-Busterminal verleihen Fahrräder.

Kultur

Theater

Wer am isländischen Kulturprogramm insgesamt Interesse hat, sollte das Angebot in Reykjavík ausnützen. **Veranstaltungshinweise** findet man in Hotels, Reisebüros, der Tourist-Information oder im Nordischen Haus, dem Kulturzentrum der Stadt (bei der Uni, Tel. 5517030). Theatervorstellungen finden meist auf Isländisch statt.

- **Isländisches Nationaltheater,** Hverfisgata 19, Tel. 5511200.
- **Loftkastalinn,** Seljavegur 2, Tel. 5523000.
- **Reykjavíker Stadttheater Borgarleikhúsið,** Listabraut 3, Tel. 5688000.

Oper, Orchester und Ballett

- **Isländische Oper (Íslenska Óperan),** Gamla Bió, Ingólfsstræti, Tel. 5511475.
- **Isländisches Symphonieorchester,** Háskólabíó Hagatorg, Tel. 5452500.
- **Isländisches Ballett,** Reservierungen unter Tel. 5688000, www.id.is.

Kunstgalerien

- **Gallerí Fold,** Rauðarárstígur 14–16, Tel. 5510400.
- **Listgallí,** Engjateigur 17–19, Tel. 5532886.
- **Ófeigur Listhús,** Skólavörðustígur, Tel. 551 1161.
- **Sigurbjörn Jónsson,** Stangarhylur 1a, Tel. 5670834.

Kinos

Bei ausländischen Filmen zahlt man 800 ISK Eintritt, für isländische Eigenproduktionen wesentlich mehr. Gründe dafür sind der kleine Markt und die hohen Produktionskosten. In kleineren Kinos gibt es auch „Zwei für eins"-Angebote für Filme, die schon länger laufen.

- **Bíóhöllin,** Álfabakki 8, Tel. 5878900.
- **Háskólabíó,** Hagatorg, Tel. 5301919.
- **Kringlubíó,** Kringlan 4–6, Tel. 5880800.
- **Laugarásbíó,** Laugarás, Tel. 5532075.
- **Regnboginn,** Hverfisgata 94, Tel. 5519000.
- **Sogabíó,** Álfabakki 8, Tel. 5758900.

Museen

Die Stadt Reykjavík bietet eine spezielle Buslinie an, die zwischen den wichtigsten kulturellen Einrichtungen verkehrt. Der **Museumsbus** fährt täglich von Mitte Juni bis Anfang August außer montags jeweils um 13, 14, 15 und 16 Uhr. Die Fahrt beginnt am Lækjatorg und endet dort auch wieder nach 50 Minuten. Fahrkarten gibt es nur im Bus zum Preis von 400 ISK. Die Buslinie hat 18 Haltepunkte und stellt auch gleichzeitig eine Möglichkeit der Stadtrundfahrt dar. Wer an einer anderen Stelle aussteigen will, gibt dem Fahrer ein Klingelzeichen.

- **Apothekenmuseum,** neben dem Museum für Medizingeschichte (s. u.), Tel. 5617100, geöffnet Do bis So 13–17 Uhr, im Winter für Gruppen nach Vereinbarung.
- **Árbær Reykjavík Museum (Freilichtmuseum),** Árbær, Tel. 4116300, geöffnet 1.6.–31.8. tägl. 10–17 Uhr. Eintritt 600 ISK, Kinder unter 18 Jahren frei; www.arbaejarsafn.is.
- **Árni Magnússon-Institut (Handschriften),** Kulturhaus, Hverfisgata 15, Tel. 5251400, www.thjodmenning.is, geöffnet 1.6.–31.8. täglich 11–16 Uhr, 1.9.–14.5. Di bis Fr 14–16 Uhr, geschlossen 15.5.–31.5. Eintritt 300 ISK (einschließlich Katalog), 200 ISK für Gruppen, Studenten und Senioren, für Kinder unter 17 Jahren frei. Das Institut bewahrt mittelalterliche und spätmittelalterliche isländische Pergamenthandschriften. Das einzigartige Kulturerbe des Landes wurde im 17. und 18. Jahrhundert zusammengetragen. Die Schriften enthalten die Geschichte, Mythen und Legenden der Isländer.
- **Ásgrímur Jónsson-Sammlung (Gemälde),** Bergstaðastræti 74, Tel. 5159625, geöffnet 1.6.–31.8. Di bis So 13.30–16 Uhr, 1.9.–31.5. nach Vereinbarung. Eintritt 150 ISK. *Ásgrímur Jónsson* (1876–1958), einer der bedeutendsten isländischen Landschaftsmaler, war der

erste Isländer, der die Malerei zu seiner Lebensaufgabe machte. In seiner fast 60-jährigen Künstlerlaufbahn wurde er zuerst vom Naturalismus, dann vom Impressionismus und schließlich vom Expressionismus beeinflusst. Er malte seine Bilder in Öl und Aquarell und thematisierte auch Märchen in seinen Bildern. Das Museum ist ein Geschenk des Künstlers an den Staat. Die Sammlung wurde 1960 eröffnet und gehört seit 1988 zur Isländischen Nationalgalerie.

●**A.S.Í. Labour Unions' Art Museum (Kunstausstellungen),** Freyjugata 41, Tel. 5115353, geöffnet ganzjährig Di–So 13–17 Uhr, Eintritt frei.

●**Ásmundur Sveinsson Museum (Skulpturen),** Sigtún, Tel. 5532155, geöffnet 1.5.–30.9. täglich 10–16 Uhr, 1.10.–30.4. täglich 13– 16 Uhr. Eintritt 300 ISK, frei für Kinder unter 12 Jahren. Das Ticket gilt an einem Tag für dieses Museum, das Reykjavíker Kunstmuseum und das Städtische Kunstmuseum. Die Skulpturen und Zeichnungen des Bildhauers *Ásmundur Sveinsson* (1893–1982) sind in einem außergewöhnlichen Haus ausgestellt, das der Künstler 1942–1950 größtenteils selbst plante und baute. Seine Skulpturen erinnern an Formen, die in der isländischen Landschaft vorkommen. Der Bildhauer genießt ein hohes Ansehen bei den Isländern. Im Museum sind Stücke aus allen seinen Schaffensperioden ausgestellt. Es gibt Pläne, die Werke im Skulpturengarten zu beleuchten, damit sie auch in den langen dunklen Wintern betrachtet werden können.

●**Einar Jónsson Museum (Skulpturen),** Njarðargata, Tel. 5513797, www.skulptur.is, geöffnet 1.6.–15.9. Di bis So 14–17 Uhr, 16.9.–31.5. Sa/So 13–17 Uhr, Dezember und Januar geschlossen; der Skulpturengarten ist durchgehend geöffnet. Eintritt 450 ISK, frei für Kinder unter 12 Jahren. Das Museum ist seit 1923 prägend für das Stadtbild. Das Haus wurde nach den Plänen des Künstlers erbaut und wurde von *Einar Jónsson* bis zu seinem Tod 1954 bewohnt. Hier sind über 100 Werke aus dem 60-jährigen Schaffen des Bildhauers ausgestellt. Die frühen Schnitzereien, Skulpturen, Gemälde, Fotografien und Dokumente von Jónsson stammen aus all seinen Schaffensperioden. Auch im Garten sind zahlreiche Skulpturen zu sehen.

●**Elektrizitätsmuseum,** Elliðar-Kraftwerk, Rafstöðvarvegur, Tel. 5156000, geöffnet September bis Mai Di bis Fr 13–16, Sa 15–17, sonst 11–16 Uhr. Eintritt frei. Im Tal der Elliðaá befindet sich das erste Elektrizitätswerk der Stadt, das 1921 in Betrieb genommen wurde. Es gehört zum Museum, das gegenüber liegt. Hier sind die technische Ausstattung aus den ersten Jahren der Stromerzeugung und Geräte, die mit Strom betrieben wurden, zu sehen.

●**Gerðuberg Kulturzentrum,** Gerðuberg 3–5, Tel. 5757700, Ausstellungen geöffnet Mo–Fr 11–17, Sa/So 13–16 Uhr. Eintritt frei. Konzerte, Theateraufführungen, Kunstausstellungen, Seminare, Kinder-Workshops, www.gerduberg.is.

●**Isländische Nationalgalerie (Gemälde),** Fríkirkjuvegur 7, Tel. 5159600, www.listasafn.is, geöffnet ganzjährig Di bis So 11–17 Uhr. Eintritt frei. Schwerpunkt des Museums sind die Kunst Islands und des Auslands im 19. und 20. Jahrhundert. Es handelt sich um die wichtigste Sammlung isländischer Kunst. Die Sammlung ausländischer Kunst ist im Entstehen. In einem Teil des Museums finden Ausstellungen aus Museumsbeständen und Einzelausstellungen in- und ausländischer Künstler statt. Außerdem gibt es einen Vortragssaal, eine Bibliothek, ein Café und einen Verkaufsstand für Kunstbücher und Kunstpostkarten.

●**Isländisches Nationalmuseum (Isländische Kultur und Geschichte),** Suðurgata 41, Tel. 5302200, www.natmus.is, geöffnet 1.5.–15.9. tägl. 10–17 Uhr, im Winter 11–17 Uhr. Eintritt frei. Das Museum gibt einen Überblick über die Geschichte des Landes von der Besiedlung bis zum 20. Jahrhundert. Waffen, Geräte und Schmuck aus der Zeit der Besiedlung, mittelalterliche Altardecken, Gedenktafeln aus Kirchen und Gegenstände von gestern sind hier zu sehen. Sonderausstellungen.

●**Living Art Museum (Zeitgenössische Kunst),** Laugavegur 26, Tel. 5514350, geöffnet das ganze Jahr über Mi bis So 12–17, Do bis 21 Uhr. Eintritt frei.

●**Meeresmuseum,** Grandagarður 8, Tel. 5179400, www.sjominjasafn.is, Di–So 11–17

Uhr, Eintritt frei. Hier sind Schiffsmodelle und Karten ausgestellt. Der Schwerpunkt des Museums liegt auf der Geschichte der isländischen Trawler.

● **Meeres- und Metallmuseum,** Súðavogur 4, Tel. 5814677, das ganze Jahr über geöffnet Di bis Sa 13–17 Uhr und auf Anfrage.

● **Museum der Medizingeschichte (Lækningaminjasafnið),** Nesstofa, Seltjarnarnes, Tel. 5302280, geöffnet 15.5.–14.9. Di, Do, Sa und So 13–17 Uhr, sonst auf Anfrage. Eintritt 300 ISK.

● **Naturhistorisches Museum,** Hlemmur 5, Tel. 5900500, www.ni.is, geöffnet 1.6.–31.8. täglich 13.30–16 Uhr, sonst Di, Do, Sa und So 13.30–16 Uhr. Eintritt 300 ISK. Durch die ausgestellten Tiere, Pflanzen, Steine, Mineralien und Fossilien erhält der Besucher einen Überblick über die Natur Islands. Tiere werden in ihrer natürlichen Umgebung dargestellt. Man erfährt etwas über die Entstehung des Landes, über aktive Vulkane und Plattentektonik. Hier gibt es einen der wenigen noch vorhandenen ausgestopften Riesenalke, die 1844 ausgestorben sind. Alle einheimischen Vögel und ihre Eier sind im Museum zu sehen.

● **Nordisches Haus,** Suðurgata 5, Tel. 551 7030, Ausstellungen geöffnet Mo bis Fr 8–17, Sa/So 12–17 Uhr. Cafeteria: geöffnet ganzjährig Mo bis Sa 9–18, So 12–18 Uhr; Bücherei: geöffnet ganzjährig Mo bis Sa 13–18, So 14–17 Uhr. Eintritt für die Ausstellungsräume 300 ISK, frei für Senioren und Kinder unter 16 Jahren. Das Nordische Haus wurde vom finnischen Architekten Alvar Aalto entworfen. Es wird von Schweden, Norwegen, Dänemark, Finnland und Island gemeinsam finanziert. Hier soll die Kultur aller nordischen Länder präsentiert werden. In den Ausstellungsräumen finden Kunst- und andere Ausstellungen statt, aber auch Vorträge, Konzerte, Konferenzen und Filmvorführungen. In der Bibliothek steht die neueste Literatur aus den nordischen Ländern. In der Cafeteria liegen Zeitungen aus allen nordischen Ländern aus.

● **Numismatisches Museum,** Einholt 4, Tel. 5699964, geöffnet das ganze Jahr über Mo bis Fr 13.30–15.30 Uhr und auf Anfrage. Eintritt frei.

● **Reykjavík Stadtmuseum, 871±2 – die Ausstellung der Besiedlung,** Aðalstræti 16, Tel. 4116370, Fax 41116371, www.reykjavik871.is. Zentrales Thema des 2006 eröffneten Museums ist das Langhaus aus dem 10. Jh., das hier bei Bauarbeiten entdeckt wurde. Dazu gehören Überreste menschlicher Behausungen etwa aus dem Jahr 871, dem ältesten Fund dieser Art in Island. Multimediatechnik erweckt Reykjavíks Vergangenheit zum Leben, zeigt den Besuchern, wie es hier zur Zeit der Besiedlung aussah und wie die Menschen im Mittelalter gelebt haben.

● **Reykjavíker Fotografiemuseum,** Grófarhús, Tryggvagata 15, 6. Stock, Tel. 5631790, geöffnet ganzjährig Mo bis Fr 12– 18 Uhr, Eintritt frei. Wechselnde Ausstellungen isländischer und ausländischer Fotografen. Bibliothek meist englischsprachiger Bücher über Fototechnik und Fotokunst.

● **Reykjaviker Kunstmuseum,** Hafnarhusið, Tryggvagata 17, Tel. 5901200, geöffnet ganzjährig täglich 10–17 Uhr, Eintritt frei. Das Museum ist in ehemaligen Büroräumen und einem Warenhaus untergebracht. Es besteht aus sechs Ausstellungshallen, einem Mehrzweckraum, einer Freifläche, Café und Museumsboutique. Gezeigt werden Werke von *Erró (Guðmundur Guðmundsson)* und anderer zeitgenössischer isländischer Künstler. Außerdem altes Kinderspielzeug aus Fischknochen. Im Museum gibt es ein Café mit tollem Hafenblick.

● **Sigurjón Ólafsson Museum (Skulpturen),** Laugarnestangi 70, Tel. 5532906, geöffnet 1.6.–30.9. Di bis So 14–17 Uhr, Okt. bis 31.5. Sa/So 14–17 Uhr, Dezember, Januar geschlossen. Juni bis August Konzerte am Di um 20.30 Uhr. Eintritt 300 ISK, frei für Kinder unter 12 Jahren. Das Museum wurde nach dem Tod des Künstlers (1982) in seinem Haus und Atelier eingerichtet. Es zeigt rund 300 Werke des Bildhauers aus Ton, Gips, Holz, Metall, Stein und Beton. Er arbeitete gleichzeitig in abstraktem und realistischem Stil. Er zählt zu den besten Porträtbildhauern des 20. Jahrhunderts. Auch Werke anderer Künstler werden ausgestellt.

● **Städtisches Kunstmuseum Kjarvalsstaðir,** Flókagata, Tel. 5171290, geöffnet täglich 10–18 Uhr. Eintritt 500 ISK, frei für Kinder unter

12 Jahren. Hier wird hauptsächlich zeitgenössische Kunst ausgestellt von isländischen und ausländischen Künstlern. Vorträge und Symposien finden statt. Es finden auch Ausstellungen mit Werken von *Jóhannes S. Kjarval,* dem beliebten isländischen Landschaftsmaler, statt. Während der Sommermonate gibt es Ausstellungen zu bestimmten Themen, mit denen sich verschiedene isländische Künstler beschäftigt haben. Zum Museum gehört eine Cafeteria, wo nationale und internationale Zeitungen und Kunstzeitschriften ausliegen. Von dort hat man einen guten Ausblick auf den Park um das Museum und die Perlan.

- **Kunstmuseum,** Laugavegur 37, Tel. 56187 77, internationale und isländische zeitgenössische Kunst, Mai–Aug. Mi bis Fr 14–18 Uhr, Sa/So 14–17 Uhr, Sept.–April 14–17 Uhr; www.safn.is.
- **Sagamuseum,** Perlan, Tel. 5448086, in einem der großen Heißwassertanks auf dem Öskjuhlíð, der eigens dafür umgebaut wurde. In dem 2005 eröffneten Museum erlebt man Persönlichkeiten und Ereignisse von der Besiedlung bis zur Reformation im 16. Jahrhundert. Personen wie *Ingólfur Arnason* oder *Leifur Eiríksson* sind lebensecht dargestellt. Führung durch das Museum mit einem Audioguide.
- **Stadtarchiv Reykjavík,** Grófarhús, 3. Stock, Dokumente der Stadtgeschichte und ihrer Bewohner, geöffnet Mo bis Fr 10–16 Uhr, Eintritt frei.
- **Stadtbibliothek,** Grófarhús, 1., 2., 4. und 5. Stock, 125 Bände, Zeitschriften, Videos, Hörbücher, Sprachkurse, Multimedia-CDs, internationale Zeitschriften im Café im 1. Stock, geöffnet Mo bis Do 10–19, Fr 11–19, Sa/So 13–17 Uhr; www.borgarbokasafn.is.

Einkaufen

- Wer seine Vorräte auffüllen oder sich einen Überblick über das isländische Warenangebot verschaffen will, der sollte sich zum **Einkaufszentrum Kringlan** begeben. Hier befinden sich über **100 Geschäfte und Restaurants.** Vom Supermarkt bis zum Geschäft mit Luxuswaren wird beinahe alles geboten, was das Herz begehrt. Auch einen staatlichen Alkohol- und Tabakladen kann man hier aufsuchen.

Im Kringlan kann man leicht einen ganzen Tag verbringen. Besonders lohnenswert sind die Einkäufe, wenn **Mitte August Ausverkauf (útsala)** ist und viele non-food-Waren um 30–50 % reduziert verkauft werden.

Das Einkaufszentrum liegt verkehrsgünstig an der Kreuzung Miklabraut/Kringlumýrarbraut (großes Parkhaus, auch für Wohnmobile geeignet, Fahrzeug aber nicht über Nacht stehen lassen!). Beim Kringlan halten die Stadtbusse der Linien 5, 6, 14, 110, 111, 112 und 115 sowie die Busse der Linien 140 und 141 von Hafnarfjörður, Kópavogur und Garðabær. Öffnungszeiten: Mo bis Do 10–18.30, Fr 10–19, Sa 10–16 Uhr.

- Seit dem Jahr 2001 steht das größte Einkaufszentrum Islands in Kópavogur **(Smáralind;** siehe dort).
- **Ida,** im Geschäft der Handstrick-Vereinigung sind handgestrickte Waren erhältlich (Lækjargata 2 A, Tel. 5624747, geöffnet 10–23 Uhr).

Sport und Aktivitäten

Schwimmbäder *(sundlaug)*

Auch die Schwimmbäder werden **mit geothermaler Energie beheizt** – der leichte Schwefelgeruch zeugt davon. In Reykjavík gibt es insgesamt **sieben Thermalschwimmbäder,** die sich sommers wie winters großer Beliebtheit erfreuen: Rund 1,5 Millionen Besucher werden pro Jahr in den Bädern gezählt, eine enorme Zahl, bedenkt man, dass die Hauptstadt nur 112.000 Einwohner hat. Die Ausstattung umfasst fast immer ein großes Schwimmbecken, mehrere kleine Pools mit ansteigend heißem Wasser (37–44 °C), Sauna, Dampfbad und Solarium.

Reykjavík hat sich selbst zur Badestadt erklärt und animiert damit auch ausländische Gäste, am Badegenuss teilzuhaben. Das Thermalwasser wurde von in- und ausländischen Spezialisten auf seine Wirksamkeit hin untersucht. Ergebnis: Hervorzuheben ist der Umstand, dass fast alle Bäder **Freibäder** sind, besonders positiv für Herz- und Asthmakranke, denen es besser bekomme, in 29 °C warmem

Wasser in frischer Luft zu baden als in der heißen und feuchten Atmosphäre überdachter Bäder. Auch sei die Kombination von heißem Wasser und kalter Luft besonders wohltuend.

Nähere **Informationen** über die Badestadt Reykjavík **(Spa-Stadt)** erfährt man im Internet unter www.reykjavik.is (dort stehen weiter Infos unter „Leisure and Culture").

Der **Eintritt** für einen ganzen Tag kostet für Erwachsene 200 ISK, für Kinder von 6–16 Jahren 100 ISK, darunter frei. Badekleidung und Handtücher können für jeweils 200 ISK geliehen werden.

- **Árbæjarlaug,** Fylkisvegur, Tel. 4115200; das Schwimmbad im Stadtteil Arbær zählt sich selbst zu den schönsten in ganz Skandinavien und ist besonders kinderfreundlich. Das Freibad ist teilweise überdacht. In unmittelbarer Nähe verlaufen Spazier- und Wanderwege, z. B. entlang des Forellenflüsschens Elliðaá.
- **Breiðholtslaug,** Austurberg, Tel. 5575547; Freibad, ein überdachtes Becken, in der Nähe Spazier- und Joggingmöglichkeiten.
- **Gravarvogslaug,** Dalshús, Tel. 5104600; neu, Wanderwege, Golf- und Reitmöglichkeit in der Nähe.
- **Kjarlarneslaug,** Kléberg, Tel. 5666879; außerhalb Reykjavíks im Gebiet Kjalarnes, das noch zur Hauptstadt zählt, nicht weit vom Berg Esja entfernt.
- **Laugardalslaug,** Laugardalur, Tel. 4115100; Frei- und Hallenbad, 50 m langes Schwimmbecken. Jung und alt erfreuen sich hier besonders an der „vatnsrennibraut", einer 86 m Wasserrutschbahn. In der Nähe liegen der Campingplatz, eine Sporthalle, Stadion und Eislaufhalle.
- **Sundhöllin,** Barónsstígur, Tel. 5514059; Hallenbad, ältestes Schwimmbad der Stadt, bei der zentralen Haltestelle Hlemmur in Zentrumsnahe
- **Vesturbæjarlaug,** Hofsvallagata, Tel. 561 5004; in 20 Min. zu Fuß vom Lækjatorg erreichbar, in der Nähe Strandweg an der Ægissiða.

Golf

- Ältester und größter Golfclub im Land (gegründet 1934) ist der **Reykjavíker Golf Club** (Tel. 5850200, www.grgolf.is). Der Club verfügt über zwei Plätze, einer davon im Stadtgebiet, der andere unweit davon entfernt. Auf beiden Plätzen gibt es eine Driving Range, an denen PGA-Profis Anfängern und Fortgeschrittenen Hilfestellung geben.
- **Golfplatz Grafarholt,** 1963 wurde hier der erste Golfplatz Islands eröffnet. Hier fand auch die erste Meisterschaft statt sowie viele europäische und nordische Wettbewerbe.
- **Golfplatz Korpúlfsstaðir,** 18-Loch-Golfplatz; eine der neuesten Anlagen dieser „golfhungrigen" Nation, 1997 eingeweiht. In den 1930er Jahren diente das Gelände noch einer Rinderfarm, damals der größten in Skandinavien. Die größte Herausforderung ist hier der Schlag über den Lachsfluss Korpa. Dem Golfer wird eine beeindruckende Aussicht auf den Reykjavíker Hausberg Esja geboten.

Sonstiges

„Light Nights"

Diese **Multimediashow** basiert auf historischen Ereignissen, isländischen Sagas und mysteriösen Vorkommnissen. Seit bald 40 Jahren werden verschiedene Produktionen unter dem Namen „Light Nights" auf isländischen, amerikanischen und britischen Bühnen gezeigt. Dargeboten wird das Programm vom 1965 gegründeten „Reisenden Theater" und vom „Sommertheater" (die englischsprachige Theatertruppe entstand 1970). Die Vorstellungen finden nur im Sommer auf isländisch und auf englisch (untermalt von ein paar Gedichten und gesungenen Versen im isländischen Original) statt. Zusammenfassungen der Texte gibt es auch auf Deutsch und Französisch.

Die **Handlung** beginnt immer gleich: Die Bewohner eines Torfgehöfts treffen sich im „Wohnzimmer" an einem der dunklen Winterabende. Ein Familienmitglied erzählt alte Geschichten und Legenden, oder es liest aus den Sagas vor. Diese Szene spielt sich wohl tatsächlich in vielen isländischen Wohnzimmern ab. Im zweiten Akt sieht man Episoden aus der Landnahmezeit, die in einem Wikinger-Langhaus spielen.

Die Elfenschule

Die Mehrzahl der Isländer kümmert sich um Elfen und andere übernatürliche Wesen, etwa ein Drittel von ihnen glaubt an deren Existenz, ganz wenige wollen Elfen sogar schon einmal gesehen haben.

Elfen wohnen am liebsten in unscheinbaren Behausungen oder in Erdhügeln. In Reykjavík sind zwölf Elfenwohnstätten gesetzlich geschützt. Wo diese sind, wird hier nicht verraten, schließlich wollen wir die guten Geister nicht vergrämen ...

Wer mehr über Elfen, ihre Wohnorte und den Einfluss, den sie auf Menschen haben, wissen will, muss zur Elfenschule gehen. Hier erklärt der Lehrer und Schulleiter *Magnús Skarphédinsson* seit 1994 Interessierten auf Isländisch, Schwedisch und Englisch dreimal pro Woche alles Wissenswerte über Elfen, über ihr Aussehen, ihren Aufenthaltsort, ihre Aktivitäten - und das Wichtigste: wie man sie erkennen kann.

Die Elfenschule steht im Síðumúli 31, 108 Reykjavík, Tel. 8944014, Fax 588 6055, Unterricht ist Mo, Mi, Fr 14–18 Uhr, Kosten: 3100 ISK inkl. Begleitheft, Busfahrt zu den „Wohnstätten", abschließendem Pfannkuchenessen und Elfen-Urkunde.

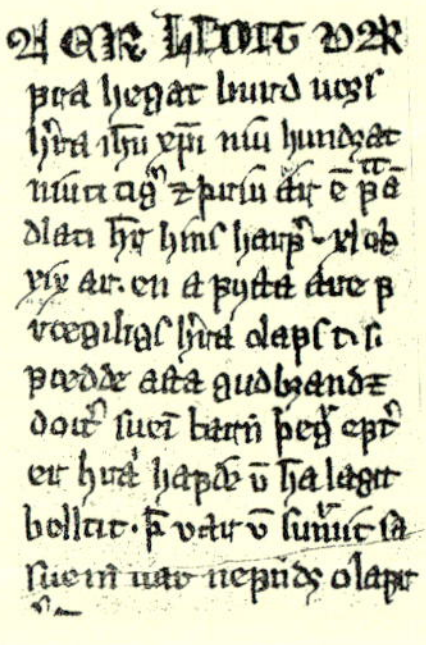

Die zweistündige Show wird im **Kaffileikhúsið-Hlaðvarpinn,** Vesturgata 2, im Stadtzentrum von Reykjavík gezeigt. Vorstellungen finden von Anfang Juli bis Ende August immer Fr bis Mo um 20.30 Uhr statt. Wahlweise wird davor ein isländisches Gourmet-Dinner angeboten (19.15 Uhr). Außerdem gibt es eine Tapas-Bar, in der die Besucher vor und nach der Show eine große Auswahl an Tapas (Häppchen) kosten können.

Karten gibt es von 19.30–20.30 Uhr vor den Vorstellungen direkt am Theater oder bei der Tourist-Info; Ermäßigungen für Studenten und für Gruppen ab zehn Personen. Reservierungen und weitere Infos über Tel. 551 9181, Fax 5515015, www.lightnights.com; Essensreservierungen unter Tel. 5512344.

„Volcano Show"

Am Hellusund unweit des Tjörnin kann man sich täglich bei der „Volcano Show" **über Vulkanausbrüche in Island und Umgebung informieren.** *Vilhjálmur Knudsen* und sein Sohn *Ósvaldur Knudsen* zeigen zwei Stunden lang ihr spektakuläres Filmmaterial, das sie in den letzten 40 Jahren gedreht haben. Die preisgekrönten Vulkan- und Naturfilme zeigen unter anderem die Entstehung der Insel Surtsey, den Ausbruch der Hekla im Jahre 1970 oder die Evakuierung von 50 000 Menschen, als 1973 der Vulkan Eldfell auf Heimaey ausbrach. Auch über die Krafla in der Nähe des Mývatn wird informiert. Die Dokumentarfilmer aktualisieren ständig ihr Filmmaterial. Sie zeigen auch die Vulkanausbrüche von 1996 und 1998 und den großen Gletscherlauf von 1996 (vgl. Exkurs „Der große Vulkanausbruch von 1996").

Solfar

Östlich des Hafens steht an einem Aussichtspunkt neben der Straße Sæbraut das **stilisierte Wikingerschiff** Solfar („Sonnenschiff"), geschaffen von *Jón Gunnar.* Der Künstler schenkte diese Skulptur der Stadt Reykjavík anlässlich der Feierlichkeiten zu „200 Jahre Stadtrechte" im Jahr 1986.

Flohmarkt Kolaportið

Am Wochenende (Sa/So 11–17 Uhr) findet in einer großen Halle in der Geirsgata beim Hafen der Flohmarkt Kolaportið statt. Der Besuch lohnt sich! Stöbern Sie einfach im Angebot an Kleidung, Antiquitäten, Tonträgern, Bücher, Spielzeug und vielem mehr. Kosten Sie dabei auch einmal isländische Spezialitäten wie hákarl.

Ausflüge

Walbeobachtung

Elding (Ægisgarður am alten Hafen, Tel. 5553565, www.elding.is) bietet im Sommer täglich **Walbeobachtungsfahrten** in der Faxafloi-Bucht an. Unterwegs kann man auch gut die Seevögel beobachten. Das Schiff macht dazu einen kurzen Halt auf der kleinen Insel Akurey, wo ab Mai Papageitaucher brüten.

Seltjarnarnes XVII,C3

Seltjarnarnes liegt an der westlichsten Spitze der Halbinsel, auf der Reykjavík liegt. Die Stadt hat knapp 4500 Einwohner, die meisten von ihnen arbeiten in der Hauptstadt. Hauptattraktion ist das 1761–1763 erbaute **Steinhaus Nesstofa,** in dem heute ein **Medizinmuseum** (s. a. Museen Reykjavík) untergebracht ist. Hier wirkte im 18. Jahrhundert der Physiker und Mediziner *Bjarni Pálsson.* Bis zur Gründung einer medizinischen Fakultät im Jahr 1876 erfolgte die gesamte medizinische Versorgung der Isländer von der Nesstofa aus. In einem benachbarten Gebäude werden alte Apothekeneinrichtungen gezeigt. Bjarni Pálsson wäre heute vielleicht auch als Bergsteiger bekannt geworden; er bestieg am 20. Juni 1750 zusammen mit *Eggert Ólafsson* zum ersten Mal den Vulkan Hekla. Seltjarnarnes lädt zu Spaziergängen entlang des **Vogelschutzgebietes Bakkatjörn** und am Strand ein. Von dort hat man einen guten Ausblick auf die Bucht Faxaflói.

Mosfellsbær XVII,C/D3

Mosfellsbær liegt nordöstlich von Reykjavík (siehe Route 2 A). Innerhalb von knapp 20 Jahren ist die Zahl der Einwohner auf das Vierfache angestiegen. Heute leben hier über 8400 Menschen. **Halldór Laxness** ist Ehrenbürger von Mosfellsbær. Er lebte hier, seitdem er sechs Jahre alt war. Für viele seiner Romanfiguren und Geschichten gibt es Vorbilder in der Stadt.

In seinem Wohnhaus **Gljúfrasteinn** an der Straße 36 Richtung Þingvellir wurde ein sehenswertes Museum eingerichtet. Davor steht *Laxness* geliebter weißer Jaguar. Im Museum erfährt man per Audioguide, wie gerne der Schriftsteller zusammen mit seiner Frau *Nína Tryggvadóttir* Gäste in seinem Wohnzimmer versammelte. Der Besucher lernt auch den Arbeitsplatz, wo Laxness am Stehpult seine Texte verfasste, und die umfangreiche Bibliothek kennen. Das Haus liegt etwas versteckt in einem Birkenwäldchen, durch das bequeme Spazierwege führen. Sie führen am Gljúfrasteinn, einem spitzkegeligen etwa 1½ m hohen Felsklotz, vorbei ins Tal des Bachs Kaldaksvísl.

- **Gljúfrasteinn, Laxness-Museum,** Tel. 586 8066, 1.6.–31.8. tägl. 10–17 Uhr, 1.9.–31.5. Di–So 10–17 Uhr geöffnet, www.gljufrasteinn.is.

079is Foto: tt

Seit 1933 wird in Mosfellsbær nach **heißem Wasser** gebohrt. Heute werden jeden Tag 74.000 t Wasser zum Heizen nach Reykjavík gepumpt. Auch Gewächshäuser, in denen Gemüse und Schnittblumen angebaut werden, werden mit Hilfe der heißen Quellen beheizt.

In Mosfellsbær lassen sich unweit der Hauptstadt **Wanderungen,** Berg- und Reittouren unternehmen und Vögel beobachten.

In dem Haus Gljúfrasteinn in Mosfellsbær lebte der Schriftsteller Halldór Laxness

Tourist-Information:
- Þverholt 2, Tel. 5255700, www.mos.is.

Unterkunft:
- **Hótel Laxnes,** Hálholt 7, Tel. 5668822, www.hotellaxnes.is, 52 Betten.
- **Campingplatz** am Varmá-Sportzentrum, Tel. 5666754.

Sonstiges:
- **Varmalaug,** Schwimmbad am Sportplatz, Tel. 5666754.
- **Golfplätze Hlíðavöllur,** Tel. 5667415; **Bakkakotsvöllur,** Mosfellsdalur, Tel. 5668480.

Kópavogur XVII,C3

In kaum 40 Jahren entstand aus einer ländlich geprägten Gemeinde der am schnellsten aufstrebende Ort Islands, mittlerweile mit **29.960 Einwohnern.** Kópavogur ist das Zentrum für Leichtindustrie und Dienstleistungen. Über 2000 Betriebe haben sich hier angesiedelt. Die sozialen und kulturellen Angebote wachsen mit der Einwohnerzahl. Im Ort gibt es moderne Sportanlagen (u. a. das größte geothermal beheizte Schwimmbad Islands; s. o.), einen Park und ein **Kunstmuseum** (Gerðarsafn, Hamraborg 4, Tel. 5700440, www.gerdarsafn.is). Große Ausstellungen isländischer Künstler finden hier in bald allmonatlichem Wechsel statt, zudem Messen.

Das Wahrzeichen der modernen Stadt ist die weithin sichtbare **Kirche.** Die Bleiglasfenster illustrieren das menschliche Leben von der Geburt bis zum Tod und stammen von der Glaskünstlerin *Gerður Helgadóttir* aus Kópavogur, Pionierin im Bereich moderner Skulpturen.

Nicht weit davon entfernt entstand das **Kulturzentrum** (Hamraborg 6 A).

Dazu gehört ein Konzertsaal, der 1998 eingeweiht wurde. Berühmte isländische Künstler und Musiker aus aller Welt sind hier zu hören.

Das Kulturzentrum beherbergt außerdem ein **Naturkundliches Museum** mit Sammlungen von Steinen, Vögeln, Weich- und Schalentieren sowie Meerwasseraquarien (geöffnet Mo bis Do 10–21, Fr 11–17, Sa/So 13–17 Uhr, Eintritt frei, Tel. 5700430, www.natkop.is).

In Kópavogur findet alle drei Jahre die **Isländische Ausstellung** statt, die von internationaler Bedeutung ist. Ausstellungsort ist das kombinierte Konferenz-, Ausstellungs- und Sportzentrum, in dem auch alle zwei Jahre die größte isländische Lebensmittelausstellung „Matur" abgehalten wird.

In der Nähe, in der Straße Hagasmári 1, hat sich auch ein großes Einkaufsareal angesiedelt. Dazu gehört **Smáralind,** das **größte isländische Einkaufszentrum** mit einer Fläche von 63.000 m², auf der sich 70 Geschäfte, mehrere Restaurants, Cafés und Kinos verteilen. Hier findet man einfach alles: Lebensmittel, Sportartikel, Schmuck, Musik-CDs und viele Boutiquen. Im 9000 m² großen Wintergarten finden Ausstellungen und Aufführungen statt. Im Sommergarten steht die Skulptur „Meerjungfrau" von *Nína Sæmundsson.* Zum Smáralind Einkaufszentrum fahren die Buslinien 16 und 17; geöffnet ist es werktags von 10–18.30 Uhr, Sa 10–18 und So 13–17 Uhr; www.smaralind.is.

Zu **Kársnes,** dem westlichen, älteren Stadtteil, gehört ein kleiner Hafen, der zu Spaziergängen und zur Vogelbeobachtung einlädt. Am „Grüngürtel" beidseits der Stadt gibt es weitere Spazierwege am **Elliäavatn,** dem **See,** der sich am Rand des Reykajvíker Naturreservats Heiämörk erstreckt.

Ein **Denkmal** am Ende der Bucht Kópavogur erinnert an den Ort, wo isländische Volksvertreter 1662 gezwungen wurden, dem dänischen König die Souveränität abzutreten. Überreste einer alten Thingstätte sind zu erkennen.

- In Kópavogur bestehen Übernachtungsmöglichkeiten: im **Gästehaus Kópavogs** (Álfhólsvegi 32, Tel. 5544160, Fax 5544165; 20 Betten, 20 Schlafsackplätze, ganzjährig geöffnet) und im **Gisting B.B.44** (Borgarholtsbraut 44, Tel./Fax 5544228; 20 Betten, 20 Schlafsackplätze).

Garðabær ⇗XVII,C3

Seit den 1960er Jahren ist die Einwohnerzahl Garðabærs von 1000 auf heute etwa 10.360 gestiegen. Die Stadt liegt auf einem Lavafeld, das bei den Vulkanausbrüchen beim Búrfell entstand. Bereits kurz nach der Besiedlung befand sich in Garðar eine der ersten Kirchen des Landes. Außerdem ist im Landnahmebuch der Hof Vífilsstaðir aufgeführt, in dem sich heute ein Sanatorium befindet. Hier erstreckt sich auch ein **Wandergebiet** entlang des Naturschutzgebietes Heiðmörk. Garðabær war früher von Landwirtschaft und Fischerei bestimmt, heute finden die meisten Bewohner in der Umgebung Arbeit.

Route 1: Die Halbinsel Reykjanes

- **Route 1 A:**
  Von Reykjavík auf der Straße 41 nach Njarðvík und Keflavík
- **Route 1 B:**
  Von Njarðvík auf der Straße 44 nach Grindavík
- **Route 1 C:**
  Von Grindavík auf der Straße 42 nach Þorlákshöfn
- **Route 1 D:**
  Die Westmänner-Inseln

Route 1 A:

Von Reykjavík auf der Straße 41 nach Njarðvík und Keflavík (41 km)

Fährt man von Reykjavík auf der Straße 41 in Richtung Flughafen Keflavík, gelangt man über Kópavogur und Garðabær zu einem kleinen Vorgebirge. Der gesamte Teil, der sich westlich einer Linie Reykjavík – Þorlákshöfn erstreckt, gehört zur Halbinsel Reykjanes. Der Name setzt sich aus „reykur" = Dampf und „nes" = Landzunge zusammen. Die Halbinsel trägt ihren Namen zu Recht, raucht hier doch tatsächlich die Erde. Die bekanntesten **Geothermalgebiete** sind die an der Südspitze der Halbinsel bei Reykjanestá mit der weithin sichtbaren Dampfsäule der Salzgewinnungsanlage bei Gunnuhver, die Blaue Lagune und Séltun am Kleifarvatn.

Auf der 580 km² großen Halbinsel Reykjanes wohnen rund **16.000 Menschen.** Das Land besteht bis auf den fruchtbaren nordwestlichen Teil fast vollständig aus **schroffer Lava.** Bedingt durch die Küstenlage ist es hier oft sehr windig und regenreich. Aus den überwiegend flachen Ebenen, die im Norden bis knapp 40 m, im Südwesten selten mehr als 100 m über dem Meeresspiegel liegen, ragen im Süden **einzelne Vulkanberge.** Nach Südosten wird das Land etwas bergiger. Hier bestimmen die 200 bis knapp über 500 m hohen Berge von Fagradasfjall, Núpshlíðarháls, Sveifluháls, Brennisteinsfjöll, Geitafell (509 m) und der große Kleifarvatn die Landschaft. Der schönste Vulkankegel ist der 378 m hohe Keilir.

Eine **Legende** erzählt, dass zur Zeit der Landnahme *Ingólfur Arnarson* seiner Schwester *Steinunn* einen Teil der Halbinsel Reykjanes vermachte. Aus Dankbarkeit schenkte sie ihrem Bruder eine Strickjacke – wohl kaum sonst jemand dürfte für ein Kleidungsstück ein größeres Geschenk bekommen haben ... Der Hof von Steinunn lag zwischen Keflavík und Garður, etwa dort, wo heute der Golfplatz ist.

Viele Besucher Islands kommen zuerst nach Reykjanes, da im Norden der Halbinsel der internationale Flughafen von Keflavík liegt. Doch die meisten derer, die hier ankommen, schenken diesem eher kargen Teil der Insel keine weitere Bedeutung und reisen sofort weiter. Zu Unrecht, denn auf Reykjanes gibt es viele Sehenswürdigkeiten zu entdecken und einiges zu erleben. Wanderer, Vogelkundler und Liebhaber warmer Bäder sollten viel Zeit einplanen; Unterkünfte und Restaurants stehen bereit.

Auch mit dem **Überland-Linienbus** gelangt man nach Reykjanes. Er fährt nach Keflavík sowie nach Sandgerði und Garður.

Der kleine Landvorsprung vor Islands Hauptstadt besteht überwiegend aus **Lavafeldern,** die erst in jüngerer Zeit entstanden sind, so dass noch keine Erosionserscheinungen zu erkennen sind – mit Ausnahme der Halbinsel Miðnes im Nordwesten. Während der Eiszeit war sie von Eis bedeckt, das deutliche Spuren hinterlassen hat. Hinweise auf vulkanische Aktivitäten findet man hier viele: zahlreiche Vulkane, Risse in der Erde, Spalten, die sich über mehrere Kilometer erstrecken, Verwerfungen, ausgedehnte Lavaströme, Solfatarenfelder sowie mehrere Geothermalgebiete, die zum Teil zur Energiegewinnung genutzt werden. Reykjanes gehört zu der aktiven Vulkanzone; sie ist Teil des Zentralgrabens, der sich von Südwesten nach Nordosten über die Insel zieht. Hier tritt außerdem ein Teil des mittelatlantischen Rückens an die Oberfläche, ebenso wie in Þingvellir und am Mývatn (vgl. dazu „Land und Leute/Geologie"). Wenn auch diese Oberfläche vulkanischen Ursprungs zuerst grau und öde erscheint, entdeckt man doch bei näherem Hinsehen graugrünes Moos, Voraussetzung für die Verbreitung höherer **Pflanzenarten.** Zweihundert Arten von Gräsern, Moosen und Blütenpflanzen wurden hier ausgemacht. Hin und wieder stößt man auch auf Birken oder andere Bäume. Obwohl in dieser Region relativ viel Niederschlag fällt – 800 mm/Jahr –, hält sich dieses Wasser nicht. Außer den beiden Seen Kleifarvatn und Hlíðarvatn gibt es nur wenige Oberflächengewässer. Das Regenwasser versickert schnell im porösen Lavaboden. Die Heidearten, die große Teile der Lavaströme bedecken, können Trockenheit vertragen. Auch den darin befindlichen Pflanzen kann die Trockenheit nichts anhaben. Auf Miðnes dagegen herrscht teilweise üppige Vegetation vor.

Das **Tiervorkommen** im Inselinneren ist eher gering. In der Heidelandschaft kommen Goldregenpfeifer und Wiesenpieper vor. Auf der Lava fühlt sich die Schneeammer wohl. In den weni-

Foto: tt 080is

Leuchtturm von Reykjanesvíti; im Vordergrund die Dampfquelle Gunnuhver

gen Seengebieten leben Mittelsäger, Odinshühnchen und Küstenseeschwalben. Im südlichen Teil der Halbinsel stehen Vogelfelsen mit den charakteristischen Arten sowie an der Südwestküste eine Küstenseeschwalbenkolonie.

Ein Großteil von Reykjanes, eine Fläche von 300 km², ist als **Naturschutzgebiet** ausgewiesen. Diese Region, **Reykjanesfólkvangur,** beginnt hinter Hafnarfjörður und erstreckt sich bis an die Südküste der Halbinsel, rund um den See Kleifarvatn. Durch das Gebiet führen Wege, die zu einer Wanderung einladen. Der Besucher sieht grandiose Berglandschaften, Lavaflächen und heiße Quellen. An das Naturschutzgebiet schließen sich zwei weitere in Richtung Reykjavík an; Bláfjallafólkvangur, im Winter ein beliebtes Skizentrum, und Heidmörk, eine hügelige Lavalandschaft. Das Innere der Halbinsel, größtenteils eine schroffe Lavalandschaft, ist praktisch unbewohnt. Die Küste wird von kleinen Fischerdörfern gesäumt.

Beginnen wir unsere Reise durch die Halbinsel Reykjanes in Hafnarfjörður.

Hafnarfjörður ↗XVIII,A/B1

Nach Kópavogur, der Trabantenstadt Reykjavíks, kommt man in Richtung Flughafen auf der Straße 41 nach Hafnarfjörður. Die alte Stadt Hafnarfjörður, mit über **25.800 Einwohnern** die drittgrößte Stadt Islands, könnte man als Tor zur Halbinsel Reykjanes bezeichnen. Im Nordwesten der Stadt erstreckt sich die

Halbinsel Álftanes. Die Küste ähnelt einer Wattlandschaft mit sumpfigen Anteilen, Tümpeln und Brackwasserbereichen. Hier kommen Austernfischer, Alpenstrandläufer und Rotschenkel vor, wenn auch nur auf der Durchreise. Außerdem kann man Ringelgänse, Knutte und Steinwälzer beobachten, die auf Grönland brüten. Die Buchten bei Arnarnes und Hafnarfjörður weisen einen ähnlichen Vogelbestand auf. Südlich von Hafnarfjörður befindet sich der kleine **See Ástjörn.** Dort besteht seit 1978 ein 25 ha großes **Naturschutzgebiet,** in dem Ohrentaucher und Singschwäne vorkommen und Lachmöwen ein größeres Brutrevier haben.

Hafnarfjörður liegt etwa eine Viertelstunde von Reykjavík entfernt und war bereits eine wichtige **Hafenstadt,** als Reykjavík erst wenige Einwohner aufweisen konnte. Hafnarfjörður bedeutet „Hafenfjord". Die Häuser sind um den Hafen herum angeordnet und wurden auf der 7000 Jahre alten Lava des Búrfellsrhaun erbaut. Reykjavík und Hafnarfjörður sind inzwischen auch über Garðabær und Kópavogur miteinander verbunden. Die wenigen unbebauten Zwischenräume werden beständig mit neuen Häusern „aufgefüllt".

Geschichte

Im 15. Jahrhundert unterstand Hafnarfjörður englischen, ein Jahrhundert später deutschen Händlern, bis das Handelsmonopol von den Dänen ausgesprochen wurde. Das **„Flensborg Haus"** erinnert noch an die deutsche Vergangenheit. *Bjarni Sívertsen* (1760–1833) setzte sich für den Aufschwung der Stadt ein. Er erweiterte den Hafen, ließ eine Werft bauen, machte den Fischfang attraktiver und gründete ein Handelskontor. 1905 fuhr von hier der erste isländische Trawler zur See. Der Fischfang ist in seiner ökonomischen Bedeutung mittlerweile jedoch hinter die industrielle Produktion zurückgefallen. Im Jahr 1908 erhielt Hafnarfjörður die Stadtrechte. Zwar gehört der Ort zum Großraum Reykjavík, doch konnte er seine Eigenständigkeit bewahren. Hier gibt es immer noch einen Hafen und eigene Wirtschaftsstrukturen.

Sehenswürdigkeiten

Hafnarfjörður ist **Islands bekannteste Elfenstadt.** Der **Park Hellisgerði,** auf Deutsch „Höhlengarten", ein botanischer Garten, liegt zentral in der Stadtmitte. Er gilt als **Wohnort zahlreicher Elfen.** Vom südöstlich gelegenen Hügel Hamarinn hat man nicht nur eine gute Aussicht über die Stadt und den Hafen, sondern man blickt auch auf die tief in den Lavafelsen verborgenen Wohnräume der Elfen. Der Hügel liegt zwischen den Straßen Brekkugata und Öldugata.

Es gibt eigens einen Plan, in dem die Aufenthaltsorte der Elfen verzeichnet sind. Außerdem findet eine **Stadtführung zu den Elfensiedlungen** – „in die Welt der Verborgenen" – statt. Auskünfte erteilt die Tourist-Information.

Im Park Hellisgerði wachsen auch die nördlichsten Bonsai-Bäume der Welt; der **Bonsai-Garten** (tagsüber frei zugänglich) ist durch einen Zaun vom Park abgetrennt und videoüberwacht.

Das ehemalige **Wohnhaus von Bjarni Sívertsen** ist das älteste Haus der

Stadt. Es stammt aus dem Jahr 1803. *Sívertsen* war ein wohlhabender Kaufmann und Reeder, entsprechend prunkvoll ist die Einrichtung des Hauses in der Vesturgata 6, das zum **Heimatmuseum von Hafnarfjörður** gehört.

Im benachbarten **Pakkhúsið,** dem Lagerhaus in der Vesturgata 8, wird im Erdgeschoss eine Ausstellung zur Besetzung Islands durch die Briten im 2. Weltkrieg gezeigt. Im Obergeschoss ist die Geschichte der Stadt von der Besiedlung Islands durch die Wikinger bis heute dargestellt. Auch eine Ausstellung mit historischem Kinderspielzeug befindet sich hier. Außerdem gibt es wechselnde Sonderausstellungen.

In der Nähe steht im Kirkjuvegur 10 **Siggas Haus (Siggubær),** das als Heim eines Arbeiters und Seemanns zum gutbürgerlichen Sívertsen-Haus kontrastiert. Auch dieses kleine Haus gehört zum Museum. Der Seemann *Erlendur Marteinsson* baute es im Jahr 1902 und benannte es nach seiner Tochter *Sigríður (Sigga) Erlendsdóttir. Sigga* wohnte dort von ihrem 10. Lebensjahr bis 1978.

In der Strandgata 34 unweit der modernen Kirche (Hafnarfjarðarkirkja) befindet sich das **Kunst- und Kulturzentrum Hafnarborg** mit wechselnden Kunstausstellungen und Konzerten heimischer Künstler sowie einem Café.

Zum Kulturprogramm der Stadt zählt auch das **Hafnarfjörður-Festival,** das seit 1991 alljährlich im Juni stattfindet und musikalische Darbietungen, Ballett, Film und Theater umfasst.

Eher auf Touristen ausgerichtet ist das **Wikinger-Dorf** in der Strandgata 55. Die schwarzen Holzgebäude mit den Drachenköpfen beherbergen außer dem Restaurant Fjörukráin und einem Gästehaus ein **Wikingertheater,** in dem jeweils Sa und So um 15 Uhr Aufführungen mit Szenen und Erzählungen aus der Landnahmezeit und Volksmusik stattfinden (Eintritt: 500 ISK). Künstler aus den nordischen Ländern, Grönland und den Färöer-Inseln stellen im **Westnordischen Kulturhaus** ihre Werke aus und bieten sie zum Verkauf an.

Tourist-Information im Rathaus

- **Strandgata 6,** 220 Hafnarfjörður, Tel. 585 5500, www.hafnarfjordur.is, geöffnet Juni bis August Mo bis Fr 8–17, Sa/So 10–15 Uhr, sonst Mo bis Fr 13–16 Uhr.

Unterkunft

- **Gästehaus Berg,** Bæjarhraun 4, Tel. 565 2220; 52 Betten, 70 Schlafsackplätze, ganzjährig geöffnet.
- **Helguhús,** Lækjarkinn 8, Tel. 5552842; 11 Betten, ganzjährig geöffnet.
- **Gästehaus,** Lækjarkinn 2, Tel. 5655132; 10 Betten, 10 Schlafsackplätze, ganzjährig geöffnet.
- **Viking Village,** Strandgata 55, Tel. 5651 213, www.vikingvillage.is; das Gästehaus, das in einer alten Schmiede des Wikinger-Dorfs eingerichtet wurde, hat 19 modern eingerichtete Zimmer (siehe auch bei „Essen und Trinken").
- **Bed-in,** Brekkugata 13, Tel. 5650902, ganzjährig geöffnet.
- **Íslandsgisting,** Hvaleyrarbraut 23, Tel. 565 4070.
- **Jugendherberge Arahús,** Strandgata 21, Tel. 5551770; 17 Betten, Schlafsackunterkunft.
- **Jugendherberge Hraunbyrgi,** Hjallabraut 51, Tel. 5650900, geöffnet 1.6.–31.8.; 36 Betten und 60 Schlafsackplätze.
- **Campingplatz Víðistaðatún,** Hjallabraut 51, Tel. 5650900, Fax 5551211, komfortabel, Einkaufsmöglichkeit, Cafeteria, Tankstelle, Bushaltestelle.

Essen und Trinken

- **Restaurant Hansen,** Vesturgata 4, Tel. 565 1130, täglich ab 12 Uhr geöffnet, isländische Küche in einem der ältesten Häuser von Hafnarfjörður; Pub und Veranstaltungsräume im Obergeschoss; Spezialität des Hauses ist das Elfenmenü (vgl. Exkurs „Was Elfen essen").
- **Fjörukraín (im Viking Village),** Strandgata 55, Tel. 5651213, www.fjorukrain.is; in dem Restaurant kann man nach Wikingerart speisen. Für Gruppen serviert das Personal in Wikingertracht. Es kann dabei sogar vorkommen, dass plündernde Wikinger die Gäste entführen, die dann an einen geheimen Ort verschleppt werden, wo sie an einem ausgelassenen Wikingergelage teilnehmen dürfen ...
- **Gafl-Inn,** Dalshraun, 13, Tel. 5554477.
- **Hrói Höttur,** Hjallahraun 13, Tel. 5652525; Pizza, Pita-Brot, Hamburger, Tagesgerichte, Lieferung ins Haus.
- **Kaffi Fjörður,** Fjarðargata 13–15 (im Einkaufszentrum), Tel. 5553750; Cafeteria mit schönem Ausblick auf den Hafen.
- **Kaffiborg,** in der Städtischen Galerie Hafnarborg, Strandgata 34, Tel. 5550544; große Auswahl an selbst gebackenem Kuchen.
- **Kænan,** Óseyrarbraut, Tel. 5651550; mittags gutbürgerliches Essen und Grillgerichte; hier treffen sich auch Seeleute und Hafenarbeiter zu einem kleinen Snack.
- **Kentucky Fried Chicken,** Hjallahraun 15, Tel. 6652811; frittierte Hähnchen und Chickenburger.
- **Nönnukot,** Mjósund 2, Tel. 5652808; Nichtrauchercafé mit isländischen Spezialitäten.
- **Pizza eldhúsið,** Strandgata 21, Tel. 5551010.
- **Singapore,** Reykjavíkurvegur 68, Tel. 555 4999.
- **Súfistinn,** Strandgata 9, Tel. 5653740; Kafeerösterei, Café, Sortiment an frisch gerösteten Kaffeesorten aus aller Welt, Teesortiment, vegetarische Gerichte, Torten.
- **Tilveran,** Linnetstígur 1, Tel. 5655250.
- **Vort daglegt brauð,** Strandgata 49, Tel. 5554046.

Kunst und Kultur

- **Heimatmuseum Byggdasafn Hafnarfjörðar,** Vesturgata 6, Tel. 5855780, Pakkhúsið, geöffnet 1.6.–31.8. täglich 11–17 Uhr, Do 11–21 Uhr, 1.9.–31.5. Sa/So 11–17 Uhr, Do 11–21 Uhr; Sívertsen-Haus und Siggubær geöffnet 1.6.–31.8. täglich 11–17 Uhr; Eintritt 300 ISK.
- **Smiðjan,** Strandgata 50, Ausstellungen, geöffnet vom 1.5.–30.9. 13–17 Uhr.
- **Gallerí Jörð,** Reykjavíkurvegur 66, Tel. 555 2436, Kunst, Kunsthandwerk, Glaskunst.
- **Gallerí Klettur,** Helluhraun 16, Tel. 565 0785, Gemeinschaftsatelier, Galerie, Sa 10–14 Uhr und nach Absprache.

Was Elfen essen

Die Elfenspezialistin und Seherin *Erla Stefánsdottir* hat in Erfahrung bringen können, was die Elfen so alles essen. Der Speiseplan der Elfen, die in den Lavafelsen wohnen, besteht aus Fisch, Gemüse, Obst, Milchprodukten, hellem Brot und bunten Blumen. Dazu werden aus hohen gefärbten Gläsern bunte Getränke getrunken. Elfen, die weit im Norden am Meer bei Ísafjörður leben, bevorzugen Tang und dunkelrote Algen. Erlas Hauselfe bekommt Brei.

Die **Elfenmenüs im Restaurant Hansen** dürften auch Menschen schmecken. Das „Leibgericht der Elfen im Hügel Hamar" für 1350 ISK beginnt mit einer Pilzrahmsuppe und hausgebackenem Brot. Hauptgang ist zweierlei Fisch nach Elfenart mit Erdäpfeln und frischem Salat. Zum Schluss wird Kaffee mit Konfekt gereicht. Das „Potpourri aus dem Grotten garten Hellisgerði" für 950 ISK besteht aus einer hellen Spargelrahmsuppe mit hausgebackenem Brot. Es folgt das Potpourri nach Elfenart mit frischem Salat, Nudelschräubchen, Feta und Meeresfrüchten. Auch hier beschließen Kaffee und Konfekt die Elfenmahlzeit.

- **Hafnarborg,** Strandgata 34, Tel. 5550080, geöffnet täglich außer Di 11–17, Do 11–21 Uhr, Eintritt frei.
- **Isländisches Filmmuseum (Kvikmyndasafn Íslands),** Vesturgata 11–13, Tel. 565 5993, geöffnet Mo bis Fr 9–12.30 Uhr.
- **Post- und Telegrafenmuseum (Póst- og símaminjasafnið),** Austurgata 11, Tel. 555 4321, geöffnet Di, So 15–18 Uhr und nach Vereinbarung.
- **Atelier von Gestur und Rúna,** Austurgata 17, Tel. 5553960, geöffnet nach Absprache.
- **Kunstzentrum Straumur (Listamiðstöðin í Straumi),** an der Ausfallstraße nach Keflavík, Reykjanesbraut, Tel. 5650128, Ateliers, Wohnungen für isländische und ausländische Künstler.
- **Theater Hafnarfjörður Hermóður og Háðvör (Hafnarfjarðarleikhúsið Hermóður og Háðvör),** Vesturgata 11, Tel. 5550553.
- **Nationales Filmarchiv Islands,** Hvaleyrarbraut 13, Tel. 5655993, geöffnet werktags 9–12 Uhr.
- **Sveinshús,** Museum zum Leben und Wirken des Künstlers *Sveinn Björnsson,* Tel. 860 7211, geöffnet Juni bis Sept. jeden ersten So im Monat 13–17 Uhr und nach Vereinbarung.
- **Geführte Touren durch die verborgene Welt,** Treffpunkt an der Tourist-Information, 1–1½ Std., 15.6.–15.8. werktags 10 und Mo, Mi, Do 14 Uhr, Di und Fr 14.30 Uhr; sonst Di und Fr 14.30 Uhr.
- **Wikingerfestival im Juni.**
- **Weihnachtliches Hafnarfjörður** im Dezember.

Notfall

- **Polizei,** Flatahraun 11, Tel. 5551166.
- **St. Josefs-Krankenhaus,** Suðurgata 41, Tel. 5550000.
- **Ambulanz,** Sólvangsvegur 2, Tel. 5652600.
- **Apotheken**
  - Apótek Hafnarfjörður, Fjarðargata 13–15, Tel. 5655550.
  - Apótek Norðurbæjar, Miðvangur 41, Tel. 5553966.
  - Apotheke im Supermarkt Fjarðarkaup, Hólshruan 1b, Tel. 5556800.

Sonstiges

- **Hallenbad,** Herjólfsgata 10, Tel. 5550088.
- **Schwimmbad Südstadt,** Hringbraut 77, Tel. 5653080.
- **18-Loch Golfplatz,** Keilir-Platz, Hvaleyri, Tel. 5653360.
- **Walbeobachtung, Hochseeangeln, Grillpartys,** Boot Húni II, Tel. 8941388.
- **Historisches Eichenboot,** Mai bis Sept. tägl. 10 Uhr.
- **Ausritte,** Íshestar, Sörlaskað 26, Tel. 555 7000.
- **Fahrradtouren „Blue Biking“,** Stekkjarhvammur 60, Tel. 5652089.
- **Abenteuertörns zu historischen Plätzen,** Langskip, Norðurtún 15, Tel. 5538100.
- **Angellizenz** für die Seen Kleifarvatn, Djúpavatn und Hlíðarvatn bei Selvogur.
- **Jagdgeschäft Lalli,** Bæjarhraun 20, Tel. 5653597.

Ausflüge

- **Bessastaðir**

Nördlich von Hafnarfjörður auf der Halbinsel Álftanes liegt Bessastaðir, die **Residenz des Staatspräsidenten.** Dieses Gebäude wurde ursprünglich in der Kolonialzeit 1763 als Gouverneurssitz erbaut. Davor erstreckt sich der Skerjafjörður, und der Blick öffnet sich auf die Hauptstadt. Hier befand sich auch einst der Hof von *Snorri Sturluson,* der zuerst den Norwegern und später den Dänen zufiel. Der Dichter *Grímur Thomsen* kaufte den Hof schließlich zurück und machte ihn dem isländischen Staat zum Geschenk. Die angrenzende Kirche wurde im Jahr 1823 fertig gestellt und zwischen 1946 und 1948 unter der Federführung von *Guðjón Samúelsson* renoviert. Sie ist sehr schlicht, ohne jeg-

Das im traditionellen Stil gebaute Wohnhaus aus Holz mit Grasdach würde man heute als „Ökohaus“" bezeichnen

liche Verzierung. Die Kirchenfenster stammen von *Guðmundur Einarson* (1895–1963), einem Künstler aus dem Miðdalur. Sie stellen Personen und Szenen aus der isländischen Kirchengeschichte dar.

•Aluminiumwerk in Straumsvík

Südlich von Hafnarfjörður, der Straße 41 folgend, gelangt man nach Straumsvík, wo in einer Schmelzhütte Aluminium hergestellt wird. Eigens zu diesem Zweck wurde 100 km entfernt das Wasserkraftwerk Búrfell angelegt, das den notwendigen Strom für die Aluminiumgewinnung produziert. Man erbaute auch einen eigenen Hafen für den An- und Abtransport von Rohstoffen und Endprodukten.

Auf der Landstraße 41 fährt man **die Küste entlang** weiter **durch Lavafelder.** Sie entstanden erst nach der letzten Eiszeit und bestehen aus riesigen, gegeneinander geschobenen Lavaplatten. Ihre Anordnung ergab sich, als sich nach dem Freiwerden der Lava durch die allmähliche Abkühlung eine Kruste ausbildete. Diese wurde durch nachfolgende, noch flüssige Lava immer wieder aufgerissen.

Nach der Bucht Vatnsleysuvík führt die Straße am „Strand ohne Trinkwasser" Vatnsleysurströnd entlang nach **Vogar.** In dem kleinen Ort (830 Einwohner) soll *Jón Daníelsson der Starke* (1771–1855) bei Stóru-Vogskóli mit Muskelkraft einen 450 kg schweren Stein an seinen heutigen Ort gebracht haben. Die 1893 erbaute Kálfatjarkirkja ist mit 200 Plätzen eine der größten Landkirchen Islands. Etwa 1½ km südlich davon steht der kreisrunde, 2 m hohe Steinring Staðarborg, ein ehemaliger Schafpferch mit 1,5 m breiten Mauern.

Etwa 10 km vor Keflavík kommen wir wieder durch ein Lavafeld, das schon vor der letzten Eiszeit entstanden sein muss; die ansonsten raue Lavaoberfläche wurde hier von den Eismassen glatt geschliffen. **41 km nach Reykjavík** erreichen wir Njarðvík und Keflavík.

Njarðvík, Keflavík ⇗XVIII,A1

Die drei Orte Njarðvík, Keflavík und Hafnir haben sich 1994 zur **Gemeinde Reykjanesbær** (13.040 Einwohner) zusammengeschlossen. Njarðvík und Keflavík bestehen als Handelszentren seit dem Mittelalter. Keflavík ist mit 8170 Einwohnern der größte Ort der Halbinsel und besitzt den zweitgrößten Hafen Islands. In Njarðvík steht eine 1979 geweihte moderne Kirche.

An der Küste bei Njarðvík soll schon mehrmals der Geist *Stapadraugurinn* gesichtet worden sein, der seinen Kopf unter dem Arm trägt. Seine Wohnung soll der Hügel Stapi nahe der Straße sein. Bei der 1886 erbauten Steinkirche von Innri-Njarðvík stehen die Denkmäler der berühmtesten Söhne des Orts, der Lehrer *Jón Þorkelsson* und *Sveinbjörn Egilsson.* **Stekkjarkot** ist eine alte Fischerhütte, die 1994 restauriert wurde. Das kleine **Freilichtmuseum** liegt bei Fritjar zwischen den Ortsteilen Innri- und Ytri-Njarðvík an der Küstenstraße. Vor den Torfhäuschen steht das 23 m lange und 5,25 m breite **Wikingerschiff Íslendingur.** *Gunnar Marcel Eggertsson* baute es zwischen 1994 und 1996. Im Jahr 2000 segelte er damit auf den Spuren von *Leifur Eiríksson* in 110 Tagen von Island über Grönland nach New York. Das Freilichtmuseum ist im Sommer Do–So 13–16 Uhr geöffnet, Eintritt frei.

Njarðvík und Keflavík sind zusammengewachsen. Entlang der Küstenstraße 46 reiht sich heute ein Gewerbebetrieb an den anderen; auch Einkaufszentren gibt es hier. Die Hafnargata ist die Ladenmeile von Keflavík. Am Ende der Straße liegt ein großer Rastplatz direkt am Meer. Auf der anderen Straßenseite (Hafnargata 2) laden die Kunstgalerien *Björg* und *Svarta Pakkhúsið* zu Ausstellungen ein. Am Ende des Rastplatzes kann das Schiff Baldur besichtigt werden. In der Nähe (Duusgata 10) befindet sich im rot angestrichenen Lagerhaus **(Duushús)** das **Kulturhaus und Museum** des Bezirks Reykjanesbær (Tel. 4213796, täglich 13–18 Uhr geöffnet, Eintritt 450 ISK). Sehenswert sind die Schiffsmodelle von *Grímur Karlsson.* In dem Haus finden auch kulturelle Veranstaltungen und wechselnde Ausstellungen statt.

1987 wurde das 14.000 m² große Gebäude des **internationalen Leifur Eiríksson-Flughafens** von der damaligen Staatspräsidentin *Vigdís Finnbogadóttir* eingeweiht. Der Bau wurde von dem Architekten *Garðar Halldórsson* entworfen und ist eine isländisch-amerikanische Gemeinschaftsproduktion. Namhafte isländische Künstler haben sich vor dem Flughafengebäude mit Kunstwerken verewigt. Die eigenwillige

Skulptur Þotuhreiður („Jet-Nest") von *Magnús Tómasson* stellt ein Flugzeug dar, das aus einem Ei schlüpft. *Rúris* „Regenbogen" besteht aus einem Stahlbogen mit buntem Glas.

Tourist-Information

- **Tourismusverband Suðurnes,** Keflavík, Flughafen, Tel. 4250330, Fax 4216199.
- **Tourist-Information Reykjanesbær,** Kjarni Hafnargata 57, Reykjanesbær, Tel. 4216777, www.reykjanes.is.
- **Busbahnhof,** Keflavík, Hafnargata 12, Tel. 4215551, 4216760, Fax 4216199.
- **Flugauskünfte,** Flughafen Keflavík, Tel. 505 0500.

Unterkunft in Njarðvík

- **Gistiheimili Laufás,** Þórustígur 10, Njarðvík, Tel. 4211786.
- **Gistiheimili Kristína,** Holtsgata 49, Njarðvík, Tel. 4215622.
- **Jugendherberge Fit,** Fitjabraut 6a, Tel. 4218889 und 8956461, www.fithostel.is; Bushaltestelle vor dem gastlichen Haus, das außerhalb des Orts zwischen tristen Betonbauten liegt.

Unterkunft in Keflavík

- **Flughotel,** Hafnargata 57, Tel. 4215222, Fax 4215223; 84 Betten, Restaurant, ganzjährig geöffnet.
- **Hotel Keflavík,** Vatnsnesvegur 12, Tel. 420 7000, Fax 4207002; 170 Betten, Restaurant, Fahrradverleih, Bootsfahrten, ganzjährig geöffnet, behindertengerecht.
- **Gästehaus Keflavík,** Vatnsnesvegur 9, Tel. 4207000.
- **Campingplatz,** mit Gästehaus Alex und Hütten, Aðalgata 60, Tel. 4212800, www.alex.is; Auto- und Fahrradvermietung, in Flughafennähe gelegen.

Essen und Trinken

In Keflavík außer im Flughotel bei:

- **Ráin,** Hafnargata 19a, Tel. 4214601, www.rain.is, geöffnet 11–1 Uhr; bestes und größtes Restaurant im Ort, schöner Blick übers Meer bis nach Reykjavík, außer Fischgerichten und Lamm gibt es auch italienische Nudelgerichte, Pizza und Hamburger. Am Wochenende Tanz.
- **Langbest,** Hafnargata 62, Tel. 4214777.
- **Boggabar,** Víkurbraut 21, Tel. 4215051.
- **Kaffi Duus,** Duusgata 10, Tel. 4217080, Café und Fischrestaurant, mit Walknochen und Riesenkrabben geschmücktes Lokal mit toller Fischkarte, geöffnet 12–22 Uhr.
- **Pizza 67,** Hafnargata 30, Tel. 4214067.

Notfall

- **Ambulanz,** Skólavegur 8, Tel. 4220500.
- **Apotheken**
  - Suðurgata 2, Tel. 4213200.
  - Hringbraut 99, Tel. 4216565.

Museen

- **Popmuseum (Poppminjasafnið),** Veitingahúsinu Glóðinni, Tel. 4211777.
- **Heimatmuseum Suðurnesja,** Vatnsnesvegur 8, Tel. 4213155 und 4216700, geöffnet So 14–17 Uhr.
- **Stekkjakot (Fischerhütte),** Njarðabraut, Tel. 4213155, geöffnet 1.6.–31.8. täglich 13–17 Uhr.
- **Meeresmuseum (Sædýrasafnið),** Hafnir, Tel. 4216958, 4216946, geöffnet Juni bis August täglich 14–17.30, Sept. bis Mai täglich 14–16 Uhr.

Sonstiges

- **Ljósnótt (Nacht der Lichter),** erstes Wochenende im September in Reykjanesbær, das Kulturfest mit Ausstellungen und Konzerten geht über vier Tage (Do–So).
- **18-Loch-Golfplatz,** Hólmsvöllur í Leiru, Tel. 4214100.
- **Bootsfahrten zur Wal- und Vogelbeobachtung,** Tel. 4216760.
- **Schwimmbad Njarðvík,** Norðurstígur 2, Tel. 4212744.
- **Schwimmbad Keflavík,** Sunubraut 31, Tel. 4211500.

Ausflug

•Garður, Sandgerði und Hvalsneskirkja auf der Landzunge Miðnes (Straße 45)

Die Straße 45 führt nördlich des internationalen Flughafens über Garður und Sandgerði um die Landzunge Miðnes herum. Zu den steilen Klippen an der Küste bei Hólmsberg führt ein Fußweg. **Garður** (1500 Einw.) war einmal ein bedeutender Fischereiort. Im Hólmsvöllur bei Leira liegt vor den Toren des Dorfs einer der besten Golfplätze (18-Loch) des Landes. Die 1861–1863 erbaute Kirche Útskálakirka ist St. Peter und St. Þorlákur, Islands einzigem Heiligen, gewidmet. Von der Kirche erstrecken sich Reste eines alten Erdwalls (Garðurinn) aus der Landnahmezeit bis nach Kirkjuból auf der gegenüberliegenden Seite der Landzunge. Nach diesem (isl. *garður)* wurde der Ort benannt. An der nördlichen Spitze von Miðnes stehen der alte (1897) und neue (1944) **Leuchtturm** von Garðskagi. Auf einer Tafel sind die zahlreichen Schiffsuntergänge aufgeführt, die sich in den Riffs und Untiefen entlang der sturmumtosten Küste ereigneten. Außerdem ist hier das Zentrum zur Beobachtung und Erforschung von Zugvögeln zwischen Grönland und Nordamerika untergebracht. Um den neuen Leuchtturm herum liegen direkt am Meer ein einfach ausgestatteter Campingplatz und das **Museum von Garðskagi** mit dem Café Flösin. Davor steht das Schiffswrack Bragi.

Es lohnt sich, hier an der Küste die **Seevögel** zu beobachten: Basstölpel, Krähenscharben, Skuas, Mantel- und Heringsmöwen. Im Frühjahr und Herbst machen auch Zugvögel Station. Auf den flachen Felsen im Meer sind Kegelrobben zu entdecken. Im Watt kommt der Blasentang vor, der Lebensraum für zwei Strandschneckenarten bietet. Am Strand findet man die Gehäuse von Purpur- und Wellhornschnecken.

In der Nähe hat man bei Hafurbjarnarstaðir alte **Wikingergräber** gefunden. Die Grabbeigaben sind im isländischen Nationalmuseum in Reykjavík ausgestellt. In Kirkjuból lebte *Kristján Davíðsson,* der einst die Todesstrafe über *Jón Arason,* den letzten katholischen Bischof, ausgesprochen hatte. Eines Nachts im Jahr 1551 ereignete sich hier ein blutiges Gemetzel, als Anhänger Arasons seinen Tod rächten.

Folgen wir weiter der Straße 45. Haupterwerb der 1400 Einwohner von **Sandgerði** ist der Fischfang, denn im Meer vor Reykjanes liegen gute Fischgründe. Vor dem gelben Leuchtturm im Hafen ankern die Fischkutter. In der Luft liegt der Geruch einer Fischfabrik. Eine rote Hauswand ist mit einem modernen Gemälde verziert, das die Herstellung von Trockenfisch zeigt. Das Innere des Restaurants Vitinn am Hafen wurde einem alten Schiff nachgebildet. Gegenüber befindet sich das Kultur- und Naturzentrum Fræðasetrið.

8 km südlich von Sandgerði liegt die **Kirche von Hvalsnes** (Hvalsneskirkja), geweiht am Weihnachtstag des Jahres 1887. Das aus behauenem Naturstein errichtete Gotteshaus gehört zu den bedeutendsten des Landes, war doch der berühmte Dichter und Pastor *Hallgrímur Pétursson* von 1644–1651 Kir-

chenvorstand der Gemeinde. Aus dieser Zeit stammt auch der von ihm gemeißelte Grabstein für seine Tochter *Steinunn,* heute ein Teil des Kirchenchors. Eine der bekanntesten Dichtungen Hallgrímurs, „Allt eins og blomstrið eina" (wörtlich: „Alles wie ein Blümchen"), entstand nach dem Tod seiner Tochter im Jahr 1649.

Die Straße 45 endet wenige Kilometer weiter südlich beim Leuchtturm von **Stafnes.** Im 17. und 18. Jahrhundert lag hier das Fischereizentrum von Reykjanes. Daran erinnert heute nichts mehr. Außer einigen Gehöften stehen am Ende der Straße nur noch verfallende Schuppen aus Beton, in denen gelbe und rote Fischerkugeln gesammelt werden, die vom Meer an die nahe Küste gespült werden. Südlich von Stafnes wurde der dänische Handelsposten von **Básendar** in der Nacht des 9. Januar 1799 von einer Sturmflut ins Meer gespült – ein isländisches Atlantis. Zum Glück soll damals nur ein Mensch sein Leben verloren haben.

- **Restaurant und Pub Vitinn,** Hafnargata 44, Sandgerði, Tel. 4237755.
- **Pizzahaus Mamma Mia,** gegenüber Vitinn, Sandgerði, Hafnargata 5a, Tel. 4237377.
- **Regionalmuseum am Leuchtturm Garðskaga (Byggðarsafn Gerðahrepps),** Tel. 422 7220, 1.5.–31.8. täglich geöffnet 13–17 Uhr. Dazu gehört das **Café Flösin,** Tel. 4227214, im Sommer 13–24 Uhr geöffnet, sonst 13–22 Uhr, vom Balkon herrlicher Blick über das Meer zum Snæfellsjökull!
- **Museum der isländischen Rettungsgesellschaft (Minjasafn Slysavarnarfélagsins),** Garður, Gerðavegur, Tel. 4227560, im Sommer täglich geöffnet 13–17 Uhr. Dargestellt wird die 70-jährige Geschichte der Rettungsgesellschaft.
- **Kultur- und Naturzentrum,** Sandgerði, Garðsvegur 1, Tel./Fax 4237551, www.sandgerdi.is, geöffnet 1.6.–1.9. tägl. 9–17 Uhr, Sept.–Mai Mo–Fr 9–17, Sa/So 13–17 Uhr; hier dreht sich alles um Fisch, Vögel, Geologie und die Natur. Ein Mitmach-Museum für alle Altersklassen! Kinder können am Strand Muscheln und Schneckenhäuser sammeln, die im Museum bestimmt werden. Wird eine neue Gattung entdeckt, erhält sie den Namen des Finders. Im Museum wird auch eine Ausstellung mit dem Titel „Pourquoi Pas?" über den französischen Polarforscher *Jean-Baptiste Charcot* gezeigt. Die Ausstellung erinnert daran, dass *Charcot* 1936 in den Gewässern vor Reykjanes ums Leben kam, als sein Forschungsschiff „Pourquoi Pas?" hier auf Grund lief.
- **Sonnenwend-Fest,** Ende Juni in Garðskagi, Eintritt frei.
- **Sandgerðisdagar,** Kulturtage in Sandgerði mit Feuerwerk am Abend, aktuellen Veranstaltungstermin unter Tel. 4207555 erfragen.
- **Ambulanz**
  - Garður, Heiðartún 2c, Tel. 4227080.
  - Sandgerði, Hlíðargata 5, Tel. 4237414.
- **Banken und Post**
  - Sparisjódur, Sandgerði, Suðurgata 2, Tel. 4238190.
  - Post Garður, Garðbraut 69, Tel. 4227000.
  - Post Sandgerði, Suðurgata 2–4, Tel. 423 7800.
- **Golf**
  - 18-Loch-Golfplatz Hólmsvöllur, Leirur, Tel. 4214100.
  - 9-Loch-Golfplatz Vallarhús, Sandgerði, Tel. 4237802.
- **Schwimmbad Garður,** Garðbraut 94, Tel. 4227300.
- **Schwimmbad Sandgerði,** an der Schule, Tel. 4237736.
- **Kunsthandwerk**
  - Steinmetzwerkstatt Jóhann und Helga, Garður, Sunnubraut 14, Tel. 4227018.
  - Steinmetzwerkstatt Fjörugull, Garður, Garðbraut 23, Tel. 4227022.
  - Jöklaljós Kerzengießerei, Sandgerði, Strandgata 18, Tel. 4237694.
- **Tankstellen,** in Garður und Sandgerði.

Route 1 B:

Von Njarðvík auf den Straßen 44 und 425 nach Grindavík (35 km)

Von Njarðvík fahren wir zunächst auf der Straße 44 nach **Hafnir,** dann auf der Straße 425 weiter. Die Kirche der kleinen Gemeinde mit 120 Einwohnern wurde 1861 erbaut. Auch Hafnir war früher ein Fischereiort. Neben der Straße liegt der große Anker des Frachters „Jamestown", der 1870 in einem Sturm an die Küste getrieben wurde. Südlich des Ortes führt ein markierter Weg zu den **Klippen von Hafnarberg.** Am Ende des knapp dreiviertelstündigen Fußweges erwartet den Vogelfreund einer der größten **Vogelfelsen** Islands. Von der Straße 425 führt auch eine Allradpiste dorthin. 200 m östlich der Straße (Parkplatz) wurde eine **Brücke über die Kontinente** Europa und Amerika gebaut, auf der Fußgänger bequem vom einen zum anderen Kontinent wechseln können. Die Brücke, die über eine sandige Spalte in der Lava führt, veranschaulicht die Kontinentaldrift, die auf Tafeln erklärt wird. Sie ist auch ein Symbol für die Freundschaft Europas mit Amerika und soll eine Brücke des Glücks sein.

Die große Sandbucht **Stóra-Sandvík** mit ihren kleinen Binnenseen ist ein Eldorado für Wasservögel. Am Ufer wächst Engelwurz.

12 km hinter Hafnir ist **Reykjanesvíti** erreicht, die südlichste Spitze der Halbinsel. Eine Stichstraße führt an dem weithin sichtbaren Leuchtturm vorbei, der 1908 nahe der Stelle des **ersten**

082is Foto: tt

Leuchtturms Islands aus dem Jahr 1878 errichtet wurde, nachdem dieser 1887 durch ein Erdbeben zerstört worden war. Auf der Straße unterhalb des Leuchtturms sitzen häufig Schwärme von Küstenseeschwalben. Folglich sollte man hier besonders langsam fahren. Die Straße endet an der Küste bei den großen **Vogelfelsen von Valahnúkur.** Aus dem Meer ragt der 50 m hohe **Felsen Karl** („Mann"). Auch die im Meer gelegene Vogelinsel Eldey (s. u.) sieht man bei klarer Sicht von hier besonders gut.

In der Nähe der weithin sichtbaren, dampfenden Salzgewinnungsanlage liegen die **Solfataren von Gunnuhver.** Ein gesicherter Weg erschließt das Geothermalgebiet. In der Nähe schimmert das bläuliche Grau des mineralienreichen Kondensatsees der Salzgewinnungsanlage im Licht. Es ist lohnenswert, sich dem ohrenbetäubenden Zischen des Dampfes zu nähern, um den Kondensatsee aus der Nähe betrachten zu können. Gunnuhver wurde nach *Guðrún Önundardóttir* benannt. Einer Legende nach soll die Solfatare das Grab Guðrúns sein. Um das Jahr 1700 geriet Guðrún mit *Vilhjálmur Jónsson,* einem Mitglied des Althing, in einen heftigen Streit, in dem sie ihn beschuldigte, er hätte ihr einen Topf gestohlen. Als er und seine Frau kurz nach dem Streit starben, wurde ihr vorgeworfen, den Tod der beiden herbeigeführt zu haben. Die Nachbarn suchten Rat bei einem weisen Mann, der ihnen sagte, sie solle ein geknotetes Seil fest in ihren Händen halten. Als Guðrún das Seil ergriff, zog es sie quer über Reykjanes und verschwand mit ihr in der heißen Quelle.

Entlang der Steilküste Staðarberg führt die Straße 425 weiter nach Grindavík (siehe nächste Route).

Etwas fotoscheu dieser Papageitaucher ...

Insel Eldey

14 km von der Küste entfernt liegt ein ganz besonderer **Vogelfelsen,** die Insel Eldey. Diese Felseninsel, die sich 77 m hoch erhebt und steil zum Meer hin abfällt, steht bereits seit 1940 unter Naturschutz. Betreten werden darf die Vogelinsel nicht mehr. Hier brütet mit etwa 40.000 Exemplaren eine der größten **Basstölpelkolonien** der Welt. Im Jahre 1844 brachen Leute von Hafnir aus auf und erlegten hier am 3. Juni den letzten Großen Alk. Damit war diese Vogelart unwiederbringlich ausgerottet. Der **Riesenalk** ähnelte etwas den Tordalken, war jedoch wesentlich größer und schwerer. Fliegen konnte er nicht. Ursprünglich brütete der Riesenalk nördlich des 40. Breitengrads in der Umgebung von Gewässern. Er wurde aber auch dort gejagt. Die ersten Wal- und Fischfänger im Nordmeer schätzten die großen Vögel als fleisch- und fettreiche Nahrung. Deshalb wurden die Alke in großer Zahl abgeschlachtet. Die Vögel legten jeweils nur ein Ei, pflanzten sich also nur langsam fort und konnten dadurch umso rascher dezimiert werden. Heute sind Riesenalke nur noch in ausgestopfter Form zu sehen.

Route 1 C:

Von Grindavík nach Þorlákshöfn (74 km)

Grindavík und die Blaue Lagune ↗XVIII,A2

Grindavík, eine Stadt mit bewegter Vergangenheit, war bereits im Mittelalter als Handelszentrum von Bedeutung. 1532 tobte ein Konkurrenzkampf zwischen englischen Kaufleuten und denen der Hanse, der **„Krieg von Grindavík".** Einheimische, deutsche und dänische Kaufleute verbündeten sich gegen die englischen Händler. Die Auseinandersetzungen gipfelten in der Ermordung eines Engländers. Mit ihrer Niederlage mussten die Engländer ihre letzte Handelsniederlassung im Land aufgeben. Kaufleute der Hanse traten an ihre Stelle. 1627 fielen Piraten hier ein, nahmen Dänen und Isländer gefangen und kaperten zwei Handelsschiffe.

Heute ist es ruhiger geworden in Grindavík, obwohl dies der größte Handelsort der Halbinsel ist. Der Hafen ist für die Fischerei von großer Bedeutung. Eine seltene Pflanze, die **Kriechdistel** *(Cirsium arvense),* kommt im Ort vor; der Sage nach wächst sie dort, wo christliches zusammen mit heidnischem Blut vergossen wurde. Rund um den Hafen gruppieren sich die Häuser. Ein Denkmal erinnert an die Familien ertrunkener Fischer. Im Norden des 2700 Einwohner zählenden Orts liegt der **Park Sólarvé** („Sonnenstätte"). Hier errichtete der Künstler *Tryggvi Hansen,* ein Anhänger des Asenglaubens, eine heidnische Kultstätte aus Steinquadern. Am längsten Tag eines Jahres sollen sich hier die Anhänger dieser neuen isländischen Glaubensrichtung zum kultischen Tanz treffen. Beim Restaurant Hafurbjörninn steht eine weitere Skulptur des Künstlers; sie stellt den Meeresgott Ægir dar, wie er die Menschen mit seinen Armen umschließt. Ein von *Ragnar Kjartansson* geschaffenes Denkmal erinnert an die ertrunkenen Seeleute des Orts.

Im ältesten Haus des Orts befindet sich die Galerie Gestshús (Tiffany Glaskunst). Größter Anziehungspunkt für Besucher ist das **Isländische Salzfischmuseum (Saltfisksetur Íslands)** in der Hafnargata 12a. Auf 650 m² ist die Geschichte der Salzfischindustrie dokumentiert. In dem Gebäude befinden sich auch die Tourist-Info und eine Cafeteria.

Etwas außerhalb im Norden von Grindavík, 15 km vom Flughafen entfernt an der Straße 43, liegt die **Blaue Lagune, Bláa Lónið,** am Fuß des Berges Þorbjarnarfell. Das Kraftwerk Svartsengi fördert aus zwei Kilometern Tiefe mineralhaltiges Wasser von 240 °C Temperatur. Es wird zum Beheizen der umliegenden Ortschaften und des Flughafens genutzt. Außerdem erzeugt man aus dem Wasserdampf Strom. Das noch 70 °C heiße Wasser sammelt sich in der Blauen Lagune. Es ist von Natur aus angereichert mit Kieselerde, Salz und Algen, die das Wasser graublau färben. Auf dem Grund des Sees befindet sich teilweise feiner Muschelsand, teils

Bad in der Blauen Lagune

083is Foto: tt

blauer Sand. Hautkranke, insbesondere solche, die an Schuppenflechte leiden (Psoriatiker), stellten eine **heilende Wirkung** des Wassers fest. Schon bald genoss die Blaue Lagune den Ruf eines Heilbades – heute ist sie das **bekannteste Naturbad Islands.**

Nachdem das Kraftwerk vergrößert wurde, musste der alte Badesee weichen. In geringer Entfernung entstand die Blaue Lagune neu. In der komplett neu gestalteten und vergrößerten **Bade- und Wellnessanlage** können sich die Gäste aus aller Welt in dem großzügig angelegten, warmen Salzwasserbecken entspannen. Ein Wasserfall aus heilendem Wasser sorgt für Massage und Haut-Peeling; in einer künstlichen Lavahöhle wurde ein Dampfbad eingerichtet, und es gibt natürlich auch eine Sauna. Jedes Jahr besuchen über 120.000 Gäste aus aller Welt dieses Heilbad. Ein Bad in der Blauen Lagune mit anschließendem Buffet gehört zum festen Programm der Reiseveranstalter. Öffentliche Busse fahren von Reykjavík und vom Flughafen Keflavík zur Blauen Lagune, die ganzjährig geöffnet ist. Unter dem Markennahmen „Blue Lagoon" wird eine erfolgreiche isländische Kosmetikserie vertrieben. Die Produkte zur Hautpflege enthalten den heilsamen Mineralschlamm der Lagune.

Der Außenbereich der Blauen Lagune ist frei zugänglich. Ein Fußweg führt durch die Landschaft aus graublauen Seen und schwarzer Lava zur nahe gelegenen Kurklinik (Blue Lagoon Clinic).

Im Konferenzzentrum Eldborg, 800 m östlich der Blauen Lagune, informiert die in einem Lavatunnel eingerichtete **Ausstellung „Die Kluft Gjáin“** („Gjáin, the Rift“) über die Entstehung der Erde und die Geologie Islands, geöffnet 15.5.–31.8. tägl. 10–17 Uhr, 1.9.–14.5. tägl. 10–16 Uhr, Eintritt 500 ISK, Kinder 250 ISK, Tel. 4208806.

Unterkunft

- **Northern Light Inn,** Grindavíkurvegur 1, Tel. 4268650, www.northernlightinn.is; Hotel mit 20 Zimmern im Bungalow-Stil, kostenloser Bustransfer zur Blauen Lagune und zum Flughafen Keflavík, Doppelzimmer 190 Euro. Zum Hotel gehört das **Restaurant „Kristjana's Küche“,** das isländische Spezialitäten bietet.
- **Gästehaus Borg,** Borgarhraun 2, Tel. 8958 686 und 8968685; nette Zimmer mit Frühstücksbuffet, Kochgelegenheit, Doppelzimmer ca. 90 Euro.
- **Gästehaus Fiskanes,** Hafnargata 17–19, Tel. 4268487; Appartements.
- **Campingplatz Grindavík,** Austurvegur, Tel. 4201190; Kochgelegenheit, warmes Wasser, keine Dusche, überdachter Pavillon, in der Nähe liegt das Schwimmbad.

Essen und Trinken

- **Restaurant in der Blauen Lagune,** Tel. 4208800, beim Essen können Sie durch die Wände aus Glas die Badenden in der Blaue Lagune beobachten sowie viele Reisegruppen und Besucher, da ein Weg durch das Restaurant zur Aussichtsplattform führt; gehobene internationale Küche.
- **Kristjana's Küche,** im Hotel Northern Light Inn (s. o), Tel. 4267050, geöffnet 11.30–13.30 Uhr und 17.30–21 Uhr.
- **Lukku Láki,** Hafnargata 6, Tel. 4269900, geöffnet Mo–Fr ab 18 Uhr, Sa/So ab 15 Uhr; Bierbar aus alten Aurar-Münzen, quirlig, manchmal etwas laut.
- **Salthúsið,** Stamphólsvegur 2, Tel. 4269700, geöffnet Di–Fr 17–21 Uhr, Sa/So 11.30–21 Uhr; Spezialität sind Gerichte aus isländischem Salzfisch und frischem Fisch aus dem nahen Meer. Wer keinen Fisch mag, nimmt isländisches Lamm.
- **Brim,** Hafnargata 9, Tel. 4268570, geöffnet 8.30–22 Uhr; aus einem Seemannsheim wurde ein Restaurant, das isländische Küche aus Fisch und Lamm bietet; Spezialität des Hauses ist eine Hummer-Suppe.
- **Pizzeria Mamma-Mía,** Víkurbraut 31, Tel. 4267860, geöffnet bis 22 Uhr.

Thermalbad Blaue Lagune

- **Blaue Lagune (Bláá Lónið),** Tel. 4208800, www.bluelagoon.is, geöffnet 1.6.–31.8. 7.30–21 Uhr, 1.9.–31.5. 10–20 Uhr, nach Kassenschluss können Badegäste noch 45 Minuten im Thermalbad bleiben; Eintritt Erwachsene 4250 ISK, Kinder 12–15 Jahre 1300 ISK. Restaurant und Laden in dem Souvenirs und die Pflegeserie Blue Lagoon verkauft werden.

Notfall

- **Ambulanz und Apotheke,** Víkurbraut 62, Ambulanz: Tel. 4267000, Apotheke: Tel. 4268770.

Sonstiges

- **12-Loch-Golfplatz,** Húsatóftir, Tel. 4268720.
- **Angeln,** Seltjörn, Tel. 4212996, 4268791.
- **Ausritte,** Vík, Tel. 4268303.
- **Isländisches Salzfischmuseum Grindavík,** Hafnargata 12a, Tel. 4201190, www.saltfisksetur.is; geöffnet täglich 11–18 Uhr, Eintritt 500 ISK (Erwachsene), 250 ISK (Kinder).
- **Schwimmbad,** Austurvegur, Tel. 4267555, werktags 7–21, Sa und So 10–18 Uhr.

Krísuvík und die Vogelfelsen Krísuvíkurbjarg

Von Grindavík geht es auf der nichtasphaltierten Straße 427 weiter in östlicher Richtung an der Küste entlang. Bei **Selatangar** sind Reste alter Fischerhütten erhalten. Wir hatten beim Anblick der mit Lavasteinen aufgeschichteten Mauern oberhalb des Strandes jedoch eher den Eindruck, dass sie neueren Datums sind. Kurz vor der Einmündung der Straße 427 in die Straße 42 steht die kleine Landkirche **Krísuvíkurkirkja.** Wir fahren auf der Straße 42 einen Abstecher nach Norden. Nach 2 km liegt rechts der Straße der runde **See Grænavatn.** Oberhalb des grünlich schimmernden Sees, einem ehemaligen Explosionskrater, führt ein ausgeschilderter Wanderweg zur 1,8 km entfernten **heißen Quelle Austurgjahver.**

Kurz hinter dem See liegt links der Straße das ausgedehnte **Geothermalgebiet von Seltún.** Ein kurzer Fußweg führt vom Parkplatz zu den heißen Quellen und Schlammpötten am Fuß des Bergs Sveifluháls. Auf der gegenüber liegenden Straßenseite liegt der **Schlammpott Fúlipollur.**

Fahren wir auf der Straße weiter, erreichen wir nach wenigen Kilometern den etwas unheimlich wirkenden, 2 x 5 km großen **See Kleifarvatn.** Wer vor dem Ungeheuer, das im See hausen soll, nicht zurückschreckt, kann Forellen angeln. Der bis zu 100 m tiefe See hat die Eigenart, seinen Wasserstand und seine Größe immer wieder zu ändern – ein Phänomen, das bislang noch nicht aufgeklärt werden konnte.

Nach dem Abstecher zum Kleifarvatn kehren wir um und fahren auf der Straße 42 wieder zurück. Die Straße verläuft an der Küste von **Krísuvíkurberg** entlang nach Osten. Die steilen, 70 m hohen Klippen sind ein Paradies für **Seevögel.** Dreizehenmöwen, Tordalke und Trottellummen kommen häufig vor; Papageitaucher, Krähenscharben und Silbermöwen wird man seltener zu Gesicht bekommen. Die Straße verläuft nun am Südrand des Schildvulkans Geitahlíð und des Kraters Stóra-Eldborg entlang zum Lagunensee Hlíðarvatn. Im Spätsommer kann man hier Eistaucher und Kormorane und an der Küste Seehunde und Kegelrobben beobachten. Nach dem See zweigt ein Sträßchen nach Süden zur **Strandarkirkja** ab. Über diese 1885 erbaute Kirche existiert eine Legende, die innen auf dem Gemälde von *Matthias Sigfúss* dargestellt ist: Ein Schiff geriet auf der Fahrt nach Island in Seenot. Die Besatzung betete um ihre Rettung. Falls sie lebend

084is Foto: tt

Trottellummen (Uria aalge) drängen sich am Vogelfelsen an der steil abfallenden Küste von Látrabjarg

davon kämen, wollten die Seeleute als Dank eine Kirche bauen, was auch geschah. Die Strandarkirkja ist bis heute die **Kirche der Seeleute.** Sie gilt bei vielen Isländern als wundertätig. Als Dank für die Hilfe machten die Seeleute großzügige Spenden. Obwohl die Kirche keine Gemeinde zu betreuen hat, zählt sie zu den reichsten der Insel. In dem umliegenden, grasbewachsenen Lavafeld sind an mehreren Stellen Modelle von kleinen Grassodenhäuschen aufgestellt - witzige Fotomotive!

Die Straße 42 trifft vor Þorlákshöfn auf die Straße 38, auf der wir nach 8 km Þorlákshöfn erreichen. Vom Hafen fährt die **Fähre Herjólfur** täglich in 2¾ Stunden zu den **Westmänner-Inseln.**

Þorlákshöfn

⇗ XVIII,B2

Þorlákshöfn hat knapp 1500 Einwohner. Der Bau der Óseyri-Brücke über den breiten Ölfusá östlich von Þorlákshöfn trug wesentlich zur Verbesserung der Infrastruktur an der Südküste bei. Der Name des Orts geht auf **St. Þorlákur** (1130–1193) zurück, den einstigen Bischof von Skálholt (1178) und einzigen Heiligen Islands. Nach ihm sind zahlreiche Kirchen benannt worden. In Þorlákshöfn gibt es eine Bibliothek mit einem kleinen Heimatmuseum, in dem die Entstehung des Hafens dargestellt ist. 10 km nördlich des Ortes liegt westlich der Straße 39 auf dem höchsten Punkt des Lavafeldes Eldborghraun die **Höhle Raufarhólshellir.** Wer in das Innere der etwa 1 km langen Höhle mit ihren Lavasäulen vorstoßen möchte, sollte eine Taschenlampe mitnehmen.

Tourist-Information

- **Ölfus Informationszentrum im Rathaus,** Hafnarberg 1, Tel. 4803430.

Unterkunft

- **Gästehaus Reykjabraut 19,** Tel. 4833630.
- **Campingplatz Þorlákshöfn,** beim Sportzentrum/Schwimmbad, Hafnarberg 41, Tel. 4833807; Einkaufsmöglichkeit, Cafeteria, Tankstelle.
- **Campingplatz T-Bær Selvogi,** in Torfabær nahe der Strandarkirkja gelegen, Tel. 483 3546; einfach, kleines Café.

Essen und Trinken

- **Hafið Bláa,** Óseyrarbrú (Nähe Brücke über Ölfusá), Tel. 4831000; Fischrestaurant im blauen Haus am Meer.
- **Ráðhúskaffi,** Hafnarberg 1, Tel. 4831700.
- **Skálinn,** Óseyrarbraut 15, Tel. 4833801.
- **Cafeteria im Wartesaal der Fähre Herjólfur,** Tel. 4833413.
- **Kaffistofa,** in Selvogur, Restaurant T-bær, Tel. 4843730.

Autofähre nach Vestmannaeyjar

- Die Fähre Herjólfur verkehrt ganzjährig **zwischen Þorlákshöfn und Vestmannaeyjar,** Tel. 4893113, 4812800, www.herjolfur.is. Abfahrt in Þorlákshöfn So–Fr 12 und 19.30 Uhr, Sa nur 12 Uhr, in Vestmannaeyjar 8.15 und 16 Uhr, Sa nur 8.15 Uhr. Die Überfahrt dauert etwa 2¾ Stunden. Die Fähre kann 500 Personen und 60 Pkw befördern. Ein Ticket für die Hin- und Rückfahrt kostet für Erwachsene 3600 ISK, für Kinder (12–15 Jahre) 1800 ISK und für einen Pkw zusätzlich 3600 ISK. Ab Mitte 2010 gibt es eine neue Fährverbindung von Landeyjahöfn an der Küste bei Bakki nach Heimaey. Vermutlich wird die Fährverbindung von Þorlakshöfn dann eingestellt.

Von/nach Reykjavík fährt der Bus Nr 3/3a, dessen Fahrplan mit der Fähre abgestimmt ist.

Kirche der Seeleute - Strandarkirkja wurde als Dank für die Rettung aus Seenot erbaut

085is Foto: tt

Museen

- **Bóka- og byggdasafn,** Bücherei und Heimatmuseum im Rathaus Ölfus, Hafnarberg 1, Tel. 4833830, geöffnet Juli/August Mo bis Fr 15–19.30, sonst Mo bis Do 16–19.30 Uhr und nach Vereinbarung; Geschichte des Orts und seiner Bewohner; in einer Holzkiste mit Fenstern wurden bis 1942 Kranke zum nächsten Arzt getragen.
- **Þorlakskirkja,** Tel. 4833990, 4833638, geöffnet Juni/Juli Sa/So 15–18 Uhr; in der 1985 geweihten Kirche ist das aus 56 einzelnen Segmenten zusammengesetzte Altargemälde von *Gunnstein Gislason* sehenswert. Außerdem wird in der Kirche ein Messhemd von St. Þorlákur aufbewahrt.

Notfall

- **Ambulanz,** Selvogsbraut 24, Tel. 4833838, 4833538.
- **Apotheke,** Lyf og heilsa, Selvogsbraut 41, Tel. 4833868.

Sonstiges

- **Schwimmbad,** Hafnarberg 41, Tel. 483 3807.
- **18-Loch-Golfplatz,** bei der Óseyrarbraut, Tel. 4833009.

Wanderwege

Eine **Karte** mit Wanderwegen auf der Halbinsel Reykjanes erhält man bei der Tourist-Info Reykjanesbær, 230 Reykjanesbær, Hafnargata 57, Tel. 4216777, www.reykjanes.is.

Die interessantesten, meist mehrtägigen **Wander- und Trekkingrouten** auf Reykjanes sind:

1. Der Küstenwanderweg von Keflavík über Garður, Sandgerði und Hafnir nach Reykjanestá. Diese lange Tour empfiehlt sich vor allem für Vogelfreunde.

2. Der historische Prestastígur, der von Grindavík nach Hafnir quer durch den Süden der Halbinsel verläuft.

3. Árnastígur und Skipstígur führen von Grindavík nach Njarðvík.
4. Der Reykjavegur verbindet die heißen Quellen von Gunnuhver mit den Quellen von Seltún.
5. Der Sandakravegur führt von der Küste bei Hraunsvík nach Vogar.
6. Ein Wanderweg (Tagestour) führt von Krísuvík zur Steilküste von Krísuvíkurberg.

Route 1 D:
Die Westmänner-Inseln

Zur Inselgruppe der Westmänner-Inseln – **Vestmannaeyjar** – gehören 15 Inseln, die rund 10–30 km von der Südküste entfernt sind. Außerdem zählen etwa 30 Schären und Klippen dazu, in der Mehrzahl Überreste von Vulkanen aus der Eiszeit und der Voreiszeit. Nur die Hauptinsel Heimaey (s. u.) ist ständig bewohnt. Alle anderen Inseln, deren Namen mit Ausnahme von Geirfuglasker, Súlnasker und Geldunger auf die Silbe „-ey" enden, sind in Privatbesitz und für Touristen nicht frei zugänglich. Es lassen sich aber **Bootstouren** dorthin unternehmen. Dabei fährt das Schiff einmal um Heimaey herum und dann zur Insel Bjarnarey. Bei schlechtem Wetter entfällt die Inselumrundung, stattdessen nimmt das Schiff Kurs auf Elliðaey. Auch Touren zu weiter entfernten Inseln werden angeboten, allerdings ist dabei immer mit mehr oder weniger starkem Seegang zu rechnen; ruhige See gibt es nur an wenigen Tagen im Jahr, zählen die Westmänner-Inseln doch zu den stürmischsten Regionen Islands. An durchschnittlich 71 Tagen weht der Wind mit einer Stärke von 9 und mehr und erreicht nicht selten Orkanstärke! Dafür herrscht das mildeste Klima im ganzen Land, die Jahresdurchschnittstemperatur liegt bei gut 5 °C. Mit 1500 mm pro Jahr fällt verhältnismäßig viel Niederschlag auf den Inseln.

Bereits Mitte des 9. Jahrhunderts waren die Westmänner-Inseln **Zufluchtsort für keltisch-irische Sklaven,** die den Wikinger *Hjörleifur Hróðmarsson,* ein Familienmitglied von *Ingólfur Arnarson,* ermordet hatten. Ingólfur kam ihnen aber auf die Spur und rächte sich. So kann man es im Landnámabók (vgl. „Kultur/Literatur") nachlesen. Von diesen Sklaven stammt wohl auch der Name der Inselgruppe; die Wikinger nannten die Iren „Männer aus dem Westen". Bei den Sklaven handelte es sich aber nicht um die ersten Bewohner der Inseln; sie sind länger besiedelt als Island, wie Ausgrabungen belegen. Man fand Spuren, die aus dem frühen 7. Jahrhundert datieren. Ab Ende des 9. Jahrhunderts waren die Inseln ständig bewohnt. Einer der ersten Siedler war *Herjólfur Barðarson,* der sich im Herjólfsdalur ansiedelte. In der Nähe des Campingplatzes (siehe weiter unten) kann man noch Siedlungsreste aus dieser Zeit erkennen. Bereits kurz nach der Christianisierung wurde auf den Inseln die erste Kirche erbaut. Im 12. Jahrhundert waren sie im Besitz des Bischofs von Skálholt.

1627 fielen **algerische Piraten** auf den Inseln ein. Sie töteten 36 und versklavten 242 der damals rund 500 Insulaner. Der Name eines Küstenabschnitts im Süden der Insel, Ræningjatangi („Seeräuberlandzunge"), erinnert noch an diesen Vorfall. 1630 wurde östlich vom Ort Heimaey die **Befestigungsanlage Skansinn** gebaut, um weiteren Piratenüberfällen vorzubeugen. Reste davon sind noch unter den Lavamassen zu erkennen.

Auch die Bewohner der Westmänner-Inseln hatten unter dem dänischen Handelsmonopol zu leiden. Erst mit dem Fischfang Mitte des 19. Jahrhunderts ging es ökonomisch bergauf. Bis heute werden auf den Inseln hohe Fangquoten und damit gute Einnahmen erzielt. Die Bewohner der Westmänner-Inseln zeichnen für 15 % des isländischen Exports verantwortlich. Landwirtschaft wird seit dem Vulkanausbruch 1973 nicht mehr betrieben. Heute ist der Lebensstandard aufgrund des Fischreichtums hoch. Es gibt hier etwa 1500 Autos, aber nur 40 km Straßen!

Hauptattraktion für Naturkundler sind die **Vögel.** Es gibt viele Vogelberge und wichtige Brutplätze von Basstölpeln, Schwarzschnabel-Sturmtauchern, Wellenläufern und Sturmschwalben. **Surtsey** (vgl. entsprechenden Exkurs) ist bevorzugter Rastplatz für Zugvögel auf ihrer Reise von oder nach Europa. Auch Seehunde und Kegelrobben sind hier anzutreffen. Doch auch Pflanzeninteressierte kommen auf ihre Kosten.

Insel Heimaey ⇗XIX,C/D3

Auf der **Hauptinsel der Westmänner-Inseln** – 6 km lang und höchstens 3 km breit, mit einer Fläche von etwa 14 km² – leben gut **4000 Menschen.**

Das Eigentümlichste gleich vorneweg: Auf Heimaey werden Vögel zum Verzehr gejagt! Im Juli und August ist

Surtsey – eine neue Insel entsteht

Der östliche Ausläufer der aktiven Vulkanzone Islands setzt sich nach Süden bis über die Westmänner-Inseln hinaus fort. Die Entstehung der Inseln geht auf submarine Vulkanausbrüche zurück. In dieser Gegend befinden sich etwa 80 Vulkankrater, die meisten auf dem Meeresgrund. Die ältesten Inseln sind etwa 10.000 Jahre alt. Wie sie entstanden sind, konnte man bei der jüngsten Insel, Surtsey, beobachten, die erst 40 Jahre alt ist.

Der Vulkanausbruch am 14. November 1963 kam völlig überraschend. Zuerst sah man nur Dampfwolken über dem Wasser, doch bereits einen Tag später konnte man einen Aschekegel im vormals 130 m tiefen Meer erkennen. Er hatte Ausmaße von 10 m Höhe und fast 500 m Länge. Anfang 1964 traten erstmals Lavamassen aus dem Vulkan aus. Mitte 1967 erlosch er wieder. Eine 2,5 km² große und bis zu 169 m hohe Insel war entstanden, die den Namen des Feuergottes „Surtur" aus der isländischen Mythologie erhielt. Insgesamt entstanden bei dem Ausbruch drei Inseln, doch wurden durch die Erosion zwei bereits wieder abgetragen. Auch an Surtsey „nagen" die Naturgewalten. Dennoch ist sie nach Heimaey die **zweitgrößte der Westmänner-Inseln.** Sofort nach ihrer Entstehung stellte man Surtsey unter Naturschutz. Die Insel darf nur mit Sondergenehmigung betreten werden. Von Reykjavík werden jedoch Rundflüge und von Heimaey Bootsfahrten nach Surtsey angeboten.

sechs Wochen lang die **Jagd auf Vögel** frei gegeben, auch das Sammeln von Vogeleiern ist in dieser Zeit erlaubt. Andererseits gibt es im August die „Nächte der kleinen Papageitaucher". Dann sammeln Kinder liebevoll die jungen Papageitaucher ein, die sich an Land verirrt haben und helfen ihnen zurück ins Meer. Vor allem Papageitaucher, junge Eissturmvögel und Basstölpel werden verspeist. Die Fangmethoden sind nicht mehr so brutal wie früher, damals wurden ganze Vogelkolonien mit Netzen überspannt. Besonders beliebt waren Lummeneier. Um an diese Delikatesse zu gelangen, ließen sich die Inselbewohner früher an langen Stangen oder Seilen in die Brutgebiete herab und sammelten die begehrten Eier ein. Daraus hat sich das Seilschwingen zu einer Art Volkssport entwickelt. Alljährlich am **2. August,** dem **Nationalfeiertag** auf den Westmänner-Inseln, kann man diesem Spektakel am Steilfelsen von Herjólfsdalur beiwohnen. Die Entstehung eines eige-

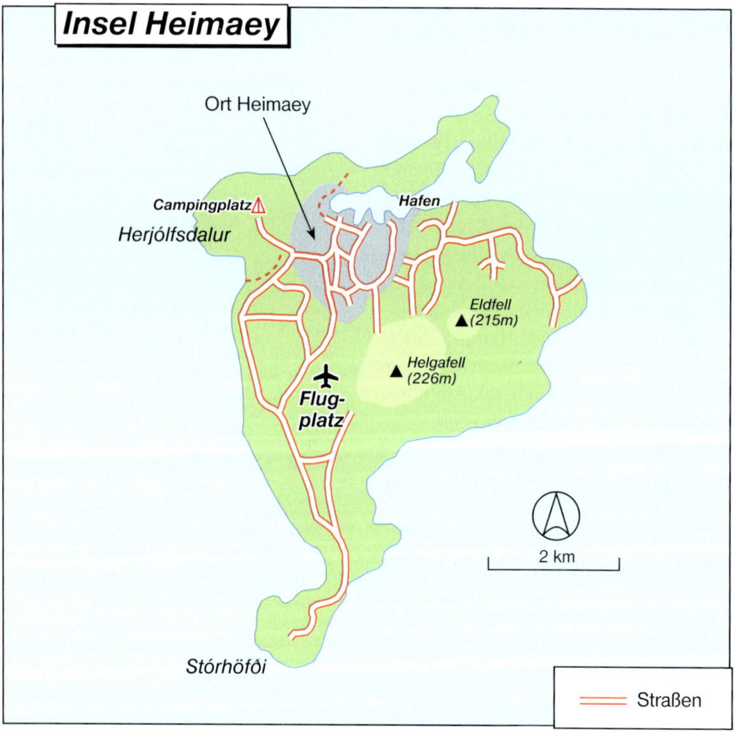

nen Nationalfeiertags geht darauf zurück, dass die Bewohner an der 1000-Jahr-Feier der Besiedlung Islands im Jahre 1874 wegen eines heftigen Sturms nicht teilnehmen konnten. So bereiteten sie ihre eigenen Feierlichkeiten vor, die bis heute begangen werden, jedes Jahr drei Tage lang. Auch bei den Festlandbewohnern ist das Interesse an diesem Fest groß.

Der **Vulkanausbruch** auf Heimaey im Jahr **1973** ging weltweit durch die Medien. Einem vorangegangenen Erdbeben wurde noch keine besondere Bedeutung beigemessen, doch dann brach in der Nacht vom 22. auf den 23. Januar überraschend der Vulkan Helgafell aus. 5000 Jahre lang war er inaktiv gewesen. Aus einer beinahe zwei Kilometer langen Erdspalte, die sich nur wenige hundert Meter vor den Häusern auftat, wurden gewaltige Lavamassen frei und bewegten sich mit Geschwindigkeiten bis zu 100 m pro Stunde auf das Meer zu. Zeitweise stand eine bis zu 9 km hohe Wolke aus Asche und Gasen über dem Vulkan. Noch in der Nacht konnten binnen weniger Stunden alle 5300 Bewohner aufs Festland evakuiert werden. Nur einige Freiwillige blieben auf der Insel zurück. Außerdem gelang es, den Hafen zu retten, indem man den Lavastrom, der unaufhaltsam in seine Richtung floss, mit Hilfe von Wasser abkühlte, das aus dem Meer gepumpt wurde. Stunde um Stunde wurden 4500 m³ Meerwasser über den Vulkan gesprüht, und das über mehrere Monate. Hätte der Lavastrom die Hafeneinfahrt versperrt, wäre damit der Lebensnerv der Insel getroffen worden. Zwar wurde die Hafeneinfahrt um beinahe 700 m enger, aber dies bedeutet auch, dass er noch besser geschützt ist und heute als einer der sichersten Häfen des Landes gilt!

Nach kurzer Zeit trat nur noch an einer Stelle der Spalte Lava aus. Hier entstand der **Vulkankegel Eldfell („Feuerberg").** Dieser neue Vulkan hat eine Höhe von 215 m. Ein Drittel der Häuser, etwa 400, wurde unter einer meterdicken Ascheschicht begraben. Durch die Asche und Lava gewann die Insel 2,5 km² an Fläche hinzu. Die ausgetretene Lavamenge schätzt man insgesamt auf 0,25 km³. Als die meisten Bewohner nach fünf Monaten zurückkehrten, legten sie mit der Unterstützung freiwilliger Helfer viele Häuser wieder frei. Viele Gebäude aber blieben für immer unter der bis zu 100 m dicken Lavaschicht begraben. Teile der Stadt mussten völlig neu errichtet werden. Wer den Vulkanausbruch auf Heimaey nacherleben will, sollte sich den preisgekrönten Film **„The Volcano Show"** von *Vilhjálmur* und *Ósvaldur Knudsen* ansehen (s. u.).

Nachdem die vulkanischen Aktivitäten abgeklungen waren, begann man die Energie aus dem Erdinnern zu nutzen. Der Eldfell sorgt für natürliches Warmwasser. Dazu wird Wasser auf die noch heiße Lava im Innern geleitet, worauf es verdampft. Dieser Dampf wird in Rohre gefasst und dient zur Erwärmung von Trinkwasser. Da die Temperatur der Lava jedoch kontinuierlich abnimmt, muss man sich nach neuen Energiequellen umsehen. Die Strom- und Wasserversorgung der Inseln erfolgt vom Festland aus.

Sehenswürdigkeiten

In Heimaey ist die **Lanðarkirkja** sehenswert. Sie datiert aus dem Jahr 1778 und ist damit die **zweitälteste Steinkirche des Landes.** Nicht weit vom Eingang entfernt befindet sich das **Denkmal für die ertrunkenen Fischer.** Sehenswert ist auch die **Trawlerflotte im Hafen;** manchmal liegen hier bis zu 100 Schiffe vor Anker.

Im Sommer 2003 schenkten die Norweger den Isländern anlässlich „1000 Jahre Christentum" eine **Holzkirche.** Diese wurde südöstlich des Hafens im Ortsteil Skanssvæði aufgestellt. Dort rekonstruierte man auch eine Steinmauer, die 1627 nach einem Piratenangriff als Schutzwall errichtet wurde.

An der Küste mit dem Namen Ofanleitishamar spielte sich 1984 eine **spektakuläre Geschichte** ab: Dort kenterte damals ein Fischerboot. Vier Mann der Besatzung kamen dabei ums Leben. Der 22-jährige *Gunnlaugur Friðþórsson* aber schaffte es, die 6 km bis zum rettenden Ufer in fünf Stunden schwimmend zurückzulegen. Diese erstaunliche Leistung dokumentiert der im Anschluss an die „Volcano Show" gezeigte Film „Beyond the limits".

Ganz im Süden der Insel liegt das **Gehöft Stórhöfði.** Hier, am **südlichsten Punkt Islands,** wo sich eine meteorologische Station und ein Leuchtturm befinden, hat man einen guten Ausblick auf Heimaey und die nahe gelegenen Inseln. Die Wetterstation gilt als die windreichste von ganz Europa!

Die **Vulkane Helgafell** und **Eldborg** kann man entweder mit dem Auto oder auch zu Fuß aufsuchen. Man erreicht den Krater des Eldfell nach einer etwa halbstündigen Wanderung; allerdings sollte man dabei vorsichtig sein, denn die Kraterhänge sind steil und von lockerer Lava bedeckt.

Heimaey ist **ideal geeignet zum Wandern.** An einem Tag kann man die ganze Insel zu Fuß umrunden.

Tourist-Information

- **Rádhúströð,** Tel. 4813555, www.vestmannaeyjar.is, die Tourist-Info befindet sich im selben Haus wie das Heimatmuseum.

Unterkunft

- **Hotel Þórshamar und Gästehaus Sunnuhóll,** Vestmannabraut 28, Tel. 4812900, Fax 4811696. In Islands erstes Kino ist heute ein Hotel eingezogen. Doppelzimmer 180 Euro. Touristen-Menüs, ganzjährig geöffnet.
- **Hotel Eyrar,** Bárustígur 2, Tel. 4813636, die Bar ist ein beliebter Treffpunkt, um sich auf einer Großbildleinwand Fußballspiele anzusehen; Doppelzimmer 110 Euro.
- **Hotel Mamma,** Vestmannabraut 25, Tel. 4812900, gehört zum Hotel Þórshamar, nettes Hotel mit Gästeküchen, Doppelzimmer 95 Euro.
- **Gästehaus Hamar,** Herjólfsgata 4, Tel. 481 3400; gehört zum Hotel Þórshamar.
- **Gästehaus Heimir,** Heiðarvegur 1, Tel. 481 2929, 8630530.
- **Gästehaus María,** Brekastígur 37, Tel. 481 2744, 8618910.
- **Gästehaus Árný,** Illugagata 7, Tel./Fax 481 2082.
- **Gästehaus Hvíld,** Höfðavegur 16, Tel. 481 1230.
- **Gästehaus Erna,** Kirkjubæjarbraut 15, Tel. 4812112, 6982112.
- **Gästehaus Hreiðrið,** Faxastígur 33, Tel. 4811045, 6998945, Fax 4811414.
- **Íbuðagisting,** Kirkjubæjarbraut 17, Tel. 481 2159, 6982159.
- **Sommerhaus,** im Ferienzentrum Eyjabústaðir, Tel. 8642064.
- **Sommerhaus Smáhýsi,** Ofanleitisvegur 2, Tel. 4811109, 6952309.

Campingplatz

- **Im Herjólfsdalur,** im erloschenen Krater, 2 km vom Hafen entfernt, Tel. 6926952.

Jugendherberge

- **Farfuglaheimili Faxi,** Faxastígur 38, Tel. 4812915; Schlafsackunterkunft, 35 Plätze, geöffnet 1.6.–15.9.

Essen und Trinken

- **Restaurant Prófasturinn,** Heiðarvegur 3, Tel. 8963426.
- **Fjólan,** Vestmannabraut 28, Tel. 4813663, geschmackvolles Restaurant, in dem der beste Fisch auf Heimaey zusammen mit hausgemachten, typischen Gerichten serviert wird.
- **Café-Restaurant María,** Skólavegur 1, Tel. 4813160; Fleisch und Fisch, Steaks, Crêpes, Suppen, Salate.
- **Lundinn,** Kirkjuvegur 21, Tel. 4813412.
- **Lanterna,** Bárustígur 11, Tel. 4813393; typisches Insellokal, toll eingerichtet mit Netzen und alten Fotos, gemütlich, viele Einheimische, Fisch, Papageitaucher, Fleischgerichte, preisgünstig.
- **Pizza 67,** Heiðarvegur 5, Tel. 4811567; Pizza, Papageitaucher und Hummer.

Notfall

- **Polizei,** Faxastígur 42, Tel. 4811666.
- **Krankenhaus/Ambulanz,** Sólhlið 10, Tel. 4811955.
- **Apotheke,** Strandvegur 48, Tel. 4813900.

Verkehrsverbindungen

Wer Heimaey kennen lernen will, kann entweder die **Autofähre** nehmen oder mit dem **Flugzeug** anreisen. Besonders frequentiert ist die Insel am ersten Wochenende im August, wenn der Nationalfeiertag gefeiert wird.

- **Flüge: Flugfélag Vestmannaeyja** (www.eyjaflug.is, Tel. 4813255) fliegt von Selfoss (20 Min. Flugzeit, 9800 ISK p. P.) und Bakki (6 Min., 6000 ISK) nach Heimaey. **Air Iceland** (www.airiceland.is, Tel. 5703030, Fax 5703001) bietet Flüge von Reykjavík nach Heimaey (25 Min., 8590 ISK) an.
- **Fähre:** siehe Þorlákshöfn.

Kunst und Kultur

- **Gallerí Heimalist,** Bárustígur 9, Tel. 481 2250.
- **Heimatmuseum Byggðasafnið Ráðhúströð,** Wirtschaftsgeschichte des 20. Jahrhunderts, Kunstgalerie mit Bildern von Kjarval, geöffnet 15.5.–15.9. täglich 15–17 Uhr, im Winter Sa/So 15–17 Uhr, Tel. 4811194.
- **Naturkundemuseum, Aquarium Náttúrugrípasafnið,** Heiðarvegur 12, Tel. 4811997; Mineraliensammlung, Meerwasseraquarium, ausgestopfte Vögel und Vogeleier, geöffnet 1.5.–1.9. täglich 11–17 Uhr, im Winter Sa/So 15–17 Uhr.
- **Þjóðhátíð** (Nationalfest auf Vestmannaeyjar) am 1. August-Wochenende, Herjólfsdalur, ausgelassenes Fest vor allem der jüngeren Isländer mit viel Alkohol, lauter Musik und Feuerwerk; Eintritt 9900 ISK.

Sonstiges

- **Schwimmbad,** im Sportzentrum, Illugagata, Tel. 4812401.
- **18-Loch-Golfplatz,** im Herjólfsdalur, Tel. 4812363.
- **Kino, Filmvorführungen für Touristen im Sommer,** siehe Aushang am Gemeindehaus, Tel. 4811045.
- **The Volcano Film Show,** im Kino Ecke Vestmannabraut/Heiðarvegur, Tel. 4811045; im Sommer täglich um 11, 14, 15.30 und 21 Uhr, Eintritt 600 ISK.
- **Ferðaþjónusta,** Tel. 4811515; täglich Bootsfahrten zu den Inseln und Wanderungen auf Heimaey.
- **Lubba,** Tel. 8527652; Bootsfahrten um die Westmänner-Inseln.
- **Flugfélag Vestmannaeyja,** Tel. 4813255, Rundflüge.
- **„Pompeji des Nordens"** – etwa 10 der 400 von der Lava verschütteten Häuser sollen mit diesem 2005 begonnenen Projekt ausgegraben und zu einem Freilichtmuseum werden. Touristen können sich an den Ausgrabungen beteiligen (www.pompeiofthenorth.com).

Route 2: Der Westen und die Halbinsel Snæfellsnes

- **Route 2 A:**
  Von Reykjavík nach Akranes
- **Route 2 B:**
  Von Akranes nach Borgarnes
- **Route 2 C:**
  Von Borgarnes nach Gilsbakki und Húsafell
- **Route 2 D:**
  Von Reykholt zur Halbinsel Snæfellsnes
- **Route 2 E:**
  Auf der Straße 54 und 574 nach Malarrif
- **Route 2 F:**
  Von Malarrif nach Grundarfjörður
- **Route 2 G:**
  Von Grundarfjörður nach Brú

Route 2 A:

Von Reykjavík nach Akranes (91 km)

Zwar gehört das Gebiet zwischen Reykjavík und Borgarnes – der **mittlere Westen Islands** – eher zu den unbekannteren Regionen des Landes, doch ist die Strecke alles andere als langweilig. Die beiden **Fjorde Hvalfjörður** und **Borgarfjörður** reichen hier tief ins Land hinein. Beinahe 1000 m hoch erheben sich der Esja, der Hausberg der Reykjavíker, und der Berg Skarðsheiði nördlich von Akranes.

Wenn man Reykjavík hinter sich gelassen hat, gelangt man auf der Ringstraße nach **Álafoss/Mosfellsbær.** Jahrhunderte lang bestand Mosfellsbær nur aus einzelnen Höfen. Ab 1896 nutzte man die Energie des Alafoss-Wasserfalls, um damit Wollspinnereien zu betreiben, was zu einem schnellen Wachstum der Gemeinde führte. Isländische **Wolle** gehörte einmal zu den wichtigsten Exportartikeln Islands, und die Wollherstellung war ein wichtiger Wirtschaftsfaktor. Obwohl diese Zeit längst vorüber ist, werden in Mosfellsbær bis heute Strickwaren hergestellt und in der ehemaligen Fabrik verkauft. Eine interessante Sammlung alter Strickmaschinen und Bilder aus den frühen Tagen der Wollindustrie bewahrt die Erinnerung an das alte Erbe (Fabrikverkauf, Álafoss, Álafossvegur 23, 270 Mosfelsbær, Tel. 5666303, Fax 5668330, geöffnet Mo bis Fr 9–18, Sa 9–16 Uhr; wechselnde Ausstellungen mit Kunsthandwerk, Café). Alafoss soll zu einem Zentrum für Kunsthandwerker und Künstler werden, denn mit dem Wollverkauf alleine sind heute keine Geschäfte mehr zu machen. 50 m hinter dem Fabrikverkauf hat ein Messerschmied seine Werkstatt aufgemacht. An der Straße 36 östlich des Orts liegt das **Laxness-Museum Gljúfrasteinn** (siehe unter Reykjavík).

Die kleine **Bucht Leiruvogur** ist historisch bedeutsam. Die Flüsse Leirvogsá, Kaldakvísl und Varmá münden in die Bucht. Entlang des Kaldakvísl verläuft ein beliebter Reit- und Wanderweg. In der Nähe des Wasserfalls Tungufoss sind die Reste eines ehemaligen Kraftwerks zu sehen. Im Mosfellsdalur bei Víðiroddi wurde nach der Egills-Saga *Egill Skallagrímsson* bestattet, andere Quellen besagen, dass sein Grab in der Nähe seines Hofs Borg läge (siehe Ende Route 2 C). In Reykir im Varmátal wurde 1923 das erste geothermal beheizte Gewächshaus Islands gebaut. Der Fluss Varmá bildet unweit davon den Wasserfall Reykjafoss.

Die Ringstraße führt dann um den Berg Esja herum und überquert einige Flüsse, die mit die größten Lachsvorkommen des Landes aufweisen. Der Name des Flusses, **Laxá,** der „Lachsfluss", der bei Laxárnes in den Hvalfjörður mündet, deutet auf den Fischreichtum hin. Den Kirchturm von **Saurbær** sieht man bereits von weitem. Jedem Isländer ist der Pfarrhof dieser Kirche als Heimat des bekannten Psalmendichters *Hallgrímur Pétursson* bekannt. Er war von 1651–1669 Pfarrer des Orts und fand auf dem Friedhof von Saurbær seine letzte Ruhestätte. Seitdem im Jahr 1998 der 5,8 km lange, mautpflichtige **Tunnel** (Pkw 800 ISK, Motorrad 400 ISK) unter dem **Hvalfjörður** hindurch eröffnet wurde, hat sich der Verlauf der Ringstraße in diesem Abschnitt geändert. Sie führt nun durch den Tunnel auf die andere Seite des Fjords, umrundet den Berg Akrafjall im Osten und folgt ab dem Fjordarm Leirárvogur (Gunnarfjörður) wieder ihrem ursprünglichen Verlauf. Der alte Abschnitt der Ringstraße, der um den Hvalförður herumführt, wurde in Straße 47 umbenannt. Wir folgen dieser Straße.

Am östlichen Ende des Hvalfjörður zweigt eine 4 km lange Stichstraße ab, die dem Fluss Botnsá bis zu einem Parkplatz bei Stóribotn folgt. Von dort kann man eine **Wanderung** zum höchsten Wasserfall Islands, dem 198 m hohen **Glýmur,** machen (Hin- und Rückweg 2½–3 Std.). Für die Wanderung haben wir drei Möglichkeiten: Der einfachere, aber eher langweilige Weg folgt hinter dem Tor etwa 1 Stunde lang dem für Fahrzeuge gesperrten, holprigen Fahrweg, der steil hinauf zum oberen Teil der Schlucht der **Botnsá** führt. Von dort können wir den Wasserfall und die tief eingeschnittene Schlucht aber nur teilweise sehen. Interessanter ist es, dem anfangs mit Holzpfosten markierten Fußpfad zu folgen, der rechts vom Fahrweg durch das Birkengestrüpp in Richtung Botnsá verläuft. Vor dem Bach und der Schlucht müssen wir uns dann entscheiden. Entweder gehen wir gut 1 Stunde lang auf dem nicht mehr markierten schmalen Fußpfad links der Schlucht durch das Birkengestrüpp bergauf, oder wir queren den Bach und folgen dem Fußpfad, der rechts der Schlucht bergauf führt. Beide Fußpfade sind sehr steil, bei Nässe rutschig und haben einige ausgesetzte Stellen, weshalb Trittsicherheit angeraten ist. Beide Wege führen am oberen Rand der tief eingeschnittenen, grün bemoosten Schlucht entlang. Von dem Weg aus, der links der Schlucht entlangführt, wirkt die Schlucht dramatischer. Man kann zwar die oberen Kaskaden des Wasserfalls gut sehen, aber nicht den Wasserfall in seiner ganzen Höhe. Den vollen Fall des Glýmur sieht man nur von der rechten Schluchtseite. Oberhalb der Schlucht kann man an einer Furt die knietiefe Botnsá durchwaten und auf der anderen Schluchtseite zurückkehren.

Am Parkplatz beginnt auch der **historische Weg „Leggjabrjótur"**, der „Beinbrecherpfad". Der holprige Wanderweg wurde hergerichtet und markiert. Er führt in Richtung Südosten über den 467 m hohen Bergrücken Leggjabrjótur ins Öxarártal und nach Svartagil (15 km). Von dort gelangt man nach weiteren 10 km nach Þingvellir (insgesamt 6–7 Stunden). Am Weg können wir die Überreste von alten Steinmännchen entdecken, die zeigen, dass hier früher eine wichtige Route vom Hvalfjörður nach Þingvellir verlief.

Ein **weiterer historischer Weg** führt vom Hvalfjörður in Richtung Norden nach Vatnshorn im Skorradalur. Der **„Síldarmannagötur"** („Heringsfischer-Pfad") folgt vom Fjordende bei Botnsvógur westlich des Flusses Brunná über Síldarmannabrekkur steil bergauf zur Botnsheiði. Steinmännchen leiten von dort über die weite Hochebene zum Quellgebiet des Baches Blákskeggsá und ins Grafartal. Ab hier bis Vatnshorn im Skorradalur ist der Weg besser markiert. Insgesamt ist der 15 km lange Wanderweg kaum markiert und schwierig zu begehen (6–7 Std.). Der Weg erinnert daran, dass 1947/48 große Heringsschwärme in den Hvalfjörður gelangten.

• **Hotel-Restaurant Glymur**€€€, Hvalfjörður-Nordseite, Tel. 4303100, Fax 4303101, www.hotelglymur.is; vom mit moderner Kunst ausgestatteten Restaurant im Roten Zimmer hat man eine herrliche Aussicht über den Fjord, gehobene Gastronomie.

Vom Hvalfjörður nach Akranes

Im Osten der **Halbinsel Þyrilsnes** liegt der **Hof Þyrill.** Hier kommt man zu einer alten **Walfangstation.** Eine Rampe führt von dort ins Meer hinaus. Früher war die Anlandung eines gefangenen Wales ein Spektakel für viele Schaulustige, seit 1989 werden hier keine Wale mehr zerlegt. Ob sich dies wieder ändert, nachdem Island den kommerziellen Walfang 2006 erneut aufgenommen hat, bleibt abzuwarten (siehe unter Wirtschaft). Der Walfang gab dem 30 km langen Fjord auch seinen Namen, Hvalfjörður, also „Walfjord".

Wir folgen weiter der Straße 47 um den Hvalfjörður, bis sie nordöstlich des Bergs Akrafjall wieder auf die Ringstraße trifft. Wir folgen nun der Straße Nr. 1 nach Süden und gelangen auf der Küstenstraße den Hvalfjörður entlang nach Akranes.

Akranes ⇗XVII,C2

Geschichte und Überblick

Die **Hafenstadt** liegt vorgelagert auf einer kleinen Halbinsel. Der Ort kann auf eine lange Vergangenheit zurückblicken, anfangs jedoch verlief die Entwicklung eher schleppend. Vor den Wikingern sollen sich zwei irische Mönche in Akranes niedergelassen haben. 880 waren wohl die irischen Brüder *Þórmóður* und *Ketill Bresason* die ersten Siedler. Im 17. Jahrhundert wurde aus der kleinen Ansiedlung ein Dorf. Die dort ansässigen Familien nannten es Skipaskagi („Schiffshalbinsel"). Der Hafen gewann zunehmend an Bedeutung. 1941 erhielt Akranes die Stadtrechte. Danach übte die Stadt eine besondere Anziehungskraft auf viele Isländer aus; die Einwohnerzahl stieg in kürzester Zeit von wenigen Hundert auf über 5900. 1958 wurde ein **Zementwerk** errichtet, das für die Versorgung des ganzen Landes zuständig ist. Anstatt Kalk wird für den Baustoff in dieser Fabrik Muschelsand verwendet, der an der nahen Küste gewonnen wird und deshalb kostengünstiger ist. Außerdem verfügt Akranes über einen der größten Fischereihäfen Islands. Auf den vorgelagerten Schären stehen zwei verschieden hohe Leuchttürme, die man mit dem Auto erreichen kann. Auf dem Weg dorthin kommt man an einigen Gestellen zum Trocknen von Stockfisch vorbei.

Sehenswürdigkeiten

Akranes hat viel zu bieten! Die zahlreichen Sehenswürdigkeiten des Ortes wurden im Museumszentrum Akranes zusammengefasst. Viele historische Gebäude aus der Region wurden an ihren Ursprungsorten abgebaut und in dem Freilichtmuseum originalgetreu wieder-aufgebaut. Größter Anziehungspunkt ist das **Volkskundemuseum „Byggðasafn Akranes"**, das 1959 beim ehemaligen Hof von *Guðny Böðvarsdóttir* (um 1200) in Garðar errichtet wurde. Guðny war die Mutter der Brüder *Þorður, Sighvatur* und *Snorri,* die lange Zeit die Geschichte des Landes prägten. Das Hauptgebäude des Museums entstand 1968–1974. Hier sind historische Gegenstände ausgestellt, die zeigen, wie mühsam früher Landwirtschaft und Fischfang waren oder welche Werkzeuge der Dorfarzt, die Hebamme oder die Zimmerleute verwendeten. Auch alte Schleppnetz-Kutter aus dem Kabeljaukrieg und Bilder von Künstlern aus der Region sind zu sehen. Hinter dem Museum erinnert der **„irische Stein"** an die Besiedlung der Region durch irische Mönche im 9. Jahrhundert. In der Steinskulptur sind mit isländischer und gälischer Schrift Zeilen aus der Edda eingraviert. Vor dem Museum steht der 86 t schwere **Küstensegler „Sigurfari".** Er wurde 1885 in England aus Eiche gebaut und kam im Warenverkehr über den Nordatlantik zum Einsatz. Im Bootsgelände gegenüber sind weitere Boote ausgestellt.

Westlich des Volkskundemuseums steht das gelbe **Garðar-Haus.** Es wurde ursprünglich 1876 als Pfarrhaus erbaut und ist das älteste Betonhaus Islands. In der Nähe erinnert ein Turm an die ehemalige, hier 1896 erbaute Kirche von Garðar.

Neðri-Syrupartur ist das älteste Holzhaus in Akranes; es wurde 1875 erbaut und stand einst in der Nähe der Leuchttürme. Ein weiteres historisches Gebäude ist das **Haus Geirstaðir** von 1903. Im Volksmund wird es auch „Universität von Geirstaðir" genannt, war es doch einmal die alte Schule des Ortes. Neben dem Bootshaus, das einmal in der Ortsmitte stand, ist ein Sprossenhaus aus dem 19. Jahrhundert zu sehen, in dem Fisch getrocknet wurde. Daneben steht **„Sandar"**, ein Haus vom Anfang des 20. Jahrhunderts. Das **Fróða-Haus** stammt aus dem Jahr 1930. Darin arbeitete ein Netz- und Seilmacher.

Dem **Sport in Island** ist eine große Ausstellung in der Museumshalle gewidmet. Geschichte und Entwicklung des Sports werden anhand von Fotografien, Sportausrüstungen, Trophäen und der Namen der Athleten aufgezeigt. **Steinaríki Íslands** zeigt die wohl umfangreichste Ausstellung an Gesteinen, Mineralien und Fossilien auf der Insel. 2003 wurde eine Ausstellung des Nationalen Instituts für Kartografie eröffnet, das die **Geschichte der Landvermessung** darstellt. Natürlich gibt es in dem Museumszentrum auch ein Museumscafé mit Souvenirshop und eine Tourist-Information.

- Das **Museumszentrum** ist vom 15.5. bis 14.9. täglich 10–17 Uhr und vom 15.9. bis 14.5. täglich 13–17 Uhr geöffnet (Tel. 431 5566, Fax 4315567, www.museum.is).

In der **Innenstadt** von Akranes laden kleine Geschäfte zu einem Bummel ein. Am Platz Akratorg steht ein Fischerdenkmal. Im Fischereihafen kann man lohnende Fotomotive finden. Die Zementfabrik ist mit Wandmalereien verziert. Außerdem gibt es ein geothermal beheiztes Schwimmbad und einen Campingplatz im Norden der Stadt.

Der **Akrafjall,** der **Hausberg von Akranes,** lädt zu einer Wanderung ein. Von oben hat man einen guten Überblick über die gesamte Halbinsel. Der Aufstieg beginnt am besten beim Heißwasserwerk. Wir folgen dem Schild „Háihnjúkur" hinauf zum 555 m hoch liegenden Aussichtspunkt, wo wir uns in das Gipfelbuch eintragen können. Den höchsten Gipfel des Akrafjall, den Geirmundartindur (643 m), brauchen wir allein wegen der Aussicht nicht unbedingt zu besteigen.

Auch eine **Hochseeangeltour** kann von Akranes aus gestartet werden. Am nördlichen Ende der Bucht befindet sich **Langisandur,** der ein Kilometer lange **Sandstrand.** Der „Long Beach of Akranes" mag manchen zu einem Bad im Meer verleiten, obwohl das Wasser eigentlich zu kalt dafür ist.

Tourist-Information

- **Im Museumszentrum,** geöffnet 15.5.–14.9. täglich 10–17 Uhr, 15.9.–14.5. täglich 13–17 Uhr, Tel. 4315566, Fax 4315567, www.akranes.is, www.visitakranes.is.

Unterkunft

- **Hótel Barbró,** Kirkjubraut 11, 300 Akranes, Tel. 4314240, 4314067, Fax 4314241; 28 Betten, Schlafsackplätze, ganzjährig geöffnet, Restaurant, Café mit selbst gebackenem Kuchen, Hochseeangeln, Reiten, Bootsausflüge.
- **Hótel Ósk,** Vogabraut 4, 300 Akranes, Tel. 4313314 und 4313191, Fax 4311204; 64 Betten, im Sommer geöffnet, Restaurant, Angeln.

- **Gästehaus Ólina Jónsdóttir,** Háholt 11, 300 Akranes, Tel. 4311408; 4 Betten, ganzjährig geöffnet, Übernachtung mit Frühstück in einer gemütlichen Pension.
- **Gästehaus Móar,** Tel. 4311389, geöffnet Juni–Aug., 4 km außerhalb der Stadt an der Ringstraße, Bauernhof mit netten Zimmern und gutem Service.
- **Gästehaus und Jugendherberge Bermuda,** Akursbraut 9, 300 Akranes, Tel. 4313478, Fax 4312278; 30 Betten, ganzjährig geöffnet, Angeln, Reiten, Fahrradverleih, Bootsfahrten, Zeltplatz.
- **Gästehaus Gréta Ólafsdóttir,** Heiðargerði 19, 300 Akranes, Tel. 4311767; 2 Zimmer, Schlafsackplätze, Reiten, Angeln, im Sommer geöffnet.
- **Jaðarsbakkir,** Sportzentrum, Tel. 4331100.
- **Hof Þórisstaðir,** Svínadal, 301 Akranes, Tel. 4338975, Fax 4320101; im Sommer geöffnet, Angeln, Campingplatz.
- **Hotel Heimar, Norræna Skólasetrið,** Hvalfjarðarströnd, 301 Akranes, Tel. 4338966, Fax 4338977; 88 Betten, 88 Schlafsackplätze, Restaurant, Angeln, Reiten, für Behinderte eingerichtet, ganzjährig geöffnet.

Camping

- Campingplatz **in Kallmannsvík** an der Straße 509, Tel. 4315100; komfortabel, Wohnmobil-Stellplätze, Einkaufsmöglichkeit, Cafeteria, Tankstelle, geöffnet 15.5.–15.9.

Essen und Trinken

- **Hótel Barbró,** siehe „Unterkunft"
- **Restaurant Langisandur,** Garðarbraut 2, Tel. 4313191, 8963191, geöffnet täglich 10–22 Uhr, Fr/Sa bis 3 Uhr; umfangreiche Speisekarte, am Wochenende abends Live-Musik.
- **Skútan,** Café-Grill, Þjóðbraut 9, Tel. 431 2061; preisgünstige Gerichte, bei der Tankstelle.
- **Pizza 67,** Skólabraut 31, Tel. 4313767.
- **Hrói Höttur,** Vesturgata 52, Tel. 4311200.
- **Ráðhus-Bäckerei,** Stillholt 16-18, Tel. 431 3500.

086is Foto: tt

Moosbewachsene Lava

- **Harðar-Bäckerei,** Kirkjubraut 54, Tel. 431 2399.

Notfall

- **Ambulanz, Krankenhaus,** Merkigerði 9, Tel. 4306000.
- **Apotheke,** Kirkjubraut 50, Tel. 4311966.
- **Polizei,** Þjóðbraut 13, Tel. 4211977.

Kunst und Kultur

- **Museumszentrum mit Volkskundemuseum,** Stein- und Mineralienmuseum u. a. in Garðar, geöffnet 1.6.–31.8. täglich 10–17 Uhr, 1.9.–31.5. täglich 13–17 Uhr, Tel. 431 5566, Fax 4315567.
- **Kirkjuhvoll,** Kunstgalerie, Merkigerði, Tel. 4314580, geöffnet täglich 15–18 Uhr; das ehemalige Priesterhaus aus dem Jahr 1923 ist heute ein Künstlertreff; wechselnde Ausstellungen von Künstlern aus Island, Grönland und den Färöer-Inseln.
- **Fotografie-Museum,** Heiðarbraut 40, Tel. 4331203.

Sport und Freizeit

- **Schwimmbad Jaðarsbakkalaug,** am Sportplatz, Tel. 4331100, geöffnet Mo–Fr 7–21, Sa/So 9–18 Uhr.
- **18-Loch-Golfplatz,** Garðavellir, Tel. 431 2711.
- **Garðalundur,** in der Nähe des Museums Garðar, Grill- und Freizeitplatz.

Sonstiges

- **Kirche Akranes,** geöffnet werktags 13–16 Uhr; 1896 geweiht, Altarbild von *Sigurður Guðmundsson* (1870), goldverkleidetes Taufbecken auf Eichenholzsockel von *Ríkarður Jónsson,* Bemalung der Wände und Decke durch *Greta* und *Jón Björnsson* (1966).
- **Hochseeangeln,** Tel. 4314175.
- **Irische Tage,** zweite Juliwoche, www.visitakranes.is.

Route 2 B:

Von Akranes nach Borgarnes (37 km)

Von Akranes folgen wir der nördlichen Küstenstraße (Straße Nr. 51) zur Ringstraße und dieser weiter nördlich zum Borgarfjörður. Seit 1980 muss man nicht mehr den ganzen Fjord umfahren, sondern gelangt auf einem Damm- und Brückensystem direkt nach Borgarnes. Von der Fjordseite hat man auch den schönsten Blick auf den auf einer Landzunge liegenden Ort.

Borgarnes

⇗ XVII,C2

Borgarnes ist eine moderne und wohlhabende **Handelsstadt** sowie **Dienstleistungszentrum** für ein ausgedehntes Umland. Hier leben über 1900 Einwohner. Der Hafen dient weniger dem Fischfang, sondern ist vielmehr Umschlagplatz für isländische Industrieerzeugnisse. Dadurch ist Borgarnes unabhängig von den Fangerträgen der Fischer. Für die Bedeutung der Stadt ist in erster Linie die verkehrstechnisch günstige Lage maßgebend, vor allem seitdem durch die Brücke eine Verbindung zur Ringstraße besteht.

Borgarnes liegt malerisch am **Borgarfjörður** und öffnet den Blick auf die gegenüberliegenden Berge, Schären und Sandbänke. Die Stadt gibt sich betont geschichtsbewusst: Alle Straßen sind nach Personen aus der Egills-Saga benannt. Im **Park Skallagrímsgarður** befindet sich der Grabhügel von *Skallagrímur Kveldúlfsson,* dem dritten Siedler in Island und Vater von *Egill Skallagrímsson.* Ein Relief von *Anna Marie Brodersen* zeigt dessen Sohn *Egill Skallagrímsson,* wie er seinen ertrunkenen Sohn *Böðvar* auf dem Rücken eines Pferdes zu Grabe trägt. In dem Park stehen weitere Skulpturen und ein Brunnen von *Guðmundur frá Miðal.*

Die schöne Kirche des Ortes wurde 1953 von *Halldór H. Jónsson* erbaut. Im alten **Lagerhaus** von 1889 in der Brákarbraut wurde das **„Zentrum der Besiedlungsgeschichte Islands"** eingerichtet („Borgarnes Settlement Centre"). Es zeigt die Entdeckung und Besiedlung Islands durch die Wikinger und berichtet über den Skalden-Dichter *Egill Skallagrímsson.*

Der Reisende findet im Ort eine umfassende Infrastruktur vor: Supermarkt, Kino, Bank, Post etc. In der Skallagrímsgata liegt ein mit Erdwärme beheiztes Schwimmbad. Sehenswert ist das **Gemeindemuseum** Safnahús Borgarfjarðar (s. u.).

An der Straße 54 nördlich von Borgarnes liegt der **älteste Kirchenort Westislands, Borg á Mýrum.** Hier lebte einst der Wikinger *Skallagrímur Kveldúlfsson.* Er baute seinen „Borg" genannten Hof auf einer Landzunge, isländisch „nes". Daraus entstand der Name der späteren Stadt Borgarnes. *Egill Skallagrímsson* (ca. 900–983), der Sohn dieses Wikingers, ging als berühmter Skaldendichter in die Geschichte ein. Auch *Snorri Sturluson* (1178–1214) soll eine Zeit lang vor Ort gewohnt haben, bis er nach Reykholt zog. In Borg gab es bereits 1002 eine Kirche, die heutige stammt von 1880. Das Denkmal „Sonatorrek" („Der Söhne Verlust") stammt von *Ásmundur Sveinsson.* Es zeigt, wie Egill seinen ertrunkenen Sohn zu Grabe trägt; eine thematisch ähnliche Darstellung kennen wir bereits aus dem Park Skallagrímsgarður in Borgarnes.

Tourist-information

- **Im Einkaufszentrum Hyrnan,** Brúartorg, Tel. 4372214, Fax 4372314, www.westiceland.is; im Sommer geöffnet Mo–Fr 9–19 Uhr, Sa/So 12–18 Uhr.

Unterkunft

- **Hotel Borgarnes€,** Egilsgata 12–16, Tel. 437 1119 www.hotelborgarnes.is; modernes, behindertengerechtes Hotel mit 140 Betten, Restaurant, geöffnet April–Okt.
- **Gästehaus Bjarg€,** Borganesi, liegt außerhalb des Ortes in Richtung Straße 54, Tel. 4371925; 14 Betten, ganzjährig geöffnet.
- **Icelandair Hotel Hamar€€,** am nördlichen Ortsrand beim Golfplatz, Tel. 4336600, Fax 4336601, neu erbautes 3-Sterne-Hotel mit 30 Zimmern und Panorama-Restaurant.
- **Motel Venus€,** in einem Birkenwäldchen vor der Brücke am Ostufer des Borgarfjörður gelegen, Tel. 4372345, Motel im amerikanischen Stil mit Zeltplatz und Pizzeria.
- **Ensku Húsin við Langá** (Englisches Haus am Fluss Langá), an der Straße 533 nördlich Borgarnes gelegen, Tel. 4371725, www.enskuhusin.is; ganzjährig geöffnet außer 22.12.–4.1., 13 DZ und 2 Dreibettzimmer in zwei renovierten, 120 Jahre alten Landhäusern.

Jugendherberge

- **Hamar,** Golfskálinn, Tel. 4372000, liegt vor der Stadt; 60 Betten, geöffnet 1.6.–15.9.; hier dreht sich alles ums Golfen; Zeltplatz.

Camping

- **Campingplatz,** Borgarbraut, direkt an der Straße 1 am nördlichen Ortsrand, Tel. 437 7100; einfach, Straßenlärm!

Borgarnes, das Digranes in der Egills-Saga

Der berühmteste aller Skalden-Dichter, *Egill Skallagrímsson* (900–983), stammte von dem Hof Borg, der östlich des heutigen Borgarnes liegt. In der Egills-Saga heißt der Ort am Borgarfjörður Digranes. In dem kleinen Park Skallagrímsgarður in Ortsmitte liegt *Skallagrímur Kveldúlfsson,* der Vater von Egill, begraben. Nach Wikingerart wurde er mit seinen Waffen und seinem Pferd in dem heute noch gut erkennbaren Grabhügel beigesetzt. Auf einem Relief daneben, das von der dänischen Künstlerin *Anne Marie Carl-Nielsen* stammt, ist Egill dargestellt, wie er seinen in einem Sturm ertrunkenen Sohn *Böðvar* trägt. Die kleine Halbinsel Brákarey an der Südspitze des Orts wurde nach der Sklavin *Brák* benannt, die Egill einst aus jugendlichem Leichtsinn durch einen Steinwurf tötete. Auch alle Straßen im Ort wurden nach Personen der Egills-Saga benannt.

Essen und Trinken

- **Restaurant Hótel Borganes,** gute, isländische Küche: Fisch, Lamm, Geflügel.
- **Matstofan,** Brákarbraut 3, Tel. 4372017, philippinische und einfache isländische Küche mit Fast-Food, viele Einheimische.
- **Búðarklettur,** Brákarbraut 13, im Zentrum der Besiedlungsgeschichte, Tel. 4371600, geöffnet Mitte Mai–Mitte Sept. täglich 10–21 Uhr, sonst 11–17 Uhr (Di Ruhetag); Lamm- und Fischgerichte, Kuchen.
- **Hyrnan,** Brúartorg, Tel. 4305550; großes Grill-Café, Fisch- und Fleischgerichte, Pizza, Hamburger, Kuchen.

Notfall

- **Ambulanz,** Borgarbraut 65, Tel. 4371400.
- **Apotheke,** Borgarnesapótek, Hynuntorg, Tel. 4371168.
- **Polizei,** Bjarnarbraut 2, Tel. 4331166.

Kunst und Kultur

- **Museumszentrum Safnahús Borgarfjarðar,** Bjarnabraut 4–6, Tel. 4307200, geöffnet im Sommer tägl. 13–18 Uhr, im Winter nach Vereinbarung. Das Museum ist ein Sammelsurium: Bibliothek, Naturkundemuseum mit präparierten Vögeln, Heimatmuseum, Kunstgalerie mit wechselnden Ausstellungen.
- **Zentrum der Besiedlungsgeschichte Islands,** Brákarbraut 13–15, Tel. 4371600, www.landnamssetur.is, geöffnet 14.5.–14.9. tägl. 10–19 Uhr, 15.9.–13.5. tägl. 11–17 Uhr; Eintritt für die beiden Ausstellungen zur Besiedlungsgeschichte und über *Egill Skallagrímsson* 1400 ISK (Erwachsene), 1000 ISK (Kinder).

Sonstiges

- **Sportzentrum mit Hallen- und Freibad,** Þorsteinsgata, Tel. 4371444.
- **18-Loch-Golfplatz,** Hamar, Tel. 4371663.
- **Söguhringurinn,** Rundweg durch Borgarnes auf den Spuren der Egill's-Saga. Geführte Saga-Wanderungen im Juni und August, Anmeldung in der Tourist-Info.
- **Bjössaróló,** Skúlugata, großer Kinderspielplatz, Freizeitanlage.
- **Musikfestival IS Nord,** Mitte Juni, www.isnord.is.

Route 2 C:

Von Borgarnes nach Gilsbakki und Húsafell (110 km)

Die Ringstraße führt von Borgarnes durch das Norðurárdalur auf kürzestem Weg (90 km) weiter nach Brú am Hrútafjörður, dem Endziel der Route 2. Im Norðurárdalur erheben sich im Nordwesten markante Vulkankegel wie die 934 m hohe Baula oder die 1001 m hohe Tröllakirkja.

Nördlich des Orts **Bifröst** liegt an der Ringstraße der **Vulkankrater Grábrók,** der vor 3000 Jahren durch eine Spalteneruption entstand. Ein Treppenweg aus Holz führt den steilen Lavahang hinauf zum Kraterrand.

Im Osten der Ringstraße liegen Hvanneyri, Gilsbakki, Húsafell und große Lavahöhlen. Dorthin führt unsere Route 2 C. 10 km nördlich von Borgarnes zweigt die Straße 510 von der Ringstraße ab. Nach weiteren 6 km gelangt man nach **Ferjukot.** Hier überspannt eine kühne, 106 m lange und nur 3 m breite Betonbogenbrücke die Hvítá, die sehenswert ist. Diese Brücke stammt aus dem Jahr 1928.

20 km hinter Borgarnes verlassen wir in der Ebene Stafholtstungur die Ringstraße und überqueren die Norðurá auf einer Brücke. Südlich der Brücke liegt **Hvanneyri,** wo das **Landmaschinenmuseum** im alten Handwerkshaus Ullarsel im Sommer täglich von 12–17 Uhr besichtigt werden kann (Tel. 4335000). Östlich des kleinen Ortes erstreckt sich der lang gezogene See Skorradalsvatn, an dessen Ufer zahlreiche kleine Wochenendhäuser stehen.

Der Grímsá bei **Fossatún** ist einer der **besten Lachsflüsse** Islands. An den Wasserfällen Tröllafossar kann man mit etwas Glück springende Lachse beobachten. Hier liegt das Restaurant Tíminn og Vatnið, in dem die 24-minütige Multimedia-Show „Tónmilda Ísland“ („Klingendes Island“) zu sehen ist, bei der Naturbilder mit isländischer Musik untermalt werden.

- **Restaurant Tíminn og Vatnið,** Fossatún, Tel. 4335800 und 5688715, www.steinsnar.is; mit Campingplatz.

Wir folgen nun der Straße 50 nach Norden zur Hvítá. Nördlich des großen Flusses führt die Straße 523 vorbei am Campingplatz von Bjarnastaðir nach **Gílsbakki.** Der einstige Godensitz hat eine kleine Kirche und war ebenfalls Schauplatz mehrerer Sagas. Von Gílsbakki folgen wir der Straße 518 nach Osten bis zur Abzweigung der Piste F 578, die uns zu den großen **Lavahöhlen** im Hallmundarhraun bringt.

Abstecher zu den Lavahöhlen Surtshellir, Stefánshellir und Viðgelmir

Bei dem Hof Kalmanstunga zweigt kurz vor der Brücke über die Hvítá die Piste F 578 zu den Lavahöhlen Surtshellir, Stefánshellir und Viðgelmir ab. Die ersten 8 km dieser Piste sind bis zu den Lavahöhlen auch mit einem Pkw befahrbar.

Ihre Entstehung verdanken die Höhlen folgendem Phänomen: Ein Lavastrom erkaltete im Hallmundarhraun schnell an der Oberfläche und bildete eine unbewegliche feste Kruste, unter der die flüssige Lava weiter floss. Lange Fließkanäle blieben zurück und bildeten unterirdische Höhlen. Diese kann man besichtigen. Über ein großes Loch in der Lavadecke kann man in die schwarzen Lavaschächte der Surtshellir und Stéfanshellir hinabsteigen. Die Mitnahme einer starken Taschenlampe ist ratsam, denn im Innern ist es stockdunkel. **Surtshellir** ist 1,9 km lang, **Stéfanshellir** 1,6 km; beide Höhlen sind 5–10 m hoch. Einst muss dies ein insgesamt 3½ km langer Lavatunnel gewesen sein, denn beide Höhlen trennt nur ein 20 m breiter Einsturz. Surtshellir wird von einer kleineren Lavaröhre, der Beinahellir (Knochenhöhle), geschnitten. Früher sollen sich Geächtete in diesem Höhlensystem versteckt haben.

In der Nähe dieser Höhlen liegt **Íshellir,** die Eishöhle, in der bis in den Sommer hinein Eiszapfen von der Decke herabhängen. Die Lavahöhlen liegen etwa 600 m links der Piste; Schilder weisen darauf hin. Der Weg zu den Höhlen ist leicht zu finden, man folgt einfach den ausgetretenen Fußpfaden.

In die Höhlen führen mehrere Zugänge, die teilweise aber eine recht mühsame und **nicht ungefährliche Kletterei** über die Lavabrocken bedeuten. Der „beste“ Zugang liegt einige hundert Meter westlich von der ersten Höhlenöffnung.

2 km vom Bauernhof Fjlótstunga entfernt liegt etwas östlich die 1½ km lange und sehr geräumige Höhle **Viðgelmir.** Der Bauernhof bietet nach Vereinbarung eine mehrstündige Höhlenführung an; die notwendige Ausrüstung wird gestellt, Preis ca. 4500 ISK (Tel. 4351198).

Im Sommer werden von Húsafell **geführte Touren** zu den Lavahöhlen Surtshellir und Stefánshellir angeboten (Tel. 4351515).

Húsafell

⇗ X,A2

Húsafell ist ein **Erholungsort der Städter.** Zu allen Jahreszeiten hat das Gebiet hier einen besonderen Reiz. In Húsafell ist es oft warm, obwohl der Wind von überall her bläst. Inmitten eines Birkenwäldchens befinden sich viele Holzhütten und ein Schwimmbad. Viele Isländer pachten sich ein Stück Land, um darauf ein Sommerhaus zu errichten. Die Holzhäuser sind entweder in Privatbesitz oder gehören Vereinigungen. Man kann einige dieser Häuser mieten. Geheizt wird mit geothermaler Energie. Ein Werbeprospekt beschreibt den Ort treffend als „schönen und friedlichen Platz mitten in Island, er liegt zwischen Lava und Gletschern und ist mit Birken bewachsen. Sie können hier angeln, schwimmen, die Natur beobachten, joggen, spielen oder einfach die wunderbare Schönheit der Natur erfahren."

In Húsafell war **Snorri Björnsson** (1710–1803) einst Pfarrer. Man sagt, dass er an einem Ort, der Draugaréttur heißt, 81 Geister bannte und mit Zauberkraft den 180 kg schweren Stein Kvíahella mit Leichtigkeit heben konnte. Hinter dem Pfarrhof liegt die Schlucht Bæjargil. Der Bildhauer *Páll Guðmundsson* hat hier aus Lava Gesichter von Menschen und Geistern geschaffen, die Snorri einst bannte.

Tourist-Information

- **Húsafell Service Center,** Tel. 4351550, Fax 4351412, www.husafell.is; Vermietung von Ferienhäusern, Cafeteria; Angellizenzen, Pferdeverleih, Exkursionen zu den Lavahöhlen.

Unterkunft

- **Fljótstunga Hvitársíða,** 10 km von Húsafell, 2 km von der Lavahöhle Víðgelmir entfernt, Tel. 4351198; Bauernhof mit ganzjähriger Vermietung von drei kleinen Hütten (6 Betten und 21 Schlafsackplätze), Angeln (Forellen, Lachse), Reiten, Fahrradverleih.
- **Ferðaþjónustan Húsfelli,** Húsafell Travel Service, Tel. 4351550, Fax 4351551; Hütten, 10 Schlafsackplätze, Zeltplatz, Schwimmbad, Restaurant, Reiten, Fahrradverleih, im Winter Motorschlittenverleih, ganzjährig geöffnet.

Campingplatz

- Tel. 4351550, Fax 4351479; komfortabel, Einkaufsmöglichkeit, Tankstelle, Schwimmbad.

Wenige Kilometer westlich von Húsafell geht es auf der 518 zum **Barnafoss,** dem „Kinderwasserfall". Sein Name erinnert an zwei Kinder, die hier verunglückten. Die **Hraunfossar,** die „Lavawasserfälle", liegen etwas weiter westlich und gehören zu den schönsten Kaskaden Islands. Auf einer Breite von einem Kilometer quellen unzählige kleine Wasserfälle aus einem Lavafeld und ergießen sich in die Hvítá.

Wir fahren nun auf der Straße 518 bis zur nächsten Kreuzung (4 km) und folgen dann der Straße 519 in Richtung Süden. Nach weiteren 4 km wendet sich diese Straße nach Westen und verläuft im Tal der Reykjadalsá, dem **Reykholtsdalur.** Hier gibt es eine Vielzahl von heißen Quellen. Die Erdkruste ist an dieser Stelle besonders dünn. Viele der Quellen werden genutzt, um die Gewächshäuser der Region zu beheizen. Auch die Fernwärmeleitung nach Borgarnes und Akranes wird mit dem heißen Wasser gespeist. Die **Deildartunguhver** ist eine besonders ergiebige Quelle. Sie lässt pro Sekunde 180 Liter siedend heißes Wasser an die Oberfläche sprudeln. Am Quellrand wächst ein seltener **Rippenfarn** *(Blechnum spicant),* der sonst nirgendwo mehr in Island vorkommt. Im Reykholtsdalur kommen wir schließlich nach Reykholt, der Heimat von *Snorri Sturluson,* einem geschichtsträchtigen Ort also.

Reykholt

↗X,A2

Der Besuch von Reykholt, dem Wohnort der Sturlúnger, sollte zum Programm aller Sagaanhänger gehören. In der Freistaatzeit waren die Sturlúnger eine der mächtigsten Sippen des Landes. Sie berufen sich auf den Sagahelden *Egill Skallagrímsson* als Vorfahren. Die Familie wurde Namensgeber für eine ganze Epoche, die **Sturlungerzeit.** Besonders stolz ist man in Reykholt auf den berühmtesten Vertreter dieses Geschlechts, auf **Snorri Sturluson.** Er wurde 1179 in Hvammar in Westisland geboren. Durch seine Heirat wurde er mit 21 Jahren vermögend und erhielt außerdem einen wichtigen Godentitel. Er wurde Herrscher zweier Godentümer. Damit nahm er auch am Alþing teil und wurde dort Gesetzessprecher. Dies war in der damaligen Zeit das wichtigste Amt im Staat. Wegen seiner herausragenden Verdienste – er konnte unter anderem einen Krieg zwischen Norwegen und Island verhindern – wurde er einige Jahre später ein zweites Mal in dieses Amt berufen. Seine guten Kontakte zum norwegischen Königshof brachten Snorri aber nicht nur Freunde, da das Königshaus ihn bei Streitigkeiten mit anderen Clans unterstützte. Durch eine erneute Heirat, dieses Mal mit der damals reichsten Frau der Insel, hatte er finanziell endgültig ausgesorgt und konnte sich vermehrt der Schriftstellerei widmen. Er schrieb die Edda nieder und verfasste ein **Skaldenlehrbuch.** Nach einem seiner Besuche beim norwegischen König kehrte Sturluson gegen dessen Willen nach Island zurück. Der König verlangte daraufhin, ihn nach Norwegen zurückzubringen, notfalls mit Gewalt. Von den Gefolgsleuten des Königs wurde *Snorri Sturluson* 1241 in Reykholt ermordet (siehe Route 6).

Kopien von Snorris Werken sind in Reykholt ebenso zu sehen wie eine Bronzestatue, ein Geschenk des norwegischen Kronprinzen *Olav.* Eine Besonderheit ist auch, dass **Snorris Badeplatz** erhalten geblieben ist. Dabei handelt es sich um das einzige noch existierende Baudenkmal aus dem frühen Mittelalter. Vor nicht allzu langer Zeit entdeckte man außerdem, dass der Badeplatz durch einen unterirdischen Gang mit dem Wohnhaus verbunden war.

In Reykholt steht bereits seit der frühen Christianisierung eine Kirche. Die heutige „alte" **Holzkirche** wurde 1886–1887 von *Ingólfur Guðmundsson* und *Árni Þorsteinsson* erbaut. Seit 2001 gehört sie zum Isländischen Landesmuseum und wurde umfassend renoviert. „Reykholtsmáldagi" ist das älteste isländische Kirchendokument, das im Original erhalten ist. Der Pfarrer *Finnur Jónsson* verfasste eine mittelalterliche Kirchengeschichte Islands. 1996 wurde in Reykholt eine neue Kirche gebaut, die durch ihren schlanken, spitzen Kirchturm auffällt. Daran angebaut wurde die **Snorrastofa,** Landesmuseum, Bibliothek, nationales Kulturerbe und Forschungszentrum für mittelalterliche Studien in einem (s. u.).

Tourist-Information

- **Heimskringla-Besucherzentrum,** in der Snorrastofa, Tel. 4338000 und 8921490, Fax 4351412, www.reykholt.is; Souvenir-Shop.

Unterkunft

- **Fosshotel Reykholt€€,** Tel. 4351260, Fax 4351206, ganzjährig geöffnet; Restaurant, Einzel-, Doppelzimmer und Suiten. Auf jedem Stockwerk gibt es eine Ausstellung über die Mythologie und die Sagas Islands.

Museum

- **Snorrastofa,** Tel. 4338000 und 8921490, www.snorrastofa.is, geöffnet 1.5.–30.9. täglich 10–18 Uhr, sonst Mo–Fr 10–17 Uhr. Das Museum dokumentiert das Leben und die Arbeit von *Snorri Sturluson* (1179–1241) und anderer Persönlichkeiten aus Reykholt. Man nimmt an, dass Snorri auf dem Friedhof bei der alten Kirche beerdigt wurde, kennt den genauen Ort aber nicht. 1930 hat *Einar Hilsen,* ein Norweger, der in den USA lebt, Reykholt zahlreiche Originalschriften von Snorri Sturluson vermacht mit der Bitte, dafür ein Museum zu errichten. Dieses wurde 1995 eröffnet. 1998 wurde die Snorrastofa mit einem Institut für mittelalterliche Studien erweitert. Ein Jahr darauf erhielt sie die 7000 Bände der privaten Bibliothek von *Dr. Jakob Benediktsson* als Schenkung. Auch die Büchersammlung des Schriftstellers *Guðmundur G. Hagalín* und seiner Frau *Unnur* gingen nach Reykholt, und die Nationalbibliothek Islands verwahrt hier Kopien ihrer kostbaren Werke. In der Snorrastofa finden auch zahlreiche Ausstellungen statt.

Event

- Alljährlich am letzten Juliwochenende wird das **Reykholt Festival** abgehalten; das Klassikprogramm wird dargeboten von den bekanntesten isländischen Interpreten und Akteuren aus dem Ausland.

Route 2 D:

Von Reykholt zur Halbinsel Snæfellsnes (Atlas XVI/XVII)

Von Reykholt folgen wir den Straßen 50 und 510 zurück zur Ringstraße und zum Borgarfjörður. Von dort bringt uns die Straße 54 nach Norden zur Halbinsel Snæfellsnes.

Vom Borgarfjörður bis zum Eldborgarhraun auf Snæfellsnes erstreckt sich eine **flache Moorlandschaft.** Während der letzten Eiszeit war dieses Gebiet ebenso wie der Borgarfjörður von Gletschereis bedeckt. Nach Ende der Eiszeit wurden die Gletscherflächen vom Meerwasser überspült. Nachdem sich diese Wassermassen wieder zurückgezogen hatten, blieb ein überwiegend feuchtes Gebiet zurück. Die **Tiefebene Mýrar** ist von unzähligen Flüssen und Seen durchzogen. Auf kleinen Straßen kann man vielerorts einen Abstecher ans Meer machen. Der Küste vorgelagert sind kleine Inselchen und Schären. Hier gibt es auch eine große Anzahl von Vögeln. In der Küstenregion und in den sumpfigen Gebieten treffen wir vor allem auf Watvögel, Sand- und Goldregenpfeifer, Odinshühnchen, Regenbrachvögel, Austernfischer oder Alpenstrandläufer. An den Seen und Tümpeln kommen einige Entenarten vor. In Gebieten, die von Gras bewachsen sind, dominieren Singvögel, wie Wiesenpieper und Steinschmätzer. Auch Papageitaucher sind teilweise auf den Schären anzutreffen. Dort, wo die Straße 54 den Fluss Hítará überquert, befindet sich direkt unter der Brücke der **Wasserfall Brúarfoss,** der „Brückenwasserfall".

Die Straße führt weiter durch flaches, wasserreiches und von vielen kleinen Seen bedecktes Gebiet, das landwirtschaftlich genutzt wird, nach Snæfellsnes. Am **Lavafeld Barnaborgarhraun,** aus dem weit sichtbar der Krater Barnaborg herausragt, gelangt man bald zur Abzweigung der Straße 55, die durch das **Hnappadalur** die Halbinsel Snæfellsnes nordwärts quert und nach 27 km den Hvammsfjörður erreicht. Die Straße führt durch das Seengebiet der Rauðamelsheiði. Unweit des Kraters Gullborg gibt es einige **Tropfsteinhöhlen.** Die bekannteste und am leichtesten zugängliche ist **Borgarhellir.** Wer sie besichtigen will, wendet sich an die Höfe Heggstaðir oder Hraunholt; von dort aus werden Führungen angeboten.

Route 2 E:

Auf den Straßen 54 und 574 nach Malarrif (88 km)

Westlich der Straße 54 erstreckt sich das Lavafeld Eldborgarhraun. Inmitten der Lava liegt der 112 m hohe **Lavaring Eldborg,** auf Deutsch „Feuerburg", dessen ebenmäßige Form an einen Mondkrater erinnert. Hinter diesem Lavafeld beginnt unsere Rundfahrt auf der Halbinsel Snæfellsnes.

Wie ein langer Finger erstreckt sich die **Halbinsel Snæfellsnes** von Westisland in den Nordatlantik. Die Landzunge bildet eine natürliche Begrenzung zwischen dem Faxaflói im Süden und dem Breiðafjörður im Norden.

Snæfellsbær ist der westlichste und südliche Teil der Halbinsel Snæfellsnes; hier leben etwa 1700 Einwohner. Dazu zählen Ólafsvík als größter Ort sowie Hellissandur, Rif, Hellnar und Arnastapi. Ein großer Teil aber ist unbewohnt.

Auf der dünn besiedelten Halbinsel gibt es auf eng umgrenztem Raum die **ganze Vielfalt isländischer Landschaften** zu entdecken. Im westlichen Teil der Insel dominiert der sagenumwobene **Gletscher Snæfellsjökull** (vgl. entsprechenden Exkurs). Hier treffen wir auf unterschiedliche Vulkantypen, farbige Lavafelder, Lavahöhlen, mineralhaltige Quellen, Fundorte von Fossilien und eine faszinierende Bergwelt. In der Mitte der Halbinsel erhebt sich ein Gebirgsmassiv aus Basaltgestein und trennt den Nordteil, der von Fjorden geprägt ist, vom Südteil. Im Süden herrscht eine sumpfige Graslandschaft vor.

Auf der Halbinsel kommen ganz junge, aber auch ganz alte Gesteine vor. Das „Rückgrat" der Halbinsel wird von tertiären und eiszeitlichen Basalten gebildet. Die **Berge** sind bis zu 900 m hoch und werden von dem erdgeschichtlich viel jüngeren Snæfellsjökull (1446 m) an der Westspitze der Insel überragt. Am Rand von Trogtälern erheben sich steile Bergflanken, ein deutlicher Hinweis auf die eiszeitliche Entstehung von Snæfellsnes. Die älteren Landschaftsteile sind von Zwergstrauchheiden bedeckt. Zudem kommt hier der in Island seltene Schwedische Hartriegel vor. In den aktiven Vulkanzonen herrschen auf den frischen Lavaströmen Heidepflanzen vor. Wo der Boden mit den dicken Polstern des Zackenmützenmooses bedeckt ist, können sich hingegen nur wenige andere Pflanzen behaupten.

Auf Snæfellsnes gibt es **mehrere Naturschutzgebiete.** Im Süden der Halbinsel liegt das Reservat **„Ströndin við**

087is Foto: tt

Der Snæfellsjökull – ein magischer Gletscher?

Dem Snæfellsjökull-Gletscher werden magische Kräfte nachgesagt. Bereits in den Sagas steht geschrieben, dass derjenige, der den Gletscher einmal gesehen hat, immer wieder dorthin zurückkehren wird.

Der 1446 m hohe und von einer „Gletschermütze" bedeckte Stratovulkan liegt im Westen der nach ihm benannten Halbinsel und zählt sicherlich zu den schönsten Vulkanen Islands. Er entstand während der Eiszeit und brach auch danach noch einige Male aus. Große Lavafelder an den südlichen und südwestlichen Hängen, unter anderem das Beruvíkurhaun und das Háahraun, entstanden während heftiger nacheiszeitlicher Vulkanaktivitäten. Die Lavaströme an den Hängen des Vulkans sind von tiefen Rinnen durchzogen und verleihen ihm ein zerfurchtes Aussehen. Ist diese zerklüftete Oberfläche von einer dünnen Schneeschicht überzogen, wird dieser Eindruck noch verstärkt. Das letzte Mal war der Vulkan vor 1750 Jahren aktiv, seitdem ist er unter dem Eis erloschen. Das Gletschereis bedeckt heute noch eine Fläche von 11 km², befindet sich aber auf dem Rückzug. Zu Beginn des 20. Jahrhunderts bedeckte es noch 25 km².

Bei gutem Wetter ist von Reykjavík aus zu erkennen, wie sich der Snæfellsjökull über dem Faxaflói erhebt. Mit entsprechender Erfahrung lässt sich der „Schneeberggletscher", wie er übersetzt heißt, auch besteigen. Erstmals taten dies isländische Naturforscher im Jahre 1753. Von Arnarstapi aus kann man in etwa 4–6 Stunden auf den Berggipfel gelangen. Doch ist eine Besteigung wie bei allen anderen Gletschern nicht ungefährlich: Es müssen einige Gletscherspalten überwunden werden. Außerdem kann Gefahr durch Schmelzwasser drohen. Wichtig ist, dass man sich über die Wetterlage und die Schneebeschaffenheit kundig macht. Will man den Gletscher aus der Nähe erkunden, empfiehlt es sich, sich einer organisierten Tour anzuschließen. Die am besten geeignete Zeit für Gletschertouren sind die Monate März bis Mai, aber auch im Sommer ist eine Begehung möglich.

Die Schotterstraße 570, der Snæfellsjökullvegur, führt von Stapafell im Süden hinauf zum Gletscher und weiter zur Nordküste. Die Straße kann auch mit einem Pkw befahren werden. Etwa nach 1 km kommt man auf diesem Weg an der versteckt liegenden Höhle Sönghellir, der „singenden Höhle", vorbei. Die Höhle am Fuß des Gletschers ist durch ihr gutes Echo bekannt. Westlich des 657 m hohen Berges Náttmálahnúkur kommt man auf einem Fußweg zum Gletscher. Nach etwa 2 km gelangt man dann auf dem Pass Jökulháls auf einen weiteren Aufstiegsweg. Die Wege führen auf den höheren der beiden Gipfel des Snæfellsjökull, den Jökulþúfur. Beide Gipfel erheben sich hoch über den Kraterrand und verleihen dem Berg sein charakteristisches Aussehen.

Für den mühsamen Aufstieg wird man durch eine grandiose Aussicht belohnt. Man überblickt einen Großteil der Halbinsel Snæfellsnes mit ihrer landschaftlichen Vielfalt. Im Süden kann man bei entsprechender Sicht bis Reykjavík sehen, im Norden ist der Blick frei auf die Steilküsten der südlichen Westfjorde, die sich hinter dem Breiðafjörður mit seinen unzähligen Inselchen erheben.

Der sagenumwobene Gletscher regte schon immer die Fantasie der Menschen an, die ihn gesehen haben. Auch in der Literatur kommt er mehrmals vor: In *Jules Vernes'* (1828–1905) Roman „Reise zum Mittelpunkt der Erde" ist folgendes nachzulesen: „Steig hinab in den Krater des Sneffels Yocul, den der Schatten des Skartaris vor dem ersten Juli liebkost, kühner Wanderer, und Du wirst zum Mittelpunkt der Erde gelangen." Am Gletscher beginnt die fantastische Reise des Hamburger Mineralogieprofessors *Otto Lidenbrock,* seines Neffen *Axel* und ihres isländischen Führers, des Eiderjägers *Hans.* Sie steigen durch den erloschenen Krater ins Erdinnere hinab, entdecken ein Meer mit Gezeiten und Winden und treffen auf urzeitliche Saurier und Pflanzen aus dem Tertiär. Nachdem sie viele Abenteuer überstanden haben, gelangen sie durch den Stromboli in Italien wieder an die Erdoberfläche. Der Roman schildert eindrucksvoll auch das Reisen in Island vor 100 Jahren sowie das Leben der Bewohner.

Der zweite berühmte Roman, der am Snæfellsjökull spielt, ist „Weltlicht" von *Halldór Laxness.* Auch in seinem Roman „Seelsorge am Gletscher" geht es um den Gletscher bzw. um einen Pfarrer, der hier seine „Schäfchen" betreut und in den Bann des Gletschers gezogen wird.

Stapa og Hellna" unweit von Arnarstapi. Es ist 58 ha groß und besteht seit 1988. Im südwestlichen Teil von Snæfellsnes kommen an den Steilfelsen große Seevogelkolonien vor. Im Grundarfjörður liegt die **Insel Melrakkaey.** Sie ist 9 ha groß und wurde 1974 zum Naturschutzgebiet erklärt. Dort sind Eismöwen am Boden zu sehen, was es sonst sehr selten gibt. Außerdem gibt es Kormorane, Krähenscharben, Dreizehenmöwen und Papageitaucher. Entlang der Küsten kann man auch Singschwäne, Eiderenten, Austernfischer, Alpenstrandläufer, Herings- und Eismöwen beobachten. Der **Snæfellsjökull** wurde am 28. Juni 2001 zum Nationalpark erklärt. Er umfasst eine Fläche von 167 km². Intakte Natur, ein Gletscher mit magischer Kraft, Vogelkolonien, Seehunde, beeindruckende Berge, 1000 Inseln, eine wunderbare Küstenlinie, Kliffs, goldene Sandstrände, schöne Felsformationen, Fischerdörfer – all das und noch mehr wird geboten: unterschiedlichste Freizeitaktivitäten, einschließlich Boots-, Sightseeing- und Gletschertouren, klettern, reiten, Rad fahren, fischen, Tiefseefischen, Golf, schwimmen und Museen. Diese Aktivitäten bucht man am besten in den Tourist-Informationen der Orte Ólafsvík und Stykkishólmur.

Nach Überquerung des Flusses Halfjarðará kreuzt die Straße 567 unsere Route. Nordwärts führt diese empfehlenswerte Stichstraße bis zu dem verlassenen Hof Höfði. In der Nähe der Farm Gerðuberg sind besonders gleichmäßig geformte, hohe Basaltsäulen zu sehen. Auf der weiteren Strecke erwarten uns markante Farben: Rote Lavaberge erheben sich zwischen teils moosbewachsenen, teils völlig schwarzen Lavagebilden. Vom Parkplatz bei der Farm Ytri-Rauðamelur führt ein kurzer Fußweg zur **Rauðamelsölkelda** („Mineralquelle beim roten Sandhügel"), **der größten Mineralquelle Islands.** Zuerst gelangt man zu einer Felswand, über die mehrere Wasserfälle rieseln. Dann durchquert man einen Bach. Die Quelle selbst ist mit einem Pfosten markiert. Das Quellwasser ergießt sich in ein ca. 60 cm breites Loch. Dem Wasser werden heilende Kräfte nachgesagt.

Geländegängige Fahrzeuge können auf einer Piste von Höfði zur Hauptstraße zurückfahren. In Richtung Süden kann man auf der 567 bis Kolviðarnes an der Küste fahren. Hier sind drei **Buchten** mit dem Namen Löngufjörur durch Sandbänke fast vollständig vom Meer abgeschnitten.

Die Straße 54 führt weiter durch eine sumpfige Graslandschaft nach Westen. Im Süden der Halbinsel fällt das Bergland ziemlich abrupt in ein 1–2 km breites **Küstenvorland** ab, das nicht älter als 10.000 Jahre ist. Vorher prallte die Brandung an die bis zu 100 m hohe Steilküste. Dann verlandete das Meer immer mehr; Strandseen entstanden. Nach und nach bildete sich das mit Seen durchsetzte Vorland, ein ideales **Brutgebiet für Wasservögel,** unter anderem für den Singschwan. Außerdem kommen dort Sterntaucher, verschiedene Entenarten, Lachmöwen und Graugänse vor. Im sumpfigen Gebiet um die Seen brüten Bekassine, Rotschenkel, Regenbrachvögel, Alpenstrandläufer und

Odinshühnchen. In Richtung Norden blickt man auf die **Rhyolithberge** des Ljósufjöll. Die Straße 56 führt hier über den Pass Kerlingarskarð auf ca. 300 m Höhe nach Stykkishólmur in den Norden der Halbinsel.

Kurz nach der Abzweigung überquert man auf der Straße 54 den Fluss Straumfjarðará. Einige Kilometer weiter zweigt die kurze Stichstraße 571 nach Norden ab. Hier befindet sich unweit des Hofes Ölkelda eine weitere **Mineralquelle.** Die Ölkelda („Mineralquelle") ist gefasst, das Mineralwasser wird verkauft.

Etwa 4 km nach dieser Abzweigung liegt nördlich der Straße 54 die kleine **Kirche Staðarstaður.** Hier lebte *Ari Þórgilsson* (1067–1148), der Verfasser des „Íslendingabók". Möglicherweise gehörte er auch zu den Verfassern des „Landnámabók".

Im weiteren Verlauf der Straße erstrecken sich nach Norden hin viele Seen, auf denen häufig Enten, Singschwäne, aber auch Eistaucher zu sehen sind. Beim Golfplatz von **Langaholt** gibt es einen einfachen Campingplatz; auch Zimmer werden vermietet. 8 km weiter führt eine kurze Stichstraße zum **Freibad Lýsuhóll.** In dem angenehm warmen, stark carbonathaltigen Mineralwasser kann man sich bei einem Bad herrlich entspannen (nur im Sommer geöffnet!). Kurz vor der Abzweigung der Straße 574 nach Ólavsvík bzw. Búðir kommen wir in Kálfárvellir an einem schönen **Wasserfall** (Barnafoss) vorbei.

Abstecher nach Búðir

Das 1948 erbaute Hotel von Buðir (356 Snæfellsbær, Tel. 4356700, Fax 4356701, www.budir.is) brannte 2001 bis auf die Grundmauern nieder. 2002 wurde das neu erbaute **Hotel** eröffnet. Von ihm lassen sich **organisierte Reittouren, Bootsausflüge** mit Beobachtung von Walen und **geführte Ausflüge** auf den Gletscher unternehmen. Man erhält hier auch die **Genehmigung zum Lachs- und Forellenangeln.** Das exquisite Hotel ist eines der schönsten Landhotels Islands. Die Ausblicke von den Zimmern auf den schneebedeckten Snæfellsjökull und die Bucht Faxaflói sind magisch. Die isländische Küche des Restaurants ist berühmt; die frischen Kräuter stammen aus dem eigenen Kräutergarten, eine Seltenheit in diesen Breiten. Doppelzimmer 250–450 Euro.

Nicht weit vom Hotel entfernt erstreckt sich ein heller Sandstrand, durchsetzt mit schwarzen Lavabrocken. Auch hier wird so mancher verführt sein, ein Bad in dem leider allzu kühlen Nass zu nehmen.

In der anderen Richtung des Hotels befindet sich die **Búðarkirkja,** die bereits auf eine beinahe 300-jährige Geschichte zurückblicken kann. Die heutige Kirche allerdings stammt aus der Mitte des 19. Jahrhunderts. Von der Kirche aus erreicht man zu Fuß das **Lavafeld Búðahraun.** Es zählt zu den besonders schönen in Island und zeichnet sich u. a. durch seine **abwechslungsreiche Pflanzenwelt** aus. Im dichten Buschwald kommen seltene Farnarten vor. Elf der 16 in Island wachsenden Farnarten findet man hier. Und 130 verschiedene Pflanzenarten hat man gezählt. Zudem ist die Lava hier von kleinen Höhlen, Grotten und Lavaformationen durchsetzt. Weiter gelangt man zum 90 m hohen Vulkankrater Búðaklettur inmitten der Lavafläche. Von hier ergoss sich einst das flüssige Erdinnere auf das umliegende Land. Unter dem Krater liegt die 400 m lange Höhle Búðahellir. Einer Sage nach soll es von dieser Höhle einen mit Goldstaub bedeckten Lavatunnel bis zur Höhle Surtshellir im Hallmundarhraun bei Húsafell geben. Läuft man nun noch ein Stück weiter durch das bunte Lavafeld, kommt man an den Sandstrand Hraunlandarif.

Von Búðir kehren wir zur Straße 574 zurück. Wir fahren vorbei am See Miðhúsavatn nach Arnarstapi. Etwa 2 km vor Arnarstapi zweigt die Gebirgsstraße 570 zum Snæfellsjökull ab. Sie endet an der Nordküste bei Ólavsvík.

Arnarstapi

↗ VIII,B3

Einen kurzen Abstecher sollte man zur Küste nach Arnarstapi machen. Arnarstapi bedeutet „Adlerfelsen", nach dem pyramidenförmigen Berg, auf dem Seeadler nisten. Es ist jedoch eher unwahrscheinlich, dass man einen dieser großen Vögel zu sehen bekommt, obwohl auf der Halbinsel noch etwa dreißig Paare vorkommen. Wahrscheinlicher ist es, dass eine Küstenseeschwalbe während der Brutzeit einen Scheinangriff auf Besucher fliegt. Eine Kopfbedeckung ist ratsam.

Arnarstapi selbst ist eine wahre Augenweide: kleine Häuser inmitten grüner Wiesen, Basaltsäulen unweit des Meeres, überragt vom Gletscher. Unmittelbar hinter dem Gästehaus endet die Straße. Hier erinnert ein **steinerner Riese** an den ersten Siedler auf der Halbinsel Snæfellsnes, den bärtigen Seemann *Barður*. Die riesenhafte Skulptur aus aufgeschichteten Lavasteinen wurde von *Ragnar Kjartansson* geschaffen. Um *Barður Snæfellsas* rankt sich eine Legende. Er soll halb Mensch, halb Riese gewesen sein. Er lebte auf seinem Hof Laugarbrekka. *Þorkell,* Barðurs Bruder, wohnte in Arnarstapi. Þorkell hatte zwei Söhne, *Rauðfeldur* und *Sölv,* die gerne mit Barðurs Töchtern spielten. *Helga* war Barðurs älteste Tochter, wie er von großer Gestalt, aber wunderschön. Eines Tages, als Treibeis vor der Küste lag, schob Rauðfeldur Helga auf einem Eisberg hinaus aufs Meer. Unverletzt trieb sie auf dem Eis nach Grönland. Barður wurde jedoch sehr wütend. Er warf Rauðfeldur in die Schlucht Rauðfeldsgjá und stieß Sölvi vom Felsen Sölvhamar. Danach verschwand Barður für immer unter der Eiskappe des Snæfellsjökull.

Der kleine **Hafen** ist von steilen Felswänden umgeben, über die sich kleine Wasserfälle ins Meer ergießen. Das Meer hat mannigfaltige **Steinformen** geschaffen. Manchmal blieben nur Pfeiler oder Brocken stehen, manchmal sind es auch Brandungstore wie Gatklettur, der „Lochfelsen". Interessante Säulenformationen erheben sich hier ebenso wie vom Meer geschaffene Hohlkehlen. Für diese Formationen verantwortlich ist die unterschiedliche Härte des Gesteins. Weicheres Material wird schneller von der Brandung abgetragen, härteres widersteht länger der Wucht des Meeres. In den Vorsprüngen und Nischen der Steilküste fühlen sich die **Seevögel** wohl, die hier in großer Zahl vorkommen. Man muss gar nicht weit laufen vom Parkplatz an der Küste beim Riesen Barður, dann hört man schon das ohrenbetäubende Geschrei der unzähligen Lummen, Eissturmvögel, Dreizehenmöwen, Tordalken und Kormorane. Im Gebiet von Arnarstapi und Lóndrangar gibt es noch etliche andere **Vogelberge.** Ein 2½ km langer markierter Wanderweg führt entlang der Steilküste nach Hellnar (s. u.).

Unmittelbar an der Straße erhebt sich der 526 m hohe Berg Stapafell. Er besteht aus Hyaloklastit. Etwa 2 km weiter, südlich des Snæfellsjökull, zweigt eine Stichstraße von der 574 nach Hellnar ab. Etwa auf halber Strecke gelangt man zum **Hof Laugarbrekka.** Hier wurde die Wikingerin *Guðríður Þórbjarnardóttir* geboren. Sie unternahm acht Seereisen und gelangte dabei unter anderem nach Rom – für die damalige Zeit eine beachtliche Leistung (s. a. Glaumbær). Am Beginn des Lavafelds Háahraun steht zur Küste hin eine kleine Skulptur Guðríðurs, eine Informationstafel berichtet über ihre Reisen.

Vorbei an einer Kirche kommt man kurz darauf nach **Hellnar.** Dieser kleine Ort liegt am Meer und war einst ein wichtiges Fischerdorf. Das kleine Café Fjöruhusið beim Bootsanleger gefällt uns gut (Tel. 4356844). Von seiner Terrasse sehen wir hinüber zur Baðstofa. Leider ist das Felsdach der großen **Brandungshöhle** (Baðstofuhellir) eingestürzt, so dass nur noch der stehen gebliebene Basaltbogen auf ihre einstige Größe hinweist. In den Felsnischen nisten Dreizehenmöwen. Etwas nördlich von Hellnar liegt eine weitere kleine Höhle, Sauðahellir.

Sehr lohnenswert ist eine **Wanderung** entlang der Steilküste, nach Arnarstapi oder um die Landzunge Hellnanes herum. Von dort sieht man über die zerklüftete Küste auf den **Leuchtturm von Malarrif.**

Unterkunft

- **Snorrastaðir,** im Eldborgarhraun 3 km westlich der Straße 54 gelegen, Tel. 435 6628, www.snorrastadir.is; günstige Übernachtung im Reiterhof; Schlafsackunterkunft mit Campingplatz; ideal für Reiterferien und zum Angeln.
- **Hotel Eldborg€,** Laugagerðisskóla, liegt nördlich des Eldborgarhraun am Ende der Straße 567, Tel. 4356602, www.hoteleldborg.is; die Schule bietet von Juni–Anfang August günstige Übernachtung in der Schlafsackunterkunft. Restaurant, Schwimmbad und Reitausflüge.
- **Stakkhamar,** an der Küste 5 km südlich der Straße 54, Tel. 4356667; 6 Betten, Sommerhaus, Reiten.
- **Gästehaus Miðhraun,** Miklaholtshreppi, 4 km vor der Abzweigung der Straße 56, Tel. 4356675; 14 Betten, Schlafsackunterkunft, Restaurant, Angeln, Reiten, das ganze Jahr über geöffnet.
- **Ytri-Tunga,** Staðarsveit, 356 Snæfellsbær, Tel. 4356698; 20 Betten, schöne Gästehäuser (5000 ISK), Restaurant, Angeln, Strandspaziergänge, Vogelbeobachtungen.
- **Gästehaus Langaholt,** Garðar, Staðarsveit, 356 Snæfellsbær, Tel. 4356719, 4356889, liegt vor der Abzweigung der Straße 572; 50 Betten, Schlafsackunterkunft, Restaurant, Angeln, Reiten, nur im Sommer geöffnet.
- **Lýsuhóll,** Staðarsveit, 355 Snæfellsbær, Tel. 4356716, Fax 4356816; Zimmer, Schlafsackplätze, Zeltplatz, Restaurant, Schwimmbad, Angeln, Reiten, ganzjährig geöffnet
- **Ferðaþjónustan Snjófell,** Arnarstapi, 355 Snæfellsbær, Tel. 4356783, Fax 4356795, www.snjofell.is; Zimmer, Schlafsackplätze, Zeltplatz, Restaurant, Fahrradverleih, Motorschlitten-Verleih, Bootsfahrten und Walbeobachtungen, das ganze Jahr über geöffnet.
- **Gästehaus Gíslabær,** Hellnar, 355 Ólafsvík, Tel. 4386757, 8541871; Zimmer, Schlafsackplätze, das ganze Jahr über geöffnet.
- **Gästehaus Brekkubær,** Tel. 4356820; Zimmer, Restaurant, selbst gebackener Kuchen.

Sonstiges

- **Schneekatzenfahrt auf den Snæfellsjökull,** ab Snjófell/Arnarstapi, Tel. 4356783, www.snjofell.is; ab Gästehaus Höfði, Ólafsvík, Tel. 4361650; ab 4000 ISK, Mitternachtsfahrten ab 5000 ISK.
- **Mountain Taxi,** Lindarbær, Reykholt, 320 Borgarfjörður, Tel. 4351444 und 8525665, Fax 4351479, Super-Jeep-Touren zum Snæfellsjökull.

•**Hópferðabíl ar Helga Péturssonar,** Tel. 5522300 und 5618000; Gruppenfahrten zum Snæfellsjökull.

Route 2 F:

Von Malarrif nach Grundarfjörður (55 km)

Kurz nachdem wir auf die Straße 574 zurückgekehrt sind, kommen wir an den **Kratersee Bárðarlaug.** Etwa 5 km weiter zweigt wieder eine kleine Stichstraße zum Meer hin ab. Man sieht von hier aus die beiden Felsen von Lóndrangar. Will man sie aus der Nähe betrachten, fährt man auf einer Piste bis kurz vor den **Leuchtturm von Malarrif.** Von hier gelangt man zu Fuß zu den Felstürmen. Auf dem Weg dorthin kommt man an den **Vogelfelsen von Þúfubjörg** und der grasbewachsenen Kraterruine Svalþúfa vorbei. An dem besonders schönen, fast vollständigen Vogelfelsen halten sich große Seevogelkolonien auf, unter anderem eine große Anzahl von Trottellummen. Vor und über den Kolonien fliegen immer wieder Silber-, Mantel- und Schmarotzermöwen, die es auf Eier und Jungvögel abgesehen haben, die aber auch den Altvögeln die gefangene Beute streitig machen.

Man nimmt an, dass es sich bei den **Felsen von Lóndrangar** um Überreste von Vulkanschloten handelt. Der linke der beiden ist etwa 75 m hoch und weist bizarre Zacken auf. Der andere hat etwa eine Höhe von 60 m und einen Buckel.

Von den Felsen an begeben wir uns an die **Westküste der Halbinsel,** wo das Meer auf eine Steilküste trifft, die von den Lavaströmen des Snæfellsjökull gebildet wurde.

Die Bucht Dritvík

↗VIII,A3

Wieder auf der Straße 574 zweigt 5 km weiter die kurze Stichstraße 572 zur Bucht Dritvík ab. Vom Parkplatz (Toiletten) folgen wir dem Fußweg hinunter zur Bucht und dem **Strand Djúpalónssandur,** der aus glatt geschliffenen Lavasteinen besteht. Die Bucht wird auf drei Seiten von hohen Lavafelsen umschlossen. Der kleine **Lagunensee Djúpalón** schimmert smaragdgrün zwischen der Lava; auch der schneebedeckte Snæfellsjökull spiegelt sich im See. **Dritvikurpollur** war vom 16. bis 19. Jahrhundert die Hauptanlegestelle der Fischerboote. Hier befand sich damals der größte Fischereistützpunkt Islands. Zur Hauptfangzeit von Anfang April bis Mitte Mai arbeiteten dort 200 bis 600 Männer. Die Fischer fuhren mit 40 bis 60 Booten aufs Meer. In den Felsen sind an einigen Stellen noch Reste von Fischerhütten, Mauern und Fischtrockenplätzen zu erkennen. Ein frei stehender Felsen im Meer heißt **Tröllakirkja** (Trollkirche). Bei Ebbe kann man zu Fuß dorthin gelangen. Über den Strand der Bucht verstreut liegen die verrosteten Trümmer des englischen Trawlers „Epine", der am 13. März 1948 hier in einem Sturm strandete. Nur fünf der 19 Besatzungsmitglieder konnten damals gerettet werden.

Am Strand liegen auch einige **Steine,** die zur „Musterung" von Matrosen dienten: Mit diesen Gewichten wurden die

Kräfte der Bewerber ermittelt. Es galt, verschieden schwere Steine heben zu können. Wer am stärksten war, schaffte den *fullsterkur* („Ganzstarker"), einen Lavabrocken von 154 kg. Halbstarke konnten den 100 kg schweren *hálfsterkur* stemmen und „halbe Portionen" schafften gerade den *hálfdrættingur* mit 54 kg. Für Schwächlinge gab es früher noch den *amlóði*, doch der nur 23 kg schwere Stein ist zerbrochen – wahrscheinlich mussten ihn nach zuviel „Brennivín" auch die anderen Starken immer wieder fallen lassen ...

Wieder zurück auf der 574 durchfährt man das **Lavafeld Beruvíkurhraun.** Dieses erscheint in schönen Farbabstufungen und ist von Moos und Sträuchern bewachsen. Im weiteren Verlauf der Straße kommt man an **drei alten Kratern** vorbei. Der Krater Hólahólar ist an einer Seite offen und in seiner Form einem Amphitheater ähnlich. Ein Fahrweg führt in Richtung Küste nach **Beruvík.** Der Weg endet nach wenigen hundert Metern; zu Fuß gelangt man an kleinen, wassergefüllten Kraterseen vorbei zur Küste. Dort stehen die Überreste eines alten Hauses, und mit etwas Glück kann man auf den Felsen im Meer Seehunde beobachten.

Im **Lavafeld Neshraun** zweigt eine Allradpiste nach Osten zum Geldingafjall ab, wo sie wieder auf die Straße 570 trifft. Sie durchquert die moosbewachsene Lavalandschaft am Nordrand des Snæfellsjökull. Neben der Piste liegt die **Eyvindarkóla,** eine kleine Lavahöhle (Schild). Auch der zehnminütige Fußweg zum sehenswerten **Wasserfall Klukkufoss** ist ausgeschildert.

Bei der **Bucht Skarðsvík** führt eine 5 km lange Stichstraße zum Leuchtturm von **Öndverðarnes** am westlichsten Zipfel von Snæfellsnes, früher ebenfalls ein Fischerort. In dem an Süßwasser armen Landstrich ist ein Brunnen schon etwas Besonderes; 17 steinerne Stufen führen hinunter zum Brunnen Fálki. In den senkrecht abfallenden Felsen an der Küste nisten zahlreiche Seevögel, vor allem Dreizehenmöwen, die man hier besonders gut beobachten kann.

Wir sind nun an der **Nordküste der Halbinsel** angekommen. Hier verläuft die Straße nahe entlang der Küstenlinie, die immer wieder von Fjorden eingeschnitten ist. Die Steilhänge der gesamten Nordküste sind Brutgebiet für viele tausend Eissturmvögel. Auch die Eismöwe bildet hier große Kolonien.

Kurz vor Hellisandur erhebt sich eine hohe Antenne der amerikanischen Wetter- und Radarstation von Gufuskálar mitten in der flachen Lavalandschaft. Ein kleines Schild informiert darüber, dass dies mit 412 m das höchste „Bauwerk" Islands ist. Etwas nördlich des Mastes befinden sich die Überbleibsel alter **Fischtrocknungsanlagen** aus dem 13. oder 14. Jahrhundert. Auf der anderen Straßenseite sind von den Fischern kleine Verstecke angelegt worden. Die **Fiskibyrgi, Fischburgen,** sind gut getarnte, alte Verstecke vor den Piraten, aus Lavasteinen aufgeschichtet. Hat man eines dieser Verstecke entdeckt, wird man noch viele andere finden können. Über 200 Fischlagerhütten soll es hier einmal gegeben haben. Die

088is Foto: tt

089is Foto: tt

Wasserfall Klukkufoss

Lavahöhle Eyvindarhóla
am Nordrand des Snæfellsjökull

Boote der Fischer haben Spuren im Lavastein hinterlassen, als sie an Land gezogen wurden.

Hellissandur ⇗VIII,A3

Der nächste Ort auf dieser Strecke ist Hellissandur, der zusammen mit dem 3 km entfernten kleineren Rif eine Doppelgemeinde bildet. In Hellissandur leben die Menschen schon sehr lange vom Fischfang und seiner Verarbeitung. Es gibt noch Überreste eines Landungsstegs, der aus dem frühen Mittelalter stammen soll. Die **Kirche** des Ortes, die über lange Zeit die drittgrößte des Landes war, gibt es wahrscheinlich auch schon seit über 500 Jahren, so dass sie schon im Winter 1477 bestanden haben könnte, als sich *Kolumbus* hier aufgehalten hat. In einem Torfhaus, das früher als Lagerraum für Fische diente, ist heute ein **Fischereimuseum** (Sjómannagarðurinn, „Seemannsgarten") untergebracht. Es handelt sich um eine zweigiebelige Fischerhütte mit torfbeschichteten Grundmauern. Sie wurde nach altem Vorbild eingerichtet und vermittelt einen Einblick in das Leben einer Fischerfamilie in früherer Zeit. Im Museum ist außerdem das Ruderboot „Bliki" aus dem Jahr 1826 zu besichtigen. Auch alte Schiffsmotoren sind zu sehen. Im Klettsbúð 7 wurde eine **Informationsstelle** des Nationalparks Snæfellsjökull eingerichtet. In der Nähe steht die Skulptur „Beðiði" von *Grímur Marinð.*

Westlich des Ortes liegt nahe der Straße (Schild) die **Quelle Írokrabrunnur.** Eine schmale Treppe aus abgewetzten Steinen führt unter einer mit Gras und Moosen bewachsenen „Brücke" aus Walknochen hindurch in das Erdloch. Neben der Quelle liegen weitere, vom Licht gebleichte Walknochen und ein uralter Walschädel.

Unterkunft

- **Edda-Hotel Hellissandur,** Klettsbúð 9, Tel. 4444940, Fax 4444941.

Campingplatz

- **Hellissandur,** Útnesvegur gegenüber Edda-Hotel, Tel. 4366900, geöffnet 1.6.–31.8., auf dem einfachen Campingplatz kann man kostenlos übernachten.

Museen

- **Fischereimuseum (Sjómannagarðurinn),** Útnesvegur, Tel. 4366615, geöffnet vom 1.6.–31.8. täglich außer Mo 9.30–12, 13–18 Uhr, Eintritt 300 ISK; im Garten des Museums steht die Skulptur Jöklarar von *Ragnar Kjartansson.*
- **Naturkundemuseum,** Geöffnet nach Vereinbarung, Tel. 4366644.

Rif

↗ VIII,A3

Weiter gelangt man auf der Straße 574 nach Rif. Kurz vor dem Ort befindet sich auf dem **Vogelfelsen Keflavíkurbjarg** beidseits der Straße eines der größten Brutgebiete der **Küstenseeschwalbe** überhaupt. Bis zu 20.000 Paare kommen hier vor. An den breiten Stränden aus schwarzem Lavasand wachsen Strandroggen, Meersenf, Salzmiere und Mertensie. Der Hafen von Rif wird von Hellissandur mitbenutzt. Im Gegensatz zur Südküste, die ungeeignet ist für den Bau von Häfen, da sie leicht versandet, gibt es im Norden mehrere Fischerorte. Im 15. Jahrhundert fielen in Rif englische Piraten ein. Ein Gedenkstein, der „Björnssteinn", erinnert an den Statthalter *Björn Þórleifsson,* der von den einfallenden Seefahrern ermordet wurde. Hinter dem kleinen Flugplatz treffen wir auf einen Brutplatz von Eiderenten.

Ólafsvík

↗ VIII,A/B3

Nach der Brücke über den Bach Hólmkelsá biegt kurz vor dem verlassenen Hof Sveinsstaðir eine Piste nach Südwesten ab, die nach Hellisandur zurückführt. Folgt man diesem Weg 1½ km bis zur Hólmkelsá, kann man zu Fuß (1 km) zu dem flussaufwärts gelegenen Wasserfall Kerlingarfoss gelangen.

Auf dem Weg nach Ólafsvík kann man von der Straße 574 den westlich des 410 m hohen Bergs Enni gelegenen Svöðufoss sehen. Auf der Ostseite des Enni liegt Ólafsvík.

Der Ort selbst wird im Süden von Bergen umrahmt, im Norden erstreckt sich ein Sandstrand. Hier findet man Schalen der **Isländischen Kammmuschel,** die gefangen und industriell verarbeitet wird. Übrig gebliebene Schalen werden zerkleinert und zum Teil sogar als Straßenbelag verwendet.

Ólafsvík blickt schon auf eine lange Geschichte zurück. Vom 17. bis 19. Jahrhundert galt es mit seinem Hafen als häufig frequentierter Handelsplatz und stand auch in Verbindung mit dänischen Kaufleuten. Ein gut erhaltenes hölzernes **Lagerhaus** stammt noch aus dieser Zeit. 1844 wurde es von einem dänischen Kaufmann erbaut und beherbergt heute das **Heimatmuseum** Gamla pakkhúsið („altes Lagerhaus") und die Tourist-Information. Die Einwohnerzahl von Ólafsvík wuchs schnell auf heute 1000 Einwohner an. Eine enorm wichtige Rolle spielt hier der Fisch. Es handelt sich um den wichtigsten Fischerort auf der Halbinsel. Die Stadt verfügt über eine große Fangflotte. Das Gefrierhaus und die Fisch verarbeitende Industrie weisen ebenfalls auf die Bedeutung des Fischfangs hin.

Im Ort steht ein Kulturhaus, in dem auch das Reykjavíker Simphonieorchester regelmäßig gastiert, ein Schwimmbad und ein Golfplatz sind ebenfalls vorhanden. In dem kleinen Park Sjomannagarður erinnert ein Denkmal an die ums Leben gekommenen Seeleute.

Von Ólafsvík werden ebenso wie von Arnarstapi Touren auf den Snæfellsjökull angeboten.

Tourist-Information

- **Gamla pakkhúsid,** Tel. 4336930, im Sommer tägl. geöffnet von 9–19 Uhr.

Unterkunft

- **Hotel Ólafsvík€,** Ólafsbraut 20, Tel. 436 1650, Fax 4361651, www.hotelolafsvik.is, ganzjährig geöffnetes, großes 3-Sterne-Hotel mit 99 Betten und gutem Restaurant, isländische Küche, Pizzas und Hamburger.

Campingplatz

- 1 km östlich der Stadt **an der Straße 54,** Tel. 4361543; komfortabel, Einkaufsmöglichkeit, Tankstelle, Bushaltestelle, geöffnet 22.5.–31.8.

Essen und Trinken

- **Prinsinn,** Fast-Food-Restaurant im Einkaufszentrum in der Ólafsbraut, Tel. 4361362, geöffnet Mo–Fr 10–23.30 Uhr, Sa/So 11.30–23.30 Uhr, Pizzas und Hamburger.
- **Imbiss der OR-Tankstelle,** Tel. 4361012.

Notfall

- **Ambulanz,** Engihlíð 28, Tel. 4306500.
- **Apotheke,** Ólafsbraut 24, Tel. 4361261.
- **Polizei,** Ólafsbraut 34, Tel. 4361219.

Museum

- **Byggðasafn Ólafsvíkur Gamla pakkhúsið, Heimatmuseum,** geöffnet 1.6.–31.8., täglich 9–19 Uhr, Tel. 4336930.

Sport und Freizeit

- **Hochseeangeln,** mit dem Motorboot „Lukka SH-800", Buchung bei *Lukka,* Tel. 436 6707, oder in den Gästehäusern Ólafsvík (Tel. 4361300) und Gimli Hellissandur (Tel. 436 6825), ca. 3500 ISK (1½ Std.).
- **Bootsfahrten zur Walbeobachtung,** 4000 ISK, 3 Std.; geführte Touren zur Vogelbeobachtung, geführte Wanderungen, Buchung im Gästehaus Höfði.

Sonstiges

- **Schwimmbad,** Ennisbraut 1, Tel. 4339510.
- **9-Loch-Golfplatz,** Fróðárvellir, Tel. 4361666.

Wasserfall in Geirakót bei Olavsvík

Am östlichen Ortsrand von Ólavsvík steht das alte **Handelsschiff „Schwan"** (Svanen), das 1777/78 in Eckernförde gebaut wurde. Auf einer Tafel wird die wechselvolle Geschichte des Schiffes beschrieben. Kurz darauf mündet die Straße 570 vom Snæfellsjökull in die Straße 574 ein, und nach weiteren 6 km trifft diese auf die von Süden kommende Straße 54. Auf ihr fahren wir entlang der Nordküste weiter nach Grundarfjörður.

Bei **Geirakót** sieht man südlich der Straße einen malerischen mehrstufigen **Wasserfall.** In den **Buchten Vallavík** und **Látravík** gibt es schöne **Sandstrände.** Neben der Straße rauschen immer wieder kleine Wasserfälle ins Tal, und man kann gut den Aufbau der Halbinsel aus terrassenförmig angeordneten Säulenbasalten erkennen. Buchten und kleine Landzungen wechseln sich auf der Meeresseite ab. Außerdem sind – wie auch auf der übrigen Halbinsel – immer wieder Lavabrocken zu Mauern aufgeschichtet, mit kleinen Treibholzstücken dazwischen. Holz für Zäune ist sehr teuer in Island und muss importiert werden.

Auf einem Halbinselchen erhebt sich der **Basaltfelsen Stöð,** der geologisch bedeutsam ist, da sich anhand der Gesteinsschichten das Vorkommen von zwei Eiszeiten feststellen lässt. Den Fuß des Felsens bildet eine Basaltschicht mit Schrammen, die durch das Gletschereis entstanden. Die nächste Schicht besteht aus arktischen Muscheln, die aus dem Meer stammen, das nach der Eiszeit diese Felsen umgab. Darüber liegt eine Schicht aus Sand und Ton, in die

090is Foto: tt

Erlen- und Birkenblätter eingelagert sind. Diese müssen ebenfalls auf dem Meer hierher gelangt sein. Diese Schicht wurde von einer Lavaschicht überdeckt, die wiederum Schrammen von Gletschern aufweist, also auf eine weitere Eiszeit schließen lässt.

Grundarfjörður

↗VIII,B3

Ebenfalls auf einer Landzunge liegt der weithin sichtbare **Kirkjufell.** Der 436 m hohe Berg hat eine sehr markante Form und ist dem Ort Grundarfjörður vorgelagert. In den steilen Bergen westlich davon nistet eine große Anzahl von Eismöwen, die man von der Straße aus beobachten kann.

Der Ort liegt am gleichnamigen Fjord und hat **850 Einwohner.** Es handelt sich noch um eine junge Ortschaft, die vor allem nach dem Krieg entstanden ist. Allerdings siedelten schon zwischen 1800 und 1860 Franzosen in Grundarfjörður, die eine Krankenstation und eine Kirche bauten. Das alte französische Siedlungsgebiet lag östlich der heutigen Ortsmitte bei Grundarkampur. Einige Mauerreste sind noch zu sehen. Auch hier ist der Haupterwerbszweig die **Fischindustrie.** Die Trockengestelle für den Stockfisch fallen besonders auf, und im Meer sind die runden Pontons für die Lachskulturen verankert. Im Hafen wird man ebenfalls Eismöwen und Eissturmvögel antreffen, die durch die Fischabfälle angelockt werden. Nicht weit von Grundarfjörður entfernt gibt es Skipisten für den Abfahrtslauf.

Tourist-Info und Museum

- **Eyrbyggja Saga Centre,** Grundargata 35, Tel. 4381881, www.grundarfjordur.is.

Unterkunft

- **Hótel Framnes,** Nesvegur 6–8, Tel. 438 6893, www.hotel-framnes.com.
- **Gästehaus Ásgeirshús,** Borgarbraut 2, 350 Grundarfjörður, Tel./Fax 4386893; 8 Betten, 10 Schlafsackplätze, Angeln, Reiten, ganzjährig geöffnet.
- **Gästehaus Krákan,** Sæból 13, Tel. 438 6999; Restaurant, familiär geführt, das ganze Jahr über geöffnet.
- **Hof Setberg,** Setberg, Tel. 4386817; Zimmer mit Schlafsackunterkunft, Angeln, Reiten, Fahrradverleih, ganzjährig geöffnet.
- **Ferienhof Suður-Bár,** an der Straße 576, 350 Grundarfjörður, Tel. 4386815, Fax 438 6515; 22 Betten, Schlafsackplätze, Zeltplatz, Restaurant, Angeln, Reiten, Golf, Bootsausflüge, das ganze Jahr über geöffnet.
- **Hof Kverná,** 1 km östlich von Grundarfjörður an der Straße 57, Tel. 4386314; 19 Betten, Schlafsackplätze auf dem Hof und in Sommerhäusern, eine Angellizenz kann erworben werden.

Jugendherberge

- **Jugendherberge Grundarfjörður,** Hlíðarvegur 15, Tel. 5626533, Fax 4386433, 15.1.–15.12. geöffnet, 33 Betten.

Campingplatz

- **Beim Schwimmbad,** Tel. 4308500.
- **Setberg** (an der Straße 576), Tel. 4386817.

Essen und Trinken

- **Krákan,** Sæból 13, Tel. 4386999; gute und preiswerte isländische Küche, Fisch, Meeresfrüchte, Lamm, Menüs, aber auch kleine Gerichte wie Pizza und Hamburger, geöffnet täglich von 9–23 Uhr, Fr/Sa bis 3 Uhr; am Wochenende Bootsausflüge.
- **Kafti 59,** Grundargata 59, Tel. 4386988, 4386990.
- **Samkaup,** bei der Tankstelle, Grundargata 38, Tel. 4386446.

Notfall

- **Ambulanz,** Hrannarstígur 7, Tel. 4386800.
- **Apotheke,** Hrannarstígur 25, Tel. 4386745.

Sonstiges

- **Schwimmbad,** Borgarbraut 19, Tel. 430 8564.
- **9-Loch-Golfplatz,** Bár-Platz, Tel. 4386815.
- **Hochseeangeln,** Tel. 4386781, 8529360.

Route 2 G:

Von Grundarfjörður nach Brú (165 km)

Um die östlich von Grundarfjörður vorgelagerte Halbinsel führt die Straße 576, die im nördlichen Teil in eine Piste übergeht. Auf ihr kommt man am knapp 400 m hohen Setberg vorbei.

Eine neue Straße und eine Brücke führen östlich des Berges über den 10 km weit ins Land reichenden **Kolgra-**

fafjörður, den „Kohlengräber-Fjord". Aus seinem Namen kann man Rückschlüsse auf eine Zeit des Bergbaus in dieser Gegend ziehen. Hier kommt das in Island seltene Tiefengestein Gabbro vor. Auf einer Brücke überquert man auch den Hraunsfjörður.

Das Berserkjahraun

Man erreicht nun das **Lavafeld** Berserkjahraun. Um dieses Gebiet ranken sich Erzählungen, nachzulesen in den „Eyrbyggjasaga". In der Landnahmezeit soll hier der Weg von einem Bauern angelegt worden sein. Als Unterstützung holte er sich **Berserker,** grimmige Wikinger aus Norwegen. Als Lohn für die Arbeit versprach ihnen der Bauer Frauen des Ortes. Die Berserker aber wurden von den unverheirateten Frauen in eine Scheune gelockt, dort eingeschlossen, und die Scheune wurde in Brand gesteckt. Auch heute noch sollen die Seelen der Toten über das Berserkjahraun geistern.

Durch das **4000 Jahre** alte Lavafeld führt eine Straße, die vor der Brücke über den Hraunsfjörður von der Straße 54 abzweigt und im Hellgafellsveit wieder auf die Straße 54 trifft. Bleibt man auf der 54, zweigt im Berserkjahraun eine 5 km lange Stichstraße nach **Bjarnarhöfn** im Norden ab. Dort steht eine der ältesten Kirchen Islands. Ein Haifisch-Fischer (Schild „Hákarl") hat ein kleines Museum eingerichtet, in dem er außer alten Werkzeugen, Haifischskeletten und Gesteinen auch einige eher skurrile Ausstellungsstücke zeigt und auch *Hákarl,* fermentiertes Haifleisch, verkauft.

Dann trifft die Straße 56 von Süden auf unseren Weg. Folgt man dieser etwa 5 km bergauf, gelangt man zu einem Rastplatz und **herrlichem Aussichtspunkt** über das moosbewachsene Berserkjahraun. Am Fuß eines rötlich schimmernden Lavahügels liegt ein kleiner See. Der Zufluss, die Fossá, bildet unweit der Straße einen mehrarmigen Wasserfall. Nach dem Abstecher fahren wir wieder zurück zur Straße 54.

Südlich der Abzweigung der Straße 58, die in nördlicher Richtung nach Stykkishólmur führt, liegt der 527 m hohe **Berg Drápuhlíðárfjall.** Es handelt sich um einen Rhyolithberg, an dem man auch Jaspis finden kann. Nahe dem Gipfel ist ein kleiner See, in dem angeblich „Wunschsteine" zu entdecken sind. Wer in der Johannisnacht fündig wird, dem soll jeder Wunsch in Erfüllung gehen.

Auf dem Weg nach Stykkishólmur gibt es von der Straße 58 eine Abzweigung zum **Berg Helgafell,** dem **„heiligen Berg" der Isländer.** Von 1184 bis zur Reformation 1550 war dies der Standort eines Augustinerklosters, das vorher auf Flatey gegründet worden war und sich hier schnell entwickelte. Viele wertvolle altisländische Handschriften entstanden in dem Kloster. Hier soll auch **Guðrun Osvifursdóttir** gelebt haben, eine der Hauptfiguren der Laxadalssaga. Außerdem ist der Berg Schauplatz einer Legende. Wer erstmals den Weg zu Guðruns Grab hinaufsteigt, das auf dem 73 m hohen Gipfel liegt, dem steht ein Wunsch frei. Voraussetzung ist jedoch, dass er sich bei der Besteigung nicht umdreht, streng in Richtung Osten blickt und kein einziges Wort spricht. Dabei muss er sich ganz auf seinen Wunsch konzentrieren, der nichts Böses bewirken darf. Wer nichts auf diesen alten Volksglauben gibt, sollte den Berg trotzdem besteigen, schon wegen der schönen Aussicht.

Stykkishólmur

↗ IX,C2

Der **Hauptort der Halbinsel Snæfellsnes** ist mit **1100 Einwohnern** Stykkishólmur. Der Ort wurde wie Rom auf sieben Hügeln erbaut. Immer wieder war er Schauplatz von Sagas. Ein geschützter natürlicher Hafen verhalf dem Städtchen schon im vorigen Jahrhundert zu einer bedeutenden **Fischerei- und Schiffsbauindustrie.** Auch als Exporthafen wird er genutzt. Heute verkehren vom Hafen Ausflugsboote und die Fähre nach Brjánslækur in den Westfjorden. Aus der Blütezeit des Ortes sind noch mehrere Wohn- und Lagerhäuser erhalten geblieben. Zu den Gebäuden gehört das **Norwegische Haus** (Norska Húsið), das 1828 in der Skólastígur errichtet wurde. Die Bausubstanz wurde in Norwegen vorgefertigt, damit errichtete sich dann *Árni Þórlacius* sein Haus. Er war der erste Meteorologe des Landes und gründete 1845 in Stykkishólmur die erste Wetterstation Islands. Die moderne, weiß getünchte Kirche **Stykkishólmskirkja** wurde 1992 fertig gestellt. Im Sommer finden hier Konzerte statt. Auf dem Altargemälde von *Kristin Gunnlaugsdóttir* entschweben Jesus und Maria in den Himmel (geöffnet täglich 10–17 Uhr). Ferner gibt es ein katholisches Konvent mit angeschlossenem Kindergarten. Es wurde von holländischen Nonnen seit den 1940er Jahren errichtet. Heute wohnen in dem Kloster zwölf Franziskaner-Nonnen. Als Hauptort der Halbinsel Snæfellsnes verfügt Stykkishólmur über eine gut ausgebaute Infrastruktur, auch ein Schwimmbad gibt es. An der **Hauptstraße** angesiedelt sind Tankstelle, Supermarkt, Restaurant, Gästehaus, Reisebüro und Tourist-Information. Von Stykkishólmur lassen sich Wander- und Reittouren unternehmen sowie die Fjordinseln mit dem Schnellboot erkunden. Vom Kliff auf der Halbinsel Súgandisey beim Fähranleger am Hafen hat man eine gute Aussicht über den Ort und den Breiðafjörður mit seinen Inseln.

Tourist-Information

- **Egilshús,** Aðalgata 2, Tel. 4338120, Fax 438 1780, www.stykkisholmur.is.

Unterkunft

- **Hotel Stykkishólmur€,** Borgarbraut 8, Tel. 4302100; das große, von außen etwas trist wirkende Hotel mit seinen 154 Zimmern liegt auf einem Hügel oberhalb des Orts. Das Restaurant bietet isländische Küche.
- **Hotel Breiðarfjörður€,** Aðalgata 8, Tel. 433 2200, Fax 4332201; ganzjährig geöffnet, 24 Betten, kleines, zentral gelegenes Hotel.
- **Gästehaus María€,** Höfðagata 11, Tel. 438 1258.

Jugendherberge

- **Jugendherberge Sjónarhall,** Höfðagata 1, Tel. 8612517, Fax 4381417, 1.5.–30.9. geöffnet, 50 Betten.

091is Foto: tt

Campingplatz

- Am westlichen Ortsrand beim Schwimmbad/Tankstelle, Tel. 4381075, Dusche.

Essen und Trinken

- **Café-Restaurant Narfeyrarstofa,** Aðalgata 3, Tel. 4381119, zentral gelegen, gute isländische Fisch-Küche (1500–4000 ISK), auch Hamburger und Kuchen.
- **Snackbar in der Tankstelle,** Aðalgata 25, Tel. 4381254.

Notfall

- **Polizei,** Aðalgata, Tel. 4304141.
- **Ambulanz, Krankenhaus,** St. Fransiskusspítalinn, Austurgata 7, Tel. 4332000.
- **Apotheke,** Hafnargata 1, Tel. 4381141.

Fähre Baldur

- **Stykkishólmur – Brjánslækur** über Flatey (s. u.), Abfahrt ab Stykkishólmur 10.6.–20.8. täglich 9 und 15.30 Uhr, 21.8.–9.6. So bis Do 13.30 Uhr, Fr 9 und 15.45 Uhr, So 9 Uhr. Von Brjánslækur nach Stykkishólmur fährt das Schiff vom 10.6.–20.8. täglich 12.15 und 18.45 Uhr, 21.8.–9.6. So bis Do 17 Uhr, Fr 12.30 und 19 Uhr, So 12.30 Uhr. Reservierungen im Fährbüro oder unter Tel. 4381450. Die Fähre wurde 1990 gebaut, sie fasst 200 Passagiere und 20 Autos. Im Schiff gibt es eine günstige Cafeteria. Die Überfahrt kostet für einen Pkw bzw. einen Erwachsenen jeweils 3950 ISK, für Kinder über 15 Jahren die Hälfte.

Museum

- **Volkskundemuseum Norska Húsið,** Hafnargata 5, Tel. 4381640, geöffnet 1.6.–31.8., täglich 11–17 Uhr, Eintritt 400 ISK.
- **Vatnasafn (Wassermuseum),** Bókhlöðustígur 17, www.libraryofwater.is, geöffnet 5.5.–31.8. 11–17 Uhr, Eintritt frei; die 1955 geborene New Yorker Künstlerin *Roni Horn* bezeichnet Island als ihr „Freilichtstudio", wo sie

inspiriert wird vom Eis der Gletscher, der baumlosen Tundra und der schwarzen Lava. In einer Zeit, in der das ewige Eis der Gletscher schmilzt, bewahrt ihre Installation das geschmolzene, tausendjährige Eis der größten Gletscher Islands in 24 gläsernen Säulen. Durch das gerundete Art-déco-Fenster des Museums blickt man auf den Hafen und die unzähligen Inseln im Breiðafjörður. Das Museum wurde im Mai 2007 eröffnet und befindet sich in der ehemaligen Bibliothek hoch über Stykkishólmur.

Sonstiges

- **Fahrradverleih,** Aðalgata 2, Tel. 4381450.
- **Pferdeverleih Hildibrandur,** in Bjarnarhöfn, Tel. 4381581; erklärt wird auch der Fang von Haien.
- **Bibliothek,** Hafnargata 7, Tel. 4338160.
- **Schwimmbad,** Borgarbraut 4, Tel. 4381150.
- **9-Loch-Golfplatz,** Víkurvöllur, Tel. 4381075.
- **Bootsausflüge, Sæferðir,** Tel. 4332254, www.saeferdir.is, Wal- und Vogelbeobachtungsfahrten.
- **Kapelle des Franziskanerinnen-Klosters,** Täglich geöffnet, Führungen (Anmeldung unter Tel. 4332000).

Der Breiðafjörður

Zwischen den Westfjorden im Norden und der Halbinsel Snæfellsnes im Süden erstreckt sich der Breiðafjörður. Über der blaugrünen Wasseroberfläche erheben sich etwa **2500** unterschiedlich große **Inseln, Schären und Felsen.** Für die Isländer sind die Inseln im Breiðafjörður gemäß einem Sprichwort genauso wenig zählbar wie die Hügel im Vatnsdalur westlich von Blönduós.

Nachdem sich das Gletschereis zurückgezogen hatte, das während der letzten Eiszeit noch den ganzen Fjord bedeckte, entstanden durch die abtragende Kraft der Brandung diese Inseln im Meer. Noch im vergangenen Jahrhundert waren viele der fruchtbaren Inseln bewohnt. Heute gibt es nur noch wenige besiedelte Inseln. Dafür haben die Vogelkundler zahlreiche Inseln mit ihrem großen **Vogelvorkommen** für sich entdeckt. Die Schären sind ein wichtiges Brutgebiet für Krähenscharben, Kormorane und Eismöwen. Die Wattlandschaft ist ein wichtiges Durchzugsgebiet für Gänse, vor allem Weißwangen- und Ringelgänse, die auf Grönland brüten. Auch Seehunde und Kegelrobben leben auf den Inseln.

Abstecher nach Flatey

↗ VIII,B1

Von Stykkishólmur gelangt man mit der **Fähre „Baldur“** in knapp 3 Std. über den Breiðafjörður nach Brjánslækur in den Westfjorden. Dazwischen legt die Fähre nach 1 Std. und 40 Min. auf der „flachen Insel“ Flatey an. Bereits seit 1926 gibt es diesen Fährbetrieb. Heute verkehrt das siebte Schiff seit Beginn der Breiðafjord-Überquerungen.

Es gibt mehrere Inseln mit dem Namen Flatey. Eine davon ist die größte der Inseln im Breiðafjörður, sie wurde berühmt durch den Fund des nach ihr benannten mittelalterlichen **Flateyjarbók.** Dieses **„Buch von Flatey“** ist die größte und prachtvollste aller isländischen Handschriften. Die Schrift entstand vermutlich Ende des 14. Jahrhunderts auf dem Hof Viðidalstunga bei Laugarbakki. Auf 225 Pergamentseiten sind Sagas niedergeschrieben, mit Illustrationen und Kalligrafien verziert. Sie handeln von den norwegischen Königen *Olav Tryggvason, Olav dem Heiligen* oder *Håkon Håkonsson* und der Entdeckung Amerikas. Für die Erstellung des Buches wurden die Häute von 113 Kälbern verwendet. Irgendwann gelangte die Schrift dann in den Privatbesitz eines Bauern auf Flatey, wo sie sich bis 1647 befand. Dann erhielt sie der Bischof von Skálholt als Geschenk, wenig später kam sie zum dänischen König. 1971 wurde sie aus der Königlichen Bibliothek in Kopenhagen nach Reykjavík überstellt. Dort wurde sie zum Bestandteil der **Sammlung Árni Magnússon.**

Im 12. Jahrhundert wurde auf Flatey ein **Kloster** gegründet, das eine zentrale Rolle in der Literatur spielte. Von dem Kloster ist heute nichts mehr erhalten. Schon 50 Jahre später war es nach Helgafell in der Nähe von Stykkisholmur verlegt worden, wo es schnell zu einem wichtigen geistigen, vor allem literarischen, Zentrum wurde. Im 18. Jahrhundert war Flatey die wichtigste **Handels- und Poststation** für den ganzen westlichen Teil Islands. Schiffe brachten Handelswaren vom Kontinent, die gegen heimische Waren, vor allem gegen Fisch und Seehundfelle, eingetauscht wurden.

Doch nicht nur Geschichtsinteressierten kann ein Ausflug nach Flatey empfohlen werden. Die kleine Siedlung mit bunt bemalten Holzhäusern – eine Seltenheit in Island – inmitten der grünen Wiesen ist wirklich sehenswert. Sie wurde erst in den letzten Jahren wiederhergestellt. Die **Häuser und Höfe** gehören zu den ältesten und besterhaltenen des ganzen Landes. Überwiegend stammen sie aus dem vorigen Jahrhundert. Auch Naturfreunde kommen auf ihre Kosten. Vögel brüten in großer Zahl, außerdem kommen Eiderenten vor. Ein Teil der Insel ist seit 1975 **Naturschutzgebiet.** Auch Seehunde kann man antreffen. Wenn es sich einrichten lässt, sollte man einen Sonnenuntergang auf Flatey erleben!

Flatey dient immer wieder auch als **Kulisse für Filme** und isländische Fernsehserien. Bummelt man durch den weltabgeschiedenen Ort, hat man das Gefühl die Zeit steht still. Am einzigen Weg stehen Fischtrockengestelle an denen die Fische ein leises Konzert im Wind geben. In einem roten Holzhauschen befindet sich das Postamt, und ein alter Traktor befördert Waren und Besucher zum Hotel.

092is Foto: tt

Das „Postgebäude" auf Flatey

Unterkünfte auf Flatey:

Unterkünfte vermittelt die Tourist-Information von Stykkishólmur.

- **Hotel Flatey**€€, 4227610, www.hotelflatey.is, Mitte Juni–Mitte Sept. geöffnet, 24 Betten, einziges Hotel, Restaurant und Café auf der Insel.
- **Grænigarður,** Tel. 4381451, Mitte Juni–Mitte Sept. geöffnet, 300 m vom Fähranleger entfernt (Voranmeldung bei der Tourist-Info Stykkishólmur).
- **Ferienhaus Ólina Jónsdóttir,** Tel. 4381476, im Sommer Schlafsackunterkunft.
- Einfacher **Campingplatz** in Krákuvör, Tel. 4381451, am Meer gelegen.

Von Stykkishólmur geht es zurück zur Straße 54. Kurz vor dem Hof Hrisar blickt man rechter Hand auf das Lavafeld Svelgsáhraun. Unmittelbar dahinter erhebt sich der vielfarbige Liparitberg Drápuhlíðarfjall. Weiter umfährt man den **Álftafjörður.** Er ist benannt nach den Singschwänen (isl. *álft* = Singschwan), die hier den Sommer verbringen, wenn sie noch nicht geschlechtsreif sind. Man blickt vom Álftafjörður auf die hohen Berge im Landesinnern.

Der höchste von ihnen ist der Rauðamelsfjall. Die Inseln des Breiðafjörður bilden eine malerische Kulisse für die **Kirche in Narfeyri,** die aus dem 19. Jahrhundert stammt. Sie befindet sich am Fuße des steilen Eyrarfjall. Bei Breiðabólsstaður steht eine Kirche inmitten von Krüppelbirken. Kurz vorher zweigt eine Stichstraße zur Küste nach Drangar ab. Hier soll *Erik der Rote* sein Unwesen getrieben haben. Wegen Totschlags angeklagt, wurde er geächtet, worauf er nach Grönland floh.

Wir sind nun an der Küste des Hvammsfjörður angekommen. Man nennt sie auch **Skógarströnd,** „Waldstrand". Im Fjord liegen viele kleine Inseln. Auch die größte, die Insel Brokey, ist nicht mehr bewohnt. Bei genauem Hinsehen kann man bei Valshamar, wo die Straße nahe an der Küste entlangführt, einen alten Trawler entdecken, der im Sturm vor einer der kleinen Inseln strandete.

Als nächstes passieren wir die Abzweigung der Straße 55, die die Halbinsel Snæfellsnes von Nord nach Süd durchquert. An den Seen Hólmlátursvötn vorbei gelangen wir ins Hörðudalur. 2 km nach der Überquerung des Flusses Dunká kommen wir an einer Schlucht vorbei. Nach der Überquerung weiterer Flüsse, der Hörðudalsá und der Miðá, mündet die Straße 54 in Miðdalir in die Straße 60 ein. Diese Straße führt in die Westfjorde. Wir fahren auf ihr ein Stück nach Norden. Nach 2 km zweigt rechts die Straße 586 ins Haukadalur ab. Hier lohnt sich ein Abstecher. Hinter dem lang gezogenen Haukadalsvatn liegt das **Freilichtmuseum Eiríksstaðir.** Mitte Juli findet hier das **Wikingerfestival Eiríkshátíð** statt. Seit dem Jahr 2000 wird in dem nachgebauten Grassodenhaus aus der Landnahmezeit die Lebensweise der Wikinger und die **Geschichte Eriks des Roten** *(Eiríkur rauði)* und dessen Sohnes *Leifur Eiríksson* dargestellt. Erik der Rote kam Mitte des 10. Jahrhunderts als Kind mit seinem Vater aus Norwegen nach Island. Später heiratete Erik *Þjóðhildur* aus dem Haukadalur und errichtete dort ein Gehöft. Hier wurden seine Söhne *Leifur* und *Þorsteinn* geboren. Als Erik mit seinem Nachbarn Streit hatte und diesen erschlug, wurde er aus dem Haukadalur vertrieben, aber nicht angeklagt. Er ließ sich dann auf der Insel Öxney im Breiðafjörður nieder, wo er ein neues Gehöft erbaute. Erik geriet aber wieder in Streit mit seinen Nachbarn und erschlug zwei von ihnen bei Drangar in Skógarströnd. Diesmal wurde er auf dem Thing schuldig gesprochen und musste aus Island fliehen. Mit einigen Freunden segelte er nach Westen und entdeckte dabei Grönland. Im Jahr 986 siedelte er sich an der Westküste der Insel an. Sein Sohn Leifur verbreitete im Auftrag des norwegischen Königs *Ólafur Tryggvason* das Christentum in Grönland. Als Leifur von einem Land hörte, das noch weiter westlich als Grönland liegt, machte er sich mit seinem Schiff auf und segelte bis zum heutigen Baffin Island und nach Labrador in Amerika. In Neufundland überwinterte er bei l'Anse aux Meadows und kehrte

Personenbeförderung auf Flatey

dann nach Grönland zurück. Auf seiner Reise soll er auch **Vinland** entdeckt haben. Wo das genau liegt, weiß man aber nicht.

Im darauf folgenden Jahr segelten sein Halbbruder *Þorvaldur* und seine Halbschwester *Freyðis* nach Westen ins heutige Amerika. In den Folgejahren segelte auch *Þorfinnur Karlsefni* mit seiner Frau *Guðriður*, die zuvor mit Leifurs Bruder Þorsteinn verheiratet gewesen war, nach Amerika, um Vinland zu suchen. Man nimmt an, dass sie dort an Land gingen, wo heute New York liegt. Guðriður brachte in Amerika ein Kind zur Welt – das erste europäische Kind, das in Amerika geboren wurde. Im Jahr 1013 kamen sie wieder zurück nach Island. Nach dem Tod ihres Mannes pilgerte Guðriður nach Rom und kehrte danach als Nonne nach Glaumbær zurück. Guðriður gilt als die am weitesten gereiste Frau ihrer Zeit.

Mit einem geländegängigen Fahrzeug kann man vom Haukadalur in östlicher Richtung auf der Piste F 586 über Haukadalsskarð direkt nach **Brú** an der Ringstraße gelangen. Für die 20 km lange holprige Strecke benötigt man aber eine volle Stunde; die Furt durch die Haukadalsá ist meistens nicht tief. Wer mit dem Pkw unterwegs ist, fährt zurück zur Straße 60 und biegt vor dem Ort Búðardalur rechts auf die Straße 59 ab, die durch das **Laxárdalur** nach Brú führt. Das 30 km lange Laxárdalur ist der Schauplatz der **Laxdæla-Saga.** Nach der Laxárdalsheiði erreichen wir bei Borðeyri den Hrútafjörður. Die Straße 61 führt uns 13 km am Fjord entlang nach Brú.

093is Foto: tt

Unterkünfte:
- **Ferienhof Svarfhóll,** Miðdalir, Tel. 4341339.
- **Gemeindehaus Árblik,** Tel. 4341366.
- **Stóra-Vatnshorn,** bei Eiríksstaðir, Tel. 4341342, auch Campingplatz

Kunst und Kultur:
- **Eiríksstaðir im Haukadalur,** Tel. 4341118, www.leif.is; geöffnet täglich vom 1.6. bis 1.9. von 9 bis 18 Uhr, Eintritt 600 ISK, Kinder unter 14 Jahren frei.

Route 3: Der Norden zwischen Hrútafjörður und Eyjafjörður

- **Route 3 A:**
Von Brú zur Halbinsel Vatnsnes
- **Route 3 B:**
Rundfahrt um die Halbinsel Vatnsnes
- **Route 3 C:**
Vom Hóp nach Blönduós
- **Route 3 D:**
Rundfahrt um die Halbinsel Skagi
- **Route 3 E:**
Von Blönduós nach Varmahlíð
- **Route 3 F:**
Von Varmahlíð nach Akureyri
- **Route 3 G:**
Von Varmahlíð nach Sauðárkrókur
- **Route 3 H:**
Um die Halbinsel Tröllaskagi nach Akureyri

Route 3 A:
Von Brú zur Halbinsel Vatnsnes

Der Nordwesten macht ein Achtel der Fläche Islands aus, es leben aber nur 10.000 Menschen dort. Geologisch ist dieser Landesteil im Vergleich zur übrigen Insel noch nicht „den Kinderschuhen entwachsen“, die Felsen haben sich hier „erst“ vor 1,5–8 Millionen Jahren gebildet. Ein Großteil des Flachlands und der Täler ist **sehr fruchtbar,** deshalb wird ein großer Teil des Landes an der Küste landwirtschaftlich genutzt. Aber auch der Fischfang ist von Bedeutung, liegt hier doch das Zentrum der isländischen Krabbenindustrie.

Das Gebiet südlich von Húnaflói und Skagafjörður ist die Heimat der **Sagahelden** und der **Islandpferde.** Im Herbst kann man hier dem Pferde- und Schafsabtrieb beiwohnen. Das Gebiet ist ideal für Reittouren oder Wanderungen zu Vulkankratern, hohen Wasserfällen und tiefen Schluchten. An der Fjordküste der drei Halbinseln Vatnsnes, Skagi und Tröllaskagi liegen kleine Fischerdörfer, von denen aus sich Bootsausflüge aufs Meer oder zu den vorgelagerten Inseln unternehmen lassen. Der Kulturinteressierte kann Kirchen und alte Torfgehöfte besuchen.

Alternativ zur Hauptroute auf der Ringstraße kann man die drei in ihrem Charakter ganz verschiedenen **Halbinseln** umfahren: Die kleinste der drei ist **Vatnsnes;** sie ragt wie eine Zunge in die Bucht Húnaflói hinein. **Skagi** liegt zwischen dem Húnaflói und dem Skagafjörður. **Tröllaskagi** zwischen dem Skagafjörður und dem Eyjafjörður ist die größte Halbinsel, vorwiegend gebirgig, mit lebhaften Fischerdörfern und einem Bischofssitz.

Wir beginnen unsere Reise durch den Norden des Landes auf der Ringstraße bei **Brú.** Brú liegt an einer Brücke - daher der Name - an der Südspitze des Hrútafjörður und an der Abzweigung der Straße 61 von der Ringstraße. Der Ort besteht aus einer Tankstelle mit Cafeteria und ein paar Häusern. Er ist eine Umsteigestelle für die Überland-Linienbusse. Beim Hof Hrútatunga zweigt eine Piste ins Fossdalur ab. Ein 6 km langer Fußweg führt vom Straßenende nach Hveraborg im Tal des Flusses Síká, einem Geothermalgebiet, in dem das warme Wasser in zwei Sitzbecken gestaut wird.

5 km weiter gelangt man auf der Ostseite des Hrútafjörður nach Staður. Links der Straße liegt **Staðarskáli,** wo wir unter anderem ein Hotel, eine Tankstelle und eine Cafeteria vorfinden. Am Ortsausgang steht ein ungewöhnliches Denkmal, das 1993 errichtet wurde. Es erinnert daran, dass sich hier einst der **Mittelpunkt der Landpostboten** befand, wo sich früher die Postreiter aus dem Süden und Norden trafen.

- **Tourist-Information** im Hotel Staðarskáli.
- **Hotel Staðarskáli,** Hrútafjörður, Tel. 451 1150, Fax 4511107; 24 Betten, 6 Schlafsackplätze, Hütten, Restaurant (vielfältige Speisekarte), ganzjährig geöffnet.
- **Gästehaus Brú**, Tel. 4511122.
- **Campingplatz** beim Hotel Staðarskáli; einfach, Einkaufsmöglichkeit, Bushaltestelle.

Auf dem Bergrücken Hrútafjarðarháls oberhalb des Fjords liegen zahlreiche kleine Seen, zu denen 2 km nördlich von Staður beim Gehöft Brandagil eine Piste hinführt. In **Þóroddsstaðir** soll der Sage nach „Grettir der Starke" seinen Gegner, *Þorbjörn Öxnamegni,* den „Ochsenstarken", getötet haben. Dabei soll Grettir seine Speerspitze abhanden gekommen sein, die man einige hundert Jahre später fand. Den Fundort nennt man Spjótsmýri, „Speermoor".

12 km fahren wir am Hrútafjörður entlang nach Norden. Auf der anderen Seite des Fjords liegen die Westfjorde. Da die Straße beinahe auf der Küstenlinie verläuft, hat man eine gute Aussicht über den tief ins Land eingeschnittenen Fjord. In **Reykjaskóli,** wo sich eine Jugendherberge und ein Schwimmbad befinden, zweigt die Ringstraße vom Ufer ab und quert die kleine Landzunge Leggstaðanes. Diese wird durch die Schotterstraße 702 erschlossen. Das **Bezirksmuseum Byggðasafnið á Reykjum** liegt am Meer. In dem großzügigen Bau sind das Fischerboot Ófeigur, das zuletzt 1915 zum Haifischfang eingesetzt wurde, landwirtschaftliche Maschinen, Fahrzeuge und eine Baðstofa, der Wohn- und Schlafraum der alten Torfgehöfte, zu sehen. Die Ringstraße führt weiter durch fruchtbares Weideland.

- **Jugendherberge Sæberg,** Reykjum, Hrútafiði, Tel. 4510015, Fax 4510034; Campingplatz, 42 Betten in Doppel- bis 7-Personen-Zimmern sowie 2 Ferienhäuser für je 5 Personen, geöffnet 1.1.-30.11.; die Jugendherberge liegt an der Küste, 1 km von der Ringstraße entfernt.
- **Byggðasafnið á Reykjum, Heimatmuseum** von Húnavatn und Strandir in der Schule Reykjaskóliin Hrútafjöräur, Tel. 4510040, täglich geöffnet 1.6.-31.8. 10-19 Uhr.

In **Melstaður** verfasste der Gelehrte *Arngrímur Jónsson* (1568–1648) im 17. Jahrhundert landeskundliche Schriften über Island, die auch im Ausland Beachtung fanden. Hier spielte außerdem im 10. Jahrhundert die Kormákssaga, die Sage des Dichters *Kormákur Ógmundarson*. Wer eine Unterkunft sucht, wende sich an das Gästehaus in Melstaður (s. u.).

Fährt man auf den Straßen 704 und 705 durch das Vesturá-Tal nach Süden, gelangt man zur **Schlucht Kolugljúfur.** Die 40–60 m tiefe, enge Schlucht ist 1,5 km lang. In ihr liegen die Kolufossar, zwei Wasserfälle.

Bei **Laugarbakki** gelangen wir an den nächsten Fjord, den Miðfjörður. Der Ort hat etwa 100 Einwohner. Die heißen Quellen dienen der Beheizung von Treibhäusern. Inzwischen ist der Fremdenverkehr auch hier zu einem wichtigen Erwerbszweig geworden.

In der Sage von *Grettir dem Starken* wird berichtet, dass in dieser Gegend früher Hengstkämpfe ausgetragen wurden. Im Ort gibt es ein Edda-Hotel, einen Campingplatz und das Thermalschwimmbad Grettislaug (geöffnet 16–20 Uhr).

- **Edda-Hotel Laugarbakki,** 532 Laugarbakki, Tel. 4444920, Fax 4444921, Sommer-Hotel mit 20 Betten und 30 Schlafsackplätzen.
- **Bauernhof Gauksmýri**€, Tel. 4512927, Fax 4513427, www.gauksmyri.is; Reitausflüge, 56 Betten.

Abstecher ins Tal der Miðfjarðará

In Laugarbakki zweigt die Straße 704 ins Tal des Flusses Miðfjarðará und zur Arnarvatnsheiði ab. Die ersten 25 km der Straße lassen sich bis ins Austurárdalur mit einem normalen Pkw befahren, der weitere Weg auf der Piste F 578 zur Arnarvatnsheiði bleibt 4WD-Fahrzeugen vorbehalten (s. a. Route 7).

Beim **Gehöft Bjarg** (Km 8) steht ein Denkmal, das an *Ásdís,* die Mutter des Sagahelden *Grettir Ásmundarson,* erinnert, der hier geboren wurde. *Grettir der Starke,* einer der beliebtesten Sagenhelden, verbrachte seine Kindheit an diesem Ort. Das Denkmal ist mit Reliefs aus der Saga verziert.

Nach 18 km erreicht man entlang des Ostufers der Miðfjarðará den verlassenen Bauernhof Núpsdalstunga. Hier verlässt die Straße das Flusstal und wendet sich nach Osten ins Austurárdalur. Nach 7 km endet die Straße bei dem Gehöft Aðalból. 1 km zuvor führt eine kurze Piste nach Efrinúpur, dem „abgelegensten" Hof und Kirchenort des Tales. Auf der gegenüberliegenden Flussseite kann man auf der Straße 704 durch das Tal der Miðfjarðará zurück zur Ringstraße fahren. Auf dem Weg dorthin kommen wir nach **Brekkulækur.** Dieser Hof ist Pferdefreunden ein Begriff durch das Gestüt von *Arinbjörn Jóhannsson.* Hier werden **Reit- und Mountain-Bike-Touren** angeboten. Auch Übernachtungsmöglichkeiten gibt es. 9 km weiter erreichen wir südlich von Laugarbakki wieder die Ringstraße.

Unterkunft im **Reiterhof Brekkulækur,** Hvammstangi, Tel. 4512938, Fax 4512998; 24 Betten, ganzjährig geöffnet, **€€**; Pferde-Trekking mit deutschsprachiger Führung, 7–14 Tage (1490–2840 Euro), Teilnahme am Schafsabtrieb (erstes Septemberwochenende) und Pferdeabtrieb (letztes Septemberwochenende) jeweils 1160 €.

Hinter Laugarbakki zweigt die Straße 72 nach Hvammstangi ab. Nördlich des Orts beginnt die Straße 711, die entlang der Küste um die Halbinsel Vatnsnes herumführt und im Víðidalur wieder auf die Ringstraße trifft.

Route 3 B:

Rundfahrt um die Halbinsel Vatnsnes

Insgesamt ist die Rundfahrt um die Halbinsel Vatnsnes 80 km lang (Straße 711). Wegen des schlechten Straßenzustands muss man dafür allerdings mehrere Stunden veranschlagen. Wir fahren zuerst auf der Straße 72 nach Hvammstangi (10 km).

Hvammstangi

IV,A3

Mit fast **600 Einwohnern** ist dies der größte Ort von Vatnsnes. Haupterwerbszweige sind der Fang von Tiefseegarnelen und der Handel. Es gibt eine Bank, eine Post und ein geothermal beheiztes Schwimmbad.

Eine gute Aussicht auf den Ort und die umliegenden Berge hat man von der **Felskuppe Káraborg** (476 m). Mit ihren Basaltstrukturen erinnert sie in der Tat etwas an eine Burg. Zu Fuß benötigt man für die Besteigung etwa zwei Stunden. Auch eine ruppige Piste führt hinauf.

Tourist-Information

- Im isländischen **Robbenzentrum Selasetur** am Hafen, Brekkugata 2, ganzjährig geöffnet, Tel. 4512345.

Unterkunft

- **Gästehaus Hanna Sigga**€, Garðavegur 26, 530 Hvammstangi, Tel. 4512407, ganzjährig geöffnet.
- **Sirop**€, Norðurbraut 1, Tel. 4512630, Fax 4512240, 12 Betten und Schlafsackunterkunft, Restaurant-Bar, kleine Grillgerichte, Pizzas, Kuchen.
- **Dæli,** Víðidalur östlich Hvammstangi, Tel. 4512566, ganzjährig geöffnet, 26 Betten und Schlafsackunterkunft, Campingplatz, Reiten, Angeln.
- **Víðigerði,** östlich an der Straße 711 gelegen, Tel. 4512592, Fax 4512593, ganzjährig geöffnet, Restaurant.

Campingplatz

- **Kikjuhvammur,** Tel. 4512715, oberhalb des Ortes.

Notfall

- **Polizei,** Höfðabraut 6, Tel. 4512364.
- **Ambulanz,** Nestún 1, Tel. 4552100.
- **Apotheke,** Tel. 4552144, neben der Ambulanz.

Kunst und Kultur

- **Verslunarminjasafnið,** Handelsmuseum im alten Lagerhaus, Brekkugata 4, Tel. 4512747.
- **Selasetur (Isländisches Robbenzentrum),** Brekkugata 2, Tel. 4512345, ganzjährig geöffnet, www.selasetur.is. Das Robbenzentrum wurde in dem 1926 erbauten Kaufmannshaus von *Sigurður Pálmason* eingerichtet. Es informiert über die Lebensweise der Robben und über Natur und Kultur auf der Halbinsel Vatnsnes.
- **Gallerí Bardúsa** (Kunsthandwerk), Brekkugata (am Hafen), Tel. 4512405, Handwerk der Region, Wollwaren, Keramik, Schnitzereien, geöffnet Mo–Fr 9–18, Sa/So 14–17 Uhr.

Sonstiges

- **Tankstelle, Werkstatt, Reifendienst,** in Laugarbakki, Tel. 4512934.
- **Post/Telefon,** Lækjargata 2, Tel. 4512300.
- **Schwimmbad,** Hlíðarvegur 6, Tel. 4512532.

---

10 km nach Hvammstangi kommt man an den Schafspferch **Hamarsrétt,** der schön anzusehen ist. Von der Straße ist er nur schwer einsehbar. Er liegt 1 km südlich der Baches Hamarsá links unterhalb der Straße. Etwas entfernt davon steht ein Leuchtturm. Der Schafspferch

scheint zwischen den Felsen und dem Meer eingeklemmt. Die Straße ist in dieser Gegend ziemlich verlassen. Hin und wieder sind weidende Schafe und Pferde zu erblicken. Die Aussicht auf die Bucht und die schneebedeckten Berge im Nordwesten der Halbinsel ist gut. In **Illugastaðir** führten zwei Morde zur letzten Hinrichtung in Island (siehe weiter unten). Heute kann man hier auf den kleinen Inseln vor der Küste **Robben und Seevögel** beobachten. Ein Fußweg (10 Min.) führt vom Campingplatz (einfach) dorthin. Am Weg stehen viele bunte Fähnchen, mit denen Eiderenten zum Nestbau angelockt werden. Im Bauernhaus gibt es ein kleines Café (geöffnet 15–19 Uhr).

32 km hinter Hvammstangi passiert man das Kirchlein Tjörn. Hier zweigt die Stichstraße 712 ins Tal des Baches Tunguá ab. Nach etwa 7 km erreicht man auf der Straße 711 die Nordspitze von Vatnsnes. Hier liegt **Hindisvík.** Der Pfarrer *Sigurður Norland* (1923–1955) wollte hier einmal Fischer ansiedeln, da er den Ort ideal für einen Hafen hielt. Die Menschen teilten seine Meinung aber nicht. Heute trifft man hier deshalb nur auf Eiderenten, Möwen und Robben.

Die Straße macht nun einen Bogen um das Kap Nestá herum und führt entlang der Ostküste zurück. An der Mündung des Salzwassersees Sigriðarstaðavatn in den Húnafjörður befindet sich ein Parkplatz. Nach etwa 200 m erreicht man das Meer. Von dort hat man den Blick frei auf den **Hvítserkur,** einen besonders markanten **Vogelfelsen aus Basalt.** Er wird vor allem von Dreizehenmöwen und Kormoranen bewohnt. Mit 15 m ist er zwar nicht besonders hoch, aber er fällt durch seine eigenartige Form auf, welche die Fantasie des Betrachters anregt. Nicht weit entfernt liegen der Hof Ósar und die Jugendherberge Sunset, wo man übernachten kann und Angellizenzen erhält.

● **Jugendherberge Sunset in Ósar,** an der Straße 711, Tel. 8622778, Fax 4512978, 1.5.–1.10. geöffnet, 57 Betten.

Obwohl die Straße 711 auf der Westseite des Vesturhópsvatn entlangführt, lohnt sich ein 8 km langer Umweg auf der Straße 717, die auf der Ostseite des Sees verläuft. **Borgarviki** („Burgdorf"), ein auffälliges **Basaltgebilde** aus 10–15 m hohen Basaltsäulen, die eine kreisförmige Mulde umschließen, wurde von Menschenhand bearbeitet, aufgestockt und zu einer „Burg" gemacht. Borgarviki kommt auch in zwei Sagas vor, muss also in der Wikingerzeit entstanden sein. Besteigt man den Felsen, hat man aus 177 m Höhe einen lohnenden Ausblick. Nördlich des Sees erstreckt sich das das Schwemmland Vesturhóp. Auf der Südwestseite des Vesturhópsvatn, wo die Straße 717 wieder in die Straße 711 einmündet, liegt 1 km nördlich der alte **Pfarrhof Breiðabólsstaðir.** 1117/ 1118 wurden hier die Gesetze des jungen Staates niedergeschrieben, die zuvor nur mündlich überliefert wurden. *Jón Arason* richtete hier 1530 die erste Druckerei Islands ein.

Vogelfelsen Hvítserkur im Húnafjörður

094is Foto: tt

In Vatnshorn erreichen wir wieder die Ringstraße. Wir fahren durch das Víðidalur nach Osten. Die Straße 715 führt zu dem 5 km südlich der Ringstraße liegenden **Guts- und Kirchhof Víðidalstunga.** Hier wurden im Mittelalter bekannte Bücher geschrieben, so 1394 das weltberühmte Flateyarbók.

Kurz vor der Ringstraße bildet der Fluss Fitjá die Wasserfälle Kerafossar.

Route 3 C:

Vom Hóp nach Blönduós

Der Nehrung Hóp ist der Þingeyrasandur vorgelagert. Dieses Landstück trennt den flachen **See Hóp** auch vom Húnafjörður. Der See bedeckt eine Fläche von 45 km² und gehört damit zu den **größten** in Island.

Beim Hóp zweigt die Straße 722 in das Vatnsdalur ab. Auf diesem Weg kann man mit einem Geländewagen weiter zur Arnarvatnsheiði fahren (siehe Route 7). Die Straße 721 führt in Richtung Norden nach **Þingeyrar.** Der Kirchenort gehörte lange Zeit zu den bedeutendsten Höfen Islands. 1133 wurde ein Kloster gebaut, das den Ort zu einem kulturellen Zentrum machte. Die Goden trafen sich hier zum Thing. In dem Kloster sind zahlreiche Sagas entstanden. Mit der Reformation 1550 wurde das Kloster aufgelöst und verfiel. Die heutige Kirche wurde 1864–1877 aus Steinen errichtet, die man im Winter auf Schlitten über den zugefrorenen

Hóp herantransportierte. In der Kirche ist das Altarbild aus Alabaster sehenswert, das von einem englischen Flügelaltar aus dem 15. Jahrhundert stammt.

• Auf dem **Ferienhof Þingeyrar** (ganzjährig geöffnet, Tel. 4524365, Fax 4524569) kann man in Gästezimmern und einer Schlafsackunterkunft übernachten. Angeboten werden Reitausflüge, Angeln sowie Enten- und Gänsejagd.

Nahe der Ringstraße liegt das 4 km^2 große Hügelfeld von Vatnsdalshólar am Ausgang des Vatnsdalur. Die Hügel entstanden vor einigen tausend Jahren durch einen Bergrutsch am Vatndalsfjall. Ein wenig nördlich der Ringstraße liegen die drei auffallenden Hügel **Þrístapar.** Hier fand am 12. Januar 1830 die **letzte Hinrichtung in Island** statt, bei der *Agnes* und *Friðrik* geköpft wurden, weil sie in Illugastaðir den Schmied *Natan Ketilsson* und einen Bauern ermordet hatten. Die Mörder sind auf dem Friedhof von Tjörn (an der Straße 745) begraben. In Illigastaðir im Laxárdalur östlich Blönduósbær sind Überreste der Schmiede erhalten.

Vom **Hof Stóra-Giljá** (Tel. 4524294, vermietet zwei kleine Sommerhäuser mit je 6 Schlafplätzen und Küche, 5500 ISK) stammt *Þorvaldur der Weitgereiste.* Er war der erste Missionar in Island. In einem großen Stein auf dem Grundstück des Hofs sollen zur Zeit der Christianisierung gute Geister gewohnt haben. Þorvaldurs Vater wollte sich nicht taufen lassen, um die Schutzgeister seines Hofes nicht zu erzürnen. Der Missionar soll daraufhin die Stärke des neuen christlichen Glaubens bewiesen haben, indem er den Stein mit seinen Gebeten zerspringen ließ. Bei diesem Gullstein, dem „Goldstein“, wurde 1981 ein Denkmal errichtet, das an die Christianisierung Islands erinnert.

Blönduós

↗ IV,A/B2

Blönduós hat knapp **850 Einwohner.** Erst 1988 erhielt der Ort die Stadtrechte. An der Mündung der Blanda gelegen, erstreckt sich Blönduós an beiden Flussufern. Der Verkehrsknotenpunkt ist lokales Handelszentrum. Hier wird Landwirtschaft und Kleingewerbe, vor allem im Textilbereich, betrieben. Bei der Fischerei ist der Garnelen- und Schellfischfang wichtig; eine richtige Hafenstadt ist Blönduós aber nie geworden, da die sandige Küste den Bau eines größeren Hafens nicht zulässt. Dennoch haben die Bewohner Mitte der 1990er Jahre den kleinen Hafen ausbauen lassen, so dass ein Trawler Garnelen und kleine Fischkutter Jakobsmuscheln aus dem Fjord holen können.

Ihren Namen hat die Stadt von der Blanda, die aus mehreren Quellflüssen, die am Hofsjökull entspringen, entsteht. Der Fluss mündet bei Blönduós in den Húnafjörður, an seiner Mündung haben sich einige kleine Inseln ausgebildet. Am nördlichen Ortsende gelangt man über eine Fußgängerbrücke auf die **Insel Hrútey,** seit 1975 **Naturschutzgebiet.** Die Insel liegt mitten im Fluss und weist eine interessante Fauna und Flora auf. Kurz hinter dieser Brücke liegt eine neue, erst 1993 geweihte **Kirche.** Der Kirchplatz ist ein guter Aussichtspunkt über die Stadt.

Das **Textilmuseum** informiert über das Kunsthandwerk der Gegend und zeigt alte isländische Trachten. Der Pädagogin und Frauenrechtlerin *Halldóra Bjarnadóttir* ist eine Ausstellung gewidmet. Auf der 1962 erbauten Brücke gelangt man über die Blanda in einen älteren Stadtteil. Unweit des Strandes stehen einige **Holzhäuser** und die alte Kirche mit einem Altarbild des Malers *Kjarval.* In der Straße Blöndubyggð ist das rotbraun angestrichene Holzhaus Hillebrandthús das älteste Haus der Stadt. Es stammt aus Skagaströnd, wo es vermutlich seit 1733 stand, und wurde 1877 nach Blönduós gebracht. In dem Haus befindet sich das **Treibeiszentrum** mit Ausstellungen zum Wetter und zur Eisbildung am Nordpol. Interessant sind auch die Darstellungen, die aufzeigen, wie sich unsere Erde verändert, wenn durch die zunehmende Klimaerwärmung das polare Eis schmilzt. Ein kurzes Stück am Meer entlang, kommt man zu einem Aussichtspunkt über die Bucht Húnaflói.

Tourist-Information

- **Am Campingplatz,** Tel. 8201300, geöffnet 1.6.–15.9. täglich 9–21 Uhr.

Unterkunft

- **Hótel Blönduós**€€, Aðalgata 6, Tel. 4524 205, Fax 4524208; 30 Betten, Restaurant, ein bei Lachs-Anglern beliebtes Hotel der gehobenen Klasse.
- **Glaðheimar**€, Blöndubyggað 10, am Campingplatz, Tel./Fax 4524403; gehört zum Hotel Blönduós, 9 Zimmer; vermietet auch Hütten am Campingplatz für 2 bis 8 Personen.
- **Hotel Hunavellir,** Húnssstaðir 2, südlich Blönduós an der Straße 724 gelegen, Tel. 453 5600, www.hotelhunavellir.is; im Sommer geöffnet, 55 Betten und Schlafsackplätze, Schwimmbad, Campingplatz.

Campingplatz

- **An der Ringstraße** am Ufer der Blanda, Tel. 8201300, Fax 4524913; komfortabel, Einkaufsmöglichkeit, Schwimmbad, Cafeteria, Tankstelle, Bushaltestelle. Manchmal etwas laut wegen der Lkw an der nahen Tankstelle; Spaziergänge in den Wald auf der anderen Seite der Blanda.

Essen und Trinken

- **Restaurant im Hotel Blönduós,** Bar, gehobene Küche.
- **Við Árbakkan,** Húnabraut 2, am Ufer der Blanda gelegenes Café-Restaurant im Landhausstil, Tel. 4524678, gute isländische Küche, Kuchen, Kunstausstellungen.

Kunst und Kultur

- **Textilmuseum Heimilisiðnaðarsafnið,** Árbraut 31, Tel. 4524067, geöffnet 1.6.– 31.8., tägl. 10–17 Uhr; gezeigt werden alte isländische Handarbeiten wie Volkstrachten, Wandteppiche, Tischdecken und Woll-Einlagen *(leppar)* für Schuhe aus Fischhaut. Im Museum findet sich auch der Nachlass von *Halldóra Bjarnadóttir* (1873–1981), der ersten isländischen Pädagogin. Sie schuf in Island mehrere Ausbildungsstätten für Frauen. Weiterhin ist in dem Museum eine Mineralienausstellung der Fa. Álfasteinn untergebracht. Eintritt 500 ISK, Kinder unter 16 Jahren frei.
- **Hillebrandtshús,** Tel. 4524520, 1.6.–31.8. 11–17 Uhr geöffnet, mit Treibeiszentrum, Eintritt 4,20 Euro, Kinder unter 16 Jahren frei.

Sonstiges

- **Ambulanz, Apotheke, Krankenhaus,** Flúðabakki, Tel. 4524385.
- **Polizei,** Hujúkabygg 33, Tel. 4552666.
- **Schwimmbad,** Húnabraut, Tel. 4524451.
- **9-Loch-Golfplatz,** Vatnahverfi, Tel. 452 4980.

Route 3 D:

Rundfahrt um die Halbinsel Skagi

Die 119 km lange Rundfahrt führt **von Blönduós nach Sauðárkrókur** am Skagafjörður. Die Straßen 74 und 745 verlaufen an der Küste. 8 km nördlich von Blönduós quert die Straße 744 die Halbinsel. Sie führt durch das Norðurárdalur und trifft 20 km östlich im Laxárdalur wieder auf die Straße 745.

Auf der Straße 74 erreichen wir 2 km nach der Abzweigung der Straße 744 **Höskuldsstaðir.** Auf dem Friedhof des Gehöfts steht ein alter Runenstein aus dem 14. Jahrhundert.

Die Straße 74 endet in **Skagaströnd.** 530 Einwohner hat der Ort heute. Das Fischereizentrum war bereits im 16. Jh. ein wichtiger Handelsplatz deutscher und englischer Kaufleute. An der Küste stehen bei Spákonufellshöfði („Berg der Wahrsagerin") sehenswerte Basaltsäulen. Östlich des Orts liegt das enge Hrafndalur („Rabental"). Ein verfallener Fahrweg, der sich gut zum Wandern eignet, führt durch die Berglandschaft des Skagastrandarfjöll zu mehreren verlassenen Bauernhöfen. Zu beiden Seiten des Tals ragen hohe Berge empor, im Norden der 646 m hohe Spákonufellsborg, im Süden der Illviðrishnjúkur (707 m). Im Winter kann man in den Bergen östlich von Skagaströnd Ski fahren.

- **Campingplatz Skagaströnd,** Hólabraut, an der Straße 74 gelegen, Tel. 4522707.
- **Gästehaus Dagsbrún,** Túnbraut 1, Skagaströnd, Tel. 4522730, ganzjährig geöffnet, 7 Betten, Restaurant.
- In der Bogabraut 7 finden sich eine **Ambulanz** (Tel. 4554100) und eine **Apotheke** (Tel. 4522717).
- Bei Háagerði gibt es einen **9-Loch-Golfplatz,** Tel. 8925089.
- **Kantribær,** Hólanesvegur, Tel. 4522829, www.kantry.is, geöffnet Juni–Sept., Fr/Sa bis 3 Uhr nachts; Islands einziger Western-Saloon mit Country-Bar und eigener Radiostation (UKW 96,7, 100,7, 102,1), der von dem isländischen Country-Musiker *Hallbjörn Hjartason* gegründet wurde. Amerikanisches Country-Restaurant mit Hamburger und Pizzas; im Sommer findet hier ein viertägiges Country-Musik-Festival statt.

Von Skagaströnd setzen wir unsere Rundfahrt auf der Straße 745 fort. Am lang gezogenen Króksbjarg fällt die Küste mit 50 m hohen Klippen schroff ins Meer ab. In Kálfhamarsvík führt eine kurze Stichstraße am Ufer des Fjords zu einer sehenswerten Formation aus Säulenbasalt. Überall liegt weißes, rund geschliffenes Treibholz verstreut auf dem flachen Kiesstrand. Auf einer **Strandwanderung** in diesem kaum besiedelten Landstrich bekommt man hölzerne Schiffsplanken, zerrissene Fischernetze, Schwimmkugeln aus Kunststoff, Styropor oder Holz zu sehen, die vom Meer angeschwemmt wurden.

Kap Skagatá ist der nördlichste Punkt der Insel. Eine schmale Piste führt ein wenig südlich davon zu der Seenplatte auf der Hochebene Skagaheiði. An den steilen Klippen von Ketubjörg kann man Seevögel beobachten. 2 km vor dem Gehöft Selá zweigt erneut eine Piste zur Skagaheiði ab. Sie führt zum See Ölvesvatn und in eine karge, subpolare Landschaft. Im Skagafjörður ragt die kleine Insel Drangey 135 m hoch aus dem Meer.

Nach der Bucht Sælavandsvík verlässt die Straße die Küste und führt durchs **Laxárdalur** nach Sauðárkrókur. Eine holprige Piste steigt aus dem Tal hinauf zum 434 m hohen Réttarfell und den Seen Bjarnarvötn. Mit dem Geländewagen kann man vom Réttarfell weiterfahren und auf einer abenteuerlichen Piste durch das Tal des Baches Gauksstaðaá eine etwa 18 km lange Rundfahrt machen; die Piste trifft wieder auf die Straße 745.

Im Bezirk Skagafjörður haben sich 1998 elf Gemeinden zu der **Groß-Kommune Skagafjörður** zusammengeschlossen, deren Hauptort Sauðárkrókur ist.

Sauðárkrókur ⇗ IV,B2

In Sauðárkrókur begann die Besiedlung erst im Jahr 1870. Die heute **2550 Einwohner** zählende Stadt wuchs schnell und ist heute der größte Ort des Bezirks. Bereits seit 1858 ein wichtiges Handelszentrum, besitzt Sauðárkrókur seit 1947 die Stadtrechte. Die emporstrebende Gemeinde mit hoher Bedeutung für den Norden Islands ist das **Verwaltungszentrum der Region** rund um den Skagafjörður. Seine Bedeutung als Wirtschaftsstandort und als Verkehrsknotenpunkt erhält der Ort durch den gut ausgebauten Hafen, eine eigene Trawler-Flotte, eine moderne Fischfabrik und einen Flugplatz. Das kompakte Stadtbild weist besonders viele Holzhäuser auf. Einen guten Blick auf den Ort hat man vom höher gelegenen Friedhof aus.

Am Hafen sieht man, wie auf Holzgestellen **Stockfisch** getrocknet wird. Man kann sich im geothermal beheizten Schwimmbad, auf dem Golfplatz und im Winter in den Skigebieten des Hinterlands vergnügen. Eine lizenzfreie Angelmöglichkeit besteht am Strand. Auch **Wanderer** kommen in Sauðárkrókur auf ihre Kosten. Eine leichte Tour erschließt den 706 m hohen Hausberg der Stadt, den Molduxi, von wo aus man eine gute Rundumsicht hat. Zum 995 m hohen Tindastóll führt eine etwas anspruchsvollere Tour.

Am südlichen Ortsende von Sauðárkrókur biegt die Straße 75 2 km vor dem Flugplatz nach Osten ab und überquert auf Brücken und Dämmen die Mündung der **Héraðsvötn.** Im Süden breiten sich große Sand- und Wasserflächen aus, im Norden brandet das Meer; in wärmeren Gefilden wäre dies ein idealer Badestrand. Die Besucher, die hierher kommen, erkunden die Gegend lieber auf dem Rücken eines Pferdes. In der Skagfirðingarbraut unterstreicht die lebensgroße Skulptur eines Islandpferds von *Ragnar Kjartansson* den hohen Stellenwert der **Pferdezucht** in dieser Region und verdeutlicht, dass die Islandpferde maßgeblich an der Bedeutung des Landstrichs teilhaben.

Tourist-Information

- **Tourist-Info im Minjahúsið,** Tel. 4536870, im Sommer 14–18 Uhr geöffnet.

Unterkunft

- **Fosshótel Áning€,** Skagafirðingabraut 21, Tel. 4536717, Fax 5624001, im Sommer geöffnet.
- **Hotel Tindastóll€€,** Lindargata 3, Tel. 453 5002, www.hoteltindastoll.com, ganzjährig geöffnet, 13 Betten, traditionsreiches Hotel, in

Trockenfisch

dem 1941 schon *Marlene Dietrich* übernachtet hat, schöner heißer Pool.

- **Gästehaus Mikligarður€,** Kirkjutorg 3, bei der Kirche, Tel. 4536880, www.mikligardur.is, ganzjährig geöffnet, 30 Betten.

Camping

- Tel. 4556161, direkt neben dem Schwimmbad, geöffnet 1.6.–31.8.

Essen und Trinken

- **Ábær,** Skagafirðingabraut, Tel. 4557070, gehört zum Hotel Áning.
- **Ólafshús,** Pizzeria, Pub, Aðalgata 15, Tel. 4536454, geöffnet So bis Mi 10–23 Uhr, Do bis 1 Uhr, Fr/Sa bis 3 Uhr.
- **Kaffi Krókur,** Aðalgata 16, Tel. 4536299, geöffnet Mo bis Do 11–24 Uhr, Fr–So 11–3 Uhr; Café, Restaurant, Pub, Ausstellungen lokaler Künstler, isländische und internationale Küche, Fisch, selbst gebackener Kuchen, gute Cocktails, großer Saal für Reisegruppen.

Notfall

- **Polizei,** Suðurgata 1, Tel. 4533366.
- **Ambulanz, Krankenhaus,** Spítalastígur, Tel. 4554000.
- **Apotheke,** Hólavegur 16, Tel. 4535700.

Museen und Ausstellungen

- **Safnahús Skagafirðinga,** Faxatorg, Tel. 4536640, geöffnet Mo bis Mi 15–19, Do 20–22, Fr 14–18 Uhr, Kunstsammlung und Bibliothek.
- **Historische Schmiede von Ingimundur,** Suðurgata 5, Tel. 4535020 und 4535801, 4535227, geöffnet Mo bis Fr 16–19 Uhr, Sa/So nach Vereinbarung.
- **Minjahúsið (Heimatmuseum),** Aðalgata 16b, Tel. 4536870, geöffnet täglich 14–18 Uhr.

Reiten

- **Topphestar,** Ingimar Pálson, Tel. 4535654, 4535828; Tagesritte und Mehrtagestouren zum Mývatn und zum Schaf- u. Pferdeabtrieb.
- **Hestasport,** Magnús Sigmundsson, Raftahlíð 20, Tel. 4535066.

Sonstiges

- **9-Loch-Golfplatz,** Hlíðarendi-Platz oberhalb des Ortes, Tel. 4535075.
- **KS,** Ártorg 1, großes **Shopping-Center** am Ortseingang bei der Tankstelle.
- **Schwimmbad,** Skagafirðingabraut, Tel. 453 5226.

Ausflüge

- Fahrten **zu den Inseln Drangey** (Mi 10 Uhr und nach Vereinbarung) **und Glerhallvík** werden in einem Ausflugsboot für 20 Personen angeboten; Informationen unter Tel. 4536503 und 8529003 (s. a. Route 3 H).
- **Flüge nach Reykjavík,** Fluggesellschaft Ernir, Tel. 4536888, www.ernir.is.

Route 3 E:

Von Blönduós nach Varmahlíð (51 km)

Die Ringstraße führt von Blönduós zunächst durch das Langidalur, das „lange Tal", das vom Blandá-Fluss durchflossen wird. Nach 13 km wird die **Gästefarm Geitaskarð** (Tel. 4524341; Angellizenzen, Reiten) passiert, Ausgangspunkt für Wanderungen über den lang gezogenen Bergrücken Langadalsfjall in das nördlich davon gelegene Laxárdalur, einem Weidegebiet für Islandpferde. Kurz darauf passiert man auf der Ringstraße **Holtastaðir.** Geitaskarð und Holtastaðir waren einst Häuptlingssitze. Auf dem nahe gelegenen Hof Strjúgarstaðir lebte im 16. Jahrhundert der Dichter *Þórður Mangnússon*.

Alternativ zur Ringstraße kann man von Blönduós auf der Straße 731 südlich der Blanda entlangfahren. Man kommt hier am See Svínavatn vorbei. In Langamýri führt eine Brücke über die Blanda, durch das Blöndudalur erreicht man auf der Straße 731 nach wenigen Kilometern im Norden wieder die Ringstraße. Folgt man hingegen der Straße 732 südwärts, gelangt man auf die Hochlandstrecke Kjalvegur (Straße 35; siehe Route 7).

In der kleinen Siedlung **Bólstaðarhlíð** gibt es eine Tankstelle, bei **Hunaver** einen Campingplatz. Hier zweigt die Straße 734 in das südlich gelegene Svartárdalur ab. Auch durch dieses Tal kann man ab Fossar mit einem Geländewagen zur Straße 35 gelangen. Auf der Ringstraße passiert man als nächstes den kleinen See Vatnshlíðarvatn. Etwas abseits der Straße folgt kurz darauf der Wasserfall Gýjarfoss. Beim **Aussichtspunkt Arnastapi** erinnert ein **Denkmal** an den Dichter *Stephan G. Stephansson* (1853–1927), der hier aufwuchs und später nach Kanada auswanderte.

Nach der Abzweigung der Straße 762 und Überquerung des Passes Vatnskarð gelangt man auf einer Stichstraße nach **Víðimýri** im fruchtbaren Tal der Héraðsvötn. Dort steht eine alte **Kirche** (Víðimýrarkirkja), die im typischen Baustil des 19. Jahrhunderts errichtet wurde. Sie gehört sicherlich zu den **schönsten traditionellen Bauwerken** Islands (vgl. entsprechenden Exkurs).

Nach dem kurzen Abstecher zur Víðimýrarkirkja fahren wir auf der Ringstraße die wenigen Kilometer weiter nach Varmahlíð.

Víðimýrarkirkja

Die **kleine Kirche** steht seit 1936 unter Denkmalschutz und ist seitdem Eigentum des Isländischen Nationalmuseums. Der Direktor dieses Museums und spätere Staatspräsident von Island, *Kristján Eldjárn,* nennt die Kirche von Víðimýri **„eines der stilechtesten und schönsten Beispiele alter isländischer Baukunst,** die heute noch erhalten sind“. Sie wird immer noch als Gemeindekirche genützt. Víðimýri hat schon sehr lange eine Bauernkirche, in der bedeutende Pfarrer tätig waren. Beispielsweise wirkte *Guðmundur Árason,* auf Deutsch „der Gute“, hier. Er war dann später, von 1203 bis 1237, Bischof von Hólar.

Die heutige Kirche wurde 1834 errichtet; sie ist also auch mit eines der ältesten Gebäude Islands. Man nimmt an, dass an diesem Platz bereits seit dem Jahr 1000, dem Jahr der Annahme des Christentums, verschiedene Kirchen gestanden haben.

Die heutige Kirche entstand nach einem Entwurf von *Jón Samsonarson.* Er war außerdem Parlamentsabgeordneter und Landwirt im Keldudalur. Das Baumaterial der Kirche war Treibholz, das an der Küste der Halbinsel Skagi gefunden wurde, und Torf aus der Umgebung von Víðimýri. Die Innenausstattung ist im Wesentlichen erhalten geblieben, aber der Torf musste erneuert werden. Wie es zu damaliger Zeit üblich war, wurden für die Kirche ein spezielles Holzgerüst und ein Stützpfosten für das Dach errichtet. Die Torfwände werden von Fenstern an den Giebeln und oberhalb der Kanzel durchbrochen.

Die Inneneinrichtung besteht aus verschiedenen Gegenständen von früheren Kirchen, die noch gut erhalten sind. Beispielsweise stammt die Kanzel aus einer sehr alten Kirche. Das Altarbild stellt eine Abendmahlszene dar, datiert auf das Jahr 1616, und kam aus Dänemark hierher. Eine gerahmte isländische Schrift trägt die Jahreszahl 1780. Außer den elektrischen Lampen links und rechts vom Kirchengang erhellen große Kerzenleuchter den Raum während des Gottesdienstes. Die Kirchenbänke sind mit Schnitzereien vom Gang abgetrennt. Die Sitzordnung ist nicht mehr dieselbe wie früher. Ursprünglich saßen die Frauen auf der Nordseite und die Männer auf der Südseite der Kirche. Für die reichen Familien waren die vorderen Plätze reserviert, die ärmeren mussten sich mit denen im hinteren Kirchenteil zufrieden geben. Den Herrschern von Víðimýri war die Nordseite beim Chor vorbehalten, der noch einmal vom übrigen Kirchenteil abgetrennt ist.

Der viereckige Friedhof (ursprünglich oval) befindet sich unmittelbar neben der Kirche. Zum Schutz wurde um den Friedhof herum eine Mauer aus Torf und Steinen errichtet. Das Eingangstor mit Kirchenglocken befindet sich noch an seinem ursprünglichen Standort.

● Von den Kirchenbesuchern wird 200 ISK Eintritt erhoben, das für die Instandhaltung der Kirche verwendet wird. Die Kirche ist geöffnet vom 1.6. bis zum 31.8. täglich 9–18 Uhr, sonst nach Vereinbarung; Tel. 5302200.

096is Foto: tt

Varmahlíð ⇗V,C3

Der Ort hat nur etwa **140 Einwohner** und erhielt seinen Namen von den geothermalen Quellen. Diese werden zum Heizen und für die Warmwasserversorgung genützt. Auch hier kann man Reittouren unternehmen. Außerdem bieten sich gute Wandermöglichkeiten und Gelegenheit zum Angeln. Auch ein Freibad befindet sich in Varmahlíð. Um einen Überblick über die Gegend zu bekommen, besteigt man am besten den Hausberg Reykjarhóllinn. Von dort geht die Sicht weit in den Skagafjörður und auf die Insel Drangey.

Tourist-Information

- **Tourist-Info,** Tel. 4556161, www.visitskagafjordur.is, geöffnet 1.6.–30.9. täglich 9–19 Uhr, sonst Mo–Fr 10–15 Uhr, Sa/So 13–18 Uhr; Ausstellung und Verkauf von lokalem Kunsthandwerk und Strickwaren.

Unterkunft

- **Hotel Varmahlíð,** Laugavegur; Tel. 453 8170, www.hotelvarmahlid.is; ganzjährig geöffnet, Restaurant, Reiten, Angeln.
- **Bauernhof Lauftún,** Tel. 4538133, in Varmahlíð, das ganze Jahr über geöffnet.
- **Bauernhof Stóra-Vatnsskarð,** Tel. 453 8152; auch Schlafsackunterkunft, Reitausflüge, ganzjährig geöffnet.

Campingplatz Varmahlíð

- in Varmahlíð, Tel. 4556161.
- beim Bauernhof Lauftún, Tel. 4538133.

Seit 1936 unter Denkmalschutz – die Víðimýrarkirkja

Sonstiges

- **Activity Tours,** Tel. 4538383, www.riding.is, Reit- und Raftingtouren, vermietet im Sommer kleine Hütten (für 2 Personen 110 Euro).
- **JRJ Super Jeep-Fahrten,** Tel. 4538219.
- **Schwimmbad,** Tel. 4538824.

Ausflug

- **Tal der Svartá**

Die Straßen 751 und 752 führen von Varmahlíð aus nach Süden ins Tal der Svartá. Auf 20 km Länge wird das Tal landwirtschaftlich genutzt. In **Reykir** stehen neben der Kirche drei kleine Grassodenhäuschen und alte Geräte, dahinter befindet sich eine warme Quelle. Der nahe gelegene Campingplatz Steinsstaðaskóli (beim Schwimmbad) ist sehr schön. Durch das Mælifellsdalur führt die Allradpiste F 756 über die 600 m hoch gelegene Haukagilsheiði zum einsam gelegenen **Bugavatn** (Hütte Bugaskúli mit Feldbetten, Kochgelegenheit und angebautem Pferdestall). Auf der Hochebene Eyvindarstaðaheiði erreicht man den **Stausee Blöndulón** und gelangt zur Straße 35. Eine andere Route folgt vom Stausee der Piste 17 km weiter nach Norden, wo man dann geradeaus auf der Straße 733 ins Blöndutal oder auf der Piste F 734 ins Fossátal gelangt. Diese Pisten östlich und nördlich des Blöndulón sind zumindest bei Trockenheit gut befahrbar und eine Alternative zur eher langweiligen Straße 35. Die ausgebaute F 734 endet derzeit in Richtung Süden bei Guðaugstungur.

Man kann auch eine **Bergwanderung** (Tagestour) zum **Mælifellshnjúkur** (1138 m) unternehmen. Vom Gipfel hat man einen guten Ausblick ins Tal und auf die umliegende Lavalandschaft.

Beim Hof Breið führt die Straße 752 noch 12 km weit in das immer enger werdende **Svartárdalur** hinein; die Straße geht schließlich in eine Piste über, die bald endet. In diesem Gebiet zweigen mehrere Pisten zu den umliegenden Seen und Bergen ab. Fährt man von Breið auf der Straße 752 weiter und biegt in Goðdalir ins **Vesturdalur** ein, gelangt man mit einem Geländewagen auf die Hochlandpiste F 752 und über Langafell auf den Sprengisandur (siehe Route 7).

Wo es ein Vesturdalur („westliches Tal") gibt, muss auch ein **Austurdalur,** ein „östliches Tal", sein. Dieses erreicht man nach Goðdalir auf der Straße 758. Die befahrbare Straße durchs Austurdalur endet nach 15 km bei der kleinen Kirche von **Ábær,** die aus dem Jahr 1922 stammt. Die Reste von alten Mauern weisen auf eine frühere Besiedlung des seit 1950 verlassenen Gehöfts hin. Zu Fuß kann man weiter flussaufwärts wandern.

Wandertipp

Beim Kirchlein von Ábær beginnt eine 40 km lange, mehrtägige **Fernwanderung,** die durch das tief eingeschnittene Tal der Austari-Jökulsá zum Laugafell an der F 752 führt. Auf dem Weg ist man ziemlich allein. Die ersten 8 km führen am Fluss entlang zu einer Hütte am Fuß des Berges **Sandafjall.** Immer weiter dem Fluss nach ist 12 km später das Jökuldalur erreicht. Die Landschaft wird zunehmend abenteuerlicher. Das enge Tal ist von hohen Bergen eingerahmt, kleine Bäche rauschen herab. 25 km nach der Hütte führt der Wanderpfad an einer einfachen Schutzhütte vorbei; auf der anderen Talseite liegt die Schlucht Pollagil. Hinter der Schutzhütte treffen wir wieder auf eine Piste, der wir bis zur F 752 und zum Laugafell folgen. Bei den warmen Quellen kann man in der Berghütte übernachten oder zelten (siehe Route 7).

Route 3 F:

Von Varmahlíð nach Akureyri (95 km)

Ab Varmahlíð durchfahren wir auf der Ringstraße eine saftige Weidelandschaft. Etwa 1 km nach der Brücke über die Héraðsvötn weist ein Schild auf eine **Basaltsäule** hin, die an blutige Auseinandersetzungen erinnert: Am 21. August 1238 kämpften bei Örlygsstaðir 3000 Mann der drei einflussreichsten Sippen um die Vormacht in Island. Es gab 56 Tote, unter ihnen *Sighvatur Sturluson,* einer der mächtigsten Goden, und vier seiner Söhne. Trotzdem ging die Sturlunger-Sippe aus diesem als „größte Schlacht auf isländischem Boden" bezeichneten Kampf als Sieger hervor. Ein Fußpfad führt durch eine Weide 200 m hinauf zu der Säule. Der Aufstieg lohnt sich auch wegen der guten Aussicht.

Wieder auf der Ringstraße liegt 5 km weiter rechts der Straße der **Pfarrhof Miklibær,** einst Wohnort der Familie von *Berthel Þórvaldsen.* Þórvaldsen war klassizistischer Bildhauer, der auch in Kopenhagen und Rom Erfolge hatte. Auf dem Friedhof der 1973 geweihten Kirche liegt der Volksdichter *Hjálmar Jónsson,* genannt *Bólu-Hjálmar,* begraben (1796–1875). Er lebte von 1833–1843 in dem nahe gelegenen Hof Bóla. Hinter der Kirche fließt der vielarmige Fluss Héradsvötn, der in den Skagafjörður mündet. Links der Straße erhebt sich der 1151 m hohe Akrafjall. Am Fuß des Berges lag einst ein alter Häuptlingssitz, der von *Skúli Magnússon* (1749–1794) bewohnt wurde.

Vor der Abzweigung der Straße 759 kommen wir nach Silfrastaðir. Dort, wo heute die schöne achteckige Steinkirche steht, die 1896 erbaut wurde, stand einst die Torfkirche, die heute im Freilichtmuseum Árbær in Reykjavík ihren Platz gefunden hat.

An der Brücke über den Kotá – rechts der Straße befindet sich noch die alte Brücke – kann man eine **interessante Wanderung** beginnen. Sie führt oberhalb der Klamm **Kotagil** entlang, einer der **tiefsten und eindrucksvollsten Schluchten** Islands. Allerdings ist diese Tour anstrengend, gilt es doch etwa 500 Höhenmeter zu überwinden. Dafür wird man durch die herrliche Aussicht in die Schlucht belohnt. In der Schlucht kann man an einigen Stellen versteinerte Holzreste entdecken, die darauf hinweisen, dass hier vor 5 bis 10 Millionen Jahren Bäume wuchsen.

Nachdem man das Norðurárdalur durchquert hat, gelangt man auf den Pass der Öxnadalsheiði. Im weiteren Verlauf der Straße werden die hohen Berge immer wieder durch **tiefe Schluchten** durchbrochen. Unterhalb des Selfjall, der sich auf 1237 m Höhe erhebt, befindet sich eine **Schutzhütte** für Notfälle. Im Winter ist diese Straße durch ihre Höhe häufig unpassierbar. Das **Öxnadalur** („Axttal") ist von bis zu 1400 m hohen schneebedeckten Bergen umgeben. Unweit der Schutzhütte ragt nördlich der Straße der 1237 m hohe Grjótáthnjúkur in die Höhe, südlich der Straße der Kinnafjall (1106 m).

Hinter der Kirche von Bakki mit ihrer herrlichen Aussicht ins Tal der **Öxnadalsá** („Axttal-Fluss"), die nördlich der Straße 1 liegt, kommen wir zur 1175 m hohen Felsnadel Hraundangi, die mit ihrer markanten Form wie ein Wahrzeichen das Tal überragt. Etwas weiter südlich liegt in 500 m Höhe der See **Hraunsvatn.** Er ist von der Ringstraße aus nicht einsehbar. In diesem See kann man Forellen angeln. Vom **Gästehaus Engimýri** (Öxnadalur, Tel. 4627518, ganzjährig geöffnet, 14 Betten) aus werden geführte Wanderungen angeboten. Auch Angellizenzen erhält man hier.

Die Öxnadalsá fließt am Ende des Tals in Ytri-Bægisá mit anderen Bächen zusammen und bildet die **Hörgá,** die ca. 15 km weiter in den Eyjafjörður mündet. In **Ytri-Bægisá,** wo eine Kirche aus dem Jahre 1858 steht, lebte einst der in Island sehr bekannte Pfarrer und Dichter *Jón Þórláksson* (1744–1819). Man kann bei Ytri-Bægisá auch auf der Straße 815 am nördlichen Ufer des Hörgá entlangfahren. Am Talende laufen die beiden Straßen wieder zusammen. Auf der Ringstraße sind es noch 12 km in die „Hauptstadt des Nordens", Akureyri (siehe Route 4).

Route 3 G:

Von Varmahlíð nach Sauðárkrókur (27 km)

Von Varmahlíð führt die Straße 75 in Richtung Norden nach Sauðárkrókur. Nach 10 km erreichen wir auf dieser Strecke **Glaumbær.** Hier befindet sich einer der besterhaltenen Höfe aus dem 18./19. Jahrhundert, der als **Freilichtmuseum** seinen Besuchern zugänglich ist (vgl. entsprechenden Exkurs).

Von Glaumbær nach Sauðárkrókur

Das Gebiet südlich des **Skagafjörður** ist bekannt für seine **Pferdezucht** und seine **Pferdeturniere.** Auf vielen Höfen in dieser Region werden hochwertige Reittiere gezüchtet. In dieser Gegend stehen viele Bauernhöfe, die Rinder-, Schaf- und vor allem Pferdezucht betreiben. Zahlreiche Höfe bieten außerdem Unterkunft und Verpflegung an. Außerdem veranstalten sie Reittouren.

Auf dem **Turnierplatz von Vindheimamelar** werden Qualität und Leistungsfähigkeit der gezüchteten Pferde demonstriert; im Sommer finden fünf Vorstellungen pro Woche statt. Auch Ausritte oder längere Reittouren können von dort unternommen werden.

Auf dem weiteren Weg nach Sauðárkrókur kommt man in **Reynistaður,** einem geschichtlich wichtigen Kirchhof, und am **Miklavatn** vorbei. Diese Gegend wird landwirtschaftlich intensiv genutzt. Immer wieder trifft man auf Gestüte, denn die Hofbesitzer um Sauðárkrókur sind bei Pferdeinteressierten als Züchter wohlbekannt. Im September findet hier der **„Laufskálarétt"** statt, **eine der wichtigsten Pferdeveranstaltungen von Island.** Hier werden die Pferde zusammengetrieben und ausgewählt. Da auch Touristen immer

097is Foto: tt

Das Freilichtmuseum Glaumbær

Das Museum zählt zu den meistbesuchten Museen Islands. Die verschiedenen Torfgebäude wurden in Glaumbær zwischen 1840 und 1880 errichtet. Der Hof war der größte in dieser Zeit und bis 1947 bewohnt.

Bis zur Jahrhundertwende war es üblich, die isländischen Häuser hauptsächlich als Torfhäuser zu errichten. Ein gut gebautes Haus konnte bei nicht allzu viel Niederschlag gut und gern 100 Jahre halten. Torf gibt es in Island reichlich, Holz dagegen ist seit dem Mittelalter knapp, nachdem die Wälder Islands für den Schiffsbau abgeholzt wurden und Bäume hier eher selten sind.

Bei einem **Torfhaus** bestehen die Wände und das Dach aus Torf. Zur Stabilisierung befindet sich darunter ein Holzgerüst. Das Dach gewinnt zusätzlich an Festigkeit durch das darauf wachsende Gras. Die dichten Graswurzeln verfilzen die Oberfläche, und der Torf wird vor Feuchtigkeit geschützt. Beim Bau eines Torfhauses ist der richtige Neigungswinkel des Daches entscheidend: Ist er zu flach, sind die Wassermassen zu groß, und das Dach lässt Wasser durch; ist er zu steil, fließt das Wasser zu schnell ab, und das auf dem Dach wachsende Gras bekommt zu wenig Feuchtigkeit ab, so dass der Torf aufreißt und das Dach ebenfalls wasserdurchlässig wird. Torf eignet sich auch deshalb zum Hausbau, weil er für eine gute Isolation sorgt.

Die Vorderfront der Häuser in Glaumbær besteht aus weißen Holzplanken, die importiert wurden – ein Zeichen, dass es sich um einen wohlhabenden Hof gehandelt haben muss. Auch die Größe des Hofes und die alten Bilder, die im Eingangsbereich des Museums zu sehen sind, weisen auf den damaligen Wohlstand hin.

Neun einzelne Häuser sind durch einen beinahe 20 m langen Gang miteinander verbunden. Nur die Schmiede, in der Gerätschaften hergestellt und repariert wurden, und einige Lagerräume liegen außerhalb. Die Räume sind größtenteils noch mit der Originalmöblierung aus dem 18./19. Jahrhundert ausgestattet. Die meisten wurden zwischen 1876 und 1879 gefertigt.

Betritt man das Museum, gelangt man zuerst in die **Gästezimmer,** die 1841 entstanden. In jenem Jahr übernachtete dort auch der Dichter *Jónas Hallgrímsson.* Die Räume sind mit Dingen des täglichen Lebens liebevoll eingerichtet. Wenn man die Erläuterungen zu den einzelnen Räumen durchliest, kann man sich das Treiben zur damaligen Zeit richtig gehend vor sein geistiges Auge rufen.

Die **Küche** ist der älteste Raum des Hofes; sie entstand bereits um 1750. Dort wurden Mahlzeiten für zwanzig Personen über dem offenen Feuer gekocht. Außerdem wurde Lammfleisch geräuchert, das unter der Decke aufgehängt war. Noch bis in unser Jahrhundert wurde die Küche benutzt. Um das Feuer zu unterhalten, verwendete man Torf oder getrockneten und deshalb geruchlosen Schafsdung. Die Küche war weniger der Verwitterung preisgegeben, da durch das offene Feuer eine geringere Luftfeuchte herrschte. Das Holz ist hier durch den Ruß zusätzlich konserviert worden. Hinter der Küche befindet sich der Vorratsraum, der sich durch die Torfisolation gut zur Lagerhaltung eignete.

Nun gelangt man in die **Baðstofa,** die „Wohn- und Schlafstube", den Hauptraum des Hauses. Hier wurde gearbeitet und geschlafen. Einer der drei Raumteile war für die Bauersfamilie reserviert. Insgesamt kamen bis zu 22 Personen hier unter, jeweils zwei teilten sich ein Bett. Die Fensterseite war den Frauen vorbehalten, die für ihre Arbeit, das Spinnen und Stricken, mehr Licht benötigten. Die Männer verrichteten Schnitzarbeiten, drehten Seile aus Pferdehaar und kämmten Wolle. Zur Unterhaltung wurden dabei oft Sagas oder Gedichte vorgelesen. Manchmal kam auch ein Vortragskünstler vorbei, der von Hof zu Hof zog. Die Baðstofa war unbeheizt, nur ihre Bewohner sorgten mit ihrer Körpertemperatur für etwas Wärme. Wegen der Kälte legte man deshalb auch die Kleidung zum Schlafen nicht ab und deckte sich zusätzlich mit Federbetten und Wolldecken zu. Das Bettzeug wurde vom Bettbrett gehalten, das individuell nach dem Geschmack des Besitzers mit Schnitzereien verziert wurde. Über dem Bett bewahrte man das Essgeschirr auf, das oft ebenfalls mit schönen Schnitzereien geschmückt wurde. In der Baðstofa kann der Besucher eine Nationaltracht, Festkleidung, Werkzeug zur Wollverarbeitung sowie ein altes isländisches Saiteninstrument, das Langspil, sehen.

An der Südseite des Hauses befindet sich ein weiterer Ausgang. Er diente als Notausgang, beispielsweise im Falle eines Brandes. In der Nähe liegt die **Milchkammer.** Hier wurde Milch in Trennschüsseln geschüttet. Nach 36 Stunden hatte sich der Rahm abgesetzt; hieraus machte man Butter. Die übrig gebliebene Milch wurde dann zu Skýr, einem Joghurt ähnlich, verarbeitet.

Unweit des Hofes befindet sich die **Kirche,** die zu diesem Gehöft dazugehörte. Lange Zeit war Glaumbær also auch Pfarrgemeinde. Die Kirche ist von einem Friedhof umgeben, dessen alte Grabsteine ein näheres Hinsehen lohnen.

Der Eigentümer des ursprünglichen Hofes war *Þórfinnur Karlsefni,* ein Begleiter von *Leifur Eiríksson.* Þórfinnur lernte auf Grönland *Guðriður Þórbjarnardóttir* kennen, die Tochter irischer Sklaven, und nahm sie zur Frau. Sie begleitete ihn auf seiner zweiten Amerikafahrt. Im Winter 1002/03 kam auf dieser Reise ihr Sohn *Snorri* zur Welt. Nachdem Þórfinnur gestorben war, kehrten Mutter und Sohn nach Glaumbær zurück. Guðriður unternahm später noch eine Pilgerfahrt nach Rom, möglicherweise als erste Isländerin überhaupt. *Snorri Þórfinnson* errichtete die erste Kirche von Glaumbær und wurde auf dem Friedhof dort beigesetzt; wo genau, weiß man nicht. Er gilt als der erste in Amerika geborene Europäer und gleichzeitig als der erste in Europa gestorbene Amerikaner. 1994 wurde ihm aus diesem Grund ein Denkmal auf dem Kirchhof gesetzt. Die Skulptur aus Bronze wurde im Jahr 1939 von *Ásmundur Sveinsson* gegossen. Sie trägt den Titel „Die erste weiße Mutter in Amerika".

Beim Museum wurde nach altem Vorbild ein neues, aber viel größeres Grassoden-Haus erbaut, in dem die Cafeteria Áskaffi und ein Souvenirshop untergebracht sind.

● **Öffnungszeiten:** 1.6.–15.9. täglich 9–18 Uhr oder nach Vereinbarung; Tel. 4536173, Eintritt 500 ISK, Kinder unter 16 Jahren frei.

Grundriss von Glaumbær

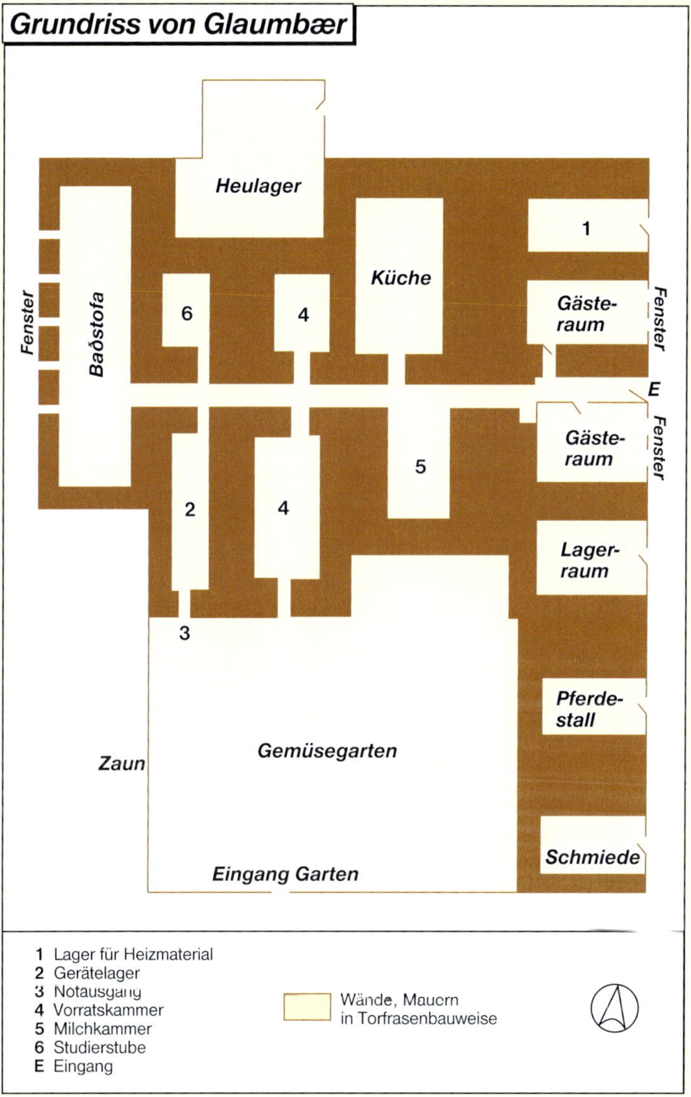

mehr Interesse an diesem Ereignis zeigen, bieten Farmen an, beim Pferdeabtrieb als Reiter teilzunehmen.

17 km nach Glaumbær ist Sauðárkrókur (siehe Ende Route 3 D) erreicht.

Die 27 km lange Straße 745 führt nördlich von Sauðárkrókur entlang der Küste von Reykjaströnd nach **Reykir,** einem heute verlassenen Hof. *Grettir der Starke* soll einst von seinem Verbannungsort, der Insel Drangey, nach Reykir geschwommen sein, um Feuer zum Kochen zu holen. In einer warmen Quelle (Grettislaug) soll sich Grettir von der Anstrengung erholt haben. Heute kann die Quelle Grettislaug beim südlich gelegenen Hof Fagranes besichtigt werden. Ob dies jedoch tatsächlich „Grettirs Bad" ist, weiß niemand so ganz genau. Jedenfalls ist die Sage für Sportler Anreiz genug, von der Insel Drangey durch den Skagafjörður zu schwimmen.

Route 3 H:

Um die Halbinsel Tröllaskagi nach Akureyri (173 km)

Zwischen dem Skagafjörður im Westen und dem Eyjafjörður im Osten erstreckt sich die 50 km breite Halbinsel Tröllaskagi. Die Straße 75 überquert östlich von Sauðárkrókur das Mündungsdelta der Héraðsvötn. In der Ebene Hagranes zwischen den beiden Flussarmen der Héraðsvötn führt eine kurze Stichstraße auf eine sandige Landzunge nach Landsendi. Weit reicht von hier der Blick über den Fjord: Im Westen liegt Sauðárkrókur, im Nordosten Hofsós. Die ehemalige **Thingstätte Hegranes Þingstaður** liegt südlich der Straße auf einem Hügel. Hier trafen sich vom 10. bis 14. Jahrhundert die Goden des Bezirks Skagafjörður und des Nordlands zum Thing. Spuren alter Unterkünfte sieht man noch heute. Hegranes wird auch in der Grettis-Saga genannt. *Grettir der Starke* kam zum Thing, um an einem Ringkampf teilzunehmen. Dabei soll es nicht mit rechten Dingen zugegangen sein. Er wurde geächtet und auf die Insel Drangey verbannt.

Nach dem Delta fahren wir auf der Straße 76 nach Norden auf die Halbinsel Tröllaskagi. Nach 8 km zweigt die Straße 769 in östlicher Richtung ins Hjaltadalur zu dem ehemaligen Bischofssitz Hólar ab (11 km).

Auf dem Weg nach Hólar kommt man an **Neðriás** vorbei, wo 984 die **erste christliche Kirche des Landes** entstand. Heute befindet sich dort ein Hof mit Gestüt, von dem aus man Reitausflüge unternehmen kann.

Hólar ⇗V,C2

Hólar liegt schön am Hang des etwa 1200 m hohen Berges Hólabyrða. Darüber leuchten die Eisfelder des 1387 m hohen Myrkárjökull. Wirkt der 100-Einwohner-Ort heute auch eher unscheinbar, so war er im Mittelalter und in der frühen Neuzeit eines der **wichtigsten Kirchenzentren** des Landes. Zusammen mit Skálholt war Hólar 1106–1798 einer der beiden **Bischofssitze** in Island. Außerdem war es mit seiner Lateinschule von der Reformation bis 1802 das wichtigste **Bildungszentrum** des Landes. In dieser Zeit wurde dort auch die berühmte Druckpresse von Hólar eingerichtet. 1106 weihte *Jón Ögmundsson der Heilige* diesen Ort zum Bischofssitz und war auch der erste Bischof hier. Einer der berühmtesten Bischöfe war **Jón Arason.** Er war der letzte der 23 katholischen Bischöfe und wirkte in Hólar von 1524 bis 1550. Weil er sich dem von Dänemark aufgezwungenen Protestantismus bis zuletzt widersetzte, musste er mit seinem Leben bezahlen. Zusammen mit seinen beiden Söhnen wurde er im Jahr 1550 hingerichtet.

Auch 13 „lutherische" Bischöfe wirkten in Hólar. Darunter war **Guðbrandur Þorláksson.** Er übte mit seiner Bibelübersetzung nachhaltigen Einfluss auf die isländische Sprache aus. 1798 musste Hólar seine einflussreiche Position an Reykjavík abgeben. Die beiden bestehenden Bistümer wurden vereinigt, Hólar wurde als Bischofssitz aufgegeben. Als Pfarrgemeinde blieb der Ort weiterhin bestehen, seit 1986 wirkt hier auch wieder ein Weihbischof.

Größte Sehenswürdigkeit des Ortes ist die ehemalige **Kathedrale.** Mit 9 x 20 m gehört sie zwar zu den kleinen Kirchen, jedoch ist die 1763 geweihte Kirche die älteste noch erhaltene **Steinkirche** des Landes. Es handelt sich bereits um die siebte Kirche, die an dieser Stelle entstand. In den Jahren 1759 bis 1763 wurde sie unter der Leitung eines deutschen Maurermeisters nach den Plänen des dänischen Architekten *Lauritz de Thurah* erbaut. Gleich neben dem flachen Kirchenbau erhebt sich der 27 m hohe **Glockenturm,** der zu Ehren von *Jón Arason* errichtet und 1950 eingeweiht wurde. In seinem Baustil wurde er an die viel früher entstandene Kirche angepasst.

Auf dem Friedhof gibt es einige alte Grabsteine zu sehen. Um das **Kircheninnere** besichtigen zu können, muss man an einer Führung teilnehmen. Dazu kann man sich an der Rezeption der Schule anmelden. Besonders auffällig und wertvoll ist der spätgotische Flügelaltar mit holzgeschnitzten Skulpturen. Ursprünglich stammt er aus Deutschland oder Holland und wurde kurz vor der Reformation hierher transportiert. Im Mittelteil ist die Kreuzigung Jesu auf dem Berg Golgatha dargestellt. Außerdem schmücken mit filigraner Holzschnitzerei verzierte Heiligenfiguren den Altar. Auffällig ist auch ein Triptychon, das aus Alabaster gefertigt ist und aus England stammt. Neben dem Kruzifix aus dem 16. Jahrhundert befindet sich das Taufbecken aus grönländischem Speckstein. Man erzählt sich, dass es übers Meer hierher geschwommen sei. Auf der Kanzel sind Apostel dargestellt, geschaffen von einem dänischen Künstler zur Zeit der Kirchenweihe. Das lithurgische Gerät ist ebenfalls sehr wertvoll, es stammt aus dem 13. Jh.

Wo sich einst die berühmte Lateinschule von Hólar befand, gibt es heute eine **Landwirtschaftsschule** (1882 gegründet). Sowohl in- als auch ausländische Studenten lernen hier. Besonderer Schwerpunkt der Ausbildung ist die Pferdezucht. Zudem werden Forstwirtschaft, Forellen-, Pelztier- und Schafzucht gelehrt. In Hólar befindet sich auch das **staatliche Pferdezuchtzentrum.** Über die Geschichte des Ortes informiert ein **Geschichtswanderweg (Sögulöð),** auf dem man unter anderem zum Torfhaus Nýibær aus dem Jahre 1854 gelangt.

Tourist-Information

- **Ferðaþjónustan á Hólum,** Reisezentrum in der Alten Schule, Tel. 4556333, www.holar.is, ganzjährig geöffnet, Führung durch die Kathedrale und die Ausgrabungsstätten, Vermittlung von Reitausflügen und geführten Wanderungen, Angelkarten.

Unterkunft

- **Alte Schule€,** Tel. 4556333, ganzjährig geöffnet, 50 Betten, Hütten für 2 bis 12 Personen, Restaurant Unðir Byrðunni, Schwimmbad.

Campingplatz

- **Ferðaþjónustan á Hólum** in der Alten Schule, Campingplatz im nahen Wald, Tel. 4556333.

Essen und Trinken

- **Unðir Byrðunni,** Tel. 4556333, Restaurant in der Alten Schule, isländische Küche und Pizzas.

Museum

Kleines Museum im alten Torfhaus von *Benedikt Vigfússon* mit alten Gebrauchsgegenständen rund ums Pferd und die Reiterei; zu besichtigen nach Vereinbarung bei der Tourist-Info.

Sonstiges

- **Freibad,** geöffnet 10–21 Uhr.
- **Süßwasser-Aquarium,** in der Schule, den großen Seen Islands nachempfunden, geöffnet täglich 10–18 Uhr.
- **Hólar-Festival** im August, Veranstaltungstermin bei der Tourist-Info erfragen (Tel. 4556333); Kultur- und Familienfest mit Konzerten, Führungen, Waldtag, Nachtwanderung mit Gespenstersuchen für Kinder.

---

6 km vor Hofsós kommen wir zur **Torfkirche von Gröf** (Grafarkirkja). Im Hintergrund weitet sich das Deildardalur und erhebt sich der ausladende Gebirgszug Ennishnjúkur. Die Grafarkirkja, die mitten in den grünen Feldern gelegen ist und der von Víðimýri ähnelt, stammt aus der zweiten Hälfte des 17. Jahrhunderts. Im Innern ist der Schrankaltar besonders sehenswert. Der Kirchenbau, eine Holzkonstruktion, die an norwegische Stabkirchen erinnert, ist nur 6,25 m lang und 3,20 m breit. Von 1765–1953 fanden keine Gottesdienste statt; die kleine Kirche wurde als Lagerschuppen zweckentfremdet, bis sie nach ihrer Restauration 1953 erneut geweiht wurde. Sie kann in der Zeit vom 1.6. bis 31.8. täglich von 10 bis 21 Uhr besichtigt werden; weitere Auskünfte unter Tel. 4537320 und 4537930.

Wenige Kilometer nordwestlich liegt das ehemalige Handelszentrum des Skagafjörður, **Grafarós.** Die Ausgrabungsstätte befindet sich auf einem Hügel, der vom Fluss Grafará und dem Meer umgeben ist.

Hofsós

↗V,C2

Die **180 Einwohner** des Ortes leben vom Fischfang und von der Landwirtschaft. Einst war dies ein **bedeutendes Handelszentrum** am Skagafjörður. Unmittelbar vor der Brücke befindet sich auf der linken Seite das hölzerne **Lagerhaus.** Das schwarze Gebäude am Meer entstand 1777 und ist **eines der ältesten Häuser** des Landes. Als Baumaterial diente importiertes Holz aus Dänemark. Es stammt aus der Zeit, als

is05_365 Foto: tt

hier noch reger Handel betrieben wurde. Einst wurde es von der Monopolgesellschaft für den Grönland-, Island- und Finnland-Handel in Einzelteilen hierher transportiert. 1991 restauriert, ist heute in dem Gebäude ein **Museum** untergebracht, in dem die verschiedenen Methoden zum Fang von Papageitauchern und anderen Seevögeln sowie zum Sammeln von Vogeleiern auf der Insel Drangey zu sehen sind. Außerdem befindet sich im Museum das Modell eines kleinen Vogelfelsens. Hinter dem Lagerhaus hat man einen Überblick über den Hafen und auf die Berge der Halbinsel Skagi. Die Kirche des Ortes stammt aus dem Jahr 1960.

Unterkunft

- **Gästehaus Sunnuberg,** Suðurbraut 8, gegenüber der Tankstelle, Tel. 4537310, Doppelzimmer 90 Euro.

Campingplatz

- **Bei der Schule,** Tel. 4537367.

Essen und Trinken

- **Sólvik,** Tel. 4537930, gegenüber dem Lagerhaus; Kaffee- und Backstube, geöffnet von Mai bis Sept. täglich 10–22 Uhr.
- **Sigtún,** Suðurbraut, Tel. 4537393.

Kunst und Kultur

- **Pakkhús,** Lagerhaus der königlich-dänischen Handelsgesellschaft, Tel. 4537935, geöffnet 10.6.–10.9., täglich 11–18 Uhr.
- **Vesturfarasetrið,** Emigrations-Dokumentationszentrum, Tel. 4537935, geöffnet 1.6.–31.8., täglich 11–18 Uhr, das Büro ist ganzjährig geöffnet; www.hofsos.is.
- **Íslenska Fánasaumastofan,** Isländische Fahnennäherei, Tel. 4537366.

Isländisch-amerikanisches Emigrationszentrum Vesturfarasetrið in Hofsós

Vesturfarasetrið, das isländisch-amerikanische Emigrationszentrum

1996 wurde das isländisch-amerikanische Emigrationszentrum in Hofsós eröffnet. In den Folgejahren ergänzte man es durch die Besucher-Information, das genealogische Zentrum, eine Bibliothek und Tagungsräume. Im Neubau Frændgarður ist die Emigration der Isländer nach Utah dargestellt. Die Dokumentation trägt den Titel „Das verheißungsvolle Land". Zuletzt wurde 2002 das Konungsverslunarhúsið, der königliche Kaufladen, eröffnet.

Lange Zeit wurde in Island das Thema „Emigration nach Amerika" totgeschwiegen und die Emigranten verurteilt, weil sie einfach ihr Land verlassen haben. Das Zentrum hat es sich zur Aufgabe gemacht, alle verfügbaren **Informationen über die Auswanderungswelle zwischen 1870 und 1914** zusammenzutragen, aber auch Verständnis für die Leute damals zu wecken. Damit wurde begonnen, einen Sinneswandel bei den Isländern zu bewirken und die Auswanderer nachträglich zu „rehabilitieren". Auch erhalten Personen, deren Verwandte damals in die Neue Welt aufbrachen, die Möglichkeit, etwas über die Auswanderer zu erfahren.

Das Emigrationszentrum wird zur Lehrerfortbildung, von Schulklassen, Studenten, Angehörigen der Auswanderer und sonstigen Interessierten aufgesucht. Auch wird es immer wieder von Amerikanern besucht, die hier zu Besuch sind und deren Vorfahren Auswanderer aus Island waren.

Das Museum lädt den Besucher ein zu einer Reise zurück in die Zeit um die Wende vom 19. zum 20. Jahrhundert. Auf seinem Weg durch das ehemalige Handelshaus, das zum Emigrationszentrum umgebaut wurde, soll er etwas aus der Geschichte Islands in der Zeit von 1870 bis 1914 lernen. Er kann herausfinden, wie die Menschen damals in Island gelebt haben, warum sie beschlossen auszuwandern. Treibeis, schlechtes Wetter und Vulkanausbrüche erschwerten immer wieder das Leben der Menschen. „Mit Mut und Entschlossenheit verließen sie ihre Heimat, um sich selbst und ihren Familien ein besseres Leben in einem neuen Leben zu ermöglichen", sagte die frühere Staatspräsidentin *Vigdís Finnbogadóttir.* Der Besucher erfährt etwas über die Reise über den Atlantik und das Leben der Isländer in ihrer neuen Heimat. Dazu wird Island im 19. Jahrhundert dargestellt, seine Bevölkerung, die Auswandererzahlen und die Situation in der Natur. 16.000 Isländer hatten in 50 Jahren ihr Land verlassen. Das entsprach einem Fünftel der damaligen Bevölkerung. Die ersten, die auswanderten, waren Mormonen mit dem Ziel Brasilien. Im Emigrationszentrum werden die Hintergründe der Auswanderung dargestellt, Propaganda dafür und dagegen, Veränderungen im Handel und wie diese die Emigration beeinflusst hatten.

Es werden auch die „Agenten" in ihrer Funktion vorgestellt und die Vorbereitungen für die Abfahrt. Thema ist die Gesellschaft im Wandel und neue Möglichkeiten für die, die auf der Suche waren nach einem neuen Leben.

Das Leben in einem Fischerdorf ist dokumentiert, aber auch die Veränderungen in der Wirtschaft von 1870 bis

1914, Neuerungen in der Landwirtschaft, Entwicklungen in der Fischerei, die Industrialisierung und die Städteentwicklung. Es wird gezeigt, wie die Isländer ihr Land verlassen haben, wie es an Bord eines Auswandererschiffes aussah und welche Bedingungen dort herrschten. Eine Holzhütte, das erste Heim der Siedler in der Neuen Welt, ist dargestellt, aber auch Amerika, das verheißungsvolle „Land der unbegrenzten Möglichkeiten". Man erfährt viel über die isländischen Siedler in der Neuen Welt, ihre Nachbarn, ihre Arbeit und wie sie die alten Bräuche ihrer Heimat in der neuen Umgebung erhalten konnten. Einige Auswanderer kamen zu Reichtum und wurden berühmt.

Die Ausstellung über die Auswanderung erstreckt sich über drei Stockwerke. Im genealogischen Zentrum kann jeder Isländer seine Abstammung erfahren. Die Bibliothek erhielt viele Exponate von Gönnern sowohl aus Island als auch aus Amerika. Auch das Skagafjörður-Archiv hat zahlreiche Veröffentlichungen über Genealogie dorthin entliehen. Das Zentrum wird geführt von der Gesellschaft Snorri Þorfinnsson, benannt nach dem Sohn von Þorfinnur Karlsefni und Guðríður Þorbjarnardóttir, der ersten Isländerin in Amerika (s. a. Glaumbær).

- **Öffnungszeiten:** Das Museum unweit des Hafens ist vom 1.6. bis 31.8. täglich 11–18 Uhr geöffnet, die übrige Zeit nach Vereinbarung; Tel. 4537935, Fax 4537936, www.hofsos.is; ein Veranstaltungskalender informiert über die wechselnden Ausstellungen.

Sonstiges

- **Ambulanz,** Suðurbraut 15, Tel. 4537354.

Nördlich von Hofsós kommt man an dem **Haff Höfðavatn** vorbei, das von der 202 m hohen Halbinsel Þórðarhöfdi begrenzt wird. Auf dem Deich kann man zu Fuß zu der kleinen Landzunge wandern.

Nördlich des Haffs liegt **Lónkot** am Ufer des Málmeyjarsunds. Hier steht beim 9-Loch-Golfplatz das **größte Zelt Islands,** in dem jeden letzten Sonntag im Juni, Juli und August ein **Flohmarkt** stattfindet. In dem benachbarten Bauernhaus gibt es ein Restaurant mit Übernachtungsmöglichkeit.

- **Restaurant Lónkot€,** Tel. 4537432, www.lonkot.is; abends mehrgängiges isländisches Gourmet-Menü im alten, stilvoll eingerichteten Bauernhaus. Übernachtung in schlichten Zimmern.
- **Golfplatz** am Málmeyjarsund.

Die Inseln Drangey und Málmey ↗ IV,B1

Vor der Küste liegen die beiden Inseln Drangey und Málmey. Von Hofsós kann man einen Bootsausflug dorthin unternehmen. Drangey liegt etwa in der Mitte des Skagafjörður, Málmey weiter nördlich und näher zur Küste.

Drangey ist eine 20 ha große, unbewohnte Felseninsel aus Tuffgestein, die 135 m hoch aus dem Skagafjörður herausragt. Früher sammelte man auf der Vogelinsel die Eier der Tiere; in Notzeiten diente sie als natürliche Vorratskammer. Die Umrisse der Behausung *Gret-*

099is Foto: tt

tirs des Starken und seines Bruders *Illugi,* die bis zu ihrer Ermordung drei Jahre lang auf der Insel lebten, sollen noch erkennbar sein. Die Insel wird bereits in den Sagas als Zufluchtsort der Geächteten erwähnt. *Grettir Ásmundarson* war einst wegen seiner Kraft und seines Mutes berühmt, wegen seiner Streitsucht und seines Übermuts war er gefürchtet. Als Grettir einmal ein Tal von einem Geist befreite, verfluchte dieser ihn, fortan ein einsames Leben als Ausgestoßener führen zu müssen. Isländer erzählen sich, dass es sich bei der kleinen vorgelagerten Insel um einen versteinerten Troll und bei Drangey um die versteinerte Kuh eines Trolls handele. Die Steilfelsen sind ein ideales Brutgebiet für große Vogelkolonien. Vor allem Papageitaucher und Trottellummen kommen hier vor. Auch auf dem im Süden vorgelagerten Felsen Kerling nisten diese Vögel. Früher diente die Insel auch als Weideland für Schafe.

Málmey ist ein 4 km langes, schmales Lavagebilde, das durch den 5 km breiten Málmeyjarsund vom Festland getrennt ist. Auf der Insel wohnt noch eine einzige Familie. Auch hier befinden sich beeindruckende Vogelfelsen, wie am Kap Kringla im Süden der Insel. Von den Siedlungen entlang der Küste kann man das Eiland per Boot erkunden.

Am Miklavatn zweigt die Straße 76 nach Norden zur Stadt Siglufjörður ab. Die Straße folgt über 24 km dem Küstenverlauf entlang der Bucht Fljótavík.

Am nördlichen Ende des Miklavatn liegt der **Hof Hraun:** Hier wird in zwei Häusern Unterkunft geboten. Es besteht außerdem die Möglichkeit zum Campen sowie zum Ausleihen von Pferden und zum Angeln von Forellen und Lachsen. Wenn man Glück hat, findet man in der Umgebung Heidelbeeren. Eine sandige Piste führt hinaus auf die schmale Landzunge, die den See vom Fjord trennt. An der Nordspitze der Halbinsel Tröllskagi liegt das Kap Sauðanes mit einem Leuchtturm. Seit 1967 führt ein 800 m langer Tunnel unter dem Berg Strákar hindurch nach Siglufjörður.

Siglufjörður

V,C1

Die **nördlichste Stadt Islands** liegt am Westufer des gleichnamigen Fjords. Über einen längeren Zeitraum war Siglufjörður Zentrum des Heringfangs. Hier wurden ab 1903 von norwegischen Handelsleuten Fischfabriken und Salzereien gebaut. Während der Fangsaison kamen Arbeiter aus dem ganzen Land in die Stadt. Es herrschte ein regelrechter **„Heringsrausch“.** Im Jahr 1916 wurden 200.000 Fässer mit Salzhering exportiert. In der Blütezeit des Heringsfangs erwirtschaftete Siglufjörður nahezu die Hälfte der Exporteinnahmen Islands.

Siglufjörður bekam infolge seiner rasanten **Entwicklung** 1918 die Stadtrechte verliehen. Die Bedeutung des Heringsfangs spiegelt sich auch im Stadtwappen wider, das drei Heringe zeigt. 1970 blieben die Heringsschwärme aus, und die Stadt verlor schlagartig an Bedeutung. Der bis dahin erworbene Wohlstand fand ein jähes Ende. Die Fischfabriken mussten schließen. Ein großer Teil der über 3000 Einwohner verließ die Stadt, besonders die jüngeren hielt nichts mehr. Sie bevorzugten die Hauptstadt oder zumindest Akureyri. Siglufjörður liegt zu isoliert und hat zu wenig zu bieten. So sank die Einwohnerzahl auf unter 1300.

Die **Umstrukturierung** der Stadt erfolgte langsam. Man fing nun andere Fischarten und schuf neue Kleinbetriebe. Der Bau eines Flugplatzes sorgte für einen Direktanschluss nach Reykjavík und Akureyri. Der Fremdenverkehr gewann an Bedeutung.

Auf der **Halbinsel Þórmódseyri,** die nach dem ersten Siedler der Stadt benannt ist, sind noch fünf alte, stillgelegte Heringsfabriken zu sehen.

In der 1932 geweihten **Kirche** befinden sich ein Altarbild von *Gunnlaugur Blöndal* und ein Taufstein von *Ríkarður Jónsson*. Vor der Kirche steht die **Skulptur Síldveiði** (Heringsfang) von *Ragnar Kjartansson*.

Am Hafen erinnert das 1988 aufgestellte **Denkmal Lífsbjörg** an Schiffsbrüchige. Die Bronzetafel nennt die Namen von 62 Seeleuten aus Siglufjörður, die in den Jahren 1900–1988 ums Leben kamen.

Von Siglufjörður führen markierte **Wanderwege** zur Ostküste und zur nördlichen Landzunge Siglunes. Unmittelbar im Süden der Stadt erstreckt sich ein kleiner Wald, auch ein beliebtes Ausflugsziel der Städter. Über den 630 m hohen **Pass Siglufjarðarskarð**

Die Insel Drangey im Skagafjörður

führt eine 12 km lange Allradpiste. Selbst im Sommer kann auf dem Pass noch Schnee liegen. Früher sollen auch Gespenster auf dem Pass die Reisenden erschreckt haben. 1735 ließ deshalb ein Pastor auf der Passhöhe einen Altar errichten, damit Reisende nach einem Gebet, das die Gespenster bannte, unbehelligt ihren beschwerlichen Weg fortsetzen konnten. Heute ist hier **Wintersport** möglich. Es gibt zwei Skilifte, gute Abfahrten und eine Sprungschanze.

Tourist-Information

- **Aðalgata,** Tel. 4649100, und im Heringsmuseum, Tel. 4671604 (geöffnet 10–18 Uhr), www.siglo.is.

Unterkunft

- **Gästehaus Hvanneyri€,** Aðalgata 10, Tel./Fax 4671378, das ganze Jahr über geöffnet. Das Gästehaus gibt es bereits seit 1930.
- **Hóll Sportzentrum,** Tel. 8484011, Schlafsackunterkunft.
- **Hütten,** Hafnargata 2, Tel. 4671919.

Campingplatz

- **Snorragata** (am Hafen, Tel. 4649100) und **Hóll** (beim Sportplatz hinter dem Flugplatz).

Notfall

- **Ambulanz, Krankenhaus,** Hvanneyrarbraut, Tel. 4672100.
- **Apotheke,** Aðalgata 34, Tel. 4672222.

Sport

- **Sportzentrum,** Hvanneyrarbraut 52, Tel. 4671352; Hallenbad, Warmwasserbecken, Sauna, Angeln.
- **9-Loch-Golfplatz,** Hóll-Platz, Tel. 4671284.
- **Skilift im Winter,** im Skarðsdalur, Tel. 4671806.

Kunst und Kultur

- **Heringsmuseum,** siehe entsprechenden Exkurs.
- **Heringsfestival,** am ersten Wochenende im August.
- **Volksmusikfestival,** Mitte Juli.
- **Volksmusikzentrum,** Maðdömuhús, Norðurgata, im ehemaligen Wohnhaus des Musikinstrumentensammlers und Pfarrers *Bjarni Þorsteinsson,* Tel. 4672300. Hier wird das isländische Volkslied erforscht, Sammlung von Instrumenten und Noten, Konzerte. Geöffnet 20.6.–20.8. 10–18 Uhr, Herbst und Frühjahr 13–17 Uhr; Eintritt 600 ISK, Kinder unter 14 Jahren frei.

Der **nördliche Teil der Halbinsel Tröllaskagi** ist gebirgig und verkehrsmäßig nicht erschlossen. Dorthin führt keine Straße. Man erreicht das Landesinnere lediglich über eine ruppige Piste oder auf einem der Wanderpfade. Um unsere Rundtour fortzusetzen, fahren wir deshalb auf derselben Strecke bis zum Miklavatn zurück. Die Straße 82 verläuft weit im Süden durch die Lágheiði. Man kommt am Wasserkraftwerk Skeiðfossvirkjun und am Stífluvatn vorbei. Hier liegt auch der Kirchhof Knappstaðir. Anschließend umfährt man den 1052 m hohen Hreppsendasúlur. Gegenüber erhebt sich der **Móafellshyrna** (1042 m). Diese sowie die umliegenden 1000–1200 m hohen Gipfel im Süden und Osten sind auch im Sommer schneebedeckt, stellenweise sogar vergletschert. Die Straße folgt hier nicht dem direkten Weg nach Ólafsfjörður, sondern passt sich den topografischen Gegebenheiten an. In dieser Höhe ist es problematisch, die Straße im Winter schneefrei zu halten. Deshalb befindet sich dort auch eine Schutzhütte.

Síldarminjasafn, das Heringsmuseum in Siglufjörður

Im 1907 erbauten, rostrot gestrichenen **Haus Roaldsbakki** ist das Heringsmuseum untergebracht. Wer sich ein Bild vom Leben in der Zeit des „Heringsrausches" machen will, für den ist der Besuch des Museums ein unbedingtes Muss. Im untersten Geschoss sind Netze, Fässer, Schablonen zum Beschriften der Fässer und weitere Exponate rund um den Heringsfang zu sehen. Im Stockwerk darüber laufen alte Filme, die das Treiben zur Hochzeit der Stadt zeigen. In einem Nebenraum ist immer noch das alte Kontor eingerichtet, wo früher den Arbeitern der Lohn ausbezahlt wurde. Im großen Raum sind Bilder von früher zu sehen, alte Dokumente und kleinere Exponate rund um den Heringsfang. Ebenso das Endprodukt, der Fisch in Dosen.

In den oberen Stockwerken befinden sich die Wohn- und Schlafräume der Arbeiter. Sie sind einfach eingerichtet, in jedem der Zimmer gibt es mehrere Stockbetten sowie eine Küche mit allen Utensilien. Auf liebevolle Art wird gezeigt, wie die Menschen hier früher gelebt haben: Neben dem einen Bett steht ein heute altmodisch anmutendes Radio. An dem anderen hängen noch die Sonntagskleider, Wäsche, Schuhe und Arbeitskleidung sind zum Trocknen aufgehängt. Beim Betrachten der Räume gewinnt man den Eindruck, dass die Arbeiter demnächst von ihrer Arbeit zurückkehren würden.

Für Gruppen werden Vorführungen angeboten. Wie früher werden dann von den Arbeiterinnen, die eine große Schürze vorgebunden haben und ein Kopftuch tragen, vor dem Haus Heringe ausgenommen, gesalzen, und in große Fässer geschichtet. Zum Konservieren wird noch einmal Salz zugegeben. Bis zum obersten Rand müssen die Fässer gefüllt sein, bevor sie mit einem Deckel verschlossen werden. Für jedes volle Fass hebt die Arbeiterin kurz den Rock, damit eine Metallmarke in ihren Gummistiefel gesteckt werden kann. Die Marken tauscht die Arbeiterin später gegen ihren Lohn ein.

Bei den Vorführungen hat man Gelegenheit, den eingelegten Fisch zu probieren, dazu gibt es dunkles Brot und „Brennivin". Auch ertönt ein trauriges Seemannslied auf dem Schifferklavier.

Alljährlich am ersten Augustwochenende findet das **Heringsfestival** (Síldarævintýrið) statt. Dann erwacht das Treiben wie zurzeit des „Heringsrausches" durch die Theatergruppe noch einmal zu neuem Leben. Viele Leute sind damit beschäftigt, Heringe zu salzen. Dabei wird musiziert, getanzt und gesungen.

In dem benachbarten alten Fabrikgebäude mit seiner bunt angestrichenen Fassade befand sich früher eine **Fischfabrik.** Die alten Dampfmaschinen, Werkzeuge, ein Chemielabor, historische Fotografien und audiovisuelle Vorführungen vermitteln dem Besucher die früheren Arbeitsbedingungen. Vor dem Fabrikgebäude liegen alte Walknochen. Das Heringsmuseum wurde 2004 mit dem Michelette-Preis als **bestes neues Industriemuseum Europas** ausgezeichnet.

● **Öffnungszeiten:** Das Heringsmuseum (Síldarminjasafn), Snorragata 15, Tel. 4671604, www.siglo.is/herring, ist vom 20.6. bis 15.8. täglich 10–18 Uhr geöffnet, sonst täglich 13–17 Uhr. Vorführung des Heringssalzens vom 1.7. bis 6.8. Sa und So 15 Uhr. Eintritt ins Museum 800 ISK, Kinder 12–16 Jahre 400 ISK, inklusive Vorführung des Heringssalzens 1000 ISK.

Nach Ólafsfjörður führt die Straße steil bergab. Auf beiden Straßenseiten werden die saftigen Wiesen von kleinen Bächen durchflossen, an dessen Ufern hellgrünes Moos wächst. Kurz vor Ólafsfjörður kommen wir am **See Ólafsfjarðarvatn** vorbei, der durch die Stadt vom Fjord getrennt wird. Der See ist abwechselnd mit Süß- und Salzwasser gefüllt, je nach der Höhe des Meeresspiegels. Dadurch kommen in dem Gewässer und in den Flussmündungen Fische beider Gewässerarten vor.

Ólafsfjörður ⇗V,C/D1

Ólafsfjörður hat sich seit seiner Gründung im Jahr 1900 von einer kleinen Siedlung zum bedeutenden **Fischereihafen** gewandelt. Früher von Landwirtschaft und Handel geprägt, leben heute etwa **850 Einwohner** im Ort, deren Existenzgrundlage Fischfang und -verarbeitung sind. Neuerdings weitet sich auch der Fremdenverkehr zu einem eigenen Erwerbszweig aus, unterstützt durch den Bau eines kleinen Flugplatzes. 1944 erhielt Ólafsfjörður die Stadtrechte.

Ólafsfjörður liegt schön am **gleichnamigen Fjord** und ist von schneebedeckten Bergen, Vogelfelsen und kleinen Seen umgeben. Außerdem befinden sich ein mit Erdwärme beheiztes Schwimmbad am Sundlaugarvegur, ein Tennisplatz an der Schule und nicht weit entfernt ein 9-Loch-Golfplatz. Neben der Unterkunft in einem Hotel bietet sich hier auch Gelegenheit zum Zelten. Bei der Kirche steht ein Denkmal, das an Seeleute erinnert, die 1940 ertranken. Dieses Denkmal war das erste seiner Art in Island. Am Ólafjarðarfjall besteht die Möglichkeit zum Wintersport (Skilift, Sprungschanze). Im etwas weiter südlich gelegenen Ólafsfjarðarvatn kann man Forellen angeln. Die Erlaubnis dazu erhält man im Hotel.

Unterkunft

- **Hotel Brimnes€,** Bylgjubyggð 2, Tel. 466 2400, www.brimnes.is, ganzjährig geöffnet, 56 Betten und Hütten am Seeufer; Restaurant, Fisch, Lamm, Pizza.

Campingplatz

- Einfacher Platz **neben dem Schwimmbad** am Sundlaugarvegur, Tel. 4649250.

Essen und Trinken

- Im **Hotel Brimnes** (s. o.).
- **Pizzeria Höllin,** Hafnargata 16, Tel. 466 4000.
- **Snackbar in der Tankstelle,** Bylgjubyggð, Tel. 4662272.

Notfall

- **Ambulanz,** Hornbrekka, Tel. 4664050.
- **Apotheke,** Aðalgata 8, Tel. 4662380.
- **Polizei,** Ólafsvegur 1, Tel. 4662222.

Naturkundemuseum

- **Aðalgata 14,** Tel. 4662651, geöffnet 1.6.–1.9. täglich außer Mo 14–17 Uhr sowie nach Vereinbarung. Das Museum hat sich v.a. auf die Vogelwelt Islands spezialisiert. Es besitzt die umfangreichste Sammlung präparierter Vögel und Vogeleier in ganz Island. Ein Vogelfelsen mit der charakteristischen Brutordnung der Vögel wurde hier nachgebildet. Es ist eine Broschüre erhältlich, in der alle isländischen Vögel aufgelistet sind. Auch andere präparierte Tiere werden gezeigt, z. B. Füchse und Nerze oder der Eisbär, der 1970 mit dem Treibeis zur Insel Grímsey gelangte.

Kunst und Kultur

- **Kunstgalerie in Fjallabyggd,** Ægisgötu 10, Tel. 8631572.

Sonstiges

- **Schwimmbad,** Tel. 4649250, geöffnet Mo bis Fr 7–20, Sa/So 9–16 Uhr.
- **9-Loch-Golfplatz,** Skeggjabrekkavöllur, Tel. 4662611.
- **Angeln im See,** Ólafsfjarðarvatn, Tel. 466 2400.
- **Geführte Wanderungen,** an Wochenenden im Sommer, Tel. 4662444.

Die Straße 82 führt nach Ólafsfjörður über 22 km an der **Steilküste Upsaströnd** entlang nach Dalvík. Von der Straße bieten sich immer wieder herrliche Ausblicke auf den Eyjafjörður und die Insel Hrísey. Ein besonderes Erlebnis ist es, von hier aus einen Sonnenuntergang oder im Sommer die Mitternachtssonne zu verfolgen. Kurz hinter Ólafsfjörður fährt man durch den 1991 fertig gestellten und 3,4 km langen, einspurigen Tunnel. Dann verläuft die Straße nahe der Küstenlinie, der Ausblick über den Fjord und den Nordatlantik ist herrlich. Bei gutem Wetter reicht die Sicht bis zur Insel Grímsey am Polarkreis. Mitten im Eyjafjörður ragt der kleine Leuchtturm Hólfssker aus dem Meer.

Kurz vor Dalvík kommt man am Hof Karlsá vorbei. Hier lebte der Schiffsbauer *Eyvindur Jónsson* (1678–1746), der auf hochseetüchtige Schiffe spezialisiert war. Ein Schiffsmodell wurde ihm zu Ehren hier errichtet.

Dalvík

↗V,D1

1934 zerstörte das so genannte **Dalvík-Erdbeben** zusammen mit einer nachfolgenden Flutwelle die Stadt fast völlig. Danach wurde sie neu aufgebaut; nach dem II. Weltkrieg erweiterte man den Hafen. Heute hat Dalvík **1400 Einwohner** und ist vom Fischfang geprägt. Die Trawler-Flotte, Fischfabriken und die Fischverpackungsindustrie geben den Menschen Arbeit. Jedes Jahr findet am zweiten Wochenende im August der **Große Fischtag** statt. Hier wird nicht nur Fisch aufgetischt sondern es herrscht auch richtige Volksfeststimmung.

Sehenswert sind in der modernen Stadt der Hafen, die Kirche und das Heimatmuseum, das 1989 eingerichtet wurde. In Dalvík gab es bereits 1901 Theateraufführungen, obwohl nur vier Familien als Zuschauer in Frage kamen. Ein Golfplatz und ein Schwimmbad laden zu sportlicher Betätigung ein, im Winter ist Skifahren am Böggvisstaðafjall möglich. Dort gibt es zwei Skilifte. Wintersportmöglichkeiten bestehen auch in der Brekkusel Ski Lodge, einem im Hinterland gelegenen Gebiet, das sich auch zum Wandern eignet.

In **Hvoll** am nördlichen Ortsende ist in dem roten Haus ein **Museum** eingerichtet (Byggðasafn Dalvíkur), das an *Jóhann Pétursson* (1913–1984), der mit 2,34 m einmal der größte Mann der Welt war, erinnert.

Unterkunft

- **Gästehaus Dalvík€,** Stórhólsvegur 6, 620 Dalvík, Tel. 4663088, Fax 4661661; 20 Betten, Zimmer mit TV, Video, Telefon, Kochni-

100is Foto: tt

Jóhann Pétursson aus Dalvík war mit 2,34 m einmal der größte Mann der Welt

sche, ganzjährig geöffnet; Angeln, Reiten, Bootsausflüge.

- **Fosshotel Dalvík€,** Skíðabraut 18, Tel. 466 3395, einziges Hotel im Ort.

Campingplatz

- **Am Schwimmbad,** Tel. 4663233, Fax 460 4901; komfortabel, Einkaufsmöglichkeit, Cafeteria, Bushaltestelle, Tankstelle, geöffnet 1.6.–31.8.

Essen und Trinken

- **Bárnbúð,** Goðabraut 3, Tel. 4663330, gegenüber dem Rathaus.
- **Pizzeria Tomman,** Skíðabraut, Tel. 466 1559.
- **Imbiss in der Olis-Tankstelle,** Skíðabraut, Tel. 4661832.
- **Imbiss in der N1-Tankstelle,** Hafnarbraut 14, Tel. 4661236.

Notfall

- **Ambulanz,** Hólavegur, Tel. 4661500.
- **Polizei,** Gunnarsbraut 6, Tel. 4661227.
- **Apotheke,** Goðabraut 4, Tel. 4661234.

Fährverkehr

Zwischen Dalvík und der Insel Grimsey verkehrt die **Fähre Sæfari.** Abfahrt in Dalvik ist Mo, Mi und Fr jeweils um 9 Uhr, zurück geht es im Sommer um 16 Uhr, im Winter um 13 Uhr. Die Überfahrt dauert bei gutem Wetter etwa 3 Stunden, bei schlechtem auch wesentlich länger. Die Überfahrt (hin und zurück) kostet pro Person 4340 ISK. Abgestimmt auf die Fähre besteht eine Busverbindung von/nach Akureyri; die Abfahrt in Akureyri ist um 7.30 Uhr. Auch eine Flugverbindung mit Air Iceland von/nach Akureyri gibt es. Tickets und Reservierung bei:

- **Nonni Travel,** Brekkugata 3, Akureyri, Tel. 4611841 (auch Flugbuchungen).
- **Samskip,** Ranarbraut 2b, Dalvik, Tel. 458 8970.
- **Laden Grimskjor,** Grimsey, Tel. 4673110.

Natur- und Volkskundemuseum

- **Byggðasafn Dalvíkur,** Hvoll, Tel. 4661497, geöffnet 1.6.–15.9. täglich 1.9.–31.5., So 13–17 Uhr. Das Museum ist auf die Flora Islands spezialisiert und besitzt die größte Sammlung an Pflanzen und Blumen. Auch der größte Seehund Islands ist ausgestellt. Angegliedert sind Stätten zum Gedenken an *Dr. Kristján Eldjárn* (1916–1982), ehemals Staatspräsident Islands, sowie *Johann Pétursson* (1913–1984), der mit 2,34 m einmal der größte Mann der Welt war. Beide stammten aus dem nahe gelegenen Svarfaðardalur.

Kunst und Kultur

- **Dóttir skraddarans,** Kunsthandwerk, Skíðabraut 4, Tel. 4661605.

Sonstiges

- **Schwimmbad,** Svarfaðarbraut, Tel. 466 3233, geöffnet im Sommer Mo bis Fr 7–20, Sa/So 10–19 Uhr; schönes, großes Freibad.
- **Skilift,** Böggvisstaðafjall, Tel. 4661010, Winterbetrieb.
- **9-Loch-Golfplatz,** Svarfarðardalur, Arnarholts-Platz, Tel. 4661204.

- **Bootsfahrten zur Walbeobachtung und Hochseeangeln,** Sjóferðir, Ráðhúsið, Tel. 8632555; Abfahrten 20.5.–15.9. täglich um 9.30 Uhr; 16.6.–20.8. täglich auch um 18 Uhr.
- **Lachs- und Forellenangeln,** im Hrísatjörn, Tel. 4661405.

Ausflug

- **Von Dalvík ins Landesinnere**

Kurz hinter Dalvík führen zwei Straßen ins Landesinnere. Es ist möglich, auf der 805 eine **kleine Rundfahrt** zu beginnen. Zuerst fährt man parallel zur Svarfaðardalsá. Im Sommer erwartet einen hier ein üppiges Grün, das auf den fruchtbaren Boden hindeutet, den auch die Bauernhöfe nutzen. Nach 10 km zweigt die Straße 807 ins Skíðadalur ab. Geradeaus führt die 805 noch 10 km weit ins **Svarfaðadalur** hinein. Wenn man der Svarfadæla-Saga Glauben schenkt, wurde dieses Tal bereits zur Zeit der Landnahme besiedelt. Die Sage berichtet weiter, dass sich die Bewohner um das Land stritten, da keiner mit anderen teilen wollte. Ausgrabungen sprechen für die Glaubwürdigkeit der Sage. Heute ist das Tal **Naturschutzgebiet,** ein idealer Ausgangspunkt für Wanderungen im Tal und in die Berge. In der kleinen **Kirche von Urðir** hing einst das **älteste isländische Kruzifix.** Vermutlich stammt die romanische Christusfigur, die aus Birkenholz geschnitzt ist, aus der zweiten Hälfte des 12. Jahrhunderts. Heute befindet sie sich im Besitz des Nationalmuseums in Reykjavík.

Auf der Straße 807 kommen wir auf der östlichen Seite des Tals zurück nach Dalvík.

Insel Grímsey

VI,A1

Die 5,3 km² große Insel Grímsey, rund 2 km breit und 6 km lang, ist das **nördlichste bewohnte Gebiet Islands.** Nur die kleine unbewohnte Schäreninsel Kolbeinsey befindet sich noch weiter im Norden. Beide Inseln sind permanent der starken Brandung ausgesetzt, die die Felsen unaufhaltsam bearbeitet.

Grímsey ist **41 km vom Festland entfernt** und liegt genau auf dem nördlichen Polarkreis; dieser teilt die Insel in einen arktischen und einen subarktischen Teil. Grímsey besteht überwiegend aus Klippen. Die Oberfläche der Insel ist von Mooren und Gras bedeckt. Benannt wurde sie nach ihrem ersten Siedler, dem Wikinger *Grím,* der sich zur Zeit der Landnahme hier niederließ. In der „Heimskringla" von *Snorri Sturluson* kann man über Grímsey nachlesen: Der norwegische König Olav wollte die Insel von den Isländern geschenkt bekommen. Bischof *Guðmundur der Gute* suchte hier um Asyl nach. Doch seine Feinde stellten ihm nach und ermordeten ihn.

Als auf dem Festland Hungersnöte wüteten, blieb die Insel weitgehend davon verschont, gab es doch Fisch, Seevögel und deren Eier. Dafür ereigneten sich andere Katastrophen: Im 18. Jahrhundert soll die Insel zunächst von einer Seuche heimgesucht worden sein, die fast die gesamte männliche Bevölkerung dahinraffte. Die überlebenden Männer wollten auf dem Festland Verstärkung holen und kamen bei der stürmischen Bootsfahrt ums Leben. Nur der Gemeindeseelsorger überlebte.

Eine Kuriosität der Insel ist die Liebe ihrer Bewohner zum **Schach.** Davon wusste bereits *Daniel Willard Fiske,* Freund von *Mark Twain* und damals bester Schachspieler in den USA. Da er die Insel lieben gelernt hatte, wurde er zum Gönner ihrer Bewohner. Zuerst erhielt jeder Hof von ihm ein Marmor-Schachspiel. Später finanzierte er eine Schule und eine Bibliothek. Als der edle Spender 1904 starb, vermachte er den Inselbewohnern außerdem einen Teil seines Vermögens. Die Liebe der Bewohner zum Schachspiel glüht heute nur noch ein wenig im Verborgenen. Nach außen sind andere Leidenschaften sichtbar geworden, die es überall gibt: Fußball, Autos, Fernsehen ...

Verlief die Entwicklung auf der Insel anfangs etwas langsamer – hier gibt es erst seit Ende des Zweiten Weltkriegs Strom – so konnte sie inzwischen aufholen. Mit dazu beigetragen hat der Fischreichtum des umliegenden Meeres. Ein Beweis der Superlative war 1957 der Fang des 25 kg schweren „Grímsey-Lachses". Immer wieder sieht man auf der Insel Stockfisch-Trockengestelle, ebenfalls Hinweise auf die Bedeutung des Fischfangs. Auch der Tourismus trägt zum Wohlergehen der Insel bei. Der „Polarkreis" zieht die Touristen magisch an. So konnte in letzter Zeit ein neues Freibad gebaut werden. Parabolantennen erlauben den Empfang von Satelliten-TV. Die Bewohner von Grímsey besitzen mehr als ein Dutzend Autos, obwohl es nur 3 km Straße auf der Insel gibt.

Knapp **100 Personen leben auf Grímsey,** vor allem im Westteil der Insel. **Básar** liegt auf 66°33′ nördlicher Breite und ist damit die nördlichste Siedlung Islands. Seitdem 1988 eine Schafseuche grassierte, gibt es auf der Insel keine Schafe mehr. Selbst die Haltung von Hunden und Katzen ist nicht erlaubt.

Auch in **Sandvík,** dem zweiten Ort der Insel, leben – wie wir richtig vermuten – die meisten Bewohner vom Fischfang. In dem kleinen Nest steht eine Kirche, deren Besuch sich lohnt; weiterhin ein Pfarrhaus, eine Schule, eine Bibliothek, eine Post, ein Freibad und ein kleiner Laden, in dem man auch ein Souvenir erstehen kann. Touristen können ein „Polarkreis-Zertifikat" vom Gemeindevorsteher bekommen, das den Besuch dieses nördlichen Eilands und die Überquerung des Polarkreises bestätigt.

Auf dem Flugplatz der Insel kann man auf einem Richtungsanzeiger die **Entfernungen zum Rest der Welt** studieren: 325 km sind es bis Reykjavík, 1949 km nach London, bis Moskau 3103 km, nach New York 4445 km, Tokio ist 8494 km entfernt, und Sydney ist 16.317 km weit weg.

Wer die Insel kennen lernen möchte, sollte sich einige Stunden Zeit dafür nehmen. Diese Zeit benötigt man, um einmal um die Insel zu laufen. Besonders Naturliebhaber kommen hier auf ihre Kosten. Vom Flugplatz gelangt man zum Nordteil der Insel. An der Ostküste gibt es eine rund **100 m hohe Steilküste,** ein Paradies für Seevögel. Gryllteisten, Trottellumen, Eissturmvögel, Tordalke und Papageitaucher trifft man hier an. Sechzig Vogelarten sind auf der Insel vertreten, unter anderem auch Krabbentaucher, die sonst kaum in Island vorkommen. Aber Naturfreunde seien auch vor den Angriffen der Skuas gewarnt, die dem Menschen schmerzhafte Wunden zufügen können, wenn die Vögel ihr Gelege oder ihre Küken in Gefahr sehen. Etwa 100 Pflanzenarten sind auf der Insel heimisch. Im westlichen Teil der Insel ist die Küste von Buchten zerklüftet. Dort erheben sich Riffe und Basaltsäulen.

Unterkunft

- **Gästehaus Básar€,** Tel. 4673103, am Flugplatz gelegen; Schlafsackplätze, Cafeteria, ganzjährig geöffnet.
- **Gästehaus Gullsól€,** Tel. 4673190, ganzjährig geöffnet, Gästeküche, Schlafsackplätze und einfache Zimmer; Ausstellung und Verkauf von lokalem Kunsthandwerk, Kaffee und Waffeln.

Flugverbindungen

Regelmäßiger Flugverkehr – im Sommer täglich – besteht **von Akureyri** aus, die Flugzeit beträgt etwa 20 Minuten; Nachtflüge zur Zeit der Mitternachtssonne, Rundflüge mit Landung und Aufenthalt ab Akureyri und ab Mývatn.

- **Air Iceland,** Tel. 4673148, Hin- und Rückflug sowie Rundflüge ca. 160 Euro.

Litli-Árskógssandur ↗V,D1

Weiter geht es auf der Straße 82 in Richtung Akureyri. Immer wieder bietet sich jetzt die Möglichkeit, auf kleinen Nebenstraßen näher ans Meer heranzufahren. Immer wieder auch stößt man auf Höfe, die hier an der Straße liegen. Von dem kleinen **Hafen** Litli-Árskógssandur hat man einen schönen Ausblick auf das gegenüberliegende Ufer des Eyjafjörður mit dem Ort Grenivík und auf die Insel Hrísey. Nach Hrísey verkehrt von hier aus eine **Fähre.** Árskógssandur ist auch von Akureyri aus mit dem Bus zu erreichen. Der Ort ist neuerdings auch durch das **Brauhaus Bruggsmiðjan** in der Öldugata 22 bekannt geworden. Hier wird „Kaldi“, das Kalte, nach alter tschechischer Tradition ohne Zusatz von Zucker und Konservierungsstoffen gebraut.

Unterkunft

- **Bauernhof Syðri-Hagi,** Tel. 4661961; 2 Hütten mit 6 Betten, 4 Schlafplätze im Farmhaus, ganzjährig geöffnet; von hier Bootsausflüge mit Angelmöglichkeit.
- **Bauernhof Ytri-Vík,** Tel. 4661982; Platz für 28 Personen, Pferdeverleih, Forellenangeln; Verpflegung nur vom 1.6. bis 1.9.

Insel Hrísey ↗V,D1

Nach Heimaey (vgl. entsprechenden Abschnitt in Route 1) ist Hrísey mit 11,5 km² die **zweitgrößte Insel Islands** – 6,5 km lang und 1–2 km breit, grasbewachsen, fruchtbar und trotz einer 111 m hohen Erhebung im Norden flach. Auf der Insel im Eyjafjörður – der Name „Inselfjord“ leitet sich wohl von der einen Insel Hrísey ab – sind Fauna und Flora noch weitgehend unberührt. Hier nisten viele verschiedene Vogelarten wie Küstenseeschwalben, Regenbrachvögel, Graugänse oder Sturmvögel. Die Aufmerksamkeit der Forscher gilt vor allem den hier lebenden **Alpenschneehühnern.** Sie sind wegen fehlender natürlicher Feinde zahm.

Der **Nordteil der Insel,** wo ein Wald entstehen soll und Eiderenten brüten, ist als totales **Naturschutzgebiet** auch für Wanderer tabu. Damit die jungen Pflanzentriebe nicht gleich wieder zerstört werden, dürfen keine Schafe gehalten werden. Auch sind die Jungvögel und Gelege hier vor ausgewilderten Nerzen sicher. Tiere dürfen auf der Insel nicht gejagt werden. Die Insel ist auch die einzige isländische Quarantänestation für eingeführte Haustiere und andere Tiere, die hier einige Monate bleiben müssen.

Bereits zur Landnahmezeit war die Insel bewohnt. Heute leben knapp **180 Einwohner** auf Hrísey, fast alle im gleichnamigen Fischerdorf. Sie nützen das Vorkommen heißer Quellen.

Im 19. Jahrhundert sorgte der Unternehmer *Jörundur Jónsson* mit dem Beinamen „Haifisch-Jörundur" für die Ansiedlung von Wirtschaftsbetrieben auf der Insel. Mit seinen Booten gelangten große Mengen Haifisch nach Hrísey, die in einer Fabrik weiterverarbeitet wurden. Jónsson machte die Fischerei zur Haupterwerbsquelle. Das ist sie bis heute geblieben. Dafür errichteten ihm die Bewohner oberhalb der Dorfkirche ein Denkmal.

Auf einer **Versuchsfarm** werden schottische Galloway-Rinder gezüchtet, die es sonst in Island nicht gibt. Wer das Fleisch probieren will, erhält es im Gästehaus Brekka.

Mit Ausnahme des gesperrten Nordteils (s. o.) bietet sich die Insel für **Spaziergänge und Wanderungen** durch die sehenswerte Heide- und Moorlandschaft an. Man sollte den Umstand genießen, dass die Insel fast autofrei ist, und die noch weitgehend unberührte Natur auf sich wirken lassen. Auch Reiseveranstalter haben die Insel neuerdings in ihr Ausflugsprogramm mit aufgenommen.

Tourist-Information

- im Haus der Handwerksgemeinschaft Perlan am Hafen, Tel. 6950077, www.hrisey.net, im Sommer 13–18 Uhr geöffnet.

Unterkunft

- **Gästehaus Brekka**€, Tel. 4661751; Schlafsackunterkunft, Fahrrad- und Bootsverleih, ganzjährig geöffnet. Das Restaurant bietet alles von Burgern und Pizzas bis zu Lammgerichten und Meeresfrüchten.
- **Eyland-Sommerhäuser,** Tel. 4661745; für 4–10 Personen, ganzj. geöffn., Fahrradverleih.

Camping

- **Campingplatz Hrísey,** einfacher Platz am Gemeindehaus Sæborg, Skálavegur, Juni–Mitte September geöffnet.

Fährverkehr

- Die kürzeste Verbindung nach Hrísey besteht von Litli-Árskógssandur (15 Min.). Die **Fähre „Sævar"** fährt ganzjährig von 9 bis 23 Uhr alle 2 Stunden von der Insel Hrísey nach Árskógssandur und jeweils eine halbe Stunde später wieder zurück. Rückfahrticket 750 ISK.
- Die **Fähre „Sæfari"** fährt im Sommer Di und Do um 13.15 Uhr von Dalvik nach Hrísey, Rückfahrt ist um 13.45 Uhr.

Sonstiges

- **Ausflüge auf dem Traktoranhänger,** Tel. 6950077 oder 4663012.
- **Schwimmbad, Bank, Post.**

Im weiteren Verlauf der Straße 82 liegt rechter Hand der Bauernhof Stærri-Árskógur in malerischer Umgebung. Die Straße verläuft nun nahe am Eyjafjörður. Zweigt man an der Bucht Arnarnesvík auf die parallel verlaufende Straße 812 ab, kann man in der flachen Ebene Gálmaströnd weiter an der Küste entlangfahren. Man gelangt hier nach Hjalteyri mit seinem Leuchtturm. Nach knapp 10 km trifft die 812 kurz vor Möðruvellir wieder auf die Straße 82.

Möðruvellir ⇗V,D2

Bereits 1296 befanden sich in Möðruvellir ein **Augustinerkloster,** ein Pfarrhof und die Residenz eines Amtsmannes. Bis zum 19. Jahrhundert war dieser Ort ein geistliches und ein Verwaltungszentrum. Die heutige Kirche ist für den kleinen Ort recht groß geraten, sie fasst 250 Personen und wurde 1848 erbaut. Das Altarbild im Kircheninnern wurde ein Jahr nach einem Kirchenbrand von dem dänischen Maler *E. J. Lehmann* 1866 kopiert. Das Original wurde zwar von dem Maler *Árngrímur Gislason* aus den Flammen gerettet, ging jedoch verloren, so dass heute nur noch die Kopie zu sehen ist. Zu den Kirchenschätzen gehören zwei alte Bücher. Eines davon ist die Kopie der Bibel von Bischof *Guðbrandur Þorláksson,* die 1584 in *Hólar* gedruckt wurde. Auf dem Friedhof neben der Kirche sind die Dichter *Bjarni Þórarensen* (1786–1841) und *Davíð Stefánsson* (1895–1964) begraben.

Zwei berühmte Isländer wurden in Möðruvellir geboren. **Jón Sveinsson,** besser bekannt als „Nonni", kam hier 1857 zur Welt und verbrachte seine Kindheit auf dem elterlichen Hof. Seine Eindrücke verarbeitete er in seinen Kinderbüchern, als er von 1869 an in Akureyri lebte. **Hannes Hafstein** (1881–1922), der erste Ministerpräsident von Island, lebte als Kind ebenfalls in Möðruvellir.

In **Gásir,** an der Mündung der Hörgá in den Eyjafjörður im Norden Akureyris, wurden bemerkenswerte archäologische Bodenfunde gemacht. Hier befand sich einmal die wichtigste mittelalterliche Handelsniederlassung von Nordisland an einem Hafen, der Jahrhunderte lang von Bedeutung war. Von der Zeit der Landnahme bis ins 16. Jh. wurde hier vor allem mit Schwefel und Gerfalken gehandelt. Handwerk und Gewerbe wie Schwefelbrenner, Eisen- und Kupferschmieden siedelten sich an. Es ist geplant, Gásir als historischen Handelsort zu rekonstruieren (www.gasir.is). Im Museum von Akureyri sind einige Fundgegenstände ausgestellt.

Nach der Brücke über die Hörgá erreichen wir 2 km südlich des Flusses wieder die Ringstraße und sind nach kurzer Fahrt in Akureyri (siehe nächste Route). Der Weg dorthin führt durch einen intensiv landwirtschaftlich genutzten Landstrich.

Route 4: Der Norden zwischen Akureyri und Mývatn

- **Akureyri**
- **Route 4 A:**
Von Akureyri zur Laxá
- **Route 4 B:**
Vom Goðafoss zum Mývatn
- **Route 4 C:**
Von Skútustaðir nach Reykjahlið

Akureyri

XII,A1

Akureyri liegt am südlichsten Ende des **Eyjafjörður,** der hier 50 km tief in das Land hineinreicht. Bis zum Polarkreis sind es noch 95 km. Trotz dieser nördlichen Lage und obwohl die Stadt ganzjährig von schneebedeckten Bergen umgeben ist, herrschen im Sommer angenehm milde Temperaturen. Zudem halten die über 1400 m hohen Berge Stürme und Niederschläge zurück.

Akureyri wird von den Isländern auch **„Hauptstadt des Nordens"** genannt. Wie Reykjavík für den Süden Verkehrsknotenpunkt sowie Zentrum von Wirtschaft, Verwaltung und Ausbildung ist, hat Akureyri im Norden eine ähnliche Bedeutung. Die Stadt bietet außerdem gute Einkaufs- und Unterkunftsmöglichkeiten. Man benötigt eine Flugstunde, um von Reykjavík in das 436 km entfernte Akureyri zu gelangen. Lange Zeit war die Stadt mit ihren heute **17.500 Einwohnern** die zweitgrößte im Land. Doch inzwischen wird sie von Kópavogur, eine der Trabanten- und Wohnstädte von Reykjavík, und Hafnarfjörður übertroffen. Akureyri ist jedoch mit Abstand die größte Stadt Islands außerhalb des Großraums Reykjavík.

Stadtgeschichte

Ein sicherer Hafenstandort sowie gute klimatische Bedingungen schufen die Voraussetzung für eine **frühe Besiedlung** dieser Region. Sagas berichten, dass *Helgi der Magere* aus Irland der erste Bewohner der Gegend rund um

Akureyri gewesen sein soll. Vermutlich ließ er sich im 9. Jahrhundert in Kristnes nieder, rund 10 km südlich der heutigen Stadt. Helgi und seine Nachfahren lebten hier als wohlhabende Bauern. Dank seines diplomatischen Geschicks wurde er bald zu einem der einflussreichsten Goden. Nach dem Ende der Sagazeit geriet Akureyri jedoch zunächst in Vergessenheit. Die erste urkundliche Erwähnung der Stadt ist aus dem 15. Jahrhundert bekannt; 1602 wurde Akureyri erstmals als Handelsplatz genannt. Aber erst als der Ort 1786 eine **dänische Handelsniederlassung** wurde – er zählte zu diesem Zeitpunkt gerade einmal zwölf Einwohner – begann der Aufschwung. Einflussreiche dänische Kaufleute aus Helsingør, die hier heimisch wurden, bestimmten das Bild der Stadt mit. So verdankt Akureyri auch den Dänen, dass viele Häuser mit einem Garten umgeben sind. Sie machten Akureyri zu einer **grünen Stadt.** Bis heute wachsen Pflanzen in erstaunlicher Vielfalt. Immer wieder trifft man auch auf stattliche Bäume, nicht nur im Botanischen Garten (s. u.). Akureyri unterscheidet sich in dieser Hinsicht stark von Reykjavík.

1816, als 45 Personen im Ort wohnten, gab es bereits drei Warenhäuser. 1862 wählten die 286 Einwohner ihr erstes Stadtparlament; die Stadtrechte hatte Akureyri jedoch schon 75 Jahre früher erhalten. Nach dem II. Weltkrieg entstand das moderne Akureyri rund um den Pollurinn, den Teich hinter dem Hafenkai. Von dort gelangt man in den alten Stadtteil Fjaran. Hier, entlang der Aðalstræti, der Lækjargata und der südlichen Hafnarstræti, befindet man sich im **Museumsviertel** der Stadt.

Einen gewaltigen Aufschwung als Handelszentrum erhielt die Stadt, als 1886 die erste örtliche **Konsumgenossenschaft KEA** (Kaupfélag Eyfirðinga Akureyrar) gegründet wurde. Der Hafen, ein hohes Fischvorkommen und fruchtbare Ackerflächen trugen ebenfalls zum wirtschaftlichen Aufstieg bei. Die Einwohnerzahl der Stadt wuchs bis zur Jahrhundertwende auf 1000 an. 25 Jahre später hatte sich die Zahl der Einwohner verdreifacht, bis 1980 noch einmal vervierfacht. Ursprünglich sollte die KEA nach Aufhebung des dänischen Handelsmonopols den Markt mit einheimischen Produkten beleben. Außerdem bot der Hafen hervorragende Möglichkeiten zum Warenexport. Die Genossenschaft mit ihren Produktionsstätten und Vertrieben für Erzeugnisse aus der Land- und Fischwirtschaft besteht bis heute. Sie ist der größte Arbeitgeber der Region. Auf den Namen KEA stößt man auch bei Hotels und Supermärkten.

Stadtwappen von Akureyri

Wirtschaftliche Bedeutung Akureyris

Akureyri zählt zu den **wichtigsten Landwirtschaftszentren des Landes.** Schon der Name der Stadt – „akur" bedeutet Acker, „eyri" Sandbank – weist darauf hin. Außer der Zucht von Rindern, Schweinen und Schafen sowie der damit verbundenen Milchwirtschaft werden Kartoffeln und Rüben angebaut, die für die gesamte Versorgung Nordislands ausreichen. Das fruchtbare Eyjafjarðardalur gehört zu den landwirtschaftlichen Gebieten, die am intensivsten in ganz Island genützt werden.

Neben dem Handel bieten auch eine große Anzahl von Dienstleistungsbetrieben, Schiffswerften sowie die Textil-, Leicht- und Kleinindustrie Arbeitsplätze. Rund um den Hafen, der mit allen Einrichtungen für die internationale Seefahrt ausgestattet und Sitz einer der größten Fischereiflotten ist, siedelten sich weitere **Industriezweige** an: Fisch verarbeitende Betriebe, die größte Konservenfabrik Islands, eine Großdruckerei, wollverarbeitende Fabriken, eine Bierbrauerei, eine Getränkeabfüllanlage und Lederwarenbetriebe, die vor dem Zusammenbruch des sozialistischen Systems vor allem für den russischen Markt von Bedeutung waren. Die Stadt verfügt außerdem über einen Flugplatz. Das Krankenhaus ist weithin bekannt. Es gibt eine Kunst- und Musikschule sowie mehrere Grundschulen und Gymnasien. Seit 1987 besitzt Akureyri eine Universität mit Studienschwerpunkten im Bereich der Gesundheit und Pädagogik, der kaufmännischen Berufe, des Industriemanagements und seit 1990 auch im Fischereiwesen.

Freizeit, Kunst und Kultur

Dem Besucher bietet Akureyri nicht nur alle wichtigen Versorgungsmöglichkeiten, sondern auch eine **Vielzahl von Sehenswürdigkeiten.** Dies macht die reizvolle Stadt zum unbedingten Muss einer Islandreise. Auch auf die Isländer übt sie eine starke Anziehungskraft aus und gilt mit ihrem städtischen Flair und der Fußgängerzone als etwas Außergewöhnliches. Liebevoll nennen die Isländer ihre Stadt **„Perle des Nordens".**

Akureyri hat außerdem Bedeutung als Zentrum von Kultur und Kunst. Die Isländer nutzen gerne das Freizeitangebot der Stadt. Nach dem Bláfell bei Reykjavík ist das **Skigebiet** unweit von Akureyri das wichtigste Wintersportzentrum des Landes. Ab Oktober nehmen die Lifte ihren Betrieb auf. Von Akureyri aus lassen sich Wandertouren, Ausflüge zum Goðafoss und Mývatn, aber auch Schiffstouren zu den umliegenden Inseln oder Rundfahrten um die Halbinseln Skagi und Tröllaskagi unternehmen. Für **Golffreunde** finden die **„Arctic Open"** an der nördlichsten 18-Loch-Anlage der Welt statt (Jaðarsvöllur). Im Hafen legen zunehmend **Kreuzfahrtschiffe** an, auf deren Programm ein Busausflug zum Mývatn steht.

Blick auf Akureyri

101is Foto: tt

Stadtrundgang

Die Sehenswürdigkeiten von Akureyri sind überschaubar und liegen nicht allzu weit auseinander. Wer die Stadt kennen lernen möchte, für den bietet sich ein **Rundgang zu Fuß** an. Sollten sie sich für die zahlreichen Museen Akureyris interessieren, müssen sie natürlich mehr Zeit einplanen.

Wer einen guten **Aussichtspunkt** sucht, beginnt den Rundgang am besten an der Orientierungstafel an der Kreuzung Þórunnarstræti/Glerárgata (Nähe Sportplatz). Von hier übersieht man den Fjord und die umliegenden Berge. Das Denkmal in unmittelbarer Nähe stellt *Helgi den Mageren* und seine Frau dar. Helgi ist mit Schwert und Speer bewaffnet; der Sockel mit seinen Verzierungen erinnert an ein Wikingerschiff.

Zu den besonders alten Gebäuden der Stadt zählt auch das **Wohnhaus Gamli Lundur** in der Lundargata, das 1860 erbaut wurde. Nach seiner vollständigen Renovierung beherbergt es jetzt Kunstausstellungen.

Im **Kunstzentrum Listagil** in der nahe gelegenen Kupvangsstræti befinden sich eine Kunstschule, eine Galerie, ein Museum und ein Café.

Im **alten Ortskern,** der aus der Hafnarstræti, der Haupteinkaufsstraße und Fußgängerzone der Stadt, der Brekkugata und dem Ráðhústorg (Rathausplatz) gebildet wird, liegt heute das Geschäftszentrum der Stadt. Am Ráðhústorg treffen sich im Sommer Einheimische und Besucher. In der Hafnar-

Akureyri
0
500 m
Laufásgata
Hjalteyrargata
Strandgata
Eiðsvallagata
Norðurgata
Eyrarvegur
Sólvellir
Thyggvabraut
Furuvellir
Glerárgata
Gamli Lundur
Ráðhústorg
Hafnarstræti
Kaupvangsstræti
Sigurhæðir, Haus von M. Jochumsson
Akureyrarkirkja
Oddeyrargata
Davíðshús
Aussichtspunkt, Orientierungstafel
Helgamagrastræti
Þórunnarstræti
Þingvallastræti
Schwimm-bad
Camping-platz
Byggðavegur
Mýrarvegur
Skarðshlíð
Höfðahlíð
Glerá
Skógarlundur
1
2
3
4
5
6
7
8
9
10
11

Mývatn
Flugplatz
Polurinn
Drottninggarbraut
Laxdalshús
Nonnahús
Friðbjarnarhús
Heimat- und
Volkskundemuseum
Friedhof
Botanischer
Garten
Þórunnarstræti
Mímisvegur
Hospital
Álfabyggð
Mýrarvegur
Skógarlundur
Golfplatz
1 Kaffi Akureyri
2 Greifinn
3 Hotel Norðurland
4 Café Amor
5 Café Bláa Kanna
6 Bautinn
7 Café Karólína
8 Hotel Kea
9 Hotel Harpa
10 Hotel Akureyri
11 Hotel Edda

stræti wurde 1997 ein Brunnen als Symbol für Freundschaft und Zusammenarbeit der nordischen Länder errichtet (Vinabæjaskúlptúr). Skulpturen nordischer Künstler aus Randers, Lahti, Ålesund, Akureyri und Västeras umrahmen die Anlage. Von den isländischen Künstlerinnen *Helga Valdemarsdóttir, Katrin Árnadóttir* und *Óláf Ase Benediksdóttir* stammt die Skulptur blágrýti.

Etwas westlich vom Ráðhústorg wohnte im **Davíðshús** (Bjarkarstígur 6) der Dichter *Davíð Stefánsson* (1865–1964). Davíð war Bibliothekar in Akureyris Stadtbibliothek, und sein literarisches Werk ist nicht nur in Island bekannt. Für sein Schaffen wurde der Poet 1961 vom Staat mit dem höchsten isländischen Orden, dem Falken mit Kreuz und Stern, ausgezeichnet. Möbel, Bücher und persönliche Gegenstände des Dichters sind im Davíðshús zu sehen.

In der **Stadtbibliothek** (Brekkugata 17) finden wir die gesamte Gegenwartsliteratur, die auf Isländisch gedruckt worden ist.

Von der Altstadt führen 112 Stufen hinauf zum **Wahrzeichen der Stadt:** Die **doppeltürmige Stadtkirche,** die **Akureyrarkirkja,** erhebt sich über dem Zentrum Akureyris. Sie entstand in den Jahren 1939/40. Seit 1993 existiert die Kirche in ihrer heutigen Form. Die Glerákirkja oder „Eiskathedrale", wie sie auch genannt wird, ist *Matthías Jochumsson* gewidmet. Erbauer ist der Architekt *Gudjón Samúelsson,* der auch verschiedene Bauwerke in Reykjavík entworfen hat. Parallelen zwischen der Akureyrarkirkja und Reykjavíks Hallgrímskirkja sind zu erkennen: Auch an Akureyris Stadtkirche finden sich Nachbildungen von Basaltsäulen. Von der eher schlichten Betonkirche, die in unterschiedlichen Stilrichtungen erbaut wurde, hat man einen guten Überblick über die Stadt, den Hafen und den Fjord. Die Kirche besteht aus einem Hauptschiff und zwei Nebenschiffen mit rechteckigem Chorraum und Apsis. Ebenso wie das Äußere der Kirche ist auch das Innere schlicht gehalten. Dominant ist das Mittelschiff. Insgesamt fasst die Kirche bis zu 400 Personen.

Etwas Besonderes sind die **Kirchenfenster.** Ein Fenster des Chorraums stammt ursprünglich aus der zerstörten Kathedrale von Coventry. Die Briten brachten sie nach Kriegsbeginn hierher in Sicherheit. Nach dem Krieg ließen sie ein Fenster als Geschenk zurück. Im unteren Teil der Seitenfenster finden wir Szenen aus der isländischen Kirchengeschichte, im oberen Teil sind Stationen aus Jesus' Leben dargestellt. Beachten sollte man auch das **Kreuz aus isländischem Doppelspat.** Die Orgel ist mit 3200 Pfeifen die größte in Island und die erste im Land gebaute Orgel. Der Taufstein ist eine Kopie desjenigen in der Kopenhagener Marienkirche. Geschaffen wurde er von *Berthel Þórvaldsen.* Im Juli finden sonntags Konzerte in der Kirche statt. Sie beginnen jeweils um 17 Uhr, der Eintritt ist frei.

Nahe bei der Kirche befindet sich der **Sigurhæðir,** der **„Siegeshügel",** den man über die Kirchenstufen erreicht. Hier, im Eyrarlandsvegur 3, steht das Haus von *Matthías Jochumsson,* der 1855 geboren wurde. Der Pastor und Dichter bewohnte das 1902 im norwegischen Stil erbaute Gebäude bis zu seinem Tod im Jahr 1920. Heute befindet sich darin ein **Museum** zu seinem Gedenken. Jochumsson verfasste den Text der isländischen Nationalhymne „O, Gud vors Lands", „O, Gott unseres Landes". Darüber hinaus schrieb er Dramen und Gedichte. Er übersetzte zahlreiche Werke der Weltliteratur ins Isländische, unter anderem von *Shakespeare* und *Lord Byron.* Im Museum sind Gegenstände aus dem persönlichen Besitz des Dichters sowie einige seiner Werke zu sehen.

In der Hafnarstræti befindet sich das **Mineralienmuseum** Félag Norðlenskra Steinasafnara.

In der Nähe der Tourist-Information und der Bushaltestelle Umferðarmiðstöðin (Hafnarstræti 82) steht ein Holzhaus aus der Zeit des Jugendstils, das **Theater Leikfélag.** Es handelt sich um das einzige professionelle Theater-Ensemble außerhalb Reykjavíks.

Das **Laxdalshús** (Hafnarstræti 11) ist das **älteste Haus der Stadt.** Es wurde 1795 erbaut. Die Besiedlung der Stadt soll dort ihren Anfang genommen haben. Im Innern des Gebäudes kann man sich über die Anfänge Akureyris informieren. Außerdem ist in dem Haus ein Restaurant untergebracht.

Im **Friðbjarnarhús** (Aðalstræti 46) aus dem Jahre 1856 wohnte einst der Buchhändler *Friðbjörn Sveinsson.* Außerdem wurde in dem Haus 1884 die isländische Sparte des Guttemplerordens gegründet. Die Vereinigung hat sich dem Kampf gegen den Alkohol verschrieben. Sveinsson selbst war ein führendes Mitglied der Guttempler.

102is Foto: tt

Die doppeltürmige Stadtkirche (Akureyrarkirkja) ist das Wahrzeichen von Akureyri

In der Aðalstræti 56 kann das **Nonnahús,** ein Museum zum Gedenken an den Schriftsteller *Jón Sveinsson,* besichtigt werden (vgl. auch entsprechenden Exkurs)

In der Aðalstræti 58 folgt das **Heimat- und Volkskundemuseum** Minjasafnið. Umgeben wird das Museum von einem Garten, der aus der ersten Baumschule Islands hervorging. Im Innern wird die Geschichte des Eyjafjörður und der Stadt anschaulich dar-

Pater Jón Sveinsson, Autor von „Nonni und Manni“

Jón Sveinsson, auch *Nonni* genannt, ist einer der bekanntesten Schriftsteller Islands. 1857 in Möðruvellir im Hörgárdalur westlich von Akureyri geboren, war er das vierte von acht Kindern. 1865 zog er mit seinen Eltern nach Akureyri. In der Aðalstræti 54 steht das Haus (Nonnahús), in dem Jón Sveinsson die nächsten Jahre mit seinen Eltern und den vier Geschwistern verbrachte. 1870, ein Jahr, nachdem sein Vater gestorben war, wurde Jón von einem französischen Adligen eingeladen, nach Frankreich zu kommen. Hier sollte dem Jungen der Besuch einer höheren Schule finanziell ermöglicht werden. Da Jóns Mutter die Versorgung der Familie in dieser schwierigen Zeit über den Kopf wuchs, ließ sie ihren Sohn schweren Herzens gehen.

Zuerst fuhr Jón nach Kopenhagen, um von dort nach Frankreich zu gelangen. Durch den Ausbruch des deutsch-französischen Krieges wurde er aber an der Weiterfahrt gehindert. Deshalb verbrachte er ein Jahr in Dänemark und konvertierte dort zum katholischen Glauben. 1871 schließlich wurde er Schüler der Lateinschule im französischen Amiens, wo er 1878 seinen Abschluss machte.

Ármann, genannt *Manni,* war Jóns jüngerer Bruder und engster Freund. Er kam ebenfalls nach Frankreich und besuchte dieselbe Schule wie sein Bruder. Manni studierte dann Philosophie in Belgien, wo er mit nur 24 Jahren starb.

Nach Beendigung der Schule trat Jón dem Jesuitenorden bei. Die nächsten fünf Jahre studierte er an verschiedenen Universitäten in Frankreich, Belgien und Holland Philologie, Philosophie und Theologie. 1883 wurde Jón Lehrer an der katholischen Schule in Ordrup/Dänemark. 1888–1892 setzte er sein Studium der Theologie in England fort und wurde dort zum Priester geweiht. Anschließend kehrte er nach Ordrup zurück, unterrichtete dort weiter und war missionarisch tätig. Mit diesen Tätigkeiten verbrachte er die nächsten zwanzig Jahre, bis er sie im Jahr 1912 gesundheitsbedingt aufgeben musste. Ab diesem Zeitpunkt widmete er sich ausschließlich der Schriftstellerei und hielt in vielen Städten Vorträge und Lesungen.

Jón wurde Kinderbuchautor, schrieb seine Kindheitserinnerungen aus der Gegend von und um Akureyri in zwölf Bänden seiner Nonni-Bücher nieder. Auch seine Erlebnisse als Erwachsener in fremden Ländern hielt er in Buchform fest. Seine Bücher erschienen überwiegend in deutscher Sprache. In Deutschland sind sie auch besonders beliebt. Sein erstes Buch verfasste der Schriftsteller 1906. 1913 erschien sein bekanntestes Werk: „Nonni, Erlebnisse eines jungen Isländers von ihm selbst erzählt“. Es wurde in einer internationalen Gesamtauflage von über 1 Million Exemplaren gedruckt. Sveinssons Bücher wurden in mehr als 40 Sprachen übersetzt, 12 seiner Bücher erschienen in isländischer Sprache.

Jón kehrte nur zweimal zu einem Besuch nach Island zurück. 1894, beim ersten Mal, durchquerte er das Land mit dem Pferd. Seine Eindrücke sind nachzulesen in „Zwischen Eis und Feuer“. 1930 kam er ein weiteres Mal auf Einladung der isländischen Regierung. Anlass war die 1000-Jahr-Feier der Einberufung des Alþing. Bei diesem Besuch wurde Jón Sveinsson zum Ehrenbürger der Stadt Akureyri ernannt und erhielt den isländischen Falkenorden. Jón kam 1944 bei einem Bombenangriff in Köln ums Leben. Dort fand er auch seine letzte Ruhestätte.

Heute wird das Nonnahús in Akureyri aus dem Jahre 1849 als Museum und als Gedenkstätte für Jón Sveinsson genützt. Es gilt als Musterbeispiel traditioneller isländischer Wohnhäuser. In dem Museum ist eine Sammlung von Büchern, aber auch von persönlichen Dingen des Paters zu sehen.

103is Foto: tt

gestellt. Dabei gehen die Exponate über das im Laxdalshúsið (s. u.) Gezeigte hinaus. Es wird vor allem auf die Lebensweise und die Bräuche des 19. und 20. Jahrhunderts abgehoben, die Zeit, als der überwiegende Teil der isländischen Bevölkerung von Landwirtschaft und Küstenfischerei lebte. Ausgestellt sind volkstümliche Kunst und Kunsthandwerk, Holzschnitzereien, Trachten und andere Textilien. Uhren, Werkzeuge aus dem Haushalt, der Landwirtschaft und der Fischerei sind ebenso zu sehen. Den Hauptteil der Ausstellungsräume nehmen Wohneinrichtungen aus verschiedenen Zeitepochen ein. Im selben Gebäude ist auch das **städtische Fotoarchiv** untergebracht. Neben dem Museum befindet sich eine Holzkirche, die 1846 in Svalbarðseyri an der Ostküste des Eyjafjörður erbaut wurde. 1970 wurde sie dort abgetragen und an ihrem heutigen Standort, auf dem Fundament von Akureyris ehemaliger Pfarrkirche, wiedererrichtet. Die Kirche wurde im typischen ländlichen Baustil des vergangenen Jahrhunderts erstellt. In Nordisland baute man zu dieser Zeit schlichte, schwarz geteerte und innen unbemalte Holzkirchen, ohne Turm und mit einem Holzdach versehen.

Wer sich über die isländische Flora informieren will, begibt sich am besten in

Im Museum Nonnahús
werden die Werke des Schriftstellers
Jón Sveinsson (1857–1944) aufbewahrt

den **Botanischen Garten,** der in der Nähe des Campingplatzes liegt. Hier sind fast alle in Island vorkommenden Pflanzenarten sowie arktische und alpine Pflanzen zu sehen. Unter den 2000 Sorten sind auch Exemplare, die man so nahe am Polarkreis nicht vermuten würde. Der Garten besteht bereits seit 1912 und dient auch als Erholungspark. Wörtlich übersetzt bedeutet „Lystigarður", wie ihn die Isländer nennen, Lustgarten, was etwas zu ihrem Verhältnis zu dem Park aussagt.

In unmittelbarer Nähe des Botanischen Gartens befindet sich das Gymnasium. Die **Menntaskóli,** ein schlichtes, aber eines der größten Holzgebäude der Stadt, stammt aus der Zeit der vorletzten Jahrhundertwende. Die Schüler kommen aus dem ganzen nördlichen Landesteil, der sich von den Westfjorden bis nach Egilsstaðir erstreckt. Seit 1992 befindet sich bei der Schule auch eine Skulptur von *Ásgrímur Jónsson.* Auf dem Eyrarlandsvegur in Richtung Kirche steht eine weitere Bronzeskulptur, die von *Einar Jónsson* stammt: Útlaginn, „der Geächtete". Ein zweites Exemplar dieser Skulptur steht in Reykajvík.

Tourist-Information

- **Busbahnhof,** Hafnarstræti 82, 600 Akureyri, Tel. 5535999, Fax 5535909 , geöffnet Juni–Aug. Mo–Fr 7.30–19 Uhr, Sa/So 8–19 Uhr, Sept.-Mai Mo–Fr 8–17, Sa/So 9–13 Uhr, www.nordurland.is.
- Ein **Veranstaltungskalender** für Akureyri findet sich in **„What's on in Akureyri",** einer Broschüre, die in der Tourist-Information und in den Hotels kostenlos erhältlich ist.

Hotels

- **Hotel Harpa**€€ (Kea Hotel), Hafnarstræti 83–85, Tel. 4602000, Fax 4602060, www.keahotels.is; 48 Betten. Eines der führenden, alteingesessenen Hotels in Island und Top-Adresse in Akureyri.
- **Hotel Akureyri**€€**,** Hafnarstræti 67, Tel. 462 5600, www.hotelakureyri.is; 36 Betten, familiäre Atmosphäre, ganzjährig geöffnet.
- **Hotel Edda**€€**,** Eyrarlandsvegur 28, Tel. 444 4900, Fax 4611423, www.hoteledda.is; zentrales Sommerhotel mit 132 einfachen Zimmern, 7 mit Dusche/WC, geöffnet 14.6.– Ende Aug.
- **Hotel Edda Þelamörk,** siehe Edda-Hotels im Kapitel „Praktische Reisetipps A–Z/Unterkunft".
- **Hotel Edda Stórutjörnum,** siehe Edda-Hotels im Kapitel „Praktische Reisetipps A–Z/Unterkunft".
- **Hotel Íbúðir**€**,** Geislagata 10, Tel. 8929838, www.hotelibudir.is; 24 Betten, ganzjährig geöffnet.
- **Hotel Kea,** Hafnarstræti 87–89, Tel. 460 2000, Fax 4602060, www.keahotels.is; 136 Betten, zentral gelegen.
- **Hotel Norðurland**€ (Kea Hotel), Geislagata 7, Tel. 4622600, Fax 4627962, www.keahotels.is; 62 Betten.
- **Hotel Vin,** Hrafnagili, 12 km südlich der Stadt, Tel. 4631400, Fax 4631399; 35 Zimmer, 100 Schlafsackplätze, Restaurant und Freibad, ganzjährig geöffnet.

Gästehäuser und Schlafsackunterkünfte

- **Ás,** Hafnarstræti 77, direkt neben dem Busbahnhof, Tel. 4612249; Schlafsackunterkünfte mit Kochgelegenheit.
- **Ás,** Skipagata 4, Tel. 4612248; 28 Betten, Frühstück, preisgünstig, ganzjährig geöffnet.
- **Bakki,** Bakkahlíð 18, Tel. 4625774; Ein- bis Vierbettzimmer, Schlafsackunterkünfte mit Kochgelegenheit.
- **Gästehaus Árgerði,** Tungusíða 2, Tel. 461 1833.
- **Gästehaus Brekkusel,** Byggðavegur 97, Tel. 5627090, gemütlich, saubere Zimmer.

- **Gästehaus Glerá,** Hlíðarfjallsvegi, Tel. 462 5723; auch Schlafsackunterkunft, ganzjährig geöffnet.
- **Gästehaus Gula Villan,** Þingvallastræti 14, Tel. 8968464, Fax 4613040, www.gulavillan.is; 18 Betten, Schlafsackplätze, Schwimmbad, ganzjährig geöffnet.
- **Gästehaus Hafnagilsstræti 23,** Tel. 462 3961.
- **Gästehaus Úllu,** Langahlíð 6, Tel. 462 3472; Ein- und Zweibettzimmer, Schlafsackunterkünfte.
- **Gästehaus Súlur,** Þórunnarstræti 93, Tel. 4611160, Fax 4613077; 40 Betten.
- **Gästehaus Sunnuhlíð 5,** Tel. 4622236.
- **Gästehaus Smáratún und Hütten,** Smáratún 5, Svalbarðseyri, Tel. 4625043, Fax 4612643; 30 Betten, 40 Schlafsackplätze, Schwimmbad, ganzjährig geöffnet.
- **Hotel-Appartements,** Geislagata 10, Tel. 8929838, Fax 4622300, www.hotelibudir.is; ganzjährig geöffnet.
- **Salka,** Skipagata 1, Tel. 4612340, Fax 462 2697; Ein- bis Vierbettzimmer, auch Schlafsackunterkünfte, Kochgelegenheit, ganzjährig geöffnet.
- **Orlofsbyggðin Illugastaðir,** Illugastöðum, Tel. 4626199, Fax 4612649.
- **Sólgarðar,** Brekkugata 6, Tel./Fax 4611133; 8 Betten und 8 Schlafsackplätze, ganzjährig geöffnet.

Jugendherberge

- **Stórholt 1,** Tel. 4623657, www.hostel.is; Ein- bis Vierbettzimmer, Schlafsackunterkünfte, Gästeküche, Aufenthaltsraum mit TV, ganzjährig geöffnet; die Besitzerin spricht deutsch; Möglichkeit zu Kurzausflügen mit dem Minibus.
- **Lónsá,** Glæsibæjarhreppur, 4 km nördlich der Stadt, Tel. 4625037, geöffnet 1.6.–1.10.

Camping

- **Campingplatz Þórunnarstræti,** Hafnarstræti 49, Tel. 4623379, Fax 4612263, www.hamrar.is; zentral, komfortabel, mit Einkaufsmöglichkeit, Cafeteria, Schwimmbad, Wohnmobil-Stellplätzen, Bushaltestelle und Tankstelle; geöffnet 15.5.–15.9. Immer am ersten Augustwochenende trifft sich Islands Jugend zum Feiern auf dem Campingplatz. In dieser Zeit besteht für Touristen die Möglichkeit, im **Wald Kjarskógur** zu zelten. Es gibt nur kaltes Wasser, aber die Umgebung ist sehr reizvoll.
- **Campingplatz Húsabrekka,** Tel. 4624921.

Essen und Trinken

- **Bautinn,** Hafnarstræti 92, Tel. 4621818; Fischgerichte, Walfleisch, Papageitaucher, Lamm, Pferdefleisch und Salate, aber auch Hamburger, Sandwiches und Pizza. Gerichte 15–40 Euro. Das Restaurant befindet sich in einem der ältesten Häuser der Stadt.

104is Foto: tt

Das blaue Haus in der Hafenstraße zählt zu den ältesten Häusern in Akureyri und lädt mit seinem Restaurant Bautinn zum Verweilen ein.

• **Café Bláa Kannan,** in der Fußgängerzone, Hafnarstræti 96, Tel. 4614600; mit schöner Terrasse.
• **Café Karólína,** Kaupvangsstræti 23, Tel. 4612755. Das Restaurant wird von Islands Koch des Jahres 2003 geführt. Spezialität sind mehrgängige Fischmenüs (50–80 Euro). Im Erdgeschoss des Hauses befindet sich ein Café, Treffpunkt von Künstlern mit monatlich wechselnden Ausstellungen. Im 2. Stock sind das Restaurant und *Deiglan,* der Club der Künstler, untergebracht. Geöffnet Mo–Do 11.30–1 Uhr, Fr 11–3 Uhr, Sa 14–3 Uhr, So 14–1 Uhr.
• **Crown chicken,** Skipagata 12, Tel. 461 3010.
• **Greifinn,** Glerárgata 20, Tel. 4601600, www.greifinn.is; Pizza, Lammgerichte. Gehört zu den beliebtesten Restaurants der Stadt. Geöffnet So–Do 11.30–22.30 Uhr, Fr/Sa 11.30–23.30 Uhr.
• **Hotel Kea,** Hafnarstræti 89, Tel. 4602000: Restaurant Höfðaberg (isländische und internationale Küche), Cafeteria Súlnaberg.
• **Hotel Edda** (s. o.)
• **Hotel Norðurland** (s. o.)
• **Kaffi Akureyri,** Strandgata 7, Tel. 4613999. Einer der angesagtesten Treffpunkte mit Livemusik, am Freitag und Samstag wird es hier richtig voll.
• **Lindin,** Leiruvegur, Tel. 4614308.
• **Litla kaffistofan,** Tryggvabraut 10, Tel. 462 2345.
• **Café Amor,** Ráðhústorg 9, Tel. 4613030.
• **Subway,** Kaupvangsstræti 1, Tel. 4613400; Fast-Food-Restaurant.

Nachtleben

• **Bláa Kannan,** Hafnarstræti 96, Tel. 4614600; rauchfrei, öffnet bereits um 8 Uhr morgens.
• **Café Karólína,** s. o.; wird häufig von Künstlern wegen seiner inspirierenden Atmosphäre besucht.
• **Dropinn,** Hafnarstræti 98, Tel. 4622525, geöffnet 20–1 Uhr, Fr/Sa bis 3 Uhr; besonders beliebt bei den 20- bis 25-Jährigen.
• **Kaffi Akureyri** (s. o.).
• **Kjallarinn,** Geislagata 14, Tel. 4622770, Fr/Sa 18–3, So bis Do 20–1, Sa/So auch 12–15 Uhr; Live-Musik am Wochenende, besonders bei den unter 20-Jährigen beliebt.
• **Oddvitinn,** Strandgata 53, Tel. 4626020; Kneipe am Hafen, nur am Wochenende geöffnet, Tanz, am Wochenende Live-Musik.
• **Café Amor,** tagsüber Café, verwandelt sich Freitag- und Samstagnacht in einen lebhaften Pub, auch Live-Musik.
• **Sjállinn,** Góði dátinn, Geislagata 14, Tel. 4622770; Bierkeller, Disco, nur am Wochenende, Treffpunkt der Jugend Akureyris, auch Live-Musik.
• **Torgið,** Ráðhústorg, geöffnet 19–1 Uhr, Fr/Sa bis 3 Uhr; Pub, Do manchmal Live-Musik.
• **Við Pollinn,** Strandgata 49, Tel. 4612757, Fr/Sa 18–3, So bis Do 20–1, Sa/So auch 12–15 Uhr; in einem der ältesten Häuser der Stadt, einladendes Interieur, am Wochenende Live-Musik.

Notfall

• **Polizei,** Þórunnarstræti 138, Tel. 4647700.
• **Krankenhaus,** Eyrarlandsvegur, Tel. 463 0100.
• **Ambulanz,** Hafnarstræti 99, Tel. 4604600.

Post und Telefon

• **Skipagata 10,** Tel. 5801000.

Busse

• Am **Busbahnhof** (Tel. 5500700), zentral gelegen in der Altstadt, **Hafnarstræti 82** (geöffnet Mo bis Fr 7.30–21, Sa/So 7.30–11.30 und 15–18.30 Uhr), beginnen und enden die Überlandbuslinien von *SBA Norðuleið,* während sich die zentrale Haltestelle der Überlandlinienbusse von *Trex* bislang noch etwa 1 km nördlich davon am Ende der Strandgata befindet. Die **Fahrpläne** können auch telefonisch erfragt werden; Tel. 4624441.
• Ganzjährig verkehrt mindestens einmal täglich ein Bus nach **Reykjavík** und zum **Mývatn** (8.30 Uhr).
• Von Mai bis August werden mehrmals wöchentlich **Egilsstaðir** und **Husavík** angefahren.

- Juli und August (Mi, Sa 8.30 Uhr) gehen Fahrten durch das **Hochland (Kjölur-Route)** nach Reykjavík.
- **Skagafjörður-Glaumbær-Hólar:** Di, Fr 8.30 Uhr; **Dettifoss-Ásbyrgi-Hljóðaklettar,** täglich 8.30 Uhr; **Vatnajökull-Kverkfjöll-Askja,** im Juli und August Mo, Fr 8.30 Uhr, mit Übernachtung.

Flüge

- **Air Iceland,** Tel. 4607000, Auskünfte und Buchungen am Flughafen oder in der Tourist-Info (Tel. 5535999).

Fähren

- Busverbindungen nach Dalvik (Abfahrt 7.30 Uhr) zur **Fähre Sæfari** auf die Insel Grimsey (s. dort) und nach Litli-Árskógssandur zur **Fähre Sævar** auf die Insel Hrísey (Linie 620). Buchungen in der Tourist-Info im Busbahnhof.

Kunsthandwerk

- **Gallerí Grúska,** Strandgata 19, Tel. 461 1823; Artikel aus Keramik, Leder und Holz, Wolle, Souvenirs und Kosmetik aus isländischen Kräutern.
- **Gullasmiðjan Stubbur,** Vinnustofa í Laugalandsskóla, Tel. 4631424; handgefertigtes Holzspielzeug.
- **Sunneva Design,** Hvannarvellir 14, Tel. 461 2535; Mode aus einheimischen Materialien.

Kunst und Kultur

- **Akureyrarkirkja,** Juni bis August geöffnet tägl. 10–12 und 14–17 Uhr, Tel. 4627703.
- **Sigurhædir,** Gedenkstätte für *Matthías Jochumsson,* Eyrarlandsvegur 3, Tel. 4662609, geöffnet 1.6.–1.9. werktags 15–17 Uhr.
- **Heimat- und Volkskundemuseum Minjasafnið,** Aðalstræti 58, Tel. 4624162, www.akmus.is, geöffnet 1.6.–15.9. täglich 10–17 Uhr; 16.9.–31.5. Sa 14–16 Uhr.
- **Nonnahús,** Gedenkstätte für *Jón Sveinsson,* Aðalstræti 54, Tel. 4623555, www.nonni.is, geöffnet 1.6.–1.9. täglich 10–17 Uhr.
- **Mineralienmuseum Félag Norðlenskra Steinasafnara,** Hafnarstræti 90, geöffnet 1.7.–15.8. Mo bis Fr und So 10–17 Uhr und 1.6.–15.9. Sa 13–16 Uhr.
- **Laxdalshús,** Hafnarstræti 11, geöffnet 1.6.–15.9. 11–17 Uhr.
- **Friðbjarnarhúsið,** Aðalstræti 46, Tel. 462 2035, geöffnet 1.7.–31.8., Sa/So 14–17 Uhr.
- **Davíðshús,** Bjarkarstígur 6, Tel. 4626648, geöffnet 1.6.–31.8. werktags 13–14.30 Uhr.
- **Städtisches Kunstmuseum,** Kaupvangsstræti 24, Tel. 4612610, geöffnet täglich außer Mo 12–17 Uhr.
- **Öffentliche Bibliothek,** Brekkugata 17, Tel. 4601250, im Sommer Mo–Fr 10–19 Uhr, im Winter auch Sa 12–17, Do 10–22 Uhr.
- **Industriemuseum,** Krókeyri 2, Tel. 462 3600, geöffnet 1.6.–5.9. tägl. 13–17 Uhr, Winter Sa 14–16 Uhr.
- **Flug- und Luftfahrtmuseum,** Flugvöllum, Tel. 4604400, geöffnet 1.6.–31.8. tägl. 13–17 Uhr, Winter Sa 14–17 Uhr, in einem Hangar des Flughafens. Das Museum informiert über die Geschichte der isländischen Luftfahrt von den ersten Flügen 1919 bis heute.
- **Theater Leikfélag Akureyrar,** Hafnarstræti 47, Tel. 4621400.
- **Kino Borgarbíó,** Hólabraut 12, Tel. 462 3500.
- **Kino Sambíó,** Ráðhústorg, Tel. 4614666.
- **Safnasafnid,** Svalbardsströnd (12 km nördlich von Akureyri), Sammlermuseum mit jährlich wechselnden Ausstellungen, geöffnet von Mitte Mai bis Mitte Sept. 10–18 Uhr, Tel. 4614066.

Sport und Freizeit

- **Schwimmbad,** Þingvallastræti 21, Tel. 461 4455; Spielplatz.
- **Glerá-Schwimmbad,** Höfðahlíð, Tel. 462 1539.
- **Schwimmbad in Þelamörk,** 10 km nördlich von Akureyri.
- **Gulf,** Jaðarsvöllur, Tel. 4622974, www.gagolf.is, www.arcticopen.is; 18-Loch-Platz, auf dem auch die Arctic Open unter der Mitternachtssonne ausgetragen werden.
- **Pferdeverleih,** Litli-Garður, Tel. 4612245.
- **Fahrradverleih,** Skipagata 4, Tel. 4612248.

- **Go-Cart, Minimotor, Schlittschuhbahn,** Tel. 8965332, Mo–Fr 16–22, Sa/So 12–22 Uhr.
- **Wasserjet-Verleih,** Strandgata, Tel. 896 5332.
- **Skaten,** Nausturvegur, Tel. 4612440.
- **Segeltörns im Eyjafjörður,** Tel. 8928329
- **Angellizenz für den See Leitutjörn,** Tel. 4627404.
- **Skigebiet,** Hlíðarfjall, Tel. 4622280.
- **Botanischer Garten Lystigarður,** Eyrarlandsvegur, unweit vom Campingplatz, Tel. 4627487, geöffnet vom 1.6. bis 30.9. Mo–Fr 8–22, Sa/So 9–22 Uhr.
- **Waldgebiet Kjarnaskógur,** Tel. 4624047; Trimm-Dich-Pfad, Wanderwege, Spiel- und Grillplätze.

Tourveranstalter

- **Sportferðir,** Hafnarstræti 82, Tel. 8942967 und 4612968, Fax 4612867, www.sporttours.is, geführte Ausflüge.
- **Höldur,** Tryggvabraut 12, Tel. 4616000, www.holdur.is; Autovermietung und Vermittlung organisierter Jeep- und Schneekatzenfahrten.
- **Nonni-Travel,** Brekkugata 5, Tel. 4611841, www.nonnitravel.is; Flug- und Schiffsausflüge, Ausritte, geführte Wanderungen.
- **Ferðafélag Akureyrar (Wanderverein),** Strandgata 23, Tel. 4622720, www.ffa.is; u. a. Tagesausflüge und längere Wandertouren, 1.6.–30.8. Mo bis Fr 16–19 Uhr.

Ausflüge

Súlur

Südlich von Akureyri liegt der 1213 m hohe **Aussichtsberg** Súlur. Der 15 km lange und ständig ansteigende **Wanderweg** (Gehzeit 6–8 Std. hin und zurück) beginnt beim Parkplatz des Naherholungsgebiets Kjarnaskógur südwestlich vom Flugplatz. Der Wanderverein von Akureyri (s. o.) hat den Weg zum Gipfel mit Holzpfosten markiert. Oben kann man sich in das Gipfelbuch eintragen und die herrliche Rundumsicht genießen.

Geführte Ausflüge mit Bus und Schiff

Die Tourist-Info im Busbahnhof (Tel. 5500720) und das Reisebüro Nonni-Travel in der Brekkugata 5 (Tel. 4611841) bieten beliebte Tagesausflüge zum Goðafoss, Mývatn, Krafla, Dettifoss und Ásbyrgi sowie eine mehrtägige Hochlandexkursion zur Askja und zum Kverkfjöll an. Lohnenswert sind auch Bootsfahrten im Eyjafjörður (Sportferðir, Melbrún 2, Tel. 4612968) und Busausflüge mit Walbeobachtungsfahrten ab Húsavík. Wer Island von oben sehen möchte, kann Rundflüge unternehmen, und wer lieber zu Fuß unterwegs sein möchte, kann sich einer geführten Wanderung anschließen. Näheres zu den Wanderungen auch beim Wanderverein Ferðafélag Akureyrar, Strandgata 23, Tel. 4622720.

Gleich nachdem wir die Hauptstadt des Nordens hinter uns gelassen haben, zweigen die Straßen 821 und 829 in Richtung Süden ab. Sie führen links und rechts des Flusses Eyjafjarðar entlang zur Piste F 821 und zum **Laugafell** (siehe Route 7, Eyjarfjarðarleið). Das Flusstal ist von steil aufragenden Bergen umgeben. In dem fruchtbaren Tal liegen mehrere **große Farmen.** Aus dem Tal stammen berühmte Männer, deren Geschichte sich teilweise bis in die Sagazeit zurückverfolgen lässt. *Helgi der Magere* baute hier im 9. Jahrhundert seinen Hof Kristnes. Im 13. Jahrhundert lebte in dem Tal *Sighvatur Sturluson,* ein Mitglied der damals herrschenden Sturlunger, und im 16. Jahrhundert *Þórunn Jónsdottir,* die Tochter des Bischofs *Jón Arason.*

Abstecher ins Tal des Flusses Eyjafjarðará

Hauptort des Tals ist **Hrafnagil** (130 Einwohner). An Weihnachten 1258 wurde hier *Þorgils Skarði* ermordet. Es darf spekuliert werden, ob wegen dieses Ereignisses gerade hier das **Weihnachtshaus** (Jólahúsið) gebaut wurde. In dem roten Lebkuchenhaus ist das ganze Jahr Weihnachten. Ein künstliches Feuer knistert im großen Kamin, es duftet festlich, Weihnachtslieder erklingen aus den Lautsprechern, und allerlei Weihnachtliches aus den USA und Europa wird zum Verkauf angeboten. Im **Weihnachtsgarten** Jólagarðurinn kann man zwischen Christbäumen und kleinen Knusperhäuschen picknicken. Ein Baum mit Sternen steht als Symbol dafür, dass „jedes Kind ein Stern am Lebenshimmel ist". Am „Wunschbrunnen ungeborener Kinder" kann man seinen Kinderwunsch äußern.

Das Weihnachtshaus ist von Juni bis August jeweils täglich 10–22 Uhr geöffnet, von September bis Dezember 14–22 Uhr und von Januar bis Mai 14–18 Uhr (Tel. 4631433, Fax 4631434).

In **Grund** an der Straße 821 ist die große **Holzkirche** aus dem Jahr 1905 sehenswert. Die reich verzierte Kirche mit ihrem zwiebelförmigen Dach wurde von *Magnús Sigurdsson* erbaut.

Der **Hof Munkaþvéra** an der Straße 829 war Schauplatz einer Saga, die erzählt, wie *Víga-Glúmur* zum Christentum bekehrt wurde. Von 1155 bis 1550 stand an dieser Stelle ein Kloster, dessen bekanntester Schüler *Jón Arason* war. Er wurde vermutlich im nahe gelegenen Hof Gýta geboren. Die heutige Kirche stammt aus dem Jahr 1844. Beim Friedhof steht eine Skulptur von *Guðmundur frá Miðdal,* die an Arason erinnert. Man nimmt an, dass hier auch *Sighvatur Sturluson* und seine Söhne begraben sind (Grabstätte Sturlungareitur), die 1238 in der Schlacht Örlygsstaðabardagar bei Örlygsstaðir in Nordwest-Island ums Leben kamen.

Route 4 A:

Von Akureyri zur Laxá (50 km)

Wir setzen unseren Weg auf der Ringstraße fort. Auf der Fahrt nach Svalbarðseyri sollte man die Gelegenheit nützen und sich mehrmals umdrehen, um die schöne Aussicht über den Fjord auf die Stadt zu genießen. Nach 10 km ist Svalbarðseyri erreicht.

Svalbarðseyri ↗XII,A1

Bereits die Seeleute der Hanse liefen diesen Handelsplatz an. Heute befinden sich in dem **220-Seelen-Ort** das Schlachthaus der Region und eine Pommes-frites-Fabrik. Der Ort verfügt außerdem über Bank, Post, Schule und Schwimmbad.

Unterkunft

- **Gästehaus Smáratún 5,** Tel. 4625043; kleine Hütten oder Zimmer für ein bis vier Personen, Schlafsackunterkunft, Küche, TV-Raum, Lebensmittelladen, Cafeteria, ganzjährig geöffnet.
- **Landhotel Þórisstaðir,** Tel. 4671070.
- **Sveinbjarnargerði,** Svalbarðssfrönd, Tel. 4624500, Fax 4612096; ganzjährig geöffnet.

Weihnachten in Island, und warum unartige und faule Kinder von der Weihnachtskatze gefressen werden

Zu Weihnachten wird auch in Island gefeiert, und es gibt allerlei Leckeres zum Essen: Plätzchen, Kuchen, geräuchertes Lammfleisch. Aus alter Tradition dürfen auch **Malzbier und Laufabrauð** („Laubbrot") nicht auf der Weihnachtstafel fehlen. Das dünne Salzteigbrot ist mit kunstvollen Mustern verziert, die innerhalb einer isländischen Familie von Generation zu Generation weitergegeben werden; manchmal stellen die Muster gar ein richtiges „Familienwappen" dar.

In Island bestimmen Mythologie, Legenden und Tradition das Fest, das seit jeher auch der Erziehung der Kinder dient. 13 Tage lang dauert Weihnachten in Island. Vom 12. bis zum 24. Dezember erscheint jeden Tag ein anderer von insgesamt **13 Weihnachtsmännern** (Jólasveinar). In der Reihenfolge, in der die **„Weihnachtskobolde"** aufgetaucht sind, verschwinden sie auch wieder, bis am Dreikönigstag (6. Januar) Ruhe einkehrt.

In der Nacht zum 12. Dezember erscheint als erster Kobold *Stekkjastaur*, der gerne Schafsmilch trinkt. Der zweite, *Giljagaur*, lauert im Kuhstall und trinkt den Rahm von der Milch. *Stúfur* leckt die Reste aus den Töpfen, *Þvörusleikir* leckt den Teigschaber ab. *Pottaskefill* schleckt die Töpfe aus. *Askaleikir* versteckt sich unter dem Bett und nascht gerne aus den Futternäpfen der Haustiere. *Hurðaskellir* knallt nachts mit den Türen. *Skyrjamur* nascht Skyr, *Bjúgnakrækir* angelt sich die Würste aus dem Rauchfang. *Gluggagægir* stibitzt alles Mögliche. *Gáttaþefur* kann frisch gebackenes Laufabrauð schon von weitem riechen. *Ketkrókur* wirbelt die Festvorbereitungen durcheinander und nascht von den weihnachtlichen Leckereien. *Kertasníkir* schließlich als der 13. Weihnachtskobold nimmt den Kindern in der Nacht zu Heiligabend die Kerzen weg.

Gekleidet sind sie nach altem isländischem Brauch. Ihre Namen spiegeln die besonderen Eigenschaften der Kobolde wider; es sind meist Schelme, die Streiche spielen. Die Kobolde kommen von den nahen Bergen zu den Kindern, um deren Verhalten im zu Ende gehenden Jahr zu „benoten". Dazu stellen die Kinder ihre Schuhe auf die Fensterbank. Den Braven und Fleißigen legen die Kobolde Süßigkeiten, den Unartigen und Faulen eine Kartoffel in den Schuh.

Die 13 Kobolde sind die Söhne der grausamen **Weihnachtseltern Grýla und Leppalúði.** Eine Legende besagt, dass Leppalúði bettlägerig war, weshalb seine Frau Grýla auf Nahrungssuche gehen musste – und das gefundene Essen bestand aus unartigen und faulen Kindern. Grýla wird als hässliches Riesentrollweib beschrieben, das die Kinder in ihren Sack steckt und zu ihrer Hütte in den Bergen verschleppt. Dort werden die unartigen und faulen Kinder von der bösen **Weihnachtskatze** (Jólaköttur) gefressen. Leppalúði, der Riesentroll, liebt das Faulenzen. Doch er hat kein leichtes Leben, steht er doch unter dem Pantoffel seiner Trollfrau.

Früher musste die im Herbst gewonnene Schafswolle bis Weihnachten verarbeitet sein. Als Lohn erhielten die Arbeiter neue Kleider. Das Weihnachtsfest diente einst auch dazu, die Arbeiter zu mehr Fleiß anzuspornen. Den faulen Arbeitern drohte man damit, dass die Weihnachtskatze sie fressen würde, wenn sie bis Weihnachten keine neuen Kleider „verdient" hatten.

Campingplatz

- **Húsabrekka,** Svalbarðsströnd, Tel. 4624921; komfortabel, Einkaufsmöglichkeit, Wohnmobil-Stellplätze, Bushaltestelle, Schlafsackunterkunft, im Sommer geöffnet.

Museum

- **Safnasafnið,** Svalbarðsströnd, Tel. 461 4066, geöffnet 15.5.–5.9. täglich 10–18 Uhr. In dem Sammler- oder „Volkskunde-Kunst-Museum", wie es sich selbst nennt, wird moderne und teilweise auch etwas ungewöhnliche Volkskunst isländischer Künstler wie *Ragnar Bjarnason* (1909–1977), *Jón Laxdal Halldórsson* (geb. 1950) oder *Aðalheiður Eysteinsdóttir* (geb. 1963) gezeigt. Einige Skulpturen sind schon recht skurril, wie etwa der Hund, der gerade eine Frau mit Kind beißt. In dem weißen Haus befinden sich außerdem das **Isländische Puppenmuseum** und eine Bibliothek.

---

6 km nördlich von Svalbarðseyri gabelt sich die Straße. Die Ringstraße wendet sich hier nach Osten. Die Straße 83 führt weiter nordwärts am Eyjafjörður entlang nach **Laufás,** heute **einer der schönsten Museumshöfe Islands** (Tel. 4633196, geöffnet 15.5.–15.9. tägl. 10–18 Uhr). Er entstand aus einem Gehöft des 19. Jahrhunderts. Das Interieur des Hofes ist sehenswert. Die Hofhäuser sind seitlich ganz mit grasbewachsenem Torf bedeckt. So sorgte man früher für eine hervorragende Isolierung. Der Hof besteht aus Kontor, Küche, Wohn-, Schlaf- und Vorratsräumen sowie der Baðstofa, dem typischen Aufenthaltsraum eines alten isländischen Hauses. Die Schmiede und die Holzkirche aus dem Jahre 1865 liegen etwas abseits. Nahe bei der Brücke über die Fnjóska direkt vor dem Hof befinden sich Lachstreppen.

Die Straße 83 führt von Laufás durch ein landwirtschaftlich intensiv genutztes Gebiet weiter ins 10 km entfernte Städtchen **Grenivík** am Eyjafjörður, wo knapp 280 Menschen leben. Der Ort verfügt über Hafen, Fischfabrik, Campingplatz, Schwimmbad und Skipisten. Einige Kilometer weiter endet die Straße an der Steilküste Latraströnd. Von dort sieht man gut auf die Insel Hrísey. Südöstlich von Grenivík führt die Piste F 839 durch das Austurádalur zum Hvalvatnsfjörður, dem „Wal-See-Fjord".

Wir fahren von Laufás auf der nichtasphaltierten Straße 835 zurück zur Ringstraße. Die Straße führt durch das **Tal Dalsmynni,** dann durch die Schlucht, die von der Fnjóska über Jahrtausende hinweg geschaffen wurde. Beim Hof Þvera führt die Piste F 899 im Tal des Flusses Dalsá nach Norden an die Küste am Flateyjarsund. 3 km vor der Küste liegt die kleine unbewohnte Insel Flatey. Beim Gehöft Háls erreichen wir auf der Straße 835 wieder die Ringstraße.

Abstecher zum Wald Vaglaskógur

Fährt man ein kurzes Stück nach Südwesten zur Straße 836, führt ein kurvenreicher Fahrweg hinauf zum Birkenwald Vaglaskógur, **Islands größtem Aufforstungsgebiet.** Dort liegt auch ein Campingplatz (Tel. 8602213, kijh@simnet.is, geöffnet 15.6.–31.8.). Vaglaskógur ist heute etwa 300 ha groß. Die Birken erreichen eine Höhe von bis zu 12 m. Obwohl es hier schon immer Wald gab, war dieser um 1900 bereits zu einem großen Teil abgeholzt. 1905 erwarb der Staat den Hof Vaglir und errichtete hier das Forstzentrum Nordislands.

Nach diesem Abstecher geht es auf der Ringstraße durch das Tal am Ljósavatnsskarð weiter nach Osten. Kurz vor dem See Ljósavatn liegt das Internat von Stóru-Tjarnir, das als Sommerhotel genutzt wird (**Edda-Hotel Stóru-Tjarnir,** Tel. 4444890, 26 Zimmer, Schlafsackunterkunft, Restaurant, Schwimmbad).

Hinter dem See zweigt die Straße 85 nach Húsavík ab. Die Straße verläuft die Westseite des großen Flusses **Skjálfandafljót** entlang nach Norden. Nach 12 km führt eine Brücke über den Fluss. Nun geht es ein kurzes Stück am Ostufer des Flusses entlang ins Aðaldalur. Im Tal verlassen wir die Straße 85, die weiter nach Húsavík führt, und fahren auf der Straße 845 zurück zur Ringstraße. Das Aðaldalur ist größtenteils von Lava bedeckt. Auch **Pseudokrater** gibt es hier. Begrenzt wird das Tal im Osten durch die Laxá. Die Straße 856, die nach Osten von der 845 abzweigt, führt ins Laxárdalur. Das Tal ist eine Sackgasse, so dass man wieder zur 845 zurückkehren muss.

Die Laxá

Die Quellflüsse der Laxá entspringen im Mývatn: **Syðstukvísl, Miðkvísl** und **Ystukvísl.** Auch die Kráká und der Sortulækur, ein Abfluss aus dem Sandvatn, sowie die Helluvaðsá aus dem Arnarvatn fließen in die Laxá, einen der **schönsten Flüsse Islands.** Oberhalb des Kraftwerks Laxárvirkjun gibt es in der Laxá immer wieder kleine grüne Inseln, Holmen und Stromschnellen. Hier tummeln sich Forellen. Im weiteren Verlauf des Flusses trifft man dann auf die Lachsgründe, die dem Fluss seinen Namen gaben. Lachstreppen unterstützen hier das Ziehen der so begehrten Fische. Der Fluss gehört zu den **ergiebigsten Lachsgewässern Islands.** Allerdings muss man für die Angellizenz auch mit die höchsten Preise im ganzen Land bezahlen, bis zu 2500 Euro pro Tag. Dafür ist der Fang des edlen Speisefischs dann auch garantiert.

1970 wäre diese Einnahmequelle der Isländer beinahe versiegt. Man plante anstatt des Kraftwerks einen Staudamm zu bauen. Dann wären der Oberlauf der Laxá und die Mývatnsheiði überflutet worden. Drei Jahre später wurde dieser Plan jedoch aufgegeben. Gleichzeitig entstand das **Naturschutzgebiet Mývatn og Laxá.** Es umfasst die Gemeinde Skútustaðir und einen 200 m breiten Streifen im Uferbereich der gesamten Laxá. Mit 4400 km² handelt es sich hierbei um das **größte Naturschutzgebiet Islands.** Per Gesetzeserlass sollte das Gebiet geschützt und die Tier- und Pflanzenwelt weiter erforscht werden. Es wurde eine Forschungsstation eingerichtet. Jedes Bauvorhaben in diesem Gebiet muss vom Naturschutzrat abgesegnet werden. Heute wird vor allem darauf geachtet, dass die große Anzahl von Besuchern die Tier- und Pflanzenwelt nicht stört. Die **Pseudokrater bei Skútustaðir** unterliegen als Naturdenkmal zusätzlich besonderen

Angler am Ufer der Laxá beim Mývatn, einem der besten Lachsflüsse Islands

105is Foto: tt

Schutzmaßnahmen. Eine weitere Forschungsstation errichtete hier auch das Nordische Vulkanologische Institut.

Route 4 B:
Vom Goðafoss zum Mývatn (54 km)

Die Straße 845 mündet am südlichen Ende des Aðaldalur bei Einarsstaðir wieder in die Ringstraße ein. Hier gibt es eine Kirche und eine Servicestation mit Tankstelle und Cafeteria. Obwohl der Weg zum Mývatn nach Osten führt, fahren wir zuerst auf der Ringstraße knapp 10 km nach Westen zum **Goðafoss.** Dieser gewaltige **Wasserfall des Skjálfandafljót** ist die Hauptattraktion zwischen Akureyri und dem Mývatn. In Fosshóll gibt es ein Gästehaus und einen Campingplatz (Gästehaus Fosshóll, Bárdardalur, 645 Fosshóll, Tel. 4643108, Fax 4643318, ganzjährig geöffnet, 50 Betten, Restaurant, Reiten). In der Galerie am Wasserfall kann Kunsthandwerk erworben werden (Tel. 4643323). Der Name Goðafoss, „Götterwasserfall", stammt aus der Kristni-Sage. Demnach soll der Häuptling *Þórgeir* seinem neuen christlichen Glauben im Jahre 1000 dadurch Nachdruck verliehen haben, dass er alle alten Götzenbilder in die Fluten des Wasserfalls warf. Zwar fällt der Fluss Skjálfandafljót hier nur 10 m in die Tiefe, doch ist es durch die Breite des Wasserfalls eine beeindruckende Menge Wasser, die hinabstürzt. Zu Fuß gelangt man entlang der Schlucht zu mehreren guten Aussichtspunkten. Am ersten Katarakt hinter den Fällen kann man zum Ufer hinabsteigen, nur von dort ist der Blick frei auf zwei kleine Naturbrücken, die vom Fluss geformt wurden.

Über die Straßen 842 und 844 gelangt man im Süden durch das Bárðardalur zum Sprengisandsleið F 26 (siehe Route 7).

Nach der Besichtigung des Wasserfalls geht es auf der Ringstraße über die Höhen der Fljótsheiði wieder zurück. Charakteristisch in dieser Landschaft sind die „Bültenwiesen", so genannte **Þúfur,** die durch Frostaufbrüche entstanden. Diese grasbewachsenen Bodenaufwölbungen sind bis zu 1 m hoch und 2 m breit.

Von einer Anhöhe nordöstlich des Skjálfandafljót, die man auf dem Fahrweg nach Vað erreicht, hat man noch einmal einen guten Ausblick in die Schlucht des Skjálfandafljót und auf die kleine Insel Þingey, in der Landnahmezeit Tagungsort des örtlichen Thingverbandes.

Laugar ⇗XII,B1

Nächster Ort nach Einarstaðir ist Laugar. Das kleine Dorf liegt etwas nördlich der Ringstraße. Wie der Name sagt, gibt es hier **heiße Quellen,** die bereits seit der letzten Jahrhundertwende genutzt werden. Im Ort gibt es Tankstelle, Bank, Post, Gästehaus und das **Fósshotel Laugar** (Tel. 4646300, Sommerhotel mit 144 Betten, Restaurant, Schwimmbad, Pferdeverleih). Außerdem befindet sich hier die **Frauenfachschule** Islands, Héraðsskóli að Laugum, die im Sommer als Hotel genutzt wird. 1925 entstand in Laugar das erste Hallenbad des Landes.

Von Laugar führt die Ringstraße an dem kleinen See Másvatn vorbei zum südlichen Teil des Mývatn bei Skútustaðir.

Der Mývatn ⇗XIII,C1

Der Mývatn ist **einer der Höhepunkte jeder Islandreise.** Ca. 100 km von Akureyri entfernt, sollten für den Aufenthalt in dem Naturparadies mehrere Tage reserviert werden, denn nicht nur der See selbst ist sehenswert, sondern es lassen sich auch interessante Ausflüge unternehmen. Ein Werbeprospekt übertreibt nicht, wenn es vom Mývatn heißt, man bewege sich in einer Region, „... wo das Vogelleben einzigartig ist und das Pflanzenleben überschwenglich, wo es so viele Arten von Vulkankratern zu entdecken gibt, ungewöhnliche Lavaformationen, farbenfrohe Geothermalgebiete mit kochenden Schlammpötten, schwarzem Sand, tiefen Rissen und noch mehr ...". Wegen der speziellen Vegetation, dem Tiervorkommen sowie den ungewöhnlichen geologischen Formationen ist der Mývatn mit keinem anderen Ort in Island vergleichbar. Die

Pseudokrater im Mývatn bei Skútustaðir – Blick vom Aussichtsfelsen bei Höfði über den See

106is Foto: tt

Kontraste und Gegensätze in der Naturlandschaft dieses Gebietes sind beinahe unglaublich, erst recht in Betracht der so kleinen Region.

Der Mývatn ist 45 km von der Küste entfernt. Er liegt fast 277 m über dem Meer und umfasst eine Fläche von etwa 37 km². Die Uferlänge des Sees beträgt über 70 km. Damit ist er der **viertgrößte See Islands.** Das Seeufer besteht aus zahlreichen Buchten. Der Mývatn unterteilt sich in den Ytriflói im Nordosten und den jüngeren Syðriflói im Süden. Die mittlere Wassertiefe beträgt 2,5 m, an seiner tiefsten Stelle misst der See nicht mehr als 4,5 m. Das flache Wasser erwärmt sich schnell. Der Mývatn wird über zwei Zuflüsse mit frischem Wasser gespeist. Im Süden fließt über den Grænilækur, den einzigen Oberflächenzufluss, ständig 5 °C kaltes Wasser nach, im Osten liefern Quellen unter dem durchlässigen vulkanischen Untergrund teilweise 20 °C warmes Wasser. Durch den Warmwasserzufluss wird im Winter ein völliges Zufrieren des Sees verhindert. Das Wasser fließt nur über drei kleine Flussarme in die Laxá ab. Der See entstand in der Form, in der er sich heute darstellt, vor 2500 Jahren, als sich Wasser in einer flachen Talsenke staute.

Die **vulkanische Tätigkeit** nach der Eiszeit wird **am Mývatn in drei Zeiträume unterteilt:** Die **Lúdentperiode** begann nach der Eiszeit. Vor 8000 bis 9000 Jahren entstand 6 km südöstlich der Lúdentkrater, der namensgebend für diese Epoche wurde. Es kam zu zahl-

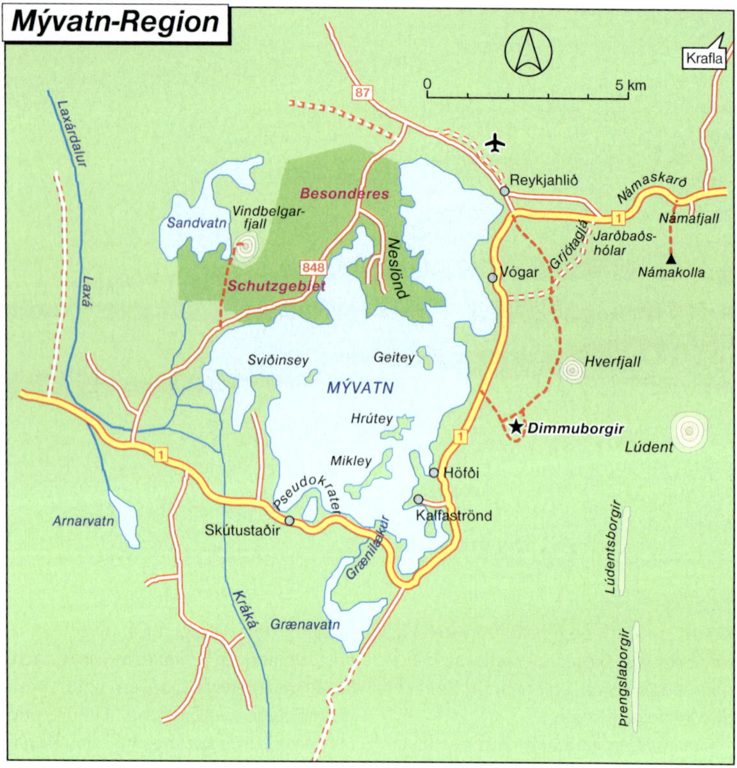

reichen Spalteneruptionen, außerdem bildete sich vor 3800 Jahren der Schildvulkan Ketildyngja, der hinter den Tafelvulkanen Búrfell und Bláfell 25 km südöstlich des Sees liegt. Die ausgetretene dünnflüssige Lava – sie wird **„ältere Laxárlava"** *(Laxárhraun eldra)* genannt – bedeckte die Ebene im Süden des heutigen Sees. Das Tal der Laxá wurde dabei versperrt. In den nächsten 1000 Jahren füllte sich der Urmývatn mit Wasser. Er erstreckte sich damals bis zum Hverfjall. Die **Hverfjall-Periode** wurde durch eine kurze, aber heftige Vulkantätigkeit eingeleitet, die vor rund 2500 Jahren stattfand. Damals drang das Seewasser in den Förderkanal, nachdem zuvor eine gewaltige Eruption stattgefunden hatte. Dabei kamen heißes Magma und kaltes Wasser in Kontakt. Wasserdampfexplosionen waren die Folge. Die Magma riss auf und wurde nach oben geschleudert. So entstand vermutlich innerhalb weniger Tage der Kraterrand des Hverfjall. Das Lavafeld zwischen Reykjahlíð und Vógar stammt von einem Ausbruch in Jarðbaðshólar. 200 Jahre später kam es erneut zu einer heftigen Eruption aus den Þrengslaborgir- und Dimmuborgirkratern. Die ausgetretene **„jüngere Laxárlava"** *(Laxárhraun yngra)* breitete sich über den damaligen Urmývatn 60 km weit durch das Laxátal bis zum Aðaltal aus. Als die jüngere Laxárlava das Ostufer des Sees erreicht hatte, kühlte sie schnell ab und häufte eine neue Staumauer an. Die nachfließende Lava staute sich zu einem 10–20 m tiefen Becken und kühlte an der Oberfläche und dort, wo sie in Kontakt mit dem Seewasser kam, schneller ab. Die Staumauer brach schließlich unter dem Gewicht der ständig nachfließenden Lava. Das Becken ergoss daraufhin seinen Inhalt an flüssiger Lava („Lavasee") in westlicher Richtung. Dabei entstand das heutige Ostufer des Sees. Die erkalteten Säulen und Röhren des Lavastaus blieben ebenso bestehen wie die Lavaplatten, die bereits erkaltet waren. Die Lavaformationen von Dimmuborgir und die Lavaskulpturen bei Kalfaströnd sind Reste diese Lavasees. Die heutigen **Pseudokrater** entstanden, als die glühende Lava mit dem Seewasser in Berührung kam (s. a. „Geologie/Magma und Lava").

1724, als ein Vulkanausbruch aus dem Krater Vití stattfand, begann die **Mývatnseldar-Periode** („Mývatn-Feuer"). Bis 1729 floss Lava aus der Leirhnjúkurspalte unaufhörlich in Richtung Reykjahlíð. Dabei wurden Teile des Orts zerstört. 1975 fand im Gebiet des Mývatn der bislang letzte Ausbruch bei der Leirhnjúkurspalte statt.

Das Mývatn-Gebiet liegt am Westrand der aktiven Vulkanzone Islands, die sich vom Südwesten bis zum Norden quer durch das Land zieht. Alle geologischen Formationen sind deshalb noch relativ jung. Sie entstammen der letzten Eiszeit oder sind noch später entstanden. Die markanten Berge rund um den See sind das Ergebnis von Vulkanausbrüchen unter dem Eis. Das gesamte Gebiet in der Mývatnniederung war einmal vergletschert. Kam es zu stärkeren Eruptionen und wuchs der Vulkankegel über das Eis hinaus, entstanden die charakteristischen **Tafelberge.** Beispiele dafür sind Bláfjall, Sellandafjall, Búrfell und Gæsafjöll. Bei geringeren Lavaausflüssen bildeten sich die Tuff- oder Palagonitrücken Vindbelfur, Námafjall, Dalfjall und Hvannfell.

Die Fauna im Gebiet des Mývatn

Woher der Name **Mückensee** für den Mývatn stammt, erfährt jeder Besucher sehr schnell am eigenen Leib: Regelmäßig im Sommer schlüpfen zu bestimmten Zeiten Myriaden von kleinen Mücken, harmlose Zuckmücken (isl. *ryking)* und beißende Kriebelmücken (isl. *bitmý),* von denen die Zuckmücken an lauen Abenden als schwarze Wolken über den Ufern schwirren. Sie können die Zeltoberfläche völlig bedecken, und die eine oder andere verirrt sich auch schon einmal in Mund oder Nase, kurz: eine lästige Angelegenheit. Die Tierchen bilden die Nahrungsgrundlage für Vögel und Fische. Bei der Mehrzahl der Insekten handelt es sich um **Zuck-**

mücken *(Chironomidae)*, die nicht stechen; männliche Tiere vollführen in riesigen Schwärmen ihren Hochzeitstanz. Der Grund für die immense Vermehrung der Zuckmücken liegt im Überangebot an Plankton im See. Die Weibchen der **Kriebelmücken** *(Simuliidae sp.)* haben es auf menschliches Blut abgesehen; ihre Larven schlüpfen ausschließlich in der Laxá. Im Juni und August gibt es eine neue Larvengeneration, der Juli ist praktisch stechmückenfrei. Forellen, Kragen- und Spatelenten ernähren sich fast ausschließlich von diesen Larven.

Im Mývatn kommen Krebse und Wasserflöhe vor. Der See gehörte lange Zeit zu den fischreichsten in Island. **Forellen** *(Salmo trutta)*, **Saiblinge** *(Salvelinus alpinus)* und **Dreistachlige Stichlinge** *(Gasterosteus aculeatus)* sind anzutreffen. Obwohl das Nahrungsangebot riesig ist, kommen erstaunlicherweise keine weiteren Fischarten im See vor. Lachse *(Salmo salar)* wandern die Laxá hinauf bis zum Kraftwerk Brúar, das ein Hindernis bildet, das die Lachse nicht überwinden können; früher wanderten sie den ganzen Flusslauf hinauf.

Der **Vogelbestand** ist bei Ornithologen weltbekannt. Das Entenbrutgebiet an diesem See und am Lauf der Laxá ist einmalig auf der Erde. 14 der 15 **Entenarten,** die in Island vorkommen, mit Ausnahme der Eiderenten, brüten hier. Die Spatelente *(Bucephala islandica)*, die Schnatterente *(Anas strepera)* und die Trauerente *(Melanitta nigra)* sind während der Brutzeit ausschließlich hier anzutreffen. Von den übrigen Entenarten sind nur wenige andere Brutplätze in Island bekannt. Der Mývatn ist der einzige **Brutplatz der Spatelente** in Europa. Sie baut ihre Nester in Lavaspalten. Jedes Jahr brüten hier etwa 2000 Entenpaare. Am zahlreichsten sind die Reiherenten *(Anthya fuligula)*, die Bergenten *(Anthya marila)* und die Pfeifenten *(Anas penlope)*. Zu den selteneren Entenarten zählen Schnatterenten, Spieß- und Löffelenten. Auch der Singschwan kommt am See vor. Er brütet zwar hauptsächlich an den umliegenden Gewässern, aber im Sommer ist er auch am Mývatn anzutreffen. In großer Anzahl kommt zudem der Ohrentaucher am See vor. Die menschenleere Lavalandschaft im Osten des Mývatn ist zudem der Lebensraum von Gerfalken *(Falco rusticolus)*.

Säugetiere sind wie im übrigen Island auch am Mývatn kaum vertreten. Nur noch selten ist der Eisfuchs anzutreffen. Dafür gibt es den **Nerz** umso häufiger. Er kommt seit etwa dreißig Jahren in diesem Gebiet vor und wird stark gejagt, da er eine sehr große Gefahr für die Brutvögel darstellt.

Der Mývatn hat im Lauf der vergangenen 25 Jahre einiges von seiner ursprünglichen Faszination eingebüßt. Der Bestand an Enten nimmt kontinuierlich ab. Von 1970 bis 1978 hat sich ihre Anzahl beinahe halbiert. Bis heute ging der Bestand noch einmal von 8000 auf 2000 Paare zurück. Verantwortlich dafür sind die Förderung von Kieselalgenschlamm in der früheren Kieselgurfabrik, Straßenbaumaßnahmen am Seeufer und wahrscheinlich auch die Nerze, die die Vögel und ihre Brut dezimieren.

Die Flora um den Mývatn

Für isländische Verhältnisse herrscht am Mývatn eine **üppige und artenreiche Pflanzenvielfalt.** Im nördlichen und östlichen Teil des Naturschutzgebietes kommen Birken und Zwergsträucher in größerer Zahl vor. Im Westen und Süden beherrschen Sümpfe und Moore das Landschaftsbild. Das Seeufer und die Inseln sind mit Birken, Weiden, Engelwurz und Hahnenfuß bewachsen. Außerdem kommt eine große Pflanze aus der Familie der Kohlgewächse vor, *Erysimum hieraciifolium,* die „Königin des Mývatn" genannt wird. Weit verbreitet sind auch Flechten, vor allem in orangen und weißen Färbungen. Besonders am oberen Rand der Pseudokrater sorgen die grüngelben Landkartenflechten für die charakteristische Färbung. An Wasserpflanzen kommen vor allem der Wasserhahnenfuß und das Laichkraut vor.

Auf dem Grund des Mückensees wachsen mehrere **Algenarten.** Wenn die blaugrüne Cyanophyta-Alge im Juli blüht, nimmt das ansonsten klare Seewasser eine trübe Färbung an. Eine Grünalgenart bildet auf dem Grund des Sees einen Algenteppich aus lauter faustgroßen Kugeln, die auf Isländisch *kúluskítur* heißen. Gelegentlich wird eine solche „Seekugel" auch ans Ufer gespült. Der Algenreichtum des Sees beruht auch darauf, dass das Sonnenlicht bis zum Grund reicht.

Der Mývatn liegt im Regenschatten des Vatnajökull, deshalb ist er **eines der trockensten und sonnigsten Fleckchen Islands.** Obwohl es hier oft kalt ist, gibt es auch viele warme Tage. Im Sommer ist es nicht ungewöhnlich, wenn die Temperaturen am Mittag auf über 20 °C ansteigen.

Die Menschen des Mývatn

In der Mývatn-Region leben etwa **230 Menschen.** Nur zwei größere Orte liegen am See, am Südufer **Skútustaðir,** im Nordosten **Reykjahlíð.** Über die Menschen, die früher im Mývatn-Gebiet lebten, ist wenig bekannt, auch wenn einige bedeutende Kunsterzeugnisse gefunden wurden. **Vigá-Skuta,** der in Skútustaðir („Skútas Ort") lebte, ist ein bekannter und listiger Held. Als die Menschen in der Region das Heidentum ablegten, wurden sie am Þangbrandspollur in Skútustaðir christlich getauft. Heute ist der Ort Sitz der Pfarrgemeinde. Die jetzige Kirche dort wurde 1862/63 erbaut.

Die **Landwirtschaft** war für die Bewohner in der Mývatn-Region über die Jahrhunderte von großer Bedeutung. Bereits das Landnámabók verzeichnet einige Farmen hier. Wegen des guten Weidelandes wurde vor allem **Schafzucht** betrieben. Auch der **Fischfang,** vor allem von Forellen, war wichtig. Außerdem wurden Vogeleier gesammelt. An der Krafla, bei Leirhnjúkur, Námaskarð und Ketildyngja baute man Schwefel ab. Die Produktion wurde jedoch im 17. Jahrhundert eingestellt. 1967 entstand 3 km östlich von Reykjahlíð die **Kieselgurfabrik Bjarnarflag.** Diese Fabrik trug mit zur Gründung von Reykjahlíð bei. Diatomiten, ein Süßwassersediment aus abgestorbenen Kieselalgen, wurde vom Grund des Mývatn abgebaut. Die Fabrik wurde 2004 geschlossen.

1975 wurde an der Krafla das **geothermale Dampfkraftwerk Kröfluvirkjun** zur Stromerzeugung in Betrieb genommen. Man begann außerdem mit dem Abbau von zerstoßener Lava. Daraus entwickelte sich ein neuer Industriezweig, bei dem wärmedämmendes Baumaterial für den Häuserbau produziert wird.

Der **Tourismus** nimmt am Mývatn immer mehr zu, Hotels und Zeltplätze mussten her. Besonders im Bereich von Transport und Service für die 100.000 Besucher, die jedes Jahr kommen, entstanden neue Arbeitsplätze. Viele Vereine sind in der Region von Bedeutung. Sommersportarten sind beliebt, Fußball ist die Sportart Nr. 1. Im Winter gibt es ein vielfältiges Gesellschaftsleben und ein umfangreiches musikalisches Angebot, zu dem auch eine Musikschule gehört, an der 10 % der Bevölkerung Kurse belegt haben.

Route 4 C:

Von Skútustaðir nach Reykjahlíð

Skútustaðir ⇗XIII,C1

Unweit des Ortes offenbart sich auf einem in den See vorgelagerten Gelände ein eigenartiges Phänomen, die **Pseudokrater.** Um diese aus der Nähe zu betrachten, geht man am besten zu Fuß. Ansehen sollte man sie sich auf jeden Fall, denn diese Hügel gibt es nur in Island. Bei Skútustaðir sind sie am deutlichsten zu erkennen. Die Entstehung der Pseudokrater spielte sich folgendermaßen ab: Heiße Lava, hier mit Temperaturen um 2000 °C, schob sich über ein wasserhaltiges Gebiet. Das konnten Seen, Moore oder Sümpfe sein. Durch die enorme Hitze entwich der Wasserdampf explosionsartig nach oben. Die Lava riss auf und bildete Krater. Da diese aber niemals selbst Lava oder anderes vulkanisches Material aus einem Schlot freisetzten, werden sie Pseudokrater genannt.

Auf der **Halbinsel Haganes,** nordwestlich von Skútustaðir, gibt es rund um den Blátjörn noch größere Pseudokrater, bis zu 25 m hoch und mit einem Durchmesser von bis zu 300 m.

Fährt man von Skútustaðir aus am Ostufer des Sees entlang, führt die Straße nach der Farm Garður nordwärts. Über eine Stichstraße gelangt man zur **Halbinsel Kálfaströnd** mit ihren eigenartig geformten Lavagebilden, die typisch für den Mývatn sind. Etwas weiter in nördlicher Richtung liegt linker Hand **Höfði,** ein für jedermann zugänglicher **Park** und ein **Naturschutzgebiet** mit reichhaltiger Vegetation. Geht man durch den hügelförmigen Park zu einem Aussichtspunkt, hat man einen lohnenden Ausblick auf den See und seine Lavaformationen.

Dimmuborgir ⇗XIII,C1

In **Geiteyjarströnd,** etwa auf mittlerer Höhe des Mývatn, zweigt die Zufahrt nach Dimmuborgir ab (Parkplatz Borgarás). Hier befindet sich das Café Borgir mit Terrasse, Souvernirshop (geöffnet 10–22 Uhr). Ab dem 12. Dezember ist jeden Tag zwischen 13 und 15 Uhr einer der 13 Weihnachtskobolde zu Besuch (siehe Exkurs „Weihnachten in Island ..."). In Dimmuborgir herrscht extrem raue Aa-Lava vor, die einen großen, schildförmigen Lavadom aufschichtete. Dimmuborgir entstand vor 2300 Jahren, als sich hier ein etwa 20 m dicker Lavasee aufstaute. Die heiße Lava brachte das Grundwasser zum Verdampfen, der nach oben steigende Dampf zerriss die Lava und ließ sie erstarren. Dadurch bildeten sich auf einer Fläche von 1 km² die heute noch sichtbaren **Lavagebilde:** Türme, Kanäle, Überhänge, Höhlen, Brücken u. v. m.

Dimmuborgir ist **eines der trockensten Gebiete Islands.** Der Boden ist anfällig für Erosion, die Steine sind spröde und zerbrechlich.

Dimmuborgir bedeutet **„dunkle Burgen".** Man sagt, dass in dieser versteinerten Stadt Trolle hausen. Und wenn man sich die bizarren, braun-schwarzen Formen aus Lava genauer ansieht, kann man dies sogar glauben.

In den frühen 1940er Jahren war Dimmuborgir **von Sand bedeckt,** den der Wind herwehte. Teilweise waren die Lavagebilde ganz unter dem Sand verborgen. Um das völlige Verschwinden des einmaligen Naturdenkmals zu verhindern, übertrugen die Besitzer der Farm Geiteyjarströnd, auf deren Land Dimmuborgir liegt, dieses 1942 dem damaligen Naturschutzverband. Noch im selben Jahr wurde ein Gebiet von 4,2 km² eingezäunt. Außerdem wurde damit begonnen, im südlichen Teil Steinbarrieren als Windschutz zu errichten und **Lymegras** zu säen. Im Lauf der Jahre hat sich dieses Gras ausgebreitet und das Problem des Versandens effektiv bekämpft. Dimmuborgir und seine Umgebung konnten so größtenteils wiederhergestellt werden. Die damals ausgesäten **Birken** haben sich derart ausgebreitet, dass viele sie heute als „Eindringlinge" ansehen. Von 1944 bis 1946 wurden probeweise auch Fichten gepflanzt; sie gediehen aber nicht und wurden wieder entfernt.

Über 1000 **Besucher** kommen in der Saison täglich hierher. Maßnahmen wie das Verbot, die Wege zu verlassen oder die Lavaformationen zu besteigen, sollen die sichtbaren menschlichen Spuren auf ein Minimum reduzieren. Befestigte Wanderwege mit Treppen und Brücken erschließen das Schutzgebiet, das eingezäunt wurde.

Wandertipps

In Dimmuborgir gibt es drei markierte **Rundwege** (Wege 1–3) und einen markierten **Wanderweg,** der nach Reykjahlið führt (Weg 4):

- Die **kürzeste Tour (Weg 1)** ist 500 m lang. Vom Parkplatz läuft man abwärts, dann hält man sich rechts. Der Weg führt durch den südlichen Teil von Dimmuborgir zum Borgarskora-Tunnel und zurück zum Eingang.
- **Weg 2** ist 800 m lang; er führt in den südwestlichen Teil. Vom Parkplatz wenden Sie sich nach links in Richtung Hallarflöt; der grasbewachsene Flecken ist von Lavasäulen, Felsen und Überresten von Lavaröhren umgeben, die alle eigene Namen haben. Sie gelangen zu den Felsen Smyrilsklettar, queren die Grjótagjá-Spalte und sehen in der Ebene Gatklettsrjóður den Gatklettur, eine durchlöcherte Wand aus Lava. Von hier führt der

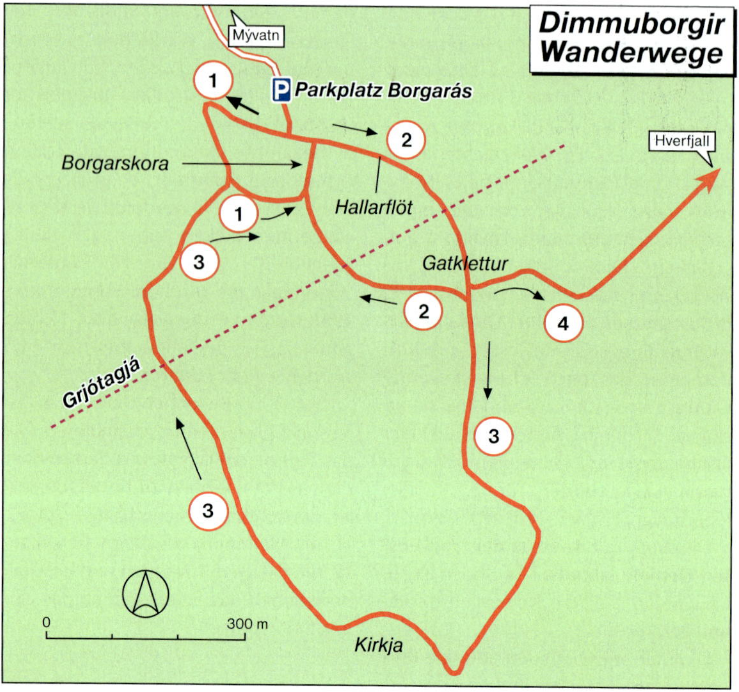

Weg über eine Lichtung in den Borgarskora-Tunnel und wie Weg 1 zurück zum Eingang.

- Der **längste Rundweg (Weg 3)** heißt **Kirkjuhringur,** „Kirchenroute". Er geht über 2400 m, dauert eine gute Stunde und führt durch das gesamte Dimmuborgir-Gebiet. Die Route folgt zunächst vom Parkplatz dem Weg 2 zum Gatklettur, dann geht es weiter zur „Kirche" (Kirkja), einem hohen Gewölbe aus Lava. Von dort führt die Route nach Helgarjóður, benannt nach einem Pionier des Landschaftsschutzes dieser Region. Hinter einer Mauer aus Lava liegt Stórarjóður. Der weitere Weg zurück führt auf und ab über die hier wild ineinander verkeilten Lavabrocken. Nach Querung der Grjótagjá-Spalte trifft dieser Weg beim Borgarskora-Tunnel wieder auf die zuvor beschriebene Route.
- **Weg 4** führt vom Gatklettur rund um den Explosionskrater Hverfjall und zur Höhle in der Grjótagjá-Spalte. Die 2- bis 3-stündige Wanderung endet an der Stóragjá in Reykjahlíð.

Wenige Kilometer nördlich von Dimmuborgir zweigt die Stichstraße zum Vulkankrater Hverfjall von der Ringstraße ab. Auch die Jarðbaðshólar liegen östlich des Mývatn; eine staubige Straße führt dorthin. Es sind Überreste einer miteinander verbundenen Reihe von Schlackenkegeln, die aus der Entstehungszeit des Hverfjall stammen. Am Jarðbaðshólar dampft es aus vielen

Ritzen. Hier liegt die **Erdspalte Grjótagjá.** Ein Strom aus Blocklava hat die lang gezogene Höhle entstehen lassen, die mit Wasser gefüllt ist. In der Höhle ist es meist ausreichend hell, denn das Sonnenlicht scheint durch mehrere Öffnungen im Fels. Früher lud der warme See im Innern der Grjótagjá zu einem angenehmen Bad ein. Doch seit den vulkanischen Aktivitäten im Jahr 1977 ist die Temperatur des Wassers auf über 60 °C gestiegen. Heute ist es tropisch schwül und feucht in der Höhle. Eine weitere, kleinere vulkanische Spalte ist die Stóragjá, die in der Nähe liegt.

Beim ehemaligen Kieselgurwerk Bjarnarflag erreichen wir wieder die Ringstraße. Auf ihr fahren wir westlich nach Reykjahlíð.

Reykjahlíð

↗ XIII,C1

Der erste Bewohner von Reykjahlíð war *Árnór Þórgrímsson,* ein großer Held und guter Farmer. In der Anfangszeit des Christentums gab es bereits eine Kirche auf dem Kirkjuhóll („Kirchenhügel") in Reykjahlíð. Das berühmteste Ereignis, das überliefert ist, ist das **„Mývatn-Feuer"**, als die Eldhraun-Lava die Kirche am 27. August 1729 einschloss. Die Legende erzählt, dass die Bewohner sich aus Furcht vor dem Vulkanausbruch in ihre Kirche flüchteten, und, siehe, ihre flehentlichen Gebete wurden erhört: Die glühend heiße Lava floss um die Kirche herum, das Gotteshaus selbst blieb verschont. Zwar türmten sich damals glühende Lavaberge rund um die Kirche auf, und riesige Lavablöcke brachen in den Friedhof ein, aber alle Bewohner blieben unversehrt. Ein Gehöft, das nur ein kleines Stück von der Kirche entfernt lag, wurde hingegen von der Lava verschluckt.

Die Grundmauern der alten **Kirche** sind bis heute erhalten geblieben. An derselben Stelle wurde im Jahr 1876 eine neue Kirche errichtet, später aber wieder abgerissen, weil sie in schlechtem Zustand war. Die heutige Kirche wurde von *Jóhannes Sigfinnsson* (1896–1980), einem Bauer der Region, geplant und 1962 geweiht. Bei Ausgrabungen wurde eine Steinmauer freigelegt, die die Umrisse des alten Gehöfts erkennen lässt. Zwar gibt es in der heutigen Kirche keine kunsthistorischen Schätze, doch ist das **Lavafeld um die Kirche** eindrucksvoll genug.

In Reykjahlíð gibt es **alle wichtigen Einrichtungen:** Hotels, Gästehäuser, Campingplätze, Tankstelle, Souvenirshop und Supermarkt, sogar eine Autowaschanlage. Da der Mývatn bei keiner Islandreise fehlen darf, sind die Campingplätze immer gut besucht. Einen Inlandsflugplatz findet man hier ebenfalls.

Tourist-Information

- **Tourist-Info Hrannvegur 8,** Reykjahlíð, Tel. 4644390, www.visitmyvatn.is, täglich geöffnet im Sommer 9–21 Uhr, im Winter 11–18 Uhr.
- **Hlíð Travel Service,** Hraunbrún, am Campingplatz Mývatn/Reykjahlíð, Tel. 4644103, Fax 4644305; Fahrradverleih.

Diese Stellen vermitteln Ausflugstouren, Rundflüge sowie Unterkünfte in Privatzimmern und auf Bauernhöfen, sie vergeben Angellizenzen und organisieren Boots- und Reittouren.

Hotels und Gästehäuser

Hotels

- **Hotel Reynihlíð€€,** Mývatnsveit, Tel. 464 4170, Fax 4644371, www.reynihlid.is; ganzjährig geöffnetes 4-Sterne-Hotel, 80 Betten, Restaurant, Auto- und Fahrradverleih.
- **Hotel Reykjahlíð€€,** Mývatnsveit, Tel. 464 4142; 9 Zimmer; ganzjährig geöffnet. Seeblick.
- **Sel – Hotel Mývatn€€,** Skútustaðir, Tel. 464 4164, Fax 4644364, www.myvatn.is; ganzjährig geöffnet. 29 Doppel- und 6 Einzelzimmer, Cafeteria und Restaurant; das Hotel organisiert auch Ausflüge.
- **Hotel Gígur€€,** Skútustaðir, Tel. 4644455, Fax 4644279, www.keahotels.is; ganzjährig geöffnet, Zimmer mit schönem Seeblick, 66 Betten, Restaurant.

Gästehäuser

- **Gästehaus Eldá,** Helluhraun 15, Tel. 464 4220; 300 m vom Hotel Reynihlíð; 78 Betten.
- **Gästehaus Hlíð,** Tel. 4644103; 14 Zimmer, Schlafsackplätze, ganzjährig geöffnet.
- **Helluhraun 7,** Tel. 4644220, Fax 4644321; 5 Zimmer, ganzjährig geöffnet.
- **Stöng,** an der Ringstraße, Tel. 4644252; ganzjährig geöffnet.
- **Birkihraun 11,** Tel. 4644285, Fax 4644380; 11 Zimmer, ganzjährig geöffnet.
- **Skjólbrekka,** Tel. 4644202; Schlafsackunterkunft für 60 Personen, ganzjährig geöffnet.
- **Vogar€,** Tel. 4644399, Fax 4644341; 33 Betten, ganzjährig geöffnet; Schlafsackunterkunft.
- **Skútustaðir II,** Tel. 4644212, Fax 4644322; 12 Betten, geöffnet 1.5.–1.10.
- **Skútustaðir,** Schule, Tel. 4644279; Schlafsackunterkunft, im Sommer geöffnet.
- **Mývatn,** Skútustaðir, Tel. 4644164.
- **Grímstunga,** Fjallahreppur, Tel. 4644294; 8 Betten, geöffnet 1.6.–1.10.

Camping

- **Ferienzentrum Bjorg,** Tel. 4644220, Fax 4644321, direkt am Seeufer; komfortabel, Einkaufsmöglichkeit, Cafeteria, Tankstelle, Bushaltestelle, Auto- und Fahrradverleih.
- **Grænavatn,** Tel. 4644194; einfacher Platz.
- **Hlíð í Reykjahlíð,** Tel. 4644103, oberhalb des Dorfes in der Nähe des Flugplatzes; Aussicht über den See, komfortabel, Einkaufsmöglichkeit, Cafeteria, Wohnmobil-Stellplätze, Tankstelle, Bushaltestelle, Fahrradverleih; im Sommer „Zeltstädte" der Reiseveranstalter. Hlíð vermietet auch Hütten unterschiedlicher Größe.
- **Vógar, Mývatnsveit,** Tel. 4644399, 3 km südlich des Dorfes; komfortabel, Einkaufsmöglichkeit, Cafeteria, Tankstelle, Bushaltestelle, Schlafsackplätze.

Essen und Trinken

- **Restaurant Hótel Reynihlíð Hverinn,** Reykjahlíð, Tel. 4644155.
- **Gamli bærinn,** Reykjahlíð, Tel. 4644170; das Café wirbt damit, ein „original isländischer Landgasthof" zu sein, entsprechend lebhaft geht es am Abend zu bei Live-Musik und Karaoke; täglich geöffnet.
- **Vogafjós,** „Kuhstall-Café" in Vogar, Tel. 464 4303, empfehlenswertes Café-Restaurant mit „Stallblick", das auf Nachhaltigkeit und Ökotourismus setzt. In der Küche werden nur regionale Produkte verwendet. Brot wird auf traditionelle Weise im heißen Lavaboden gebacken, was ihm seinen besonderen Geschmack verleiht.
- **Sel – Hotel Mývatn,** Skútustaðir, Tel. 464 4164.

Busse

- Von Reykjahlíð gibt es regelmäßige Busverbindungen nach **Húsavík, Akureyri und Egilsstaðir;** Auskunft und Buchung in der Tourist-Info.
- Im Sommer verkehrt ein **Linienbus nach Reykjavík.**
- **SBA-Norðurleið,** Tel. 5500700, www.sba.is; Exkursionen im Mývatngebiet, Mývatn – Ask-

Reykjahlíð am Mývatn

107is Foto: tt

ja- Kverkfjöll - Vatnajökull - Akureyri, Mývatn - Krafla - Dettifoss - Hljóðaklettar - Ásbyrgi - Akureyri.

● **Kybbusferðir - Austurleið,** Tel. 5621011, über den Sprengisandur nach Reykjavík.

Mietwagen

● **Travel Service im Sel-Hotel Mývatn,** Skútustaðir, Tel. 4644164, Fax 4644364, www.myvatn.is; vermittelt Interrent/Bílaleiga Akureyrar.

Sport und Freizeit

● **Naturbad Jarðböðin,** die „Blaue Lagune des Mývatn" liegt östlich von Reykjahlíð in Jarðbaðshólar an der Ringstraße, Tel. 4644411, www.jardbodin.is, geöffnet 1.6.-31.8. täglich 9-24 Uhr, 1.9.-31.5. täglich 12-22 Uhr, Eintritt 2000 ISK, Cafeteria. Das geothermale Wasser stammt aus 2500 m Tiefe, es ist 38-41 °C warm und reich an Mineralien und Schwefel. Durch seine Zusammensetzung muss es nicht gechlort werden. Wegen des Schwefelgehalts sollte beim Baden kein Silber- oder Kupfer-Schmuck getragen werden, da sich diese Metalle schwarz verfärben.

● **Schwimmbad Reykjahlíð,** Tel. 4644225, geöffnet 15.6.-31.8. täglich 9-22 Uhr.

● **Schwimmbad Skútustaðir,** Tel. 4644276.

● **6-Loch-Golfplatz,** Krossdalsvöllur, Tel. 464 4165.

● **Bootsverleih,** Eldá, Tel. 4644220.

● **Pferdeverleih und Ausritte**

- Stöng, Tel. 4644252.
- Bergsahestar, Tel. 4644350, 4644220.
- Skútustaðir, Tel. 4644203, 4644279.

● **Angellizenzen im Mývatn,** Eldá, Tel. 464 4220; Vogar, Tel. 4644399.

● **Angellizenzen für die Laxá und andere Flüsse,** Arnarvatn I, Tel. 4644333.

● **Mývatn-Marathon,** Ende Mai, verschieden lange Laufstrecken ab Skútustaðir (Marathon-Lauf um den Mývatn, Halb-Marathon, 10 km,

3 km) im Licht der Mitternachtssonne; Auskunft/Anmeldung im Hotel Sel in Skútustaðir, Tel. 4644164, Fax 4644364, www.myvatn.is.
- **Skilift,** Skútyslaðahreppur, Tel. 4644163.

Museum

- **Vogafjós,** in dem „gläsernen Kuhstall" bei Vogar kann man bei der Milchverarbeitung zusehen, Tel. 4644303; Restaurant, täglich geöffnet.
- **Fuglasafn Sigurgeirs** (Vogelmuseum von *Sigurgeir Stefánsson*), Ytri-Neslönd, Tel. 464 4477, www.fuglasafn.is, fast alle isländischen Vögel sind hier zu sehen, Vogelbeobachtung am See; Imbiss mit isländischen Gerichten.

Sonstiges

- **Ambulanz,** Helluhraun 17, Tel. 4640500.
- **Kunsthandwerk, Wollwaren und Souvenirs,** Hraunvegur 6, Tel. 4642003, Dyngjan beim Campingplatz Hlíð.
- **Mývatnsmarkaður,** Reykjahlíð, Tel. 464 4440.
- Im Juli **Sommerkonzerte** in der Kirche von Reykjahlíð (Sa 21 Uhr) und in der Kirche von Skútustaðir (So 21 Uhr).
- **Spezialkarte Mývatn,** 1:50.000, Landmælingar Íslands.
- **Spezialkarte Húsavík/Mývatn,** 1:100.000.

Ausflüge

- **Mývatn-Tours** (Tel. 4641920, www.askjatours.is) führt vom 20.6. bis 31.8. Mo, Mi, Fr und von Mitte Juli bis Mitte August täglich Busfahrten (11–12 Stunden, 165 Euro) zum Herðubreið und zur Askja durch.

- Zur **Lava-Eishöhle Lofthellir,** die südöstlich des Hverfjall versteckt in einem Lavafeld liegt, werden im Sommer nach Voranmeldung (14.300 ISK, mind. 4 Personen) 5-stündige Geländewagentouren ab dem Hotel Reykjahlíð angeboten. Die Höhle befindet sich in Privatbesitz und ist anders nicht zugänglich.

- **Rundflüge** über das Gebiet des Mývatn und den Jökulsárgljúfur-Canyon können bei Mýflug, Tel. 4644400, oder direkt am Flugplatz gebucht werden.

- **Aussichtsberg Vindbelgjarfjall**

Am Westufer des Mývatn-Sees, nur wenig südlich des Gehöfts Vagnbrekka, zweigt ein Wanderweg zum Vindbelgjarfjall ab. Der Berggipfel ist in 1–2 Stunden erreicht, die Aussicht über den Mývatn ist beeindruckend.

- **Vom Mývatn über den Hverfjall nach Dimmuborgir**

Für die **Wanderung** benötigt man ohne die Erkundung der Lavaformationen von Dimmuborgir 3–4 Stunden. Wenige Meter südlich der Kreuzung, wo die 848 in die Ringstraße einbiegt, zweigt ein Wanderweg in Richtung Grjótagjá ab (ca. 2 km) und führt zum Krater Hverfjall (ca. 4 km). Vom Parkplatz am Fuß des Hverfjall führt ein ausgetretener Pfad steil hinauf zum Kraterrand, von dem wir eine herrliche Aussicht über den Mývatn haben. Vom Hverfjall führt der Wanderweg ca. 2 km weiter durch den Hverfjallsandur nach Dimmuborgir. Um nach Reykjahlíð zurückzukehren, wählt man entweder denselben Weg oder man folgt dem Fahrweg nach Dimmuborgir und gelangt nach Geiteyjarströnd, das an der Straße 848 liegt, die um den Mývatn führt. 4,5 km sind es auf dieser Straße noch bis zum Ausgangspunkt der Tour.

Auf der Westseite des Sees führt die Straße 848 nach Skútustaðir zurück. Während der **Brutzeit der Vögel** ist vom 15. Mai bis 20. Juli ein großer Teil des Gebiets westlich des Mývatn, vor allem die Uferbereiche, für Besucher gesperrt. Die Hinweisschilder sollten strikt beachtet werden, um das einmalige Naturparadies mit seinen Tümpeln und Moorflächen zu erhalten. Um dem Naturschutz Rechnung zu tragen, wurde sogar der Verlauf der Ringstraße geändert. Bis zum Ende der 1980er Jahre führte sie westlich und nördlich um den See herum. Neuerdings läuft sie am Süd- und Ostufer entlang.

Im Nordwesten führt eine Stichstraße auf die **Halbinsel Neslönd**, wo das Vogelmuseum von *Sigurgeir Stefánsson* sehenswert ist. Die Umgebung des Mývatn eignet sich auch auf der Westseite gut zum **Wandern.** Am Móberg und Vindbelgjarfjall (s. o.) trifft man auf Pseudokrater (s. u.). Dort hinauf führt ein Fußweg (1½ Std.). Vom Gipfel hat man eine hervorragende Sicht auf den

108is Foto: tt

Hverfjall und die Landspitze Neslandstangi.

Über Arnarvatn gelangen wir wieder zu unserem Ausgangspunkt, Skútustaðir. Direkt an der Ringstraße, einige Kilometer nordöstlich des Mývatn, liegen die dampfenden Solfataren und blubbernden Schlammpötte von Námaskarð. Diese werden im Verlauf der Route 5 beschrieben.

Route 5: Der Nordosten

- **Route 5 A:**
Vom Mývatn zur Halbinsel Tjörnes
- **Route 5 B:**
Vom Mývatn nach Ásbyrgi
- **Route 5 C:**
Rundfahrt um die Halbinsel Melrakkaslétta
- **Route 5 D:**
Vom Viðarvatn nach Vopnafjörður und zur Ringstraße
- **Route 5 E:**
Von Grímsstaðir nach Seyðisfjörður
- **Route 5 F:**
Die Ostfjorde

Einleitung

Der Nordosten Islands besteht aus **zwei ganz unterschiedlichen Landschaftsformen:** Nördlich des Vatnajökull erstreckt sich die **Fljótsdalsheiði** bis zum Lögurinn-See. Diese karg bewachsene Hochfläche ist weder bewohnt noch durch Straßen erschlossen. Im Westen schließt sich die **Jökuldalsheiði** an. Durchschnittlich 800–900 m hohe, lang gezogene Bergrücken trennen dieses Gebiet vom Hochland, dem unbewohnten Landesinnern Islands. Beide Hochebenen sind geologisch junge Formationen. Dagegen wurden in den Ostfjorden, den Austurfirðir, die ältesten Gesteinsschichten Islands nachgewiesen. Hoch im Norden liegt die **Halbinsel Melrakkaslétta,** der nördlichste Teil des isländischen Festlands.

Die **Fjordküste** im Osten Islands ist extrem zerklüftet und verwittert. Oft liegen mehrere Gesteinsschichten gut erkennbar übereinander. Auch Sedimente haben sich hier zwischen den Vulkanausbrüchen auf dem Basalt abgesetzt. Vom Vatnajökull ausgehend durchfließen **große Gletscherflüsse** dieses Gebiet: **Jökulsá á Brú** und **Jökulsá í Fljótsdal.** Auf ihrem Weg zum Meer wird die Jökulsá í Fljótsdal zum Lögurinn-See aufgestaut.

Ostisland liegt nicht nur außerhalb der aktiven Vulkanzone und hat kaum landwirtschaftlich nutzbare Flächen, auch was Politik und Kultur betrifft, setzt sich diese „Randlage" fort. Lediglich das Gebiet um den Lögurinn-See eignet sich für die Landwirtschaft.

Die gut **10.000 Bewohner** Ostislands leben überwiegend in den Küstenorten der Ostfjorde. Auch wenn die Island-Reisenden, die die Überfahrt mit der Fähre gewählt haben, in Seyðisfjörður in Ostisland ankommen, so halten sie sich meistens nicht allzu lange in diesem Landesteil auf. Zu stark ist die Anziehungskraft des Mývatn oder der Gletscher im Süden, die nur 200 km entfernt liegen und auf der Ringstraße in einer knappen Tagestour zu erreichen sind. Wer sich die Zeit nimmt und den Nordosten Islands erkundet, findet spektakuläre Landschaften und kleine Fischerdörfer vor und begegnet freundlichen Menschen.

Route 5 A:

Vom Mývatn zur Halbinsel Tjörnes (119 km)

Im Norden des Mývatn zweigt die Straße 87 von der Ringstraße zu dem 54 km entfernten Ort Húsavík ab. Diese Straße wird auch als **Kíslivegur,** „Kieselgurstraße", bezeichnet. Sie wurde gebaut, um das am Mývatn gewonnene Kieselgur nach Húsavík, dem nächstliegenden Hafen zu transportieren. Die Straße führt zunächst durch die Grímsstaðaheiði und die Lavalandschaft des Hólasandur zum See Langavatn. Hier kreuzt eine Straße, die nach Westen zu dem **Freilichtmuseum Grenjaðarstaður im Laxátal** führt (4 km). Das Torfgehöft stammt aus dem 19. Jahrhundert und wurde noch bis 1949 bewohnt. Heute ist darin ein Museum untergebracht, das dem Besucher die Heimatgeschichte des Tals und seiner Umgebung näherbringt. Auf dem Friedhof kann ein Runenstein aus dem Mittelalter besichtigt werden. Die kleine Kirche wurde 1865 erbaut und 1965 erweitert. Im Eingangshäuschen zur Kirche hängen zwei alte Glocken aus den Jahren 1663 und 1740. Das Museum ist vom 1.6. bis 31.8. täglich von 10 bis 18 Uhr geöffnet.

7 km nördlich des Langavatn liegt **Hveravellir.** Der Name weist auf die heißen Quellen in diesem geothermalen Gebiet hin. Von hier wird Húsavík mit warmem Wasser versorgt. Die Namen vieler Höfe, wie Reykjarhóll, Reykjavellir, Litlureykir oder Stórureykir, sind kennzeichnend für die vulkanischen Kräfte in der Tiefe. Vor 1970 gab es hier mehrere heiße Springquellen; sie fielen jedoch der Warmwasserversorgung Húsavíks und der umliegenden Gemeinden zum Opfer. Seither ist das Land um eine Attraktion ärmer. Nur noch aus der **Ystihver** kann in unregelmäßigen Abständen eine wenige Meter hohe Wasserfontäne heraussprudeln. Früher soll seine Wasserfontäne bis zu 25 m hoch gewesen sein.

Die Straße 87 durchquert anschließend das landwirtschaftlich genutzte Gebiet **Reykjahverfi;** von den Bergen im Osten fließen hier zahlreiche kleine Bäche in die Mýrarkvísl, die westlich der Straße entlangfließt. Kurz vor der Küste mündet die Straße 87 in die Straße 85 ein, die entlang des Fjords Skjálfandi nach Húsavík führt.

Húsavík ↗ VI,A2

Húsavík bedeutet „Hausbucht". Der **kleine Hafen** kann bereits auf eine lange Geschichte zurückblicken. Der aus Schweden stammende Wikinger *Garðar Svavarsson,* der im Jahr 870 - vier Jahre bevor sich *Ingólfur Arnarsson* hier niederließ - als erster auf Island überwinterte und erkannte, dass dies eine Insel ist, gab dem Ort diesen Namen. So kann man es jedenfalls im Landnámabók nachlesen. Bedeutung gewann Húsavík als Handelsplatz der Hanse und der Skandinavier. 1882 begann hier die Genossenschaftsbewegung als Versuch, sich von den Kaufleuten unabhängig zu machen. 1950 erhielt der Ort die Stadtrechte, die **Einwohnerzahl** hat sich seitdem auf fast **2300** verdoppelt. Heute sind Fischerei, Leichtindustrie und Landwirtschaft von Bedeutung. Früher diente der Hafen vor allem dem Transport von Schwefel und Kieselgur aus dem Myvatn.

Húsavík ist der **zentrale Ort der Region** und besitzt eine gute Infrastruktur. Für die Verkehrsanbindung sorgen ein geschützter Hafen, ein Flugplatz und Busse; Húsavík verfügt auch über ein Krankenhaus und hat alle wichtigen sozialen und kulturellen Einrichtungen.

Will man sich einen Überblick über die Stadt verschaffen, begibt man sich am besten auf den **Húsavíkurfjall,** den 417 m hohen Hausberg des Ortes, zu dem auch eine Straße hinaufführt. Von oben kann man bei gutem Wetter bis zur Insel Grímsey und zum Vatnajökull sehen. Im Winter ist der Berg ein viel besuchtes Wintersportgebiet.

In der Stadt fällt die 1907 erbaute **Kirche** besonders auf. Der Jugendstilbau wurde aus norwegischem Holz gefertigt und wird von einem 26 m hohen Turm überragt. Das Altarbild aus dem Jahr 1931 im Kircheninneren ist sehenswert. Es zeigt die Auferstehung des Lazarus. Die Húsavíkurkirkja kann vom 1.6. bis 31.8. besichtigt werden.

Das **Volks- und Naturkundemuseum von Húsavík** besteht aus mehreren Abteilungen. Hier sind unter anderem Waffen aus dem 16. Jh. und historische Bücher wie die Guðbrands-Bibel aus dem Jahr 1584 zu sehen. Im naturkundlichen Teil sind Tierpräparate wie ein 1969 auf Grímsey erlegter Eisbär ausgestellt. Außerdem gibt es in dem Museum eine Sammlung von Bierflaschen-Etiketten aus aller Welt. Im **Kunstmuseum** werden vor allem die Werke regionaler Künstler und eine umfangreiche Fotosammlung gezeigt. 2002 wurde das **Seefahrtsmuseum** eröffnet, das über die lokale Seefahrt und Fischerei informiert.

Ein besonderer Anziehungspunkt ist das **Walmuseum.** In dem mit Walen bemalten Haus am Hafen, das ein gemeinnütziges Museum unabhängig von den kommerziellen Walbeobachtungsfahrten ist, erhält der Besucher Informationen zu Walen und deren Lebensraum. Zu sehen sind auch die Skelette verschiedener Wale und eine kleine Ausstellung über Keiko, den Schwertwal aus dem Film Free Willy.

Die Holzkirche von Húsavík

Ab Húsavík lassen sich **Boots- und Angeltouren** in die Bucht Skjálfandi unternehmen. Besonders die Walbeobachtungsfahrten sind sehr beliebt. Die Wahrscheinlichkeit, Wale zu sehen, liegt hier bei über 95 %. In dieser Bucht liegen zwei Inseln: im Nordwesten Flatey, wo 1942 noch über 100 Menschen wohnten und die heute unbewohnt ist, und nahe der Ostküste die kleine Insel Lundey mit sehenswerten Klippen und großen Kolonien von Papageitauchern. Diese Vögel gaben der Insel auch ihren Namen (*lundi* = Papageitaucher).

Vom nördlichen Ortsende führt eine knapp 5 km lange, steile Schotterstraße hinauf zum **Húsavíkurfjall,** einem Aussichtsberg. Auf der östlichen Seite des Bergs kann man mit einem Geländewagen auf einer tief vom Wasser ausgespülten Erdpiste hinunter zum **See Botnsvatn** und auch zurück nach Húsavik fahren.

109is Foto: tt

Tourist-Information

- **Húsavíkurstofa,** Garðarsbraut 7, Tel. 464 4300, im Sommer tägl. geöffnet 10–18 Uhr.

Unterkunft

- **Fosshótel Húsavík,** Ketilsbraut 22, Tel. 464 1220, Fax 4642161; 84 Betten, Bar, Restaurant, ganzjährig geöffnet.
- **Gästehaus Arból,** Ásgarðsvegur 2, Tel. 464 2220; Übernachtung mit Frühstück im Holzhaus, auch Schlafsackplätze.

Campingplatz

- **Héðinsbraut,** am nördlichen Stadtrand neben dem Fußballplatz, Tel. 8450705; komfortabel, Einkaufsmöglichkeit, Cafeteria, Wohnmobil-Stellplätze, ab der 2. Nacht kostenlos.

Essen und Trinken

- **Gamli Baukur,** Fischrestaurant in neuem Holzhaus am Hafen, Tel. 4642442.
- **Salka,** Garðarsbraut 4, Tel. 4642551, isländische Küche, Pizza.
- **Pronto Pizza,** Ketilsbraut 22, Tel. 4642333; im Fosshótel.

Notfall

- **Krankenhaus,** Auðbrekka 4, Tel. 4640500.
- **Apotheke,** Húsavíkurapótek, Stórigarður 13, Tel. 4641212.
- **Polizei,** Útgarður 1, Tel. 4641303.
- **Zahnarzt,** Auðbrekka 4, Tel. 4641245.

Museen

- **Volks- und Naturkundemuseum Safnahúsið á Húsavík,** Stórigarður 17, Tel. 4641860, im Sommer täglich geöffnet 10–18 Uhr, Sept.–Mai Mo–Fr 9–16 Uhr, Eintritt 400 ISK, Kinder unter 14 Jahren 100 ISK, Cafeteria.

- **Walmuseum, Hvalasafnið,** am Hafen, Tel. 4642520, www.whalemuseum.is, geöffnet 1.6.–31.8. tägl. 9–19 Uhr, 1.9.–31.5. tägl. 10–17 Uhr, Eintritt 600 ISK, 6–14 Jahren 250 ISK.
- **Isländisches Phallusmuseum,** Hédinsbraut 3a, Tel. 5616663, www.phallus.is, geöffnet 20.5.–10.9. tägl. 12–18 Uhr, Eintritt 600 ISK; in dem ungewöhnlichen Museum sind 160 Phalli von Säugetieren sowie Kunst und Gebrauchsgegenstände zum Thema ausgestellt.

Tourveranstalter

- **Walbeobachtungen (Whale watching)**
  - Norður-Sigling, North Sailing, Tel. 4642350, www.northsailing.is, Erwachsene 8600 ISK, Kinder unter 14 Jahren frei; im Sommer auch kombinierte Wal- und Vogelbeobachtungsfahrten zu den Inseln Lundey (4 Std., 11.500 ISK) und Flatey (5–6 Std., 15.000 ISK).
  - Hvalaferðir, Gentle Giants, Tel. 4641500, www.gentlegiants.is, Erwachsene 8200 ISK, Kinder unter 7 Jahren frei; auch Hochseeangeln (12.100 ISK) und Bootsfahrten nach Flatey.

  Buchungen auch im Kiosk am Hafen
- **Fjallasýn,** Hrísateig 5, Reykjahveri, Tel. 4643940 und 8974846, www.fjallasyn.is; von Sept. bis Mai Ausflüge mit Super-Jeep und Snow-Mobil, Skitouren.
- **Busausflüge,** *SBA Norðuleið* (Tel. 550 0700) bietet im Sommer Tagesfahrten zum Mývatn, Dettifoss und Ásbyrgi sowie *Trex* (Tel. 5876000) nach Akureyri.

Sonstiges

- **Schwimmbad,** Heðinsbraut, Tel. 4646190.
- **9-Loch-Golfplatz,** Katlavöllur, Tel. 4641000.
- **Skilift oberhalb des Orts** (im Winter).
- **Reiterhof Saltvík,** Tel. 8479515, 5 km südlich von Húsavík gelegen.
- **Wal-Festival,** Mitte Juni.
- **Schwedische Tage (Mærudagar),** Ende Juli.

Rundfahrt um die Halbinsel Tjörnes

↗ VI,A2

Wir setzen unsere Rundfahrt um die Halbinsel Tjörnes auf der Straße 85 fort. Die Halbinsel ist bei Geologen und geologisch Interessierten als **Fundort von Fossilien** bekannt.

Man verlässt Húsavík in Richtung Norden, fährt am Denkmal des Dichters *Einar Benediktsson* (1864–1940) vorbei, der als Kind auf dem nahen Hof Héðinshöfði lebte, und sieht bald die **Insel Lundey.** Sie erhebt sich 41 m hoch über dem Meer und ist von grasbewachsenen Böden bedeckt, in die die Papageitaucher leicht ihre Brutröhren graben können. 11 km hinter Húsavík erreicht man den Hof Ytritunga. Eine kurze Stichstraße führt zum **Hafenplatz Tungulending.** Dort kann man an der Steilküste den geologischen Aufbau der Halbinsel studieren und erkennen, wie sie mit fossilienreichen Schichten durchsetzt ist. 2 Millionen Jahre alte Muscheln und andere Ablagerungen des Meeres kann man hier finden. In der **Fossiliensammlung** Hallbjarnarstaðir werden die schönsten Versteinerungen aus den Tjörnes-Schichten gezeigt. Das kleine Museum (Tel. 4641968) ist vom 1.6. bis 31.8. täglich von 10 bis 18 Uhr geöffnet.

Wenig später erreichen wir bei Máná den nördlichsten Punkt der Halbinsel. Im kleinen **Heimatmuseum Þórshamar** in Mánárbakki (Tel. 4641957, 1.6.–31.8. täglich 9–18 Uhr geöffnet, Eintritt 400 ISK, Kinder unter 14 Jahren frei) sind Gegenstände aus alten isländischen Wohn- und Lebensverhältnissen dargestellt, die der Bauer des Hofs über Jahrzehnte gesammelt hat. Die Perle „Sörvisperla" stammt aus der Zeit der Landnahme und zählt zu den ältesten Stücken.

10 km vor der Küste liegen die beiden kleinen Mánáreyjar-Vogelinseln Lágey und Háey.

Die Straße wendet sich nun nach Osten und führt am Öxarfjörður entlang. Dieser trennt die Halbinsel Tjörnes von der Halbinsel Melrakkaslétta. An dieser Fjordküste wird eine der größten **Lachszuchtfarmen** Islands betrieben. Man nützt hier das warme Wasser, das aus Erdspalten zufließt. Am südlichen Ende des Fjords durchfährt man das fruchtbare Kelduhverfi. Nördlich davon liegt das breite und sandige Mündungsdelta der Jökulsá á Fjöllum. Im Süden erstreckt sich bis zum Mývatn eine 50 km breite, vulkanisch besonders aktive Zone. 1975 gab es hier heftige **Erdbeben,** die im Zusammenhang mit den Eruptionen in der Leirhnjúkurspalte standen. Das von zwei großen Grabensystemen durchzogene Land veränderte seine Oberfläche. Die Erde riss an manchen Stellen breit auf, an anderen schlossen sich die Spalten wieder. Das Land hob und senkte sich mehr als in den Jahren zuvor. Die markanteste Erhebung in dieser Lavalandschaft ist der tropfenförmige Bergrücken Gjástykki aus rotbrauner Lava. Der letzte Ausbruch war hier im Januar 1981. Im Januar 1976 entstand während eines Erdbebens der 4 km² große **See Skjálftavatn,** der „Erdbebensee".

In **Garður** kann man in der ehemaligen Schule (Skúlagarður) übernachten. Das Gästehaus ist ganzjährig geöffnet und verfügt über 24 Betten und 38 Schlafsackplätze (Tel. 4652280). Angeboten werden Reitausflüge und Wanderungen. Bei der **Farm Hóll** besteht die Möglichkeit, in Hütten zu übernachten und Pferde zu leihen. Die Rundfahrt um die Halbinsel Tjörnin endet in Ásbyrgi. Hinter der Brücke über die Jökulsá á Fjöllum trifft die Straße 85 auf die Straße 864, die entlang des Jökulsá-Canyons von der Ringstraße östlich des Mývatn kommt.

Route 5 B:
Vom Mývatn nach Ásbyrgi (106 km)

Diese Route beginnt in Reykjahlið am Mývatn. Sie führt am **Naturbad Jarðböðin** vorbei auf der Ringstraße nach Osten bis Grímsstaðir, dann auf der Straße 864 entlang der Jökulsá á Fjöllum in Richtung Norden nach Ásbyrgi, einem besonders schönen Fleckchen Islands. Nur wenige Kilometer östlich des Mývatn liegen die Solfataren von Námaskarð direkt an der Ringstraße.

Námaskarð, Krafla ↗XIII,C1

Das **Solfatarengebiet von Námaskarð** ist das bekannteste dieser Art in Island. Einen guten Überblick über das Hochtemperaturgebiet und den Mývatn hat man von dem **Berg Námakolla.** Bereits am Parkplatz liegt ein beißender Geruch in der Luft, unverkennbar riecht es nach faulen Eiern und Schwefeldioxid. Diese „Düfte" sind charakteristisch für Solfataren, doch lassen wir uns davon nicht abschrecken, sondern erkunden Námaskarð aus der Nähe. Dabei erleben wir Eindrücke für alle unsere Sinne: Unsere Nase gewöhnt sich schnell an den Schwefelgeruch, unsere Ohren lauschen den Geräuschen – dem dumpfen Blubbern der Schlammpötte, dem Fauchen des heißen Dampfes, der hier aus der Erde tritt –, unsere Augen sehen die Farben: Der kochende Brei in den Schlammpötten ist grau-blau, die Farbenpalette des Schwefels reicht von einem fahlen Weiß über ein kräftiges Gelb bis zu einem satten Orange. Der Schwefel ist übrigens im heißen Wasser und Dampf gelöst, die an die Erdoberfläche gelangen. Zusammen mit Salzen lagert er sich rund um die Austrittsöffnungen ab. Ein kräftiges Rotbraun erzeugen Eisenoxide, und Weiß deutet auf Silikate hin. Am Berghang des nahen Námafjall ist auch das vulkanische Gestein voller Farben. Wenn wir den Boden mit unseren Händen berühren, fühlen wir die Hitze des Erdinnern.

Das Solfatarengebiet ist für Besucher frei zugänglich, jedoch wird bereits am Parkplatz davor gewarnt, dass an den verräterisch hellen Stellen der Boden brüchig sein kann. Ersparen Sie sich schmerzhafte Verbrühungen, bleiben Sie auf den angelegten Wegen, und beachten Sie die Absperrungen! Damit tragen Sie auch zum Erhalt dieses einzigartigen Naturdenkmals bei.

Námafjall bedeutet „Minenberg". Der Name stammt aus der Zeit im Mittelalter, als hier Schwefel abgebaut wurde zur Herstellung von Schießpulver und Sprengstoffen. Vom 13. bis 16. Jahrhundert lohnte sich dies, dann sank der Schwefelpreis. Im 18. Jahrhundert förderte man noch einmal Schwefel. 1845 war der Vorrat erschöpft, und man stellte die Schwefelgewinnung ein.

Beim Schild „Krafla" zweigt wenig später die 7 km lange Zufahrt (Straße 863) zum **Vulkan Krafla** von der Ringstraße ab. Auf der Fahrt durch das Hlíðardalur begleiten uns bis zum Kraftwerk Kröfluvirkjun silbrig glänzende Dampfrohre. Am Kraftwerk fährt man unter einer Rohrbrücke hindurch. Das **Besucherzentrum** (Gestastofa) erklärt den Vulkanismus und das Kraftwerk (geöffnet 1.6.–31.8. Mo–Fr 12.30–15.30 Uhr, Sa/So 13–17 Uhr, Eintritt frei). Nördlich davon passieren wir den Parkplatz bei der **Leirhnjúkurspalte** (empfehlenswerte Wanderung durch diese urgewaltige Lavalandschaft, siehe „Praktische Reisetipps/Sport und Aktivitäten/ Wandern"), kurz danach erreichen wir den Parkplatz am Fuß der Krafla.

Die Krafla gehört zur **aktiven Vulkanzone** Islands. Ein neuer Ausbruch ist in dieser Region bereits überfällig! Ursache für die hohe vulkanische Aktivität ist ein 30–40 km langes Spaltensystem, das tief in die Erdkruste bis zu einer mit flüssigem Magma gefüllten „Blase" reicht, die hier in einer geringen Tiefe von nur 3–5 km liegt. Der Inhalt dieser „Magmakammer" steigt ab und an zur Oberfläche, verursacht Erdbeben und reißt die Spalten in der Erdkruste auf, die eine Folge der auseinander driftenden Lithosphärenplatten sind.

Der 320 m im Durchmesser zählende und 33 m tiefe **Krater der Krafla,** der **Stóra Víti,** wie ihn die Isländer nennen, entstand bei einem Vulkanausbruch 1724. Eine länger anhaltende Periode mit mehreren Vulkanausbrüchen folgte. Nach der Entstehung des Víti brach unmittelbar im Anschluss die **Leirhnjúkur-**

110is Foto: tt

spalte erstmalig auf und verursachte einen weiteren gewaltigen Vulkanausbruch, in dessen Verlauf viele Höfe vernichtet wurden. Dem „Mývatn-Feuer" sind wir bereits im vorigen Abschnitt begegnet. Der Ausbruch der Krafla war damals so stark, dass das Land im Umkreis von 10 km hoch mit schwarzer Asche und Schlacke bedeckt war. Diese vulkanischen Aktivitäten dauerten ein ganzes Jahrhundert lang an. Danach beruhigte sich der Vulkanismus.

Auch nach der Spalteneruption am Leirhnjúkur im Jahr 1975 kam es in dieser Gegend mehrfach zu kurzen, starken Ausbrüchen, verbunden mit Erdbeben. Die nach oben quellende Lavamenge war jedoch jedes Mal so gering, dass sie nicht die Oberfläche erreichte. Jedoch hob und senkte sich dabei die Erde stellenweise beträchtlich. Auch einige Spalten vergrößerten sich. Diese unerwarteten Ausbrüche ereigneten sich gerade zu dem Zeitpunkt, als mit dem Bau des geothermalen Dampfkraftwerks begonnen worden war. *Osvaldur Knudsen* meint in seiner Vulcano-Show: „No good idea to build the power station right here" – „Keine gute Idee, das Kraftwerk genau an dieser Stelle zu bauen." Dennoch soll das Kraftwerk jetzt erweitert werden. Nördlich davon werden tiefe Geothermalbohrungen vorangetrieben, um die Erdwärme zu nutzen.

Kratersee des Vulkans Krafla
(im Hintergrund der Berg Bláfjall)

Die Vulkanologen nutzten die verstärkten vulkanischen Aktivitäten der letzten 20 Jahre für ihre Forschungsarbeiten. Mit Hilfe neuer Messgeräte war man 1984 so weit, dass man an der Veränderung der Wasseroberfläche des Mývatn eine deutliche Anhebung dieses Gebiets erkennen konnte, was darauf hinweist, dass aus der unterirdischen Magmakammer verstärkt Lava in das Spaltensystem eindringt. Nördlich des Mývatn ist ein neuer Vulkanausbruch jederzeit möglich. Dank der überall installierten Messgeräte hoffen die Wissenschaftler, einen Vulkanausbruch frühzeitig genug zu erkennen, damit die Bevölkerung dieses Gebiets gewarnt werden kann.

Am nördlichen Ende der Vulkanzone liegt **Gjástykki.** Charakteristisch für das zuletzt 1981 und 1984 aktive Gebiet ist der rote Lavarücken, der sich mehrere Meter über dem schwarzen Lavafeld erhebt.

Die Ringstraße verläuft dann weiter durch das Búrfellshraun. 3 km vor der Brücke über die Jökulsá á Fjöllum zweigt die Piste Öskjuleið F 88 nach Süden zur Askja ab (siehe Route 7). Hinter der Brücke liegt Grímsstaðir.

Jökulsárgljúfur ⇗ VI,B3

Um zu einem Naturschauspiel der besonderen Art zu gelangen, fahren wir von Grímsstaðir auf der Schotterstraße 864 nach Norden. Der Weg führt auf der Ostseite der **Jökulsá á Fjöllum** entlang, mit 206 km der **zweitlängste Fluss Islands.** Der gewaltige „Gletscherfluss aus den Bergen" bringt große Mengen Geröll und Sand mit vom Vatnajökull, wo der Fluss am Nordrand des Gletschers aus dessen Schmelzwasser entsteht. Von ihrem Quellgebiet fließt die Jökulsá á Fjöllum nordwärts durch das zentrale Hochland im Osten der Askja. Im Axarfjörður mündet sie in den Nordatlantik. Das Wasser hat in mehreren Gletscherläufen unvorstellbaren Ausmaßes, die in den Jahren von 2500 v. Chr. bis zu Christi Geburt stattfanden, 20 km nördlich von Grímsstaðir eine beeindruckende, 25 km lange, 500 m breite und bis zu 120 m tiefe canyonartige Schlucht in das Lavagestein gefräst. In dieser Schlucht liegen die großen **Wasserfälle** der Jökulsá á Fjöllum: Selfoss, Dettifoss, Hafragilsfoss und Réttarfoss. Mit ihren gewaltigen Ausmaßen ist dies die **größte Schlucht Islands.** Sie ist das Kernstück des **Jökulsárgljúfur-Nationalparks,** der seit 2008 ein Teil des neu gegründeten **Nationalparks Vatnajökull** ist.

28 km sind es auf der Straße 864 von Grímsstaðir durch die dünenartige Hochebene Hólssandur bis zum **Dettifoss,** dem **größten Wasserfall Europas** und dem größten, der von der Jökulsá á Fjöllum gebildet wird. Zum Parkplatz führt eine Stichstraße. Auf einer Breite von fast 100 m stürzen hier pro Sekunde 200 m³ trübes, graues Gletscherwasser 44 m in die Tiefe.

Eine halbe Stunde zu Fuß flussaufwärts kommt man zum **Selfoss.** Der

Dettifoss –
der wasserreichste Wasserfall Europas

Foto: 111is

ausgetretene Pfad verläuft über die groben Felsen oberhalb des Canyons. Der Selfoss ist zwar „nur" 13 m hoch, er ist aber deutlich breiter als der Dettifoss. Seine Breite täuscht jedoch leicht, denn das Wasser stürzt von allen Seiten in eine schmale, V-förmige Schlucht. Der Wasserfall ist mindestens genauso eindrucksvoll und verblasst zu Unrecht neben seinem „großen Bruder".

Fährt man auf der Straße 2 km weiter, gelangt man zum **Hafragilsfoss.** 27 m stürzt das Wasser hier in die Tiefe. Vom Wasserfall hat man eine besonders gute Sicht nach Norden in die tiefe und breite Schlucht. Man sieht auch, wie ein kleiner Bergbach in die Jökulsá á Fjöllum mündet. Sein klares Wasser ohne Gesteinsbeimengungen mischt sich mit dem trüben Gletscherwasser. An dieser Stelle fällt ein besonders schöner, pechschwarzer Felsen aus Obsidianlava auf, der vom Wasser gerundet und glatt poliert wurde.

Im weiteren Verlauf gibt es auf der Straße 864 einige sandige Abschnitte. Nach 12 km zweigt links eine ausgeschilderte Erdpiste (bei Nässe nur mit Allradantrieb befahrbar) nach Forvöð við Jökulsá ab. Die Piste endet nach 7 km auf einem Felsplateau. Eine 15-minütige Wanderung bringt uns auf einem markierten Weg durch ein Wäldchen zu einer Wiese mit einem Rastplatz; Feuer machen und Zelten ist verboten. Ein schmaler Pfad führt weiter zu

112is Foto: tt

einem Aussichtsfelsen mit kleinen Höhlen (Leiteraufstieg), der hoch über den Wasserfällen **Réttarfoss** und **Vigabergsfoss** liegt. Blickt man flussaufwärts, sieht man den Réttarfoss. Direkt unterhalb des Aussichtsfelsens zwängt sich der Fluss tosend durch eine enge Felsspalte. Darüber fällt ein breites und glattpoliertes Felsplateau mit einer 11 m hohen Abbruchkante auf, der Vigabergsfoss. Den Wasserfall gibt es nicht mehr, denn seit über 50 Jahren nimmt die Jökulsá á Fjöllum hier einen anderen Verlauf. Der Felsen in der Schlucht heißt **Grettishlaup.** Der Sage nach soll sich Grettir hier durch einen waghalsigen Sprung über den Fluss vor seinen Verfolgern gerettet haben. Auf der gegenüberliegenden Seite des Canyons erstreckt sich Holmatungur, eine bewaldete Hochebene mit Schluchten, Bächen und Wasserfällen.

Nach insgesamt 53 km seit Grímsstaðir erreichen wir auf der Straße 864 die Einmündung der Straße 85. Wir halten uns hier links, überqueren auf der 85 die Jökulsá á Fjöllum und fahren nach **Ásbyrgi.**

Hier wurde das **Besucherzentrum Gljúfrastofa** eingerichtet, das in einer sehenswerten Ausstellung die Entstehung der gewaltigen Schlucht und von Ásbyrgi sowie die Fauna und Flora der Region zeigt (geöffnet 1.5.–30.9., Tel. 4652195, www.vatnajokulsthjodgardur.is, Bushaltestelle). Hier ist auch ein Faltprospekt erhältlich, in dem die schönsten Wanderwege eingezeichnet sind. Vom Besucherzentrum führt eine kurze Stichstraße am meist gut besuchten

Campingplatz Ásbyrgi (geöffnet 15.5.–15.9., Tel. 4652391) und am Felsen Eyjan vorbei zu einem Parkplatz. Markierte Fußwege führen von dort durch ein Birkenwäldchen zum nahe gelegenen **See Botnsjörn,** der idyllisch am Fuß einer steilen Felswand liegt. Hier können Wasservögel beobachtet werden.

Ásbyrgi ist bekannt wegen seiner eindrucksvollen **Felsformationen.** Von diesen Steilwänden hat Ásbyrgi, die „Asenburg", ihren Namen. Gleich einer Burg erheben sich die Felsen bis zu 100 m hoch und bieten ideal geschützte Brutplätze für Vögel. Das nützt auch der seltene Eissturmtaucher, der hier vorkommt. Zwischen den Felsen erstreckt sich eine 6 km lange und einige hundert Meter breite Ebene, die mit Birken und Gras bewachsen ist. Der **Felsen Eyjan** ist 90 m hoch, er teilt die hufeisenförmige Schlucht. Die Sage erklärt ihre Entstehung folgendermaßen: Ásbyrgi sei der Hufabdruck von Odins achtbeinigem Pferd Sleipnir. Geologisch betrachtet ist Ásbyrgi der Überrest eines alten, gewaltigen Wasserfalls der Jökulsá á Fjöllum, die hier einmal direkt ins Meer stürzte. Ursprünglich bildeten sich auf beiden Seiten des Felsens Eyan zwei Wasserfälle aus, deren Fallkanten sich mit der Zeit durch Erosion flussaufwärts verlagerten. Schließlich vereinigten sich die beiden Wasserfälle zu einem einzigen großen Wasserfall und ließen die hufeisenförmige Schlucht entstehen. Tektonisch bedingt hat sich das Flussbett der Jökulsá á Fjöllum nach Osten verlagert, und der Wasserfall verschwand.

Von Ásbyrgi kann man entlang der Westseite der Jökulsá á Fjöllum **zurück zur Ringstraße** fahren (53 km). Die Piste F 862 verläuft zunächst von Ásbyrgi durch die Ásheiði ins **Vesturdalur** (13 km), wo es einen einfachen **Campingplatz** gibt (Jökulsárgljúfur Vesturdalur, Haltepunkt des Überland-Linienbusses). Bis dorthin ist die Piste ausgebaut und mit Pkw befahrbar. Vom Campingplatz oder 500 m weiter vom Parkplatz am Ende der Stichstraße (Rastplatz) kann man herrliche Rundwanderungen von 2 bis 3 Stunden Dauer auf gut angelegten und markierten Wegen unternehmen. Diese sind auch in dem Faltprospekt beschrieben, den man im Besucherzentrum Gljúfrastofa erhält. Die schönsten Wanderungen führen vom Parkplatz in nördlicher Richtung oberhalb der Jökulsá á Fjöllum zu den **Echofelsen Hljóðaklettar** und nach **Rauðhólar,** einem Bergrücken aus roter Lava. Die Echofelsen mit ihren charakteristischen Lavasäulen, Höhlen und engen Durchgängen entstanden durch den Austritt von Magma vor rund 8000 Jahren und die nachfolgende Erosion. Besonders sehenswert sind die **Lavahöhle „Kirkja"** und die Rosette aus Lavasäulen auf der Südseite des **Fel-**

Canyon der Jökulsá á Fjöllum
mit Réttarfoss (im Hintergrund) und
trockengefallenem Vigabergsfoss (vorn).
Im Fluss der Felsen Grettishlaup

sens Tröllið, des „Riesen". Südlich vom Parkplatz stehen die beiden **Felsen „Karl og Kerling".**

Die **Weiterfahrt** auf der Piste ist nur mit einem geländegängigen Fahrzeug möglich. Nach 27 km zweigt ein Fahrweg nach Hólmatungur ab. Diese Stichstraße führt von Westen her zum Wasserfall Réttarfoss.

Hólmatungur ist eine grüne Naturoase mit niedrigen Bäumen, Moosen und Quellbächen, die auf ihrem Weg in den Jökulsárgljúfur-Canyon sehenswerte Wasserfälle wie die Hólmárfossar und den Urriðafoss am Bach Melbugsá bilden. Vom Parkplatz erschließt ein 3½ km langer Rundweg dieses Gebiet. Wir gehen zunächst in nördliche Richtung am Bach Holmsá entlang zu den Hólmárfossar, dann flussaufwärts entlang des Jökulsá-Canyons in südliche Richtung zurück. Dabei kommen wir am Urriðafoss vorbei. 1 km südöstlich vom Parkplatz hat man vom Berg Ytra-Þórunnarfjall den besten Überblick über Hólmatungur.

5 km weiter zweigt die Zufahrt zum Hafragilsfoss und Dettifoss ab. Nach einem schlechten Stück auf einer tief ausgefahrenen Erdpiste ist nach insgesamt 53 km im Búrfellshraun wieder die Ringstraße erreicht.

Route 5 C:

Rundfahrt um die Halbinsel Melrakkaslétta

Im äußersten Nordosten Islands liegt die unfruchtbare und überwiegend flache, 1000 km² große Halbinsel Melrakkaslétta. Dies ist der am dünnsten besiedelte Landstrich an der Küste Islands. Die Landschaft ist überwiegend von **Mooren und Tundra** bedeckt, die Stürmen und Schneetreiben schutzlos ausgesetzt sind. Im Winter ist das Gebiet von der Seeseite durch Treibeis isoliert. Dieses unwirtliche Land ist der **Lebensraum des Polarfuchses,** nach dem es benannt wurde: Melrakkaslétta bedeutet „Fuchsebene".

Die Straße 85 führt entlang der Küste auf 97 km Länge um die Halbinsel herum. Von der Brücke über die Jökulsá á Fjöllum westlich von Ásbyrgi fahren wir entlang des Mündungsdeltas des Gletscherflusses durch eine breite Sandebene. Nach 4 km erreichen wir **Lundur í Öxarfirði,** wo es einen Campingplatz gibt. Hier zweigt eine kurze Stichstraße nach Osten ab, die zu den Vulkanbergen Hafrafell und Skálafjall führt. Dort entspringen mehrere Bäche, die in den Sandá und den Brunná münden. Diese beiden Flüsse sind Mündungsarme der Jökulsá á Fjöllum. Sie begrenzen das Delta der Jökulsá im Osten.

Wenige Kilometer nördlich von Lundur kann man auf einer sandigen Piste in den Austursandur zwischen Brunná und Jökulsá á Fjöllum einfahren. Die Piste endet an einigen verlassenen Gehöften nahe der Küste.

Auf der Straße 85 erreicht man bei Daðastaðir die Küste des Öxafjörður. Zuvor kann man sich von einem **Aussichtsberg bei Núpur** einen guten Überblick über das große Delta der Jökulsá verschaffen. Entlang der Küste gelangen wir weiter nach **Kópasker.** Die

130 Einwohner dieses Fischerdorfes leben überwiegend vom Garnelenfang. Hier gibt es eine Tankstelle mit Cafeteria, ein Postamt und eine Bank, einen Zeltplatz und ein Heimatmuseum. Die Spuren eines Erdbebens aus dem Jahr 1976 sind an einigen Häusern des Ortes noch heute zu sehen.

Wir fahren weiter nach Norden. Im Osten erstreckt sich der lang gezogene, 200 m hohe Bergrücken Leirhafnarfjöll. Er begrenzt die flache Sléttuheiði in der Mitte der Halbinsel. Diese Ebene wird von Norden nach Süden vom **Blikalónsdalur** durchzogen. Nur Reiterwege führen durch diese Region. Beim 205 m hohen Berg Gefla - vom Gipfel hat man eine herrliche Aussicht über den Fjord und die Sléttuheiði - zweigen zwei Stichstraßen zur Küste ab; insbesondere die nördliche ist empfehlenswert. Sie führt an zwei Bergseen vorbei zu einer Bucht mit einer sehenswerten Küste östlich des Leuchtturms am **Rauðinupur,** einem einzeln stehenden, 73 m hohen Fels aus roter Lava. Die Straße 85 durchquert nun die Halbinsel. Bei der Bucht Sigurðarstaðavík erreicht sie erneut die Küste. An der Nordostspitze der Bucht liegt **Rifstangi.** Nach neuesten Vermessungen ist dies der **nördlichste Punkt des isländischen Festlands,** nur etwa 3 km südlich des Polarkreises. In Hraunhafnartangi markiert ein Leuchtturm die Landspitze.

Entlang des Meeres fahren wir durch eine Landschaft mit vielen kleinen Buchten gen Süden. Im Westen wird die Straße von zahlreichen Seen gesäumt, die inmitten einer ausgedehnten Moorlandschaft liegen. Der nächste größere Ort ist **Raufarhöfn,** mit knapp 220 Einwohnern das **nördlichste Dorf Islands.** Früher war der Ort einmal ein Zentrum der Heringsfischerei und der Fischverarbeitung. Heute muss man selbst die Angel auswerfen; im Fluss Deldará beißen Lachse an, in den nahen Seen Forellen. Die Angellizenz erhält man im Hotel (s. u.). Übernachten kann man außerdem in einem Gästehaus oder auf dem Campingplatz (s. u.). Auch ein Schwimmbad gibt es hier.

Im Süden liegen die Seen Deildarvatn, Þernuvatn und Viðarvatn neben der Straße. Die Rundfahrt um die Halbinsel Melrakkaslétta endet 30 km südlich von Raufarhöfn beim Viðarvatn. Hier mündet die Straße 867 in die 85 ein, die im Süden der Halbinsel direkt vom Öxarfjörður über die Öxarfjarðarheiði verläuft (38 km).

- **Hotel Norðurljós,** 675 Raufarhöfn, Aðalbraut 2, Tel. 4651233, Fax 4651383, hotel nordurljos@isholf.is; Restaurant, ganzjährig geöffnet, Angel- und Jagdlizenzen, Kajak- und Kanufahrten; Tourist-Info.
- **Gästehaus Kópasker,** Akurgerði 7, Kópasker, Tel. 4652314, Fax 4652120, hostel@kopasker.is.
- **Kópasker Campingplatz,** Austurtröð 4, 670 Kópasker, Tel. 4652188.
- **Raufarhöfn Campingplatz,** beim Schwimmbad, Skólabraut, 675 Raufarhöfn, Tel. 465 1144; geöffnet 1.6.-31.8.
- **Regionalmuseum Norður-Þingeyjarsýsla und Bibliothek,** Snartarstaðir, Kópasker, Tel. 4652171.
- **Ambulanz,** Akurgerði 13, Kópasker, Tel. 4652109.
- **Ambulanz,** Aðalbraut 33, Raufarhöfn, Tel. 4651145.
- **Schwimmbad,** Skólabraut, Raufarhöfn.

Route 5 D:

Vom Viðarvatn nach Vopnafjörður und zur Ringstraße (187 km)

Die Straße 85 führt über **Svalbarð** entlang des Þistilfjörður weiter nach **Þórshöfn.** Der kleine Fischereihafen (375 Einwohner) auf der Ostseite des Lónafjörður ist das Versorgungszentrum in diesem abgelegenen Landstrich.

- **Gästehaus Ytra-Áland,** Svalbarð, Tel. 468 1290; geführte Pferdetouren.
- **Hótel Jórvík,** Langanesvegur 31, Þórshöfn, Tel. 4681100; Restaurant.
- **Gästehaus Lyngholt,** Þórshöfn, Langarnesvegur 12, Tel. 4681238 und 8975064.
- **Ytra-Lón,** Þórshöfn, Tel. 4681242; Angellizenzen.
- **Gästehaus Fell,** Skeggjastaðahreppi, 685 Bakkafjörður, Tel. 4731696; ganzjährig geöffnet, Angeln.
- Einfacher **Campingplatz bei Lækjarflöt,** Þórshöfn, Tel. 4681515.
- **Ambulanz,** Miðholt 4, Þórshöfn, Tel. 468 1215, 4681216.
- **Angellizenzen,** Kverká, Tel. 4681360; Ýtra-Lón, Tel. 4681242; Hlíð, Tel. 4681109; Sauðanesós, Tel. 4681242; Fell, Tel. 4681696.
- **Sportzentrum, Schwimmbad,** Eyrarvegur, Tel. 4681515.

Abstecher auf die Halbinsel Langanes ⇗ VII,D1

Nördlich von Þórshöfn gelangt man auf der Straße 869 auf die Halbinsel Langanes, die wie ein dünner Zeigefinger **zwischen dem Þistilfjörður und dem Bakkaflói** 40 km weit ins Meer hineinragt. An den Küsten kann man zahlreiche Seevögel beobachten. Die nichtasphaltierte Straße führt bei den Binnenseen von Sauðanes an der Nordküste entlang nach Skálanesvík zu den Klippen von Hrafnabjörg (20 km). Mit einem Geländewagen kann man von hier auf einer wenig befahrenen, sehr schmalen Piste an der Küste weiterfahren. Nach 30 km geht es zum **Leuchtturm von Fontur,** dem äußersten Zipfel der Halbinsel. Hier erinnert ein Denkmal an britische Seeleute, deren Schiff im Sturm an der Steilküste zerschellte. Vom 266 m hohen Kálfshvammshyrna auf dem Heiðarfjall, hat man – falls der Berg nicht gerade in Nebel verhüllt ist – eine herrliche Sicht über die Halbinsel Langanes.

Die Straße 85 quert westlich von Þórshöfn die hier 10 km breite Halbinsel Langanes und erreicht am Finnafjörður die Bucht Bakkaflói. In **Steggjastaðir** steht die **älteste Holzkirche Islands.** Sie wurde 1845 erbaut und 1962 renoviert. Die dänische Kanzel stammt aus dem frühen 18. Jh., das Altarbild aus dem Jahr 1857.

Nächster Ort auf der Route ist das Fischerdorf **Bakkafjörður** (80 Einwohner). Bei der Schule befindet sich ein einfacher Zeltplatz. Vom Hafen hat man eine schöne Aussicht auf die Halbinsel Langanes und den 719 m hohen Berg Gunnólfsvíkurfjall.

Die Straße 85 zweigt schon 4 km vor Bakkafjörður ab und führt über die Sandvíkurheiði zur Küste am Vopnafjörður. Selá, Vesturdalsá und Hofsá sind bedeutende **Lachsflüsse.** Auf der schmalen Landzunge Kolbeinstangi liegt der Ort **Vopnafjörður,** mit seinen 530 Einwohnern einer der größeren Orte im Nordosten des Landes. Die Haupterwerbsquelle ist auch hier der Fischfang, aber der Tourismus nimmt an Bedeutung zu. Vopnafjörður wird von schneebedeckten Bergen umgeben, die steil zum gleichnamigen Fjord hin abfallen, der die Heimat unzähliger Seevögel ist. In der Umgebung von Vopnafjörður spielen viele Romane des

Schriftstellers *Gunnar Gunnarsson*. Anlässlich seines 100. Geburtstags wurde 1989 die von *Sigurjón Ólafsson* geschaffene Büste des Schriftstellers aufgestellt.

Strecken-Tipp

Fährt man von Vopnafjörður weiter am Fjord entlang, kommt man auf der Straße 917 an der **Schlucht Gljufursá** vorbei. Ein kurzer Fußweg verläuft zu einem Aussichtspunkt, von dem der Wasserfall in der Schlucht gut zu sehen ist. Die Straße führt nun die nächsten 16 km über die 700 m hoch gelegene **Hellisheiði** ins Tal der Jökulsá á Brú. Auf der eindrucksvollen Strecke, die Steigungen bis zu 14 % aufweist, hat man anfangs eine schöne Aussicht auf den Vopnafjörður, später auf die Bucht Héraðsflói und über das Mündungsgebiet der Jökulsá á Brú und des Lagarfljót. Im Tal der **Jökulsá á Brú** gibt es in Svartiskógur ein nettes Landhotel, Hütten und einen Campingplatz, der idyllisch in einem kleinen Waldstück liegt (Tel. 4711030, Fax 4711016).

Die Straße 85 verläuft von Vopnafjörður durch das Tal der Hofsá zurück zur Ringstraße (73 km). Nach 15 km führt die Straße durch das Tal der Teigará steil hinauf zum **Burstarfell.** Der Hof ist einer der schönsten und am besten erhaltenen Grassodenhöfe Islands, dessen älteste Gebäude aus dem Jahr 1770 stammen. Das **Museum** dort ist vom 10.6. bis 10.9. täglich von 10 bis 18 Uhr geöffnet, Tel. 4731466, www.bustarfell.is. Die sechs kleinen **Torfhäuschen** mit ihren roten Holzfassaden, weißen Fensterrahmen und grasgedeckten Dächern sind sehenswert. Im Museum wird gezeigt, wie sich das Leben der Bewohner langsam an die Moderne angepasst hat, wie eine Wasserleitung und Strom in die alten Torfhäuschen gelegt wurden und wie der Haushalt in den Jahren bis 1966 geführt wurde. Bis zu dieser Zeit war der Hof bewohnt. Doch schon 1943 hatte der letzte Bewohner mit dem klingenden Namen *Methúsalem Methúsalemsson* (1889–1969) sein Gehöft dem Staat vererbt mit der Auflage, es einmal zu einem Museum zu machen.

In der Nähe liegen die beiden Seen Nykurvatn und Þuriðarvatn unmittelbar an der Straße. Von einem Aussichtspunkt hat man eine gute Sicht ins **Hofsárdalur** und auf die umliegenden Berge. Durch eine immer öder werdende Landschaft gelangt man schließlich wieder zur Ringstraße.

- **Tourist-Information,** Hafnarbyggð 7, Vopnafjörður, Tel. 4731331; Angellizenzen für den See Heiðarvötn und die Flüsse Hofsá, Selá, Vesturdalsá und Sunnudalsá hier erfragen; Ausstellung und Verkauf von Kunsthandwerk im angegliederten **Atelier** Nema hvað. Das Atelier ist vom 15.6. bis 31.8. Mo–Fr 13.30–17.30 und vom 1.9. bis 14.6. Fr 13–17 Uhr geöffnet. Tourist-Info, Atelier und ein Café befinden sich im „Kaupvangur", einem alten Kaufmannshaus.
- **Hotel Tangi,** Vopnafjörður, Hafnarbyggð 17, Tel. 4731840; 30 Betten, Restaurant, Angellizenzen, Pferdeverleih, Bootstouren zu den Vogelfelsen.
- **Gästehaus Skjól,** Vopnafjörður, Vatnsdalsgerði, Tel. 4731332; auch **Campingplatz,** Tel. 4731300.
- **Gästehaus Syðri-Vík,** Tel. 4731199; Pferdeverleih, Ausritte.
- **Gästehaus Hámundarstaðir,** Tel. 4731562, 8551562; rotes Haus am Meer.
- **Campingplatz,** bei der Schule, Tel. 894 2513.
- **Schwimmbad,** Selárlaug im Selárdalur, Tel. 4731499; ganzjährig geöffnet 7–23 Uhr.
- **Golf,** Skalar, 9-Loch-Anlage, Tel. 4731300.

Route 5 E:
Von Grímsstaðir nach Seyðisfjörður (154 km)

127 km sind es auf der Ringstraße von Grímsstaðir nach Egilsstaðir am Lögurinn-See; nach weiteren 27 km erreichen wir dann auf der Straße 93 Seyðisfjörður.

Nach der Brücke über die Jökulsá á Fjöllum zweigt die Ringstraße 3 km vor Grímsstaðir nach Süden ab. Auf den nächsten 60 km ist die Landschaft am Nordrand der Jökudalsheiði, einer Hochebene aus grasbewachsenem Lavaschotter, wenig abwechslungsreich.

Parallel zur Ringstraße quert 15 km südlicher die Schotterstraße 901 über Möðrudalur die Jökudalsheiði. **Möðrudalur** ist mit 469 m der höchstgelegene Bauernhof Islands. Die 1949 geweihte Kirche erbaute der Bauer *Jón Stéfansson* (1880–1971) einst eigenhändig zum Gedenken an seine verstorbene Frau. In den kleinen Grassodenhäuschen befindet sich eine Tankstelle. Auf der anderen Straßenseite kann man in dem netten, aus Holz gebauten **Fjallakaffi** mit seiner großen Aussichtsterrasse eine Pause einlegen. Unterhalb davon liegt ein großer **Campingplatz.** In einem nachgebauten Grassodenhaus wurde für Camper ein Aufenthaltsraum mit Kochgelegenheit eingerichtet. Im ganzjährig geöffneten **Gästehaus Fjalladýrð** kann man übernachten (Tel. 471 1858 und 8948181, www.fjalladyrd.is). Möðrudalur setzt auf Ökotourismus und Naturverbundenheit.

Fährt man auf der Straße 901 weiter in östlicher Richtung, zweigt zunächst die Hochlandstraße F905 nach Süden ab, dann die Straße 907. An dieser liegt inmitten der Jökudalsheiði und am See Sænautavatn (Bootsverleih) **Sænautasel.** Hier wurde ein historischer Bauernhof rekonstruiert; das Museum und das Café sind im Juni und August täglich geöffnet (Tel. 8542666). Auch einen einfachen Zeltplatz gibt es hier (windig!).

Die Straße 901 trifft dann wieder auf die Ringstraße. Diese führt nun hinunter nach **Jökuldalur,** ins Tal der Jökulsá á Dal. Vor dem einst großen Gletscherfluss, der heute aber wegen des Hálslón-Stausees nur noch wenig Wasser führt, zweigt die Straße 923 südlich nach Brú ab. An dieser liegt der Hof **Klaustursel,** wo man in einem Gehege Rentiere aus der Nähe betrachten und auch lokales Kunsthandwerk aus Leder erwerben kann (Tel. 4711085).

Im Jökuldalur führt die Ringstraße an **Skjöldólfsstaðir** vorbei. Hier gibt es eine Tankstelle, ein Gästehaus mit Restaurant (Á Hreindýraslóðum, Tel. 4712006 und 8951085) und ein Schwimmbad. Auch Kunsthandwerk wird hier angeboten, und man kann das „Rentiermuseum" besuchen. Die Ringstraße überquert dann etwa 30 km weiter östlich die Jökulsá á Dal und biegt nach Süden in Richtung Egilsstaðir ab. Wie verlassen hinter der Brücke über die Jökulsá á Dal die Ringstraße, auf der Straße 925 führt ein Abstecher in nördlicher Richtung nach Húsey.

Abstecher nach Húsey ↗ XV,C1

Auf der Straße 925 erreichen wir nach 300 m einen Aussichtspunkt. Von der alten Brücke können wir die tief eingeschnittene, enge Schlucht mit der tosenden Jökulsá á Dal einsehen. Das Land wird nun weiter, Marschen bestimmen die Landschaft. Wir verlassen die 925 und folgen der Straße 926 geradeaus. Nachdem man an einigen verlassenen Höfen und dem wiederhergestellten Torfhof Galtastaðir vorbeigefahren ist, kommt man schließlich in Húsey zum **Hof von Örn Þórleifsson,** dem Robbenjäger, der nicht nur den Isländern aus allerlei Veröffentlichungen und aus dem Fernsehen bekannt ist. Was man gar nicht vermutet: Es gibt hier eine **Jugendherberge,** die von Örn unterhalten wird. Wohl auch durch dessen Bekanntheitsgrad – er spricht zudem deutsch –, erfreut sich diese Jugendherberge großer Nachfrage. Eine Reservierung ist deshalb unbedingt notwendig (*Örn Þórleifsson,* Húsey – Hróarstunga, Egilsstaðir, Tel. 4713010, Schlafsackunterkünfte, keine Verpflegung).

Wer sich für diesen Abstecher entscheidet, kommt auch in den Genuss der **eindrucksvollen Natur.** 170 Pflanzenarten sind zu bestaunen, Salzwiesen, Dünen und der Strand mit dem Namen Héraðssandur, „Walknochensand", bestimmen das Bild. Im Mündungsgebiet der beiden großen Flüsse kommen dreißig verschiedene Vogelarten vor. An der Flussmündung und am Meer kann man Robben beobachten.

Auch auf einem historischen **Postweg** lässt sich eine Wanderung unternehmen. Es gibt hier zudem zahlreiche Felshöhlen, in denen Trolle ihr Unwesen treiben sollen.

Folgen wir der Straße 925 nach Osten, erreichen wir die 1851 erbaute Kirche von **Kirkjubær.** Dort steht die **älteste Kanzel Islands** aus dem 16. Jh., die mit geschnitzten Heiligenfiguren verziert ist.

Fellabær/Egilsstaðir

↗XV,C2

Beide Orte gehören zusammen, gemeinsam haben sie über **2700 Einwohner.** Eine 301 m lange Brücke aus dem Jahr 1958 verbindet sie. Die Namen der Felsen Ferjusteinar und Ferjuklettur erinnern an die Fähre, die hier bis 1905 über das Lagarfljót führte. Bedeutung kommt den beiden Orten vor allem als Verkehrsknotenpunkt und als örtliches Handelszentrum zu. Auch einige landwirtschaftliche und industrielle Betriebe gibt es. Der Bau des Kárahnjúkar-Damms hat in den letzten Jahren für einen Aufschwung gesorgt, wie die vielen neu gebauten Wohnblocks und großzügig angelegten Straßen zeigen. Egilsstaðir wird von vielen, die mit der Fähre in Island ankommen, zuerst aufgesucht. Hier gibt es gut sortierte und relativ preiswerte Supermärkte, Tankstellen und Autoreparaturwerkstätten, eine Busstation, einen Flugplatz, Nie-

113is Foto: tt

Schlucht der Jökulsá á Dal bei Egilsstaðir

derlassungen von Mietwagenfirmen und Reisebüros. Auch ein Schwimmbad, einen Golfplatz und Wintersportmöglichkeiten bietet Egilsstaðir.

Egilsstaðir ist eine junge Ortschaft. Sie wurde erst 1947 gegründet und erhielt 1987 Stadtrechte. Auch die Kirche ist neueren Datums. Sie wurde von *Hilmar Ólafsson* entworfen, der einige Jahre in Stuttgart studierte. Geweiht wurde die Kirche am 16. Juni 1974. Davor fanden die Gottesdienste außerhalb in der Kirche von Vallanes oder im Schulhaus statt.

16 km südlich von Egilsstaðir liegt an der Ringstraße das Kraftwerk Grímsárvirkjun (Leistung: 2944 KW). Der Abfluss des Stausees bildet einen sehenswerten **Wasserfall,** der in mehreren Armen in eine tiefe Schlucht fällt.

Tourist-Information

- **Beim Campingplatz im Ostisland-Servicezentrum,** Kaupvangur 10, Tel. 4712320, Fax 4711863, www.east.is; Fahrradverleih, Angellizenzen.

Unterkunft

- **Hótel Hérað,** Miðvangur 5–7, Tel. 4711500, Fax 4711501; 60 Zimmer, ganzjährig geöffnet; s. a. Icelandair-Hotels im Kapitel „Praktische Reisetipps A–Z/Unterkunft".
- **Hótel Edda Menntaskólinn,** Tjarnarbraut, Tel. 4444800; Sommerhotel; s. a. Edda-Hotels im Kapitel „Praktische Reisetipps A–Z/Unterkunft".
- **Pension,** Laufas 5, Tel. 4711167.
- **Gästehaus Helgafell,** Tel. 4711322, liegt an der Brücke über das Lagarfljót.
- **Skipalækur,** Fellabær, Tel. 4711324, Fax 471 2413; Zimmer im Bauernhaus, Ferienhäuschen am Seeufer, Schlafsackunterkunft, Campingplatz, ganzjährig geöffnet.
- **Gästehaus Ekkufell,** an der Straße 931, Tel. 4711344, Fax 4712547.
- **Gästehaus Randaberg,** Eiðavegur, Tel. 862 6293.
- **Hamragerði,** Tel. 4712031.

Camping

- **Egilsstaðir,** Tel. 4712320; komfortabel, in der Nähe des Supermarkts und der Tankstelle, Wohnmobil-Stellplätze, Bushaltestelle.
- **Skipalækur,** Fellabær (s. o.), Tel. 4711324, Camping am Lögurinn-See; komfortabel, Einkaufsmöglichkeit, Wohnmobil-Stellplätze, Bushaltestelle.

Essen und Trinken

- **Hótel Herað,** Tel. 4712770; Restaurant.
- **Café Nielsen,** Tjarnarbraut 1, Tel. 4712626; nettes Café im ältesten Haus Egilsstaðirs.
- **Café Valný,** Miðvangur 2–4, Tel. 4712219.
- **Shell-Tankstelle,** Fagradalsbraut 13, Tel. 4711899; Cafeteria, groß, preisgünstig.
- **Yfirborðið,** Lyngás 3, Tel. 4712424.
- **Internet-Café, Bar, Restaurant,** Kaupvangur 2, Tel. 4711200.

Notfall

- **Krankenhaus,** Lagarás, Tel. 4711400.
- **Apotheke,** Lagarás 18, Tel. 4711273.
- **Polizei,** Lyngás 15, Tel. 4711223.

Museum

- **Minjasafn Austurlands (Ostisländisches Heimatmuseum),** Laufskógar 1, Tel. 4711412, Fax 4711452, www.minjasafn.is, geöffnet 1.6.–31.8. täglich 11–17 Uhr, im Winter werktags 13–17 Uhr; das Museum zeigt Gegenstände aus dem Arbeitsleben der Bewohner, Wohnräume aus dem 19. Jahrhundert und ein Wikingergrab, das beim Fluss Þórisá gefunden wurde; kleines Café, Souvenirshop.
- **Skriðuklaustur,** Zentrum für Kultur und Geschichte, Fljótsdalur, Tel. 4712990, im Sommer tägl. 10–18 Uhr, in dem Kloster aus dem 15. Jh. finden heute im Sommer Ausstellungen in Zusammenarbeit mit dem Gunnar-Gunnarson-Institut statt.

Reiten

- **Lomma Hestar,** Utnyrdingsstaðir, Tel./Fax 4711727; das besondere Ereignis für Pferdefreunde ist **Hestasmölum,** wenn in der zweiten Septemberwoche die jungen Pferde eingefangen werden, die den Sommer im Loðmundarfjörður verbracht haben.

- **Íshestar,** im Angebot ist eine mehrtägige Reittour von Hallormstaður zum Snæfell und zurück; Infos bei Íshestar, Bæjarhraun 2, 220 Hafnarfjörður, Tel. 5653044, Fax 5652113.

Sonstiges

- **Schwimmbad,** Tjarnarbraut 26, Tel. 430 0777.
- **9-Loch-Golfplatz,** Ekkjufellsvöllur, Fellabær, Tel. 4711113.
- **Bootsfahrten auf dem Lagarfljót,** Tel. 471 2900.
- **Wildwasserfahrten** auf den Flüssen Jökulsá á Brú, Grímsá und Eyvindrá: arctic Rafting, Tel. 4711526, 8980410; Juni bis August.
- **Freilichtbühne Hér fyrir austan,** Selskógar, 28.6.–16.8. jeden Mittwochabend Musik, Tel. 4711673.
- **Kunsthandwerk**
  - Randalín, Kaupvangur, Tel. 4712433 und 4711320.
  - Eik Listiðja, Miðhús, Tel. 4711320.
  - Hobby-Werkstatt, Selás 1, Tel. 4712255.
  - Gallerí Völvan, Lyngás 3, Tel. 4711155.
  - Open-Air-Markt, Tel. 4712320.
- **Jeep-Touren,** Jeppaferð, Tel. 4712320.
- **Rentierjagd,** Tel. 4712354.
- **Skilift,** Fjarðarheidi, Tel. 8781160

Abstecher nach Borgarfjörður ⇗ XV,C2/D1

Von Egilsstaðir kann man auf der Straße 94 einen Abstecher in den Norden zum Borgarfjörður unternehmen (71 km).

Das **Kunst- und Kulturzentrum Eiðar** besitzt schon seit dem 19. Jahrhundert eine Internatsschule, die heute im Sommer als **Edda-Hotel** dient (Tel. 4444870, Zimmer, Schlafsackplätze, Restaurant, Schwimmbad). Im Eiðarvatn können Forellen geangelt werden. In dieser Gegend wurde früher Eisenerz gefördert, das hier auch verhüttet wurde.

Die Straße führt weiter entlang des Lagarfljót durch sumpfiges Weideland nach **Hjaltastaður.** 6 km nördlich des Gehöfts verbindet die Straße 944 das Tal des Lagarfljót mit dem der Jökulsá á Brú. Nimmt man diesen Weg, gelangt man zum Kraftwerk Lagarfossstöð, wo der Lagarfljót, wenn die Schleuse geöffnet ist, den Wasserfall Lagarfoss bildet. Die Straße 94 wendet sich nun nach Osten und durchquert die dünenhafte Schwemmlandschaft vor der Bucht Héraðsflói. Dann führt die Straße auf dem Pass Vatnsskarð zwischen dem 648 m hohen Sönghofsfjall und dem Geldingafjall hindurch. Von der Passhöhe hat man eine schöne Aussicht in die **Bucht Njarðvík.** Auf der Abfahrt nach Njarðvík lohnt sich nach der Brücke über die Innra-Hvannagilsá eine kurze Wanderung nach rechts. Auf einem schmalen, stellenweise ausgesetzten Pfad gelangen wir nach 10 Minuten in die faszinierende **Schlucht Innra-Hvannagil.** Die steilen Hänge bestehen aus losem Schotter farbigen Rhyolithgesteins. Dazwischen rauscht ein Wasserfall über flache Stufen im Fels. Bevor in den 1950er Jahren diese Straße gebaut wurde, war der Borgarfjörður isoliert. Das „Huldufólk", wie die bösen isländischen Geister genannt werden, soll hier sein Unwesen getrieben haben. Man erzählt sich, dass einst ein Bauer auf seinem Weg nach Njarðvík auf Naddi, einen dieser Geister, traf. Der Bauer kämpfte mit Naddi, der halb Tier-, halb Menschengestalt hatte. Erst als der Bauer gelobte, ein Kreuz zu errichten, wenn er mit dem Leben davonkäme, ließ der Geist von ihm ab und verschwand in den Fluten des Meeres. Das Njarðvík-Kreuz aus dem Jahr 1306 kann man neben der Straße entdecken. Die lateinische Inschrift bedeutet „Wer auch immer hier vorbei kommt, soll sich nieder beugen und dieses Zeichen Christi ehren".

Oberhalb der Bucht erstreckt sich das **Dýrfjöll,** ein 1136 m hohes Bergmassiv. Der alte Vulkanberg besteht aus Tuff und Rhyolith und wird von einem Gipfel aus Basalt überragt. Der Steilkuste folgend erreicht man nach knapp 8 km **Borgarfjörður.** Damit man diesen Ort von anderen mit gleichem Namen unterscheiden kann, trägt er auch den Namen „Borgarfjörður Eystri" oder **„Bakkagerði".** In dem abgelegenen Dorf wohnen viele der 100 Einwohner in grasgedeckten Holzhäuschen. Der Ort ist Ausgangspunkt für **abenteuerliche Wanderun-**

gen und mehrtägige Trekking-Touren in die Bergeinsamkeit und zu abgelegenen Fjorden. In der Tourist-Information wird die Wanderkarte „Víknaslóðír" – „Wege zu den verlassenen Meeresarmen" verkauft und geführte Trekking-Touren organisiert. Die Wege sind erst in den letzten Jahren angelegt und markiert worden, denn Borgarfjörður eystri entwickelt sich zu einer immer beliebteren Wanderregion abseits der Touristenströme. Unterwegs gibt es Übernachtungsmöglichkeiten in neu gebauten Hütten. Man kann zudem Bootsausflüge machen oder die Umgebung auf dem Rücken eines Islandpferdes erkunden. Der Maler *Johannes Kjarval* stammt von hier. Er hat das Altarbild in der Kirche gemalt. Nahe beim Ort soll im **Felsen Álfasteinn** die Elfenkönigin und ihre guten Geister wohnen. Álfasteinn heißt auch der Laden, in dem isländische Gesteine und Mineralien verkauft (und auch ausgestellt) werden; der Laden (geöffnet tägl. 11–20 Uhr, Tel. 4702000) ist gleichzeitig Tourist-Information (ebenso das Gästehaus Fjarðarborg); als **Unterkünfte** stehen bereit: das Gästehaus Fjarðarborg (Tel. 4729962, Schlafsackunterkunft, Cafeteria, Organisation von Jeeptouren und Jeepverleih, geöffnet 15.6.–31.8.), Gästehaus Borg, Tel. 4729870, 8544470 das Gehöft Stapi (Tel. 4729983, Schlafsackunterkunft, guter Zeltplatz, Einkaufsmöglichkeit, Tankstelle, Jeepverleih) und der Campingplatz Borgarfjörður eystri (Tel. 4729919, komfortabel, Einkaufsmöglichkeit, Tankstelle). Im Kjarvalsstofa erhält man Informationen zum Leben und Wirken des Malers *Johannes Kjarval* (im Sommer täglich geöffnet 13–17 Uhr, Tel. 8613677). Im benachbarten Posthaus können Kinder im **„Abenteuerland" (Ævintýraland)** die Welt der nordischen Sagen und Elfengeschichten kennen lernen (im Sommer täglich geöffnet 13–17 Uhr, Tel. 8613677).

Das in der Nähe gelegene, rot angestrichene **Torfhaus Lindarbakki** ist ein privates Sommerhaus. Der Keller aus dem Jahr 1899, im dem auch eine Quelle entspringt, ist der älteste Teil des Hauses. Die hölzernen Aufbauten entstanden 1934.

Vogelbeobachtung: In dem kleinen Hafen **Hafnarhólmi** am Ende der Straße 947 nordöstlich von Bakkagerði gibt es eine Aussichtsplattform zur Vogelbeobachtung, die im Juni und Juli täglich 10–19 Uhr und im August rund um die Uhr zugänglich ist. Während der Brutzeit der Vögel im Mai ist die Plattform geschlossen. Ganz nah kann man hier Papageitaucher, Dreizehenmöwen, Eissturmvögel und sogar Eiderenten (am besten Anfang Juni) beobachten.

Von Borgarfjörður kann man noch knapp 30 km **durch das Tal der Fjarðará zum Loðmundarfjörður** weiterfahren. Die Straße 946 und daran anschließend die steile und schmale Allradpiste F946 (Loðmundarfjarðarleið) führen von Borgarfjörður in den abgelegenen **Fjord Loðmundarfjörður.** Vor der Abfahrt in den Fjord führt das Sträßchen an der glatt geschliffenen, hellen **Felswand Hvítserkur** vorbei. Etwa auf halber Strecke zweigt die Zufahrt zu dem ehemaligen **Hof Húsavík** mit seiner kleinen Holzkirche ab. Am Ende des Fjords, wo kleinere Bäche gefurtet werden müssen, endet die Piste an der 1895 erbauten **Holzkirche von Klyppsstaðir** (Klyppsstaðarkirka). Daneben gibt es eine Hofruine, hinter der die Kirkjuá rauscht, deren Hochwasser den Hof einst zerstört hat. In der Nähe stehen die Hütten des **Ferðafelag Fljótsdalshéraðs,** in der Wanderer Unterkunft finden.

Der Lögurinn-See

XV,C2/3

Mit 52 km² Fläche und 35 km Länge ist der Lögurinn-See oder der „See des Lagarfljót" der **drittgrößte See Islands.** Er liegt nur 20 m über dem Meer, ist aber bis zu 112 m tief und damit auch der **tiefste Punkt Islands.** Der See wird von einem Sandstrand gesäumt und ist von hohen Bergen umgeben. Er soll die Heimat eines Seeungeheuers, des „Lagarfljótsormurinn", auf Deutsch „Lagarfljóts-Wurm", sein. Er wird auch „Skrímsli" (Ungeheuer) genannt.

Den Lögurinn-See kann man **von Egilsstaðir aus auf der Straße 931 umfahren,** wobei neuerdings gut ausge-

114is Foto: tt

baute Straßen und die Brücke am südlichen Ende des Sees die Fahrzeit verringern. Die Halbtagestour ist insgesamt 82 km lang.

Beginnen wir unsere **Rundfahrt** auf der Südseite des Sees. Dazu fahren wir zunächst 11 km auf der Ringstraße weiter und biegen südlich von Vallanes auf die Straße 931 ab und erreichen nach wenigen Kilometern **Hallormstaður.** Hier gibt es ein 650 ha großes **Waldgebiet,** eine Seltenheit in Island! Seit Beginn dieses Jahrhunderts wurden 50 verschiedene Baumarten, darunter Kiefern, Fichten und Larchen, angepflanzt. Der Wald steht unter Naturschutz. Der älteste **Lärchenwald** Islands, **Guttormslundur,** benannt nach dem Begründer der isländischen Forstwirtschaft, ist 1938 angelegt worden. Es gibt eine Forstschule und einen Waldlehrpfad. Unterkunft (s. u.) findet man in einem Hotel, in Gästehäusern oder auf dem Campingplatz Atlavík in unmittelbarer Nähe des Kiesstrands und von Wald umgeben – damit zählt er sicherlich zu den besonders schönen Campingplätzen Islands. Am ersten Augustwochenende finden hier Open-Air-Konzerte statt. 2 km nördlich von Atlavík wurde in Höfðavík ein zweiter Campingplatz angelegt.

Am südlichen Ende des Sees, in **Valþjófsstaður,** ist die Rekonstruktion der prachtvoll geschnitzten Tür der Kirche

Islands größter Wald befindet sich in Hallormstaður am Lögurinn-See

von Valþjófsstaður sehenswert (das Original stammt aus dem Jahr 1200 und steht im Nationalmuseum Reykjavík). Die Tür gehörte ursprünglich zu einem reichen Bauernhof. Durch Schlagen des eisernen Ringes an der Türe wurden früher Geschäfte und Eide besiegelt. 2 km von der Kirche entfernt befand sich von 1493 bis 1552 das **Augustinerkloster Skríðuklaustur.** Die alten Grundmauern des Klosters wurden freigelegt. Oberhalb des Klosters lebte der Dichter *Gunnar Gunnarsson* (1889–1975), der in Valþjólfsstaður geboren wurde. Seinen von einem deutschen Architekten entworfenen Hof ließ er Anfang der 1940er Jahre aus Feldsteinen errichten. Der Hof ist heute ein **Kulturzentrum und Museum,** in dem in Zusammenarbeit mit den im Jahr 2000 gegründeten Gunnar-Gunnarsson-Institut Ausstellungen stattfinden. Auf dem alten Friedhof steht nur noch der Grabstein des sagenumwobenen Landstreichers *Jón Hrak.* Der Dichter *Stephan G. Stephansson* (1853–1927) hat ihn in einem Gedicht verewigt. Entgegen der Tradition wurde *Jón Hrak* von Norden nach Süden liegend begraben, und viele Isländer kennen den Spruch: „Es ist kalt ganz hinten im Chor. Hier liegt der alte Jón Hrak. Jeder wird von Osten nach Westen liegend begraben. Jeder, außer Jón Hrak".

Im **Klausturkaffi,** dem „Kloster-Café", kann man einkehren (ab Mai und bis Mitte September täglich 12–17 Uhr geöffnet, im Hochsommer 10–18 Uhr).

Auf der Ostseite der Jökulsá führt vom Ende der Straße 935 im Suðurdalur (Parkplatz) eine zweistündige Wanderung zum Strútsfoss (Hin- und Rückweg). Die Strútsá bildet hier am Ende einer Lavaschlucht einen Wasserfall, der Ähnlichkeit mit dem Hengifoss hat.

In Bessastaðir trifft die asphaltierte Straße 910 vom Snæfell bzw. vom Hrafnkelsdalur auf unsere Straße. Knapp 3 km weiter liegt nahe der Brücke ein kleiner Parkplatz, von dem aus man zum **Hengifoss** wandern kann (2 Std., Hin- und Rückweg). Der 118 m hohe **Wasserfall** ist der dritthöchste des Landes. Der Fußpfad dorthin führt steil im Tal der Hengifossá aufwärts. Auf dem Weg kommt man an einem weiteren Wasserfall, dem **Litlanesfoss,** vorbei. Die Basaltsäulen in der Schlucht sind hier besonders sehenswert. Oberhalb dieses Wasserfalls hat man den besten Blick auf den Hengifoss und den hufeisenförmigen Kessel des Falls. Gut erkennbar auch die Schichtung der Erdkruste, auffallend sind die roten Bänder aus Rhyolith und schwarze Braunkohleflöze.

In Fellabær endet unsere See-Rundfahrt wieder an der Ringstraße.

Unterkunft

- **Fosshótel Hallormsstaður,** Tel. 4711705, Fax 5624001; im Sommer geöffnet, 72 Betten, Bootsverleih, Restaurant.
- **Sommerhotel Hússtjórnarskólans (Hauswirtschaftsschule),** Hallormstað, Tel. 471 1763, Fax 4712761; ganzjährig geöffnet, 28 Betten, Schlafsackplätze, Zeltplatz, Reiten, Bootsverleih.
- **Gästehäuser und Bauernhöfe in der Nähe**
  - Eyjólfsstaðir, Tel. 4712171
  - Hús, Tel. 4712003, 8542903
- **Camping in Atlavík,** Tel. 4711774, Fax 471 2174; Bootsverleih; geöffnet 15.6.–31.8.; wegen der Lage am Seeufer viele Mücken!
- **Camping in Höfðavík,** Tankstelle (500 m), Duschen.

115is Foto: tt

Eyjabakkar, Snæfell und der Karahnjúkar-Staudamm

Die asphaltierte Straße 910 führt von Bessastaðir zum Karahnjúkar-Staudamm (70 km). In engen Kehren geht es zunächst steil hinauf zur 600 m hoch gelegenen Fljótsheiði. Fast gerade verläuft die Straße dann nach Südwesten zum Laugarfell (35 km). Dort zweigt eine Piste ab, auf der man nach 1,5 km den **Wasserfall Slæðufoss** im Tal des Flusses Laugará erreicht. Zwei Kilometer weiter auf der Straße 910 zweigt eine ausgeschilderte Piste nach Eyjabakkar ab. Diese führt auch zu den **Stauseen Ufsárlón und Kelduárlón,** die im Rahmen des Kárahnjúkar-Projekts entstanden sind. **Eyjabakkar** ist eine 10 km lange und 5 km breite vegetationsreiche Hochebene, die von zahlreichen Gletscherabflüssen durchflossen wird. Sie bilden ein Mosaik aus kleinen Seen und Sümpfen, wo im Sommer Kurzschnabelgänse die Zeit der Mauser verbringen. Der Gletscherfluss **Jökulsá í Fljótsdal** fließt im Norden aus dem Eyjabakkar-Gebiet heraus. Der Fluss bildet sehenswerte **Wasserfälle** wie den Kirkjufoss, den größten Wasserfall der Jökulsá. Doch nach dem Bau der Staudämme führen die Wasserfälle nur noch wenig Wasser.

Aussichtspunkt am Hálslón-Stausee; Blick zum Staudamm und zum Berg Femri-Kárahnjúkar

Nach 43 km zweigt die Piste F 910 nach Norden ins Hrafnkelsdalur und nach Brú ab, wobei vor **Aðalbol** die wasserreiche Hrafnkelá durchfahren werden muss. Wie Grabbeigaben belegen, war Aðalbol einmal der Hof des Saga-Helden *Hrafnkell Freysgoði*, dessen Grabhügel erhalten geblieben ist. Die Fundstücke beweisen nach Ansicht von Historikern auch den Wahrheitsgehalt der Hrafnkels-Saga.

Einen Kilometer nach der Abzweigung der F 910 führt die Piste F 909 in Richtung Süden zum 1833 m hohen Vulkan **Snæfell** (59 km) und an den Rand des **Vatnajökull** (79 km). Am Fuß des Vulkankegels steht die unbewirtschaftete **Hütte Snæfellskali,** in der man übernachten kann. Auch einen einfachen Campingplatz gibt es hier. In der Hütte kostet die Übernachtung 2000 ISK pro Person, auf dem Campingplatz bezahlt man für ein Zelt mit zwei Personen 1200 ISK. Die Hütte ist Ausgangspunkt für eine Besteigung des Snæfell. Auf einem markierten Weg gelangt man in 4–6 Std. auf den Gipfel. Die Piste führt von der Hütte 20 km weiter bis an den Rand des Vatnajökull.

Wieder zurück auf der Straße 910 gelangen wir auf dieser zum **Karahnjúkar-Staudamm,** dem gewaltigen Damm, der die Jökulsá á Dal in den 57 km² großen Hálslón-Stausee (Karahnjúkar-Stausee) aufstaut. Das **690-MW- Kraftwerk Karahnjúkarvirkjun** liefert den Strom für das Aluminiumschmelzwerk von Fjarðaál im Reyðarfjörður. Damit dort auch große Seeschiffe anlegen können, wurde auch ein neuer Hafen gebaut. Es handelt sich insgesamt um das größte Industrieprojekt in der Geschichte Islands, das mit einem Finanzbedarf von über 1 Milliarde US-Dollar die Finanzkraft des kleinen Landes überforderte und nur mit internationalen Investoren realisiert werden konnte. Viele Bürger des Landes demonstrierten vehement gegen das Projekt, da sie die Zerstörung eines einzigartigen Naturraums im Schwemmland des Vatnajökull befürchteten, sie sahen die Weide- und Aufzuchtgebiete der Rentiere verloren und den Lebensraum der Vögel gefährdet. Außerdem war ihnen das wirtschaftliche Risiko zu groß, denn die Isländer verschulden sich auf lange Zeit, und sie befürchten Klimaveränderungen. Doch letztendlich gewannen die Befürworter des Projekts, die es auch als Zukunftssicherung für die Bewohner Ostislands sehen.

Der Karahnjúkar-Staudamm

Drei große Staudämme stauen die Jökulsá á Dal zum Hálslón-Stausee, der bis an den Rand des Brúarjökull reicht: der **Sauðardalsstífla** (Staumauer 29 m hoch, 1100 m lang) im Nordwesten, der **Kárahnjúkastífla** (Staumauer 198 m hoch, 700 m lang) in der Mitte beim Berg Femri-Kárahnjúkar und der **Desjarárstífla** (Staumauer 68 m hoch, 1100 m lang) im Nordosten. Östlich des Snæfell werden mit dem Ufsar-Damm und Kelduar-Damm der 1 km² große Stausee Ufsarlón und der 7,5 km² große Stausee Kelduárlón sowie mit dem Sauðarvatn ein kleinerer Stausee aufgestaut. Das Wasser wird in mehreren großen Tunneln zum Kraftwerk bei Valþjófsstaður im Fljótstal geleitet. Auf der Nordostseite des Hálslón-Stausees (vor dem Damm links) gibt es ein Informationszentrum und ein Café. Fährt man 500 m am Stausee entlang weiter in Richtung Süden gelangt man zu einem Aussichtspunkt mit Erklärungstafeln. Blickt man nach Norden sieht man zwischen den beiden Dämmen den 828 m hohen **Berg Femri-Kárahnjúkur.** Im Stausee ragt das Sandfell aus dem Wasser, heute eine Insel.

Wir fahren über den Staudamm ein kurzes Stück am Stausee entlang, dann rechts auf der ausgeschilderten Brúardalaleið (Schotterstraße) weiter. Nach 6 km erreichen man eine Kreuzung, links geht es nach Laugarvellir (3 km), rechts zur Schlucht Hafrahvammagljúfur (1,8 km).

Spektakuläre Schlucht

Unterhalb des Kárahnjúkar-Damms erstreckt sich ein gewaltiger Canyon, der von der **Jökulsá á Dal** durchflossen wird. **Hafrahvammagljúfur,** auch Dimmugljúfur („dunkle Schlucht") genannt, ist die größte und spektakulärste Schlucht Islands. Sie ist 15 km lang und fast 200 m tief. In der Nähe des 760 m hohen Bergs **Ytri-Kárahnjúkur** ist die Schlucht am engsten, nur knapp 100 m breit mit senkrecht abfallenden Wänden aus schwarz-brauner Lava. Nach dem Bau des Staudamms fließt nur noch wenig Wasser durch die Schlucht.

Vom Parkplatz bei **Hafrahvammar** führt ein kurzer Fußweg zum Hafrahvammagljúfur. Etwas oberhalb des Wegs liegt die **Höhle Magnahellir,** die früher Schafhirten als Unterstand diente. Sie wurde nach *Magni von Brú* benannt, der hier sein Essen mit den hungrigen Kindern einer Trollfrau geteilt haben soll. Die 150 m lange **Schlucht Skessugjá** („Schlucht des Trollweibs") liegt am nördlichen Ende von Hafrahvammagljúfur.

Größte Attraktion von **Laugarvellir** ist der warme Wasserfall, unter dem man herrlich duschen kann – wenn einen das überdüngte und mit Schafsdung verunreinigte Wasser des Bachs nicht stört. Ein Fußweg führt rechts an der nicht gerade einladend wirkenden Schafteiberhütte vorbei dorthin (300 m). Wer keine hohen Hygieneanforderungen stellt, kann auf dem einfachen Campingplatz mit Plumpsklo übernachten. In Laugarvellir gibt es kein Trinkwasser!

Fährt man von der Kreuzung weiter nach Norden, gelangt man zum 666 m hohen **Aussichtsberg Hallarfjall,** auf den eine steile Piste führt. Die Schotterstraße trifft dann 23 km nördlich vom Stausee bei Brú auf die Straße F910. Von hier gelangt man nordöstlich auf der Straße 907 über Sænautasel oder östlich auf der Straße 923 entlang der Jökulsá á Dal wieder zur Ringstraße.

Trekking-Tour

Eine herrliche Trekking-Tour führt in 5 Tagen vom Snæfell **nach Lónsöræfi.** Für diesen Weg muss man Verpflegung und am besten auch ein Zelt mitführen, Trinkwasser findet man unterwegs genug. Auch sollte man sich im Orientieren auskennen sowie Erfahrungen im Gletscherbegehen (Steigeisen erforderlich) haben. Am ersten Tag geht es von der Hütte beim Snæfell nach Süden zum 3 km breiten Eyjabakkajökull, dessen Ränder überquert werden müssen. Der Gletscher ist flach und ohne tückische Spalten. Am Abend des ersten Tags erreichen wir das östlich gelegene, 883 m hohe Geldingafell. Nördlich davon gibt es eine unbewirtschaftete Schutzhütte. Am zweiten Tag erreicht man den kleinen See Kollumúlavatn bei Lónsöræfi. Auch hier gibt es eine Schutzhütte. Es lohnt sich, einen Tag zu bleiben und die Umgebung zu erkunden. Im Osten liegt das Viðidalur, das bis vor wenigen Jahrzehnten noch bewohnt war. Durch eine urweltartige Lavalandschaft aus farbigem Rhyolith erreichen wir am nächsten Tag Illikambur (Schutzhütte) und die Piste F 980. Am vierten bzw. fünften Tag schließlich geht es entlang der Piste zurück zur Ringstraße bei Stafafell. Übernachtungsplätze in den Hütten, die von der Fljótsdalshérað Travel Association betreut werden, reserviert man am besten über die Tourist-Info in Egilsstaðir. Hier kann man sich auch über eine geführte Trekking-Tour informieren. Veranstalter ist *Ferðafélag Íslands,* Mörkin 6, 108 Reykjavík, Tel. 5682533, www.fi.is, über den man auch einen Platz in den Hütten reservieren kann.

Von Egilsstaðir fahren wir auf der Straße 93 nach Seyðisfjörður. Die Straße überquert hinter Egilsstaðir die Hochebene Fjarðarheiði auf einem 620 m hohen Pass. Von der Passhöhe (Parkplatz) hat man einen tollen Blick auf Egilsstaðir, den Lögurinn-See und den schneebedeckten Snæfell. Nach der Passhöhe kommt man an einem weiteren Aussichtspunkt vorbei, von dem die Aussicht auf Seyðisfjörður und den gleichnamigen Fjord sehr schön ist. Neben der Straße steht ein **Denkmal,** das an die erste Postverbindung Islands erinnert. Bereits 1906 wurde im Meer ein 615 km langes Telegrafenkabel von den Orkney-Inseln nach Seyðisfjörður verlegt. Die Straße verläuft entlang des Tals der Fjarðará hinunter in den Fjord. Der Fluss bildet auf seinem Weg sehenswerte Wasserfälle.

Seyðisfjörður ↗XV,D2

Im Jahre 1834 entstand Seyðisfjörður als Handelsstation. Ertragreiche Heringsfänge und ein gut geschützter Hafen verhalfen dem heute **700 Einwohner** zählenden Ort schnell zum Aufschwung. Noch im 19. Jahrhundert erhielt er die Stadtrechte. Um die vorletzte Jahrhundertwende hatte Seyðisfjörður seine wichtigste Zeit. Die Holzhäuschen, inzwischen restauriert, stammen aus dieser Glanzzeit. Einmal in der Woche legt die **Fähre „Norröna"** im Hafen von Seydisfjörður an und bringt neue Besucher auf die Insel. Donnerstags wird es deshalb oft eng im Ort, wenn die ankommenden und abreisenden Islandfreunde aufeinandertreffen.

An der Brücke über den Fluss Fjarðará steht das **Denkmal für Otto Wathne** (1844–1898) aus dem Jahr 1900. Der Norweger gehörte zu den Mitbegründern der Fisch verarbeitenden Industrie in dieser Region. Aus dieser Zeit stammen viele der schönen Bürgerhäuser des Orts. Die günstige Lage des Hafens trug mit dazu bei, dass in

117is Foto: tt

Seyðisfjörður im II. Weltkrieg englische und amerikanische Soldaten stationiert waren. 1944 versenkten deutsche Soldaten einen im Fjord vor Anker liegenden Tanker. In der Hafnargata erinnert vor dem Rathaus eine Kanone an diese Zeit. Aus Anlass der 100-Jahr-Feier der 1895 verliehenen Stadtrechte legte man 1995 zwischen der alten und der neuen Schule einen kleinen Platz (torgið) an. In der **Blauen Kirche** (Bláa Kirkja) geben von Juni bis August jeden Mittwochabend zeitgenössische Musiker Konzerte (Tel. 4721489).

An beiden Ufern des Seyðisfjörður führen Stichstraßen entlang. Im Norden gelangt man auf der Straße 951 zu den Wasserfällen im Tal der Vestdalsá und zum Leuchtturm von Brimnesfjall (15 km). Im Süden führt die Straße 952

An Deck der Fähre „Norröna“

116is Foto: tt

Die Blaue Kirche in Seyðisfjörður

(Hafnargata und Strandvegur) durch das Industrie- und Hafengebiet aus dem Ort und endet nach wenigen Kilometern bei einem Gehöft. In der Hafnargata steht das aus mehreren Gebäuden bestehende **Technikmuseum.** Auf zahlreichen, meist unmarkierten Wanderpfaden in der Umgebung des Fjords kann man die wilde Küste Ostislands erleben.

In Seyðisfjörður

Tourist-Information

- Im **Fährhaus** Ferjuleira 1, geöffnet im Sommer Mo–Fr 9–17 Uhr, im Winter Di, Mi 9–17 Uhr, Tel. 4721551; zu anderen Zeiten im **Büro für Reise- und Kulturangelegenheiten,** Hafnargata 44, Tel. 4702308 und 861 7789, Fax 4721588, www.seydisfjordur.is.

Unterkunft

- **Hotel Aldan,** Norðurgata 2, Tel. 4721277, Fax 4721677, das ganzjährig geöffnete Hotel liegt im Stadtzentrum und besteht aus drei historischen Gebäuden, die um 1900 gebaut wurden, dem **Hotel Snæfell**€ (Austurvegur 3) und der **Alten Bank**€€ (Oddagata 6). Insgesamt verfügt es über 18 Zimmer mit 39 Betten. Die Übernachtung ist im Hotel Snæfell am günstigsten und in der Alten Bank am luxuriösesten. Das **Restaurant-Café** befindet sich im Hotel Aldan, geöffnet von Mitte Mai bis Mitte September 7.30–21.30 Uhr. Auf der Abendkarte findet man isländische Küche mit Fisch, Hummer und Lamm, Spezialität ist isländisches Rentier.
- **Gästehaus Hafaldan,** Ránargata 9, Tel. 472 1410; 14 Betten, 28 Schlafsackplätze, Jugendherberge, ganzjährig geöffnet, Angeln, Bootsfahrten nach Loðmundarfjörður.
- **Gästehaus Þórsmörk,** Ferðaþjónusta Bænda, Tel. 4721324; Zimmer und Schlafsackunterkunft, ganzjährig geöffnet, Bootsausflüge nach Loðmundarfjörður.

Camping

- **In der Ortsmitte,** Tel. 4721521; komfortabel, Einkaufsmöglichkeiten, Wohnmobil-Stellplätze, Bushaltestelle; meist zur Ankunft der Fähre Mi/Do überbelegt; Angeltouren, geführte Wanderung.

Essen und Trinken

- **Kunstzentrum Skaftfell,** Austurvegur 42, Tel. 4721632, www.skaftfell.is, geöffnet 15.5.–15.9. täglich 11–22 Uhr, Internet-Café und Bistro, kleine Gerichte; wechselnde Ausstellungen, Treffpunkt ortsansässiger Künstler.
- **Café Lará,** Norðurgata 3, Tel. 4721703.
- **Snack-Bar in der Shell-Tankstelle,** Hafnargata 2a, Tel. 4721700.

118is Foto: tt

Notfall

- **Krankenhaus,** Suðurgata 8, Tel. 4721405, 4721406.
- **Apotheke,** Austurvegur 32, Tel. 4721403.

Museen/Kultur

- **Technikmuseum Ostisland, Tækniminjasafn Austurlands,** Hafnargata 44, Tel. 472 1596, www.tekmus.is, geöffnet 1.6.–15.9. täglich 11–17 Uhr, 16.9.–31.5. Mo–Fr 13–16 Uhr, Eintritt 500 ISK, freitags Eintritt frei. Das Museum dokumentiert die Industrie in Island von deren Anfängen um 1900 bis heute. In dem ehemaligen Wohnhaus von *Otto Wathne* aus dem Jahr 1894 sind Ausstellungen zur Fotografie, Telegrafie, Baukunst, Medizin und zum Leben der frühen Industriearbeiter untergebracht. Auch die **älteste Maschinenfabrik Islands** aus dem Jahr 1907, *Vjelasmiðja Jóhanns Hanssonar,* gehört zum Museum. Auf der gegenüberliegenden Straßenseite wird ein altes Fischerboot restauriert, und es sind alte Werft- und Hafeneinrichtungen zu sehen.
- **Fjarðarsel,** außerhalb des Orts an der Straße nach Egilsstaðir gelegen. Das **erste isländische Wasserkraftwerk** aus dem Jahr 1913 liefert noch heute Strom. Im Kraftwerksgebäude ist ein kleines Museum eingerichtet. Besichtigung im Sommer nach Vereinbarung, Tel. 4721122.

Sonstiges

- **Schwimmbad,** Suðurgata 5, Tel. 4721414; Sauna.
- **Sportzentrum,** Tel. 4721501, ganzjährig geöffnet; Solarium, Fitness.
- **Skilift Fjarðarheidi,** Tel. 4721160.
- **9-Loch-Golfplatz Hagavöllur,** Tel. 4721240.

Route 5 F:
Die Ostfjorde

Bleibt man von Egilsstaðir aus auf der Ringstraße, gelangt man erst wieder nach 76 km bei Breiðdalsvík an die Küste. Alternativ kann man auf der 134 km langen Küstenstraße 92/96 entlang der Ostfjorde nach Breiðdalsvík fahren. Wegen der herrlichen Fjordlandschaften nehmen wir diese längere Strecke.

9 km südlich von Egilsstaðir zweigt die Schotterstraße 953 von der Ringstraße ab. Sie führt durch das Eyvindardalur auf die **Hochebene Mjóafjarðarheiði,** dann durch das Fjarðardalur steil hinunter in den langen und schmalen Mjóifjörður. Im **Fjarðardalur** rauschen viele Wasserfälle von den steilen Berghängen. Besonders eindrucksvoll sind die **Klifbrekkufossar** und der hohe Wasserfall in der **Schlucht Prestagil,** der „Priesterschlucht". Hier soll einst eine Trollfrau, die in der engen Schlucht wohnte, Geistliche verführt haben. Der Fjord ist abgelegen und wenig besiedelt. Am Fjordende liegt ein gestrandetes Schiff. Ein schmales Sträßchen verläuft am linken Fjordufer weiter bis zum **Leuchtturm von Dalatangi,** der den Eingang in den Seyðisfjörður markiert und der **östlichste anfahrbare Punkt Islands** ist. Zwischen dem Mjóifjörður und Neskaupstaður im Norðfjörður besteht eine Schiffsverbindung.

31 km hinter Egilsstaðir gelangt man auf der Straße 92 nach **Reyðarfjörður** am gleichnamigen Fjord. Größte Bekanntheit erlangte der Ort durch den Bau des **Aluminiumschmelzwerks** Fjarðaál der Alcoa, das seine Energie aus dem Kárahnjúkar-Staudamms erhält. Das Werk ist auch der größte Arbeitgeber im Ort. Heute hat Reyðarfjörður 1100 Einwohner. 1995 wurde 50 Jahre nach Kriegsende das **Isländische Kriegszeiten-Museum (Stríðsárasafnið) eingerichtet,** in dem neben allerlei Militärgerät die Ausstellung „Die Kriegsjahre" zu sehen ist.

Auf der Nordseite dieses Fjords liegt **Eskifjörður** (15 km). Das typisch isländische Fischerdorf mit 1000 Einwohnern erhielt 1974 die Stadtrechte. Der Ort verfügt über eine kleine Trawlerflotte und verarbeitet den Fang in zwei Fischfabriken. Das ostisländische **Fischereimuseum** ist in einem hölzernen Handelshaus von 1816 untergebracht und zeigt Stücke zum Herings-, Haifisch- und Walfang. Außerdem gibt es hier ein Schwimmbad, einen 9-Loch-Golfplatz sowie Gelegenheiten zum Angeln und zum Wintersport.

Nur wenig östlich von Eskifjörður liegt der **Hof Helgustaðir.** In den umliegenden Bergwerken wurden vom 17. Jahrhundert bis 1947 lupenreine **Kalkspate** (isländischer Doppelspat) gewonnen, die weltweit zu Linsen für optische Geräte weiterverarbeitet wurden. Seit 1975 ist Helgustaðir **Naturschutzgebiet.**

Die Straße 92 führt über den 705 m hohen Pass **Oddskarð.** Die umliegenden Berge sind im Winter ein **beliebtes Skigebiet.** Durch einen 626 m langen Tunnel gelangt man durch das Tal der Hengifossá ins Fannardalur und nach **Neskaupstaður** am Norðfjörður, wo die Straße endet (23 km nördlich von Eskifjörður). Mit 1400 Einwohnern ist dieser Ort der größte an der Ostküste Islands. Er besteht seit 1882 und entstand ursprünglich als Handelsposten. Seit 1960 ist der Heringsfang von großer Bedeutung. Eine Fischmehlfabrik, ein Betrieb zur Verarbeitung von gesalzenem Fisch und die Heringsfabrik sichern die Arbeitsplätze der Bevölkerung. Man findet im Ort alle wichtigen Einrichtungen einschließlich Flugplatz und Krankenhaus. Lachse und Forellen können hier geangelt werden, man kann wandern und Bootsausflüge in die Fjorde unternehmen. Auch ein kleines Naturkundemuseum gibt es in Neskaupstaður. Oberhalb des Orts gibt es große Lawinenverbauungen, die durch Wege verbunden sind. Von dort hat man einen guten Blick über den Fjord. Ein **Naturlehrpfad** führt zur Höhle Páskahellir östlich von Neskaupstaður.

Tourist-Information

- **In Neskaupstaður** im Hotel Egilsbuð; das Reisebüro Austfjarðaleið, Gilsbakki 10, Tel. 4771713, organisiert verschiedene Ausflüge.

Unterkunft

In Eskifjörður:

- **Hotel Askja,** Hólsvegur 4, Tel. 4761261; 7 Zimmer, Restaurant, ganzjährig geöffnet.

In Reyðarfjörður:

- **Fjardahótel,** Búðareyri 6, Tel. 4741600, ganzjährig geöffnet.
- **Gästehaus Tærgesenshus,** Búðargata 4, Tel. 4705555.

In Neskaupstaður:

- **Hotel Egilsbuð,** Egilsbraut 1, Tel. 4771321, 4772323; 5 einfache Zimmer.
- **Edda-Hotel,** Nesgata 40, Tel. 4444860, im Sommer geöffnet, 29 Betten.

Camping

- **In Reyðarfjörður:** Einkaufsmöglichkeit, Tankstelle, Bushaltestelle.
- **In Eskifjörður:** Tel. 8951639; Einkaufsmöglichkeit, Tankstelle, Bushaltestelle.
- **In Neskaupstaður:** Tel. 4771329; Einkaufsmöglichkeit, Tankstelle, Bushaltestelle.

Essen und Trinken

- **In Eskifjörður:** Hótel Askja, Valhöll und in der Cafeteria der Shell-Tankstelle.
- **In Reyðarfjörður:** Außer im Hotel und im Gästehaus bei der Tankstelle Olís, Tel. 474 1147, und bei der Shell-Tankstelle.
- **In Neskaupstaður**
  - Pizza 67, Egilsbraut 1, Tel. 4771867.
  - Tankstelle Olís, Hafnarbraut 19, Tel. 4771500.

Notfall

- **Ambulanz in Eskifjörður:** Strandgata 31, Tel. 4761252.
- **Ambulanz in Reyðarfjörður:** Búðareyri 8, Tel. 4741420.
- **Krankenhaus in Neskaupstaður:** Mýrargata 20, Tel. 4771403, 4771400.
- **Apotheke in Neskaupstaður:** Miðstræti 4, Tel. 4771118.
- **Apotheke in Reyðarfjörður:** Hafnargata, Tel. 4771780.

Museen

In Reyðarfjörður:

- **Isländisches Kriegszeiten-Museum (Stríðsárasafnið),** Heiðarvegur, Tel. 4709063, www.fjardabyggd.is, geöffnet 1.6.–31.8. 13–18 Uhr.

In Eskifjörður:

- **Ostisländisches Fischereimuseum Sjóminjasafn Austurlands,** Strandgata 39b, Tel. 4761605, geöffnet 1.6.–1.9. tägl. 13–17 Uhr.
- **Mineraliensammlung,** Tel. 4761177.
- **Kunsthandwerk Verkstæði Kötu,** Strandgata 29, Tel. 8949306, Mo–Fr 13–18 Uhr.

Museumshaus mit drei Museen in Neskaupstaður (Öffnungszeiten für alle drei Museen: 1.6.–31.8. täglich 13–17 Uhr).

- **Naturkundemuseum Náttúrugrípasafn,** Egilsbraut 2, Tel. 8621774.
- **Tryggvasafn, Tryggvi Ólafsson Museum,** Tel. 8614747. Der Maler farbenfroher, abstrakter Bilder isländischer Landschaften wurde 1940 in Neskaupstaður geboren.
- **Sjóminjasafn Jósafat Hinriksson,** Fischerei- und Eisenschmiedemuseum, Tel. 470 9063. Gezeigt wird auch eine Sammlung alter Werkzeuge.

Sonstiges

In Reyðarfjörður:

- **Angeln** im Andapollur (Ententeich und Fluss Slétná), Tel. 8535556.
- **Skigebiet Oddsskar 5.**
- **Schwimmbad,** Heiðarvegur 14, Tel. 473 1331.

In Neskaupstaður:

- **Angellizenz** für den Fluss Norðfjarðará Tröllanaust, Tel. 4771133.
- **Wasserjet-Verleih** bei der Tankstelle Olís.
- **9-Loch-Golfplatz Byggðarholvöllur,** Tel. 4771165.
- **Schwimmbad,** Miðstræti 15, Tel. 4771243.
- **Bootsfahrten und Hochseeangeln Fjarðaferðir,** Tel. 4771710, www.fjardaferdir.is.

In Eskifjörður:

- **Schwimmbad,** Dalbraut 3a, Tel. 4761218.

Von Reyðarfjörður fahren wir auf der Straße 955 am Fjord entlang weiter. Nach der Landspitze beim Kap Vattarnes (Leuchtturm) erreichen wir den **Fáskrúðsfjörður.** In diesem Fjord und dem gleichnamigen Ort erinnert noch heute manches an die einst hier stationierten 5000 französischen Seeleute, deren Fangflotte in **Buðir** zwischen 1852 und 1953 ihren Stützpunkt hatte. Der alte Hafen von Buðir befand sich in der Nähe des heutigen Ortsanfangs. Auf dem **französischen Friedhof** fanden 49 französische und belgische Seeleute ihre letzte Ruhe. Die Straßen des Orts tragen isländische und französische Namen, und der Ort hält auch mit kulturellen Veranstaltungen seine französische Geschichte lebendig. Am Südufer des Fjords bei Hafornes steht das ehemalige französische Hospital, derzeit noch ein verrosteter Wellblechbau, der aber restauriert werden soll.

Am Ortsanfang steht an dem kleinen Teich im Park der 1963 von *Einar Sigurðsson* gebaute Fischkutter Rex. Hier liegen auch einige schwere Steine mit Gewichtsangaben, mit denen früher die Seeleute ihre Kräfte im Gewichtheben gemessen haben.

Zu den Vogelkolonien auf der kleinen Insel Skrúður werden Bootsausflüge angeboten (Info beim Hof Vattarnestangi).

Tourist-Information

- Im **Museum „Fransmenn á Islandi“,** Búðavegur 8, Tel. 8642728, im Sommer 10–17 Uhr geöffnet.

Unterkunft

- **Hotel Bjarg,** Skólavegur 49, Tel. 4751466; 6 einfache Zimmer, Restaurant.
- **Camping Fáskrúðsfjörður,** in Búðir, Tel. 4751720; geöffnet 15.6.–31.8., kostenlos! Einkaufsmöglichkeit, Tankstelle, Bushaltestelle.

Museum

- **Fransmenn á Islandi („Franzosen in Island“),** Búðavegur 8, Tel. 8642728, im Sommer 10–18 Uhr geöffnet, mit nettem französischem Café!

Sonstiges

- **Höhle Skrúðshellir,** am Eingang zum Fáskrúðsfjörður liegt die grasbewachsene Vogelinsel **Skrúður.** Auf dieser kleinen Insel treffen wir auf die vielleicht **größte Höhle Ostislands, Skrúðshellir.** Sie diente früher den Fischern als Unterkunft, von der aus sie dann aufs offene Meer hinausruderten. Auf der Nachbarinsel **Andey** gibt es eine Eiderentenkolonie.

Am Fjordende queren wir den Fjord und fahren auf der gegenüberliegenden Seite weiter. Der 743 m hohe Vulkanberg Sandfell ist geologisch interessant. Hier kann man den Aufbau der 12 Millionen Jahre alten Ostfjorde studieren.

Nächster Fjord auf unserer Route ist der **Stöðvarfjörður.** Größter Anziehungspunkt ist die **Steine- und Mineraliensammlung Steinasafn Petru.** *Petra Sveinsdóttir* sammelte Gesteine aus ganz Island. Das Museum ist von April bis Oktober täglich 9–18 Uhr geöffnet, Tel. 4758834, www.steinapetra.is. Für Kunstliebhaber loht ein Besuch der **Gallerí Snærós** (Fjarðarbraut 42, Tel. 475 8931). Das Grafikstudio von *Ríkharður* und *Sólrún Valtinggoer* zählt zu den Besten des Landes.

Nach dem Stöðvarfjörður endet die Fahrt entlang der Ostfjorde in der **Bucht Breiðdalsvík.** Hier erreichen wir am Fjordende wieder die Ringstraße, die von Egilsstaðir kommend durch das Suðurdalur und über den 470 m hohen Pass Breiðdalsheiði nach Breiðdalsvík führt. Die Ringstraße umrundet einen lang gezogenen Bergrücken, der sich vom Kistufell (1111 m) bis zum Meer erstreckt, und führt dann an der Küste in den Berufjörður. Kurz vor dem Pass Breiðdalsheiði kann man die Strecke, die auf der Ringstraße in den Berufjörður führt, um etwa 50 km abkürzen. Dazu quert man auf der Straße 939 das Kistufell im Westen. Dieser **Öxivegur** ist eine 20 km lange, schmale Bergpiste, die auch mit normalem Pkw befahren werden kann. Die Auffahrt aus dem Berufjörður ist steil und kurvenreich.

Übernachtung in Stöðvarfjörður:
- **Kirkjubær,** Fjarðarbraut 37a, Tel. 4758819.
- **Campingplatz,** am östlichen Ortsanfang beim Schwimmbad, Tel. 4709000, kostenlos. Oberhalb des Campingplatzes führt ein Spazierweg in ein kleines Wäldchen, zu einem Spiel-, Grill- und Rastplatz.

Übernachtung in Breiðdalsvík:
- **Hotel/Restaurant/Café Margret,** Heimaleiti, Tel./Fax 4756625.
- **Hotel Bláfell,** Sólvellir 14, Tel. 4756770, www.hotelblafell.is; 15 Zimmer, Schlafsackplätze, Restaurant, Angellizenzen.
- **Camping,** beim Hotel Bláfell, Tel. 4756770; Einkaufsmöglichkeit, Tankstelle, Bushaltestelle.

Museum in Breiðdalsvík:
- **Mineraliensammlung** von *Björn Björgvinsson,* Steinasafn í Breiðdal, Sólvellir 18, Tel. 4756647.

Im **Berufjörður,** der 18 km weit ins Land hineinragt und von zerklüfteten Bergketten umgeben ist, liegt **Berunes** (Jugendherberge, geöffnet 15.5.–15.9., Tel. 4788988, alter Bauernhof, Zeltplatz). Hier fielen 1627 algerische Piraten ein und plünderten die Höfe. Von Djúpivogur aus gelangt man mit dem Boot auf die nahe gelegene und heute nur noch im Sommer von Schafshirten bewohnte **Vogelinsel Papey.** Dort steht eine der kleinsten Kirche des Landes – mit nur zwölf Sitzplätzen. Für die Einsamkeit liebenden Besucher gibt es einen einfachen Zeltplatz ohne Versorgungsmöglichkeiten.

119is Foto: tt

Vom Berufjörður sind es noch 40 km bis Djúpivogur am gegenüberliegenden Fjordufer. Westlich von Berunes kommen wir durch **Gautavík,** das einst ein wichtiger Handels- und Anlegehafen war.

Wenn man den Fjord halb umfahren hat, gelangt man zu dem **Hof Eyjólfsstaðir,** wo sich 2 km von der Ringstraße entfernt eine Schlafsackunterkunft und ein Campingplatz befinden. In einem Nebengebäude wurden schöne Gästezimmer (16 Betten) mit Küche eingerichtet – unser Tipp zum Übernachten! Von hier kann man eine Wanderung durch das Fossárdalur, das „Tal der Wasserfälle", unternehmen.

5 km vor Djúpivogur erreicht man den **Hof Teigarhorn.** Bei Mineralogen ist dieses Gebiet als Fundort für Zeolithe bekannt. Die schönsten Fundstücke sind in einem Verkaufsraum ausgestellt.

Djúpivogur ⇗XXIV,A2

In Djúpivogur enden die Ostfjorde. Begrenzt werden sie hier von dem kegelförmigen, 1069 m hohen Búlandstindur. Djúpivogur selbst liegt auf der Landspitze Búlandsnesið. Nachdem das nördlich gelegene Gautavík als Handelsstützpunkt bedeutungslos geworden war, wurde Djúpivogur gegen Ende des 16. Jahrhunderts ein wichtiger Handels- und Umschlagplatz für die Kaufleute der Hamburger Hanse, später für dänische Händler. An die Blütezeit des Ortes erinnert das **Kaufmannshaus Langabúð.** Das Haus wurde ursprünglich 1790 als Blockhaus erbaut und ist in Teilen noch in seiner ursprünglichen Form erhalten. Djúpivogur hat heute etwa 400 Einwohner. Der Ort eignet sich gut als Ausgangspunkt für Wanderungen durch das Búlandsdalur oder in die umliegenden Berge. Vielleicht bekommt man dabei sogar ein Rentier oder einen Polarfuchs zu sehen.

Tourist-Information

- **Im alten Kaufmannshaus Langabúð** (s. Museum), Tel. 4788220, geöffnet Juni–Aug. 10–18 Uhr.

Schichtung der Erdkruste aus tertiären Basalten im Fossárdalur bei Eyjólfsstaðir

Zeolithe in der Mineraliensammlung Teigarhorn

120is Foto: tt

Unterkunft

- **Hotel Framtíð€,** Vogalandi 4, Tel. 4788887, Fax 4788187; ganzjährig geöffnet, 46 Zimmer und Schlafsackplätze, Restaurant mit isländischer Küche, Campingplatz.

Essen und Trinken

- **Café im alten Kaufmannshaus Langabúð am Hafen,** Tel. 4788220, geöffnet Juni–September 10–18 Uhr, Sa 10–23.30 Uhr, viele Bustouristen.
- **Við Voginn,** Vogaland 2, Tel. 4788860, geöffnet täglich 9–23 Uhr, Treffpunkt der Einheimischen, kleine Fischgerichte, Hamburger und Pizza, preisgünstig.

Notfall

- **Ambulanz,** Eyjaland 2, Tel. 4788840.
- **Apotheke,** Varða 1, Tel. 4788917.

Museum

- **Langabúð, Altes Kaufmannshaus** der Fa. Örum & Wulf, Tel. 4788220, Eintritt 500 ISK; das rote Haus stammt aus dem Jahr 1850, einige Teile sind sogar von 1790; Souvenirshop, geöffnet 1.6.–1.9. täglich 11–18 Uhr. Zum Museum gehören das Kunstmuseum mit Werken des Bildhauers *Ríkharður Jónsson,* die Ministerstube *Eysteinn Jónsson* (zum Gedenken an den isländischen Minister und dessen Gattin *Sólveig Eyjólfsdottir;* eine Statue des Ministers steht gegenüber der Bank).

Sonstiges

- **9-Loch-Golfplatz Hamar,** Hamarsfjörður, Tel. 8617022.
- **Papeyjarferðir,** Tel. 4788183, Bootsfahrten zur Insel Papey (im Sommer täglich um 13 Uhr, 4 Std., 4000 ISK) und Hochseeangeln.
- **Schwimmbad,** Varða 4, Tel. 4788999, 1.6.–31.8. Mo–Fr 7–20.30 Uhr, Sa/So 10–18 Uhr geöffnet.

Route 6: Der Süden

- **Route 6 A:**
Von Djúpivogur nach Höfn
- **Route 6 B:**
Von Höfn nach Skaftafell
- **Route 6 C:**
Von Skaftafell nach Kirkjubæjarklaustur
- **Route 6 D:**
Von Kirkjubæjarklaustur nach Vík í Mýrdal
- **Route 6 E:**
Von Vík nach Hella
- **Route 6 F:**
Von Hella zur Hekla
- **Route 6 G:**
Durch das Tal der Þjórsá nach Selfoss
- **Route 6 H:**
Von Selfoss nach Þingvellir
- **Route 6 I:**
Vom Þingvallavatn zum Geysir und Gullfoss
- **Route 6 J:**
Von Selfoss nach Reykjavík

Route 6 A:

Von Djúpivogur nach Höfn (100 km)

Südlich von Djúpivogur verläuft die Ringstraße um den Hamarsfjörður. In Hamar zweigt eine schmale Piste für Allradfahrzeuge ab, die 8 km weit entlang des Bachs Hamarsá ins Hamarsdalur bis zu einer privaten Hütte führt. Von hier kann man zu Fuß weiter talaufwärts an den Rand des 1248 m hohen Þrándarjökull wandern (Tagestour).

Auf der Ringstraße lässt sich die im Westen liegende **grandiose Berglandschaft** aus Gletschern, Wasserfällen und tief eingeschnittenen Tälern nur erahnen. Die steil zum Meer hin abfallenden Berge versperren die Aussicht auf dieses Land. Auch im Álftafjörður zweigen drei holprige Stichstraßen (nur für Allradfahrzeuge befahrbar) ab, die ins Hinterland führen: von Geithellur ins **Geithellnardalur** und von Múli ins **Múladalur.** Beide Täler sind ca. 35 km lang mit Wasserfällen und tiefen Schluchten. Im windgeschützten Múlatal wachsen Büsche und zahlreiche Pflanzen. Beide Täler liegen zwischen den beiden kleinen Gletschern Þrándarjökull und Hofsjökull. In dieser Gegend laden wenig begangene Pfade zu „abenteuerlichen" Wanderungen auf eigene Faust ein. In **Múli** bietet Hestaferðir (Múli, Álftafirði, 765 Djúpivogur, Tel. 4788946) **Reittouren** von ein, zwei und 14 Tagen Dauer an. Auf dem Rücken eines Islandpferds geht es im Galopp über die Ebenen des Álftafjörður oder zu den Felsformationen des Tröllatjörn. Auf der 14-tägigen Landshorna-Tour durchquert man mit einer Pferdeherde ganz Ostisland. Von Múla führt der abenteuerliche Reiterweg nördlich des Vatnajökull ins Hochland, durch das Ódáðahraun zur Askja und weiter nach Norden. Übernachtet wird in einfachen Hütten oder in Zelten. Packpferde transportieren die Ausrüstung.

Die dritte Piste führt von Hof durch das **Tal der Hofsá** in Richtung des 1190 m hohen Hofsjökull. Am Ende der Piste liegt der Wasserfall Stórifoss. Wer sich in diese Gegend abseits der Ringstraße wagt, erlebt ein Stück kaum erschlossenen Islands mit seiner urzeitlichen Vulkanlandschaft.

Die Ringstraße verläuft weiter an der Küste entlang und umrundet die 700–800 m hohe **Lónsheiði.** Im flachen Wasser des Lónsfjörður kann man Singschwäne entdecken.

Nachdem die Ringstraße Kap Hvalnes (Leuchtturm) umrundet hat, durchfahren wir das Mündungsdelta der **Jökulsá í Lóni,** die wir auf einer Brücke überqueren. Hier hat sich ein Haff ausgebildet, das **Lónsvík** genannt wird und Heimat vieler **Seehunde** ist. Vom **Hof Stafafell** führt ein Wanderweg (auch Reiterweg) entlang des Nordufers des Flusses zu beeindruckenden Vulkanbergen aus buntem Rhyolith und zu spektakulären Schluchten und Tälern: Hvannagil, Hnappadalur, Jökulsárgljúfur usw.

Auf der Westseite der Jökulsá í Lóni führt die Piste F 980 in die **spektakuläre Lavalandschaft von Lónsöræfi (Naturschutzgebiet).** Bei Kollumúli hat der Gletscherfluss eine tiefe Schlucht in das Lavagestein gegraben, das hier wie bei Landmannalaugar aus farbigem Rhyolith besteht. Lónsöræfi ist ein echter Tipp: ein tolles, unbewohntes Wandergebiet, in dem die Isländer noch weitgehend unter sich sind. Eine einsame Trekkingroute führt von Lónsöræfi zum Snæfell (Schutzhütten). Mit Glück kann man unterwegs Rentiere entdecken und schöne Gesteine und Drusen finden. Landschaftlich besonders sehenswert sind außer den bunten Berghängen die Felsformationen von Tröllakrókar. Eine Hängebrücke führt über die tosende Jökulsá í Lóni.

Die Piste nach Lónsöræfi ist bis zur Furt durch den Fluss Skyndidalsá (11 km) einfach zu befahren. Der weitere Weg (noch 15 km) bleibt Geländewagen vorbehalten.

- **Stafafell í Lóni,** Tel. 4781717; 47 2- bis 4-Bett-Zimmer, Schlafsackunterkunft, ganzjährig geöffnet; es gibt zwei Sommerhäuschen mit Kochgelegenheit und einen einfachen Campingplatz; Pferdeverleih.
- **Fjallaferðir,** Stafafell Travel Service, Tel. 478 1717 und 5668587, Fax 4781785; im Sommer Fahrten im Super-Jeep nach Lónsöræfi und geführte Wanderungen.

Der Vatnajökull ↗ XXII/XXIII

Der südöstliche Teil Islands wird durch den mächtigen Vatnajökull beherrscht, dessen Eispanzer bis zu 1000 m dick ist und der eine **Fläche von 8456 km²** bedeckt, was der Größe von halb Schleswig-Holstein entspricht. Damit ist der „Wassergletscher" der mit Abstand **größte Gletscher Europas.** Seine großen Gletscherzungen reichen bis zur Küste: Fláajökull, Heinabergsjökull, Skalafellsjökull, Breiðamerkurjökull, Öræfajökull, Skeiðarárjökull. Der Vatnajökull

ist in den letzten 100 Jahren um 10 % seines Volumens geschrumpft. Am Südrand des Gletschers erhebt sich der **Hvannadalshnjúkur,** mit 2119 m der **höchste Berg Islands.** Der gewaltige Vatnajökull ist unser Wegbegleiter im Süden Islands von Höfn bis Skaftafell.

Nach der Mündung der Jökulsá í Lóni führt die Ringstraße am Papafjörður entlang und in einem Tunnel um den **Pass Almannaskarð** herum. Auf der alten Straße kann man noch bis zur 488 m hohen Passhöhe hinauffahren und von dort die herrliche Aussicht über der Skardsfjörður auf Höfn und den Vatnajökull genießen. An diesem Weg stehen die verfallenden Reste von nachgebildeten Torfhäuschen, die einmal als Kulisse für den Film „Das wiedergefundene Paradies" von *Halldór Laxness* dienten.

Kvisker,
ein Bauernhof unter dem Vatnajökull

Abstecher nach Stokksnes

Am Skardsfjörður zweigt zweigt eine Stichstraße nach Stokksnes ab (5 km), wo man eine interessante **Wanderung** entlang der Küste machen kann (5–6 Std.). Die Straße, auf der wir gehen, führt an der Küste des Skarðsfjörður entlang, um die Berge des Fjarðarfjall, dessen höchste Erhebung der 888 m hohe Klifatindur ist. Die öffentliche Straße endet nach 4 km bei dem Hof Horn; zur militärischen Radarstation Stokksnes darf man nicht fahren (Verbotsschilder). Auf dem Dammweg gehen wir ein Stück weiter in Richtung Stokksnes bis zur Bucht Hornsvík. Immer an der Küste entlang erreichen wir nach etwa 1½ Stunden das Wrack eines hier 1983 gestrandeten Fischerboots. Bei der kleinen Landzunge Hafnartangi beginnt ein verfallener Fahrweg, auf dem wir weiterwandern, bis der Weg ausläuft. Dieser führte im II. Weltkrieg zu einer Radarstation der Briten, aus der die heutige Station Stokksnes entstand. Am Hang des Vesturhorn steigt der Wanderpfad auf 50–100 m an. Vor uns liegt das Brunnhorn, ein 454 m hoher Berg mit drei auffallenden Gipfeln. Nachdem wir einen begehbaren Weg über den sandigen Pass Sandskarð zwischen dem Vesturhorn und dem Brunnhorn gefunden haben, geht es wieder hinunter zur Küste (3 Std.).

Im Norden liegt der **alte Handelsplatz Papós am Ufer des Papafjörður,** der den Schiffen einen geschützten Ankerplatz bot. Von diesem ehemaligen Handelsort stehen nur noch wenige Grundmauern. Der Ortsname gibt einen Hinweis auf irische Mönche, die hier bereits vor den Wikingern lebten. Man nimmt an, dass Papós bis ins 19. Jahrhundert nicht dauerhaft besiedelt war, sondern nur dann aufgesucht wurde, wenn ein Schiff anlegte, um Waren zu tauschen und zu befördern. Erst 1864 ließ der dänische Kaufmann *Otto Tulinius* hier eine feste Handelsniederlassung errichten, die mit der Gründung des nahe gelegenen Höfn jedoch schnell wieder bedeutungslos wurde. Die hölzernen Lagerschuppen wurden in Papós ab- und in Höfn wieder aufgebaut.

Von Papós erreichen wir bald wieder einen Fahrweg, der uns zur Ringstraße zurückbringt. Entlang dieser oder über den alten Pass Almannaskarð gelangen wir wieder zu unserem Ausgangspunkt.

Höfn í Hornafirði ⇗ XXIII,D2

Höfn í Hornafirði liegt auf einer 1 km schmalen Landzunge zwischen dem Hornafjörður und dem Skarðsfjördur. Beiden Fjorden vorgelagert sind zwei lang gestreckte, schmale Inseln aus Sand, Suðurfjörur und Austurfjörur. Diese schützen den Ort und seinen Hafen vor dem Unbill des Meeres.

Höfn, „Hafen", hat knapp **1700 Einwohner** und in den letzten Jahrzehnten immer mehr als kleine Industriestadt (Fischverarbeitung) an Bedeutung gewonnen, vor allem nach dem Ausbau der Ringstraße. Industrieanlagen, Sendemasten, große Tanks und Betonbauten bestimmen das Bild Höfns auf der Seeseite. Im Norden dominiert die Eiswelt des Vatnajökull. 1997 feierte man Jubiläum – 100 Jahre Höfn.

Es besteht durch den Hafen, den Flugplatz und die Überland-Linienbusse eine **gute Verkehrsanbindung an Reykjavík.** Wichtige Versorgungseinrichtungen, auch ein Krankenhaus, findet man im Ort. Wer auf der Straße 99 (Hafnarbraut) von der Ringstraße in den Ort kommt, stößt unmittelbar auf den Campingplatz und die Bushaltestelle (Jöklaferðir Info-Center). In der Nähe können im **Traktor-Museum** alte Feuerwehrautos und Landmaschinen besichtigt werden. Fährt man weiter, kommt man zum Hafen. Dort kann der alte Hummerkutter „Akurey" besichtigt werden. In der Fischereigenossenschaft Best Fiskur wird **Hummer** verkauft, gibt es in Höfn doch den besten Hummer Islands. Im dazu gehörigen Restaurant Best Fiskbúðin wird diese Delikatesse serviert. Auf einer Anhöhe südlich vom Hafen erinnert ein Denkmal an die Seeleute, die im Meer ertrunken sind. Von hier hat man einen herrlichen Blick auf die Gletscherzungen des Vatnajökull. Am Fuß des kleinen Hügels erstreckt sich **Ósland,** ein Vogelschutzgebiet. Mehrere Wanderwege führen durch diese sumpfige Landschaft.

Von Höfn aus lassen sich **Touren zum Vatnajökull** (geführte Gletscherwanderungen, Fahrten mit dem Snow-Mobil oder der Schneekatze) oder eine

Bootstour entlang der Küste unternehmen, bei der man mit etwas Glück auch **Wale** beobachten kann.

Im früheren **Kaufmannshof,** einem 1864 ursprünglich auf Papós erbauten Holzhaus, ist heute das **Heimatmuseum** untergebracht. Hier wird das Leben der Bauern und Fischer in Ostisland dokumentiert. Auch eine naturgeschichtliche Abteilung gibt es.

Tourist-Information

• Hafnarbraut 30, Tel. 4781500, www.hornafjordur.is, ganzjährig geöffnet; im selben Haus befindet sich auch die **Gletscherschau Jöklasýning.**

Unterkunft

• **Hotel Höfn,** Víkurbraut 24, Tel. 4781240; 36 komfortable Zimmer, Sauna, Restaurant, im Winter Tanz am Wochenende, ganzjährig geöffnet.

• **Gästehaus Hvammur,** Ránarslóð 2, am Hafen, Tel. 4781503; 6 Zimmer.

• **Gästehaus Ásgarður,** Ránarslóð 3, am Hafen, Tel. 4781365, Fax 4781312; gehört zum Hotel Höfn, 68 Betten.

• **Gästehaus Árnanes,** Nesjar, Tel. 4781550, Fax 4781819; 35 Betten, 17 Schlafsackplätze, ganzjährig geöffnet; Reittouren, Kunstgalerie.

• **Edda-Hotel,** Nesjaskóli, Tel. 4444850, Fax 4444851; 63 Betten, Schlafsackunterkunft, Restaurant.

• **Fosshótel Vatnajökull,** Nesjar, Tel. 478 2555, geöffnet Mai–Sept.; Restaurant.

Jugendherberge

• **Farfuglaheimili Álaugarey, Jugendherberge Nýibær,** Hafnarbraut 8, außerhalb vom Zentrum, Tel. 4781736; 47 Betten, 33 Schlafsaalplätze, ganzjährig geöffnet.

Campingplatz

• **Hafnarbraut 52,** Tel. 4781606, am Ortseingang; komfortabel, Einkaufsmöglichkeiten, Wohnmobil-Stellplätze.

Essen und Trinken

• **Hotel Höfn** (s. o.), Fisch-, Hummer- und Lammgerichte.

• **Restaurant Ósinn,** Víkurbraut 24, Tel. 478 2200; täglich 8–22 Uhr geöffnet, preiswerte Gerichte, Fast Food.

• **Restaurant Víkin,** Víkurbraut 2, Tel. 478 2300.

• **Hafnarbuðin,** Ránarslóð 2, Tel. 4781095.

• **Best Fiskbúðin,** Fischereigenossenschaft am Hafen; Verkauf von fangfrischem Fisch und Hummer, geöffnet Mo–Fr 11–11.45 und 13–17 Uhr. Empfehlenswertes kleines Fischrestaurant.

• **Humarhöfnin,** Hafnarbraut 4, Tel. 478 1200, leckere Hummergerichte.

• **Restaurant Nesjar,** Tel. 4781779.

• **Handraðinn,** im Pakkhúsið, Tel. 4781540.

• **Kaffi Hornið,** Hafnarbraut 42, Tel. 478 2600.

Notfall

• **Ambulanz,** Vikurbraut, Tel. 4781400.

• **Apotheke,** Hafnarbraut 29, Tel. 4781224.

Busse

• Linienbusverbindungen nach **Reykjavík** (täglich um 8.30 Uhr, Ankunft 17 Uhr) und **Egilsstaðir** (ab 8.30, an 13.45 Uhr).

• Vom 15.6. bis 9.9. tägliche **Ausflugsfahrten Höfn–Vatnajökull–Jökulsárlon.**

Flüge

• Der **Flugplatz** liegt außerhalb vom Ort; Tel. 4791250.

• Tägl. Linienflüge nach **Reykjavík** und **Egilsstaðir** sowie Rundflüge über den Vatnajökull.

Heimatmuseum

• **Regionalmuseum Austur-Skaftafellssýsla, Gamla Búð und Pakkhús,** Hafnarbraut, Tel. 4781833; Pakkhús: geöffnet täglich vom 1.6. bis 1.9. 14–18 Uhr; hier stellt auch die Handwerksinitiative Handraðinn Kunstgegenstände und Wollwaren aus; Gamla Búð: Ethnologie, Naturgeschichte.

• **Gletscherschau Jöklasýning,** Hafnarbraut 30, Tel. 4782665, geöffnet 1.6.–31.8. täglich

9–21 Uhr, Mai und Sept. täglich 13–18 Uhr, Okt.–April Mo–Fr 13–16 Uhr, Eintritt 600 ISK. Die Ausstellung erklärt die Geologie und Natur des Vatnajökull, sie zeigt Gegenstände von Gletscherexpeditionen und Videos über den Vulkanausbruch 1966 und zu Dreharbeiten eines James-Bond-Films am Jökulsárlón.

Sonstiges

- **Schwimmbad,** Hafnarbaut 11, Tel. 4781157, geöffn. Mo–Fr 7–14, 16–21, Sa/So 9–16 Uhr.
- **9-Loch-Golfplatz,** Silfurnesvöllur, Tel. 478 2197.
- **Hummer-Fest, Humarhátíð,** Anfang Juli, Volksfest mit viel Musik und Flohmarkt – und es gibt auch Hummer!

Ausflüge/Tourveranstalter

- Abenteuerliche Fahrten mit Super-Jeeps, Schneemobil und Motorschlitten auf dem Vatnajökull ab der Hütte Jöklasl und nach Lónsöræfi veranstaltet **Jöklaferðir Bjarni S. Bjarnason** (Silfurbraut 15, Tel. 4781000, www.glacierjeeps.is), Abfahrt im Sommer täglich 9 und 14 Uhr (Dauer 3–3½ Std.) sowie Tagestouren. Zubringer zur Hütte ab Tourist-Info bzw. Campingplatz.

Route 6 B:

Von Höfn nach Skaftafell (136 km)

In **Nesjar** zweigt beim Edda-Hotel Nesjaskóli (gegenüber kann man bei der ESSO-Tankstelle auf der Wiese zelten) die Straße zum Flugplatz von Höfn ab (Campingplatz, Cafeteria, Laden). Im Gästehaus Árnarnes ist eine Kunstgalerie untergebracht. Das tief in die Berge eingeschnittene Laxárdalur kann erwandert werden.

122is Foto: tt

Das Museum Þórbergssetur erinnert an den Schriftsteller Þórbergur Þórðarson; Fassade aus Buchrücken

Nach der Brücke über die Hoffellsá zweigt eine Stichstraße zur **Farm Hoffell** ab (5 km), die malerisch am Fluss zwischen den Gletscherzungen Lambatungujökull und Hoffellsjökull liegt. Mineraliensammler schätzen diesen Ort als Fundstelle für Jaspis und Opal. Von der Farm kann man auf einer Piste weiter zum Gletscherrand des Hoffellsjökull fahren. Viele Höfe entlang der Ringstraße – wie Hrollaugsstaðir, Smyrlabjörg, Flatey, Brúnnhóll oder Hólabrekka – bieten Übernachtungsmöglichkeiten an; oft kann man auch Pferde leihen. Schilder an der Ringstraße weisen auf die Unterkünfte hin. Beim Wasserkraftwerk Smyrlabjargárvirkjun (1400 KW, 1969 erbaut) zweigt eine Allradpiste ab (F 985), die steil über die 17 km lange Gletschermoräne zur **Hütte Jöklasl** (840 m) am Rand des **Skálafells-**

jökull hinaufführt. Hier starten die **Gletscherexkursionen** mit dem Snow-Mobil oder der Schneekatze. Auch ein Skigebiet befindet sich hier.

Fahren wir auf der Ringstraße weiter, gelangen wir nach **Hali** in **Suðursveit.** In dem Bauernhof wurde der Schriftsteller *Þórbergur Þórðarson* (1889–1974) geboren. Ihm zu Ehren wurde hier das **Museum Þórbergssetur** mit seiner auffallend gestalteten Fassade aus roten Buchrücken erbaut. *Þórbergur Þórðarson* wurde 1924 mit seinem kritischen Werk „Briefe an Lara“ über Nacht berühmt. Museum und Restaurant sind vom 1.5. bis 15.10. täglich 9–21 Uhr und vom 16.10. bis 30.4. täglich 12–17 Uhr geöffnet (Tel. 4781078, www.thorbergur.is).

Unterkunft

- **Gästehaus Hólabrekku,** Mýrum, 781 Hornafjörður, Tel. 4781022, Fax 4782271; 18 Betten, ganzjährig geöffnet (15.9.–1.6. nur auf Voranmeldung).
- **Brunnhóll,** Mýrum, 781 Hornafjörður, Tel. 4781029, Fax 4781079; 17 Betten, ganzjährig geöffnet, Fahrradverleih.
- **Jöklasl,** am Rand des Gletschers gelegene Berghütte mit Cafeteria und 20 Schlafsackplätzen, Tel. 4781000, viele Gruppen.
- **Smyrlabjörg,** Suðursveit, Tel. 4781074, Fax 4782043; 57 Betten, 17 Schlafsackplätze, ganzjährig geöffnet, Angeln.
- **Hrollaugssaðir,** Suðursveit, Tel./Fax 478 1905; im Sommer geöffnet, 60 Betten, 60 Schlafsackplätze, Zeltplatz, Reiten; angegliedert ist die **Farm Gerði/Hala,** 30 Betten, ganzjährig geöffnet.

Jugendherberge

- **Farfuglaheimilið Vagnsstaðir,** Vagnsstöðum, Suðursveit, Tel. 4781048, Fax 4782167; im Sommer geöffnet, 12 Betten, Zeltplatz, Angeln, Fahrradverleih.

Eisberge auf dem Jökulsárlón ⇗XXIII,C3

32 km nach dem Kraftwerk sehen wir direkt an der Ringstraße ein wunderschönes Naturschauspiel. Auf dem **Gletschersee** Jökulsárlón schwimmen riesige Eisberge, die langsam auf Islands kürzestem Fluss (1500 m), der Jökulsá, ins Meer treiben. Der Jökulsárlón ist nicht zu verfehlen; er liegt nördlich der 1967 erbauten Brücke. Der nahe **Breiðamerkurjökull** kalbt in die „Gletscherlagune“, hausgroße Eisblöcke brechen immer wieder vom Gletscher ab und schwimmen auf dem Wasser. Bedenkt man, dass bei einem Eisberg sechs Siebtel unter der Wasseroberfläche liegen, kann man sich die wahre Größe der Gletscherbruchstücke leicht vorstellen. Im Jahr 1890 reichte die 18 km breite Gletscherzunge des Breiðamerkurjökull noch bis 250 m ans Meer heran; heute trennt eine 2,5 km breite Moräne den Gletscher vom Atlantik.

Die eisigen Welten der weiß-blau schimmernden Eisberge kann man auf einem **Bootsausflug** ganz aus der Nähe erleben. In der Cafeteria am Ufer des Sees und unter den Telefonnummern 4782122 und 8511822 (www.jokulsarlon.is) bucht man eine der von Juni bis August von 9 bis 20 Uhr stündlich stattfindenden Bootsfahrten. Von Höfn

Eisberge, die an der Kante des Gletschers Breiðamerkurjökull abbrechen, treiben auf dem Gletschersee Breiðárlón

(Buchung bei der Tourist-Information) fahren Zubringerbusse zum See. Die vier Landungsboote Dreki, Jaki, Jökull und Klaki sowie ein kleines, wendiges Personenschiff fahren etwa eine halbe Stunde lang zwischen den Eisbergen umher und an den Rand des Gletschers (2800 ISK, Kinder 2000 ISK). Da vor allem die Teile der Eisberge unter dem Wasser eine Gefahr für die Boote bedeuten, werden sie per Radar angepeilt. Auf einem Monitor kann man die gesamte Größe eines Eisberges sehen und bekommt auch die beträchtliche Tiefe des Gletschersees (100 m) angezeigt.

Nicht nur auf dem Jökulsárlón, auch auf zwei weiteren Gletscherseen des Breiðamerkurjökull, dem **Breiðárlón** und dem **Fjallsárlón,** schwimmen große Eisberge. Die Zufahrt dorthin erfolgt von westlich der Brücke über den Seeabfluss Fjallsá. Unmittelbar am See ist die alte Brücke, wo früher die Ringstraße verlief, eingestürzt.

Bis vor wenigen Jahren konnte man am Jökulsárlón und in den Dünen rund um die Seen überall frei zelten. Heute ist das ganze Gebiet **touristisch erschlossen** und wildes Campen nicht mehr erlaubt. Parkplätze für Busse und Pkw wurden angelegt. Die wunderschönen Gletscherseen und ihre Umgebung haben dadurch viel von ihrer ursprünglichen Schönheit eingebüßt. Am Jökulsárlón wurden Szenen der Filme „Lara Croft – Tomb Raider“ (2001) und „James Bond – Stirb an einem anderen Tag“ (2002) gedreht.

Wandertipp

Eine Rundwanderung (Tagestour) führt auf unmarkierten, aber bequem zu begehenden Pfaden um die drei Gletscherseen des Breiðamerkurjökull herum. Ausgangpunkt der Wanderung ist der Parkplatz am Jökulsárlón. Von dort gehen wir zunächst entlang der Meerseite des Jökulsárlón bis zum Breiðamerkurjökull (2 Std.). Über die Gletschermoräne laufen wir am Rand des Gletschers nach Westen zum Breiðárlón (2 Std.). Wir umwandern diesen auf der Meerseite und kommen in Richtung Ringstraße zum Fjallsárlón (1–2 Std.). Wir folgen dem Seeabfluss zur Ringstraße und gehen auf dieser entlang des Breiðarmerkursandur oder direkt am Meer (oft recht windig) zurück zum Jökulsárlón (2 Std.). Die gesamte Wanderung ist etwa 26 km lang.

Vom Jökulsárlón nach Skaftafell

↗XXII,B3

Auf der anderen Seite der Ringstraße erstrecken sich am **Breiðamerkursandur** ausgedehnte Sand- und Geröllfelder, die mit Moränen durchsetzt sind. Dieses Gebiet verdankt seine Entstehung dem Gletscher und den immer wieder auftretenden Gletscherläufen. Im nördlichen Teil der Erde ist der Breiðamerkursandur aber auch das größte Brutgebiet der **Großen Arktischen Raubmöwe** oder Skua. Wenn diese Vögel ihre Brut bedroht sehen, greifen sie an. Auch vor Menschen machen sie dabei nicht Halt.

Am westlichen Ende des Breiðamerkursandur liegt die kleine **Farm Kvísker;** sie wirkt etwas verloren am mächtigen Öræfajökull. 2 km weiter reicht der Kviárjökull wieder weit an die Ringstraße heran. Auch er kalbt in einen Gletschersee, in dem kleine Eisberge treiben.

Von dem früher intensiv landwirtschaftlich genutzten Gebiet entlang der Küste ist heute nicht mehr viel zu erkennen. Nur noch wenige Höfe sind übrig geblieben. Schuld daran sind die Vulkanausbrüche und die Gletscherläufe, die den Bauern das Leben schwer machen. Heute nennt man dieses Gebiet **Öræfasveit, „Ödland".** In dem kleinen Ort Fagurhólsmýri, wo sich ein Laden und ein Flugplatz befinden, zweigt eine Stichstraße zur Küste ab, die zu einem Kap führt. Vor diesem liegen zahlreiche Sandbänke und kleine Inseln. Dies ist die Stelle, wo *Ingólfur Árnarson,* der erste Siedler Islands, an Land gegangen sein soll. Der Name Ingólfshöfði erinnert daran. Es ist überliefert, dass Ingólfur hier seinen ersten Winter verbracht hat, bevor er sich in der Gegend des heutigen Reykjavík niederließ. Heute können sich Touristen vom 24.4. bis 28.8. täglich außer So im Heuwagen, der von einem Traktor gezogen wird, durch das flache Watt nach Ingolfshöfði kutschieren lassen. Der 2½-stündige Ausflug kostet 2000 ISK.

Die Ringstraße umrundet in ihrem weiteren Verlauf den Öræfajökull; westlich der Straße erstreckt sich das ausgedehnte Schwemmland des Skeiðarársandur. Die **Bauernhöfe** in Hof haben sich voll auf den Tourismus eingestellt. Fast alle bieten Quartier und Pferde für Ausritte an. Auch eine Torfkirche, die 1883 erbaut wurde und unter Denkmalschutz steht, kann man sich hier ansehen. Nicht weit davon liegt das **Gehöft Gröf,** das bei dem verheerenden Vulkanausbruch des Öræfajökull 1362 verschüttet worden war und wieder ausgegraben wurde. Zu den drei **Gletscherzungen** Fjalljökull, Svínafellsjökull und Skaftafellsjökull gehen von der Ringstraße Stichstraßen ab. Svínafell, wo sich eine Tankstelle befindet und Ferien auf dem Bauernhof angeboten werden, kommt in der Njáll-Saga vor. Hier soll *Flosi,* ein Akteur dieser Sage, gelebt haben. Wer nicht unbedingt in dem oft überfüllten Skaftafell zelten möchte, findet beim Schwimmbad Flosalaug in Svinafell (8 km östlich Skaftafell) einen netten kleinen Campingplatz.

Es ist noch gar nicht so lang her, da war der Südrand des Vatnajökull zwischen Breiðamerkursandur und Skaftafell eines der isoliertesten Gebiete von ganz Island. Im Westen des Litla Hérað, des „kleinen Bezirks", bildete der unberechenbare **Gletscherfluss Skeiðará** eine Barriere für den Bezirk Öræfi. Die Abflüsse der großen Gletscher waren beinahe unüberwindliche Hindernisse. Die versandeten Küsten eigneten sich nicht als Schiffsanlegeplatz. Die Postreiter kamen nur gelegentlich über den Breiðamerkurjökull hierher. Die Bauern waren beinahe eine Woche unterwegs, um zum nächsten Handelsplatz nach Höfn zu gelangen. Als jedoch zur 1100-Jahr-Feier 1974 die Verbindung der Ringstraße fertig gestellt wurde, änderte sich dies schlagartig. Auch das Gebiet bei Skaftafell gewann an Bedeutung. Damals überbrückte man das Sandergebiet, traf aber auch Vorsorge für den nächsten Gletscherlauf. Man verlegte die Brücke auf schwimmfähige Pontons. Wenn jetzt die Straße durch die Wassermassen weggerissen werden sollte, könnten zumindest diese Teile der Brücke wiederverwendet werden – sie treiben auf dem Meer und können an Land gezogen werden.

Nationalpark Skaftafell ⇗XXII

Ein sehr beliebtes Ziel auch für die Isländer ist der Skaftafell-Nationalpark, der auf einer 2 km langen Stichstraße von der Ringstraße aus zu erreichen ist.

In Skaftafell befand sich schon zur Zeit der Landnahme im 10. Jahrhundert eine Thingstätte. Die Landschaft wird durch den mächtigen Vatnajökull, seine Gletscherzungen und die umliegenden Berge mit Höhen von 1000 bis 1500 m geprägt. Eine beinahe schon alpine Landschaft erstreckt sich zwischen dem Skeiðarárjökull im Westen und dem Öræfajökull im Osten. Unter diesem Teil des Gletschers verbirgt sich der mit 300 km² **zweitgrößte Vulkan Europas,** der 2119 m hohe **Hvannadalshnjúkur** (der größte ist der Ätna in Italien). Er ist der gefährlichste und unberechenbarste Islands und steht – im Gegensatz zu den anderen Vulkanen – nicht in unmittelbarem Zusammenhang mit dem Vulkanismus am mittelatlantischen Rücken. Der Vulkan war bereits vor 3 bis 4 Millionen Jahren aktiv, aber auch im letzten Jahrtausend brach er schon zweimal aus, zuletzt 1727. Der **Skeiðarárjökull** ist mit einer Fläche von 1600 km² der **größte Talgletscher Europas.** Bis 1940 liefen der Skeiðarárjökull und der Svínafellsjökull zusammen. Bedingt durch die Klimaerwärmung zogen sich die Gletscher zurück und wurden dadurch getrennt. Moränen markieren den Weg ihres Rückzugs.

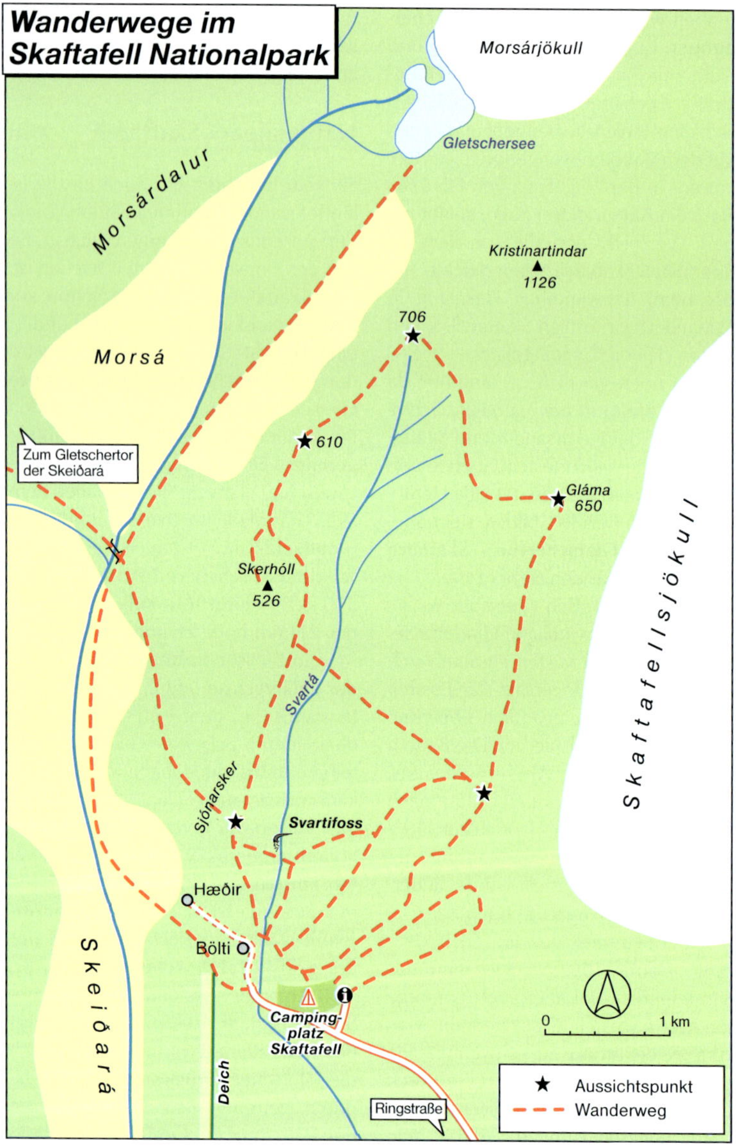
Wanderwege im Skaftafell Nationalpark
Morsárjökull
Gletschersee
Morsárdalur
Kristínartindar
1126
706
Morsá
610
Zum Gletschertor der Skeiðará
Gláma
650
Skerhóll
526
Svartá
Skaftafellsjökull
Sjónarsker
Svartifoss
Hæðir
Bölti
Skeiðará
Camping-platz Skaftafell
Deich
Ringstraße
0
1 km
Aussichtspunkt
Wanderweg

Die **Skeiðará** hat ihren Ursprung westlich von Skaftafell im Skeiðarárjökull. Im Sommer fließen hier durchschnittlich 200 m³ Wasser pro Sekunde ab. Bei einem der regelmäßig wiederkehrenden Gletscherläufe, die meistens durch die **Grímsvötn,** das **größte geothermale Gebiet der Erde,** ausgelöst werden, erhöht sich die Wassermenge auf etwa 7400 m³ pro Sekunde. Doch die Abflussmenge kann um ein Vielfaches höher sein. Beim Gletscherlauf im Jahr 1996 z. B. sind 45.000 km³ Wasser pro Sekunde abgeflossen. Durch diese Gletscherläufe entstand der Skeiðarársandur, der mit seinen riesigen schwarzen Sand- und Geröllfeldern eine Fläche von 1000 km² bedeckt. Ihren Namen haben die Grímsvötn übrigens aus einer Sage. Demnach gab es einen Geächteten names Grímur, der sich zu den Gletscherseen flüchtete. Weil ihm hier ein Riese die gefangenen Fische stahl, tötete Grímur diesen und nahm sich seine Tochter zur Frau. Sie sagte voraus, dass die Seen eines Tages die ganze Umgebung vernichten würden.

Der Reiz von Skaftafell liegt auch in dem hier herrschenden **milden Klima.** Zwar fällt relativ viel Niederschlag, doch werden die kalten Nord- und Ostwinde von den hohen Bergen und Gletschern abgehalten. Auch Föhn tritt hier häufig auf.

Der **Nationalpark Skaftafell** wurde 1967 gegründet. 1984 wurde er um 1100 km² auf 1600 km² erweitert. Heute gehört er zum 2008 gegründeten Vatnajökull-Nationalpark. Im Park kommen 210 verschiedene Pflanzenarten vor. Waldstorchschnabel, Glockenblumen, Echtes Labkraut oder Waldengelwurz sind besonders bemerkenswert. Im Bæjarstaðarskógur gibt es noch Waldreste mit hohen Birken. Durch ein besonders reiches Insektenvorkommen ist ausreichend Nahrung für Vögel geboten. Schneehühner, Rotdrosseln und Bergfinken, aber auch eine nur in Island vorkommende Zaunkönigart trifft man hier an.

Im Sandergebiet lagen früher ausgedehnte fruchtbare Weiden und Wiesen; heute ist es Ödland, wo sich keiner mehr hin verirrt. Das Gebiet heißt nach dem einst größten Hof Skaftafell. Die beiden **Höfe Bölti** und **Hæðir** sind heute noch bewirtschaftet. In Skaftafell gibt es einen großen Campingplatz und einen Supermarkt.

Westlich von Bæjarstaðarskógur kommen **heiße Quellen** mit Temperaturen von 70 bis 80 °C vor. Ein besonders lohnenswertes Ziel ist auch der **Svartifoss,** der **„schwarze Wasserfall".** Er beeindruckt durch die ihn umgebenden Basaltsäulen, die wie Orgelpfeifen angeordnet sind.

Skaftafell ist ein **ideales Gebiet für Wanderer.** Markierte Wege und Holzbrücken laden zu Touren ein. Eine kurzweilige, zweistündige Wanderung führt vom Campingplatz am Hundafoss vorbei zum Svartifoss und über den Aussichtsberg Sjónarsker zurück. Die Tageswanderung zum Gletschertor des Skeiðarárjökull und zurück über die Skaftafellsheiði und den Svartifoss ist unter der Überschrift „Eisiges Tal" im Kapitel „Praktische Reisetipps A–Z/Sport und Aktivitäten" beschrieben. Der Naturschutzrat hat ein Faltblatt mit

124is Foto: tt

Wanderwegen herausgegeben, das bei der Information des Campingplatzes erhältlich ist.

Um den 21. Juni wird im Skaftafell-Nationalpark ein **Johannisnachtfeuer** entzündet und ausgiebig gefeiert.

Wandertipp

Eine **Tagestour von etwa 6 Std.** führt vom Campingplatz zu den Bergen Gláma und Kristínartindar und im Westen der Skaftafellsheiði über den Aussichtspunkt Sjónarsker wieder zurück nach Skaftafell. Auf dem Weg geht man zunächst parallel zum Westrand des Skaftafellsjökull nach Norden. Der Gláma ist ein 650 m hoher Felsvorsprung, von dem der Gletscher zu überblicken ist. Der Weg zweigt hier nach Westen ab und erreicht am Fuß der beiden Gipfel des Kristínartindar (979 und 1126 m) den nächsten Aussichtspunkt. Von hier sieht man in das Moränental Morsárdalur. Zum 526 m hohen Berg Skerhóll kann man einen kurzen Abstecher machen. Vorbei am Aussichtspunkt Sjónarsker gelangt man wieder zurück zum Campingplatz.

Tourist-Information

- **Skaftafellsstofa,** Besucherzentrum geöffnet 2.5.–30.9. täglich 8–21 Uhr, Tel. 4781627, www.ust.is; Informationszentrum Vatnajökull-Nationalpark mit Cafeteria, Souvenir- und Buchshop, Ausstellung von Fundstücken verschollener Gletscherbegeher, Videovorführung über den Vulkanausbruch von 1996 und den gewaltigen Gletscherlauf.

Unterkunft

- **Fosshotel Skaftafell,** Freysnes, Öræfasveit, Tel. 4781945, www.fosshotel.is, ca. 5 km vom Park an der Ringstraße gelegen; 21 komfortable Zimmer, Restaurant.
- **Gästehaus Bölti,** Tel. 4781626, am Westende des Campingplatzes; Betten und Schlafsackplätze.

Campingplatz

- Tel. 4781627; groß und komfortabel, aber sehr oft auch überfüllt und laut, Supermarkt, Cafeteria, Stellplätze für Wohnmobile, Tankstelle, Bushaltestelle.

Busse

Außer den **Linienbusverbindungen** auf der Ringstraße im Sommer (15.7.–1.8.) **täglich Sonderbusse** auf den Routen Skaftafell -Eldgjá-Landmannalaugar-Reykjavík und Skaftafell-Kirkjubæjarklaustur-Laki.

Ausflüge und Wanderungen

- **Geführte Wanderungen** im Skaftafell-Nationalpark bietet das Besucherzentrum an.
- Die isländischen Bergführer (Icelandic Mountain Guides, Tel. 8942959, www.mountainguides.is) bieten **Gletschertouren** (je nach Länge 6300–22.900 ISK), **Eisklettern** (24.900 ISK) und die **Besteigung des Hvannadalshnjúkur** (22.900 ISK, ca. 15 Std.) an. Buchungen an deren Stützpunkt auf dem Campingplatz oder im Internet.

Route 6 C:

Von Skaftafell nach Kirkjubæjarklaustur (68 km)

Von Skaftafell fahren wir auf der Ringstraße weiter nach Westen. Im **Skeiðarársandur** hat sich durch den Gletscherlauf von 1996 die Landschaft verändert. Neben der Ringstraße erinnert ein Denkmal aus einem weggerissenen Brückenträger daran (Rastplatz mit Erklärungstafeln). Zwei kurze Schotterstraßen führen zur Gigjukvísl und zur Haöldukvísl, den Gletscherflüssen, über welche die Wasserfluten damals abflossen. Von einem Aussichtsplateau kann man das neu geschaffene, kilometerbreite Tal vor dem Skeiðarárjökull überblicken. Die Trasse der Ringstraße verläuft im Skeiðarársandur auf einem 17 km langen Damm und über Brücken aus Beton, Holz und Stahl. Die Núpsvötn wurden mit dem Fluss Súla vereinigt, um die Wassermassen besser kanalisieren zu können. Etwa 12 km nördlich der Ringstraße liegt **Núpsstaðarskógur,** ein bewaldeter Canyon mit mehreren Wasserfällen. Die beiden beeindruckendsten **Wasserfälle Núpsárfoss und Hvítárfoss** liegen an der Stelle, an der sich die beiden Gletscherflüsse jeweils in eine enge Schlucht ergießen. Die isländischen Bergführer bieten im Sommer 4- und 5-tägige Trekking-Touren an. Diese führen zum Núpsstaðarskógar, am Grænalón vorbei und über den Skeiðarárjökull nach Skaftafell (4 Tage) bzw. schließen die Lakikrater mit ein (5 Tage). Die Ausrüstung wird gestellt, Verpflegung ist im Preis (ca. 550 Euro für die 4-Tagestour) inbegriffen. Buchungen bei Icelandic Mountain Guides, Tel. 8942959, www.mountainguides.is, in Skaftafell oder im Büro in Reykjavík, Vagnhöfði 9, Tel. 5879999, Fax 5879996.

Der Wasserfall Svartifoss im Skaftafell-Nationalpark ist ein beliebtes Wanderziel

Núpsstaður

↗ XXI,C2

Hinter der Brücke über die Núpsvötn liegt der markante **Felsen Lómagnúpur.** Bevor Gletscherläufe und die Anhebung des Landes hier die Küstenlinie weiter nach Süden verlagert haben, war das ehemalige Kliff mit 767 m Höhe die höchste Steilküste der Welt.

Das **Gehöft Núpsstaður** ist der erste Ort nach Skaftafell. Es liegt unterhalb des ehemaligen Kliffs Klaufardrangur. Einst befand sich dort die Poststation, von der aus die Postreiter den Skeiðarársandur nahe am Rand des Skeiðarárjökull überquerten. Heute ist hier die Kapelle sehenswert, die auf das Jahr 1660 zurückgeht. Zu Anfang des 20. Jahrhunderts befand sich hier auch noch ein altes Torfgehöft, das einmal aus neun Häusern bestand. Leider verfallen die alten Torfhäuschen immer mehr.

Die **Torfkirche** ist die kleinste Islands. Trotz ihrer geringen Grundfläche von nur 6 x 2,5 m finden 35 Menschen darin Platz. Sehenswert sind auch die kleine Orgel in der Kirche und der Friedhof, der die Kirche umrahmt. Hier liegt der Postreiter *Hannes Jónsson* begraben (1880–1968), der als bester Führer durch den Skeiðarársandur galt.

Im **Brunahraun** zweigen auf beiden Seiten der Ringstraße mehrere Allradpisten ab, die entweder nach Norden in die Berge oder nach Süden durch den Sand zur Küste führen. Nachdem man das Brunahraun durchquert hat, den östlichen Lavastrom, der sich beim Laki-Ausbruch im Flussbett des Hverfisfljót ausbreitete, erreicht man östlich des **Hofs Foss,** der mit seinem Wasserfall (Fagrifoss oder Foss á Síða) sehr schön anzusehen ist, einen Parkplatz. Von hier kann man sich auf den Weg zu den bizarren **Basaltsäulen Dverghamrar,** den „Zwergenfelsen", machen. Sie entstanden durch Lava, die ursprünglich nicht an die Oberfläche gedrungen ist. Das darüber liegende Erdreich wurde vom Wasser abgetragen und legte die Basaltsäulen frei.

5 km vor Kirkjubæjarklaustur kommen wir nach **Hörgsland,** wo sich im 17. und 18. Jahrhundert vier Spitäler für Aussätzige befanden. Im 17. Jahrhundert lebte hier der Pfarrer und Dichter *Magnus Pétursson,* bekannt geworden durch viele Volkssagen.

Kirkjubæjarklaustur ⇗ XX,B2

Kirkjubæjarklaustur, der einzige größere Ort in den ausgedehnten Sanderflächen der Südküste und **einer der wichtigsten Fremdenverkehrsorte im Südwesten Islands,** nimmt heute eine zentrale Funktion für Verkehr, Handel und die Post ein. Der Ort mit **120 Einwohnern** kann auf eine lange Geschichte zurückblicken. Vermutlich lebten hier schon vor der Landnahme durch die Wikinger irische Einsiedler. Von 1186 bis zur Reformation im Jahre 1550 gab es dort eine **Benediktinerinnen-Abtei,** von der auch der Ortsname stammt. Um das Kloster, von dem heute noch Reste zu sehen sind, ranken sich viele Sagen. Die **Kirche,** 1974 geweiht, erinnert an den Pfarrer *Jón Steingrímsson.* Während seiner „Feuerpredigt" im Jahr 1783 stoppte der Lavastrom aus den Lakikratern, der die Kirche bedrohte, wenige Kilometer vor dem Ort im Flussbett der Skaftá.

Hinter dem Ort erhebt sich die frühere Steilküste. Von dort ergießt sich der Wasserfall über die grasbewachsene Steilwand. Seinen Ursprung hat er im

See Systravatn, der oberhalb der Felsen liegt. Dorthin führt ein markierter Wanderweg (½ Std. bis zum See), der in der Nähe des Edda-Hotels beginnt. Von dem grasbewachsenen Hochplateau hat man einen herrlichen Blick über die Küste. Fußpfade führen weiter über die Weideflächen der Klausturheiði nach Kleifar, wo man beim Campingplatz unterhalb des Stjórnafoss wieder auf die Straße 203 kommt (2 Std.).

Eine besondere Attraktion ist **Kirkjugólfið,** der „Kirchenfußboden" an der Straße 203 zwischen Zeltplatz und Ort (Hinweisschild). Er ist durch das einst hier anbrandende Meer und den Gletscherabrieb entstanden. Durch diese Kräfte wurden die Endstücke unterirdischer Basaltsäulen plan geschliffen. Da man von oben auf die Säulen blickt, wird man an einen alten „Kirchenfußboden" erinnert. Am Weg zum Kirchenfußboden kommt man an der Lavaformation Hlidishangur vorbei.

An **Freizeitaktivitäten** werden ein Schwimmbad beim Edda-Hotel, Pferdeverleih bei einigen Bauernhöfen und ein 9-Loch-Golfplatz geboten.

Tourist-Information

- **Kirkjuhvoll,** Tel. 4874620, www.klaustur.is; Vermittlung von Unterkünften, Angellizenzen, Pferdeverleih, Buchung von Ausflugsfahrten, geführte Wanderungen.

Kirkjugolf, der „Kirchenfußboden" in Kirkjubæjarklaustur, besteht aus plattgeschliffenen Basaltsäulen

Unterkunft

- **Klaustur Icelandair Hotel,** Tel. 4874900; ganzjährig geöffnet, 114 Betten, Schwimmbad, Restaurant; vor dem Hotel steht die Skulptur Byrði Sögunnar von *Magnus Tómasson* (1997), zwei in lange Mäntel gehüllte Menschen, die einen schweren Stein tragen.
- **Hof Hunkubakkar,** Tel. 4874681, 28 Betten und Schlafsackplätze auf dem Hof oder in Sommerhäuschen, 8 km westlich von Kirkjubæjarklaustur an der Straße 206; Reitmöglichkeiten und Jeep-Verleih, Wandern zur Schlucht Fjaðrargljúfur; ganzjährig geöffnet.
- **Hotel Laki,** Efri-Vík, Tel. 4874694, 5 km südlich von Kirkjubæjarklaustur; 70 Betten, Hütten, Angel- und Reitmöglichkeiten, ganzjährig geöffnet.

Camping

- **Campingplatz Kirkjubær II,** Tel. 4874612; komfortabel, Einkaufsmöglichkeit, Wohnmobil-Stellplätze, Bushaltestelle, Tankstelle.
- **Kleifar,** Tel. 4874675, an der Straße 203 beim Sportplatz, 1½ km vom Ort entfernt; einfach, nasse Wiese unterhalb des Wasserfalls Stjórnarfoss.

Essen und Trinken

- Eine lokale Spezialität sind gegrillte oder gekochte **Fischfilets der Klausturbleika.** Im Supermarkt kostet 1 kg etwa 1600 ISK.
- **Systrakaffi,** Klausturvegur 13, Tel. 4874848, geöffnet Mitte Mai–Ende Okt., nettes Restaurant, in dessen Küche die Produkte der Bauernhöfe in der Umgebung verwendet werden; Salate, Sandwiches und Hamburger, Hauptgerichte aus Lamm und Forellen.

Busse

Ab Tankstelle Skaftárskáli mit dem Linienbus nach **Reykjavík** und über Skaftafell nach **Höfn**; auf dem Fjallabaksvegur nyrðri über die Eldgjá und Landmannalaugar nach Reykjavík.

Kunst und Kultur

- **Kulturzentrum Kirkjubæjarstofa,** Klausturvegur 2, Tel. 4874645, www.kbkl.is, geöffnet im Sommer Di–Fr 9–11 und 14–18 Uhr, Sa/So 14–18 Uhr. Das Kulturzentrum befasst sich mit der Fauna, Flora und Kultur der Region. Über die archäologischen Ausgrabungen der Abtei informiert eine Ausstellung.
- **Klausturhólar (Kunsthandwerk),** Klausturvegur 10, Tel. 4874767.
- **Landmaschinenmuseum,** in Efri-Vík (Straße 204), Tel. 4874694.

Sonstiges

- **Ambulanz,** Skriðuvellir 13, Tel. 4875350.
- **Bootsverleih,** See Hæðargarðsvatn (2 km entfernt), Tel. 4874620, in Betrieb 20.6.–20.8.
- **Upplýsingaþjónustan Kirkjubæjarklaustri Reisebüro** mit vielfältigem Angebot an Exkursionen, Tel. 4874620, geöffnet 1.6.–31.8. täglich 9–12 und 13–17 Uhr.

Ausflüge/Tourveranstalter

- **Jeppaferðir,** Hörgsland 1, Tel. 4876655, www.horgsland.is, individuelle Ausflüge zu den Laki-Kratern.

Route 6 D:

Von Kirkjubæjarklaustur nach Vík í Mýrdal (80 km)

Wir erreichen rund 5 km westlich von Kirkjubæjarklaustur die Abzweigung der Straße 206, die auf die Piste zu den Laki-Kratern (siehe Route 7) und ins Holtsdalur führt. Etwa 1 km hinter der Abzweigung der Piste kommen wir auf der Straße 206 an eine Brücke. Hier öffnet sich die Schlucht **Fjaðrárgljúfur,** die durch den Fluss Fjaðrá unterhalb des Móbergs geschaffen wurde. Am Weg liegt auch **Hunkubakkar,** die Heimat des Staatsarchitekten *Guðjón Samúelsson* (1887–1950), der viele berühmte Bauwerke in Reykjavík und Akureyri entworfen hat.

Die nächsten 20 km durchfahren wir auf der Ringstraße das ausgedehnte **Lavafeld Eldhraun,** die **„Feuerlava".** Es ist beim verheerenden Ausbruch der Laki-Krater im Jahr 1783 entstanden. Im Lauf der Jahrhunderte wurde die Lava mit einem grau-grünen Polster aus Zackenmützenmoosen überzogen. Am Ende des Eldhraun zweigt die Straße 208 von der Ringstraße ab, am Gehöft Gröf die Straße 210 zum Fjallabaksvegur syrðri; wenige Kilometer weiter biegt bei Búland der Fjallabaksvegur nyrðri F 208 zur Eldgjá und nach Landmannalaugar von der Straße 208 ab. Diese endet wenig später im Skaftárdalur.

Das Lavafeld Eldhraun kann man südöstlich der Ringstraße auf der Straße 204 umrunden (60 km). Diese verläuft entlang des **Kúðafljót** zum Meðallandssandur und trifft über Landbrotshólar in Kirkubæjarklaustur wieder auf die Ringstraße.

Nach Überquerung des Flusses Kúðafljót sollten wir bei **Laufskálavarða** eine Rast einlegen und ein Steinmännchen für eine glückliche Reise errichten – unzählige der kleinen Männchen stehen hier in dem Lavafeld. Hier zweigt auch die Straße 209 nach Hrifunes ab, wo es einen Campingplatz gibt. Die Ringstraße verläuft nun durch den **Mýrdalssandur.** Für die Entstehung dieser Sanderfläche sind die Gletscherläufe des Vulkans Katla, der unter dem Eis des Mýrdalsjökull liegt, verantwortlich. Beim großen Gletscherlauf im Jahr 1918 verschob sich die Küstenlinie um einen halben Kilometer nach Süden ins Meer. Nach der Brücke über den Gletscherfluss Skálm zweigen die Straßen 211 und 212 ab. Diese führen auf einem 16 km langen Rundkurs um die Seen Holtsvatn und Mjóásvatn. In Þykkvabæjarklaustur stand früher ein Kloster. Ganz im Süden steht der Leuchtturm von Mýrnatangi.

Fast am Ende des Mýrdalssandur liegt südlich der Ringstraße die ehemalige **Vulkaninsel Hjörleifshöfði.** Eine 2 km lange Sandpiste führt zu dem 231 m hohen Felsen, der sich deutlich von seiner wüstenähnlichen Umgebung abhebt. Er ist nach dem Wikinger *Hjörleif* benannt, der ein Begleiter von *Ingólfur Árnarson* war. Hjörleifshöfði kann man zu Fuß umwandern (2 Std.). Die ehemalige Steilküste ist von der Brandung unterhöhlt und zu bizarren Formen geschliffen worden.

Der Mýrdalssandur endet am Gletscherfluss Múlakvísl. Hinter der Brücke führt die Straße 214 nach **Þakgil.** In der engen, grün bemoosten Felsenschlucht befindet sich einer der schönstgelegenen Campingplätze Islands (Tel. 853 3889, geöffnet Juni und Juli, www.thakgil.is). Eine beheizbare Lavahöhle dient als Aufenthaltsraum, und unter einem überhängenden Felsdach kann gegrillt werden. Auf dem Weg dorthin kommt man an verfallenen, in eine Felswand gebauten Holzhütten vorbei, die vielleicht einmal als Filmkulisse dienten. Von einem **Aussichtspunkt** auf der 217 m hohen **Höfðabrekkuheiði** kann man sehen, wie der breite Gletscherfluss beim 225 m hohen Selfjall auf seinem Weg zum Meer durch den Fels bricht. Das trübe, graue Wasser riecht hier deutlich nach faulen Eiern, ein Hinweis auf den aktiven Vulkanismus unter dem Eis des Mýrdalsjökull.

Auf der Ringstraße erreicht man nach 5 km Vík í Mýrdal.

Vík í Mýrdal ⇗XX,A3

Vík í Mýrdal, die „Bucht im Moortal", ist das **südlichste Dorf des isländischen Festlands.** Der **300-Einwohner-Ort** hat keinen nennenswerten Hafen, Fischfang spielt keine Rolle. Handel, Dienstleistungen und die Versorgung der landwirtschaftlich geprägten Umgebung sind die Haupterwerbszweige. Auch die Bedeutung des Fremdenverkehrs nimmt zu. Das Dorf, das vom Hausberg Reynisfjall überragt wird, liegt in einer landschaftlich reizvollen Gegend am Rand des Mýrdalsjökull. An den Ort schließt sich im Süden der schmale, lang gezogene **Strand Reynisfjara aus schwarzem Sand** an. Obwohl kein Badestrand, zählt er durch seine Lage vor der Bucht Dyrhólaós und dem Gletscher zu den schönsten Europas. Die Erosionskräfte des Meeres nagen jedoch beständig an ihm. Innerhalb von nur drei Jahren wurde er fast 50 m schmaler. Wahrzeichen dieses Küstenstrichs sind die drei spitzen **Felsnadeln Skessudrangar, Landdrangar und Langhamrar,** die sich bis zu 66 m hoch direkt vor der Küste bei Reynisdrangar erheben. Wenn man der Überlieferung Glauben schenken darf, handelt es sich dabei um versteinerte Trolle, die von der aufgehenden Sonne überrascht wurden, als sie ein gestrandetes Schiff an Land ziehen wollten.

Dass das Meer vor Vík seine Tücken hat, sieht man auch an dem im September 2002 enthüllten **Denkmal** für deutsche Seeleute, die in den isländischen Gewässern ihr Leben verloren haben. Der 6,5 t schwere Granitstein und die ihn umgebenden zehn kleineren Basaltsteine erinnern auch an die isländischen Seeleute, die versucht hatten, die in Seenot geratenen Fischer zu retten.

In dem oft ziemlich verregneten und windigen Ort Vík wehte 1994 ein starker **Sandsturm** vom Mýrdalssandur herüber; Dächer wurden abgedeckt und Fensterscheiben eingedrückt. Die Sandkörner wirkten wie Schmirgelpapier auf Autolack und Häuserfassaden.

Vík und seine Umgebung haben viele Sehenswürdigkeiten zu bieten. Von hier lassen sich vor allem **Wanderungen** unternehmen. In einer zweitägigen Tour gelangt man zum Mýrdalsjökull und zurück. Auch der Reynisfjall lässt sich besteigen. Der Heiðarvatn ist auf einer Straße zu erreichen. Dort gibt es einen Campingplatz (Tel. 487 1266). **Rundflüge** über den Gletscher entlang der Küste zum nahe gelegenen Kap Dyrhólaey, zu den Westmänner-Inseln, nach Landmannalaugar oder über das Þórsmörk werden ebenfalls angeboten. Mit einem Ruderboot lässt sich die Salzwasserlagune Dyrhólaós erkunden; ein Landungsboot fährt entlang der Küste zum Kap Dyrhólaey. Auf dem nahen Mýrdalsjökull können Touren mit der Schneekatze oder dem Snow-Mobil unternommen werden. Auch Angler und Reiter kommen in Vík auf ihre Kosten.

In der Umgebung Víks gibt es mehrere sehenswerte **Höhlen.** Loftsalahellir liegt bei Loftsalir am Ende des Geitafjall. Diese Höhle aus Tuffgestein war bis ins

19. Jahrhundert eine Thingstätte der Bewohner von Mýrdalur. In Heiðardalur soll ein Geistlicher namens *Loddi* in der gleichnamigen kleinen Höhle gewohnt haben. An der Küste vor Reynisfjall liegt die Höhle Hálsanefshellir mit schönem Säulenbasalt. Die Straße 215 führt westlich von Vík zum Parkplatz bei Garðar. Ein fünfminütiger Fußweg führt am Strand entlang zu der beeindruckenden Brandungshöhle. Auf den steilen Felsen zwischen Garðar und Vík können wir auch gut Papageitaucher beobachten. Die Höhle Þakgilshellir, die sich auf dem Weideland des Gehöfts Höfðabrekka befindet, diente früher den Bewohnern von Mýrdalur als Unterstand, wenn sie ihre Schafe zusammentrieben. In der Höhle sind Zeichen und Zahlen in einen Lavastein geritzt, die auf das 17. Jahrhundert hinweisen. Östlich des Hofes Höfðabrekka liegt Skiphellir, die „Schiffshöhle". Von hier fuhren die Fischer früher in ihren kleinen Ruderbooten aufs Meer, bis sich die Küste nach dem Ausbruch der Katla 1660 zum Meer hin verlagerte.

Tourist-Information

- **Im Kulturzentrum Brydebúð,** Vikurbraut 26, Tel. 4871395, 15.6.–1.9. täglich geöffnet, info@vik.is, Angellizenzen, Ausritte.

Unterkunft

- **Edda-Hotel Vík,** Klettsvegur, Tel. 4444840, Fax 4871302, im Sommer geöffnet, 21 Betten.
- **Hotel Lundi,** Víkurbraut 26, Tel. 4871212; Restaurant.
- **Gästehaus Ársalir,** Austurvegur 7, Tel. 487 1400, Fax 4871401; einfache Pension, Fahrradverleih, Kunsthandwerk, Café.
- **Gästehaus Norðurvík,** Suðurvegur 5, Tel. 4871106.
- **Hötturinn,** Tel. 4871345; Hütten.
- **Víkursel,** Tel. 4871480; Hütten, Zeltplatz, Betten.
- **Hotel Höfðabrekka,** Tel. 4871208, www.hofdabrekka.is, 5 km östlich von Vík; 124 Betten, Angeln, ganzjährig geöffnet.

Jugendherberge

- **Jugendherberge Vík,** Norður-Vík, Tel. 487 1106, Fax 4871303, ganzjährig geöffnet.

Campingplatz

- **Klettsvegur,** Tel. 4871345; Hütten, Einkaufsmöglichkeit, Tankstelle, Bushaltestelle

Essen und Trinken

- **Halldórskaffi (Café Brydebúð),** Vikurbraut 28, Tel. 4871202, geöffnet im Sommer ab 11 Uhr, Hamburger, Pizza, Lamm- und Fischgerichte.
- **Café Ársalir,** Austurvegur 7, Tel. 4871400.
- **Víkurskáli,** Austurvegur 17, Tel. 4871230, Tankstelle und Cafeteria.

Kunst und Kultur

- **Kulturzentrum Brydebúð,** Vikurbraut 28, Tel. 4871395; das Haus wurde ursprünglich 1831 auf Vestmannaeyjar erbaut, dort abgebaut und 1895 in Vík wieder aufgebaut. Darin befinden sich die Tourist-Information, ein Café und ein Museum, das über die an der Küste auf Grund gelaufenen Schiffe, das Leben der Fischer und den Vulkanismus der nahen Katla berichtet. In der Sígrunarstofa sind alte Kirchengewänder von *Sigrúnar Jónsdóttir* ausgestellt (geöffnet 1.6.–31.8., Eintritt 500 ISK ab 16 Jahren).
- **Víkurprjón (Wollfabrik),** Fabrikverkauf von isländischen Wollwaren mit Besichtigung der Wollverarbeitung und Souvenirshop, Tel. 487 1250, www.vikwool.is, an der Ringstraße am östlichen Ortsanfang gelegen.

Notfall

- **Ambulanz,** Hátúni 2, Tel. 4875340.

Busse

- Ab Víkur mit dem Bus in Richtung **Höfn** und **Reykjavík.**

Ausflüge/Tourveranstalter

- **Gletschertouren** auf dem Mýrdalsjökull, Tel. 4871395; Trukkaferðir, Touren zum Heiðarvatn, Fjallabaksvegur syðri u. a. im Unimog-Bus.
- **Charter- oder Rundflüge** bietet die Gesellschaft Reynisflug an; Tel. 4871243.
- **Dyrhólaeyferðir** (Tel. 4878500, www.dyrholaey.com) fährt mit dem Landungsboot ums Kap Dyrhólaey.

Route 6 E:

Von Vík nach Hella (108 km)

Kap Dyrhólaey

↗ XX,A3

Auf der Ringstraße erreicht man nach 15 km Skeiðflötur. Hier zweigt die etwas holprige Straße 218 nach Süden ab und bringt uns zum **südlichsten Punkt Islands, dem Kap Dyrhólaey** (6 km). Den 120 m hohen „Türlochfelsen" kann man selbst von den Westmänner-Inseln aus sehen. Charakteristisches Kennzeichen ist das Brandungsloch des Felsens, das so groß ist, dass man sogar mit dem Boot hindurchfahren kann. Der Felsen im Meer ist vor rund 80.000 Jahren durch einen Vulkanausbruch unter dem Wasser entstanden. Der Felsen und die Dünen entlang der Küste sind für ihren **Vogelreichtum** bekannt; sie stehen unter Naturschutz. Deshalb ist während der Brutzeit vom 1.5. bis 25.6. der Zutritt untersagt. In der Njáll-Saga ist der Hof Dyrhólar der Wohnsitz von *Kári Sölmundarson.* Dort, wo sich heute der Hof Loftlair befindet, war früher eine Thingstätte. Oberhalb des Kaps steht ein Leuchtturm aus dem Jahr 1927, der eine bemerkenswerte Aussicht bietet. Folgt man auf dem Weg zur Ringstraße der nach Osten abzweigenden Straße, gelangt man zu einem Plateau, von dem man eine gute Sicht auf die vorgelagerten kleinen Inseln hat. An den Basaltfelsen sind Reste einer Winde zu sehen, mit der die Bauern früher Boote mit Schafen durch die Brandung zu einer vorgelagerten Insel zogen, denn diese bot gute Weidebedingungen. Am Strand ist eine große Lavahöhle mit Basaltsäulen sehenswert.

Auf der Ringstraße kommen wir 5 km westlich zum 284 m hohen **Palagonitfelsen Pétursey.** Ursprünglich war auch dieser einmal eine Insel, die vom Meer umspült war. Die Straße 219 führt um den Felsen herum; eine Piste endet in Eyjarfjara am Meer.

Westlich von Pétursey durchfahren wir auf der Ringstraße den **Sólheimasandur.** Die Straße 222 führt von Ytri-Sólheimar an den Rand des Mýrdalsjökull zur Berghütte von Arcanum, einem Veranstalter von Gletschertouren. Vor

Felsentor am Kap Dyrhólaey

126is Foto: tt

der Brücke über die Jökulsá á Sólheimasandi, Abfluss des Sólheimajökull, führt die Straße 221 zum Gletscher Sólheimajökull. Das Eis des Gletschers ist auffällig mit schwarzen Schichten durchzogen, die von den Ascheregen früherer Vulkanausbrüche stammen.

An den Sólheimasandur schließt sich der **Skógasandur** an, der von der Skógá gebildet wird, die auf dem Fimmvörðurháls zwischen dem Eyjafjallajökull und dem Mýrdalsjökull entspringt. **Skógar** war früher Häuptlingssitz. Heute ist der kleine Ort vor allem wegen des 60 m hohen und 25 m breiten **Skógafoss** bekannt, einem der **schönsten Wasserfälle Islands.** Die Skóga fällt hier über die ehemalige Steilküste. Der Wasserfall steht seit 1987 unter Naturschutz. Unterhalb des Wasserfalls liegt der Campingplatz. Eine Sage berichtet, dass der Landnehmer *Þrasi* einst seine Goldkiste in einer Höhle hinter dem Wasserfall versteckte. Das Gold wurde bis heute nicht gefunden. Þrasi riet damals einer Frau, ihren Sohn auf seinen Namen zu taufen und ihn bis zu seinem 12. Lebensjahr nur mit Schafs- und Pferdemilch großzuziehen. Dann solle er zum Wasserfall gehen, und er würde die Goldkiste finden. Der junge Þrasi kam jedoch zu früh an den Wasserfall – und fand nur den Griff der Schatzkiste.

Heute führt der Fernwanderweg ins Þórsmörk (Laugavegur) auf Stahltreppen den steilen, rechten Hang des Wasserfalls hinauf und weiter an der Skóga entlang.

Ausflüge/Tourveranstalter

- **Arcanum Glacier Tours,** Ytri-Sólheimar, Tel. 4871500, www.snow.is, Touren auf dem Mýrdalsjökull mit Schneemobil (230 € für 2 Personen) und Hundeschlitten (80 €/Person).

Heimat- und Freilichtmuseum Skógar ↗XX,A3

Das Heimat- und Freilichtmuseum in Skógar *(Byggðasafnið Skógum)* bewahrt das kulturelle Erbe der Bewohner dieser Region. Das sehenswerte Museum besteht aus mehreren Gebäuden, die an einem ausgeschilderten Rundweg liegen. Der Eingang zum Museum ist im **Hauptgebäude am Parkplatz.** Gezeigt werden hier in mehreren Abteilungen historische Arbeitsgeräte und Werkzeuge der Bauern und Fischer, Gegenstände des täglichen Lebens der Bewohner, alte Stickereien und Wollkleidung, historische Bücher, Handschriften und Urkunden. Viele dieser Gegenstände hat *Þórður Tómasson,* der Initiator des Museum, gesammelt. Glanzstück im Hauptgebäude ist das 1855 gebaute **Brandungsboot Pétursey,** das durch seine Form Landungen bei starker Brandung ermöglichte. Bis 1946 segelten die Seefahrer damit in trangetränkter Seekleidung aus Schafsleder zu den Westmännerinseln. In der Abteilung Handwerk wird den Besuchern ein Ring aus der sagenhaften Goldtruhe des Siedlers Þrasi gezeigt, die hinter dem Skógafoss versteckt sein soll. Das **Archiv** der Bezirke Rangárvallasýsla und West-Skaftafellssýsla sowie Archive von Ämtern und Vereinen sind im Keller des Hauptgebäudes untergebracht. Auch eine Bibliothek zur Genealogie und mikroverfilmte Kirchenbücher werden hier aufbewahrt und können von Interessierten eingesehen werden. Im **naturkundlichen Teil** ist die Privatsammlung von *Andrés H. Valberg* aus Reykjavík ausgestellt, die er dem Museum vermachte. Sie zeigt präparierte Vögel und Insekten sowie Pflanzen und Mineralien und Gesteine.

Nach dem Haupthaus gelangt man auf dem Freigelände zu den **Grassodenhäuschen.** Sie verdeutlichen die ärmlichen Wohnverhältnisse der Bauern im 19. Jh. Der kreuzförmige Kuhstall stammt aus dem Jahr 1830, das daran angebaute Wohnhaus (baðstofa) von 1895, die Küche von 1880, das Vorratshaus von 1850, die gute Stube von 1896 und der Schlafraum von 1838. Die Wände bestehen aus aufgeschichtetem Tuffgestein und Basalt, die mit großen Steinplatten bedeckt sind. Das darüber liegende Dach besteht aus Grassoden. Wände und Balken sind aus Treibholz.

Obwohl die Kirche von Skógar etwas entfernt von den Grassodenhäuschen steht, fügt sie sich ihre spitzwinklige weiße Fassade harmonisch zwischen den grünen Grasdächern ein. Die **Skógarkirkja** wurde 1998 neu erbaut, wobei Teile verschiedener alter Kirchen für die Innenausstattung verwendet wurden. Die meisten Teile stammen von einer Kirche in Kálfhólt aus Jahr 1879, die Fenster (1898) von der Kirche in Gröf (Grafarkirkja). Die Glocken wurden um 1600 und 1742 gegossen. Das Altarbild von 1768 war früher in der Kirche von Ásólfsstaðir, die Kronleuchter (16. Jh.)

127is Foto: tt

hingen in den alten Kirchen von Steinar und Skógar.

Die **Schule** stand einmal in Litli-Hvammur, wo sie 1901 erbaut wurde.

Das **Wohnhaus Holt in Síða** wurde als erstes Holzhaus der Region 1878 von dem Landrat *Árni Gíslason* aus Treibholz erbaut. Es war bis 1974 bewohnt. Die Wände auf der Westseite der Wohnstube stammen aus dem Schiff St. Paul, das 1899 vor der Küste strandete.

Das **Gehöft Skál in Síða** aus dem Jahr 1920 wurde mit Kuhstall und darüber liegendem Wohnraum 1989 in Skógar wieder aufgebaut. Ein Vorderhaus mit Küche und Stube, das bis 1970 bewohnt wurde und ein Schuppen aus Gröf aus dem Jahr 1870 sind integriert.

Über eine Brücke gelangt man zum 2002 eröffneten **Technikmuseum.** Es dokumentiert die Anfang des 20. Jh. aufkommende Industrialisierung und Technik (Telekommunikation und Elektrizität). Ausgestellt sind alte Fahrzeuge und Maschinen. Man erfährt, wie schwierig einst die erste Durchquerung des Hochlands mit Fahrzeugen war, wie die Postreiter früher unterwegs waren und wie der Straßen- und Brückenbau begann. In der großen Halle befindet sich auch ein Souvernirshop und die **Cafeteria Skógakaffi.**

Alte Islandhäuser
im Freilichtmuseum Skógar

Im Souvenirshop ist ein Video in drei Sprachen (auch auf Deutsch) über das Heimatmuseum erhältlich, zu dem *Þórður Tómasson* das Drehbuch geschrieben hat.

Tourist-Information

- **Fossbúðinn Skógar,** Tel. 4878841, geöffnet 1.6.–31.8., Restaurant, Souvenirshop.

Unterkunft

- **Edda-Hotel Skógar€,** Tel. 4444830, Nähe Heimatmuseum, geöffnet 11.6.–20.8., 34 Betten in einfachen Zimmern und Schlafsackplätze in der benachbarten Turnhalle, Restaurant.
- **Hotel Skógar€€,** Tel. 4878988, www.hotelskogar.is, ganzjährig geöffnet, 25 Betten, Restaurant.
- **Hof Drangshlíð I€€,** westlich Skógar am Raufarfell gelegen, Tel. 4878868, ganzjährig geöffnet, Zimmer und Schlafsackplätze, Restaurant.

Jugendherberge

- **Jugendherberge Skógar€,** Zimmer mit insgesamt 30 Betten und Schlafsackplätze in der ehemaligen Schule Nähe Wasserfall, Tel. 4878801, Fax 4878955, geöffnet 15.5.–15.9., Doppelzimmer 65 Euro, Schlafsackplatz 20 Euro.

Campingplatz

- Der einfache Platz (Tel. 4878824) liegt **beim Wasserfall;** Einkaufsmöglichkeit, Bushaltestelle.

Museum

- **Heimat- und Freilichtmuseum in Skógar *(Byggðasafnið Skógum),*** Tel. 4878845, Fax 4878848, www.skogasafn.is, geöffnet Juni–Aug. täglich 9–18.30 Uhr, Mai und Sept. 10–17 Uhr, sonst täglich 11–16 Uhr, Eintritt 1000 ISK, Kinder bis 12 Jahren frei, Cafeteria.

Westlich von Skógar liegt in der eingezäunten Weide an der Ringstraße die **Höhle Rútshellir.** Sie ist frei zugänglich, und die Kühe auf der Weide sind meist friedlich. Die 20 m lange Haupthöhle mit ihrer gewölbten Decke diente früher als Heuschober. Von dort zweigt die 8 m lange Nebenhöhle Stúkan im rechten Winkel ab, in der einmal eine Schmiede betrieben wurde.

7 km westlich von Skógar zweigt die Straße 242 nach **Seljavellir** ab (3 km). Im Tal liegen einige **Bauernhöfe** (Hof Seljavellir, Tel. 4878810, Schlafsackplätze) und das Freibad Seljavellalaug, das geschlossen wurde. Folgt man vom Parkplatz dem am Bach entlang führenden Pfad (abschüssige, ausgesetzte Stellen am Hang!), gelangt man nach etwa 20 Minuten zum **alten Freibad Seljavellalaug** im Talschluss, das in den Fels hinein gebaut wurde. Obwohl dies kein offizielles Freibad mehr ist, wird es gerne von Isländern besucht. In dem Tal, in dem „der Teufel sein Süppchen kocht", gibt es heiße Quellen.

Zurück auf der Ringstraße kommt man zur Siedlung **Steinar,** wo sich im Süden der **Salzwassersee Holtsós** erstreckt. Kurz danach zweigt die Straße 246 zum **Hof Ásolfsskáli** ab. Der sagenumwobene Hof wird vom 78 km² großen **Eyjafjallajökull** überragt. An die Berge unterhalb des Gletschers brandete früher das Meer. Ehemalige Brandungshöhlen werden heute als Schafställe genutzt.

500 m vor Heimaland, wo ein hoher Wasserfall von der senkrechten Felswand herab stürzt, weist eine Tafel auf die **Höhle Paradísarhellir** hin. Vom

Die Sage vom weisen Njáll

Die Sage vom weisen Njáll, die während der Christianisierung Islands im Jahr 1000 spielt, ist die **isländische Volkssage.** Der christliche Njáll ist allwissend, hat hellseherische Fähigkeiten, kennt alle Gesetze des Landes und gibt weise Ratschläge. Sein Urteil ist stets gerecht. Die Menschen rufen ihn, um Streitigkeiten zu schlichten. Seinem jungen heidnischen Freund *Gunnar Hámundarson,* dem Führer einer mächtigen Bauernsippe, steht Njáll immer mit seinem Rat zur Seite.

Gunnar wird durch seine streitsüchtige Frau *Hallgerður,* die sich mit Njálls Frau *Bergþóra* entzweite, in die Streitigkeiten der Sippen hineingerissen. Darauf rät Njáll Gunnar, möglichst allen Streit zu vermeiden. Dies schürt die Wut einiger aus der Gegensippe. Durch deren blinde Leidenschaft verkehren sich die guten Ratschläge Njálls ins Gegenteil, und die Folgen fallen tragisch auf ihn zurück. Njáll warnt Gunnar davor, einen Totschlag im dritten Glied seiner Blutsverwandtschaft zu begehen, denn dadurch würde sein Geschlecht ausgelöscht werden. Aus Notwehr tötet Gunnar jedoch *Þórgeir Otkelsson,* den mit ihm blutsverwandten Führer der Gegensippe. Es kommt zu einer Anklage auf dem Alþing. Gunnar wird schuldig gesprochen und geächtet.

Die Blutrache der heidnischen Sippen vernichtet daraufhin Gunnar und seinen Hof Hlíðarendi („Hangende"). Auch die Söhne Njálls werden durch den Untergang Gunnars in den Sippenstreit verwickelt. Ihr Hof Bergþórshvoll wird in Brand gesteckt. Njáll und seine Söhne kommen in dem Feuer um – der weise Njáll aber stirbt unschuldig als Märtyrer. Dieser Märtyrertod des Njáll, der in christlichem Denken stets die Versöhnung predigte, durchbrach bei den Überlebenden der heidnischen Sippen letztendlich den Teufelskreis aus Blutrache und Gewalt und leitete die Versöhnung ein.

Die Akteure und die Handlung der Njáll-Saga sind historisch verbürgt. Die Saga wurde um das Jahr 1280, wenige Jahre nachdem sich die Isländer den Norwegern unterworfen hatten, von einem unbekannten Dichter niedergeschrieben. Zitate aus diesem Werk gehören zum allgemeinen Sprachgebrauch. „Fögur er hlíðin" – „Schön ist der Hang", diese Worte Gunnars sind Ausdruck für die Heimatliebe der Isländer geworden. Die beiden durch die Sippenfehde zerstörten Höfe standen einst in der Gegend um Hvolsvöllur.

Am Ufer des Flusses Eystri-Rangá liegt neben der Piste F 210 ein großer Felsen, der einmal vom Wildwasser umspült wurde. An diesem Gunnarstein soll sich der berühmteste Kampf der Njáll-Saga zugetragen haben (Hinweistafel): Gunnar kämpfte hier mit seinen beiden Brüdern *Kolskeggur* und *Hjörtur* gegen 30 Mann. In einem nahen Grabhügel fand man Gebeine und einen mit einem Hirsch verzierten Fingerring. Man nimmt an, dass dieser Hjörtur (= Hirsch) gehörte.

Rast- und Parkplatz hinter dem Schafspferch führt ein Fußpfad etwa 500 m weit über die nasse Wiese bis zur Felswand und daran noch etwa 50 m in östlicher Richtung entlang. Der Höhleneingang liegt etwa 4 m oberhalb des Pfads in der Felswand. Er ist mit einer herabhängenden Stahlkette gekennzeichnet, mit deren Hilfe man hinauf zum engen Höhleneingang klettern kann. Wer die Höhle erkunden möchte, braucht eine starke Taschenlampe.

Am steilen Abfall der Seljalandsheiði zur Küste hin liegen der 40 m hohe **Seljalandsfoss** und ein wenig westlicher der gleichhohe **Gljúfurárfoss.** Wer eine kalte Dusche nicht scheut, kann auf einem rutschigen und nassen Pfad hinter dem Seljalandsfoss hindurchgehen. Der Gljúfurárfoss ist von der Straße aus kaum erkennbar. Er fällt hinter einer Felswand in eine enge Schlucht, die nur einen Spalt weit zur Straße hin geöffnet ist. In dem Spalt ist ein großer Felsbrocken verkeilt. Durch den Spalt kann man in die Schlucht hinein gelangen (Regenkleidung empfohlen). Die beiden Wasserfälle und die Felswand werden am Nachmittag von der Sonne beleuchtet. Der Seljalandsfoss wirkt besonders romantisch, wenn die Mitternachtssonne die Felsen in ein warmes, rötliches Licht taucht. Zwischen den beiden Wasserfällen liegt der **Campingplatz Hamrargarðar.** Der ausgedehnte Platz liegt am Fuß der steilen Felswand, von der hohe Wasserfälle herabstürzen. Auch die Westmänner-Inseln kann man gut sehen. Wir zelten auf diesem Platz häufig, da er für Tagesausflüge ins Þórsmörk oder nach Skógar günstig liegt und kaum von Reisegruppen aufgesucht wird. Auch verfügt er über eine Gästeküche und einen Aufenthaltsraum, wo wir unsere Akkus laden und unsere Digitalbilder sichten können.

Vor der 242 m langen Brücke über den breiten **Markarfljót,** die aus dem Jahr 1933 stammt, zweigt die Straße 249 Þórsmörkurvegur ins Þórsmörk ab (siehe Route 7). Von der Brücke sind es noch 22 km bis Hvolsvöllur. Auf halber Strecke zweigt die Straße 252 nach Süden von der Ringstraße ab. Nach wenigen Kilometern steht neben der Straße die kleine weiße **Kirche von Búland.** Dahinter erhebt sich der mächtige Eyjafjallajökull, und vor der Kirche weiden Kühe. Ein isländisches Postkartenmotiv!

Hvolsvöllur ⇗ XIX,C/D2

Hvolsvöllur hat **840 Einwohner** und verfügt über alle wichtigen Versorgungseinrichtungen. Geprägt wird der Ort durch die landwirtschaftlichen Betriebe im Umland; auch der Fremdenverkehr gewinnt an Bedeutung. Dem Touristen werden Gletscher- und Bergwanderungen sowie Touren mit dem Geländewagen, Reitausflüge und Angeln im Lachsfluss Rangá angeboten.

Die Gegend um Hvolsvöllur ist Schauplatz der historischen **Njáll-Saga** (vgl. Exkurs). Die Tourist-Information vermittelt Führer, die auf den Spuren des weisen *Njáll* und seines Freundes *Gunnar* Wanderungen zu den Überresten der alten Gehöfte aus der Sage durchführen. Der bekannteste Handlungsort der Njáll-Saga ist der **Hof**

Bergþórshvoll. Er liegt einige Kilometer südlich an der Straße 252. Auf dem Hof wohnte der weise und friedliebende *Njáll* mit seiner Frau *Bergþóra* und seinen drei Söhnen und drei Töchtern. Im Herbst 1011 steckten einhundert Mitglieder einer verfeindeten Sippe unter Anführung von *Flosi Þórðason von Svínafell* den Hof in Brand. *Njáll* und seine Familie kamen in diesem Mordbrand, einem der berüchtigsten Ereignisse der Sagazeit, ums Leben. *Njálls* Schwiegersohn *Kári Sölmundarson* konnte dem Brand entkommen und nahm grausame Rache.

Tourist-Information

- Im **Zentrum der Njáll-Saga,** Hlíðarvegur 14, Tel. 4878043, geöffnet 15.5.–15.9. täglich 9–19 Uhr; im Sommer werden Busausflüge mit Führungen zu den Schauplätzen der Njáll-Sage angeboten.

Unterkunft

- **Hotel Hvolsvöllur**€€, Hlíðarvegi 7, Tel. 487 8050, Fax 4878058, www.hotelhvolsvollur.is; Hotel der gehobenen Klasse mit Fitness-Center, ganzjährig geöffnet, Zimmer und Suiten, Restaurant.
- **Gästehaus Vestri-Garðsauki,** Tel. 4878078, www.gardsauki.is; die deutsch-isländische Familie vermietet im Sommer auf ihrem Bauernhof 4 Zimmer.
- **Hof Búðarholl,** südöstlich vor Bakki an der Straße 251 gelegen, Tel. 4878578.

Campingplätze

- **Hlíðarvegur,** Tel. 4878043.

Essen und Trinken

- **Restaurant im Hótel Hvolsvöllur,** Tel. 487 8050.
- **Cafeteria Hlíðarendi,** Tel. 4878197.
- **Björg,** Austurvegur 10, Tel. 4878670; Minigolf.
- **Gallery Pizza,** Hvolsvegur 29, Tel. 487 8440, geöffnet So bis Do 11–22 Uhr, Fr/Sa 11–23.30 Uhr.

Notfall

- **Ambulanz,** Tel. 4805330.
- **Apotheke,** Rangárapótek, Austurvegur 15, Tel. 4878630.

Busse

- **Þingvallaleið,** Linienbusse nach Reykjavík, Þórsmörk, Höfn, Skaftafell, Landmannalaugar, Eldgjá, Laki-Spalte.

Kunst und Kultur

- **Sögusetrið,** Zentrum der Njáll-Saga, Hlíðarvegur, Tel. 4878781, www.njala.is, geöffnet 15.5.–15.9. tgl. 9–19 Uhr, Eintritt 500 ISK, Kinder unter 12 frei. In dem Gebäude befinden sich die Tourist-Info, eine Cafeteria, in der man nach Wikingerart auf Fellen sitzt, eine gut gemachte Ausstellung mit Audio-Guide zur Njáll-Saga, ein Modell des ersten Parlaments in Þingvellir, die Galerie Ormur (Bilder isländischer Landschaften) und das Kaufmannsmuseum der Konsumgenossenschaft.
- **Kunsthandwerk**
  - Gallery í gangi, Krókatún 3, Tel. 4878438.
  - Hjá Öllu, Hvolsvegur 29, Tel. 4878441.

Sonstiges

- **Supermarkt/Kaufhaus,** ggü. Hlíðarendi.
- **18-Loch-Golfplatz,** Strandarvöllur zwischen Hvolvöllur und Hella, Tel. 4878208.
- **Schwimmbad,** Vallarbraut, Tel. 4884295.

Tourveranstalter

- **Bergþór,** Njálsgerði 4, Tel. 4878243; Gletscher- und Bergtouren.
- **Fjallabíll,** Króktún 8, Tel. 4878305; Gletscher- und Bergtouren.
- **Touren,** geführte Busausflüge zu den Schauplätzen der Njáll-Saga, Abfahrten 20.6.–20.8. Mo und Do 11.30 Uhr bei der Tourist-Info/Saga-Center, 2-tägige Touren auf Anfrage.

Die Ringstraße führt hinter Hvolsvöllur durch Weideland. Bei guter Sicht kann man im Norden den Vulkan Hekla erkennen. Hinter der Brücke über die Eystri-Rangá zweigt die Straße 264 nach Norden ab. Nach 12 km erreicht man auf ihr das geschichtlich interessante **Torfgehöft Keldur** mit einer Kirche von 1875 (Museum Keldur, Tel. 4878452, geöffnet 1.6.–15.9. täglich 10–17 Uhr). Keldur ist ebenfalls ein Schauplatz der Njáll-Saga. Der Hof gehörte einst *Ingjaldur Höskuldsson,* der auch in der Saga vorkommt. Das Torfgehöft stammt aus dem 12./13. Jahrhundert. Ein Tunnel führte von dort zum nahen Quellbach. Man nimmt an, dass dieser entweder ein Fluchtweg war oder bei Sandstürmen als Zugang zum Wasser diente. Am Bach steht ein weiteres kleines Holzhäuschen, in dessen Innern eine Quelle ist. Die Quellbäche, die hier einem Lavastrom entströmen, schufen ein sumpfiges Weideland. Danach erhielt Keldur seinen Namen *(keldur* = Sumpf, Morast, Quelle). Das Torfhäuschen Keldnasskálinn zählt zu den ältesten erhaltenen Islandhäusern. Nach dem großen Vulkanausbruch der Hekla im Jahr 1300 bedeckte Lavaasche weite Teile dieses Landstrichs. Die hier besonders heftig wehenden **Stürme** verteilten den feinen Lavasand über das Gehöft und das Weideland. Die Bauern errichteten deshalb große Schutzwälle aus Lavasteinen gegen die verheerenden Sandstürme. Vielleicht war dies auch der Grund, weshalb der unterirdische Gang angelegt wurde. Die Straße 264 verläuft am Fuß der Hekla durch das Lavafeld Keldnahraun nach Hella.

Von der Ringstraße biegt 3 km hinter der Zufahrt nach Keldur die Straße 266 nach Süden zum **Hof Oddi** ab. Hier befindet sich die Kirche von Hella. Sie wurde 1924 errichtet. In der Skaldenzeit war Oddi ein bedeutendes Bildungs- und Skaldenzentrum. Die Priesterschule wurde von dem Gelehrten **Sæmundur Sigfússon** (1056–1133) gegründet, nachdem er von seinem Theologiestudium aus Paris zurückkam. Man nimmt an, dass dieser erstmals nach mündlichen Überlieferungen Edda-Lieder niedergeschrieben hat („Ältere Edda"). Berühmte Schüler dieser Schule waren *Snorri Sturluson* (1179–1241) und *Þorlákur Þórhallsson,* der von 1178–1193 Bischof von Skálholt war und als einziger Isländer heilig gesprochen worden ist. Einst befand sich in Oddi auch eines der geistlich-kulturellen und machtpolitischen Zentren Islands. Oddi zählte damals zu den reichsten Höfen des Landes. Man erzählt sich, dass *Sæmundur* wegen seiner „guten Kontakte" zum Teufel magische Kräfte besaß. Er soll auf dem Rücken eines Seehunds reitend, in den sich der Teufel verwandelt hatte, von Paris nach Island zurückgekehrt sein. Dort angekommen vertrieb er den Seehund durch einen kräftigen Schlag mit einem geheiligten Gegenstand auf den Kopf und rettete so seine Seele. *Ásmundur Sveinsson* hat diese Geschichte in seiner Skulptur „Sæmundur auf dem Seehund" dargestellt.

Hella ↗ XIX,C2

Die Ortschaft, erst 1927 entstanden, liegt am Ostufer des Flusses Ytri-Rangá.

Heute hat der Ort gut **800 Einwohner,** die ihren Lebensunterhalt mit Handel, Landwirtschaft und immer mehr auch mit dem Fremdenverkehr verdienen. Hier gibt es ein mit Erdwärme beheiztes Schwimmbad und alle wichtigen Versorgungseinrichtungen.

In der Umgebung Hellas sind zahlreiche **Höhlen** zu finden, die zum Teil wahrscheinlich schon vor der Landnahme von keltischen Einsiedlern in den Boden aus weichem Lavastaub gegraben wurden und ihnen als Wohnraum gedient haben. Die meisten sind verfallen. Nach Anmeldung bei der Tourist-Information oder dem Hof Ægissiða (s. u.) können einige bis zu 6 m lange Höhlen besichtigt werden, die auf der Westseite des Flusses auf dem Gelände des Hofs liegen. In die Wände der Höhlen sind Schriftzeichen, Runen und andere Symbole eingeritzt.

Tourist-Information Hella

- **Þrúðvangur 24,** Tel. 4875165, und im Hekla handverkshús (Þrúðvangur 35, Tel. 487 5532) am Ufer der Rangá.

Unterkunft

- **Fosshotel Mosfell**€€, Þrúðvangur 6, Tel. 4875828, Fax 4875004, ganzjährig geöffnet, 106 Betten.
- **Hotel Rangá**€€€, Suðurlandsvegur, Tel. 875700, Fax 4875701, ganzjährig geöffnet; Hotel der gehobenen Klasse an der Ringstraße zwischen Hvolvöllur und Hella gelegen, Übernachtung in hüttenähnlichen Gästehäuschen mit Veranda, Restaurant.
- **Gästehaus Árhús**€€, Rangárbakkar, Tel. 4875577, Fax 4875477, www.arhus.is, ganzjährig geöffnet, Hütten und Schlafsackunterkunft am Ufer der Rangá beim Campingplatz, Café mit kleinen Gerichten.
- **Gästehaus Brenna**€, Þrúðvangur 37, Tel. 4875532, rosa angestrichenes Haus neben dem Hekla handverkshús (vermietet eine Hütte am Ufer der Rangá), ganzjährig geöffnet, 3 DZ, Betten in Schlafsälen und Schlafsackplätze, Gästeküche.
- **Hellirinn,** Ægissíða 4, westlich Hella an der Ringstraße gelegen, Tel. 4875871, Fax 487 5171, ganzjährig geöffnet, Zimmer und Schlafsackunterkunft, geführte Wanderungen, Angeln und Reiten.

Camping

- **Árhús,** am Ufer der Rangá, Rangárbakkar, Tel. 4875577; Hütten, Schlafsackunterkunft, Reiten, ganzjährig geöffnet.

Essen und Trinken

- **Kanslarinn,** Dynskálar 10c, Tel. 4875100.
- **Kökuval,** Þingakálar 4, Tel. 4875214; Café, Bäckerei/Konditorei.

Notfall

- **Ambulanz,** Suðurlandsvegur 3, Tel. 480 5320.
- **Apotheke,** Rangárapótek, Tel. 4875030.

Sonstiges

- **18-Loch-Golfplatz,** Strandar-Platz; vgl. Hvolsvöllur.
- Im Juli wird in Hella alljährlich ein großes **Reitturnier** veranstaltet.
- **Schwimmbad,** Útskálar, Tel. 4875334.

Route 6 F:

Von Hella zur Hekla (63 km)

Bei der Tankstelle Vegamót, 7 km westlich von Hella, zweigt die Straße 26 nordwärts von der Ringstraße ab. Die Straße verläuft zwischen den Flüssen Þjórsá im Westen und Ytri-Rangá im Osten überwiegend über alte Lavafelder und sandige Ebenen durch unbesiedeltes Gebiet. Der 1491 m hohe Vulkan Hekla ist unser ständiger Begleiter. 6 km hinter der Abzweigung liegt die **Sommerschule Laugaland** (Campingplatz, Schwimmbad). 25 km weiter folgt östlich des 336 m hohen Skarðsfjall **Leirubakki.** Hier befindet sich ein Campingplatz, der schön im **Birkenwäldchen** Galtalækjarskógur gelegen ist (am ersten Augustwochenende findet hier ein Open-Air-Festival statt). Im **Hotel Leirubakki** wurde das **Hekla-Informationszentrum** eingerichtet, das audiovisuell über den Vulkanismus und die Hekla informiert. Wer den Berg bestiegen hat, kann hier eine Urkunde bekommen. Hotel und Informationszentrum sind ganzjährig geöffnet, Tel. 4878700, www.leirubakki.is, 40 Betten und Schlafsackplätze, Restaurant, Freibad; angeboten werden geführte Wanderungen, Angeln und Reiten.

Nordwestlich vom Campingplatz erstreckt sich das 8000 Jahre alte **Lavafeld Merkurhraun,** Überrest eines Vulkanausbruchs in der Nähe der Veiðivötn. Die Lava legte von dort bis zum Meer eine Strecke von 130 km zurück und bedeckt eine Fläche von 800 km². Damit ist das Merkurhraun einer der längsten Lavaströme der Erde.

Die Straße nähert sich nun der **Þjorsá,** wo wir die **Wasserfälle Þjófafoss und Tröllkonufoss** besichtigen können. Zum Þjófafoss führt eine 5 km lange Stichstraße. Die schwarzen Steine im Fluss sollen von Riesinnen gelegt worden sein, die hier die reißende Þjorsá überquert haben. Der nördlich liegende Tröllkonufoss ist von der Straße 26 zu sehen. Wenige Kilometer weiter zweigt die Piste F 225, der „Fjallabaksvegur nyrðri", ab. Westlich des Lavafelds Nýahraun führt ein holpriger Fahrweg an den Nordrand der Hekla, von wo aus man den Vulkan am besten besteigen kann. Für den Hin- und Rückweg benötigt man ab dem Ende der Piste 4–5 Stunden. Folgen Sie am besten an einem wolkenlosen Tag dem ausgetretenen Pfad hinauf zum Kraterrand und nehmen Sie ausreichend zu Trinken mit! Im Hochsommer liegt auf der Hekla häufig noch Schnee.

Die Hekla ↗ XIX,D1

Der **bekannteste und aktivste Vulkan Islands** ist die 1491 m hohe Hekla, die „Verhüllte". Ist der Gipfel einmal nicht von Wolken verhangen, sieht man die im Sonnenlicht gleißende Schneekappe des Vulkans. Sein Alter schätzt man auf mindestens 12.000 Jahre. Schon im Mittelalter kannte man diesen Vulkan wegen seiner verheerenden Ausbrüche auch außerhalb Islands. In der Mythologie stellt die Hekla das „Eingangstor zur Hölle" dar und die „Verbindung zur Unterwelt". Wenn man sich dem Berg nähert, soll man das Jammern und Stöhnen derer hören können, die im Fegefeuer schmoren. Die Hekla ist ein **Spaltenvulkan** mit einer 5,5 km langen **Eruptionsspalte,** der **Heklugjá.** Sie zählt zu den aktivsten Vulkanen Islands. Die vulkanische Tätigkeit der Hekla kann man seit Ende der Eiszeit in fünf Zyklen unterteilen, die jeweils mit äußerst heftigen Eruptionen begannen, explosiv und ohne große Lavaausflüsse.

Ausbrüche des Vulkans Hekla seit dem Jahr 1104

Jahr	Art des Ausbruchs
1104	explosiv, nach dem Ausbruch des Öræfajökull im Jahr 1362 zweitheftigster Aschenausbruch
1158	effusiv, Bildung des Efrahvolshraun
1206	schwach
1222	schwach
1300	explosiv, heftig, 500 Menschen verhungern
1341	schwach, jedoch sterben viele Tiere an der ausgetretenen Flusssäure
1389	explosiv, heftig, große Lavaausflüsse aus der Heklugjá-Spalte im Norden
1510	explosiv, sehr heftig, Lavabomben töten einen Mann in 40 km Entfernung
1597	schwach
1636	schwach
1693	explosiv, heftig, viele Tiere sterben an Flusssäure
1766	heftig, dauerte zwei Jahre; nach dem Laki-Ausbruch 1789 der zweitstärkste Lavaausfluss; Lava aus der Heklugjá bedeckt 65 km^2; fünf Höfe werden vernichtet und viele Tiere sterben
1845	starke Lavaausflüsse (25 km^2)
1947	größter Ausbruch des 20. Jahrhunderts; erstmals geologisch untersucht; Asche- und Dampfwolke 27 km hoch, Ascheregen noch in 2860 km Entfernung (Helsinki), Eyjafjallajökull 1 m hoch mit schwarzer Asche bedeckt, Lavabomben von 1 m Durchmesser; 20 Lavaströme fließen aus der Hekla; geförderte Lavamenge wird auf 800 Millionen m^3 geschätzt; 100 Höfe zerstört, viele tote Tiere durch Flusssäure und Kohlensäure, aber zum Glück nur ein toter Mensch
1970	explosiv, heftig, mehrere Spalten öffnen sich, Krater Suðurgígar und Hlíðargígar entstehen; Dampfwolke ist 16 km hoch, viel Flusssäure tritt aus, 7000 Schafe sterben, ausgeflossene Lava bedeckt 18 km^2
1980	explosiv, heftig, starker Lavaausfluss (100 Millionen m^3), Aschewolke 15 km hoch, in 230 km Entfernung ist die Ascheschicht noch 1 mm hoch, ausgeflossene Lava bedeckt 22 km^2, Hekla wächst 30 m in die Höhe
1981	explosiv, heftig, Aschewolke 7 km hoch, drei Lavaströme fließen aus, sie bedecken 6 km^2, der längste ist 4,5 km lang
1982	Fortsetzung der Tätigkeit von 1981
1991	schwach, nur Lavaausflüsse
2000	schwach, Lavaausflüsse

128is Foto: tt

Die Lava trat erst nach Abklingen der explosiven Tätigkeit aus. Diese Vulkanausbrüche dauerten meistens nur ein Jahr. Der erste Zyklus begann vor 6600 Jahren: Er ließ die Lava im Norden und Nordosten, in der Ebene der Tungnaá und bei Vatnaöldur entstehen. Der zweite Zyklus begann vor 4000 Jahren: Dabei entstand die Lava im Nordwesten, im Tal der Þjórsá. Weitere Zyklen waren vor 2800 Jahren, vor 2000 bis 1500 Jahren und im Jahr 1104 n. Chr. Seit dieser Zeit sind **alle Ausbrüche der Hekla aufgezeichnet** (vgl. Tabelle). Bei der Eruption im Jahr 1970 flossen zwei Monate lang riesige Lavaströme aus mehreren Kratern, die eine Fläche von 20 km² bedecken. Beim Ausbruch von 1980 gewann der Vulkan 30 m an Höhe.

Route 6 G:
Durch das Tal der Þjórsá nach Selfoss (85 km)

Wir fahren auf der Straße 26 weiter nach Norden bis zur Abzweigung der Straße 32. Nach der Brücke über die Þjórsá folgt die Straße 32 dem längsten Fluss Islands südwärts. Vorbei am Bjarnalón, dem seeartigen Seitenarm der Þjórsá, zweigt im **Þjórsárdalur** hinter der Brücke über die Fossá die Zu-

Der aktivste Vulkan auf Island: Hekla

Þjóðveldisbærinn – der rekonstruierte Hof Stöng im Þjórsártal

fahrt zum **Hjalparfoss** von der Straße 32 ab. Die Flussarme stürzen 9 m tief in einen Basaltkessel, bevor die Fossá in die Þjórsá mündet. 8 km nordöstlich davon liegt im Þjórsárdalur das Gehöft Stöng.

Der alte Hof Stöng ⇗XIX,D1

Stöng liegt im einst fruchtbaren Tal der Þjórsá. Der Hof und das ganze Tal wurden 1104 bei dem verheerenden Ausbruch der 18 km südöstlich liegenden Hekla unter einer hohen Ascheschicht begraben. Die **Hofruinen** wurden 1939 ausgegraben und unter Denkmalschutz gestellt. Die Reste des Langhauses *(skáli)* und drei kleiner Torfrasenhäuser, der Kirche, des Friedhofs, zweier Schmieden und von zwei Nebengebäuden werden für die Nachwelt erhalten; Teile sind überdacht worden.

Das **Langhaus** war 12 x 5,85 m groß. In ihm befand sich die zentrale Feuerstelle, an der früher gekocht wurde und deren Abluft für die Beheizung der Räume sorgte. In die Wandseiten waren Alkoven eingelassen, an der Nord- und Westseite Nebenräume angegliedert. Man nimmt an, dass einmal 20 Personen auf dem Hof wohnten. Stöng ist frei zugänglich. Anlässlich der 1100-Jahr Feier Islands wurde 1974 das Langhaus rekonstruiert; es ist im **Museum Þjóðveldisbærinn** zu besichtigen (Þjórsárdalur, geöffnet 1.6.–15.9. täglich 10–12 und 13–18 Uhr, Tel. 4877713). Das Museum liegt südlich der Straße 32, dort, wo die Zufahrt zum Kraftwerk Búrfellsstöð abzweigt.

Auf der Westseite des Þjórsárdalur liegt das von heißen Quellen gespeiste

129is Foto: tt

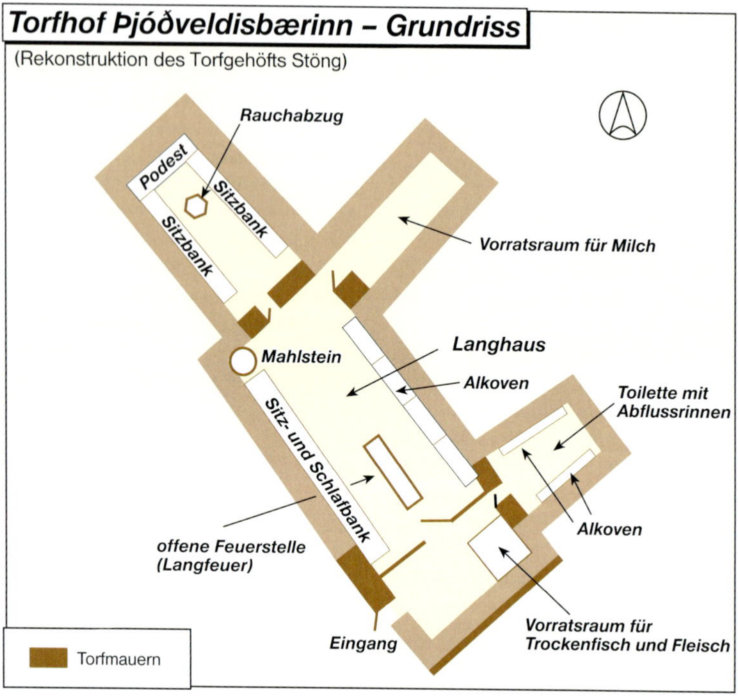

Schwimmbad Þjórsárdalslaug (geöffnet 15.5.–15.8. Mi–Fr 11–19 Uhr, Sa/So 10–19 Uhr) unterhalb des Rhyolithberges Rauðukambar. Die Zufahrt zu dem abgelegenen Bad erfolgt auf der Straße, die knapp 2 km hinter der Brücke über die Fossá nach Norden abzweigt.

Wander- und 4WD-Tipps

• Haífoss

Von Stöng aus führt ein markierter Wanderpfad **durch das Fossárdalur** zum Haífoss (122 m hoch; Hin- und Rückweg 6 Std.). Der Weg verläuft entlang des Strangarfjall ins Fossárdalur, dann auf dem Bachschotter talaufwärts. Mit dem Auto gelangt man auf einer Piste zum Parkplatz oberhalb des Haífoss-Canyons; 6 km südlich der Brücke über die Þjórsá zweigt die Piste von der Straße 32 nordwestwärts ab (Schild „Haifoss/ Stöng"). Eine geschotterte Nebenstraße führt von hier über die Schlucht Gjáin nach Stöng. Den Parkplatz erreicht man nach 8 km. Zu Fuß ist es nur noch ein kurzes Stück bis zur Abbruchkante der beeindruckenden Schlucht. In die dunkelgrüne Schlucht stürzen zwei große **Wasserfälle,** der 122 m hohe **Haífoss** und der benachbarte **Granni.**

Mit dem **Geländewagen** kann man entlang der Hochspannungsleitung auf einer ausgewaschenen, holprigen Piste (mehrere Furten) westwärts über das Geldingafell weiterfahren. Man gelangt auf ihr nach 25 km zur Straße 349 östlich des Gullfoss. Von hier führt eine ebenfalls kaum unterhaltene, holprige Piste, die dem Lauf des Flusses Búðará folgt, nach Norden in Richtung Kjölur, wo sie nach 35 km auf die Zufahrtsstraße (F 347) zu den Kerlingarfjöll trifft. Auf dieser Strecke müssen im nördlichen Teil der je nach Wetterbedingungen mehr oder weniger tiefe Fluss Kerlingará sowie einige Gletscherflüsse gefurtet werden.

- **Schlucht Gjáin**

Die Schlucht Gjáin liegt nur 1 km östlich von Stöng. Man geht hinter der Fußgängerbrücke am nördlichen Ufer der Rauðá flussaufwärts, bis man zum **Wasserfall Rauðáfoss** gelangt.

Im Þjórsárdalur fand man die **Überreste von 20 Höfen,** die vermutlich beim Ausbruch der Hekla im Jahr 1104 verlassen wurden; einige der Höfe wurden freigelegt.

7 km südlich der Brücke über die Fossá liegt **Ásólfsstaðir** im Þjórsárdalur. Am Fuß des Skriðufell findet sich ein Campingplatz (Tel. 4866003).

Entlang der Sanda erstreckt sich bei Sandartunga ein herrlicher Nadelwald, der **Fagriskogur** (= schöner Wald). Am Bach führt eine Sandpiste entlang, die sich auch gut zum Wandern eignet. Neben der Straße 32 liegt der **Aussichtspunkt Gaukshöfði** (Rastplatz). Von dem exponierten Felsen am Hagafjall kann man das weite Þjorsátal und das Lavafeld Merkurhraun überblicken. In Stórinúpur steht die einzige Kirche der Gegend. Hinter der Tankstelle und dem Campingplatz von **Árnes,** der in der Nähe des Schwimmbads und der ganzjährig geöffneten Jugendherberge (Tel. 4866048) an einem Bach liegt, ist das Land wieder besiedelt; wir durchfahren Weideland und landwirtschaftlich genutzte Flächen. 8 km weiter mündet die Straße 32 in die Straße 30 ein.

Abstecher nach Flúðir

12 km nördlich der Einmündung der Straße 32 in die Straße 30 liegt Flúðir. Der 380 Einwohner zählende Ort zwischen Hvítá und Þjórsá ist dank zentraler Lage in der Nähe zahlreicher Sehenswürdigkeiten – Stöng, Þjóðveldisbærinn, Gullfoss, Haukadalur, Skálholt – zu einem **Touristenzentrum** geworden. Thermalquellen beheizen hier zahlreiche Gewächshäuser und ein Schwimmbad. Auch die größte **Pilzzucht** Islands ist hier angesiedelt. *Emil Ásgeirssonar* hat in einem alten Viehstall in Gröf nördlich Flúðir ein kleines **Landwirtschaftsmuseum** eingerichtet (Tel. 4866635, zu besichtigen nach Vereinbarung).

Die **Tourist-Information** (Ferðamiðstöðin Flúðir, am Campingplatz, Tel. 4866535) offeriert **Unterkunft** in Hütten (je 6 Personen) und vermittelt Übernachtungen auf Höfen der Umgebung; ferner: Angellizenzen, Fahrradverleih, Reiten. Wer nicht auf dem Campingplatz übernachten möchte, findet Unterkunft im

- **Icelandair Hotel Flúðir€€,** Vesturbrún 1, Tel. 4866630, Fax 4866530, ganzjährig geöffnet, 32 Betten, Restaurant.
- **Gästehaus Syðra-Langholt€,** großes weißes Bauernhaus 10 km südlich an der Straße 340 gelegen, Tel. 4866574, ganzjährig geöffnet, Zimmer und Schlafsackplätze, Campingplatz, Reiten.

Kurz nach der Einmündung der Straße 32 in die Straße 30 zweigt die 31 nördlich nach Laugarás, Skálholt und zum Apavatn und Laugarvatn ab. Auch in dieser Gegend gibt es viele Thermalquellen, die den Anbau von Obst, Gemüse, Südfrüchten und Blumen in Gewächshäusern ermöglichen. 5 km weiter liegt der kleine Ort **Brautarholt** am Fuß des Vörðufell (392 m). Hier gibt es eine Tankstelle und einen Campingplatz (Brautarholt á Skeiðum, Tel. 486 5500).

15 km weiter erreichen wir wieder die Ringstraße. Von hier sind es noch 15 km bis Selfoss. Fährt man von der Einmündung der Straße 30 in die Ringstraße auf dieser ein Stück in Richtung Hella, kommt man nach 2 km zur Abzweigung der Straße 302, die auf der Westseite der Þjórsá entlangläuft. Auf ihr erreicht man nach weiteren 2 km beim gleichnamigen Gehöft den **Urriðafoss.** Die breite Þjórsá stürzt hier über eine Basaltschwelle. Den besten Überblick über den Wasserfall hat man vom Flussufer, das man auf einem fünfminütigen Fußmarsch über die Wiesen erreicht.

Wieder zurück auf der Ringstraße, werden bei **Ullarverslunin Þingborg** (Tel. 4821027, geöffnet im Sommer 13–18 Uhr) handgestrickte **Wollwaren** und **Souvenirs** zum Kauf angeboten. Die Verkaufsstelle im alten Schulhaus aus dem Jahr 1927 wurde von 35 Landfrauen und Schafbesitzern aus der Gegend eingerichtet, die sich zusammengeschlossen haben und die Wollwaren in Heimarbeit herstellen. Bei der neuen Schule gibt es einen einfachen Campingplatz.

Sólheimar

↗ XIX,C1

Sólheimar liegt südwestlich von Skálholt an der Straße 354. Das Dorf ist eine **anthroposophische Gemeinschaft** von etwa 100 Menschen, von denen 40 behinderte Kinder sind. Die Gemeinschaft wurde 1930 von *Sesselja H. Sigmundsdóttir* gegründet. Sie stützt sich auf die Lehren *Rudolf Steiners* (1861–1925, Philosoph und Begründer der Anthroposophie, der Lehre, wonach der Mensch höhere seelische Fähigkeiten entwickeln und dadurch übersinnliche Erkenntnisse erlangen kann). Die Dorfgemeinschaft betreibt ökologischen Anbau, fördert gesunde Ernährung und sucht Sinn und Freude an der Arbeit. Seit 1997 ist Sólheimar Mitglied im Global Eco-Village Network, dem internationalen Verband der ökologisch orientierten Gemeinschaften.

Informationen

Besucher und Kurgäste sind in Sólheimar stets willkommen. Zur Übernachtung steht das **Gäste- und Kurhaus Brekkukot** (Tel. 4804483) bereit, ferner gibt es das Umwelt- und Kulturhaus Sesseljuhús, das Café Græna kannan, Skulpturengarten, Webstube, Kerzenmanufaktur und das Vala-Atelier (Kunsthandwerk, Tel. 4804450). Das Atelier ist im Sommer Mo bis Fr 11–18, Sa/So 11–17 Uhr geöffnet, im Winter Mo bis Fr 13.30–16 Uhr.

Von Anfang Juni bis über das erste Augustwochenende mit dem Bankfeiertag findet das **Kunstfestival „Listasumar"** statt mit Ausstellungen, Lesungen, Konzerten und Führungen durch den Skulpturengarten, in dem die Werke von elf isländischen Künstlern zu sehen sind. Das Gästehaus wurde 2005 mit dem Umweltpreis des isländischen Fremdenverkehrsamts ausgezeichnet.

Selfoss

↗ XIX,C1/2

Selfoss liegt am Ufer der Ölfusá südlich des 551 m hohen Berges Ingólfsfjall. Die 1891 erbaute Hängebrücke über den Fluss war damals das größte isländische Bauwerk. Die Stadtrechte erhielt der Ort 1947. Die Stadt wuchs rasch, heute hat sie über **6500 Einwohner.** Selfoss ist das Handels- und Dienstleistungszentrum des Südens. Durch die **größte Molkerei Islands** ist die Stadt außerdem für die Milchwirtschaft von entscheidender Bedeutung. In letzter Zeit entwickelte sich der Ort zu einem Bildungszentrum. Selfoss ist auch ein Verkehrsknotenpunkt. Außer den Linienbussen, die auf der Ringstraße verkehren, gibt es Busverbindungen zum Gullfoss, ins Haukadalur, ins Þórsmörk, nach Landmannalaugar und über den Sprengisandur nach Akureyri.

Selfoss, Eyrarbakki, Stokkseyri und Sandvíkurhreppur haben sich zur **Gemeinde Árborg** mit fast 8000 Einwohnern zusammengeschlossen.

Tourist-Information

- **Árborg Tourist-Informationszentrum,** Austurvegur 2, Selfoss, Tel. 4801990, Fax 482 3599, täglich geöffnet 15.5.–15.9. Mo–Fr 10–19, Sa 11–14 Uhr, www.arborg.is.

Unterkunft

- **Hotel Selfoss**€€**,** Eyrarvegur 2, Tel. 4802500, Fax 4822524, www.hotelselfoss.is, ganzjährig geöffnet, 4-Sterne-Wellness-Hotel mit 99 Zimmern, Restaurant.
- **Gesthús Selfoss,** Engjavegur, Tel. 4823585, www.gesthus.is; Holzhäuschen-Kolonie am Campingplatz, jeweils bis zu vier Personen, Küche und Bad, Laden, Hotpots, Fahrrad- und Pferdeverleih.
- **Gästehaus Heiðmörk 2a,** Tel. 4826616; ganzjährig geöffnet, Reiten, Golf.

Campingplatz

- **Engjavegur,** Tel. 4823585; komfortabel, Einkaufsmöglichkeit, Wohnmobil-Stellplätze, Schwimmbad, Tankstelle, Cafeteria, Bushaltestelle, Zelt-, Fahrrad- und Pferdeverleih.

Essen und Trinken

- **Hótel Selfoss,** Tel. 4822500.
- **Subway,** Austurvegur 2, Tel. 4822555.
- **Hrói Höttur,** Austurvegur 22, Tel. 4822899.
- **Kaffi-Krús,** Austurvegur 7, Tel. 4821672, www.kaffikrus.is; leckere kleine Gerichte und Menüs in einem alten Holzhaus.
- **Golfskálinn,** Tel. 4822417.
- **Kentucky Fried Chicken,** Austurvegur 46, Tel. 4823466.
- **Cafeteria Shell-Tankstelle,** Suðurlandsvegur, Tel. 4823088.
- **Pizza 67,** Austurvegur 2b, Tel. 4822267.
- **H.M. Café,** Eyravegur 15, Tel. 4823535.
- **Menam,** Eyravegur 8, Tel. 4824099, geöffnet 11.30–14 Uhr und 17–22 Uhr, thailändisches Restaurant, Gerichte ab 20 Euro.

Notfall

- **Krankenhaus, Ambulanz,** Árvegur, Tel. 4805100.
- **Apotheke**
  - Austurvegur 3, Tel. 4821177.
  - Arnes apótek, Austurvegur 44, Tel. 482 3000.

Eyrarbakki

XIX,C2

An der Küste südlich von Selfoss liegen Eyrarbakki und Stokkseyri.

Eyrarbakki in Árborg, in der Nähe der Mündung der Ölfusá gelegen, zählt heute knapp 600 Einwohner. In dem eingezäunten Gebäudekomplex östlich des Orts befindet sich Islands größtes Gefängnis. Die Blütezeit des historischen Handelsorts am Meer, dessen Hafen einmal zu den wichtigsten des Landes gehörte, begann Mitte des 19. Jh. und hielt bis in die ersten Jahrzehnte des 20. Jahrhunderts an. Aus dieser Zeit stammen auch viele der Häuser. Die meisten sind gut erhalten und unlängst renoviert worden. **Húsið,** das zu den ältesten Holzhäusern des

130is Foto: tt

Landes zählt, ließen dänische Kaufleute 1765 erbauen. Heute ist darin das Regionalmuseum des Bezirks Árnessýsla untergebracht. Nicht weit davon entfernt liegt das örtliche Fischereimuseum.

Beim Rastplatz am westlichen Ortsanfang steht ein **Modell von Vesturbúðin,** dem Handelshaus der dänischen Kaufleute aus dem 18./19. Jh. Das Original wurde 1950 abgerissen. Das weite Mündungsgebiet der Ölfusá mit seinen sumpfigen Wiesen und kleinen Inseln ist ein **Vogelschutzgebiet** durch das ein 2 km langer Rundweg verläuft.

In Eyrarbakki wurde **Bjarni Herjólfsson** geboren, der im Jahr 985 eine große Seereise unternahm. Er war es wohl, der als **erster Europäer Amerika erblickte.** Nach seiner Rückkehr verkaufte er sein Schiff an *Leifur Eiríksson,* dem die Entdeckung Amerikas noch vor Kolumbus zugeschrieben wird.

Auf diesem Klavier im Húsið in Eyrarbakki sollen schon 10.000 Finger gespielt haben

Essen und Trinken

- **Restaurant Rauða Húsið,** Búðarstígur 4, Tel. 4833330, www.raudahusid.is, Mo geschlossen; feine isländische Küche im roten Holzhaus neben der Kirche.

Notfall

- **Ambulanz,** Eyrargata 36b, Tel. 4831115.

Museen

- **Húsið,** Hafnarbrú 3, Tel. 4831504, geöffnet Juni–Aug. tägl. 11–17 Uhr, April/Mai, Sept./Okt. Sa/So 14–17 Uhr, www.husid.com, Eintritt 500 ISK (inkl. Fischereimuseum). Das von dänischen Kaufleuten 1765 erbaute Haus war bis 1980 bewohnt, die Eigentümer luden viele Gäste zu sich ein, auch *Halldor Laxness* war unter ihnen. Besonders sehenswert sind ein alter Sekretär und ein Klavier, das mit einem Segelschiff nach Island transportiert wurde. Auf diesem Instrument sollen schon mehr als „zehntausend Finger" gespielt haben. In den originalgetreu eingerichteten Zimmern erlebt man anschaulich, wie die Menschen hier früher gelebt haben.
- **Fischereimuseum (Sjóminjasafnið),** Túngata 59, Tel. 4831504, geöffnet 15.5.–15.9. täglich 11–18 Uhr. In dem weißen Haus mit blauem Dach (100 m vom Húsið entfernt) ist u. a. das alte Ruderboot Farsöll zu besichtigen, das von 12 Mann gerudert wurde.
- **Óðinshús,** Eyrargata, Tel. 8962866, Künstleratelier und Werkstätten.
- **Galleri Regina,** Hjallavegur, bemalte Steine und Holzskulpturen.

Sonstiges

- **Campingplatz,** am westlichen Ortsrand, kostenlos.
- **Saiblinge angeln** an der Ölfusá, Angelkarten am Tankstellenkiosk Ásinn.

Stokkseyri

↗ XIX,C2

Östlich von Eyrarbakki liegt **Stokkseyri,** ein geschätzter Ferienort am Meer. In dem Dorf mit knapp 500 Einwohnern haben sich auch viele Künstler angesiedelt, deren Ateliers besichtigt werden können. Die mit Grassoden gedeckte **Fischerkate Þuríðarbúð** erinnert an die jahrhundertealte Fischertradition.

Essen und Trinken

- **Við Fjöruborðið,** Eyrarbraut 3, Tel. 483 1550, www.fjorubordid.is; in dem Fischrestaurant soll es den besten Hummer Islands geben. Vorzüglich ist auch die Hummer-Suppe.

Notfall

- **Ambulanz,** Eyjasel 2, Tel. 4831340.

Museen

- **Þuríðarbúð,** die rekonstruierte Fischerkate (hinter der Shell-Tankstelle) erinnert an die Kapitänin *Þuríður Einarsdóttir* (1777–1863), die hier lebte und 25 Jahre lang im Winter mit Booten von Stokkseyri aus auf Fischfang fuhr. Vor der Kate informieren Texte und alte Bilder über die ungewöhnliche Frau. Eintritt frei.
- **Geisterzentrum Draugasetrid,** Hafnargata 9, Tel. 4831202, im Sommer tägl. 14–20 Uhr, im Winter Sa/So 14–18 Uhr geöffnet, Eintritt 1400 ISK (Erwachsene), 900 ISK (12–16 Jahre), 500 ISK (unter 12 Jahre). Mit dem Audioguide (auch auf Deutsch) hört man 40 Minuten lang blutrünstige Geistergeschichten passend zu den 24 schummrigen Geisterzimmern.
- **Elfen-, Trolle- und Nordlichtmuseum,** Hafnargata 9, Tel. 4831202, www.icelandicwonders.com.
- **Jagdmuseum,** Eyrarbraut 49, Tel. 4831558, geöffnet tägl. 11–18 Uhr, Sammlung von präparierten Wildtieren, Jagdwaffen und -zubehör.
- **Kunst- und Kulturzentrum Hólmaröst,** Hafnargata 9, Tel. 4831280, musikalische Sammlung, Werkstätten und Galerie sowie mehrere Künstlerateliers.
- **Molkerei Rjómabúið,** Baugsstaðir, Tel. 486 3369, geöffnet Juli/Aug. Sa/So 13–18 Uhr, April/Mai und Sept./Okt. Sa/So 14–17 Uhr, Eintritt 300 ISK (Kinder frei), 5 km östlich von Stokkseyri, alte Molkerei mit Originaleinrichtung aus den Jahren 1905–1952. Hergestellt wurden Käse und Butter, die man als „dänische Butter" nach England verkaufte.

Sonstiges

- **Töfragarðurinn,** „Der Zaubergarten", Stjörnusteinar, Tel. 4833800, geöffnet Mai–Aug. täglich 10–18 Uhr, Eintritt Erwachsene 550 ISK, Kinder 400 ISK, Erlebnis- und Haustierpark, Café.

- **Schwimmbad,** Tel. 4831567.
- **Kajakaferðir,** Tel. 8965716, www.kajak.is, Kajakfahrten auf den Seen und entlang der Südküste.
- **Moped-Vermietung** in der Shell-Tankstelle, Tel. 4831485.

Route 6 H:

Von Selfoss nach Þingvellir (44 km)

Wir verlassen Selfoss nordwärts auf der Straße 35 und fahren am 551 m hohen Ingólfsjall vorbei. Hinter dem Berg überqueren wir den Fluss Sog und biegen auf die Straße 36 ab. Vorbei an den Seen Alftavatn und Úlfljótsvatn erreichen wir nach 15 km den **Þingvallavatn** bei der Bucht Ölfusvatnsvík. Hier fließt der Sog aus dem Þingvallavatn ab. Der mit 83 km² größte See Islands ist bis zu 114 m tief und reicht damit unter Meeresniveau. Im See gibt es eine besondere Fischart: Die 15–20 cm lange vatnsbleika (Seeforelle) gilt als lokale Spezialität. Im See kommen zwei Forellen- und drei Saiblingarten vor.

Wir fahren am Ostufer des Sees entlang durch das Miðfellshraun, bis wir nach 20 km Þingvellir erreichen. Von hier kann man die Westseite des Þingvallavatn auf der Straße 360 umfahren. Im Südwesten des Sees liegt das **Geothermalkraftwerk Nesjavellir.** Von ihm wandert man auf markierten Wegen durch das einzigartige Thermalgebiet am Fuß des 803 m hohen **Vulkans Hengill,** vorbei an heißen Quellen und warmen Bächen, nach Hveragerði (Tagestour). Nesjavellir liefert auch den Dampf für die Energiegewinnung Reykjavíks.

Þingvellir ↗XIX,C1/X,A3

Auf einer Hochebene knapp 50 km nordöstlich von Reykjavík liegt die **altisländische Thingstätte** Þingvellir, die „Ebene der Volksversammlung". Das 27 km² große Gebiet steht bereits seit 1928 unter Naturschutz – es handelt sich um den ältesten Nationalpark Islands. Im Juli 2004 wurde Þingvellir zum UNESCO-Weltkulturerbe erklärt. Jährlich kommen über 250.000 Besucher in diesen historischen „Park aus Lava". Andere nennen Þingvellir auch die **alte Hauptstadt Islands,** war es doch neun Jahrhunderte lang (von 930 bis 1789) Regierungssitz.

Þingvellir liegt im Norden des Þingvallavatn im Þingvallasveit, einer 40 km langen und 10 km breiten Talsenke aus Lava. Im Westen wird das Gebiet durch die „Allmännerschlucht" **Almannagjá,** im Osten durch die „Rabenschlucht" **Hrafnagjá** begrenzt. Die südliche Begrenzung bildet der **Þingvallavatn,** die nördliche der 766 m hohe **Ármannsfell** und der 1060 m hohe Vulkan **Skjaldbreiður.**

Þingvellir liegt in der aktiven Vulkanzone Islands. Hier driften am **mittelatlantischen Rücken** die nordamerikanische und die eurasische Lithosphärenplatte langsam auseinander, gut erkennbar an den aufgerissenen Spalten der Almannagjá. Wer sich hier breitbeinig über eine schmale Spalte stellt, kann

Almannagjá – Bruchstelle der nordamerikanischen und eurasischen Kontinentalplatte

131is Foto: tt

behaupten, mit einem Bein auf dem amerikanischen und mit dem anderen auf dem europäischen Kontinent zu stehen, geologisch zwar nicht ganz richtig, doch seien wir nachsichtig (tatsächlich gehören geologisch die Almannagjá zu Nordamerika und die 5 km entfernte Hrafnagjá zu Europa).

Das ganze Gebiet hat sich seit der Christianisierung vor 1000 Jahren um 40 m gesenkt und 20 m verbreitert. Während eines Erdbebens 1789 sackte der Boden in zehn Tagen gar um 67 cm ab! Mit derselben Geschwindigkeit, mit der sich das Gebiet senkt, driften die Lithosphärenplatten auseinander. Nach dem Erdbeben wurden große Teile der Wiesen überflutet, und es gab kein frisches Gras mehr für die Pferde. Wohl auch deshalb verlagerte man damals die Thingstätte.

Der Gode *Grímur Geitskór* wählte die Ebene bei Þingvellir für das **erste Alþing im Jahr 930.** Das war das **Treffen der isländischen Goden** als Vertreter der 13 lokalen Þingverbände und der Familienoberhäupter. Die Ebene bot geradezu ideale Bedingungen: Erstens gab es hier eine gute Akustik, ausreichend Platz, Wasser und Weideland für die Pferde sowie Fische und Brennholz für die Menschen, und zweitens war die Ebene Geitskórs Land. Auf dem Alþing wurden Streitigkeiten geschlichtet, Gesetze erlassen, Recht gesprochen und Urteile gefällt. Die Goden selbst waren jedoch nicht Vollstrecker der Urteile, sondern dies oblag denen, die jeweils

Recht gesprochen bekamen; sie erhielten vom Alþing eine Art „Freibrief" für die Ausübung von Gewalt. Die Strafen für Kapitalverbrechen wurden meistens umgehend vor Ort vollzogen.

Das Alþing fand alljährlich während der zehnten Sommerwoche im Juni/Juli statt, und dies während der gesamten Freistaatzeit von 930 bis 1262. Wichtigster Tag war der Donnerstag, **„Thors-Tag".** Damals versammelten sich bis zu 5000 Menschen. Viele blieben ein bis zwei Wochen und nutzten diese Gelegenheit, um sich im sportlichen Wettkampf mit anderen zu messen, um Verwandte und Freunde zu sehen, Neuigkeiten zu erfahren, Handel zu treiben oder auch um Hochzeiten anzubahnen.

Den **Vorsitz beim Alþing** hatte der **Lögsögumaður** inne, der „Gesetzessprecher", der für jeweils drei Jahre gewählt wurde. Bis 1118 trug er alljährlich ein Drittel aller Gesetze auf dem Lögberg, dem „Gesetzesfelsen", auswendig vor. Ab jenem Jahr wurden die Gesetze schriftlich festgehalten. Die Goden wählten das **oberste Gericht,** die **Lögrétta.** Auf dem Lögberg weht heute ständig die isländische Nationalflagge.

Als Island der norwegischen Krone zufiel, konnte das Alþing zwar noch Gesetze erlassen, unter dänischer Herrschaft aber wurde es dann praktisch bedeutungslos, im Jahr 1800 schließlich ganz abgeschafft. 1843 kam es zur Wiedereinrichtung des Alþing, diesmal allerdings in Reykjavík. Die Bedeutung als **nationales Heiligtum** behielt es jedoch bei. Alle wichtigen Staatsfeierlichkeiten fanden im Alþing statt: 1874 die 1000-Jahr-Feier der Landnahme und die Annahme der Verfassung; 1930 die 1000-Jahr-Feier der Einberufung des Alþing; am 17. Juni 1944 die Republikgründung; 1974 eine öffentliche Parlamentssitzung anlässlich der 1100-Jahr-Feier der Landnahme, an der 60.000 Isländer teilnahmen, und zuletzt am 17. Juni 1994 die 50-Jahr-Feier zur Gründung der Republik.

Rundgang durch Þingvellir

Westlich des Gesetzesfelsens Lögberg erstreckt sich die **Almannagjá.** Die „Allmännerschlucht" erhielt ihren Namen, weil angeblich alle Teilnehmer des Alþing in ihr Platz fanden. Sie ist mehrere Kilometer lang und bis zu 40 m tief. Zwischen der Almannagjá und dem Öxará, dem „Axtfluss", sind am Berg noch die Überreste von „Wohnungen" aus dem 17. Jahrhundert zu erkennen. Diese **„buðir"** waren einfache, aber feste Unterkünfte für bedeutende Personen. Die Mauern wurden aus Feldsteinen und Torf erbaut, das Dach bestand aus einer Zeltplane aus Tierhäuten. Teilweise kann man sogar noch die in den Stein geritzten Namen der Bewohner erkennen. Im Norden der Almannagjá liegen der kleine Neðrifoss, der untere Wasserfall des Öxará, und flussaufwärts der 20 m hohe obere Wasserfall, der Öxaráfoss. Im Norden liegt der „Galgenfelsen" in der Schlucht Stekkjargjá.

Auf der Ostseite des Öxará, wo sich heute die Þingvalla-Kirche befindet, stand vermutlich einmal die erste isländische **Kirche** überhaupt. Wahrscheinlich wurde diese dort im Jahre 1000 nach der Annahme des Christentums erbaut. Gut hundert Jahre später fiel sie

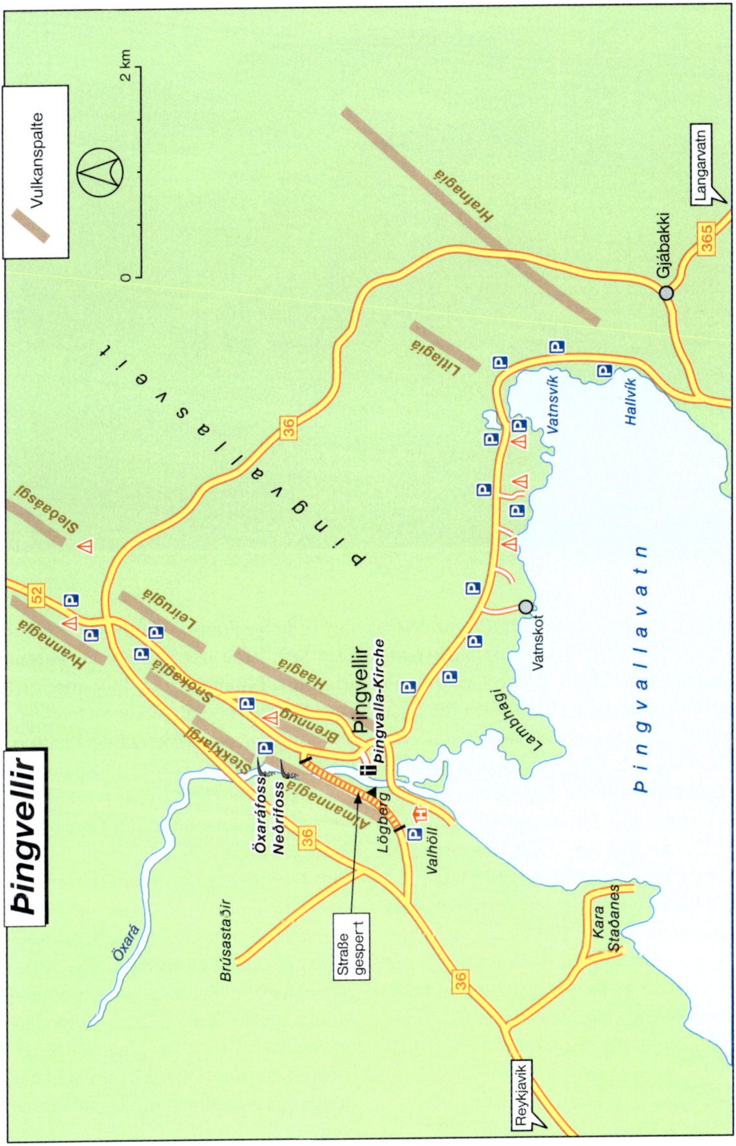
Þingvellir
Vulkanspalte
0
2 km
Hrafnagjá
Litlagjá
Þingvallasveit
Sleðaásgjá
Hvannagjá
Leirugjá
Snókagjá
Hágjá
Brennugjá
Stekkjargjá
Almannagjá
52
36
365
Gjábakki
Langarvatn
Vatnsvík
Hallvík
Þingvellir
Þingvalla-Kirche
Lögberg
Valhöll
Öxaráfoss
Neðrifoss
Vatnskot
Lambhagi
Þingvallavatn
Kara Staðanes
Brúsastaðir
Öxará
Straße gesperrt
Reykjavík

132is Foto: tt

jedoch einem Sturm zum Opfer. Man errichtete später an gleicher Stelle eine neue Kirche. Das heutige Gotteshaus stammt aus dem Jahr 1860 und fasst rund fünfzig Personen. Sehenswert sind das Altarbild des dänischen Malers *Niels Anker* (1895), die hölzerne Kanzel aus dem Jahr 1863 und ein silberner Hostien-Kelch von 1743. Die Kirche ist täglich von 9 bis 17 Uhr geöffnet.

Neben der Kirche stehen aneinander gereiht fünf weiß getünchte, spitzgiebelige **Holzhäuser,** die zusammen mit der Kirche eines der beliebtesten Fotomotive sind. Hier wohnt der Direktor des Nationalparks, gleichzeitig auch der örtliche Pfarrer. Hinter der Kirche liegt seit 1939 der isländische **Ehrenfriedhof.** Bisher wurden hier aber erst zwei Dichter begraben, die sich im Unabhängigkeitskampf engagiert hatten: *Einar Benediktsson* (1846–1940) und *Jónas Hallgrímur* (1807–1845). Im Süden führt eine Brücke über den Öxará zum Hotel Valhöll (s. u.).

Die Schlucht Almannagjá mit dem Lögberg (Gesetzesfelsen) in Þingvellir

Im Nordosten der Kirche überquert eine schmale Holzbrücke eine 20 m tiefe, mit Wasser gefüllte Schlucht, die **Nikalosgjá** oder **Peningagjá,** die „Münzenschlucht". Man sagt, wer hier eine Münze hineinwerfe, die er mit den Augen bis zum Grund verfolgen kann, der habe einen Wunsch frei. In der Schlucht Brennugjá wurden im Mittelalter Hexen verbrannt.

Þingvellir ist **landschaftlich sehr reizvoll.** In der Ebene wachsen viele Pflanzen, zahlreiche Vögel sind zu beobachten. Das Gebiet ist **touristisch gut erschlossen,** ein Anziehungspunkt sowohl für ausländische Touristen als auch für Einheimische. Es gibt mehrere Campingplätze, aber kaum Zimmer. Wer am See übernachten möchte, ist auf ein Zelt angewiesen.

Tourist-Information

- **Informationszentrale des Nationalparks Þingvellir,** Multimediashow April–1. Nov. tägl. 9–19 Uhr, Eintritt frei, www.thingvellir.is.
- Das **Büro der Nationalparkverwaltung** (Tel. 4822677) liegt neben der Þingvalla-Kirche, geöffnet 1.4.–1.9. tägl. 9–17 Uhr; Infos über Geschichte, Wanderwege, Unterkunftsmöglichkeiten

Unterkunft

- **Hotel Valhöll,** Þingvellir, Tel. 4807100; unter den Felsen der Almannagjá gelegen, im Stil alter Islandhäuser gebaut. Das Hotel wurde im Juli 2009 durch ein Feuer zerstört. Wann es wieder eröffnet wird, ist derzeit nicht bekannt.
- **Ferðaþjónustan Efri-Brú,** Grímsnesi, Tel. 4822615 und 8537585, Fax 4822614; 30 Betten, Schlafsackplätze in der nahen Schule; Angeln, Reiten, ganzjährig geöffnet.
- **Fosshótel Nesbúð-Nesjavöllum,** Grafningshreppi, Tel. 4823415, 8520295, Fax 4823414; 130 Betten, 130 Schlafsackplätze, Angeln, Bootsverleih, ganzjährig geöffnet.

Camping

Im Nationalpark nur an den ausgewiesenen Plätzen; um den See liegen mehrere Campingplätze.

- **Þingvellir,** Tel. 4822660; größter Campingplatz, einfach ausgestattet, Duschen.
- **Vatnskot,** Tel. 4822660; schön am Ufer gelegen.

Sonstiges

- **Kanu- und Ruderbootverleih,** gegenüber vom Hotel Valhöll.
- **Þingvallavatnssiglingar,** 1½-stündige Ausflugsfahrten im Motorboot, nur nach Voranmeldung, da viele Gruppen; Tel. 4823610, 8547664, Fax 4823610, Di, Do und Fr 10, 13 und 15 Uhr.
- **Tauchen zwischen den Kontinenten,** Tel. 6632858, www.dive.is, Tauch- und Schnorcheltouren in der Silfra-Spalte.

Route 6 I:
Vom Þingvallavatn zum Geysir und Gullfoss (57 km)

Im Nordosten des Þingvallavatn zweigt bei der Hrafnagjá bzw. bei dem früheren Hof Gjábakki die Straße 366 zum Laugarvatn ab. Die Straße führt 6 km durch die Lavafelder Gjábakkahraun und Karhraun, überquert einen Ausläufer des 826 m hohen Bergrückens Kálfstindar und erreicht nach 16 km den Ort Laugarvatn am Ufer des gleichnamigen Sees. An der Straße 365 liegt die Lavahöhle Laugarvatnshellir (Schild).

Laugarvatn ↗ XIX,C1

Der gut 2 km² große **See** Laugarvatn wird **von heißen Quellen erwärmt.** Nach Einführung des Christentums sollen in der Vígðalaug mehrere Menschen getauft worden sein. Ihren Namen („Schlacht-Quelle“) bekam die Quelle nach mündlicher Überlieferung aber erst 1550, als der in Skálholt hingerichtete Bischof *Jón Árason* vor seiner Beisetzung in ihr gewaschen wurde.

Der Ort Laugarvatn, der sich in einem Geothermalgebiet befindet, ist Islands bekanntestes **Schul- und Erholungszentrum.** Hier gibt es eine Internats-, Grund- und Bezirksschule sowie eine Sportschule. Im Sommer übersteigt die Zahl der Touristen die Einwohnerzahl (200 Einwohner) um ein Vielfaches. Am Seeufer gibt es in der Nähe des Edda-Hotels ÍKÍ ein **natürliches Dampfbad** mit Thermaldampf, das Gufubad (Tel. 4861235).

Unterkunft

- **Edda-Hotel Húsmæðraskóli, ÍKÍ,** Tel. 444 4820; direkt am See, 27 Zimmer, Restaurant.
- **Edda-Hotel Menntaskólinn, ML,** Tel. 444 4810; 87 Zimmer, Schlafsackunterkunft, Restaurant, Angeln, Reiten.
- **Gästehaus Dalsel,** Tel. 4861215; 12 Betten, 12 Schlafsackplätze, ganzjährig geöffnet, Zeltplatz, Reiten, Angeln.

Campingplatz

- Tel. 4861155; komfortabel, Einkaufsmöglichkeit, Wohnmobil-Stellplätze, Cafeteria, Tankstelle, Bushaltestelle

Essen und Trinken

Außer in den beiden Edda-Hotels und am Campingplatz bei

- **Lindin,** Restaurant, Tel. 4861262.

Sonstiges

- **Ambulanz,** Tel. 4805290.
- **9-Loch-Golfplatz, Minigolf,** Dalbúi, Tel. 8941169.
- **Boots- und Surfbrettverleih,** Tel. 4861151.
- **Reittouren,** Efstadalur, Tel. 4861186.
- **Angellizenzen**
  - Utey 1, Tel. 4861194.
  - Laugardalshólar, Tel. 4861181.
  - Böðmóðsstaðir, Tel. 4861182.

Südlich des Laugarvatn liegt der größere **Apavatn** (14 km²). Wohl wegen fehlender warmer Quellen hat der Tourismus an diesem See bislang noch nicht Fuß gefasst. Im Osten bildet der Seeabfluss Brúará den sehenswerten **Wasserfall Dynjandi.**

Von Laugarvatn führt die Straße 37 ins Haukadalur (31 km). Im Norden des Laugardalur erhebt sich der 627 m hohe Efstaðalsfjall. Auf seiner Ostseite erstrecken sich der kleine Birkenwald Efstaðalsskógur und Rauðisskógur. Der Bach Brúará bildet im Efstildalur nördlich der Straße 37 (16 km) drei kleine **Wasserfälle:** Brúarfoss, Miðfoss und Hlauptungufoss. Dorthin führt eine kurze Piste. 15 km weiter erreichen wir Geysir im Haukadalur.

Geysir

↗X,B3

Der Name Geysir wurde erstmals 1647 von dem Skálholter **Bischof Brynjólfur Sveinsson** verwendet, um damit eine heiße Springquelle zu benennen. Nach dem **„Großen Geysir"**, dem Stóri Geysir, der am Fuß des Rhyolithbergs Laugarfjall liegt, wurden dann alle Springquellen auf der Welt benannt. Der Große Geysir hatte seine Aktivität schon mehrere Jahrzehnte lang eingestellt, als er nach einem Erdbeben der Stärke 7 am Nationalfeiertag, dem 17. Juni 2000, unerwartet ausbrach. Anfangs waren die Ausbrüche unregelmäßig, wobei der Geysir meist nur eine große Dampfwolke ausstieß. Danach brach der Große Geysir fast schon regelmäßig mehrmals am Tag aus. Heute hat seine Aktivität wieder abgenommen, und

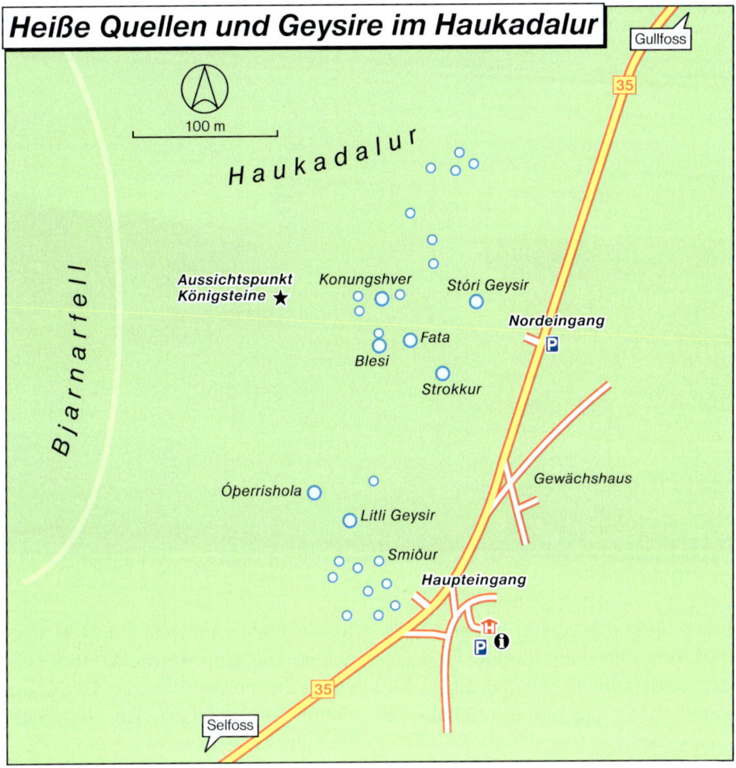

Ausbrüche sind seltener geworden. Die Wassersäule ist nicht mehr wie einst 60 m hoch; meist sind es nur wenige Meter. Das Kalksinterbecken hat einen Durchmesser von 14 m. Unter dem mit bläulich schimmerndem Wasser gefüllten Quelltopf führt ein Schlund 120 m in die Tiefe, wo sich das Wasser über Siedetemperatur aufheizt.

Der **Strokkur,** das „Butterfass", ist der „kleine Bruder" des Großen Geysir. Alle paar Minuten schießt das Wasser 10–20 m in die Höhe. Zuvor steigen große Dampfblasen auf, dann wölbt sich die Wasseroberfläche glockenförmig auf. Den Bruchteil einer Sekunde später schießt das Wasser explosionsartig nach oben. Nach ein paar Sekunden ist das Schauspiel vorbei. Nach einem weniger heftigen Ausbruch sprudelt das Wasser gelegentlich anschließend auch noch ein paar Mal aus dem Quelltopf heraus. Man sagt dann, der Strokkur „köchelt" ein wenig. Nach einem Aus-

133is Foto: tt

bruch fließt das Wasser in den Quelltopf zurück und verschwindet für kurze Zeit vollständig im Schlund. Einige Minuten später beginnt das Schauspiel von neuem.

Im Haukadalur gibt es mehrere heiße Quellen mit türkisfarbenem Wasser (isl. *bláhver* = blaue heiße Quelle) und Ablagerungen aus hellem Kieselsinter sowie kleine Geysire wie die Fata, die aber nur ein wenig „köcheln". Von den **Königssteinen** hat man einen guten Überblick über das Thermalgebiet (s. a. Karte).

Aus dem **Haukadalur,** dem „Tal der Habichte", stammt die neben den Sturlungern zweitwichtigste altisländische Sippe, die der **Haukdælir.** Ihre Führer traten schon früh zum christlichen Glauben über, ließen eine Kirche erbauen und gründeten um 1100 eine Schule. Das Geschlecht der Haukdælir stellte die meisten Bischöfe. Der Glanz dieser Sippe verblasste jäh, als ihr letzter Führer, *Gissur Hallson,* vom norwegischen König beauftragt wurde, *Snorri Sturluson* zu töten.

Geysirstofa, Geo-Center und Tourist-Information

Tankstelle, Cafeteria, Souvenirshop und Informationszentrum mit Ausstellung über Vulkane, Erdbeben, Gletscher, Wasserwirtschaft, Flora und Fauna; Multimediashow über die Geologie Islands und auch ein Erdbeben wird simuliert.

Unterkunft

- **Hotel Geysir,** Tel. 4806800, Fax 4868715; 50 Betten, Restaurant, ganzjährig geöffnet.

●**Gästehaus Geysir,** Haukadalur III, Tel./Fax 4868733; Zimmer und Schlafsackunterkunft, ganzjährig geöffnet.

Campingplatz

●**Geysir,** Tel. 4806800; einfach, Einkaufsmöglichkeit, Tankstelle, Bushaltestelle.

Nördlich von Geysir erstreckt sich ein schönes Waldgebiet mit idyllischen Bachläufen, deren Ufer mit Engelwurz gesäumt sind, entlang der Schotterstraße F333. Nehmen Sie sich die Zeit für einen Waldspaziergang auf den bequemen, markierten Kieswegen, die durch den **Haukadalsskógur** führen. Nach 2 km erreicht man die kleine Kirche des Tals, die **Haukadalskirkja.** Auf dem Friedhof sind die alten Grabsteine sehenswert.

Die Piste F333 verläuft östlich des 602 m hohen Sandfell weiter nach Norden, wo sie auf die Piste F338 trifft. Auf dieser gelangt man in östlicher Richtung nördlich vom Gullfoss zur Straße 35. Da zweimal der Fluss Ásbrandsá durchfahren werden muss, ist diese Strecke geländegängigen Fahrzeugen vorbehalten. In westlicher Richtung verläuft die holprige Piste entlang einer Hochspannungsleitung durch eine öde Lavawüste zur Straße 550/52 nördlich vom Þingvallavatn. Nur der Blick auf den Langjökull bringt ein wenig Abwechslung in die monotone Landschaft.

Auf der Straße 35 erreichen wir nach weiteren 10 km Gullfoss, den „Goldenen Wasserfall".

Der Gullfoss

X,B3

Der Gullfoss besteht aus **zwei Wasserfällen.** Der obere ist 11 m hoch, der untere 21 m. Gebildet wird er vom Fluss Hvítá. Am Wasserfall erinnert ein Relief an die Bäuerin **Sigríður Tómasdóttir** (1871–1957), die Tochter des Bauern von Brattholt. Einst gehörte der Wasserfall zum Landbesitz dieses Bauern. Eine englische Gesellschaft wollte erstmals 1907 den Gullfoss kaufen und hier ein Kraftwerk zur Stromerzeugung errichten. Auch später versuchten immer wieder ausländische Firmen, den Wasserfall in ihren Besitz zu bekommen. Es

134is Foto: tt

Touristen beobachten
den Ausbruch des Strokkur in Geysir

Die Bäuerin Sigriður Tómasdottir hat
den Gullfoss vor dem „Verkauf" gerettet

135is Foto: tt

Gullfoss

gab bereits Vorverträge, als sich Sigriður mit großem Engagement – und unter der Androhung, sich in den Wasserfall zu stürzen – gegen den Verkauf von „isländischem Boden" einsetzte, denn das Kraftwerk wäre auch das Ende des beeindruckenden Naturschauspiels gewesen. Heute befindet sich der Wasserfall in Staatsbesitz und steht seit 1979 unter Naturschutz.

Um den Wasserfall richtig erleben zu können, muss man vom unteren Parkplatz an die Kante des Hvítá-Canyons laufen (5 Min.). Erst dann sieht man die beiden Kaskaden des Gullfoss in ihrer ganzen Pracht und spürt die kalte Gischt der Hvítá, die hier über insgesamt 32 m in die tiefe Schlucht stürzt. Ein besonderes Erlebnis ist es, wenn sich das Sonnenlicht in den feinen Wassertröpfchen bricht und ein farbenprächtiger Regenbogen über dem Wasserfall steht. Vom oberen Parkplatz beim **Besucherzentrum Sigriðarstofa** (Toiletten, Souvenirshop) führt ein asphaltierter Fußweg (5 Min.) zu einem Aussichtspunkt (Schild „útsýnispallur"), von dem man einen guten Überblick über die beiden Fallstufen hat. Im Besucherzentrum informieren Schautafeln über die Stromgewinnung, die Geologie und den Naturschutz am Gullfoss und entlang der Hvítá. Vom Besucherzentrum sieht man im Nordwesten besonders gut auf den Eystri-Hagafellsjökull mit den schroffen Gipfeln von Jarlhettur, Tröllhetta (943 m), Kolhetta und Hæstra-Jarlhetta (1082 m).

Die **Hvítá,** der „weiße Fluss", ist nach seinem milchigen Wasser benannt. Er entspringt am Langjökull und hat sich unterhalb des Gullfoss eine bis zu 70 m tiefe und 2,5 km lange Schlucht gegraben. Bei Selfoss mündet er in die Ölfusá bzw. in den Atlantik. Früher wurde die Hvítá sogar bis Skipholt („Schiffshügel") nördlich von Flúðir von kleinen Handelsschiffen befahren.

Unterkunft

- **Hotel Gullfoss,** Tel. 4868979, Fax 4868691; im Jahr 2000 eröffnetes Hotel, verkehrsgünstig zwischen Geysir und Gullfoss gelegen, ganzjährig geöffnet, Restaurant, Pferdeverleih.

Vom Gullfoss gelangen wir auf der Straße 30 über Flúðir entlang der Ostseite der Hvítá oder auf der Straße 35 entlang der Westseite zur Straße 31 und zu dem alten Bischofssitz Skálholt (40 km).

Vom westlichen Weg zweigt eine Zufahrtsstraße zum **Faxifoss** ab. Am linken Rand des imposanten Wasserfalls verläuft eine Fischtreppe. Oberhalb des Wasserfalls liegen ein einfacher Campingplatz und daneben ein großer Schafspferch.

In **Reykholt** gibt es ergiebige Thermalquellen, deren Wärme zum Beheizen von Treibhäusern genutzt wird.

Skálholt

↗XIX,C1

Im Mittelalter war Skálholt **geistliches und geistiges Zentrum Islands.** Nach Einführung des Christentums im Jahr 1000 wurde auch hier eine Kirche erbaut. Mittelalterliche Schriften berichten, dass *Teitr,* der Sohn von *Ketilbjörn* aus *Mosfell,* hier heimisch war. Sein Sohn *Gissur* soll der Erbauer der ersten Kirche gewesen sein. Dessen Sohn **Ísleifur Gissurarson** war der **erste Bischof von Skálholt** (1056–1080). Bis zum Ende des 18. Jahrhunderts residierten dort insgesamt 32 Bischöfe während der katholischen Zeit und 13 Bischöfe nach der Reformation. Ende des 18. Jahrhunderts wurde der Bischofssitz durch ein Erdbeben größtenteils zerstört. Daraufhin wurde er nach Reykjavík verlegt.

Bischof *Jón Árason* und seine beiden Söhne wurden in Skálholt hingerichtet; ein Gedenkstein östlich der Straße erinnert daran. Insgesamt wurden hier schon elf Gotteshäuser errichtet. Die heutige **Kirche** wurde nach Plänen des isländischen Architekten *Hörður Bjarnason* 1956 erbaut. Am 21. Juli 1963 konnte sie geweiht werden. Sie erinnert in ihrer Form an eine ehemalige hölzerne Kathedrale aus dem 17. Jahrhundert.

Im 11. Jahrhundert wurde in Skálholt eine bedeutende Klosterschule gegründet, die 700 Jahre später nach Bessastaðir verlegt wurde.

Heute ist in Skálholt nirgends mehr etwas von den historischen Gebäuden zu sehen. Die weiß gestrichene neue Kirche wirkt eher nüchtern. Von Juli bis Anfang August findet hier fünf Wochen lang das **Klassikfestival Sumartónleikar í Skálholtskirkja** mit Komponisten und Musikern aus ganz Island und Europa statt, Tel. 5621028, www.sumartonleikar.is.

Wir fahren auf der Straße 35 nach Selfoss zurück. Kurz vor der Abzweigung der Straße 36 nach Þingvellir liegt links neben der Straße der 3000 Jahre alte **Explosionskrater Kerið.** Der 55 m tiefe kreisrunde Krater ist mit Wasser gefüllt.

Route 6 J:

Von Selfoss nach Reykjavík (38 km)

Hveragerði ⇗XVIII/XIX,B/C1

Auf der Ringstraße gelangt man 10 km hinter Selfoss nach Hveragerði. Die Stadt mit über **2300 Einwohnern** ist vor allem wegen der intensiven Nutzung geothermaler Energie sowie wegen ihrer **Gewächshäuser** und der Kurklinik bekannt. Diese bedecken eine Fläche von über 14 ha. Auch die staatliche **Gartenbauschule** befindet sich hier. Man kann einige der Gewächshäuser besichtigen, in denen Tomaten, Gurken, Blumen, Bananen, Orangen und andere Südfrüchte angebaut werden (Græna Höndin, Breiðamörk 3, Tel. 4834649, Gewächshaus, Schnittblumenverkauf, Gärtnerei, Souvenirshop, Café). In der **Anlage Eden** kann man in subtropischer Umgebung Kaffee trinken. Hier gibt es außerdem Blumengeschäfte, Galerien, eine Cafeteria und mehrere Souvenirshops.

Die Gegend um Hveragerði ist reich an **heißen Quellen.** Aus zwei 300 m tiefen Bohrungen wird heißer Dampf gewonnen. Die meisten heißen Quellen sind unspektakulär; Grýla und Litli-Geysir sind heute kaum noch aktiv. Das Gebiet mit den heißen Quellen ist touristisch erschlossen worden: **Hverasvæðið í Miðbænum** (Hveramörk 13, Tel. 4835062) ist vom 1.6. bis 31.8. täglich von 13 bis 18 Uhr geöffnet. In der **Manndrápshver** („Quelle, die den Mann tötete") kam im Jahr 1906 ein Mann ums Leben, als er bei Dunkelheit in das heiße Wasser fiel. Man sagt, dies sei der Anlass gewesen, die Straßen von Hveragerði nachts zu beleuchten – die erste Straßenbeleuchtung Islands. Von der **Önnuhver,** die auch Ruslahver („Müllquelle") heißt, wird berichtet, dass der trocken gefallene Quelltrichter früher einmal als Müllschlucker diente – bis die Quelle nach einem Erdbeben erneut aktiv wurde und allen Müll wieder ausspuckte ... Auf dem durch Wege erschlossenen Gelände sind noch weitere Quellen, wie Leirhver, Rauðihver, Bláhver, Gróuhver, der kleine Geysir Dynkur, und Schlammpötte zu sehen.

Nördlich von Hveragerði streckt sich am Fuß des Vulkans Hengill ein **Hochtemperaturgebiet** aus. Im Winter kann man dort Ski fahren. In den nach Süden anschließenden Tälern Grensdalur und Reykjadalur gibt es zahlreiche heiße Quellen. Das Wasser der Bäche Grensdalsá und Reykjadalsá ist an manchen Stellen so warm, dass man darin baden kann. In dieses Gebiet führen herrliche **Wanderwege.**

Aus dem kleinen **Geysir Grýla** beim Fußballplatz wird zwar nur noch selten eine Wasserfontäne herausgeschleudert, eine Besichtigung lohnt aber dennoch.

Tourist-Information

- **Fremdenverkehrszentrale Südisland,** im Einkaufszentrum Sunnumörk, Tel. 4834601, Fax 4834604, www.southiceland.is, geöffnet im Sommer Mo–Fr 9–17 Uhr, Sa 10–14 Uhr, im Winter Mo–Fr 9–16.30 Uhr. Vermittlung von Unterkünften, Mietwagen, Reit- und Gletschertouren, erhältlich ist auch ein Plan mit Wanderwegen zwischen Hveragerði und dem Þingvallavatn. Simulation eines Erdbebens.

Unterkunft

- **Kurhotel Örk,** Breiðamörk 1, Tel. 4834700, www.hotel-ork.is; 85 Zimmer, Kongresszentrum, Restaurant, Swimmingpool, Golfplatz, Tennis, Sauna, Fitnessräume, Organisation von Ausflügen, ganzjährig geöffnet.
- **Gästehaus Frumskógar,** Frumskógar 3, Tel. 8962780, Fax 4835048, www.frumskogar.is; 23 Betten, ganzjährig geöffnet; Sauna und Reiten.

Campingplatz

- **Reykjamörk,** Tel. 4834601, komfortabel, Wohnmobil-Stellplätze.

Essen und Trinken

- **Café Kidda Rót,** Sunnutorg 2–4, im Einkaufszentrum, Tel. 5528002, Pizza, Hamburger und chinesische Küche.
- **Atelier,** Austurmörk 21, Tel. 4835071; kleines Café im Haus der Kunstausstellung.
- **Hverabakari,** Breiðamörk 10, Tel. 4834879; Café und Konditorei – unser Tipp für einen Imbiss in Hveragerði!
- **Pizza Hveragerði,** Breiðamörk 2, Tel. 483 4467.

Notfall

- **Ambulanz,** Breiðamörk 256, Tel. 4835050.
- **Zahnarzt,** Breiðamörk 18, Tel. 4834930.
- **Apotheke,** Ölfusapótek, Breiðamörk 23, Tel. 4834197.

Museen und Ausstellungen

- **Listasafn Árnesinga,** Austurmörk 21, Tel. 4821727, Kunstgalerie mit wechselnden Ausstellungen.
- **Museum Kristján Runólfssonar,** Austurmörk 2, Tel. 4839897, Kristjáns Sammlung von Volkskunst, zu der er die passenden Erklärungen abgibt.

Sonstiges

- **Kurklinik NLFÍ,** Grænamörk 10, Naturheilverfahren für Patienten mit Herz- und Rückenleiden, Schlamm- und Schwefelkuren.
- **9-Loch-Golfplatz,** Gufudalur, Tel. 4835090.
- **Schwimmbad,** Laugaskarð 5, Tel. 4834113.

Westlich von Hveragerði erstreckt sich die Lavalandschaft Svinshraun. Nördlich der Straße liegt die öde Mosfellsheiði. Nach 48 km erreichen wir auf der Ringstraße über Kópavogur wieder Reykjavík, Ausgangspunkt unserer Islandrundfahrt.

Route 7: Das Hochland

- **Route 7 A:** Kaldadalsvegur 550: Hochlanddurchquerung zwischen Ok und Þórisjökull
- **Route 7 B:** Kjalvegur Straße 35: Hochlanddurchquerung zwischen Langjökull und Hofsjökull
- **Route 7 C:** Sprengisandsleið F 26: Klassische Hochlanddurchquerung zwischen Hofsjökull und Vatnajökull
- **Route 7 D:** Öskjuleið F 88: Grímsstaðir (Ringstraße) – Herðubreiðarlindir – Askja
- **Route 7 E:** Kverkfjallaleið F 902
- **Route 7 F:** Gæsavatnaleið F 910: Askja – Sprengisandur
- **Route 7 G:** Fjallabaksvegur nyrðri F 208: Landmannalaugar – Jökuldalir – Eldgjá – Ringstraße
- **Route 7 H:** Fjallabaksvegur syðri: Snæbýli (Straße 210) – Mælifellssandur – Emstrur – Fljótsdalur (Straße 261)
- **Route 7 I:** Þórsmörkurvegur – Brücke über den Markarfljót (Ringstraße) – Þórsmörk
- **Route 7 J:** Lakavegur – Kirkjubæjarklaustur (Ringstraße) – Laki-Krater

Einleitung

Das so genannte **Hochland** – die **wilde Landschaft aus Gletschern, Lavawüsten und Vulkanen im Landesinnern** – übt auf die meisten Island-Reisenden eine magische Anziehungskraft aus. Hier wartet das große **„Island-Abenteuer“**, hier geht man auf „Expedition“. Tatsächlich kann im Hochland nur gezeltet oder in unbewirtschafteten Berghütten übernachtet werden. Fast alle Verkehrswege sind nicht asphaltiert, sondern grob geschottert und mit tiefen Schlaglöchern übersät. Nach längerer Trockenheit sind diese Pisten sehr staubig, bei Nässe hingegen mit unzähligen Wasserpfützen durchsetzt und schlammig. Nach der offiziellen Öffnung der Hochlandpisten zu Beginn der Saison sind zumindest die meisten Hauptstrecken ausgebessert und geglättet. Gegen Ende der Saison im August sind jedoch alle Wege im Hochland wieder sehr holprig. Obwohl einige Strecken auch von den **Überland-Linienbussen** befahren werden, erlebt man den Reiz des Hochlandes am besten **mit dem eigenen Auto.** Die Orientierung ist auf den viel befahrenen Pisten völlig problemlos. Der Streckenverlauf ist stets gut erkennbar und durchgehend markiert. An Verzweigungspunkten leiten uns Wegweiser. Nur die selten befahrenen, nicht nummerierten Routen können vor allem bei Nebel oder Schneefall problematisch werden. Ihr Streckenverlauf ist nicht immer leicht auszumachen; die hölzernen Markierungspfosten geben in der Regel nur die grobe

Richtung vor oder fehlen streckenweise sogar völlig. Den „am besten zu befahrenden Weg" muss sich hier jeder selbst suchen.

Für alle Hochlandstrecken gilt, dass viele **Flüsse nicht überbrückt** sind, sondern gefurtet werden müssen. Dies ist das **Haupthindernis** für das Befahren vieler Hochlandpisten mit einem normalen Pkw. Die Wasserführung der Flüsse schwankt stark, entsprechend verändert sich die Tiefe der Furten. Normalerweise ist der Wasserstand der Gletscherflüsse am Morgen am niedrigsten, gegen Abend am höchsten. Auch Regen und warmer Wind, der das Eis der Gletscher schmilzt, erhöhen schnell die Wassermenge der Flüsse. Nach unserer Erfahrung sind die meisten Furten in einem trockenen, mäßig warmen Hochsommer nicht tiefer als etwa 50 cm (Knietiefe). Wir erlebten aber auch schon Wassertiefen von über einem Meter, die durchfahren werden mussten! Dennoch kann man einige Hochlandstrecken bei vorsichtiger und langsamer Fahrweise durchaus mit einem normalen Pkw befahren; für andere hingegen ist ein robuster, großer Geländewagen zwingend erforderlich. Wir geben diese in den nachfolgenden Beschreibungen an. Ein Pkw sollte über möglichst viel Bodenfreiheit verfügen und mit grobstolligen, möglichst preisgünstigen Reifen (keine breiten Niederquerschnittsreifen) ausgerüstet sein, da die Reifen auf den Schotter- und Lavapisten stark verschleißen. Empfehlenswert für Hochlandtouren ist auch die Mitnahme eines zweiten, vollwertigen Reserverads.

Route 7 A:

Kaldadalsvegur 550: Hochlanddurchquerung zwischen Ok und Þórisjökull

Der Kaldadalsvegur 550 ist mit 40 km Länge die **kürzeste Verbindung zwischen dem Þingvallavatn im Süden und Húsafell im Norden.** Auf diesem Weg ritt man früher aus Nord- und Westisland zum Althing. Der Kaldadalsvegur ist zu einer normalen, mit dem Pkw befahrbaren, nichtasphaltierten Nebenstraße ausgebaut worden. Die bergige Strecke ist trotz der Ausblicke auf die Gletscher **landschaftlich nicht besonders schön;** das Gebiet ist weitgehend vegetationslos und besteht fast nur aus Geröll und nackten Berghängen. Die Straße führt zwischen dem 1141 m hohen, vergletscherten Ok im Westen und dem 1329 m hohen Þórisjökull im Osten hindurch. Noch ein wenig weiter westlich begleitet der lang gezogene Langjökull unsere Fahrt.

Die Straße beginnt 23 km nördlich von Þingvellir in der Vulkanlandschaft des 1060 m hohen **Schildvulkans Skjaldbreiður.** Hier zweigt die holprige Piste F733 ab, die in östlicher Richtung entlang einer Stromleitung zum Gullfoss und Geysir führt. Wegen der Furt durch die Ásbrandsá ist diese Strecke geländegängigen Fahrzeugen vorbehalten.

Nach 6 km Fahrt auf dem Kaldadalsvegur zweigt eine kurze Stichstraße nach Westen zum **Schildvulkan Ok** ab (Okvegur). Nach weiteren 10 km steigt die Straße merklich an, wird rauer und erklimmt die 727 m hohe Passhöhe

136is Foto: tt

Langihryggur. Ein wenig nördlich davon liegt **Skúlaskeið.** Eine Sage berichtet, dass der Gesetzlose *Skúli* in dieser Wüste aus Stein dank seines Pferdes *Sörli* seine Verfolger abschütteln konnte, die ihn von Þingvellir bis hierher verfolgten. In Húsafell soll Sörli nach der wilden Flucht tot umgefallen sein.

Nördlich des Hádegisfell führt die Stichstraße 551 zum **Langjökull.** Dort können wir eine Hundeschlittenfahrt auf dem Gletscher machen. Die Straße 550 führt weiter ins Tal der **Geitá.** Der Fluss wird von den Abflüssen des Þórisjökull, des Geitlandsjökull und des Langjökull gespeist. Die drei nahen Gletscher begrenzen unsere Route nicht nur im Osten, sie bestimmen auch das Wetter in dieser Gegend. Das Eis kühlt die Luft, entsprechend häufig bildet sich Nebel. Auch der Schnee bleibt hier länger liegen. Das **Kaldadalur** ist ein „kaltes Tal", wie es die Übersetzung treffend beschreibt. Nach 35 km führt die Straße steil hinunter in das Tal der Hvítá. Nach der Abfahrt zeigt uns der kleine Birkenwald an, dass das karge Hochland durchquert ist. Wenig später mündet die 550 in die Straße 518 ein, die uns rasch nach **Húsafell** bringt. Hier können wir auf dem **Campingplatz** übernachten, dem einzigen auf der Route. Weitere Campingplätze gibt es an der Ringstraße. Hotels bzw. Privatzimmer findet man ebenfalls an der Ringstraße, im Süden auch an der Straße 52.

Fährt man auf der Straße 518 von Húsafell wenige Kilometer in nordöstliche Richtung, zweigt beim **Gehöft Kalmanstunga** die ausgeschilderte Piste F 578 zur Arnarvatnsheiði ab. Kurz nach dem Gehöft beginnen auf dieser Strecke die ausgedehnten **Lavafelder des Hallmundarhraun.** Im Westen erhebt sich der 1672 m hohe Eiríksjökull, der höchste vergletscherte Tafelvulkan Islands. 7 und 8 km ab Gehöft weisen uns kleine Schilder den Weg zu den großen **Lavahöhlen Surtshellir und Stefánshellir.** Die Piste ist bis zu den Lavahöhlen einfach zu befahren (siehe Route 2). Wer weiterfahren möchte, erreicht nach 20 km den breiten Fluss **Norðlingafljót.** Spätestens hier endet der Weg für einen normalen Pkw. Der Fluss muss für die Weiterfahrt zur Arnarvatnsheiði gefurtet werden.

4-WD-Tipp

• Arnarvatnsheiði

Die Arnarvatnsheiði ist eine sumpfige und steinige Hochebene mit unzähligen kleinen und **fischreichen Seen.** Sie sind bevorzugtes Wochenendziel isländischer Angelfreunde. An den Seeufern stehen kleine, **private Fischerhütten;** in einigen können nach vorheriger Anmeldung auch Touristen übernachten. Auf der Hochebene führt ein Netz von nicht markierten, holprigen Wegen zu den einzelnen Seen. Angellizenzen und Hütten vermittelt die Tourist-Info in Húsafell.

Auf der **Hauptpiste F 578** besteht die erste Schwierigkeit darin, den Norðlingafljót, eine breite und stufige Furt, zu durchfahren. Anschließend ist die Piste auf den nächsten 10 km bis zum großen Arnarvatn äußerst ruppig und mit kopfgroßen Felsbrocken übersät. Vom Arnarvatn stóra zur Ringstraße sind es etwa 30 km holprige Piste mit vielen Wasserdurchfahrten. Man kann dabei entweder über das Austurárdalur nach Laugarbakki an der Ringstraße fahren, oder über die Víðidalstunguheiði in das Víðidalur, oder über die Grímstunguheiði in das Vatnsdalur.

Route 7 B:

Kjalvegur 35: Hochlanddurchquerung zwischen Langjökull und Hofsjökull

Der Kjalvegur 35 ist neben dem Sprengisandsleið F 26 die zweite Route, die von Süden nach Norden quer durch das Hochland führt. Nach dem Bau des Blöndulón-Stausees sind alle Flüsse verrohrt bzw. überbrückt worden, und die Piste wurde zu einer nichtasphaltierten Nebenstraße ausgebaut, die mit dem Pkw befahren werden kann. Sie wird heute als **Straße 35** bezeichnet. Trotzdem braucht man viel Zeit für die 185 km lange Strecke, denn Schlaglöcher und Steine erfordern ein langsames Fahren.

Die Strecke beginnt im Süden beim Gullfoss. Sie verläuft zwischen dem Langjökull im Westen und dem Hofsjökull im Osten hindurch nach Norden und endet im Blöndudalur nahe der Ringstraße. Etwa auf halber Strecke führen Stichstraßen zum **Kerlingarfjöll** und wenige Kilometer weiter nördlich beim Kjölur zu den **heißen Quellen**

Die Hochlandsstraße 550 Kaldidalsvegur im Tal des Flusses Geitá beim 1165 m hohen Hafrafell

von Hveravellir und an den Rand des Langjökull.

Der Kjalvegur war früher der bevorzugte **Reiterweg** quer durch das unbewohnte Hochland. Im Gegensatz zur Sprengisandur-Route fanden die Pferde hier genügend frisches Gras und Wasser. Da der Weg über weite Strecken durch die Täler verlief, war man auch weniger den Stürmen ausgesetzt. Die Straße folgt ein wenig östlich dem alten Reiterweg. Sie beginnt beim **Gullfoss.** Nach 13 km zweigt eine Stichstraße nach Westen zum 15 km entfernten **Hagavatn** ab.

2 km hinter der Brücke über die Hvítá (Km 36) zweigt eine Zufahrt nach Westen zum **Hvítárvatn** ab. Diese Strecke ist nur für Geländewagen geeignet, da zweimal die tiefe Svartá durchfahren werden muss. In der Nähe des Sees, auf dem große Eisberge schwimmen, gibt es eine Hütte zum Übernachten; nach insgesamt 10 km trifft die Allradpiste einige Kilometer weiter nördlich wieder auf die Straße 35. Bei Km 64 zweigt die Zufahrt F347 zum **Kerlingarfjöll** nach Osten ab. Eine holprige Stichstraße führt bei Km 70 durch das Kjalhraun zum 1008 m hohen Tafelberg Kjalfell (8 km). 3 km weiter weist ein Schild den Weg zum 7 km entfernten „Knochenhügel" **Beinahóll.** Früher führte der Reiterweg mitten durch den ausgedehnten Lavastrom Kjalhraun. Reiter und Tiere waren hier ungeschützt den eisigen Stürmen ausgesetzt. Ende Oktober des Jahres 1780 sollen hier nach einer Überlieferung fünf Schafstreiber mitsamt ihrer Herde in einem Schneesturm umgekommen sein. Seither verläuft der Weg weiter östlich. 1970 errichtete man auf dem Beinahóll einen Gedenkstein, der an dieses Unglück erinnert.

Nur wenig weiter erhebt sich im Osten direkt neben der Straße 35 der 653 m hohe **Berg Fjörðungsalda,** der eine herrliche Aussicht auf die umliegenden Gletscher bietet. Dieser höchste Punkt auf der **Kjölur-Route** bildet die Wasserscheide zwischen Süd- und Nordisland. Er gab indirekt dem Gebiet und der Straße den Namen: Als „Kjölur" wird ein Bergrücken bezeichnet, der eine Wasserscheide bildet. Auf dem Berg erinnert ein Denkstein an *Geir Zoðga,* den Gründer des Ferðafélag Íslands. Nach 95 km erreichen wir 2 km östlich der Straße **Hveravellir.** Der Weg dorthin ist ausgeschildert und nicht zu übersehen. Bei den heißen Quellen befinden sich eine Tankstelle, eine Hütte mit 70 Plätzen und ein großer Campingplatz. Mit dem Geländewagen gelangt man auf einer Stichstraße (F 735) weiter zum **Langjökull** und zur Hütte in den Þjófadalir am Fuß des 916 m hohen Bergs Þjófafell.

10 km weiter nördlich auf der Straße 35 erreichen wir den breiten **Fluss Seydisá.** Er ist etwa 100 m vor der alten Furt überbrückt worden, und die wenige Kilometer nördlichere Kúlukskvísl ist verrohrt. Beim Afangafell werden im Hof Afangi (Tel. 8480334) Übernachtungen, Schlafsackunterkunft, Reiten und Angeln angeboten. Seit dem Bau des Stausees verläuft die Straße hier etwas westlicher und höher als früher und

Allein auf dem Langjökull

bietet deshalb schöne Ausblicke über die Hochebene Auðkúluheiði.

Gegen Ende des Kjalvegur führt der Weg durch die seenreiche Auðkúluheiði mit dem großen See Blöndulón hinunter in das **Blöndudalur.** Hier wurde am Fluss Blandá 1991 ein großes Wasserkraftwerk (Blönduvirkjun) zur Gewinnung von 50 MW Elektrizität in Betrieb genommen. Etwa 1 km nach dem Beginn des Stausees hat man von einem Aussichtspunkt einen guten Überblick über den neu geschaffenen See. Eine Schautafel informiert über das große Stauseeprojekt. Die vom Hofsjökull kommenden Zuflüsse der Blandá wurden bei Reftjarnarbunga gestaut; als Folge wurden Teile der Auðkúluheiði überflutet. Zur Stromgewinnung wird das Wasser unterirdisch abgezweigt und anschließend dem Fluss wieder zugeführt. Der **Stausee Blöndulón** bedeckt eine Fläche von 40 km². Auf dem weiteren Weg ist der Wasserabfluss vom Stausee sehenswert, wenn ein gewaltiger Wasserschwall durch die Betonrinne donnert, um in einem tiefen Canyon in den See Þristikla zu fließen. Ab dem Kraftwerk Blönduvirkjun ist die Straße asphaltiert. Beim Hof Guðlaugsstaðir wurde hoch über dem Tal der Blandá ein Wäldchen zum Gedenken an *Guðmundar Hannessonar* (9.9. 1866–1.10.1946) angelegt. Nach insgesamt 185 km trifft die Straße 35 auf die Straßen 732 (Tankstelle) und 733, auf der wir zur Ringstraße weiterfahren können. In Húnaver (ca. 5 km östlich auf der Ringstraße) gibt es einen einfachen Campingplatz und eine weitere Tankstelle.

Wem die Kjölur-Route zu wenig abwechslungsreich ist, kann mit einem geländegängigen Fahrzeug auch die Piste F 734 oder F 756 befahren. Diese Alternativstrecke zweigt nördlich vom Blöndulón von der Straße 35 ab (siehe Route 3 E).

Abstecher

• Kerlingarfjöll

Die Straße F347 zum Kerlingarfjöll kann bis zum **Ásgarðsfjall** mit einem normalen Pkw befahren werden, da alle Furten überbrückt wurden. Von dort führen Pisten weiter, für die aber ein geländegängiges Fahrzeug erforderlich ist. Wir kommen am **Gygarfoss** vorbei und erreichen nach 11 km Ásgarðsfjall. Hier befinden sich Hütten zur Übernachtung mit Einkehrmöglichkeit (Tel. 6647878, www.kerlingarfjoll.is, €), ein Campingplatz, eine Tankstelle und das Highland Outdoor Activity Center (siehe „Sonstiges"). Am 1482 m hohen **Berg Snækollur** kann man im Winter Skifahren. Die Kuppen des 1081 m hohen Hveradalahnjúkur, des 1429 m hohen Loðmundur und des 1357 m hohen Mænir bestehen aus farbigem Rhyolithgestein. Die Berge sind vergletschert, hier kann man Island, die „Insel aus Feuer und Eis", eindrucksvoll erleben. Überall dampft es aus kleinen Spalten; die Luft riecht nach Schwefel. Das **Solfatarenfeld im Hveradalir** vor den schneebedeckten Rhyolithbergen ist einmalig in Island! Etwa 6 km südwestlich von Ásgarðsfjall erhebt sich der Berg Tindur, dessen markante Felsnadel „Kerling" dem Gebirge seinen Namen gab. Einer Sage nach soll Kerling ein zu Stein erstarrtes altes Trollweib sein.

4-WD-Tipps

• Hagavatn

Auf holpriger Piste gelangt man ab der Abzweigung von der Straße 35 nach 15 km zum Hagavatn. Das letzte Stück vor dem See ist extrem steil; die Auffahrt auf den Palagonitrücken des Jarlhettur besteht aus losem Lavagestein. Ohne Allradantrieb und Untersetzungsgetriebe ist diese Steigung nicht zu schaffen. In der Nähe des **Gletschersees** steht die Hütte des Ferðafélag Íslands; hier kann auch gezeltet werden. Die Hütte ist Ausgangspunkt für eine interessante Wanderung entlang des Jarlhettur (siehe Wandertipps unten).

• Langjökull

Mit dem Geländewagen kann man auf der Piste F 735 von Hveravellir 15 km nach Westen zum Langjökull und der Hütte Þjófadalir fahren. Die Isländer nehmen diesen Weg, um mit ihren breit bereiften Super-Jeeps den Gletscher zu überqueren. Die Piste am Þjófadalafjöll entlang zur Hütte ist ziemlich holprig. Bis dorthin ist der Weg leicht zu finden. Die Zufahrten zum Gletscher sind zwar nicht markiert, man kann sie aber einigermaßen gut erkennen. Vor allem an den Wochenenden sind hier viele Isländer unterwegs, denen man zum Gletscher folgen kann.

Wandertipps

• Hagavatn

Nördlich der Hütte beginnt unsere Erkundungstour des Jarlhettur. Markierte oder gar beschilderte Wege gibt es nicht, sondern nur von vielen anderen Wanderern ausgetretene Pfade. Wir orientieren uns am Tal der Jarlhettukvísl. Unser Weg verläuft oberhalb des Tals nach Norden. Der Gletscher Eystri-Hagafellsjökull begleitet uns. Der Palagonitrücken des Jarlhettur ist eine 15 km lange Kraterreihe aus zwanzig erloschenen Vulkanen, deren Kegel bis zu 300 m hoch aufragen.

• Hveravellir

Die heißen Quellen sind ein **Naturschutzgebiet.** Das mineralienreiche Wasser der insgesamt **dreißig Heißwasserbecken** hat einzigartig gemusterte Kieselsinterablagerungen aus Geyserit geschaffen. Der **Bláhver** ist das schönste „Blauwasserbecken" Islands, sein Durchmesser beträgt 8 m, die Wassertempe-

Feuer und Eis am Kerlingarfjöll

ratur 90 °C. Andere Becken heißen Græni-hver („Grünes Becken"), Bræðrahverir („Brüderbecken") oder Meyrarauga („Mädchenauge"). Weithin hörbar ist das Fauchen des Dampfes, der aus dem schwefelgelben Öskjuhólt („Donnerkegel") austritt. In einem künstlich angelegten Pool bei der Hütte kann man im warmen Wasser baden. Auch im Sommer wird es hier auf 672 m Meereshöhe bei Wind empfindlich kalt. Daraus ergibt sich manch eine Situation zum Schmunzeln, wenn die im stellenweise sehr warmen Wasser Badenden schwitzen und die am Beckenrand stehenden Besucher vor Kälte zittern, obwohl sie in dicke Daunenjacken gekleidet sind und meistens noch die Kapuze über den Kopf gezogen haben. Das Geothermalgebiet kann zu Fuß auf einem Weg aus Holzbohlen erkundet werden.

Eine dreistündige Wanderung führt zum 847 m hohen **Schildvulkan Strýtur,** der mitten im Kjalhraun liegt. Der von Moosen bewachsene Vulkan kann leicht bestiegen werden. Sehenswert ist neben der Aussicht über die Lava- und die Gletscherlandschaft sein Einbruchskrater mit dem erstarrten Lavasee am Kratergrund. Auf dem markierten Wanderpfad zum Strýtur kommt man etwa nach 15 Minuten an den Überresten einer eingestürzten **Lavahöhle** vorbei.

Die Höhle soll im 18. Jahrhundert dem Geächteten **Fjalla-Eyvindur** als Behausung gedient haben. Er und seine Frau *Halla* haben sich angeblich in der Abgeschiedenheit des isländischen Hochlandes zwanzig Jahre lang vor Verfolgern versteckt, bis Fjalla-Eyvindur die Strafe erlassen wurde. In Hveravellir soll sich Fjalla-Eyvindur von Schneehühnern und Schafsfleisch ernährt haben, das er in den heißen Quellen garte. Als man ihn entdeckte, floh er mit seiner Frau an einen anderen Ort. Wir werden die weiteren Zufluchtsstätten im Hochland noch kennen lernen.

Tatsache ist, dass sich in Island um *Fjalla-Eyvindur* viele Geschichten und Legenden ranken. Die romantische Dichtung *Jóhann Si-*

gurjónssons hat sicherlich wesentlich zum Bekanntheitsgrad dieses ersten „Aussteigers" beigetragen. Tatsache ist auch, dass *Eyvindur Jónsson* (1714–1782), der später *Fjalla-Eyvindur* („Eyvindur aus der Wildnis") genannt wurde, ursprünglich wegen Diebstahls geächtet worden war. Im abgeschiedenen Kjölur versammelten sich später weitere Geächtete und beraubten die Reisenden. Die Bauern aus dem Skagafjörður vertrieben deswegen die Geächteten vom Kjölur. 1998 errichtete man in Hveravellir ein kleines Denkmal, das an Fjalla-Eyvindur erinnern soll.

Eine **3- bis 4-tägige Wanderung** führt von Hveravellir am Langjökull vorbei zum Hvítárvatn. Die erste Nacht kann man im Zelt oder in der Hütte Þjófadalir verbringen. Der Weg führt am nächsten Tag weiter am Rand des Gletschers entlang nach Süden zum Regnbúðajökull. Von hier geht es östlich zur Hütte Þverbrekknamúli. Am dritten Tag erreicht man den Hvítárvatn und kann in der Hütte von Hvítárnes übernachten. Der Weg zum Kjalvegur 35 ist von hier nicht mehr weit. Dort kann man in den Hochlandbus zusteigen (keine Haltestelle, der Bus hält auf Handzeichen) und nach Hveravellir, Akureyri oder Reykjavík zurückfahren.

Unterkunft

Einfache Hütten ohne Heizung und Kochgelegenheit gibt es am Hagavatn (12 Plätze), bei Hvítárnes 4 km östlich des Hvítárvatn (30 Plätze), in Þverbrekknamúli 15 km nördlich des Hvítárvatn (20 Plätze), in den Þjófadalir beim Langjökull (12 Plätze) und in Asgarðsfjall bei den Kerlingarfjöll.

Die **Hütten in Hveravellir** sind **beheizt** und haben eine **Kochgelegenheit.**

- **Berghütte Hveravellir,** Tel. 8541193, 8941293, www.hveravellir.is; nicht bewirtschaftet, Gästeküche, 55 Schlafsackplätze (22 Euro) in zwei Hütten, Campingplatz, viele Gruppen.
- **Berghütten und Cafeteria Ásgardsá Kerlingarfjöll,** Tel. 6647878 www.kerlingarfjoll.is, geöffnet Mitte Juni–Sept., 120 Schlafsackplätze in 12 Hütten, Tankstelle, Campingplatz.

Sonstiges

- **The Highland Outdoor Activity Center,** Im Angebot sind geführte Wanderungen Kletter- und Abseilkurse, Gletschertouren und Eisklettern beim Ásgardsfjall.

Route 7 C:

Sprengisandsleið F 26: Klassische Hochlanddurchquerung zwischen Hofsjökull und Vatnajökull

Der 213 km lange Sprengisandsleið F 26 – der Weg über den Sprengisandur – stellt die **klassische Route durch das isländische Hochland** dar. Sie führt vom Bárðardalur in Nordisland nach Sigalda im Süden. Die Strecke verläuft zwischen den großen Gletschern Hofsjökull im Westen und Vatnajökull im Osten. **Abstecher** führen zu den **Wasserfällen Aldeyjarfoss** und **Hrafnabjargafoss,** zu den **heißen Quellen beim Laugafell,** zu den **Veiðivötn** und nach **Jökulheimar** an den Rand des Vatnajökull. Auf halbem Weg machen zwei Furten durch tiefe Gletscherflüsse bei Tómasarhagi und Nýidalur den Sprengisandsleið für Pkw unpassierbar; durchgehend ist er nur mit einem Geländewagen befahrbar.

Der Sprengisandsleið ist die **berühmteste Hochlandroute Islands.** Früher war dies der beschwerliche Reiterweg des Bischöfe von Skálholt, die von Südisland aus ihre Gemeinden im Nordosten der Insel betreuten. Auch Schafstreiber und ihre Herden benutzten diesen Weg. Die Tiere fanden auf dem weiten Weg durch das vegetationslose Gebiet kaum Futter. Der Weg war gefürchtet: Einsamkeit, böse Geister, Gesetzlose, Stürme und plötzliche Wetterstürze mit eisiger Kälte und Schnee bedrohten die Reisenden. Im Norden bot die 6 km lange, schmale Schlucht Kiðagil Schutz und Futter für die Tiere, im Süden erst wieder das Land an der Küste. Das alte Reiterlied „A Sprengisandi" erzählt von einem einsamen Reiter, der durch den sturmgepeitschten Sprengisandur reitet.

1933 durchquerte erstmals ein Auto den **Sprengisandur.** Heute wird die Route von den meisten Islandreisenden befahren, entweder im Überland-Linienbus, im Auto, mit dem Motorrad oder mit dem Mountain-Bike.

Die Straße 842 zweigt etwa 1 km westlich des Goðafoss und der Brücke über den Skjálfandafljót von der Ringstraße nach Süden ab. Sie führt 39 km durch das **Bárðardalur** nach Mýri. Bei dem Gehöft Lækjavellir (Km 24) gibt es eine Tankstelle. Hinter der 1977 erbauten Brücke über die Mjóadalsá beginnt der Sprengisandsleið. 210 holprige, staubige und mit Schlaglöchern übersäte Pistenkilometer durch die 700– 800 m hoch liegenden Kies- und Geröllebenen des Sprengisandur liegen vor uns.

Bei Km 4 zweigt eine 1,5 km lange Stichstraße zum **Aldeyjarfoss** ab. Der Gletscherfluss Skjálfandafljót stürzt hier 20 m tief in einen Kessel aus Basaltsäulen. 3 km oberhalb des Aldeyjarfoss bildet der Skjálfandafljót einen weiteren sehenswerten Wasserfall, den **Hrafnabjargafoss.** Auch dorthin führt vom Sprengisandsleið aus eine ausgeschilderte Stichstraße. Die F 26 verläuft westlich unterhalb des lang gezogenen **Íshólsvatn** entlang. Zum See führt eine Stichstraße. Nach insgesamt 13 km seit der Brücke über die Mjóadalsá beginnt der eigentliche **Sprengisandur,** der sich bis Nýidalur erstreckt. Nach der kleinen Furt durch den Fluss Fossgilsmosar (Km 46) verläuft die steinige Piste zwischen den Bergen Gvendarhnjúkur und Kiðagilshnjúkur hindurch. Bei Km 49 zweigt nach Südwesten ein 3 km langer Fußweg (Schild „Göngjuleið") in die Schlucht Kiðagil ab.

Bei Km 54 passieren wir eine beschilderte Abzweigung nach Norden zu einer privaten Hütte bei den Bleiksmýrardrög, einem wasserreichen Gebiet, das von zahlreichen Zuflüssen der **Fnjóska** durchzogen wird, die weiter nördlich durch das Bleiksmýrardalur fließt. Auf den folgenden Kilometern müssen mehrere flache Bäche durchfahren werden. Bei Km 63 erreichen wir die beschilderte Abzweigung der Piste F 881, die nach 18 km auf die F 821 trifft. Auf der F 821 sind es dann noch 4 km bis zum **Laugafell** und der Piste Skagafjarðarleið F 752, die ostwärts durch das Vesturdalur zur Ringstraße führt. Alternativ gelangt man über die Eyjafjarðaleið F821 nordwärts durch das Eyjafjarðadalur nach Akureyri. Sowohl die Piste Skagafjarðarleið als auch die Eyjafjarðarleið sind nur mit Geländewagen befahrbar. Auf der F 752 gibt es mehrere, bisweilen tiefe Furten. Die F 882 führt stellenweise äußerst steil hinunter ins Eyjafjardadalur, wo ebenfalls mehrere Flüsse zu furten sind.

Wir fahren auf der F 26 weiter durch das Hochland nach Süden. Bei Km 81 erhebt sich im Osten der 969 m hohe

Schildvulkan Fjórðungsalda. An dessen Fuß erstreckt sich der sichelförmige See Fjórðungsvatn. Der Berg bildet den **geografischen Mittelpunkt Islands.** Früher trafen hier die vier Landesteile Islands aufeinander – daher leitet sich auch der Name des Bergs ab: „Viertelshügel".

Die Piste verläuft am **See Fjórðungsvatn** entlang weiter. Auf der windgepeitschten, steinigen Hochebene wachsen auffallende Polster von Stengellosem Leimkraut, dessen rosarote Blüten weithin leuchten. Am See (Km 85) zweigt die Piste F 752 zum Laugafell ab. Diese Zufahrt zu den heißen Quellen und der Hütte ist die interessantere Alternative gegenüber der nördlicher verlaufenden F 881. Auf dieser Strecke gibt es jedoch zwei breite und tiefe Furten: die Bergvatnskvísl und die Jökulkvísl.

Auf der F 26 erreichen wir bei Km 89 die Ebene **Tómasarhagi.** Hier zweigt nach Osten die Piste F 910 (Gæsavatnaleið) ab und trifft nach 125 km bei der Hütte Dreki auf die Öskjuleið F 88, die zur Ringstraße östlich des Mývatn zurückführt.

Kurz nach der Abzweigung quert die F 26 den schnell fließenden **Gletscherfluss Hagakvíslar,** der gefurtet werden muss. 4 km weiter folgt die zweite gefährliche Furt auf der F 26. Vor der Hütte und dem Campingplatz von Nýidalur muss die breite Jökulsá überquert werden. Der mehrarmige Gletscherfluss kann recht tief sein; das Wasser hat außerdem oft quer zur Fahrtrichtung verlaufende Rinnen ausgespült.

Die **Hütten von Nýidalur (795 m)** bieten Schlafplätze für 160 Personen. Viele Reisegruppen, die das „große Hochlandabenteuer" gebucht haben, verbringen hier die Nacht. Dann wird es eng in der Küche und in den Hütten, und 160 Menschen teilen sich Toiletten und Waschgelegenheiten. Von Nýidalur aus kann man interessante Tageswanderungen unternehmen, die z. B. durch das Jökuldalur, das „Gletschertal", bis an den Rand des Tungnaárfellsjökull führen. Die Hüttenaufseher haben ein Faltblatt mit Wandervorschlägen.

2 km nach Nýidalur zweigt rechts eine grobe Schotterpiste in Richtung Hofsjökull ab. Sie folgt dem alten Weg über den Sprengisandur und verläuft oberhalb der Þjórsá am Kvislavatn vorbei nach Süden, wo sie bei Versalir wieder auf die F 26 trifft. Die holprige Straße wird auch von Allrad-Reisebussen befahren und ist die landschaftlich schönere Alternative zur F 26 (s. u.).

Vom **Berg Kistualda** (Km 129) bietet sich ein grandioser Rundblick über den Sprengisandur im Norden, den Kvíslavatn im Südwesten, den Hofsjökull im Westen und den Vatnajökull im Osten. Von der F 26 führt eine ausgeschilderte Stichstraße auf den Berg.

Der Sprengisandsleið führt allmählich hinunter ins Tal der Tungnaá. Bei Km 147 muss der vorletzte größere Fluss durchfahren werden; die Furt durch die **Svartá** ist knietief. 3 km weiter liegt östlich neben der Piste der See Þverölduvatn. Im Westen können wir gut das breite Tal der Þjórsá einsehen. Bei Km 161 erreichen wir nach der Brücke über den Fluss Stóraverskuður **Stóraver (Versalir).**

139is Foto: tt

2 km weiter mündet die alte Route des Sprengisandsleið wieder in die F 26 ein. Wir fahren weiter nach Süden. Bei Km 177 überspannt eine Brücke die tiefe Schlucht der Kedvísl. 2 km darauf zweigt nach Osten eine 10 km lange Piste (Schild „Þórisos") zum See Sauðafellslón ab. Der Weg dorthin verläuft am nördlichen Ausläufer des Þórisvatn entlang.

Nachdem wir die **Kaldakvísl** (km 181) überquert haben liegt das unbewohnte Hochland hinter uns. Zunehmend weiden jetzt Schafe neben der Piste. Der Schotterbelag der Piste wird feiner, die Schlaglöcher bleiben. Östlich liegt der **Þórisvatn,** der zweitgrößte See Islands. Am See-Ende zweigt bei Km 199 die Piste F 228 zu den Veidivötn und nach Jökulheimar ab. Die Sprengisandsleið F 26 endet beim **Wasserkraftwerk in Sigalda** (Km 207). Die **Tungnaá** wird hier seit 1977 gestaut. In der Nähe bilden der **Tungnaárfellsfoss** und **Hrauneyjarfoss** sehenswerte Wasserfälle. Das Kraftwerk erzeugt 150 MW an elektrischer Energie. In Hrauneyjar wird der Fluss wenige Kilometer südlich erneut gestaut und zur Elektrizitätsgewinnung (Kraftwerk Hrauneyjarfsstöð, 210 MW) genutzt. Dadurch entstanden zwei künstliche Seen: der Hrauneyjarlón und der Krókslón. Hier mündet die F 26 nach 213 km in die Straße 208 ein.

Wasserfall Tungnaárfellsfoss der Tungnaá

Diese führt im Westen beim **Hochlandzentrum Hrauneyjar** (Cafeteria, Hotel, Tankstelle, Souvenirshop) auf die Straße 26, vorbei am Kraftwerk Búrfell (270 MW) nach Hella an der Ringstraße; im Südosten verläuft die Straße 208 weiter nach Landmannalaugar.

4-WD-Tipps

• Laugafell

Am Fjórðungsvatn zweigt die Piste Skagafjarðaleið F 752 nach Westen zum Laugafell ab. Wegen der Furten durch die Bergvatnskvísl (Km 8) und durch mehrere Arme der Jökulkvísl bzw. Hnjúkskvísl (Km 20) kann diese Route ebenfalls nur mit einem Geländewagen befahren werden. Die Piste verläuft zunächst durch eine sandige Hochebene und führt dann hinunter ins Tal der Bergvatnskvísl. Nach der Furt fahren wir die folgenden 20 km auf holpriger Piste durch ödes Land aus Geröll und Sand. Die Vegetation ist spärlich. Bei guter Sicht können wir im Osten weit über den Sprengisandur bis zum Tungnaárfellsjökull und Vatnajökull blicken; im Westen erhebt sich der schneebedeckte, 1782 m hohe Hofsjökull. Hier entspringen viele Gletscherflüsse, wie die Jökulkvísl, die gefurtet werden müssen. Das Gebiet beim Laugafell ist besonders wasserreich und wird von zahlreichen Gletscherflüssen durchzogen. Nach 30 km erreichen wir das 879 m hoch gelegene **Laugafell.** Hier gibt es heiße Quellen, die einen kleinen Pool speisen, eine unbewirtschaftete **Hütte** für 15 Personen und einen Zeltplatz (Tel. 462 2720).

Vom Laugafell können wir entweder über die F 881 zur F 26 zurückfahren (Rundfahrt), auf der F 821 nach Akureyri und zum Eyjafjörður oder weiter auf der F 752 zum Skagafjörður gelangen.

• Der alte Weg über den Sprengisandur

2 km südlich von Nýidalur (km 0) führt eine holprige Piste über eine Hochebene aus Lavaschotter nach Westen in Richtung Hofsjökull. Bei Km 12 durchfahren wir ein breites ausgetrocknetes Bachbett. An der Abzweigung bei Km 13,4 geht es links und nach 1,5 km geradeaus weiter. Nach 23 km überqueren wir an einem Wasserfall einen kleinen Bach (holprige Furt). Immer geradeaus erreichen wir bei Km 27,7 die Staumauer des Þjórsárlón. Nun beginnt das weite Tal der Þjórsá; auf der westlichen Seite des Flusses zum Hofsjökull hin erstreckt sich das 150 km² große **Naturschutzgebiet Þjórsárver.** In dem Feuchtgebiet brütet die größte **Kurzschnabelgans-Kolonie** *(Anser brachyrhynchus)* der Welt. Bei Km 30 informiert uns eine Tafel über Innra-Hreysi, einen Kanal mit starker Strömung. Interessanter ist jedoch die Natur: Moospolster auf schwankendem Moorboden, Zwergbäume, und ein tief eingeschnittener Bachlauf mit pflanzenbewachsenem Ufer.

Bei Km 31,7 verläuft die Schotterstraße auf dem Staudamm zwischen dem Hreysislón im Osten und Hreysisstífla im Westen, einem grünen Bachtal, über dem die weiße Eiskappe des Hofsjökull aufragt. Ein Abstecher führt bei Km 34,5 zur ausgeschilderten **Eyvindarkofi.** Auf einem Holzsteg gelangen wir über den sumpfigen Boden zu den Resten einer Behausung, in der der Geächtete *Fjalla-Eyvindur* mit seiner Frau *Halla* um 1770 gelebt hat. Wieder zurück auf dem Hauptweg (km 44,3) passieren wir bei Km 46,7 die Abzweigung zum Hágöngulón. Danach verläuft die Piste am **Kvíslavatn** entlang und trifft bei Km 72 westlich von Versalir wieder auf die F 26.

Nach dem Bau der Brücke über die Tungnaá bei Hald, westlich von Hrauneyar, bietet sich ab **Versalir** eine weitere Alternativroute an. Diese verläuft einige Kilometer westlich der F 26, führt an den Kjalvötn (See) vorbei und über den langgezogenen Buðarháls zur Brücke über die Tungnaá. Nördlich des Bu-

Grüne Quellmoose und Wollgras an einem Bach in Þjórsárver am Rand des Hofsjökull

140is Foto: tt

darháls führt eine Stichstraße zum **Dynkur,** dem mehrarmigen Wasserfall der Þjórsá und einem der schönsten Islands.

● **Veiðivötn, Hraunvötn und Jökulheimar**

Die **Veiðivötn** sind ein **beliebtes Ausflugsziel der Isländer.** Bei den **„Angelseen"** stehen zahlreiche kleine private Hütten, in denen die Angler das Wochenende verbringen. Das Gebiet besteht aus schroffen Vulkanbergen, zwischen denen etwa fünfzig kleine Karseen vulkanischen Ursprungs liegen. Eine gut befahrbare Piste (vatnakringer) erschließt eine erlebnisreiche Rundfahrt durch diese 20 km lange und 4 km breite Seenlandschaft. Kurz vor den Veiðivötn zweigt die beschilderte Piste F 229 nach Norden zu den **Hraunvötn,** den **„Lavaseen",** und nach Jökulheimar ab. Die Hraunvötn sind ebenfalls beliebte Angelseen. Jökulheimar liegt am Rand des Tungnaárjökull, einem Ausläufer des gewaltigen Vatnajökull.

Die beschilderte Piste F 228 zu den Veiðivötn (23 km), Hraunvötn (25 km) und nach Jökulheimar (38 km) zweigt am Südende des Þórisvatn von der F 26 nach Osten ab. Die Isländer, die über die Straße 26 vom Búrfell kommen, befahren die Strecke zu den Hraunvötn und den Veiðivötn manchmal auch mit dem Pkw.

2,4 km nach der Abzweigung von der F 26 fahren wir beim Vatnsfell über die **Staumauer des Þórisvatn.** Die Brücke überspannt eine tiefe Schlucht, durch die das gestaute Wasser abfließen kann. Die Schleuse ist jedoch meistens geschlossen, so dass wir das Spektakel des gewaltigen Wasserfalls nicht erleben können. 5 km weiter führt die Piste am schwarzsandigen Nordufer des Fellsendavatn entlang. Nach dem 822 m hohen Berg Þóristindur zweigt bei Km 13,5 eine Sandpiste nach Norden zum Botnavatn ab. Die Piste endet nach weiteren 12 km bei der privaten Hütte in Botnaver.

Bei Km 16,2 erreichen wir die Abzweigung zu den **Hraunvötn** und nach **Jökulheimar.** Die insgesamt 38 km lange Strecke nach Jökulheimar verläuft durch ein Gebiet aus schwarzem Lavasand und Geröll. Nach

8 km ist die Hraunvötn erreicht. In Jökulheimar entspringt aus dem Schmelzwasser des Tungnaárjökull der große **Fluss Tungnaá.** Die Landschaft dort könnte kontrastreicher nicht sein: Lava, schwarzer Sand, hellgrüne Moose, Schnee, blaues Eis und silbriggraues Wasser wechseln sich ab. Um an den Rand des Gletschers zu gelangen, lässt sich auf der Piste der Gletscherfluss noch ein Stück weit in Richtung Norden umfahren. Die Isländer verbringen gerne das Wochenende in der Hütte und unternehmen von hier aus - geeignetes Wetter vorausgesetzt - mit ihren breit bereiften Super-Jeeps Ausflüge auf den Gletscher.

Auf dem Weg zu den Veiðivötn müssen wir bei Km 19 die Vatnakvísl und bei Km 21,5 die Fossvatnakvísl überqueren. Vor allem die zweite Furt kann knietief sein. Kurz vor der Furt durch die Fossvatnakvísl zweigt eine alternative Piste zu den Hraunvötn ab. Diese trifft nach 4 km wieder auf die zuvor beschriebene Strecke nach Jökulheimar. Nach der Furt haben wir die Veiðivötn erreicht. Die als „Vatnakringer" ausgeschilderte Piste führt als Rundkurs durch diese Seenlandschaft. Unterwegs müssen mehrere Seeabflüsse gefurtet werden. Geradeaus erreicht man nach 1 km **Tjarnarkot,** wo es **Hütten** und einen **Zeltplatz** gibt. Wer angeln möchte, kann hier auch eine Tageskarte bekommen.

Wandertipps

• Jökuldalur

Der Wanderweg dieser Tagestour durch das Jökuldalur zur eisigen Schlucht Kaldagil verläuft von Nýidalur zunächst 600 m auf der F 26 nach Süden. Dort zweigt ein schmaler Fahrweg nach Osten ab. Wir folgen dem Weg bis zum Parkplatz im Tal der Jökulsá. Jetzt geht es auf einem der unmarkierten Pfade talaufwärts, wobei man den Fluss bald durchqueren muss. Die Jökulsá ist hier zwar breit, aber nicht allzu tief - Turnschuhe anziehen, die Hosenbeine hochkrempeln und durch! Auf der gegenüberliegenden Flussseite ist der moosbewachsene Wanderpfad gut begehbar. Nach zwei Stunden erreichen wir die **Schlucht Kaldagil.** Gehen wir in diese Felsenschlucht eine halbe Stunde weit hinein, umgibt uns die **beeindruckende Eiswelt des Tungnaárfellsjökull.** Ganz an das Eis können wir jedoch nicht herangehen, da das Gelände zusehends schlechter begehbar wird. Zurück gelangen wir auf dem gleichen Weg.

• Göngubrún

Diese Tagestour zum **Aussichtspunkt** Göngubrún beginnt ebenfalls in Nýidalur und folgt ein kurzes Stück dem Fahrweg ins Jökuldalur. Nach etwa einer Viertelstunde Fußweg zweigt ein ausgetretener, mit Steinmännchen und Holzpflöcken markierter Pfad vom Fahrweg ab und führt den Berghang hinauf. Der Wanderpfad verläuft immer leicht ansteigend, oberhalb des Jökuldalur entlang. Nach knapp einer Stunde sieht man farbige Rhyolithberge und hat von der Höhe eine besonders gute Aussicht auf den nahen Tungnaárfellsjökull und den Köldukvíslarjökull, einen Ausläufer des Vatnajökull. Durch eine lang gezogene Mulde und über einen sanft ansteigenden Bergrücken ist schließlich nach 3 Stunden der 1200 m hoch gelegene Aussichtspunkt erreicht. Das Panorama ist grandios! Der Blick reicht im Osten hinüber bis zum Hofsjökull, im Norden über den Tungnaárfellsjökull zur dunklen Schotterwüste Sprengisandur, im Westen auf das ewige Eis des Vatnajökull und im Süden bis zum Mýrdalsjökull. Zurück nehmen wir denselben Weg, der uns immer wieder neue Ausblicke beschert, die wir so auf dem Hinweg gar nicht wahrgenommen haben.

Unterkunft

- **Berghütte Nýidalur,** Tel. 8541194, 5682533, geöffnet 1.7.–31.8., 160 Schlafsackplätze in 2 Hütten, Gästeküche, Campingplatz (oft windig und kalt!).
- **Hrauneyjar Highland Center**€€, Gästehaus und Hotel, Tel. 4877782 (Gästehaus), 487 7750 (Hotel), Fax 4877781, www.hrauneyjar.is, 112 Betten und 34 Schlafsackplätze, ganzjährig geöffnet, Raststätte, Souvenirshop, Tourist-Information, Tankstelle, Angellizenzen.
- **Hütte** und **Campingplatz** beim **Laugafell,** (Tel. 4622720).
- **Hütte** und **Campingplatz** in **Tjarnarkot,** bei den Veiðivötn.
- **Wanderhütte in Jökulheimar.**

Route 7 D:
Öskjuleið F 88: Grímsstaðir (Ringstraße) – Herðubreiðarlindir – Askja

Die Piste Öskjuleið F 88, die durch das öde Odáðahraun zum Herðubreið und zur Askja führt, ist ebenfalls eine viel befahrene Hochlandroute. Wegen einiger sandiger Streckenabschnitte und dreier Furten kann die F 88 jedoch nur mit einem Geländewagen befahren werden.

Die F 88 zweigt etwa 30 km östlich des Mývatn von der Ringstraße nach Süden ab. Die 103 km lange Strecke zur Askja ist gut markiert und beschildert. Im Westen erhebt sich gleich neben der Piste der **Ringwallkrater Hrossaborg** („Pferdeburg"). Trotz seiner Höhe von 426 m gleicht der Vulkankrater eher einem flachen Hügel, denn er erhebt sich nur 40 m über dem umliegenden Land. Der Kraterrand ist auf der Ostseite geöffnet und über eine Stichstraße zugänglich. Der Krater diente früher als natürlicher Pferch, in den die Pferde hineingetrieben wurden.

Das Land ist bräunlich-grau-schwarz und ohne Vegetation. Wir befinden uns am Rand des **Ódáðahraun,** des **„Lavafeldes der Missetäter".** Diese insgesamt 5000 km² große „Wüste" aus Lavagestein und -sand erstreckt sich von der Ringstraße im Norden bis an den Rand des Vatnajökull im Süden; sie wird im Westen vom Skjálfandafljót und im Osten von der Jökulsá á Fjöllum begrenzt. Wenn es im Ódáðahraun regnet, versickert das Wasser schnell im porösen Untergrund. Der dunkle Boden heizt sich durch die Sonne stark auf. Wer in diesem Gebiet zu Fuß oder mit dem Mountain-Bike unterwegs ist, fühlt sich in der Tat wie in einer Wüste. Auch das Trinkwasser ist knapp, und heftige Sandstürme können das Vorankommen erschweren.

Nach 13 km steht rechts neben der Piste eine Formation aus Basaltsäulen. 2 km weiter fahren wir an einem kleinen See vorbei. Nach knapp 20 km ist das erste große Lavafeld erreicht. Die holprige Fahrspur führt kurvenreich über die Kissen- und Stricklava. Bei Km 30 beginnt das 170 km² große **Naturschutzgebiet Herðubreiðarfriðland.** In ihrem weiteren Verlauf folgt die Piste dem Lauf des gewaltigen Gletscherflusses Jökulsá á Fjöllum. Bei Km 40 muss der Fluss Grafarlandaá durchfahren werden. Die Furt ist sandig und 30–40 cm tief. Spätestens hier endet normalerweise die Fahrt für einen zweiradgetriebenen Pkw. Flussaufwärts fällt das Wasser treppenförmig über das Lavagestein. An dem kleinen Wasserfall lässt es sich schön rasten.

Bei Km 51 überqueren wir einen 300 m breiten Lavastrom des Lindahraun. Der Weg über die Stricklava ist holprig und stufig. Neben der Piste erhebt sich der 1682 m hohe **Herðubreið,** der „Breitschultrige". Dieser einzeln in der Landschaft stehende große Tafelvulkan ist eine markante Landmarke Islands. In der Mythologie ist er der Sitz der Götter, die **Götterburg Asgard.** Der Herðubreið gilt als schönster Berg Islands. Seine steilen Flanken bestehen aus lockerem, brüchigem Lavagestein, das eine Besteigung schwierig und gefährlich macht. Einzig eine Scharte am nordwestlichen Berghang ermöglicht einen Aufstieg. Erstmals stand ein Bergsteiger 1908 auf dem Gipfel des Herðubreið, der ab Mittag oft in eine Wolke gehüllt ist.

Bei Km 55 muss die 40–50 cm tiefe Lindaá, der größte Fluss auf dieser Strecke, gefurtet werden. Das Wasser des Quellflusses ist eiskalt und glasklar. Wanderer und Fahrradfahrer (Rad schieben) können diese Furt umgehen: Ein schmaler Fußpfad führt am westlichen Ufer der Lindaá entlang nach Herðubreiðarlindir.

Nach 60 km und zwei Stunden Fahrzeit erreicht man **Herðubreiðarlindir,** die „Quellen des Herðubreið". Kurz vor der **Hütte Þórsteinskáli** muss die Lindaá ein zweites Mal gefurtet werden. Am Ufer des klaren Quellflusses stehen große Exemplare der Echten Engelwurz, die hier bis zu 170 cm hoch werden können. Auf den umliegenden Schotterfluren leuchten die rosa Blüten des Arktischen Weidenröschens. Herðubreiðarlindir ist eine „grüne Oase" in der öden Wüste. Hier sprudeln zahlreiche Quellen aus dem Lavaboden und versorgen die Pflanzen mit Wasser.

Auch *Fjalla-Eyvindur* (vgl. Ende der Route 7 B) soll hier den Winter 1774/75 verbracht haben. Seine mit Lavasteinen umschichtete **Erdhöhle Eyvindarkofi** kann etwa 100 m von der Hütte entfernt besichtigt werden.

Hinter Herðubreiðarlindir führt die Piste weiter durch die Lavawüste. Ab Km 70 wird der Boden sandig. Achten Sie hier auf ein kleines Schild mit der Aufschrift „Jökulsá á Fjöllum". 200 m östlich neben der Piste donnert der gewaltige Gletscherfluss in eine schmale, hufeisenförmige Schlucht. Diese Wasserfälle lassen hier einen neuen großen Canyon entstehen, ein Zeichen dafür, dass Island geologisch sehr jung ist und die Umgestaltung des Landes durch die Naturgewalten noch voll im Gang ist.

2 km weiter wendet sich die Piste westwärts zum lang gezogenen **Bergrücken Herðubreiðartögl** (1070 m). Hier zweigt auch die Stichstraße ab, die zu einem kleinen Parkplatz im Westen des Herðubreið führt. Von hier aus kann man den Berg besteigen. Erfahrung im Bergsteigen ist jedoch Voraussetzung, denn der Weg zum Gipfel ist nicht einfach.

Mitten in der **Sandwüste Vikursandur** trifft die Piste F 88 einige Kilometer westlich des 1084 m hohen Bergs Upptyppingar auf die Piste F 910 Upptyppingarleið. Diese führt ostwärts zur Brücke über die Jökulsá á Fjöllum und weiter zu den Kverkfjöll bzw. durch das Möðrudalur zurück zur Ringstraße. Wir fahren jedoch nach Westen weiter zur Askja. Die nächsten Kilometer der Piste verlaufen durch eine Vulkanlandschaft aus hellem Bimsstein. Dieses leichte vulkanische Gestein ist so porös, dass es auf Wasser schwimmt. Bei Km 95 erreichen wir **Dreki.** Hier findet man mitten in der Wüste Unterkunft in zwei Berghütten und auf einem Campingplatz. Am Ufer des Bachs wachsen grüne Moose und Breitblättrige Weideröschen, Farbakzente in der sonst öden Lavalandschaft. Bei den Hütten zweigt die **Piste F 910 Gæsavatnaleið** ab, die entweder am Rand des Vatnajökull entlang

141is Foto: tt

(Gæsavatnaleið syðri) oder weiter nördlich durch das hier besonders ruppige Ódáðahraun (Gæsavatnaleið nyrðri) zum Sprengisandur führt. Nachdem in den letzten Jahren viele Hochlandpisten umbenannt wurden, heißt die nördliche Strecke jetzt F 910 Austurleið. Diese Piste durchquert halb Island vom Sprengisandur über Dreki, Krepputunga, Þríhyrningsvatn bis Brú im Jökuldalur. Hier wendet sie sich nach Süden, führt durch das Hrafnkelsdalur bis an den Nordrand des Snæfell und endet schließlich in nordöstlicher Richtung weiterführend im Fljótsdalur am See Lagarfljót.

Die Hütte Dreki steht am Eingang zur **Drachenschlucht Drekagil.** Die Lava hat hier bizarre Gebilde mit Überhängen und Höhlen geschaffen. Wind und Wasser haben riesige Lavabrocken modelliert, so dass manch einer der Gestalt eines Tieres ähnelt oder die Züge eines versteinerten Riesen trägt. Wohl deshalb wird das nahe gelegene Dyngjufjalladalur das „Tal der Steinriesen“ und das Dyngjufjöll das „Gebirge der Steinriesen“ genannt.

Von Dreki führt eine 8 km lange Stichstraße weiter zur Askja. Der Weg dorthin verläuft über den **Lavastrom Vikrahraun.** Auf einem Felsplateau endet die Piste an einem kleinen Parkplatz. Nur zu Fuß kann man weiter über auffallend rote und tief schwarze Lava

Rast in der Lavawüste bei Dreki

142is Foto: tt

zur Askja wandern. Selbst im Hochsommer kann hier noch nasser Altschnee liegen oder Neuschnee die schwarze Lava in ein weißes Land verwandeln. Nach einer Stunde sind wir am Ziel.

Die **Askja** („Schachtel") ist ein 50 km² großer Vulkankrater, der im Gebirgsmassiv Dyngjufjöll liegt. Das bis zu 1500 m hohe Gebirge entstand durch mehrere Vulkanausbrüche, die vor ungefähr 1,5 Millionen Jahren begannen. Der 12 km² große **Öskjuvatn** ist der **Kratersee der Askja.** Mit einer Tiefe von 217 m ist er zugleich der **tiefste See Islands.** Er liegt in einer 46 km² großen Caldera (Einsturzkessel). Der See füllte sich jedoch erst in der jüngsten Vergangenheit, als sich kurz nach einem Vulkanausbruch im Jahr 1875 ein Teil der Caldera im Südosten absenkte. Oberhalb des Öskjuvatn ist auf dem Kraterrand eine Pyramide aus Lavasteinen aufgeschichtet. Sie erinnert an zwei Deutsche, den Geologen *Walther von Knebel* und den Maler *Max Rudloff.* Beide waren am 10. Juli 1907 mit einem Boot auf den Öskjuvatn hinausgefahren und nicht mehr zurückgekehrt. Das Unglück ist bis heute nicht aufgeklärt. In der Steinpyramide befindet sich eine Metallkassette mit Gedenkbuch, in das man sich eintragen kann.

Am oft windumtosten Kraterrand riecht die Luft nach Schwefel. Vor dem Öskjuvatn befindet sich ein weiterer, kleinerer Krater, der **Víti.** Diese „Hölle", was Víti übersetzt heißt, ist mit warmem, schwefelhaltigem grün-grauem Wasser gefüllt. Wer möchte, kann in der „Hölle" baden. Der Abstieg vom 50 m hohen Kraterrand ist jedoch steil und rutschig. Der Víti entstand wie der Öskjuvatn nach einem verheerenden **Vulkanausbruch im März 1875.** Gewaltige Bimssteinmengen wurden bis zu 30 km hoch in die Luft geschleudert, große Weideflächen in Ostisland und bewohnte Täler versanken unter Asche, zahlreiche Höfe wurden zerstört. Viele Bauern verloren ihre Existenz, 10.000 Isländer wanderten damals nach Amerika aus. Auch nach 1875 kam die Askja nicht zur Ruhe. Der bislang letzte Ausbruch war 1961. Aus der Vulkanspalte Vikraborgir quoll ein 7,5 km langer Lavastrom und ließ das Vikrahraun entstehen. Die Astronauten der NASA trainierten hier für ihre Mondlandung.

Der Kratersee Öskjuvatn
und der warme Víti an der Askja

Wandertipps

• Besteigung des Herðubreið
Ab der Hütte von Herðubreiðarlindir geht man 12–14 Std., ab dem Parkplatz am Westrand des Herðubreið 5–6 Std. Die Besteigung des Herðubreið bleibt trainierten Bergsteigern vorbehalten. Der Aufstieg kann nur bei gutem Wetter erfolgen; er ist schwierig und wegen des Steinschlags auch gefährlich (lockeres Tuffgestein). Auf dem Hochplateau liegt meist das ganze Jahr über Schnee. Die Schutzhütte am Bræðrafell, am Südrand des Schildvulkans Kollóttadyngja gelegen, dient ebenfalls als Basis für eine Besteigung. Nähere Auskünfte erteilt der Hüttenwart in Herðubreiðarlindir.

• Drachenschlucht Drekagil
Die sehenswerte Schlucht beginnt hinter der Hütte Dreki. Ein ausgetretener, schmaler Pfad führt oberhalb von dem kleinen Bach in die Schlucht hinein. In der engen Klamm ist es kalt und düster. Altschnee kann hier auch noch im Hochsommer liegen. Nach 15 Minuten endet der begehbare Weg am Fuß eines hohen Wasserfalls.

Unterkunft

- **Herðubreiðarlindir: Hütte Þórsteinskáli,** 40 Plätze, **Campingplatz,** geöffnet Mitte Juni–Aug., Tel. 4622730.
- **Dreki€,** 2 Berghütten mit 70 Schlafsackplätzen und Campingplatz (oft windig und kalt!), geöffnet im Sommer.
- **Bræðrafell: einfache Schutzhütte** (12 Plätze) im Süden des Kollóttadyngja; nur zu Fuß erreichbar

Route 7 E:
Kverkfjallaleið F 902

Seit im Spätsommer 1986 die Brücke über die Jökulsá á Fjöllum eröffnet wurde, ist der Kverkfjallaleið F 902 eine interessante Alternative für die Weiterfahrt von der Askja bzw. von Herdubreiðarlindir. Die Strecke führt **durch die Lavawüste Krepputunga zu den Kverkfjöll,** einem Vulkanmassiv am nördlichen Rand des Vatnajökull. Ab der Abzweigung der Piste F 910 von der Piste Öskjuleið F 88 beim Berg Upptyppingar sind es bis zur Eishöhle bei den Kverkfjöll 55 km. Der kurze Abschnitt vom Öskjuleið zum Kverkfjallaleið wird in den isländischen Straßenkarten als „Upptyppingarleið" bezeichnet. Das Teilstück der Kverkfjallaleið, das östlich der Krepputunga verläuft, heißt „Lindafjallabaksleið" F 903. Der 103 km lange Rückweg zur Ringstraße kann auf dem Möðrudalurleið F 905 erfolgen, der östlich der Krepputunga nach Norden durchs Möðrutal führt.

Nach der Abzweigung des Upptyppingarleið von der F 88 13 km östlich der Askja quert die kurvenreiche Piste zunächst ein Lavafeld und führt dann 6 km weit durch eine flache Ebene aus Bimsstein zur Brücke über die **Jökulsá á Fjöllum.** Die Betonbrücke ist von einem Schafgatter verschlossen, das geöffnet und auch wieder geschlossen werden muss. 3 km weiter mündet die Piste in die Hauptstrecke Kverkfjallaleið F 902 ein. Geradeaus führt die Piste zum Möðrudalurleið. Wir fahren in Richtung Süden zu den Kverkfjöll.

Schon nach wenigen Kilometern umgibt uns tief schwarzer Lavasand. Am Horizont erheben sich dunkle, urweltartig anmutende Vulkankegel. Auf beiden Seiten wird die schmale Schotterpiste von hohen Lavahängen eingerahmt, die rostrot im Sonnenlicht leuchten. Uns erinnert dieser Streckenabschnitt immer wieder an das Hoggar-Gebirge in der algerischen Sahara. Die Landschaften ähneln sich. Nur sind in Island die Entfernungen weniger als ein Zehntel so groß.

Bei Km 33 mündet die Piste in den Weg vom Möðrudalur ein (F 905, F 910, F 903) ein. Hierher werden wir später zurückfahren. Der einsam in der Vulkanlandschaft stehende **Wegweiser** zeigt uns die Entfernungen an: Nach Süden sind es bis zu den Kverkfjöll noch 17 km, nach Norden bis Hvannalindir 12 km und bis zur Ringstraße im Möðrutal 83 km. Ab hier wird die Piste zunehmend schlechter (tiefe Löcher und Lavabrocken). Mit Schrittgeschwindigkeit durchfahren wir holpernd die immer wieder unseren Weg kreuzenden Lavazungen. Die Piste steigt an und führt in eine regelrechte Hochgebirgslandschaft hinein. Nach einer letzten Kletterpartie über einen Lavastrom erreichen wir bei Km 50 die **Hütte Sigurðarskáli** bei den Kverkfjöll. Die Gletscher Dyngjujökull und Kverkjökull, beide Ausläufer des Vatnajökull, liegen zum Greifen nahe.

Von der Hütte führt eine 5 km lange Stichstraße zu einer **Eishöhle.** Vom Parkplatz auf der Gletschermoräne bis zur Eishöhle sind es wenige Minuten zu Fuß. Das Gletschertor der Eishöhle hat gewaltige Ausmaße; es gleicht einer Domkuppel aus blankem, blauem Eis, aus der ein stattlicher Gletscherfluss sprudelt. Die Eishöhle hat in den letzten Jahren jedoch viel von ihrer Attraktivität eingebüßt, da aufgrund erhöhter vulkanischer Aktivität Verschiebungen im Eis des Gletschers und in der Folge Risse und Spalten aufgetreten sind. Die Eishöhle sollte man inzwischen gar nicht mehr begehen, da immer wieder große Eisbrocken unvorhergesehen von der Decke herabstürzen können.

Der Rückweg führt auf dem Lindafjallabaksleið F 903, der F 910 und dem Möðrudalurleið F 905 über Hvannalindir durch das Möðrutal zur Ringstraße. Diese Strecke ist einfach zu befahren. Von der Hütte geht es auf der zuvor beschriebenen Piste 17 km zurück bis zu dem Wegweiser. Bis **Hvannalindir** (Km 30) verläuft die F 903 dann über eine flache Ebene aus Lava. Wie Herðubreiðarlindir ist auch Hvannalindir eine „grüne Oase" inmitten der Wüste. Hier entspringt ebenfalls ein Quellfluss namens **Lindaá,** an dessen Ufer die für Island typischen Pflanzen wachsen: Arktisches Weidenröschen, Engelwurz, Wollgras und leuchtend grüne Moose. Auch zahlreiche Wasservögel kommen hier vor. Hvannalindir ist ein **Naturschutzgebiet.** Die Hütten im Gebiet gehören zu einer Forschungsstation und sind für Touristen nicht zugänglich.

Auch in der Umgebung von Hvannalindir findet man Reste von Behausungen, die dem Geächteten *Fjalla-Eyvindur* (vgl. Ende der Route 7 B) zugeschrieben werden.

Auf der Weiterfahrt muss man hinter Hvannalindir die flache Lindaá zweimal überqueren. Bei Km 41 trifft die Piste wieder auf die Zufahrt F 910 zur Askja.

Tankstelle in Grassodenhäuschen
vor der Kirche von Möðrudalur

143is Foto: tt

6 km weiter fahren wir an dem kleinen **See Kreppulön** vorbei. Von hier hat man einen schönen Blick auf den Herðubreið. Bei Km 62 führt eine Brücke über den Fluss Kreppa. Bei Km 73 zweigt eine wenig befahrene Piste für Allradfahrzeuge nach Süden ab, die durch das Alftatal zum Nordrand des Bruárjökull führt. Durch das Vesturtal, über das Meljaradfjall und weiter durch das Hrafnkelstal kann man den 1833 m hohen schneebedeckten **Vulkan Snæfell** erreichen. Diese Strecke hat durch den Kárahnjúkar-Staudamm an Bedeutung gewonnen.

Die Schotterstraße ist in ihrem weiteren Verlauf durchs **Möðrutal** auch für einen zweiradgetriebenen Pkw befahrbar. Die zwei Furten bei Km 74 und 76 sind flach, der Untergrund ist steinig. Bei Km 81 beginnt die eigentliche Möðrudalurleið F 905. Von hier verläuft die F 910 weiter in östlicher Richtung. Nach weiteren flachen Furten durch einen zweiarmigen Bach bei Km 97 und einen Bach kurz vor Km 100 trifft die Piste bei Km 103 auf die Straße 901. Wenige Kilometer nördlich liegt das **Gehöft Möðrudalur** in 469 m Höhe über dem Meer – **Islands höchstgelegener Bauernhof** (siehe Route 5 E).

Unterkunft

- **Raststätte und Gästehaus Fjalladýrd**€, Tel. 4711858, www.fjalladyrd.is, Campingplatz, Zimmer und Schlafsackplätze, Cafeteria.
- **Berghütte Sigurðarskáli, Kverkfjöll,** Tel. 8536236, geöffnet 20.6.–15.9., 60 Schlafsackplätze, Gästeküche, einfacher Camping-

platz, geführte Wanderungen über den Gletscher zu den Eishöhlen und heißen Quellen am Kverkfjöll (Steigeisen werden gestellt), viele Gruppen.

Wandertipp

Die empfehlenswerte Wanderung zu den heißen Quellen der Kverkfjöll im Hveradalur ist im Kapitel „Praktische Reisetipps A-Z/ Sport und Aktivitäten" unter der Überschrift „Feuer und Eis" beschrieben.

Route 7 F:

Gæsavatnaleið F 910: Askja – Sprengisandur

Von **Dreki** bei der Askja führt ein Teilstück der F 910 Austurleið 125 km quer durch das Hochland zum Sprengisandur. **Nach 21 km teilt sich die Piste.** Die nördliche Route verläuft durch die ruppigen Lavafelder des Ódáðahraun. Sie wurde 1992 als Alternative zu der ehemals „berüchtigten" Gæsavatnaleið-Piste angelegt. Bevor diese Strecke ihre heutige Bezeichnung F 910 Austurleið erhielt, hieß sie F 98 Gæsavatnaleið nyrðri. Die südlich davon verlaufende Strecke heißt heute noch Gæsavatnaleið (syðri). Sie führt entlang des Dyngujökull, über den Úrdarháls, das Kistufell und die Gæsavötn zum Sprengisandur. Die **nördliche Route** kann mit einem Geländewagen problemlos befahren werden, ist aber extrem holprig.

Mitte August 2007 war auch die südliche Route einfach zu befahren, was nicht immer so ist. Auf jeden Fall sollten Sie sich in Nýidalur oder in Dreki nach der Befahrbarkeit der Strecke erkundigen und die südliche Route bei schwierigen Wegeverhältnissen (viel Wasser, Altschneefelder) auch nur mit einem Begleitfahrzeug befahren. Für beide Strecken benötigt man von Dreki bis Nýidalur jeweils 8 bis10 Stunden reine Fahrzeit.

Von Dreki fahren wir die ersten 6 km durch eine Wüste aus hellem Bimsstein, dann folgt bis Km 21 schwarzer weicher Lavasand so weit das Auge reicht. Danach trennen sich die beiden Wege.

Der Gæsavatnaleið nyrðri

Bei Km 28 erklimmt die Piste einen steilen, sandigen Hang. Danach folgen flach gewölbte Platten aus Kissenlava. Abseits der Piste stehen haushohe, bizarre Gebilde aus Lava. Bei Km 32 gabelt sich der Austurleið erneut. Ein Schild zeigt geradeaus zu den 55 km entfernten Gæsavötn („Gæsavatnaleið syðri"). Nach rechts sind es auf dem Austurleið bis Nýidalur 95 km.

Die Piste führt zunächst nach Nordwesten zu den Bergen Dyngjufjöllytri westlich der Askja. Dieser Pistenabschnitt heißt **Dyngjufjallaleið,** „Weg zum Berg Dyngjufjall". Wir fahren an einem lang gezogenen Bergrücken entlang; am Horizont erheben sich urwelthaft anmutende, dunkle Lavaberge. Bei Km 44 umfahren wir den 1000 m hohen Berg Fjallsendi; an dieser Stelle wendet sich die Piste nach Westen. Nach einem noch gut befahrbaren Stück aus Fladenlava wird es ernst. Eine steile Auffahrt in der Lava folgt der anderen. Äußerst langsam kriechen wir mit unserem Fahrzeug durch das 5 km breite Lavafeld. Bei Km 55 ist die Lava zu Ende. Jetzt können wir auf dem Lavaboden „flott" mit 20 km/h weiterfahren. Nach einem steilen Hang, der mit großen Lavabrocken übersät ist, folgt ein Weichsandstück, dann wieder Lava.

Bei Km 60 durchfahren wir ein Tal mit kleinen Seen, eine grüne Idylle in der Wüste. Hier müssen zwei flache Bäche gefurtet werden. 3 km weiter folgt erneut ein Lavastück. Hinter der Lava verläuft die Piste über eine flache Schotterebene. Dann wechseln wieder Lavapassagen mit Weichsand. Bei Km 73 sind zwei weitere Bäche zu durchfahren.

Nach weiteren Steilstücken sehen wir bei Km 84 in der Ferne den Fluss Hrauná, den wir aber nicht überqueren werden. Kurz danach folgt dennoch eine steinige Furt. Bei Km 93 liegt die meiste Lava hinter uns. Wir verlassen das Ódáðahraun und fahren über eine Hochebene aus Geröll. Bei Km 100 erreichen wir wieder eine beschilderte Weggabelung. Hier mündet der Gæsavatnaleið syðri in unsere Route ein.

Den tosenden **Skjálfandafljót** überqueren wir auf einer einfachen Holzbrücke. 3 km weiter folgen die **Langadrag,** breite, mehrarmige Schmelzwasserflüsse des Tungnaárfellsjökull. Insgesamt müssen wir hier drei Flussarme durchfahren. Bei Niedrigwasser sind die Furten nur knietief. Nach der zweiten Furt führt die Piste im Schotterbett 100 m flussaufwärts, bis man eine flache Stelle durch den dritten Arm erreicht.

Bei Km 106, 114 und 119 müssen weitere Gletscherflüsse gefurtet werden. Die letzten Pistenkilometer führen bis zur Einmündung in den Sprengisandsleið F 26 durch eine moosbewachsene Schotterebene. Die Aussicht in die Weite des **Sprengisandur** und auf die Gletscher entschädigt für die Strapazen im Ódáðahraun. Bei Km 125 erreichen wir in der Ebene Tómasarhagi die F 26. Bis Nýidalur ist es nicht mehr weit.

Der Gæsavatnaleið syðri

An der zuvor erwähnten Abzweigung bei Km 21 biegen wir nach links ab. Gleich danach beginnt das „gefürchtete" Schwemmland, das sich bis Km 39 erstreckt. Es ist eine ebene Sandfläche, die je nach Witterung und Tageszeit mehr oder minder stark vom Schmelzwasser des nahen Gletschers überflutet ist. Obwohl das Wasser nicht tief ist, kann man sich hier leicht festfahren. Immer wieder queren 20–30 cm tiefe und 2–4 m breite Wasserläufe unseren Weg, die morgens noch trocken sein können. Gegen Mittag steigt das Wasser, weshalb man diese Route am besten frühmorgens befährt. Der Pistenverlauf ist mit Holzpfosten markiert. Durchfahren Sie die überfluteten Sandflächen mit Allradantrieb und gesperrtem Zentraldifferential (wenn möglich) langsam und ohne anzuhalten. Meistens ist der 1. Gang der Straßenübersetzung oder der 2. Gang in der Reduktion am besten. Den tiefsten und breitesten Gletscherfluss durchfahren wir am Ende des Schwemmlands. Danach beginnt eine ruppige Kraxelei über große Basaltbrocken hinauf zum 1025 m hohen **Úrðarháls.** Der Explosionskrater hat einen Durchmesser von 200 bis 300 m

144is Foto: tt

mit steilen Wänden aus bröckelnder Lava. In der Umgebung liegen weitere kleinere Krater. Unser Auto „kriecht" für die nächsten Stunden nur noch im 1. und 2. Gang der Reduktion; wir kommen höchstens mit Schrittgeschwindigkeit voran. Den Kraterrand des Úrðarháls erreichen wir bei Km 44. Wir quälen uns dann über ein 1100 m hoch liegendes Plateau aus losen Lavabrocken. Manchmal müssen wir anhalten, aussteigen und nach dem nächsten grauen Holzpfosten suchen, der uns den weiteren Verlauf der Piste anzeigt. Bei Nebel kann man hier leicht die Orientierung verlieren; bei gutem Wetter ist der Ausblick atemberaubend! Im Süden sehen wir den 1446 m hohen Tafelvulkan Kistufell, im Norden den 1459 m hohen Trölladyngja. Nach einem sandigen Steilstück liegt links die Schutzhütte auf dem **Kistufell** (km 49) in einiger Erntfernung zur Piste. Nun fahren wir die nächsten Kilometer durch ein ebenes Lavafeld. Die Piste nähert sich dann wieder dem Dyngjujökull; nahe am Gletscherrand queren wir erneut überflutetes Schwemmland mit weichem und bodenlosem Sand. Bei Km 55 markieren Steinmännchen die 1190 m hohe **Passhöhe am Jörðurhryggur.** Dies ist die **höchstgelegene Straße Islands.** Vom Pass führt die Piste steil bergab zu den **Gæsavötn,** den Gänseseen. Wir passieren bei Km 70 die etwas trostlos wirkenden Seen. Etwa 20 km südlich ist hier 1996 in der Nähe des 2009 m hohen Bergs Bárðarbunga der Vulkan Loki unter dem Eis des Vatnajökull ausgebrochen. Hinter den Seen wird die Piste besser befahrbar. Zügig durchfahren wir die weite Schotterebene und furten einzelne kleine Bachläufe. Bei Km 78 mündet der Gæsavatnaleið syðri wieder in die F 910.

Unterkunft

- **Dreki,** 2 Berghütten mit 70 Schlafsackplätzen, Campingplatz, geöffnet im Sommer.
- **Nýidalur,** Tel. 8541194, 5682533, geöffnet 1.7.–31.8., 160 Schlafsackplätze in 2 Hütten, Campingplatz.

Route 7 G:

Fjallabaksvegur nyrðri F 208: Landmannalaugar – Jökuldalir – Eldgjá – Ringstraße

Landmannalaugar, das „warme Bad der Landmänner", ist jedes Jahr das Ziel von über 15.000 Besuchern, die hauptsächlich im Juli und August hierher kommen. Entsprechend voll sind in den Sommermonaten die Hütte und der Campingplatz. Nicht nur das viel gerühmte „Bad" in dem warmen Quellfluss, sondern auch die herrlichen Wanderungen auf die umliegenden Aussichtsberge und in die an Farben reiche Landschaft aus Rhyolith und tiefschwarzem Obsidian locken zunehmend mehr Besucher an. Landmannalaugar liegt im breiten Tal des Gletscherflusses Jökugilskvísl. Die sanft geschwungenen Bergrücken aus Rhyolith sind 700–800 m hoch. Der **Lavastrom Laugahraun** besteht aus tiefschwarzem Obsidian, der stellenweise mit Moosen bewachsen ist. Aus der Lava fließt ein 70 °C heißer Quellfluss, der sich ein wenig flussabwärts mit einem kalten Gletscherfluss mischt. Dies ist der berühmte **„Badeplatz" von Landmannalaugar.** Das Wasser ließ hier eine grüne Insel entstehen, auf der zahlreiche Pflanzen und Vögel einen bescheidenen Lebensraum finden. Die vielen Besucher gefährden jedoch zunehmend das sensible Ökosystem. In der Umgebung der Hütte und auch am „Badeplatz" hat die Keimzahl des Wassers bereits beunruhigende Werte erreicht. Manche Tümpel sind mit einem dicken Teppich aus Algen bedeckt. Die Pflanzen zersetzen sich, der Gehalt an gelöstem Sauerstoff im Wasser sinkt, und übel riechende Faulgase blubbern an die Oberfläche.

Drei Wege führen **nach Landmannalaugar:** Nordwestlich des 1450 m hohen Vulkans Hekla zweigt beim Kraftwerk Búrfell die Piste F 225 Landmannaleið, der „Weg der Landmänner", nach Westen von der F 26 ab. Die nur für Allradfahrzeuge befahrbare Strecke führt nach Landmannahellir und durch das Dómadalur, wo sie den Namen Dómadalsleið erhält. Nach 47 km trifft die Piste beim Frostastaðavatn auf die F 208, den Fjallabaksvegur nyrðri, den „nördlichen Weg über die Berge". Vom Landmannaleið zweigt etwa auf halber Strecke eine Piste ab. Sie führt durch das Geothermalgebiet der Reykjadalir, der „Rauchtäler", westlich des 1128 m hohen Hrafntínnusker nach Süden zum Laufafell (Straße F 210) und zum Fjallabaksvegur syðri.

Fährt man auf der 26 vom Kraftwerk Búrfell weiter nach Norden, zweigt die

Holzpfosten markieren den Weg über den Lavaschotter auf der Piste Gæsavatnaleið syðri

145is Foto: tt

F 208 beim See Hrauneyjarlón direkt ab. Auf dieser Strecke erreicht man Landmannalaugar nach 35 km auch mit einem normalen Pkw, wobei man das Fahrzeug wegen zwei tiefer Furten einige hundert Meter vor dem Campingplatz abstellen muss. Am Weg liegen die **Vulkankrater Hnausapollur und Ljótipollur,** zu denen kurze Stichstraßen führen. Die F 208 verläuft von Landmannalaugar weiter nach Süden zur Ringstraße. Diese landschaftlich äußerst schöne Strecke geht durch die wasserreichen Jökuldalir, die „Gletschertäler", und zur Eldgjá. Wegen der zahlreichen Flussdurchfahrten bleibt diese Piste jedoch geländegängigen Fahrzeugen vorbehalten.

Durch die Gletschertäler nach Süden

Von Landmannalaugar führt eine 2 km lange Stichstraße zurück auf die F 208. Nach der Brücke über die Jökugilskvísl verläuft der Fjallabaksvegur nyrðri an der gestauten Tungnaá entlang. Die Piste ist sandig. Immer wieder müssen flache Bäche durchfahren werden. 7 km nach Landmannalaugar verläuft die Piste zwischen dem 730 m hohen Berg

Bad in einem warmen Quellbach in Landmannalaugar

Café Fjallafang in alten Bussen in der Nähe der Quellen

Stórikýlingur und dem über 900 m hohen Kirkjufell hindurch. Eine Stichstraße führt zur **Berghütte Stórikófi** nordwestlich des Stórikýlingur. Nach der Furt bei Km 10 führt die Piste in ein enges Tal, das vom Abfluss des Kirkjufellsvatn gebildet wird. Der knietiefe Seeabfluss muss gefurtet werden. Nach einer Anhöhe führt der Fjallabaksvegur steil hinunter in die **Jökuldalir,** die Gletschertäler. Die Piste verläuft über mehrere Kilometer im Schotterbett des Gletscherflusses Jökugilskvísl. Immer wieder müssen in dem Tal Flussarme überquert werden. Bei Km 12 verlässt die Piste kurz das Tal und erklimmt den steilen Hang des 699 m hohen Réttarhnúkur. Hinter dem Berg geht es erneut hinunter ins Tal, wo wieder einzelne Flussarme überquert werden müssen. Nach der Furt durch die Skuggafjallakvísl enden die Jökuldalir (Km 20).

Bei Km 24 zweigt die 26 km lange Piste F 235 zum **See Langisjór** nach Norden ab. Der 779 m hohe Berg Herðubreið bietet 5 km weiter eine gute Sicht auf die Eldgjá. Bei Km 31 biegt die 1½ km lange Zufahrt in die hier 5 km lange und bis zu 140 m tiefe „Feuerspalte" nach Osten ab. Kurz vor dem Parkplatz muss die Norðarióíæra gefurtet werden, die schluchteinwärts den **Wasserfall Ófærufoss** bildet. Bis zu ihrem Einsturz während der Schneeschmelze im Frühjahr 1993 war eine Naturbrücke aus Basalt, die den Wasserfall in luftiger Höhe überspannte, ein beliebtes Wanderziel.

Nach der Furt durch die Strangakvísl zweigt bei Km 35 eine 8 km lange Piste zum 943 m hohen **Gjátindur** ab. Der Berg liegt oberhalb des Talschlusses der Eldgjá und bietet den wohl **besten Überblick über die Vulkanlandschaft.** Man erkennt, wie sich die Feuerspalte über insgesamt 40 km Länge bis zum Mýrdalsjökull erstreckt.

Das Fjallabak-Hochland endet bei Km 38. Die Schotterpiste führt jetzt über eine grasbewachsene Hochfläche hinunter ins Tal der Skaftá. Gehöfte tauchen auf. Bei Km 60 endet der Fjallabaksvegur nyrðri. In Gröf erreicht diese die Straße 210, die bei Snæbýli zum Fjallabaksvegur syðri weiterführt. Die Straße 208 trifft wenige Kilometer weiter wieder auf die Ringstraße. Eine ausgeschilderte, holprige Stichstraße führt zur Hekla.

4-WD-Tipps

• Landmannaleið und Dómadalsleið F 225 (47 km)

Die F 225 führt nördlich des Frostastaðavatn durch das sandige Dómadalur. Kurz vor dem breiten Flusstal der Klukkugilskvísl und Helliskvísl gabelt sich die Piste. Die nördliche Route führt nach **Landmannahellir** (Hütte, schöner Campingplatz, Tel. 4876598), die ihren Namen von einer kleinen Lavahöhle hat, die früher Schafhirten als Unterstand diente. Bei der Furt durch die Helliskvísl trifft diese Route südlich des Bergs Sauðleysur wieder auf die F 225. Die südliche Route quert das sandige Flusstal der Klukkugilskvísl und Helliskvísl direkt. Bei hoher Wasserführung können hier tückische Treibsandstellen vorkommen. 3 km nach dem Flusstal zweigt die Piste zum Hrafntinnusker und in die Reykjadalir nach Süden ab. Kurz vor der Einmündung der nördlichen Route muss die Rauðufossakvísl gefurtet werden. Folgt man diesem sandigen Bachtal flussaufwärts, gelangt man nach 3 km zu den **Wasserfällen Rauðufossar,** den „roten Wasserfällen". Sie bekamen ihren Namen von dem rötlichen Rhyolithgestein, über das das Wasser rieselt. Beim Berg Sauðleysur zweigt die Piste zum Krakatindur von der F 225 nach Süden ab. Sie mündet weiter südlich in die Piste vom Hrafntinnusker und in den Fjallabaksvegur syðri F 210 ein.

Südlich des 675 m hohen Bergs Valafell zweigt eine Piste zur **Vulkanspalte Valagjá** nach Norden ab. Nach 5 km erreicht man auf diesem Weg die Abbruchkante der gewaltigen Spalte. Die überwiegend aus dunkelbrauner bis schwarzer Lava bestehenden Steilhänge sind stellenweise mit tiefrotem Lavagestein durchsetzt. Die Piste verläuft von der Valagjá als Dyngjuleið in nordöstlicher Richtung weiter durch die endlos scheinende Lavawüste, wo sie sich nach 8 km gabelt. In westlicher Richtung gelangt man nach einer erneuten Durchquerung der Helliskvísl zur Straße 26, in östlicher Richtung nördlich des Eskihlíðarvatn zur F 208.

Die F 225 verläuft nun nördlich der 1450 m hohen, schneebedeckten Hekla durch eine schwarze Lavalandschaft. Eine ausgeschilderte, holprige Stichstraße führt zur Hekla. Nach insgesamt 47 km trifft die F225 wieder auf die Straße 26.

• Über Hrafntinnusker und Reykjadalir zum Fjallabaksvegur syðri F 210

Die Piste zum Hrafntinnusker und in die Reykjadalir zweigt 3 km nach dem Flusstal der Klukkugilskvísl und Helliskvísl von der Piste F 225 nach Süden ab. Nach einer Ebene aus Sand – 1½ km breit – führt der schmale und ausgewaschene Fahrweg steil einen Berghang hinauf. Nach 5 km bietet ein **Hochplateau** eine schöne Aussicht auf die schneebedeckte Hekla, die Rhyolithberge der Rauðufossarfjöll und über das Tal der Tungnaá. Vom 1000 m hohen Bergrücken Þokáhryggur, auf dem zahlreiche glasartige Scherben aus schwarzer Obsidian-Lava liegen, geht es steil hinunter in die Reykjadalir. In diesen verzweigten Tälern gibt es zahlreiche heiße Quellen und Solfataren. Bei Km 10 zweigt eine 5 km lange Stichstraße ab, die durch den Lavastrom Hrafntinnuhraun zum Hrafntinnusker (Schild) führt. Zu Fuß kann man von hier zu dem Geothermalgebiet am Berg Hrafntinnusker und einer Eishöhle wandern. Etwas weiter östlich trifft man auf den Fernwanderweg Laugavegur.

In den Reykjadalir müssen erste Quellflüsse des **Markarfljót** durchfahren werden. Nach einer weiteren Furt zweigt bei Km 17 im Tal des Markarfljót eine Piste nach Norden zur Berghütte in den Vesturdalir ab. Geradeaus mündet unser Weg beim Berg Laufafell (Km 20) in eine Piste ein, die ebenfalls vom Landmannaleið kommt. Auf dieser Strecke können wir in Richtung Krakatindur (Schild) entweder zu unserem Ausgangspunkt zurückkehren (Tagestour) oder weiter nach Süden zum Fjallabaksvegur syðri F 210 fahren (was wir machen).

An der Abzweigung bei Km 24 geht es links weiter in Richtung Álftavatn/Hvanngil. Es folgen einige Furten. Die Landschaft bleibt grandios! Bei Km 41 erreichen wir den schön gelegenen **Álftavatn („Schwanensee").** Hier stehen eine unbewirtschaftete Hütte zum Übernachten und ein einfacher Zeltplatz zur Verfügung. Südlich des Sees verengt sich beim **Torfahlaup** („Torfa-Sprung") die Schlucht des Markarfljót. Auf der Flucht vor seinen Verfolgern soll hier einst ein junger Mann namens *Torfi* zusammen mit einem Mädchen, das er auf seinen Schultern trug, über die Schlucht gesprungen sein.

Durch weitere Furten erreichen wir bei Km 47 **Hvanngil.** Auch hier gibt es eine unbewirtschaftete Hütte und einen einfachen Campingplatz. 2 km nach Hvanngil erreichen wir nach der Furt durch die Kaldaklofskvísl (Fußgängerbrücke) bei Hvanngils-Krókur die Einmündung der Piste F 261, die vom bewohnten Fljótshlíð über Emstrur hierher führt. Der F 210 Fjallabakvegur syðri führt weiter in Richtung Osten durch den Mælifellssandur (siehe nächste Route).

• Langisjór

Die 26 km lange Allradpiste F 235 zum Langisjór ist ausgeschildert. Der lang gezogene **See** reicht bis an den Rand des Tungnaárjökull. Beim nahe gelegenen Skaftárjökull entspringt die Skaftá. Die Piste endet am südlichen Ende des Sees auf einem Aussichtsplateau.

Einige Kilometer südöstlich davon liegt unweit des markanten **Vulkankegels Sveinstindur** (1090 m) eine unbewirtschaftete Hütte im Tal der Skaftá. Eine schlecht markierte, sandige Piste zweigt 3 km vor dem Aussichtspunkt dorthin ab.

Der wenig befahrene Weg zum Langisjór führt zunächst durchs Tal der Norðariófæra, deren Zuflüsse gefurtet werden müssen. Weiter geht es den **Bergrücken Grænifallgarður** entlang bis zum See. Die stellenweise ziemlich ausgewaschene Piste führt fast die gesamte Strecke durch schwarzen Lavasand. An den kleinen Bächen wachsen leuchtend grüne Moose, die hier besonders eindrucksvoll zur dunklen Lava kontrastieren.

• Eldgjá, Gjátindur

Die Piste zum Gjátindur führt gleich zu Beginn durch die beiden **Flüsse Strangakvísl** und **Norðariófæra.** Danach erklimmt die Stichstraße den steilen Hang der Feuerspalte. Der weitere Weg verläuft auf der Höhe und bietet eine herrliche Aussicht in die Eldgjá und auf den Ófærufoss. Am Fuß des Gjátindur endet die Piste nach 5 km auf einem Hochplateau.

Wandertipps

• Landmannalaugar

Die schönsten Wanderungen haben wir im Abschnitt „Sport und Aktivitäten" im Kapitel „Praktische Reisetipps A–Z" bereits beschrieben: den Fernwanderweg Laugavegur nach Skógar und die Tagestouren zum Brennisteinsalda, auf den Bláhnúkur und durch die Schlucht Brandsgil.

Weitere erlebnisreiche Touren durch diese einmalige Landschaft führen auf den 916 m hohen **Aussichtsberg Suðurnámur** (1–2 Std.) und zum 1089 m hohen **Berg Háalda** (Hin- und Rückweg jeweils 5 Std.). Empfehlenswert ist auch ein **Ausflug zum Frostastaðavatn,** zum **Norðurnámur** (786 m) und zum **Ljótipollur** und **Hnausapollur** im Norden. Der See Frostastaðavatn mit seiner kleinen Felsinsel ist in 3 Std. umwandert. Vom Gipfel des Norðurnámur hat man die beste Aussicht auf das breite Flusstal und die Wasserflächen der gestauten Tungnaá. Nach der steilen Auffahrt zum Ljótippollur, dem „häss-

147is Foto: tt

lichen Tümpel", lohnt es sich, auf dem Hochplateau den erst im 16. Jahrhundert entstandenen Explosionskrater näher zu erkunden. In dem großen ovalen Krater befindet sich ein 14 m tiefer See. Die senkrecht aufragenden Wände bestehen aus rostroter Lava. Von der Anhöhe hat man auch einen guten Blick nach Westen ins Tal der Tungnaá.

- **Eldgjá**

Vom Parkplatz hinter der Furt (Fußgängerbrücke flussaufwärts) durch die Norðarióíæra kann man auf ausgetretenen Pfaden weit in die bis zu 600 m breite Spalte hineinwandern. Den Ófærufoss erreicht man nach einer halbstündigen leichten Wanderung. Bleiben Sie im Tal, das Lavagestein der steilen Wände ist locker und brüchig.

Unterkunft

- **Landmannahellir:** Übernachtung in der **Schaftreiberhütte,** Dusche, WC, Angeln, **Campingplatz** (Tel. 4876598)
- **Landmannalaugar: Hütte** (80 Plätze, Kochgelegenheit, geöffnet 1.7.–30.9.), großer, steiniger **Campingplatz,** nach Regen viele Pfützen, Tel. 8541192, Fax 5682535; im Juli/August oft überfüllt, viele Gruppen! Duschen, Bad im warmen Quellfluss, für die Benutzung der sanitären Anlagen wird eine Gebühr verlangt, falls man kein zahlender Übernachtungsgast ist. Im Café Fjallafang, das in einem alten Bus eingerichtet wurde, kann man bei *Smori* und *Nina* frisch gebackenes Brot, Lebensmittel, geräucherte Forellen und allerlei Wanderbedarf relativ preisgünstig einkaufen (Tel. 8537828, geöffnet 1.7.–31.8.).
- **Hólaskjól: Hütte** (70 Plätze, Küche, geöffnet 15.6.–31.8.), Dusche, WC, Tel. 4874840; einfacher **Campingplatz;** liegt 7 km südlich der Eldgjá an der Straße F 208. Oberhalb der Hütte sind der Wasserfall und die enge Schlucht der Syðriófæra sehenswert. Angeboten werden Reittouren.
- **Álftavatn: Kleine Hütte** am Seeufer mit Kochgelegenheit, geöffnet 1.7.–31.8., **Zeltplatz;** oft ausgebucht; da am Laugavegur ge-

legen, ist eine Buchung beim Ferðafélag Íslands (Tel. 5682533) zu empfehlen.

- **Hvanngil: Neue und alte Hütte,** Duschen, WC, Küche, geöffnet 1.7.–31.8., Tel. 56825 33; **Campingplatz;** angeboten werden Reittouren.
- **Unbewirtschaftete Hütte beim Hrafntinnusker,** Tel. 5682533; oft belegt, da am Laugavegur gelegen; Zeltplatz.

Route 7 H:
Fjallabaksvegur syðri

Die mit F210 gekennzeichnete Piste verläuft von Snæbylí/Skaftártunga durch den Mælifellssandur nach Hvanngíls-Krókur, wo sie nach Norden abzweigt. Sie führt dann am Álftavatn vorbei zum Laufafell und trifft in Keldur bei Hvolsvöllur auf die Straße 264. Das Teilstück von Hvanngils-Krókur bis Laufafell haben wir bereits im Rahmen der vorherigen Route beschrieben. In dieser Route fahren wir deshalb von Snæbylí/Skaftártunga, das am Ende der Straße 210 liegt, bis Hvanngils-Krókur und weiter auf der F 261 nach Fljótshlíð.

Hinter Snæbylí verläuft die Piste 18 km weit durch die Ljótarstadaheiði bis zur Abzweigung einer 1½ km langen Stichstraße, die zum **Axlarfoss** führt. Dieser sehenswerte **Wasserfall** wird von der Holmsá gebildet, die hier über eine breite Stufe fällt. 1 km vor der Furt (Km 21) durch die mehrarmige Holmsá zweigt die wenig befahrene und sehr holprige **Piste Alftakróksleið** nach Norden ab. Sie mündet nach

Farbige Rhyolithberge in Landmannalaugar

15 km bei der Eldgjá in die F 208 ein. Nach zwei Drittel der Strecke muss hier die Syðriófæra gefurtet werden.

Hinter der Furt durch die Holmsá liegt der See Brytalækir, zu dem eine Stichstraße hinführt.

Bei Km 26 erreichen wir die Abzweigung der Piste F 232 Öldufellsleið. Wir umfahren den **Berg Háalda** (667 m) im Norden und erreichen bei Km 36 die mehrarmige **Brennivínskvísl** („Branntweinfluss"), die am nahen Mýrdalsjökull entspringt. Die Furten in diesem Gebiet sind zwar nicht tief, aber sandig. Der schwarze Lavasand ist weich, Treibsand ist möglich. Fahren Sie deshalb langsam, aber ohne anzuhalten durch den Schwemmsand und bleiben Sie auf der markierten Piste!

Der 791 m hohe **Bergkegel Mælifell** ist besonders markant; seine steilen Flanken aus schwarzer Lava sind auffallend mit grünen Moosen bewachsen.

Die folgenden 12 km führen durch die beeindruckende **Sand- und Lavawüste des Mælifellssandur.** Der Sand ist tiefschwarz. Im Süden leuchtet das Weiß des Mýrdalsjökull. Dieses Teilstück kann zügig befahren werden. Bei Trockenheit und starkem Wind können jedoch Sandstürme das Vorwärtskommen und die Orientierung erschweren, zumal die Pistenmarkierung hier lückenhaft ist.

Bei Km 46 erreichen wir **Hvanngils-Krókur.** Wir fahren geradeaus auf der F 261 weiter in Richtung Fljótshlíð. Auch auf dieser Strecke müssen mehrere Gletscherflüsse durchfahren werden. Die Flussarme der Bláfjallakvísl furten wir bei Km 48. Der Fluss Innri-Emstruá ist überbrückt. Die Piste führt nun durch die graue Sand- und Lavawüste von Emstrur. Vor dem Berg Hattfell (km 55) zweigt eine schmale, sandige Piste nach Süden zur **Hütte von Botnar** (kleines Schild) ab. Auf dieser gelangt man nach 5 km zum grandiosen **Markarfljót-Canyon,** ein Abstecher, der sich lohnt! Der Canyon liegt rechts von der Piste und ist von dieser aus nicht zu sehen. Dorthin führt ein 20-minütiger Fußpfad, der mit Holzpfosten markiert ist (Schild Markarfljót-Canyon neben der Piste).

Wieder zurück auf der F261 überqueren wir den tosenden Fluss Markarfljót auf einer Brücke. Danach zweigt eine nicht markierte Piste nach Süden ab; auf dieser gelangt man auf die Westseite des Markarfljót-Canyon. Etwas weiter zweigt eine Piste nach Norden ab, die vorbei am 1462 m hohen Tindafjallajökull über Hungursift (Pferdekoppel und private Hütte) zur F210 führt (ruppige Strecke mit ausgesetzten Stellen und Furten). Die F261 verläuft nun oberhalb des Markarfljót weiter über holprige Schotterflächen, dann verlässt sie das Bergland und führt hinunter in das breite Flusstal. Dort müssen wir die **Gilsá** furten (km 77), den großen Gletscherfluss, der am Tindfjallajökull entspringt. Die Piste verläuft nach der Furt über dem breiten Tal des Markarfljót weiter. Auf der gegenüberliegenden Talseite können wir gut die meist stark befahrene Piste F 249 ins Þórsmörk erkennen. Darüber erhebt sich der 1666 m hohe Eyjafjallajökull.

Der Fjallabaksvegur syðri bzw. die F 261 mündet 10 km weiter beim Hof Fljótsdalur in die Straße 261 ein, die über Fljótshlíð nach Hvolsvöllur an der Ringstraße führt.

Öldufellsleið F 232

Die 36 km lange Piste Öldufellsleið, F 232, führt am Mýrdalsjökull entlang westlich der Holmsá über Háalda und am 818 m hohen Öldufell vorbei zur Straße 209. Knapp 7 km nach der Abzweigung von der F 210 erreichen wir nach einer zügigen Fahrt durch den schwarzen Lavasand das **Öldufell,** einen markanten, moosbewachsenen Berg, der von einem Bach umflossen wird. Unterhalb einer Furt gibt es einen Wasserfall. Wir fahren dann am 771 m hohen Berg Suðurkerlingarhnjúkur vorbei und sehen ins Tal der Blájallakvísl. Nach 16 km erreichen wir den sehenswerten **Hólmsárfoss.** Der Wasserfall ist nur wenige Meter hoch, aber sehr breit und in viele Arme unterteilt. Die großen Gletscherflüsse Bláfellsá (km 20), Jökulkvísl beim Sandfell (km 21) und Leirá (km 34) sind überbrückt. Die Leirá stürzt neben der Brücke in einen engen Canyon. Kurz danach endet die schöne Strecke bei Hrifumes an der Straße 209, die uns wieder zurück zur Ringstraße bringt.

Unterkunft

- **Campingplätze** in Hrífunes an der Straße 209 in Emstrur und in Hvolsvöllur sowie in Þakgil nördlich von Vík (wildromantisch zwischen den Gletschern gelegen!).
- Zur Übernachtung in **Hütten** siehe Route 7 G.

Hólmsárfoss am Öldufell

148is Foto: tt

- **Schlafplätze** in der **Hütte von Botnar** müssen beim Ferðafélag Íslands (Tel. 5682533) reserviert werden.
- **Jugendherberge,** Fljótsdalur, Tel. 4878498.
- **Bauernhof Smáratún,** im Fljótstal, Tel. 487 8471, 8535960.
- **Bauernhof Eyvindarmúli,** im Fljótstal, Tel. 4878942.

Sonstiges

- **Tankstellen** in Goðaland an der F 261 und in Hvolsvöllur.

Route 7 I:

Þórsmörkurvegur:
Brücke über den Markarfljót (Ringstraße) – Þórsmörk

Das **Gletschertal Þórsmörk** liegt in Südisland nördlich des Eyjafjallajökull (1666 m) und westlich des Mýrdalsjökull (1450 m). Die Straße 249 zweigt 20 km südöstlich des Orts Hvolsvöllur – nach der Brücke über den breiten Markarfljót – von der Ringstraße ab und an den Wasserfällen Seljalandsfoss und Gljúfurárfoss vorbei. Die F 249, der **Þórsmörkurvegur,** eine 29 km lange Stichstraße führt zu den Hütten und Campingplätzen im Húsadalur, im Langidalur und von Básar im Goðaland. Vor allem am ersten Juli-Wochenende, wenn die isländischen Studenten nach alter Tradition ein feucht-fröhliches Fest feiern, und am ersten August-Wochenende, dem Bankfeiertag „verslunnarmannahelgi", geht es hier alles andere als ruhig zu.

Die Schotterstraße in das Þórsmörk ist an sich einfach zu befahren, wenn da nicht die vielen tiefen und schnell fließenden Gletscherflüsse wären, die gefurtet werden müssen. Besonders gefährlich und tief können die **Furten** durch die Jökulsá (Km 17), den Abfluss des Gletschersees vom Gígjökull, die Steinholtsá (Km 19,5), die Hvanná (Km 24) und die Krossá (Km 29) sein. Für Fußgänger und Radfahrer sind diese Gletscherflüsse überbrückt worden.

Auch bei Trockenheit endet die Fahrt für einen normalen Pkw spätestens am **Lónið,** dem **Gletschersee des Gígjökull.** Der weitere Weg ins Þórsmörk bleibt Geländewagen vorbehalten.

Die Piste verzweigt sich bei Km 16,6. Rechts geht es zum Lónið (1 km), geradeaus zur Furt durch die **Jökulsá.** Auf dem weiteren Weg folgt nun Furt auf Furt. Einige davon können ziemlich tief sein. Der gefährlichste jedoch ist die **Krossá.** Herrscht warmes Wetter, lässt das Schmelzwasser vom Mýrdalsjökull den Fluss ebenso schnell anschwellen wie nach starken Regenfällen.

Hinter der Krossá liegt die **Hütte im Langidalur.** Fußgänger können den reißenden Gletscherfluss hier auf einem Holzsteg etwas flussabwärts überqueren. Auch der Weg zur **Hütte im Húsadalur** führt durch eine tiefe Furt. Ohne die Krossá überqueren zu müssen, erreicht man auf der rechten Talseite die **Hütte und den Campingplatz von Básar** in Goðaland (Tel. 8542910).

Das Þórsmörk ist ein an Farben reiches Gebirgstal, das von Birken und Moosen bewachsen ist und von großen Gletschern umrahmt wird.

Þórsmörk mit den Hütten im Langidalur (links) und Básar (rechts), dem Gletscherfluss Krossá und dem Gletscher Mýrdalsjökull

Wandertipps

Im Þórsmörk findet der Wanderer Gelegenheiten für kurze und längere Wandertouren. Bei den Hüttenwarten im Langidalur und in Básar erhält man die neuesten Informationen und Wegbeschreibungen. Es lohnt sich, in dieser Gegend mehrere Tage zu verweilen. An Werktagen geht es im Þórsmörk ruhiger zu als an Wochenenden. Den **schönsten isländischen Fernwanderweg Laugavegur,** der von Landmannalaugar über Þórsmörk nach Skógar führt, haben wir im Kapitel „Praktische Reisetipps A–Z/Sport und Aktivitäten" unter der Überschrift „Urlandschaft" bereits vorgestellt. Besonders schöne Halbtages- und Tageswanderungen führen auf die beiden Aussichtsberge Valahnúkur und Réttarfell, in die Schlucht Stakkholtsgjá und in die Gletschertäler des Tungnakvíslarjökull und Krossárjökull.

• Aussichtsberg Valahnjúkur

Von der Hütte im Langidalur aus kann man den 458 m hohen Aussichtsberg Valahnjúkur in knapp 1 Std. besteigen. Der Weg ist zwar steil, aber einfach. Die **Aussicht** vom Gipfel ist **grandios.** Weit reicht der Blick ins Tal der Krossá, zu den eisigen Welten des Eyjafjallajökull und Mýrdalsjökull sowie nach Norden über das breite Tal des Markarfljót.

• Aussichtsberg Réttarfell

Der 500 m hohe Aussichtsberg liegt westlich oberhalb Básar. Der Weg für die etwa zweistündige Wanderung auf den Berg ist ab Básar markiert. Folgen Sie dem Schild zum Pass Básuskörð. Wie beim Valahnjúkur reicht auch hier der Blick weit über die Gletscher und in den Talschluss der Krossá. Im Westen erstreckt sich die Schlucht Hvannárgil, ein Tal, das vom Gletscherfluss Hvanná tief ausgewaschen wurde.

• Stakkholtsgjá

Die Stakkholtsgjá ist **eine der schönsten vulkanisch entstandenen Schluchten** im Þórsmörk. Etwa 1½ km vor der Krossá führt ein nicht markierter Pfad von der Piste in die Schlucht. Am Zugang liegt ein kleiner Rastplatz. Der Hin- und Rückweg dauert etwa 45 Minuten. Er verläuft im Schotterbett und

149is Foto: tt

am Rand des Gletscherflusses, den wir mehrfach auf Trittsteinen überqueren müssen. Am Ende der breiten Schlucht teilt sich diese. Der Gletscherfluss kommt aus der breiteren rechten, die Stakkholtsgjá liegt links. Über Lavabrocken klettern wir in die Schlucht hinein. Sie wird immer enger und dunkler. Am Ende der düster wirkenden Schlucht ergießt sich ein **Wasserfall** über das schwarze Lavagestein, dem Moose einen grünen Schimmer verleihen.

● **Tungnakvíslarjökull und Krossárjökull**

Die Gletscherzungen Tungnakvíslarjökull und Krossárjokull liegen östlich von Básar. Ein markierter Wanderweg führt in etwa 4–6 Stunden von Básar zum Tungnakvíslarjökull. Die größeren der hier zahlreich der Krossá zufließenden Gletscherflüsse sind für Wanderer überbrückt worden. Folgen Sie ab Básar zunächst der Piste, bis sie nach etwa 2 km im Tal der Krossá endet. Auf einem gut begehbaren Pfad geht es weiter talaufwärts bis zur Gabelung zweier Täler bei Hestagötur. Aus dem rechten Tal fließt die Tungnakvísl in die von links kommende Krossá. Durch dieses Tal (rechts) steigen wir hinauf zum Tungnakvíslarjökull. Die Quellen der Krossá liegen weiter nördlich bei der Gletscherzunge Krossárjökull. Auch dorthin kann man wandern, vorausgesetzt die Gletscherflüsse führen nur wenig Wasser. Wenn man die Tungnakvísl nicht überqueren möchte, empfiehlt es sich, vom Langidalur aus am nördlichen Ufer der Krossá entlang zu wandern. Auf der Strecke, die anfangs noch befahrbar ist, liegen zwei einfache **Zeltplätze, Litliendi** und **Stóriendi.** Dort wo der Fluss den Berghang umspült, führen höhergelegene Pfade weiter. Den Krossárjökull erreicht man schließlich durch die Schlucht Stóragil. Für diese Wanderung (Hin- und Rückweg) ist ein ganzer Tag zu veranschlagen.

Unterkunft

● **Langidalur:** Kiosk, **Hütte** (Skagfjörðsskali, Tel. 5682533, Fax 5682535) **und Campingplatz** des Ferðafélag Íslands.

- **Básar: Hütte und Campingplatz** des Outdoor- und Touring Clubs Útivíst, Tel. 5614330
- **Húsadalur: Hütte** (Tel. 5451717) **und Campingplatz** mit kleiner Cafeteria.
- **Litliendi** und **Stóriendi** (Slyppugil Camping): Die beiden einfachen **Zeltplätze** liegen 2 bzw. 3 km östlich des Langidalur im Tal der Krossá.
- **Straße 249: Campingplatz** Hamragarðar; schön zwischen den Wasserfällen Seljalandsfoss und Gljúfurárfoss an der Straße 249 gelegen.
- **Bauernhof Stóra Mörk III,** Tel. 4878903.
- **Hvolsvöllur:**

– **Hotel Hvolsvöllur,** Hlíðavegur 7, Tel./Fax 4878050; komfortables Hotel.

– **Gistiheimilið Ásgarður,** östl. der Kirche, Tel. 4878367, Fax 4878387; Zimmer, Hütten, Zeltplatz, Angeln, Reiten.

Route 7 J:

Lakavegur – Laki-Krater

6 km südwestlich von Kirkjubæjarklaustur zweigt die Straße 206 von der Ringstraße nach Norden ab. Von dieser Straße biegt nach 2½ km die ausgeschilderte Piste Lakavegur F 206 zu den 44 km entfernten Laki-Kratern (Lakagigar) ab. Der **Schotter- und Sandweg** ist wegen einiger Furten nur mit Geländewagen befahrbar. Zunächst verläuft er durch ein saftig grünes, hügeliges Weideland. Bei Km 12 muss der **Stjörn** durchfahren werden; die Furt ist knietief. 6 km weiter folgt die **Geirlandsá.** Dieser breite und schnell fließende Fluss ist das größte Hindernis auf der Strecke. Nach der Furt zweigt rechts die Zufahrt zum Parkplatz oberhalb des Fagrifoss ab, des „schönen Wasserfalls" (500 m).

Ab Km 22 führt die Piste zuerst auf eine schmale Hochfläche, die zwischen zwei Tälern liegt. Nach einer weiteren Furt geht es steil hinunter in ein im Sommer ausgetrocknetes, breites Flussbett. 2 km weit verläuft die Fahrspur durch den angeschwemmten Schotter. Gelegentlich müssen schmale und flache Wasserarme durchfahren werden. Nach diesem Streckenabschnitt verlässt die Piste das Tal und steigt an. Eine Steinwüste beginnt. Kilometerweit holpert der Wagen über Geröll. Bei Km 28 durchfahren wir die **Hellisá.** Nach der Furt tauchen die ersten dunklen Vulkankegel auf. 3 km weiter erreichen wir **Kringer,** eine Wegkreuzung. Eine Informationstafel zeigt uns den weiteren Weg an. Wir fahren zunächst geradeaus weiter zu den Laki-Kratern. Vorbei am Lambavatn umfahren wir auf dem Rückweg die lange Kraterreihe und kommen nach insgesamt 43 km auf der von Osten einmündenden Piste wieder hierher zurück. Bis zum Beginn des **Naturschutzgebietes Lakagigar** bei Km 40 müssen wir noch einige kleine Bäche queren. Im Naturschutzgebiet erklärt eine Übersichtstafel die Entstehung der Laki-Krater. Die Piste führt mitten hinein in diese Vulkanlandschaft. Kubikmetergroße Lavabrocken liegen ineinander verkeilt. Auf der roten und schwarzen Lava wachsen mattgrüne Moose. Kurvenreich verläuft die Piste im Varmárdalur durch den braunen Sand. Bei Km 48 ist schließlich der große, 812 m hohe **Vulkankrater Laki** erreicht. Hier können wir unseren Wagen abstellen und den Krater zu Fuß erkunden. Verschiedene Rundwanderungen sind mit farbigen Holzpfosten markiert. Der 30-minütige, steile Aufstieg auf den Berg

Laki lohnt sich besonders, denn von oben kann man die 25 km lange Reihe aus 115 moosbewachsenen, dunkelgrünen Kratern besonders gut überblicken. Im Westen leuchtet die graue Wasserfläche des lang gezogenen Lambavatn; im Nordosten glänzt das Eis des Síðujökull im Sonnenlicht. Der markante, grüne Vulkankegel im Tal des Flusses Skaftá heißt Uxatindar. Den 900 m hohen Berg erblicken wir auf unserer Rundfahrt um die Laki-Krater immer wieder westlich der Piste.

Wir folgen weiter der markierten Piste zum Lambavatn. 1½ km hinter dem Laki-Krater haben wir von einem Plateau eine schöne Aussicht auf die beiden Seen Lambavatn und Kambavatn. Nach 2 km zweigt rechts eine Stichstraße zum Lambavatn ab. Bei Km 53 zweigt links die Zufahrt zur **Vulkanspalte Tjarnargigar** ab. Auf dem 15-minütigen Fußweg dorthin kommen wir an mehreren Stellen vorbei, wo durch Anpflanzen von Strandhafer der Erosion Einhalt geboten wird. Ein Weg aus Holzbohlen schützt die empfindliche Moosdecke, die die Felsen überzieht. Im grün bemoosten Vulkankrater befindet sich ein Kratersee mit dunkelgrün schimmerndem Wasser.

Nach der Furt bei Km 61 wird die schmale Piste holprig. Wir überqueren einen Lavastrom. Bei Km 67 erreichen wir eine weitere Abzweigung. Rechts führt eine Piste (Hrossatungurvegur) nach Hrossatungur, geradeaus geht es nach Blágil und Kirkjubæjarklaustur. Wir fahren geradeaus weiter. Bei Km 72 sehen wir rechts die Hütten von Blágil, zu denen eine Stichstraße führt. Wir halten uns links (Schild „Kirkjubæjarklaustur“) und erreichen bei Km 74 wieder die Kreuzung bei Kringer. Von hier fahren wir zurück zur Ringstraße.

Hrossatungurvegur

Der 24 km lange Hrossatungurvegur führt von der Abzweigung bei Km 67 in Richtung Süden nach Skaftárdalur, wo er bei Búland auf die Straße 208 trifft. Die **Allradpiste** ist nur wenig befahren, schmal und wegen der zu überfahrenden Lavafelder sehr holprig. Nach der Furt bei Km 8 quert die Piste das 422 m hohe Lambafell. An der Hochspannungsleitung (Hütte) bei Km 14 wendet sie sich nach Osten, vorbei am 564 m hohen Leiðolfsfell. Nach 3 km erreichen wir die Furt durch die **Hellisá.** 1 km hinter der Furt verzweigt sich die Piste. Wir empfehlen den Weg nach Süden, wo die Piste nach 6 km bei Skaftárdalur endet.

Fährt man von der Furt/Abzweigung geradeaus weiter, trifft man nach 15 km wieder auf die F 206. Dieses Teilstück wird selten befahren und ist entsprechend holprig. Die zu querenden Lavafelder sind nicht geebnet und ziemlich stufig. Unterwegs müssen einige meist nur flache Bäche durchfahren werden. Landschaftlich hat diese Strecke nichts Interessantes zu bieten. Sie folgt immer der Hochspannungsleitung.

Unterkunft

- **Blágil,** Tel. 4874840, Fax 4874842; **Hütte** (18 Plätze), **Zeltplatz,** im Sommer geöffnet.

Route 8: Die Westfjorde

- **Route 8 A:**
Von Búðardalur nach Bjarkalundur
- **Route 8 B:**
Von Bjarkalundur nach Flókalundur
- **Route 8 C:**
Von Flókalundur nach Patreksfjörður
- **Route 8 D:**
Von Patreksfjörður nach Hrafnseyri
- **Route 8 E:**
Von Hrafnseyri nach Ísafjörður
- **Route 8 F:**
Von Ísafjörður nach Reykjanes
- **Route 8 G:**
Von Reykjanes nach Hólmavík
- **Route 8 H:**
Von Hólmavík nach Brú

Einleitung

Die **Nordwesthalbinsel,** meistens nur die **Westfjorde** genannt, nimmt mit **10.000 km²** über 10 % der Gesamtfläche Islands ein. Die Küstenlinie ist insgesamt rund 2000 km lang. Trotz der Größe gehört dieses Gebiet jedoch eher zu den unbekannteren Teilen Islands und liegt nur selten auf der „Standardreiseroute" des Island-Touristen. Viele werden auch durch die enormen Entfernungen abgeschreckt. Doch dieses nördlichste „Anhängsel" des Landes hat einiges zu bieten und erschließt ein ganz anderes Island. Vor allem sind die Straßen in den letzten Jahren ausgebaut und viele Streckenabschnitte asphaltiert worden, so dass man heute relativ zügig vorankommt.

2001 wurden die Westfjorde Islands als bestes Reiseziel Skandinaviens ausgezeichnet: Im Rahmen des Skandinavien-Festivals, das 2001 in Berlin stattfand, wurde der Fremdenverkehrsinitiative der Westfjorde (Ferðamálasamtök Vestfjarða) und dem Verband für Beschäftigungsentwicklung in den Westfjorden (Atvinnuþróunarfélag Vestfjarða) der **Scandinavian Travel Award 2001** verliehen.

Die geringe Einwohnerzahl – hier leben **10.000 Menschen,** also nur etwa 3 % der Gesamtbevölkerung Islands – lässt viel Raum für eine **großartige Natur.** Hier treffen wir auf die größten Vogelfelsen, auf die ergiebigsten Fischgründe, und unzählige Robben tummeln sich an der Küste. Die Vegetation ist vorherrschend subarktisch. Zwar leben Menschen schon seit der Besiedlung Islands in den Westfjorden, doch wurden in den letzten Jahrzehnten viele Höfe und Häuser verlassen. Die Bewohner zogen es vor, in „annehmlichere" Gegenden umzuziehen, wo es vor allem mehr Arbeitsplätze gibt. Die ganze nördliche Landzunge, **Hornstrandir,** ist ohne Straßenanbindung ebenso wie das ganze Binnenland. So gilt der nördlichste Teil der Halbinsel als Tipp für Aussteiger und Zivilisationsmüde, die hier wandern können, ohne permanent auf die Spuren menschlicher Zivilisation zu treffen.

Die Westfjorde insgesamt (und die Halbinsel Snæfellsnes) verzeichnen einen Anstieg der Touristenzahl, sind sie doch ein Eldorado für Vogelliebhaber, für Wanderer, die nicht allzu große Ansprüche an eine luxuriöse Unterkunft stellen, und für Naturliebhaber. Wer sich für Fossilien interessiert, sollte sich „Surtarbrandsgil" bei Brjánslækur ansehen, eine bekannte **Fundstelle für Pflanzenfossilien.**

Die Westfjorde gehören auch zu den geologisch ältesten Teilen der gesamten Insel. Sie entstanden vor etwa 16 Millionen Jahren, ungefähr zur selben Zeit wie die Ostfjorde. Die Westfjorde bestehen vor allem aus Basalt und lassen die sonst in Island so typischen Lavafelder vermissen, denn aktiven Vulkanismus gibt es hier nicht. Die Landschaft wird von weiten **Hochebenen** geprägt, die teilweise steil zum Meer hin abfallen. Gewaltige eiszeitliche Gletscher haben ihre Spuren hinterlassen, und tief eingeschnittene Fjorde bestimmen das Bild.

Von diesen Gletschern ist heute nur noch ein einziger übrig geblieben, der 160 km² große **Drangajökull.** Bis 1900 gab es hier noch einen zweiten Gletscher, den Glámajökull. Die zunehmende Klimaerwärmung und geringere Schneefälle im Winter sorgten jedoch dafür, dass dieser binnen 300 Jahren immer weiter abtaute und schließlich ganz verschwand.

Überlandbusse fahren nur im Sommer von Reykjavík aus zu den Westfjorden. Die übrige Zeit ist man auf das Auto oder Flugverbindungen von Akureyri sowie Reykjavík angewiesen. Von Stykkishólmur auf Snæfellsnes verkehrt die Fähre „Baldur" über die Insel Flatey nach Brjánslækur.

Route 8 A:

Von Búðardalur nach Bjarkalundur (89 km)

Wir beginnen unsere Fahrt zu den Westfjorden in Búðardalur und fahren auf der Straße 60, dem Vestfjarðarvegur (= Straße zu den Westfjorden), nordwärts.

Búðardalur ↗ IX,D2

Búðardalur verdankt seine Entstehung einem Handelsposten, der 1899 gegründet wurde. Der Ort vergrößerte sich aber nur langsam und hat bis heute knapp **250 Einwohner.** Er ist der Verwaltungssitz von Dalasýsla, dem Bezirk Dalir. Aus Búðardalur stammen berühmte Isländer. So kommen *Leifur Eiríksson* und *Snorri Sturluson* aus dieser Region. Außerdem ist der Ort Schauplatz vieler Sagas, vor allem die Laxdæla-Saga soll sich hier zugetragen haben. Im Ort erinnert ein Denkmal an den Gesetzessprecher und Historiker *Sturla Þórðarson,* der im 13. Jahrhundert lebte, sowie an einen Dichter aus dem 20. Jahrhundert, *Jóhannes úr Kötlum.* Am Hafen wurde in einem alten Handelshaus ein **Museum über Leifur Eiríksson** *(Leifsbúð)* und die Leute der Laxdæla-Saga eingerichtet. Am 24. Juni 2000 stach das nachgebaute Wikingerschiff „Íslendingur" von Buðardalur aus in See, um die alten Routen der Wikinger nach Grönland und Amerika nachzufahren. Das Ruderboot ist in dem kleinen Freilichtmuseum Stekkarkot in Njarðvík ausgestellt.

Tourist-Information

- **Leifsbúð,** Vesturbraut 12c, Tel. 4241441, geöffnet Juni–August werktags 10–18 Uhr, am Wochenende 12–18 Uhr, www.westiceland.is, www.dalir.is.

Unterkunft

- **Gästehaus Bjarg,** Dalbraut 2, 370 Búðardalur, Tel. 4341644; 14 Betten, 6 Schlafsackplätze, ganzjährig geöffnet; Restaurant.
- **Dalabúð,** Miðbraut 8, Tel. 4341132; Schlafsackunterkunft und Campingplatz, Cafeteria.

Campingplatz

- **Miðbraut 8,** Tel. 4341132.

Notfall

- **Ambulanz,** Gunnarsbraut 2, Tel. 4341113 und 4341114.
- **Apotheke,** Gunnarsbraut 2, Tel. 4341113.
- **Polizei,** Miðbraut 11, Tel. 4341405.

Museum

- **Leifsbúð,** Vesturbraut 12c, Tel. 4241441, Ausstellung über Vinland und die Entdeckung Amerikas durch *Leifur* und *Erik den Roten,* geöffnet Juni–August werktags 10–18 Uhr, am Wochenende 12–18 Uhr.

Sonstiges

- **Dalasýsla Kunstgalerie,** Miðbraut 11, Tel. 4304700.
- **Kunsthandwerksgemeinschaft Bolli,** Ausstellung und Verkauf von lokalem Kunsthandwerk im Leifsbúð.

Weiter geht es auf der Straße 60 an der Ostküste des Hvammsfjörður entlang. Am Ende des Fjords zweigt die Straße 590 nach Westen ab und umrundet eine kleine **Halbinsel** (75 km). Die Straße führt erst an deren Südküste **Fellsströnd** und dann an der Nordküste **Skarðströnd** entlang. Wer will, kann auf dieser Strecke die vielen kleinen Inseln im Breiðafjörður zählen.

Kurz nach der 590 zweigt die Stichstraße 589 nach Westen ins Sælingsdalur ab. Am Anfang des Tals liegt **Laugar,** ein historischer Ort mit Überresten eines alten Bads, einem Heimatmuseum und einer Internatsschule. Hier gibt es ein Edda-Hotel mit Campingplatz sowie ein Schwimmbad (Sælingsdalslaug).

Weiter geht es auf der Straße 60 durchs **Svínadalur,** ein tiefes enges Tal,

Westfjorde – Blick vom Sandafell zum 558 m hohen Blakkahorn zwischen den Tälern Kirkjubólsdalur (links) und Galtardalur (rechts)

150is Foto: tt

das die Halbinsel vom Festland trennt. Die Straße 590, die die Halbinsel umrundet hat, mündet in Saurbær am Talende wieder in die Straße 60 ein. Kurz darauf erreichen wir den Gilsfjörður. Oberhalb der Farm Kleifar liegt der hohe, schmale Wasserfall **Gullfoss.** Wir fahren nun am Nordufer des Gilsfjörður entlang. Westlich der Straße liegt der Ort **Króksfjarðarnes** auf einer kleinen Landzunge. 8 km weiter gelangt man nach **Bær** am Króksfjörður. Der nächste Fjord heißt **Berufjörður,** ein bevorzugtes Brutgebiet für Eiderenten. Zwischen dem Berufjörður und dem Þorskafjörður erstreckt sich die **Halbinsel Reykjanes.** Die Straße 607 führt von Bjarkalundur dorthin. Der Hauptort der Halbinsel ist Reykhólar. Vor der Küste liegen rund 300 Inseln, Lebensraum für Seehunde und Seevögel.

Reykhólar zählt zu den ertragreichsten Bauernhöfen Islands, da er die Nutzungsrechte an den vielen kleinen Inseln in der Bucht besitzt. Hier wird Seetang verarbeitet. Auch historisch ist dies ein wichtiger Ort, er wird in vielen Sagas genannt.

Tourist-Information

- **Gemeindeverwaltung Reykhólar,** Tel. 434 7880, www.reykholar.is, Ausstellung der Kunsthandwerksinitiative Assa; Ausstellung über das Leben in früheren Zeiten; Vermittlung von Reittouren und Angellizenzen, erhältlich ist eine Wanderkarte mit markierten Wegen in der Umgebung.

Unterkunft

- **Gästehaus Bær,** Bauernhof an der Straße 60, Tel. 4347850; Campingplatz.
- **Hotel Bjarkalundur,** an der Straße 60, Tel. 4347762, Fax 4347863, www.bjarkalundur.is; Restaurant, Campingplatz.
- **Gästehaus Álftaland,** Reykhólar, Tel. 434 7878, Fax 4347941, www.alftaland.is.
- **Gästehaus Miðjanes,** Bauernhof an der Straße 607, Tel. 4347787.
- **Gästehaus Staður,** Bauernhof am Ende der Straße 607, Tel. 4347730.
- **Campingplatz,** am Schwimmbad Grettislaug, Reykhólar, Tel. 4347738, Fax 434 7885.

Essen und Trinken

- **Hotel Bjarkalundur** (s. o.).
- **Jónsbúð,** Reykhólar, Hellisbraut 72, Tel. 4347890; Laden und Kfz-Werkstatt.

Notfall

- **Ambulanz und Apotheke,** Reykhólar, Hellisbraut, Tel. 4347717.

Sonstiges

- **Schwimmbad Grettislaug,** Tel. 4347738.

Route 8 B:

Von Bjarkalundur nach Flókalundur (121 km)

Bjarkalundur liegt auf einer schmalen Landenge zwischen den beiden Fjorden Berufjörður und Þorskafjörður. Der Ort ist Ausgangspunkt für **Wanderungen** zu diesen Fjorden und in die Berge im Osten; zum 500 m hohen Búrfell führt eine steile Piste. Am Ende des Þorskafjörður zweigt die Straße 608 ab, die geradewegs durch die Hochebene Þorskafjarðarheiði nach Norden zum Ísafjarðardjúp führt.

Wir folgen jedoch weiter der kurvenreichen Straße 60 und wählen damit die wesentlich längere Variante entlang der Fjordküste. Über den 300 m hohen Pass Hjallaháls kommen wir an den **Djúpifjörður.** Die Straße führt nun auf dem schmalen Küstenstreifen zwischen den Bergen und dem Meer durch ein dünn besiedeltes Gebiet. In **Skálanes** – am Gufufjörður gelegen – gibt es ein kleines Geschäft und eine Tankstelle. Bei Fjarðarhorn, einer verlassenen Farm am Kollafjörður, zweigt die Piste F 66 in Richtung Norden ab. Sie führt zum 25 km entfernten Ísafjörður, vom Fjarðarhornsdalur hinauf zur 500 m hohen Kollafjarðaheiði und hinunter ins Laugabólsdalur.

Auf der Straße 60 kommen wir immer wieder an verlassenen Bauernhöfen vorbei, sichtbares Zeichen für die Suche früherer Bewohner nach angenehmeren Lebensbedingungen in anderen Teilen Islands. Auf der Landenge zwischen dem Vattarfjörður und dem Mjóifjörður zweigt die Straße 609 nach Skálmarnesmúli ab. In Richtung Norden führt eine kaum befahrene Piste über die Þingmannaheiði und durchs **Þingmannadalur** zum Vatnsfjörður (25 km). Etwa auf halber Strecke zweigt von dieser Piste eine weitere ab, die durch ein seenreiches Gebiet (Angelseen) zum Arnarfjörður führt (40 km). Nachdem wir den Mjóifjörður und den Kjálkafjörður umfahren haben, erreichen wir ebenfalls den Vatnsfjörður. Auf der Westseite dieses Fjords liegt **Flókalundur.**

Tourist-Information

- Im **Hótel Flókalundur.**

Unterkunft

- **Hótel Flókalundur,** Vatnsfjörður, 451 Patreksfjörður; Tel. 4562011, Fax 4562050; 33 Betten, im Sommer geöffnet, Schwimmbad, 4 Motelzimmer, Restaurant.
- **Djúpidalur,** Reykhólahreppi, 380 Króksfjarðarnes; Tel. 4347853; 10 Betten, ganzjährig geöffnet, Schwimmbad.

Campingplatz

- **Oberhalb des Hotels Flókalundur,** Tel. 4562011, Fax 4562053, geöffnet 1.6.–31.8., einfach, Terrassen über dem Fjord, Bushaltestelle, Tankstelle.

Route 8 C:

Von Flókalundur nach Patreksfjörður (62 km)

In **Flókalundur** biegt die Straße 60 gen Norden ab. Sie führt über den knapp 450 m hohen Pass Helluskarð am Fuß des 700 m hohen Hornatær zur Straße 63, die hinter der Passhöhe westwärts abzweigt (8 km). Geradeaus gelangt man auf der Straße 60 nach **Dynjandisvogur** (22 km). Dort in der Nähe liegt der **beeindruckendste Wasserfall der Westfjorde,** der **Dynjandifoss** (siehe Route 8 D).

Unsere Route verläuft von Flókalundur auf der Straße 62 weiter an der Küste entlang. Nach 6 km erreicht man den kleinen **Fährhafen Brjánslækur.** Die **Breiðafjörður-Fähre „Baldur“** verbindet Brjánslækur mit Stykkishólmur auf der Halbinsel Snæfellsnes. Einen kurzen Zwischenstopp legt sie auf der Insel Flatey ein (s. Stykkishólmur).

Etwas nördlich von Brjánslækur stehen alte Gebäudereste, die von *Flóki Vilgerðarson* stammen sollen, einem der ersten Besiedler, der der Insel den Namen Ísland gab (s. a. „Geschichte“). In der Schlucht **Surtarbrandsgil** wurden Pflanzenfossilien aus dem Tertiär gefunden. Diese Versteinerungen dokumentieren die einstmals dichte Vegetation in Island. Die Schlucht ist nur zu Fuß erreichbar und kann bis zu einem Wasserfall durchwandert werden (1 Std.).

An der kleinen Bucht Barðaströnd liegt **Rauðsdalur.** Man sagt, dass es hier spukt, seitdem der Geächtete *Sveinn Skotti* hingerichtet wurde. Die schmale Landzunge Rauðasandur erstreckt sich vor der Bucht. Der gelbrote Sand besteht aus Muschelschalen. Vom Rauðsdalur führt ein Wanderweg nach **Látrabjarg,** für den man mehrere Tage einplanen sollte. Der heute aufgegebene **Hof Sjöundá** ist Schauplatz einer Kriminalgeschichte des Schriftstellers *Gunnar Gunnarsson.* In **Birkimelur** gibt es eine Schlafsackunterkunft und ein Schwimmbad, das von einer heißen Quelle gespeist wird. Von Hagi aus kann man durch das Hagadalur zu dem 543 m hohen Berg Hagatafla wandern. Auf der Westseite der Bucht biegt die Straße 62 nach Norden ab. Auf der Straße 611 kann man noch ein kleines Stück an der Küste entlang bis zu dem Gehöft Hreggstaðir und der verlassenen Farm Siglunes weiterfahren. Die Straße 62 verläuft durch das Miklidalur und über die 404 m hohe Kleifaheiði zum Ósafjörður (13 km), einem Seitenfjord des großen Patreksfjörður. Auf der Passhöhe steht die Skulptur Kleifabui aus dem Jahr 1947, ein Riese aus Lavasteinen.

Unterkunft

- **Seltjörn,** Tel. 4562002.
- **Gästehaus Rauðsdalur,** Barðaströnd, 451 Patreksfjörður, Tel./Fax 4562041; 8 Betten, 8 Schlafsackplätze, ganzjährig geöffnet.
- **Gästehaus Bjarkarholt,** Barðaströnd, 451 Patreksfjörður, Tel. 4562025, Fax 4562030; 22 Betten, Zeltplatz, ganzjährig geöffnet.
- **Melanes,** Rauðasandur, 451 Patreksfjörður, Tel. 4561594; 8 Betten, geöffnet 1.6.– 1.9., nettes Café!

Abstecher zu den Vogelfelsen von Látrabjarg

Die Straße 612 verläuft an der Steilküste des Patreksfjörður entlang, quert die Landzunge und endet nach 43 km an den **Klippen von Látrabjarg.** Nach 9 km zweigt die Stichstraße 614 nach Südwesten ab. Sie führt über den 350 m hohen Skersfjall in zahlreichen Serpentinen hinunter in die **Bucht Bæjarvaðall am Breiðafjörður.** Im Osten gelangt man am Ufer dieser Bucht zu dem Gehöft Melanes. Entlang der steilen Klippen kann man von hier bis zu dem verlassenen Gehöft Siglunes wandern (20 km, Tagestour), wo man wieder auf die Straße 611 trifft. Der Weg ist nicht markiert und mit Vorsicht zu begehen. Im Westen führt die Straße 614 zu den Gehöften Stakkar und Lambavatn. Auch hier kann man entlang der Steilküste auf einem unmarkierten Weg weiterwandern (Halbtagestour) und erreicht nach 8 km eine Piste, die uns zur Straße 612 zurückbringt.

Die Straße 612 führt weiter am Patreksfjörður entlang. Bei Sandoddi durchfahren wir eine richtige Dünenlandschaft. Nach 10 km wendet sich die Straße nach Südwesten; wir umfahren eine sandige Lagune bei Örlygshöfn. In **Hnjótur** hat *Egill Ólafsson* bis zu seinem Tod 1999 allerlei Gegenstände aus dem Alltagsleben der Bewohner der Westfjorde gesammelt, die in einem Museum ausgestellt sind. Darüber hinaus schuf er die Grundlagen für ein isländisches **Flugzeugmuseum** (Flugminjasafn). Das Museum ist vom 24.5.–13.9. täglich von 10 bis 18 Uhr geöffnet; Tel. 4561511. Beim Museum gibt es ein nettes Café und einen Souvenirshop. Vor dem Museum sind die Nachbildung eines Wikingerschiffes, das 1974 anlässlich der 1100-Jahr-Feier gebaut wurde, sowie Trawler aus den 1930er Jahren zu sehen.

Am Ende der Lagune zweigt vor Geitagil die Straße 615 in den Nordteil der Halbinsel ab. 20 km weit folgt sie dem groben Küstenverlauf bis **Láginúpur.** An dieser Küste befand sich einmal eines der bedeutendsten Fischfanggebiete Islands.

Die Straße 612 führt von Geitagil weiter zu der kleinen Siedlung **Breiðavík.** Der Strand der Bucht ist mit hellem, feinem Muschelsand bedeckt. Im Ort gibt es ein **Gästehaus,** das sich als die „einsamste Unterkunft Islands“ bezeichnet (Rauðarsandshreppur, geöffnet vom 1.5. bis 30.9., Tel. 4541575, 40 Betten, Angellizenz, Zelt-Möglichkeit).

Vogelfelsen an der steil abfallenden Küste von Látrabjarg

• Hvallátur

5 km westlich von Breiðavík zweigt eine Stichstraße zur Steilküste Keflavíkurbjarg und zur Bucht Keflavík ab. Wir bleiben auf der Straße 612 und kommen kurz darauf nach Hvallátur. Hier sind wir an dem **westlichsten bewohnten Gebiet von ganz Europa** angelangt. Heute besteht der kleine Ort nur noch aus einigen wenigen bewirtschafteten Farmen, dafür gibt es umso mehr Ruinen. Sie stammen noch aus der Zeit, als es hier eine große Fischersiedlung gab, die während der Hauptsaison des Fischfangs bewohnt war. **Brunnaverstöð** war eine bis 1620 betriebene Fischerstation. Später wurde hier noch einmal bis 1880 von offenen Ruderbooten aus gefischt. Reste der Behausungen aus heute moosbewachsenen Steinen und die Fischtrockenplätze sind noch gut zu erkennen. In

der Nähe liegen **große Steine,** die früher jungen Seeleuten zum **Kräftemessen** dienten. Der größte wiegt 350 kg und wurde nach einem gewissen *Brynjólfur,* der den schweren Stein eigenhändig vom Strand hierher geschleppt haben soll, *Brynjólfstak* genannt. Ein anderer Stein heißt *Judas,* da er wegen seiner Form in keine Wand passen wollte und immer wieder herausfiel. Auf der gegenüberliegenden Straßenseite steht ein Toilettenhäuschen, fließend kaltes Wasser ist vorhanden, und man kann hier zelten. Der Linienbus, der in Látrabjarg eine Stunde Aufenthalt hat, hält auf Handzeichen auch hier.

Die Straße endet 6 km weiter in **Bjargtangar.** Ein **Leuchtturm** markiert den **westlichsten Punkt Islands/Europas.** Wenn man sich von hier aus südwärts auf Landsuche begeben würde, würde man erst in der Antarktis fündig werden.

• Látrabjarg

In Bjargtangar beginnt Látrabjarg, eine **spektakuläre Steilküste** mit gewaltigen Ausmaßen: Die Küstenlinie ist 14 km lang, die Klippen sind bis zu 450 m hoch. Bewohnt werden die senkrecht abfallenden Felsen von großen Kolonien von Seevögeln, zählt diese sturmgepeitschte Küste doch zu ihren wichtigsten Brutplätzen. Man trifft hier auf die **weltweit größte Ansammlung von Tordalken.** Neben den Lundis (Papageitaucher) gibt es Lummen, deren Zahl auf fünf Millionen Exemplare geschätzt wurde. Früher sammelten die Bewohner der Westfjorde regelmäßig die Eier der Vögel oder fingen die Tiere. Dazu ließen sie sich an Seilen – ähnlich wie auf Heimaey – die steilen Felsen hinab.

Bei schönem Wetter kommen hier nicht nur die Vogelkundler auf ihre Kosten, auch bei den übrigen Besuchern hinterlässt die Küste wohl einen bleibenden Eindruck. Aber wehe, wenn hier ein Sturm über die Felsen fegt – was häufig vorkommt –, dann ist Standfestigkeit gefragt. Oft ist die beeindruckende Küstenlandschaft auch in dichten Nebel gehüllt, der jeglichen Ausblick verwehrt. Hat man jedoch Glück und kommt bei guter Sicht hierher, kann man im Süden den Snæfellsjökull erkennen, der rund 100 km entfernt ist. Nur 278 km trennen uns noch vom eisigen Grönland.

151is Foto: tt

Ende der 1940er Jahre strandete an der Küste ein britischer Trawler. Um die Schiffbrüchigen zu bergen, musste die Rettung über die Steilküste erfolgen. Die dramatische Rettungsaktion sorgte international für Aufsehen. Als man später die Bergung für einen Film nachstellen wollte, strandete erneut ein britischer Trawler und machte den Aufbau von Kulissen und den Einsatz von Statisten überflüssig – ein nicht geplanter Dokumentarfilm entstand. Látraröst gilt als die gefährlichste Schiffspassage an der Küste Islands.

Unterkunft: Kollsvík, Hütte, Tel. 4561573, einfach; Gästehaus Breiðavík, Tel. 4561575, Fax 4561189, Zeltplatz, Angellizenz für den Sauðlaugsdalsvatn; Gästehaus Fagrihvammur, Örlygshöfn, 451 Patreksfjörður, Tel. 456 1584, Fax 4561689, im Sommer geöffnet, Zeltplatz; Campingplatz, geöffnet 1.6.–31.8., einfach, 2 km vor Látrabjarg bei Brunnar (Brunnaverslöð).

Route 8 D:

Von Patreksfjörður nach Hrafnseyri (108 km)

Wir fahren vom Ósafjörður auf der Straße 62 12 km weiter nach Patreksfjörður. Hier endet die Straße 62.

Patreksfjörður ↗ II,A3

Patreksfjörður zählt mit über **600 Einwohnern** zu den größten Orten der Westfjorde. Er liegt auf den beiden kleinen Halbinseln Vatnseyri und Geirseyri im Patreksfjörður. Im 18./19. Jahrhundert entstanden hier zwei getrennte Siedlungen, die nach den Halbinseln benannt wurden. Man legte einen Hafen an, indem man einen See aushob und eine Verbindung zum Meer herstellte. Im 20. Jahrhundert wurden die zwei Orte zusammengelegt. Knapp 500 m hohe Berge auf der Ostseite der Stadt bilden einen malerischen Rahmen. Sie sorgen aber auch dafür, dass Patreksfjörður im Winter nur wenig Sonnenlicht abbekommt. Benannt wurde der Ort nach dem irischen Nationalheiligen *Patrick*. Dieser Name stammt von den ersten, irisch-keltischen Bewohnern.

Heute verdienen die Menschen in Patreksfjörður ihren Lebensunterhalt überwiegend mit Fischfang und seiner Verarbeitung. Aber auch hier gewinnt der Fremdenverkehr einen immer höheren Stellenwert. Patreksfjörður bietet den Reisenden alles Wesentliche, ein Kino, Post und Bank, ein Schwimmbad am Hafen, einen Zeltplatz und im Winter Skifahren in den Bergen oberhalb des Miklidalur.

Tourist-Information

- **In der Galerie Ísafold,** Tel. 4561301; auch Ausstellung und Verkauf lokaler Volkskunst.

Unterkunft

- **Gästehaus Erla,** Brunnar 14, Tel. 4561227; 6 Doppelzimmer.
- **Gästehaus Stekkaból,** Stekkar 19, Tel. 864 9675, Fax 4561547, 16 Betten.

Jugendherberge

- **Afahús,** Aðalstræti 65, Tel. 4561280; 8 Betten, Appartements, ganzjährig geöffnet.
- **Stekkar 21,** neben dem Gästehaus Stekkaból.

Campingplatz

- Einfacher Platz **am Gemeindezentrum** neben der Bushaltestelle.

Essen und Trinken

- **Matborg,** Eyrargata, Tel. 4561599; Restaurant, geöffnet Mo bis Sa 9–23, So 11–23 Uhr

- **Smáalind,** Aðalstræti 108, Tel. 4561559; Imbissstube an der Tankstelle.
- **Pizza 67,** Aðalstræti 62; Fast-Food-Imbiss.
- **Schnellimbiss Rabbabar-Inn,** Aðalstræti 89, Tel. 4561667; mit Lebensmittelabteilung „Albína".

Museum

- **Sjóræningjahusið,** Piratenmuseum, Tel. 4561133, www.sjoraeningjahusid.is, informiert über die Piraterie an Islands Küsten, vor allem in den Westfjorden.

Linienbusse

- Im Sommer Linienbusverbindung (Stjornbílar) 3 x wöchentlich nach Ísafjörður.

Sonstiges

- **Ambulanz,** Stekkar 1, Tel. 4502000.
- **Apotheke,** Aðalstræti 6, Tel. 4561222, geöffnet Mo bis Fr 10–12 und 13.15–18 Uhr.
- **Post/Telefon,** Bjarkargata 4, Tel. 4561100.
- **Kfz-Werkstätte,** bei der Tankstelle.
- **Handverkshús,** Aðalstræti 45, Kunsthandwerk, täglich geöffnet 14–18 Uhr.
- **Schwimmbad,** Eyrargata, Tel. 4561523.
- **Polizei,** Aðalstræti 92, Tel. 4503744.

Ausflüge

- **Geführte Wanderungen,** Tel. 4561290, 4561285 und 4562647.

An der Küste des Ósafjörður gibt es breite Sandstrände. Hier lief 1981 der Fischkutter Garðar auf Grund, der 1912 in Norwegen gebaut wurde. Das älteste Stahlschiff Islands ist somit heute am Strand zu besichtigen.

Auf der Straße 63 überqueren wir die 15 km breite Halbinsel und fahren zum **Tálknafjörður.** Im Fjordende zweigt die Stichstraße 617 zu dem gleichnamigen Ort ab (4 km).

Abstecher nach Tálknafjörður

Das Fischerdorf hat **280 Einwohner.** Übernachtungsmöglichkeiten sind vorhanden, außerdem gibt es eine Tankstelle und ein Schwimmbad.

3 km nördlich der Stadt hat man Gelegenheit, in der **heißen Quelle von Lítli Laugardalur** ein entspannendes Bad zu nehmen. Die Quelle wurde in drei Becken gefasst; Dusch- und Umkleidemöglichkeiten sind vorhanden.

- **Tourist-Information** am Schwimmbad, Tel. 4562639, geöffnet Mo bis Fr 8–21, Sa 10–18, So 10–17 Uhr.
- **Gästehaus Skrúðhamrar,** Strandgata 20, Tel. 4560200.
- **Gästehaus Hamraborg,** Tel. 4562514.
- **Schlafsackunterkunft,** in der Schule, Tel. 4562639 (Tourist-Info).
- **Campingplatz** beim neuen Sportzentrum neben dem Schwimmbad, Tel. 4562639; komfortabel, Küchenbenutzung im Sportzentrum.
- **Handverkshúsið,** Strandgata 36, Tel. 456 2687, Kunsthandwerk.
- **Ambulanz,** Strandgata 38, Tel. 4562172.
- **Schwimmbad,** Tel. 4562639.

Nach dem Abstecher nach Tálknafjörður geht es weiter auf der Straße 63 über den Pass Hálfdan (525 m) nach Bíldudalur am Arnarfjörður.

Bíldudalur

↗ II,B3

Der Ort am Ufer des Arnarfjörður besteht bereits seit dem 15. Jahrhundert. Knapp **180 Menschen** wohnen in dem wichtigen Fischerei- und Handelszentrum, in dem **Tiefseegarnelen** verarbeitet werden. Von Bíldudalur lief zum ersten Mal in Island ein Dampfschiff aus; damit wurde das Ende der Ara der Ruder- und Segelboote eingeläutet. Im Ort sind einige schöne Handelshäuser erhalten, die an die Kaufleute *Ólafur Thorlacius* (1761–1815) und *Pétur J. Þorsteinsson* (1854–1929) erinnern.

In Bíldudalur gibt es ein Gästehaus, einen Zeltplatz, Cafeteria und Tankstelle sowie ein Postamt.

Tourist-Information

- **Dalbraut 1,** 465 Bíldudalur, Tel. 8941684, www.bildudalur.is.

Unterkunft

- **Gästehaus Vegamót,** Tjarnarbraut 2, Tel. 4562232; 3 Doppelzimmer, Restaurant.
- **Gästehaus Kaupfélagið,** Hafnarbraut 2, Tel. 4562100.

Campingplatz

- **Neben dem Sportgelände,** 300 m südlich des Ortes, einfach, Tel. 4562232.

Museen

- **Skrimslasetur,** „Seeungeheuer-Museum", bei der Kirche, Tel. 4566666, geöffnet Juni–Aug. 11–18 Uhr; *Þorvaldur Friðriksson* sammelte Geschichten von Ungeheuern aus ganz Island. Besonders im Arnarfjörður sollen mehrere Seeungeheuer vorkommen, zu denen es über 200 Geschichten gibt, die im Museum audiovisuell dargestellt werden. Viele Isländer glauben an solche Wesen; für sie ist dieses Museum wohl hauptsächlich gedacht, denn die Beschreibungen gibt es bisher nur auf Isländisch.
- **Musik-Museum „Die Melodien der Erinnerung",** Reynimelur, Tjarnarbraut 5, Tel. 456 2186, geöffnet Mo bis Fr 14–18 Uhr und nach Vereinbarung.

Flüge

- **Flugfélagið Ernir,** Tel. 5624200.

Sonstiges

- **Ambulanz,** Tjarnarbraut 3, Tel. 4562172.
- **9-Loch-Golfplatz,** Litlueyrarvöllur, Tel. 456 2162.

Die Straße 619 führt am Arnarfjörður entlang nach Selardalur, wo man an der Steilküste beeindruckende Felsformationen entdecken kann. In **Sélardalur** hat sich der Bildhauer *Samuél Jónsson* (1884–1969) ein Denkmal besonderer Art geschaffen. Seine lebensgroßen **Skulpturen aus Betonguss** haben anders als die Holzgebäude die Jahrzehnte des Verfalls nahezu unbeschadet überstanden. Jónsson, dessen künstlerisches Vorbild die Alhambra in Spanien war, hat unter anderem eine Replik des Löwenbrunnens geschaffen. Jónsson hatte für seine Gemeinde ein Altarbild gemalt. Als diese das Geschenk ablehnte, errichtete der skurrile Künstler kurzerhand seine eigene Kirche. Neuerdings kümmert sich ein Verein um den Erhalt und hat in der Kirche ein kleines **Museum** eingerichtet. Darin sind das Altarbild sowie weitere Werke des Künstlers, z. B. ein Modell der Peterskirche in Rom, ausgestellt. Das baufällige Wohnhaus des Künstlers wurde bis auf die Grundmauern und den Kamin abgetragen und neu aufgebaut. Darin finden ab Sommer 2010 Kunstausstellungen statt, dann gibt es hier auch einen Souvenirshop und ein kleines Café. Die Restaurierungsarbeiten leitet der deutsche Bildhauer *Gerhard König*.

Die Straße 63 führt von Bíldudalur an den drei **Suðurfirðir-Buchten** Fossfjörður, Reykjafjörður und Trostansfjörður weiter. Am Ufer des Reykjafjörður befindet sich ein von Quellwasser gespeistes Thermalbad. Am Trostansfjörður verlässt die Straße die Küste und mündet am Fuß des Bergs Hornatær in die Straße 60 ein. In Richtung

152is Foto: tt

Süden kommt man nach Flókalundur zurück.

Wir fahren weiter in Richtung Norden, durchqueren die Dynjandisheiði und gelangen an den Fjordarm Dynjandisvogur. Hier zweigt eine kleine Küstenstraße (eher Piste) ab, die zur Landzunge Langanes führt.

Dynjandisheiði ist ein **Naturschutzgebiet.** Der oben 30 m und unten 60 m breite und rund 100 m hohe Wasserfall **Dynjandifoss** oder Fjallfoss ist besonders sehenswert. Vom Parkplatz führt der Fußweg hinauf zum Dynjandi-Wasserfall (15 Minuten) an mehreren kleinen Wasserfällen vorbei, die alle mit Namen gekennzeichnet sind. Beim Parkplatz steht ein Toilettenhäuschen, und man kann hier zelten.

Wir folgen der Straße 60, die sich die nächsten 24 km am Borgarfjörður entlangschlängelt, nach Hrafnseyri.

Route 8 E:

Von Hrafnseyri nach Ísafjörður (80 km)

Namensgeber des seit dem 12. Jahrhundert besiedelten Ortes **Hrafnseyri** ist *Hrafn Sveinbjarnarson*. Er war Gode und wohl auch der erste ausgebildete Arzt in Island und starb 1213. Außer-

Der Wasserfall Dynjandifoss

dem wurde hier der bekannte isländische Politiker und Kämpfer für die Unabhängigkeit Islands, **Jón Sigurðsson (1811–1879),** geboren. Ein Gedenkstein, eine Kapelle und ein Museum erinnern an ihn. Der Geburtshof des Freiheitskämpfers ist rekonstruiert worden.

Von Hrafnseyri im Borgarfjörður führt das wohl abenteuerlichste Sträßchen der Westfjorde über Svalvogar um die Halbinsel Slettanés in den **Dýrafjörður.** Hier trifft sie bei Hraun auf die Straße 622. Die 37 km lange, schmale und holprige Allradpiste verläuft streckenweise auf Meereshöhe an den steilen Fjordwänden entlang. Am Weg liegen mehrere verlassene Gehöfte wie Álftamýri.

Die Straße 60 überquert auf den nächsten 17 km die Halbinsel. Auf der einsamen, hoch gelegenen **Hrafnseyrarheiði** steht eine Rettungshütte. Am Dýrafjörður erreichen wir Þingeyri.

In **Þingeyri** befand sich einst eine Thingstätte. Heute hat das Fischerdorf, gleichzeitig ältester Handelsplatz des Westteils der Fjorde, **320 Einwohner.** Außerdem gibt es hier einen Flugplatz, eine Tankstelle, Post und Bank sowie einen einfach ausgestatteten Campingplatz. Eine Piste führt auf den 367 m hohen Berg **Sandafell,** von wo aus man die Stadt und die Umgebung gut überblicken kann.

Von Þingeyri verläuft die Straße 622 nach Westen weiter bis **Sveinseyri,** wo sie in eine Piste übergeht, die die Halbinsel umrundet.

Die Straße 60 führt in östlicher Richtung am Fjordufer entlang. Hinter dem Gehöft Ketilseyri überquert sie den Fjord. 3 km hinter der Abzweigung der Straße 624 erreicht man auf dieser **Mýrar.** Hier liegt auf einer Landspitze **eine der größten Eiderentenkolonien** Islands. Die wertvollen **Entendaunen** werden gesammelt und für etwa 50 Euro pro Kilo verkauft. Man kann sich diese Kolonie auch aus der Nähe betrachten – jedoch nur nach vorheriger Genehmigung des Bauern.

Die Straße 624 führt weiter durch das **Gerðhamradalur** über die Sandsheiði in Richtung Norden und endet 22 km nach Núpur in Sæból am Ufer des Önundarfjörður.

Kurz vor Mýrar biegt die Straße 60 nordwärts ab und erreicht nach 11 km den Önundarfjörður. Hinter der Brücke

Die Gísli-Saga

Am Ufer des Dýrafjörður spielt einer der bekanntesten isländischen Sagas, die Gísli-Saga. Ende des 10. Jahrhunderts, zur Zeit der Christianisierung, nimmt der Held *Gísli Súrsson* Rache am Mord an seinem Blutsbruder *Vésteinn* und tötet *Þórgrímur,* den Mann seiner Schwester *Ásdís.* Diese lässt ihren Bruder verfolgen, als sie von dem Tod ihres Mannes erfährt. Dabei wird sie von ihrem zweiten Mann unterstützt. Gísli unterliegt im Zweikampf mit ihm. Ásdís bekennt sich schließlich zu ihrem Bruder und sagt sich von ihrem Mann los.

Die Saga schildert diese Begebenheit spannend und dramatisch. Verfilmt wurde der Stoff unter dem Titel „Útlagin“, „Der Geächtete“.

Der Fjord Dýrafjörður

153is Foto: tt

über den Fjord zweigt die 7 km lange Stichstraße 64 nach **Flateyri** ab. Der alte Handelsplatz und Fischerort mit seiner fischverarbeitenden Industrie erreichte seine Blüte in den 1960er Jahren. Heute leben in dem Ort 260 Einwohner. Um die Wende vom 19. zum 20. Jahrhundert wurde hier zwölf Jahre lang die **Ellefsen-Walfangstation** betrieben, bis diese abbrannte. Die Ruinen sieht man heute noch. Das vom Brand verschonte prachtvolle Wohnhaus der Walfangstation wurde abgebaut und nach Reykjavík gebracht, wo es heute in der Tjarnagata als Gästehaus der Regierung genutzt wird. Auf einer Tafel bei den Ruinen der Station kann man sich über den Walfang informieren. Im Dezember 1995 zerstörte eine große Lawine zahlreiche Gebäude des Ortes. In Flateyri gibt es einen Flugplatz, eine Tankstelle mit Cafeteria, einen Campingplatz (s. u.), ein Schwimmbad und ein kleines Heimatmuseum.

Nach 16 km endet die **Straße 60** kurz vor Ísafjörður. Doch vorher steigt sie noch einmal auf über 600 m Höhe an und zählt damit zu den **höchsten Bergstraßen Islands.** Sie führt hier durch die Breiðalsheiði. Hinter dem Pass gelangt man durch das Tungudalur nach Ísafjörður. Hier zweigt auch die Straße 65 ab, die über die Botnsheiði (518 m) westwärts nach Suðureyri führt. Nach dem Pass führt die 65 steil und kurvenreich hinunter ins Botnsdalur und zum schmalen Súgandafjörður, wo die Straße nach 17 km in **Suðureyri** endet. Der

Ort mit über 300 Einwohnern liegt im Nordwesten des Súgandafjörður inmitten hoher Berge. 4 km außerhalb, unweit des Warmwasserbohrlochs, befindet sich ein älteres geothermal beheiztes Schwimmbad. Die Menschen in Suðureyri leben hauptsächlich vom Fischfang. Ein Denkmal erinnert an den Lehrer und Dichter *Magnús Magnússon* (1873- 1916). Dieser diente *Halldór Laxness* in seinem Roman „Weltlicht" als Vorbild für seine Romanfigur *Ólafur Iljósvíkingur.*

Wenn man von Suðureyri genau in Richtung Westen wandert, kommt man über einen Küstensaumpfad nach gut 5 km zum äußersten Zipfel der Insel, dem **Kap Sauðanes,** wo ein Leuchtturm steht.

Kurz vor Ísafjörður erstreckt sich das geschützte und fruchtbare **Tungudalur** mit dem gleichnamigen Ort. Dies ist ein beliebtes Freizeitgebiet für die Bewohner von Ísafjörður mit Ferienhäusern in einem Birkenwald und einem Campingplatz, in der Nähe eines Wasserfalls gelegen. Nicht weit entfernt sind ein Skigebiet und ein Golfplatz. Auch als Ausgangspunkt für Wanderungen eignet sich das Tal. **Simonsgarður** ist ein kleiner Park mit zahlreichen Blumen.

Die 18 km lange Straße 61 verbindet zwei wichtige Städte in den Westfjorden: Ísafjörður und Bolungarvík. Zuerst gelangt man nach Ísafjörður, das schon seit 200 Jahren als „Hauptstadt der Westfjorde" gilt.

Tourist-Information

- **Þingeyri,** Fjarðargata 24, Tel. 4568304, geöffnet Juni bis August Mo bis Fr 10–18 Uhr, Sa/So 11–18 Uhr, September bis Mai Do 15–18 Uhr; Ausstellung von Kunsthandwerk.

Unterkunft

- **Hotel Núpur,** Tel. 4568235, www.hotelnupur.is, Zimmer und Schlafsackplätze im alten Schulhaus, Restaurant.
- **Gästehaus Vera,** Þingeyri, Hliðargata 22, Tel. 4568232.
- **Gästehaus Alviðra,** südlich von Flateyri an der Straße 624, Tel. 4568229.
- **Gästehaus Hraun,** Flateyri, Tel. 4567767.
- **Brynjukot,** Ránargötu 6, Flateyri, Tel. 4567762; 5 Betten, ganzjährig geöffnet, Zeltplatz.
- **Gästehaus Korpudalur,** Kirkjuból, Önundarfirði, Flateyri, an der Straße 625 gelegen, Tel. 4567808; einfach, im Sommer geöffnet, Zeltplatz.
- **Gistiskáli Húsverk,** Flateyri, Brimnesvegur 4, Tel. 4567621.
- **Gewerkschaftshaus Súgandi,** Suðureyri, Tel. 4566231.

Camping

- **Flateyri,** Tel. 4567878, komfortabel, Einkaufsmöglichkeit, Bushaltestelle, Tankstelle.
- **Am Hotel Núpur,** Dýrafjörður, Tel. 4568235.

Notfall

- **Ambulanz Þingeyri,** Aðalstræti 26, Tel. 456 8122.
- **Ambulanz Flateyri,** Tel. 4567638.
- **Ambulanz und Apotheke Suðureyri,** Túngata 2, Tel. 4566144.

Linienbusse

- **Busfahrten** nach Ísafjörður, Flateyri, Suðureyri und Þingeyri, Tel. 5838355.

Museen

- **Jón-Sigurðsson-Museum,** Hrafnseyri, Tel. 4568260, geöffnet 1.6.–1.9. täglich 10–20 Uhr; rekonstruierter Geburtshof des Freiheitskämpfers, besteht aus drei kleinen Torfhäuschen; Cafeteria.
- **Fischereimuseum Flateyri,** Hjarðardalur, Tel. 4567773, geöffnet auf Anfrage.
- **Skrúður,** ein heute denkmalgeschützer Lehr- und Schulgarten (Nutzpflanzen) bei

Núpur im Dýrafjörður, den der Pfarrer *Sigtryggur Guðlaugsson* 1909 angelegt hat.

- **Die alte Schmiede,** Vélsmiðja, Tel. 456 8331, geöffnet nach Vereinbarung; die älteste Schiffsmaschinenfabrik Islands, die noch in Betrieb ist, wurde1913 von *Guðmundur J. Sigurðsson* gegründet, historische Maschinen.

Sport und Aktivitäten

- **9-Loch-Golfplatz,** Þingeyri, Meðaldalur, Tel. 8962869.
- **Schwimmbad,** beim Campingplatz, Tel. 4508470.

Route 8 F:

Von Ísafjörður nach Reykjanes (173 km)

Ísafjörður ↗II,B2

Geschichte, Wirtschaft und Kultur

Das Landnámabók berichtet, dass der erste Siedler dieser Region *Helgi Hrólfsson* war, der hier eine Farm errichtete und den Fjord „Harpunenfjord" nannte, nach einer Harpune, die er dort gefunden hatte. Man nimmt an, dass es in der Zeit nach der Besiedlung dort zwölf weitere Farmen mit 200 bis 300 Einwohnern gab.

Der erste dauerhafte Handelsplatz entstand bereits 1569. **Kaufleute der Hanse** wählten die Sandbank Tangi aus und gründeten hier eine Niederlassung für das nördliche Island, die 1602 von den Dänen übernommen wurde. Der **Pfarrhof Eyri,** der sich früher hier befand, kommt schon in den Aufzeichnungen von Pfarrer *Jón Magnússon* (1645–1690) vor.

Ísafjörður ist eine der sechs Städte, die nach Aufhebung des Handelsmonopols 1786 das **Handelsrecht** verliehen bekamen und damit die wichtigsten Handelszentren des Landes darstellten. Dadurch wuchs Ísafjörður und gewann immer mehr an Bedeutung, bis es im 19. Jahrhundert eine der bedeutendsten Städte Islands war (mit über 1000 Einwohnern). Im 19. und zu Beginn des 20. Jahrhunderts war Ísafjörður der Sitz der Ásgeirverslun-Handelsgesellschaft. Vermutlich war dies das größte Familienunternehmen, das in Island jemals bestand.

Wegen der reichhaltigen Fischgründe und der natürlich geschützten Lage des Hafens, die durch einen aufgeschütteten Damm weiter verbessert wurde, ist der Haupterwerb der Bewohner die **Fischindustrie.** Anders als in anderen Fischerorten wirkt sich hier jedoch die abnehmende Bedeutung der Fischerei existenziell gefährdend aus, vor allem wegen fehlender Alternativen auf dem Arbeitsmarkt (in geringem Umfang der Handel sowie die Fertigung von Elektronikwaagen und Datenerfassungssystemen). Der **Tourismus** stellt inzwischen einen wichtigen Wirtschaftsfaktor dar. Touristen sollten die guten Einkaufsmöglichkeiten in den zahlreichen Geschäften nutzen.

Ísafjörður ist das **Gesundheits- und Schulzentrum** der Region. Die Straßen aus dem Süden und dem Osten treffen hier aufeinander; die Stadt ist Knotenpunkt für den Flug- und Schiffsverkehr. Der Flugplatz von Ísafjörður liegt auf der Ostseite des Skutulsfjörður, einem Nebenfjord des Ísafjarðardjúp.

Ísafjörður hat knapp **3000 Einwohner** und liegt schön auf der vorgezogenen **Landzunge Eyri,** benannt nach dem gleichnamigen Landnehmer. Der schmale Fjord ist von hohen Bergen umgeben. Doch im Winter bilden die Gipfel ein Hindernis für das Sonnenlicht. Deshalb wird auch am 25. Januar beim „sólarkaffi og pönnukökkur með rjóma", dem traditionellen „Sonnenkaffee und Pfannkuchen mit Schlagsahne", ein Wiedersehen mit den ersten Sonnenstrahlen gefeiert.

In der blühenden **Kulturszene** der Stadt nimmt Musik traditionsgemäß den größten Stellenwert ein. Ísafjörður hat bekannte isländische Musiker hervorgebracht. Es gibt viele Musikliebhaber und eine städtische Musikschule.

Sport spielt hier eine große Rolle, gibt es doch gute Möglichkeiten zum Fußballspielen, Schwimmen und Skifahren. 2008 fand hier die Europameisterschaft im Schlammfußball statt (www.myrarbolti.com). Die Loipen im nahen Seljalandsdalur gehören zu den besten Islands und sind beliebt bei Anfängern und Könnern. Im **See Polurinn** kann man kostenlos Forellen angeln.

Sehenswürdigkeiten

Zentrum der Stadt ist der Platz **Silfurtorg** gegenüber dem Hotel Ísafjörður. Um den Platz reihen sich kleine Geschäfte, die Buchhandlung Eymundsson und die Gamla Bakkari, die „Alte Bäckerei". Ihre leckeren Backwaren und ihr knuspriges Brot lohnen einen Besuch.

Im Stadtteil **Neðstikaupstaður** beim Hafen gibt es ein sehenswertes **Freilichtmuseum,** das Heimat- und Fischereimuseum der Westfjorde. Um einen Platz gruppieren sich gut erhaltene Waren- und Kaufmannshäuser (Krambúðin) und eine alte Fischsalzerei. In den Jahren 1757–1784 erbaut, zählen sie zu den ältesten Häusern Islands. Vor dem Museum trocknet Salzfisch in der Sonne. Auch Bahngleise gibt es hier; ein Isländer meinte beim Anblick der nur wenige Meter langen, alten Werksbahn scherzhaft, dass Island früher sogar eine Eisenbahn hatte. Das **Fischereimuseum** dokumentiert die harten und entbehrungsreichen Lebens- und Arbeitsbedingungen der Fischer in einer eindrucksvollen Ausstellung. Gezeigt werden Kleidung und Arbeitsgeräte, mit denen die Fischer 300 km vor Grönland früher dem Sturm und der Kälte trotzten. Das Museum wurde 2008 mit dem isländischen Museumsaward ausgezeichnet.

Den Eingang zum kleinen **Stadtpark** (Hafnarstræti) bilden zwei mächtige Kieferknochen eines Wals.

Im **Tungudalur** liegt der nördlichste Wald Islands, der Tunguskógar, unterhalb eines Wasserfalls. Hier sind herrliche Rundwanderwege mit Rastplätzen angelegt worden. In der Nähe liegt **Simsons blühender Garten** (Simsonsgarður) mit lauschigen Plätzchen.

Ein Sommertag in Ísafjörður

154is Foto: tt

Tourist-Information

● **Tourist-Information und Reisebüro,** Aðalstræti 7, Tel. 4508060, www.vestfirdir.is, geöffnet im Sommer Mo–Fr 8.15–18, Sa/So 11–14 Uhr; im Reisebüro können Sightseeing-Touren und Bootsausflüge gebucht werden.

Hotels

● **Hotel Ísafjörður,** Silfurtorg 2, Tel. 4564111, Fax 4564767, www.hotelisafjordur.is; ganzjährig geöffnet, Restaurant, Fahrradverleih.

● **Sommerhotel Ísafjörður, Torfnes,** Mentaskólinn, Tel. 4444960; Fahrradverleih.

Gästehäuser

● **Gästehaus Áslaugar,** Austurvegur 7, Tel. 8990742; 12 Betten und 16 Schlafsackplätze, ganzjährig geöffnet.

● **Das alte Gästehaus Gamla Gistihúsið,** Mánagata 5, Tel. 4564146; 19 Betten und Schlafsackunterkunft, Kochmöglichkeit.

● **Schlafsackunterkunft Skíðheimar,** Seljalandsdalur, Tel. 4564136.

Camping

● **Campingplatz,** beim Sommerhotel Mentaskólinn, Tel. 4444960; komfortabel, Duschen und Frühstücksraum des Hotels können mitbenutzt werden; Einkaufsmöglichkeit, Bushaltestelle, Tankstelle.

● **Campingplatz,** im Tungudalur, Tel. 456 5081, Fax 4565088; Wohnmobil-Stellplätze.

Essen und Trinken

● **Tjöruhúsið,** Neðstikaupstaður, beim Freilichtmuseum, Tel. 4564419, empfehlenswerte isländische Küche in rustikalem altem Holzhaus, Holztische auf dem Museumsplatz, Fischgerichte, geöffnet 11–22 Uhr (Sommer).

● **Við Pollinn,** im Hotel Ísafjörður, Silfurtorg 2, Tel. 4563360.

- **Gamla Bakkari** (Alte Bäckerei), Aðalstræti, nettes Café mit knusprigem Brot und Kuchen!
- **Bakarans** (Bäckerei), Hafnarstræti 14, nettes Café bei der Post.

Notfall

- **Krankenhaus, Ambulanz,** Hafnarstræti, Tel. 4504500.
- **Apotheke,** Pollgata 4, Tel. 4563009.
- **Polizei,** Hafnarstræti 1, Tel. 4503730.

Schiffe

Im Sommer verkehren kleine Personenschiffe zwischen Ísafjörður, den Seitenarmen des Ísafjarðardjúp und Hornstrandir. Auskünfte und Buchung bei:

- **Sjóferðir,** Tel. 4563879, www.sjoferdir.is.
- **Ramóna/Ferðaþjónustan Grunnavík,** Tel. 8450511.
- **Vesturferðir,** Aðalstræti 7, Tel. 4565111, Bootsausflüge, Hochseeangeln, Wanderungen.
- **Borea Adventures,** Tel. 8697557, www.boreaadventures.com, Segeltouren, Kajak-Touren und andere Abenteuer-Touren.

Flüge

- **Flugfélag Íslands** und **Íslandsflug,** Linienflüge nach **Reykjavík, Akureyri** und zu den Orten in den Westfjorden; Tel. 4563000, 4565340.

Busse

- Im Sommer **Linienbusverbindung** (Stjornbílar) nach Brjánslækur, Látrabjarg und Hólmavík.

Kunst, Kultur und Feste

- **Fischereimuseum Byggða- og Sjóminjasafn Vestfjarða,** Neðstikaupstaður, Suðurtangi, Tel. 4564418, geöffnet Juni Mo–Fr 10–17, Sa/So 13–17, Juli/August täglich 10–17 Uhr.
- **Slunkaríki Kunstgalerie,** Aðalstræti 22, geöffnet Do bis So 16–18 Uhr während der Ausstellungen, Tel. 4564731.
- **Safnahusíð,** Altes Spital, Eyratún, Tel. 4563936; Kunstmuseum, Bücherei.
- Die **Ski-Woche,** das älteste Ski-Fest Islands findet jedes Jahr an Ostern statt.
- **Rockfestival,** Anfang April.
- **Fossavatnsganga,** Ski-Langlauf-Wettbewerb, Ende April.
- **Útilifveran,** Outdoor-Festival, Mitte Juli.
- **Salzfischfest** im Fischereimuseum, Neðstikaupstaður, Juli und August.

Sonstiges

- **Fahrradverleih,** im Hotel Ísafjörður und im Sommerhotel.
- **9-Loch-Golfplatz,** im Tungudalur, Tel. 456 5081.
- **Langlauf,** im Seljalands- und Tungudalur, Tel. 4563793.
- **Alpinskilauf** in den Bergen.
- **Angeln** im Pollurinn, kostenlos.
- **Schwimmbad und Sauna,** Austurvegur 9, Tel. 4508480, geöffnet 10.6.–18.8. Mo bis Fr 7–10, 15–18, 20–21.30 Uhr, Sa 10–16, So 10–12 Uhr.
- **Kino, Diskothek.**

Nach 18 km erreicht man auf der gut ausgebauten Straße 61, vorbei an dem Ort Hnífsdalur, Bolungarvík am Fuß des etwa 600 m hohen, steilen Bergs Traðarhyrna.

Bolungarvík ⇗ II,B2

Das Landnámabók berichtet, dass *Þuríur Sundfyllir* die erste Bewohnerin von Bolungarvík war. Sie lebte hier mit ihrem Sohn *Völu-Steinn,* wahrscheinlich um die Mitte des 10. Jahrhunderts, als der Hauptteil der Westfjorde besiedelt wurde. Bolungarvík gilt verschiedenen Quellen zufolge als das **älteste Fischereizentrum Islands.** Ein Bauer aus Vatnsfjörður berichtet außerdem, dass der Ort im 12. Jahrhundert die Bewohner der Umgebung vor einer Hungersnot bewahrte. Die älteste erhaltene Aufstellung von Schiffen eines Fischerortes stammt ebenfalls aus Bolungarvík. Sie entstand zwischen 1617 und 1624.

Die **Bucht von Bolungarvík** öffnet sich direkt zum Nordatlantik, umgeben von einem beeindruckenden Bergpanorama. Nicht weit entfernt erstrecken sich die Täler Tungudalur und Syridalur. Das Hlíðardalur mündet in das Tungudalur ein.

Unterkünfte für saisonale Wanderarbeiter in der Fischereiindustrie entstanden an der Küste rund um Bolungarvík schon in den vergangenen Jahrhunderten. Der Hafen zählt mit zu den ältesten des Landes. Eine dauerhafte Besiedlung erfolgte aber erst um 1870. Um die vorletzte Jahrhundertwende entstand hier ein Dorf. 1900 gab es schon rund 90 Fischkutter, als das Zeitalter der offenen Ruderboote zu Ende ging und der **erste maschinengetriebene Dampfer** in Island im Frühjahr 1903 aus dem Hafen von Bolungarvík auslief. Die neu eingeführten Maschinen erlaubten den Bau größerer Schiffe, die viel tiefere Fischgründe erschließen konnten. Zuerst aber verhinderte Bolungarvíks vergleichsweise armer Naturhafen, dass der Ort in gleicher Weise an Bedeutung gewann wie andere Fischereizentren. Doch als 1947 noch größere Schiffe eingeführt wurden, hatte sich die Stadt dann doch zu einem Fischereizentrum des Landes entwickelt, obwohl man lange Zeit bei schlechtem Wetter die kleineren Boote verwendete und die größeren im nahe gelegenen Ísafjörður ankerten. In der zweiten Hälfte des 20. Jahrhunderts wurde die lokale Wirtschaft vielfältiger, obwohl die Fischindustrie immer noch der Haupterwerb war und andere Industrien damit direkt oder indirekt in Verbindung standen.

Bolungarvík wurde 1903 offiziell zu einem Handelszentrum erklärt. Das Domizil des ersten Händlers ist noch erhalten, das **„Norwegische Haus“** stammt aus dem Jahr 1890. Die großen Fischfanggesellschaften sind auch heute noch Familienbetriebe, die schon seit den 1920er Jahren bestehen. Stadtrechte erhielt Bolungarvík 1974. Heute zählt der Ort **960 Einwohner.**

Die Stadt verfügt über eine moderne Stadthalle, ein medizinisches Versorgungszentrum sowie ein Schwimm- und Sportzentrum. In der isländischen Sportszene ist Bolungarvík bekannt für seine Schwimmer. Von dem Hafenort können Bootsausflüge in die unbewohnten **Jökulfirðir-Buchten** unternommen werden. Außerdem besteht Gelegenheit zum Angeln im Meer, in den Flüssen und Seen. Langläufer und Alpinskifahrer kommen in den nahe gelegenen Bergen auf ihre Kosten.

Nördlich der Stadt führt die Straße 630 durch das Hlíðardalur und das Breiðabólsdalur bis zur **Bucht Skálavík** (12 km). Die früher ansehnliche Gemeinde des Tals ist heute verlassen. Auf knapp halber Strecke zweigt eine nichtasphaltierte, 3,5 km lange Stichstraße nach Norden ab, die hinauf zum 638 m hohen **Bolafjall** führt. Vom Parkplatz vor der Radarstation hat man bei gutem Wetter die wohl beste Aussicht in die Jökulfirðir, die Gletscherfjorde,

Hornstrandir

580 km^2 unbewohntes Land erstrecken sich im nördlichsten Teil der Westfjorde nördlich der Jökulfirðir. Die letzten Bauern verließen hier zu Beginn der 1950er Jahre ihre Höfe. Lediglich auf dem Leuchtturm von Látravík gibt es noch einen Bewohner. Am Hornbjarg fällt die Steilküste Kálfatindar 530 m steil zum Meer hin ab. Das Gebiet südlich der Küste Hornstrandir wurde 1975 unter **Naturschutz** gestellt. Es wird im Südwesten vom Hrafnfjörður und im Südosten vom Furufjörður begrenzt. Geologisch gehört Hornstrandir zu den ältesten Teilen Islands.

Kein befahrbarer Weg führt durch diese subpolare Landschaft; während der Sommermonate fahren kleine Personenfähren zu den abgelegenen Fjorden. Eine atemberaubende Landschaft mit Fjorden und Buchten an steilen, teilweise bis über 500 m tief abfallenden Vogelfelsen lädt denjenigen zu ausgedehnten Wanderungen ein, der einmal eine Zeitlang auf die „Zivilisation" verzichten kann. Vogelfreunde entdecken hier vielleicht sogar den seltenen Gerfalken oder Seeadler. Polarfüchse kommen häufiger vor, und vor den Küsten kann man Wale beobachten.

Es gibt nur wenige Übernachtungsmöglichkeiten in Grunnavík, Hesteyrarfjörður, Bolungarvík und Reykjarfjörður. Man kann sich aber überall im Gebiet von Hornstrandir aufhalten und auch sein Zelt aufstellen, wo es einem beliebt. Die verlassenen Häuser und Höfe aber dürfen nicht betreten werden. Sie sind immer noch in Privatbesitz. Ausschließlich für den Notfall gibt es auch hier die orangefarbenen Rettungshütten. Einkaufen kann man nichts. Wer zu einer Trekking-Tour aufbricht, sollte also gut ausgerüstet und „wildniserprobt" sein: Der gesamte Proviant für alle Tage des geplanten Aufenthalts inkl. einer Notration für zwei bis drei weitere Tage, eine wetterfeste Wanderausrüstung und ein wasserdichtes, sturmsicheres Zelt sind unbedingt notwendig. Trinkwasser findet man hingegen überall.

Es kann sein, dass eine Fähre bei schlechtem Wetter ausfällt und man länger als beabsichtigt bis zur Ankunft des nächsten Schiffs bleiben muss. Man sollte sich auf Durchschnittstemperaturen von 8 bis 9 °C im Juli und August einstellen und auch in den Sommermonaten auf Nachtfröste und Schneefall gefasst sein. Innerhalb von einer Stunde kann das Wetter völlig umschlagen. Am wenigsten Niederschläge fallen im Mai und Juni; im September und Oktober regnet und schneit es am häufigsten. Der Jahresdurchschnittswert liegt bei 1200–1400 mm Niederschlag. Oft hält sich das Packeis vor der Küste bis weit ins Frühjahr hinein.

Wer nicht allein durch das einsame Gebiet wandern möchte, kann auch an einer organisierten Trekking-Tour teilnehmen. In der **Spezialkarte über Hornstrandir** 1:100.000 sind alle Wanderwege – davon gibt es sehr viele – eingezeichnet (Göngukort yfir Hornstrandir).

● **Organisierte Touren** nach Hornstrandir vermittelt der Veranstalter Vesturferðir, Aðalstræti 7, Tel. 4565111.

die von schneebedeckten Bergen umrahmt werden. Hinter den Bergen liegt **Hornstrandir,** der unbewohnte, wilde Teil der Westfjorde. An klaren Tagen soll man von hier aus sogar Grönland sehen können.

Unmittelbar vor Bolungarvík liegt neben der Straße 61 die rekonstruierte Landungsstelle und **Fischerstation von Ósvör,** ein kleines, feines **Freilichtmuseum.** Hier wird gezeigt, wie die Fischer früher wohnten und mit welchen Geräten sie den Fisch verarbeiteten. Meistens wurden Trockenfisch und Salzfisch hergestellt, die in hölzernen Fässern transportiert wurden. Aber auch Wale und Grönlandhaie müssen gefangen worden sein, worauf die verwitterten Walknochen und Haigebisse schließen lassen.

Unterkunft

- **Gästehaus Finnabær,** Vitastígur 1, Tel. 456 7254; Restaurant.

Campingplatz

- **Beim Schwimmbad,** Tel. 4567381, komfortabel.

Notfall

- **Krankenhaus, Ambulanz,** Miðstræti 19, Tel. 4567147.
- **Ambulanz,** Höfðastígur 15, Tel. 4567287.
- **Apotheke,** Höfðastígur 15, Tel. 4567314.
- **Polizei,** Aðalstræti 12, Tel. 4567111.

Museen

- **Restaurierte Fischerhütten von Ósvör,** Tel. 4567000, 8925744, geöffnet 1.6.–31.8., So 13–16 Uhr und nach Vereinbarung.
- **Naturkundemuseum,** Vitastígur 3, Tel. 456 7005.

Sonstiges

- **Drymla,** Kunsthandwerk, Vitastígur 1, Tel. 8624375.
- **Schwimmbad,** Höfðastígur 1, Tel. 4567381.
- **18-Loch-Golfplatz.**
- **Skilift Traðarhvammur.**

Ausflüge/Tourveranstalter

- **Valdimar L. Gíslason,** Tel. 4567195.

Von Ísafjörður fahren wir auf der Straße 61 entlang der Fjordküste nach Osten. Vorbei am Flugplatz umfährt man an der Küste den Berghang Kirkjubólshlíð und erreicht am äußersten Ausläufer des Fjords den Leuchtturm von Arnarnes. 26 km von Ísafjörður entfernt liegt **Súðavík,** wo sich ebenfalls einmal eine Walfangstation befand. Der Ort verdankt seine Entstehung dieser Station, die zu Beginn unseres Jahrhunderts von den Norwegern errichtet wurde. Er liegt bereits am Ufer des **Álftafjörður.** Von dort sieht man auf die Insel Vigur, die im **Ísafjarðardjúp** liegt. Auf Vigur steht die einzige Windmühle Islands. Am anderen Fjordufer liegt die Insel Ædey. Súðavík liegt am Fuß des **Kofri,** eines alten Vulkanschlots.

Im weiteren Verlauf der Straße 61 umfährt man den Hestfjörður und den Skötufjörður. Von der Landspitze bei Ögurnes sieht man über den Ísafjarðardjúp zur Küste Snæfjallaströnd, wo der Wasserfall Möngufoss eindrucksvoll ins Meer stürzt. Der nächste Fjord an der Straße 61 ist der Mjóifjörður

Die Straße quert diesen Fjord und führt dann geradeaus auf die **Landzunge Reykjanes,** die zwischen dem Rey-

1555is Foto: tt

kjafjörður und dem Ísafjörður liegt. Die ergiebigen Thermalquellen wurden Ende des 18. Jahrhundert zur Salzgewinnung aus Meerwasser genutzt. Heute befinden sich hier das **Hotel-Restaurant Reykjanes** (Tel. 4564844) mit Campingplatz und geothermal beheiztem Schwimmbad. Hier kann man die hellen Nächte der Mitternachtssonne besonders gut genießen.

Geothermal beheiztes Schwimmbad an der Küste bei Reykjanes

Route 8 G:
Von Reykjanes nach Hólmavík (92 km)

An der Küste vor Reykjanes sieht man auf den kleinen vorgelagerten Sandbänken und Felsen immer wieder **Seehunde und Robben.** Die Straßen 634 und 633 führen nun am Ísafjörður entlang nach Süden, bis sie wieder auf die Straße 61 treffen. Auf der Ostseite des Fjords verläuft die Schotterstraße F66 über die Kollafjarðarheiði zur Straße 60 an der Südküste. Die Straße 61 führt dann weg vom Fjord nach Osten. Zuvor lohnt sich ein Abstecher nach Norden ans „Ende aller Straßen".

Abstecher zum Drangajökull

⇗ III,C2

Kurz vor Gröf zweigt die Straße 635 nach Norden von der 61 ab und führt entlang der Küste Langadalsströnd zu einigen Gehöften bei Bæir am Ausgang des Unaðsdalur (44 km). Direkt vor der Küste liegt die **Insel Ædey.** Auf dieser befindet sich einer der Hauptbrutplätze von **Eiderenten** in Island. Wenn man sich vorher die Erlaubnis beim Bauern einholt, darf man die Insel auch betreten. Der Bauer fährt bei Bedarf Besucher mit seinem Boot dorthin.

Von der Straße 635 zweigen immer wieder kurze Stichstraßen ab, die in die umliegenden Täler und Berge führen. Hinter **Melgrasseyri** mit seiner kleinen Kirche führt die Straße 638 in das 3 km entfernte Laugaland (warme Quellen). 2 km weiter zweigt an einer Tankstelle eine Stichstraße nach **Skjaldfönn** ab. Von hier aus kann man auf weglosem Gelände entlang der Selá durch das **Skjaldfannardalur,** das eine interessante subpolare Vegetation aufweist, bis an den Rand des **Drangajökull** wandern (Tages-Trekking-Tour, aber herrliche Landschaft!). An der Straße 635 gibt es in **Ármúli** und nach Umfahrung der Lagune Kaldalón in **Bæir** eine **Schlafsackunterkunft.** In der Bucht Kaldalón erinnert am Aussichtspunkt Seleyri ein 7 Tonnen schwerer Basaltklotz an den **Arzt und Komponist Sigvaldi S. Kaldalóns** (1881–1946), der vom nahe gelegenen Hof Ármúli stammt. Aus Heimatverbundenheit legte er seinen Geburtsnamen *Stéfansson* ab und nannte sich *Kaldalóns.* Er schrieb das isländische Volkslied „Á Sprengisandi".

Der **Gletscherfluss Mórilla** entspringt dem Drangajökull und mündet in den Kaldalón. Vor der Brücke über den Fluss zweigt ein Fahrweg nach rechts ab. Nach 2 km umfährt man in diesem Tal eine Moräne. Hier kann man das Auto abstellen und zu Fuß zum Gletscher wandern.

Vom Kaldalón lässt sich eine bequeme **Halbtagestour** über Moränen und Felsen zu den Gletscherabbrüchen des 851 m hohen Drangajökull unternehmen. Als Orientierung dient der Fluss Mórilla, dem wir bis zum Gletscher folgen. Vom Ausgangspunkt geht man zunächst ¼ Stunde lang durch hügeliges Gelände. Dann verlässt man den Weg und läuft das Tal entlang in Richtung Gletscherzunge. Nach einer Stunde muss man mehrere Moränen überklettern. 150 m höher liegt ein Aussichtspunkt. Steinmännchen weisen nun den Weg zum Gletscher. Je nach Wetterlage und Schneeresten muss man selbst bestimmen, wie nahe man an den Gletscher herangeht. Später kommt man auf demselben Weg zum Ausgangspunkt zurück. Die Gesamtlänge der Tour beträgt etwa 8 km, für die man rund 3½ Stunden benötigt.

Wieder zurück auf der Straße 61 bei Gröf fährt man durch ein ausgedehntes Seengebiet mit unzähligen kleinen Wasserläufen, die **Steingrímsfjarðarheiði.** 19 km hinter Gröf ist die Abzweigung der Straße 608 erreicht, die über die ebenfalls seenreiche **Þorskafjarðarheiði** zum Þorskafjörður führt. In dieser abgelegenen, manchmal unheimlich wirkenden Landschaft soll heute noch die Selkolla, eine Trollfrau mit Robbenkopf, ihr Unwesen treiben. Nach weiteren 19 km haben wir die große Halbinsel überquert und erreichen durch das Staðardalur den **Steingrímsfjörður** auf der Ostseite der Westfjorde. Hier gabelt sich die Straße. In Richtung Süden sind es noch 11 km bis **Hólmavík.** Auf der Nordeite des Fjords führt die Straße 645 über Drangsnes und die Straße 643 direkt nach Laugarhóll.

Drangsnes wurde nach einem Felsen vor der Küste benannt. Bei diesem soll es sich um eine zu Stein erstarrte Trollfrau handeln, die einen Graben zwischen den Westfjorden und dem restlichen Island schaufeln wollte und dabei von der Sonne überrascht wurde. In dem kleinen Ort gibt es einen Campingplatz, zwei Gästehäuser, das Café Malarkaffi und eine Tankstelle. Es werden Bootsfahrten zu den **Papageitauchern** auf der vorgelagerten **Insel Grímsey** und zum Hochseeangeln angeboten (Sundhani, Tel. 4513238).

In **Laugarhóll** gibt es ein Hotel-Restaurant (Tel. 4513380), ein Schwimmbad (Grevendarlaug) und einen einfachen Campingplatz. Neben dem Schwimmbad wurde in einem Grassodenhof das „Landhaus des Hexers" eingerichtet (geöffnet 15.6.–1.9. 12–18 Uhr, 1.7.–14.8. ab 10 Uhr), eine Außenstelle des Museums für Hexerei und Magie in Hólmavík.

Abstecher nach Norðurfjörður

Die Straße 643 führt an der Küste entlang um den rund 500 m hohen **Berg Balafjöll** nach Norden. Dieses Gebiet heißt **Strandir.** Hier verbringen Isländer gerne ein paar Urlaubstage. Wir kommen an der Bucht Kaldbaksvík vorbei und erreichen danach Djúpavík am Reyðarfjörður. Nur die verfallende große Heringsfabrik am Ortsrand unter dem Wasserfall und ein vor sich hin rostender Fischkutter erinnern heute noch daran, dass Djúpavík von 1917 bis Mitte des 20. Jahrhunderts Heringsfischern Arbeit bot. Die alte Fischfabrik könnte zu einem Museum werden, denn der Tranofen und die Maschinen sind noch vorhanden. Das **Hotel Djúpavík** (Tel. 4514037, Restaurant, www.djupavik.de, ganzjährig geöffnet) organisiert Besichtigungen der Fischfabrik mit Vorführungen, verleiht Kajaks, und mitunter stellt *Claus Sterneck* hier auch seine Fotografien von Island aus (www.clausinisland.com).

Im nächsten Ort, **Gjögur,** blühte im 19. Jahrhundert der Haifischfang, bei dem damals 15–18 Boote gleichzeitig aufs Meer hinaus fuhren. Die Straße umrundet dann die Halbinsel Reykjanes und führt nach **Norðurfjörður.** Der Aufschwung des Orts begann 1889 mit dem Handel von Haifisch-Lebertran und Stockfisch. Bis 1995 verkehrten Waren- und Passagierschiffe. Heute legen nur noch wenige Fischerboote in dem kleinen Hafen an, und es ist ruhig geworden in dem abgelegenen Ort. Die wichtigsten Versorgungseinrichtungen sind vorhanden, eine Tankstelle, ein Lebensmittelladen, eine Bank und ein kleines Café. Nur wenige Kilometer weiter nördlich entstand 1953/54 das **Schwimmbad Krossneslaug** am Kiesstrand, das wohl einsamste Schwimmbad Islands. Es wird von bis zu 64 °C heißem Quellwasser gespeist. Der Duft des Meeres, das Rauschen der Brandung und das klare nordische Licht machen ein Bad unvergesslich.

Südlich von Norðurfjörður führt die Straße 649 nach **Eyri** im Ingólfsfjörður. Auch hier erinnert eine alte Fischfabrik an vergangene Zeiten. Ein einspuriges, mit tiefen Schlaglöchern übersätes Sträßchen führt an der Fischfabrik und weiter am Fjord entlang in den Ófeigsfjörður, wo es einen einfachen **Campingplatz** gibt. In der Nähe liegt ein Wasserfall. Das Sträßchen führt unterhalb davon durch den Bach, wird zusehends schlechter und verliert sich dann. Hier endet die „zivilisierte Welt". Weiter im Norden ist nur noch Wildnis.

Route 8 H:

Von Hólmavík nach Brú (116 km)

Hólmavík

↗ III,D3

Hólmavík ist der **Hauptversorgungsort der Region** und Verwaltungssitz des Bezirks. Der Ort besteht seit der letzten Jahrhundertwende, auch hier bestreiten die Bewohner ihren Haupterwerb aus dem Fischfang. Es gibt zudem eine kleine Fischfabrik. Aber viele Menschen haben die Region bereits verlassen, so dass der Ort noch knapp **400 Einwohner** zählt. Von Hólmavík aus kann ein Bootsausflug in den Fjord unternommen werden. Es gibt ein Hotel, einen Campingplatz, Bank und Post, einen Laden sowie einen kleinen Flugplatz.

Tourist-Information

- **Beim Campingplatz,** Tel. 4513111, Fax 451 3403, http://holmavik.is/info, geöffnet Mitte Juni bis Ende Aug. 8–17 Uhr.

Unterkunft

- **Gästehaus,** Borgarbraut 4, Tel. 4513136, Fax 4513413; 18 Betten, Schlafsackunterkunft, ganzjährig geöffnet.
- **Campingplatz am Ortseingang** gegenüber der Tankstelle, Tel. 4513111; Einkaufsmöglichkeit, Cafeteria, Bushaltestelle, Vermittlung von Pferden für Reittouren; auf dem Campingplatz stehen drei offene Fassaden eines alten Grassodenhäuschens.

Essen und Trinken

- **Café Riis,** Hafnarbraut 39, Tel. 4513567, www.caferiis.is, geöffnet Fr/Sa 11.30–3, So–Do 11.30–22.30 Uhr; Restaurant-Bar-Pizzeria.

Museen

- Im Museum beim Café Riis ist die **Ausstellung „Zauberei und Magie in Island"** zu besichtigen (Galdrasýning á Ströndum), Tel. 4513525, vom 1.6. bis 31.8. täglich geöffnet 10–18 Uhr.

Nach der Einführung des Christentums flohen viele Anhänger des germanischen Wikingerglaubens in die entlegenen Westfjorde, wo der alte Glauben an Hexen und Zauberei weiterleben konnte. Im 17. Jahrhundert wurden wie im übrigen Europa Hexen und Zauberer auch in Island verfolgt, eine regelrechte „Hexenjagd" begann. Von 1625 bis 1683 wurden 21 Isländer als Hexen verbrannt; 170 sollen angeklagt und 130 durch Gerichtsurteil schuldig gesprochen worden sein. Nur 10 % der Angeklagten waren Frauen! Die Ausstellung beleuchtet die Hintergründe des Hexenwahns anhand historischer Dokumente.

- **Sauðfjársetur,** Schafsmuseum in Sævangur, 12 km südlich von Hólmavík, Tel. 4513324.

Sonstiges

- **Ambulanz,** Borgabraut 8, Tel. 4555200.
- **Polizei,** Skáði 2, Tel. 4503722.
- **Strandakúnst,** Kunstgewerbe, bei der Tourist-Information im Gemeindehaus.
- **Schwimmbad,** Tel. 4513560 und **9-Loch-Golfplatz Skaljarvík.**

Von Hólmavík geht es auf der Straße 61 weiter am Steingrímsfjörður entlang. Nach 7 km führt die Straße 605 auf die Westseite der Nordhalbinsel nach **Króksfjarðarnes.** 14 km weiter erreichen wir **Kollafjarðarnes,** am Kollafjörður gelegen. Hier befindet sich eine alte Kirche.

Vom Kollafjörður führt die Straße 69 parallel zur Straße 605 zum Gilsfjörður. Nachdem man den Bitrufjörður hinter sich gelassen hat, kommt man an den lang gestreckten **Hrútafjördur.** Der „Hammelfjord" schneidet die Nordküste Islands fast 40 km tief ein. In der Mitte des Fjords liegt an seiner Westküste **Prestbakki** mit einer kleinen Kirche. Kurz darauf passieren wir eine Tankstelle, 14 km weiter haben wir Brú an der Ringstraße erreicht.

Damit endet unsere Reise auf der **Insel unter dem Polarkreis.**

156is Foto: tt

Die Färöer-Inseln

157is Foto: tt

158is Foto: tt

Kühe vor den Felsen
Rison og Kellingin auf der Insel Eysturoy

Oyndarfjørður auf Eysturoy

Funningur am Funningsfjørður

Praktische Reisetipps A–Z

Anreise

Die **Autofähre „Norröna"** der färöischen Reederei Smyril Line (J. Broncksgøta 37, FO-110 Tórshavn, Tel. 345900, Fax 345950, www.smyril-line.fo; Büro Deutschland: Im Sell-Speicher, Wall 55, 24103 Kiel, Tel. 0431-200886, Fax 2008 870, www.smyrilline.de) fährt ganzjährig von Hanstholm bzw. Esbjerg in Dänemark nach **Tórshavn** auf den Färöer-Inseln.

Die Färöer-Inseln sind auch **mit dem Flugzeug** zu erreichen. Der internationale Flughafen der Färöer-Inseln liegt auf der **Insel Vágar.** Atlantic Airways (www.atlantic.fo) fliegt die Färöer-Inseln von Dänemark (Kopenhagen, Billund, Aalborg), Norwegen (Stavanger), Schweden (Stockholm), Großbritannien (London) und Island (Reykjavík) aus an.

Ein- und Ausreisebestimmungen

Die Färöer-Inseln gehören zu Dänemark, sind aber nicht Teil der Europäischen Union. EU-Bürger und Schweizer benötigen für die Einreise einen **gültigen Personalausweis oder Reisepass;** Skandinavier können ohne Passformalitäten einreisen.

Die persönliche Reiseausrüstung unterliegt keiner Beschränkung (Ausnahme: Waffen und Drogen). **Erlaubt** sind weiterhin Lebensmittel für den Eigenbedarf bis zu 2500 FKr (färöische Kronen);

Die Fähre Norröna in Tórshavn

159is Foto: tt

Reisende, die älter sind als 18 Jahre, dürfen 2 l Wein und 2 l Bier oder 1 l anderer alkoholischer Getränke mit 22–60 % Alkohol einführen; Reisende über 15 Jahren 200 Zigaretten oder 250 g Tabak oder 50 Zigarren. Konfekt und Süßigkeiten dürfen bis zu 3 kg eingeführt werden.

Elektrogroßgeräte, Computer, Radios, Video- und Fernsehgeräte sowie CD-Player und Parabolantennen können nicht zoll- und abgabenfrei eingeführt werden. Ausgenommen sind die „persönlichen" Geräte des Reisenden (z. B. tragbares Radio, Videokamera, Laptop) und solche, die fest im Fahrzeug des Reisenden eingebaut sind.

Bei der Einreise muss keine amtliche Bescheinigung mehr über die **Desinfektion gebrauchter Angelausrüstung** vorgelegt werden. Der Benutzer muss selbst dafür sorgen, dass seine Angelgeräte sauber, trocken und ansteckungsfrei sind.

Auf den Färöer-Inseln gibt es am internationalen Flughafen auf Vágar und dem Fährhafen in Tórshavn **keine zollfreien Einkaufsmöglichkeiten,** Duty-free-Shops fehlen.

Bei der **Rückreise** solle man auch die Freigrenzen seines Heimatlandes beachten. Dabei ist zu beachten, dass die Faröer-Inseln zwar zum Zollgebiet der EU gehören, nicht aber zum Steuergebiet für Verbrauchsteuern und Mehrwertsteuern, d. h. hier gelten **eingeschränkte Freigrenzen zur Einfuhr in die EU und die Schweiz:**

Die Küche der Färöer

Die Selbstversorgung der Färinger war Jahrhunderte lang eine Lebensnotwendigkeit. Die Bewohner mussten von dem leben, was das Meer und das karge Land mit seinem rauen Klima ihnen boten: Schafe, Vögel, deren Eier, Grindwale, Fisch, Rüben, etwas Getreide und Kartoffeln. Nur Wenige besaßen Milchkühe. Da gab es keine große Esskultur. Fisch und Fleisch wurden durch Trocknen an der sauberen, salzhaltigen Luft konserviert. Heute noch trifft man auf die kleinen Trockenschuppen mit ihren winddurchlässigen Lattenwänden.

Wenn die Färinger einmal zum Essen ausgingen, wollten sie lieber etwas essen, was es zu Hause nicht gab. Deshalb fand man kaum färöische Gerichte auf der Speisekarte. Doch das hat sich geändert, immer mehr Restaurants bieten heute färöische Gaumenfreuden an. **Skerpikjöt** ist Schaffleisch, das ein Jahr lang an Luft gehangen hat – eine färöische Delikatesse. **Ræt** ist Fleisch, das etwa ein halbes Jahr lang getrocknet wurde. **„Lammbraten mit Kartoffeln und brauner Soße"** war früher ein beliebtes Essen bei Festlichkeiten.

- **Alkohol** (für Personen ab 17 Jahren) **in die EU:** 1 l Spirituosen (über 22 Vol.-%) oder 2 l Spirituosen (unter 22 Vol.-%.) oder eine anteilige Zusammenstellung dieser Waren, und 4 l nicht-schäumende Weine, und 16 l Bier; **in die Schweiz:** 2 l bis 15 % Vol. und 1 l über 15 Vol.-%
- **Tabakwaren** (für Personen ab 17 Jahren): 200 Zigaretten oder 100 Zigarillos oder 50 Zigarren oder 250 g Tabak oder eine anteilige Zusammenstellung dieser Waren
- **Andere Waren** (in die EU): 10 Liter Kraftstoff im Benzinkanister; für See- und Flugreisende bis zu einem Warenwert von insgesamt 430 €, über Land Reisende 300 €, alle Reisende unter 15 Jahren 175 €; (in die Schweiz): neuangeschaffte Waren für den Privatgebrauch bis zu einem Gesamtwert von 300 SFr. Bei Nahrungsmitteln gibt es innerhalb dieser Wertfreigrenze auch Mengenbeschränkungen.

Feste und Feiertage

Auf den Färöer-Inseln finden im **Juni und Juli** zahlreiche Sommerfeste mit Sportwettkämpfen, Ausstellungen und Konzerten statt. Der wichtigste Sportwettkampf ist Rudern; die Inselbesten kämpfen dann am **St. Olavstag** in Tórshavn um den Titel in der färöischen Rudermeisterschaft.

Außer den üblichen christlichen Feiertagen werden auf den Färöern folgende Feste und Feiertage begangen:

- **25. April:** Tag der Flagge (Nachmittag)
- **8. Mai:** Bettag
- **5. Juni:** Tag des Grundgesetzes (Nachmittag)
- **1. Juni-Wochenende:** Norðoyarstevna in Klaksvík (Nordinselfest)
- **2. Juni-Wochenende:** Fjarðastevna in Skálafjørður (Runavík)
- **3. Juni-Wochenende:** Sundalagsstevna in Kollafjörður
- **Letztes Juni-Wochenende:** Jóansøka in Tvøroyri auf Suðuroy (Südinselfest)
- **1. Juli-Wochenende:** Sonnwendfeier an der Quelle Varmakelda bei Fuglafjørður
- **2. Juli-Wochenende:** Vestanstevna in Sandavágur (Westinselfest)
- **Mitte Juli:** Tróndardagar in Gøta, ein Fest zu Ehren des Wikingerhäuptlings *Tróndur í Gøtu*
- **28./29. Juli:** Ólavsøka, Tórshavn
- **29. Juli:** St. Olavstag, Nationalfeiertag
- **31. Dezember:** Silvester (Nachmittag)

160is Foto: tt

Paar in traditioneller Tracht
beim St. Olavsfest

Fischereigenehmigungen

Die **Fischsaison** in den Bächen und Seen dauert vom **1.5.–31.8.** Angellizenzen gibt es bei der Tourist-Info am Flughafen Vágar sowie bei den örtlichen Fremdenverkehrsbüros. Sportfischerei im Meer von Booten aus unterliegt besonderen Bestimmungen; Auskünfte ebenfalls in den Tourist-Infos und unter www.sportsfiskeri.fo (Übersicht über gute Fangplätze und Ausrüstungstipps auf Deutsch).

Geld und Einkaufen

Offizielle Währung ist die **Dänische Krone (DKK),** die Färöer-Inseln verfügen aber auch über eigene Banknoten, die **Färöischen Kronen (FKr),** wohl auch, um ihre Autonomie zu betonen. Der Kurs der beiden Währungen ist gleich. Es gibt jedoch nur dänische Münzen. Die färöischen Banknoten zeigen auf der einen Seite Tiermotive, auf der anderen färöische Landschaften des Zeichners *Zacharias Heinesen*. Überall auf den Färöer-Inseln werden dänische und färöische Kronen akzeptiert. Man sollte vermeiden, färöische Kronen auszuführen, denn diese sind zu Hause – wenn überhaupt – nur mit Verlust umzutauschen. Restgeld sollte daher auf den Färöern in Dänische Kronen getauscht werden.

Im März 2010 galt folgender **Wechselkurs:** 100 dänische Kronen = 13,44 € bzw. 19,62 sFr., 1 € = 7,44 DKK, 1 sFr. = 5,12 DKK.

Reiseschecks können in allen Banken eingelöst werden. Die gängigen Kreditkarten werden von vielen Geschäften und Hotels akzeptiert. Beim Bezahlen (Tanken) mit der Kreditkarte wird vielfach die vierstellige PIN-Nummer verlangt.

An **Geldautomaten** kann von 6 bis 24 Uhr mit der Mastercard, der VISA-Karte, DANKORT und zum Teil auch mit der Maestro-(EC-)Karte (am preiswertesten) Bargeld abgehoben werden.

Typisch färöische **Souvenirs** sind dicke, handgestrickte Wollpullover und andere Strickwaren, außerdem Lederwaren und Keramik. Ein begehrtes Sammelobjekt sind färöische **Briefmarken** des Postverk Føroya, die es erst seit 1976 gibt, nachdem die bis dahin üblichen dänischen Marken ersetzt wurden. Anlaufstelle für Sammler ist das **Postverk Føroya,** Philatelitic Office, Frímerkjadeildin, FO-159 Tórshavn, Tel. 346200, Fax 346201, www.stamps.fo. Hintergrundinformationen zu kulturgeschichtlichen Briefmarkenausgaben der Färöer erhält der Sammler unter www.tjatsi.fo und zu den Künstlern, welche die Briefmarken gestaltet haben, unter www.faroeartstamps.fo. Beim Postverk Føroya sind auch färöische **Telefonkarten** erhältlich, die bei Sammlern ebenfalls sehr beliebt sind.

Ab einem Kaufwert der Ware von 300 FKr je Geschäft bzw. Rechnung können sich ausländische Besucher die färöische Mehrwertsteuer (25 %) erstatten lassen. **Tax-free-Einkauf** ist derzeit bei etwa 100 Geschäften möglich. Diese sind mit dem blau-weißen Tax-free-Schild gekennzeichnet. Verlangen Sie beim Einkauf den „Tax Refund Cheque" und lassen ihn im Geschäft abstempeln. Bei der Ausreise lassen Sie sich den Scheck vom Zoll abstempeln. Der Zoll behält sich dabei das Recht vor, die gekaufte Ware sehen zu dürfen. Mit dem abgestempelten Scheck bekommen Sie dann beim „Tax Refund" am Flughafen (bei der Tourist-Information) bzw. an Bord der Norröna oder auf einem Kreuzfahrtschiff die Mehrwertsteuer erstattet. Sie können den vom Zoll abgestempelten Scheck auch an das färöische Tax-free-System schicken, die Mehrwertsteuer wird Ihnen dann auf Ihr Konto überwiesen oder Sie bekommen einen Scheck.

- **Føroese Tax-Free-System,** Hoydalsvegur 17, Postfach 3225, FO-110 Tórshavn, Tel. 340040, Fax 340041, www.ff.fo.

Informationsstellen

- **Färöisches Fremdenverkehrsamt (Ferðaráð Føroya),** Undir Bryggjubakka 17, Postfach 118, 110 Tórshavn, Tel. 355800, Fax 310858, www.visit-faroeislands.com; geöffnet 1.5.–31.8. Mo bis Fr 8–16 Uhr, 1.9.–31.4. Mo bis Do 9–16, Fr 9–15 Uhr.
- **Tourist-Information für Tórshavn und Streymoy,** Kunningvarstovan, Vaglið, Postfach 379, FO-110 Tórshavn, Tel. 302425, Fax 302426, www.visittorshavn.fo, geöffnet (Mai-Sept.) Mo, Fr 7–17.30, Di–Do 8–17.30, Sa 9–14 Uhr; Okt–April Mo–Fr 9–17.30, Sa 10–14 Uhr.

Allgemeine Informationen über die Färöer-Inseln im Internet:

- **www.visit-faroeislands.com**

Klima und Reisezeit

Auf den Färöer-Inseln herrscht ein **gemäßigtes Meeresklima** mit eher **milden Wintern** und **kühlen Sommern.** Die Durchschnittstemperatur beträgt im Winter 3,2 °C, im Sommer 10,8 °C. Obwohl es im Sommer auch 20 °C warm werden kann, ist ein Bad im meist nur 10 °C „warmen" Atlantik nicht zu empfehlen. Bedingt durch die Insellage können Stürme, Regenschauer und Nebel das ganze Jahr über häufig auftreten. Durchschnittlich regnet es an 280 Tagen im Jahr. Dabei fallen 1200–1700 mm Niederschlag. Das Wetter ist wechselhaft und kann je nach Windrichtung regional sehr unterschiedlich sein. Angesichts der nördlichen Lage ist es im Winter relativ warm. Es schneit zwar, aber meist nicht lange. Das Meer bleibt immer eisfrei. **Beste Reisezeit** sind die **Sommermonate Juni bis August** mit ihren hellen Nächten.

- Der färöische Rundfunk sendet im Sommer Mo bis Fr 8.30–9 Uhr wichtige Infos für Touristen inkl. der **Wettervorhersage** in englischer Sprache (UKW 89,9 MHz und MW 530 m).

Notfall

Polizei

- **Notruf: Tel. 112**
- **Polizeiwache Politistøð,** in Tórshavn, Jonas Brocks Gøta, Tel. 311448, 24 Std. geöffnet. In anderen Orten findet man die örtliche Polizei im Telefonbuch unter „løgrela".

Krankenhäuser und Ärzte

- Der **ärztliche Notdienst** wird von den drei Krankenhäusern (Sjúkrahús) der Färöer-Inseln geleistet: Landssjúkrahúsið Tórshavn, Tel. 304500, im Westen der Stadt, dorthin führt die J.C. Svabos Gøta; Sjukrahús Klaksvík, Tel. 454545, im Víkavegur südlich des Hafens; Sjukrahús Tvøroyri, Tel. 371133.
- Für akute Fälle steht in Tórshavn der **ärztliche Bereitschaftsdienst** von 16 bis 8 Uhr unter Tel. 1870 bereit.
- **Zahnärztlicher Notdienst** in Tórshavn, Tel. 314544; Sa/So und feiertags wird nur von 10 bis 11 Uhr behandelt.

Apotheken

- **Im Internet:** www.apotek.fo
- **Tórshavn,** im SMS-Einkaufszentrum, R.C. Effersøes Gøta 31, Tel. 341100; geöffnet Mo bis Fr 9–17.30, Sa 10–14, So 14.30–15 Uhr.
- **Klaksvík,** Fornagaður, Tel. 455055, geöffnet Mo bis Fr 9–17.30, Sa 9–12 Uhr.
- **Tvøroyri,** im Zentrum, Tel. 371076; geöffnet Mo bis Fr 9–17.30, Sa 9–12 Uhr.
- **Runavík,** Mýravegur 6, Tel. 471200, Fax 471 201, geöffnet Mo–Fr 10–17.30, Sa 9–13 Uhr.

Öffnungszeiten

Geschäfte öffnen werktags zwischen 9 und 10 und schließen um 17.30 Uhr. Freitags sind sie bis 19 Uhr offen. Samstags schließen sie meistens schon um 12 Uhr, in den größeren Orten teilweise auch um 14 Uhr. Sonntags sind alle Geschäfte (außer einigen Bäckereien) geschlossen.

Tankstellen und Kioske sind täglich meist bis 21 Uhr geöffnet, teilweise auch bis 23 Uhr.

Banken sind Mo bis Fr von 9.30 bis 16 geöffnet, Do bis 18 Uhr.

Postämter haben Mo bis Fr von 9 bis 17 Uhr geöffnet. In kleineren Orten sind kürzere Öffnungszeiten möglich.

Rund ums Auto

- Auf den Färöer-Inseln herrscht **Rechtsverkehr,** es besteht **Anschnallpflicht** für alle Insassen und auch am Tag muss mit **Abblendlicht** gefahren werden.
- **Höchstgeschwindigkeit** außerhalb geschlossener Ortschaften 80 km/h, innerhalb 50 km/h; Pkw mit Anhänger außerhalb geschlossener Ortschaften 50 km/h, Lkw über 3,5 t 60 km/h. **Alkoholhöchstgrenze 0,5 Promille.**
- In Tórshavn und Klaksvík ist für viele Parkplätze eine **Parkscheibe** erforderlich. Färöische Parkscheiben gibt es kostenlos in Banken und Verkehrsbüros. Die Parkscheibe wird in der rechten unteren Ecke der Windschutzscheibe angebracht.

• Bei **Autopannen** auf den Inseln Streymoy und Eysturoy hilft die Feuerwehr von Tórshavn (Tel. 302100) weiter. Inselweit kann man sich auch an Snarhjálp (Tel. 311905) wenden. Da die Färöer-Inseln kein Mitglied der EU sind, kann es vor allem bei nicht selbstverschuldeten Unfällen Probleme mit der Kostenerstattung durch die gegnerische Versicherung geben, falls das Fahrzeug nicht vor Ort repariert wird und zu Hause eine höhere Schadenssumme festgestellt wird als die, welche auf den Färöer ermittelt wurde. Es kann deshalb vorteilhaft sein, eine eigene Vollkaskoversicherung zu haben.

• **Verstöße** gegen die Verkehrsvorschriften werden streng geahndet: Bei Überschreitung der Höchstgeschwindigkeit um mehr als 30 km/h droht sofortiger Entzug der Fahrerlaubnis; Parkvergehen kosten 200 FKr. Bei einem Zusammenstoß mit einem Schaf sollte umgehend die Polizei in Tórshavn (Tel. 351448) verständigt werden.

• **Entsorgung der Chemietoilette** von Wohnmobilen bei der Müllverbrennungsanlage KOB, á Hjalla, nördlich von Tórshavn an der Straße 50 (Tel. 317582); geöffnet Mo, Mi und Fr 8–17, Di 8–20, Sa 13–17 Uhr.

Autovermietungen

In Tórshavn

• **Avis Føroyar,** Staravegur 1–3, 110 Tórshavn, Tel. 313535, Fax 317735, www.avis.fo.

• **Bilútleigan** (Autovermietung), P.O. Box 130, 110 Tórshavn, Tel. und Fax 317865, car rent@post.olivant.fo.

• **62°N,** (Hertz), Hoydalsvegur 17, 110 Tórshavn, Tel. 340050, Fax 340051, www.62n.fo.

• **Bilrøkt,** Pedda við Steingøta, 100 Tórshavn, Tel. 588880, www.bilrokt.fo.

• **Rentacar,** í Homrum 19, 410 Kollafjørður, Tel. 232121, www.rentacar.fo.

Auf Streymoy

• **Reyni Service,** Vegurin Langi, 188 Hoyvík, Tel. 353040, www.reyniservice.fo.

Auf Suðuroy

• **Shellstøðin,** 826 Trongisvágur, Tel. 371466.

Auf Vágar

• **AVIS Føroyar,** Vágar Airport, 380 Sørvágur, Tel. 358800, Fax 358801, avis@avis.fo.

• **62°N,** (Hertz), Vágar Airport, 380 Sørvágur, Tel. 340060, Fax 340061, www.62n.fo.

• **Unicar,** 360 Sandavágur, Tel. 332527, Fax 333527, unicar@post.olivant.fo.

Auf Eysturoy

• **BBR-Service,** við Løkin, 620 Runavík, Tel. 449111, Fax 449011.

Auf Borðoy

• **Auto-Shine,** á Skarðhamri, við Oyravegin, 700 Klaksvík, Tel. 457474.

Mautschild am 4,9 km langen Meerestunnel zur Insel Vágar

161is Foto: tt

- **Bilútleigan,** 727 Árnafjørður, Tel. 456868, arnarfjord@post.olivant.fo.
- **NÓA,** 727 Árnafjørður, Tel. 459000.

Motorradvermietung

- **Harley Davidson,** Jónas Broncks gøta 33, 100 Tórshavn, Tel. 210405, www.hd.fo.

Fahrradverleih

Auf Streymoy

- **Súkkluhandilin,** Norðuri í Sundum, 410 Kollafjørður, Tel. 421511, Fax 421517.

Auf Vágar

- **Hotel Vágar,** 380 Sørvágur, Tel. 309090, Fax 309091, www.ff.fo.

Auf Borðoy

- **J. W. Thomsen,** Nólsoyar Páls gøta, 700 Klaksvík, Tel. 455858, Fax 457878.

Tunnel

Auf den Färöer-Inseln gibt es etliche Tunnel, von denen einige unbeleuchtet und einspurig sind. Die beiden Meerestunnel zwischen Leynar (Streymoy) und Vágar und zwischen Leirvík (Eysturoy) und Klaksvík (Borðoy) sind **mautpflichtig.** Die Maut kostet für einen Pkw bis 6 m Länge 130 FKr. Sie muss innerhalb von drei Tagen bezahlt werden, dies ist an jeder beliebigen Tankstelle möglich. Bitte bewahren Sie die Quittung als Zahlungsnachweis für ein paar Monate auf.

Strom

Wie in Deutschland **Wechselstrom** mit **230V/50 Hz.**

Telefon

Die **Vorwahlnummer** der Färöer-Inseln ist **00298.** Die gewünschte Rufnummer ist unmittelbar danach zu wählen.

Auf den Färöer-Inseln können natürlich auch **Mobiltelefone** benutzt werden (siehe dazu im praktischen Kapitel zu Island). GSM 900 ist das verbreitetste System. Die färöische Telecom und die Telefongesellschaft Kall haben mit vielen ausländischen Gesellschaften Roaming-Abkommen geschlossen. Billiger kann es jedoch sein, sich eine färöische Prepaid-Karte zu besorgen. Diese gibt es in den Telecom-Läden, an Kiosken, in Hotels, an Tankstellen, bei der Post und in der Tourist-Info.

Für **öffentliche Telefonzellen** benötigt man **Telefonkarten** (Telekort), die es zu 20, 30, 50 und 100 Kronen gibt. Kaufen kann man diese in den Postämtern, in Tórshavn im Passagierterminal Farstøðin am Hafen, am Flughafen Vágar, in den Fremdenverkehrsbüros sowie in Kiosken bzw. Geschäften, die in der Nähe der öffentlichen Telefonzellen liegen. Auf den Färöer-Inseln gibt es keine Kreditkartentelefone.

Telecom Føroya in Tórshavn, Tinghúsvegur 64, hat täglich von 8 bis 21 Uhr geöffnet und bietet Service rund ums Telefonieren, Faxen und Verschicken von Telegrammen.

Bei **Teledepilin,** Nils Finsens Gøta 10 in Tórshavn, kann man E-Mails versenden und empfangen.

Internet gibt es außerdem in der Tourist-Info von Tórshavn, in der Bücherei von Klaksvík und im Internetcafé Play-it in Toftir.

Trinkgeld

Trinkgelder waren auf den Färöer-Inseln bisher nicht üblich. Mehr und mehr wird nun Trinkgeld gegeben, es ist aber keine Verpflichtung. In besseren Restaurants, Bars, Cafés und Taxis wird es jedoch erwartet.

Uhrzeit

Auf den Färöern gilt wie in Großbritannien und Island die westeuropäische (WEZ) oder Greenwicher Zeit (GMT), die eine Stunde von unserer mitteleuropäischen Zeit (MEZ) abweicht. Auf den Färöern werden – wie bei uns – die Uhren auf Sommerzeit umgestellt, in Island nicht.

Unterkunft

Die Färöer-Inseln wollen kein Land des Massentourismus werden. Die touristischen Einrichtungen und Angebote wie Hotels, Privatzimmer, Bootsausflüge, geführte Wanderungen und Besichtigungen werden jedoch von Jahr zu Jahr weiter ausgebaut. Derzeit verfügen die Färöer über etwa **1800 Betten für Touristen.** In allen wichtigen Orten gibt es zumindest ein einfaches Hotel (siehe weiter unten) oder Privatzimmer. Im Sommer sind auf Streymoy und Eysturoy freie Zimmer rar, solange die Fähre Norröna nach Norwegen fährt und die vielen Island-Reisenden Zwischenstopp auf den Färöer machen. Hotel- und Privatzimmer sind – gemessen am gebotenen Komfort – teuer. Wer länger bleibt, kann bei den Zimmerpreisen meist einen deutlichen Rabatt aushandeln oder eines der privaten Ferienhäuser mieten. Die Privatzimmer und Ferienhäuser werden von der **Tourist-Information** vermittelt. Dort kann man auch Reservierungen vornehmen. Wir empfehlen, dies grundsätzlich gleich nach der Einreise in Tórshavn zu veranlassen. Dort gibt es zwei Tourist-Informationen (siehe „Informationsstellen").

Camping ist nur auf den dafür vorgesehenen Plätzen erlaubt! Im Wohnmobil oder Wohnwagen darf nicht in Hafengebieten, am Straßenrand, auf Rastplätzen, an Aussichtspunkten oder auf sonstigen Parkplätzen übernachtet werden. Oft bieten Hotels und Jugendherbergen die Möglichkeit zum Campen oder der Landbesitzer erteilt seine Zustimmung.

Beim Zelten sollte man sich auf das nasskalte und stürmische Wetter einstellen und über geeignete Ausrüstung verfügen – Islandfahrer dürften damit aber keine Probleme haben.

Campingplätze

Derzeit gibt es auf den Färöer-Inseln **14 Campingplätze,** die meist nur im Sommer geöffnet sind:

Insel Eysturoy

- **Eiði,** geöffnet 1.5.–15.9., Tel. 423456, www.hoteleidi.fo; je 15 Zelt- und Wohnmobilplätze beim Hotel Eiði oberhalb des Orts.
- **Gjáargarður Gjógv,** geöffnet 15.6.–15.8., Tel. 423171, Fax 423505, www.gjaargardur.fo, neu angelegter Zeltplatz oberhalb des Hotels.
- **Pfadfinderheim Kambur Kambsdalur,** Fuglafjörður, Tel. 445180; 10 Wohnmobil-Stellplätze, keine Zelte!
- **Pfadfinderheim Selatrað,** Tel. 311075, info@skoti.fo; nur für größere Gruppen ab 50 Pers. nach Voranmeldung.
- **Runavík,** Heiðavagur, Tel. 447420; 25 Wohnmobil-Stellplätze, keine Zelte!

Insel Kunoy

- **Klaksvík,** Tel. 456939 oder 216939; 50 Zelte und 10 Wohnmobile.

Insel Mykines

- **Kristianshús Mykines,** Tel. 312985; 15 Zelte.

Insel Nólsoy

- **Nólsoy,** Tel. 327060; 7 Zelte.

Insel Sandoy

- **Sandur,** Tel. 361836 oder 222078; 20 Zelte und 3 Wohnmobile.

Insel Streymoy

- **Tórshavn,** geöffnet Mitte Mai bis Mitte Sept., Yviri við Strond, Tel. 302425, Fax 316 831, www.visittorshavn.fo; Platz für 50 Zelte und 25 Wohnmobile.

Insel Suðuroy

- **Pfadfinderheim Vágur,** Tel. 373060; 7 Zelte und 4 Wohnmobile.
- **Vallarheimið Áargarður Øravík,** Tel. 371 302; 15 Zelte und 6 Wohnmobile.
- **Pfadfinderheim Tvøroyri,** Tel. 372480.

Insel Vágar

- **Á Giljanesi Sandavágur,** Tel. 333465, Fax 332901, giljanes@post.olivant.fo; 8 Zelte und 5 Wohnmobile, ganzjährig geöffnet.

Unterkünfte auf Streymoy und Eysturoy

- **Gistingarhúsið Bládýpi,** 1-Stern-Gästehaus mit 24 Betten, Dr. Jacobsensgøta 14–16, 100 Tórshavn, Tel. 500600. Geöffnet 1.5.–1.9.

Praktische Reisetipps A–Z

162is Foto: tt

Aus der Jugendherberge Gjáargarður in Gjógv auf der Insel Eysturoy wurde ein Zwei-Sterne-Hotel mit Campingplatz

- **Gistingarhúsið Skansin,** 2-Sterne-Gästehaus mit 22 Betten, Jekaragøta 8, 100 Tórshavn, Tel. 300606, Fax 310657, www.hostel.fo. Geschlossen über Weihnachten und Silvester.
- **Gistingarhúsið Undir Fjalli,** 2-Sterne-Gästehaus mit 70 Betten, Vesturgøta 15, 100 Tórshavn, Tel. 320527, 422677, Fax 317108. Preise: Einzelzimmer 360 FKr, Doppelzimmer 490 FKr. Geöffnet Mitte Juni bis Mitte Aug.
- **Hotel Føroyar,** 4 Sterne, 216 Betten, Oyggjarveg, 110 Tórshavn, Tel. 317500, Fax 317501, www.hotelforoyar.fo. Dieses zur Best Western-Gruppe gehörende Hotel liegt etwa 2 km oberhalb der Stadt. Man erkennt den lang gezogenen Bau leicht an seinem grasgedeckten Dach. Jedes der 108 Zimmer hat Meerblick. Ganzjährig geöffnet.
- **Hotel Hafnia,** 4 Sterne, 76 Betten, Áarvegur 4–10, P.O. Box 107, 110 Tórshavn, Tel. 313233, Fax 315250, www.hafnia.fo. Geschlossen über Weihnachten und Silvester.
- **Hotel Streym,** im Zentrum von Tórshavn gelegen, Yviri við Strönd 19, 110 Tórshavn, Tel. 355500, Fax 355501, www.hotelstreym.com; 24 Betten, Doppelzimmer 895 FKr.
- **Hotel Tórshavn,** 3 Sterne, 78 Betten, Tórsgøta 4, 100 Tórshavn, Tel. 350000, Fax 350 001, www.hoteltorshavn.fo. Geschlossen über Weihnachten.
- **Jugendherberge Kerjalon, Hostel Tórshavn,** 98 Betten, Oyggjarvegin 49, P.O. Box 3303, 110 Tórshavn, Tel. 318900, Fax 318910, www.hosteltorshavn.fo. Geschlossen über Weihnachten und Silvester.
- **Tórshavn Camping,** Campingplatz für 30–40 Zelte, 15–20 Wohnmobilplätze, Yvírí við Strond, 110 Tórshavn, Tel. 320739 oder 315788, Fax 316831. Geöffnet Ende Mai bis Anfang September.
- **Gjáargarður Gjógv,** 476 Gjógv, Tel. 423171, Fax 423505, www.gjaargardur.fo, Zimmer mit Dusche/WC. Großer bewirtschafteter Aufenthaltsraum mit Alkoven in den Seiten-

wänden, die als Schlafräume dienen (ein moderner *roykstovan!*).

- **Hotel Eiði,** 3 Sterne, 28 Betten, 470 Eiði, Tel. 423456, Fax 423200, www.hoteleidi.fo. Ganzjährig geöffnet. Beim Hotel gibt es einige Plätze für Zelte und Wohnmobile.
- **Jugendherberge Selatrað,** 64 Betten, 497 Selatrað, Tel. 448950 oder 212940, Fax 310 775. Geöffnet 15.6.- 15.8.
- **Runavíkar Sjómansheim,** 3-Sterne Gästehaus, 34 Betten, 620 Runavík, Tel. 447420, Fax 448830. Geschlossen über Weihnachten und Silvester.

Privatzimmer

Vermittlung durch:

- **Smyril Line,** J. Broncksgøta 37, 110 Tórshavn, Tel. 345900, Fax 345950, office@smyril-line.fo.
- **Tora Tourist Traffic,** Hoyvíksvegur 66, 110 Tórshavn, Tel. 315505, Fax 315667, www.tora.fo.

Unterkunft auf Nólsoy

- **Kaffistovan,** Gästehaus mit 8 Betten, 270 Nólsoy, Tel. 327175 oder 327025, Fax 327 176. Ganzjährig geöffnet.

Unterkünfte auf Vágar

- **Hotel Vágar,** 3 Sterne, 67 Betten, 380 Sørvágur, Tel. 309090, Fax 309091. Ganzjährig geöffnet.
- **Jugendherberge Á Giljanesi,** 28 Betten, Zimmer für 2, 3 oder 4 Personen, 360 Sandavágur, Tel. 333465, Fax 332901. Ganzjährig geöffnet. An der Küste gelegen.

Unterkünfte auf Mykines

- **Kristianshús,** Gästehaus mit 40 Betten, 388 Mykines, Tel. 312985, Fax 321985, www.mikines.fo. Geöffnet 1.5.-1.9.
- **Gula Husið,** Schlafsackunterkunft, 25 Plätze, 388 Mykines, Tel. 212985, Fax 310905. Geöffnet 1.5.-1.9.

Unterkünfte auf Kunoy, Borðoy und Viðoy

- **Ferðamannaheimið Íbúð** 2-Sterne-Gästehaus, 7 Betten, Jugendherberge, 29 Plätze, Garðavegur 31, 700 Klaksvík, Tel. 755907, Fax 455907. Geöffnet 15.5.-15.9.
- **Hotel Norð,** 2-Sterne-Hotel, 30 Betten, 750 Viðareiði, Tel. 451244, Fax 451245, www.hotelnord.fo. Geöffnet 1.6.-31.8., im Winter auf Anfrage.
- **Hotel Klaksvík (Klaksvíkar Sjómansheim),** Víkavegur 38, 700 Klaksvík, Tel. 455 333, Fax 457233, www.hotelklaksvik.fo; 3-Sterne-Hotel, 51 Betten, ganzjährig geöffnet.

Unterkunft auf Sandoy

- **Café 31,** Gästehaus mit 4 Betten, 230 Húsavík, Tel. 361116, Fax 361403. Ganzjährig geöffnet.

Unterkünfte auf Suðuroy

- **Hotel Øravík,** 2-Sterne-Gästehaus, 18 Betten, 827 Øravík, Tel. 371302, Fax 372057. Ganzjährig geöffnet.
- **Hotel Bakkin,** 2-Sterne-Hotel, 16 Betten, 900 Vágur, Vágsvegur 69, Tel. 373961, Fax 373962. Ganzjährig geöffnet.
- **Hotel Tvøroyri,** 2-Sterne-Hotel, 21 Betten, 800 Tvøroyri, Tel. 371171, Fax 372171. Ganzjährig geöffnet.
- **Jugendherberge Áargarður,** 28 Plätze, 827 Øravík, Tel. 371302, Fax 372057. Ganzjährig geöffnet.
- **Jugendherberge Vágur,** 30 Plätze, 900 Vágur, Geilin 103, Tel. 374975, Fax 373476. Geöffnet 1.5.-1.10.

Verkehrsmittel

Die öffentlichen Verkehrsmittel auf den Färöer-Inseln sind Busse, Fähren und Hubschrauber. Im **Fahrplan Ferðaæt-**

Auto- u. Personenfähren (Sommerfahrplan 21.6.–5.9.2010)

Fähre Nr.	Route	Fahrten pro Tag Mo–Fr	Sa	So	Dauer
7	**Tvøroyri (Suðuroy)–Tórshavn** Autofähre Smyril	2–3	3	2	115 Min.
36	**Sørvágur–Mykines** Personenfähre Brynhild	2	2	2	45 Min.
56	**Klaksvík–Syðradalur (Kalsoy)** Autofähre Sam	7–8	5	4	20 Min.
58	**Hvannasund (Viðoy)–Svínoy–Kirkja (Fugloy)–Hattarvík (Fugloy)** Personenfähre Másin	1–3	2	2	40 Min.
60	**Skopun (Sandoy)–Gamlarætt (Streymoy)**	9	8	8	30 Min
	Gamlarætt (Streymoy)–Hestur Autofähre Teistin	3	2	3	15 Min.
66	**Sandur (Sandoy)–Skúvoy** Personenfähre Sildberin	4	4	4	35 Min.
90	**Tórshavn–Nólsoy** Autofähre Ritan	5–7	6	5	20 Min.

Die **Abfahrts- und Ankunftszeiten** sowie die Anzahl der Fahrten pro Tag können sich je nach Passagieraufkommen und Wetter kurzfristig ändern. Bitte informieren Sie sich am jeweiligen Hafenterminal Farstøðin oder in den Tourist-Informationen vor Ort.

Preise: Nach Suðuroy Erwachsene 80 FKr, Kinder 7–15 Jahre 40 FKr, Pkw (bis 5 m Länge) mit Fahrer 200 FKr, Motorrad 60 FKr, Fahrrad 30 FKr; nach Mykines Erwachsene 120 FKr, Kinder 60 FKr, Kurzstrecken Erwachsene 40 FKr, Kinder 20 FKr, Pkw mit Fahrer 140 FKr, Motorrad 40 FKr, Fahrrad 20 FKr. Längere Fahrzeuge (Wohnmobile, Pkw mit Anhänger) sind etwa doppelt so teuer. Für alle Fähren gibt es verbilligte 10-Fahrtenkarten.

Zwischen den Nordinseln Viðoy, Svínoy und Fugloy verkehrt das blau-weiß gestrichene **Postschiff Másin.** Seit vielen Jahren schon transportiert das 16 m lange Holzschiff Post, Fracht und Passagiere. Die Fahrt ist einzigartig, die Landschaften ebenso mit immer neuen, überwältigenden Ausblicken auf schroffe Vogelfelsen. Es ist die schönste Schiffsreise auf den Färöer-Inseln!

Rote Stadtbusse (Bussleiðin) in Tórshavn

Linie 1 Hamarin–Steinatún–undir Brunni
Linie 2 Argir–Steinatún–Hoyvík–Hvítanes
Linie 3 Norðasta Horn–Steinatún–Hoyvík–Inni á Gøtu
Linie 4 Norðuri í Sundum–Kollafjørður–Kaldbaksbotnur–Hoyvík–Steinatún–Farstøðin (Hafenterminal Tórshavn)
Linie 5 Kaldbaksbotnur–Kaldbak

Die Stadtbusse fahren tagsüber halbstündlich, abends und am Wochenende stündlich. Während der Schulzeit verkehren zusätzliche Schulbusse mit erweiterten Routen. Der Fahrplan „Buss – og Skulaleiðin" ist am Kiosk Steinatún und in der Touristinformation von Tórshavn erhältlich.

Blaue Überlandbusse (Bygdaleiðir)

Linie 100 Tórshavn–Vestmanna
Linie 101 Tórshavn–Gamlarætt (Kirkjubøur)
Linie 200 Oyrarbakki–Eiði
Linie 201 Oyrarbakki–Funningur–Gjógv
Linie 202 Oyrarbakki–Tjørnuvík
Linie 205 Oyrarbakki–Runavík–Funningur
Linie 300 Tórshavn–Sandavágur–Miðvágur–Flughafen Vágar–Sørvágur
Linie 400 Klaksvík–Leirvík–Oyrarbakki–Kollafjørður–Tórshavn
Linie 410 Fuglafjørður–Gøtudalur–Leirvík–Klaksvík
Linie 440 Toftir–Runavík–Skálabotnur–Strendur–Seltrað
Linie 442 Glyvrar–Runavík–Rituvík–Æðuvík
Linie 480 Skálabotnur–Skála–Strendur
Linie 481 Skálabotnur–Hellurnar–Oyndarfjørður
Linie 482 Strendur–Selatrað
Linie 500 Klaksvík–Árnarfjørður–Hvannasund–Viðareiði
Linie 504 Klaksvík–Heraldssund–Kunoy
Linie 506 Trøllanes–Mikladalur–Húsar–Syðradalur
Linie 600 Skálavík–Sandur–Skopun
Linie 601 Dalur–Húsavík–Sandur–Skopun
Linie 700 Sumba–Lopra–Vágur–Porkeri–Hov–Øravík–Tvøroyri
Linie 701 Sandvík–Hvalba–Nes–Tvøroyri–Øravík–Frámjin

Die Überlandbusse verkehren werktags auf viel befahrenen Strecken etwa stündlich bis zweistündlich, am Wochenende fahren weniger Busse. Die Aufschrift „hesar dagir er broytt ferðaætlan" am ausgehängten Fahrplan bedeutet, dass dieser für die folgenden Tage geändert wurde.

Hubschrauber-Service (Tyrlutænastan)

Der Hubschrauber fliegt bei gutem Wetter 1–2x täglich ab Tórshavn/Hoyvík-Yviri við Strond über Vágar nach Mykines, auf die Inseln Skúvoy, Koltur, Stóra Dímun und Suðuroy (Tvøroyri) sowie nach Borðoy (Klaksvík), Svínoy und Fugloy.

Die Färöer-Inseln zu Fuß

Wer gerne wandert und die Färöer-Inseln abseits der Verkehrswege kennen lernen möchte, findet in der **Broschüre „Færørne til Fods" (Die Färöer zu Fuß)** zahlreiche Anregungen und Wanderwegbeschreibungen. Die Broschüre ist bei den Tourist-Informationen erhältlich.

lan von Strandfaraskip Landsins (SL) sind alle öffentlichen Bus-, Fähr- und Hubschrauberverbindungen mit den Zeiten aufgelistet. Der zweisprachige Plan (färöisch und englisch) ist in Tórshavn bei der Touristeninformation, am Kiosk Steinatún und am Hafenterminal Farstøðin gegen Gebühr (10 FKr) erhältlich. Am Hafenterminal in der Eystara Bryggja erhält man auch alle notwendigen Informationen inkl. Buchungen zu den Bussen und Fähren. Das Terminal ist Mo–So 7–20 Uhr geöffnet, Tel. 34030, Fax 343003, www.ssl.fo.

Hubschrauberflüge müssen vorab gebucht werden. Auskünfte und Buchungen am Flughafen Vágar bei Atlantic Airways, Tel. 341060, Fax 341061, www.atlantic.fo, Hubschrauberflüge im Sommer Mo–Fr und So, Büro geöffnet Mo–Fr 8–16, So 10–12 Uhr, oder am Hubschrauberterminal (Tænastustøð) in Tórshavn/Hoyvík, Ytri við Strond 4, Tel. 343000, Fax 343001, geöffnet Mo–Do 8–16, Fr 8–15 Uhr.

Für Vielfahrer lohnt sich der Kauf der **SL Travelcard,** die für 4 oder 7 Tage auf beliebigen Strecken der Überlandbusse und Fähren gilt. Die 4-Tageskarte kostet für Kinder 200 FKr und für Erwachsene 400 FKr, die 7-Tageskarte für Kinder 300 FKr und für Erwachsene 600 FKr (www.ssl.fo).

Der **zentrale Busbahnhof** für die roten Stadtbusse (Bussleiðin) und blauen Überlandbusse (Bygdaleiðir) ist Steinatún am nördlichen Ende der Fußgängerzone (Niels Finsens Gøta).

Taxis stehen in Tórshavn an der Niels Finsens Gøta nördlich von Steinatún, in der Nähe der Tourist-Info am Platz Vaglið und am Hafenterminal. Außerhalb von Tórshavn müssen Taxis meistens vorbestellt werden.

163is Foto: tt

Landeskundlicher Überblick

Heuernte an den steilen Hängen um Tjørnuvík auf der Insel Streymoy

Grüne Inseln voller Geheimnisse

Laut einer Befragung von über 500 Reisefachleuten durch die Zeitschrift National Geographic Traveler im Jahr 2007 sind die Färöer die schönsten Inseln der Welt. Die „wunderbar unverdorbenen Inseln sind eine Freude für den Reisenden“ urteilten die Experten und setzten die grünen Inseln an die Spitze ihrer „Inselliste“.

Island und die Färöer-Inseln haben Gemeinsamkeiten. **Färöisch,** die Sprache, die auf den Inseln gesprochen wird und vom Altnordischen abstammt, ist mit dem Isländischen verwandt; Färöisch verwendet jedoch den Buchstaben Ø, ø (= „ö“) des skandinavischen Alphabets. Wie im Falle Islands war auch die „Geburt“ der Färöer „feurig“. Die Vulkaninseln liegen auf dem Wyville-Thompson-Rücken, der vor 70 Millionen Jahren aus dem Atlantik aufstieg und quer zum mittelatlantischen Rücken von Schottland über Island nach Grönland verläuft. Auf den Färöer ist heute jedoch die vulkanische Tätigkeit erloschen. Ähnlich wie bei der zerklüfteten und tief eingeschnittenen isländischen Küste ließen die Eiszeiten auch auf den Färöer Täler, Fjorde und Sunde entstehen, welche die aus **18 kleinen Inseln** zusammengesetzte **Inselgruppe** mit ihrer 1117 km langen Küstenlinie mosaikartig zergliedern. Die ständig anstürmende Brandung hat die Küste zerklüftet, die Gletscher haben flache, abgerundete Hochplateaus entstehen lassen. Diese grasbewachsenen, windge-

182is Foto: tt

peitschten Flächen sind baumlos und eignen sich nur für die Schafzucht. Føroya – **Schafsinseln** – heißt dieses Land auf Färöisch. 70.000 Schafe gibt es auf den Inseln, außerdem Kühe und wenige Pferde. Reinrassige färöische Kühe gibt es kaum noch. Die kleine, schwarz gemusterte Färöer-Kuh wurde mit Kühen aus Norwegen gekreuzt. Von dem färöischen Pferd, das sich als eigenständige Rasse äußerlich kaum von den robusten und kleinwüchsigen Island- und Shetlandpferden unterscheidet, gibt es heute noch etwa 50 Tiere, deren Anzahl durch Zuchterfolge aber zunimmt. Nur etwa 6 % der Fläche ist kultiviert. Hauptsächlich werden Kartoffeln angebaut. Die Landwirtschaft ist jedoch eher unbedeutend. Weniger als 3 % aller Höfe werden im Vollerwerb bewirtschaftet, Milch und Lammfleisch decken nur 40 % des Eigenbedarfs, der Rest muss importiert werden. Einnahmen aus dem Tourismus und der Wollverarbeitung sind nur von geringer Bedeutung.

Haupterwerbsquelle der Färöer ist der **Fischfang.** Die Fischereiflotte besteht aus 150 Fischkuttern. 94 % des Exports entfallen auf Fischprodukte.

300 Vogelarten kommen auf den Färöer vor; etwa 40 Arten sind häufig anzutreffen. An den Küsten brüten Meeresvögel; Papageitaucher sind auch Fleischlieferanten, und Eiderenten werden wegen ihrer Daunen wirtschaftlich genutzt. Landvögel sind selten. Der auffällig schwarzweiß gefiederte **Austernfischer** *(tjalður, Haematopus* *ostralegus)* mit seinem kräftigen, roten Schnabel und den roten Beinen ist der **„Nationalvogel" der Färöer.** Insekten sind selten auf den Inseln, Stechmücken und Reptilien fehlen völlig. An den Küsten kann man **Seehunde** entdecken. Im Landesinnern kommen nur Landsäuger vor, die von Menschen auf die Inseln gebracht wurden: Hasen, Mäuse und Ratten.

In der Utmark wachsen etwa 400 verschiedene **Pflanzenarten;** die meisten davon werden jedoch von den freilaufenden Schafen ständig abgeweidet. Auf den nassen, sumpfigen Böden gedeihen Moose, Wollgras und Binsen. Dort, wo in der Umgebung von Siedlungen keine Schafe weiden oder das Land wie in den Schluchten auch für Schafe nur mühsam zugänglich ist, sind Mädesüß, Frauenmantel, Bergweidenröschen, Fetthenne und Engelswurz typisch färöische Pflanzen. Auch Knabenkraut-Orchideen findet man häufig. Das Färöer-Habichtskraut *(Hieracium faeroensis)* und der Färöische Frauenmantel *(Alchemilla faeroënsis)* wachsen auf den Inseln endemisch. Auf den höchsten Bergen kommt der seltene Gletscherhahnenfuß *(Ranunculus glacialis)* vor. Diese Sumpfdotterblume mit ihren leuchtend gelben Blüten wurde **„Nationalblume"** der Färöer.

Die **Inselgruppe** erhebt sich mit einer Landfläche von insgesamt 1399 km² über dem Meer. Etwa in Form eines auf dem Kopf stehenden Dreiecks erstrecken sich die Inseln 113 km in nordsüdlicher und 75 km in ostwestlicher Richtung. Kein Punkt ist jedoch mehr als 5 km Luftlinie von der Küste entfernt.

Im Norden, Süden und Westen ragen die **Steilküsten** viele hundert Meter fast senkrecht empor. Das 829 m hohe **Kap Kunoy** ist eines der höchsten Kaps der Welt. Der höchste Berg der Inseln, der **Slættaratindur,** ist mit 882 m nur wenig höher. Die durchschnittliche Höhe beträgt etwa 300 m. Im Osten neigt sich das Land eher flach zum Meer hin. *Hamrar* nennen die Färöer diese treppenartig gestufte Landschaft.

Die **mittlere Jahrestemperatur** beträgt 7,5 °C. Die Sommer werden bis zu 18,5 °C warm (Durchschnittstemperatur 11 °C), es wurden aber auch schon 26 °C gemessen. Im Winter fällt das Thermometer selten unter −6 °C (Durchschnittstemperatur +3 °C). Die Färöer-Inseln haben etwa 30 Frosttage und 44 regenfreie Sonnentage im Jahr.

Die Färöer sind **grüne Inseln.** Es nieselt oft, aber häufiger noch verhüllt **Nebel** die schroffen Klippen. Der Nebel schwächt das Sonnenlicht, mildert die Kontraste und taucht die Inseln in ein märchenhaft verklärtes Licht. In der bizarren Landschaft aus dunkelgrünen Farbtönen lässt ein vergänglicher Lichtspot manchmal ein helles Grün aufleuchten. Das dumpfe Tosen der Wellen unterstreicht die Lichterstimmung. Die Färöer gleichen an manchen Tagen verwunschenen Inseln. Gerade eben noch von einem Nebelschleier verhangen, können die Inseln hinter der nächsten Biegung eines Fjords „erwachen": gleißende Sonne, silbrig funkelndes Wasser und vereinzelt ein weißes Haus im grünen Meer aus Gras.

Nebel hat auf den Färöer **viele Namen. Skaðða** verhüllt nur die Gipfel der

Berge und dämpft das Sonnenlicht. Im Sommer liegen die Nebelschwaden des **pollamjørki** über dem kühlen Meer, die Berggipfel hingegen leuchten im warmen Licht. Diese Nebel führen zu Lichterstimmungen und Eindrücken, die ein echtes Erlebnis sind. Es gibt aber auch Tage, an denen **mjørki** wirklich alles verhüllt und die Inseln unsichtbar werden für unser Auge und wieder eintauchen in eine dunkle Welt voller Geheimnisse.

Wappen und Flagge

Das **Wappen** ziert ein Widder auf blauem Grund.

Die **Flagge** zeigt auf weißem Grund ein rotes skandinavisches Kreuz mit blauem Rand.

Wikingerhäuser

Die traditionellen Häuser der Wikinger waren zweckmäßig und einfach gebaut. Ein grünes Grasdach überdeckte einen einzigen großen Raum, der von vier Wänden aus massiven Steinquadern umschlossen wurde. In der Mitte des Raums befand sich das Lagerfeuer, das Kochstelle und Heizung zugleich war. Entlang der Wände waren hölzerne Sitzbänke aufgestellt; **„Sethús"** (Sitzhaus) heißen die traditionellen Wohnhäuser auf den Färöern heute noch.

Aus dem alten Wikingerhaus entwickelte sich das **färöische Langhaus** mit der „Rauchstube" *(roykstovan)* in seiner Mitte. In diesem Haus wurde gearbeitet und in Wandbetten entlang der Längsseite geschlafen. Der Boden bestand aus Lehm. Tageslicht gelangte durch den verschließbaren Rauchabzug im Dach und erhellte den Raum nur spärlich. An einer Schmalseite schloss sich der Stall an. An der gegenüberliegenden Schmalseite befand sich die „Glasstube" *(glasstovan)*, die „gute Stube" des Hauses. Sie hatte Glasfenster, durch die das Sonnenlicht den kleinen Raum erhellen konnte. Rauch- und Glasstube waren auf der Innenseite mit senkrechten Holzbrettern (Stäben) verkleidet. Mit der Zeit wurden die Steinwände der Häuser durch Holzwände ersetzt, die mit einem Teeranstrich haltbar gemacht wurden und in die kleine Sprossenfenster eingesetzt waren. Nur die Giebelwand auf der Wetterseite wurde weiterhin aus Stein gebaut. Heute sind viele traditionelle Häuser individuell in bunten Farben angestrichen.

Von der Besiedlung bis heute

Die Zeit der **Landnahme durch die Wikinger** ist in der **Färingersaga** aus dem 13. Jahrhundert niedergeschrieben. Der Norweger *Grim Kamban* wird darin als erster Siedler genannt. Er siedelte zur Zeit König *Harald Schönhaars* (860–930) auf die Inseln über. Damals wurden die bislang freien norwegischen Fürsten durch die Zentralgewalt Harald Schönhaars abgabepflichtig; viele Adlige, Bauern und Bürger wanderten daraufhin aus. Nach Überlieferungen des irischen Mönchs *Dicuil* aus dem Jahr 825 waren **irische Mönche** die ersten dauerhaften Siedler, die sich um das Jahr 650 zumeist als Einsiedler auf den Färöer-Inseln niederließen. Diese Mönche brachten Schafe auf die Inseln mit und gaben ihnen den Namen „Schafsinseln“.

Die Färingersaga berichtet weiter von Machtkämpfen, die um das Jahr 1000 zwischen den Sippen des *Sigmundur Brestisson* von der Insel Skúvoy und des heidnischen *Tróndur í Gøta* aus *Eysturoy* ausgetragen wurden. Sigmundur Brestisson war zuvor vom norwegischen König *Olav Tryggvason* zum Christentum bekehrt worden. Die Auseinandersetzungen verliefen zugunsten Sigmundurs. Auf der **Versammlung aller freien Bauern,** dem **Thing,** wollte Sigmundur erreichen, dass alle Färinger zum Christentum übertreten und dem norwegischen König folgen. Damit scheiterte er zunächst. Vor dem nächsten Thing überfiel er den Hof seines Gegners Tróndur und nahm ihn gefangen. Vor die Wahl gestellt, den christlichen Glauben anzunehmen oder getötet zu werden, ließ sich Tróndur bekehren. Die anderen freien Bauern nahmen daraufhin ebenfalls den christlichen Glauben an. Die Machtkämpfe zwischen den einzelnen Sippen waren dadurch jedoch nicht beigelegt. Sigmundur und Tróndur kamen in den Kämpfen um. Die Färingersaga endet mit der vollständigen Christianisierung der Färinger. 1035 ernannte der norwegische König *Magnus I.* den Färinger *Leifur Øssurson,* einen nahen Verwandten Tróndurs, zum alleinigen Lehnsherrn über die Inseln. Damit endet die Unabhängigkeit der Inseln.

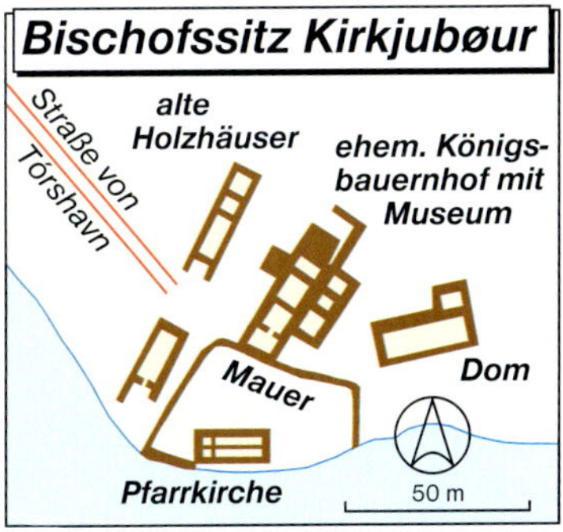

Der **Hof Kirkjubøur auf Streymoy** wurde **im 12. Jahrhundert Bischofssitz** sowie **geistliches und weltliches Zentrum der Färöer-Inseln.** Der **Magnusdom** in Kirkjubøur entstand zwischen 1269 und 1308 unter dem Bischof *Erlendur,* wurde jedoch nie vollendet. Es heißt in den alten Überlieferungen, dass Bischof Erlendur allzu rüde beim Eintreiben der für den Bau des Doms notwendigen Abgaben vorgegangen sei und deshalb von den Bauern erschlagen wurde. Die Bauruine ist erhalten geblieben. Sie wurde mit einem Blechdach versehen und hat dadurch viel von ihrem architektonischen Reiz eingebüßt.

Ein Dekret von *Magnus VI.* stellte die Färöer 1271 unter das **norwegische Recht gulating.** Hierin wurde vereinbart, dass Norwegen jährlich zwei Schiffe bereitzustellen hatte, um färöische Waren nach Norwegen zu exportieren. Damit wollten sich die Norweger das Handelsmonopol sichern, das aber in Anbetracht des geringen färöischen Exports wirkungslos blieb. Starke Konkurrenz erfuhren die norwegischen

164is Foto: tt

Der Magnusdom in Kirkjubøur
auf der Insel Streymoy, wie er früher aussah

Handelsschiffe von der immer einflussreicher werdenden **Hanse.** Im Jahr 1298 wurde der **„Schafsbrief"** (seyðabrævið) erlassen, der 600 Jahre lang Gültigkeit behalten sollte und die weitere Entwicklung der Inseln maßgeblich beeinflusste. Der Schafsbrief regelte alle wirtschaftlichen Fragen der Färöer, die mit dem Binnenhandel zusammenhingen.

Schon lange vor 1361, als die Norweger der Hanse offiziell den Handel mit den Färöer-Inseln erlaubten, dürften **Hanseschiffe** regelmäßig auf den Färöer gelandet sein. Häufige Missernten wegen der schlechten klimatischen Bedingungen und die Baumlosigkeit der Inseln führten dazu, dass die Färöer viele Waren des täglichen Bedarfs wie Getreide und Holz im Tauschhandel gegen Wolle importieren mussten: „Ull er føroyar gull" – **„Wolle ist das Gold der Färöer".**

Die Personalunion Norwegens mit Dänemark im Jahr 1380 blieb für die Färöer zunächst ohne Auswirkungen. Im 16. Jahrhundert überfielen mehrfach englische, irische, französische und sogar türkische **Piraten** die Inseln. Die Bewohner flohen von der Küste in die Berge und errichteten dort befestigte Zufluchtstätten.

In der Reformationszeit wurde Norwegen 1535 protestantisch. Drei Jahre später ließ der regierende dänische König *Christian III.* die Bischöfe der Färöer absetzen und alle Kirchengüter säkularisieren. Über die Hälfte des Landes, das weiterhin abgabepflichtige Pächter bewirtschafteten, wurde so zum **„Königsland"** (kongensland). Dieser Besitz durfte nicht geteilt oder verkauft werden. Geschwächt durch die Wirren der Reformation konnte die Krone ihre Besitzungen kaum noch verwalten, geschweige denn weiterentwickeln. Seit 1520 und mit Unterbrechungen bis 1665 hatten deshalb **Hamburger Kaufleute** das Handelsmonopol mit den Färöer-Inseln inne. Sie zogen im Namen der dänischen Krone auch die Abgaben ein. Die freien Bauern mussten ihr Land immer weiter zerteilen und die Parzellen an neue Besitzer verkaufen, um die hohen Abgaben bezahlen zu können. 1579 erhielt der Färinger **Magnus Heinason** für vier Jahre das **Handelsrecht.** In dieser Zeit ließ er zur Abwehr der Piraten in Tórshavn die **Schanze Skansin** erbauen und ein Schiff mit Kanonen ausrüsten. Wegen angeblicher Unterstützung der Piraten wurde *Magnus Heinason* 1589 in Kopenhagen hingerichtet. Heute gilt der Färöer jedoch als Nationalheld.

Die Ausbeutung der färöischen Bevölkerung durch die Hamburger Kaufleute nahm immer schlimmere Ausmaße an. Ausbleibende Warenlieferungen wegen des **dänisch-schwedischen Krieges (1657–1669)** und eine nachlassende Nachfrage nach färöischer Wolle verschlechterten die wirtschaftliche Lage der Inseln zusätzlich. Der Hamburger *Christoffer von Gabel,* der nie selbst färöisches Land betreten hatte, brachte schließlich durch Ämtermissbrauch und Korruption die Wirtschaft der Färöer völlig zum erliegen. Diese, laut Aussagen von Färöern, „bedrückendste Phase der färöischen Geschichte" endete 1708 mit der Übernahme des Handels durch **Dänemark.**

Doch auch während der Zeit der Industrialisierung auf dem europäischen Festland blieben die Färöer **„vergessene Inseln".** Unter dem dänischen Kaufmann *Niels Ryberg* begann 1767 eine 20-jährige Phase des unkontrollierten „Freihandels": Die Färöer und insbesondere Tórshavn wurden eine Basis für Schmuggler.

1766 wurde **Poul Poulsen** auf der Insel Nólsoy geboren. Gemeinsam mit seinen Brüdern sorgte er Jahre später für den wirtschaftlichen Wiederaufbau der Inseln. Während seine Brüder den Handel auf den Inseln organisierten, betrieb Poul Fischfang und ging auf Handelsreisen: Kohle von der Insel Suðuroy war in Europa gefragt. 1805 brachte er den Impfstoff gegen die Pocken auf die Färöer, ein wahrer Segen für die immer wieder von Pockenepidemien heimgesuchten Bewohner. Unter dem Namen **Nólsoyar Páll** wurde Poul Poulsen zu einem Nationalhelden. 1807 brachte er in Kopenhagen eine Petition zur Aufhebung des Handelsmonopols ein. Der gerade ausgebrochene englisch-dänische Krieg ließ diese jedoch scheitern. Im gleichen Jahr hatte sich nämlich Dänemark Frankreich angeschlossen und wurde so in die Auseinandersetzungen *Napoleons* mit den europäischen Monarchien miteinbezogen. Eine englische Blockade verhinderte den Handel mit den Färöer-Inseln. *Nólsoyar Páll* starb 1808 beim Versuch,

165is Foto: tt

Die Statue des färöischen Nationalhelden Nólsoyar Páll (1766–1809) von Pauli Olsen steht in Tórshavn am alten Hafen

mit einem seiner Schiffe Getreide auf die Inseln zu bringen. Nach der Völkerschlacht von Leipzig im Jahre 1813, in der Napoleon der Koalition von England, Russland, Österreich, Preußen und Schweden unterlag, musste Napoleon 1814 abdanken. Im gleichen Jahr wurde Dänemark im **Kieler Frieden** gezwungen, Norwegen an Schweden abzutreten, das unter dem schwedischen König *Karl XIV. Johann* in Personalunion dem Land angegliedert wurde. Nur die „unbedeutenden" Inseln Island, Grönland und die Färöer verblieben unter dänischer Herrschaft.

1856 wurde das Handelsmonopol endgültig aufgehoben. Damit konnten sich auch die Färöer wirtschaftlich weiterentwickeln. Der Export von Fischen brachte dem Land einen gewissen Wohlstand, obwohl weiterhin dänische Handelshäuser den Warenaustausch lenkten. Tórshavn entwickelte sich zum Handelszentrum der Färöer.

Nachdem 1848 in Dänemark eine konstitutionelle Monarchie entstanden war und auf den Färöer 1852 ein Inselparlament (Løgting) eingesetzt wurde, entsandten die Färöer auch einen Abgeordneten ins dänische Parlament. Verstärkt strebten die Färöer jetzt nach

Eigenständigkeit. **1906** gründeten die Färinger ihre **erste Partei,** die „Partei der Selbstverwaltung". 1940 landeten im II. Weltkrieg englische Truppen auf den Färöer und verhinderten den Kontakt mit Dänemark. Nach dem Krieg übertrug Großbritannien die Zivilverwaltung der Inseln dem Løgting. Im **Selbstverwaltungsgesetz von 1948** wurde schließlich zwischen Dänemark und den Färöer-Inseln festgelegt, dass die Inseln ein **eigenständiger Teil Dänemarks** sind. Seit 2005 gelten die Färöer als gleichberechtigte Nation innerhalb des Königreichs Dänemark mit eigener Außen- und Sicherheitspolitik. Die Selbstverwaltung kommt auch darin zum Ausdruck, dass die Färöer eine eigene Nationalflagge bekamen. Innenpolitisch hat das **Løgting** gesetzgebende Gewalt und regelt die wirtschaftlichen Belange der Färöer. Kultur, Verkehr und Industrie unterstehen voll dem Løgting. Bildungs-, Gesundheits- und Sozialwesen werden vom Løgting verwaltet. Die Justiz und das Finanzwesen werden aber weiterhin von Dänemark bestimmt. Im Straf-, Zivil-, Familien- und Erbrecht sowie in Rechtsangelegenheiten, die Firmen, Banken und Versicherungen betreffen, gibt es Abweichungen vom dänischen Recht.

Den färöischen **Staatshaushalt** „teilen" sich die Färöer und Dänemark. Die Bereiche, die dem Løgting ganz unterstehen, müssen von den Färöern auch selbst voll finanziert werden. Polizei und Verwaltung werden von Dänemark unterhalten. Die Einnahmen zur Finanzierung des färöischen Haushalts stammen hauptsächlich aus der Mehrwert- und Einkommenssteuer. Privatvermögen und Grundbesitz der Färöer sind steuerfrei. Die Regierung erhält etwa 10 % der Staatseinnahmen als Beihilfe aus Dänemark.

In den 1980er Jahren blühte im Gegensatz zu vielen anderen europäischen Ländern die färöische Wirtschaft. In großem Umfang und mit Krediten finanziert wurde in neue Schiffe, Fischverarbeitungsanlagen, großzügige Straßen- und Tunnelbauten, öffentliche Gebäude und Hafenanlagen investiert. Auch viele Häuser wurden damals neu gebaut. Als in der Folge die Verschuldung der Färöer zu hoch zu werden drohte, wurde 1989 ein **Sparhaushalt** eingeführt. Gleichzeitig sank die Menge des gefangenen Fischs, und auch die Preise für Fisch und Schafswolle verfielen. Ein Großteil der Wolle fand auf dem Weltmarkt keine Abnehmer mehr und musste vernichtet werden. 1992 stürzte die färöische Volkswirtschaft endgültig in eine **tiefe Krise,** als eine der zwei großen Banken der Färöer (Sjóvinnubankin) zahlungsunfähig wurde. Das Bruttosozialprodukt verringerte sich in nur vier Jahren um ein Drittel. Die Arbeitslosenquote stieg auf 20 %, die Zahl der Auswanderer nahm zu, die Bevölkerungszahl ab. Die Wirtschaftskrise belastete auch das Verhältnis zu Dänemark, und es wurde laut über die Vor- und Nachteile der färöischen Selbstverwaltung nachgedacht. Die Stimmung in der Bevölkerung war auf dem Tiefpunkt. Ohne die Finanzhilfe Dänemarks hätten noch mehr junge Leute die Inseln verlassen, da sie in der Heimat kaum mehr die hohen Lebens-

166is Foto: tt

Fischfarm im Sørvágsfjørður vor der Insel Tindhólmur

haltungskosten bestreiten und die Hypotheken für die neu erbauten Häuser zurückzahlen konnten. Erst seit man Mitte der 1990er Jahre im Meer zwischen Großbritannien und den Färöern größere Ölvorkommen entdeckte, sind die Färöer wieder optimistisch. Der Ruf nach Unabhängigkeit von Dänemark wird wieder lauter. Man hofft, dass die Erträge aus der Ölförderung die dänischen Zuschüsse einmal kompensieren können. Doch die Förderung gestaltet sich schwieriger als angenommen. Dicke Basaltschichten behindern die Bohrungen, und das Meer ist an den entsprechenden Stellen über 1000 m tief. Außerdem sind Unstimmigkeiten zwischen Großbritannien und den Färöern bei der Festlegung der Seegrenzen noch nicht vollständig ausgeräumt.

Anders als Dänemark sind die Färöer **nicht Mitglied der Europäischen Union** und gehören nicht zum Zollgebiet der Gemeinschaft. Der internationale Handel wird durch Handelsabkommen geregelt. Seit 2006 bilden die Färöer eine

Wirtschaftsunion mit Island und Grönland. Seit 2007 sind die Färöer gleichberechtigtes Mitglied im Nordischen Rat.

Seit 1995 steigt die **Bevölkerungszahl** jährlich leicht an. Am 1. Januar 2009 lag sie bei 48.778. 36 % der Färinger sind jünger als 25 Jahre, 19 % 60 Jahre und älter. Der Anteil der Männer ist mit 52 % höher, als derjenige der Frauen (48 %). 83 % der Bevölkerung gehören der evangelisch-lutherischen Kirche an, 5 % haben einen anderen christlichen Glauben.

Die Färöer sind eine **parlamentarische Monarchie mit Selbstverwaltung.** Staatsoberhaupt ist seit 1972 Königin *Margarethe II.* von Dänemark, deren Repräsentantin auf den Färöer-Inseln ist seit 2001 *Birgit Kleis.* Alle vier Jahre wird das **Løgting, die färöische Landesregierung,** neu gewählt. Diese ernennt den Premierminister und die weiteren Mitglieder der Regierung. Die letzte Løgtingswahl war am 19.1.2008. Die christlich-demokratische Volkspartei Fólkaflokkurin erhielt 20,5 % der Stimmen, die liberale, pro dänische Zusammengehörigkeitspartei (Unionisten) Sambandsflokkurin 23,5 %, die sozialdemokratische Partei Javnaðarflokkurin 20,4 %, die sozial liberale Selbstverwaltungspartei Sjálvstýrisflokkurin 3,5 %, die Republikaner Tjóðveldi 25,4 % und die christdemokratische Zentrumspartei Miðflokkurin 6,8 %. Der Sozialdemokrat *Jóhannes Eidesgaard* blieb Premierminister *(Løgmaður).* Die Regierung bestand aus einer Koalition von Sozialdemokraten, Republikanern und Christdemokraten. Nach dieser Wahl wurde mit dem Vorsitzenden der Republikaner *Høgni Hoydal* erstmals ein Außenminister benannt – bislang hatte diese Funktion der Premierminister inne. Am 28. September 2008 wurde der 1964 in Tórshavn geborene Chef der Unionisten **Kaj Leo Johannesen** Regierungschef, nachdem die Koalition mit den Republikanern zerbrach und *Eidesgaard* als Premierminister zurücktreten musste.

Wenn am 29. Juli jedes Jahres das Parlament nach der Sommerpause wieder feierlich eröffnet wird, begeht man in Tórshavn gemeinsam das **Olavsøka,** das **St. Olavsfest.** Dieses Fest ist auch das wichtigste Sportereignis auf den Färöer-Inseln: In kunstvoll verzierten Langbooten, gebaut nach dem Muster der alten Wikingerschiffe, rudern mehrere Mannschaften um die Wette; in sechs Klassen wird hier die nationale Ruder-Meisterschaft der Färöer zwischen den besten Ruder-Teams jeder Insel entschieden. Um Mitternacht endet das St. Olavsfest mit einem großen Chor im Stadtzentrum. Bunte Lampen erleuchten nur spärlich die Dunkelheit. Jetzt geht auch die Zeit der hellen nordischen Nächte wieder zu Ende, und auch der Sommer wird bald vorüber sein.

In der **Weihnachtszeit** sendet das Radio Weihnachtsgrüße, die von Inselbewohnern, die im Ausland leben, auf Band gesprochen und an den färöischen Rundfunk geschickt wurden. Die Leute sitzen dann Abende lang gespannt vor dem Empfänger und warten auf die persönlichen Grüße ihrer Verwandten und Freunde.

Sprache, Literatur, Musik und Bildende Kunst

Die Färöer haben ihre **eigene Sprache.** Sie gehört zu den germanischen Sprachen. Sie ist wie Isländisch aus dem Altnordischen hervorgegangen und hat sich bis heute nicht allzu sehr verändert. Es gibt jedoch verschiedene **Dialekte.** Nach der Reformation wurde Dänisch um 1540 alleinige Amtssprache und das Färöische verschwand als Schriftsprache. Färöische Texte konnten nur noch mündlich weitergegeben werden. 1846 schuf *U. Hammershaimb* die heutige färöische Schriftsprache. Seit 1937 wird Färöisch wieder an den Schulen unterrichtet; seit 1948 ist es neben Dänisch Amtssprache. Die meisten Färöer verstehen die anderen nordischen Sprachen. Die Verständigung mit Englisch ist vor allem bei der mittleren und jüngeren Generation kein Problem. Auch Deutsch wird teilweise verstanden.

Die ältesten Nachweise **färöischer Literatur** sind mündlich überlieferte Lieder, die zum traditionellen Kettentanz gesungen wurden. Auch heute noch werden Teile des 600 Strophen umfassenden Sjúrðarkvæði (Siegfriedlied), einer altertümlichen Fassung der germanischen Nibelungensage, gesungen. Die alten Texte wurden 1871–1905 von *S. Grundtvig* und *J. Bloch* in über 8000 Seiten gesammelt und als Corpus Carminum Færensium veröffentlicht. Der erste färöische Roman „Bábelstornið" von *Rasmus Rasmussen* (1871–1962) erschien 1909.

William Heinesen (1900–1991) ist der bekannteste Schriftsteller der Färöer. Er hat den Literaturpreis des Nordischen Rates erhalten und ist sogar für den Literaturnobelpreis vorgeschlagen worden. Bekannt sind auch seine, Buchillustrationen, Gemälde, Skizzen und Scherenschnitt-Kollagen.

Von internationaler Bedeutung ist auch **Heðin Brú.** Sein Roman „Fedgar

167is Foto: tt

Die Elfe „Tarira"in Tórshavn – von Hans Oli Olsen aus Bronze gegossen

á ferð" (auf Deutsch „Des armen Mannes Ehre") zählt zu den besten färöischen Romanen und war der erste, der in zahlreiche Sprachen übersetzt wurde.

„Barbara", einziger Roman von **Jørgen-Frantz Jacobsen,** zählt zu den erfolgreichsten Büchern der Färöer. Die Verfilmung 1997 war der bis dahin teuerste dänische Spielfilm.

Einer der anspruchsvollsten Dichter ist der Altphilologe **Janus Djurhuus.**

Poul F. Joensen ist bekannt durch seine Spottverse *(táttur)* und gehört bis heute zu den beliebtesten färöischen Dichtern.

Autoren der Gegenwart sind z. B. die Lyriker *Guðrið Helmsdal Nielsen* (geb. 1941), *Jóanes Nielsen* (geb. 1953) und *Tóroddur Poulsen* (geb. 1958). Als Proschreiber bekannt ist *Oddvør Johansen* (geb. 1941), Krimis schreibt *Jógvan Isaksen* (geb. 1950).

Eine **zeitgenössische Sängerin** der Färöer ist *Eivør Pálsdóttir.* Ihre Lieder basieren teilweise auf alten Melodien, treffen aber auch den Zeitgeist der heutigen Gesellschaft. Ihr Repertoire reicht von Jazz, Folk oder Ethnopop bis zur Klassik und Kirchenmusik. *Teitur Lassen* ist Sänger und Lyriker und gewann 2007 und 2009 den Danish Music Award, den „dänischen Grammy". Die Band *Ennek* spielt internationale Stücke; die Gruppe *Týr* kombiniert Heavy Metal mit färöischen Balladen, die Motive aus der nordischen Mythologie aufgreifen. Der 1982 geborene *Høgni Lisberg* gilt als einer der begabtesten Liedermacher der Färöer. Mit seinem zweiten Soloalbum „Morning Dew", das sofort zum Bestseller wurde, gewann er den Planet Award 2006 für das beste Album der Insel.

Weitere bekannte **färöische Rockgruppen** sind *Gestir, Makrel, Marius, und* die Punkband *200.* Nachdem die Rockgruppe *Boys in a Band* 2007 in London den Talentwettbewerb *Global Battle of the Bands* gewann, gelang der modernen färöischen Musik auch der internationale Durchbruch.

168is Foto: tt

Bemalte Holzskulptur von Tönnes Mikkelsen in Langasandur auf der Insel Streymoy

Färöische Designerinnen schaffen den internationalen Durchbruch

Auch in der internationalen Modewelt haben **Gudrun & Gudrun,** zwei Frauen von den Färöer-Inseln, den Durchbruch geschafft. 1998 kam die Designerin *Guðrun Ludvig* nach einigen Jahren Arbeit bei *Sabine Poupinel,* Inhaberin der angesagtesten Kopenhagener Designerboutiquen, auf die Inseln zurück. Die Wirtschaftswissenschaftlerin *Guðrun Rógvadóttir* bedauerte, dass färöische Schaffelle mit ihren wunderbaren Trageeigenschaften nicht genutzt werden. Lederjacken und handgestrickte Modelle waren auf der berühmtesten Modemesse, der Kopenhagen Vision, 2002 zu sehen. Besonders gefragt waren sie in Japan. Auszeichnungen in Tokio und Kopenhagen folgten, seit einigen Jahren stellen G&G ihre Modelle auf Messen in Paris, London und Mailand aus. Auch in der italienischen Vogue wurden sie vorgestellt. Bekannt wurden ihre Modelle auch durch eine beliebte dänische Fernsehserie, in der der Hauptdarsteller ihre Entwürfe trägt. Das beliebte Modell wurde in Dänemark sogar kopiert. Seit 2007 konzentrieren sich die beiden ganz auf ihr Geschäft, nachdem internationale Investmentgesellschaften bei ihnen eingestiegen sind. Ludvig entwirft neue Modelle, Rógvadóttir kümmert sich um das Geschäftliche. Eine Männer- und Kinderkollektion sind geplant. Mittlerweile sind auch Frauen in Jordanien für G&G tätig, dadurch verdienen sie ihr eigenes Geld und werden unabhängig.

Mit *Barbara í Gongini* gelang es einer weiteren Modedesignerin von den Faröern international Fuß zu fassen.

Alljährlich im Sommer findet **Summartónar,** ein Festival für klassische und zeitgenössische Musik, statt. Gøta ist immer im Juli Veranstaltungsort für das **G!-Festival,** ein großes Open-Air mit nationalen und internationalen Künstlern, Klaksvík im August für das **Sumarfestivalur.** Alle zwei Jahre gibt es das **Atlantic Music Event** (früher: Prix Føroyar), einen nationalen Talentwettbewerb, der für die Interpreten nicht selten zum Sprungbrett für eine internationale Karriere wird. 2006 führte man im Nordischen Haus in Torshavn mit „Jóðan ansgarði" („Im Garten der Verrückten") die **erste färöische Oper** von *Sunleif Rasmusson* auf. Mit seiner Sinfonie „Oceanic Days" siegte *Rasmussen* 2002 auch im Wettbewerb Global Battle of the Bands. Andere bekannte zeitgenössische färöische Komponisten sind der Begründer des färöischen Plattenlabels *Tutl Kristian Blak* sowie *Edvard Nyholm Debess, Heðin Meitil und Atli Petersen.*

Die **Bildende Kunst** ist auf den Färöern erst seit dem 20. Jahrhundert von Bedeutung. Begründer und wichtigster Maler hier ist *Sámal Joensen Mikines* (1906–1979), der 1927 zusammen mit *William Heinesen* die erste Kunstausstellung in Tórhavn organisierte. Seine Ehefrau *Elinborg Lützen* (1919–1995) gilt als die wichtigste Grafikerin im Land. Zu den bedeutendsten Gemälden zählen zwei Selbstporträts von *Ruth Smith* (1913–1958). Wichtige zeitgenössische Künstler sind *Ingálvur av Reyni* (1920–2005) und *Zacharias Heinesen* (geb. 1936).

Die Inseln der Färöer

Einleitung

Ein Drittel der Färöer lebt im Großraum Tórshavn auf der **größten Insel Streymoy** (374 km²). Streymoy ist seit 1976 mit **Eysturoy** (266 km²), der zweitgrößten Insel, durch eine Brücke über den schmalen Sund verbunden. Mit Ausnahme der weit im Süden gelegenen Inseln **Suðuroy** und **Sandoy** liegen alle Hauptinseln der Färöer dicht zusammen: Sie sind nur durch zwei Kilometer breite Sunde voneinander getrennt. Die drei großen Inseln des Nordens, **Borðoy, Viðoy** und **Kunoy,** verbindet eine Straße, die auf aufgeschütteten Dämmen verläuft. Auf der drittgrößten Insel **Vágar** liegt der Flughafen der Färöer. Ein Straßentunnel verbindet Vágar mit Streymoy. Zu allen Inseln, die nicht durch einen Tunnel oder eine Brücke miteinander verbunden sind, verkehren Autofähren, die durch ihren kurzen Zeittakt wesentlich zur verkehrstechnischen Erschließung der Inseln beitragen. Jedoch gibt es mancherlei Einschränkung: Wetter, Schiffsausfälle und Streiks. Wegen dieser unvorhersehbaren Hindernisse sollte sich eine Erkundung der Färöer während der zwei Tage des Zwischenstopps auf die beiden Hauptinseln Streymoy und Eysturoy sowie Vágar und die Nordinseln Borðoy, Kunoy und Viðoy beschränken. Planen Sie unbedingt reichlich Zeit ein, um wieder rechtzeitig bei der Island-Fähre zu sein!

Tórshavn

Tórshavn wurde **825** von den ersten norwegischen Siedlern, den Landnámsmenn, **gegründet.** Die Hauptstadt der Färöer zählt heute **19.400 Einwohner.** Wie die isländischen Orte hat auch Tórshavn ein „buntes" Stadtbild. Viele Häuser sind mit roten, blauen und grünen Farben angestrichen. Mittelpunkt der Stadt ist der Osthafen (Eystaravág). Vom Anleger Bursatangi fahren die Schiffe und Fähren zu den anderen Inseln ab. Auch die Fähre „Norröna" legt hier an. Die Linienbusse fahren von der Hafnargøta am Rand des großen Hafenparkplatzes ab.

Die **Halbinsel Tinganes** mit der **Altstadt** und den **historischen Lagerhäusern,** die heute z. T. als Regierungsgebäude genutzt werden, ist die spitze Landzunge im Westen. Die kleinen Holzhäuser entlang der schmalen Gasse Reyngøta stammen meist aus dem 18. Jahrhundert. Viele der ursprünglich hier stehenden Gebäude fielen 1673 dem „großen Brand von Tinganes" zum Opfer. Erhalten geblieben sind in südwestlicher Verlängerung dieser Gasse nur die Munkastovan (13. Jahrhundert), ein flaches Steinhaus mit tief heruntergezogenem Grasdach, und daran anschließend die größere Leigubúðin (16. Jahrhundert). In diesen Gebäuden wurden früher die Abgaben der Färöer an Krone und Kirche aufbewahrt. Ebenfalls erhalten sind das auf der gegenüberliegenden Seite der Gasse stehende alte Wachhaus Portugalið von 1693 mit seiner rot bemalten Fassade. Weiterhin der Südflügel des Reynargarður (um 1630), ein altes Pfarrhaus, und die als Wetterschutz schwarz geteerte Stokkastovan, ein Gebäude der ehemaligen Verwaltung des Handelsmonopols aus dem Jahr 1693. Im ehemaligen Lagerhaus Bakkapakkhúsið, das sich an das Leigubúðin anschließt, sind heute Regierungsstellen untergebracht. Hier befindet sich auch das Büro des Premierministers, dessen Eingangstüre mit einem Widder, dem Wappentier der Färöer, gekennzeichnet ist. Ganz am äußersten Ende der Gasse steht das Skansapakkhúsið aus dem Jahr 1750. Dieses Haus diente früher ebenfalls als Lager, heute sind darin Versammlungsräume der Regierung untergebracht.

An der äußersten Spitze von Tinganes befand sich die **einstige Thingstätte** der ersten norwegischen Siedler. Heute erinnert daran nur noch eine schlichte Tafel.

In der entgegengesetzten Richtung, ein wenig nördlich von Tinganes, beginnt am **Vaglið,** dem **Stadtplatz** und geschäftigen Mittelpunkt der Stadt, das moderne Tórshavn. Hier liegen das Rathaus und das Parlamentsgebäude (Løgtingið). In dem kleinen Park vor dem Parlamentsgebäude steht die Büste des Dichters *Rasmus Effersøe,* die 1933 von dem dänischen Künstler *A.M.C. Nielsen* geschaffen wurde. Nicht weit entfernt liegen die Stadtbibliothek (Byarbókasavnið), das Postamt und die Tourist-Information Kunningarstovan. Etwas südlich steht die **Hafen- oder Stadtkirche** (Hafnarkirkja). Die Holzkirche wurde 1788 erbaut und 1865 erweitert. Sie kann täglich von 16–18 Uhr besichtigt

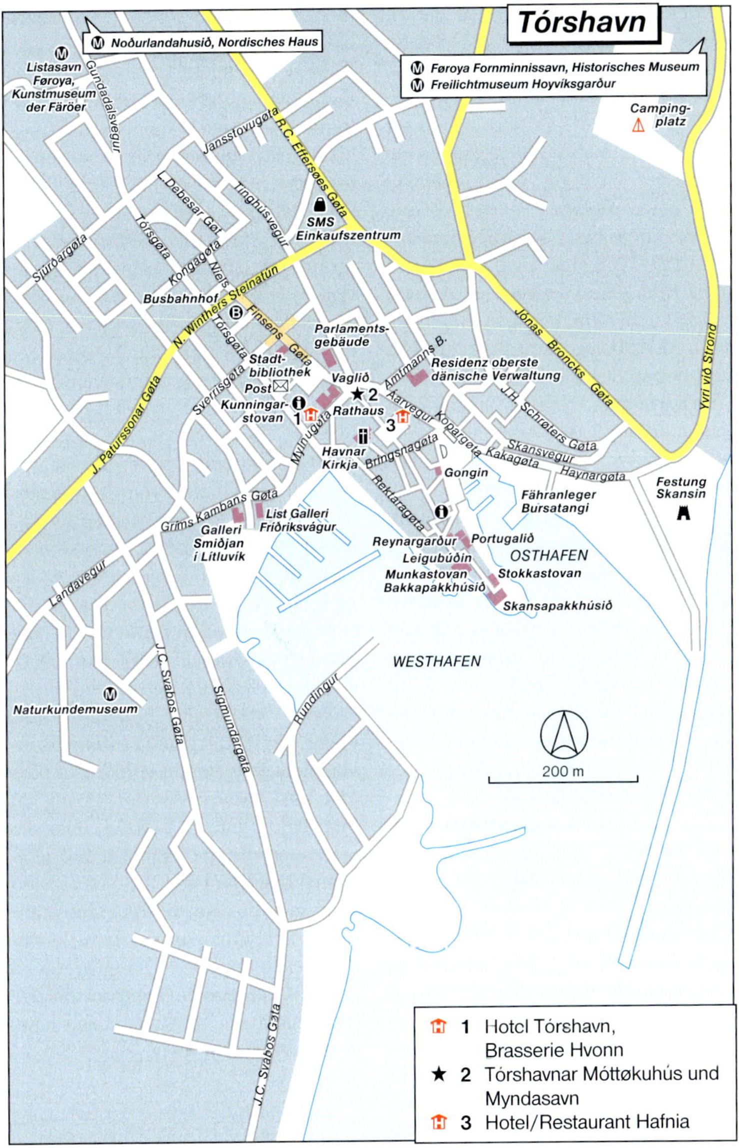
Tórshavn
Noðurlandahusið, Nordisches Haus
Føroya Fornminnissavn, Historisches Museum
Freilichtmuseum Hoyvíksgarður
Listasavn Føroya, Kunstmuseum der Färöer
Camping-platz
Gundadalsvegur
Jansstovugøta
R.C. Effersøes Gøta
L.Debesar Gøt
Tinghusvegur
SMS Einkaufszentrum
Tórsgøta
Kongagøta
Sjúrðargøta
Niels Finsens Gøta
N. Winthers Steinatún
Busbahnhof
Parlaments-gebäude
Jónas Broncks Gøta
Amtmanns B.
Residenz oberste dänische Verwaltung
Stadt-bibliothek
Post
Vaglið
Kunningar-stovan
Rathaus
Aarvegur
J.H. Schrøters Gøta
Yvri við Strond
J. Paturssonar Gøta
Sverrisgøta
Mylnugøta
Havnar Kirkja
Bringsnagøta
Kongargøta
Kakagøta
Skansvegur
Haynargøta
Gongin
Festung Skansin
Fährenleger Bursatangi
Grims Kambans Gøta
List Galleri Friðriksvágur
Galleri Smiðjan í Lítluvík
Rektaragøta
Reynargarður
Portugalið
Leigubúðin
OSTHAFEN
Munkastovan
Stokkastovan
Bakkapakkhúsið
Skansapakkhúsið
Landavegur
WESTHAFEN
Rundingur
Naturkundemuseum
J.C. Svabos Gøta
Sigmundargøta
200 m
1 Hotel Tórshavn, Brasserie Hvonn
2 Tórshavnar Móttøkuhús und Myndasavn
3 Hotel/Restaurant Hafnia

werden. Am schlichten Haus der Fischergewerkschaft Fiskimannafelag an der Kreuzung Bryggjubakki-Bringsnagøta sind auf einem Relief Fischer dargestellt, die gerade ihr Boot zu Wasser lassen. Geht man die Bryggjubakki in nördlicher Richtung weiter, gelangt man zum Westhafen. Hier steht die Statue des färöischen Nationalhelden *Nólsoyar Páll* (1766–1809, s. o.), 1995 von *Hans Pauli Olsen* geschaffen. Am Kai bieten Fischer ihren Fang zum Verkauf an. In der Straße Undir Bryggjubakka liegt neben der Tourist-Info das kleine Café Karlsborg, ein netter Ort zum Verweilen. In der Straße Amtmans Brekka befindet sich die Residenz des obersten dänischen Verwaltungsbeamten.

Die **Niels Finsens Gøta** verläuft vom Stadtplatz in nordwestlicher Richtung. Sie ist **Fußgängerzone und Einkaufsstraße** der Hauptstadt. Der Brunnen „Tanzende Kinder" stammt von *Frídtjof Joensen* (1985). Die Bronzeskulptur „Maður og Kona" (Mann und Frau) wurde 1971 von *Janus Kamban* geschaffen. An der Kreuzung Steinatún befindet sich die zentrale Bushaltestelle der Stadt- und Überlandbusse.

Das große **Einkaufszentrum SMS** liegt wenige Gehminuten nordöstlich der Fußgängerzone in der R.C. Effersøes Gøta.

Auf einem Hügel, der ungefähr in der Mitte Tórshavns liegt, steht der **Obelisk Kongaminnið.** Man gelangt von Steinatún in östlicher Richtung dorthin. Er wurde aus Anlass des erstmaligen Besuchs eines dänischen Königs, 1882 durch König *Christian IX.*, auf den Färöern errichtet. Von der Anhöhe hat man auch einen schönen Überblick über Tórshavn und die Bucht.

Am nördlichen Ende der Niels Finsens Gøta beginnt der hügelige **Park Viðarlundin** mit seinen kleinen Seen, der sich bis zum Kunstmuseum Listasavn Føroya erstreckt. Anlässlich des hundertsten Geburtstags des Schriftstellers *William Heinesen* wurde hier die Bronzeskulptur der **Elfe „Tarira",** einer Fantasiegestalt von Heinesen, aufgestellt, geschaffen von dem färöischen Bildhauer *Hans Oli Olsen.* Sie steht am Eingang des Parks, unweit des braunen Hauses mit den grünen Fenstern, in dem Heinesen wohnte. Nackt, schlank, mit ausgebreiteten Armen und gespreizten Fingern „tanzt" die Elfe auf ihrem Steinsockel. Sie verkörpert pure Lebensfreude. Dicke Striche im Sockel symbolisieren einen jungen Mann, der auf seiner Geige spielt. Auf der anderen Seite ist der Stein hohl; seine Silhouette gleicht dem Profil Heinesens, aus deren Stirn die Elfe Tarira hervorzutanzen scheint.

Östlich des Hafens thront auf einem Hügel die 1580 erbaute **Festung Skansin,** die in ihrer heutigen Form aus dem Jahr 1865 stammt. Von der Festung hat man einen guten Überblick über die Stadt und die im Osten vorgelagerte kleine **Insel Nólsoy.** Im Nordwesten kann man das **Nordische Haus** (Norðurlandahúsið) an seinem flachen Grasdach leicht erkennen. Dieses 1983 eingeweihte **kulturelle Zentrum** der Färöer liegt an der nördlichen Ringstraße, dem Norðari Ringvegur.

Der Ort Nólsoy liegt auf einer schmalen Landenge auf der gleichnamigen Insel

169is Foto: tt

Das alte und neue Tórshavn erkundet man am besten zu Fuß, zwei bis drei Stunden Zeit sollte man sich für einen Stadtrundgang aber schon gönnen. Eine über Jahrzehnte anhaltende planlose Bautätigkeit hat überall in der Stadt Straßen entstehen lassen, die unvermittelt im Nichts enden. Wer mit dem Auto unterwegs ist, kann sich deshalb in Tórshavn leicht verfahren, auch wenn er sich strikt nach einer Richtung orientiert. Immerhin ist die **Hauptstraße Nr. 10,** die aus der Stadt heraus nach Norden führt, ausreichend gut beschildert.

Touristinformation

- **Kunningarstovan,** Vaglið, Postfach 379, 110 Tórshavn, Tel. 302425, Fax 316831, www.visittorshavn.fo, geöffnet Juni–Aug. Mo–Fr 8–17.30 Uhr, Sa 9–14 Uhr, Sept.–Mai Mo–Fr 9–17.30 Uhr, Sa 10–14 Uhr.

Unterkunft

Siehe im Abschnitt „Unterkunft" bei den praktischen Reisetipps zu den Färöern.

Essen und Trinken

- **Restaurant Glasstovan,** im Hotel Føroyar, Oyggjarvegur 45 oberhalb der Stadt, Tel. 317500, Fax 317501, www.hotelforoyar.com. Restaurant geöffnet tägl. 12–17, 18–22 Uhr, färöische und internationale Speisen.
- **Hotel Hafnia,** Áarvegur 4–10 (im Zentrum), Tel. 313233, Fax 315250, www.hafnia.fo. Restaurant geöffnet Mo–Fr 7–10 und 12–14, 18–21.30 Uhr. Neben dem Hotel befindet sich eine Filiale der Wollwarenfabrik Tøting.
- **Brasserie Hvonn,** Hotel Tórshavn, Tórsgøta 4, Tel. 350035, www.hvonn.fo. Restaurant geöffnet Mo–So 17–22 Uhr.
- **Marco Polo,** Sverrisgøta 12, Tel. 313430, www.marcopolo.fo. Geöffnet Mo–Do 11.30–23, Fr 11.30–24 Uhr, Sa 17–24, So 17–23 Uhr.

- **Merlot,** Magnus Heinarsonargøta 20, Tel. 311121, geöffnet Mo–Do 17–23, Fr/Sa 17–24 Uhr.
- **Toscana,** Niels Pálsgøta 13, Tel. 311109, geöffnet Mo–Do 17–23, Fr/Sa 17–24, So 17–23 Uhr.
- **Drei Schnellrestaurants** im SMS-Einkaufszentrum, R.C. Effersøes Gøta 31:
  - Perlan, Tel. 315061, Fax 320824, geöffnet Mo–Sa 10.30–20, So 14–20 Uhr.
  - Burger King, geöffnet Mo–Sa 10.30–20, So 14–20 Uhr.
  - Sunset Boulevard, geöffnet Mo–Sa 10.30–20, So 14–20 Uhr
- **Matstovan í Hoyvík,** Brekkutún 9, Hoyvík (nordöstlich von Tórshavn), Tel. 314149, Fax 310811, geöffnet Mo bis Do 9–17, Fr 9–18, Sa 9–13.30 Uhr.

Veranstaltungen

St. Olavsfest/Olavsøka

Der **norwegische König Olav II.,** der am 29. Juli 1030 fiel, wurde zum Schutzheiligen Norwegens, dessen Todestag man jedes Jahr gedachte. Die Nachtwache vor dem St. Olavstag (Ólavs vøka) war damals in Norwegen und den abhängigen Gebieten wie den Färöern ein wichtiges kirchliches Ereignis. Obwohl Olav II. in anderen Ländern weitgehend in Vergessenheit geriet, war und ist er auf den Färöern so beliebt, dass man seinen Todestag heute noch als Nationalfest feiert. Im Laufe der Zeit hat sich das Fest stark verändert. Heute bestimmen ein großer Festumzug, das letzte Wettrudern des Sommers um die Landesmeisterschaft, Versammlungen und Konzerte den Ablauf. Sehen, gesehen werden, mit Freunden plaudern und gemeinsam feiern heißt es heute – und so kommen die Bewohner von allen Inseln und vor allem auch die im Ausland lebenden Färöer in ihren Festtagstrachten nach Tórshavn.

Das Fest findet jedes Jahr am **28. und 29. Juli** zur Eröffnung des Parlaments statt. Beide Festtage sind **Feiertage.** Das Festprogramm ändert sich zwar von Jahr zu Jahr etwas, aber meist läuft es folgendermaßen ab: Am 28. Juli wird das Olavsøka um 14 Uhr mit einer Parade aller teilnehmenden Sportler eröffnet. Um 15 Uhr finden im Osthafen die Ruderbootrennen statt (Eintritt 50 FKr). Um 17 Uhr werden zahlreiche Ausstellungen eröffnet. Um 18 Uhr beginnen Fußball- und Handballspiele. Ab 21 Uhr wird getanzt, traditioneller Ringtanz zu alten Volksliedern ebenso wie moderne Tänze zu Live- und Discomusik.

Am St. Olavstag, dem 29. Juli, findet um 11 Uhr eine Prozession zur Stadtkirche statt, an der die Mitglieder des Løgting sowie die Persönlichkeiten der Stadt teilnehmen. Um 13 Uhr wird das Løgting offiziell eröffnet. Dabei gibt der Premierminister eine Regierungserklärung über die Politik des kommenden Jahres ab. Um 14 Uhr beginnt eine Reiterparade, die vom Stadtplatz zur Rennbahn führt, wo Pferderennen stattfinden. Ab 14 Uhr wird die ganze Nacht hindurch an vielen Plätzen getanzt und gesungen. Die heiter ausgelassene Stimmung dieser Festtage wird noch verstärkt durch das ólavsøku gull, ein **Festbier,** das speziell zu diesem Anlass gebraut wird.

Volksmusik-Festival

Dieses Festival moderner Volksmusik der Färöer, der skandinavischen Länder und Schottlands gibt es seit 1984. Es findet jährlich **im Juli** statt. Infos bei Føroya Fólkatónleikara Felag, Reyngøta 12, 110 Tórshavn, Tel. 314815, Fax 314825.

Summartónar – Festspiele klassischer und zeitgenössischer Musik der Färöer-Inseln

Im Nordischen Haus, im Kunstmuseum, in Kirchen sowie in zahlreichen Orten der Inseln werden jedes Jahr etwa 50 Konzerte mit färöischen und skandinavischen Künstlern veranstaltet. Veranstaltungstermin ist jeweils **Ende Juni/Anfang Juli.** Infos bei Summartónar, Reyngøta 12, 110 Tórshavn, Tel. 314 815, Fax 314825.

2002 erhielt *Sunleif Rasmussen* den Großen Musikpreis des Nordischen Rats für „Ta-

Die Nationalfahne der Färöer-Inseln weht vor dem Regierungsgebäude auf der Halbinsel Tinganes in Tórshavn

170is Foto: tt

ge des Meeres", die erste Symphonie der Färöer, die im Nordischen Haus uraufgeführt wurde.

Tórshavner Jazz-, Folk- und Blues-Festival

Dieses Festival skandinavischer Künstler findet ebenfalls alljährlich **Mitte August** im Nordischen Haus statt. Infos bei Tórshavner Jazz, Folk & Blues Festival, P.O. Box 166, 110 Tórshavn, Tel. 315121, Fax 310221.

Museen und Galerien

- **Listasavn Føroya Kunstmuseum der Färöer,** auch als *Listaskálin* bezeichnet, Gundadalsvegur 9, P.O. Box 1141, 110 Tórshavn, Tel. 313579, Fax 316679, www.art.fo, Mai-Aug. Di-Fr 11-16 Uhr, Sa/So 14-17 Uhr, Sept.-April Di-So 14-16 Uhr. Das 1993 eröffnete Museum zeigt Arbeiten des bedeutendsten färöischen Malers *Sámal Jønsen-Mykines* (1906-1979) sowie Bilder von *Ruth Smith* (1913-1958), *Steffan Danielsen* (1922-1976), *Zacharias Heinesen* (geb. 1936) und *Tummas Arge* (1942-1978) sowie Grafiken von *Elinborg Lützen* (1919-1995). Gezeigt werden auch Skulpturen von *Janus Kamban* (1913-2009) und *Hans Pauli Olsen* (geb. 1957).

  Das ganze Jahr über finden hier Sonderausstellungen mit färöischen (Nachwuchs-)Künstlern statt.
- **Noðurlandahusið Nordisches Haus,** im Stadtteil Gundadalur in der Nähe des Kunstmuseums an der nördlichen Ringstraße (Norðari Ringvegur) gelegen. Tel. 351351 www.nlh.fo. Geöffnet Mo bis Sa 10-18, So 14-18 Uhr. Hier finden ebenfalls das ganze Jahr über Ausstellungen und Veranstaltungen mit skandinavischen Künstlern statt. Das Haus wurde 1983 gemeinsam von den Regierungen aller skandinavischen Länder zur Förderung ihrer Kultur errichtet.
- **Náttúrugripasavn Naturkundemuseum,** V.U. Hammershaimbs Gøta 13, Tel. 352300, Mitte Mai-Mitte Sept. Mo-Fr 10-16 Uhr, Sa/

Die Färöer-Inseln

So 15–17 Uhr, Mitte Sept.–Mitte Mai So 15–17 Uhr, www.ngs.fo. Das Naturkundemuseum hat sich auf die Fauna und Flora der Färöer-Inseln und des Meeres spezialisiert.

- **Føroya Fornminnissavn Historisches Museum,** Brekkutún 6, 188 Hoyvík, Tel. 310700, Fax 312259, www.natmus.fo. Ausstellungen: Kúrdalsvegur 2. Geöffnet Mitte Mai bis Mitte Sept. Mo bis Fr 10–17 Uhr, Sa und So 14–17 Uhr, im Winter So 14– 17 Uhr. Gezeigt werden archäologische Funde aus der Wikingerzeit und alte Runengravierungen, färöische Trachten, die erste Flagge der Färöer aus dem Jahr 1919, die Anfänge des Fischfangs sowie eine Sammlung alter Ruderboote. Im benachbarten **Freilichtmuseum Hoyvíksgarður** kann man sich im restaurierten, alten Hoyvíker Bauernhaus mit seinen Nebengebäuden einen Eindruck darüber verschaffen, wie die Färöer hier früher wohnten und arbeiteten.
- **Tórshavnar Móttøkuhús und Myndasavn,** offizielles Empfangshaus und Gemäldesammlung des Stadtrates am Stadtplatz (Vaglið), zu besichtigen nach Vereinbarung. Anmeldung in der Tourist-Info.
- **List Galleri Fríðriksvágur,** Vagnsbotnur 12, und **Smiðjan í Lítluvík Skálaströð,** Skálaströð, in den beiden Galerien sind zeitgenössische färöische Künstler vertreten, und es werden das ganze Jahr über wechselnde Ausstellungen gezeigt. Die Galerien liegen am Westhafen in der Grims Kambans Gøta. In der Galerie Smiðjan wurde eine alte Schmiede zu einem Ausstellungsraum umgebaut. Da die Öffnungszeiten wechseln, bitte in der Tourist-Information erfragen.

Ausflüge

Auskünfte und Anmeldungen in der Tourist-Information Kunningvarstovan am Platz Vaglið.

Mit dem Schiff

- Di und Do um 9 Uhr kann man mit dem restaurierten Zweimastschoner „Norðlýsið" eine 3-stündige Rundfahrt um die **Inseln Nólsoy und Hestur** mit ihren Vogelfelsen machen. Bei entsprechender Nachfrage werden auch Ganztagesfahrten zur **Südinsel Stóra Dímun** angeboten.

Die Inseln Nólsoy, Koltur und Hestur:

- **Tourist-Information Insel Nólsoy,** Kunningarstovan Nólsoy, im Pakkhúsið, Tel. 327060, www.visitnolsoy.fo, info@visitnolsoy.fo, geöffnet täglich 10–19 Uhr.

Die kleine **Insel Nólsoy** schützt den Hafen von Tórshavn vor den Oststürmen. Berühmt ist die Insel wegen der weltgrößten **Sturmschwalbenkolonie.** Man kann die Vögel nur nachts beobachten, wenn sie von der offenen See zurück zu ihren Bruthöhlen kommen, um ihre Jungen zu füttern. Nachtausflüge mit ornithologischen Führungen werden angeboten (Auskünfte in den Tourist-Infos Tórshavn und Nólsoy). Im Sommer werden Di, Mi und Fr um 9 und 14 Uhr Bootsfahrten von 3–4 Std. Dauer rund um die Insel mit ihren Vogelfelsen und Brandungshöhlen durchgeführt. Wie auf Hestur finden auch auf Nólsoy im Sommer **Grottenkonzerte** in den Brandungshöhlen statt.

Im 1787 erbauten „Pakkhúsið hjá Petersen" (Petersens Lagerhaus) befinden sich die Tourist-Information, ein Café und im Kellergeschoss ein kleines Museum, das an *Ove Joensen* erinnert. Dieser fuhr im Juli/August 1986 in einem färöischen Ruderboot in 44 Tagen über das Meer nach Kopenhagen in Dänemark. Das 4 m lange Boot „Diana Victoria" ist in dem Museum ausgestellt. Anfang August erinnert das Festival „Ovastevna" an diese Überfahrt. In einem benachbarten, 1902 erbauten Lagerhaus, ist ein ursprünglicher Dorfladen erhalten, in dem lokale Handwerkskunst verkauft wird. Die 1863 erbaute Kirche ist eine der ältesten Gewölbekirchen der Färöer. Aus angeschwemmtem Treibholz wurde im 16. Jh. das Brunnenhäusle (Húsini við Brunn) erbaut. Darin steht die „Kochmaschine", wie der erste Eisenherd der Insel aus dem Jahr 1858 genannt wurde. Westlich des Hafens liegt die Nólsoyar-Pall-Gedenkstätte. Beim östlich des Orts gelegenen Sportplatz stehen alte Fischtrockenhäuser. Der Vogelkundler *Jens-Kjeld Jensen* führt Besucher zu den **Sturmschwalbenkolonien** und erforscht die Fauna der Insel. Nach ihm wurde auch eine Schmetterlingsart benannt, die nur auf der Insel vorkommt *(Abromias assimilis jenskjeldi)*.

- Übernachtung auf Nólsoy: **Kaffistofan,** Café mit Fremdenzimmer, Tel. 327175, Fax 327025.
- **Campingplatz** am südwestlichen Ortsende von Nólsoy.

- **Inseln Hestur und Koltur:** Der 3 bis 4 km breite Hestfjørður trennt die südwestlich von Tórshavn gelegenen Inseln Hestur und Koltur von Streymoy. Einem **Grottenkonzert** in einer der großen Brandungshöhlen von Hestur zu lauschen, ist ein unvergessliches klangliches Erlebnis. Wann ein solcher kultureller Event stattfindet, erfährt man in der Tourist-Info Tórshavn. Im Sommer werden Mo, Di und Mi 9 und 14 Uhr Bootsfahrten von 4 Std. Dauer zu den Vogelfelsen und Brandungshöhlen (Hestbjørgini) angeboten.

Der 477 m hohe **Berg Koltursharnar** überragt die kleine Insel Koltur. Auf dem restaurierten und einzigen **Bauernhof** der Insel, **„Heimi í Húsi",** kann man erholsame „Ferien auf dem Bauernhof" machen und mit dem Bauern *Bjørn Patursson* vogelkundliche Ausflüge auf der Insel unternehmen. Infos und Buchung bei der Tourist-Info Tórshavn.

Mit dem Bus

- **Stadtrundfahrt** mit Besichtigung von Tinganes und Kunstmuseum, Kaffee im Nordischen Haus; Mo 13 Uhr, Dauer 4 Std.
- **Zum alten Kulturzentrum Kirkjubøur und Velbastaður:** Mi 9 Uhr, Dauer 3 Std., Besichtigung des Magnus-Doms, der St. Olavskirche und des Königsbauernhofs.
- **Funningur – Gjógv – Eiði:** Sa 10 Uhr, Dauer 7 Std.
- **Wikingersiedlungen in Kvívík und Bauernhof Dúvugarður in Saksun:** Fr 13 Uhr, Dauer 5 Std.
- **Sandoy:** So 9 Uhr, Dauer 8 Std., Ausflugsfahrt mit Bus und Fähre ab Tórshavn zur Insel Sandoy mit Besichtigungen.

Wanderungen, Ausritte und Angeltouren

- Geführte **Halb- und Ganztageswanderungen** werden je nach Bedarf durchgeführt. Auch Ausflüge für Reiter werden im Sommer täglich angeboten.
- Mo um 14, Di und Do um 19 Uhr startet ein Boot zu **Angeltouren** entlang der Küste Streymoys.
- Das Fremdenverkehrsamt gibt fünf Broschüren mit dem Titel „Zu Fuß in der färöischen Natur" heraus, in denen die markierten **Wanderwege** beschrieben sind.

Die Hauptinseln Streymoy und Eysturoy

Aus Tórshavn heraus führen drei Straßen: nach Westen die schmale **Stichstraße Nr. 54** über Velbastaður nach Syðradalur Gamlarætt (Fährhafen Sandoy-Koltur) und **Kirkjubøur,** dem mittelalterlichen Bischofssitz mit der Ruine des Magnusdoms. Nach Norden die **Hauptstraße Nr. 10,** die im Landesinnern über Kollafjørður zur Sundbrücke und auf die Insel Eysturoy verläuft. Schließlich die **Küstenstraße Nr. 50** über Kaldbaksbotnur nach Kollafjørður.

Die Straße Nr. 10 führt durch die bergige **Hochebene Utmark** im Inselinnern, die oft unter dichtem Nebel verhüllt ist. Wenige Kilometer weiter nähert sich die Straße dem Kaldbaksfjørður und gibt den Blick frei auf die beeindruckende Fjordlandschaft. Auf dem Gipfel des 749 m hohen Sornfelli steht eine Radarstation der NATO. Obwohl die Entfernungen auf den Färöer-Inseln gering sind, kommt man auf den kurvenreichen Straßen nur

Kirkjubøur

Außer dem Magnus-Dom gibt es in Kirkjubøur zwei weitere Sehenswürdigkeiten. Die renovierte **St. Olavskirche** stammt aus dem 12. Jahrhundert. Das Innere der Kirche ist schlicht. Das in blau-violetten Farben gemalte Altarbild mit den Fischern stammt von *Sámal Jønsen-Mykines.* Im Historischen Museum in Hoyvík können eine aus Holz geschnitzte Marienstatue aus dem 13. Jh. und das mit biblischen Motiven verzierte Kirchengestühl aus dem frühen 15. Jh. besichtigt werden, die aus dieser Kirche stammen.

Der nahe gelegene **Königsbauernhof** wird heute noch bewohnt. Auffallend sind die renovierten und in massiver Blockhausbauweise ausgeführten Häuser, die ursprünglich aus dem 13. Jahrhundert stammen. An einer Außentür des stokkastovan ist eine blau-rot bemalte, holzgeschnitzte Säule mit einem schwarzen Drachenmotiv sehenswert. Auch an anderen Türen befinden sich Schnitzereien, die meist auffallend rot und blau bemalt sind. Die heutigen Schnitzereien stammen von *Jóannes Patursson* aus dem Jahr 1907. Der stokkastovan (Tel. 328089, Fax 328070) ist zur Besichtigung geöffnet vom 1.5. bis 31.8. Mo bis Sa 10–17.30, So 14–17.30 Uhr. Der *roykstovan,* die Rauchstube des Wohnhauses, wird heute noch bewohnt.

langsam voran. Dafür kann man die Landschaften genießen. Innerhalb weniger Minuten ergeben sich immer wieder neue Aussichten in die Fjorde. Im Kollafjørðurdalur biegt die Straße Nr. 40 bei der Tankstelle nach Westen ab und führt bis Vestmanna. Vor dem zweiten Straßentunnel liegt ein schöner Rastplatz. Oberhalb des fischreichen **Sees Leynavatn** stehen Wohnwagen und Wohnmobile. Eine Angellizenz und die Erlaubnis zum Übernachten (keine Zelte!) erhält man bei der Tankstelle. Ein Wanderpfad führt durch das nördliche Flusstal zur nahe gelegenen **Schlucht Stóragjógv,** die für ihre üppige Vegetation bekannt ist.

Nach dem See erreicht die Straße den Ort **Leynar,** das färöische **Zentrum des Grindwalfangs.**

Oberhalb der Bucht mit ihrem kleinen Sandstrand steht ein schwarzes Haus mit Grasdach und roten Fensterrahmen, die Werkstatt von **Ole Jakob Nielsen.** Der Künstler fertigt skurrile Schalen und Lampenschirme aus Treibholz. Seine Frau *Guðrið Hemsedal Nielsen* schreibt Gedichte.

Bei Leynar beginnt der mautpflichtige, 4,9 km lange **Meerestunnel,** der auf die Insel Vágar führt.

Der nächste Ort an der Straße, **Kvívík,** gehört zu den ältesten Siedlungen der Färöer. 1942 wurden hier die Reste eines Langhauses der Wikinger aus dem 10./11. Jahrhundert freigelegt (Garður úr víkingaøld). Die Straße endet in **Vestmanna.** Für färöische Verhältnisse ist der Ort mit knapp 1400 Einwohnern recht groß.

Die umliegenden Seen dienen der Stromgewinnung. Drei Wasserkraftwerke erzeugen hier einen Großteil der elektrischen Energie der Färöer.

An der bis zu 600 m hoch aufragenden Nordwestküste von Streymoy liegen die steilen Vogelklippen und tiefen Brandungshöhlen von Vestmannabjørgini.

Bootsausflüge zu den Vogelfelsen und Grotten Vestmannabjørgini

• Die Touristik-Unternehmen **Sjóferðir Skúvadal sp/f** und **Vestmannabjørgini sp/f Palli Lamhauge** führen täglich Ausflugsfahrten mit kleinen Schiffen zu den nahen Vogelfelsen und Grotten durch. Ein Ausflug dauert etwa zwei Stunden. Skúvadal unterhält drei Schiffe: „Froyur" wurde 2005 in Dienst gestellt und kann 50 Personen transportieren; „Barbara" wurde 1997 für 28 Passagiere gebaut, und das einem Wikingerschiff nachempfundene Holzboot „Urðardrangur" aus dem Jahr 1977 fasst 12 Personen. Lamhauge unterhält ebenfalls drei Boote: Silja Star (48 Passagiere), Silja (1990 gebaut, 25 Passagiere) und Friðgerð (23 Passagiere, ebenfalls einem Wikingerschiff nachempfunden). Bei den Ausflügen werden auch färöische Spezialitäten wie getrocknetes Walfleich, Fisch und Lammfleisch angeboten. Die Bootsausflüge sind auf den Bus Nr. 100 Tórshavn-Vestmanna abgestimmt.

Buchungen in der Tourist-Info in Tórshavn oder Vestmanna und in Hotels oder direkt bei:

• **Sjóferðir Skúvadal sp/f,** 350 Vestmanna, Fjarðavegur 2, Tel. 471600 oder 471500, Fax 471509, www.skuvadal.fo. Hier befinden sich auch die **Tourist-Information** und das Restaurant Fjörukrógvin (färöische Spezialitäten). Abfahrten täglich 9.40, 14, 17 und 20 Uhr. Bootsausflüge werden auch von Vestmanna nach Mykines (6–7 Std.) angeboten sowie Angelfahrten (15.6.–15.8. Mo–Sa um 12 Uhr, Dauer 1–2 Std.).

• **Vestmannabjørgini sp/f Palli Lamhauge,** 350 Vestmanna, Tel. 424155, Fax 424383, www.sightseeing.fo. Abfahrten täglich 10, 14, 17 und 19 Uhr. Im Sommer wird mittwochs um 10 Uhr auch eine Bootsfahrt von Tórshavn nach Koltur angeboten.

Grindwalfang auf den Färöer-Inseln

Rund eine dreiviertel Million Grindwale *(Globicephala melaena),* die auch Pilotwale genannt werden, gibt es in der Irminger See rund um die Färöer-Inseln. Männliche Tiere werden etwa 6 m lang und wiegen bis zu 2300 kg; weibliche Tiere sind kleiner, bis zu 5 m lang und 1300 kg schwer. Bei der Geburt ist ein Grindwal schon 75 kg schwer und 170 cm lang. Auf den Färöer ist der Grindwalfang in 23 Buchten erlaubt. Früher wurden die meisten Wale bei Miðvágur (Vágar), Klaksvík (Borðoy) und Hvalvík (Streymoy) gefangen. Heute sind die Buchten bei Leynar und Tórshavn die wichtigsten. Gefangen werden meist ganze „Schulen", die aus mehreren hundert Tieren bestehen können. Sobald diese in Küstennähe auftauchen, werden die Wale mit Booten in eine der geeigneten flachen Buchten getrieben. Obwohl der Walfang das ganze Jahr über erlaubt ist, werden die meisten Wale von Juli bis September gefangen. Die jährlich 2000 bis 3000 erlegten Wale bilden auch heute noch die Lebensgrundlage der Insulaner. Rund ein Viertel des Fleischbedarfs wird dadurch gedeckt. Das Fleisch der erlegten Wale wird nach festgelegten Regeln an die beteiligten Walfänger und die Bevölkerung verteilt. Im Durchschnitt stehen jedem Einwohner 20 kg Fleisch und 10 kg Speck zu.

Kollafjörður ist eines der größten Dörfer auf den Färöer. In dem lang gezogenen Dorf steht eine der ältesten Holzkirchen der Inseln aus dem Jahr 1837. Hinter dem Ort führt die Straße 10 am **Sundini** entlang nach Norden. In dem schmalen Sund zwischen Streymoy und Eysturoy werden in Fischfarmen Lachse gezüchtet.

Vorbei an den kleinen Orten Hósvík und við Air, früher ebenfalls eine Walfangstation, erreicht man nach 42 km **Hvalvík.** Sehenswert sind die bunt be-

171is Foto: tt

Hinter dem Freilichtmuseum Dúvugarðar stürzt ein Wasserfall in die Tiefe

malten Häuser und die kleine Kirche des Ortes, die 1829 aus Kiefernholz erbaut wurde. Die schwarz geteerte Kirche gilt als älteste der färöischen Holzkirchen. Das Holz stammt von einem Schiff, das im Fjord vor Saksun gestrandet war. Zu diesem Ort führt die Straße Nr. 592.

Kurz vor dem Ende des schmalen, 10 km langen Sträßchens, das an einem Wildbach entlang durch das enge Tal (Saksunardalur) führt, passieren wir den See Saksunarvatn. Die Straße endet oberhalb der Bucht von Saksun. Hier steht die kleine, weiß getünchte Steinkirche, die ein Schauplatz in der Verfilmung des Romans „Barbara" von *William Heinesen* ist. **Saksun** wird heute nur noch von wenigen Familien bewohnt. Der alte **Hof Dúvugarðar** (Taubenhof) in Saksun ist ein kleines **Freilichtmuseum,** das uns die Wohn- und Lebensverhältnisse färöischer Schafzüchter näherbringt. Die Gebäude sind bis zu 200 Jahre alt. 300 Schafe gehörten einst zu diesem Hof. Das typisch färöische Wohnhaus ist aus Feldsteinen mit einem Dach aus Birkenrinde und Grassoden erbaut worden. Je nach Bedarf wurde es immer wieder umgebaut und erweitert. Das Museum ist vom 15.6. bis 31.8. Mo–Mi und Fr/Sa 12–17, So 14–17 Uhr geöffnet, Do geschlossen, Tel. 210700.

Die heute versandete Bucht unterhalb von Saksun war einmal ein geschützter Naturhafen. Die Bucht entstand nach einem Tsunami im Nordatlantik, der den Sand aufschüttete. Das Gewässer zieht heute vor allem Angler an, die hier Seeforellen und Lachse fangen können. Kaum zu glauben, dass die Fische von hier ihren Weg zum östlich gelegenen Laichgewässer Saksunarvatn finden.

Der Taubenhof Dúvugarðar in Saksun

Die **Rauchstube (roykstovan)** ist der älteste Raum des Hauses, er stammt in seiner heutigen Form aus dem Jahr 1820. Der Fußboden des roykstovan besteht aus Lehm. Durch eine Luke im Dach gelangt das Sonnenlicht in den sonst fensterlosen Raum, gleichzeitig zieht dadurch auch der Rauch von der Feuerstelle ab. Ursprünglich war dies der einzige beheizbare Raum des Hauses. Mehrere Generationen wohnten hier zusammen, arbeiteten und schliefen. Hier wurde gekocht und gegessen. In den Alkoven schliefen früher die Knechte und Mägde. Im Stall war Platz für sechs Kühe und ein Kalb. Mehrere Höfe „teilten" sich einen Stier.

Um die Jahrhundertwende wurde der **glasstovan,** die bäuerliche „gute Stube", angebaut. Hier schliefen der Bauer und die Bäuerin. Mit einem kleinen gusseisernen Ofen, in den man die Glut aus der Feuerstelle des roykstovan hineinlegte, konnte die Stube ein wenig beheizt werden. Außer zum Schlafen wurde sie nur an Sonn- und Feiertagen genutzt oder wenn Gäste zu Besuch kamen.

Mitte des 19. Jahrhunderts wurde auf der Nordseite ein Gästezimmer angebaut, als in Saksun eine Kirche gebaut wurde. Hier wohnte dann der Pfarrer von Kvíkvík, wenn er in Saksun predigte. Seither wird dieser Raum auch **Præstestovan,** „Pfarrerstube" genannt.

Da die Feuerstelle im roykstovan für die vielen Gäste des Hauses nicht mehr ausreichte, baute man eine **Küche** an, deren Feuerstelle auch zum Beheizen der Räume diente.

Die **Außenanlagen des Hofs** bestehen aus Vorratshäusern, den Hjallar für Fleisch und Fisch, aus einer Scheune, einer Schmiede und einem Sauerampfergarten. Sauerampfer war früher als Gemüse und Arzneimittel von großer Bedeutung. Das Wasser wurde dem kleinen Bach entnommen, der oberhalb des Hofs einen sehenswerten Was-

Saksun – Grundriss eines Roykstovan

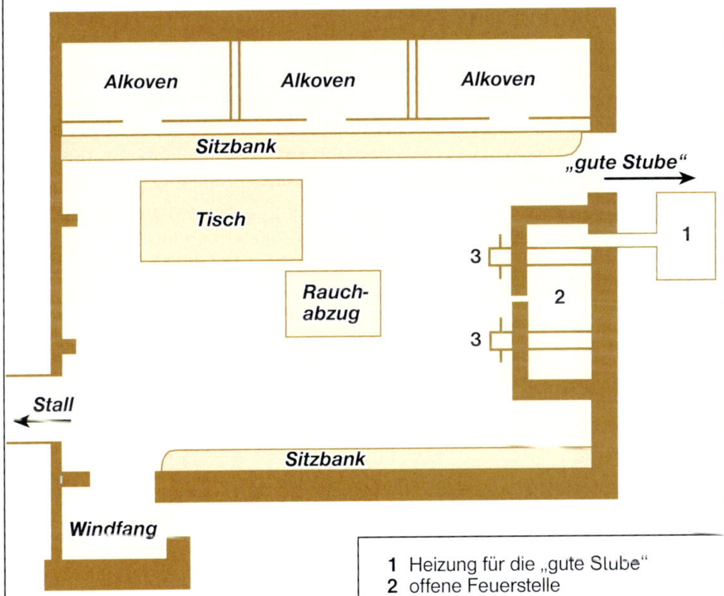

1 Heizung für die „gute Stube"
2 offene Feuerstelle
3 Aufhängevorrichtung für Kochkessel

serfall bildet. Über einen Kanal wurde eine Mitte des 19. Jahrhunderts erbaute Mühle betrieben. Nahe am Bach befindet sich auch die barkkulla, die „Gerberkuhle". In ihr wurden die Wurzelknollen der Blutwurz *(Potentilla erecta)* zermahlen, womit Leder und Häute gegerbt wurden. Bei einer Führung erfährt man auch, wie früher Löffel und Kämme aus Horn gefertigt wurden und dass die Wolle der Schafe in einem Walmagen aufbewahrt wurde, weil dieser wasserdicht ist.

Fährt man auf der Straße Nr. 10 weiter, kommt man drei Kilometer hinter Hvalvík an die **Sundbrücke,** die den Sundini überspannt. Doch bleiben wir noch ein wenig auf Streymoy und fahren weiter nach Norden bis die Straße Nr. 594 in Tjørnuvík endet. In dem lang gezogenen Straßendorf **Langasandur** stehen bis zu 1,5 m hohe, Totempfahl-ähnliche Skulpturen aus Holz, die *Tønnes Mikkelsen,* ein Bewohner des Orts, geschaffen hat. Die Fabelwesen und Figuren sind bunt bemalt.

Etwa auf halber Strecke passieren wir den **größten Wasserfall der Färöer:** Die **Fossá** stürzt in zwei Stufen insgesamt 140 m tief die steilen Wände des Fjords hinunter.

Nächster Ort ist das Fischerdorf **Haldarsvík,** ein schmuckes Dorf mit bunten Häusern. Hier steht die einzige achteckige Kirche der Färöer. Das neue Altarbild schuf *Torbjørn Olsen;* es stellt eine Abendmahlszene dar, an der bekannte zeitgenössische Färinger teilnehmen. Der Bach **Kluftá** hat westlich des Ortes eine tiefe Schlucht mit Wasserfällen gebildet, die man auf einem Pfad erreichen kann. Auf der gegenüberliegenden Seite des Fjords liegt der Ort Eiði. Die Straße endet in **Tjørnuvík;** das malerische Dorf liegt in einer windgeschützten Bucht von Bergen umgeben, von denen kleine Wasserfälle herabstürzen. Beim Parkplatz am Ortsanfang steht ein Toilettenhäuschen, wo auch die Wohnmobil-Toilette entleert werden kann. An den steilen Grashängen wird Heu gewonnen und an der Küste können wir kleine Kartoffeläcker entdecken, die mit Steinen als Windschutz eingerahmt sind. In der Umgebung des Ortes fand man alte Wikingergräber, deren Beigaben im Historischen Museum in Hoyvík bei Tórshavn ausgestellt sind. Die Fahrt nach Tjørnuvík lohnt sich auch wegen der guten Aussicht auf die beiden 70 m hohen Felsen **Risin og Kellingin** (Riese und Trollweib), die im Meer vor der Steilküste des Kaps Kollur auf der gegenüberliegenden Insel Eysturoy emporragen. Die Sage berichtet, dass der Riese und sein Trollweib einst Island verließen, weil es dort nichts mehr zu essen gab. Auf den Färöer-Inseln sahen sie, dass dort noch Nahrung vorhanden war. Deshalb wollten sie die einsam im Meer gelegenen Inseln nach Island ziehen. Dies konnte allerdings nur in der Nacht geschehen, denn das Licht der Sonne hätte die beiden Riesen zu Stein erstarren lassen. Der Riese und sein Trollweib vergaßen jedoch bei ihrer anstrengenden Arbeit die Zeit und wurden vom Tag überrascht.

Im Sommer finden nach Voranmeldung geführte Wanderungen zum **Stakkur,** einem freistehenden Felsen an der Nordküste, statt. Auf ihm weiden Schafe. Stahlseile sind über den tiefen, schmalen Spalt zwischen dem Felsen und der Küste gespannt, an denen eine kleine, offene Gondel mit einer Handwinde hinübergezogen wird. Wer einmal den Nervenkitzel dieser färöischen Gondelfahrt erleben möchte, kann sich in der Tourist-Info in Tórshavn anmelden. Der „Guided Walk to the Seastock in Tjørnuvík“ beginnt um 14 Uhr und dauert 5 Stunden.

Wir überqueren die Sundbrücke und fahren auf der Insel Eysturoy die Straße Nr. 62 nach Norden in Richtung Eiði. Mit dem Bau der Brücke und der Anbindung an die Hauptstadt erlebte Eysturoy einen wirtschaftlichen Aufschwung; davon zeugen die vielen neuen Wohnhäuser in den Orten entlang der Straße. **Eiði** gilt mit seiner Fischfabrik und dem Bau des Wasserkraftwerks beim Eiðisvatn als besonders aufstrebender Ort. Dies erkennt man auch an den vielen neu erbauten Häusern. Vom Hotel Eiði haben wir einen guten Blick auf den 882 m hohen **Slættaratindur,** den **höchsten Berg** der Färöer. Die zur Küste hin steil abfallenden Wände des 343 m hohen Bergs Kollur sind der Lebensraum vieler Vögel. Tief unten stürmt die harte Brandung an die Küste und nagt beständig am Riesen und seinem Trollweib; die beiden Felsen sehen übrigens aus der Höhe betrachtet weniger spektakulär aus als von der Insel Streymoy. Hinter Eiði wendet sich die Straße Nr. 662 nach Osten und steigt bis zur 400 m hoch gelegenen Passhöhe Eiðisskarð an. Die Straße führt südlich am Fuß des Slættaratindur vorbei. Nach der Überquerung des Passes zweigt die Stichstraße Nr. 632 nördlich nach **Gjógv** im Daládalur ab. Hauptattraktion des Ortes ist die 200 m lange Schlucht gleichen Namens, die als Schiffsanlegestelle genutzt wird. Da das Meer hier selten ruhig ist, können die Boote mit einer Seilwinde auf eine trockene Rampe aus behauenem Fels und Beton gezogen werden. In der Nähe wurde in einem schwarz getünchten, grasgedeckten Holzhaus von 1883 ein Souvenirshop mit Café eingerichtet (Debesarhandil, www.gjogvadventure.fo). Die Steilküste ist die Heimat von Papageitauchern und Eissturmvögeln, die hier gut zu beobachten sind. Nordwest-

172is Foto: tt

Vor der steilen Felswand des Kaps Kollur stehen die beiden Felsen Risin og Kellingin – der Riese und sein Trollweib

173is Foto: tt

lich von Gjógv führt ein Wanderweg in das grüne Ambadalur und zu den Klippen von **Búgvin** (4 Std.). Auf einer Tageswanderung (8 Std.) kann man von Gjógv aus auch den 882 m hohen **Slættaratindur** besteigen. Im Hotel Gjáargarður gibt es Kopien von Wanderkarten, in denen die Wanderwege eingezeichnet sind.

Wir fahren die Stichstraße zurück und biegen wieder auf die Straße Nr. 662 ein, die uns schnell nach Funningur bringt. Weiter geht es am **Funningsfjørdur** entlang in den gleichnamigen Ort. 2 km nach dem Ort mündet die Straße wieder in die Straße Nr. 10, die von der Sundbrücke kommt. Von Funningsfjørdur führt die 7 km lange Stichstraße Nr. 634 zu dem malerischen kleinen Dorf **Elduvík,** das am nordöstlichen Ende des Fjords liegt. Sehenswert sind die alten Häuser und engen Gassen des Ortes; alle Wege sind so eng, dass man sie nur zu Fuß erkunden kann. Oberhalb des Bootsanlegers stehen kleine Bootshäuschen. Die Klamm Elduvíksgjógv liegt westlich des Ortes.

Auf der nur etwa 3 km entfernten Ostseite dieser Landzunge liegt **Oyndarfjørður.** Mit dem Auto ist der Weg dorthin jedoch wesentlich länger (ca. 24 km); wir müssen über Funningsfjørdur bis zur Straße Nr. 10 zurückfahren, dann noch ein Stück nach Süden, bis die Stichstraße Nr. 643 nach Hellur und Oyndarfjørður abzweigt. In Oyndarfjørður steht eine färöische **Holzkirche** aus dem Jahr 1838 (den Kirchenschlüssel erhält man im Lebensmittelladen). Das Altarbild stammt von dem dänischen Maler *Eckersberg.* Sehenswert ist außerdem das kleine **Museum Víkarhúsini,** ein **alter Kaufmannshof.**

Ein wenig außerhalb des Ortes stehen hinter den neuen Hafenanlagen die **rinkusteinar, die „Wackelsteine".** Die beiden schweren Felsbrocken schwanken seit Jahrhunderten im Takt der Wellen. Ein zwischen den Felsen gespanntes Seil verdeutlicht die mit bloßem Auge kaum wahrnehmbaren Bewegungen. Der Sage nach soll es sich bei den Felsen um zwei in Steine verwandelte Seeräuberschiffe handeln, die nun für immer ruhelos im Meer schwanken müssen. Vielleicht sind die Wackelsteine aber einfach nur ein willkommenes „Naturdenkmal", um Touristen in den abgelegenen Ort zu locken.

Naturhafen in einer Klamm
in Gjógv auf der Insel Eysturoy

Den landschaftlich schönsten Teil der Insel mit seinen malerischen alten Dörfern haben wir kennen gelernt. Im Osten und Süden Eysturoys dominieren kleine Industriebetriebe und moderne Siedlungen, von denen jede um die 1000 Einwohner zählt. Alle Dörfer liegen am schmalen Küstenstreifen. Die Straße Nr. 10 und einige von ihr abzweigende Stichstraßen erschließen diesen Teil der Insel, der auf beiden Seiten des **Skálafjørður** liegt. Der 16 km lange Fjord ist der längste der Färöer.

Wir bleiben zunächst auf der Westseite des Fjords und fahren auf der Straße Nr. 69 über Skáli nach Strendur. Die Wohnhäuser und Industriebetriebe der beiden Orte gehen fast nahtlos ineinander über. Größter Arbeitgeber in **Skáli** ist der Hafen mit der Werft „Skála Skipasmiðjan". Im Fischerdorf **Strendur** bietet die Spinnerei „Snældan" färöische Wolle und dicke Pullover zum Kauf an. Im Dorfgemeinschaftshaus sind Skulpturen ausgestellt, die der Künstler *Árni Ziska* aus Steinen geschaffen hat. Im Sommer finden hier auch färöische Folkloreabende statt. In **Selatrað** endet die Straße. Das Dorf ist Ausgangspunkt zu Wanderungen in die nördlich gelegene Wildnis aus Stein, tiefen Schluchten und Basaltsäulen.

Wieder zurück in Strendur überqueren wir den Skálafjørður und erreichen Toftir. In **Nes** steht die 1994 nach Plänen von *Høgni Würdig Larsen* errichtete Kirche Friðrikskirkjan. Benannt wurde sie nach dem 1917 verstorbenen *Friðrik Petersen,* der nicht nur Gründer der Partei der Rechten (Sambandsflokkurin) war, sondern auch religiöse Lieder in die färöische Sprache übersetzte. Im Gegensatz zur friedlichen Kirche steht die als Sehenswürdigkeit ausgewiesene Kanone, die im II. Weltkrieg von den Briten eingesetzt wurde, um den Skálafjørður zu verteidigen.

Nordöstlich davon liegt der See Toftavatn. In **Glyvrar** können wir im **Heimatmuseum** (Bygdasavnið Forni) erfahren, wie man hier vor 100 Jahren gewohnt und gelebt hat. Die Straße Nr. 10 führt uns entlang des Skálafjørður und über Runavík und Skipanes wieder zurück. Im Hafen von **Runavík** liegt das 1885 gebaute, sehenswerte Schiff Høganes, das heute als Kleinkunstbühne und für Konzerte genutzt wird.

Von Skipanes aus kann man auf den Stichstraßen Nr. 70 und 65 die Ostküste erkunden. In **Suðrugøta** gibt es in der Wollfabrik „Tøtingavirkið" ebenfalls färöische Wollwaren. In **Norðagøta** ist ein alter färöischer Dorfkern sehenswert **(Blásastova Museum),** der aus einer kleinen Holzkirche (1833), dem Bauernhof Blásastova (Heimatmuseum) und einem Fischerhaus besteht. Hier lebte einst *Tróndur í Gøta* (siehe „Von der Besiedlung bis heute"). Die Reste seines Hauses sind noch erhalten. Im Rahmen einer Museumsführung erfährt man, wie die Menschen hier früher gelebt haben (geöffnet Mitte Mai–Mitte Sept., Mo/Di, Fr–So 14–16 Uhr, Tel. 222717).

Hinter Norðagøta gabelt sich die Straße: Die Nr. 65 führt nach Fuglafjørður am gleichnamigen Fjord, dem Versorgungszentrum der Nordregion. Etwa auf halbem Weg liegt die **„heiße Quelle" Varmakelda** auf einer Grasterrasse hoch über dem Leirvíksfjørður. An der Nebenstraße, die am Fjord entlang nach Leirvík führt, weist ein Stein mit Aufschrift darauf hin. Varmakelda sind kleine Quellen, deren Wasser ganzjährig etwa 15 °C „warm" ist. An diesem Ort versammeln sich die Färöer zur Sonnwendfeier.

Die Straße Nr. 70 führt weiter nach **Leirvík.** Ein 6,1 km langer, mautpflichtiger **Meerestunnel** führt von hier unter dem schmalen Leirvíksfjørður nach Klaksvík auf der Insel Borðoy, dem Zentrum der Nordinseln. Von Leirvík hat man einen besonders guten Blick auf die beiden nahe gelegenen Nordinseln Kalsoy und Borðoy. Leirvík ist der Endpunkt unseres insgesamt etwa 150 km langen Ausflugs auf den Inseln Streymoy und Eysturoy. Über die Straßen Nr. 70 und Nr. 10 können wir wieder zur Sundbrücke und in die Hauptstadt Tórshavn zurückkehren (ca. 70 km).

Tourist-Information

- **Eysturoya Kunningarstova**
  - 530 Fuglafjørður, im alten Schulhaus in der Ortsmitte, Tel. 737715, Fax 445180, www.visiteysturoy.fo. Geöffnet Mo–Fr 9–16, Sa 9–12 Uhr.
  - Heiðavegur, 620 Runavík, Tel. 417060, Fax 417001. Geöffnet Mo bis Fr 9–16 (nur im Sommer).

Museen

- **Víkarhúsini Oyndarfjørður,** Besichtigung auf Anfrage, Laden.
- **Bygdasavnið Forni,** Glyvrar, Tel. 447391, geöffnet Juni bis September Mo, Mi, So 16–18 Uhr.
- **Blásastova Museum,** Norðagøta, Tel. 422 717, Fax 442189, geöffnet Mitte Mai–Mitte Sept. Mo/Di, Fr–So 14–16 Uhr.
- **Heimatmuseum „Látrið",** Eiði, altes färöisches Bauernhaus, Tel. 423597 oder 423102, geöffnet 1.6.–31.7., Di, So 14–16 Uhr.
- **Historisches Museum Fornminnisfelag Fuglafjørður,** Tel. 737715, Besichtigung auf Anfrage in der Tourist-Info.

Fabrikverkauf färöischer Wollwaren

- **Snældan,** Strendur, Tel. 447154, Fax 449 021, geöffnet Mo bis Fr 9–17, Sa 10–14 Uhr; großes Angebot an Wollwaren und Gebrauchsgegenstände wie Aschenbecher, Gläser und Lampen aus geschliffenem Basalt.
- **Tøtingavirkið,** „Töting", Syðrugøta, Tel. 441020, Fax 442091, geöffnet Mo–Fr 9–17.30, Sa 10–14 Uhr; Jacken und Pullover aus färöischer und Shetlandwolle sowie andere Naturwaren; Souvenirshop, kleines Café.
- **Eysturoyar Heimavirki,** Saltangará, Tel. 447330, Mo–Fr 10–12, 13–17.30 Uhr, Sa 10–12.30 Uhr.
- **Fuglafjarðar Heimavirkisfelag Niðdri á Stöð,** Fuglafjörður, Tel. 444427.

Die Westinseln Vágar und Mykines

Die Insel **Vágar** ist wegen des **Flughafens** für die Färöer von besonderer Bedeutung. Sonst aber ist Vágar verkehrstechnisch kaum erschlossen. Nur eine Straße (Nr. 40) führt von Oyrargjógv zum Flughafen bei Sørvágur und weiter nach Gásadalur an der Westküste.

In **Sandavágur** erinnert ein Denkmal an *Vendelslaus Ulricus Hammershaimb* (1819–1909), der die heutige färöische Schriftsprache schuf. In der Kirche aus dem Jahr 1916 wird rechts neben dem Altar ein etwa 1,5 m hoher **Runenstein** *(runarsteinur)* aus der Wikingerzeit aufbewahrt, dessen Inschrift besagt, dass hier *Þórkil Ønundarson* aus Norwegen als erster siedelte.

Die Straße führt ein kurzes Stück am Ufer des Vágafjørður entlang nach **Miðvágur.** Im alten Pfarrhaus Kálvalið, am steilen Hang oberhalb des Orts gelegen – mit unverbaubarem Fjordblick, wie man heute sagen würde –, ist ein kleines **Heimatmuseum** eingerichtet. Die Fassade und die Nordseite des kleinen altfäröischen Hauses wurden aus Feldsteinen errichtet. Sein grünes Dach ist mit Grassoden gedeckt. Zwei holzvertäfelte Zimmer, ein kleiner Kuhstall und nur ein winziges Fenster zur Bucht hin sind alles, woraus das Haus besteht. Davor liegt ein mit Feldsteinen eingefasster Schafspferch. Das Haus ist auch durch den Roman „Barbara" von *Jørgen Frantz-Jacobsen* (1900–1938) bekannt. Darin wird eindrucksvoll das Leben der Pfarrerswitwe von Vágar, *Beinta Christine Broberg,* beschrieben. Der vom Autor unvollendete Roman ist an den Originalschauplätzen verfilmt worden. „Auf den Spuren von Barbara" nennt sich eine dreistündige Busfahrt, die jeden So um 14 Uhr durchgeführt wird (Anmeldung bei der Tourist-Info Vágar am Flughafen in Sørvágur, Tel. 333455, Fax 333100). Das Museum Kálvalið kann nach Vereinbarung besichtigt werden (Tourist-Info Miðvágur bzw. Tel. 333455).

Die Straße verläuft weiter am Ufer des lang gezogenen **Sørvágsvatn,** auch Leitisvatn genannt. Der 6 km² große See ist der **größte Binnensee der Färöer.** Bei der scharfen Rechtskurve am Anfang des Sees sollte man anhalten und die Wanderschuhe schnüren. Eine zweistündige leichte **Wanderung** führt am See entlang nach Süden zum 148 m hohen **Kap Trælanípan** und zu den **Wasserfällen Bøsdalafossur,** in denen sich der Seeabfluss 30 m tief ins Meer stürzt. Eine Sage berichtet, dass die Wikinger einst ihre Leibeigenen, die zu alt zum Arbeiten waren, am Kap Trælanípan ins Meer gestoßen haben.

Am nördlichen Ende des Sees liegt der kleine Ort **Vatnsoyrar.** Westlich davon stehen am Seeufer einige Wohnwagen. Hier ist die Anlegestelle der Lakeside Sightseeing-Tours, von denen Bootsfahrten über den See zum Wasserfall angeboten werden, Tel. 333123, www.lakeside.fo. 2 km weiter zweigt die Zufahrt zum Flughafen ab. Nach insgesamt 20 km erreicht man den Hafen **Sørvágur** am 5 km langen Sørvágsfjørður. Von hier fährt im Sommer je nach Witterung und Andrang (vorab reservieren!) sonn- und dienstags die „Súlan", ein kleines Versorgungsboot, das auch Personen befördert, zur **Vogelinsel Mykines.** Bei schlechtem Wetter fährt das Schiff oft auch tagelang überhaupt nicht. Ein Ausflug auf die Vogelinsel (bei schlechtem Wetter grundsätzlich nur mit Zelt, warmem Schlafsack, Campingausrüstung und Verpflegung, sofern man nicht ein Zimmer gebucht hat) sollte deshalb gut vorbereitet werden, um im Notfall auch einige Tage dort verbringen zu können. Auf Mykines wohnen ganzjährig nur wenige Menschen. Die Einheimischen betreiben in der Umgebung des gleichnamigen Ortes ein wenig Landwirtschaft. Wer Glück hat, findet Unterkunft in einem der begehrten Privatzimmer, die

174is Foto: tt

aber meist lange im Voraus ausgebucht sind. Außer einer kleinen Verkaufsstelle, die nur am Wochenende geöffnet hat – und auch nur dann, wenn der Besitzer gerade anwesend ist –, gibt es auf der Insel keine Versorgungsmöglichkeiten. Mykines ist autofrei. Im Sommer zieht es an den Wochenenden viele Färöer auf die Insel, die hier ein Ferienhaus besitzen. Mykines ist ein wahres **Vogelparadies.** Papageitaucher, Dreizehenmöwen und Basstölpel brüten auf Mykineshólmur in der Nähe des Leuchtturms in den Klippen. Eine Fußgängerbrücke, die über eine 35 m breite Schlucht führt, verbindet Mykineshólmur mit Mykines. Jeder Aussichtspunkt und jede Vogelbeobachtungsstelle muss jedoch im zumeist weglosen Gelände erwandert werden. Markierte Wege gibt es nicht. Eine anstrengende und wegen des glitschigen, nassen Grasbodens nicht ganz ungefährliche Wanderung (8 Std.) führt über den 560 m hohen Knúkur ins Borgardalur im Osten der Insel. Hier steht eine kleine Schutzhütte, die nur im Notfall benutzt werden darf. Zur Orientierung empfehlen wir, einen Kompass mitzunehmen und die Karte Nr. 23 (Maßstab 1:20.000) der Färöer-Inseln. Lohnenswert ist auch eine Wanderung in den **steinernen Wald im Korkatal.** Das Boot nach Mykines, ein Zimmer im Gästehaus oder ein Privatzimmer werden am besten bei der Tourist-Information in Tórshavn gebucht.

Gásadalur auf der Insel Vágar

Vier Kilometer hinter Sørvágur liegt **Bøur.** Das winzige Dorf mit den engen Gassen, den kleinen grasgedeckten Häuschen, den vielen Blumen und der

Holzkirche aus dem Jahr 1865 ist sehenswert. Hier scheint die Zeit stillzustehen. Weit reicht der Blick über den schmalen Sørvágsfjørður auf die kleinen Inseln Drangarnir und Flesin, Tindhólmur mit seinen fünf spitzen Felszinnen und die flache Insel Gáshólmur. Hinter den nahen Bergen verstecken sich die letzten Häuser der Insel. Die Straße endet in **Gásadalur;** zu der abgelegenen Siedlung führt seit 2006 ein 1,4 km langer, einspuriger Tunnel. 3 km westlich von Bøur, beginnt ein steiler und bei Nässe rutschiger Pfad, der über die Klippen nach Gásadalur führt (9 km hin und zurück, 5–6 Std.). Gásadalur besteht aus einigen Höfen, die von der Landwirtschaft leben. Auf diesem Weg wurde früher die Post befördert. Der Film „1700 Meter vor der Zukunft" hat den abgeschiedenen Ort und den beschwerlichen Weg dorthin bekannt gemacht. Unterwegs hat man herrliche Ausblicke auf die beiden kleinen Inseln Gáshólmur und Tindhólmur im Sørvágsfjørður. Dorthin werden auch Bootsausflüge ab Sørvágur angeboten. Nordöstlich von Gásadalur liegt der See Fjallavatn.

Da es keine Kirche in Gásadalur gibt, wird der Gottesdienst im Schulzimmer abgehalten. Der kleine Friedhof stammt aus dem Jahr 1873. Davor mussten die Toten zur Beerdigung mühsam über die Berge nach Bøur getragen werden. Unterwegs gab es für die Träger etwa auf halbem Weg nur an dem Felsen Líksteinurin („Leibesstein") eine Möglichkeit zum Rasten und um ein wenig Schutz vor dem Wetter zu finden. Von der heiligen **Quelle Keldan Vígda** wird berichtet, dass einmal ein noch nicht getaufter, kranker Säugling zum Arzt nach Bøur gebracht werden sollte. Auf dem Weg dorthin verschlimmerte sich sein Gesundheitszustand, und das Kind drohte zu sterben. Kinder aber, die ungetauft starben, galten als verlorene Seelen. So weihte der Pastor, der den Zug begleitete, die Quelle und taufte das Kind mit ihrem Wasser.

Risasporið, der Fußabdruck eines Riesen, soll entstanden sein, als einmal die zwei Riesen von Vágar und Mykines miteinander in Streit gerieten. Der Riese von Vágar sprang von seiner Insel über das Meer nach Mykines. Sein Absprung soll so gewaltig gewesen sein, dass er den heute noch sichtbaren Abdruck hinterließ. Auf Mykines kam es zu einem furchtbaren Kampf der Riesen, wodurch ein Stück der Insel absplitterte und Mykineshólmur entstand. Der Riese von Vágar verlor den Kampf. Um sein Leben zu retten, versprach er drei Dinge: Jedes Jahr sollten die Menschen von Mykines ein Stück Treibholz und einen Wal bekommen. Außerdem sollte die Insel von einem seltenen Vogel besucht werden. Bedingung war jedoch, dass sich die Bewohner nicht über seine Gaben beklagen durften. Als das Stück Treibholz aber krumm und klein war und der Wal hässlich und einäugig, beklagten sich die Bewohner doch lautstark. Daraufhin kamen diese beiden Gaben nie wieder auf die Insel. Hinsichtlich der Vögel allerdings hatten die Bewohner keinen Grund zur Klage – bis heute befindet sich die einzige **Basstölpel-Kolonie** der Färöer-Inseln auf Mykines ...

Tourist-Information für Vágar und Mykines

- **Vágar Kunningarstovan,** Hammershaimbsvegur 1, 360 Sandavágur, Tel. 333455, Fax 333475, www.vagar.fo.

Museen

- **Kálvalið,** Miðvágur, Tel. 333455 oder 332 425, geöffnet nach Vereinbarung.
- **Heimatmuseum Sørvágur,** Tel. 333284, geöffnet nach Vereinbarung.

Die Nordinseln Kalsoy, Kunoy, Borðoy, Viðoy, Svínoy und Fugloy

Die sechs Inseln Kalsoy, Kunoy, Borðoy, Viðoy, Svínoy und Fugloy werden als **Nordinseln Norðoyar** zusammengefasst. Klaksvík auf Borðoy ist das Zentrum der Nordinseln. Die drei größeren Inseln Kunoy, Borðoy und Viðoy sind durch Straßen miteinander verbunden. Zu den kleineren Inseln fahren regelmäßig Boote, oder man gelangt mit dem Hubschrauber dorthin. Speziell für Touristen werden **Ausflugsfahrten zu den hohen Kaps** angeboten, die man in der Tourist-Information in **Klaksvík** buchen kann.

Klaksvík

Aus der ehemaligen Zweigstelle des Handelsmonopols für die nördlichen Inseln hat sich eine moderne kleine Stadt mit knapp **5000 Einwohnern** entwickelt – damit ist sie nach der Hauptstadt Tórshavn die **zweitgrößte färöische Stadt.** Die meisten Bewohner Klaksvíks leben heute vom Fischfang oder arbeiten im Hafen. Wie in Tórshavn bildet auch hier der Hafen den Mittelpunkt der Stadt. Die meisten Geschäfte liegen in Hafennähe entlang des Klaksvíksvegur, der Biskupsstøðgøta und der Nólsoyar Páls Gøta. Bei „Norðoyar Heimavirki" in der Biskupsstøðgøta werden handgefertigte Woll- und Lederwaren verkauft. In der Kirkjubrekka, am südöstlichen Ende des Hafens, steht die **Christianskirkjan** (Christianskirche). Sie wurde in traditioneller färöischer Bauweise von dem Dänen *Peter Koch* entworfen und 1963 geweiht. Form und Baumaterial erinnern an den Magnus-Dom in Kirkjubøur. Eine 4000 Jahre alte germanische Opferschale, die aus Dänemark stammt, dient als Taufbecken. Das Altarbild wurde 1901 von dem dänischen Künstler *Joakim Skovgaard* gemalt. Typisch für färöische Kirchen, hängt auch hier ein Ruderboot unter dem Dach. Es drückt aus, dass die Pfarrer früher damit zu ihren oft entlegenen Gemeinden gelangten. In der Nähe der Kirche steht ein **Brunnen** von *Frídtjoff Joensen* aus dem Jahr 1983. Am Klaksvíksvegur befinden sich die Brauerei „Føroyar Bjør" und etwas weiter die Straße entlang das ehemalige Kontor des Handelsmonopols. In dem schwarz geteerten Holzhaus aus dem Jahr 1838 ist ein **Heimatmuseum** untergebracht; vor allem die alte Apotheke ist sehenswert. Vom zentralen Platz Vágstún gelangt man über die Uppsalagøta und die Niðan Horn zum Hubschrauberlandeplatz, ein wenig südöstlich oberhalb der Stadt gelegen. Folgt man dem Schotterweg ein Stück weiter auf den 503 m hohen Berg Hálgafelli, wird man mit einem **herrlichen Ausblick** auf die Stadt, die Fjorde und die Inseln belohnt.

Tourist-Information

- **Norðoya Kunningarstova,** Varpabrúgvin 1, 700 Klaksvík, Tel. 456939, Fax 456586, www.visitnordoy.fo. Geöffnet Mai–Aug. Mo–Fr 8–17, Sa 10–12 Uhr, Sept.–April Mo–Fr 10–12, 13–16 Uhr.

Heimatmuseum

- **Norðoya Fornminnissavn,** Klaksvíksvegur 56, Tel. 456287, geöffnet Mitte Mai–Mitte Sept. tägl. 13–16 Uhr.

Sonstiges

- **Internationales Musikfestival Klaksvík,** Anfang August.

Von Klaksvík führt die Straße Nr. 70 entlang des Haraldssund nordwärts. An der Abzweigung zur Insel Kunoy halten wir uns rechts und fahren durch zwei enge, unbeleuchtete Tunnel nach Viðareiði auf der Nachbarinsel Viðoy. Nach dem zweiten Tunnel erreichen wir die Häuser von **Norðdepil;** eine Brücke führt hier über den schmalen Hvannasund. In einem Haus mit Übernachtungsmöglichkeit (Tel. 452021) kann auch eine Unterkunft auf der kleinen Insel Fugloy reserviert werden. Vom gegenüberliegenden Ort **Hvannasund** auf der Insel Viðoy können wir zu einer **unvergesslichen Bootsfahrt** aufbrechen. Das alte Postschiff Másin fährt jeden Morgen und zeitweise auch nachmittags die Route Viðoy, Svínoy und Fugloy und zurück. Die aktuellen Abfahrtszeiten sind in der Tourist-Info von Klaksvík oder am Fähranleger in Hvannasund zu erfragen.

Der Südosten von Viðoy ist unbewohnt. Unsere Fahrt endet nach etwa 20 km in dem Ort **Viðareiði,** dem nördlichsten Ort der Färöer. Von hier hat man eine gute Aussicht nach Westen zur Insel Kunoy mit dem 820 m hohen Berg **Kunoyarnakkur,** dem **höchsten Kap Europas.** Am eindrucksvollsten wirkt das Kap, wenn man sich ihm auf einem kleinen, schwankenden Boot nähert. Das Hotel in Viðareiði organi

175is Foto: tt

Apotheke im Heimatmuseum von Klaksvík

Abstecher nach Kalsoy

Die Fähre Nr. 56 legt mehrmals täglich in Klaksvík zu der 20-minütigen Überfahrt nach Syðradalur auf Kalsoy ab. Mit dem Bus oder dem Auto kann man auf der einzigen, 15 km langen Straße entlang der Ostküste nach Norden bis Mikladalur (Einkaufsmöglichkeit, Übernachtung zuvor in Klaksvík klären!) und Trøllanes fahren. Vier Tunnel gibt es auf dieser Strecke. Eine besondere Aussicht hat man von der Straße gleich nach dem vierten Tunnel: Über das malerische Dorf Trøllanes fällt unser Blick hinüber zu den steilen Klippen des 820 m hohen Kunoyarnakkur und des 750 m hohen Kap Enniberg auf Viðoy, eines der höchsten Kaps der Welt.

Um Kalsoy rankt sich auch eine Sage. Einst wurde eine Seehundsfrau gefangen, die mit einem Bauernsohn aus Mikladalur verheiratet wurde und mit ihm Kinder hatte. Doch die Sehnsucht nach dem Meer trieb die Frau zurück ins Wasser. Als ihr Mann gerade auf Fischfang war, fand sie den Schlüssel zu der Truhe, in dem er ihr Seehundsfell aufbewahrte. Sie zog es rasch an, stürzte sich ins Meer und kehrte niemals mehr zurück ans Land.

Zu Fuß kann man entlang der Küste bis zum Leuchtturm von Kallur weitergehen (1 Std.). Die Aussicht auf die Kaps der Nachbarinseln ist grandios! Weit reicht der Blick von den Felsen Risin og Kellingin auf Eysturoy bis zu den Nordinseln. Bei guter Sicht kann man sogar den 550 m hohen Norðberg auf Fugloy ausmachen. Und in Richtung Norden sieht man über den scheinbar grenzenlosen Nordatlantik ...

siert bei Bedarf solche Ausflugsfahrten, die auch das 750 m hohe **Kap Enniberg** am Nordende der Insel Viðoy mit einschließen, das anders kaum zugänglich ist. Dorthin fährt im Sommer auch das Boot „Alpha Pilot", das täglich um 15 Uhr von Hvannasund zum Kap Enniberg ablegt. Der Bootsausflug dauert etwa 2½ Stunden, Buchung unter Tel. 220849, www.alphapilot.fo, oder in der Tourist-Info von Klaksvík.

Geführte Wanderungen zu dem 841 m hohen **Berg Villingadalsfjall** werden auch angeboten. Von Viðareiði führt eine 3,5 km lange schmale Straße in südöstlicher Richtung weiter bis Dalar. Von der Straße hat man eine gute Aussicht auf die Insel **Fugloy,** die „Vogelinsel". Die südlich gelegene, etwas größere Insel **Svínoy,** die „Schweineinsel", soll einer Sage nach folgendermaßen zu ihrem Namen gekommen sein: Ursprünglich trieb Svínoy im Meer hin und her. Eine Frau aus Viðareiði soll einem Schwein einen Schlüssel an dessen Schwanz gebunden haben; dann ließ sie es hinüber zur Insel schwimmen. Dort wurde diese dann mit dem eisernen Schlüssel auf dem Meeresboden festgeschlossen.

Die Südinseln Sandoy und Suðuroy

Die beiden großen Südinseln Sandoy und Suðuroy sind jeweils von Gamlarætt bzw. Tórshavn aus mit der Fähre erreichbar. Verwöhnt von den spektakulären Landschaften des Nordens, erscheinen die Berge auf Sandoy weniger beeindruckend. Der **Tindur** (479 m) ist der höchste Berg. Auch sind die Berge nicht so schroff wie auf den anderen

Inseln, ihre Formen sind runder. An der Westküste, die von dem 412 m hohen **Eiriksfjall** überragt wird, gibt es Klippen und Vogelfelsen, bei Sandur und Húsavík sogar zwei kleine Strände und bei Mølheyggjar die einzigen Dünen auf den Färöern. Sandoy ist eine eher ruhige, grüne Insel. Die Seen ziehen Angler an.

Die Überfahrt von Gamlarætt nach **Skopun** auf der **Insel Sandoy** dauert 30 Minuten. Unterwegs wird das Inselchen Hestur passiert, das einsam im Skopunarfjørður liegt. Von Skopun führt eine schmale Straße (Nr. 30) vorbei an den kleinen Seen Norðara Hálsvatn, Heimara Hálsvatn und Sandsvatn durch das landwirtschaftlich genutzte Traðadalur nach **Sandur** (8 km), dem Zentrum Sandoys (600 Einw.). Sehenswert ist die alte färöische Holzkirche, die direkt am Meer liegt. Ihr weißes Türmchen kontrastiert auffallend mit den schwarz geteerten Wänden und dem grünen Grasdach. Die Tourist-Info von Sandur bietet im Sommer Bootsausflüge nach Stóra Dímun an. Von Mai bis August kann man mit dem Boot „Hvíthamar" einen Ausflug entlang der Küste Sandoys oder Skúvoys machen; Buchung in der Tourist-Info oder bei *Jóan Petur Clementsen,* 210 Sandur, Tel. 36 1019, Fax 286119, tojo@post.olivant.fo.

Nach **Skúvoy** fährt auch die Personenfähre Sildberin. Dort steht der Grabstein von *Sigmundur Brestisson,* der den Färöern um das Jahr 1000 das Christentum brachte. 8 km von Sandur entfernt liegt **Húsavík** an der Ostküste. Im **Heimatmuseum á Breyt** sind die Lebensverhältnisse armer Kleinbauern Anfang des 19. Jahrhunderts dargestellt. Die Molen am Hafen sind von *Tróndur Patursson* mit Meerjungfrauen und anderen Figuren verziert worden.

Die Schiffsreise von Tórshavn zu der lebhafteren südlichsten **Insel Suðuroy** dauert bei gutem Wetter etwa 2 Stunden. Die Insel eignet sich deshalb nicht für eine Tagestour. Sie ist gut erschlossen und bietet entsprechende Einkaufs- und Übernachtungsmöglichkeiten. Auf Suðuroy legt die Fähre in Drelnes, der Fjordseite gegenüber dem Ort **Tvøroyri** an. Die lang gezogene kleine Stadt mit ihren 1600 Einwohnern ist das Zentrum der Insel. Zur Zeit des Handelsmonopols (1836) befand sich hier ein Außenposten, der die Klippfischproduktion überwachte. In Tvøroyri hofft man darauf, dass die Ölindustrie in dem kleinen Ort investiert. In Dimon's Konditorei ist es schon so weit: Köstliches Gebäck in Schiffsform zeugt vom erhofften Aufschwung. Im ältesten Haus Tvøroyris, dem „Doktorhaus" aus dem 19. Jahrhundert, wurde ein Heimatmuseum eingerichtet.

Wir verlassen den Ort und fahren zunächst nach **Trongisvágur** am Ende des Trongsgisvágsfjørður. Von hier führen Straßen nach **Sandvík** im Norden (17 km) und nach **Fámjin** (15 km) im Westen. In der Kirche ist die erste Flagge der Färöer, *Merkið* genannt, ausgestellt. Bis **Sumba** im tiefen Süden der Insel sind es 41 km. Die **Kasparhöhle** bei Sumba kann nur auf einer Wanderung erreicht werden. *Kaspar* und *Sjúrður* pachteten einst Land vom Pfarrer von Vágur. Da die Pacht so hoch war, dass kaum etwas zum Leben übrig blieb, stahlen sie Schafe und versteckten das Fleisch in der Höhle.

Auf der Straße Nr. 29 in Richtung Sandvík durchfährt man bald einen Tunnel, hinter dem ein Fahrweg nach rechts zur einzigen „aktiven" **Kohlegrube** auf den Färöern abzweigt. Die hier außerhalb der Fischfangsaison geförderte Kohle wird stark subventioniert und dient nur dem Eigenverbrauch der Färöer. Zur Zeit der Industrialisierung in Europa waren hier mehrere Gruben in Betrieb; die Kohle wurde von **Hvalba** aus exportiert. Davon zeugen heute noch die gut erkennbaren Abraumhalden. Die einzige **Töpferei** der Südinseln, „Føroya Steintoy", stellt in Hvalba färöische Töpferwaren her.

Nach dem Tunnel führt die Straße steil hinunter ins Tal der Sandvíksá. In der flachen Sandbucht, wo der Bach in den Fjord mündet, liegt der 120 Einwohner zählende Ort **Sandvík.** Von der Bucht hat man eine herrliche Aussicht auf die unbewohnten Inseln Stóra Dímun und Lítla Dímun. Im grasgedeckten ehemaligen Haus eines Fischers und Bauern aus dem Jahr 1860 befindet sich ein kleines **Heimatmuseum,** das neben Einrichtungsgegenständen auch alte Werkzeuge zur Wollverarbeitung und für den Fischfang zeigt.

Die Straße Nr. 20 zweigt in Trongisvágur nach Süden in Richtung Øravík ab. Sie führt am Trongsgisvágsfjørður entlang und bietet eine gute Aussicht auf Tvøroyri. Im Fjord fallen die runden Pontons der Lachszuchtanlagen auf. **Øravík,** das nur aus einem Gehöft und dem Gästehaus við Á (Zimmer, Schlafsackunterkunft, Camping) besteht, erreicht man nach 7 km. Hier gabelt sich die Straße erneut, östlich geht es nach Fámjin an der Ostküste. Von dort kann man eine schöne Wanderung zum nahe gelegenen Kirkjuvatn machen.

Wir fahren weiter auf der Nr. 20 am Fjord und an den beeindruckenden, schroffen Steilküsten im Westen Suðuroys entlang nach Süden. In Hov soll einst der erste Siedler von Suðuroy gelebt haben. „Hov" bezeichnet einen heidnischen Tempel, und davon leitet sich der Name des Orts ab. Der Siedler wurde bei undir Homrum begraben, das einzige Häuptlingsgrab auf den Färöern.

Über **Porkeri** mit seiner Holzkirche von 1847 erreicht man nach 25 km **Vágur** im Vágsfjørður. Die 1400 Einwohner des Orts leben hauptsächlich vom Fischfang und der Fischverarbeitung. Der Hafen mit den kleinen Bootshäuschen ist sehenswert. Am Eingang zur Kirche steht das Denkmal des Pfarrers und Dichters *Jákup Dahl.* Im **Stóra Pakkhús,** dem 1901 erbauten Lagerhaus und heutigen Kulturzentrum des Orts, wurde ein Museum eingerichtet. In der neu erbauten Wollspinnerei „Siri" werden dicke Wollpullover aus färöischer Wolle gestrickt (Werksverkauf). Im Haus daneben können die Werke und das Atelier der Malerin *Ruth Smith* besichtigt werden.

Nordwestlich von Vágur liegt das **Ryskidalur** mit einem See, in dem man angeln kann. Eine holprige Straße führt zur Bucht í Botni an der Westküste. Südwärts kann man zum Aussichtspunkt Skúvanøs fahren.

Südlich von Vágur nimmt die Besiedlung merklich ab; dafür wird die **Küs-**

tenlandschaft immer spektakulärer: lotrecht abfallende Klippen, im Meer spitze Felsnadeln und kleine, vorgelagerte Inseln, überall das Gekreische der Meeresvögel, Wind – und in der Luft der Geschmack des Salzwassers. Die Straße Nr. 21 erschließt die Südspitze der Insel, die hier höchstens 5 km breit ist. Die Straße verläuft zunächst im Westen der Insel am Vágsfjørður entlang nach **Lopra,** durchquert die schmale Landenge und führt an der Ostküste weiter. Wir empfehlen, hinter Lopra nicht die Route durch den Tunnel zu wählen, sondern die alte, kurvenreiche Straße zu fahren. Immer wieder laden Parkbuchten zum Anhalten ein. Meist sind es zu den steilen Klippen nur wenige (glitschige!) Schritte.

Etwa 1 km hinter der Abzweigung einer Stichstraße nach Víkabyrgi an der Westküste liegt die senkrecht abfallende **Klippe Beinisvørð.** Sie ist **476 m** hoch und damit die höchste Suðuroys. Die Straße endet in der kleinen Siedlung **Sumba** (41 km). Im Meer vor Sumba liegt die schmale Insel Sumbiarhólmur. Sumba ist auf den Färöer-Inseln bekannt geworden durch seine Volkstanzgruppe. Ein Lebensmittelgeschäft und eine einfache Unterkunft laden dazu ein, hier einige Tage zu verbringen und das Land zu erwandern. Bis **Akraberg** am südlichsten Zipfel der Insel sind es nur 3 km. Zwar gibt es auch einen befestigten Fahrweg zum Leuchtturm und zu einem einsamen Gehöft, doch in dieser herrlichen Landschaft geht man besser zu Fuß – so lassen sich die Naturgewalten hautnah erleben.

Tourist-Information

- **Inseln Sandoy, Skúvoy und Stóra Dímun** – Kunningarstova Sandoyar, 210 Sandur, Tel. 361836, Fax 361256, www.visitsandoy.fo, geöffnet im Sommer Mo–Fr 9–11, 14–16 Uhr, im Winter Mo–Fr 15–17 Uhr.
- **Insel Suðuroy,** www.visitsuduroy.fo
  – Tvørávegur 37, 800 Tvøroyri, Tel. 611080, Fax 371814, info@tvoroyri.fo. Geöffnet Mo–Fr 9–12 und 13–16 Uhr, im Juli auch Sa 10–12 Uhr und bei Ankunft der Fähre.
  – Tourist-Info Gamli skúli, Vágsvegur 22, 900 Vágur, Tel. 733090, Fax 733001, info@vagur.fo, Mo–Fr 8–16 Uhr.

Museen

- **Sands Bygdasavn,** Heimatmuseum Sandur, auf Sandoy, Tel. 361836; das kleine Museum ist vom 1.6. bis 30.9. So 14–16 Uhr geöffnet oder auf Anfrage bei Kunningarstova Sandoyar (s. o.).
- **Heimatmuseum á Breyt,** Húsavík; das 130 Jahre alte Grassodenhäuschen ist frei zugänglich.
- **Heimatmuseum Sandvík,** auf Suðuroy, Tel. 372480; in einem kleinen Gras gedeckten Fischerhaus, Mai–Aug. So 15–18 oder auf Anfrage bei Kunningarstova Sandoyar (s. o.).
- **Stóra Pakkhús,** hier finden heute kulturelle Veranstaltungen statt. Im „Segloftið", den Räumen im 3. Stock, wo früher die Segel genäht wurden, befindet sich ein Meeresmuseum, das in Fotos und einem alten Film von 1927 das Leben der Fischer des Orts zwischen 1850 und 1945 aufzeigt. Das Museum ist von Mai bis September Fr 17–20 Uhr geöffnet, Tel. 210438, Fax 373438.

Sonstiges

- **Kohlegrube Hvalba,** aktuelle Besichtigungszeiten bei der Tourist-Information erfragen; es werden auch geführte Touren einschließlich Busfahrt angeboten, Dauer 3–4 Std.
- **Kunstgalerie Oyggin auf Suðuroy,** Tvøroyri, Tel. 371669, www.oyggin.fo; Ausstellungen färöischer und skandinavischer Künstler, geöffnet Di–So 14–18 Uhr.

176is Foto: tt

Anhang

177is Foto: tt

178is Foto: tt

Landespferdetreffen Landsmót
in Reykjavík

Warmes Abendlicht erhellt die kleine
Kirche von Möðrudalur in Ostisland

Leuchtende Moose in einem Bachtal mit
schwarzem Lavasand am Öldufell

Sprache

Die Verständigung in Island stellt kein größeres Problem dar. **Praktisch jeder Isländer spricht Englisch,** viele auch Deutsch. In jedem Hotel, auf den meisten Campingplätzen, in allen größeren Supermärkten und an den Tankstellen ist man auf Touristen eingestellt, die kein Isländisch sprechen. Dennoch ist es nützlich, wenn man die wichtigsten isländischen Bezeichnungen für Alltägliches kennt, Verkehrszeichen und Hinweisschilder versteht und ein paar Worte auf Isländisch sagen kann.

Isländisch gehört zu den **westnordischen Sprachen,** einer Unterfamilie der germanischen Sprachen. Man unterscheidet die westgermanischen Sprachen Englisch, Deutsch und Holländisch und die westnordischen Sprachen Färöisch, Norwegisch und Isländisch.

Die isländische Sprache hat sich in den 1000 Jahren seit ihrer Entstehung nur sehr wenig verändert. Deshalb können die Isländer auch heute noch ohne Schwierigkeiten ihre mittelalterliche Literatur lesen. Isländisch ist einer der letzten direkten Zeugen der altnordischen Sprachen. Diese Tatsache wird dadurch unterstrichen, dass die isländische Schrift heute noch **zwei Runen aus der „Wikingerzeit"** beinhaltet, die es – außer im Färöischen – in keiner anderen nordischen Sprache mehr gibt: **Ð, ð und Þ, þ.**

Mit Ausnahme von unterschiedlichen Betonungen kennt man auf Island **keine Dialekte.** Die Sprache besteht etwa aus 100.000 Wörtern. Da es viele Wörter mit unterschiedlichem Sinn gibt, leiten sich aus diesen Wörtern etwa 600.000 Bedeutungen ab.

Für die Isländer ist die Sprache einer der wichtigsten Faktoren zur Definition und **Bewahrung kultureller und nationaler Identität.** Um die traditionelle Eigenart der Sprache zu erhalten, werden bis heute Fremdwörter weitestgehend vermieden. Bereits 1779 wurde in Kopenhagen die „Isländische Gesellschaft der Gelehrten Künste" gegründet, die sich um die **Reinhaltung der Sprache von Fremdwörtern** bemüht. Außerdem wacht seit 1964 das „Isländische Sprachkomitee" über die Eigenständigkeit der isländischen Sprache. Notwendige Neuerungen und Fremdwörter sollen aus bereits vorhandenen Begriffen oder durch Aneinanderreihung von isländischen Silben gebildet werden. So gibt es in Island bis heute keine „Computer". Stattdessen surfen die Isländer mit der „tölva", der „Zahlenseherin", durchs Internet, arbeiten mit der „Schoß-Zahlenseherin" (Laptop) und mit der „Gedankenausrüstung" (Software). Nur die Berge sprechen ihre eigene Sprache; das „Echo" ist die „Felsensprache". Auch viele geografische Bezeichnungen haben „sprechende

Buchtipps:
- **„Färöisch – Wort für Wort"**
- **„Isländisch – Wort für Wort"**

Handliche, unkomplizierte und praktische Sprechführer aus der Kauderwelsch-Reihe (Reise Know-How Verlag), auch als AusspracheTrainer auf CD.

Namen". Jeder Isländer kann beim Sprachkomitee Vorschläge für neue Wörter machen. Heute besteht jedoch die Gefahr, dass sich Fremdwörter, insbesondere Anglizismen, durch die Medien einschleichen und in der isländischen Sprache festsetzen.

Für Ausländer ist es schwierig, Isländisch zu erlernen. Die Grammatik ist komplex, und nur wenige Wörter können aus einer anderen Sprache abgeleitet werden. Zudem gibt es einige Buchstaben, die in unserem Alphabet nicht vorkommen.

Allgemeine Ausspracheregeln

Betonung

Als Grundregel gilt: Isländische Worte betont man grundsätzlich **auf der ersten Silbe.** In zusammengesetzten Wörtern gibt es zusätzlich noch eine Nebenbetonung auf der ersten Silbe des letzten Wortteils.

Vokale werden lang gesprochen:

- an betonten Stellen, wenn kein Konsonant folgt, und
- vor zwei Konsonanten, wenn der erste ein p, t, k, s ist und der zweite ein j, r oder v. Folgen danach zwei Konsonanten, wird der Vokal kurz gesprochen.

Alle Vokale können einen **Akzent** bekommen. Meistens verändert sich dadurch auch die Aussprache:

- **a** vor ng oder nk wird wie au, vor gi als ai gesprochen
- **á** wird zum Diphtong; já (ja) wird jau gesprochen
- **é** wird zu jä; ég wird jehk gesprochen
- **í** wird zu einem langen ie
- **ó** wird zum Diphtong; „bók" wird bouk gesprochen
- **ú** wird zu uu
- **ý** wird ebenfalls zu einem langen ie

Im Isländischen kommen auch **Umlaute** vor:

- **ö** wird wie das deutsche ö in „Böller", vor ng oder nk jedoch als öi gesprochen, Stöng = stöing
- **Æ, æ** wird wie deutsch „Kaiser" gesprochen, læknir = laiknir

Aussprache von **Doppelvokalen:**

- **au** wie öj; isländisch „braut" (Straße) wie bröjt
- **ei, ey** wie englisch „grey" (grau), aber als Doppellaut wie in „Heimaey" betont man e und i und spricht heïmaeï

Im Isländischen werden zwei **Konsonanten** verwendet, die in unserer Sprache nicht vorkommen:

- **Ð, ð:** weiches, stimmhaftes th, wie im Englischen „that"
- **Þ, þ:** stimmloses th, wie englisch „thing"; steht nur am Wortanfang

Andere Konsonanten werden wie folgt ausgesprochen:

- **g** vor u wird gw gesprochen
- **g** zwischen zwei Vokalen wird als j gesprochen
- **r** wird immer gerollt
- **s** entspricht dem deutschen stimmlosen s, vor nj oder sj wird es jedoch sch gesprochen
- **v** entspricht dem deutschen w
- **z** wurde im Allgemeinen durch s ersetzt und kommt nur noch in Eigennamen und Fremdwörtern vor, in denen es auch als s gesprochen wird.
- **fl** wird pl gesprochen, fljót = plout
- **fn** wird pn gesprochen, hrafn = rapn
- **hv** wird zu kw, Hveravellir = kweravedlir
- **ll** wird zu dl, jökull = jökudl
- **nn** wird nach Vokalen á, é, í, ó, ú, y, ae, ei und ey zu dn
- **pt** wird als ft gesprochen

Kleiner Sprechführer

Häufig gebrauchte Wörter und Redewendungen

Guten Morgen / góðan daginn
Guten Tag / góðan dag
Guten Abend / gott kvöld
Gute Nacht / góða nótt

Auf Wiedersehen / bless
hallo / hæ
ja, nein / já, nei
danke, vielen Dank / takk, takk fyrir
bitte / geriðsvo vel
entschuldigen Sie / fyrirgefðu, afsakið
Was kostet das? / hvað kostar þetta?
Telefon / sími
Ich spreche kein / ég tala ekki
Sprechen Sie / talið þér
Wie heißt das auf Isländisch? / hvað heitir þetta á íslenskur?
deutsch, Deutscher / þýskur, þjóðverji
englisch / enskur
französisch / franskur
Österreicher / Austurríkismaður
Schweizer / Svisslendingur

Zeitangaben, Kalender

heute / ídag
morgen / á morgun
gestern / í gær
vormittags / fyrir hádegi
nachmittags / eftir hádegi
Tag / dagur
Woche / vika
Monat / mánuður
Jahr / ár

Uhrzeit

Wie viel Uhr ist es? / Hvað er klukkan?
Es ist ein Uhr. / Hún er eitt.
Es ist halb zwei. / Hún er hálf tvö.
Es ist viertel vor zwei. / Hana vantar korter í tvö.
Es ist zehn nach zwei. / Hún er tíu minú tur yfir tvö.

Wochentage

Sonntag / sunnudagur
Montag / mánudagur
Dienstag / þriðjudagur
Mittwoch / miðvíkudagur
Donnerstag / fimmtudagur
Freitag / föstudagur
Samstag / laugardagur
Feiertag / frídagur

Monate

Januar / janúar
Februar / febrúar
März / mars
April / apríl
Mai / maí
Juni / júní
Juli / júlí
August / ágúst
September / september
Oktober / október
November / nóvember
Dezember / desember

Jahreszeiten

Frühling / var
Sommer / sumar
Herbst / haust
Winter / vetur

Zahlen/Ordnungszahlen

0 / núll
1 / einn, ein, eitt; 1. / fyrsti, fyrsta
2 / tveir, tvær, tvö; 2. / annar, önnur, annað
3 / þrír, þrjár, þrjú; 3. / þriðji
4 / fjórir, fjórar, fjögur; 4. / fjórði
5 / fimm; 5. / fimmti
6 / sex; 6. / sjötti
7 / sjö; 7. / sjöundi
8 / átta; 8. / áttundi
9 / níu; 9. / níundi
10 / tíu; 10. / tíundi
11 / ellefu
12 / tólf
13 / þrettán
14 / fjórtán
15 / fimmtán
16 / sextán
17 / sautján
18 / átján
19 / nítján
20 / tuttugu
30 / þrjátíu
40 / fjörutíu
50 / fimmtíu
60 / sextíu
70 / sjötíu
80 / áttatíu
90 / níutíu
100 / hundrað
1000 / þusund

Reisen und Notfall

Angelschein / veiðileyfi
Apotheke / apótek
Arzt / læknir
Bad / snyrting
Bett / rúm
Berghütte / sæluhús, skali
Campingplatz, Camping / tjaldstædi, tjadsvæði
Dusche / sturta
Fahrplan / ferðaáætlun
Familienzimmer / fjölskylduherbergi
Freibad / sundlaug
Gästehaus, Pension / gistheimili, gistihús
geschlossen / lokað
Hallenbad / sundhöll
Heimatmuseum / byggðasafn
Jugendherberge / farfuglaheimili
Kochgelegenheit / eldunaraðstaða
Krankenhaus / sjúkrahús
Küche / eldhús
Matratze / dýna
Museum / safn
offen / opið
Pferdeverleih / hestaleiga
Post / póstur
Rucksack / bakpoki
Schlafsackunterkunft / svefnpokapláss
Schule / skóli
Sommerhotel / sumarhótel
Toilette / suyrting
(Damen = konur; Herren = karlar)
Touristeninformation / upplysingamiðstöð
Übernachtung auf dem Bauernhof / bændaþjónusta
Waschmaschine / þvottavél
Zahnarzt / tannlæknir
Zimmer / herbergi

Essen und Einkaufen

Abendessen / kvöldverður
Ausverkauf / útsala
Bank / banki
Bier / bjór
Brief / bréf
Briefmarke / frimerki
Briefumschlag / umslag
Brot / brauð
Butter / smjör
Eis / ís
Fast-Food-Restaurant / skyndibitastaður
Fisch / fiskur
gebeizt, geräuchert / grafinn, reyktur
gekocht, gebraten / soðinn, streiktur
Forelle / silungur, bleikja
Garnelen / rækjur
Heilbutt / lúda
Hering / síld
Lachs / lax
Rotbarsch / karfi
Schellfisch / ýsa
Scholle / skarkóli
Seelachs / ufsi
Fleisch / kjöt
Hackfleisch / kjötthakk
Hühnerfleisch / kjúklingur
Kalbfleisch / kálfakjöt
Lammfleisch / lambakjöt
Lammfleisch geräuchert / hangikjöt
Rindfleisch / nautakjöt
Schweinefleisch / svínakjöt
Frühstück / morgunverður
Geld / peningar
Geldwechsel / gjaldeyris
Imbissbude, Kiosk / söluskáli
Käse / ostur
Kaffee / kaffi
Kuchen / kökur
Laden / verslun
(Kaupfélag / hagkaup = Supermarktketten)
Margarine / smjörlíki
Milch / mjólk
Orangensaft / appelsínusafi
Pommes frites / franskar
Postkarte / póstkort
Restaurant / veitingahús, -stofa
Sahne / rjómi
Sonderangebot / tilboð, sértilboð
Tee / te
Telefon / sími
Telegramm / símskeyti
Touristenmenu / sumarréttir
Wechselkurs / gengisskrá
Wein / vín
Wurst / pylsa
Zucker / sykur

Verkehr

(áætlunar-) ruta / Überlandbus
bannað / verboten

beint áfram / geradeaus
bensínstöð / Tankstelle
bilaleiga / Autoverleih
bílastæði / Parkplatz
jeepavegur / Weg für Allradfahrzeuge
bíll / Auto
blindhæð / unübersichtliche Kuppe
brottför / Abfahrt
ferja / Fähre
ferðaáætlun / Fahrplan
fjallahjól / Mountain-Bike
flugvöllur / Flugplatz
gata, braut, vegur / Weg, Straße
gönguleið / Fußweg
hætta / Gefahr
hringvegur / Ringstraße
inngangur / Eingang
koma / Ankunft
leiðabók / Fahrplanverzeichnis
leigubill / Taxi
lögregla / Polizei
miði / Fahrschein
reiðhjol / Fahrrad
skiptimiði / Umsteigeticket
stans / halt
strætó / Stadtbus
sumaráætlun / Sommerfahrplan
til hægri / nach rechts
til vinstri / nach links
umferðarmiðstöð / Busterminal
upplýsingar / Information, Auskunft
útgangur / Ausgang
útsýnispallur / Aussichtspunkt
varúð / Achtung
vegarlykkja / Umleitung
viðkomustaður / Haltestelle
virkjun / Kraftwerk

Himmelsrichtungen

Norden / noður, nördlich / nyrðri
Westen / vestur, westlich / vestri
Süden / suður, südlich / syðri
Osten / austur, östlich / eystri

Geografische Bezeichnungen

(pl. = Plural)
á, pl. ár / Fluss
bakki / Ufer
bjarg, pl. björg / Felsen
borg, pl. borgir / Stadt
botn / Boden
brekka / Abhang
brú / Brücke
dalur, pl. dalir / Tal
drangi / Felsen
eld- / Feuer-
eldfjall / Vulkan
ey, eyja, pl. eyjar / Insel
eyri / flaches Flussufer
fell / kleiner Berg, Hügel
fjall, pl. fjöll / Berg, Gebirge
fjörður, pl. firðir / Fjord
fljót / Strom, Fluss
foss, pl. fossar / Wasserfall
garður / Garten, Hof
gígur, pl. gígar / Krater
gjá, pl. gjár / Spalte, Schlucht
haf, pl. höf / Meer
hagi / Wiese, Weide
háls / Hügel
heiði, pl. heiðar / Heide, Hochfläche
hellir, pl. hellar / Höhle
hérað, pl. héruð / Bezirk, Gegend
hlíð, pl. hlíðar / Hang
hnjúkur (hnúkur) / Gipfel
hóll, pl. hólar / Hügel
hólmur / Inselchen
hraun / Lava, Lavafeld
hús / Haus
hver, pl. hverir / heiße Quelle
höfði / Bergrücken
höfn / Hafen
ís, pl. ísar / Eis
jökull, pl. jöklar / Gletscher
jökulsá / Gletscherfluss
kirkja / Kirche
klettur, pl. klettar / Felsen
laug, pl. laugar / warme Quelle
mýri, pl. mýrar / Moor
mörk / Wald
nes / Halbinsel, Landzunge
núpur / Bergspitze
ós / Mündung
reykur, pl. reykir / Dampf, Rauch
sandur, pl. sandar / Sand, Geröllfläche
skagi, pl. skagar / Halbinsel, Vorgebirge
skarð / Pass
skógur, pl. skógar / Wald, Forst
staður, pl. staðir / Ort, Platz, Stelle
stapi / freier Felsen
strönd, pl. strandar / Strand, Meeresküste

stöð / Station
sýsla, pl. sýslur / Landkreis, Distrikt, Landschaft
tangi / Landzunge
vatn, pl. vötn / Wasser, See
vegur, pl. vegir / Weg
vík, pl. víkur / Bucht
víti / Hölle, Explosionskrater
vogur, pl. vogar / Bucht
völlur, pl.vellir / Feld, Ebene

Literatur und DVDs

Bücher

- *Arnold, Michael*
Magisches Island.
Bruckmann Verlag, München
- *Escritt, Tony*
Iceland. A Handbook For Expeditions.
London
- *Gebhard, Peter*
Island. Artcolor Verlag Hamm
- *Gorsemann, Sabine*
Island. Rowohlt TB Verlag, Hamburg
- *Grunewald, Oliver* und *Gilbertas Bernadette*
Island – Insel aus Feuer und Eis.
Delius Klasing Verlag, Bielefeld
- *Hörður Kristinsson*
Die Blütenpflanzen und Farne Islands.
Bókaútgáfan Örn og Örlygur hf, Reykjavík
- *Hansen, Walter*
Asgard – Entdeckungsfahrt in die germanische Götterwelt Islands.
Weltbild Verlag, Augsburg
- *Hoffmann, Ulf* und *Kettler, W.*
Island per Rad. Neuenhagen
- *Hünerfeld, Johannes* und *Katja*
Mit dem Wohnmobil durch Island.
Womo-Reihe Band 43
Womo-Verlag Mittelsdorf
- *Jantzen, Heidrun* und *Friedrich*
Island. Landschaften, Pflanzen- und Tierwelt.
Landbuch Naturreiseführer, Hannover
- *Kaut, Ellis; Roßhaupter, Erich*
Island – eine Reise.
Nymphenburger Verlag, München
- *Körtzinger, Arne*
Allein durch Island – Fahrrad-Abenteuer.
Pietsch Verlag, Stuttgart
- *Koch, Andreas; Völkek, Eva*
Island. Schroll Verlag, Wien/München
- *Krafft, Maurice*
Führer zu den Vulkanen Europas. Band 1: Allgemeines, Island.
Enke Verlag, Stuttgart
- *Kürtz; Stadler; Hanneck-Kloes*
Island – Begegnung mit dem Horizont.
Bucher Verlag, München
- *Lange, Harald*
Island. Insel aus Feuer und Eis.
Verlag Ludwig Simon, München
- *Luthardt, Ernst-Otto*
Reise durch Island.
H. Stürtz Verlag, Würzburg
- *Meniconzi, Alessandra*
Mystisches Island.
Koehlers Verlagsgesellschaft, Hamburg
- *Moser, Achill*
Abenteuer Island. Pietsch Verlag, Stuttgart
- *Naundorf, Cathleen, Klüche, Hans*
Island. Bruckmann Verlag, München
- *Paoluzzo, Marco*
Island. Benteli Verlag, Wabern
- *Saslawskaja, Marina; Siwik, Hans*
Island, Insel aus Feuer und Eis.
Belser Verlag, Stuttgart
- *Schießl, Gabriele; Handl, Christian*
Rother Wanderführer Island.
Bergverlag Rother, München
- *Simrock, Karl*
Die Edda. Phaidon Verlag, Essen
- *Schmid, Max; Martin, Gerald*
Island. Ellert und Richter Verlag, Hamburg
- *Schmid, Max; Hinrichsen, Helmut*
Island. Reich Verlag, Luzern
- *Schutzbach, Werner*
Island, Feuerinsel am Polarkreis.
Ferd. Dümmlers Verlag, Bonn
- *Steinbichler, Hans*
Island – Reise zum jüngsten Land der Erde.
Rosenheimer Verlagshaus, Rosenheim
- *Titz, Barbara* und *Jörg-Thomas*
Off road Handbuch Island.
Pietsch Verlag, Stuttgart

• *Uehli, Ernst*
Nordisch-germanische Mythologie als Mysteriengeschichte.
J. Ch. Mellinger Verlag, Stuttgart
• *Weyer, Helfried*
Island. Erinnerungen an die Schöpfung.
Orbis Verlag, München
• *Wiese, Eigel*
Island – Reise zwischen Feuer und Eis.
Pietsch Verlag, Stuttgart

Zeitschriften

• **Iceland Review:** Verschiedene Hefte. Verlag des Iceland Review Reykjavík
• **Island.** Zeitschrift der Deutsch-Isländischen Gesellschaft e.V. Köln
• **Nordis, das Nordeuropa Magazin:** Verschiedene Hefte. Nordis Buch- und Landkartenhandel Monheim

DVDs

• *Blum, Roland*
Island – Sagaland der Pferde.
Video-Reihe Documenta Hippologica, Georg Olms Verlag, Hildesheim
• *Knolle, Peter*
Island. Bavaria-Video-Verlag, Grünwald
Islands heiße Erde. Reise- und Dokumentarfilm U. Knolle, Würzburg

Glossar

A

• **Aa-Lava:** Raue Lava aus Blöcken mit scharfkantiger Oberfläche; diese isländisch „apalhraun" genannte Lava entsteht durch Blasenbildung beim Entgasen der erstarrenden Lavaschmelze bzw. wenn die zähe, entgaste Lava beim Fließen zerreißt und die unregelmäßig geformten Lavabrocken aufeinandergeschichtet werden (Blocklava).

• **Aktive Vulkanzone:** Bereich der Dehnungsfugen am mittelatlantischen Rücken, der sich in zwei 20–40 km breiten Bahnen von der Halbinsel Reykjanes über den Langjökull und von Vestmannaeyjar über den Vatnajökull quer durch Island verlaufend in nordöstlicher Richtung bis zum Axarfjörður erstreckt; Ort höchster vulkanischer Aktivität.

• **Alþing:** Altisländische Versammlung der Sippen in Þingvellir; Ort der Rechtssprechung, des sportlichen Wettkampfes, des Austausches von Neuigkeiten.

• **Amphitheater:** Altrömisches Theater mit großer ovaler Arena und ansteigenden Sitzreihen aus Stein. Im übertragenen Sinn eine Formation aus erstarrter Lava, die in ihrem Aussehen einem Amphitheater ähnelt.

• **Apalhraun:** ➡ Aa-Lava

• **Asche:** Bei einem Vulkanausbruch herausgeschleuderte Gesteinsteilchen mit einem Durchmesser von 0,1–2 mm werden als **Vulkanasche** bezeichnet.

• **Asen:** Geschlecht der germanischen Götter in der nordischen Mythologie.

• **Asthenosphäre:** ➡ Erdmantel

B

• **Basalt:** Vulkanisches Ergussgestein aus der Sima-Hülle der ➡ Erdkruste, das sich aus 1050–1250 °C heißem, basischem Magma bildet.

• **Basaltsäule:** Säulenförmig erstarrte Form basaltischer Lava. Die Basaltsäulen entstehen stets im rechten Winkel zur Abkühlfläche, d. h. sie verlaufen in den Lavaschichten senkrecht. Schräg verlaufende Basaltsäulen entstehen durch tektonische Verschiebungen der Gesteine.

● **Besiedlung:** Landnahme Islands durch die Wikinger in den Jahren 860–930.
● **Bims:** Bei einer Eruption freigesetztes poröses, lufthaltiges Gesteinsglas, das auf Wasser schwimmt. Bims entsteht im Vulkanschlot aus rasch erstarrtem Lavaschaum, aus dem die Gase nicht mehr entweichen konnten.
● **Blocklava:** → Aa-Lava
● **Bombe:** Bei einem explosiven Vulkanausbruch aus dem Krater geschleuderte Lavafetzen, die sich in der Luft durch Rotation zu kugeligen Gebilden (Größe bis zu über 1 m) verdichten und in der Luft erstarren.
● **Brekzie:** Große Blöcke aus verfestigten, alten vulkanischen Lockerprodukten wie → Palagonittuff.

C

● **Caldera** (span. = Kessel): Einsturzkessel eines Kraters in einem Zentralvulkan. Ein Einsturzkessel entsteht, wenn sich eine Magmakammer unter einem Dach aus erstarrter Lava oder empor gedrückter Landmasse durch Lavaabflüsse schnell entleert und dabei einen großen Hohlraum hinterlässt. Das Gewicht des „Daches" bringt den Hohlraum zum Einsturz.
● **Canyon** (auch „Cañon"): tief eingeschnittenes, schluchtartig verengtes Tal mit steilen Wänden.
● **Christianisierung:** Zeitraum um das Jahr 1000, in dem die heidnischen Ureinwohner Islands zum christlichen Glauben bekehrt wurden.
● **Curie-Temperatur:** 1895 benannt nach *Pierre Curie* (1859–1906). Der Magnetismus eisenhaltiger Gesteine bildet sich erst nach dem Erstarren der Gesteinsschmelze aus dem Erdinnern (Magma) unterhalb der sog. Curie-Temperatur von 768 °C. Dabei „speichern" die Gesteine den globalen Magnetismus des Erdmagnetfeldes. Erwärmt man das Gestein wieder auf die Curie-Temperatur (Umwandlungstemperatur), verliert es seine Magnetisierung. Der Magnetismus bildet sich beim Abkühlen wieder aus. Das Magnetfeld der Erde hat sich im Verlauf ihrer Entstehung mehrmals umgepolt. Dieser unterschiedliche Magnetismus ist in der erstarrten Lava gespeichert. Der Magnetismus des Vulkangesteins kann die Orientierung mit einem Kompass erschweren.

D

● **Diatomite:** Kleinstlebewesen in Süßwasserseen, deren Skelette → Kieselgur bilden.
● **Doppelspat:** Isländischer Doppelspat ist ein klarer und fehlerfreier Kalkspat, der wegen seiner Doppelbrechung des Lichts früher für optische Linsen verwendet wurde.

E

● **Edda:** altisländische Reimdichtung aus mythischen Helden- und Götterliedern.
● **Effusiv:** Bezeichnet die aus einem Vulkankrater ausfließende basaltische Lava.
● **Einsturzkessel:** → Caldera
● **Eiszeit:** erdgeschichtliche Periode starker Vergletscherung vor 1 Million bis 10.000 Jahren. Die Gletscher formten das Land.
● **Erdkern:** Die innerste Schale der Erde besteht hauptsächlich aus den chemischen Elementen Nickel und Eisen **(Nife-Schale).** Sie reicht vom Erdmittelpunkt in 6371 km Tiefe bis 2900 km. Im Erdkern herrschen Temperaturen bis 5000 °C und Drücke bis 3 Millionen bar. Der innere Teil des Erdkerns (6371–5100 km) ist fest, der äußere Teil (5100–2900 km) zähflüssig.
● **Erdkruste:** Als Erdkruste bezeichnet man die feste äußerste Schale der Erde, die sich an den oberen Erdmantel anschließt und Bestandteil der Lithosphäre ist. Die vergleichsweise dünne Erdkruste besteht aus verfestigten vulkanischen und Sedimentgesteinen. Die **kontinentale Erdkruste** ist durchschnittlich 35 km dick. Sie gliedert sich in eine untere und in eine obere Hülle. Die Gesteine der unteren Hülle bestehen hauptsächlich aus den chemischen Elementen Silizium und Magnesium **(Sima-Schale),** die der oberen Hülle sind Granite und Gneise. Sie enthalten vor allem die Elemente Silizium und Aluminium **(Sial-Schale).** Die **ozeanische Erdkruste** ist deutlich dünner als die kontinentale.
● **Erdmagnetismus:** Die Erde besitzt ein Magnetfeld. Dieses entsteht wie bei einem Dynamo durch die Bewegung des zähflüssigen äußeren Erdkerns, der „elektrischen Strom" erzeugt, welcher ein Magnetfeld in-

duziert. Entsprechend des Erdmagnetfeldes richtet sich die Nadel eines Kompasses aus. Im Verlauf der Erdgeschichte hat sich das globale Erdmagnetfeld mehrfach umgepolt, d. h. der flüssige Teil des Erdkerns änderte seine Fließrichtung. Dieses globale Magnetfeld wird beim Abkühlen in dem erstarrten magnetischen Gestein gespeichert (→ Curie-Temperatur).

- **Erdmantel:** Teil des Erdinnern, der an den Erdkern in 2900 km Tiefe anschließt und bis zur Erdkruste in durchschnittlich 35 km Tiefe reicht. Der **untere Erdmantel** - auch als **Sifema-Schale** bezeichnet - erstreckt sich von 2900- 250 km Tiefe; er besteht aus Gesteinen, die hauptsächlich die chemischen Elemente Silizium, Eisen und Magnesium enthalten. Die Temperatur beträgt im unteren Erdmantel 1000–2000 °C, der Druck 10.000–100.000 bar. Daran schließt sich der **obere Erdmantel** an, der aus der Asthenosphäre und der Lithosphäre besteht. Hier herrschen Temperaturen bis 1500 °C und Drücke bis 10.000 bar. Die **Asthenosphäre** ist der zähflüssige und unbewegliche untere Teil des oberen Erdmantels in 250- 120 km Tiefe. Darüber liegt die → **Lithosphäre,** die feste Gesteinshülle. Sie besteht aus sieben großen und einigen kleineren Platten aus Basalt **(Lithosphärenplatten),** in welche die Kontinente eingebettet sind. Über Land sind die Lithospärenplatten 20–70 km dick, über den Ozeanen 5–6 km. Die Lithosphärenplatten bewegen sich angetrieben durch → Konvektion wenige cm/ Jahr, sie „schwimmen" auf der Asthenosphäre.
- **Erosion:** Abtrag an Boden durch fließendes Wasser, Wind oder das Eis eines Gletschers.
- **Explosionskrater:** tiefer V-förmiger Krater, der bei einem explosiven Vulkanausbruch gebildet wurde.
- **Explosiv:** Vulkanausbruch, bei dem Asche und Lava mit großer Wucht (explosiv) aus dem Krater herausgeschleudert werden.

F

- **Fjord:** schmale, lange, tief eingeschnittene und verästelte Meeresbucht; ein durch die eiszeitlichen Gletscher geschaffenes → Trogtal wurde vom Meer überflutet.
- **Fladenlava:** → Pahoehoe-Lava, deren Oberfläche glatt wie die Wellen eines ruhigen Meeres erstarrt ist.
- **Flateyjarbók:** altisländische, bebilderte Pergamenthandschrift
- **Frostverwitterung:** Wasser dehnt sich beim Gefrieren aus. In Gestein eingedrungenes Wasser sprengt dieses dadurch beim Gefrieren auseinander.
- **Fumarole:** Ausströmen von heißen vulkanischen Gasen und Wasserdampf mit einer Temperatur zwischen 400 und 1000 °C.

G

- **Geächteter:** Ein auf dem Alþing als „vogelfrei" und rechtlos erklärter Verurteilter, der von jedermann getötet werden durfte. Um ihrem Tod zu entgehen, verließen die Geächteten das Land oder zogen sich in das unzugängliche Landesinnere Islands zurück.
- **Geothermal:** bezeichnet die Wärme aus der Erdkruste.
- **Geothermale Energie:** Nutzung der Wärmeenergie, die aus dem Dampf und heißen Wasser aus der Erdkruste gewonnen wird. Die Wärmeenergie wird auch in elektrische Energie umgewandelt.
- **Geyserit:** helle Ablagerungen aus → Kieselsinter um den Schlot eines Geysirs.
- **Geysir:** heiße Springquelle.
- **Gletscherfluss:** isl. *jökulsá;* Schmelzwasserabfluss eines Gletschers.
- **Gletscherlauf:** isl. *jökulhlaup;* extrem starke Schmelzwasserabflüsse eines Gletschers vermischt mit Eis, Geröll und hausgroßen Gesteinsbrocken. Gletscherläufe entstehen, wenn sich eine mit Schmelzwasser gefüllte Kammer unter dem Gletscher entleert oder wenn ein Vulkanausbruch das Eis schmilzt. Gletscherläufe verwüsten oft große Gebiete.
- **Gletschermilch:** graues, trübes Wasser eines Gletscherflusses, das 2 g/l Gesteinsmehl enthält.
- **Gletscherzunge:** meist langer, zungenförmiger Ausläufer eines Gletschers.
- **Glutlawine:** Wolke aus 600–900 °C heißen Gasen und Aschen, die aus einem Vulkankrater schwappt und mit hoher Geschwindigkeit die Hänge hinabfließt.

- **Gode:** Die ersten dauerhaften Siedler Islands waren aus Norwegen vertriebene Adlige. Sie errichteten auf dem Land, wo sie sich niederließen, meist zuerst eine Opferstätte und nannten sich „goði" (= religiöser Führer). Nach der Staatsgründung im Jahr 930 wurde die Machtstellung der Goden, die inzwischen religiöse und weltliche Führer waren, gefestigt. Ihre Bedeutung wuchs. Island wurde in vier Landesviertel unterteilt, jedes davon bestand aus drei Thingbezirken. Das Nordwestviertel hatte vier Thingbezirke. Pro Thingbezirk gab es drei Goden („Sippenhäuptlinge"). Jeder Isländer musste einem Godentum angehören und ihm Steuern bezahlen. Die 39 Goden bildeten die Oberschicht Islands und bestimmten lange Zeit die Politik des Landes.
- **Golfstrom:** Warme Meeresströmung im Nordatlantik, die die Küste Islands umfließt.

H

- **Handelsmonopol:** Zu Beginn des 17. Jhs. bestimmten die Dänen den Handel Islands und schränkten den freien Warenaustausch mit England und der Hanse drastisch ein, um den Absatz eigener Produkte zu sichern. Beispielsweise wurde den Isländern die Seefahrt mit großen Schiffen untersagt; isländische Waren wurden nur noch zu hohen Frachtpreisen mit wenigen dänischen Schiffen exportiert. Island verarmte stark durch das auferlegte Handelsmonopol der Dänen.
- **Hanse:** Entstanden im 12./13. Jh. als genossenschaftliche Vereinigung norddeutscher Kaufleute, wurde die Hanse später zur dominierenden europäischen Handelsmacht. Zu ihren Mitgliedern zählten über 160 Landesfürsten und freie Städte („Hansestädte"). Ihre Blütezeit war im 15. Jh.; damals besaß die Hanse Kontore in London, Bergen, Oslo, Kopenhagen, Nowgorod und anderen großen Städten.
- **Heiße Quelle:** Austrittsstelle von heißem Wasser in einem vulkanisch aktiven Gebiet.
- **Helluhraun:** → Pahoehoe-Lava
- **Hochland:** Bezeichnung für das unbewohnte Landesinnere Islands, das durchschnittlich 500–800 m über dem Meeresspiegel liegt.
- **Hochtemperaturgebiet:** Geothermalgebiet, bei dem in 1000 m Tiefe eine Temperatur über 200 °C herrscht. Die etwa 25 isländischen Hochtemperaturgebiete liegen alle in der aktiven Vulkanzone am Zentralgraben. In Hochtemperaturgebieten dampft, zischt und spritzt das heiße Wasser aus zahlreichen Öffnungen, und die Luft riecht nach Schwefel.
- **Holozän:** Epoche der geologischen Zeitskala, die vor 10.000 Jahren begann. In dieser Zeit haben sich die heutigen Landschaftsformen gebildet.
- **Hot spot:** stationäre Zone im Erdmantel, in der Magma aufsteigt.
- **Hyaloklastit:** → Palagonittuff

I

- **Íslendingabók:** *Ari Þórgilsson* (1067–1148) verfasste das „Íslendingabók", das „Buch der Isländer". Inhalt ist die Geschichte der Entdeckung und Besiedlung Islands von 870 bis etwa 1120 und die Annahme des Christentums.

K

- **Kabeljaukrieg:** Kriegerische Auseinandersetzung der Isländer mit Großbritannien im Jahr 1972; Streitpunkt waren die Fangrechte im Atlantik.
- **Kar:** tiefe, schüsselförmige Eindellung in einem Berghang, die durch einen Gletscher entstanden ist.
- **Kieselgur:** lockeres, poröses Süßwassersediment aus den Skeletten abgestorbener Kleinstlebewesen (→ Diatomite); besteht aus wasserhaltigem Siliziumdioxid (Opal); andere Bezeichnung: Diatomeenerde.
- **Kieselsinter:** Ablagerungen aus feinstkristallinem Quarz um die Austrittsstellen von Dampf oder heißem Wasser in vulkanisch aktiven Gebieten; andere Bezeichnung: Geyserit (Geysirit).
- **Kissenlava:** Fließt Lava unter Wasser oder dem Eis eines Gletschers aus, bildet sich diese für den isländischen Vulkanismus charakteristische kissenförmige Lava aus; Synonym: Pillow-Lava.
- **Kliff:** senkrecht abfallende Steilküste.
- **Kontinentalverschiebung:** langsames horizontales Driften der Kontinente, das erstmals

durch die Theorie von *Alfred Wegener* beschrieben wurde. Die Theorie der Kontinentalverschiebung wurde abgelöst durch die moderne → Plattentektonik.

• **Konvektion:** Wärmebewegung, wodurch heißeres Material wegen seiner geringeren Dichte nach oben steigt und kälteres absinkt.

L

• **Landnámabók:** In dem „Buch der Landnahme" sind 400 der ersten Siedler Islands mit ihren Nachkommen aufgelistet und die damaligen Eigentumsverhältnisse dargestellt. Das Landnámabók wurde zwischen dem 12. und 14. Jh. verfasst.

• **Lapilli:** Die „Steinchen" sind vulkanische Auswurfprodukte mit einem Durchmesser von 20–30 mm.

• **Lava:** Sammelbezeichnung für entgastes Magma an der Erdoberfläche; Lava kann flüssig (glühend heiß) oder fest (erstarrte Lava) sein.

• **Linearvulkan:** charakteristischer Vulkantyp Islands; andere Bez.: **Spaltenvulkan.** Lava fließt oft in großen Mengen aus einer kilometerlangen Vulkanspalte. Der Ausbruch eines Spaltenvulkans kann → explosiv, → effusiv oder gemischt sein.

• **Liparit:** meist helles, saures und kieselsäurereiches vulkanisches Ergussgestein, das vielfach von Begleitelementen intensiv gefärbt wird; Synonym: Rhyolith.

• **Lithosphäre:** → Erdmantel; allgemein die festen Gesteinsschichten des oberen Erdmantels und der Erdkruste

• **Lithosphärenplatte:** → Erdmantel

M

• **Maar:** Im Zusammenhang mit dem isländischen Vulkanismus versteht man unter einem Maar einen niedrigen, trichterförmigen Explosionskrater, der mit Wasser gefüllt ist.

• **Magma:** Sammelbezeichnung für die heiße, gashaltige Gesteinsschmelze im Erdinnern.

• **Magmakammer:** Ort im Erdinnern, wo sich das flüssige Magma sammelt, bevor es an die Oberfläche gelangt.

• **Magnetit:** eisenhaltiges, magnetisches Gestein (chemisch Fe_3O_4).

• **Mittelatlantischer Rücken:** → Plattentektonik

• **Mitternachtssonne:** Nördlich des Polarkreises steht die Sonne im Juni/Juli 24 Std. am Himmel; ein wenig südlich des Polarkreises wird es nur für kurze Zeit dämmrig; oft herrliche Sonnenauf- und -untergänge.

• **Mofette:** Austritte von bis zu 150 °C heißem Kohlendioxid, in Island selten.

• **Moräne:** von einem Gletscher mitgeführter Gesteinsschutt, der nach dem Schmelzen des Eises abgelagert wird.

N

• **Nife-Schale:** → Erdkern

• **Nunatak:** Fels oder Bergspitze, der/ die sich über dem Eis eines Gletschers erhebt.

O

• **Ostfjorde:** Fjorde an der besiedelten Ostküste Islands.

P

• **Pahoehoe-Lava:** Fladenlava mit glatter runder Oberfläche; diese isländisch „helluhraun" genannte Lavaform entsteht, wenn bereits vollständig entgaste Lava erstarrt.

• **Palagonit:** vulkanischer „Glasbruch"; heiße, glasartig erstarrte Lava wird durch Kontakt mit Wasser schlagartig abgekühlt und zerspringt dabei wie Glas; isländische Bezeichnung: „móberg".

• **Palagonittuff:** verfestigter Palagonit; Synonym: Hyaloklastit.

• **Fotosynthese:** Die Fotosynthese und die Atmung sind die wichtigsten biochemischen Vorgänge auf der Erde. Die Fotosynthese ist die Umwandlung von Kohlendioxid und Wasser in Kohlenhydrate (Glukose, Traubenzucker) durch grüne Pflanzen, die dazu die Lichtenergie der Sonne ausnutzen. Als „Abfallstoff" entsteht Sauerstoff. Die Atmung kann als „Umkehr" der Fotosynthese bezeichnet werden. In ihr „verbrennen" tierische Organismen die Kohlenhydrate (und andere Substanzen) mit Sauerstoff zu Kohlendioxid und Wasser.

• **Pillow-Lava:** → Kissenlava

• **Plattentektonik:** Geologische Forschungsrichtung, welche die Entstehung von Vulkanen, Gebirgen, Erdbeben und der Verschiebung der Kontinente durch die Bewegung der Lithosphärenplatten erklärt. An den mittelozeanischen Rücken (z. B. mittelatlantischer Rücken) wird an Stellen, wo zwei Lithosphärenplatten aneinandergrenzen, durch ausfließendes Magma ständig neue Landmasse gebildet. An den sog. Subduktionszonen, an denen die Lithosphärenplatten ins Erdinnere abtauchen (z. B. im Pazifik), wird die Landmasse wieder „abgebaut".

- **Pleistozän:** erdgeschichtliche Epoche vor 1,6 Millionen bis 10.000 Jahren; vollständige Vereisung der Nordhalbkugel der Erde (Eiszeit).
- **Pliozän:** erdgeschichtliche Epoche vor dem Pleistozän vor 5 bis 1,6 Millionen Jahren.
- **Pseudokrater:** Krater in einem Lavastrom, die durch explosionsartig verdampfendes Wasser entstanden. Dabei floss die flüssige Lava über ein wasserreiches Gebiet (Grundwasser, kleine Seen). Aus Pseudokratern ist nie Lava ausgetreten, sie haben auch keinen Schlot.
- **Þúfur:** klimatisch durch Frostwechsel entstandene Aufwölbungen des Bodens (0,5–2 m Durchmesser, bis 1 m hoch), die meist grasbewachsen sind; andere Bezeichnung: Bülten.
- **Pyroklastika:** Bezeichnung für die lockeren Auswurfprodukte eines Vulkans.

R

- **Rhyolith:** → Liparit
- **Ringstraße:** Straße Nr. 1, Islands „Verkehrsader", die entlang der Küste rund um die Insel führt.
- **Ringwallkrater:** Nach einem explosiven Vulkanausbruch bleibt meist ein großer Krater stehen, der ringförmig von einem hohen Wall umschlossen wird. Ringwallkrater bestehen aus Tuffgestein und sind mit Basaltasche bedeckt. Sie ähneln den Mondkratern.
- **Ringwolke:** Bei der Entstehung unseres Planetensystems sammelte sich die Materie in verschiedenen Umlaufbahnen um die Sonne. Aus diesen Ringwolken bildeten sich die Planeten.
- **Rune:** altgermanisches Schriftzeichen; Runen können eine myth. Bedeutung haben.

S

- **Saga:** altnordische Prosa-Erzählform, die ursprünglich nur mündlich überliefert und im 12.–14. Jh. niedergeschrieben wurde.
- **Sander:** isl. *sandur;* von den Gletscherflüssen angeschwemmte großflächige Sandebenen im Mündungsgebiet, die von zahlreichen Flussarmen durchzogen sind.
- **Schildvulkan:** flacher Vulkankegel, der aus dünnflüssiger, basaltischer Lava gebildet ist.
- **Schlacke:** Sammelbezeichnung für Lavabrocken, die zumeist explosiv ausgeworfen werden.
- **Schlammpott:** Wo der Grundwasserspiegel hoch ist, mischt sich der heiße Dampf einer Solfatare mit dem kalten Wasser und lässt die typischen Schlammpötte entstehen, in denen ein grauer, kochender Brei aus Wasser und Gestein blubbert. In den Schlammpötten haben sich Schwefel- und Salzsäure, die sich aus den vulkanischen Gasen bildeten, vermischt und das vulkanische Gestein zersetzt.
- **Schwarzer Tod:** 40 %iger isländischer Branntwein aus Kartoffeln (isl. = *brennivin svarti dauði*).
- **Schwerkraftkollaps:** Die Schwerkraft ist die Anziehungskraft eines Planeten. Bei der Entstehung unseres Planetensystems zogen die schwersten und größten Brocken einer → Ringwolke die kleineren an und vereinten deren Masse in sich.
- **Sea-floor-spreading:** übersetzt die „Spreizung des Meeresbodens"; im Bereich eines mittelozeanischen Rückens, wo zwei Lithosphärenplatten aneinandergrenzen, dringt flüssiges Magma in die Dehnungsfuge zwischen den Platten ein und füllt diese auf. Dadurch entsteht ein Stück neuer ozeanischer Erdkruste, d. h. neuer Meeresboden.
- **Sediment:** Sammelbezeichnung für jegliche an der Erdoberfläche durch physikalische (Wasser, Wind, Eis), chemische (Ausfällungen, Zersetzungen) oder biologische (abgestorbene Organismen) Vorgänge abgelagerte Gesteinsmasse.
- **Selbstorganisation:** → Zufallstheorie
- **Sial-Schale:** → Erdkruste
- **Sifema-Schale:** → Erdmantel
- **Sima-Schale:** → Erdkruste
- **Skalde:** Isländische Dichter z. Z. der Christianisierung.

- **Skaldik:** Isländische Dichtkunst z. Z. der Christianisierung.
- **Solfatare:** Ausströmen vulkanischer Gase und Dämpfe mit einer Temp. unter 400 °C.
- **Spaltenvulkan:** → Linearvulkan
- **Stratovulkan:** Unterart eines Zentralvulkans; Stratovulkane bilden ungleichmäßig geformte, meist mehrere tausend Meter hohe Kegel aus Lava und verfestigter Asche, die überwiegend mit Eis bedeckt sind.
- **Stricklava:** wie Stricke verdrillte Form der Fladenlava.
- **Subduktionszone:** Zone, wo die Lithosphärenplatten wieder ins Erdinnere abtauchen; an dieser Stelle bildet sich ein Tiefseegraben aus; Ort höchster vulkanischer Aktivität; → Plattentektonik.
- **Subglazial:** unter dem Eis eines Gletschers.
- **Submarin:** unter dem Meeresspiegel.

T

- **Tafelvulkan:** charakteristischer isländischer Vulkantyp, der bei einem Vulkanausbruch unter dem Eis eines Gletschers entstand (subglazialer Vulkan).
- **Tertiär:** erdgeschichtliche Periode vor etwa 65 bis 1,6 Million Jahren. Während dieser Zeit bildeten sich die Gebirge, und der Vulkanismus war besonders aktiv.
- **Tertiäre Basalte:** alte Basalte, die zur Zeit des Tertiär entstanden.
- **Thingstätte:** altgermanischer Ort der Rechtsprechung (→ Alþing)
- **Tiefseegraben:** → Subduktionszone
- **Torfgehöft:** trad. Islandhaus; die Mauern und das Dach bestehen aus Torf, das mit Gras bewachsen ist (Torfrasen). Eine Holzkonstruktion trägt das Haus.
- **Trogtal:** von eiszeitlichen Gletschern tief u-förmig ausgeschliffenes Tal.
- **Tuff:** Gestein aus verfestigten vulkanischen Lockerprodukten.

U

- **Urkontinent:** Vor 250 Millionen Jahren bestand die gesamte Landmasse der Erde nur aus einem einzigen Kontinent (Urkontinent „Pangaea"), der von einem großen Ozean (Urozean „Panthalassa") umschlossen war.
- **Urozean:** → Urkontinent

V

- **Vogelfelsen:** Nist- und Brutschema der Meeresvögel an den steilen Klippen bzw. auf einzelstehenden hohen Felsen im Meer.
- **Vulkanasche:** → Asche
- **Vulkanstaub:** Kleinste bei einem Vulkanausbruch herausgeschleuderte Gesteinsteilchen mit einem Durchmesser von weniger als 0,1 mm.
- **Vulkanismus:** Sammelbezeichnung für alle Arten vulkanischer Tätigkeit.

W

- **Westfjorde:** Fjorde auf der Nordwesthalbinsel Islands.
- **Wikinger:** mittelalterliche Bezeichnung für Skandinavier (Normannen), insbesondere für die vom 8.–11. Jh. die europäischen Küstenstädte und Gebiete plündernden nordischen Seefahrer.

Z

- **Zentralgraben:** mit Lava gefüllte „Dehnungsfuge" zwischen den Lithosphärenplatten; → aktive Vulkanzone.
- **Zentralvulkan:** auffallend hohes Vulkanmassiv, das entstand, als Lava unterschiedlicher Zusammensetzung aus dem Vulkan ausfloss und einen hohen und steilen Vulkankegel aufschichtete.
- **Zeolithe:** Mineralien aus Natrium-Aluminium-Silikaten.
- **Zufallstheorie:** mathematisches Modell, wonach aus völliger Unordnung nach genügend langer Zeit zufällig geordnete Strukturen entstehen können, die ihren Ordnungsgrad immer weiter erhöhen und schließlich komplexe Formen und Strukturen ausbilden. Beispielsweise nimmt man an, dass sich durch die Selbstorganisation unbelebter Materie zufällig die ersten primitiven Lebensformen auf der Erde entwickelt haben könnten.

003is Foto: tt

Aktuelle Infos und Hintergrundwissen über Island gibt es im englischsprachigen Monatsmagazin *News from Iceland* und in der vierteljährlich erscheinenden *Iceland Review*. Interessenten können diese Magazine beim Verlag Iceland Review, Höfdbakki 9, P.O. Box 12122, 132 Reykjavík, bestellen.

Iceland Review veröffentlich im Internet tagesaktuell „latest news" aus Island und verschickt diese auch per E-Mail (www.icelandreview.com). Alle zwei Wochen erscheint die englischsprachige **Grapevine.** Die kostenlose Zeitung liegt in Hotels, Cafés und der Tourist-Info aus. Das Blatt geht brisanten Fragen aus der Politik und Wirtschaft nach, es ist Lifestyle-Magazin und kultureller Eventkalender zugleich. Von der Zeitung gibt es auch eine Internet-Ausgabe (www.grapevine.is).

Die öffentlich-rechtliche Rundfunkanstalt Islands wurde 1930 gegründet. Seit 1985 senden auch private, kommerzielle Anbieter. Es gibt heute in Island zwei staatliche Rundfunkstationen (RS1 und RS2) sowie viele lokale Privatsender. RS1 sendet in den Sommermonaten täglich im Anschluss an die Nachrichten um 7.30 Uhr Nachrichten und Wetterbericht auf Englisch (FM 93,5 MHz und 92,4 MHz). Auch auf FM 96,7 gibt es werktags um 9, 12 und 17 Uhr Nachrichten der BBC. Radio Síglit bringt vom 1.5. bis 30.9. Di bis Sa zwischen 7 und 9 Uhr Nachrichten und Wettervorhersagen auf Englisch.

Die **Deutsche Welle** hört man auf Kurzwelle (6075, 6115 und 6140 KHz), an der Südostküste teilweise auch auf dem 49 m-Band der Mittelwelle.

Das öffentlich-rechtliche isländische Fernsehen begann 1966. Bis 1988 gab es nur einen Fernsehsender, der donnerstags Sendepause hatte. Man munkelt, dass seiner Zeit die meisten isländi-

Grimsey
641
SBA 3a
SBA 3b
SBA 4
Raufarhöfn
680
Kópasker
650
Þórshöfn
Siglufjörður
Ólafsfjörður
Húsavík
Ásbyrgi
Hijóðaklettar
620
Dalvík
Litli-
skoggssandur
640
Tjörn
SBA1
641
Hafragilsfoss
Krafla
818
Dettifoss
(West-side)
661, SBA 2
Svalbarðseyri
Laugar
Mývatn
(Reykjahlíð)
Vopnafjörður
Akureyri
Kross
Grimsstaðir
Akureyri
Airport
Goðafoss
160
160a
Skútustaðir
SBA 1
Vopnafjörður
Crossroads
720
Borgarfjörður
eystri
60
60a
160
160a
Skjöldólfsstaðir
Moðrudalur
Egilsstaðir
710
Seyðisfjörður
SBA5
9
9a
740
Neskaupstaður
Dyngjufjöll
1362
Eskifjörður
Reyðarfjörður
Askja
1245
Fáskrúðsfjörður
760
Stöðvarfjörður
14
9
9a
Breiðdalsvík
Kverkfjöll
Djúpivogur
Nýldalur
765
Grimsvötn
1400
Höfn
Smyrlabjargárvirkjun
Jökulsarlón
Laki
18
18a
Skaftafell
Eldgjá
16
18
18a
12
12a
Kirkjubæjarklaustur
Laskjól
0
50 km

Im September kann man das Land erleben, wie es sich für den nahenden arktischen Winter rüstet. Die „Ruska", die Buntfärbung der Blätter, zeigt sich für kurze Zeit in leuchtenden, herbstlichen Farben, besonders im Þórsmörk und in den Birkenwäldern. Die Stimmung, die dieses letzte Aufblühen der Natur vor Einbruch des Winters erweckt, empfinden viele Isländer auch beim Pferde- und Schafabtrieb Ende September – er ähnelt einem kleinen, bunten Volksfest. Wenn der erste Schnee gefallen ist und Stürme über das Land fegen, ruht draußen das Leben. Erst wenn von Dezember bis Februar die Wetterbedingungen zwar frostig und schneereich, aber über längere Perioden auch sonnig sind, erwacht die Wintersaison.

Seit einigen Jahren schon wird verstärkt für den **Wintertourismus** geworben. Mehrtägige Snowmobiltouren und Fahrten mit den isländischen Super-Jeeps durch die tief verschneite Landschaft und über die Gletscher mit Zeltübernachtung im Eis versprechen das „kalte, weiße Abenteuer". Verstärkt wird die isländische Winterlandschaft auch für Skiläufer erschlossen. Alpine Abfahrten gibt es in mehreren Gebieten. Langlauf auf gespurten Loipen ist im Raum Reykjavík möglich. Tourenskifahrer finden ihr Vergnügen bei einer geführten Gletscherüberquerung. Wer es bequemer liebt, fährt im beheizten Bus zum Geysir und erlebt den eisigen Norden bei den gefrorenen Wasserkaskaden des Gullfoss.

Edda-Sommer-Hotels
Ferien auf dem Bauernhof
Núpur Hotel mit Namen
Bær Bauernhof mit Namen
Hornstrandir
Bollungarvík
Ísafjörður
Unaðsdalur
Drangajökull
Alviðra
Gemlufall
Rauðamýri
Þingeyri
Húnaflói
Skagastrond
Sauðárkrókur
Málmey
Hofsós
Tálknafjörður
Bíldudalur
Hólmavík
Bær
Drangsnes
Blönduós
Patreksfjörður
Breiðavík
Brjánslækur
Fossá
Geitaskarð
Húnavellir
Stóra-Vatnasskarð
Laufás
Varmahlíð
Staður
Reykhólar
Stóra-Gillá
Hnausar
Varmilækur
Snartartunga
Krákuvör
Viðigerdi
Steinsstaðaskóli
Bakki
Bakkaflöt
Giri-Brunna
Laugarbakki
Dæli
Sölvanes
Breiðafjörður
Melstaður
Laugar
Borðeyri
Brekkulækur
Stykkishólmur
Buðardalur
Staðarskáli
Suður-Bar
Stóra-Vatnshorn
Hellisandur
Ólafsvík
Grundarfjörður
Lýsuhóll
Miðhraun
Garðar
Arnarstapi
Vegamót
Kolbeinsstaðir
Dalsmynni
Snjófell
Yiti-Tunga
Snorrastaðir
Breiðabólsstaðir
Fljótstunga
Jafnaskarð
Reykholt
Brennistaðir
Húsafell
Langjökull
Borgarnes
Bjarg
Tunga
Faxaflói
Nýhöfn
Hlíð
Gullfoss
Kiðafell
Akranes
Þingvellir
HSL
ML
Háifoss
Árvellir
Brattholt
REYKJAVÍK
Mosfellsbær
Laugarvatn
Þingvellir
Efri-Brú
Sel
Hafnarfjörður
Nónsteinn
Kevlavík
Eldhestar
Sólbakki
Njarðvík
Hveragerði
Eyvík
Þrándarlundur
Núpar
Brjánsstaðir
Kleifarvatn
Selfoss
Ausvaðsholt
Súluholt
Grindavík
Þorlákshöfn
Hella
Hvolsvöllur
Eyvindarmúli
Smáratún
Ásólfsskáli
Eyjafjallajökull
Bakki
Seljavellir
Drangshlíð
Skógar
Vestmannaeyjar
Surtsey

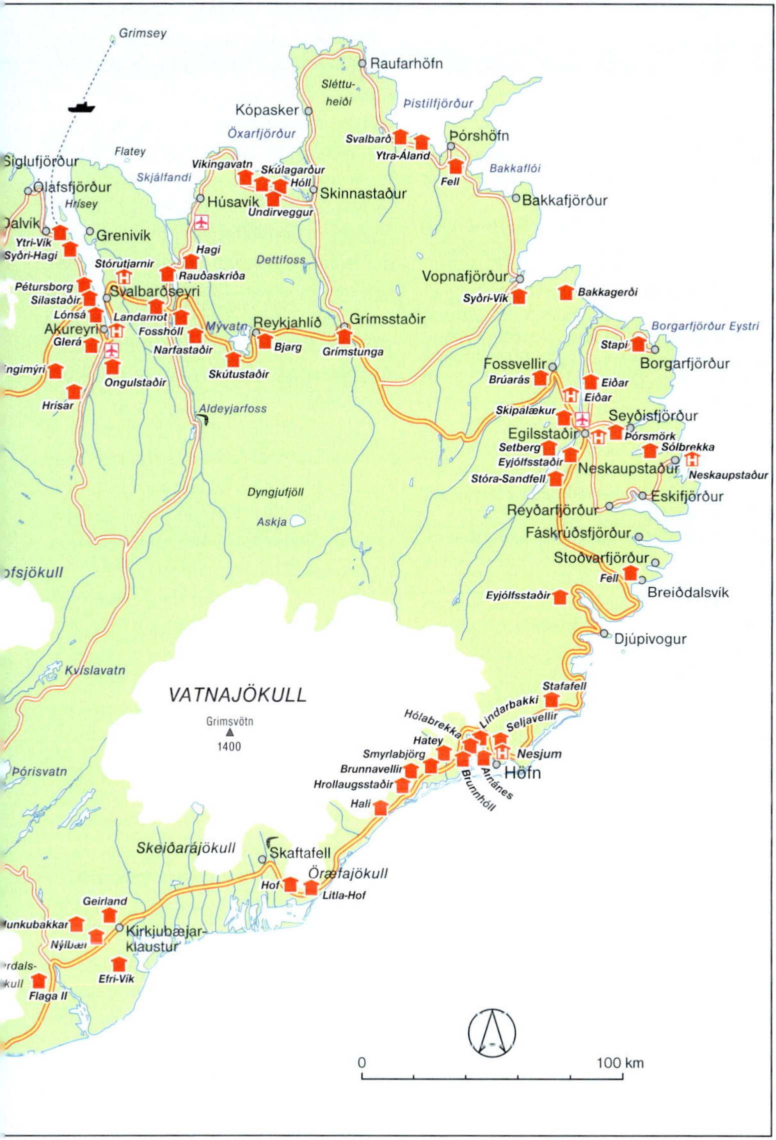
Grimsey
Raufarhöfn
Sléttu-heiði
Kópasker
Þistilfjörður
Öxarfjörður
Svalbarð
Ytra-Áland
Þórshöfn
Flatey
Siglufjörður
Vikingavatn
Skúlagarður
Bakkaflói
Skjálfandi
Hóll
Fell
Ólafsfjörður
Skinnastaður
Hrísey
Húsavík
Bakkafjörður
Undirveggur
Dalvík
Grenivík
Ytri-Vík
Syðri-Hagi
Hagi
Dettifoss
Stórutjarnir
Rauðaskriða
Vopnafjörður
Pétursborg
Svalbarðseyri
Syðri-Vík
Bakkagerði
Silastaðir
Lónsá
Landamot
Mývatn
Reykjahlíð
Grímsstaðir
Borgarfjörður Eystri
Akureyri
Fosshóll
Glerá
Narfastaðir
Bjarg
Grímstunga
Stapi
Borgarfjörður
Fossvellir
Ingimýri
Ongulstaðir
Skútustaðir
Brúarás
Eiðar
Hrísar
Aldeyjarfoss
Skipalækur
Seyðisfjörður
Egilsstaðir
Þórsmörk
Setberg
Sólbrekka
Eyjólfsstaðir
Neskaupstaður
Stóra-Sandfell
Dyngjufjöll
Eskifjörður
Reyðarfjörður
Askja
Fáskrúðsfjörður
Stoðvarfjörður
Fell
Breiðdalsvík
Eyjólfsstaðir
Djúpivogur
Kvíslavatn
VATNAJÖKULL
Stafafell
Lindarbakki
Hólabrekka
Seljavellir
Grimsvötn
1400
Hatey
Nesjum
Smyrlabjörg
Höfn
Brunnavellir
Arnanes
Hrollaugsstaðir
Brunnhóll
Þórisvatn
Hali
Skeiðarájökull
Skaftafell
Öræfajökull
Hof
Litla-Hof
Geirland
Kirkjubæjar-klaustur
Nýlbæi
Efri-Vík
Flaga II
0
100 km

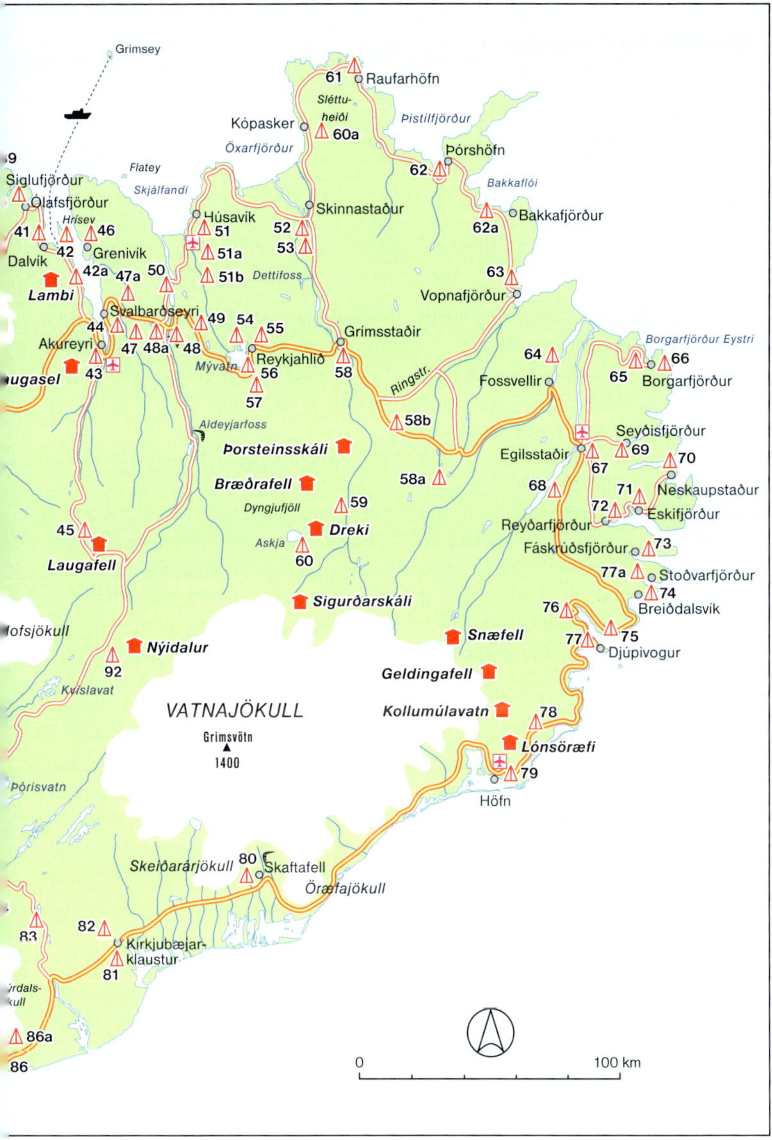
Grimsey
Raufarhöfn
Sléttu-
heiði
Kópasker
Þistilfjörður
Öxarfjörður
Þórshöfn
Flatey
Siglufjörður
Skjálfandi
Bakkaflói
Ólafsfjörður
Hrísey
Húsavík
Skinnastaður
Bakkafjörður
Dalvík
Grenivík
Dettifoss
Lambi
Vopnafjörður
Svalbarðseyri
Akureyri
Grímsstaðir
Borgarfjörður Eystri
Reykjahlíð
Mývatn
Ringstr.
Fossvellir
Borgarfjörður
Aldeyjarfoss
Seyðisfjörður
Þorsteinsskáli
Egilsstaðir
Bræðrafell
Neskaupstaður
Dyngjufjöll
Eskifjörður
Dreki
Reyðarfjörður
Askja
Fáskrúðsfjörður
Laugafell
Stoðvarfjörður
Sigurðarskáli
Breiðdalsvík
Snæfell
Nýidalur
Djúpivogur
Geldingafell
Kvíslavat
VATNAJÖKULL
Kollumúlavatn
Grímsvötn
1400
Lónsöræfi
Þórisvatn
Höfn
Skeiðarárjökull
Skaftafell
Öræfajökull
Kirkjubæjar-
klaustur
0
100 km
41 42 42a 43 44 45 46 47 47a 48 48a 49 50 51 51a 51b 52 53 54 55 56 57 58 58a 58b 59 60 60a 61 62 62a 63 64 65 66 67 68 69 70 71 72 73 74 75 76 77 77a 78 79 80 81 82 83 86 86a 92

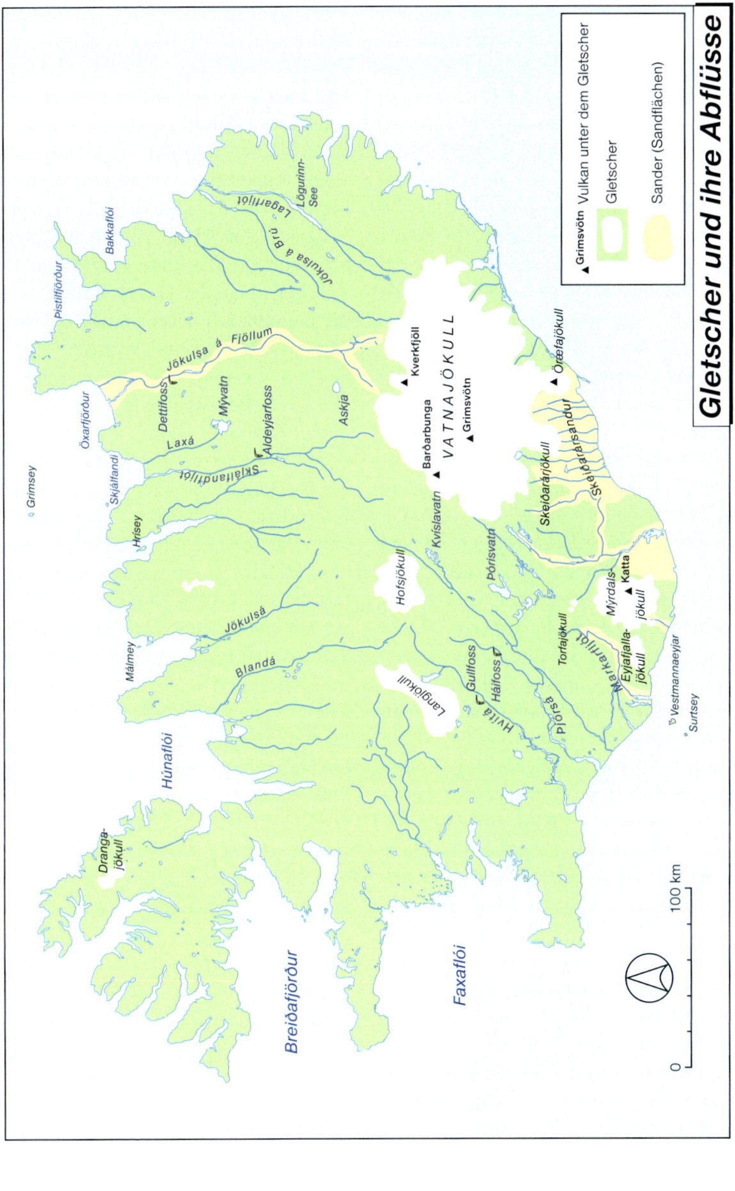
Gletscher und ihre Abflüsse
Grimsvötn Vulkan unter dem Gletscher
Gletscher
Sander (Sandflächen)
Grimsey
Pistilfjörður
Bakkaflói
Lögurinn-See
Lagarfljót
Jökulsa á Brú
Jökulsa á Fjöllum
Dettifoss
Öxarfjörður
Mývatn
Laxá
Skjálfandi
Aldeyjarfoss
Skjálfandafljót
Askja
Kverkfjöll
VATNAJÖKULL
Bárðarbunga
Grimsvötn
Öræfajökull
Skeiðarárjökull
Skeiðarársandur
Kvíslavatn
Hrísey
Hofsjökull
Þórisvatn
Katta
Mýrdals-jökull
Jökulsá
Málmey
Blandá
Torfajökull
Eyjafjalla-jökull
Markarfljót
Gullfoss
Háifoss
Langjökull
Hvítá
Þjórsá
Vestmannaeyjar
Surtsey
Húnaflói
Dranga-jökull
Breiðafjörður
Faxaflói
0
100 km

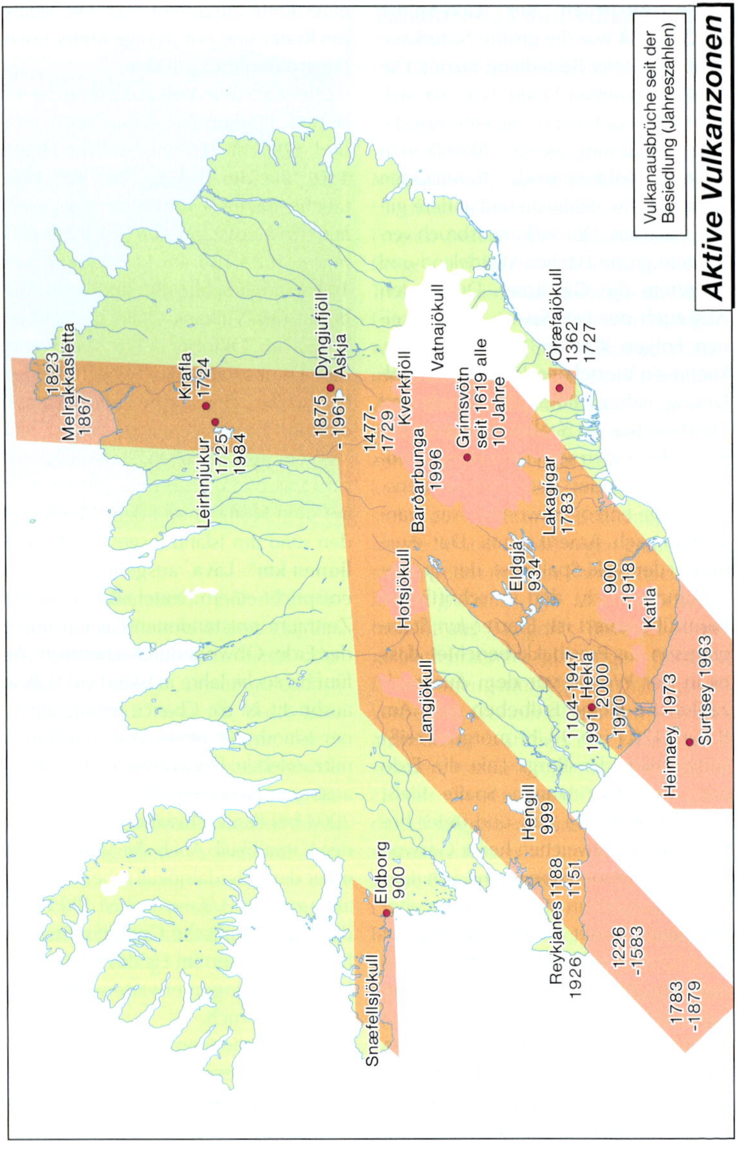
Aktive Vulkanzonen
Vulkanausbrüche seit der Besiedlung (Jahreszahlen)
Melrakkaslétta 1823 1867
Krafla 1724
Leirhnjúkur 1725 1984
Dyngjufjöll Askja 1875 - 1961
Kverkfjöll 1477- 1729
Vatnajökull
Grímsvötn seit 1619 alle 10 Jahre
Bárðarbunga 1996
Öræfajökull 1362 1727
Lakagígar 1783
Hofsjökull
Eldgjá 934
Katla 900 -1918
Langjökull
Hekla 1104-1947 1991 2000 1970
Heimaey 1973
Surtsey 1963
Hengill 999
Eldborg 900
Snæfellsjökull
Reykjanes 1926 1188 1151
1226 -1583
1783 -1879

nehmen und vorsorglich ihren Kopf mit einer gut gepolsterten Mütze schützen sollten, denn die Skua greift jeden im Direktflug an, der ihrem Brutort zu nahe kommt. Ein ähnliches Verhalten zeigt auch die in Strandnähe brütende **Küstenseeschwalbe** *(Sterna paradisea)*. Der 35 cm große Vogel hat einen auffallend rot gefärbten Schnabel. Auf der Halbinsel Reykjanes sitzen diese Vögel gerne auf den warmen Straßen; Schilder weisen dort darauf hin, besonders achtsam und langsam zu fahren. Der 100 g schwere Vogel ist ein zäher Kämpfer, wenn es gilt, sein Nest zu verteidigen. Und ausdauernd ist er, fliegt er doch entlang der Küsten Afrikas und Südamerikas von der Antarktis bis nach Island. Die 45 cm große **Schmarotzerraubmöwe** *(Stercorarius parasiticus)* raubt anderen Vögeln das Futter im Flug.

Die Männchen der **Eiderenten** *(Somateria mollissima)* sind leicht an ihrem schwarz-weiß gefärbten Prachtkleid zu erkennen. Die Weibchen mit ihrem rostbraunen, schwarz gewellten Federkleid hingegen sind leicht mit der **Stockente** *(Anas platyrhynchos)* zu verwechseln. Unterscheidbar sind sie anhand des kräftigeren Körperbaus, der den Eiderenten im Wasser eine tiefe Schwimmlage gibt. Auch der bis weit auf die fliehende Stirn hinaufreichende Schnabel ist kennzeichnend für die Eiderenten. Die Eiderente kommt zum Brüten an die Küsten im Norden Islands und zu den kleinen Inseln im Breiðafjörður. Ihr Nest am Meeresstrand kleidet sie mit weichen Daunenfedern aus, die von den Bauern der Region gesammelt und verkauft werden. Damit werden hochwertige Bettdecken und Daunenjacken gefüllt. Damit den Vögeln kein bleibender Schaden zugefügt wird, wird nach der ersten Eiablage nur ein Teil der Federn dem Nest entnommen. Erst nach Ende der Brutzeit, wenn die Jungen – sie sind Nestflüchter – das Nest verlassen haben, werden alle Daunenfedern entfernt. Eiderdaunen sind für einige Küstenregionen von großer wirtschaftlicher Bedeutung. Die Bauern unterstützen den Nestbau der Eiderenten mit Autoreifen. Auf der Insel Vigur im Ísafjarðardjúp ist eine alte, mauerförmige Brutanlage mit vielen Nischen zu sehen.

Einheimische Vögel, die das ganze Jahr über in Island bleiben, sind Alpenschneehuhn *(Lagopus mutus)*, je nach

Vogelfelsen, Nistschema

oder **Prosa-Edda** genannt. Sie war ursprünglich ein Lehrbuch für junge Sänger zur Erlernung der skaldischen Dichtkunst. Es handelt sich dabei um die umfangreichste Quellenschrift nordischer Mythologie überhaupt. Für Snorri Sturluson stand jedoch nicht die einfache Wiedergabe dieser Mythologie im Vordergrund, sondern ihre **christliche Interpretation.** In dieser Sicht sind die Asen nicht allein die mythischen germanischen Götter, sondern einst aus Troja nach Skandinavien eingewanderte Menschen, die dort wegen ihrer „Zauberkräfte" als Götter verehrt und zu „göttlichen Individuen" wurden.

Es entspricht altnordischer Dichtertradition, die Texte zu verschlüsseln und tatsächliche Begebenheiten zu umschreiben. In der **Prosa-Edda** werden **drei typische Stilmittel** verwendet. Beim **„kenningar"** wird eine auf Mythen anspielende, bildhafte Umschreibung eines Wortes verwendet. Des „Zwergs Überlisterin" ist beispielsweise eine Umschreibung für die Sonne. Die Sonnenstrahlen konnten in der germanischen Mythologie nämlich einen Zwerg zu Stein verwandeln. Beim **„ukend heiti"** wird ein Begriff durch ein anderes einfaches Wort ersetzt; ein Pferd ist zum Beispiel ein Renner. **„Fornöfn"** sind mythische Namen für Männer, Frauen, Waffen, Schiffe und anderes. Die Stätten der nordischen Göttersagen sind heute noch dort zu finden, wo einst die Dichter lebten, in der aktiven Vulkanzone Islands. Rätselhafte Ortsbeschreibungen und geheimnisvolle Hinweise auf mythische Begebenheiten lassen sich mit realen Orten und Landschaften verbinden.

einsetzbar, der Vorrat an Treibholz war beschränkt. So entstanden ab dem 15. Jahrhundert, wahrscheinlich aber auch schon bis zu 200 Jahre früher, die typischen **Häuser in Torfbauweise.** Für die Wände verwendete man Torf, der noch dazu gut isolierte. Das Dach wurde mit Grassoden gedeckt. Über diese Bauweise kann man sich in mehreren Museen (Árbær, Burstabær, Grejadarstaður, Laufás, Keldur und Skógar), besonders gut auch in Glaumbær, informieren (vgl. Route 3 G).

In den Torfgehöften zweigen einzelne Räume von einem langen, zentralen Gang ab. Dem Eingang gegenüber lag die **baðstófa,** der Raum, der sich am besten beheizen ließ. Aus dieser **„Badestube"** entstand dann der Hauptaufenthaltsraum des Hofes. Die Torfbauweise wurde aber nicht nur für die Gehöfte genutzt, sondern auch die Kirchen wurden so errichtet (vgl. Víðimýrarkirkja).

Vor dem 18. Jahrhundert gab es kaum **Steinbauten** in Island, da sie wegen der Kälte, Erdbebengefährdung und hohen Kosten eher ungeeignet waren. Den Isländern fehlten außerdem die Baustoffe dafür und das nötige Know-how. So ließen sie anfangs Experten aus Dänemark und Deutschland kommen. Das heutige Regierungsgebäude gehört zu den frühen Steingebäuden im Land. Parallel dazu machte sich auf dem Privatsektor wieder skandinavischer Einfluss geltend, von Dänemark übernahm man die **Holzblockbauweise,** vor allem aber auch für **Vorratshäuser.** In Ísafjörður und Eyrarbakki sind Holzhäuser aus dieser Zeit erhalten. Mit dem bescheidenen Wohlstand

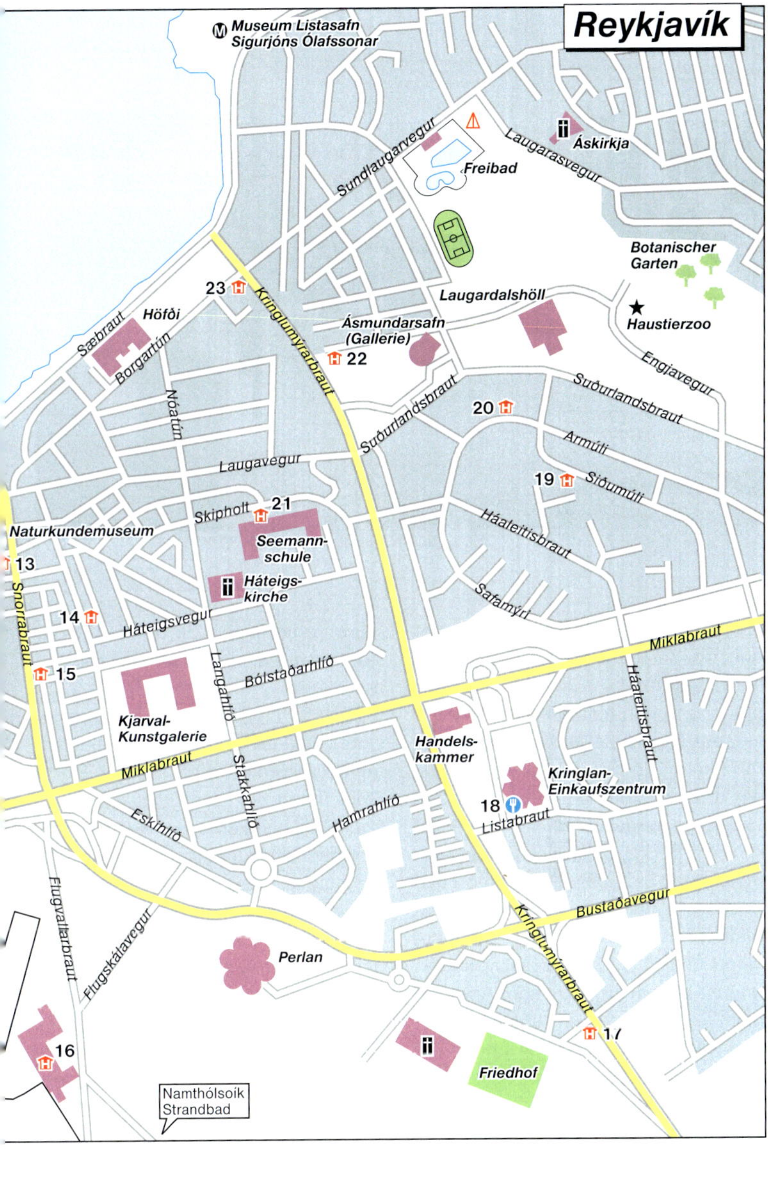
Reykjavík
Museum Listasafn Sigurjóns Ólafssonar
Sundlaugarvegur
Freibad
Laugarasvegur
Áskirkja
Botanischer Garten
Laugardalshöll
Haustierzoo
23
Kringlumýrarbraut
Sæbraut
Höfði
Borgartún
Ásmundarsafn (Gallerie)
22
Engjavegur
Suðurlandsbraut
Nóatún
20
Ármúli
Laugavegur
19
Síðumúli
Skipholt
21
Naturkundemuseum
Seemann-schule
Háaleitisbraut
13
Háteigs-kirche
Safamýri
Snorrabraut
14
Háteigsvegur
Miklabraut
15
Langahlíð
Bólstaðarhlíð
Háaleitisbraut
Kjarval-Kunstgalerie
Handels-kammer
Miklabraut
Stakkahlíð
Kringlan-Einkaufszentrum
18
Listabraut
Eskihlíð
Hamrahlíð
Bustaðavegur
Flugvallarbraut
Flugskálavegur
Perlan
Kringlumýrarbraut
17
16
Friedhof
Namthólsoík Strandbad

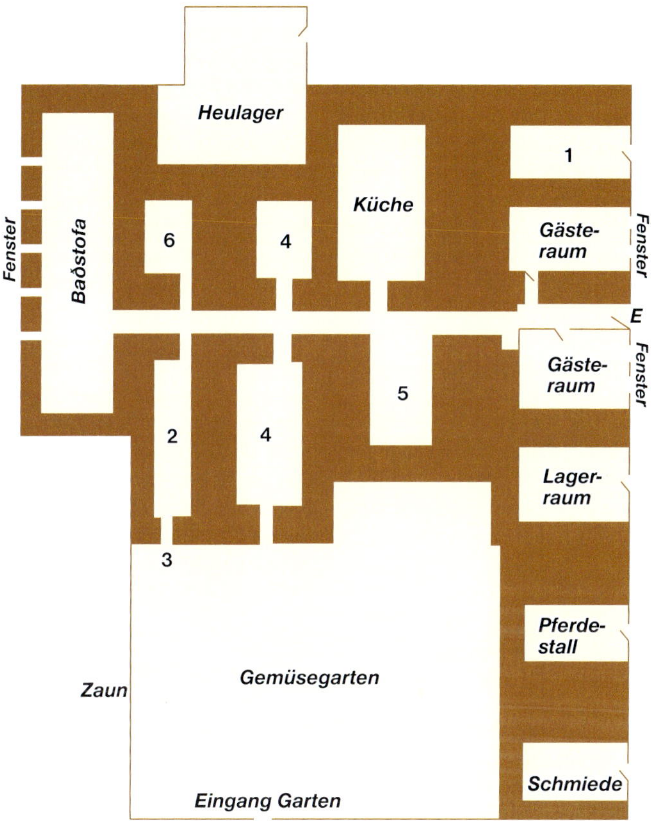

1 Lager für Heizmaterial
2 Gerätelager
3 Notausgang
4 Vorratskammer
5 Milchkammer
6 Studierstube
E Eingang

Wände, Mauern in Torfrasenbauweise

Von Ásbyrgi kann man entlang der Westseite der Jökulsá á Fjöllum **zurück zur Ringstraße** fahren (53 km). Die Piste F 862 verläuft zunächst von Ásbyrgi durch die Ásheiði ins **Vesturdalur** (13 km), wo es einen einfachen **Campingplatz** gibt (Jökulsárgljúfur Vesturdalur, Haltepunkt des Überland-Linienbusses). Bis dorthin ist die Piste ausgebaut und mit Pkw befahrbar. Vom Campingplatz oder 500 m weiter vom Parkplatz am Ende der Stichstraße (Rastplatz) kann man herrliche Rundwanderungen von 2 bis 3 Stunden Dauer auf gut angelegten und markierten Wegen unternehmen. Diese sind auch in dem Faltprospekt beschrieben, den man im Besucherzentrum Gljúfrastofa erhält. Die schönsten Wanderungen führen vom Parkplatz in nördlicher Richtung oberhalb der Jökulsá á Fjöllum zu den **Echofelsen Hljóðaklettar** und nach **Rauðhólar,** einem Bergrücken aus roter Lava. Die Echofelsen mit ihren charakteristischen Lavasäulen, Höhlen und engen Durchgängen entstanden durch den Austritt von Magma vor rund 8000 Jahren und die nachfolgende Erosion. Besonders sehenswert sind die **Lavahöhle „Kirkja"** und die Rosette aus Lavasäulen auf der Südseite des **Fel-**

Vom Berufjörður sind es noch 40 km bis Djúpivogur am gegenüberliegenden Fjordufer. Westlich von Berunes kommen wir durch **Gautavík,** das einst ein wichtiger Handels- und Anlegehafen war.

Wenn man den Fjord halb umfahren hat, gelangt man zu dem **Hof Eyjólfsstaðir,** wo sich 2 km von der Ringstraße entfernt eine Schlafsackunterkunft und ein Campingplatz befinden. In einem Nebengebäude wurden schöne Gästezimmer (16 Betten) mit Küche eingerichtet – unser Tipp zum Übernachten! Von hier kann man eine Wanderung durch das Fossárdalur, das „Tal der Wasserfälle", unternehmen.

5 km vor Djúpivogur erreicht man den **Hof Teigarhorn.** Bei Mineralogen ist dieses Gebiet als Fundort für Zeolithe bekannt. Die schönsten Fundstücke sind in einem Verkaufsraum ausgestellt.

In Djúpivogur enden die Ostfjorde. Begrenzt werden sie hier von dem kegelförmigen, 1069 m hohen Búlandstindur. Djúpivogur selbst liegt auf der Landspitze Búlandsnesið. Nachdem das nördlich gelegene Gautavík als Handelsstützpunkt bedeutungslos geworden war, wurde Djúpivogur gegen Ende des 16. Jahrhunderts ein wichtiger Handels- und Umschlagplatz für die Kaufleute der Hamburger Hanse, später für dänische Händler. An die Blütezeit des Ortes erinnert das **Kaufmannshaus Langabúð.** Das Haus wurde ursprünglich 1790 als Blockhaus erbaut und ist in Teilen noch in seiner ursprünglichen Form erhalten. Djúpivogur hat heute etwa 400 Einwohner. Der Ort eignet sich gut als Ausgangspunkt für Wanderungen durch das Búlandsdalur oder in die umliegenden Berge. Vielleicht bekommt man dabei sogar ein Rentier oder einen Polarfuchs zu sehen.

- **Im alten Kaufmannshaus Langabúð** (s. Museum), Tel. 4788220, geöffnet Juni–Aug. 10–18 Uhr.

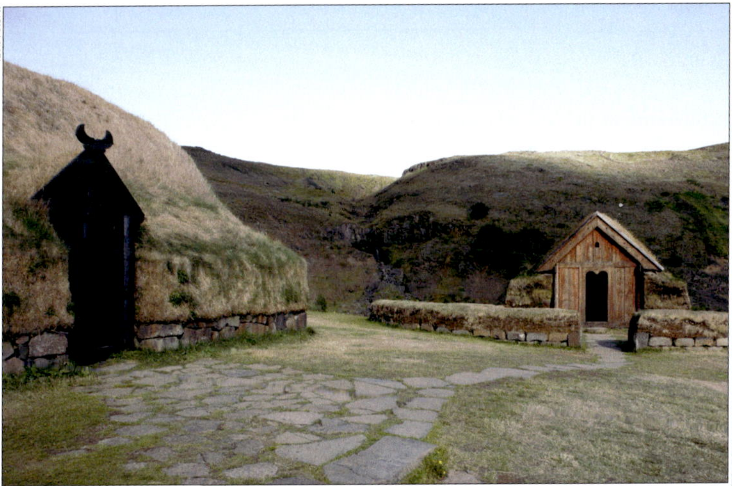

Torfhof Þjóðveldisbærinn – Grundriss

(Rekonstruktion des Torfgehöfts Stöng)

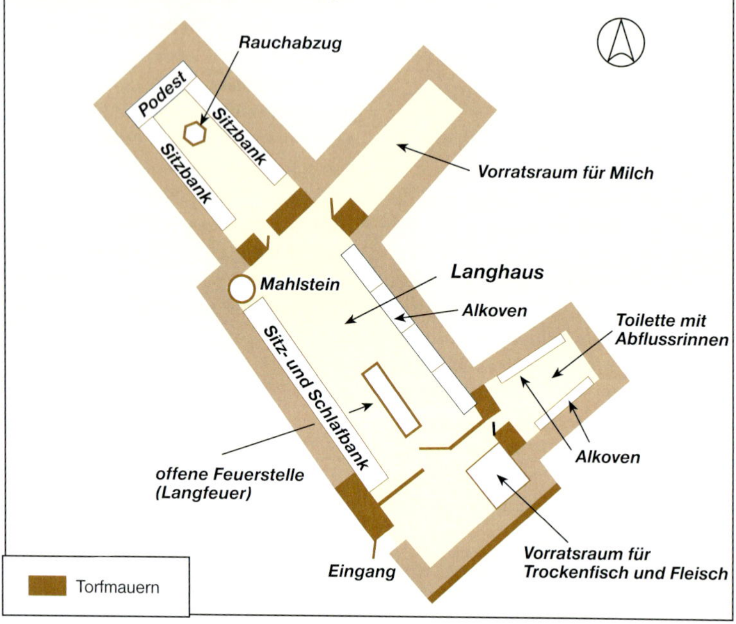

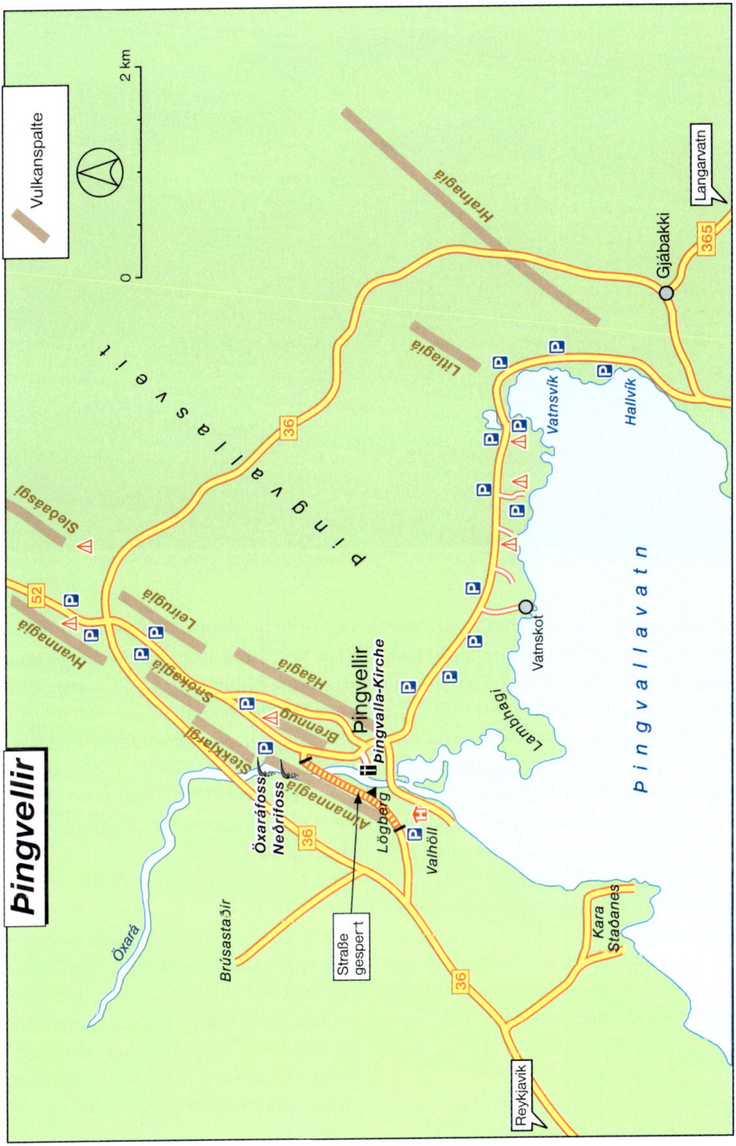
Þingvellir
Vulkanspalte
0
2 km
Þingvallasveit
Þingvallavatn
Þingvellir
Þingvalla-Kirche
Lögberg
Valhöll
Öxaráfoss
Neðrifoss
Öxará
Brúsastaðir
Straße gesperrt
Almannagjá
Stekkjargjá
Snókagjá
Brennugjá
Hágjá
Leirugjá
Hvannagjá
Sleðaásgjá
Hrafnagjá
Litlagjá
Lambhagi
Vatnskot
Vatnsvík
Hallvík
Gjábakki
Langarvatn
Reykjavík
Kara Staðanes
36
52
365

jedoch einem Sturm zum Opfer. Man errichtete später an gleicher Stelle eine neue Kirche. Das heutige Gotteshaus stammt aus dem Jahr 1860 und fasst rund fünfzig Personen. Sehenswert sind das Altarbild des dänischen Malers *Niels Anker* (1895), die hölzerne Kanzel aus dem Jahr 1863 und ein silberner Hostien-Kelch von 1743. Die Kirche ist täglich von 9 bis 17 Uhr geöffnet.

Neben der Kirche stehen aneinander gereiht fünf weiß getünchte, spitzgiebelige **Holzhäuser,** die zusammen mit der Kirche eines der beliebtesten Fotomotive sind. Hier wohnt der Direktor des Nationalparks, gleichzeitig auch der örtliche Pfarrer. Hinter der Kirche liegt seit 1939 der isländische **Ehrenfriedhof.** Bisher wurden hier aber erst zwei Dichter begraben, die sich im Unabhängigkeitskampf engagiert hatten: *Einar Benediktsson* (1846–1940) und *Jónas Hallgrímur* (1807–1845). Im Süden führt eine Brücke über den Öxará zum Hotel Valhöll (s. u.).

Heiße Quellen und Geysire im Haukadalur

Auf der **Hauptpiste F 578** besteht die erste Schwierigkeit darin, den Norðlingafljót, eine breite und stufige Furt, zu durchfahren. Anschließend ist die Piste auf den nächsten 10 km bis zum großen Arnarvatn äußerst ruppig und mit kopfgroßen Felsbrocken übersät. Vom Arnarvatn stóra zur Ringstraße sind es etwa 30 km holprige Piste mit vielen Wasserdurchfahrten. Man kann dabei entweder über das Austurárdalur nach Laugarbakki an der Ringstraße fahren, oder über die Víðidalstunguheiði in das Víðidalur, oder über die Grímstunguheiði in das Vatnsdalur.

Route 7 B:
Kjalvegur 35: Hochlanddurchquerung zwischen Langjökull und Hofsjökull

Der Kjalvegur 35 ist neben dem Sprengisandsleið F 26 die zweite Route, die von Süden nach Norden quer durch das Hochland führt. Nach dem Bau des Blöndulón-Stausees sind alle Flüsse verrohrt bzw. überbrückt worden, und die Piste wurde zu einer nichtasphaltierten Nebenstraße ausgebaut, die mit dem Pkw befahren werden kann. Sie wird heute als **Straße 35** bezeichnet. Trotzdem braucht man viel Zeit für die 185 km lange Strecke, denn Schlaglöcher und Steine erfordern ein langsames Fahren.

Die Strecke beginnt im Süden beim Gullfoss. Sie verläuft zwischen dem Langjökull im Westen und dem Hofsjökull im Osten hindurch nach Norden und endet im Blöndudalur nahe der Ringstraße. Etwa auf halber Strecke führen Stichstraßen zum **Kerlingarfjöll** und wenige Kilometer weiter nördlich beim Kjölur zu den **heißen Quellen**

lich von Gjógv führt ein Wanderweg in das grüne Ambadalur und zu den Klippen von **Búgvin** (4 Std.). Auf einer Tageswanderung (8 Std.) kann man von Gjógv aus auch den 882 m hohen **Slættaratindur** besteigen. Im Hotel Gjáargarður gibt es Kopien von Wanderkarten, in denen die Wanderwege eingezeichnet sind.

Wir fahren die Stichstraße zurück und biegen wieder auf die Straße Nr. 662 ein, die uns schnell nach Funningur bringt. Weiter geht es am **Funningsfjørdur** entlang in den gleichnamigen Ort. 2 km nach dem Ort mündet die Straße wieder in die Straße Nr. 10, die von der Sundbrücke kommt. Von Funningsfjørdur führt die 7 km lange Stichstraße Nr. 634 zu dem malerischen kleinen Dorf **Elduvík,** das am nordöstlichen Ende des Fjords liegt. Sehenswert sind die alten Häuser und engen Gassen des Ortes; alle Wege sind so eng, dass man sie nur zu Fuß erkunden kann. Oberhalb des Bootsanlegers stehen kleine Bootshäuschen. Die Klamm Elduvíksgjógv liegt westlich des Ortes.

Auf der nur etwa 3 km entfernten Ostseite dieser Landzunge liegt **Oyndarfjørður.** Mit dem Auto ist der Weg dorthin jedoch wesentlich länger (ca. 24 km); wir müssen über Funningsfjørdur bis zur Straße Nr. 10 zurückfahren, dann noch ein Stück nach Süden, bis die Stichstraße Nr. 643 nach Hellur und Oyndarfjørður abzweigt. In Oyndarfjørður steht eine färöische **Holzkirche** aus dem Jahr 1838 (den Kirchenschlüssel erhält man im Lebensmittelladen). Das Altarbild stammt von dem dänischen Maler *Eckersberg.* Sehenswert ist außerdem das kleine **Museum Víkarhúsini,** ein **alter Kaufmannshof.**

Ein wenig außerhalb des Ortes stehen hinter den neuen Hafenanlagen die **rinkusteinar, die „Wackelsteine“.** Die beiden schweren Felsbrocken schwanken seit Jahrhunderten im Takt der Wellen. Ein zwischen den Felsen gespanntes Seil verdeutlicht die mit bloßem Auge kaum wahrnehmbaren Bewegungen. Der Sage nach soll es sich bei den Felsen um zwei in Steine verwandelte Seeräuberschiffe handeln, die nun für immer ruhelos im Meer schwanken müssen. Vielleicht sind die Wackelsteine aber einfach nur ein willkommenes „Naturdenkmal“, um Touristen in den abgelegenen Ort zu locken.

Register Island

Register für die Färöer-Inseln ab S. 645.

Anhang

Register Färöer-Inseln

HILFE!

Dieses Reisehandbuch ist gespickt mit unzähligen Adressen, Preisen, Tipps und Infos. Nur vor Ort kann überprüft werden, was noch stimmt, was sich verändert hat, ob Preise gestiegen oder gefallen sind, ob ein Hotel, ein Restaurant immer noch empfehlenswert ist oder nicht mehr, ob ein Ziel noch oder jetzt erreichbar ist, ob es eine lohnende Alternative gibt usw.

Unsere Autoren sind zwar stetig unterwegs und versuchen, alle zwei Jahre eine komplette Aktualisierung zu erstellen, aber auf die Mithilfe von Reisenden können sie nicht verzichten.

Darum: Schreiben Sie uns, was sich geändert hat, was besser sein könnte, was gestrichen bzw. ergänzt werden soll. Nur so bleibt dieses Buch immer aktuell und zuverlässig. Wenn sich die Infos direkt auf das Buch beziehen, würde die Seitenangabe uns die Arbeit sehr erleichtern. Gut verwertbare Informationen belohnt der Verlag mit einem Sprechführer Ihrer Wahl aus der über 220 Bände umfassenden Reihe „Kauderwelsch".

Bitte schreiben Sie an:

REISE KNOW-HOW Verlag Peter Rump GmbH, Postfach 140666, D-33626 Bielefeld, oder per E-Mail an: info@reise-know-how.de

Danke!

Die Autoren

Das Ehepaar Titz bereist Island und die Färöer-Inseln seit vielen Jahren; auch als Reiseleiter waren die Autoren tätig. *Barbara* und *Jörg-Thomas Titz* haben über 20 Bücher veröffentlicht, darunter ein Sachbuch über Makrofotografie, Fahrrad- und Wanderführer sowie Bildbände. Dieser Reiseführer ist ihr zweites Buch über Island.

Barbara Christine Titz, Jahrgang 1960, studierte Sozialwesen. Sie ist seit 1995 freiberufliche Fotojournalistin und leitet ihre Firma TIPHO Bildarchiv. Die Autorin arbeitet außerdem für die Presse und hält Dia-Vorträge.

Jörg-Thomas Titz, geboren 1956, ist promovierter Naturwissenschaftler und arbeitet ebenfalls freiberuflich als Fotojournalist und Buchautor.

Bei Reise Know-How ist auch ihr Reiseführer zum Elsass und den Vogesen erschienen.

179is Foto: tt

Atlas

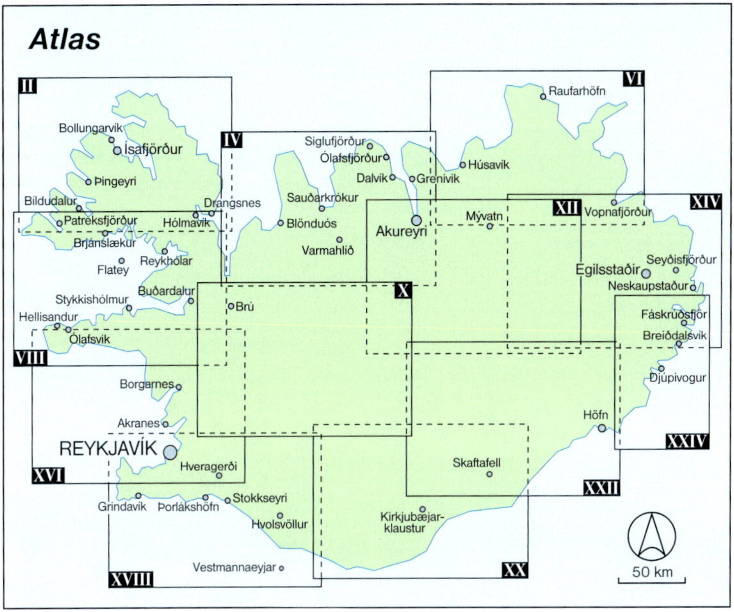

Zeichenerklärung

- 1 Fernstraße
- 52 Hauptstraße
- 518 Nebenstraße
- F857 Radweg
- F578 Weg
- 7A Route
- Flugplatz
- Leuchtturm
- Sehenswürdigkeit
- Museum
- Kirche
- Schutzhütte
- Campingplatz
- Naturpark
- Gletscher

1800 m
1400 m
1000 m
600 m
200 m
0

0 20 km

Maßstab 1 : 750.000

66°30'
A
24°
B
0
20 km
1
2
66°
3
Straumnes
Aðalvík
Rytur
Bolafjall
Göltur
Bolungarvík
Ósvör
Suðureyri
Sauðanes
Staður
Hanhóll
61
Hnífsdalur
Önundarfjörður
Eyrarfjall
Ísafjörður
Birkihlíð
Sæból
Flateyri
64
Súðavík
Skagafjall
624
Kirkjuból
Holt
Breiðadalsheiði
863
61
8E
Gorðhamrar
745
Kirkjuból
Hattardalur
Dýrafjörður
60
Hafnarnes
Núpur
866
Lambadalsfjall
Svalvogar
Sveinseyri
Mýrar
Sléttanes
Fremstuhus
Húsatún
622
Lambadalur
Tóarfjall
Þingeyri
Lokinhamrar
Blakkahorn
558
Ketilseyri
Hrafnabjörg
Kópur
998
8E
920
Sléttanes
790
Hrafnseyrarheiði
Glámá
Selárdoslur
Álftamýri
Arnarfjörður
8D
Auðkúla
Hrafnseyri
866
Grænahlið
Dynjandi
619
Mosdalur
Stóra-Eyjavatn
Fremrihvesta
Patreksfjörður
Tálknafjörður
Bíldudalur
Blakknes
617
Stóri-Laugardalur
60
Holmavatn
Kollsvík
Tálknafjörður
Láginúpur
Hænuvík
Patreksfjörður
63
63
Efritunga
8D
Hjallatún
Foss
8B
Breiðavík
612
Hnjótur
62
Flókalundur
Hosuhliðarvatn
Hvallátur
A
24°
612
8C
Vesturbotn
VIII
B
62
60
23°

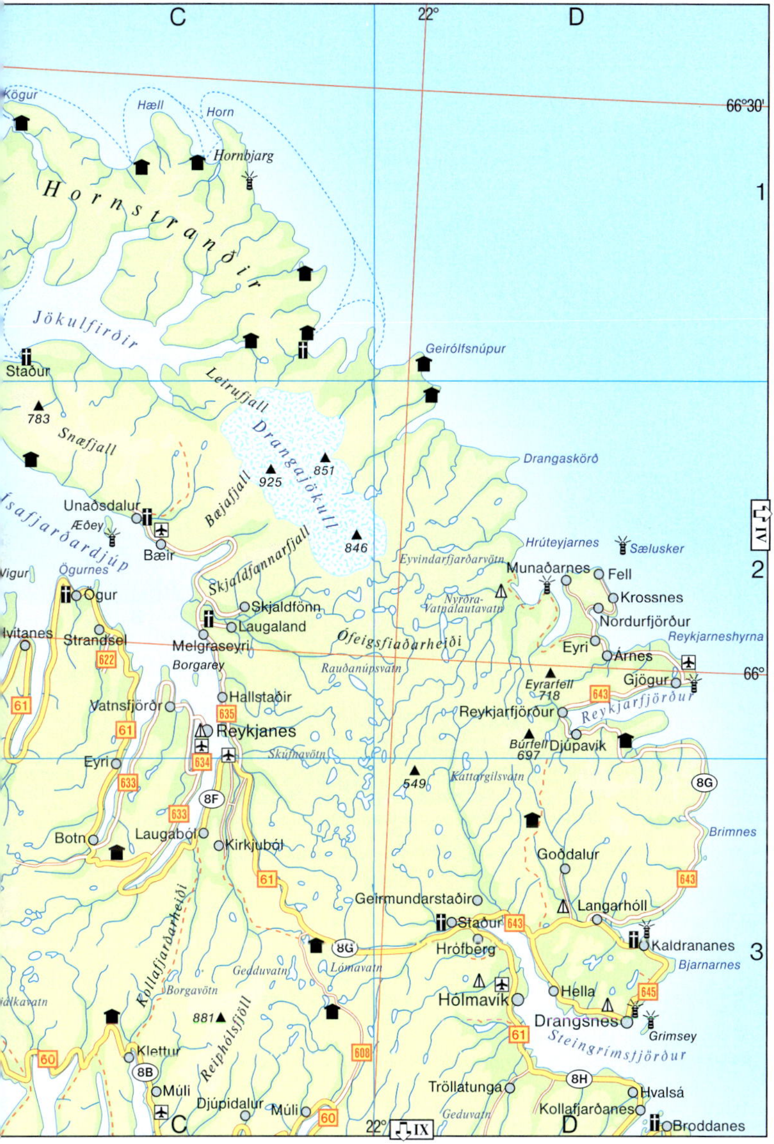

C
22°
D
66°30'
Kögur
Hæll
Horn
Hornbjarg
Hornstrandir
1
Jökulfirðir
Staður
Leirufjall
Geirólfsnúpur
783
Snæfjall
Drangajökull
925
851
Drangaskörð
Bæjafjall
Unaðsdalur
Æðey
Ísafjarðardjúp
Bæir
846
Skjaldfannarfjall
Hrúteyjarnes
Sælusker
Eyvindarfjarðarvötn
Munaðarnes
Fell
2
Vigur
Ögurnes
Ögur
Skjaldfönn
Nyðra-Vatnalautavatn
Krossnes
Laugaland
Nordurfjörður
Hvítanes
Strandsel
Melgraseyri
Ófeigsfjaðarheiði
Eyri
Reykjarneshyrna
Borgarey
Árnes
Rauðanúpsvatn
Gjögur
66°
Eyrarfell 718
Hallstaðir
Vatnsfjörður
Reykjarfjörður
Reykjarfjörður
Reykjanes
Búrfell 697
Djúpavík
Skúfnavötn
Eyri
549
Kattargilsvatn
8G
8F
Brimnes
Botn
Laugaból
Kirkjuból
Goðdalur
Geirmundarstaðir
Langarhóll
Staður
Hrófberg
Kaldrananes
3
Bjarnarnes
Gedduvatn
Lómavatn
Kollafjarðarheiði
Borgavötn
Hella
Hólmavík
Drangsnes
Grímsey
881
Reipholsfjöll
Steingrímsfjörður
Klettur
8B
8H
Múli
Tröllatunga
Hvalsá
Djúpidalur
Múli
Geduvatn
Kollafjarðarnes
Broddanes
IV
IX
Atlas
61
622
635
634
633
643
645
608
60

Húnaflói
Húnafjörður
Skagafjörður
Skagaströnd
Blönduós
Sauðárkrókur
Hvammstangi
Skagatá
Selvíkurtangi
Rifsnes
Húnsnes
Dalshorn
Drangey
Hvalnes
Selá
Gauksstaðir
Örlygsstaðir
Hof
Sævarland
Hvammur
Ingveldarstaðir
Tindastoll
Sólvangur
Sandafell 597
Hafurstaðir
Höskuldsstaðir
Skrapatunga
Tunga
Sölvabakki
Lækjardalur
Mánaskál
Bakkakot
Hindisvík
Nestá
Brandstangi
Fáskrúð
Tjörn
Illugastaðir
Hvítserkur
Ósar
Sauðanes
Laxárvatn
Holtastaðir
Langadalsfjall
Laxárdalsfjöll
Reynistaður
Þorgrímsstaðir
Þingeyrasandur
Gautsdalur
Brekka
Þingeyrar
Reykir
Svínavatn
Bólstaðarhlíð
Vatnshlíð
Þorfinnsstaðir
Hóp
Hagi
Öxl
Auðkúla
Húnaver
Grund
Vatnsnes
Vesturhópsvatn
Stóraborg
Bjarnastaðir
Holt
Langamýri
Ytri-Ánastaðir
Miðhús
Stóridalur
Kolbeinsá
Heggstaðir
Breiðabólsstaður
Víðidalsá
Svínadalsfjall
Vatnsdalsfjall
Miðfjörður
Böðvarshólar
Eyvindarstaðir
Bergstaðir
Balkastaðir
Hrútafjörður
Flaga
Elðsstaðir
Þórukot
Vatnshóll
Víðigerði
Bakki
Víðidalsfjall
Kollsá
933
Gilsvatn
Stafn
Bessastaðir
Hrísar
Gilá
Gauksmýri
Víðidalstunga
Káradalstunga
Sandar
Laugarbakki
Fosa
Hrappsstaðir
Sunnuhlíð
Prestbakki
Brúarholt
Litlahlíð
Urriðavatn
Friðmundarvötn
Neðrifitjar
Reykir
Búrfell
Bjarg
Eyjavatn
Galtaból
Kjörseyri
Bjaargshol
Bergávatn
Blanda
Dæli
965
995
Landsel
Málm
Reykjadisk
Hegran
Hell
Tröð
20 km
66°
65°30'
21°
20°

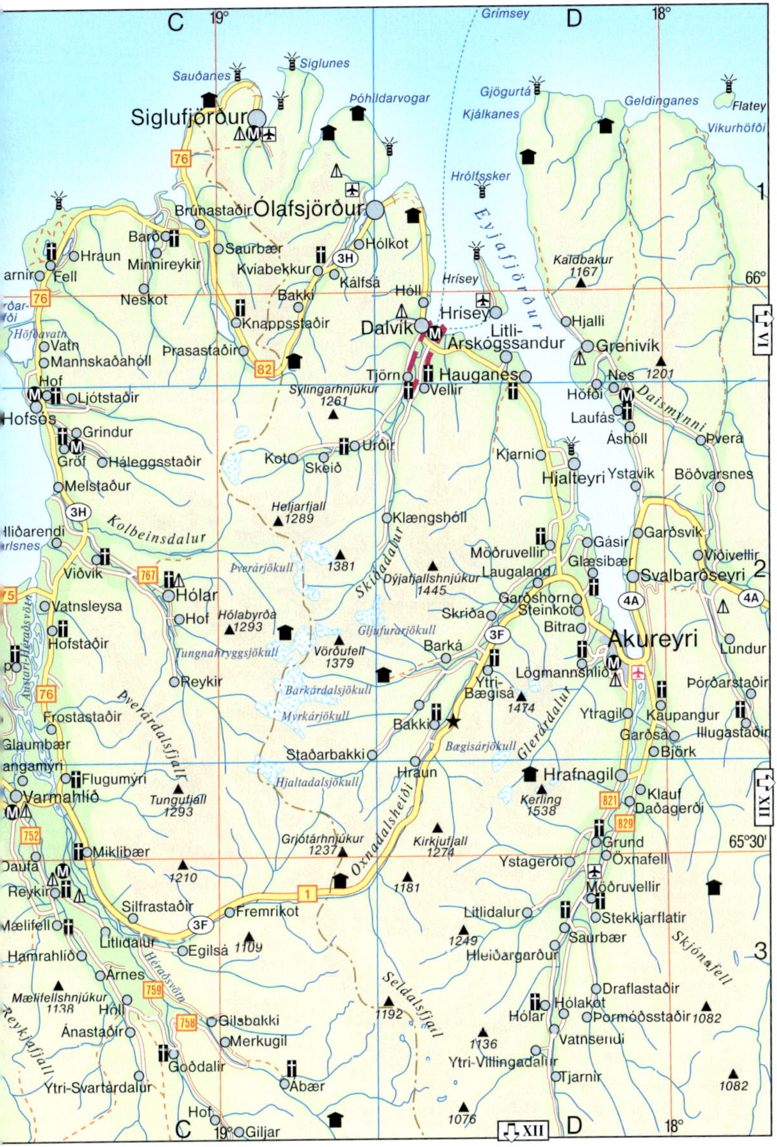
C
19°
Grímsey
D
18°
Siglunes
Sauðanes
Siglufjörður
Þóhildarvogar
Gjögurtá
Geldinganes
Flatey
Kjálkanes
Vikurhöfði
76
Hrólfssker
1
Brúnastaðir
Ólafsfjörður
Eyjafjörður
Barð
Hraun
Saurbær
Hólkot
3H
Kaldbakur
1167
Minnireykir
Kviabekkur
Fell
Kálfsá
Hrísey
66°
Neskot
Bakki
Hóll
Hrísey
Hjalli
Knappsstaðir
Dalvík
Litli-Árskógssandur
Höfðavatn
Vatn
Grenivík
Mannskaðahóll
Þrasastaðir
VI
Hof
82
Tjörn
Hauganes
Nes
1201
Ljótstaðir
Sylingarhnjúkur
1261
Vellir
Höfði
Daismynni
Hofsós
Laufás
Grindur
Áshóll
Þverá
Gröf
Háleggsstaðir
Kot
Urðir
Kjarni
Skeið
Hjalteyri
Ystavík
Böðvarsnes
Melstaður
3H
Heljarfjall
1289
Klængshóll
Kolbeinsdalur
Hliðarendi
Gásir
Garðsvík
Skíðadalur
Möðruvellir
Viðivellir
Viðvík
Þverárjökull
1381
Glæsibær
767
Dýjafjallshnjúkur
1445
Laugaland
Svalbarðseyri
2
Hólar
Garðshorn
4A
4A
Vatnsleysa
Steinkot
Hólabyrða
1293
Skriða
Hof
Bitra
3F
Gljúfurárjökull
Akureyri
Hofstaðir
Vörðufell
1379
Barká
Lundur
Tungnahryggsjökull
Austari-Héraðsvötn
Ytri-Bægisá
Lögmannshlíð
Þórðarstaðir
Reykir
1474
76
Barkárdalsjökull
Kaupangur
Þverárdalsfjall
Ytragil
Illugastaðir
Myrkárjökull
Bakki
Frostastaðir
Garðsá
Glaumbær
Bægisárjökull
Glerárdalur
Björk
Staðarbakki
Hraun
Hrafnagil
Flugumýri
Hjaltadalsjökull
Tungufjall
1293
Kerling
1538
Klauf
Varmahlíð
Öxnadalsheiði
821
Daðagerði
XII
752
829
Grjótárhnjúkur
1237
Kirkjufjall
1274
Grund
65°30'
Miklibær
Ystagerði
Öxnafell
1210
Reykir
1181
Möðruvellir
1
Silfrastaðir
Fremrikot
Litlidalur
Stekkjarflatir
Mælifell
3F
1249
Saurbær
Skjónafell
Litlidalur
Egilsá
1109
Hamrahlíð
Hleiðargarður
3
Héraðsvötn
Árnes
Seldalsfjall
Draflastaðir
759
Mælifellshnjúkur
1138
Hóll
1192
Hólakot
1082
Hólar
Þormóðsstaðir
Reykjafjall
758
Gilsbakki
Ánastaðir
Merkugil
1136
Vatnsendi
Goðdalir
Ytri-Villingadalur
Ábær
Tjarnir
1082
Ytri-Svartárdalur
Hof
1076
C
19°
Giljar
XII
D
18°
Atlas

VI Grimsey, Húsavík, Kópasker, Melrakkaslétta

C
15°
D
66°30'
Ásmundarstaðir
Ásmundarstaey
Höskuldarnes
Raufarhöfn
1
Hóll
Melrakkanes
Sveinungsvík
5C
Deildarvatn
Þernuvatn
Krossavík
Kollavík
Kollavík
Rauðanes
Vellir
85
Stóra-Viðarvatn
Sævarland
Hjálmarnes
Svalbarð
Sandvatn
Hagaland
85
Flaga
5D
Ytra-Áland
Syðra-Áland
Holt
Gunnarsstaðir
Fjallalækjarsel
Hvammur
Krókavatn
Tungusel
Þistilfjörður
Svínalækjartangi
Fontur
Hraunnes
Gjögrahorn
Brimnes
Langanes
Heiðarnes
Eiði
Grenjanes
Hlíð
Sauðanes
Efralón
Kistufjall
444
869
Þórshöfn
Selfjall
582
Ytribrekkur
85
Fell
Bakkaflói
2
Miðfjarðarnes
Svartanes
Bjarg
Bakkafjörður
Langanesströnd
Skeggjastaðir
66°
Skálatóarsker
Svalbarðsnúpur
703
Búrfellsvötn
Búrfell
605
85
Vogasker
5D
Strandhöfn
Djúpavatn
Miðdalsvatn
Nyrstavatn
913
Ytri-Hágangur
923
Ljósaland
Eyjavatn
Miðvatn
Fuglabjarganes
Hafralón
Hámundarstaðir
Vopnafjörður
Syðri-Hágangur
952
Hróaldsstaðir
Ytri-Nípur
Stakfell
891
Tangasporður
Dýjafjall
717
914
Böðvarsdalur
Bunga
983
Mælifellsheiði
Skógar
Almennings-árvötn
Vopnafjörður
3
Sandhnúksvatn
917
Torfastaðir
Haugsvatn
Krossavík
Vakurstaðir
915
85
Syðrivík
Ketilsstaðir
Haugsnibba
935
Foll
Rauðhólar
Viðarvatn
Mælifell
5D
Hauksstaðir
Torfastaðir
Dimmifjallgarður
919
Hof
Hnitbjörg
Hrútafjöll
862
Teigur
Smjörfjöll
Hiðarhús
Nykurvatn
Sunnuhlíð
Álftavatn
16°
XIV
C
Burstarfell
15°
D
XV

Blakknes
Kollsvík
Láginúpur
Hænuvík
Patreksfjörður
Tálknafjörður
Patreksfjörður
Hjallatún
Foss
Efritunga
Breiðavík
Hnjótur
Hvallátur
Flókalundur
Hosuhliðarvatn
Vesturbotn
65°30'
Bjargtangar
Hvalsker
Lambavatn
Brimnes
Látrabjarg
Rauðasandur
Tungumúli
Kross
Brjánslækur
Auðshaug
Engey
Saurbær
Haukaberg
Hagi
Arnórsstaðir
Heimaey
Melanes
Hreggstaðir
Barðaströnd
Skor
Hergilsey
Flat
Klofningur
Breiðafjörður
0
20 km
Höskuldsey
65°
Jónsne
Vatnabúðir
Bjarnarhöfn
Berg
Kvíabryggja
Eiði
Mávahlíð
Tröð
Hellissandur
Rif
Ólafsvík
Öndverðarnes
Brimilsvellir
Grundarfjörður
Fróðá
988
Hraunsfjarðarvatn
Svörtuloft
Snæfellsnes
933
Knörr
Snæfellsjökull
1446
Gröf
Miðhus
Öxl
Búðir
Lýsuhóll
Tarfavatn
Ölkelda
Ytrigarðar
Hoftún
Staðastað
Dritvík
Arnarstapi
Geldinganes
Hellnar
Lóndrangar
Malarrif
Faxaflói
A
B
1
2
3
24°
23°
II
XVI

III
Hólmavík
Drangsnes
Grímsey
Steingrímsfjörður
Kjálkavatn
881
Klettur
Múli
Djúpidalur
Múli
Gufudalur
8B
Bjarkalundur
Húsavík
Heudalsá
Tröllatunga
Geduvatn
Hvalsá
Kollafjarðarnes
Broddanes
Skriðinsenni
Stóra-Fjarðarhorn
Illisey
Skálmarnesmúli
Skálanes
60
608
8H
61
8A
607
65°30'
1
Hellisey
Skarfaklettur
Ábær
Grund
Skáleyjar
Reykhólar
Króksfjarðarnes
Bakki
Garpsdalur
Einfætingsgil
Gröf
Óspakseyri
Kleifar
Guðlaugsvík
Sandhólar
Kolbeinsá
IV
Karlsey
Helgey
Saurbær
69
Efri-Brunna
Svefneyjar
Hóley
Ólafseyjar
Bæjarey
Langey
Akureyjar
Staðarhólskirkja
Fagridalur
Þverfell
Bessatunga
68
Kollsá
Rauðseyjar
Helluhólmi
690
Klifmýri
Stóra-Öffursey
Harfatindur
923
Prestbakki
Fiskivötn
Skarð
Sælingsdalur
Bær
Ballará
Laugar
Hólmavatn
Kjörseyri
Ásgarður
Efri-Langey
Hvammur
Sólheimar
Laxárvatn
2
Ormsstaðir
Fremri-Langey
Arney
Dagverðarnes
Lyngbrekka
Höll
59
Vígholtsstaðir
2G
Staðarfell
Teigur
Bildsey
Purkey
Hrappsey
Skógar
Goddastaðir
Leiðólfsstaðir
Stykkishólmur
Öxney
Brokey
Buðardalur
Hvammsfjörður
Ólafsey
Kambsnes
Ás
Eiríksstaðir
Gilijaland
Helgafell
Straumur
Drangar
Hrútsstaðir
Vatn
586
Brautarholt
Haukadalsvatn
Stóra-Vatnshorn
F586
Narfeyri
Breiðabólsstaðir
54
Dunkur
Kvennabrekka
Svalbarð
X
Sauðafell
Grishóll
Hrísar
Bær
1001
65°
Kárastaðir
Höll
Miðá
801
55
Snjófjöll
808
Rauðamelsfjall
956
Breiðabólsstaður
Oddastaðavatn
Hildarvatn
864
Hjarðarfell
Hrisdalur
Ytri-Rauðamelur
Heggstaðir
Hítarvatn
Norðurá
Vegamót
Gerðuberg
3
934
Sveinatungar
Fáskrúðarbakki
2E
Hrauntun
Sata
741
Dyrastaðir
Hvammur
Kolbeinsstaðir
Háleiksvatn
Miklaholt
Langavatn
Grábrók
1
528
Ystugarðar
Hítardalur
Skógarnes
Kolviðarnes
Bifröst
Vikravatn
Snorrastaðir
Grjót
Örnólfsdaur
Gamlaeyri
Hreðavatn
Höfði
Brúarfoss
Haffjörður
Norðtunga
Hitarnes
Langá
Höll
Skiphylur
22°
XVII
Laugarás
C
D

61 ? s.S. 335 li oben

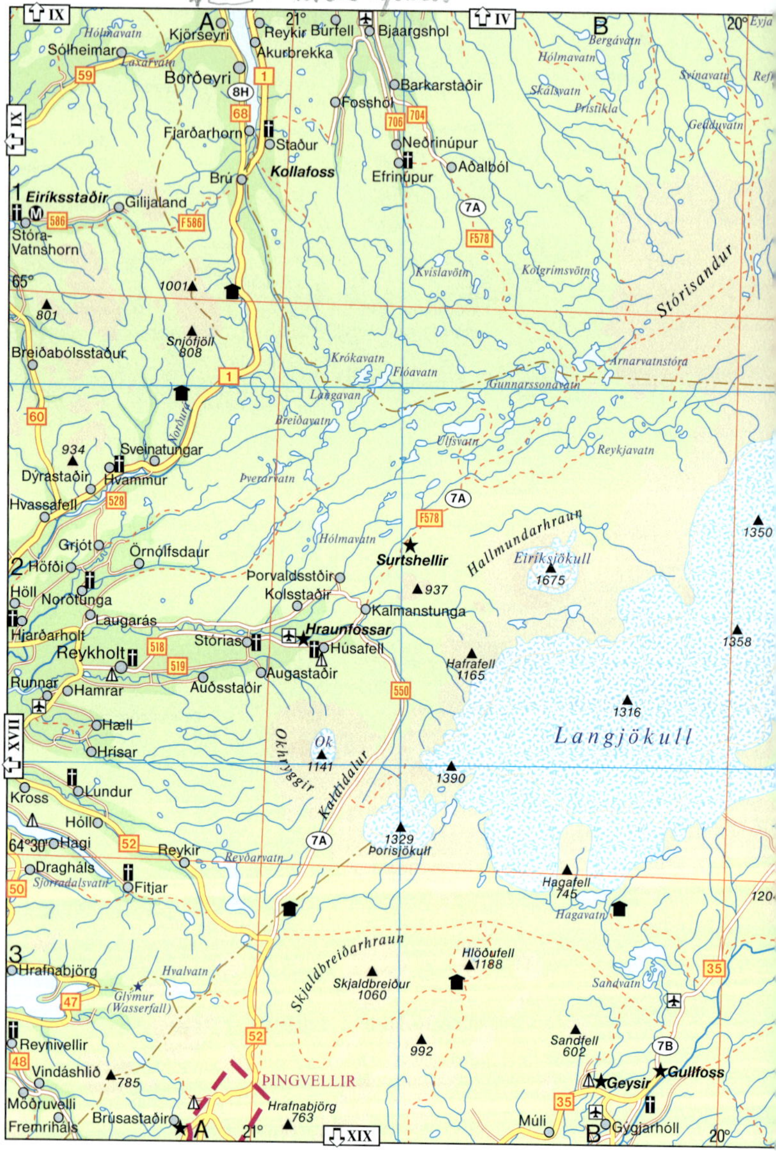

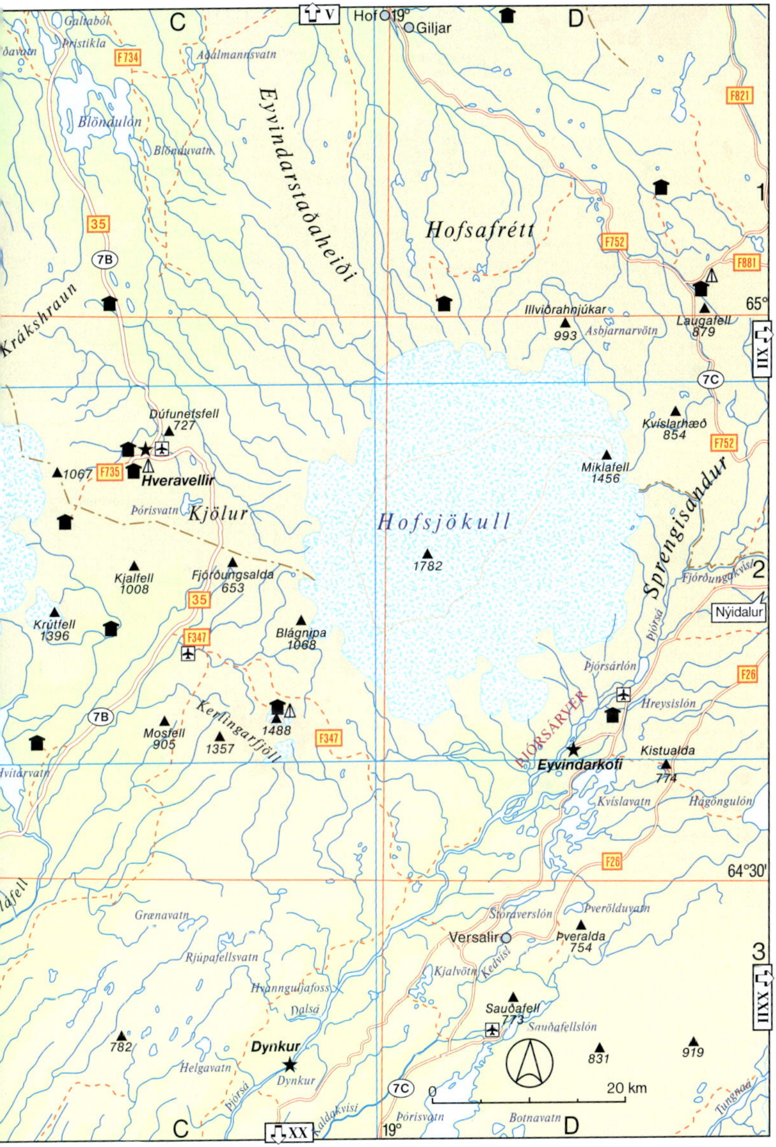
C
D
V
XX
XII
XXII
Hof
19°
Giljar
Galtaból
Þristikla
F734
Aðalmannsvatn
Blöndulón
Blönduvatn
Eyvindarstaðaheiði
Hofsafrétt
F821
F752
F881
35
7B
Kráksbraun
Illviðrahnjúkar
993
Asbjarnarvötn
Laugafell
879
65°
7C
Kvíslarhæð
854
Dúfunefsfell
727
1067
F735
Hveravellir
Miklafell
1456
Þórisvatn
Kjölur
Hofsjökull
Sprengisandur
1782
Kjalfell
1008
Fjórðungsalda
653
Fjórðungakvísl
Nýidalur
Krútfell
1396
F347
Blágnípa
1068
Þjórsá
Þjórsárlón
F26
Þjórsárver
Hreysislón
Kerlingarfjöll
Mosfell
905
1357
1488
Eyvindarkofi
Kistualda
774
Hvítárvatn
Kvíslavatn
Hágöngulón
64°30'
Grænavatn
Stórverslón
Þveröldulvatn
Versalir
Þveralda
754
Rjúpafellsvatn
Kjalvötn
Kedvísl
Hvanngiljafoss
Dalsá
Sauðafell
773
Sauðafellslón
782
Dynkur
831
919
Helgavatn
Þjórsá
20 km
0
Kaldakvísl
Þórisvatn
Botnavatn
Tungnaá
1
2
3

Atlas

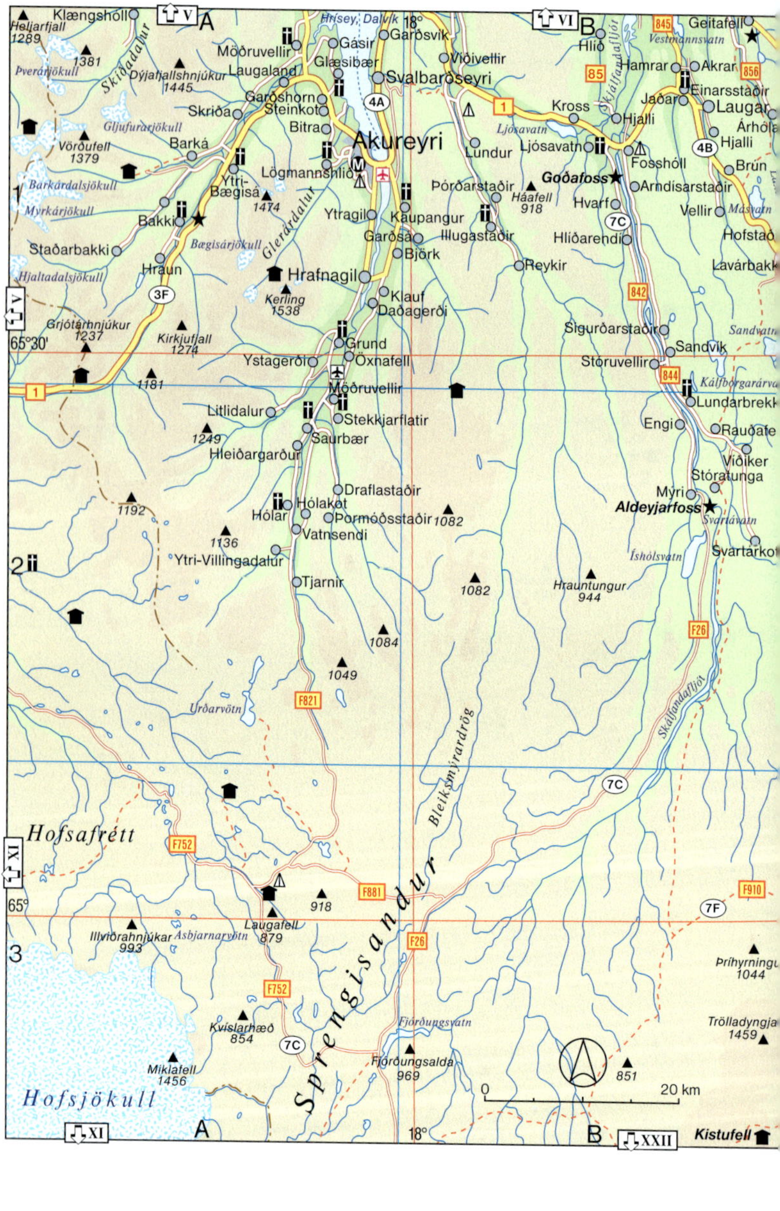

Akureyri
Svalbarðseyri
Laugar
Goðafoss
Aldeyjarfoss
Sprengisandur
Hofsafrétt
Hofsjökull
Bleiksmýrardrög
Kistufell
Hrafnagil
Möðruvellir
Dalvík
Hrísey
20 km

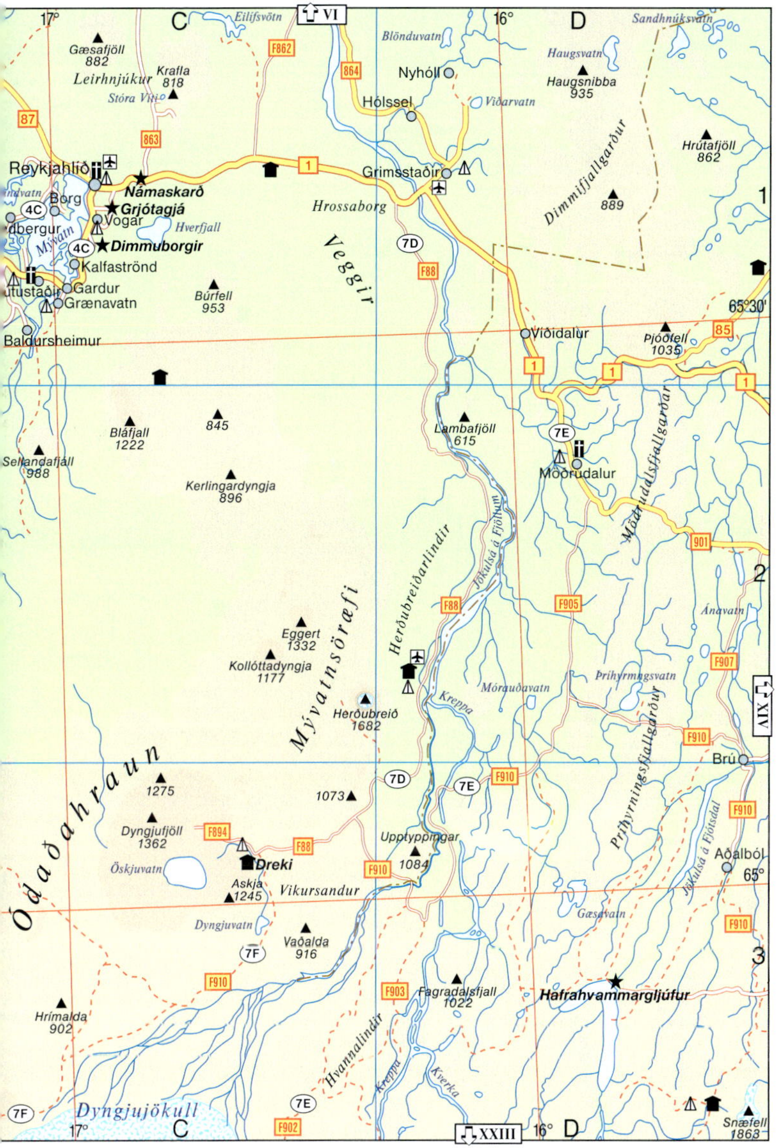
17°
C
Eilífsvötn
VI
16°
D
Sandhnúksvatn
Blönduvatn
Haugsvatn
F862
864
Nyhóll
Haugsnibba
935
Gæsafjöll
882
Leirhnjúkur
Krafla
818
Stóra Víti
Hólssel
Viðarvatn
87
863
Dimmifjallgarður
Hrútafjöll
862
Reykjahlið
1
Grimsstaðir
1
Borg
Námaskarð
4C
Grjótagjá
Hrossaborg
889
Vogar
Hverfjall
Mývatn
Dimmuborgir
4C
7D
Veggir
Kalfaströnd
F88
Gardur
Grænavatn
Búrfell
953
65°30'
Baldursheimur
Víðidalur
Þjóðfell
1035
85
1
1
1
Blafjall
1222
845
Lambafjöll
615
7E
Sellandafjall
988
Möðrudalur
Kerlingardyngja
896
Möðrudalsfjallgarðar
901
Herðubreiðarlindir
Jökulsá á Fjöllum
2
F88
F905
Ánavatn
Eggert
1332
Mývatnsöræfi
F907
Kollóttadyngja
1177
Þríhyrningsvatn
XIV
Mórauðavatn
Kreppa
Herðubreið
1682
F910
Brú
Ódáðahraun
1275
7D
7E
F910
1073
F910
Dyngjufjöll
1362
F894
F88
Upptyppingar
Þríhyrningsfjallgarður
Aðalból
Dreki
F910
1084
65°
Öskjuvatn
Askja
1245
Vikursandur
Jökulsá á Fjótsdal
Gæsavatn
Dyngjuvatn
Vaðalda
916
F910
7F
3
F910
F903
Fagradalsfjall
1022
Hafrahvammargljúfur
Hrímalda
902
Hvannalindir
Kreppa
Kverka
7F
Dyngjujökull
7E
F902
17°
C
XXIII
16°
D
Snæfell
1863

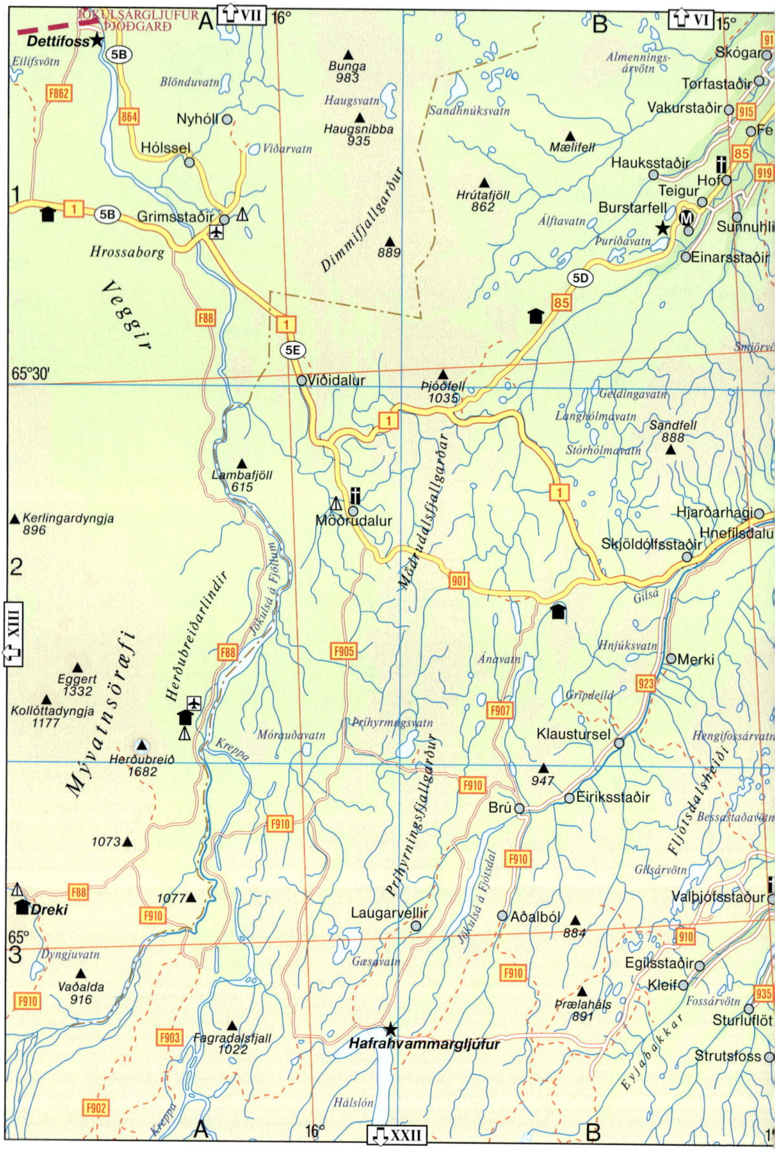

Jökulsárgljúfur Þjóðgarð
A
VII
16°
B
VI
15°
Dettifoss
Eilífsvötn
5B
F862
Blönduvatn
864
Nyhóll
Hólssel
Viðarvatn
Bunga
983
Haugsvatn
Haugsnibba
935
Sandhnúksvatn
Mælifell
Almennings-
árvötn
Skógar
Torfastaðir
Vakurstaðir
915
Fe
Hauksstaðir
85
919
Hof
Teigur
Burstarfell
Sunnuhl
Hrútafjöll
862
Álftavatn
Þuríðavatn
Einarsstaðir
1
1
5B
Grimsstaðir
Hrossaborg
Dimmifjallgarður
889
5D
85
Veggir
F88
1
5E
65°30'
Víðidalur
Þjóðfell
1035
Smjörv
Geldingavatn
Langhólmavatn
Sandfell
888
Stórhólmavatn
Lambafjöll
615
1
Möðrudalur
Möðrudalsfjallgarðar
1
Hjarðarhagi
Hnefilsdalu
Kerlingardyngja
896
Skjöldólfsstaðir
2
901
Gilsá
XIII
Jökulsá á Fjöllum
Herðubreiðarlindir
F88
F905
Hnjúksvatn
Merki
Ánavatn
Eggert
1332
Mývatnsöræfi
Kollóttadyngja
1177
Gripdeild
923
F907
Príhyrningsvatn
Mórauðavatn
Krepping
Klaustursel
Hengifossárvatn
Herðubreið
1682
947
F910
Eiríksstaðir
Brú
Fljótsdalsheiði
Bessastaðavötn
F910
1073
F910
Gilsárvötn
Þríhyrningsfjallgarður
Jökulsá á Fjótsdal
F88
Valþjófsstaður
1077
Dreki
F910
Laugarvellir
Aðalból
884
65°
3
910
Dyngjuvatn
Gæsavatn
Vaðalda
916
F910
Egilsstaðir
Kleif
F910
935
Prælaháls
891
Fossárvötn
Sturluflöt
F903
Fagradalsfjall
1022
Hafrahvammargljúfur
Eyjabakkar
Strutsfoss
F902
Hálslón
Kreppa
A
16°
XXII
B

Tanga-sporður
Böðvar-sdalur
C
14°
D
Héraðsflói
pnafjörður
917
Dýjafjall 717
Krossavík
Syðrivík
Rauðhólar
Gljúfursá
Ketilsstaðir
Hellisheiði
Héraðssandur
0
20 km
Hólmatunga
Torfastaðir
Húsey
Ósfles
Kögur
Hiðarhús
Hnitbjörg
1
Smjörfjöll
926
Lagarfljót
Unaós
Njarðvík
Borgarfjörður
Hóll
94
Hafnarhólmi
Möberg
Sandbrekka
Innra Hvanngie
Massel
Sleðbrjótur
1251
917
943
Bakkagerði
65°30'
Glettingsnes
Kirkjubær
Hjaltastaður
Desjarmýri
946
Hrafrabjörg
925
927
Rauðholt
Hvannstöð
Ártún
Kleppjárrsstaðir
Tjarnarland
Fossvellir
946
Brekkusel
Husavík
Seyðisfjarðarflói
1034
5E
Heiðarsel
Gilsárteigur
Eiðar
Herfell 1064
Loðmundarfjörður
1
Teigasel
924
1
Rangá
Hofteigur
Selsstaðir
Skálanes
Flúðir
Egilssel
Dvergasteinn
Hánefsstaðir
Fellabær
952
Dalatangi
Sandvatn
Skipalækur
2
Egilsstaðir
Seyðisfjörður
5E
93
1071
Brekka
Mjóifjörður
Höfði
Unalækur
Norðfjarðarflói
970
Barðsneshorn
Neskaupstaður
Jaðar
953
Hof
Hof
Úlfsstaðir
Miðbær
Strönd
Ásgarður
5F
Grænanes
931
1056
1088
92
Lagarfljót
931
Höttur 1106
Hús
92
Mávastapar
Hengifoss
Hallormsstaðir
Eskifjörður
Sigmundarhús
1
Helgustaðir
65°
Vað
Seljateigur
Hólmar
954
Arnhólsstaðir
Reyðarfjörður
Vallholt
Áreyjar
Litla-Breiðuvík
Skriðuklaustur
Þingmúli
955
Bjarg
Þorvaldsstaðir
Haugatangi
Seley
Þernunes
Reyðarfjörður
Geitdalur
96
Kolmúli
Haugar
Kollufell 1126
Dalir
Fáskrúðsfjörður
Vattarnes
1206
3
Tunga
Skrúður
950
5F
96
Kolfreyjustaður
Andey
Þorgrímsstaðir
Þorvaldsstaðir
Vikurgerði
Strembitangi
Tóarsel
Gilsá
Stöðvarfjörður
939
Höskuldsstaðir
1
Lond
Ódáðavötn
Landatangi
Randversstaðir
Fellsás
Þverhamar
Kambanes
Melshorn
Heydalir
Breiðdalsvík
XXIII
C
Berufjörður
Hvannabrekka
Fagridalur
14°
D
XXIV

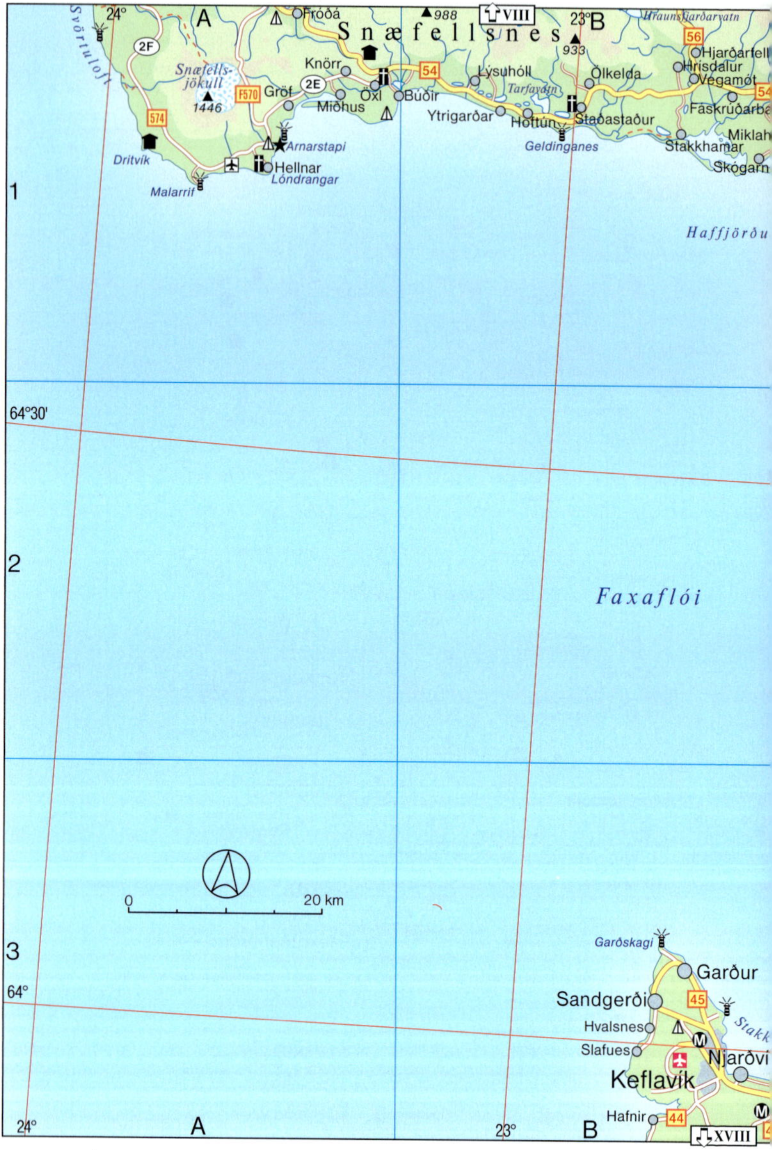
Snæfellsnes
Svörtuloft
2F
Snæfells-jökull
1446
F570
574
Gröf
2E
Fróðá
988
VIII
933
Knörr
Öxl
Miðhus
Búðir
54
Lýsuhóll
Tarfavatn
Ölkelda
Ytrigarðar
Hoftún
Staðastaður
Geldinganes
Hraunsfjarðarvatn
56
Hjarðarfell
Hrísdalur
Vegamót
Fáskrúðarba
Miklah
Stakkhamar
Skógarn
Dritvík
Malarrif
Arnarstapi
Hellnar
Lóndrangar
Haffjörðu
Faxaflói
64°30'
64°
24°
23°
A
B
1
2
3
0
20 km
Garðskagi
Garður
Sandgerði
45
Hvalsnes
Slafues
Njarðvi
Keflavík
Hafnir
44
Stakk
XVIII

C
22°
IX
Breiðabólsstaður
D
21°
X
Hildarvatn
Ytri-Rauðamelur
Heggstaðir
Gerðuberg
Hítarvatn
864
Langavatn
Breiðavatn
934
Sveinatungar
Sata 741
Dýrastaðir
Hvammur
Þverarvatn
Kolbeinsstaðir
Hrauntun
Háleiksvatn
Ystugarðar
Hitardalur
Langavatn
Hólmavatn
Hvassafell
Vikravatn
Snorrastaðir
Grjót
Örnólfsdaur
Þorvaldsstöðir
Hreðavatn
Höfði
Hitarnes
Bruarfoss
Norðtunga
Kolsstaðir
Langá
Höll
Laugarás
Skiphylur
Fíflholt
Varmaland
Hjarðarholt
Hraunfossar
Stórias
Áltártunga
Reykholt
Húsafell
Akrar
Litlagröf
Neðranes
Augastaðir
Auðsstaðir
Hamrar
Arnastapi
Stafholt
Runnar
Hjalley
Arbakki
Beigaldi
Hæll
Ok
1141
Traðir
Langarfoss
Ferjukot
Hólmakot
Álftárós
Urriðaá
Fosstún
Hrísar
Okhryggir
Borg
Hvanneyri
Heyvatn
Rauðanes
Kross
Lundur
Leirulækur
Stafholt
Borgarnes
Hóll
Knarrarnes
Horn
Skorradalsvatn
Hagi
Reykir
Reyðarvatn
64°30'
Álftanes
Borgarfjörður
Dritsker
Höfn
Draghals
Fitjar
1054
Skarðsheiði
Þormóðssker
Melaleiti
Lyngholt
Leira
Svarfhólt
Saurbær
Hvalvatn
Lambhagi
Kalastaðir
Hrafnabjörg
Hvammsvik
Glymur (Wasserfall)
Ós
Katanes
Ingunnarstaðir
Botnssúlur
Akranes
Sogn
Reynivellir
Hvalfjörður
Þúfa
Kiðafell
Vindáshlíð
Kjölur 785
Miðhús
Meðalfellsvatn
Melar
Móðruvelli
Hrafnabjörg 763
Saurbær
Esja
Brautarholt
Grundarhverfi
852
909
Skálafell
Grundarhóll 754
Fellsendi
Þingvellir
824
Skálabrekka
Stardalur
Enðey
Viðey
Mosfell
Leirvogsvatn
Heiðarbær
Mjóanes
Seltjarnarnes
Reykjavík
Mosfellsbær
Nesjar
Þingvallavatn
Hamar
Hafravatn
Kaldárhöfði
Álftanes
Kópavogur
Villingavatn
Mosfellsheiði
Garðar
Nesjavellir
Björk
Garðabær
Syðribú
Hafnarfjörður
Elliðavatn
Hengill 768
Búrfell
Stóraborg
Kaltatjörn
Miðengi
Villingavatn
Vaðnes
XIX
Vogar
Bláfjöll
Hveragerði
Glúfur
Núpar
64°
Kleifarvatn
Hjalli
Vötn
C
22°
D
XIX
21°

Atlas

XVI
XVII
Faxaflói
Reykjavík
Seltjarnarnes
Álftanes
Hafnarfjörður
Garðabær
Kópavogur
Mosfellsbær
Garðskagi
Garður
Sandgerði
Hvalsnes
Stafnes
Keflavík
Njarðvík
Vogar
Kálfatjörn
Stakks-fjörður
Reykjanes
Hafnir
Brücke über die Kontinente
Hafnaberg
Grindavík
Blaue Lagune
Gunnuhver
Reykjanestá
Ísólfsskáli
Seltún
Kleifarvatn
Selvogsgrunn
Brennisteinsfjöll
Bláfjöll
Hlíðarvatn
Strandarkirkja
Þorlákshöfn
Eyrarbakkabugur
Hveragerði
Hjalli
Lækur
Breiðabólsstaður
Hlíðarendi
Akranes
Brautarholt
Grundarhverfi
Esja
909
Skálafell
754
852
Grundarhóll
Fellsendi
Stardalur
Mosfell
Leirvogsvatn
Engey
Viðey
Hamar
Hafravatn
Garðar
Elliðavatn
Mosfellsheiði
Nesjavel
Heng
768
621
Núpa
Ölfu
64°
63°30'
22°
0
20 km
A
B
1
2
3
1A
1B
1C
2A
6J
1
36
41
42
43
44
45
39
407
417
420
425
427
428

X
XI
XX
Þingvellir
763
824
Hjálmsstaðir
Miðdalur
Múli
Brekka
Gýgjarhóll
Foss
Haukholt
585
Haifoss
Þingvallavatn
Laugarvatn
Brún
Vatnsleysa
Hvítá
Mjóanes
Apavatn
Hagi
Miklaholt
Reykholt
Laugar
Kaldbakur
Torfastaðir
Bræðratunga
Hruni
Stöng
Kaldárhöfði
Villingavatn
Skálholt
Laugarás
Hjálparfoss
Björk
Kringla
Brúará
Syðribú
Búrfell
Stóraborg
Sólheimar
Hlíð
Viðihlíð
Þjórsá
Fjall
Stórinúpur
Vaðnes
Hestvatn
Reykir
Hvammur
Leirubakki
Akbraut
Skarð
Galtalækur
Ólafsvellir
Hagi
Minnivellir
Hólar
Hekla
1491
Brúnastaðir
Borgarkot
Selfoss
Bitra
Húsagarður
Selsund
Krókur
Þjórsártún
Fosshólar
Þingskálar
Marteinstunga
Heiði
Vatnafjöll
Sóvangur
Eyrarbakki
Kolsholt
Kálfholt
Litlatunga
Holt
Rauðalækur
Árbær
Akurhóll
Stokkseyri
Tunga
Gaulverjabær
Skógsnes
Ás
Hrútsvatn
Hella
Keldur
Eystri-Rangá
Tindfjallajökull
Hraun
1462
Fljótshólar
Háfur
Sólvellir
Oddi
Djúpidalur
Þykkvibær
Hólsá
Stórólfshvoll
Hvolsvöllur
Teigur
Bali
Breiðabólsstaður
Múlakot
Barkarstaðir
Fljótshlíð
Fljótsdalur
Skúmsstaðavatn
Sigluvík
Buland
Landeyjasandur
Akurey
Hatún
Vodmúlastaðir
Stóramörk
Eyjafjallajökull
Bergþórshvoll
Stóridalur
1666
Gaularás
Kúfhóll
Selaland
Eyjafjöll
Markarfljót
Kross
Heimaland
Ásólfsskali
Bakki
Nýbær
Holt
Steinar
Selkot
Holtsós
Þrídrangar
Stóraborg
Eyjafjallasandur
63°30'
Faxasker
Ellidaey
Bjarnarey
Heimaey
Heimaey
Álsey
Vestmannaeyjar
(Westmännerinseln)
Brandur
Suðurey
Hellisey
Geldungur
Súlnasker
Surtsey
Geirfuglasker
21°
20°
C
D
64°
1
2
3

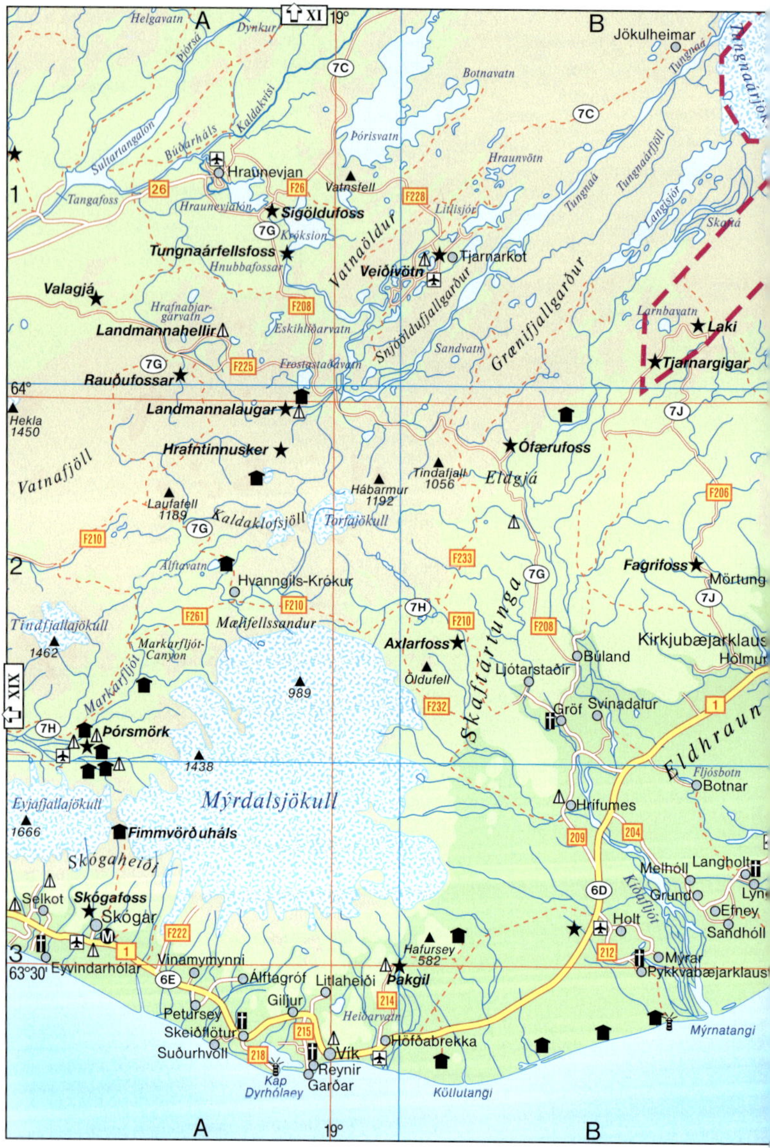
XI
XIX
A
B
1
2
3
64°
63°30'
19°
Helgavatn
Þjórsá
Dynkur
Kaldakvísl
Sultartangalón
Búðarháls
Hrauneyjan
Tangafoss
Hrauneyjalón
Sigöldufoss
Króksion
Tungnaárfellsfoss
Hnubbafossar
Valagjá
Hrafnabjargarvatn
Landmannahellir
Rauðufossar
Eskihlíðarvatn
Frostastaðavatn
Landmannalaugar
Hrafntinnusker
Hekla
1450
Vatnafjöll
Laufafell
1189
Kaldaklofsjöll
Torfajökull
Álftavatn
Hvanngils-Krókur
Mælifellssandur
Tindfjallajökull
1462
Markarfljót-Canyon
Markarfljót
989
Þórsmörk
1438
Mýrdalsjökull
Eyjafjallajökull
1666
Fimmvörðuháls
Skógaheiði
Selkot
Skógafoss
Skógar
Eyvindarhólar
Vinamymynni
Álftagróf
Litlaheiði
Giljur
Petursey
Skeiðflötur
Suðurhvoll
Kap Dyrhólaey
Vík
Reynir
Garðar
Heiðarvatn
Höfðabrekka
Köllutangi
Hafursey
582
Pakgil
Þórisvatn
Vatnsfell
Vatnaöldur
Veiðivötn
Tjarnarkot
Litlisjór
Snjóöldufjallgarður
Sandvatn
Grænifjallgarður
Botnavatn
Hraunvötn
Jökulheimar
Tungnaá
Tungnaárfjöll
Tungnaárjökull
Langisjór
Skaftá
Larnbavatn
Laki
Tjarnargigar
Ófærufoss
Tindafjall
1056
Eldgjá
Hábarmur
1192
Fagrifoss
Mörtung
Kirkjubæjarklaus
Hólmur
Axlarfoss
Öldufell
Skaftártunga
Búland
Ljótarstaðir
Gröf
Svínadalur
Eldhraun
Fljósbotn
Botnar
Hrífumes
Melhóll
Langholt
Grund
Lyn
Efney
Sandhóll
Kíðufljót
Holt
Mýrar
Þykkvabæjarklaust
Mýrnatangi
7C
7G
7H
7J
6D
6E
26
1
F26
F228
F208
F225
F210
F261
F233
F232
F206
F222
209
204
212
214
215
218

XXII
C
17°
D
XXIII
Póðarhyrna
1668
Vatnajökull
1468
Esjufjöll
1522
SKAFTAFELL
ÞJÓÐGARÐ
1436
Grænalón
Hágöngur
1118
1410
1
XXIII
1430
Skaftafellsjökull
Bjarnarsker
1006
1751
517
Skaftafell
64°
Svartifoss
Bötli
Miðfell
731
Hvannadalshnjúkur
2119
64°
Lómagnúpur
767
Kvísker
Svínafell
Hаöldukvísl
Núpsstaður
6C
1
6B
Kalfafell
Rauðaberg
Skeiðará
Landátt
Hnappavellir
Núpsvötn
Gígjukvísl
Litlahof
6C
Fagurhólsmýri
Þverá
Foss
Slétta
Skeiðarársandur
Hruni
Hörgsland
2
Leirur
estbakki
Ingólfshöfði
Slèttaból
Landbrotsvötn
Efrivík
Rauðabergsós
Þykkvibær
Nýiós
Hvalsíki
4
Veiðiós
Skaftárós
ótakrokur
Syðrdfljótar
Eldvatnsós
Meðallandsfjörur
3
63°30'
0
20 km
18°
C
17°
D

A
B
XII
XI
XX
XXIV
Hofsjökull
Tómasarhagi
Hagakvíslar
Tungnafell 1396
Tungnafellsjökull
Kaldagil
Nýidalur
Jökulsá
Göngubrún 1200
Kvíslvatn
Rjúpnabrekkujökull
Bárðarbunga 2009
Kistufell 1446
Dyngjujökull
Kverkf.
Köldukvíslarjökull
Hágöngulón
Hamarinn 1562
Vatna
Haabunga 1742
SKAFTAFELL
ÞJÓÐGARÐ
Tungnaárjökull
Tungnaá
Þóðarhyrna 1668
Langisjór
Skaftá
Hágöngur 1118
Grænalón
Síðujökull
Bjarnarsker 1006
Skaftafellsjökull
Öræf
Svartifoss
Skaftafell
Bölti
Hvannadalshjnú 211
Svínafell
Skeiðarárjökull
Haöldukvisl
Lómagnúpur 767
Miðfell 731
Núpsstaður
Kalfafell
Rauðaberg
Skeiðarársandur
Gígjukvísl
Skeiðará
Landátt
Litlahof
Fagurhólsmýr
F26
F910
F206
7F
6C
6B
1
64°30'
64°
18°
17°

XIII
XIV
XXII
C
D
16°
15°
64°30'
64°
1
2
3
Stausee Ufsarlón
Kverka
Kreppa
Hálslón-Stausee
Snæfell
1863
Eyjabakka-foss
Stausee Kelduarlón
Folavatn
Hraun
F903
1159
Brúarjökull
Suðárvatn
Arandar-jökull
1260
1587
Hofsjökull
1587
Lónsöræfi
1319
1152
907
jökull
1035
Hoffell
Breiðabunga
1400
Skeggtindar
1025
Rauðaberg
Nesjahverfi
6A
Bjarnes
Syðrifjörður
Brunnhólt
Einholt
Holmur
888
Skálafellsjökull
Hornafjörður
Skarðsfjörður
Höfn
Jöklasl
Borg
Flatey
Stokksnes
F980
Hvanney
Skinneyjarhöfði
522
Smyrlabjörg
1
Hestgerðislón
1240
6B
Breiðamerkurjökull
Reynivellir
Stemulón
Jökulsárlón
Breiðárlón
Hrollaugseyjar
Kvísker
0
20 km
Tvísker
Hnappavellir

XV
XIV
XXIII
A
B
1
2
3
14°
15°
65°
64°30'
931
92
954
955
96
1
939
964
5F
6A
F985
Hús
Hallormsstaður
Melar
Vallholt
Arnhólsstaðir
Þingmúli
Höttur
1106
Seljateigur
Áreyjar
Reyðarfjörður
Hólmar
Eskifjörður
Mávastapar
Litla-Breiðuvík
Bjarg
Haugatangi
Seley
Geitdalur
Haugar
Studlaheiði
Kollufell
1126
Þernunes
Reyðarfjörður
Kolmúli
Dalir
Fáskrúðsfjörður
Vattarnes
1206
Tunga
Brimnes
Höfðarhús
950
Kolfreyjustaður
Skrúður
Andey
Víkurgerði
Strembitangi
Þorgrímsstaðir
Þorvaldsstaðir
Tóarsel
Gilsá
Höskuldsstaðir
Stöðvarfjörður
Kistufell
Ódáðavötn
Öxi
Landatangi
Fellsás
Þverhamar
Kambanes
Heydalir
Melshorn
Breiðdalsvík
Hraun
Likárvatn
Berufjörður
Hvannabrekka
Fagridalur
Breiðalsvík
Lindarbrekka
Ós
Berufjörður
Streitishvarf
Gautavík
981
Eyjólfsstaðir
1084
Núpur
Urðarteigur
Árandarjökull
Berunes
Krossgerði
Gíslatangi
Teigarhorn
1236
Hamarssel
Lambatungur
Djúpivogur
Hamar
Hamarsfjörður
Kambfell
1109
Stapaey
Papey
Geithellur
Melrakkanes
Stórifoss
Bláibjörg
Múli
Brimilsnes
Hof
Álftafjörður
Stórhóll
Stekkatún
Afrétt
Starmýri
Þvottá
1152
Krossanes
Stafafell
Svínhólar
Hvalnes
Hraunkot
Lónsvík
Syðrifjörður
888
Stokksnes
0
20 km